国家社科基金
后期资助项目
GUOJIA SHEKE JIJIN HOUQI ZIZHU XIANGMU

明末清初
西洋汉语词典三种

第❹册:官话词汇

姚小平 著

北京大学出版社
PEKING UNIVERSITY PRESS

libr. Sin. 29.

~Vocabulario~

De la lengua Mandarina con el estilo y vocablos conq.e se habla sin elegancia
compuesto por el P.e fr. Franc.o Varo ord. Pred. ministro de China
consumado en esta lengua.
escriuese guardando el orden del A.B.cd.o

A.

A. interjecion. iā. — a señor. iā gŭ chù. — este mos se usa para escritura q.e para hablar.
A. este lugar. ché ly̆. l. ché sò chày. l. ché zy̆ fāng. — A. aquel lugar. nà sò chày. l. nà chù.
A. este punto. agora. chày. l. fāng chày. — a este punto llego el neg.o cù tao ché ly̆ chy̆. l. cù tao ché ly̆ kuò.
A escondidas. gán ty̆. l. mié miè. l. tēu

A ante B.

Abad. in sieu hô ey chàng. — Abadesa. in sieu niù hô ey chàng.
Abanico. xén. — de papel dorado. Kin xén. — los q.e se doblan. ché xén.
Abanicos grandes q.e lleuan los Mand.nes por ostentacion. chàng xén.
Abanicos de pluma. iù xén. — de paxa. pù xén. etc.
Abanicarse. xén. l. tà xén. l. iáo xén. l. iúng xén. Abaníq̃ se v.m. ching xén.
Ababote de cuero. xỳ siang. el de correas q.e se cuelga. Kūa siàng.
Abaxo. hià. l. ty̆ hià. l. hià mièn.
Abarcar. pāo lán. l. pāo hán. que es contener, abarcar.
Abastecido. fūng chù. l. fú chù. l. fūng fù. vide ricos.
Abatir. iā. l. iā chỳ. l. pièn hià. l. ty̆ tà.
Abatirse. humillarse. chŭ Kièn. — Abatim.to de animo. tān siāo.
Abarcas. hiāy̆ tò. vide Zuecos, o, Succos.
Abalançarse a los peligros. máo cù. l. põ Kú míng.
Abatir menospreciando. Ky̆ fú. l. Kīng chièn.
Abaxar. decender. hià lày. — Si es el Rey. Kiāng tày. l. Kiāng lìn.
Abaxar Dios a encarnar. Kiāng sēng. — abaxar al mundo. Kiāng xỳ.
Abaxar la cabeça. inclinarla. fù xèu. l. Ky̆ xèu.
Abaxar alguna cosa de lo alto. nà hià lày. l. fang hià.
Aba har. echar el baho. hēu Ky̆. — eçar al baho. ching. l. chùy̆.
Abastar. lo q.e vno tiene. tener bastante pasadia. Kèu iùng. l. Kèu chi è chuēn.
Abaxar la cabeça diziendo si. tièn tèu. l. xèu Kēng.
Abaxar le del oficio de superior a inferior. Kiàng.
Abarcar la hazienda, o, mercantias. pāo lán hó. l. pāo mày.
Abarcar con las manos. pāo õ tè lày. — Abalorio. põ ly̆ chù.
Abarr otado, lleno el nauio. sē mùon. l. choāng mùon.

abeça

228.

yr a la mano. impedir. chŭ. l. Kín chý.   v: impedir.,   yr se a la mano mo. e. Kĕ Ky̆.
yr delante, o el primero. siēn chēu. l. siēn hing. l. seŭ teŭ Kiŭ.

Çabullirse. v. Ç. ante A. vide. çabullirse y todos los q. faltaren y pontos aqui

De litera Z. v: Ç.

Zerbatana. chúý tung. l. puēn tung   Zodiaco. chíë Ky̆.   Zorra. hû ly̆.
Zelos. juēn Kīĕ. de marido à muger. fang Ky̆ Ky̆ chy̆. de muger à marido. Ky̆ tù Ky̆ fū.
Zelos de muger à marido de qualquiera luxuria. chīĕ tù hŏy sĕ.
Zizaña. ký gáy. meter Zizaña. Kiáo ʃō. l. seng tsi.
Zumbido en las orejas. ŭl míng. l. ŭl hiang.
Zanahorias vide Acenorias.

Zante. O. vide çozobra.

Zante. V. Zuecos.   Fin.
Zuecos. mŏ jū hiái tŏ
Zumo. chĕ
Zumbido vide çumbido
Zurron vide çurron

目 录

A（pp.1-28） ……………………………………3
B（pp.29-38） …………………………………… 88
C（pp.38-64） ……………………………………117
D（pp.64-80） ……………………………………204
E（pp.80-97） ……………………………………261
F（pp.97-102） ……………………………………317
G（pp.103-108） …………………………………334
H（pp.108-114） …………………………………353
Y（pp.115-123） …………………………………375
J（pp.123-124） …………………………………400
L（pp.125-132） …………………………………408
M（pp.132-148） …………………………………432
N（pp.148-153） …………………………………488
O（pp.153-161） …………………………………507
P（pp.161-182） …………………………………529
Q（pp.182-184） …………………………………604
R（pp.182-194） …………………………………612
S（pp.194-205） …………………………………645
T（pp.206-217） …………………………………685
V（pp.217-226） …………………………………722

X（pp.226-227）……748
Y（pp.227-228）……749
Z（p.228）……751

官话词汇

万济国《官话词汇》抄本（1679），今藏柏林德国国家图书馆。收有用西班牙文字母转写的汉语词目约一万二千条，对译以西班牙语词汇、短语等。

A
(pp.1-28)

（p.1）

A.

A. interjecion (int.感叹词)①. *iā* 呀. – a señor (主啊). *iā gû chủ* 呀吾主. – este mas se vsa para escritura que para hablar (这一说法大都用于书面语，口语中不多见).

A. este lugar (pp.在这个地方、在这里)②. *ché lỳ* 这里.|. *ché sò çháy* 这所在.|. *ché tý fañg* 这地方.

A. aquel lugar (pp.在那个地方、在那里). *ná sò çháy* 那所在.|. *ná ch'ủ* 那处.

A. este punto (pp.在这一刻): agora (ad.现在)③. *çhây'* 才.|. *fañg çhây'* 方才. – a este punto llego el negocio (事情就进展到这一步). – *çú táo ché lỳ chỳ* 事到这里止.|. *çú táo ché lỳ kúo* 事到这里过.

A. escondidas (pp.私下、暗里). *gán tý* 暗地.|. *miě miě* 秘密.|. *tēu'* 偷.

Ab.

Abad (n.男修道院院长). *iǹ siēu hoéy chaǹg* 隐修会长. – Abadesa (n.女修道院院长). *iǹ siēu niǜ hoéy chaǹg* 隐修女会长.

Abanico (n.扇子). *xén* 扇. – de papel dorado (用镀金纸做的): *kiñ xén* 金扇. – los que se doblan (折叠式的). *chě xén* 折扇.

Abanicos grandes que lleuan los Mandarines por ostentacion (np.官员为壮排场而携用的巨扇). *chaǹg xén* 掌扇.

Abanicos de pluma (np.用羽毛制的扇子). *iủ xén* 羽扇. – de paxa (用草做的

---

① 此条将 "A" 定义为感叹词。这是旧时的拼法，今天拼作 "Ah"，换言之，单独一个 "A" 已不再是感叹词。但 "A" 仍成一个词，是用途极广的介词（相当于英语的at、in），接下来的四条短语便以其开首。

② 本条 "A" 为介词，其后的句点起到隔离词目的作用，组成介词短语A este lugar。柯本英译为here，是在意译，若顾及形式对应，则可译为at this place。汉译提供两个译法，用顿号表示两可。

③ 冒号后面的词语，一般是对词目加以解释，或补充说明意思。

扇子). *pû' xén* 蒲扇. ett ͣ. (等等).

Abanicarse (vr.[自己]扇扇子). *xén* 扇①.|. *tà xén* 打扇.|. *iâo xén* 摇扇.|. *iuṅ xén* 用扇.

Abanique se v. m.② (s.请您用扇). *çhìn'g xén* 请扇.

Ababote de cuero (np.皮革制的箱子). *pý' siāng* 皮箱. – el de correas que se cuelga (拴有皮带的箱子). *kúa siāng* 挂箱.

Abaxo (ad.在下面、底下). *hiá* 下.|. *tỳ hiá* 底下.|. *hiá mién* 下面.③

Abarcar (vt.打包). *pāo laǹ* 包揽.|. *pāo hân* 包含. – que es contener, abarcar (指含有、包纳).

Abastecido (a.充足的、足够的). *fuṅg çhǒ* 丰足.|. *fú çhǒ* 富足.|. *fuṅg fú* 丰富. [参见：rico (丰富的)④.]

Abatir (vt.打压、逼迫). *iǎ* 压.|. *iǎ chý* 压制.|. *pièn hiá* 贬下⑤.|. *tȳ tā'* 低他.

Abatirse, humillarse (vr.自贬、自轻，谦卑、低声下气)⑥. *çhǔ kiēn'* 自谦. – Abatimiento de animo (精神褊小、心怯). *tàn siào* 胆小.

Abarcas (n.粗皮制的鞋底). *hiây tǒ'* 鞋托. [参见：zuecos 或 suecos (木屐).]

Abalançarse a los peligros (vp.暴露于险境). *máo çù* 冒死.|. *pǒ kú miṅg* 不顾命.

Abatir menos preciando (vp.欺压、贬低). *kȳ' fú* 欺负.|. *kiṅ'g çhién* 轻贱.

Abaxar, decender (vi.下来，下降). *hiá lây* 下来. – si es el Rey (如果说的是君王). *kiáṅg lây* 降来.|. *kiáṅg liṅ* 降临⑦.

Abaxar Dios a encarnar (vp.神明下凡并显灵为肉身). *kiaṅg sēng* 降生. – abaxar al mundo (下到凡世). *kiaṅg xý* 降世.

Abaxar la cabeça, inclinar la (vp.低下头，点头). *fù xèu* 俯首.|. *kȳ' xèu* 稽首.

Abaxar alguna cosa de lo alto (vp.从高处取下某物). *nà hiá lây* 拿下来.|. *faṅg hía* 放下.

---

① 此例"扇"是动词，当读阴平，但万济国并未分别，仍标作去声。至于字的写法，旧时以"扇"和"搧"区分名与动，十分合理。下文凡遇动词"扇"，也从分不从合，写为"搧"。

② v. m. = Vuestra Merced (阁下、阁下您)，下同。

③ 柯本注：伦敦本补有 "*hiá têu'* 下头"。

④ 并无单独一条Rico，但有Rico hombre（富人，p.192）。

⑤ 柯本作"褊下"。

⑥ 词性相同的两个词目合起来构成一条，一般为同义关系，相互补足意思；原文用逗号隔开，汉译也从其例。

⑦ *liṅ*，柯本作*líng*，有后鼻音。

Abahar (vt./vi.吹气), echar el baho (vp.呼气)①. *hiū k'ý* 嘘气. – cozer al baho (用蒸气做饭). *chīng* 蒸.|. *chūy'* 炊.

Abastar lo que vno tiene, tener bastante pasadia (vp.手里现有的足够用，拥有的东西够多). *kéu iúng* 够用.|. *kéu ch'ě chuē'n* 够吃穿.

Abaxar la cabeça diziendo: si (vp.低下头表示：是、对、好). *tièn teû'* 点头.|. *xèu keng'* 首肯.

Abaxar le del officio de superior a inferior (vp.把某人的官位降级). *kiáng* 降.

Abarcar la hazienda, o, mercansias (vp.垄断资产或商品). *pāo làn hó* 包揽货.|. *pāo mày* 包买.

Abarcar con las manos (vp.用手包住). *pāo ǒ tě lây* 包握得来.

Abalorio (n.玻璃珠子). *pō lý chù* 玻璃珠.

Abarrotado (a.满满的), lleno el navio (np.船已满载). *sě muòn* 塞满.|. *choāng muòn* 装满.

（p.2）

Abeja (n.蜜蜂). *miě fuñg* 蜜蜂.

Abeja silvestre (n.野生蜜蜂). *iè miě fuñg* 野蜜蜂.

Abejon (n.雄蜂、黄蜂、马蜂). *huñg fuñg* 红蜂.|. *gū fuñg* 乌蜂.

Abellanas (n.榛子、榛实). *fý chù* 榧子②.

Abertura (n.洞孔、裂口、缝隙). *fuńg* 缝.|. *liě* 裂.|. *siě* 隙③.|. *chě' liě* 坼裂④.

Abertura de los dedos vno en otro (np.手指头之间的缝隙). *chỳ fuńg* 指缝.|. *chỳ teû' fuńg* 指头缝.

Aberiguar (vt.询问、调查). *châ' vuén* 查问.

Abergonçar (vt.羞辱、使之羞愧). *liñg jǒ* 凌辱⑤.|. *vù mán* 侮慢.

Abergonçado, afrentado (a.被羞辱的，遭侮辱的). *pý jǒ* 被辱.|. *xéu jǒ* 受辱.|. *lièn huñg* 脸红.

Abergonçarse (vr.害羞、尴尬). *p'á sieū* 怕羞.|. *lièn huñg kỳ'* 脸红起.|. *vû ý çú*

---

① 两个词目合为一条，而词性不同，则分别标注。baho，今拼vaho（气息、蒸汽）。
② 柯本注："榧"，梵蒂冈本注音作*fý*，上声。
③ 柯本注："隙"，梵蒂冈本拼作*hiě*，为正确的读音。按：声母作s或h，均不误，当属方音或发音差异。
④ 柯本还原为"拆裂"，注音相同。
⑤ 柯本注：*liñg*，伦敦本作*lín*，无后鼻音。

无意思. – desonrado (丢脸的). *mǒ çhi'ú* 没趣.

Abentar, vt[1] el poluo (vt.扇风，如把灰尘扇走). *xén kāy'* 搧开[2].

Abentar arroz (vp.簸扬稻谷). *pó mỳ* 簸米[3].

Abertura, o clarauoya en el texado para que de luz (np.屋顶上开的天窗，以便光线射入). *mîng ùa* 明瓦.

Abeto, arbol (n.杉，一种树). *pièn pě* 扁柏.

Abestruz, aue (n.鸵鸟，一种鸟). *ch'ě tiě' niào* 吃铁鸟.

Auenturar su suerte (vp.碰运气). *ka'ń çháo hoá* 看造化.

Abil[4] (a.聪明的、能干的). *çhūng mîng* 聪明[5].|. *liñg lý* 伶俐.|. *mîng çhiě* 明捷.|. *ièu çhây' nêng* 有才能.|. *ièu puèn çú* 有本事. – Abil para engañar (ap.善使花招、会捉弄人). *kuāy kiào'* 乖巧.

Abilidad (n.能力). *çhây' neñg* 才能.|. *çhây' chý* 才智.|. *çhiě çhây'* 捷才.

Abispa (n.黄蜂). *hoâng fuñg* 黄蜂.|. *kûn'g fuñg* 狂蜂[6].

Abispon negro (np.黑色的马蜂). *ū fuñg* 乌蜂.

Abituar (vt.使之习惯于). *kuón siě* 惯习.|. *kuón* 惯[7].|. *siě kuón* 习惯.

Abierta, y claramente (adp.清晰而明了). *mîng pě* 明白.|. *hién mîng* 显明[8].|. *fuēn mîng* 分明.|. *siào jeñ* 晓然[9].|. *leáng jeñ* 亮然.

Abismo (n.深渊). *xiñ vû tỳ* 深无底.|. *xiñ iuèn* 深远.|. *xīn pǒ kò' çhě'* 深不可测. – inapeable (也即无边无垠的、难以理解的).

Ablandar con las manos (vp.用手轻揉). *juèn jêu* 软揉.

Aborrecer (vt.恨). *hén* 恨.|. *hén iuén* 恨怨.|. *gú* 恶. [参见：odio (可恨的).]

Aborrecible (a.可恨的、讨厌的). *kò' gú* 可恶.

Aborrecerse ad invicez (vp.相互怨恨). *siañg hén* 相恨.

Aborrecido de todos (ap.被所有的人痛恨). *tě jiñ iuén* 得人怨.

---

① vt（=ut，如同、比如），拉丁语副词，多用来举例说明词目的用法。

② *kāy'*，柯本作*k'āi*。

③ 柯本写为"播米"。

④ 今拼hábil（聪明的、能干的）。

⑤ "聪"，柯本改标为送气音*çhūng'*。

⑥ 柯本注："狂"，梵蒂冈本注音作*kuâng'*。

⑦ 柯本未录这一单音词。

⑧ 柯本注："显"，注音当从词目claro下的"显"（*hièn*），为上声（p.49）。

⑨ 柯本注："晓"，梵蒂冈本拼作*hiào*，可能是正确的读音。按：此字与"暸"同，声母本可二读。

Abominable (a.令人讨厌的). kò' gú 可恶.|. kò' heń 可恨.
Abominar (vt.厌恶). iuén hén 怨恨.|. chuēn siñ hén 专心恨.
Abocado (a.可口的), comer assi (vi.吃起来味道不错). chǒ ch'ě 着吃.|. chǒ kèu' 着口.|. tuńg gú 痛恶①.
Aboca llena (np.满满一口). muòn kèu' 满口.
Abogado en los pleytos (np.诉讼案的律师). chù gań 主案.
Abonar à otro (vp.信得过人、称赞他人). kiàng tā' hào 讲他好.
Abotonar (vt.系上扣子). ke'ú ky̆' 扣起.|. nièu ke'ú 纽扣.|. xáng ke'ú chù 上扣子.
Abortar (vt./vi.打胎、流产). chúy tāy' 坠胎.|. tŏ' tāy' 脱胎.|. lŏ tāy' 落胎.|. tó tāy' 堕胎.
Abobado, espantado (a.呆傻的，惊愕的). hoāng mañg 慌忙.
Abollar (vt.使凹进). tà iāo 打凹.
Abrir, vt sic (vt.开孔、打开口子等). kāy' 开.|. ky̆' 启.
Abrir, vt cartas (vt.打开，如书信或文件). chě' fuñg 拆封.|. chě' kāy' 拆开. – abrir rasgando (撕开、扯开). p'ó kāy' 破开.
Abrir desmenuçando (vp.打碎). súy liě 碎裂.|. liě súy 裂碎.
Abrir el quitasol o payo (vp.张开遮阳伞或雨伞). chē'ng sàn 撑伞.
Abrir se rebentando, vt de inchado (vp.胀大，以至撑破). cha'ńg kāy' 胀开/涨开②. – vt sic (同上). liě kāy' 裂开.
Abrir el viento, vt la ventuna (vp.通风，如开窗). chūy' kāy' 吹开.
Abrirse las flores (vp.花朵开放). kāy' hōa 开花.|. hōa kāy' 花开.
Abrir las cortinas (vp.拉开帘子). hién kāy' 掀开③.|. kāy' liēn 开帘.
Abrir rempujando, vt la puerta (vp.推开，例如门). tūy' kāy' 推开.
Abrir dividendo en pedaços (vp.切割成碎块). pèu' kāy' 剖开.
Abrir la tierra (vp.翻掘土地). kiuě kāy' 掘开.|. kāy' tù' 开土.
Abrir letras, vt lamina, ett[a]. (vp.镌刻文字，例如在木版等上面). kě' pàn 刻版.|. kān' pào 刊版④.|. kān' kě' 刊刻.|. tiāo' kě' 雕刻.
Abraçar (vt.拥抱、揽怀). làn 揽.|. làn chǒ 揽着.|. làn chú 揽住.|. páo chǒ 抱着.

---

① 柯本注："痛恶"为误植，当接上一词条；tuńg，梵蒂冈本作t'úng，有送气符。
② 柯本"胀"字改标为cháng，删去送气符。
③ 柯本注："掀"，梵蒂冈本标为hiēn，平声。
④ 柯本注：pào，梵蒂冈本作pàn。

Abrasar, quemar (vt./vi.烧焦，烧毁). *xāo hò* 烧火.|. *hò xāo* 火烧.

Abrasarse, quemarse (vr.烧热，[被]烤焦). *fǎ xāo* 发烧.|. *fǎ jě* 发热. esto es con calenturas (指的是生病发烧).

Abreuiar, o resumir (vt.予以精简，或做摘要). *kièn liǒ* 简略.|. *iǒ iên* 约言.|. *seṅg kièn* 省简.

Abreuiaturas (n.摘要、缩写、缩略语). *seṅg siè* 省写.

Abraçarse ad inuicem (vp.相互拥抱). *siañg páo* 相抱.|. *siañg laǹ* 相揽.

Abraçarse deshonestamente (vp.不正当地拥抱、没脸面地揽怀). *leû páo* 搂抱.

Abrigado del viento, vt aposento (np.避风的场所，如房屋). *çhâ'ng fuñg sò çháy* 藏风所在.|. *goéy poéy sò çháy* 围背所在①.

Abrir la boca (vp.张开嘴巴). *chañg kāy' kèu'* 张开口.|. *kèu' chañg kāy'* 口张开.

Abrir tierras nuebas, eriaças (vp.开垦新地，拓荒). *kāy' hoāng* 开荒.|. *kāy' kèu' tiên'* 开垦田②.

Abrir minas (vp.开矿). *kāy' kuṅg* 开矿.|. *kiuě kuṅg* 掘矿③.

Abrogos, o espinos (n.棘，或刺). *çhiě lý* 蒺藜.|. *kiě çh'ǔ* 棘刺.

Absoluer, y perdonar (vt.免责，宽宥). *xé iéu* 赦宥.|. *xé mièn* 赦免.|. *xé xú* 赦恕④.|. *jâo* 饶.

Absoluer en la confession (vp.忏悔时给予宽恕). *tà xíng háo* 打圣号. sed melius (更好的说法是) = *káo kiày tiě xé çhúy* 告解的赦罪.|. *mièn jiñ káo kiày tiě* 免人告解的.

（p.3）

Absolutamente (ad.绝对、无疑). *kùo jeñ* 果然.|. *xě jeñ* 实然.|. *tiṅg jeñ* 定然.|. *piě tiṅg* 必定.|. *piě kiṅg* 毕竟⑤.

---

① *goéy*，柯本拟为"卫"。

② 柯本注：*kèu'* "口"疑为*kèn'* "垦"之误。

③ *kuṅg*，闽南话、客家话里"矿"字分别读为[kong⁵]、[kong⁴]（见《汉语方言发音字典》，后简称"《发音字典》"）。

④ *xú*，柯本作*xú*。

⑤ *piě*，这里可还原为两个汉字，构成的双音词意思一样。下文凡属类似情形，不再逐一说明。另外，根据伦敦本，此条的后面还有"*tuón jên* 断然"。

Absoluto dominio (np.绝对权威). *chǔ chuēn chý* 自专治.|. *chǔ chù* 自主.|. *pǒ cháy xǒ hiá* 不在属下.|. *tuǹ'g hiǎ iě faṅg* 统辖一方.

Absorto, espantado (a.出神的，受惊的). *kiṅg hoâng* 惊惶.|. *chuēn vû iě* 专务一①.

Abstenerse (vr.戒除). *kiáy* 戒.|. *kiń chỳ* 禁止.|. *tuón chiuě* 断绝.|. *kiń* 禁.|. *tuón chụ'* 断除.

Abstinencia à carnibus (np.戒除肉食). *siào chāy* 小斋.

Abstinente (a.节俭的). *kień* 俭②.|. *chiě iuńg* 节用. idest, templado (也即适度、有所节制).

Abuelo de parte de Padre (np.父亲的父亲[即祖父]). *chù kūng* 祖公. – ya muerto lo llaman los nietos (如果已故，其孙辈使用的称呼是). *siēn chù* 先祖.

Abuela paterna (np.父亲的母亲[即祖母]). *chù p'ô* 祖婆.|. *chù pỳ* 祖妣. – ya muerta la llaman (如果已故，则称呼). *siēn chù pỳ* 先祖妣.

Abuelo materno (np.母亲的父亲[即外祖父]). *vuáy kuṅg* 外公.

Abuela materna (np.母亲的母亲[即外祖母]). *vuáy p'ô* 外婆.

Abuelo de mi muger (np.我妻子的祖父). *kieú kuṅg* 舅公.

Abuela de mi muger (np.我妻子的祖母). *vuáy p'ô* 外婆.

Abundancia (n.丰足、充沛). *fuṅg xińg* 丰盛.|. *kiě xińg* 极盛.|. *kiě tō* 极多.|. *xiń tō* 甚多. muchissimo (即非常之多).

Abundante (a.丰足的、充裕的). *fuṅg fú* 丰富. [参见：abastecido (供应、给养充足的).] – Abundante año (np.收成好的年头). *fuṅg niên* 丰年.|. *fuṅg ińg niên* 丰盈年.

A buen tiempo (pp.恰在好时候、适时). *pién xý* 便时.|. *chiṅg kiě xý* 正及时.|. *che'ú kià'o* 凑巧.|. *lây tě xý xý* 来得是时.|. *xý xý* 是时.

Abuso, malos costumbres (np.丑恶的言行，坏习惯或丑陋的习俗). *ǒ sǒ* 恶俗.|. *ǒ siě* 恶习.|. *leú sǒ* 陋俗.|. *chèu' fuṅg sǒ* 丑风俗.

Ac.

Aca, o aqui (ad.这里，此处). *ché lỳ* 这里.|. *ché sò cháy* 这所在.|. *ché piēn* 这

---

① 柯本注：*vû*, 梵蒂冈本作*vú*, 去声.

② *kień*, 万济国原标为去声, 柯本改作*kièń*, 上声.

边.|. *ché tý fañg* 这地方.

Aca, o alla: aqui, o, alli (ad.这里，或那里：此处，或彼处). *ché lỳ* 这里.|. *ná lỳ* 那里.

Acaba ya (s.赶紧、快点). *ku'áy siē* 快些.

Acabar de hazer la cosa (vp.结束做某件事). *huôn* 完.|. *huôn leào* 完了.|. *huôn leào chāng* 完了张①.|. *chó huôn* 做完.|. *chîn'g* 成.

Acabose, no ay mas (s.完结了，再没有了). *chiń leào* 尽了.|. *ki'ńg leào* 罄了.|. *mỏ ièu leào* 没有了.|. *kiẻ leào* 竭了.

Acabado, perfecto (a.完毕的，告成的). *chiń'g leào* 成了.|. *chiûe'n chiń'g* 全成.|. *huôn chiûe'n* 完全.

Acabandose, o al fin deste mes, o, en los ultimos dias del mes (vp.到本月底，或在本月的最后几天). *chín ché iuẻ* 尽这月.|. *ché iuẻ chín* 这月尽.

Acabado, perdido (a.完结的，失去的). *hoáy leào* 坏了.|. *pēng páy leào* 崩败了.|. *páy hoáy leào* 败坏了.

Acabar, perficionar, hermosear (vt.结束，完成，修润)②. *siēu chiǹg* 修整.|. *chỷ' chiǹg* 齐整.

Acabada vna buelta, boluer al principio, vt ir por tandas (vp.完成一轮后回到起点，并重新开始). *chēu ûl fỏ xỳ* 周而复始.

Acabar el tiempo de luto (vp.完成服丧期). *fỏ muòn* 服满.|. *muòn fỏ* 满服.

Acabar cuentas (vp.完成计算). *chîn'g sú* 成数.

Acabado el trabaxo, se siguio el gozo (s.既然辛劳完毕，便能从容享乐). *kù' chiń, kién kān* 苦尽见甘.

Acabar el officio, ut el Mandarin (vp.完成任期，如官员). *jiń muòn* 任满.|. *muòn jiń* 满任.

Acabose (np.顶点、绝境), no tienne remedio (s.已无药可救). *vû kiéu* 无救.|. *kiuẻ leào* 决了. – esta determinado (这事已决定、已解决). *tińg leào* 定了.

Acabados son pleitos (s.诉讼已决). *tuón kēn* 断根.

Acabo de rato (ap.过了一段时间). *kúo kièu* 过久③.

---

① *chāng*，柯本写为"账"。"完了张"，与"开了张"对言。

② 词性相同、意思相近的三个词构成一条，也用逗号隔开。

③ 柯本注：梵蒂冈本作"*pỏ kièu* 不久、*uí kièu* 未久、*kuó vỏ kièu* 过□久"。按：*vỏ*，即"勿"。

Acabar, o recabar algo con alguno (vp.说服某人，或使其回心转意). *hoá tā' tiĕ siñ* 化他的心.|. *fŏ tā'* 服他.

Acabar la vida (vp.结束生命). *cù* 死.|. *vuâng* 亡. [参见：morir (死).]

Acabar el ayuno (vp.结束斋期). *kāy' chāy* 开斋.|. *kāy' hoēn* 开荤.|. *kāy' sú* 开素.

Acabar con sigo para dar algo, vt el auariento (vp.放弃某事某物，如诱人贪恋的物事). *xè tĕ çú vuĕ* 舍得事物.

Acabar con ruegos, alcançar con ruegos lo que se pide (vp.获准，通过请求得到所期望的东西). *kiêu' tĕ leào* 求得了.

A cada paso (pp.时时、经常), siempre (ad.始终、总是). *chañg' chañg'* 常常.|. *luỳ luỳ* 累累.|. *luỳ ch'ú* 累次.|. *moèy moèy* 每每.

Acaso (ad.偶尔). *gèu jeñ* 偶然.|. *hoĕ jeñ* 或然.|. *ý vuáy* 意外.

Açacan, cargador de agua (n.担水工，即运水者). *ti'áo xùy tiĕ jiñ* 挑水的人[1].

A cada palabra, ettª. (pp.每一个词或每一句话，等等). *kiú kiú* 句句.|. *moèy kiú* 每句.

Acaecimiento (n.偶然发生的事情). *gèu çú* 偶事.|. *pŏ jû ý* 不如意.

Acaecer, idest, acaso vino (vi.发生，即不期而至). *gèu jeñ lây* 偶然来.|. *ý vuáy lây* 意外来.

Acarrear cargando (vp.用杆子担运货物). *ti'áo tán* 挑担[2]. [参见：cargar (载运).]

Açafran, cachumba[3] (n.藏红花，菲律宾红花). *huñg hōa* 红花.

(p.4)

Acatar, o, respectar (vt.敬仰，或尊敬). *chūn kiń* 尊敬.|. *kuń kiń* 恭敬[4].|. *kiń chuń* 敬重. [参见：respetar (尊敬).]

Acautelarse (vr.预防), preuenirse contra algo (vp.自我防范以抵御某事). *fañ pý* 防备.|. *iú fañ* 预防.|. *iú pý* 预备.

Acautelado, cuydadoso, recelozo (a.谨慎的，小心的，有疑虑的). *siào siñ tiĕ* 小心的.|. *pŏ kiñg' siñ jiñ* 不轻信人.

---

① 柯本注：*ti'áo* "挑"，伦敦本修订为 *t'iāo*。按：柏林本此处非常清晰，作 *ti'áo*。

② 柯本注：*ti'áo* "挑"，伦敦本修订为 *t'iāo*。按：柏林本此处同上，标为去声 *ti'áo*。

③ cachumba，柯本cocoa-wood（可可木、东印度椰木）。

④ 柯本注：*kuń* "恭"，梵蒂冈本作 *kūng*。

Acariçiar (vt.爱抚), tratar bien (vp.对人亲善). *táy tā' hào* 待他好.

Acarrear, vt des dichas, y trabajos (vt.招致、引起，如好运或艰辛). *chý* 致.|. *chāo lây* 招来.

Acarreadores (n.搬运工、脚夫). *fū mà* 夫马. [参见：cargadores (搬运工).]

Achacoso (a.患病的). *ieù pińg* 有病.|. *pǒ chú cháy* 不自在.|. *pǒ ku'áy huǒ* 不快活.|. *pǒ xoàng ku'áy* 不爽快.|. *xīn xańg pǒ gān* 身上不安. [参见：enfermo (有病).]

Achaques, escusas (n.托辞，借口). *tūy' tǒ'* 推托.|. *tūy' kú* 推故.|. *chié kèu'* 借口.

Achaque, enfermedad (n.宿疾，疾病). *kiéu chiě* 旧疾.|. *kiéu pińg* 旧病.|. *gán chiě* 暗疾.|. *iǹ chiě* 隐疾.|. *sǒ pińg* 宿病.

Aclarar, o, declarar (vt.澄清，或解释清楚). *fuēn mîng* 分明.|. *pién mîng* 辨明/辨明.|. *xuě mîng* 说明.|. *xìn mîng* 审明.|. *chiân'g mîng* 详明.

Aclamar (vt.招唤、呼叫), dar vozes aclamando (vp.大声喊叫). *hǒ táo* 喝道①.|. *nǎ hièn* 呐喊.

Aclarar lo obscuro (vp.照亮黑暗), yluminar (vt.照明). *cháo kuāng* 照光.

Aclarar el cielo (vp.天空豁亮). *tiēn' chińg' leào* 天晴了.

Aclararse lo turbio, vt agua, vino, ettᵃ. (vp.把浑浊的东西澄清，如油渣、水、酒等). *chińg* 净.|. *chā chińg' leào* 渣清了.

Acocear, dar coçes, vt el mulo (vt.踢，如骡子踢腿). *ti'ě kỳ'* 踢起.|. *kiǒ ti'ě kỳ'* 脚踢起.

Acocear en casa (vp.迎进屋), recebirse (vr.接纳). *liêu* 留.|. *liêu chú* 留住.|. *kiū liêu* 居留.

Acogerse, escaparse, huirse (vr.避难，逃跑，躲避). *tâo' chèu leào* 逃走了.|. *chèu leào* 走了.|. *tâo' leào* 逃了.|. *tâo' pý* 逃避.|. *tò pý* 躲避.|. *tǒ chèu* 脱走.

Acogerse, vt a la casa de otro, ampararse de otro (vr.避难，如投往其他人家，依靠别人). *têu' jiń kiā ki'ú* 投人家去.|. *ỳ ka'ó jiń kiā* 倚靠人家.|. *têu' chūn'g jiń kiā* 投充人家.

Acometer (vt.攻击). *chiń piě* 进逼.|. *chōa chǒ* 抓着.

Acometer a la Ciudad (vp.进攻城市). *kuńg chińg'* 攻城.

---

① 此词另有特殊的意思，见 Gritar los que ... (p.106)。

Acometer de repente al enemigo (vp.向敌人发动突袭). *têu' iûng* 偷营①.|. *t'ǒ jên iuǹg tě lây* 突然涌得来.|. *t'ǒ jên chūa chǒ* 突然抓着.

Acogita, lugar de refugio (n.避难所，即躲避的地方). *tò pý tiě kuñg sò* 躲避的公所.

Acomodar (vt.安排住宿). *gān tuńg* 安顿②.|. *pà tañg* 把当③.

Acomodado, o, cosa acomodada (a.方便的，或便利的东西). *pién tiě* 便的.|. *hào tiě* 好的.

Acomodarse a las costumbres, tiempo, ettª. (vp.使自己适应于习俗、时间、等等). *ȳ* 依.|. *xún* 顺.|. *sûy sǒ* 随俗.|. *çhûn'g* 从.

Acometerse los exercitos, darse batalla (vp.兴兵，掀起战斗). *tà chańg* 打仗.|. *siāng xǎ* 相杀.

Acomodarse con otro, vt en el sentir, o parecer ettª. (vp.顺从他人，比如在感情或者意见等方面). *xún tā'* 顺他.|. *ȳ tā'* 依他.

Acompañar, vt despidiendo al huesped (vt.伴随，如送别客人). *suńg* 送.|. *pu'ón suńg* 伴送.

Acompañar (vt.伴随): hazer compañia à otro (vp.当别人的陪伴). *poê'y* 陪.|. *poê'y pu'ón* 陪伴.

Acompañar el entierro (vp.跟随下葬的队伍、送葬). *suńg çháng* 送葬.

Acompañamiento (n.随从人员). *kēn sûy tiě jiń* 跟随的人.|. *kēn sûy chè* 跟随者.

Acompañado (a.有人陪伴的). *ièu kēn sûy chè* 有跟随者.|. *ièu iùng hú chè* 有拥护者.|. *ièu iě goêy chè* 有御卫者④.

Acompañar el criado al amo (vp.奴仆跟随主子). *kēn sûy* 跟随.|. *sûy çhûn'g* 随从.

Aconsejar (vt.劝告、建议). *ki'uén* 劝.|. *kiāo ki'uén* 教劝. [encaminar le (引导某人). *chỳ iǹ tā'* 指引他.]

Aconsejarse de otro (vp.向别人咨询). *çhìn'g kiáo* 请教.|. *kiêu' kiáo* 求教.|.

---

① 柯本写为"投营"。"投营"谓投诚敌方，与西语词义不合。此处的*têu'*，当如A. escondidas下所见的*tēu'* "偷" (p.1)，标为阴平。

② 柯本注：*tuńg*，梵蒂冈本作*tún*。

③ 指安排妥当。

④ 柯本注：*iě* "御"，梵蒂冈本作*yú*。

fang vuén 访问.|. xang leang 商量.|. xang tū 商度①.

Acordarse (vr.记得). ký tě 记得.|. ký nién 记念②.

Acordar le a otro: traher le ala memoria (vp.提醒别人：记住某人). tà tièn 打点③.

Acordadas vozes, consonantes vozes (np.和谐悦耳的声音). hô iñ 和音.|. çhiě çh'éu 节奏④.

Acoyalar⑤ (vt.围赶), no dar le lugar aque pueda huir (vp.穷追某人使其无处可去). kàn tā' mǒ ch'ú çhèu 赶他没处走.|. chēu goêy 周围.|. goêy chǒ 围着.

Acosar siguiendo⑥ le (vp.追赶并驱逐某人). kàn 赶.

Acortar el razonamiento (vp.缩短话语). iǒ iên 约言.|. sèng kiàng 省讲.

Acortarse, vt sic (vr.倒下、倒塌、跌倒等). tào 倒.

Acortarse en la cama (vp.躺倒、瘫倒在床上). tào choâ'ng 倒床.

Acortarse con otro a dormir (vp.躺倒跟别人睡). iù tā' xúy 与他睡.|. tuñ'g choâ'ng xúy 同床睡.

Acortarse de lado (vp.侧身躺倒). çhě tào 侧倒.

Acortarse de boca para arriba (vp.嘴巴朝天躺倒). niàng tào 仰倒. – de bruçes (脸朝下). fó tào 俯倒⑦.

Acostumbrarse (vr.习惯于). kuón 惯.|. kuón siě 惯习.|. kuón xǒ 惯熟.|. kuán 惯⑧.

Acobardado (a.被吓坏的). tàn p'ó leào 胆破了.|. tàn lǒ leào 胆落了.

Acontecer (vi.发生). gèu jên ièu 偶然有. ettᵃ. (等等).

（p.5）

Acordar con otro: conuenir en los naturales (vp.跟别人一致：性情相合). hǒ sing 合性.

---

① tū, 拼法有疑，柯本缺字。
② nién, 柯本作 mién, 但注明梵蒂冈本拼为 nién。
③ 似指送礼以疏通关系。
④ ch'éu, 柯本作 çhéu, 无送气符。
⑤ 柯本写为 Acorralar（围追，把牲畜赶进围栏），英语里同义于此的动词 corral, 或即借自西语或葡语。
⑥ 动词 seguir（跟随）的副动词，柯本改为 siguento。
⑦ fó, 柯本改标作人声 fǒ, 字写为"伏"。
⑧ kuán 当为"惯"的另读。

Açero (n.钢). *kañg* 钢.|. *ti'ě kañg* 铁钢.

Acordar (vt.一致同意、商定 vi.协调一致), deliberar① (vt.下决心、决定 vi.考虑). *kiụě ý* 决意②.|. *tíng* 定.

Acreedor (n.债权人). *cháy chù* 债主.

Acrecentar (vt.增加). *tiēn'* 添.|. *kiā* 加.|. *çhēng* 增. [参见：añadir (增加).]

Accion (n.行为). *çhó* 做.|. *hińg* 行.|. *goêy* 为.

Actiuo, diligente (a.积极主动的，勤奋努力的). *hoéy* 会.|. *hoéy çhó* 会做.

Actor, el que pone pleyto (n.原告，即提出诉讼者). *iuên káo* 原告.

Aculla, alla (ad.那边，那里). *ná lỷ* 那里.

Acrisolar (vt.炼制). *lień* 炼.|. *çhiñ'g lién* 精炼③.|. *kiñ'g lién* 倾炼.|. *tuón lién* 锻炼.

Acuchillar (vt.用剑砍). *tāo xañg* 刀伤.|. *xañg* 伤. [参见：herir (弄伤).]

Acuchillarse con otro (vp.用剑互相砍). *tāo siāng xañg* 刀相伤.

Acudir à alguno, remediando le (vp.解救某人并给予援助). *kiéu* 救. [参见：librar (解放).]

Acudir a otro como refugio (vp.以难民身份投靠某人). *têu' tā'* 投他.|. *tǒ' tā'* 托他.

Acusacion (n.控告、诉状、起诉书). *chîn'g* 呈.|. *chîn'g çhủ* 呈子.

Acusar en juyzio (vp.告上法庭). *káo* 告.|. *chŷn'g* 呈④.

Acusador (n.控告者、原告). *iuên kaó* 原告.

Acusar falsamente (vp.错告、诬告). *vù káo* 诬告/误告⑤.|. *vuańg kaó* 妄告.

Acumular (vt.积累). *çhēng* 增.

Acuñar (vt.打楔子). *çhiēn' kỳ'* 签起.

Açada (n.锄头、锹). *chû' têu'* 锄头. – Açadon (n.鹤嘴锄、镐头). *xān chû'* 山锄.

Açechar (vt.偷看). *kuē'y* 窥.|. *miě xý* 密视.|. *gań tý ka'ń* 暗地看.

Açelerar (vt.加速). *ku'áy* 快.

---

① 柯本转录为deliber，脱两个字母。

② *kiụě*, 柯本作*kiuě*。

③ *çhiñ'g*, 柯本作*çhīng*, 无送气符, 但注明伦敦本作*chīng'*。

④ *chŷn'g* = *chîn'g*, 柯本改从后者。

⑤ *vù*, 柯本写为"误"。按：falsamente (= falsely) 可作"错误、虚假"二解，根据关联条目Ymponer falso（p.121），"诬告"的可能性更大。

Acedia de estomago (np.胃里的酸液、胃酸). *goéy kèu' suōn* 胃口酸.|. *fàn suōn goéy* 反酸胃.

Acedo, agrio (a./n.酸，酸液). *suōn* 酸.

Açelgas (n.甜菜). *kiūn tă ch'áy* 茖荙菜.

Açederas (n.酸模、酢浆草). *suōn chȳ* 酸枝①.

Açeyte (n.油). *iêu* 油. – de palo (一种木油). *tuñ'g iêu* 桐油.

Acenorias, o çaanorias (n.胡萝卜). *hoâng lŏ pĕ* 黄萝卜.

Açento (n.音调、重音). *iñ* 音.|. *iún* 韵.

Açibar (n.苦涩、艰苦). *kù' sēn* 苦辛②.

Acepillar (vt.刨平、刨光). *tūy'* 推.|. *tūy' kāy'* 推开.|. *tūy' kuāng* 推光.|. *tūy' pa'ó* 推刨.|. *pa'ó siŏ* 刨削.

Aceptacion de personas (np.待人有偏向). *piē'n gáy* 偏爱.|. *çū ý* 私意.

Aceptar (vt.接受、采纳). *chùn* 准.|. *iùn* 允.|. *iùn nŏ* 允诺.

Acepto a todos (ap.人人都接受的). *chuńg jiń' tiĕ ý* 中人的意.|. *chuńg jiń' gáy tā'* 众人爱他.

Acercarse (vr.接近、靠近). *chiñ'* 亲.|. *kiń* 近.|. *chīn' kiń* 亲近.

Acertar (vt.击中、命中、猜中). *chŏ* 着. – en el blanco (命中靶子). *chuńg tiĕ* 中的.③

Aceña (n.水磨), molino de viento (np.风磨). *xùy mó* 水磨.

Aceñero, molinero (n.水磨拥有者，磨坊主). *mó mĕ tiĕ* 磨麦的.

Açepilladuras (n.刨花). *tūy' siĕ* 推屑.|. *pa'ó kū' ûl* 刨刭儿.|. *pa'ó hoā* 刨花.

Açequia, noria (n.水渠，水轮). *xùy chē'* 水车.

Açiago dia, desgraciado (np.不幸的一天，不吉利[的日子])④. *hiuńg jĕ* 凶日.|. *ký jĕ* 忌日.

Acicalar, bruñir (vt.刨光，磨亮). *mô kuāng* 磨光.

Acidentalmente (ad.偶或、出乎意外). *fuén vuáy* 分外.

---

① *chȳ*，柯本缺字。

② *sēn*，柯本作*sīn*，但注明伦敦本作*sēn*。

③ 短破折号"–"引出用例或关联词语，以别于主词目。下文凡缺此号，均予补全。

④ 柯本将desgraciado（不吉的、不幸的）转写成dei graciado（a free day or grace day "自由的一天或恩宠之日"），理解为缅怀死者的休息日（on which no work is done, in remembrance of someone's death）。

Acidente (n.意外事件、偶然因素). *ỳ láy* 倚赖①.

Açofayfas (n.枣). *çhào çhǔ* 枣子②. – su arbol (产枣子的树). *çhào xú* 枣树③.

Açofar (n.黄铜). *huñg tuñ'g* 红铜.

Açor Aue (n.苍鹰，一种鸟). *lào iñg* 老鹰.

Açogue (n.汞). *xùy iñ* 水银.|. *señg iñ* 生银.

Açotar④, vt sic (vt.鞭打、抽打、击打等). *tà* 打. – con diciplina (用鞭子). *piēn ch'ě* 鞭策.|. *tà piēn* 打鞭.|. *tà sǒ* 打索.

Açote de caña de las Audiencias⑤ (np.庭审官用的竹杖或竹鞭). *pàn çhǔ* 板子. – el de madera (木头的). *kuén çhǔ* 棍子.

Açote de caballo (np.策马用的鞭子). *mà piēn* 马鞭. – açotar le para que ande (鞭打马儿促它前进). *piēn mà* 鞭马.|. *ch'ě mà* 策马.

Açotcs sus golpes el numeral de ellos (np.表示鞭马次数的量词). *hiá* 下. – si con cañas (如果使用竹鞭). *pàn* 板.

Açorarse (vr.被激怒、气愤). *nào* 恼.|. *nào nú* 恼怒.|. *fǎ nào* 发恼.|. *fǎ nú* 发怒. enojarse (即生气).

Açotea (n.屋顶的平台、露台). *xáy tây'* 晒台.

Açuda (n.水轮、灌溉用的水车). *xùy chē'* 水车.

Açuçena (n.白百合). *sò nâ hōa* 唢拿花⑥.

Açufre (n.硫磺). *liêu hoâng* 硫磺.|. *che'ú hoâng* 臭磺.

Açul (a./n.蓝、蓝色). *lañ sě* 蓝色. – el celeste (天空之色). *iuě lañ* 月蓝.|. *tiēn' lañ* 天蓝. – el muy fino (纯蓝之色). *tá çhiñg'* 大青. – ultramarino (深海之色). *xě çhiñg'* 石青.

Açulexo (n.上釉的彩色瓦片). *çhǔ' chuēn* 瓷砖.|. *liêu lỹ uà* 琉璃瓦.

Açul obscuro (np.深蓝). *çhiñg'* 青.|. *xiñ lañ* 深蓝. *xě çhiñg'* 石青. – el celeste fino (如天空般的纯蓝). *tá çhiñg'* 大青.|. *suý lañ* 碎蓝⑦.

Açucar blanco (np.白糖). *pě tañg'* 白糖. – açucar negro (黑糖). *hě tañg'* 黑糖.|. *xā tañg'* 砂糖.

---

① 盖指附属，并非主要因素。
② *çhǔ*，柯本作*çhù*。
③ *xú*，柯本作*xú*。
④ 今拼azotar；接下来的三条，开首的açote为同根名词，今拼azote。
⑤ las Audiencias（庭审官），据柯本为los audiencieros，释义相同。
⑥ 柯本注：即唢呐花；"唢拿"是乐器唢呐的异名。
⑦ 指斑驳的蓝色。*suý*，柯本拟为"翠"。

Açucar piedra (np.冰糖). *tañg' xoāng* 糖霜.|. *piñg tañg'* 冰糖.

(p.6)

Ad.

Adalid, guia (n.首脑，领头人). *çhó têu'* 做头.|. *iǹ táo chè* 引道者. – guia en la guerra (打仗时的先导). *siēn fuñg* 先锋.

Adarga (n.皮革盾牌). *pây'* 牌.|. *kiēn pây'* 肩牌. – las de bexuco (用藤本植物制作的). *tên'g pây'* 藤牌. – abroquelarse con ella (用这类器具护身). *pây' chē xīn* 牌遮身.

Adeudarse (vr.举债). *fú cháy* 负债.

Adarme (n.①古重量单位，一盎司的十六分之一 ②[转义]一点点、少许). *fuēn* 分.

Adeshora (ad.意外), de inprouiso (pp.突如其来). *hǒ jeń* 忽然.

Adelante, antes (ad.在某之前，在前面), por delante (pp.起先). *siēn* 先.|. *çhiên'* 前.

Adelante: pasa, vè delante (ad.继续往前：走在头里，你先走). *siēn çhèu* 先走.

Adelantarse (vr.走在前面). *siēn hiñg* 先行.|. *siēn çhèu* 先走.|. *çhó siēn* 做先.

Adelantarse (vr.前进), ir aprouechando (vp.往前走). *çhín* 进.|. *çhín pú* 进步.

Adelantarse à otro en algo (vp.走在某人前面或超过). *kúo* 过.|. *xiǹg kúo* 胜过.

Adentro (ad.里面、在里面). *núy* 内.|. *lỳ mién* 里面.|. *lỳ têu'* 里头.

Adereço, jaez① de cauallo (n.装备，如马匹的鞍套). *mà gān* 马鞍.

Adereçar, componer (vt.修理，调整). *choāng xě* 装饰.

Adereçar perficionando (vp.修缮). *siēu chiǹg* 修整.|. *siēu lỳ* 修理.

Adelgaçar con cuchillo (vp.用刀子削细). *siǒ ki'ú* 削去.|. *chân' siǒ* 铲削.

Adereçar, preparar, vt lo que ha de lleuar (vt.整理，打理，如需要运送的东西). *xēu xě* 收拾.

Adereçar la comida (vp.准备膳食). *pēn'g tiâo'* 烹调.|. *pēn'g máo* 烹芼②.

---

① jaez（马具），柯本作jaco。
② "烹芼"，煮野菜之类。元人虞集《朱秀之杞菊轩》："采撷勿违节，烹芼贵有宜。"

Adereço, preparacion① (n.准备，筹办). *pý pán* 备办.|. *çhŷ' pý* 齐备.|. *iǔ pý* 预备.

Adereços para guizar, vt especies (np.烹饪用的调料，如香料). *hiāng leáo* 香料.

Adereçado, compuesto, afeytado (a.整理完毕的，完备的，备妥的). *çhŷ' chìng* 齐整.

Ademas de esto (adp.除此之外). *hoân ièu* 还有.|. *iéu* 又.|. *lìng ièu* 另有.|. *pǒ tán* 不但.

Adiuinar por suertes (vp.借抽签占卜等算命). *chó kuá* 做卦.|. *pǒ kuá* 卜卦. – los que echan tales suertes (抽签抓阄的卦师). *chó kuá tiě jiñ* 做卦的人.

Adiuinar, vt enigmas, o, apaxes, o nones (vt.猜测，如字谜、单双数等). *çhā'y chǒ* 猜着.|. *çhā'y* 猜.

Adiuinos que dan respuestas del diablo (np.传达鬼神之言的卦师). *kuñg* 公. – quando se les pregunta (求问于卦师). *vuén kuñg* 问公.

Adiuinos echiçeros que tienen pacto con el demonio (np.与魔鬼签订誓约的巫师). *vû çū* 巫师.|. *chó xǒ* 作术②.

Administrar, gouernando (vt.管理行政). *kuòn* 管.

Administrador, vt mayor domo (n.管理者，如理家政). *kuòn kiā* 管家.|. *kuòn kiā niě* 管家业.

Admitir, vt peticion (vt.允准，如批准一项请求). *chùn* 准.

Admitir, vt que se quede (vt.接收，比如让某人留居). *xēu liêu* 收留.

Admitir escusa (vp.认可一项推辞). *xéu chǔ' iên* 受辞言.

Admirable (a.奇妙的、令人赞叹的). *miáo* 妙.|. *uŷ miáo* 微妙.|. *hiùen miáo* 玄妙.|. *hiùen ý* 玄异.

Admirarse (vr.叹赏、赞叹不已). *hiào gǒ* 笑愕③.|. *kuáy ý* 怪异.

Admiracion estraña (np.令人惊叹的怪事). *kù kuáy* 古怪.

Adobo de ajos con vinagre (np.拌醋的蒜汁). *suón têu' ch'ú* 蒜头醋.

Adolecer (vi.生病). *fã pińg* 发病. [参见：enfermedad (疾病)、enfermo (生病的)等.]

Adonde? (ad.哪里). *nâ lỳ?* 哪里.

---

① preparacion, 柯本转录作perparacion。
② *chó xǒ*, 梵蒂冈本在其后加有 *tiě*："作术的"，即巫师。
③ *hiào*, 柯本缺字。"笑愕"，谓既好笑又惊讶，又惊又喜。

Adoquiera (ad.随便哪里、任何地方). *pŏ luń xiń mò sò çháy* 不论甚么所在.

Adoptar por hijo (vp.收为义子). *liĕ çú* 立嗣①.|. *çhiù' ý çhŭ* 取义子. – Hijo adoptivo (收养的儿子). *ý çhŭ* 义子.

Adorar (vt.崇仰、膜拜). *kuéy páy* 跪拜. [arrodillarse (vr.跪倒). *kuéy hiá* 跪下.]

Adormecido (a.瞌睡的), medio dormido (ap.半睡半醒的). *puón xúy* 半睡.

Adormecido, vt pies, o, manos (a.麻痹的，如脚或手). *mâ* 麻.|. *pý* 痹.|. *mâ pý* 麻痹.

Adormideras② (n.罂粟). *tiào sū* 吊粟.|. *tiào sū hoā çhŭ* 吊粟花籽③.

Adornar (vt.美饰、妆点). *choāng xĕ* 妆饰.|. *xèu xĕ* 首饰.

Adrede (ad.刻意), de intendo, de proposito (pp.有意，故意). *kú ý* 故意. [参见：de proposito (故意).]

Adquirir, vt bienes temporales (vt.获得，如世俗的财富). *tĕ* 得.|. *çhuón* 赚. [参见：ganar (赢得).]

Adufe (n.铃鼓、手鼓). *hoây kù* 淮鼓.porque se hazen en *hoây gān fù* (因产自淮安府而得名).

Aduana, registro (n.海关，登记所). *kuān* 关.

Aduanero (n.关吏). *xúy kuōn* 税官④.

Advenediço (a.外来的 n.外来者). *fān jiń* 番人. [参见：estrangero (外国人).]

Adversario, enemigo (n.对手，敌人). *chêu'* 仇.|. *chêu' tiĕ* 仇敌.

Adversidades (n.不幸的事情). *çhāy nán* 灾难.|. *çhāy iāng* 灾殃. [参见：calamidades (灾害).]

Advertir, reparar (vt.留意，注意). *kiŏ* 觉.|. *chȳ kiŏ* 知觉.|. *kiŏ tĕ* 觉得.

Advertir algo a otro (vp.提醒某人注意某事). *iù tā' chȳ kiŏ* 与他知觉.|. *kiŏ tĕ* 觉得.

Adultero (n.通奸的男人、奸夫). *kiēn jiń tiĕ çhȳ'* 奸人的妻.

Adultera (n.私通的女人、奸妇). *çhién jiń tiĕ fú* 贱人的夫⑤.

---

① 柯本注：伦敦本作"*liĕ çhŭ* 立子"。
② 本义为催眠剂。
③ *tiào*，柯本缺字。"吊粟"，即白吊粟，决达亮的别名，俗称野小米，与罂粟并非同科。
④ *kuōn*，柯本写为*kuān*"关"。按：*kuōn*为原拼。
⑤ *çhién*，柯本误录作*kiēn*，字写为"奸"。

Adulterino, falso (a.掺假的，虚假). *kià tiě* 假的. [参见：falso (虚假).]

Adular (vt.谄媚). *chèn' moéy* 谄媚.|. *chèn' iù* 谄谀. [参见：lisonjero (谄媚者).]

Adulacion, palabras tales (n.谄媚的言辞). *chèn' iù* 谄语.

A este lugas (pp.在此处). [参见：aca (这里).]①

Af.

Afable (a.和善的、亲切的). *leang xén tiě* 良善的.|. *xún sing tiě* 顺性的.|. *jêu sing tiě* 柔性的.

Afamado (a.著名的、有名望的). *ièu mîng xing tiě* 有名声的.|. *chǔ' mîng tiě* 出名的.|. *tá mîng xing tiě* 大名声的.

(p.7)

Afan, cansācio (n.努力，辛劳). *laô* 劳.|. *fân laô* 繁劳.|. *laô kù'* 劳苦.|. *sin kù'* 辛苦.

Afanar, trabaxar (vi.劳动，工作). *çhó kung fū* 做工夫.

Afear, vt la honrra, ettᵃ. (vt.诋毁，如名誉等). *chèu' tā' tiě mîng* 丑他的名. [参见：difamar (丑化).]

Afecto (n.感情、情意). *çhing'* 情.|. *chi'ě* 切. – con afecto (怀有感情). *sin chi'ě* 心切.|. *héu ý* 厚意/厚谊.

Afeytes de mugeres (np.女人用的口红). *ién chȳ* 胭脂. que es el carmin para el rostro (其色紫红，用于搽脸).

Afeytarse (vr.化妆). *choāng xě* 妆饰.

Afeytarse, quitarse el cabello (vr.剃去须发，剪头). *t'ý têu'* 剃头.

Afeminado (a.女人样的、女人味的). *fú niù tiě chě* 妇女的质.|. *çú niù ùl t'áy* 似女儿态.

Aficion, amor (n.情，爱). *gáy* 爱.|. *gáy siě* 爱惜.|. *ièu ý* 友谊.

Afilar cosa de hierro (vp.磨砺铁器). *mô* 磨.

Afinidad, parentesco de pariente de muger (n.姻亲，即妻子一方的亲戚). *vuáy çhīn'* 外亲.

---

① 柯本注：这一条为另笔所添。

Afirmar (vp.肯定、认定). *kiàng tiń leào* 讲定了.|. *xuě tiń* 说定.|. *kiuě tiń* 决定.

Afligir (vp.折磨、使人受苦). *mô nán* 磨难.|. *nán goéy* 难为①.|. *kù' 苦*.

Afligido (a.受苦的). *ièu kù'* 忧苦②.|. *ièu muén* 忧闷.|. *iǒ muén* 郁闷.

Afliccion (n.苦闷、忧伤). *siń muén* 心闷.|. *kù' sīn* 苦心.

Afloxar (vt.放松、使之松弛). *suńg* 松.|. *fańg suńg* 放松.|. *kuō'n* 宽.

Afloxar en la virtud, floxo assi (vp.性情淡漠，类似于此的冷漠). *leǹg tań* 冷淡.

Afrechos, saluados (n.麸皮，糠). *fû* 麸.|. *mě fû* 麦麸.|. *mién têu'* 面头.|. *fû çhǔ* 麸子.

Afrentar (vt.羞辱、侮辱). *liń jǒ* 凌辱.|. *jǒ tā'* 辱他.|. *chý jiń sièu chỳ'* 致人羞耻.|. *páy tā' mîng sě* 败他名色.|. *xuě tā' chèu' çú* 说他丑事.

Afrenta (n.羞辱、耻辱). *sièu chỳ'* 羞耻.|. *p'á sièu* 怕羞.|. *vû mién tỳ'* 无面体.

Afrentar se adinuez③ (vp.相互攻讦). *siāng liń jǒ* 相凌辱.

Afrentosa cosa (np.不光彩的事情). *kò' sièu tiě çú* 可羞的事.|. *kò' sièu jǒ* 可羞辱.|. *chèu çú* 丑事.

Ag.

Agacharse (vr.弯腰). *kiǒ xīn* 鞠身.

Agallas del pescado (np.鱼类的腮). *iû sāy* 鱼鳃.

Agatas (n.爬行), andar assi (vi.伏地而进). *pû' fǒ* 匍匐.

Agena cosa (np.他人的东西或事情). *piě jiń tiě* 别人的.

Ageno del estado, o persona (ap.与实际的情况或人物不相符). *pǒ hǒ puèn chě* 不合本质.|. *pǒ ȳ puèn chě* 不依本质.

Agente de alguna cosa (np.某一件事务的代理人). *t'ý tā' lỳ çú* 替他理事.|. *táy tā' kuòn* 代他管④.

---

① "难为"，使人为难，"难"字当标阳平。他处所标多不误，见 Atribular (p.26)、Cansar à otro (p.41) 等条。

② "忧苦"及下一条"忧闷"，柯本严格按所标的上声调还原，写为"有苦""有闷"。

③ 此词拼法有疑，柯本作 adinuicem，查无所获。

④ 柯本注：伦敦本此句补有"agente ut sic (类似这样的代理者). *chǒ chè* 作者."。

Agnus Dei[①] (np.羊状圣饼). *xińg lǎ* 圣蜡. – nominas (n.圣徒名录). *xińg tǒ* 圣牍.

Agenxibre (n.姜). *kiāng* 姜.|. *kiāng mù* 姜母.

Agil (a.敏捷的). *kiñg' ku'áy* 轻快.|. *siń kiǹ* 迅紧.|. *xoàng ku'áy* 爽快.

Agilidad (n.敏捷). *kiñg' ku'áy* 轻快.

Agonia (n.临死前的痛苦), agonizar (vi.垂死挣扎). *çhâ'ng chuè'n* 残喘[②].|. *liñ chuñg* 临终.|. *çhiāng cù* 将死.

Agora (ad.现在). *jû kiñ* 如今.|. *ûl kiñ* 而今.

Agora luego (adp.即刻), de aqui aun poco (pp.自此时起). *chiéu* 就.

Agora poco hà (adp.刚过片刻). *fañg çhây'* 方才.|. *çhây'* 才.

Agorar, agurar (vt.占卜，预言). *ch'ań chào* 谶兆.

Agotar (vt.竭尽), no dexar cosa (vp.丝毫不留). *ki'ńg* 罄.|. *çhiń* 尽.|. *kuñ'g leào* 空了.|. *çhińg kuāng* 净光.|. *çhiń kuāng* 尽光.

Agrio (a.酸 n.酸味). *suōn* 酸.

Agrio, por madurar, vt fruta (a.酸涩的，指水果之类未熟). *señg* 生.

Agosto (n.八月). *ch'iě iuě* 七月.

Agriamente, vt lleuar la cosa, o tolerar la (ad.心中苦涩，如承受或忍耐某事). *kiě kù'* 疾苦[③].|. *mièn kiàn'g* 勉强. hazerse fuerza (即被迫、迫使自己做某事).

Agradar (vt.使人愉快、感到愉快). *chuńg ý* 中意.

Agradable ala vista (ap.看着舒服、悦目). *hào ka'ń tiě* 好看的.|. *çhý' chiǹg* 齐整.

Agradecer (vt.表示谢意). *kàn sié* 感谢.|. *páo sié* 报谢.

Agradecimiento (n.由衷的感谢), retorno por el beneficio (np.回报恩典). *sié lỳ* 谢礼.|. *hoêy lỳ* 回礼.|. *páo sié* 报谢.

Agradecido (a.感恩的). *ièu çhîn'g tiě* 有情的.|. *chȳ gēn* 知恩.|. *páo gēn tiě jiñ* 报恩的人.

Agradecer in corde (vp.感恩于心、报谢). *liǹg çhîn'g* 领情.|. *jiń gēn* 认恩.

Agricultura (n.农耕). *nuñg kiā* 农家.

Agraz (n.酸葡萄、酸汁). *pû' tâo' suōn* 葡萄酸.

---

① 柯本：一种精巧的蜡制圣饼，做成小羊的形状，由教皇赐福。

② *çhâ'ng*, 他处多作*çhân'*, 如p.62, Cruel (残忍的、暴虐的)。

③ 柯本写为"急苦"。

Agrauiar (vt.冒犯、惹恼). *tě çhúy* 得罪.|. *táy mán* 怠慢.|. *xě lỳ* 失礼.|. *siě tỏ* 亵渎.

Agua (n.水). *xùy* 水. – llouediza (n.雨水). *iù xùy* 雨水.

Agua miel (n.蜂蜜汁). *miě xùy* 蜜水.

Aguador (n.卖水的贩子、水商). *máy xùy tiě* 卖水的.

Aguaducto (n.水渠、水道). *xùy keū* 水沟.|. *xùy lú* 水路.|. *xùy kuōn* 水管.

Aguar el vino (vp.往酒里兑水). *xùy çhān' çhièu* 水掺酒. – vino aguado, o floxu (掺水后味道变淡的酒). *xùy çhièu* 水酒.

Agua rosada (np.玫瑰水). *moêy kuêy lú* 玫瑰露.

Agua de azaar① (np.柠檬花或柑橘花水). *pâo' hoā lú* 泡花露.

Agua olorosa de flores sacada por alambique (np.用花朵经蒸馏法制取的香水). *hoā lú xùy* 花露水.

Agua del rozio de la mañana (np.清晨的露水). *lú xùy* 露水.

（p.8）

Aguas eladas del mar: es un marisco (np.凝结的海水：是一种海产). *ch'á iû* 鲊鱼②.

Agua bendita (np.圣水). *xińg xùy* 圣水.

Agua temporal (np.应时之水、及时雨). *xŷ xùy* 时水.

Agua que pasa por minas de açufre de los baños (np.用于洗浴的硫磺泉水). *tañ'g* 汤.

Agua caliente (np.热水). *tañ'g* 汤.|. *jě xùy* 热水.|. *kuèn xùy* 滚水③.

Agua pie del vino de arroz (np.米酒的水渣)④. *úl çhièu* 二酒.

Agua de entre cuero, y carne (np.皮与肉之间的水). *hiuě xùy* 血水.

Agua arriba (np.上游). *xańg xùy* 上水.

Agua abaxo (np.下游). *hiá xùy* 下水.

Agua manil (np.水罐). *ièu çhùy kuón* 有嘴罐.

Agua salada, o, salobre (np.咸水，或带盐味的水). *hiên xùy* 咸水.

Agua dulce (np.甘甜的水、新鲜水). *tán xùy* 淡水.

---

① azaar，今拼azahar（柠檬花或柑橘花）。

② ch'á，柯本缺字。鲊鱼，海蜇的别名。

③ 柯本写为"混水"。

④ 柯本：用米酒制成的次等酒。

Agua corriente (np.流水、活水). *liêu xùy* 流水.

Agua rebalsada, vt charco (np.阻断的水，如池子). *çù xùy* 死水①.

Agua clara (np.清洁的水). *çhiñ'g xùy* 清水.

Agua turbia (np.浑浊的水). *hoēn xùy* 浑水②.

Aguardar (vt.等候). *teǹg* 等.|. *teǹg táy* 等待.

Aguardate un poco (s.等一会儿、等一等).③ *teǹg siē* 等些.|. *tiñg' iě tiñg'* 停一停.|. *tiñg' hoéy* 停会.

Aguardar el inferior al superior (vp.下级等候上级). *çú heú* 侍候.

Agudamente (ad.敏锐、尖锐地). *ièu lý* 有理.

Agudo de dos filos (ap.两面都锋利的). *leaǹg fuñg tāo* 两锋刀.|. *leaǹg kèu' tāo* 两口刀.

Agudo de ingenio (ap.脑筋快、有智趣). *çhūn'g miñg* 聪明.|. *ku'áy tuñ'g* 快通.|. *miñg gú lý* 明悟俐④.

Agudo, puntragudo (a.锐利的，带尖的). *çhiēn tiě* 尖的. [pico agudo (鸟兽的尖嘴). *çhiēn çhùy* 尖嘴.]

Agudeza de ingenio (np.才智、颖悟). *çhây' neñg* 才能.|. *tuñ'g miñg* 通明.

Agudeza con malicia (np.一脑子坏主意). *tiāo* 刁.|. *lý háy* 厉害.

Agudeza en la vista (np.目光锐利). *ièn çhiě* 眼疾. – en las palabras (指言语犀利). *ieñ lý* 言利. – en la pluma (指笔头). *piě kuáy* 笔快⑤.|. *piě lý* 笔利.

Aguelo (n.祖父). *çhù kūng* 祖公. [参见：Abuelo (祖父、外祖父).]

Aguero (n.预言、兆头). *çhày' têu'* 彩头.

Aguila (n.鹰). *gǒ niào* 鹃鸟.

Aguja para coser (np.用来缝纫的针). *chiñ* 针. – numeral de ella (这种物件的量词). *moêy* 枚.

Aguja de marear (np.航海使用的罗盘). *lô kiñg* 罗经.

Agujero (n.洞孔、洞眼). *k'ǒ luǹg* 窟窿.

Agujerar (vt.打洞、钻孔). *çhó k'ǒ luǹg* 做窟窿. – con lesna, o, taladro (用尖头的工具或钻子). *chu'én* 串.

---

① 柯本作"阻水"。本词典上"阻"字拼为çhù。
② 柯本注：hoēn，梵蒂冈本拼为hoèn。
③ 这一句是命令式。
④ 似应理解为两个词：明悟，明俐。
⑤ kuáy，脱送气符。

Agujeta (n.皮带), cinta de calçones (np.系裤子的带子). *k'ú laý* 裤带①.
Aguzar (vt.磨砺). *mô* 磨.|. *mô çhiēn* 磨尖. [参见：afilar (磨).]
Aguija (n.鹅卵石). *kȳ' piēn xě* 溪边石.
Aguijonear a otro (vp.戳、刺、激励某人). *çh'ǔ tā'* 刺他.|. *ch'úy tā'* 催他②.

Ah.

Ahechar, es como molinillo de viento (vt.簸扬，如同使用风磨那样). *pó* 簸.|. *xeń* 搧.|. *xāy* 筛.
Ahechaduras del trigo (np.小麦的麸子). *mě têu'* 麦头. – del arroz (稻米的糠). *mỳ têu'* 米头.
Ahijado por el baptismo (np.经洗礼收养的教子). *taý çhǔ* 代子.
Ahidalgado, noble (a.尊贵的，高贵的). *xý kiā* 世家.|. *çhūn chǒ tiě* 尊族的.
Ahidalgadamente (ad.豪爽大方地). *kañ'g k'áy* 慷慨.
Ahinco: con fuerza (n.坚毅、热忱：竭尽全力). *iuńg liě* 用力.|. *çhiń liě* 尽力.|. *fý liě* 费力.
Ahinco en vna cosa (np.专心致力于一件事情). *chuēn vú* 专务. – poner todo conato (全身心地投入). *iuńg siñ* 用心.
Ahincadamente (ad.坚忍、全力以赴地), con instancia, importune (pp.有毅力，或不厌其烦). *çháy sān, çháy çú* 再三再四.
Ahito (a.吃得过饱的 n.消化不良), indigesto (a.难消化的). *çhiě* 积③.|. *ièu çhiě* 有积.|. *pǒ neńg siāo hoá* 不能消化.
Ahito con açedia (ap.积食不化), açedo el estomago (np.反胃酸). *pý' goêy suōn çhiě* 脾胃酸积④.
Ahogarse de risa, o hablando (vp.大笑或说话时噎着). *k'ý sě* 气塞.
Ahogarse en el agua (vp.沉入水中). *chîn' çù* 沉死. – hundirse (vr.沉没). *chîn' hiá ki'ú* 沉下去.
Ahogar tapando la respiracion (vp.窒息、淹毙). *ièn çù* 淹死.

---

① *laý*，当为*taý*之误，柯本改从后者。
② *ch'úy*，柯本缺字。调符或有误，"催"字他处多标为阴平。
③ 此处及后面两处*çhiě*，柯本均写为"疾"。
④ 柯本注：*goêy*，伦敦本修订为*goéy*，去声。

Ahogarse con el bocado (vp.嘴里噎食). *tuñ' pǒ hiá çù* 吞不下去①.

Ahogarse en poca agua, el que se abruma con poco (vp.溺于杯水，即为小事情斤斤计较). *leańg çhièn'* 量浅.

Ahogamiento en el corazon (np.内心压抑). *leào pǒ kāy'* 了不开. no poder lo desechar (即放不下某事).

Ahondar en la tierra (vp.深挖土). *kāy' xīn* 开深.|. *kiuě xīn* 掘深.

Ahondar en la doctrina (vp.深探义理). *té'u táo lỳ* 透道理②.

Ahondar en el arado (vp.深翻土地). *lỳ xīn* 犁深.

Ahorcar (vt./vi.吊死、自缢). *tiáo çù* 吊死.

Ahormar (vt.使鞋子、衣服合脚合身). *hiuén kỳ'* 楦起.

Ahorrar de gastos (vp.节制开支). *kièn iuńg* 俭用/减用.|. *chó kiā* 做家.

Ahorrador de gastos (np.花销俭省者). *kièn vû iuńg* 减无用③.

Ahumar (vt.烟熏、熏制). *iēn* 腌.|. *lǎ* 腊.

Ahumado (a.熏制的). *iēn tiě* 腌的.|. *lǎ tiě* 腊的.

Ahuientar (vt.驱赶). *kàn* 赶.|. *kàn tā' ki'ú* 赶他去.|. *ki'ū chǒ* 驱逐.

Ay.

Aỳ donde estas (adp.你所在的地方). *ná lỳ* 那里.

Ayo, o amo que cria, nutricius (n.家庭教师，np.收养孩子的男主人). *táy fú* 代父.

Aya, que cria (n.女家庭教师，即收养孩子的女主人). *iàng mù* 养母.

Ayre, viento (n.空气，风). *fuńg* 风.

Ayre elementar (np.作为基本元素的空气、大气). *k'ỳ* 气. – esta en el ayre (在空气中). *çháy kūn'g chuńg* 在空中.|. *hiǔ siųng chuńg* 虚□中④.

Ayrosa cosa, graciosa (np.轻松谐趣、优雅可赏的东西). *ièu çhi'ú* 有趣.|. *ièu ý çú* 有意思.

---

① *çù* 系笔误，当为*ki'ú* "去"。
② 柯本写为"投道理"。按：据柏林本，字音*té'u* "透"为去声，调符十分清晰。柯本作*têu'*，标为上平声，故将其字写成"投"。
③ 谓省除没用的开支。柯本拟为"俭□用"。
④ 柯本注：在万济国的注音系统中，*siųng*并非正常的拼法。按：*siųng*可能是*kūng*（空）的误写，也可能是"胸"（*hiūng*）的又读。

Ayrado (a.气冲冲的). *fuèn nú* 愤怒.|. *nào nú* 恼怒.|. *fǎ nú* 发怒. [参见：enojado (气愤的).]

Ayuda, jeringa (n.灌肠器，针筒). *sié tuǹ'g* 泻筒.|. *sié kuōn* 泻管①.

（p.9）

Ayudar (vt.帮助). *çhú* 助.|. *pañg* 帮.|. *pañg çhú* 帮助.|. *fû çhú* 扶助.

Ayudador, bien echor (n.助佑者，施恩者). *kiéu chù* 救主.|. *gēn chù* 恩主.

Ayuda (n.帮助), auxilio interior (np.内在的帮助、心灵的救助)②. *pào iéu* 保佑.

Ayuda de soldados (np.援兵、援军). *kiéu piñg* 救兵.

Aiuno (n.戒斋). *chāy* 斋. – el nuestro de obligacion (我们的教士有义务遵守的斋期)③. *tá chāy* 大斋. – nuestra abstinencia de carne solamente (我们只戒肉食的斋期). *siào chāy* 小斋.

Ayunar (vi.奉持斋事). *xèu chāy* 守斋.|. *chŷ' chāy* 持斋.

Ayuno perpetuo del *foě* (np.佛教徒一生奉持的斋事). *chân'g chāy* 长斋.

Ayunante (n.行斋者). *ch'ě chāy tiě* 吃斋的.|. *pǒ ch'ě hoēn tiě* 不吃荤的.|. *ch'ě sú tiě* 吃素的.

Ayuno interior (np.内心中奉行的斋事), abstenerse de los vicios (vp.拒绝种种罪恶的念头). *siñ chāy* 心斋.

Ayunos de la quaresma (np.四旬斋). *cú xě jě chāy* 四十日斋.

Ayuno natural, vt para comulgar (np.自然的斋事，如圣餐). *kuñ'g siñ* 空心.

Ajos (n.大蒜). *suón têu'* 蒜头. – dientes de ajos (一瓣瓣的蒜). *suón pān* 蒜瓣.

Ajornalado (n.雇工). *iûng kuñg* 佣工.

Ajonjoli (n.芝麻). *mâ* 麻.|. *chŷ mâ* 芝麻.

Ajustarse (vr.适合、适应于). *hǒ* 合.

Ajustarse a las costumbres (vp.使自己适应于习俗). *sûy sǒ* 随俗.

Ajustarse à todos (vp.使自己适应于所有人). *sûy chúng* 随众.

---

① 似指中医泻血疗法所用的器具。

② 拉丁文名词短语。

③ "我们、我们的"，即欧洲或西教的，万济国多以此区别于"他们、他们的"，即中国、中国人的。但他有时称"我们"，则是指本会即道明会，或者指西班牙教士，区别于葡萄牙神父或其他人。凡此均按文义，有必要时作补充说明。

Al.

Alas de aue (np.鸟儿的翅膀). *iě* 翼.|. *niào iě* 鸟翼.|. *iǜ iě* 羽翼.

Alado (a.有翅膀的), cosa con alas (np.带羽翼的东西). *ièu iě tiě* 有翼的.

Ala del texado (np.瓦房的屋檐). *uà iên* 瓦檐.|. *fañg iên* 房檐. – debaxo de las canales (檐沟底下). *iên hiá* 檐下.|. *tiě xùy piēn* 滴水边.

Ala del exercito del lado derecho (np.一支军队的右翼). *iéu iûng* 右营. – del lado izquierdo (其左翼). *çhò iuńg* 左营.

Ala de sombrero (np.帽子的边). *máo iên* 帽檐.

Ala del payo (np.雨伞的边). *sàn iên* 伞檐. et sic ett[is]. (如此等等).

Aletas de pescado (np.鱼鳍). *iǜ iên* 鱼檐.

Alabar (vt.夸奖). *chiñg' çhán* 称赞.|. *çhán mùey* 赞美.|. *suńg çhán* 颂赞.|. *çhán iañg* 赞扬. – ser alabado (被人称赞). *goêy çhán mòey* 为赞美.

Alabança (n.赞誉之辞). *çhán iǜ* 赞语.|. *çhán iên* 赞言. – de los difuntos recien muertos (针对不久前去世的人). *çhý vuên* 祭文.

Alabança del dia del nacimiento, y de quando cumplen 60. años, escritas en un dozel (np.在生日以及六十寿辰之日所作的赞美文字，写在条幅上面). *siǜ vuên* 序文.

Alabar lisonjeando (vp.用谄媚的言辞夸奖). *pāo çhiàng* 褒奖.

Alabar por ironia (vp.明夸暗讽). *kià chiñg' çhán* 假称赞.

Alabarda (n.戟、铖). *iuě tāo* 铖刀.

Alabarderos, guardia Real (n.持铖刀者，即皇家卫队). *iǜ lień kiūn* 御辇军.

Alabastro (n.雪花石膏). *pě iǒ* 白玉.

A la buelta, quando buelva (pp.返回之际，在人归来的时候). *hoêy laŷ xŷ* 回来时.

Alaçena (n.食品橱、边柜). *çhiā'ng ku'éy* 墙柜.|. *ku'éy* 柜.

Alambre (n.金属线). *tuń'g sién* 铜线. – si es hierro (如果是铁制的). *ti'ě sién* 铁线.

Alambique (蒸馏器). *chiñg çhéng* 蒸甑.

Alamo blanco (np.白杨). *pě iâng xǘ* 白杨树. – negro (黑色的). *iâng xǘ* 杨树.|. *iâng lièu* 杨柳.|. *hoây xǘ* 槐树.|. *hoây lièu* 槐柳.

Al amaneçer (pp.天蒙蒙亮时、在黎明时分). *tiēn' leańg* 天亮.|. *çhào xîn* 早晨.

Alano (n. ·种巨型犬). *tá kèu* 大狗.

Alacran (n.蝎). *hiě çhǔ* 蝎子.

Alarde de soldados para muestra (np.检阅士兵). *tièn máo* 点卯①.|. *tièn miŉ* 点名.

Alarido (n.呼喊). *hū háo* 呼号.|. *tá xiŉ* 大声.|. *kāo xiŉ* 高声.

Alargar tiempo, retardar, dilatar le con palabras (vp.拖延时间，延迟，如借说话拖住某人). *chý' iên* 迟延.

Alargas de tiempo (np.长时间). *chaŉ' kièu* 长久.|. *kièu* 久.

Alançear (vt.用矛或长枪刺). *piāo' çhiān'g* 镖枪. – morir assi (被标枪扎死). *piāo' çù* 镖死.

Al anochecer (pp.天渐黑时、在黄昏时分). *mú xŷ* 暮时.|. *çhiaŋ mú* 将暮.|. *vuàn kiēn* 晚间.|. *jě têu' hiá xān* 日头下山. [参见：puesto el sol (太阳落山后).]

Alberchigos (n.黏核桃、杏). *hiŉ tâo'* 杏桃.

A la postre (pp.最终). *xǎ vùy* 煞尾.|. *héu têu'* 后头.

A la par, a una (ad.同时，一块儿). *iě kỳ'* 一起.

A las vezec (pp.有些时候). *ièu xŷ* 有时.

Alargar afloxando (vp.放松、松开). *faŋ siē* 放些.|. *suŋ siē* 松些.

A la tarde, despues de medio dia (pp.在下午，中午过后). *hiá gù* 下午.|. *gù héu* 午后.

A la saçon (pp.在那时、当时). *xŷ çhiě* 时节.|. *xý xŷ* 是时.|. *ná xŷ* 那时.

Albañar de casa (np.房屋的下水道). *xùy kēu* 水沟.

Albañil (n.泥水匠、砖瓦匠). *nŷ çhiáŋ* 泥匠.|. *nŷ xùy çhiáŋ* 泥水匠.

Albaran, soltero (n.独自一人，单身汉). *tān xīn* 单身.

Albarda de bestia (np.牲畜的驮鞍). *tô' çhǔ* 驮子.

Aberca②, o estanque (n.蓄水池，或池塘). *xùy chý'* 水池.

Alboroço, alegria (n.欢欣，愉悦). *huōn hỳ* 欢喜.|. *hīn hỳ* 欣喜.

Albericoques (n.杏). *hiŉ çhù* 杏子. – los siluestres (野生的那种). *môey çhǔ* 梅子.

Alborear, amanecer (vi.破晓，天亮). *tiēn' uŷ miŉ* 天微明.|. *tiēn' çhây' leaŋ* 天才亮.

---

① 柯本作"点帽"。

② 即alberca，原写脱字母"l"。

官话词汇　31

Albricias① (n.祝贺、恭喜). *páo hỳ çhiên'* 报喜钱.

Albur, pescado (n.鲻或鲦，一种鱼). *tiên' iụ̆* 田鱼②.

Alboroto (n.喧闹、骚乱). *náo jě* 闹热.|. *jaǹg náo* 嚷闹. – ruydo (n.喧哗、噪杂). *çhâo' náo* 嘈闹.

Alboroto de leuantamiento (np.叛乱、起义). *luón* 乱.|. *kỳ' ý* 起义.

Albornos (n.斗篷), cota de algodon (np.絮棉的战袍或锁子甲). *miên kiǎ* 绵甲③.

Alcaçar, fuerte (n.城堡，要塞). *piňg iuŋ̂g* 兵营.|. *piňg cháy* 兵寨.

Albondigas (n.肉丸子). *iuên* 圆. – de carne (肉做的). *jǒ iuên* 肉圆.④

Alcaçer de arroz (np.稻子的茎秆). *táo çhào'* 稻草.

Acaçer⑤ (n.茎秆). *çhào'* 草. – para los cauallos (喂马的). *mà çhào'* 马草.

Alcaduz de agua (np.引水的管渠). *xùy kuōn* 水管.|. *iň xùy kuōn* 引水管⑥.

Alcanzar, vt sic (vt.达到、得到、获得等)⑦. *tě* 得.|. *hoě* 获.

(p.10)

Alcaguete (n.妓院男老板、皮条客). *moêy jiñ* 媒人. – medianero, casamentero (n.男性中间人，媒人). *moêy jiñ* 媒人.⑧

Alcagueta, o medianera (n.妓院女老板、鸨母，或媒婆). *moêy p'ô* 媒婆.

Alcalde de los pueblos (np.维护治安者、乡官). *tù' kuōn* 土官.

Alcaldes mandarines pequeños en pueblos grandes (np.乡镇的低级官员). *siûn çȳ* 巡司.|. *siûn kièn* 巡检.

Alcal de mayor, aquien perteneçe lo criminal (np.负责城市刑事工作的高级官员). *gán chǎ' çȳ* 按察司⑨.

---

① 相当于英语说congratulations，转指赏给报喜讯者的小钱。
② *tiên'*，柯本缺字。"田鱼"，鲻鱼的俗名之一，其词又见于Lissa（p.129, = lisa, liza）。
③ 柯本作"棉袂"。
④ 此条柯本写为"丸""肉丸"。"丸（子）"是北方人的说法，同样的食品南方人叫"圆（子）"。参见Pildoras（p.173）。
⑤ 即alcaçer，脱字母"l"。
⑥ 可参看p.7词目Aguaducto（水渠、水道），"管"字也作平声。
⑦ vt sic，拉丁文短语，表示"类似之义、等等用法"。
⑧ 柯本注：中国的媒人，西班牙神父们觉得属于皮条客，因为也介绍男人娶小老婆，犯有纳妾之罪。
⑨ 柯本作"察司"，脱字音*gán*。

Alcançar en la cuenta (vp.计算到某一步).①

Alcançar al que va huyendo (vp.追上正在逃跑的某人). *kàn chŏ* 赶着.

Alcançar lo que esta alto, baxando lo (vp.从高处取下某物). *nà hiá lây* 拿下来.

Alcançar, ut lo largo, llegar (vt.够及，如把绳子放长到够得着). *táo* 到.

Alcançar con ruegos (vp.通过请求而获得). *kiêu' tĕ* 求得.

Alcançar penetrando (vp.通透、深入). *tuñg' tuñ* 通.|. *tuñg' mîng* 通明.|. *tuñg' lỳ* 通理.

Alcançado de dinero (vp.缺钱). *mŏ ièu iñ chù* 没有银子.

Alcançado de tiempo (vp.缺时间). *mŏ hiên* 没闲.|. *pŏ tĕ hiên* 不得闲.

Alçar del suelo (vp.从地上拿起). *nà kỳ' lây* 拿起来.

Alcanfor (n.樟脑). *chāng nào* 樟脑. – el muy fino (一种优质的樟脑). *piñ pié'n* 冰片. – el arbol en que nace (产樟脑的树). *chāng xú* 樟树.

Alcabalas, derechos (n.货物税，关税). *xúy* 税.|. *hó xúy* 货税. – pagar los (交税). *nă xúy* 纳税.

Alcabalero (n.税务官). *xúy kuōn* 税官.

Alçar lo caydo (vp.拾起掉落的东西). *tý' kỳ' lây* 提起来. [参见：leuantar (抬起).]

Alcatraz de papel② (np.纸筒). *chỳ pāo* 纸包.

Alçar sosteniendo, o, ayudar aleuantar (vp.扶起，或帮人起身). *fù chý'* 扶持.

Alçar los ojos para arriba (vp.抬眼、扬起目光). *niàng k'án* 仰看.

Alçar de obra, dexar de trabajar por entonces (vp.停止工作，放下活计). *xă kuñg* 煞工.|. *fañg xèu* 放手.

Alçar acia arriba (vp.往上举、抬起). *kiù xańg* 举上.|. *nà xańg kiù* 拿上举.

Alçar el Real (vp.召集队伍). *kỳ' iuñg* 起营.

Alçarse, o, rebelarse (vr.兴兵，或反叛). *mêu fàn* 谋反.|. *chó mêu fàn* 做谋反.|. *kỳ' ý* 起义.

Alçarse con las tierras de otro (vp.攫取别人的土地). *chién* 僭. [参见：vsurpar (篡夺).]

---

① 此条原缺汉语对应词。

② 柯本解释为a paper cone, used for wrapping（一种锥形的纸袋，用于包装）。盖即包零食的纸锥。

Alegria de ajonjoli (np.芝麻甜饼). *mâ kāo* 麻糕.①

Alcohor, medicina para los ojos (n.酒精，用作治眼疾的药). *ièn iǒ* 眼药.|. *mǒ tièn* 目点.

Alcoholar (vt.上眼药). *tièn ièn* 点眼.

Alcuça (n.油壶、调料瓶). *iêu kuón* 油罐.

Alcuña (n.血统、世系). *siṅg* 姓.

Aldea (n.村子、村落). *hiāng çhūn'* 乡村. – aldeano (n.村民). *çhūn' jiṅ* 村人.|. *tù' jiṅ* 土人.

Aldaua grande (np.大型的门闩). *tiě' kaṅg* 铁杠. – la pequeña (小型的那种). *muên kiēn'* 门扦②.

Alegrarse (vr.开心、高兴). *huōn hỳ* 欢喜.|. *hỳ siáo* 喜笑.|. *hỳ huōn* 喜欢.

Alegria(n.欢愉), coraçon alegre (np.心情快乐). *hỳ siṅ* 喜心.|. *hiṅ hỳ* 欣喜.

Alegremente (ad.高高兴兴地). *hiṅ jeṅ* 欣然.

Alegre rostro (np.一脸的喜色). *hỳ iûng* 喜容.|. *hỳ sě* 喜色.

Alegrarse, congratularse (vr.开心，有喜事). *kuṅg hỳ* 恭喜.

Alegrarse, deuertarse (vr.欢乐，玩耍). *kāy' siṅ* 开心.|. *hỳ iě hỳ* 喜一喜.|. *hỳ xoà* 喜耍.

Alegar razones en defensa del pleyto (vp.在诉讼辩护时提出论据). *çhụ̂' choáng* 词状.

Alentar, animar (vt.鼓气，激励). *mièn lỳ* 勉励③.

Alesna (n.钻子、锥子). *çhuón* 钻.

Alerta (n.警醒), con cuydado (pp.仔仔细细). *kiṅ xiṅ* 谨慎.

Alexarse (vr.远离). *ki'ụ́ iuèn* 去远.|. *iuèn ki'ụ́* 远去.|. *lý kāy' ki'ụ́* 离开去.

Aleuoso (a.不讲信义的). *vû çhiṅg'* 无情.|. *vuâng puèn jiṅ* 忘本人.

Alferes que lleua la bandera (np.举旗的人、旗手). *siēn fuṅg* 先锋.|. *nà kỳ' tiě* 拿旗的.

Alfajor de frixoles (np.豆制的糕点). *téu kāo* 豆糕.

Alfiler (n.别针、胸针). *tuṅg' chīn* 铜针.

---

① 柯本解释为 sesame paste（芝麻糊），将字音还原作"麻膏"。按：alegria 一词的本义为欢愉，转指一种用苋属植物（amaranth）的种子拌上蜜糖制作的西式甜点，为喜庆的日子所不可缺，其制法据传源自南美印第安人。

② 即门的插销。柯本作"门键"。

③ *lỳ*，系笔误，当为 *lý* "励"，见词目 animar（p.14）。

Alfanique①, o, semejante a ello (n.糖糊，或类似的食品). *tañg' suńg* 糖松②.

Alforjas (n.驮鞍). *pý nâng* 背囊.|. *mà pāo* 马包.

Algiue (n.蓄水池、水箱). *xùy siāng* 水箱.

Alguacil, mensagero (n.法警，信差). *chāy' jiñ* 差人. – corchete (n.捕吏). *iuèn chāy'* 远差③.

Algodon (n.棉花). *miên hōa* 棉花.|. *mǒ miên* 木棉.

Algodon de capulos de seda (np.用蚕茧制成的棉花). *çū miên* 丝绵.

Algo (pron.某物、某个东西). *tuñg sȳ* 东西.

Algunos (a./pron.一些、若干). *kỳ kó* 几个.|. *pǒ tō* 不多. no muchos (即没有多少).

Algun poco (ap.一点儿、少许). *siē xào* 些少.

Algunas vezes (np.若干次). *kỳ ch'ǔ* 几次.|. *kỳ pién* 几遍.|. *kỳ chāo* 几遭. – quantas vezes? (多少次？) *kỳ chuèn* 几转.|. *kỳ fān* 几番.

Algo desabrido, descontento (ap.有点不开心，不满意). *pǒ ku'áy huǒ* 不快活.

Alguno, vt ay alguno (pron.某人，比如说有那么一个人). *ièu jiñ* 有人.

Algunos pocos (ap.少量、有那么一些). *kỳ kó ièu* 几个有.|. *tō xào* 多少.

Alguno, qualquiera (pron.有些、任何，不论是谁或什么). *fân* 凡.|. *tán fân* 但凡.

Algun tando de tiempo (adp.有那么一阵子、一会儿). *iě xý kiēn* 一时间.

Alhombra (n.地毯). *chēn tiâo'* 毡条.|. *tàn' chù* 毯子.

（p.11）

Alhaxas de casa (np.家用器具). *kiā hò* 家伙.|. *kiā k'ý* 家器. – los bienes rayzes de la casa (家庭财产). *kiā niě* 家业.

Alondiga, almasen (n.粮仓，货房). *chān'g k'ú* 仓库. – de arroz (储存稻米的). *chān'g mỳ* 仓米.|. ~ *liñ* 仓廪.|. ~ *fañg* 仓房.|. *k'ú fañg* 库房④.

Alhondiguero, o Almacenero de los almacenes Reales (n.司库，或皇家粮库

---

① 柯本注：alfanique, 今拼alfeñique, 一种用杏仁油制成的甜糊。
② *suńg*，柯本拟为"淞"。"糖松"，似即甜味的松糕。
③ 柯本写为"原差"。
④ 此条的"仓库""仓廪""仓房"三词，柯本作"藏库""藏米廪""藏米房"，且脱漏"仓米"一词。

的管理者). *çhān'g kuōn* 仓官①.

Aliarse con otros para mal (vp.与他人结帮以行恶). *çhó tang* 做党.|. *kiĕ tang* 结党.

Aliarse hermanandose (vp.结成兄弟联盟). *páy pà* 拜把.|. *kiĕ meng* 结盟.

Aliança, y conocimiento (n.条约、契约，以及有关的共识). *iŏ k'ý* 约契.

Alisar (vt.推平、抛光). *mô kuāng* 磨光.

Alimentar, vt sic (vt.供养、喂养、饲养等). *iàng* 养.

Alimentos (n.食物、食粮). *leâng xĕ* 粮食.|. *iung leâng* 营粮. – el de los soldados (士兵的给养). *leâng çhào'* 粮草.|. *çhiên' leâng* 钱粮.

Alimentar los hijos a los Padres (vp.儿子们赡养双亲). *iang çhīn'* 养亲.|. *iang fú mù* 养父母.

Aliñar, adereçar (vt.安排，整饰). *choāng xĕ* 装饰/妆饰.|. *xēu xĕ* 收拾.

Aliuiar (vt./vi.减轻、缓和). *king'* 轻. – vn poco aliuiado, vt el enfermo (情势略为轻缓，如疾病). *king' siē* 轻些.

Alixar el nauio (vp.减轻船舱的负载). *king' chuên'* 轻船.

Alistar soldados, hazer gente (vp.招募士兵，招人). *chāo pîng* 招兵.

Alistar (vt.登录), poner por memoria (vp.记录于册). *ký sú* 记数. – libro de alistamiento, o memorias (登录簿，或备忘录). *sú pú* 数簿.

Alla, ally (ad.那里，在那儿). *ná lỳ* 那里.|. *ná piēn* 那边.|. *ná sò çháy* 那所在.

Alla selo aya (s.随他自由、任由其便). *sûy pién* 随便.|. *sûy ý* 随意.

Allanar, vt el suelo (vt.使平整，如土地). *çhó pîng'* 做平.|. *pîng' chĕ* 平直.

Allegar, o juntar (vt.聚集，或联合). *çhiĕ* 集.|. *çhiĕ çhiú* 集聚. [参见：amontonar (堆集).]

Allegarse (vr.接近、聚拢). *çhiñ' kiń* 亲近.|. *kiń lây* 近来. [参见：acercarse (接近).]

Allende de esto, demas de esto (adp.另一面，除此之外). *ling vuáy* 另外.

Alma (n.灵魂、精神). *hoên* 魂. – la racional (理性之魂). *ling hoên* 灵魂. – *kiŏ hoên* 觉魂. la alma sensitiua (感觉之魂). – *seng hoên* 生魂. la alma vegetatiua (植物之魂).

Alma, y cuerpo (np.灵魂与肉体). *xīn ling* 身灵.|. *hoên p'ĕ* 魂魄.|. *hing xîn* 形神.

---

① 柯本作"藏官"。

Alma erratica, que dizen los chinos (np.行走之魂，中国人的说法). *iéu hoên* 游魂.

Almacenes (n.仓库). *k'ú çháng* 库藏.

Almagre (n.赭石). *huñg tān* 红丹. – el fino (上好的). *kiñ tān* 金丹.

Almidon (n.淀粉、浆粉). *çhiāng* 浆.

Alminas de muros (np.城墙上的雉堞). *tò ièn* 垜眼.

Almirez (n.铜制的研磨器). *tuñ'g kiéu çhǔ* 铜臼子.

Almejas de cascara con rayas toscas (np.一种带壳的蚌类，纹路很粗). *hān çhǔ* 蚶子.

Almohada (n.睡枕). *chìn têu'* 枕头.

Almohaza (n.梳马毛的梳子). *ti'ě sú* 铁梳.|. *ti'ě pâ'* 铁耙.

Almohazar (vt.给马梳毛). *pâ' mà* 耙马.

Almuerço (n.早餐、午餐), comida por la mañana (np.早晨用的膳食). *çhào fán* 早饭.

Almorzar① (vi./vt.用早餐). *ch'ě çhào fán* 吃早饭.

Almuerço de cosa poca (np.少量的餐食). *tièn siñ* 点心.

Almorranas (n.痔疮). *chý* 痔.|. *chý choāng* 痔疮②. – tener las (生痔疮). *señg chý* 生痔.

Almiscle (n.麝香). *xé hiañg* 麝香.

Almiuar (n.糖浆). *tañ'g* 糖.

Almude, celemin (n.阿穆德，塞雷敏). *tèu* 斗. ganta, idem. (n.甘塔，同上).③

A lo mas que puede llegar (pp.可以获得的绝大多数、最多、至多). *kiě tō* 极多.

A lo menos (pp.最少、至少). *kiě xào* 极少.

Alondra, paxaro (n.云雀，一种鸟). *hōa mỷ* 画眉.

Aloxarse (vr.住宿、停歇). *hiě* 歇.

Aloxamiento, meson, venta (n.借宿处，旅馆，小店). *hiě tién* 歇店. – Aloxarse en el (在这类地方歇脚).

---

① 此词今多指吃午饭。

② *choāng*，脱送气符。可对照Bubas（p.37）。

③ 本条所列的三个西语词，均为容量单位或量具。阿穆德，主要用于计量谷物，实际所容因时代、地域不同而有差异，有时就相当于塞雷敏。后二词见Çelemin, ganta（p.46）。

Aloxarse el exercito (vp.军队安营驻扎). *chǎ' iûng* 扎营①.

Alquimia (n.黄铜片). *tuñ'g pào* 铜箔②.

Alquitara (n.蒸馏、蒸馏法).③

Alquilar (vt.雇用). *kú* 雇. – alquilar barco (租船). *kú chûe'n* 雇船. – casa (指房子). *çhū fañg çhǔ* 租房子. – hombre alquilado (被雇用者). *iûng kuñg* 佣工.

Alquiler (n.租金、佣金、工钱). *çhū çhiên'* 租钱. – cobrar lo (收取租金). *xēu çhū* 收租.

Al reues, vt dezir lo al reues, al ɔᵃ. rio (pp.相反，比如说反话，反其道而行). *fàn iě chùen xuě* 反一转说.

Altar, vt sic (n.祭坛，或类似之物). *tây'* 台. – nuestro santo Altar (我们圣教的祭坛). *xiñg tây'* 圣台.

Alta mar (np.深海), golfo (n.海湾). *hày iâng* 海洋.

Altar en que el emperador sacrifica al cielo, y tierra (np.皇帝祭拜天和地的祭坛). *tân' chân'g* 坛场.

Alterar, mouer (vt.改变、改动，促使、打动). *tuńg* 动.|. *fǎ tuńg* 发动.|. *kàn tuńg* 感动.

Alterar perturbando (vp.使之混乱、变乱). *hoě luón* 惑乱.|. *pién kǒ iáng* 变个样.

Alteracion de la carne (np.肉身的变化). *tuńg pién* 动变.|. *pién tuńg* 变动.|. *tuńg nién* 动念④.|. *kỳ'* 起.

Alterarse el mar, leuantar olas (vp.海上生变，掀起浪头). *kỳ' lañg* 起浪.

Altercar (vi.争吵、争斗). *siañg çheñg* 相争.

（p.12）

Alteza de animo (np.精神之崇高). *tá leańg* 大量.

Altiuez (n.傲慢). *gáo siñ* 傲心. [参见：soberuia (骄傲).]

Alto (a./n.高、高度、高处). *kāo* 高.|. *çhi'ún* 峻.

Alto, arriba (ad.上面、在上面、朝上). *xańg* 上. – anda arriba (往上走). *xańg ki'ǔ* 上去.

---

① 柯本注：*chǎ'*，梵蒂冈木作 *chǎ*，无送气符。
② 柯本注：*pào*，似为"箔"（*pǒ*）字的又读，参看p.113词目hoja de oro (金箔)。
③ 原无汉语释义。
④ *nién*，柯本缺字。"动念"，犹起念、动心。

Albayalde (n.铅白). *kān fuèn* 干粉.|. *xùy fuèn* 水粉.|. *iuên fuèn* 铅粉①.

Alumbrar (vt.照亮). *cháo kuāng* 照光.|. *kuāng cháo* 光照.|. *cháo miñg* 照明.

Alumbre (n.明矾). *fân* 矾.|. *pĕ fân* 白矾.

Alba (n.拂晓), al amanecer (pp.黎明时分). *tiēn' uý miñg* 天未明. [参见：amanecer (天亮).]

Aluedrio (n.意志、意愿，怪癖、突发的念头)②. *çhŭ chūen* 自专.|. *chūen ý* 专意. – libre aluedrio (np.自由意志). *çhŭ chù* 自主.

Aluo③ (a.白色的). *pĕ* 白. – albo muy blanco (极浅的白色). *siuĕ pĕ* 雪白. – blanco (白色). *pĕ sĕ* 白色.

Aluergar (vt.安排住宿), recebir al huesped (vp.接待客人). *lieû hiĕ* 留歇.|. *çhiĕ kĕ'* 接客.

Am.

Ama que cria (np.喂奶的女人、奶妈). *jù mù* 乳母.|. *này mù* 奶母.|. *iañg mù* 养母.

Ama, señora (n.女主人，太太). *niâng* 娘.|. *lào niâng* 老娘.|. *chù niâng* 主娘.|. *chù mù* 主母.

Amable (a.亲切的、可爱的). *kò' gáy tiĕ* 可爱的.|. *hào gáy tiĕ* 好爱的.

Amador (n.爱好者、爱慕者、施爱者). *hoéy gáy tiĕ* 会爱的/惠爱的.

Amado (a.被爱的). *gáy tiĕ* 爱的.|. *xý gáy tiĕ* 是爱的.

Amamantar (vt.喂奶). *pú jù* 哺乳④.

Amancebado (n.通奸的男人). *kiēn fū* 奸夫.

Amagar (vt.惊吓、威胁). *kiñg* 惊.

A mano derecha (pp.右手边). *iéu piēn* 右边. – a la isquierda (左手边). *çhò piēn* 左边.

A mano esta todo (s.一切在手、业已就绪). *pién leào* 便了.

Amanecer (vi.天亮、天明). *tiēn' leañg* 天亮.

Amansar (vt.平息), aplacar la ira (vp.消气). *chỳ nú* 止怒.

---

① "铅"读为*iuên*，说明见Plomo（p.174）。

② 今拼albedrío，也可作中性和略贬二解。

③ 即albo（白、浅白），多用于文学语言。

④ 另一处"哺乳"，"哺"为上声，见Criar, o sustentar（p.61）。

Amansar las fieras (vp.驯服野兽). *xún xéu* 驯兽.

Amar (vt.爱、喜爱). *gáy* 爱.|. *gáy siě* 爱惜.|. *gáy mú* 爱慕. el inferior al superior (指位低者对位高者的仰慕).

Amado de todos (ap.受众人爱戴的). *tě jiñ tiě gáy* 得人的爱.

Amar el superior al inferior, vt Dios (vp.位高者爱怜位低者，如上帝垂爱于人). *chù'ng gáy* 宠爱.

Amar con passion (vp.热烈地逐爱). *liụén gáy* 恋爱.

Amarse entresi (vp.相互爱恋、彼此爱慕). *siañg gáy* 相爱.

Amargo (a.苦 n.苦味). *kù'* 苦.

Amarillo (a./n.黄、黄色). *hoâng* 黄.|. *hoâng sě* 黄色.

Amarilles del rostro (np.面色黄). *hoâng mién* 黄面.|. *mién hoâng tiě* 面黄的.

Amas no poder (vp.无能为力). *mǒ náy hô* 莫奈何①.|. *pǒ těỳ* 不得已.

Amas andar (vp.行走或运行得极快). *kiě ku'áy* 极快.

Amasar (vt.揉捏、按摩). *jêu* 揉.

Ambar (n.琥珀). *luñg iên hiañg* 龙涎香②.

Ambos à dos (pron./ap.两个一起). *leañg kó* 两个.

Ambicioso (a.贪婪的). *tān' jiñ* 贪人.|. *tān' çhây' tiě* 贪财的.|. *gáy çhây' tiě* 爱财的.

Ambicion (n.贪心、野心). *tān' siñ* 贪心.

Ambiguo, equiuoco (a.疑惑不明的，动摇不定的). *huǒ tuńg* 活动.|. *leañg mién* 两面.

Amenaçar à otro (vp.威胁他人). *hoâng* 惶.|. *kiñg* 惊.|. *kiñg p'á tā'* 惊怕他.

Amenaçar ruyna (vp.有灾殃之虞). *çhiāng ièu çhāy* 将有灾.

A menudo (pp.经常、往往). *chân'g chân'g* 常常.

Amigable (a.和善的). *leañg xén tiě* 良善的.|. *xún xén tiě* 顺善的.

Amigos, vt sic (n.朋友、友人等). *peñ'g ièu* 朋友.|. *kiāo ièu* 交友.|. *kiě ièu* 结友.|. *piñ'g pu'ón* 朋伴③.

Amigo de amigos (np.友朋之爱、爱交友). *gáy peñ'g ièu tiě* 爱朋友的.

Amo, señor (n.主人，大人、老爷). *chụ̀* 主.|. *chù jiñ* 主人.|. *chù fū* 主夫.|.

---

① *mǒ*，柯本写为"没"，也无不可。

② 柯本注：*iên*，梵蒂冈本拼作*siên*。

③ 柯本注：*piñ'g* (– *pîng*)似乎是笔误，当作*pêng'* "朋"。按："朋伴"不常见，但有其词。

chù uṅg 主翁. – señor de casa (一家之主). kiā chù 家主.|. kiā chaṅg 家长.

Amo que cria al niño (np.收养孩子的男主人). iàng fú 养父.|. táy fú 代父.

A modo de esto, o, aquello (pp.像这个或那个一样). jû chụ̀' 如此.|. jû ná kó 如那个.|. çú siaṅg 似像.

Amodorrido (a.昏昏沉沉的、昏昏欲睡的). pỏ siṅg 不醒.|. pỏ hoéy siṅg 不会醒.|. hoēn mỷ 昏迷.|. xúy tẻ hoēn chîn' 睡得昏沉.

Amonestar (vt.劝诫). kiụ'én 劝.|. káo iụ̀ 告谕.|. kién kiụ'én 谏劝.|. kién çhẻ 谏责.

A modo de hablar: como si dexeramos (pp.如同人们说的那样：我们会这样那样说). kià jû xuẻ 假如说.|. çhié iéṅ 借言.|. p'ý jû 譬如.|. pỳ faṅg 比方.|. kià çhié 假借.|. xẻ çụ̀ ché iaṅg kiàṅg 设使这样讲.

Amolar (vt.碾磨). mô 磨.

Amortajar (vt.裹尸、备殓). piṅ lién 殡殓.|. xēu lién 收殓.|. choāṅg lién 装殓. – vistiendo al difunto (vp.为死者打理穿着). lién xȳ 殓尸. – meter lo en el ataud (将尸体装入棺材). jẻ lién 入殓.

Amor (n.爱、情爱). gáy çhîṅ'g 爱情.|. gáy ý 爱意.|. siṅ gáy 心爱.|. çhîṅ'g ý 情意. [参见：affectos① (感情、情爱).]

Amor grande (np.大爱、至爱). heú çhîṅ'g 厚情.|. heú ý 厚谊/厚意. – amoroso (a.满怀爱意的). jeû síṅg 柔性.

Amontonar (vt.堆、聚、集). tūy çhiẻ 堆积/堆集②.|. çhiẻ çhiụ́ 积聚/集聚.|. tūy mây 堆埋. – poniendo vno sobre otro (把一个放在另一个顶上). tiẻ kỳ' 叠起.|. tiẻ çhiẻ 叠积.|. tūy kỳ' 堆起.|. tūy luṅg 堆拢.|. tūy tiẻ 堆叠.|. tūy çhó iẻ ku'áy 堆做一块.

(p.13)

Amortecido (a.昏晕的). hoēn çhiụẻ 昏厥.|. hoēn muén 昏闷.|. hoēn mỷ 昏迷.|. hoēn çụ̀ 昏死.|. hoēn mién 昏眠.

Amortiguar (vi.麻痹、发木). pý 痹.|. mâ 麻. [参见：adormecido (麻痹的).]

Amotinarse (vr.叛变、兴兵作乱). çhó mèu fàn 做谋反. [参见：rebelarse (反叛).]

Amparar (vt.保护、庇佑). pý iṅ 庇荫.|. iṅ pý 荫庇.|. goéy hú 卫护.|. çháo hú

---

① 见词目Afecto（p.7），拼法略异。

② 南官话"积、集"同音，此条中可相互替换。

照护.|. *fǒ iń* 覆荫.

Ampararse (vr.获庇护). [参见：estriuar (给予援助).] *láy* 赖.|. *ka'ó* 靠.|. *ỳ ka'ó* 倚靠.

Amparo (n.援助、保护). *ỳ ka'ó* 倚靠. – es mi amparo (他是我的保护人). *chǒ gò chù* 作我主. – amparado (受到保护). *xeú iń* 受荫.

Amparar cubriendo, o, poniendose delante (vp.把自己遮挡起来以面对). *chē iń* 遮荫.|. *chē lań* 遮拦.

Amplificar, dilatar (vt.放大、扩展，增广、传播). *kuàng chū'y* 广推①. – con palabras (以言辞). *xińg iên* 盛言.|. *kiě iên* 极言.

Amplificar encareciendo lo (vp.广为颂扬). *kuàng chū'y ùl tá chī* 广推而大之. – encarecimiento (n.夸大其词). *hiǔ kūe'y* 虚恢.

Ampollas (n.疱、泡、水泡、气泡). *pa'ó* 泡/疱.|. *chiń'g pa'ó* 成泡/疱. – del agua (水造成的). *xùy pa'ó* 水泡.|. *fēu gēu* 浮沤.

Ampollas que nacen de hauer se quemado, ettᵃ. (np.因灼伤等形成的疱疹). *pa'ó* 疱.|. *chān'g pa'ó* 疱疱. – criar las (长出疮疱). *fǎ pa'ó* 发疱.|. *kỳ' pa'ó* 起疱.|. *sēng p'áo* 生疱.

A mucho tiempo (pp.很长一段时间). *kièu leào* 久了.|. *chań'g kièu* 长久.

An.

Anales, cronicas (n.年鉴，编年史). *kańg kiéń* 纲鉴.|. *tūn'g kiéń* 通鉴.|. *cù xụ* 史书.|. *niě liě chiě* 日历集②.

Anade (n.鸭), pato de agua (np.水鸭). *xùy iǎ* 水鸭.

Ancas, vt de cauallo (n.牲畜如马的臀部、腰部). *héu tûn'* 后臀.|. *iāo ku'á* 腰胯.|. *tá tùy* 大腿③. – lleuar à otros alas ancas (在马背后面带上某人). *kỳ' iě kó* 骑一个.|. *xáo táy iě kó* 捎带一个.|. *xáo iě kó* 捎一个.

Anciano, viejo (a.老、年纪大的 n.老年人、前辈). *laò jiń* 老人.|. *laò chè* 老者.|. *chańg chè* 长者.|. *chūn chàng* 尊长.|. *laò chańg* 老长.|. *laò chîn'g*

---

① 柯本作"广吹"。"广推"，犹推广，"推"读为 *chū'y*，见 Discurrir con el entendimiento (p.77)。

② 此处"日"读为 *niě*，系从吴音 [uyih²³]。柯本三字均缺，注引梵蒂冈本，末了一条为：*niên liě chě'* 年历册。

③ *tùy*，脱送气符。

jiñ 老成人.|. fú laò 父老.|. niên chàng 年长.|. siēn poēy 先辈.|. laò kiā jiñ 老家人①

Ancla, o, ancora (n.锚). chuê'n tiń 船碇.|. ti'ě miâo 铁锚.|. ti'ě tiń 铁碇.|. tiń xě 碇石. – echar la (投下锚). fang tiń 放碇.|. hiá tiń 下碇.|. pāo' miâo 抛锚.|. hiá leào tiń xě 下了碇石. – leuar la (拉起锚). xēu ky' tiń xě 收起碇石.|. ky' miâo 起锚.

Ancho (a./n.宽、宽阔、宽度). ku'ŏ 阔.|. kuàng ku'ŏ 广阔.|. kuàng tá 广大.

Andamio (n.脚手架). mǒ kiá 木架.|. t'ǎ kiá 踏架.

Ançuelo de pescar (np.鱼钩). tiáo keū 钓钩.|. tiáo iû keū 钓鱼钩.

Andar, vt sic (vi.走、步走、行路等). hiń 行.|. çhèu 走.|. hiń çhèu 行走. – andar a pie (vp.用脚走路). pú hiń 步行.

Andar a gatas (vp.四肢并用前行), gatear (vi.爬行). p'û fǒ 匍匐.|. çú kuǒ p'â 四脚爬②

Andas (n.担架、棺架、轿子). tiń' çhǔ 亭子③.

Andar en silla de ombros (vp.乘坐人抬的椅子行走). çhó kiáo 坐轿.

Andar al deredor (vp.转圈走). chēu hîng 周行.|. chēu goēy çhèu 周围走.|. iún tuńg 运动.|. iún chuên 运转. – como rueda (如同轮子). luńg chuên 轮转.

Andar a cauallo (vp.骑马行走). ky' mà 骑马.|. ku'á mà 跨马. – ir en burro (vp.骑驴行走). ku'á liù 跨驴.

Andar lo todo (vp.到处行走). chēu lieû çú fang 周流四方.|. ieû hiń çú fang 游行四方. – como hizieron los Apostoles (就像使徒们曾经做过的那样). pién çhèu 遍走.

Andar paseandose, vt en la sala (vp.散步，例如廊下漫步). hiń lây, hiń ki'ú 行来行去.

Andar errado (vp.走错方向). çh'ŏ hiń 错行.|. chā' çhèu 差走.|. çh'ŏ lú çhèu 错路走.

Andar vagamundo, vt el hizo prodigo (vp.漫无目的地行走，如浪子一般). piāo' tańg 漂荡.|. piāo' lieû 漂流.|. lang tańg 浪荡.

Andar en malos pasos (vp.走邪路). hiń piāo' 行漂.|. hiń pǒ chiń 行不正.|. hiń siê lú 行邪路.

---

① 柯本注："老家人"，梵蒂冈本作"老人家"。

② 柯本注：kuŏ，可能是kiŏ"脚"的笔误。

③ tiń'，柯本缺字。

Andar para tras (vp.往回走), retroceder (vi.后退). *t'úy hiñ* 退行.|. *tào hiñ* 倒行.|. *tào çhèu* 倒走. – tornar para atras (回转来). *hoêy çhèu* 回走.

Andar de rodillas (vp.靠膝盖爬行). *siě hiñg* 膝行.

Andarse los dientes (vp.牙齿松动). *chỳ' lú lú* 齿轆轆①.

Andar sobre aguado (vp.在水上运行). *fêu xùy* 浮水.

Andar a ciegas (vp.悄悄行走). *gán hiñg* 暗行.

Andar al galope (vp.快步行走). *tâo' çhèu* 逃走.|. *pâo' çhèu* 跑走.|. *pâo' hiñg* 跑行.|. *tâo' iǒ* 逃跃.

Andar a priessa (vp.急行、疾走). *ku'áy çhèu* 快走.|. *ku'áy hiñg* 快行.

（p.14）

Andar à vezes, o turnos (vp.一次一次、一回一回运行). *lûn lieu* 轮流.

Andar sin orden, o, concierto (vp.运行无序, 毫无规律). *luón hiñg* 乱行.

Andar a la rebatiña (vp.突然夺取). *siāng çhiàn'g* 相抢.|. *çhiàn'g tǒ* 抢夺.

Andar en cumplimientos (vp.讲究礼节). *siāng tūy'* 相推.|. *siāng kiǔ* 相拘.

Andar perdido en lo interior (vp.内心迷失). *siñ iè* 心野.

Andar en peninos como los niños (vp.如同幼儿般小步跌撞行走). *lùng chùng* 躘踵/龙钟.

Andar juntos en compañia (vp.相伴而行). *tuñg' tuñg' çhèu* 同同走.|. *kuńg hiñg* 共行.|. *iě kỳ' hiñg* 一起行.

Andar con fausto, y honrra (vp.讲排场, 摆姿态). *ièu tỳ' mién* 有体面.|. *tỳ' máo* 体貌.

Andar despacio (vp.缓步行走). *mán mán çhèu* 慢慢走.|. ~~ *hiñg* 慢慢行.

Andar camino derecho (vp.走直路). *chě chě hiñg* 直直行.

Andar en mission (vp.布道、传教). *hiñg kiáo* 行教.

Andar en malos pasos (vp.走邪道). *hiñg vuáy lú* 行外路.

Andar pasito (vp.小步走). *kiñ'g pú hiñg* 轻步行.

Andar a pasos largos (vp.大步走). *tá tỳ pú hiñg* 大地步行.

Andar merando le los pasos (vp.盯着他人的步子走). *mǒ têu', mǒ ùy* 没头没尾.

Andar por agua, vt los que nauegan (vp.走水路, 如坐船航行). *piāo' xùy* 漂水. – por el mar (经海路). *piāo' hày* 漂海.

---

① 柯本缺后二字。"轆轆",转动、活动,形象的说法。

Andar solo (vp.独自走). *tān hiñg* 单行.

Andar armado (vp.穿着甲胄行走). *táy kiǎ* 戴甲.

Andar algunos pasos (vp.走若干步). *hiñg kỳ pú* 行几步.

Andar atrueçado (vp.穿行、穿过). *huñg hiñg* 横行.

Andar los borrachos haziendo la X (vp.醉汉七歪八倒，好像走X型). *lañg lañg çhān'g çhān'g* 跟跟跄跄.|. *sȳ fuñg kiǒ* 西风脚. – caiendo acada paso (步步摇晃). *iě pú, iě tiēn* 一步一颠.

Andar con armas de noche (vp.披挂夜甲行走). *tý' tāo ié hiñg* 提刀夜行.

Andar huyendo, à sombra de texado (vp.逃跑，隐遁). *çhèu tò* 走躲.|. *tâo' çhèu* 逃走.

Andar por riesgos (vp.去往险境). *nâ kāo niě hièn* 拿高捏险.

Andar boyante el barco, o nauio (vp.船只、舰艇缓缓行驶). *piāo' lieû* 漂流.|. *xún lieû* 顺流.

Andar con recato, y cuydado (vp.谨慎小心地行进). *chǔ sý hiñg* 仔细行①.

Andar con el tiempo (vp.适时而行). *sûy xỳ hiñg* 随时行.

Andar al vso (vp.按惯例行事). *xȳ iañg hiñg* 时样行.

Andrajos (n.破布、破衣烂衫). *p'ó pú* 破布.

Anegar (vi./vt.淹没、下沉). *iēn* 淹.

Anegarse (vr.自沉), irse a pique (vp.沉到底). *chîn' hía ki'ú* 沉下去.

Angel (n.天使). *tiēn' xîn* 天神. – de la guardia (担任守护的). *hú xèu tiēn' xîn* 护守天神. – St. Miguel (圣米歇尔). *chùng lìng tiēn' xîn* 总领天神. Princeps miliciae (即群神之首).②

Angosto (a.窄、狭). *çhě* 窄.|. *çhě siào* 窄小.|. *çhě hiǎ* 窄狭.|. *pièn siào* 褊小.|. *pièn hiǎ* 褊狭. [参见：estrecho (窄狭的).]

Anguila del Rio (np.河里的鳗鱼)③. *muôn iụ̄* 鳗鱼.|. *tán muôn* 淡鳗. – del mar (海里的). *hày muôn* 海鳗. – de sementera (水田里的). *xén iụ̄* 鳝鱼.

Angustia (n.焦虑). *iǒ muén* 郁闷.|. *ieū çhèu'* 忧愁. [参见：tristeza (忧郁).]

Angulo (n.角、角落). *tún kiǒ* 钝角. – rincon secreto (秘密的角落、隐蔽幽静处).

Anelito (n.呼吸急促). *hiụ̄ k'ý* 嘘气.

---

① 柯本注：*çhǔ*，梵蒂冈本作*çhǔ*，上声。
② 后二词柯本作"护守神""总领神"，没有"天"字。
③ 鳗和鳝，西班牙语合用一词（anguila），英语也如此（eel）。

官话词汇 45

Anillo (n.戒指). *kiáy chỳ* 戒指.

Animal terestre (np.陆地上的动物). *çhèu xéu* 走兽. – volatil (飞禽). *kîn' niào* 禽鸟. – aquatil (水族). *kîn' iû* 禽鱼.

Animal fiero, brauo (np.凶猛的动物，野兽). *meǹg xéu* 猛兽.|. *ŏ xéu* 恶兽.

Animales domesticos (np.家养的动物、家畜). *kiụen xéu* 圈兽. los caseros que son 6. (这些牲畜分属六类). *lǒ hiǒ* 六畜. – animales domesticado (家畜). *siûn xéu* 驯兽.

Animales destinados para el sacrificio (np.用于祭献的动物、祭牲). *hy̆ seng* 牺牲.

Animar, esforzar (vt.激励，鼓劲). *mièn lý* 勉励.|. *kiụén lý* 劝励.|. *chǎ' lý* 饬励①. – a otro (对他人). *kù vù tā'* 鼓舞他.

Animarse fortificando el animo (vp.自我激励). *geńg liǵ chǒ tàn* 硬拎着胆.|. *fã fuén* 发奋.

Animo, esfuerzo (n.精神，勇气). *tàn leańg* 胆量.|. *chý leańg* 志量.|. *tú leańg* 肚量.|. *tá chý* 大志.|. *tàn k'ý* 胆气.|. *iùng kàn* 勇敢.

Animoso (a.勇敢的). *ièu tàn* 有胆.|. *tá tàn* 大胆.|. *ièu tàn leańg* 有胆量.|. *kiân'g liě kuó kàn* 强力果敢②.

Anima (n.灵魂). *hoên* 魂. – la racional (理性之魂). *liǹg hoên* 灵魂. – la sensitiua (感觉之魂). *kiŏ hoên* 觉魂. – la vegetatiua (植物之魂). *seng hoên* 生魂. [参见：alma (灵魂、精神).]

Animosamente (ad.奋勇、精神百倍地). *kàn jên* 敢然③.|. *kiéu jên* 趋然.|. *iuńg liě* 勇烈④.

Animoso que no teme morir (ap.奋勇争先而不惧死亡). *vuâng miǹg* 亡命⑤.|. *máo cù* 冒死.

(p.15)

Animarse (vr.振奋), poner todas fuerzas (vp.竭尽全力). *chụ' liě* 出力.|. *chiń liě* 尽力.

---

① *chǎ'*, 柯本缺字。盖为*chě'* "饬"的误拼。"饬励"，犹勉励。
② 柯本注：*kuó*, 梵蒂冈本作*kuò* "果"，上声。
③ 柯本拟为"感然"。"敢然"，即毅然。
④ 柯本作"用力"。
⑤ 柯木作"忘命"，也通。

Animo varonil (np.勇武有力). *tá liě leańg* 大力量.|. *tá chý* 大志.|. *iùng liě* 勇力.

Anis, el nuestro (n.茴香，我们欧洲产的). *siào hoēy hiāng* 小茴香. – el de china (中国产的). *tá hoēy hiāng* 大茴香.

Anoche (ad.昨天晚上). *çhǒ vuàn* 昨晚.| *çhǒ ié* 昨夜. – ya ha anochecido (天已晚、已入夜). *hě ié leào* 黑夜了.|. *hě leào* 黑了.|. *gań leào* 暗了.|. *mú leào* 暮了.

Ansar (n.鹅). [参见：ganso (公鹅、鹅).]

Anotacion, vt de libros, notas (n.注解、注释，常见于书册、笔记等). *piáo chú* 标注.|. *piáo ký* 标记①.

Antaño (ad.去年), el año pasado (np.过去的一年). *siēn niên* 先年.

Ante ayer (ad.前天). *çhiê'n jě* 前日.|. *tá çhiê'n jě* 大前日.

Anteresor en el officio (np.之前的任职者). *çhiê'n jiń* 前任. – en el de Mandarin (指前任官员). *çhiê'n kuōn* 前官. – en el Reyno (指君王). *siēn tý* 先帝.

Antes (ad.在前、之前、先期). *çhiê'n* 前.|. *siēn* 先.|. *siēn çhiê'n* 先前.|. *iuên siēn* 原先. – de ante mano (事先). *iú siēn* 预先.

Antes, o primero esto, que aquello (ad.首先，或优先于其他). *nîng* 宁.|. *nîng kò'* 宁可.|. *nîng tańg* 宁当.

Antes de tiempo (adp.提前、在预定的时间之前). *uý táo xý héu* 未到时候.|. *uý kiě xý* 未及时.|. *pǒ xý xý* 不是时.|. *uý tańg xý* 未当时.

Antes, y despues (adp.之前和之后). *siēn héu* 先后.|. *çhiê'n héu* 前后.

Ançuelo para pescar con caña (np.用竹竿钓鱼时使用的诱饵). *tiáo ùl* 钓饵.

Antepasados (n.过去的人们). *siēn jiń* 先人.|. *çhiê'n jiń* 前人. – los antigos (古代的人们). *kù jiń* 古人.

Anteponer (vt.放在前面、优先考虑). *chuńg* 重.|. *kúo iụ* 过于. ett^a. (等等). [参见：estimar mas (更加看重).]

Ante puerta, o cancel (np.门前的帘子，或木制的屏风). *muên pińg'* 门屏. – si es pared (如果是一道墙). *cháo çhiâ'ng* 照墙. – si es cortina (如果是帘子). *muên liên* 门帘.

Anteceder (vi./vt.先于), ir delante (vp.走在前面). *siēn hińg* 先行.|. *siēn chèu* 先走. ett^a. (等等).

---

① 柯本注：*piáo*，梵蒂冈本作*piāo*，上平声。

Ante todas cosas (adp.先于一切), in primis (pp.首先)①. *siēn* 先. *ett*ª. (等等).

Antes de aora (adp.此前、在这之前). *iuên siēn* 原先. [参见：antes (在前、之前).]

Antes que (adp.先于、在某之前). *uý* 未. v. gª. antes que llegara (例如，在某到来之前). *uý táo çhiê'n* 未到前.

Anticipar (vi./vt.提前), ir primero (vp.先期而行). *iú pý* 预备.|. *iú siēn ki'ú* 预先去.|. *siēn ki'ú* 先去.

Antiguamente (ad.古时候、昔时). *kù xý* 古时.|. *xańg kù* 上古.|. *çhiê'n kù'* 前古②.|. *vuàng kù* 往古. — en tiempos muy antiguos (在十分古远的年代). *çhiē'n kù* 千古③. — ab antiquo (自古以来). *kiń kù ỳ lây* 近古以来.|. *çhủ kù* 自古.

Antiguos (n.古人), hombres antiguos (np.古时候的人们). *kù xý jiń* 古时人. — cosa antigua (古时候的事物). *kù vuě* 古物. et sic de singulis (余可类推).

Antipodas④ (n.相反、对立的事物). *çhỏ tỷ siāng tuý chȳ fańg* 足底相对之方.

Antojos (n.眼镜). *ièn kińg* 眼镜.

Antojarse le, hazer segun su parecer (vp.恣意妄行，凭表面印象行事). *siń siń* 信心⑤.|. *piń'g hiūng ý, çū siń çhủ iúng* 凭胸臆、私心自用.|. *chě kỳ kién* 执己见.

Anular, borrando, chançelar, vt escritura, etc. (vp.清除，抹去，如文字之类). *tû' mǒ leào* 涂抹了.|. *kēu chů' leào* 勾除了. — dar pincelada (涂上一笔). *iě piě chè' leào* 一笔扯了.|. *tǎ' leào* 搨了.

Anular, vt leyes (vt.废除，如法律上). *kě* 革.|. *mièn* 免.|. *çhủ'* 辞.

Añ.

Añadir (vt.增加). *tiēn'* 添.|. *kiā* 加.|. *çhēng* 增.|. *çhēng kiā* 添加. — añade algo mas (再加一点儿). *tiēn' siē* 添些.

---

① 拉丁文介词短语。
② *kù'*, 送气符为衍。
③ 柯本误录为 *çhiê'n kù* "前古"，遂与第三个词重复。
④ antipodas（=英语 antipodes），对跖，对立的两极，基于西方地理学的概念。
⑤ 指任意、随心所欲。

Añadir, vt cuerda para que sea mas larga, o palos, o arigues (vt.增加、补充，如把绳子、杆子、木头等接上一截，使之变长). *chiě chân'g* 接长.

Añadir mas palabras, proseguir (vp.加上一些词，继续往下讲). *che'ú kiàng* 凑讲.

Añadir, boluer à añadir (vp.加了又加). *cháy tiēn' siē* 再添些.

Añejo, vt vino (a.陈腐的、有霉味的，如酒). *lào* 老.

Añil (n.靛青、深蓝色). *lañ tién* 蓝靛.|. *chiñ'g tién* 青靛.|. *chiñ'g mě* 青墨.

Año, vt sic (n.年、年份、年度等). *niên* 年.|. *niên suý* 年岁. – año intercalar (闰年). *juń niên* 闰年.

Año siguiente (np.下一年). *miñg niên* 明年.|. *laŷ niên* 来年.|. *laŷ suý* 来岁.|. *miñg suý* 明岁.

Años parçeen dias, pasan como dias (s.一年宛如一天，过一年像过一日). *tú niên jû jě iě puōn* 度年如日一般. – mejor se dize (更好的说法是). *tú jě jû nîen iě puōn* 度日如年一般.

Año fertil (np.丰收的年头). *fuñg niên* 丰年.|. *hào niên chiñ'g* 好年成.|. *niên chiñ'g xǒ* 年成熟.|. *niên suý fuñg chǒ* 年岁丰足.

Año esteril (np.颗粒无收的年头). *hoāng niên* 荒年.|. *hán niên* 旱年①.|. *hiūng niên* 凶年.

Años pasados (np.过去的那些年)②. *chiên' niên* 前年.|. *xańg niên* 上年.

Años de la moçedad no bueluen (s.青春年华不复返). *chiñ'g chū'n pǒ cháy laŷ* 青春不再来.

（p.16）

Años de muchas aguas (np.多水的年头). *iù xùy niên* 雨水年.|. *xùy laó tiě niên* 水涝的年.|. *iñ iù tiě niên* 淫雨的年③.

Año de carestia, y hambre (np.歉收和饥荒的年头). *kỹ suý* 饥岁.|. *kièn niên* 减年④.

Año de peste (np.瘟疫流行的年头). *vuén teú niên* 瘟痘年.

---

① 这一例"年"字标为去声，如果不是笔误，便有可能是连读变调所致。
② 西语词原为复数。
③ "淫雨"，柯本作"阴雨"。
④ 谓减收之年。*kièn*，柯本改为*kièn'*，其词作"歉年"。

Año presente (np.当下这一年). *kiñ niên* 今年.|. *puèn niên* 本年.|. *kiñ suý* 今岁.|. *tañg niên* 当年.

Añudar (vt.结扎、打结). *kiě kỳ'* 结起.

Añublarse el cielo (vp.天空阴云遮蔽). *tiēn' hoēn* 天昏.

Ap.

Apacentar ganado (vp.看护牧群). *mǒ iañg* 牧羊. – ouejas (羊群). *ka'ń iañg* 看羊.|. *mǒ iañg* 牧羊. – vacas (牛群). *mǒ niêu* 牧牛.|. *ka'ń niêu* 看牛.|. *fañg niêu* 放牛.|. *goéy niêu* 喂牛.

Apagar el fuego en grande quema (vp.扑灭大火). *kieú hò* 救火.

Apagar el fuego (vp.熄灭火苗). *miě hò* 灭火.|. *siě hò* 熄火.|. *tà miě* 打灭. – soplando (用嘴巴吹气). *chū'y miě* 吹灭.|. *chū'y siě* 吹熄. – el candil (油灯). *miě teñg* 灭灯. – apagar con agua (用水浇灭). *pǒ' miě* 泼灭. [参见：extinguir (扑灭).]

Aparato, ostentacion (n.排场，阔气). *tỳ' mién* 体面.|. *fuñg xińg* 丰盛.|. *luñg xińg* 隆盛.

Aparador, excaparate (n.边橱，橱柜). *ku'éy* 柜.

Apadrinar a otro, medianero (vp.为人担保，做中人). *iń chińg* 印证.

Aparecer, vt Angeles (vi.出现，例如天使现形). *hièn hién* 显现.|. *fǎ hién* 发现.|. *chū' hién* 出现.

Aparecer de lo alto (vp.出现在高处). *kāo hién* 高现.|. *xańg hién* 上现. – de lexos (从远处). *iuèn hién* 远现.

Aparecer mostrando su figura (vp.显现出其轮廓). *hièn hińg* 显形.|. *hièn xīn* 显身.|. *señg sě* 生色.

Aparencia exterior (np.外部的形象、外表). *iuñg máo* 容貌.|. *ŷ piào* 仪表.|. *ŷ iuñg* 仪容.|. *hińg siańg* 形象.|. *mû iañg* 模样.|. *hińg choáng* 形状.|. *tỳ' ta'ý* 体态.

Aparejar banquete (vp.准备宴席). *pán ién* 办宴.|. *pán çhièu* 办酒.|. *pâ'y ién* 排宴.|. *pâ'y çhièu* 排酒.

Aparejar (vt.安排、准备). *pý pán* 备办.|. *iú pý* 预备.|. *çhỷ' pý* 齐备.|. *huôn pý* 完备.|. *tà pán* 打办.|. *tà chińg* 打整.|. *gān pày hía* 安摆下①.|. *pán hiá* 办

---

① *pày* "摆", 有可能系 *pâ'y* "排" 之误, 见 Preparar (p.178), 其下有 "安排下"。

下.|. çhǒ fañg pán 作方办①.|. xēu xě 收拾.

Aparejado (a.已安排好的、备妥的). fañg pién 方便.

Aparejo de caualleria (np.骑兵的装备). chiǹg tún kiūn mà 整顿军马.|. chiǹg tún lě mà 整顿勒马.

Aparetar (vt.分开、撤离). pý kāy' 避开.|. fuēn kāy' 分开.|. kāy' ki'ú 开去. — Anda, y apartate (分开并走散). chèu kāy' ki'ú 走开去.|. lý sañ 离散.

Apartarse en el camino (vp.在途中分手). fuēn lú 分路.|. fuēn tû' 分途.

Apartarse dando de mano (vp.因对某人不屑而离开). chū' chiuě 除绝.|. tuón kēn 断根.|. kò' xè 可舍.|. k'ý 弃.

Apartarse del mundo, dexar lo (vp.与世界诀别，舍弃世俗). kiñ'g xý 轻世.|. k'ý xý 弃世.

Apartarse los casados en diuorcio (vp.已婚夫妇离婚). lý hiēu 离休.|. lý ý 离异. — libelo de repudio (离婚诉状). lieû xū 休书②.

Apartar à los que riñen, meter paz (vp.把吵架者劝开，调停和解). kiày xě 解释.|. kiày kāy' 解开.|. kiu̯'én kāy' 劝开.|. kiu̯'én hô 劝和.|. hô kiày 和解.|. kiày kiu̯'én 解劝.

Apartar diuidiendo (vp.以分得某物而告分手). fuēn piě 分别.|. ý piě 异别.|. fuēn kāy' 分开. [参见：diuidir (划分); repartir (分割).]

Apartarse dos, yendo se cada vno por su parte (vp.两人分手并各行其道). siāng lý 相离.|. pá piě 罢别.|. fuēn lý 分离.

Apartado, retirado, o lugar de retiro (np.偏远之乡，人迹罕至之地，或适合隐居静修的去处). pīe'n p'iě sò cháy 偏僻所在.|. chíng ch'ú 静处.|. p'iě ch'ú 僻处.|. p'iě chíng 僻静.|. iēu chíng 幽静.|. iēu p'iě 幽僻.|. cū̱ kiū 私居.

Apartado del camino (ap.偏离正道). vuàng táo 枉道.|. chǒ' lú 错路.

Aparte (ad.单独), de secreto (pp.暗中). cū̱ hía 私下.

Apartar pujando, o arrastrando (vp.用力分开，或强扯开来). chè' kāy' 扯开.|. lǎ kāy' 拉开.

Apartarse dos por poco tiempo: presto nos veremos (s.两人短时间分开：我

---

① 疑为"作方便"，即找机会、乘便。

② 柯本注：lieû为hiēu"休"的笔误，见词目Libelo de repudio（p.127），其下有"休书"一词。

们很快就又见面了)①. *chán piĕ* 暂别.

Apartar, vt diziendo: hagan lugar para pasar (vt.分断开来，比如这样说：闪开路让人过). *chèu kāy'* 走开.

Apartar la metad② (vp.对半分). *fuēn iĕ puón* 分一半.|. *chụ̂' puón* 除半.

Apartarse dos para no ver se mas (s.两人分开且不再见面). *kĕ tuón* 隔断.|. *iùng pŏ siang kién* 永不相见.|. *iùng kiụ̆ĕ* 永诀.

Apartarse à un lado (vp.站在一边). *liĕ iĕ piēn* 立一边.|. *chán iĕ piēn* 站一边.|. *tu'ý iĕ piēn* 退一边.

Apartarse desus Padres, dexar los (vp.与父母亲分开，离弃父母). *lý chīn'* 离亲. ettª. (等等).

Apartados (a.分隔开的). *siang kĕ* 相隔.

Apartarsc dcla amistad dando ocasion à ello (vp.与朋友断交并说明因由). *xang chiñg'* 伤情.

Apartar desechando (vp.弃走、弃绝). *chụ̂' tuón* 除断.|. *chụ̂' chiụ̆ĕ* 除绝.|. *iuèn ký* 远忌③.|. *kĕ chiụ̆ĕ* 隔绝.

Apassionado (a.热情满怀的、入迷的). *ièu cū̧ ý* 有私意.|. *ièu piēn' gáy* 有偏爱.

Apacible (a.和蔼可亲的). *leang xén* 良善.|. *hô sĕ* 和色④.|. *siáo iung* 笑容.|. + *ièu siáo lièn* 有笑脸. + rostro risueño, alegre (笑哈哈的、喜悦的脸容).⑤

(p.17)

Apaciguar (vt.安抚、平息). *hô siĕ* 和息.|. *siĕ mîn* 息民.|. *cháo gān* 招安.|. *hiēu piñ'g* 休平. – a los vasallos (对臣民百姓). *gān mîn* 安民.

Apearse del cauallo (vp.跨下马背). *hiá mà* 下马.

Apearse dela silla (vp.出轿下地). *hiá kiáo* 下轿. ettª. (等等).

Apedrear (vt.投掷石块). *chūy' xĕ* 捶石.|. *pāo' xĕ* 抛石.|. *têu' xĕ* 投石.|. *xĕ tà jiñ* 石打人. – sacudir aotro con vna piedra (用石块砸人). *xĕ kiĕ jiñ* 石击

---

① 人称句，分手时说的话。
② metad，今拼mitad（一半）。
③ 谓远远躲开、趋避。柯本缺字，猜测*ký*为*ký'*"弃"之误。
④ *sĕ*，柯本转录为*jĕ*"热"，盖因草写的*s*与*j*近似。
⑤ 此处的加号表示"有笑脸"亦可由词目rostro（p.193）引出。

人①. – tomo una piedra y diole con ella (捡起一块石头砸打某人). *chiù' xě chě tà jiñ* 取石掷打人.

Apegarse, pegados (vp.黏附、依附于). *chēn* 粘.|. *hǒ* 合. – vnirse (vr.合并). *chiě hǒ* 接合.

Apelar de un tribunal a otro (vp.从一个法庭改向另一法庭投诉). *kày iâ muên* 改衙门.|. *fǒ káo* 复告.|. *chaý káo* 再告.|. *iéu káo* 又告.|. *kày tañ'g* 改堂.|. *fān káo* 翻告②.|. *iuě káo* 越告.

Apelacion (n.诉状、上诉). *chiñ 'g* 呈.|. *choańg* 状. – ante vno de los complexos inmediatos (先于上列各项诉告)③.

Apellido, Alcuña④ (n.姓氏，家系). *sińg* 姓.

Apenas (ad.几乎、将将). *kiń kiń* 仅仅.|. *kańg kańg* 刚刚.

Apercebirse, prepararse, vt para la defensa, estar alerta (vr.做好准备，预备，例如有所防备，保持警觉). *fańg pý* 防备.|. *iǔ goêy pý* 预为备.|. *tȳ pý* 提备.|. *tȳ fańg* 提防.|. *fańg xèu* 防守.|. *iǔ kiáy* 预戒.|. *iǔ pý* 预备.

Apercebimientos de guerra (np.战争的准备工作、备战). *iǔ pý kiūn k'ý lě mà* 预备军器勒马.

Apercebir dando auiso ante mano (vp.准备进行并预先通告). *iǔ páo* 预报.|. *siēn páo* 先报.

Apercibiendose, no ay recelo (vp.有所准备，以保无忧). *pý vû liǔ* 备无虑.

Apesgar hazia a baxo (vp.因不堪重负而下沉). *chúy hiá* 坠下.

A pie (pp.以步行方式), ir a pie (vp.徒步行进). *pú hiñg* 步行.|. *pú chèu* 步走.

A peso de oro (pp.给黄金称重). *túy kiñ* 兑金. – de plata (称银子). *túy iñ* 兑银.

Apetecer (vt.爱恋、爱慕). *gáy* 爱.|. *iuén* 愿.|. *iáo* 要. – apetito (n.胃口、欲望). *tān' iǒ* 贪欲.|. *iǒ* 欲.|. *iuén* 愿.|. *xý iǒ* 嗜欲.

Apetito de luxuria (np.对色情的欲望). *iñ iǒ* 淫欲.|. *iǒ hǒ* 欲火.|. *sě iǒ* 色欲.|. *kèu iǒ* 苟欲.

A pie enxuto pasar el rio (vp.鞋和脚不湿而过河). *tièn xě kúo hô* 踮石过河.|. *kān kiǒ kúo hô* 干脚过河.|. *kān kiǒ kúo kȳ'* 干脚过溪.

A pie quedo (pp.轻松、稳固). *chǔ kiǒ* 住脚.|. *chǔ chǒ* 驻足.|. *pǒ ý pú* 不移

---

① 柯本作"石及人"。
② 柯本作"反告"。
③ 盖指初次呈递诉状，发生在上一条所言的"改衙门"等之前。
④ 比较今西班牙语词alcurnia（世系、先祖）。

步.|. *pǒ chuèn kiǒ* 不转脚.|. *pǒ tuńg kiǒ* 不动脚.|. *chán tińg kiǒ* 站定脚.

Apio, yerba olorosa (n.芹，一种香草). *kiūn'g çhào'* 芎草.|. *chūen' kiūn'g* 川芎.

A pique de ett^a., o, poco se differencia, o, poco falto (pp.接近，vp.相差无几，或略有区别). *chā' pǒ tō* 差不多.|. *chā' pǒ tō ûl* 差不多儿.

A pique (pp.没顶), irse a pique algo (vp.沉没). *chîn' hía kiụ́* 沉下去①.

Aplacar al que esta ayrado (vp.抚慰生气的人). *kiày fuèn* 解忿.|. *kiụ'én kiày nú* 劝解怒.|. *chý nú* 制怒②.

Aplacarse (vr.怒气消解、不再气愤). *nú xě* 怒释.|. *nú piñg' leào* 怒平了.|. *nú chý leào* 怒制了.|. *siě k'ý* 息气.

Aplacar la yra del Cielo, o de los superiores (vp.安抚苍天之怒，或平息上司之怒). *hoèy nú* 悔怒③.

Aplanar, allanar (vt.弄平、整平). *chó piñg'* 做平.|. *tà piñg'* 打平.|. *siēu piñg'* 修平. – desmontar lo (把成堆的东西推平). *kèn' piñg'* 垦平.

Aplanonar④ pisando lo con pilon (vp.踩平、夯平). *chǒ piñg'* 作平.|. *piñg' chě* 平直.

Aplaudir (vt.赞赏). *chiě chiñg' xańg* 节称赏.|. *kiě chiě chiñg' xańg* 击节称赏⑤.

Aplaudir dando palmadas (vp.鼓掌表示赞赏). *chiě chiñg' kù chaǹg* 节称鼓掌.

Aplaudir leuantando las manos (vp.举双手表示赞赏). *chiě chiñg' kiụ̀ xèu* 节称举手.

Aplastar (vt.整平、压扁). [参见：aprensar (碾压、压迫).] *iǎ chú* 压住.

Aplastado (a.压扁的). *pieǹ tiě* 扁的.

Aplaçar (vt.规定), poner termino (vp.设定期限). *hièn kỳ'* 限期⑥.

Aplacer (vt.取悦), dar gusto (vp.使人高兴). *chuńg ý* 中意. [参见：agradar (愉悦).]

---

① *kiụ́*，脱送气符。
② 柯本作"治怒"，但指出梵蒂冈本注音为*chỳ*，即"止"。
③ 后悔自己做错事，引得神明或上司发怒。柯本注：*hoèy*，梵蒂冈本作*hoêy*，阳平声。
④ 系笔误，即aplanar。
⑤ "击节称赏"是文言的固定表达，义为有节奏地拍手表示赞赏。本条及下面两条中出现的其余三词，似由此改造而来，都隐有语病。
⑥ *kỳ'*，调符有疑。柯本写为"限起"，并说明：*kỳ'*，梵蒂冈本作*ký'*"期"，其抄写者用拉丁文加有边注"statuere temporis terminum"（规定时限）。

Aplicarse (vr.投入、专注于). *chuēn ý* 专意.|. *chuēn vú* 专务.

Aplicar vna cosa à otra (vp.将某事某物推用于其他). *hǒ* 合.

Aplicar medicinas (vp.使用药物). *hiá iǒ* 下药.|. *iuńg iǒ* 用药.

Apocado, escaso (a.小气的, 吝啬的). *kiēn' lińˊ* 悭吝.|. *xè pǒ tě iuńg* 舍不得用. [参见：miserable (贫苦、吝惜).]. *pỳ' lińˊ* 鄙吝.|. *siào siñ* 小心.

Apolillarse (vr.遭虫蚀). *chú lańˊ* 蛀烂.

Aporcar los Arboles (vp.培土植树). *poêý' iaǹg* 培养.

A porfia (pp.激烈、竞相), hazer apuesta (vp.打赌). *siañg saý* 相赛. [参见：apostar (打赌).]

Aportar (vi.泊靠), llegar a puerto (vp.抵港). *taó iây* 到涯.|. *taó gān. uān çhuên'* 到岸、湾船①.|. *pǒ gān* 泊岸②.

Aportillar, o romper el muro (vp.冲破或摧毁城墙). *p'ó chiñg'* 破城.

Aposentador que viene antes a preparar el hospicio (np.负责安排住宿的先行官). *têu' çhán* 头站③.|. *têu' hîng pây'* 头行牌.|. *chě çú* 执事. – el orden que va delante (np.先行之令). *hò pây'* 火牌.④

Aposentar, hospedar (vt.安排住房, 接待住宿). *çhiě liêu* 接留.|. *çhiě jiń kě'* 接人客. [参见：hospedar (接待住宿).]

Aposentos (n.房间、居室). *fañg kiēn* 房间.|. e ɔ^a.⑤ (也可反过来说：*kiēn fañg* 间房).|. *mìn fañg* 眠房. – para dormir (睡觉用的). *gó fañg* 卧房. – los interiores (里间). *niù fañg* 女房. – los de los sobrados (有钱人的居室). *lêu kǒ* 楼阁.

（p.18）

Aposentos interiores del Palacio Real, quarto dela Reyna (np.皇宫的内房, 皇后的寝室). *ù fuńg lêu* 五凤楼.|. *xīn kuńg* 深宫.

Aposentos, o quartos de labor (n.工房, 或针线间). *siéu fañg* 绣房.

Aposentos secretos (np.秘密的房间). *miě kiēn* 密间. [参见：sala (厅).]

---

① 分断为两个词, 或连写为四字短语, 意思都通。柯本取后者。

② 柯本注：*gān*, 梵蒂冈本作*gán*, 去声；*çhuên'*, 声母有误, 当为*chuên'*。按："船"字卷舌或不卷舌, 似属两可, 为北、南官话之异。

③ *çhán*, 柯本缺字。

④ 本条说的是行伍途中之事, 须有先锋持火牌、打头站, 以安排夜宿。

⑤ = et contra（反之亦然）, 即把字序颠倒过来也一样："间房"。

Apostar (vt.打赌). *tù kèu' 赌口*.|. *tù xuě 赌说*.|. *kèu' tù 口赌*.|. *tà tù 打赌*.|. *siāng tù 相赌*.|. *sáy 赛*. = *tù sái 赌赛*①.

Apostata de la ley (np.背叛信仰的人). *poéy kiáo tiě 背教的*.|. *fàn kiáo chè 反教者*.|. *pu'ón kiáo chè 叛教者*.

Apostatar (vi.叛教、背叛所信的宗教). *poéy kiáo 背教*.|. *fàn kiáo 反教*.|. *pu'ón kiáo 叛教*.

Apostema (n.脓肿、溃疡). *pièn tǒ 便毒*. – en las espaldas (长在脊背上的). *poéy iuāng 背痈*.

Apostoles (n.使徒). *çhūng tû' 宗徒*.|. *xińg tû' 圣徒*.

Apoyar lo que otro dize (vp.倾向于听取他人所言).②

Apreciar (vt.估价), fixar el precio (vp.确定价格). *tińg kiá 定价*.|. *ý kiá 议价*.|. *tuòn kiá 断价*③.|. *tà kiá 打价*.|. *kiàng kiá 讲价*.|. *kiuě kiá 决价*.

Apreciar, estimar (vt.欣赏、器重，看重，喜欢). *kuéy chuńg 贵重*.|. *kuéy 贵*.|. *chuńg 重*. – cosa de estima (看重的东西、要紧事). *kuéy çú 贵事*.

Apremiar (vt.迫使). *kiàn'g 强*. [参见：forçar (强迫).]

Aprender (vt.学习). *hiǒ 学*.|. *hiǒ vuēn 学文*④.|. *xéu hiǒ 受学*.|. *siě hiǒ 习学*.

Aprender ymitando⑤ (vp.通过模仿学习). *hiáo fǎ 效法*.

Aprender doctrina (vp.学习一门学问或一种教义). *xéu kiáo 受教*.

Aprendiz, dicipulo (n.学习者，生徒). *hiǒ señg 学生*.|. *chū' hiǒ chè 初学者*. [参见：dicipulo (生徒).]

Aprendiz mecanico (np.学手艺者). *chū' hiǒ tiě çhiańg jiń 初学的匠人*.|. *tû' tý 徒弟*.

Apresurar à otro (vp.催促某人). *chū'y 催*.|. *ch'ǒ kiě 促急*.

Apresuradamente (ad.急忙). *kuá'y 快*. [参见：aprissa (迅速).]

Apresurado (en obrar) (a.急急忙忙的，如干活时). *chà'o chà'o 草草*.|. *hoâng*

---

① 此词为另手添加，故而"赛"字的拼法略异。
② 原缺汉语释义。
③ 柯本注：*tuòn*，梵蒂冈本作*tuón*，去声。
④ *vuēn*，原标阳平，柯本改为去声*vuén*，字作"问"。"学文"一词甚古，出自《论语·学而》："行有余力，则以学文。"《弟子规》中，此词四见，总叙称"有余力，则学文"，末了一节题作"余力学文"，句子称"不力行，但学文，长浮华，成何人；但力行，不学文，任己见，昧理真"。
⑤ ymitando (= imitando)，动词imitar（效仿）的副动词形式；接近于此的英语构式或为to learn (through) imitating.

mâng 慌忙.|. *mâng mâng* 忙忙. – de natural colerico (天生急躁). *sińg kiĕ* 性急.

Apretar (vt.弄紧、压缩). *nâ kiǹ* 拿紧. – atando (捆绑). *pańg kiǹ* 绑紧. – con la mano (用手). *niĕ kiǹ* 捏紧. – abraçando (拥抱). *laǹ kiǹ* 揽紧.

Apretar, instar (vt.压迫，迫使), poner en aprieto (vp.催逼). *piĕ p'ĕ* 逼迫.|. *p'ĕ jiń* 迫人.|. *piĕ kiǹ* 逼紧.|. *kiǹ p'ĕ* 紧迫. – para que haga algo (想要某人做某事). *chū'y jiń xańg kiǹ* 催人上紧.

Apretar en algun negocio (vp.催人做某件事). *chū'y xańg kiǹ* 催上紧.

Apretura de mucha gente que no puede pasar (np.很多人挤成一堆以至无法通行). *çhȳ pŏ hía chȳ jiń* 挤不下之人.|. *çhỳ çhiĕ* 挤集.|. *çhỳ chŏ xīn* 挤着身.|. *çhỳ luńg xīn* 挤拢身.① – no me aprietes (s.别挤我). *pŏ iáo çhỳ chŏ gò* 不要挤着我.

Apretar (vt.逼迫), hazer fuerza à otro (vp.力逼某人). *kiàn'g jiń* 强人.

Apretado, afligido (a.悲惨的，受折磨的). *ku'én kù'* 困苦.|. *ku'én pĕ xiń kiǹ* 困迫甚紧.②

Apretado, escaso hombre (np.小气的人，吝啬鬼). *kiēn' liń tiĕ* 悭吝的.

Apriesa (ad.急忙、匆匆). *ku'áy* 快.

Aprisco de qualquier animal (np.任何动物的围栏). *lân* 栏.|. *chĕ' lân* 栅栏.

Apropiarse algo (vr.攫取某物). *çhién* 僭. [参见：vsurpar (篡夺).]

Aproposito (a.方便的、适宜的). *pién tiĕ* 便的.

Aprouar, vt peticion (vt.准许，例如同意一项请求). *chùn* 准.|. *iùn* 允.|. *pȳ' tièn* 批点.|. *pȳ' iùn* 批允.

Aprouar el pareçer de otro (vp.赞同他人的意见). *xén kỹ' iên* 善其言.|. *xý kỹ' iên* 是其言.|. *kò' kỹ' iên* 可其言.

Aprouar vt sic (vt.赞许某人或某事). *chiñg' hiù* 称许.|. *chiñg' xén* 称善.|. *chùn nŏ* 准诺. anuere (即点头表示同意).

Aprouar el superior la sentencia del inferior (vp.上级批准下级的决定). *hiù kò'* 许可. – e oᵃ. (也可反过来说：*kò' hiù* 可许). – el inferior la del superior (下级接受上级的决定). *chiñg' fŏ* 称服.

Aprouar en los examenes (vp.考试中准予通过). *çhiù'* 取.

Aprouado en el examen, si es de Doctor (ap.考试通过，如果是博士，就说).

---

① "挤着身""挤拢身"，柯本作"挤着深""挤拢深"。
② 柯本注：*pĕ*，梵蒂冈本作*pĕ'*，有送气符。

chuńg leào 中了. – si de licenciado (如果是一般的考生，则说). *çhiń hiǒ leào* 进学了.

Aprouechar ensi, vt en la virtud (vp.取得进步，例如在道德方面). *çhiń siēn* 进先.|. *ièu iě iū kỳ* 有益于己.|. *lý kỳ* 利己.|. *xéu iě* 受益.|. *çhiń iě* 进益.

Aprouechar à otro (vp.使他人获益). *lý iě jiń* 利益人.|. *ièu iě iū jiń* 有益于人.|. *iě iū jiń* 益于人. – haziendo le beneffício (给人带来好处). *kiā hoéy iū jiń* 嘉惠于人.|. *hoéy iě jiń* 惠益人.

Apto, vt para oficio (a.能干的，例如适合于某个职位). *kò' tańg çhù' jiń* 可当此任.|. *kò' chi'ńg çhù' chě* 可称此职.

Aprouechar en la virtud (vp.在道德上取得进步). *çhiń tě* 进德.

Aprouechar cada dia mas (vp.每天都有进步). *iéu jě siń* 又日新.

Apuesta, lo que se à posto (n.赌注，即下赌、出价的东西). *sò tù tiě vuě* 所赌的物. – si es dinero (如果是钱). *sò tù tiě çhiên'* 所赌的钱.

Apuñar el mando (vp.抓取权柄). *çhāo' kiuê'n* 操权. [参见：enpuñar (抓、夺).]

Apuñar (vt.击打), dar puñadas (vp.用拳头打). *tà kiuê'n* 打拳.

Apuntar libros, sentencias, rayar las (vp.给书文、句子加标点，标以界线). *tièn* 点.|. *kiǔen'* 圈.|. *tièn kiūen'* 点圈. – sus apuntaciones son poner ala margen vnas, o, o, o. (他们的标点符号置于文句的边缘，画为一个个的圆圈).

Apuntar, vt con el dedo, o la aguja de marear (vt.指示、指向，例如用手指头指点，或者像航海所用罗盘的指针那样指明方向). *chỳ* 指.

Apunto esta todo (s.一切都已备妥). *chỳ' pý leào* 齐备了.|. *pién leào* 便了.

Apuntar poniendo por memoria (vp.记于备忘录). *ký çháy* 记载.|. *ký sú* 记数.

Apuntar el principio à otro para que prosiga (vp.打个基础以便他人继续). *chēu' têu'* 抽头[1].

(p.19)

Apurar, vt oro, plata, ett.ᵃ (vt.纯化、精制，如提炼金、银等). *çhiń'g lień* 精炼. [参见：acrisolar (炼制).]

---

[1] 似可作二解：一指从线团中抽出头来，喻指事情开始；一指赌博时下头注，或以庄家身份抽取赢家所得。

Apurar, ut la verdad (vt.修炼，如求索真理). *kiûn'g lỳ* 穷理.|. *tuñ'g taó lỳ* 通道理.|. *çhiń tuñ'g* 尽通.

Apuntalar (vt.支撑). *tỳ tanġ* 抵挡.

Apuntalar leuantando lo (vp.抬起某物以支撑). *tỳ xáng ki'ú* 抵上去.

Aq.

A qualquier lugar (pp.无论在哪里). *pǒ luń xiń mò sò çháy* 不论甚么所在.|. *pǒ kiǜ xiń mò ch'ǘ* 不拘甚么处.

Aquel (pron.那、那个). *ná* 那.|. *ná kó* 那个. – Aquello (那一个). *ná kó* 那个. – Aquel, el tal hombre (那人，那样一个人). *tā' jiń* 他人.①

Aqui (ad.这里). *ché lỳ* 这里.|. *ché sò çháy* 这所在.|. *ché tý fanġ* 这地方.|. *çhǜ ch'ǘ* 此处.|. *ché piēn* 这边.

Aqui presente (adp.当下、此刻). *hién çháy* 现在.

Aquietarse, sosegarse (vr.安静下来，安心). *fanġ siñ* 放心.|. *gān çhińg* 安静. – no se puede aquietar el corazon (心里无法平静). *fanġ siñ pǒ hiá* 放心不下.|. *pǒ kúo siñ* 不过心.|. *pǒ kúo ý* 不过意.

Aque proposito (adp.为了什么目的). *hô kú* 何故.|. *hô goéi* 何为.②

Ar.

Ara, o altar (n.圣坛，或祭坛). *tây'* 台. – el nuestro (我们圣教的祭坛). *xińg tây'* 圣台. – nuestra Ara (我们奉敬的圣坛). *xińg xě* 圣石.

Arado (n.犁). *lỳ têu'* 犁头.

Arador, el que ara (n.耕夫，即犁地者). *keñg tiên' tiě* 耕田的.

Arar sementera (vp.耕作已播种的田). *keñg tiên'* 耕田.|. *lỳ tiên'* 犁田.

Aradores gusanos (np.蠕虫). *çhiǜ chuñ'g* 蛆虫.

Araña (n.蜘蛛). *chȳ chǔ* 蜘蛛.

Arañar (vt.抓、挠). *pâ'* 扒.|. *pâ' heñg* 扒痕.

---

① 柯本注：这样称一个人（such a person）通常带有贬义。按："他人"（=他这人、他那个人）并无贬义，与西语词目有出入。

② 此条为另手添写。

Araño (n.抓伤、挠破). *chūa* 抓.|. *cháo* 搔①.

Arañar, agarrar, vt plata (vt.捉住，抓起，如银两). *chūa* 抓.

Arismetica (n.算术). *suón fă* 算法.|. *sú fă* 数法.|. *tuñ'g vuên suón fă* 同文算法.

Arismetico (n.算术家、会计). *suón xèu* 算手. [参见：contar (计算).]

Arbitrio, libre, aluedrio (a.不受拘限的，自由自在的，自行其意的). *chūen ý* 专意.|. *chūen nêng* 专门.|. *çhǔ chūen* 自专.|. *çhǔ chù* 自主.

Arbitro (n.公断人), juez arbitro (np.仲裁者). *chiǔ' chù* 取主.

Arismetica de China (np.中国的算术). *kièu chāng suón fă* 九章算法.|. *kièu kuēy suón fă* 九归算法.||. *kièu kièu* 九九.②

Arillos de las orejas (np.耳环). *ùl hoâng* 耳环③.|. *ùl kiuēn'* 耳圈.

Archero del Rey (np.君王的弓箭手). *iú lieǹ kiūn* 御辇军.

Arbol, vt sic (n.树、树木，总称). *xú* 树.|. *xú mǒ* 树木.

Aroleda (n.森林). *xú liñ* 树林.|. *xān liñ* 山林.

Arbol de nauio (np.船上的桅木). *chuên' goêy* 船桅.|. *çhiân'g kān* 樯杆.|. *goêy kān* 桅杆.

Arbol seco (np.干枯的树). *kū' xú* 枯树.|. *kū' mǒ* 枯木.

Arbol podrido (np.朽腐的树). *hièu mǒ* 朽木.|. *lań mǒ* 烂木.

Arbol de fruta (np.结果子的树). *kùo xú* 果树.

Arbol de solo flores (np.仅供观赏花朵的树). *hōa mǒ* 花木.

Arbol ingerto (np.嫁接的树木). *çhiě xú* 接树.

Arbol de buena madera (np.木质优良的树). *vuên mǒ* 文木.

Arboles sombrios espesos (np.枝叶繁茂的遮荫树). *méu xińg* 茂盛.|. *méu liñ* 茂林.|. *iń pý* 荫蔽.

Arca (n.行李箱). *siañg çhǔ* 箱子.|. *lùng siañg* 笼箱.

Arcadas de vomito (np.剧烈的呕吐). *gèu kě* 呕喀.

Arcabuz (n.火绳钩枪). *niào chu'ńg* 鸟铳.|. *xèu chu'ńg* 手铳.

Arcabucero (n.火绳钩枪手). *xèu chu'ńg piñg* 手铳兵. – pieça de artilleria (大炮). *tá chu'ńg* 大铳.

Arcaduz por donde va el agua (np.导水的渠道). *xùy kuòn* 水管.|. *xùy kēu* 水沟.

Arco para flechar (np.射箭用的弓). *nù kuńg* 弩弓. – Armar lo (使用这种武器).

---

① 南官话音，如沪语里"搔"字读[tzo]（见《发音字典》）。

② ".|."表示同义，".||."可能表示不完全同义。

③ *hoâng*，原拼如此，柯本改作*hoân*。

chañg kuñg 张弓.|. kāy' kuñg 开弓.|. xańg kuñg 上弓.|. mùon kuñg 满弓.|. uān kuñg 弯弓.

Arco de pipa, o balsa (np.木桶等的提手). kū' 箍. – y si es de hierro (如果是铁制的). ti'ĕ kū' 铁箍.

Arco de boueda (np.拱顶、拱状物). kiuèn uńg 卷瓮①.|. kiūn'g tuñg' 穹窿②.

Arco de puente (np.桥梁的拱洞). kiâo' ièn 桥眼.|. kiâo' leañg 桥梁.

Arco triunfal (n.凯旋门、功德门). pâ'y fañg 牌坊.|. pâ'y leû 牌楼.

Arco del cielo (np.天拱), yris (n.彩虹). huñg nỹ 虹霓.|. tiēn' huñ'g 天虹③.

Arco de ballesta, o flechero (np.弩射或箭射的弓). nù kuñg 弩弓.

（p.20）

Arçobispo, nossotros le llamamos (n.主教，按我们的说法). iĕ seǹg chù kiaó 一省主教.

Arder (vi.燃烧), quemar (vt.焚烧、烧毁). xāo 烧.|. fuēn 焚.|. hò chŏ 火着.

Arder de cosas picantes (vp.辣得冒火). lă 辣.|. siñ lă 辛辣.

Ardor del fuego (np.火焰的灼热、身子的烧热). fă xāo 发烧.|. jĕ xāo jĕ 日烧热④.

Ardid (n.计谋、技巧). ký çh'ĕ 计策.|. chý mêu 智谋.|. ký mêu 计谋. [参见: traças (计划、草图).]

Ardid de guerra (np.战争的计谋). chén ký 战计.|. chén fă 战法.

Arena (n.沙子). xā 沙.

Arenal (n.沙地、海滩). xā tý 沙地. – bajos de arena (布满沙子的浅滩). xā chēu 沙洲.

Arenal (n.沙地、沙漠). xā mŏ 沙漠.

Arenoso (a.含沙的、多沙的). xā tù' 沙土.

Arenilla para nuestras saluaderas (np.我们欧洲人的文具盒使用的细沙).⑤ sý xā 细沙. – si es de hierro (如果是铁制的). ti'ĕ xā 铁砂.

Arenga (n.长篇大论). chañ'g piēn 长篇.|. chañ'g tân' 长谈.

Argolla de hierro (np.铁制的圆圈). ti'ĕ hoân 铁环.|. hoân kiūe'n 环圈.

---

① 阴沟的开口与入口处，以去底的小瓮覆盖，称为"卷瓮"。
② 柯本注：tuñg'，梵蒂冈本作 lûng "窿"。
③ huñ'g，送气符有衍。
④ 伦敦本删去了第一个 jĕ，柯本据此还原为"烧热"。
⑤ 柯本注：指用来吸墨水的沙盒。

Argamasa (n.砂浆、胶合土). *hoēy tù'* 灰土. – de arena, y cal (沙子和石灰拌和的). *hoēy xā* 灰沙. – de arena, y tierra (沙子和泥土拌和的). *xā tù'* 沙土. – vt sic (类似的还有). *sān hǒ tù'* 三合土.|. *sān puón tù'* 三拌土.

Argamasear el suelo (vp.用砂浆之类铺地). *sān puón tù' ¢hó tý* 三拌土做地.|. *tà sān hǒ tù'* 打三合土.

Arguir à otro diziendo le sus faltas (vp.与某人争论并且称其谬误). *vù láy* 诬赖.|. *sù ¢húy* 数罪.|. *xīng ¢húy* 声罪.

Argumentar, disputar (vt./vi.争论，辩论). *pién lún* 辩论.|. *ý lún* 议论.|. *¢hēng pién* 争辩.|. *pién pǒ* 辩驳.|. *¢hēng lún* 争论.|. *siāng pién* 相辩.|. *siāng lún* 相论.

Argumento (n.论证、论据、理由). *¢ú lỳ* 事理①.|. *taó lỳ* 道理.

Argumento: prueua de argumento (n.论证、论据：论据的证明). *¢ú nién* 事验.|. *nién ch'ú* 验处.|. *chíng nién* 证验.|. *chīng chíng* 征证. – puede se prouar ([此事或此说]能够验证). *kò' ỳ ¢ú nién* 可以事验.②

Argumento cornuto (np.立不住脚的证据), dilema (n.进退两难的境地). *mû líng chý' leaǹg tuōn* 模棱持两端.|. *mû chǒ piēn líng* 摸着边棱.

Argumento problematico (np.有疑问的证据). *hân hû leaǹg kò'* 含糊两可.|. *¢háy xý fỳ kò' fèu chȳ kiēn* 在是非可否之间.

Argumento ad hominem (np.带有偏向的证据). *¢hié tā' ień ¢ú nién* 借他言事验③.

Armaçon (n.支架、骨架). *kiá chủ* 架子.

Armaçon de armas (np.放兵器的架子). *piñg kiá* 兵架. ett[a]. (等等).④

Armada (n.舰队、海军). *piñg chuên'* 兵船.|. *iě háo chén chuên'* 一号战船.|. *iě xào chén chuên'* 一哨战船⑤.|. *iě túy chén chuên'* 一队战船.|. *chén chuên'* 战船.

---

① 柯本作"思理"。
② 除"征证"外，柯本所写各词均误，作"思念""念处""证念""可以思念"。按："验"读为"念"，系南官话音，今南方方言如上海话、苏州话、无锡话、闽南话、客家话等，"验"字的声母仍为n、ng或gn。"事验"，即证据。参看Autoridad de la persona（p. 28），"严"字作*iên*、*nién*二读。
③ "他言"，非直接证词。此条的"事验"，柯本也作"思念"。
④ 此条不见于柯本。
⑤ 此例柯本未录。"一号、一哨"，都指一队。

Armar à otro (vp.武装某人、给人披挂). *iù tā' chūe'n kuēy' kiǎ* 与他穿盔甲①.

Armarse (vr.自己武装、自己披挂). *chūe'n kiǎ chý' kō* 穿甲持戈.|. *çhiûe'n fú pȳ' kuá* 全副披挂.

Armado de punta en blanco (np.全副武装). *pȳ' kuá xèu chě kiūn k'ý* 披挂手执军器②.|. *tiṅg kuēy' kuón kiǎ* 顶盔冠甲.|. *çhiûe'n choāng kuón kiǎ iāo hiuên tuōn taō* 全装冠甲腰悬短刀③.

Armar el arco (vp.备弓). *xaṅg kuṅg hiuên* 上弓弦.|. *ke'ú kuṅg* 扣弓.|. *xaṅg hiuên* 上弦. [参见：arco (弓).]

Armar el arco, poner la flecha en el arco para tirar (vp.备弓，把箭搭上弦准备发射). *ke'ú xaṅg çhién* 扣上箭.|. *ke'ú kuṅg tǎ çhién* 扣弓搭箭.|. *nâ kuṅg chǎ çhién* 拿弓插箭.|. *siĕ muòn kuṅg* 拽满弓④.

Armar la ballesta (vp.备弩). *ke'ú nù* 扣弩.|. *iṅ nù* 引弩.|. *xaṅg nù* 上弩.|. *chaṅg nù* 张弩.|. *chè' nù* 扯弩.

Armar çancadilla, poner trampa (vp.布罗网，设圈套). *xě hién çhiṅg* 设陷阱. – caer en ella (落入其中). *lǒ hién çhiṅg chuṅg* 落陷阱中. – [la trampa se llama (陷阱的各种叫法). *kȳ hièn* 机陷.|. *lâo luṅg* 牢笼.|. *kȳ hiáy* 机械.|. *kȳ çhiṅg* 机阱.]

Armas, o insignias de guerra (np.战争的武器或象征). *kiūn k'ý* 军器.|. *k'ý hiáy* 器械.|. *chén kiǔ* 战具.|. *kān kō* 干戈.|. *piṅg kě* 兵革.|. *piṅg k'ý* 兵器.|. *çhiān'g taō* 枪刀.

Armas ofensiuas (np.进攻型武器). *xú k'ý* 戍器.|. *kān kō* 干戈.|. *hiūng k'ý* 凶器.

Armas defensiuas (np.防守型武器). *piṅg kě* 兵革. [参见：arnes, cota, etc. (马具，甲胄，等等).] – Deponer las armas (放下武器). *tào kō* 倒戈.|. *têu' kō* 投戈. – dexar las armas y huir (丢下武器逃跑). *k'ý kiǎ pā'o kō* 弃甲抛戈.

Armadura de los huesos del cuerpo (np.身体的骨架). *hiây kǒ* 骸骨.

Armas como diuisa en las banderas (np.旗帜上的武器徽号). *háo* 号.|. *ký háo* 记号.

---

① 柯本脱漏"穿"字。
② 引句不全。罗贯中《三国志通俗演义》第五十四回："……俱各披挂，手执军器。"
③ 柯本注：*tuōn*, 梵蒂冈本作*tuòn*, 上声。
④ *siĕ*, 柯本写为"緆"。其字当为"拽"（曳），误读作"緆"（继）。

Armazon①, o camoz grande de madera (n.框架，或木质的拱顶). *tèu choāng* 枓桩.

Armella (n.眼圈、环形). *hoân* 环.|. *kiŭe'n* 圈.|. *hoân kiŭe'n* 环圈.|. *kŏ ièn* 鸰眼.

Armella para las muñecas, o, braços, braçaletes (np.手腕上戴的圈圈，即手镯). *xèu xŏ* 手镯.|. *xŏ çhù* 镯子. – de plata (银制的). *iñ sò* 银锁.

Arnes (n.马具). *hiuñg kiă* 胸甲.|. *tañ'g hiuñg* 挡胸.

Aro (n.圈、环、箍). *ti'ĕ kū'* 铁箍.

Arigue (n.一种圆木). *chú çhù* 柱子. [参见：columna (柱).]

Armar la red (vp.设置网罟). *chāng vuaǹg* 张网.

Articulo, v. gª. de la fe, ettª. (n.一件、一条、一段，指信仰、证词等). *tuōn* 端②.

Articulo de muerte (np.临终的喘气). *liñ chūng* 临终.

Armonia (n.和谐). *çhiĕ çhéu* 节奏.|. *çhéu iŏ* 奏乐.

Arrabal fuera de la Ciudad (np.城市的外围、郊区). *kiāo kuān* 郊关.|. *chîn'g vuáy* 城外.

(p.21)

Arracadas (n.耳环). *ùl hoân* 耳环.|. *ùl chúy* 耳坠.|. *chŭ' ùl hoân* 垂耳环③.

Arraygar, vt el arbol en la tierra con sus rayzes (vt./vi.生根，比如树木在土里扎下根). *hiñg kēn* 行根.

Arracife (n.礁石). *hày çhiāo* 海礁.

Arraygado mucho (ap.根长得深). *kēn xīn* 根深.|. *kēn hiñg tĕ xīn* 根行得深.|. *señg iĕ kú kēn* 生一固根.|. *chaǹg leaò kēn* 长了根.

Arrancar (vt.连根拔出、根除). *pă kỳ' lây* 拔起来.|. *pă chŭ'* 拔出.

Arracar la espada, o catana④, sacar la (vp.抽剑、拔刀，拔剑出鞘). *pă kién* 拔剑.|. *chēu kién* 抽剑⑤.|. *kāy' taō siáo* 开刀鞘.|. *pă taō* 拔刀.

---

① 与本页前面所见的Armaçon（支架、骨架）是同一词，今拼armazón。

② "端"，用为证词、表曰一类古语的量词。叫参看"十二信""当信的端"两条（p.22），都出Articulos引出。

③ 柯本注：*chŭ'*，梵蒂冈本作*chŭy'* "垂"。

④ catana（马刀），此词柯木未录。

⑤ 柯木注：*chēu*，梵蒂冈本作*chēu'*，有送气符。

Arras, señal de desposorios (n.聘金，表示婚约已定). *pińg lỳ* 聘礼.|. *pińg tińg* 聘定.|. *çhày' lỳ* 彩礼①.

Arras (n.聘金), las ceremonias que hazen en dar las (np.收受聘金的仪式). *hińg pińg lỳ* 行聘礼.|. *kúo leào pińg ŷ* 过了聘仪.|. *hiá leào pińg tińg* 下了聘定.|. *nǎ çhày'* 纳彩②.

Arrasar la medida de trigo, o arroz (vp.使麦谷或稻谷的量斗齐平). *kiáy* 概③.

Arrebañar (vt.收拾、整理). *sańg tǒ* 相掇④.

Arrastrar (vt.拖、拉). *tō' * 拖.|. *chè' liě tō' tō'* 扯裂拖拖. – lleuar lo arrastrando (用力拖走). *tō' ki'ú* 拖去.

Arrebatar (vt.猛抓). *çhiàn'g* 抢.|. *tǒ* 夺.|. *çhiàn'g tǒ* 抢夺. – robando lo (偷盗其物). *çhiàn'g liǒ* 抢掠.|. *çhiàn'g lù* 抢掳.

Arrebar⑤, vt el viento, o demonio (vt.抓取，如被风刮走，或被魔鬼掳去). *niě ki'ú* 捻去⑥.

Arrebatado, precipitado hombre⑦ (np.容易冲动、草率行事的人). *kiń'g sǒ* 轻率⑧.|. *p'ě çhiě* 迫疾⑨.|. *çháo paó* 躁暴.|. *màng choáng* 莽撞.

Arrebatadamente (ad.匆忙、草率地). *kiń'g kiù' vuáng tuńg* 轻举妄动.|. *màng tuńg* 莽动.

Arrebatado, vt extasis, arrobado (a.情绪异常的，例如出神，着了迷). *jě xîn* 入神.|. *xîn tińg* 神定.|. *xên jě tińg chụ' xîn* 禅入定出神⑩.

---

① *çhày'* "彩"，柯本转录为*çhây'* "财"。柏林本此处非常清晰，调符先是写为阳平，然后加以浓笔，改成上声。

② 此处的*çhày'*，调符正为上声，是"彩"字无疑。柯本仍作*çhây'*，写为"纳财"。

③ "概"，用来刮平斗斛所盛谷粒的木片。

④ 指帮着一起收拾；*sańg*，梵蒂冈本作*siańg*。柯本写为"相夺"，与词目不符。

⑤ 脱漏两个字母，柯本据他本改为Arrebatar。

⑥ "捻"通"捏"。原编者也可能想写摄魂的"摄"，其字又读若"捏"，但并非攫取之义。

⑦ 据柯本，词序为形容词居后：hombre precipitado.

⑧ 柯本作"轻俗"。轻率、真率、表率、率领的"率"字，在本词典上的拼法相当一致，都作*sǒ*。

⑨ 柯本揣测为"魄[疾？]"。

⑩ 柯本注：这里的汉语表达与禅宗有关，西班牙神父似乎以为这是一种谵妄的状态。按：柯本所解不错，只是转录有误，将*xên*识为*xîn*，其字遂写成"神"，而"神入定出神"说不通。禅、蝉同音，参见Cigarra（p.48）。其词又作"出神入定"。

Arrebatado, estando assi no distingue el sabor dela comida o beuida (ap.入神或走神，以至不辨食物或饮料的味道). *iṅ xẻ chȳ kieñ pỏ chȳ kỷ' vúy* 饮食之间不知其味.

Arrebatado, estando assi no tienen operacion sus sentidos (ap.入神或走神，以至于忘乎情感). *iũ çú vù iù çhīn'* 于事无与亲①.|. *çhiẻ xîn iũ núy, ûl pỏ kién kỷ' vuáy* 集神于内而不见其外②.

Arrebatado, estando assi queda inmobil (ap.入神或走神，以至一动不动). *ku'áy jên tỏ ỳ kỷ' liẻ* 快然独以其立③.

Arreciar, conualecer de la enfermedad (vp.强身，病后恢复健康). *iàng píṅ* 养病.|. *pù liẻ* 补力.

Arremeter en la guerra (vp.战斗中发起攻击). *heṅg chiń* 横阵.|. *hién chiń* 陷阵④.|. *heṅg t'ỏ* 横突⑤.

Arremeter por todas partes para salir del cerco (vp.朝各方向进攻以图冲出包围). *çhò heṅg ieú t'ỏ* 左横右突.|. *çhiê'n chē héu taṅg* 前遮后挡. – arremetio y huyose (进攻并得以脱走). *t'ỏ goêy ûl çhèu* 突围而走.

Arremangar las mangas (vp.卷起袖子). *chẳ kỳ' siéu* 扎起袖.|. *çhiāng kỳ' siéu* 将起袖.|. *tỷ' kỳ' siéu* 提起袖.|. *vuàn kỳ' siéu* 挽起袖.

Arremangarse descubriendo el braço vt para dar puñadas (vp.卷起袖子露出手臂，像要挥拳打架那样). *tán' ȳ lú ch'ủ xèu* 袒衣露出手.

Arremangarse, vt sic (vr.收紧、扎拢、卷起等). *xēu chả* 收扎.|. *xēu sỏ* 收缩.|. *çhēu kỳ '* 搊起. – el vestido (指衣裳). *çhēu' kỳ' ȳ fỏ* 搊起衣服.|. *niẻ ȳ fỏ* 捻衣服.|. *kiẻ ȳ kiēn' ȳ* 揭衣褰衣⑥.

Arremangarse poniendo faldas en cinta (vp.提起衣袍到腰部). *hiẻ ȳ* 撷衣.

Arrempujar (vt.推出、排斥). *t'úi* 退⑦.

Arrendar (vt.出租、租用). *çhū* 租.

Arrendador (n.债主). *çhū chù* 租主.

---

① 此句柯本未写出字。《庄子·应帝王》："于事无与亲，雕琢复朴，块然独以其形立。"指对事物无所偏倚，保持本真，怡然独立。

② 此句出自《冲虚至德真经鬳斋口义》卷二。

③ 也是《庄子·应帝王》里的句子，脱一"形"字，见前注。

④ *chiń*，拼法与上一字音完全一样，柯本误录为*cheń*，其字遂作"战"。

⑤ *t'ỏ*，柯本写为*tỏ* "夺"。

⑥ 似应别为"揭衣""褰衣"，都指提起衣裳。

⑦ 柯本注：此条为后手所补，字迹明显不同，且注音转写也有别，据万济国当为*t'úy*。

Arrendamiento (n.租金). *çhū çhiên'* 租钱.

Arrendar casa por algunos años o tiempo, hasta boluer el dinero (vp.租出房子若干年或一段时间，直到钱款付讫). *k'ó* 课.|. *tièn* 典.|. *jiń* 赁.

Arremedar a otro (vp.模仿某人). *hiŏ hiáo* 学效.|. *hiáo fă* 效法.|. *fang hiáo* 仿效.|. *hiŏ jiń tuńg hîng* 学人动行.

Arremedar los meneos, y gestos de otro (vp.模仿别人的动作和姿势). *hiŏ jiń lỳ máo* 学人礼貌.|. *kià çhŏ* 假作.

Arreo (ad.连续、不间断地). *liên* 连.|. *çhiĕ liên* 接连.|. *liên chân'g* 连常.|. *siāng liên* 相连.|. *siāng çhiĕ* 相接.①

Arrepentirse (vr.后悔). *hoèy* 悔.|. *fàn hoèy* 反悔.|. *t'úy hoèy* 退悔.|. *hoèy gú* 悔悟.|. *kù' ch'iĕ* 苦切.

Arrepentirse de los pecados (vp.忏悔所犯的罪行). *hoèy çhúy* 悔罪.|. *tu'ńg hoèy* 痛悔.|. *gào hoèy* 懊悔.

Arrepentimiento (n.忏悔、赎罪). *hoèy k'ý* 悔弃.|. *fàn hoèy* 反悔.

Arreciar de enfermedad (vp.病情加重), aumentarse② (vr.变得严重). *keńg chuńg* 更重.

Arreboles de las nubes (np.红色的云彩). *iûn hîa* 云霞.|. *iûn sě* 云色.|. *çhù iûn* 紫云.

Arrebol conque se afeytan las mugeres (np.女人化妆用的口红). *ién chȳ* 胭脂.

Arriba (ad.在上面). *xańg* 上.|. *xańg mién* 上面.|. *xańg piēn* 上边.

Arribar la nao (vp.船只到达). *tào chuê'n* 倒船.|. *hoêy chuê'n* 回船. – boluerse (转弯). *hoèy chuèn* 回转.|. *t'úy héu* 退后.|. *hoèy xèu* 回首.

Arrimarse estribando fisicè, moraliter③(vp.身体倚靠，引申指精神上的依赖). *ỳ ka'ó* 倚靠.|. *ỳ láy* 倚赖.|. *ȳ fú* 依附.

Arriçarse los cabellos de miedo (vp.因恐惧而毛发直立). *mâo kŏ suǹg jên* 毛骨悚然.|. *hân mâo liń* 寒毛凛④.|. *mâo fă tào siú* 毛发倒竖.|. *mâo siú* 毛竖.

---

① "连常""相连"二词，不见于柯本。
② 此词柯本未录。
③ 拉丁语副词（=morally），在本词典的释义中二十余见，指由直义、具体义引申出喻义、抽象义。
④ 形容词后缀当为叠音，即脱一音节*liń*；今吴方言仍说"寒毛凛凛"（《汉语方言常用词词典》207页），指极恐惧。

(p.22)

Arriesgar (vi./vt.冒风险、碰运气). *puōn' hién* 拼险①. – la vida (指生命). *puōn' mińg* 拼命.|. *puōn' xè mińg* 拼舍命.|. *puōn' hièn kañg'* 拼险坑②.|. *hièn leào mińg* 险了命.

Arriesgar la hazienda (vp.冒失去财产的风险). *puōn' xè çhây'* 拼舍财.|. *puōn' k'ý çhây'* 拼弃财. – Riesgo ([造成]风险). *kān'g háy* 坑害.|. *kāng gú* 坑诬③. – andar a riesgo (往险处去). *hîng hièn* 行险.

Arrobado (a.着迷的). *jě xîn* 入神. [参见：Arrebatado (入神、走神).]

Arroba④, cuentase por cates que se llaman (n.厄罗瓦，折算为若干卡特，就相当于此处说的这种重量单位). *kiñ* 斤.

Arrojarse a los enemigos, o a los trabajos ett*. (vp.开始攻击敌人，或着手任务、工作等). *máo* 冒⑤.

Arrodillarse (vr.下跪). *kuéy* 跪.

Arrogante (a.自大的、自傲的). *çhǔ kāo* 自高.|. *çhǔ kūa'* 自夸.|. *çhǔ fú* 自负.|. *kîn' kūa' chỷ jiñ* 矜夸之人.|. *gaó mán* 傲慢.

Arrojar, echar por ay (vt.扔掉，抛弃). *tiēu náo* 丢掉⑥.|. *tiēu k'ý* 丢弃.|. *pāo' k'ý* 抛弃.

Arrojado, hombre tal, sin reparar, ni tomar consejo (np.性子愚鲁而急躁的人，这类人既不思考也听不进建议). *kiñ'g siñ* 轻心. [参见：precipitado (草率的), arrebatado (易冲动的).]

Arromadizado (n.伤风、鼻塞). *pý sě* 鼻塞.

Arropar (vt.穿衣裳). *chūe'n ȳ* 穿衣.

Arrope (n.糖浆、葡萄汁). *pû' tâo' tañg'* 葡萄糖.

Arroyo (n.溪流). *siào kȳ'* 小溪. – de los montes (山里的). *xān chuē'n* 山川. [参见：Rio (河流).]

---

① 柯本注：此处的*hién*，据梵蒂冈本也作*hièn*，为上声。按："拼险"并不常见，或为方言词。

② 柯本写为"拼险康"。

③ 此处的*kāng*，柯本作*kāng'*，带送气符。

④ arroba（厄罗瓦），西班牙重量单位，约合25个卡特（cate = 英语catty"斤"），一个卡特便相当于一磅，约合一斤。

⑤ 此条应属未完待写，故连句点也未标。也许想写"冒进"，arrojarse有急速、仓促行进之义。

⑥ 柯本注：*náo*，梵蒂冈本作*tiáo* "掉"。

Arroz en cascara (np.带谷壳的稻米). *táo çhǔ* 稻子.|. *táo kǒ* 稻谷. – arroz limpio (纯稻米). *mỳ* 米.|. *mỳ kǒ* 米谷.|. *pě mỳ* 白米.

Arroz para hazer vino (np.用于酿酒的稻米). *nó mỳ* 糯米. | *nó kǒ* 糯谷. – en cascara (带谷壳的). *nó táo* 糯稻.

Arroz temprano (np.早播的稻子). *çhào táo* 早稻.|. *çhào kǒ* 早谷. – temporal (晚种、成熟的稻子). *vuàn kǒ* 晚谷.|. *muòn táo* 满稻①.|. *chý' kǒ* 迟谷.

Arroz por pilar (np.待碾磨或待加工的稻米). *çhaó' mỳ* 糙米. – en almacigo (待插的秧苗). *hô miâo* 禾苗.|. *iañg miaô* 秧苗.

Arrugar (vt.弄皱、起皱). *çhéu* 皱. – arrugar la frente (皱额头). *chǒ gě* 麂额. – arrugar las sobrecejas (皱眉头). *chǒ moêy* 麂眉.|. *leañg moêy çhéu çhuón* 两眉皱攒.

Arrugar el rostro, y mexillas (vp.脸和两颊起皱). *lièn çhéu* 脸皱.|. *mién çhéu* 面皱. – pellejo arrugado (皮肤生皱纹). *pȳ' çhéu* 皮皱.

Arrugado el rostro de tristeza (vp.脸上布满皱褶、愁容满面). *chǒ jên pǒ gān* 麂然不安②.|. *muêy têu' siañg kiě* 眉头相结.

Arruga, ruga (n.皱褶, 皱纹). *çhéu vuên* 皱纹. – vestido arrugado (揉皱的衣裳). *ȳ çhéu* 衣皱.|. *ȳ chiào* 衣翘③.|. *ȳ jañg leào* 衣襄了④.

Arruynar (vt./vi.毁灭). *tûy' páy* 颓败.|. *páy hoáy* 败坏. [参见: destruir (摧毁).]

Arrumar, poniendo vno sobre otro (vp.堆积, 把一个叠在另一个上面). *tūy kỳ'* 堆起.|. *tūy tiě* 堆叠.|. *tà tiě* 打叠.|. *tà tièn* 打点.

Arte mecanica (np.机械学、手工技术). *xèu ý* 手艺.|. *ý niě* 艺业.|. *ý chân'g* 艺长⑤.

6 artes liberales chinicas (np.中国的六种文科学问). *lǒ ý* 六艺⑥.

---

① 柯本写为"满谷",但字音不误。
② *chǒ*, 柯本所录为*çhǒ* "麂"。
③ *çhiào*, 柯本缺字, 猜测其为"皱"字的闽语发音。
④ *jañg*, 柯本拟为"攘"。按:《现代汉语词典》第六、第七版均收"禳"(ráng), 指衣服脏, 旧小说用词, 与"禳灾"的"禳"(ráng) 非同一字。
⑤ *chân'g*, 柯本缺字。"艺长",犹言一艺之长。
⑥ 礼、乐、射、御、书、数六门,西士一般视为文科。文科,或人文科学,是就所学知识的总体或所育之才的类型而言(属于文人而非武士、工师等),其中如射、御、数三门自然不属文科,犹如今天的文科生,也要学些数学,其理相同。

官话词汇　69

Arte militar (np.军事艺术). *vù ý* 武艺.|. *kiūn mà chȳ ý* 军马之宜①.

Arte de marear (np.航海术、海事学). *hiñg hày chȳ fǎ* 行海之法.

Arte de ciencias liberales (np.文科艺术). *hiǒ vuên* 学文.|. *vuên hiǒ* 文学.

Arte para estudiar lengua, o retorica (np.学习语言的艺术，或修辞学). *hiǒ vuên tiě kuēy tiâo'* 学文的规条. – Para fabricar (为建造业服务的). *kiá çháo fañg fǎ* 架造方法②.

Arte de medicina (np.医学、医术). *ȳ hiǒ* 医学.|. *ȳ kǒ'* 医科.|. *ȳ kiā* 医家.

Arte magica de echiços, ettª. (np.巫术的魔法等等). *xǔ fǎ* 术法.

Artejos, vt sic (n.关节、指节、节肢等). *çhiě* 节. – artejos de los dedos (指头的关节). *chỳ çhiě* 指节.

Artemisa, yerba de Santa Maria (n.艾属植物，即圣母玛利亚之草). *gaý çhào'* 艾草.

Arteria (n.动脉), la vena arteria (np.动脉管). *mě lǒ* 脉络.

Artesa para amasar (np.和面用的器具). *jêu mién puôn'* 揉面盘.|. *mién çhâo'* 面槽.

Articulos dela fe, los 12. del credo (np.十二条信仰，教理十二说). *xě úl siń* 十二信③.

Articulos de fe (np.信仰诸条). *tañg siń tiě tuōn* 当信的端.

Articulo, parrapho de libro (n.节，指书册的章节). *çhiě* 节.

Articulo de tiempo, punto de tiempo (np.时间的节段，时点). *xŷ héu* 时候.|. *xŷ çhiě* 时节.

Artifice oficial (np.工匠、手艺人). *çhiáng jiñ* 匠人.

Artificio (n.技巧), traça buena (np.做活计的技能). *ki'áo miáo* 巧妙.|. *kȳ ki'áo* 机巧④.

Artificioso, curioso (a.精湛的，奇妙的). *çhiñg kià'o kuñg* 精巧功.|. *kià'o çhiñg*

---

① 最后一个字音 *ý*，柯本改作 *ý*，仍写为"艺"。按：原标调符可能不误，称某事某物"之宜"，即这一方面运作的道理。

② 指房屋建造。盖房子须先搭起框架，故称架造。此条写于页面空白处，不一定非得接在语言艺术之后。

③ 即天主教的十二信条，如信天主造万物、信圣于耶稣为世界之主、信耶稣为救人类而降世为人、信耶稣受难与复活、信善人升天永生等。

④ 此条的两例"巧"字，或因作名词解而标为去声，与下面几例"巧"标为上声、担任形容词不同。但柯本有注：据梵蒂冈本，这两例也一样用的上声符。

巧精.|. çhiŋg chý 精致.①

Artificioso excelente (ap.技艺精湛). pǒ xiŋg çhiŋg kià'o 不胜精巧.|. kià'o miáo 巧妙.

Artilleria pieças (n.大炮). tá chu'ŋg 大铳.|. tá p'áo 大炮.|. tuń'g çhiáng kiūn 铜将军. – numeral de pieças (炮的量词). muên 门.|. çhó 座.

Artilleria (n.大炮), cargar la pieça (vp.为大炮充弹). xańg chu'ŋg iǒ 上铳药. – disparar la (开火、开炮). faŋg chu'ŋg 放铳.

Artillero (n.炮手、火枪手). chu'ŋg xèu 铳手.|. chu'ŋg kuōn 铳官.

(p.23)

As.

Asas para asir por ellas (np.器物的提手). ùl 耳. – y si son asas largas (提手较大的). pińg 柄②.

Asabiendas (ad.明知), de proposito (pp.有意). kú ý 故意.

Asaçon (ad.当令), a tiempo (pp.及时). pién xý 便时.|. xý xý 是时③.

Asaltos (n.突袭), dar asaltos en la guerra (vp.战时发起突袭). têu' iûng 偷营④.

Asar al fuego (vp.烤火). xāo hò 烧火.|. pa'ó chě 炮炙.|. leâo chě 燎炙. – en parrillas (在架子上). poéy hò 焙火.

Asador (n.烤肉叉、烧烤用具). pa'ó chě k'ý 炮炙器.|. xāo jǒ chā' çhù 烧肉叉子.|. ti'ě tiâ'o 铁条.|. ti'ě chý 铁枝.

Asadura, bofes (n.内脏，肺). fý 肺.

Asar dentro del rescoldo, vt castanas, ett[a]. (vp.在火堆里烤，如栗子之类). goēy 煨.

Ascua (n.火炭). huńg ta'ń 红炭.

Asco (n.恶心), tener lo (vp.感到恶心). ién 厌.|. ný 腻. – asco (n.恶心). ný k'ý 腻气.

---

① 柯本此条多出一个对应词"kiào' kūng 巧工"。
② 《韵会》《正韵》："柄，陂病切，去声。"本词典上，"柄"字十余见，注音均作 pińg，去声，音同"病"。
③ 即"是时候"，见A buen tiempo（p.3），有例词"来得是时""是时"。
④ 柯本写为"投营"。按："偷营"已见前条Acometer de repente al enemigo（p.4）。

Asqueroso, sucio (a.肮脏的，污浊的). *uó chŏ* 龌浊①.|. *ū goéy* 污秽. [参见：sucio (污浊).]

Asma (n.哮喘). *hiāo píng* 哮病.|. *píng hiāo* 病哮.|. *hêu píng* 喉病.

Asno (n.驴). *liŭ chŭ* 驴子.|. *liŭ kù* 驴牯.|. *kung liŭ* 公驴. – Asna, o borrica (母驴，或野母驴). *liŭ mù* 驴母.|. *çū liŭ* 雌驴②.

Asno brauo (np.野驴). *liĕ liŭ* 烈驴. – silvestre (野生而未驯服的). *iè liŭ* 野驴. – pequeño (幼小的). *kiŭ liŭ* 驹驴. [参见：borrico (驴).]

Aspero, en el gusto (a.粗硬的，指吃上去的感觉). *chū' sĕ* 粗涩. – Aspera, vt fruta (粗硬的，如水果). *kiĕ* 结③.

Aspero de condicion (ap.性情粗暴). *geńg* 硬.|. *chū' hèn* 粗狠④.|. *chū' páo* 粗暴.|. *ch'ū ŏ* 粗恶.|. *hèn lúy* 狠戾.

Aspecto (n.容颜、面色). *iung máo* 容貌.|. *siang máo* 相貌.|. *mién máo* 面貌.|. *iên sĕ* 颜色.|. *mién mŏ* 面目.|. *iang xý* 样式.|. *kuàng king* 光景⑤.

Aspereça (n.生硬、冷酷), tener la (vp.狠心肠). *geńg siñ* 硬心. – en las palabras (言辞上). *geńg hoá* 硬话.

Asaetear, flechar (vt.射、射箭). *xé chién* 射箭. – asaeteado murio (被射死的). *xé çù tiĕ* 射死的.

Asaz, bastante (ad.极其、足够). *kéu leào* 够了.|. *chŏ leào* 足了.

Asaltar (vt.突袭、攻击). *têu'* 偷⑥. [参见：asalto (突袭).]

Asechanças (n.陷阱、埋伏). [参见：armar (武装起来).]

Asegurando le el corazon, aquietar (vp.安抚某人，使其心里平静). *gān siñ* 安心.|. *goéy siñ* 慰心.

Asegurar, vt sic (vt.安定下来、安排妥当等). *gān hiá* 安下.|. *tiñ'g tańg* 停当.|. *tiñ'g tò'* 停妥.

Asegurar, o fiar à otro (vt.确保、担保，或为某人作保). *pào tā'* 保他.

Asegurador, fiador (n.担保者、保人). *pào chù* 保主.|. *pào kiā* 保家.

---

① 柯本写为"洇浊"。"龌浊"，犹"龌龊"，见Porqueria, suciedad（p.177）。
② *çū*，他处拼为*ch'ū* "雌"。
③ 盖指十硬结块，柯本缺字。
④ 此词柯本未录。
⑤ "光景"，柯本打有问号。"光景"与容颜的关联，盖在从面容可知一个人的日子过得如何。
⑥ 柯本写为"投"。偷，谓偷袭、偷营，见本页前面的Asaltos一条。

Aseguracion, o fianza (n.保证书，或签约字据). lìng choáng 领状.

Asentar alguna cosa en lugar (vp.将某物放妥). gān tuńg 安顿.

Asentarse el agua, o otro licor (vp.澄清，指水或其他液体). çhińg 净.|. tińg çhiñ'g 淀清.|. tiñ'g leào 停了.|. çhǒ túy tỷ 浊坠底①.

Asentar, en consulta (vt.经斟酌与人达成决议). xańg kiǒ 商榷.|. tińg kiuě 定决.|. xìn tińg 审定.|. tińg ý 定议.|. chińg' ý 成议.

Asentar consigo mesmo (vp.下决心). kiuě ý 决意.|. tińg ý 定意.|. kiuě chý 决志.|. tińg chý 定志.|. liě chý 立志.

Asentado por muchos, fue parecer de todos (ap.为许多人赞同，所有的人都认为). tuñ'g tińg 同定.|. tuñ'g kiuě 同决.

Asentar en el libro los nombres (vp.将名字登录于簿册). xańg mîng 上名.|. paó mîng 报名.|. siè mîng 写名.|. chú mîng 著名②.

Asentar el Real (vp.布置队伍宿营). chǎ iûng 扎营.|. gān iûng 安营.|. gān cháy 安寨.|. chǎ cháy 扎寨.|. liě cháy 列寨.|. liě iûng 列营.|. choāng iuñg 装营.

Asentarse, sentarse (vr.坐下，就座). çhó 坐.|. çhó hiá 坐下.|. çhó chǒ 坐着.|. çhó chú 坐住.|. çhó tińg 坐定.

Asentarse en cuchillas (vp.蹲坐). puô'n kiǒ çhó 盘脚坐.|. puô'n pi'ě çhó 盘劈坐.|. kiā tiě çhó 跏跌坐③.

Asentarse con las piernas, o pies cruzados (vp.双腿交叉而坐). kỷ kiú çhó 箕踞坐.|. çhụn' kiụ́ çhó 蹲踞坐④.|. chǒ tùy' çhó 着腿坐.|. kiāo çhó 交坐.

Asentarse sobre los calcañares (vp.双膝跪地而坐). kuéy çhó 跪坐.

Asentarse a la mesa para comer (vp.坐到桌子跟前用餐). xańg siě 上席.|. xańg chǒ 上桌.|. çhiéu siě 就席.

Asentado (a.有定力的、理智健全的), hombre sesudo (np.沉稳的人). çhūn chuńg 尊重.|. tuōn chuńg 端重.|. héu chuńg 厚重.|. laò chîn'g 老成.

Asentarse junto à otro (vp.与人同坐). liên çhó 连坐.|. xīn piēn çhó 身边坐.|. çhiéu jiñ çhó 就人坐.|. iāy jiñ çhó 挨人坐.

---

① 柯本注：túy，梵蒂冈本作çhúy "坠"。

② 指把名字写入册簿。

③ "跏跌坐"，即"跏趺坐"，也称禅定坐、如来坐。盖"跌"字与"趺"形似，又与"叠"字同音，故民间以其代之。

④ çhụn'，此为"蹲"字的又音，汉语拼音作[cún]，非下蹲、蹲坐义。

Asentarse de baxo (vp.坐在底下、坐末席). *chó hiá* 坐下.|. *hía chó* 下坐①. este secondo modo es mas propio (第二个说法更为确当).

Asentar el paso, ir de espacio (vp.度量步子，缓步行走). *mán chèu* 慢走.

Asentarse otra vez (vp.再一次坐下). *cháy chó* 再坐.

（p.24）

Asentarse con amo (vp.投身主子、侍奉主人). *têu' chūn'g* 投充.

Asentarse por soldado (vp.投身行伍、当兵). *kiūn chūn'g* 军充②.

Asentarse, o hazer asiento en algun lugar (vr.安身，或在某处定居). *tíng chú* 定住.

Asento se me en el corazon (s.正合我心里所想). *tíng iŭ siñ* 定于心.|. *hŏ gò ý* 合我意.

Asentarse todos juntos (vp.所有的人坐在一起). *tuñ'g chó* 同坐.|. *kiāy chó* 皆坐.

Asserrar (vt.用锯子锯). *kiú* 锯.

Asierra (n.锯子). *kiú chŭ* 锯子.

Asserraduras (n.锯末). *kiú fuèn* 锯粉.

Assesor (n.审案者、主审官). *gán chù* 案主.|. *chaǹg gán* 掌案.|. *gán kuñg* 案公. – los regios se llaman (朝廷的这一类官员称为). *kŏ lào* 阁老. que son 6. (阁老共有六人).

Asentar la artilleria (vp.布置炮兵、安置大炮). *gān tíng hò k'ý* 安定火器.|. *gān chă hò k'ý* 安扎火器.|. *gān tuń hò k'ý* 安顿火器.

Assi, desta manera (ad.这样，以这种方式). *ché iáng* 这样.|. *ché teǹg iáng* 这等样.|. *jû xý* 如是.|. *jû chŭ'* 如此.|. *jû jên* 如然.

Assi es (s.是这样的、的确如此). *chiŃg xý* 正是.|. *chiéu xý* 就是.|. *kùo xý* 果是.|. *chīn xý* 真是.|. *pién xý* 便是.|. *xý ché iáng* 是这样.|. *xý jên* 是然.|. *tiĕ ki'ŏ* 的确. – claro esta (事情很清楚、当然如此). *chŭ jên* 自然.

Assi viejos, como moços (s.有老年人，有年青人). *jŏ lào, jŏ iéu* 若老若幼. – Assi varones, como mugeres (有男人，有女人). *chi'è nân, chi'è niù* 且男且女.

---

① 满堂宾客，往往按地位分座次，"最下坐"者便是不起眼的小人物。但自愿"下坐"者未必是真卑微，而可能是出于自谦。

② 柯本注：梵蒂冈本作"允军"。

Assi como llego (cl.刚一到达就、就在到达的时候). *sûy taó* 随到①.|. *çhây' taó* 才到. ett^a. (等等).

Assi como, v. g^a. (ad.如同，例如). *p'ý jŭ* 譬如.|. *p'ý jù* 譬如.②

Asiento, lugar (n.坐处，席位). *çhó goéy* 座位.|. *çhó siě* 坐席.|. *çhó çhŭ* 座子.

Asiento, prudencia③ (n.稳当，审慎). *chý* 智. [参见：asentado (有定力的).]

Asignar (vt.做记号、签字). *kuá háo* 挂号. [参见：firmar (签字).]

Azir (vt.抓、捉、拿). *nà* 拿.|. *kiñ' chú* 擒住.|. *xèu chě* 手执.

Azir deteniendo (vp.抓住不放、握紧). *nà chú* 拿住.|. *pào chú* 保住. – azir fuertemente (用力抓住). *nà kiñ* 拿紧.

Asistir con otros (vp.与他人一起). *tuñ'g çháy* 同在.|. *tuñ'g iù* 同与.|. *kiāy çháy* 皆在.

Asistir, habitar (vi.常在某处，居住). *kiŭ chú* 居住.

Asistir al lado de otro, vt los criados (vp.服侍别人，比如当仆人). *çú héu* 伺候.

Asistir à los enfermos, acudir les (vp.看护病人，给予帮助). *cháo kú* 照顾.

Asistencia, continuacion en acudir à algun lugar (np.经常出入，频繁现身某处). *chân'g lây* 常来. ett^a. (等等).

Asiento de algo (np.残余的东西), hezes (n.沉淀物质). *chā* 渣.|. *chā çhày* 渣滓.

Asolear (vt./vi.晒、晒太阳), poner al sol (vp.放在太阳光下). *xáy* 晒.|. *xáy jě* 晒日.

Asolar, destruir (vt.铲平，消灭). *çhiào miě* 剿灭.|. *chā'o miě* 剿灭.④ – los muros (指城墙). *chàn piñ'g chîn'g kǒ* 铲平城郭⑤.|. *tǎ piñ'g* 踏平.|. *tǎ suý* 踏碎.⑥|. *ŷ piñ'g* 夷平.|. *sỳ piñ'g* 洗平.

Asombrar à otro (vp.使人惊恐). *kiñg jiñ* 惊人.|. *hě jiñ* 吓人.|. *hě chú* 吓住.|. *kùn'g jiñ* 恐人.

---

① 柯本作"虽到"。

② 当为同一词，字调读得不一样。

③ 二者都是抽象名词，也可译为判断力、辨别力，这样就与"智"在词性上更为对应。

④ 柯本注：明清官话中，"剿"字两读，*çhiào*和*chāo*'均可。按：*chāo*'或为"抄"，"抄灭"，指抄家灭族。

⑤ 柯本注：*chàn*，梵蒂冈本作*chàn*'，有送气符。

⑥ "踏平""踏碎"，柯本作"搭平""搭碎"。这两处一如"铲"，脱漏送气符。

Asombrado, espantado (a.惊异的，恐惧的). *chǒ kiñg tiě* 着惊的.|. *xéu kiñg tiě* 受惊的.|. *chǒ hě tiě* 着吓的.|. *xě kiñg tiě* 失惊的①.|. *kiñg hoâng tiě* 惊惶的.

Asomar, aparecer (vi.显出，出现). *hièn hién* 显现.

Asumcion de nuestra señora (np.圣母升天). *pý cháo xiñg tiēn'* 被召升天.

Asta de lança (np.长枪、长矛的握把). *píńg* 柄.|. *chiān'g píńg* 枪柄.|. *chiān'g pá* 枪把.|. *chiān'g kān* 枪杆.

Astrolabio (n.观星仪、星盘). *piñ'g ŷ* 平仪.|. *piñ'g hoên* 平浑.|. *kièn piñ'g ŷ* 简平仪.|. *kièn piñ'g hoên* 简平浑.|. *tiēn' piñ'g ŷ* 天平仪.

Astillas de la madera (np.碎木片). *chây' pie'ń* 柴片.|. *mǒ siě* 木屑.

Astrologia (n.占星学、天文学). *tiēn' vuên* 天文.|. *tiēn' vuên hiǒ* 天文学.|. *siñg kiā* 星家.

Astros (n.星辰). *siñg xîn* 星辰. – los 7. planetas (七大行星). *chi'ě chińg* 七政.

Astrologo (n.占星家、天文学家). *chiñg tiēn' vuên* 精天文.|. *tuñ'g tiēn' vuên* 通天文.|. *tiēn' vuên çú* 天文士.

Astrologos Regios (np.皇家的天文学家、占星家). *siñg kuōn* 星官.|. *liñg tāy' kuōn* 灵台官.|. *chēn tiēn' çū* 占天师.|. *siñg çū* 星师.

Astrologo iudiciario (np.民间的占星家). *suón mińg tiě* 算命的.|. *chūy' mińg tiě* 推命的②.|. *ka'ń mińg tiě* 看命的. – los Regios (皇家的). *chéu sú kuōn* 筹数官③.

Astucia, traça (n.机敏，巧计). *chý mêu* 智谋.|. *ký kiáo* 计较.

Astudo (a.精明的、狡诈的). *kià'o jiń* 巧人.|. *kuāy kià'o* 乖巧.|. *tiāo* 刁.

At.

Atabal (n.小鼓). *kù* 鼓.|. *iù kù* 渔鼓. – tocar lo (敲鼓). *tà kù* 打鼓.|. *luý kù* 擂鼓.|. *mîng kù* 鸣鼓.|. *chōa kù* 抓鼓.

Atabalero (n.鼓手). *tà kù tiě* 打鼓的.

Atado (a.怯懦的), hombre para poco (np.气量狭小的人). *tú leáng chièn'* 肚量

---

① 柯本作 "食惊的"。
② 此处的 "推" 字拼为 *chūy'*, 与 "吹" 同音。可对比今潮州话, "推" 字有 [cui¹]、[tui¹] 两读（见《发音字典》）。
③ 柯本注: *chéu*, 梵蒂冈本作 *çhéu*。

浅.|. *chў' chùn* 痴蠢.|. *vû chý* 无智.|. *tàn siào* 胆小.

（p.25）

Atadura, benda (n.带子，绑带). *pāo pú* 包布.|. *pāo tiě fǒ ûl* 包的袱儿. vt conque amarran las sangrias (例如用来止血的绷带).

Atadura conque se ata algo (np.用来捆绑某物的带子). *kiě taý* 结带. esta es cinta, mas si es cordel, o, soga (这指的是布带，而如果使用粗细不等的绳子，则是). *fǒ tiě sǒ* 缚的索.

Atar, vt sic (vt.捆、绑、扎、系、拴等). *pàng fǒ* 绑缚.

Atar vno con otro, vt vna soga con otra (vp.把一件东西与另一件结扎起来，例如一根绳子与另一根). *siāng chiě* 相①.|. *chiě chǒ* 接着.|. *chiě chañ'g* 接长. atar para alargar (也即把绳子之类变长).

Atahona (n.马匹牵拉的磨坊). *mó fañg* 磨房.

Atahonero (n.磨坊主、磨工). *mó fū* 磨夫.|. *mó kuñg* 磨工.|. *iāy mó* 挨磨.

Atambor (n.鼓). *kù* 鼓. [参见：atabal (小鼓).]

Atajar (vt.拦截、阻挡). *chù chỳ* 阻止.|. *chiě chỳ* 截止.|. *tuón chiě* 断截. – deteniendo le (拘押某人). *lân chú* 拦住. – vedando (阻挡). *chù kě* 阻隔.|. *kiń chỳ* 禁止.

Atajar el camino (vp.截断道路). *chiě lú* 截路.|. *tañg lú* 当路.|. *tuòn lú* 短路②.

Atajo (n.小道、近路). *siào lú* 小路.|. *chiě lú* 捷路.|. *kién taó* 间道.|. *kíng lú* 径路. – atajo por montes (山间小道). *xān p'iě hiǎ lú* 山僻狭路.

Atapar (vt.盖、蒙、罩、遮). *kaý* 盖. [参见：tapar (= atapar).]

Atajar, cerrando el paso (vp.挡路，阻塞通道). *sě chú* 塞住.|. *sě kỳ'* 塞起.|. *kě* 隔.

Atajo, o, cerca (ad.附近，或周围). *chēu goêy* 周围.

Atajar el mal (vp.阻止坏事情). *kě chiuě* 隔绝.|. *chù ǒ pǒ liêu* 阻恶不流.

Atajar la corriente (vp.切断流水). *chỳ liêu* 止流.

Atajarse, auergonçarse (vr.收敛，羞愧). *siēu chỳ'* 羞耻.|. *p'á siēu* 怕羞.

Atauiar (vt.装点、打扮). *choāng xě* 妆饰. [参见：adornar (美饰、妆点).]

Atalaya, lugar alto para mirar la centinela③ (n.瞭望塔，即观察敌情的高处).

---

① 柯本遗漏字音 *siāng* "相"。
② 即劫道。柯本作"断路"。
③ 柯本后半句录写不全，且词序有异：alto lugar para mirar (观望的高处)。

iēn tūn 烟墩.|. vuáng tây' 望台.|. vuáng leû 望楼.|.leào kāo ch'ǘ 瞭高处.

Atanor por donde viene el agua (np.水流经的渠道), cañeria (n.引水渠). xùy kuòn 水管.| xùy lú 水路. – canal (檐沟). uà kuòn 瓦管.

Atascarse, vt en el lodo (vr.陷入，如淤泥). çhiń kiǒ iǖ lań tù' 浸脚于烂土.

Ataud (n.棺材). kuōn mǒ 棺木.|. kuōn kiéu 棺柩.|. kuōn châ'y 棺材.

Atemorizar (vt.使人恐惧). kiń hě jiń 惊吓人.|. kiń kiú jiń 惊惧人.|. kiń g hoañg 惊惶.|. chín kiñg jiń 震惊人.|. p'á jiń 怕人. [参见：espantar, asombrar (吓人，使人惊恐).]

Atenacear (vt.用钳子施肉刑). pa'ó lǒ 炮烙.|. liñg chý' 凌迟. – cortar en pedaços pequeños el cuerpo (把身体割成小块). súy kùa 碎剐.

Atencion (n.专注、关注). chuēn siñ 专心.|. chuēn ý 专意.|. siñ ý 心意.|. chuēn chiń'g 专诚.

Atender a lo que dize (vp.注意听人说话). kiǹ ti'ńg 谨听.|. kiñg ùl ti'ńg 惊耳听.|. kiń'g ùl ûl ti'ńg 倾耳而听.

Atento, diligente, cuydadoso (a.周到的，谨慎的，细心的). sý siñ tiě 细心的.|. kiǹ xiń tiě 谨慎的.|. kiǹ xiń chēu miě tiě 谨慎周密的.|. kiǹ héu chè 谨厚者.

Atentar (vi.仔细行事), ir palpando, vt el ciego (vp.摸索而行，例如盲人). mû 摸.

Atestiguar (vt.证实、作证). chiń 证.

Aterirse de frio (vp.冻得僵硬): elarse (vr.冰冻、上冻). tuńg hân 冻寒.|. tuńg pīng 冻冰.

Atesorar (vt.攒积). çhiě çhiú 集聚/积聚.|. çhân'g çhiě 藏集/藏积.

A tiempo (pp.适时、及时、准时). xý xý 是时①.|. chǒ xý 着时.|. xý chý tañg jên 时之当然.

Atinar, acertar (vt.正中目标，打中). chǒ 着. – por conjeturas (指猜测某事). çhāy' chǒ 猜着.

Atiçar, o irritar à otro (vt.引发，或惹恼某人). jè 惹.|. jè tuńg 惹动.|. iǹ tuńg 引动.|. tiâo' tuńg 挑动②.|. chý 致.

Atiçar el candil (vp.修剪灯花). tièn 点.|. tiāo' hò 挑火.|. tiēn' teñg 添灯.|. ti'ě teñg 剔灯. – espauilador (n.烛花剪). teñg çhièn 灯剪.

---

① 参见A buen tiempo（p.3）。
② 柯本作"调动"。

Atiçar la candela, despauilar la (vp.修剪烛花，灭烛). *chièn chǒ* 剪烛.

Atiçar el fuego (vp.引火、搅火). *pǒ hò* 拨火.|. *kiá hò* 架火①. [参见：encender le (点燃火). *tièn hò* 点火.]

Atollar en el lodo (vp.跌入淤泥). *hień nỷ chuńg* 陷泥中.|. *hień lań nỷ* 陷烂泥.

Atolladero (n.泥沼、泥坑). *xīn nỷ* 深泥.|. *fêu nỷ* 浮泥.|. *lań nỷ* 烂泥.|. *nỷ nińg* 泥泞.

Atollado (a.泥泞的), estar atollado (vp.身陷泥潭). *hień cháy nỷ nińg* 陷在泥泞.|. *gáy niě nỷ náo* 爱溺泥淖②.|. *tào cháy lań nỷ lỳ* 倒在烂泥里.

Atole (n.稀粥). *chiāng* 浆.|. *chǒ* 粥. – ante puesto delo que fuere, vt atole de arroz (跟在有些词的后面，表示用哪一种东西做成，如米粥). *mỳ chiāng* 米浆. ett^a. (等等).

Atamos del ayre (np.空气中的微粒). *iêu gāy* 游埃. – del sol (太阳光底下). *kūn'g chūng iè mà* 空中野马.|. *hoēy siēn* 灰纤③.

Atamo (n.微粒、颗粒), cosa pequeña (np.纤小的东西). *fuēn hâo* 分毫.|. *çū hâo* 丝毫.|. *siēn hâo* 纤毫.

Atolondrado (a.慌慌张张的). *tà hoēn leào* 打昏了.|. *hoâng hiày* 惶骇.|. *hoâng hoě* 惶惑.|. *huńg hoě* 昏惑. vt del rayo (如同遭雷击一般).

Atolondrar à otro (vp.使人惊慌失措). *lińg jiń hiày* 令人骇.|. *hoēn jào jiń* 昏扰人.|. *kiào luón jiń* 搅乱人.

Atormentar (vt.折磨、上刑), dar tormento, para que confiesse, en los tobillos (vp.对踝部用刑，以迫使招供). *kiǎ kuén* 夹棍.|. *xańg kiǎ kuén* 上夹棍.

Atormentar en los dedos (vp.对手指用刑). *sǒ chỳ* 索指.|. *chàn chỳ* 拶指④. – en la cabeça (对头部施刑). *xańg têu' kū'* 上头箍.|. *xańg nào kū'* 上脑箍.

Atormentar, colgando lo por los pies (vp.用刑，双脚朝上倒悬). *fàn tiáo* 反吊. – amarrados pies, y manos (脚和手一并捆缚). *kiǎ leào xèu chǒ* 夹了手足.

---

① "架"，柯本缺字。上面两条说点灯、点烛，这一条则是说的烧柴火。"架火"，指拨火时架空枝条，使得空气流通，能充分燃烧。

② *gáy niě*，柯本还原为"碍逆"。"泥淖"，喻指世俗生活的种种享乐，如明人陈宗之《汉道》诗云："如何盛明世，栖栖泥淖中。"称"爱溺"，是明知有害而自陷其中。

③ "纤"，柯本缺字。又，本条及下一条的atamo，系atomo（原子）的异拼。

④ 柯本注：*chàn*，梵蒂冈本作*çhàn*。按：他处"拶"字多拼为*çhàn*，见Tormento que dan en las manos（p.214）。

Atormentador, el que da los tormentos (n.施刑者，即动用上述刑法的人). *kuéy çhǔ* 刽子. [参见：verdugo (刽子手).]

（p.26）

Atosigar (vt.下毒), dar veneno (vp.施毒药). *tǒ jiǹ* 毒人.

Atosigado (a.有毒的、中毒的). *ièu tǒ tiě* 有毒的.

Atraher mouiendo (vp.拽、拉、拖). *iǹ tuńg* 引动.|. *chè' iǹ* 扯引.|. *kēu chè' jiñ* 勾扯人.|. *nâ chè' jiñ* 拿扯人.|. *kēu iǹ* 勾引.|. *kēu lây* 勾来.|. *iǹ lây* 引来.

Atraher la piedra yman al hierro (vp.磁石吸引铁物). *hiě ti'ě* 吸铁.|. *çhū xě chȳ liuén chīn* 磁石之恋针①.

Atraher el ambar (vp.琥珀牵引他物). *hû p'ě* 琥珀. – alçar la paja (引得青草扬动). *hû p'ě iǹ kiáy* 琥珀引芥②.

Atraher con buenas, y dulces palabras (vp.用漂亮甜蜜的言辞引诱). *ỳ tiên' iên moèy iù chuě ièu jiñ* 以甜言美语啜诱人③.

Atragos (ad.逐口[吞咽]、逐步[行事]). *chǒ tań* 逐啖.

Atrancar la puerta (vp.插上大门). *kańg muên* 杠门.

Atras (ad.朝后), boluer atras (vp.转回来). *tu'ý heú* 退后. [参见：detras (在后面).]

Atrauesar (vt.横穿、横向阻断). *huńg tỳ* 横抵.|. *huńg sě* 横塞.

Atrauesado (a.横向的、横贯的). *huńg tiě* 横的.

Atrauesarse el nauio (vp.船横过来[以便靠岸或穿过其他船只的水道]). *chuên' pién huńg* 船变横.

Atrauesar las mercançias (vp.成批买卖货物、趸买趸卖). *pāo mày* 包买.|. *pāo làn hó* 包揽货.|. *huńg mày, pāo máy* 横买包卖.

Atrauesar el camino (vt.横穿道路). *huńg lú* 横路. ettª. (等等).

Atrauesaño (n.横木、十字木). *huńg mǒ* 横木.

Atraueso me el corazon (s.穿透我心、使我心痛). *ch'ú gò siñ* 刺我心.|. *xañg gò tiě siñ* 伤我的心.

Atrauesar con espada, dardo, ettª (vp.用剑、镖等扎穿). *te'ú kuó* 透过.

---

① *liuón*, 何本写为"挛"。"恋"字的注音，可参看 Amar con passion（p.12）。
② 此例与上一条所引之例的出处相同。王充《论衡·乱龙》："顿牟掇芥，磁石引针。" 顿牟，一说即琥珀；芥，芥菜子，泛指小草。
③ 此例改写自《三国演义》里的一句："玄德以甜言美语啜诱孙夫人，夫人欢喜。"

Atreuerse (vr.敢于、不顾一切). *kàn* 敢.|. *kỳ' kàn* 岂敢. – absit que me atreua (s.天啊我怎可这样做). *pǒ kàn* 不敢. palabra de cortesia (这属于客套话).

Atreuerse obligando se a ello (vp.胆子大到竟至于). *kàn tañg* 敢当. – a hazer lo (敢于做某事). *kàn çhó* 敢做. ett^a. (等等).

Atreuido (a.有胆量的). *tàn tá* 胆大.|. *tá tàn* 大胆.|. *ièu tàn* 有胆. – in malum (指坏事情). *kiañg' paó* 强暴.|. *kiañg' leañg* 强梁.|. *tèu tàn* 斗胆.|. *kiañg' iṹ* 强囲.|. *çhū' siñ tàn tá* 粗心胆大. – valiente (指英勇). *iùng kàn* 勇敢.

Atreuimiento (n.勇敢无畏). *tá tàn* 大胆. idest grande hiel, vt nosotros dezimos grandes higados (字面义为胆囊很大，比如我们称一个人胆气十足).

Atreuidamente (ad.勇敢地), sin temor① (pp.无所畏惧). *pǒ kiñg pǒ p'á* 不惊不怕.

Atriaca contra ponçoña (np.抗毒剂). *kiày tǒ iǒ* 解毒药.

Atribular (vt.折磨、致人受苦). *kiùn nán* 窘难.|. *mô nân* 磨难.|. *ku'én kù'* 困苦. – dar pena (为难人、刁难人). *nân goêy* 难为. [参见：aflixir (使人受苦).]

Atribuir (vt.归于、归诸、归咎于). *kuēy* 归.|. *chuèn kuēy* 转归.|. *tūy'* 推.

Atribuirse à si el merito, ett^a. (vp.把成绩、好处等归于自己). *kuēy kuñg iṹ kỳ* 归功于己.|. *çhǔ kuēy* 自归.|. *çhǔ kiṹ* 自居.

Atribuir la culpa à otro (vp.把罪责归诸他人). *kuēy çhúy iṹ tā'* 归罪于他.|. *tūy' kuó* 推过.|. *laý tā'* 赖他.|. *tūy' laý* 推赖.

Atribuir lo, o echar lo ala mejor parte (vp.往好的方面设想或理解某事). *kuēy siàng iṹ xeń tý* 归想于善地.

Atribuirse lo que no tiene (vp.将虚构的事物归给自己). *çhǔ kuēy sò uý ièu tiě* 自归所未有的.

Atributos (n.属性). *çú çhiñ'g* 事情②.

Atronar con ruydo (vp.发出震耳的响声). *çhâo' ùl* 嘈耳.|. *kúo gù* 聒吾.|. *kúo ùl tò* 聒耳朵. – el rayo (霹雳声). *tà huñg* 打轰.

Atronays me los oydos (s.[你]把我耳朵震聋了). *luñg pý gò ùl* 聋痹我耳.|. *çhâo' tě gò ùl luñg* 嘈得我耳聋.|. *kúo tě gò ùl luñg* 聒得我耳聋.

---

① = without fear，柯本未录这．介词短语。

② 谓事物之实情、事实。柯本作"素情"，但"素"字在本词典上多拼为*sú*，偶尔作*sū*。

Atronado hombre (np.吵吵嚷嚷的鲁莽汉子). *hoàng mâng tiĕ* 慌忙的.|. *chān'g kuân'g tiĕ* 猖狂的.

Atropellar pisando (vp.踩踏). *çhièn tă* 践踏.|. *jèu çhièn* 踩践.

Atropellar con todo, no hazer caso (vp.毫不考虑，罔顾一切). *pŏ lỳ* 不理.|. *pŏ kuòn* 不管.

Atropelladamente (ad.轻狂地、慌乱中). *kèu' çhū'* 苟粗.|. *kèu' kièn* 苟简①.

Atroz, cruel (a.凶残的、残忍的). *çhân' paó* 残暴.|. *paó niŏ* 暴虐.

A tu voluntad (s.随你、你乐意就好). *sûy nỳ pień* 随你便.|. *çháy nỳ* 在你.|. *pińg nỳ chù ý* 凭你主意.

Atusarse, enojarse (vr.恼怒，生气). *fă nú* 发怒.|. *fuèn nú* 愤怒②.

Aturdir, atolondrar (vt.使人慌乱，令人惊惶). *kińg çù jiń* 惊死人.

Av.

Auaricia (n.吝啬). *kiēn' lih* 悭吝.

Auariento (a.吝啬的). *kiēn' lih tiĕ* 悭吝的.|. *pỳ lih* 鄙吝.|. *pỳ sĕ* 鄙啬.|. *lih sĕ* 吝啬. [参见：escaso (吝啬).]

Auanderas desplegadas (ap.进展顺利). *xùn* 顺.

Aun, adverbio (ad.还是、仍然，属于副词)③. *hoân* 还.|. *iéu* 又.

(p.27)

Auante, adelante (ad.往前，朝前面). *hiańg çhièn'* 向前.|. *xańg çhièn'* 上前.|. *hińg çhiń* 行进④.|. *çhiń pú* 进步.|. *çhín çhièn'* 进前.

Auditorio (n.听众), tiene auditorio (vp.有听众在座). *ièu jiń ti'ńg* 有人听. – los que oyen (那些在听的人). *ti'ńg chè* 听者.|. *ti'ńg kiàng chè* 听讲者⑤.

---

① 柯本注：*kèu'*，梵蒂冈本作 *kèu*，没有送气符。

② *fuèn*，调符有疑，其字也可能是"忿"。

③ 这里的adverbio（副词）与词义无关，而是指明西语词目及其对应汉语词的语法属性。有时万济国把这一类说明语放在括号里，这样就能与词义分开，更为接近现代的词类标注。参见Mas（p.135）。

④ 柯本作 *hîng çhièn'* "行前"。

⑤ 此条的三例"听"字，都标为去声。

Audiencia (n.听政、公开议事；议事厅、法庭、官署). *iâ muên* 衙门.|. *tañ'g* 堂. – salir el Rey à audiencia (君王临朝听政或主持政务). *tañg châo'* 当朝①.|. *çhó châo'* 坐朝.|. *iǘ châo'* 御朝.|. *liñ châo'* 临朝.|. *liñ iǘ* 临御.

Audiencia (n.听政), acabar de dar audiencia (vp.结束听政). *tu'ý châo'* 退朝.|. *pá châo'* 罢朝.

Audiencia (n.议事), dar audiencia los Mandarines (vp.官员登堂议事). *çhó tañ'g* 坐堂.|. *xiñg tañ'g* 升堂. – dar la por la mañana (上午议事). *çhào tañ'g* 早堂. – por la tarde (下午议事). *vuàn tañ'g* 晚堂. – acabar la (结束议事). *tu'ý tañ'g* 退堂. – no dar la (不举行议事). *pǒ çhó tañ'g* 不坐堂.

Audiencia de los Gouernadores de las Ciudades, o villas (np.市级或县级长官的议事厅). *chiñg tañ'g* 正堂.

Audiencia de los segundos, 3.ros y 4.tos Mandarines (np.第二等、第三等、第四等官员的议事厅). *t'iñg* 厅.

Aullar los animales (vp.动物吼叫、啼鸣). *hiāo* 啸②.|. *kiáo* 叫.

Aullido (n.吼叫声、啼鸣声). *hiāo xiñg* 啸声.

Aun no (adp.尚未). *hoân uý* 还未.|. *uý çhên'g* 未曾.|. *pǒ çhên'g* 不曾.

Aue pajaro (np.鸟类). *niào* 鸟.|. *kiñ' niào* 禽鸟.|. *fý niào* 飞鸟.|. *fý kiñ'* 飞禽.

Aue de rapiña (np.猛禽). *chý niào* 鸷鸟.

Aue macho (np.雄鸟). *ch'ǖ niào* 雌鸟. – hembra (雌鸟). *hiûng niào* 雄鸟.③

Aue de agua, vt sic (np.水鸟，统称). *xùy kiñ'* 水禽.

Aue noturna (np.夜间活动的鸟). *ié niào* 夜鸟.

Auellanas (n.榛子、榛仁). *fý çhǜ* 榧子. – el arbol de ellas (生长这种坚果的树). *fý xú* 榧树.

Auena, zizaña (n.燕麦，毒麦). *páy çhǜ* 稗子.|. *tý' páy* 稊稗④.

Advenedizo, estrangero (n.外来移民，外国人). *fān jiñ* 番人.

Auentura (n.命运、运气). *ka'ñ çháo hoá* 看造化.

Auenturarse, atrauerse (vr.冒险，敢于). *kàn* 敢.

---

① *tañg*, 原写有涂改迹, 柯本转录为*tīng*, 字作"听"。
② 柯本写为"哮", 是取其古义。
③ 此条各词的排序乱了, 不知是疏忽所致, 还是"雌""雄"二字搞混。柯本注：伦敦本同此, 但梵蒂冈本对排序做了适当调整。
④ 柯本写为"黄稗", 所指同同一种可食的稗草。

Auenida del Rio (np.河水泛滥). *kȳ' iēn* 溪淹. – el agua cubrio la tierra (水把土地淹没). *xùy iēn feú tý* 水淹覆地.

Auenirse con otro (vp.与他人和谐相处). *hǒ tā' tiě ý* 合他的意.|. *hǒ tā' tiě siń* 合他的性①.|. *siañg hǒ* 相合.

Auentajarse (vr.超越), superar à otro (vp.赛过某人). *xińg kúo* 胜过.|. *kúo iṳ tā'* 过于他.|. *hào tā'* 好他②.

Auentajarse aprouechando (vp.胜过某人且实有长进). *chiń iě* 进益.|. *chân'g iě* 长益.

Auentajado (a.优异的). *chiń kāo* 尽高.|. *xińg kāo* 盛高.

Auentajadamente (ad.优异过人、超然). *kāo jên* 高然.|. *kāo miáo* 高妙.

Auentarse (vr.扇扇子), hazerse viento (vp.扇风). *tà xeń* 打扇.

Auentar el trigo, o el arroz (vp.簸扬麦子或稻谷). *pó* 簸.

Auenturar (vt.冒险), poner arriesgo la vida (vp.冒生命危险). *tù miń* 赌命.|. *pǒ kú miń* 不顾命.|. *goèy miń* 委命.

Auenturar (vt.冒险), encontrar ventura (vp.听由命运安排、碰运气). *choáng çháo hóa* 撞造化.|. *choáng xŷ iún* 撞时运.|. *chín choáng* 进撞.|. *ka'ń çháo hóa* 看造化.

Auer③, tener (vt.有,拥有、持有). *ièu* 有.

Auer gana (vp.有愿望、想得到). *iaó* 要.|. *gáy* 爱.

Aueres (n.资产), hazienda de casa (np.家庭财产). *kiā niě* 家业.|. *kiā çhây'* 家财.

Auer gana de comer (vp.有吃东西的欲望、想吃). *kȳ* 饥.|. *gó* 饿.|. *kȳ gó* 饥饿.|. *tú lỳ kȳ* 肚里饥.

Auer misericordia (vp.有同情心、慈悲为怀). *kò' liên* 可怜.|. *gāy liên* 哀怜.|. *gāy kiń'* 哀矜.

Auerse muerto (vp.已死去). *çù leào* 死了.|. *vuâng leào* 亡了.|. *pǒ çháy leào* 不在了. ettª. (等等).

Auer lo ya visto, o leydo (vp.看过或者读过某个东西). *ka'ń kuó leào* 看过了.|. *çheń'g kień leào* 曾见了. – hauer visto, y leydo mucho (看过、读过许多). *kuàng laǹ* 广览.

---

① 柯本注：*siń*，梵蒂冈本作*sińg*，有后鼻音。
② 疑为"好过他"，漏写了"过"字。
③ 今拼haber。

Auer poco tiempo (vp.没有多少时间). *pǒ kièu* 不久.|. *pǒ chañ'g kièu* 不长久.

Auer gonçarse de algo (vp.因某事感到羞耻). *p'á sièu* 怕羞.|. *sièu chỳ'* 羞耻.|. *sièu jǒ* 羞辱. – salir al rostro los colores (vp.面孔变色). *lièn huñg kỳ'* 脸红起. [参见：afrentar (羞辱、侮辱).]

Aueriguar (vt.询问、查索). *xìn miñ* 审明.|. *chiañ'g miñ* 详明.|. *fuèn pién* 分辨.|. *pién piě* 辨别.|. *puǒ'n kiě* 盘诘.

Aueriguado (a.业经查明的、已有定夺的). *xìn tiñ* 审定.|. *miñ pě leào* 明白了.|. *fuēn miñg leào* 分明了.|. *kiuě tiñ* 决定.|. *fuēn hiào* 分晓.

Aueriguar la verdad (vp.查明真相、断定事实). *xìn xý fy ki'ǒ chě* 审是非曲直.

Aueriguar por menudo (vp.盘查细节). *chiañ'g xìn* 详审.

Aueriguar indagando (vp.查询以确认). *châ' vuén* 查问.

Aueriguar hasta el fin, y ultimo punto (vp.从头到尾细加考察). *kiûn'g kiéu* 穷究.|. *kiéu kiñ* 究竟.

Auezes, hazer avezes vt entre dos (ad.轮流，例如两个人轮换做某事). *luñ* 轮.|. *siang luñ* 相轮.

Aueçarse, acostumbrarse (vr.变得习惯，习惯于). *siě kuón* 习惯.|. *kuón siě* 惯习. [参见：acostumbrarse (习惯于).]

Aueçindarse (vr.定居). *kiǔ chú* 居住.

Auisar amonestando al superior (vp.劝诫上级). *kién chě* 谏责. – al Rey (向君王). *tý kuñg kiù* 递公举①.

（p.28）

Auisar (vt.通知), hazer saber (vp.使人知晓). *páo* 报.|. *páo chȳ* 报知.|. *chuên' páo* 传报.|. *xuě chȳ* 说知.

Auisar el inferior al superior (vp.下级向上级报告). *káo piǹ* 告禀.

Auisar el huesped de que se va (vp.客人告知他将离开). *káo chǔ'* 告辞.

Auisar al Rey metiendo memorial (vp.向君王呈上简报). *káo páo* 告报.|. *xáng puèn* 上本.|. *che'ú puèn* 奏本②.

Auisarse a si, reprehenderse (vr.自我警示，自责) *chǔ kiǹg* 自儆.|. *chǔ kiáo* 自教.|. *chǔ chiñg* 自诤③.

---

① 柯本此三字均缺。"公举"，公开推举，与私下举荐相对而言。

② *che'ú*，可比较他处的同一词，如Peticion al Rey（p.172），没有送气符。

③ *chiñg*，柯本转录为*chēng*，字作"争"。

Auiso de los Mandarines, o carteles que publican (np.官员的备忘文字，或发布的通告). *káo xý* 告示.

Auisos para si escritos (np.自己记写的备忘文字). *kuēy hiún* 规训①.|. *puôn' miṅg* 盘明②.|. *mîng hiún* 明训.|. *nién mîng* 念明.

Auisado hombre (np.聪明的人). *liṅg lý* 伶俐.|. *chūn'g kià'o* 聪巧.|. *kuāy kiě* 乖觉③.|. *kuāy kiào'* 乖巧.|. *ièu ý çú tiě jiṅ* 有意思的人.|. *chȳ chi'ú tiě jiṅ* 知趣的人.

Auisado mucho, y prudente (ap.聪明过人，判断力强). *mîng miǹ tiě* 明敏的.|. *chȳ kiǹ xiṅ* 知谨慎.|. *chiṅg xoàng* 精爽.|. *iṅg tuý miǹ kiě* 应对敏给.|. *kȳ xīn chý iuèn chȳ çú* 机深智远之士④.

Aumentar (vt.增加). *chēng kiā* 增加.|. *kiā cheṅg* 加增. [参见：añadir (增加).]

Aun (ad.还是、仍然). *hoân* 还.|. *iéu* 又.⑤

A un tris, en un tris [vt estuuo en vn tris.] (pp.一忽儿，一小点儿[表示将近、几等于]). *chā' pǒ tō* 差不多.

A vna (pp.一同), todos (a./n.所有的、所有人). *iě ký'* 一起.|. *kuṅg tuñ'g* 共同.

A vna parte (pp.在一边、一侧). *iě piēn* 一边.|. *iě mién* 一面.|. *pañ'g piēn* 旁边.

Aunque (ad.虽然). *sūy* 虽.|. *sūy jên* 虽然. aunque sea assi – aun assi (虽说事情是如此). *sūy xý* 虽是.|. *xaṅg jên* 尚然.

Ausencia (n.缺席、不在场). *pǒ cháy* 不在.

Ausentarse (vr.离去). *iuèn chèu* 远走.|. *iuèn ki'ú* 远去.|. *iuèn ŷ* 远移. de sus tierras (指离开自己的家园).

Ausentarse escondiendose (vp.躲藏起来、悄然隐遁). *tò pý* 躲避.|. *tò chañ'g* 躲藏.|. *tò kaȳ* 躲开⑥.

Autor, o principal en algun pleyto (n.原告，即首先提出一项诉讼的人). *iuên káo* 原告.|. *xèu káo* 首告.

Autor, o principal en algun negoçio (n.创始者，即某件事情的发起人或主

---

① 柯本作"归训"。
② 似指盘明言语、数字之类后的所记。
③ 柯本注：*kiě*，梵蒂冈本作*kiö* "觉"。
④ 柯本写为"机深智远知事"。成语"机深智远"，出自《三国演义》第二十三回。
⑤ 重复词条，见p.26的最后一条。
⑥ 柯本注：*kaų*，梵蒂冈本作*kāy'*，有送气符。

持者). *chó têu'* 做头.|. *ky̌ têu' tiě* 起头的.|. *ch'ǔ têu'* 出头.|. *goêy xèu* 为首①.|. *têu' mǒ* 头目.|. *chó ky̌ chè* 做起者.|. *ch'ū ky̌ chè* 初起者.|. *cha'ng tuōn* 倡端.

Autor de libros (np.书的作者). *chú xū̌ tiě* 著书的.

Auto de comedias (np.短剧、演出). *hy̌ tây'* 戏台. [参见：comedias (戏剧).]

Autoriçar, acreditar à otro (vt.认可、授权，vp.称誉、委任). *tây' kiù jiñ* 抬举人.|. *kuāng choáng jiñ* 光壮人.|. *táy hiě jiñ* 带携人.

Autoriçar con prueuas, vt de la sagrada escritura (vp.举出证据来证明，比如从圣经中取例). *iǹ chiṅg* 引证.

Autoridad de la persona (np.基于人格的威望、个人威信). *goêy iên* 威严.|. *goēy niên* 威严②.|. *goêy chuńg* 威重.|. *chuňg chuńg* 尊重.|. *goêy fuṅg* 威风.

Autoridad de fama (np.基于声誉的威望). *vuên vuang* 闻望. [*chuńg vuang* 众望.|. *liṅg vuang* 令望.]③ – de virtud (指德行). *tě vuang* 德望.|. *miṅg vuang* 名望.

Autoridad, mando (n.威权，统治). *kiụe'n piṅg* 权柄.|. *kiụe'n xy̌* 权势.|. *kiụe'n neṅg* 权能.

Autoridades de la sagrada escritura (np.圣经之权威). [dezimos (这是我们的说法).] *kiṅg tièn xiṅg jiñ* 经典圣人. – Autoridades de los Santos (圣人语录之权威). *xiṅg jiñ sò iên* 圣人所言.

Autoriçar con alguno (vp.引用权威说法). *iǹ tā' goêy chiṅg* 引他为证.

Auto, o escritura de escriuano (n.文书，如书记员所记的文字). *vuên xū̌* 文书.|. *vuên gań* 文案. – de peticion (诉状之类). *vuên kiụèn* 文卷. – de rentas (租税之类). *pú kiụèn* 簿卷. – hazer lo (起草文书). *liě gān* 立案④. – poner lo en el protocolo (写入案卷). *chû'n gán* 存案.

Autoricar (vt.授权、证明). *iuńg iń* 用印.|. *kúa háo* 挂号. [参见：firmar (签字).]

---

① 柯本写成"为头"，但注音不误。
② 柯本注：本条内，字音*iên*与*niên*相通。按：实不限于本条，相关的注释见Argumento: prueua de argumento（p.20）。
③ 方括号原有。
④ 柯本注：*gān*，梵蒂冈本作*gán*，去声。

Autentico (a.有真凭实据的、真实可信的). *ièu iǹ siń* 有印信[①].|. *ièu vuên piń'g* 有文凭.|. *ièu piń'g kiú* 有凭据.

Autoridad propia (np.自主权). *çhǔ chuēn kiûe'n* 自专权.|. *çhǔ neñg* 自能. – proprio caletre, y gusto (自作主张，恣意行事). *chuēn xén* 专擅.|. e ɔᵃ. (也可反过来说：*xén chuēn* 擅专).|. *çhǔ xén* 自擅. – propio mando (权力独享). *xén kiûe'n* 擅权.

Aurora (n.黎明). *tiēn' leańg* 天亮.|. *hiào miñg* 晓明.|. *mào xŷ* 卯时.

Ax.

Axedrez[②] (n.棋、棋子). *kŷ'* 棋. – jugar lo (玩棋). *hiá kŷ'* 下棋. – el tablero (棋盘). *kŷ' puôn'* 棋盘.

Axuar[③] de casa (np.家用器具). *kiā hò* 家伙.|. *kiā niě* 家业.

Axuar que lleua la nouia (np.新娘携带的家用物品).[④] *kiā choańg* 嫁妆.

Az. = Aç.

---

① *iǹ* 为 *iń* 之误。
② 今拼ajedrez（棋）。
③ 今拼ajuar，除了泛指家具、家用器物，也特指嫁妆。
④ 柯本此条只用了一个借自法语的词 trousseau（嫁妆）。

B
(pp.29-38)

(p.29)

Ba.

Bajar (vi./vt.下来、降低). [参见：abajar.]①

Bauas de la boca (np.嘴里的唾液). *kèu' xùy* 口水.|. *liêu tiě iên* 流滴涎.|. *kèu' çhân'* 口馋②.

Bauear (vi.淌口水). *liêu iên* 流涎.|. *liêu kèu' xùy* 流口水.

Bauadero (n.围嘴). *iên goêy* 涎围.

Bachiller, licenciado (n.学士，持有学位证书者、生员). *siéu çhâ'y* 秀才.|. *çhiń hiǒ tiě* 进学的.|. *çú chǔ* 士子.

Bachiller del 1ʳ. orden que comen renta Real (np.成绩一等的学士，得以领取皇家津贴者). *pù lìn* 补廪③.|. *lìn seng* 廪生.|. *xě lìn tiě* 食廪的.|. *lìn xén tiě* 廪膳的.

Bachiller del 2°. orden (np.成绩二等的学士). *çhēng kuàng* 增广. – de 3°. grado (成绩三等的). *fú hiǒ* 附学.④

Bachiller delante su superior se nombra (s.学士面对上级时称自己为). *seng iuên* 生员.|. *muên seng* 门生.

Bachiller recebir esse grado (np.获准入官学攻读学士学位). *çhiń hiǒ* 进学⑤.|.

---

① abajar，即abaxar（下来，p.1）。其后还有一词，也是参照条目，拼法不明。
② 柯本写为"口潺"。可比较方言词"馋唾""馋唾水"，即口水。
③ 柯本作"舖廪"。
④ 廪生、增生、附学（生），分别为在学官生的一、二、三等，且有名额限制。就此张居正在《请申旧章饬学政以振兴人才疏》中写道："又诏礼部沙汰天下生员，不许附学过于廪、增之数。"
⑤ 狭义而言，指获得入读最低一级学位的资格；广义而言，则凡入学读书或自学奋进皆可谓之进学。本词典上此词数见，均取狭义。关于中国的三级学位制与欧洲类似学位制的对应及译名，可参看艾约瑟《上海方言词汇》（Edkins 1869: 45）词目Graduate（vi.毕业、取得资格）：(as bachelor) 进学；(as master) 中举人；(as doctor) 中进士。

jě hiǒ 入学.|. *çháy hiǒ* 在学.|. *jě pu'ón* 入泮.|. *çháy çhiâ'ng* 在庠.|. *iêu pu'ón* 游泮.

Bachiller, los del 1ʳ. nombre de los examenes (np.考试成绩最优等的学士). *gań xèu* 案首.|. *pȳ' xèu* 批首. – los del 1ʳ. grado (等级最高的). *iě teǹg tiě* 一等的.

Baçia para lauar el rostro (np.洗脸用的水盆). *mién puôn'* 面盆.|. *mién puê'n* 面盆.|. *lièn puô'n* 脸盆.

Baçia de cobre (np.铜制的盆子). *tuńg' puô'n* 铜盘. – de loza (陶制的). *uà puô'n* 瓦盆. – para lauar los pies, batea (洗脚用的，浴盆). *kiǒ puê'n* 脚盆.

Bacineta para tocar (np.一种供敲奏的小盘子). *lô çhǔ* 锣子.|. *tuńg' lô* 铜锣. – para tocar los quartos de guardia (敲锣报时用的). *keńg lô* 更锣. – tocar la (敲锣). *tà lô* 打锣.

Bacin, o seruidor (n.便桶，一种用具). *mà tuǹ'g* 马桶.|. *çhū' tuǹ'g* 粗桶.

Baço de la asadura (np.脾脏，内脏的一部分). *pȳ'* 脾.

Bacera (n.腹中结块), tener opilado el baço (vp.脾脏堵塞). *pȳ' ku'áy* 脾块.|. *pȳ' çhiě* 脾积①.|. *pȳ' pań'g* 脾膀.|. *chiǹ'g pȳ'* 沉脾.

Baculo (n.木棍、手杖). *chańg çhǔ* 杖子.|. *kuày chańg* 拐杖.|. *mǒ chańg* 木杖. – para açotar (用于抽打). *kuén çhǔ* 棍子.

Badajo de campana (np.钟的舌簧). *chūng xě* 钟舌. – vna badajada (钟敲一下). *iě xińg* 一声.|. *iě hiá* 一下.|. *miǹg iě hiá* 鸣一下.

Baho (n.气、蒸汽). *hō k'ý* 呵气. – malo (不良的或困难的). *k'ý siě* 气息. –ponçoñoso (有毒的). *tǒ k'ý* 毒气. – de carne, o pescado crudo (生鱼或生肉的膻腥气). *xēn k'ý* 膻气. – de humedo (潮湿的). *xě k'ý* 湿气. – de calido (因热产生的). *jě k'ý* 热气. ettª. (等等).

Bahear (vi.哈气), echar el baho (vp.呼出气来). *hō* 呵.|. *tà hō* 打呵.

Bahaque (n.遮羞布). *chāo iń* 罩阴②.|. *chē tỳ' pú* 遮体布.

Baylar (vi./vt.跳舞). *ti'áo vù* 跳舞.|. *vù ti'áo* 舞跳.|. *vù táo* 舞蹈. – con pies y manos (手和脚并用). *xèu vù çhǒ táo* 手舞足蹈. – baylar juntos (一起跳舞) *siāng iǔ vù* 相与舞.

---

① 柯本作"脾疾"。脾积，古代中医习称的病名之一。本条可与词目Ahito（吃得过饱的，p.8）互参。

② 柯本打有问号。西语词来源不详，说的应该是蛮荒国度的事物。

Baylar con musica (vp.在音乐伴奏下舞蹈). *vù iǒ* 舞乐. – dando bueltas (前后移步). *hoêy xún* 回旋①.|. *uòn chuen* 宛转.

Baylador (n.舞者). *ti'áo vù tiě* 跳舞的.|. *pǒ kiǒ tiě* 拨脚的.

Bayna (n.剑鞘). *tāo siáo* 刀鞘. – de espada (装剑的). *kién siáo* 剑鞘.

Baia del mar (np.海湾). *kiaňg* 江.|. *hày kiaňg* 海江.

Bala de pieça, o mosquete (np.炮弹，或火枪的弹药). *tán* 弹.|. *ch'úng tán* 铳弹.

Balar de ouejas (np.羊儿的叫唤). *iaňg kiáo* 羊叫.

Balança (n.天平). *tiēn' piňg'* 天平.|. *tiēn' piňg' puôn'* 天平盘. – las dos balanças, el fiel (双盘天平，其上的指针). *tiēn' piňg' chīn* 天平针.|. *tiēn' piňg' kān* 天平杆.

Baldado de un lado (ap.身子一侧风瘫). *puón xīn pǒ súy* 半身不遂.|. *piňg faňg* 病风②.

Baldio (n.未耕地), tierra baldia, o, pasto comun (np.荒地，或公共牧场). *kūn'g tý* 空地.

Baldio, oçioso (a.未开垦的，闲置的). *kūn'g hiên* 空闲③.

Balaustres, barandillas (n.栏杆，栅栏). *lân kān* 栏杆.

Balançear, vt el nauio (vi.摇晃，如船只). *iâo tuňg* 摇动.

Balsa de madera (np.木头的筏子). *mǒ pâ'y* 木排. – de caña para pasar los Rios (竹子扎成、渡河用的筏子). *chǒ pây'* 竹排.

Baldon, o probio (n.侮辱，羞辱). *liň jǒ tiě hoá* 凌辱的话.

Baldonar (vt.凌辱). *vù mán* 侮慢. [参见：hazer burla (嘲讽).]

Balde, o, cubo (n.桶，提桶). *tùn'g* 桶. – para agua (盛水用的). *xùy tùn'g* 水桶.|. *tiáo tùn'g* 吊桶. – para lleuar suciedad (装运秽物的). *fuén tùn'g* 粪桶.

Balsamo (n.香树脂). *hiāng iṷ iêu* 香乳油④.

Banbalearse (vr.摇晃、蹒跚). *iâo tuňg* 摇动.|. *ŷ tuňg* 移动.

Balon de papel (np.一包纸). *tāo* 刀.|. *iě tāo chỷ* 一刀纸.

Baluarte (n.堡垒). *chu'ng chiň'g* 铳城.|. *chu'ng tây'* 铳台.|. *chiň'g leû* 城楼.|.

---

① 柯本注：万济国始终把"旋"读为*xún*，而不是*siuén*。
② 柯本注：*faňg*，梵蒂冈本作*fūng* "风"。
③ *hiên*，柯本转录为*tiên'*，其词作"空田"。
④ 柯本注：*iṷ*，梵蒂冈本作*jù* "乳"。

chiǹ'g kiǒ 城脚.|. uō p'ú xèn tây' 窝铺闪台①.

Banda, lado (n.边缘，边). piēn 边.|. pañ'g 旁.|. mién 面.|. pañ'g piēn 旁边. – de afuera (外面的). vuáy piēn 外边.|. vuáy mién 外面.|. vuáy têu' 外头. – de adentro (里面的). núy piēn 内边.|. núy mién 内面.

Bancos de arena (np.沙滩、浅滩). xā tān' 沙滩.

Bandexa, fuente (n.托盘，[盛菜的]大盘子). puôn' 盘.|. tǒ' puôn' 托盘.|. xèu puôn' 手盘. – para châ' (供上茶用的). châ' puôn' 茶盘.|. fuǹg châ' puôn' 奉茶盘.

Bandera (n.旗帜). ký' 旗.|. liǹg ký' 令旗. – pequeña (小型的). ký' ûl 旗儿.|. ký' çhǔ 旗子.

Bando, orden (n.公告，命令). liǹg 令. – salir bando (发布公告). fǎ liǹg 发令.

Bado del rio (np.河流的浅滩). tú keù' 渡口.②

(p.30)

Bando (n.群、伙、帮), un bando de hombres (np.一群人). iě kiûn' jiǹ 一群人.|. iě tō jiǹ 一垛人③.|. iě tūy jiǹ 一堆人. – de los soldados (指士兵). iě pān kiūn 一班军.|. iě chúy kiūn 一队军④.

Banco (n.凳子). pàn teńg 板凳.|. teńg çhǔ 凳子. – de 2. pies (两条腿的). tǎ kiǒ teńg 搭脚凳⑤. – con espaldar (有靠背的). poéy teńg 背凳. – sin espaldar (无靠背的). ky̌ çhǔ 几子.

Banco de remeros (np.桨手的坐凳). çhó leañg 座梁. – banco pequeño (小凳子). tuòn teńg 短凳.|. iày teńg 矮凳.|. siào teńg 小凳.

Banco de vsuras (np.放高利贷的银行). taṅg p'ú 当铺. – el que lo tiene (开当铺者). kāy' taṅg p'ú tiě 开当铺的.

---

① "窝铺"，明代城墙上所建的穴洞，供军人藏身歇息；"闪"，闪避，有暂且、临时之义。《大明会典》卷一百八十七："凡各处城楼窝铺。洪武元年令：腹里有军城池，每二十丈置一铺；边境城，每十丈一铺。其总兵官随机应变增置者，不在此限。"

② 柯本注：此条系另手所补，写于本页的末尾，为他本所无。

③ tō, 柯本写为"多"。"一垛人"，犹一堆人；说"一垛死人"，则是指摞成堆的尸体。

④ "队（隊）"本通"坠（墜）"。本词典上，"队长、一队军"的"队"多拼为 chúy，可能是记录了方音，但也可能是与"坠"字相混。

⑤ tǎ, 柯本写为"踏"。

Banquete, combite[①] (n.宴席，宴会). *chièu ién* 酒宴.|. *chièu siě* 酒席.|. *ieñ ién* 筵宴.

Banquete del Rey (np.君王举办的宴席). *iṹ ién* 御宴. – a los nuebos doctores (款待新科博士的宴席) *kiû'ng liñ ién* 琼林宴. – a los *kiù jiñ* (款待举人的宴席). *kỳ miñg ién* 鹿鸣宴[②]. – a los Mandarines de guerra (款待武官的宴席). *iñg iañg ién* 鹰扬宴.

Banquillo (n.小凳子). *tuòn teńg* 短凳.|. *siào teńg* 小凳.|. *iày teńg* 矮凳.

Banquetear (vt.设宴、宴请), hazer combite (vp.办宴会). *xě chièu* 设酒.|. *xě siě* 设席.|. *pán chièu siě* 办酒席.|. *pán ién* 办宴.|. *chý chièu pán ién* 置酒办宴.|. *xě ién siañg táy* 设宴相待.|. *chìng chièu* 整酒. – preparar gran combite (筹办大型宴会) *tá pày ién kuàn táy* 大摆宴管待.

Bañarse en agua (vp.用水洗澡). *sỳ xiñ* 洗身. – en agua caliente (用热水). *sỳ tañ'g mǒ iǒ* 洗汤沐浴.

Baños de agua caliente (np.热水浴、温泉). *tañ'g* 汤.|. *tañ'g chiûe'n* 汤泉.|. *uēn chiûe'n* 温泉.|. *nuòn chiûe'n* 暖泉.

Barata (n.廉价买卖). *chién* 贱.

Barajar las cartas (vp.洗牌). *sỳ pây'* 洗牌.|. *fān pây'* 翻牌.|. *xēu pây'* 收牌.

Barandas (n.栏杆). *lañ kān* 栏杆.

Baraquilas (n.檐椽、瓦椽). *uà chu'én* 瓦椽[③].

Barba (n.胡须). *siṹ* 须. – cana (须发灰白). *pě siṹ* 白须. – entre cana (灰白夹杂、斑白). *kiēn pě siṹ* 兼白须.|. *puón pě siṹ* 半白须. – larga (长的). *chañ'g siṹ* 长须. – corta (短的). *tuòn siṹ* 短须. – tomar la barba (用手抓持胡子). *ỳ xèu chǒ siṹ* 以手捉须. – muy barbado (胡子很多). *hû chǔ* 胡子.|. *hû siṹ tiě* 胡须的. – començar à salir la barba (开始长胡子). *siñ señg siṹ* 新生须.|. *siñ chañ'g siṹ* 新长须.|. *chū' chañ'g siṹ* 初长须.[④]

Barba, mento[⑤] (n.下颌，下巴). *hiá pá* 下巴.|. *hán hiá* 颔下.|. *fuēn sāy* 粉腮.

Barbear, afeytar (vt./vi.理发，刮胡子). *chièn siṹ* 剪须.|. *t'ý mién* 剃面. – la cabeça (剪头). *t'ý têu'* 剃头.

---

① 今拼convite（邀请，晚宴，招待酒宴）。
② 柯本作"记名宴"。字音ky去"鹿"甚远，疑与"麀"字相混（麀鹿=鹿子）。
③ 柯本注：梵蒂冈本在此条下写有一句法文：les bois sur les quels on met la Tuilles（其上安置瓦片的木头）。
④ 柯本注：*châng'*（长短的"长"），另本两例都作*chàng*（生长的"长"）。
⑤ 今拼mentón（下巴）。

Barbero (n.理发师). *t'ý têu' tiẻ* 剃头的.|. *t'ý kuñg* 剃工.|. *pý kuñg* 篦工①.

Barbaro (a.野蛮的 n.野蛮人). *mân çhủ* 蛮子.|. *mân ŷ tiẻ* 蛮夷的.|. *mân jiñ* 蛮人.|. *çhū' jiñ* 粗人. – Fieros (野人、蛮夷). *vuán hiuñg tiẻ* 顽凶的.

Barbaramente habla (vp.讲话粗野). *kiàng tẻ çhū'* 讲得粗.|. *mân kiàng* 蛮讲.

Barca (n.船). *chuê'n* 船. – pequeña (小型的). *siào chuê'n* 小船. – grande para pasar cauallos (大型的，可以渡马过河). *mà chuê'n* 马船.

Barar el barco (vp.驾船靠岸). *luǹg chuê'n* 拢船. – arrimar la al puerto (把船驶入码头). *pǒ chuê'n* 泊船.|. *pǒ gań* 泊岸.

Barco, vt sic (n.船、船只，统称). *chuê'n* 船. – de Mandarines (官员乘坐的). *çhó chuê'n* 座船. – de guerra (打仗用的). *piñg chuê'n* 兵船.|. *chén chuê'n* 战船②. – de ronda (巡逻用的). *xáo chuê'n* 哨船. – barco ligero (轻型的). *ku'áy chuê'n* 快船.|. *kiñg' chuê'n* 轻船. – de mercaderes (商用的). *xang chuê'n* 商船.|. *k'ẻ chuê'n* 客船. – barco de mantenimientos (装载补给品的船). *leâng chuê'n* 粮船. – barco de pasaje (摆渡用船). *tú chuê'n* 渡船.

Barniz, charan (n.漆，中国漆). *çhi'ẻ* 漆. – barnizar (涂漆). *xańg çhi'ẻ* 上漆.

Barnizador (n.漆工). *çh'iẻ çhiańg* 漆匠.

Barloar (vt./vi.拢船入港、触岸). *choáng ch'ỏ* 撞触③.

Barreno (n.[钻出或钉出的]孔眼). *chu'én kuñ'g* 穿空.|. *tiñg kuñ'g* 钉空.

Barra, idest ensenada (n.沙洲、沙滩，即港湾). *kày uān hày*④.|. *hày gaó* 海澳.|. *kày chā'* 海岔. – puerto (海港). *gaó muên* 澳门.

Barranco (n.深谷、深渊、艰难险阻). *kàn' k'ỏ* 坎窟.|. *téu hièn* 陡险⑤.|. *keǹg kàn'* 坑坎.

Barril (n.桶、木桶). *tuǹ'g* 桶.

Barra de hierro larga, o, vara (np.长铁条，或铁杆). *tiẻ' tiâo'* 铁条.|. *tiẻ' pȳ'* 铁坯.

Barra de oro (np.金条). *kiñ chuēn* 金砖.|. *kiñ tińg* 金锭. – de plata (银子的). *iñ tińg* 银锭. – tienen estas barras 90. tais de peso (这类金条一根约重九十两).

---

① *pý*, 柯本缺字。关联词汇如"篦头"，见Peynar（p.172）。

② *chén*, 柯本误录为*chin*, 其字遂作"阵"。"战船"，前文已出现数例，尤见词目Armada（p.20）；另可参看下一页词目Batalla。

③ *choańg*, 柯本转录为*ch'oáng*, 其字则写为"闯"。

④ 柯本注：本条的两例*kày*, 梵蒂冈本都作"海"。

⑤ *téu*, 柯本写为"窦"。

Barrena (n.钻子). çhuón 钻.

Barrenar (vt.用钻子钻). çhuōn 钻.|. tiń kuñ'g 钉空.|. tiń kāy' 钉开.|. chu'én kāy' 穿开.

Barrer, vt sic (vt.打扫、清扫、清除等). sào 扫. – que quede limpio (使得清洁). sào kān çhiń 扫干净.|. sào chû' 扫除.

Barreduras de basura (np.成堆的粪便、粪肥). fuén tù' 粪土.

Barreñon (n.陶盆、陶罐). pǒ têu' 钵头.|. pǒ çhù 钵子.

Barrera de ado se hizo, o hazen (np.泥坑，从中取泥土做陶器). nŷ çhiǹg 泥井.|. nŷ tañ'g 泥塘.

Barro (n.泥土、黏土). nŷ 泥.|. lán nŷ 烂泥.|. lán tù' 烂土. – algo seco (略干些的). çhiāo tù' 焦土.

Barroso, enlodado① (a.泥泞的，泥浆状的). hoēn nŷ tiě 浑泥的.|. chǒ nŷ tiě 浊泥的.

Barrio (n.区域、郊区). kiǹg 境.②

Barriga (n.肚子、腹部). tú 肚.|. fǒ 腹.

Barruntar (vt.估计、猜测). leáń çhě' 量测. – sospechar (怀疑). ŷ hoě 疑惑.

Barrunto (n.估计、猜测). çhā'y çhě' 猜测.|. kò' ŷ tiě 可疑的.|. kò' siàng tiě 可想的.

Basa de colūna③ (np.柱子的底座). xě saǹg 石磉.|. chú chó 柱础.|. saǹg kò 磉硌④.|. chú tuòn 柱墩.|. chú chỳ 柱址.|. chú xě 柱石.

Basta ya (s.好了！够了！). pá leào 罢了.|. kéu leào 够了.|. chǒ leào 足了.|. ièu leào 有了. – bastante ay (足够了、够多了). tō leào 多了.

Bastimentos (n.日用必需品、供应物). leáñ xě 粮食.|. leáñ çhào' 粮草.|. mỳ leáñ 米粮.

Basta cosa, tosca (np.马马虎虎做成的，粗糙的东西). çhū' 粗.| çhào' 草.

（p.31）

Bastardo, illegitimo (a.私生的，非法的). xú çhù 庶子. – hijo de las concubinas (妾生的儿子). kiēn sēng tiě 奸生的.|. hōa sēng tiě 花生的⑤.

---

① 动词enlodar（使粘上泥、弄脏）的过去分词，柯本误排为enlo dado。

② 这是插入的词条，似未完成。其字或可能为市井之"井"。

③ = columna。

④ 柯本作"磉柯"。"硌"，形状特异的坚石。

⑤ 私生子，旧时民间亦称"花生子"。

— hijos de puta (娼妓所生的儿子). *iè chùng* 野种.

Bastidor (n.框架). *kiá çhǔ* 架子. – bastidor de telar (织机的架子). *kỹ* 机.

Baston (n.棍子、杆子). *chańg* 杖.|. *kuén chańg* 棍杖.|. *kùay cháng* 拐杖①.

Basija② (n.坛、罐、桶等容器). *k'ý mìng* 器皿. – de estaño (锡制的). *siě k'ý* 锡器.

Batalla (n.战役、战斗). *chén* 战.|. *kuńg chén* 攻战.|. *kiāo chén* 交战.|. *tà chańg* 打仗.|. *hǒ chén* 合战. – vna batalla (一场战役). *iě chíń* 一阵.

Batatas (n.甜薯). *fān xû* 番薯.|. *huńg xû* 红薯.

Batan (n.[捣衣用]木槌、杵). *mǒ chû'y* 木槌.|. *chû'y çhǔ* 槌子.

Batel de nauio (np.一种小船). *sān pàn* 舢板.|. *siào chuê'n* 小船.|. *mǒ pańg* 木棒③.

Batea (n.木盆、木槽). *puên'* 盆.|. *kiǒ puên'* 脚盆.

Bateria de los muros (np.对城墙发动的进攻). *kuńg chîn'g* 攻城.|. *tà kuńg chîn'g* 打攻城.|. *chūn'g chîn'g* 冲城. – vna bataria (一次进攻). *iě kiě* 一击.

Batir los muros (vp.攻打城墙). *kuńg chîn'g* 攻城.|. *tà chîn'g* 打城.

Batir golpeando (vp.捶打). *tà chû'y* 打捶. – en los pechos (拍打胸脯). *chû'y hiūng* 捶胸.|. *fù siń* 抚心. – con los pies (用脚). *tiě kiǒ* 跌脚.|. *tiě çhǒ* 跌足.|. *tùn çhǒ* 顿足.

Batir con la cabeça en tierra (vp.以头磕碰地面). *ke'ú têu'* 叩头.|. *k'ǒ têu'* 磕头.|. *ỳ têu' tùn iụ̀ tý* 以头顿于地. – la puerta (打门). *kiāo' muên* 敲门.|. *tà muên* 打门.|. *kù muên* 鼓门.

Batir moneda (vp.打造钱币、铸币). *tà çhiên'* 打钱.|. *iń çhiên'* 印钱.

Batir (vt.打击), echar abaxo (vp.击倒). *pièn hiá* 贬下.|. *iǎ chý* 压制.

Batioja official (np.官方认可的金匠). *kiń pǒ çhiáng* 金箔匠.

Batidero de las olas (np.浪头拍打的声音). *lańg kù* 浪鼓.

Bautismo (n.洗礼). *xíng sỳ* 圣洗. – Recebir lo (接受洗礼). *lìng xíng xùy* 领圣水.|. *lìng sỳ* 领洗. – pedir lo (请求给予洗礼). *kieû' lìng sỳ* 求领洗.

Bautizar (vt./vi.施洗礼、受洗礼). *fú xíng xùy* 付圣水.|. *fú xíng sỳ* 付圣洗.

---

① 柯本注：*kùay*，梵蒂冈本只作*kùay*，上声。按：一字二调的现象，在本词典上屡见。从稿面看，原写为*kuáy*，即去声，而上声符为后手添加，以浓笔突出。

② vasija的异拼，见词目Vasija para algo（p.218）。

③ 柯本写为"木榜"。按：此词当对应于上一条Batan，同义于木槌。

Baul (n.箱子). *siāng* 箱. [参见：arca (行李箱).]

Baxar (vt.低下、垂下、降下). *hiá* 下.[参见：abaxar (低下).] – la cabeça, inclinar la (低下头). *fù xèu* 俯首.|. *mièn xèu* 俛首①.

Baxar, vt rama (vt.放低、拉低，如树枝). *pān'* 攀.

Baxa plata, de pocos quilates (np.劣银，即质地不纯的银子). *tȳ iñ ch̦ǔ* 低银子.

Baxo, vt suelo (a./n.低、低处、底下，如地面). *tȳ tiě* 低的. – en el suelo, o fundo (在地上，或在底层). *tỳ hiá* 低下.

Baxo, profundo (a.低、低洼的，深、深邃的). *xīn* 深.

Baxo, corto (a.低矮的，短小的). *tuòn* 短.|. *tuòn siào* 短小. – enano (侏儒). *iày tiě* 矮的.|. *iày jiñ* 矮人.

Baxo, vil (a.低贱的，卑鄙的). *hiá ch̦ién* 下贱.|. *pý ch̦ién* 敝贱②.|. *ûy ch̦ién* 微贱.|. *ch̦ě leú* 仄陋.|. *hân ch̦ién* 寒贱.|. *siào hû ch̦ǔ* 小胡子③.|. *pỳ liǒ* 鄙略.|. *pỳ sý* 鄙细.

Baxo (a.低级的、低俗的), de baxa suerte (pp.等次低下的). *kēn kȳ ch̦ièn'* 根基浅. [*pi'ě fū* 匹夫. es palabra de menos precio (意思是没价值、不值得尊重).]

Baxos (n.低俗之辈), de baxos intentos (pp.志向低下). *vû chý* 无志.|. *vû chý ky'* 无志气④.|. *siào jiñ* 小人.

Baxeça, ruindad (n.低贱的品质或事情，卑劣的行径). *chèu' ç̣ú* 丑事.|. *pỳ ç̣ú* 鄙事.|. *ch̦ién ç̣ú* 贱事.|. *poēy ç̣ú* 卑事.|. *chèu' leú* 丑陋.|. *pỳ leú chȳ ç̣ú* 鄙陋之事.

Baxos del mar (np.海洋的低浅地带). *kāo tān'* 高滩.|. *hày ch̦iāo* 海礁.|. *ch̦ièn' tān'* 浅滩.|. *ch̦ièn' hày* 浅海.|. *hày xě* 海石.|. *hày chūng xě xān* 海中石山.

Baxos del mar secos (np.海边干燥的低地、浅滩). *kān tān'* 干滩. – de arena (有沙子的). *xā tān'* 沙滩. – baxos peligrosos (有险情的低地). *ŷ hièn* 夷险.

Baxos del mar encubiertos (np.海中隐藏的低地). *gań ch̦iāo* 暗礁. – descubiertas las puntas (礁顶显露的). *kȳ têu'* 矶头.|. *ch̦iāo xě* 礁石.|. *tùn chú* 墩柱.

---

① 此处的"俛"字通"俯"，误拼为"免"音。
② 柯本作"鄙贱"。
③ 此词可存疑，其出现很意外。
④ 柯本注：*ky'*，梵蒂冈本作*ky*，去声。

Baxo de la casa, quartos baxos (np.房子的底层，楼下的房间). *fañ hiá* 房下.|. *leû hiá* 楼下.

Baxar la voz hablar quedo (vp.压低声音，小声说话). *siào xiñ kiàng* 小声讲. – hablar entre dientes (从牙缝里挤出词儿、抿着嘴讲). *mě nién* 默念.

Baxar el precio (vp.压低价钱、降价). *kièn kiá* 减价. – abaratar el precio (削价). *çhién* 贱.

Baxa mujer, vil (np.卑微的女人，贱妇). *pi'ě fú* 匹妇. es mala palabra (这是一个贬义的字眼).

Be.

Beatificar, canonizar [llamamos nosotros.] (vt.赐福、行宣福礼，宣布为圣徒[我们这样称自己的圣礼]). *tiñ xiñ jiñ* 定圣人.|. *liě xiñ* 立圣.

Beçerro (n.公牛犊). *siào nieû* 小牛.|. *nuón nieû* 嫩牛.

Beço (n.唇), o labio dela boca (np.嘴唇). *kèu' xûn* 口唇.|. *çhùy xûn* 嘴唇. – Beços (两片厚厚的嘴唇). *heú çhùy xûn* 厚嘴唇.

Befa, afrenta (n.嘲弄，羞辱). *ky̌' fú* 欺负. [参见：afrenta (羞辱).]

Beldad (n.美丽、美好). *çhy̌' chìng* 齐整. [参见：hermosura (美丽、优雅).]

Bella cosa (np.美丽、美好的事物). *hào k'án tiě* 好看的.|. *piào chý* 标致.|. *ièu ý çú* 有意思.

(p.32)

Bendezir. [llamamos.] (vt.赐福、降福[我们的说法]). *tá xiñ háo* 打圣号①.|. *xiñ kuó* 圣过. – echar la bendicion (赐福于人). *ky̌' fó* 祈福.|. *chǒ fó* 祝福.

Bendezir alabando (vp.称赞、颂扬). *çhán moèy* 赞美. [参见：alabar (夸奖).]

Bendicion de Diors (np.天主所赐之福). *tiēn' chù chūng fó* 天主钟福.

Beneficio (n.惠泽、善施). *gēn* 恩.|. *gēn hoéy* 恩惠.|. *gēn tě* 恩德.|. *gēn chě* 恩泽. – grande (巨大的). *tá gēn* 大恩.|. *huñg gēn* 洪恩.|. *kuàng xý gēn hoéy* 广施恩惠.

Benefficio del superior (np.上级给予的恩惠). *gēn çù* 恩赐②. – recebir los (领

---

① 柯本注：*tá*，梵蒂冈本作*tà*，为上声。

② 柯本注：*çù*，梵蒂冈本作*çú*。

受恩惠). *muŋ gēn* 蒙恩. – recebir merced (领受慈悲). *tō muŋ* 多蒙.|. *chîng' kiā hoéy* 承嘉惠.

Benefficios (n.恩惠), obligar le con benefficios (vp.施人恩惠并赋予义务). *y̌ gēn kiě chy̌* 以恩结之. – el que recibe benefficios (领受恩惠者). *xéu gēn chè* 受恩者.

Benefficio Real (np.皇家所赐的恩惠). *gēn tièn* 恩典.

Beneficiar la tierra (vp.培育土壤). *poêy iàng* 培养. [参见：cultiuar (耕种).]

Bene merito (np.卓著的贡献). *ièu kuŋ* 有功. – de mi (对于我). *ièu kuŋ iụ̌ gò* 有功于我. – de los vasallos (对于臣民). *ièu kuŋ iụ̌ mîn* 有功于民.

Benignidad (n.宽仁、慈爱). *chû' poêy* 慈悲.|. *jin̄ chû'* 仁慈.|. *ch'ě jin̄* 恻忍①.

Benigno, piadoso (a.仁慈的，虔敬的). *chû' siñ tiě* 慈心的.|. *chû' poêy tiě* 慈悲的.

Beneuolencia (n.仁爱、宽怀). *kú liụén chȳ tě* 顾恋之德.|. *kú kiụén chȳ gēn* 顾眷之恩.

Berças②, ett\ :sup:`a`. (n.菜、白菜、青菜，等等). *chá'y* 菜.

Berengena (n.茄子). *kiê' chù* 茄子.

Bermejo (a.金黄的、赤褐的[尤指肤发]). *huŋ* 红.

Bermellon (n.朱砂、朱红). *huŋ chụ̄* 红朱.|. *iñ chụ̄* 银朱.

Berruga (n.疣、猴子). *laò xù này* 老鼠奶.

Berraco③ (n.公猪). *chụ̄ kù* 猪牯. – el de las cabras (公山羊). *iaŋ kù* 羊牯.

Bessar (vt.亲吻、接吻). *chīn' kèu'* 亲口.|. *chīn' chùy* 亲嘴. – con modestia (适度、庄重地). *y̌ kèu' chiéu jiñ* 以口就人.|. *y̌ kèu' chīn' jiñ* 以口亲人.

Bestia animal (np.兽类). *kiñ' xéu* 禽兽. – hombre bruto (野蛮的人). *iè jiñ* 野人.|. *chù'n jiñ* 蠢人.|. *iû chù'n* 愚蠢.|. *mûng tuŋ* 懵懂.|. *chȳ' chù'n* 痴蠢.

Betumen (n.柏油、沥青). *iêu* 油.|. *chi'ě* 漆.

Betunar (vt.涂上柏油). *iêu ky̌'* 油起.|. *chi'ě ky̌'* 漆起. – borrando (涂上一层). *tû' mǒ* 涂抹.

---

① 据梵蒂冈本，后一字音为*jin*，阳平声，柯本遂写为"恻仁"。

② 与verças、versas可能属于同词而异写，见Legumbres（p.126）、Tallo（p.206）、Verdes versas（p.220）等。

③ 今拼verraco（种猪）。

Beuer[①], vt sic (vt./vi.饮、喝，饮酒等). *ki'ě* 吃.|. *ch'ě* 吃.|. *iṅ* 饮. – bever todo el vaso (喝光一整瓶). *ch'ě kān leào* 吃干了.[②]

Beuer (vt./vi.饮酒、嗜酒), combitar a beuer à otros (vp.请人喝酒、设酒款待). *çiǹ'g çhièu* 请酒.

Beuedor de vino (np.饮酒者、嗜酒者). *háo çhièu* 好酒.|. *tān' çhièu* 贪酒.|. *hiūng çhièu* 酗酒.|. *chín' iū̯ çhièu* 沉于酒.|. *héu iū̯ çhièu* 厚于酒[③].|. *iṅ çhièu ch'ě̯ çhāo* 饮酒吃糟.|. *çhièu tû'* 酒徒.|. *çhièu xińg* 酒圣.

Beuida medicinal (np.药物饮料). *tañ' iǒ* 汤药.

Beuida fresca, vt aloxa (np.新鲜的饮料，如蜜汁饮品). *leañg iṅ* 凉饮.

Bexiga (n.膀胱). *pañg' kuāng* 膀胱.|. *niáo pa'ó* 尿脬.|. *niáo nañg* 尿囊.

Bexigas de campanillas del agua (np.鼓起的小水疱). *xùy pa'ó* 水疱.

Bexigas de quemadura, ett.ᵃ (np.因烧伤等引起的水疱). *kỳ' pa'ó* 起疱.|. *chiñg' pa'ó* 成疱.

Bi.

Biblia. [llamamos.] (n.《圣经》[按我们的说法]). *kiñg tièn* 经典.

Bien, bene (ad.好、不错，说得对、是的). *hào* 好.|. *chǒ* 着.|. *xý* 是.

Bien, bonum (a.好，美好的). *hào* 好.|. *moèy hào* 美好.|. *hào moèy* 好美.

Bienes, dichas (n.福祉，好运). *fǒ* 福.|. *kiě* 吉.|. *çhiân'g* 祥.|. *fǒ ki'ńg* 福庆.

Bien eternos (np.永恒的幸福). *iùng fǒ* 永福.|. *tiēn' fǒ* 天福.

Bien honesto (ap.十分真诚、真善), virtuoso (a.清廉正派的). *xén hào* 善好.

Bien auenturado (np.获得赐福的人). *chīn fǒ chè* 真福者. – en el cielo (在天上). *hiàng tiēn' fǒ chè* 享天福者.

Bien auenturado, en comun dicho (np.幸福的人，按通常或世俗的意义来理解). *ièu fǒ chȳ jiń* 有福之人.|. *hiàng fǒ chè* 享福者.|. *xéu fǒ chè* 受福者.

Bien hablo, dixo bien (s.说得好、讲得对). *kiàng tě hào* 讲得好.|. *xuě tě xý* 说得是.

Bien dispuesto hombre (np.身材、仪态、精神等良好的人). *hào tỳ' ta'ý* 好体

---

① 今拼beber，兼作名词，指饮料。

② 此处"吃"字的不同拼法，当属方音影响下产生的异读。至于"吃"兼指喝、饮，在南方话里也更为常见。

③ *héu*，柯本缺字。"厚于"，犹耽于、沉溺于。

态.|. *hào siáng máo* 好相貌.|. *hào k'ý siáng* 好气象.

Bien dispuesto hombre fuerte (np.各方面状况良好且体魄强健的人). *choáng kién* 壮健.|. e ɔᵃ. (也可反过来说：*kién choáng* 健壮).|. *kiañ'g choáng* 强壮.|. *tý' kién* 体健.|. *çhiñg choáng* 精壮.

Bien dispuesto hombre, de salud (np.身健体壮、精神十足的人). *pào iàng tě hào* 保养得好.|. *xīn çhǔ çhiñg xoàng* 身子精爽.|. *k'ý t'ý huôn çhiñg* 气体还精①.

Bien criado (ap.有教养的), cortes (a.有礼貌的). *ièu sū vuên* 有斯文.|. *ièu lỳ máo* 有礼貌.|. *ièu lỳ tỳ'* 有礼体.|. *çháy hân* 在行②.

Bien inclinado, suaue condicion (ap.性情好，脾气好). *hô xún tiě* 和顺的.

Bien quisto (ap.为人们敬重的). *ièu chuńg vuáng* 有众望.|. *ièu mîng vuáng* 有名望.

Bien nacido (ap.出身好), noble (a.出自名门的). *tá xý kiā* 大世家.|. *çhūn chǒ tiě* 尊族的.|. *xý kiā tiě* 世家的.

Bien echor (np.捐助人、施恩者)③. *gēn jiñ* 恩人.|. *gēn chù* 恩主.

Bien acondicionado (ap.性情温和). *iuēn ià tiě* 渊雅的④.|. *xún sińg tiě* 顺性的.

Bisco de vista (ap.斜眼的). *siê ka'ń tiě* 斜看的.

（p.33）

Bien afortunado (ap.幸运的). *ièu çháo hóa* 有造化.|. *hiáo hińg tiě* 侥幸的⑤.

Bien quisto, querido (ap.受尊敬的，为人们热爱的). *chuńg jiñ tiě ý* 中人的意.

Bien auenidos (ap.和谐一致). *siañg hǒ tě hào* 相合得好.

Bien echo (ap.做得成功). *chó tě hào* 做得好.|. *hǒ xě* 合适.

Bien parecido (ap.外表佳好). *hào ka'ń tiě* 好看的.|. *piào chý tiě* 标致的.

Bienes de fortuna (np.好运道、世俗之财). *xý fǒ* 世福.|. *çhán fǒ* 暂福.

Bigotes, mostachos (n.髭、小胡子、络腮胡子). *jên* 髯.|. *siṳ jên* 须髯.

---

① "还精"，道家谓修炼精神以护持元气。柯本注：*t'ý*，梵蒂冈本作*t'ý*，上声。

② 柯本注：*hân*，梵蒂冈本作*hâng*。

③ 今连写为bienhechor（施惠的；施惠者、施主），形、名兼用。

④ *iuēn*，梵蒂冈本作*vēn*，柯本据此写为"温"。按："温"字在本词典上拼为*uēn*，与*iuēn*有别。"渊雅"有其词，谓平和、深刻而高雅。

⑤ 柯本注："徼"读为*hiáo*，可能是受到闽方言如福州话影响的结果。

Biga, trabe (n.房梁、横梁). *leañg* 梁.|. *huñg leañg* 横梁.|. *chu'én* 椽.

Bisnietos (n.曾孙子). *çhēng sūn* 曾孙. – Bisnietas (曾孙女). *çhēng sūn niǔ* 曾孙女.

Bispera[①] del dia (np.前一天、前夕). *siēn iě jě* 先一日.|. *siēn iě tiēn'* 先一天[②].

Biscocho (n.硬面饼、饼干). *mién têu' kān* 面头干.

Biuda (n.寡妇). *kùa fú* 寡妇.|. *xèu kùa* 守寡. – biudo (鳏夫). *kuān* 鳏.

Biudez (n.寡居). *xèu kùa tiě xý* 守寡的时.

Biuienda, o habitacion (n.住房、即居所). *kiū chú* 居住.|. *fañg çhǔ* 房子.|. *iú chú* 寓住.

Biuienda en compañia (np.住在一起). *tuñ'g chú* 同住.|. *tuñ'g fañg çhǔ* 同房子.

Biuora (n.毒蛇). *hiě çhǔ* 蝎子.|. *tǒ xê* 毒蛇.

Biuidor (a.活跃的、勤奋的), sabe buscar la vida (vp.善于谋生、会过日子). *hoéy kań çú* 会干事.|. *ièu pùen çú* 有本事.

Biuir (vi.生存、活), tener vida (vp.活着、生活). *ièu señg miñg* 有生命.|. *señg tiě* 生的.|. *huǒ tiě* 活的.|. *çháy* 在. [参见：viuir[③] (生活).]

Biuo (a.有生命的、活着的). *huǒ tiě* 活的.

Biuo, o, diligente (a.活生生的、即积极活跃). *liñg lý* 伶俐.|. *kiǹ xiń tiě* 谨慎的.|. *xoāng ku'áy tiě* 爽快的[④].

Bl.

Blanco[,] color, vt sic (a./n.白、白色，各种白色的统称). *pě* 白.|. *pě tiě* 白的. – color blanco (白色). *pě sě* 白色.

Blanco de ojo (np.眼睛的白色部分). *ièn pě* 眼白.|. *mǒ pě* 目白.|. *ièn çhiñg* 眼睛.

Blanco à donde se tira (np.射箭瞄准的白色靶心、靶标). *chuńg tiě* 中的. – tirar al blanco (瞄准靶心、打靶). *xé chuńg* 射中.

---

① 今拼vispera（前一天）。下面还有不少B字头的词，按照现代正字法已改从V起头，如biuda（寡妇）、biudo（鳏夫），今拼viuda、viudo。

② *iě*，入声，柯本误录为去声*ié*，其字遂作"夜"。

③ 与biuir实为同一词，拼法有异而已，但在本词典上另有单立的词目，见V字头下。

④ 柯本注：*xoāng*，梵蒂冈本作*xoàng*，上声。

Blanca, moneda, corresponde al (n.布兰卡，一种硬币，比值相当于). *hâo háo* 毫.

Blancura (n.白色). *pě sě* 白色.|. *siuě pě* 雪白. blancura de nieue (即白雪的颜色). – blancura muy grande (极纯的白色). *xûn pě* 纯白.|. *kiě pě* 洁白.

Blanquear (vt.使之变白). *tû' pě* 涂白.|. *chǒ pě* 作白.|. *xańg pě* 上白.

Blanquear las paredes, encalar las (vp.把墙抹成白色，涂白灰). *xańg hoēy* 上灰.|. *fuèn piě* 粉壁.

Blanquezino (a.略白的、发白的). *puón pě* 半白. idest medio blanco (即白色达到一半).

Blandamente (ad.柔和、舒缓地). *kiñ'g siē* 轻些.

Blando (a.柔软的、柔和的). *juèn* 软.|. *jêu* 柔.|. *juèn jêu* 软柔.

Blando de condicion (ap.性情柔顺). *jêu sińg* 柔性.|. *xún sińg tiě* 顺性的.|. *leańg xén jiñ* 良善人.|. *jêu hô chè* 柔和者.

Blandear (vi.摇晃 vt.挥舞). *iâo tuńg* 摇动. – la lança, vibrar la (舞动长矛). *tiñ'g chiân'g mâo* 挺枪矛.

Blanco del guebo, la clara (np.鸡蛋的白色部分，蛋清). *tań pě* 蛋白.

Blandon de çera[①] (np.一种蜡烛). *tá lǎ chǒ* 大蜡烛.

Bledos (n.苋菜). *huńg ch'áy* 红菜.

Blasfemar (vi.诅咒、咒骂). *hoèy má* 毁骂.|. *chéu má* 咒骂.|. *chéu chiù'* 咒诅.|. *chiù' chǒ* 诅祝[②].|. *chiù' chéu* 诅咒.|. *vù mán* 侮谩.

Blasfemo contra Dios (np.对上帝的亵渎). *vù mán Tiēn' chù tiě jiñ* 侮谩天主的人.|. *má Tiēn' chù* 骂天主. ett[a]. (等等).

Blasonar (vi.吹嘘), hazer ostentacion (vp.炫耀、摆阔). *chǔ kūa'* 自夸.|. *chú chiñg'* 自称.

Bo.

Boca, vt sic (n.口、嘴，也泛指端口). *kèu'* 口.|. *chùy* 嘴. – de estomago (指胃). *goéy kèu'* 胃口.|. *siñ kèu'* 心口.|. *uō kèu'* 窝口.

Boca de calle (np.街巷的出入口). *kiāy kèu'* 街口.|. *hiańg kèu'* 巷口.

Boca de poço (np.水井的缘口). *chińg kèu'* 井口. – Brocal (水井的护石). *chińg lañ* 井栏.

---

① 柯本解释为wax taper（小蜡烛），究竟大小如何，不得而知。

② 柯本注：*chiù'*, 梵蒂冈本均作*chiù*, 不带送气符。

(p.34)

Boca de Rio (np.河流的出入口). *hô kèu'* 河口.|. *kiañg kèu'* 江口.|. *kȳ' kèu'* 溪口.|. *xùy kèu'* 水口.

Boca de llaga (np.受伤处的口子). *xañg kèu'* 伤口.

Boca dura, respondon① (np.嘴硬、犟嘴，指回话时). *geńg çhùy* 硬嘴.

Boquear a la hora dela muerte (vp.临终喘息). *chân' chuèn* 残喘②.

Bocado de comida, un bocado (np.满嘴巴的食物，一口). *iẻ kèu'* 一口.

Bocado del freno (np.嚼子、口套). *kèu' hân* 口衔.|. *tiẻ' hân* 铁衔.

Bocado, o, morde dura (n.口咬，或咬伤的口子). *iào heñg* 咬痕.|. *iào çhiẻ* 咬迹.|. *iào xañg* 咬伤.

Boço dela barba (np.络腮胡子的须头). *siū mâo* 须毛.

Boçina (n.号角). *háo têu'* 号头.|. *háo kó* 号歌.|. *niēu kiỏ kó* 牛角歌.③|. *tuǹ'g sỏ* 筒索④.|. *kuòn sỏ* 管索.

Boçal (n.新手), nuebo en el seruicio (np.新入职者). *señg hoên tiẻ* 生浑的⑤.

Bozear (vi.呼喊). *tá xiñg kiáo* 大声叫.|. *hū háo* 呼号.

Boca, o palabras dulçes (np.嘴巴甜，或甜蜜的言辞). *tiên' kèu'* 甜口.|. *tiên' hóa* 甜话.|. *tiên' xẻ* 甜舌.

Boca ligera (np.嘴快), todo lo dize (vp.什么都说). *kiñg' kèu' ku'áy siñ* 轻口快心.|. *çhièn' kèu'* 浅口.|. *kèu' ku'áy* 口快.

Boca quebrada, labio endido (np.豁嘴，兔唇). *kiuẻ' kèu'* 缺口.

Boca llena (np.满嘴巴), à boca llena (pp.嘴里满满的). *muòn kèu'* 满口.

Boca tuerta (np.嘴角歪斜). *vuāy kèu'* 歪口.|. *ièn uō siê* 眼窝斜.

Boca, o pico de limeta (np.瓶嘴，壶口). *hû çhùy* 壶嘴.

Boca mala (np.脏嘴), desbocado (a.满口恶语的). *ỏ kèu'* 恶口.|. *tỏ kèu'* 毒口.|. *lý kèu'* 厉口.

Bocon (n.大嘴巴、吹牛大王). *chân'g kèu' tiẻ* 长口的.|. *tá kèu' tiẻ* 大口的.

Boca de horno, o, fogon de horno (np.火炉口，或炉膛口). *hò lû muên* 火炉门.

---

① 此词柯本未录。
② 柯本注：chuèn，梵蒂冈本作chuèn'，有送气符。
③ kó，柯本两例均缺字。宋人陈辅有《牛角歌》："牛角歌，牛角歌，日暮寒云满碧陂。骑牛卜山归曲阿，湖烟湿我蓑。……"
④ sỏ，柯本缺字。"筒"，号筒；"索"，拴号筒的绳子。
⑤ 谓懵懂生疏，尚未入门。

– de fogon (指炉灶). *çháo muên* 灶门.

Bodas (n.婚姻). *hoēn iñ* 婚姻.|. *huôn çhīn'* 完亲①.

Bodas (n.婚礼), el banquete que se haze en ellas (np.为成亲举办的宴席). *çhi'ú çhi'ñ çhièu* 娶亲酒②.|. *hoēn iñ lỳ çhièu* 婚姻礼酒.|. *kiě çhiñ' tá pâ'y iên hoéy* 结亲大排筵会.

Bodega de vino (np.酒窖). *çhièu k'ú* 酒库.

Bodegon, o, taberna (n.饭庄，或酒馆). *çhièu tién* 酒店.|. *xě tién* 食店. [参见：venta (小酒馆).]

Bodegoreno (n.饭店老板): mesonero (n.酒店主人). *chù jiñ kiā* 主人家.

Bodoque de ballesta (np.射打的石子、弹丸之类). *tán çhǔ* 弹子.

Bofes (n.肺脏). *fỳ* 肺.|. *tú fỳ* 肚肺③.

Bofetada (n.耳光). *pà chaṅg* 巴掌. – dar bofetada (打人耳光). *tà pà chaṅg* 打巴掌.|. *tà chaṅg çhùy* 打掌嘴.|. *tà kỷ' liên* 打其脸.|. *kiāo xèu tà* 交手打.|. *chaṅg kỷ' mién* 掌其面.

Bofetada (n.耳光), dar la (vp.打一记耳光). *tà nû pà chaṅg* 打奴巴掌.|. *tà çhùy pà* 打嘴巴.

Bollos de pan (np.小面包卷). *mién kiụèn* 面卷.

Bola (n.球). *kiêu'* 球. – de madera (木质的). *mǒ kiêu'* 木球. [参见：pelota (球).]

Bolar (vi.飞). *fỳ* 飞.|. *teń'g kūn'g* 腾空. – Aue bolatil (飞翔的鸟儿). *fỳ niào* 飞鸟.

Bolsa (n.钱包、袋子). *hô pāo* 荷包. – de olores (盛放香精的). *hiāng táy* 香袋.|. *xún táy* 顺袋④.|. *hiāng nañg* 香囊. – de la hiel (指胆囊). *tàn pāo* 胆胞. – bolsa vacia (空空的钱袋). *nañg kūng'* 囊空.|. *chín ki'ńg* 尽罄.

Bolsa de fieltro para liar vestidos (np.供叠放衣裳的毡制袋子). *chēn pāo* 毡包.

Bolsa de papel para cartas (np.放信札之类的纸袋). *xū ta'ó* 书套.|. *fuñg ta'ó*

---

① 柯本作"婚亲"。完亲，即完婚。"完"字读为*huôn*，见Acabar de hazer la cosa、Acabado（p.3）。

② 柯本注：*chi'ú*，梵蒂冈本作*chi'ǔ*，上声。

③ 此条在本页上出现两次，其中一处为另手草写，将"肺"字拼为*fi*。

④ 柯本拟为"扇袋"，并引梵蒂冈本所拼，前一字音作*xén*"扇"。按：此本所标*xún*"顺"可能不误。"顺袋"，一种系于腰间的盛物小袋，明清小说中不罕见。

封套. – la bolsa interior (里面的套子). *núy hân* 内函. – para despacho de los Mandarines (供官员递信用的). *fuñg tuñ'g* 封筒.

Bolina del nauio (np.船用的张帆索). *leào çhǔ sǒ* 缭子索. – la mayor (主索). *leào çhǔ mù* 缭子母.①

Bolinear (vi.随风势操帆航行). *kù fuñg* 鼓风.|. *kù chuê'n* 鼓船.②

Boltear (vt.翻转、转动), dar bueltas (vp.翻个儿、调头).③ *hoêy xún* 回旋.|. *uàn chuèn* 弯转. – vt rueda (指轮子之类). *lûn chuèn* 轮转.

Boluer à do salio (vp.回到出发之地). *kuēy* 归.|. *hoêy* 回.|. *chuèn hoêy* 转回.

Boluer à casa (vp.回到家里). *kuēy kiā* 归家.|. *hoêy kiā ki'ǔ* 回家去.

Boluer la cosa a su dueño (vp.把东西还给原属的主人). *hoân* 还. – resarcir (加以补偿). *pù hoân* 补还.

Boluerse los filos (vp.失去锋刃), enbotarse (vr.变钝). *tuń leào* 钝了.

Boluer, o restituir la honrra (vt.补偿，即恢复荣名). *pù mîng xiñg* 补名声.|. *pù xǒ mîng xiñg* 补赎名声.

Boluer el rostro (vp.转过脸). *chuèn mién* 转面.|. *hoêy mǒ* 回目. – la cabeça (指头部). *hoêy têu'* 回头.|. *chuèn têu'* 转头. – el cuerpo (指身子). *chuèn xīn* 转身. – las espaldas (指后背). *chuèn poêy* 转背.

Boluer, vt rueda (vi.旋转，如轮子). *lûn chuèn* 轮转. [rodear (转圈、周而复始). *chēu hiñg* 周行.] *iún chuèn* 运转.|. *iún tuńg* 运动.

Boluer de arriba abaxo, vt de un lado à otro (vp.从上往下、从一边向另一边旋转). *fàn iě chuèn* 反一转.|. *fàn fǒ* 反复.

Boluer lo de adentro à fuera (vp.从内向外旋转). *pìng fǒ* 禀复.④|. *fàn fǒ* 反复.

Boluer à venir (vp.回转来). *çháy lây* 再来.|. *iéu lây* 又来.

Boluer manos vacias (vp.空着双手归来). *kūn'g xèu hoêy lây* 空手回来.|. *kūn'g hoêy* 空回.

Boluer a viuir (vp.恢复生命). *fǒ huǒ* 复活.|. *fǒ señg* 复生. idest, resucitar (即复活).

Boluer atras (vp.往回转、转回来). *tu'ý hoêy* 退回.|. *tu'ý pú* 退步.|. *tu'ý chuèn* 退转.|. *tu'ý héu* 退后.

---

① 二词悉从柯本，是否确有其词当存疑。
② 两例"鼓"字柯本均缺。"鼓风"，鼓起风帆。
③ 这条动词短语柯本未录。
④ 返回禀告上级或长辈，同义于本页下面将出现的"复命"，被误植于此。

Boluer con la respuesta al superior (vp.返回并向上级报告). *fǒ mińg* 复命.

Boluer en retorno (vp.报答、回报). *hoêy lỳ* 回礼.|. *hoêy suńg* 回送.

Boluer lo de atras, a delante (vp.由后往前挪动，或从后面转到前面). *chuèn héu goêy siēn* 转后为先.

Bolubre, idest que se puede mouer, o boluer (a.机动灵活的，即能够运行或转动). *neńg tuńg* 能动.|. *huǒ tuńg tiě* 活动的.|. *neńg chuèn tuńg tiě* 能转动的.

Boluerse (vr.改变), conuertirse de vna cosa en otra (vp.由一物转化为另一物). *pién* 变.

Bonbarda (n.火炮). *tá chu'ńg* 大铳. [参见：artilleria (大炮).]

Bonga de buyo, areca (np.槟榔果). *pīn lańg* 槟榔.

（p.35）

Boluerse de malo en virtuoso (vp.由邪恶变为善德). *çhiēn' xeń* 迁善.|. *pién chuèn* 变转.

Bomba de sacar agua (np.用来抽水的唧筒). *sào çhān' kuòn* 扫舱管①. – bomba de la nao (船用的唧筒). *xùy çhān'g* 水舱. – dar a la bomba (用唧筒抽水). *sào çhān'g* 扫舱.|. *iâo xùy* 舀水.|. *tèu xùy* 抖水.

Bondad (n.美好、善良). *hào* 好.|. *xén* 善.|. *xén moèy* 善美.|. *moèy xén* 美善.|. *leańg xén* 良善.|. *xén leańg* 善良.

Bonança (n.好运道、好天气). *fuńg xùy pién* 风水便.|. *fuńg xùy xuń* 风水顺.|. *piń'g fuńg çhińg lańg* 平风静浪.

Boneta que se añade ala vela (np.系在帆上助力风速的装置). *cháo xùy* 罩水.

Boñiga de baca (np.牛的粪便). *nîeu fuén* 牛粪.

Bonete vt sic (n.圆帽、带角帽等). *máo* 帽.|. *kiñ* 巾.|. *kuōn* 冠. – de bachilleres (有身份的文人戴的). *fańg kiñ* 方巾. – de estudiantes (一般学生或读书人戴的). *pièn kiñ* 扁巾.

Bonete de luto (np.服丧时戴的帽子). *hiá máo* 孝帽②.|. *hiáo têu' kiñ* 孝头巾.|. *sàng kiñ* 丧巾. – de gente ordinaria (普通人戴的). *lǒ liń máo* 绿林帽.

Bonete de capitanes (np.军官的帽子). *tá máo* 大帽. – de niños (男童戴的).

---

① 柯本注：*çhān'*，梵蒂冈本作*çhāng'* "舱"。

② 柯本注：*hiá*，梵蒂冈本作*hiáo* "孝"。按：*hiáo*失去尾音-o，可能属于连读吞音。

nào tă' ùl 脑搭耳①. – de bonços② (佛僧戴的). seng máo 僧帽.|. táo kuōn 道冠.

Bonete de Mandarines (np.官员的帽子). xā máo 纱帽. – de soldados (士兵戴的). pīng kiñ 兵巾.|. çháy máo 载帽③.|. kiā kuōn 加冠.

Bonete (n.帽子), quitarse el bonete (vp.摘下帽子). mièn kuōn 免冠.|. tŏ' kiñ 脱巾.|. tŏ' máo 脱帽.|. chŭ' hiá kuōn máo 除下冠帽.

Bonete del Tartaro de verano (np.鞑靼人夏季戴的帽子). leañg máo 凉帽. – de ymbierno (冬季戴的). nuòn máo 暖帽.

Bonete que vsamos en la missa (np.我们做弥撒时戴的帽子). mỷ sǎ kiñ 弥撒巾④.

Bonzo rapado (np.剃发的僧人). hô xañg 和尚.|. chañg laò 长老. – los del tao⑤ (道家的僧人). táo çụ́ 道士.

Bonza rapada la cabeça (np.头发剃光的女僧人). nỷ kū 尼姑.|. niù seng 女僧⑥.

Boquear muriendo (vp.濒死喘息). châ'n chuèn 残喘⑦.

Boquear (vi.喘气), abrir la boca (vp.张大口). chañg kè'u 张口.

Borçeguies (n.中筒靴). p'ỷ uǎ 皮袜.

Boqueron, agujero (n.坑，洞). kūn'g 空⑧.|. k'ŏ lung 窟窿.

Bordar (vt.刺绣). siéu 绣.|. ch'ǔ siéu 刺绣.|. siéu hōa 绣花.

Bordador (n.刺绣工). nǎ siéu tiě 纳绣的.|. siéu hōa tiě 绣花的.

Bordo de algo (np.某样东西的边缘). piēn 边. – de taza (指杯子). uàn hiụen 碗缘. – de nao (指船). chuê'n piēn 船边⑨.

---

① 即搭耳帽，两侧有护耳可翻下，不一定是童帽。
② bonço，以下多拼作bonzo。日语的bonze（和尚）一词，可能在耶稣会士沙勿略抵达日本后不久，即16世纪中后期就进入了欧语。
③ 犹戴帽、加冠，与兵巾并不同义。
④ 柯本注：kīn，伦敦本作çhý kīn "祭巾"。
⑤ 此词柯本作táo，然而柏林本原写为tao，并无调符。音译词不加调符，是很普遍的做法。
⑥ 此条为柯本漏收，有点可惜。
⑦ 此条为后手所加，柯本未录。
⑧ 也可写为"孔"，"孔"与"空"音近而义通，本出同一词根。
⑨ 搭配疑有误，可能是：uàn piēn 碗边；chuê'n hiụen 船舷。

Bordon (n.木杖、权杖). *chaṅg chǔ* 杖子①.|. *kuày chaṅg* 拐杖.|. *miṅg chaṅg* 明杖.|. *chú chaṅg* 拄杖②. – de ciego (盲人用的). *kuén mǒ* 棍木.

Borla (n.穗、流苏). *tāo′* 绦.|. *tāo′ xéu* 绦缕.|. *tāo′ ûl* 绦儿.|. *tāo′ siú* 绦絮. – de seda (丝质的). *cū tāo′* 丝绦.③

Borla del bonete tartaro (np.鞑靼式帽子的穗带). *máo iṅg* 帽缨.

Borona (n.小米). *chiě mỳ* 稷米.

Borracho (a.醉醺醺的 n.醉汉). *chièu chúy tiě* 酒醉的.|. *chièu hán* 酒汉.|. *chúy chièu jiṅ* 醉酒人.|. *pǒ nêng chǔ chiṅg* 不能自正.|. *chièu mý hoēn tào* 酒迷昏倒④.|. *chúy tào* 醉倒.

Borracho (a.醉醺醺的), medio borracho (半醉). *puón chúy* 半醉. – echo vna vba (酩酊大醉). *lán chúy* 烂醉.

Borrachera (n.酒醉、醉态). *chièu chúy* 酒醉.

Borracho (a.醉醺醺的), estar echo vna zorra sin poder despertar (vp.醉得醒不来). *chúy pǒ siṅg* 醉不醒. – boluer en si de ella (酒醉之后复又清醒). *chúy siṅg* 醉醒.

Borrasca en el mar (np.海上的风暴). *páo fuṅg tá laṅg* 暴风大浪. [参见：tormenta (狂风巨浪).]

Borrar (vt.擦掉、抹去). *tû′ tû* 涂.|. *tû′ mǒ* 涂抹. – enmendo lo (修改、订正). *tû′ mǒ kày iě* 涂抹改易.|. *kày mǒ* 改抹.|. *mǒ kày* 抹改.

Borrado, chancelado (a.被涂去的，遭删除的). *ỳ piě tû′ mǒ leào* 以笔涂抹了.|. *kēu chǔ′ leào* 勾除了.|. *tǎ′ leào* 拓了⑤.|. *kēu leào* 勾了.

Borradura (n.涂抹处、删改之迹). *kēu chiě* 勾迹.|. *tû′ chiě* 涂迹. – borrar letras (把文字涂掉). *chǎ′ chǔ* 擦字. – borrar cuentas (把数字抹去). *kēu leào sú* 勾了数.

Borron de lo que se ha de escriuir despues en limpio (np.有待誊清的底本). *kào* 稿.|. *chào′ kào* 草稿.

---

① *chǔ* 为 *chù* 之误。
② 柯本作"柱杖"。
③ *tāo′*, 柯本写为"絛"，也一样。
④ 原写为四字短语，柯本断作"酒迷""昏倒"两个词。
⑤ *tǎ′*, 柯本缺字。"拓"，字也作"搨"，指涂抹，见《简明吴方言词典》160–161页。

Borra de aseyte① (np.沉淀下来的油). *iêu kiŏ* 油脚.|. *iêu chā* 油渣. – borra de vino (沉淀下来的酒). *çhièu kiŏ* 酒脚. – de algodon (指棉花). *miên çhŭ* 棉籽.

Borrico (n.驴子). *liŭ çhŭ* 驴子. [参见：asno (驴).]

Bosteçar (vi.打哈欠). *tà hō* 打呵.

Bosteço (n.一个哈欠). *hō k'ý* 呵气.

Bosque (n.森林). *xú liñ* 树林.|. *xān liñ* 山林. – de muchos arboles (林木极多的). *xān liñ çhûn'g çhǎ ki'ŭ ch'ú* 山林丛杂去处②.

Bosque muy espeso (np.异常茂密的森林). *liñ mǒ méu xiń* 林木茂盛.|. *miě liñ lỳ* 密林里. – Bosque Real (皇家森林). *iŭ xú liñ* 御树林.

Bosquexear delineando (vp.勾画轮廓). *hóa kào* 画稿.

Bota de vino (np.皮制的小酒囊). *p'ý táy* 皮袋.|. *çhièu p'ý táy* 酒皮袋.|. *çhièu p'ý pāo* 酒皮包.

Botas de calçar (np.穿的靴子). *hiụē* 靴. – de cuero (皮革制的). *p'ý hiūe* 皮靴. – para lluuia (雨天穿的). *iêu hiūe* 油靴.|. *iụ̀ hiụe* 雨靴. – con clauos (带大头钉的). *tiñ hiūe* 钉靴.

Botar la enbarcacion con tiquines (vp.用长杆子撑船). *çhēng chuê'n* 撑船③.

Bouo paxaro conque pescan (np.一种用来捕鱼的鸟). *lú çhụ̂'* 鸬鹚④.

Botica de medicinas (np.药店). *iŏ p'ú* 药铺.|. *señg iŏ p'ú* 生药铺.

Boticario (n.药店老板). *kāy' iŏ p'ú tiě* 开药铺的.|. *máy señg iŏ tiě* 卖生药的.

Boto (a.钝), no agudo (ap.不锋利). *tún pǒ lý* 钝不利.|. *tún leào* 钝了.|. *pǒ ku'áy* 不快.

Boto⑤ moraliter del hombre (a.钝、迟钝的，喻指脑瓜不灵). *iụ̀ tún, uān tún* 愚钝 顽钝.|. *pǒ kià'o* 不巧. *chuě* 拙. – los dientes con dentera (指牙齿钝痛). *iâ suōn* 牙酸.|. *chỷ' suōn* 齿酸.

Boton de fuego (np.纽扣状的火斑). *kiéu çhān'g* 灸创.|. *hò xañg* 火伤. – dar lo (施行灸治). *kiéu hò* 灸火. – quando se da con yerba de Santa Maria seca

---

① 今拼aceite（油）。
② 柯本作"山林丛杂区处"。此例出自《三国演义》第七回："吕公已于山林丛杂去处，上下埋伏。"
③ 柯本注：*çhēng*，梵蒂冈本作*çhēng'*，有送气符。
④ 柯本作"鹭鸶"。鹭鸶与鸬鹚，二词易混，此处既称捕鱼鸟，当为后者。
⑤ 参照上条，当有逗号点断。

(用干燥的艾草). *kiéu gáy hò* 灸艾火.

Botones, capullos de flores (np.花骨朵，蓓蕾). *hōa jùy* 花蕊.|. *hōa kǒ t'ú ûl* 花骨朵儿.|. *jùy ûl* 蕊儿.|. *hōa liù* 花绺①.

Botija de tierra (np.陶土罐子). *vùa kuón* 瓦罐.②

（p.36）

Botones de vestido (np.衣裳的纽扣). *ke'ú çhù* 扣子.|. *nièu ke'ú* 纽扣. – de oro (金质的). *kiñ ke'ú* 金扣. ett^a. (等等).

Boueda de edificio (np.建筑物的拱顶).③

Bouear (vi.胡诌), dezir disparates (vp.说傻话). *luón kiàng* 乱讲.|. *luón xuě* 乱说.|. *hû xuě* 胡说.

Boueria (n.呆傻、谵语). *luón iên* 乱言.

Bouo tonto (np.傻瓜). *chỹ' jiñ* 痴人.|. *chỹ' chùn'* 痴蠢.

Boz④ (n.声音). *xiñg* 声.

Bocinglero (n.哇哇嚷叫者). *kiáo hán tiě* 叫喊的⑤.

Bozina (n.喇叭). *háo têu'* 号头. [参见：bocina⑥ (号角).]

Bozear (vi.喊叫), dar gritos (vp.连声呼喊). *hū háo* 呼号.|. *tá hǒ iě xiñg* 大喝一声.

Bozear con grito grande (vp.扯开嗓门叫唤). *tá xiñg kiáo* 大声叫.|. *fǎ kāo xiñg* 发高声.|. *kāo kiáo* 高叫.|. *kiáo hàn* 叫喊.|. *hàn kiáo* 喊叫.|. *kiáo jañg* 叫嚷.

Br.

Braça⑦ suya. [mayor que la nuestra.] (n.他们的寻[较我们欧洲的相应单位为

---

① "绺"字柯本未写，但有注解：liù，梵蒂冈本作lùy，可能是"蕊"字的异读。

② 此条为后手补写，墨色明显不同。

③ 缺汉语对译。

④ 即voz，词目及详解见p.225。

⑤ 柯本注：hán，梵蒂冈本作hàn，上声。

⑥ 即boçina（p.34）。

⑦ 今拼braza，英语对应词为fathom（寻）。

长]). *iě chańg* 一丈.|. *iě tú* 一度①. – un abraçado (用两手围抱). *iě pāo* 一抱.|. *iě goêy* 一围.

Braçear (vi.挥臂), abrir los braços (vp.张开双臂). *chańg xèu pý* 张手臂.

Braço de Rio (np.江河的支流). *kiàng* 江②.|. *fuēn xùy liêu* 分水流.

Braçaletes, manillas (n.手镯，手铐). *xèu chǒ* 手镯.|. *chǒ têu'* 镯头.

Bramar (vi.吼叫), dar gritos con rabia (vp.狂喊大叫). *hèn xińg* 狠声. [参见：bozear (喊叫).]

Bramar los animales (vp.动物吼叫). *hiāo hèu* 啸吼③.

Bramido (n.吼叫声). *hiāo hèu xińg* 啸吼声④.

Breua, o higo (n.无花果，或无花果树). *vû hōa kuò* 无花果.

Brauo, feroz (a.勇敢的，凶猛的). *mèng* 猛.|. *hiūng mèng* 凶猛.|. *hiūng páo* 凶暴.|. *kiân'g mèng* 强猛.|. *kuâ'ng vuáng* 狂妄.|. *iùng mèng* 勇猛.|. *mèng kién* 猛健.

Brauo, feroz, y fuerte (a.勇敢的，凶猛的，强有力的). *kiân'g hèn* 强狠.

Brauo como leon (ap.如狮子般勇猛). *cháo páo mèng liě* 躁暴猛烈.

Braços (n.手臂). *xèu pý* 手臂.|. *kě pǒ* 胳膊.|. *chèu keńg* 肘肱. – los molledos (小臂). *xèu keńg* 手肱. – los lagartos (大臂). *pań'g chǔ* 膀子. – doblar los (伸屈手臂). *k'iǒ keńg, uān keńg* 曲肱 弯肱. – braçudo (臂力强大). *ièu nù liě* 有弩力⑤.

Braueza (n.勇敢无畏). *kiân'g hàn* 强悍.|. *hàn hèn* 悍狠.|. *hàn kiě* 悍急. – montrar braueza (表现出勇敢的姿态). *fă vù* 发武.

Brasa de fuego (np.火炭). *huńg ta'ń* 红炭.

Brea (n.焦油、柏油). *suńg hiāng* 松香.|. *suńg kiāo* 松胶.

Brazil palo (n.巴西木). *sū mǒ* 苏木.|. *huńg mǒ* 红木.

Brasero (n.火盆、烤炉). *hò lû* 火炉. – para los pies (暖脚用的). *kiǒ lû* 脚炉. – para olores (焚香用的). *hiāng lû* 香炉. – de caña (藤竹编的). *hò luńg*

---

① 此处的"度"似非计量单位。"一度"，谓测一下、量一量，如接下来的"一抱"（柯本作"一包"）、"一围"，均表示约略的量度。

② 柯本注：*kiàng*，梵蒂冈本作*kiāng*，阴平。

③ 柯本作"哮吼"。

④ 柯本作"哮吼声"。

⑤ "弩力"，弩射所能及达之力，犹借臂力而为。柯本作"有努力"。

火笼①. – de palo quadrado (木制、方形的). *hò tèu* 火斗.|. *hò siaṅg* 火箱.

Bretones, retoños (n.芽菜，幼苗). *iâ* 芽.|. *mèng iâ* 萌芽.

Breuemente (ad.简略、迅捷). *ku'áy siē* 快些.|. *ku'áy* 快.

Breue, corto (a.简短的，短小的). *tuòn* 短. – breue tiempo (时间短、不多会儿). *liě xý* 立时.|. *pǒ kièu* 不久.|. *çhán xý* 暂时. – en breue recopilacion (以精简的方式). *seṅg kièn* 省简.|. *kièn iǒ* 简约.|. *iǒ iên* 约言.|. *kièn iáo* 简要. – compendiar (加以精编或简编). *kièn çhiě* 简节.

Breuiario②. [llamamos.] (n.精编、选萃、日课经[照我们圣教的说法]). *kiṅg puèn* 经本.|. *xý kiṅg puèn* 时经本.

Breue camino (np.近道). *tuòn lú* 短路.

Brio, animo (n.精力，精神). *liě leaṅg* 力量.|. *xîn goēy* 神威.|. *çhiṅg xîn* 精神.|. *goēy fuṅg* 威风.|. *xîn k'ý* 神气.

Brioso (a.勇猛的、强有力的). *iùng kàn* 勇敢.|. *ièu liě leaṅg* 有力量.|. *ièu tàn* 有胆.|. *hào hán tiě* 好汉的.

Brodio, o caldo (n.羹汤，或炖煮的食物). *taṅ'g* 汤.|. *keṅg* 羹.

Brocal del poço (np.井边的护石). *çhìng lân* 井栏.|. *çhìng kèu'* 井口.

Brocado (n.锦缎). *kiǹ tuón* 锦缎.|. *kiǹ siéu* 锦绣. – de europa (欧洲产的). *kiṅ hōa tuón* 金花缎③.|. *kiṅ tuón* 金缎.

Bronze (n.青铜). *tuǹ'g* 铜. – el colorado (红色的). *huṅg tuǹ'g* 红铜. – el blanco (白色的). *pě tuṅ'g* 白铜.

Bronco hombre (np.粗野的人). *çhū' jiṅ* 粗人.|. *iè jiṅ* 野人.|. *muṅg tuṅg* 懵懂.

Broquel (n.盾牌). *pâ'y* 牌.|. *kiēn pâ'y* 肩牌. [参见：escudo (小圆盾).]

Broma de la madera que la come (np.蛀蚀木头的虫子). *xāo chuṅ'g* 梢虫.

Brujula de la ballesta, la nuez (np.弩机的准星). *nù kȳ* 弩机.

Brotar (vi.发芽、冒出). *fǎ* 发.|. *fǎ seṅg* 发生.|. *fǎ chǔ'* 发出. – de Arboles, o flores (指树、花). *fǎ mèng* 发萌.|. *fǎ iâ* 发芽.|. *mèng iâ* 萌芽. – de fuentes (指泉眼). *fǎ kāy'* 发开.|. *fǎ iuṅg* 发涌.

Bruxo (n.巫师). *çhó xŭ tiě jiṅ* 做术的人.|. *vù çū* 巫师④. [参见：echiçero (巫师).]

---

① *luṅg*，柯本转录为*lûng*，阳平。

② 英语对应词为breviary，指精编的每日祈祷用书。

③ 柯本误作"锦花缎"。

④ 柯本注：*vù*，梵蒂冈本作*vû*，阳平。按：可比较他处所标，如p.6词目Adiuinos echiçeros。

Bruto, ignorante (a.粗野的，无知的). *iŭ mùng* 愚懵.|. *iŭ chùn'* 愚蠢.|. *iû tién* 愚癫①.|. *çhū' lù* 粗鲁.|. *lù iû* 鲁愚.|. *iû lù* 愚鲁.|. *iŭ puén* 愚笨.

Brutalidad (n.残暴、野蛮性). *muńg luǹg* 朦胧.|. *uân tuń* 顽钝.|. *uân chuě* 顽拙.|. *uân siń* 顽性.|. *chuě siń* 拙性.

Bruñir (vt.弄光洁、抛光). *mô kuāng* 磨光.|. *mô* 磨. – con aseyte (用油擦拭). *çhă' iêu* 擦油.|. *niên iêu* 研油.|. *iá kuāng* 研光.|. *çhă' kuāng* 擦光.

(p.37)

Bv.

Bubas (n.脓疮). *tiēn' pa'ó choān'g* 天疱疮②.|. *iû kèu' choān'g* 鱼口疮.|. *miên hōa choān'g* 棉花疮.|. *iańg moéy choān'g* 杨梅疮③.|. *mǒ miên choān'g* 木棉疮. nota que *choān'g* y *çhān'g* est idem. (注意："疮"字读为 *choān'g* 或 *çhān'g*，所指一样，并无区别。)

Buey (n.公牛). *choańg niêu kuńg* 壮牛公. – capado (去势的公牛). *iēn niêu* 阉牛.

Buey, o vaca que ara (n.公牛或母牛，用于耕地). *keńg niêu* 耕牛.

Buche del aue (np.鸟类的嗉囊). *sú çhǔ* 嗉子.

Buytre (n.秃鹫). *ch'ě tiě' niào* 吃铁鸟④.

Buelo (n.飞行). *fý* 飞.

Buelta (n.回转), o boluer de algun lugar (vp.返回某地). *hoêy lây* 回来. [参见：boluer, o voluer (转回，回归).]

Buelta, o rebuelta del camino (n.转弯，即道路的拐弯处). *lú uān* 路弯.|. *ki'ǒ lú* 曲路.| *uān ki'ǒ* 弯曲.⑤

Bueltas, o buelcos (n.转弯，即调回头). *fàn chuèn* 反转.|. *uān chuèn* 弯转.

---

① *tién*，柯本写为"钝"，因梵蒂冈本拼作*tún*。

② 柯本缺"天"字。本条所列的数种疮，其名多沿用至今。

③ 或作"洋霉疮"，明清笔记有述。

④ *tiě'*，原标有送气符，柯本误录为*tiě*，其词作"吃的鸟"，猜测可能遗漏了动词宾语。按：民间传说有 一种吃铁鸟，产于阿拉伯。"吃铁鸟"一词已见于前 (Abestruz, p.2)，该处所写不误。

⑤ 此例及下一例，柯本遗漏了字音"*ki'ǒ*"的送气符，误作"*kiǒ lú* 角路""*uān kiǒ* 弯角"。

Buelta al deredor (np.环绕). *chēu hiń* 周行.|. *chēu chuèn* 周转.|. *lûn chuèn* 轮转.

Bueltas de los Cielos (np.天象的运转). *iún tuń* 运动.|. *chēu tuń* 周动.

Buenas obras (np.善意的作为). *xén hiń* 善行.|. *goêy xén* 为善.

Bueno, vt sic (a.美好、善良、品行端正等). *hào* 好.|. *moèy* 美.|. *xén* 善.|. *moèy hào* 美好. hermoso (美丽). – virtuoso (有德行、善良). *xén hào* 善好.①

Buen exterior (ap.外观漂亮). *liń sě* 令色.

Bueno esta, bastaya (s.很不错，足够了). *keú leào* 够了.|. *pá leào* 罢了.

Buen tiempo (np.好时候、好季节). *kiě xý* 吉时. – claro (晴朗的). *tiēn' çhiń'* 天晴.|. *tiēn' çhý'* 天霁.

Buenas palabras (np.好听的话、善意的言辞). *xén iên* 善言.|. *hào hóa* 好话.

Buen dia, venturoso (np.吉祥的一天，幸运的日子). *hào jě çhù* 好日子.|. *kiě jě* 吉日.

Buena amistad (np.良好的友朋关系). *kiāo çhiń' xén tiě* 交情善的.

Buen principio y aguero (s.开头良好便是好兆头). *xań hào têu'* 上好头.|. *hào chào têu'* 好兆头.②

Bueno, y malo (ap.好与坏). *hào tày* 好歹.

Bueno de salud (ap.身体好), sano (a.健康的). *piń'g gān* 平安.|. *kān'g kién* 康健.

Buena fuera, mas valiera (vp.那样会更好，更值得). *niń kò'* 宁可.

Buen natural (ap.好天性、好性情). *xén siń* 善性.|. *xún siń* 顺性.

Buenamente (ad.方便、很容易). *pién* 便.|. *xún* 顺.

Buena criança (np.良好的教养). *sū vuên* 斯文.|. *vuên lỳ* 文礼.|. *kiāo hiún* 教训.|. *kiāo hoéy* 教诲.

Buena uenturança (np.好运道). *hào miń* 好命.

Bueno, bien hiziste, acertaste en ello (s.好，[你]做得很好，正中目标). *chǒ leào* 着了.

---

① 柯本将hermoso、virtuoso 二词合为一组，删去了中间的破折号。按：编写者的意图很明确，hermoso（美丽）与"美好"对应，而virtuoso（善良）则与"善"对应，破折号的作用在于把两个意思隔开。

② 这两个例词本该是连成一句的民谚，中间的分隔线".|."明显为后手插入。柯本注：据梵蒂冈本，此条只写有"*hào çhày' têu'* 好彩头"一个词。

Bueno esta (s.这就好、可以了). *hào leào* 好了.

Bufete, o, mesa (n.书桌，或饭桌). *chǒ* 桌.|. *tây'* 台.

Bufalo, carabao (n.水牛). *xùy niêu* 水牛.|. *ký niêu* 稷牛①.

Bufar (vi.愤怒). *fǎ nú* 发怒. – bufido (一阵子的气愤). *nú k'ý* 怒气.

Bueno, famoso (a.优秀的，著名的). *miáo* 妙.|. *kiě hào tiě* 极好的.

Bullir (vt./vi.翻动、晃动、活动). *tuńg* 动.|. *iâo tuńg* 摇动.

Bulliero, alboroto (n.吵嚷、喧闹). *jaǹg* 嚷.|. *náo jě* 闹热.|. *chà'o náo* 嘈闹.

Bullicioso (a.好动的、动个不停的). *háo luńg* 好弄.|. *háo puôn'* 好盘②.|. *háo tuńg* 好动.|. *hỳ tuńg* 喜动.

Bullir (vi.翻动、滚动), saltar los ojos (vp.眼睛跳动). *ièn tiá'o* 眼跳.

Bullirse con el viento (vp.随风飘荡). *piāo' iâo* 飘摇.

Burdel, lupanar (n.妓院，娼寮). *kiāo iuén* 交院③.|. *iñ iuén* 淫院.

Burlar de palabras (vp.玩弄词语、开玩笑). *hý siáo* 戏笑.|. *hý xòa* 戏耍.|. *hý luńg* 戏弄.|. *chiňg' tân'* 清谈.|. *xòa xoà* 耍耍.

Burlon (n.好吹牛皮、喜开玩笑的人). *xoàng ku'áy tiě* 爽快的.|. *xòa jiñ tiě* 耍人的.|. *luńg jiñ tiě* 弄人的.

Burlar (vt.取笑、嘲弄). *ti'áo luńg* 挑弄.

Burlarse de los viejos (vp.笑话年长者). *vù luńg chūn chàng* 侮弄尊长.

Burlarse de manos (vp.摆弄手). *tuńg xèu* 动手.|. *luńg xèu* 弄手.

Burlar, o menos preçiar a otro (vt.嘲笑，或贬损他人). *vù mán* 侮谩.|. *kỳ' fú* 欺负.|. *jǒ mán* 辱谩.|. *kỳ' mán* 欺谩.|. *siáo tā'* 笑他.

Burlarse con otro (vp.跟人玩耍). *iù tā' uân* 与他玩.|. *uân xòa* 玩耍.

Burlador (n.爱开玩笑者、嘲弄人者). *hoéy siáo jiñ tiě* 会笑人的.

Burlado, desayrado (a.遭笑话的，被怠慢的). *mǒ chi'ú* 没趣.

Burlar engañando (vp.哄骗). *pi'én* 骗.|. *muôn* 瞒.|. *muôn pi'én* 瞒骗.|. *pie'ń muôn* 骗瞒.

Burlas (n.戏谑), cosas de burlas (np.好笑的事情), ridiculo (a.可笑的). *hào siáo tiě* 好笑的.|. *kò' siáo* 可笑.

---

① *hý*，梵蒂冈本作*hý*，柯本缺字。"稷牛"，祭祀谷神所用之牛。

② *puôn'*，柯本缺字。"盘"，方言词，指走动，如说"盘来盘去"，即走来走去。

③ "交"谓交合，柯本缺字。"交院"，像是为诠释西语词目而自造的对应词，下一条"淫院"也如此。如果取现成的汉语词，当写"妓院""青楼""勾栏"等。

Buril, o, zincel① (n.刻刀，或錾刀). *tiāo tāo* 雕刀.|. *kě' tāo* 刻刀.

Burro (n.驴、公驴). *liû çhǔ* 驴子. [参见：asno (驴).]

Buscar achaques (vp.找借口). *siñ t'úy tǒ'* 寻推托.

Buscar, vt sic (vt.寻找、搜讨、谋求等). *siñ* 寻.|. *siñ miě* 寻觅.|. *siñ kiêu'* 寻求.|. *siñ tào'* 寻讨.

Buscar aueriguando (vp.通过打探觅得答案). *fàng kieú* 访究②.|. *châ' vuén* 查问.|. *fàng vuén* 访问.

Buscar por todas partes (vp.四处搜寻). *pién ch'ú siñ* 遍处寻.

Buscar sazon (vp.找机会). *chù'y pién* 取便③.

Buscar, y no hallar (vp.寻找而没有找到). *siñ pǒ kién* 寻不见.|. *siñ pǒ chǒ* 寻不着.

Buscar palpando (vp.摸索着寻找). *mû* 摸.|. *sēu* 搜.

Buscar la vida (vp.寻觅生计). *tú sēng* 度生.

（p.38）

Buscar ruydo, dando ocasion a enojo (vp.惹出乱子，使人生气). *jè* 惹.|. *chý* 致.

Buscar tras tornandolo (vp.翻找搜寻). *sēu kièn* 搜检.

Buscar, vt alas espias lo que lleua escondido (vt.搜求，例如像侦探那样寻觅隐藏的东西). *sēu siñ* 搜寻.|. *sēu ka'ń*. 搜看.|. *sēu nién* 搜验.

Buscar honrras, o fama (vp.追求荣誉或声名). *kiêu' mîng* 求名.|. *liě mîng* 立名.

Buscar (vt.谋求), aueriguar lo asta el cabo (vp.追求荣名至死方休). *kiêu' mîng táo tỳ* 求名到底.

Buscar pensando (vp.思来想去、想办法). *siñ çū̌* 寻思.

Buscar con engaños, y traças (vp.用尽计谋，百般搜求). *kuēy kiêu'* 窥求.|. *kuēy kiêu' vû tú* 窥求无度.|. *mêu ký* 谋计.

Buxeta de olor (np.盛香物的小盒子). *hiāng taý* 香袋.

---

① 即sincel（p.201），今拼为cincel（錾刀）。

② *kieú*，柯本转录为*kiêu'*，其字遂写为"求"。

③ 柯本注：*chù'y*，梵蒂冈本写为*chiù'*"取"。

C
(pp.38-64)

Ca.

Cabal, justo (ad.正巧，恰好)[1]. *chińg hào* 正好.|. *kańg kańg hào* 刚刚好. – ni falta, ni sobra (既不多也不少). *pǒ tō, pǒ kùa* 不多不寡.

Cabaña (n.茅舍、草棚). *mâo leû* 茅楼. – choça (草房). *mâo fańg* 茅房.|. *mâo lû* 茅庐.|. *mâo uǒ* 茅屋.|. *çhào' lû* 草庐.

Caua, o trampa para que caygan en ella (n.坑，即埋设的陷阱). *hièn çhińg* 陷阱[2].

Cabe de otro, junto a otro (pp.靠近某人，与某人一起). *xīn piēn* 身边.

Cabeça, vt sic (n.头、头部，也泛指端头). *têu'* 头.|. *xèu* 首.

Cabeça, o, asa de campana (np.钟的顶端或提手). *chuńg nièu* 钟钮.

Cabeça abaxo (adp.头冲下). *kiǒ tiáo* 脚吊.|. *têu' hiá, kiǒ xańg* 头下、脚上.

Cabecera de la cama (np.床的前部、床头). *choân'g têu'* 床头.

Cabecera de mesa, el mejor lugar (np.桌子的上方，优等的位置). *çhūn goéy* 尊位.|. *xańg goéy* 上位.

Cabeça de los Doctores, el primero de los 3. que el Rey escoje (np.众博士之首，帝国考试选拔出的前三名，第一名叫做). *choáng iuēn* 状元. – de los *kiù jiń* (至于举人，第一名称为). *kiáy iuēn* 解元.

Cabeça del diablo, maldicion chinica (np.妖魔之首、魔头，中国人说的骂人话). *kuèy têu'* 鬼头.|. *kuèy nào* 鬼脑.

Cabeça de Barrio, barangay[3] (np.村镇、街区的长官). *páo chańg* 保长.|. *páo chińg fú* 保正夫. – de los Pueblos (负责百姓事务的头目). *lỳ chańg* 里长.

Cabeça, o principal en alguna cosa (n.头领，即某件事情的带头人). *têu' mǒ* 头目.|. *çhó têu'* 做头.|. *lińg têu'* 领头.|. *çhó chù* 做主.

---

① 见Comprender, contener（p.53）。

② 柯本注音作 *hién çhìng*。

③ barangay，古时菲律宾土著的行政管理单位，由近五十户人家组成。

Cabeçudo, porfiado (a.倔强的，顽固的). *kú chě* 固执.|. *gáo chě* 傲执.|. *geńg chě* 硬执.

Cabeçear diziendo si (vp.点头以表示肯定). *tièn têu'* 点头. – diziendo no (表示否定). *iâo xèu* 摇首.|. *pày xèu* 摆首.|. *iâo têu'* 摇头.

Caber por suertes (vp.靠抽签得到). *lûn* 轮.

Cabello (n.头发). *têu' fǎ* 头发.|. *têu' mâo* 头毛.

Cabello blanco, canas (np.白发，斑白). *pě fǎ* 白发. – cabello postiço (人造的头发). *kià fǎ* 假发.|. *pý fǎ* 髲发.|. *çhūng* 鬃.

Cabello crespo (np.卷曲的头发). *kiêu' fǎ* 虬发①.|. *kiuê'n fǎ* 鬈发②. – enbarañado (缠绕成团的). *pûn'g suñg fǎ* 蓬松发.

Cabello de niño quando nace (np.婴儿出生时的头发). *tāy' fǎ* 胎发.|. *tāy' mâo* 胎毛.

Caber le, tener parte en ello (vp.拥有，占有一部分). *ièu fuén* 有份.

Caber en lugar (vp.有地方、能容纳). *iuñg kúo* 容过.|. *choàng* 装. + [contener (vt.包含). *iuñg hân* 容涵.]③

Caber, tener cabida con otros (vp.受青睐，为他人看重). *tě jîn çhîn'g* 得人情.|. *chuńg jiñ ý* 中人意.|. *ièu çhiñ'g iū jiñ* 有情于人.

Cabestro (n.缰绳). *kiēn' sǒ* 牵索.|. *pý hân* 辔衔. – riendas, o xaquima (辔头或缰绳). *pý hân* 辔衔. – lleuar del cabestro (用缰绳牵马). *kiēn' mà* 牵马.

Cabisbaxo (a.低垂着头的、无精打采的). *chûy' xèu sańg k'ý* 垂首丧气.|. *tý têu'* 低头.|. *têu' tỳ* 头低.

Cabo, extremo (n.尾端，极点). *çhiń têu'* 尽头.|. *çhín ch'ú* 尽处.|. *kiě tý* 极地.|. *kiě ch'ú* 极处. [参见：estremo④ (极点).]

Cabo, fin (n.尾端，终点). *chūng* 终.|. *chūng mǒ* 终末.

Cabo, o fin de algo (n.尾端，或某事的终点). *ùy mǒ* 尾末.

Cabo del mes (np.月份的终末). *iuě çhín* 月尽.

Cabo del mundo (np.世界的尽头). *tiēn' piēn* 天边.|. *tiēn' çhý* 天际.|. *tiēn' iaý*

---

① 柯本注：*kiêu'* "蚪"，指蜷曲，可能是闽南话借词。按："蚪"即"虬"，文献中向有"虬髯""虬须"等说法，当非来自闽南话。

② "鬈"音拳，柯本写为"卷"。

③ 柯本注：*choàng*，梵蒂冈本作*chiāng*；这里的加号，盖表示导出的一条待插入某处。按：实为参照条目，下文多以符号"v°."(参见) 引入。这里的关联词目见Contener (p.57)。

④ extremo的异拼，词目见p.97。

天涯. – el ultimo dia del mundo (世界终结的那一天). *mǒ jě* 末日.|. *xý mǒ* 世末.|. *xý chūng* 世终.|. *kiûn'g mǒ* 穷末.

Cabo de lança, hasta, cuchillo, ettª. (np.枪、斧、刀等物供握持的端部). *piṅ pà* 柄把.|. *pà* 把.

Cabo (n.终了), hasta el cabo (pp.到最后). *taó tỷ* 到底.

Cabo de buena esperança en la Mar (np.海上美好希望的终结). *tá laṅg xān* 大浪山①.

Cabo de esquadra (np.一队人马的头领). *kuōn chúy* 管队.|. *chúy chaṅg* 队长.②

Cabra, vt sic (n.山羊，总称). *iâng* 羊.|. *mù iâng* 母羊.|. *piǹ iâng* 牝羊③.

Cabron capado (np.去势的公羊). *iēn iâng* 阉羊.

Cabra montes (np.山地的羊). *xān iâng* 山羊.|. *iè iâng* 野羊.

Cabron de monte (np.山里的羊), chiuato (n.小公山羊)④. *xān iâng kù* 山羊牯. – cabrito (幼崽). *xān iâng kāo* 山羊羔.|. *chào' iâng kāo* 草羊羔.

Cabruno (n.羊膻味), olor de cabra (np.山羊的气味). *iâng xēn k'ý* 羊膻气.|. *iâng ch'eú* 羊臭.

(p.39)

Cabrero (n.牧羊人). *mǒ xān iâng tiě* 牧山羊的.|. *ka'ń xān iâng tiě* 看山羊的.|. *faṅg xān iâng tiě* 放山羊的.

Cabrillas del cielo (np.天上的昴宿星群). *ch'iě siṅg* 七星.

Cabrestante (n.绞盘). *kiào chē* 绞车⑤.|. *kiào kuān* 绞关. – virar lo (转动绞盘). *tūy' kiào kuān* 推绞关.|. *chuèn kiào kuān* 转绞关. – leuantar con el ancha (用绞盘把锚升起). *kiào ký' tiṅg* 绞起碇.

Caçar animales (vp.猎杀动物). *tà liě* 打猎.|. *tiên' liě* 田猎.|. *tà goêy* 打围.|. *goêy liě* 围猎. – caçar flechando (用弓箭猎杀). *xé liě* 射猎.

Caçar largardo los perros, y el Açor (vp.携猎狗和猎鹰打猎). *faṅg iṅg kiùe'n* 放鹰犬.

---

① 指风暴来临.

② "队" 拼为 *chúy*，不限于此处，见词目 Bando, un bando de hombres (p.30) 下的例词 "*iě chúy kiūn* 一队军"。

③ 见 Hembra en los animales (p.110)，"牝" 字也如此读。

④ chiuato，柯本译为 he-goat（公山羊）。比较今西班牙语 chiva（母山羊）、chivo（公山羊），-to 实为指小的后缀。

⑤ *chē*，脱送气符。

Cacar Aues (vp.猎杀鸟儿). *liě niào* 猎鸟.|. *iě niào* 弋鸟. – con red (用网). *kiēn' niào vuàng* 牵鸟网.|. *tańg niào* 当鸟①. – con cerbatana (用吹矢枪). *pu'én niào* 喷鸟.

Caçador (n.猎人). *tà liě tiě* 打猎的.|. *liě hú jiń* 猎户人.|. *liě jiń* 猎人.

Cachorrillo (n.幼崽、狗仔). *siào kèu* 小狗.

Caço (n.舀子). *piâ'o* 瓢. – de hierro (铁制的). *t'iě piâ'o* 铁瓢.

Caçon, pescado (n.鲨，一种鱼). *xā iǔ* 鲨鱼. – tollo, idem (角鲨，同上).

Cada (a.每一). *moèy* 每. – cada año (每一年). *moèy niên* 每年. ettª. (等等). *moèy súy* 每岁. – todos los años (所有的年份、任何一年). *niên niên* 年年.|. *súy niên* 逐年②.|. *liù niên* 屡年.

Cada dia (np.每一天). *moèy jě* 每日. – cada dos dias (每两天). *moèy leàng jě* 每两日.|. *kě leàng jě* 隔两日.|. *kiēn leàng jě* 间两日.|. *kúo leàng jě* 过两日.

Cada hora (np.每个钟头), siempre (ad.始终). *moèy iě xŷ* 每一时.|. *xŷ xŷ* 时时.|. *súy xŷ* 逐时. – cada vno (每一个). *moèy kó* 每个.|. *súy kó* 逐个. – cada qual (每个、各自). *kǒ* 各.

Cada lugar (np.每一处), en todo lugar (pp.在所有的地方). *kǒ ch'ú* 各处.|. *ch'ú ch'ú* 处处.

Cada vez (np.每一次). *moèy ch'ú* 每次.|. *moèy çhāo* 每遭.

Cada vno con su ygual (s.人人相同、个个一样). *tuń'g xińg siāng ińg* 同声相应.

Cadera, quadril (n.臀部，髋骨). *iāo kǒ* 腰骨.|. *iāo ku'á* 腰胯.

Cada semana (np.每个星期). *moèy ch'iě jě* 每七日.|. *súy ch'iě jě* 逐七日.

Cada qual, o qual quiera que (pron.每一个，任何一个). *tań fân* 但凡.|. *fân fân* 凡凡.|. *tá fân* 大凡.

Cadena (n.链). *lién çhǔ* 链子.|. *hoân sǒ* 环索. – de oro (金质的). *kiń lién* 金链. ettª. (等等).

Caduco, decrepito (a.朽坏的，年迈的). *lào máo* 老耄.|. *lào tiēn* 老癫.|. *lào chuě* 老拙.|. *vuāng kèu'* 妄口.|. *mǒ hińg chў choáng* 木行之状.

Caduco, perecedero (a.腐坏的，易坏的). *neńg hoáy* 能坏. – corruptible (会腐烂的). *neńg hièu* 能朽.

---

① 犹挡鸟。

② 柯本注：*súy* "遂"为 *chǒ* "逐"之误。按：本页下面出现的"逐时""逐个""逐七年"等，均属同一字的误读。

Caer de arriba (vp.从上面掉落). *chúy hiá* 坠下.|. *lǒ hiá* 落下.

Caer (vi.倒下), dar cayda (vp.翻滚). *tiě tào* 跌倒.|. *tiě chǒ* 跌着.|. *kiñ'g tiě* 倾跌.

Caer de lado (vp.倒向一边). *chě tào* 侧倒. – de bruçes (脸朝下). *fó tào* 伏倒.|. *tiēn fó* 颠覆.|. *ièn tào* 偃倒. – boca arriba (嘴朝上). *niàng tào* 仰倒.|. *niàng fó* 仰覆.

Caer rodando (vp.滚落下来). *kuèn tào* 滚倒. – de cabeça (头朝下). *tào hiá* 倒下.|. *tào chúy* 倒坠.|. *fān xīn hiá* 翻身下.

Caer en la cuenta (vp.明白、得要领). *mîng pě leào* 明白了.|. *hiào tě leào* 晓得了.|. *sìng kiǒ leào* 醒觉了.|. *sìng leào* 醒了.

Caerse los dientes (vp.牙齿脱落). *tǒ' iâ* 脱牙.|. *tiáo lǒ iâ* 掉落牙.|. *tiáo iâ* 掉牙.

Caer en la trampa (vp.落入陷阱). *hién iū chíng* 陷于阱.

Caer en pecado (vp.堕落犯罪). *hién iū chúy* 陷于罪.

Caer en la tentacion (vp.产生邪念). *hién iū ièu kàn* 陷于诱感.

Caerse las ojas del arbol (vp.叶子从树上掉落). *sié iě* 谢叶.|. *lǒ iě* 落叶. – caer las flores (花朵掉落). *lǒ hōa* 落花.|. *sié hōa* 谢花.

Caerse las bauas (vp.淌口水). *iên lièu* 涎流.|. *lièu kèu' xùy* 流口水.

Caer del cauallo (vp.从马背上摔下). *tiě lǒ mà hiá* 跌落马下.

Caerse pared, o, edificio (vp.墙壁或房子垮塌). *peñg hiá laŷ* 崩下来.|. *peñg tào* 崩倒.

Caer de las manos (vp.从手里脱落). *tiāo leào* 掉了①.

Caer muerto (vp.摔死). *cù tào* 死倒.|. *vuâng tào* 亡倒. – caer borracho (醉得跌倒). *chúy tào* 醉倒.

Cagar. [termino tosco.] (vi.拉屎[粗话]). *fańg xỳ* 放屎. [参见: dar del cuerpo (解手)②.]

Cal (n.石灰). *señg hoēy* 生灰. que es la de piedra (用石头制成的). *xě hoēy* 石灰.|. *ý hoēy* 蛎灰③. – cal de ostras (用牡蛎壳制成的). *kǒ hoēy* 壳灰.

Calabaça, vt sic (n.葫芦属, 总称). *kūa* 瓜. – blanca (白色的). *hû lû* 葫芦.|. *hû chù* 葫子④. – de yvierno (冬季的). *tuñg kūa* 冬瓜. – amarilla (黄色的). *nûn kūa* 南瓜.|. *kiñ kūa* 金瓜.

---

① 柯本注: tiao, 梵蒂冈本作tiáo, 去声。

② 见Hazer, o, dar del cuerpo (p.109)。

③ 柯本注: ý, 梵蒂冈本为lý。

④ 或即瓠子。

Calabaço para beuer (np.喝水用的瓢子). *piâo'* 瓢. – de madera (木制的). *mǒ piâo'* 木瓢. – de coco (椰子壳做的). *iê piâo'* 椰瓢. – para agua (舀水用的). *xùy piâo'* 水瓢. – de cobre (铜制的). *tûn'g pîa'o* 铜瓢.

Calaboço (n.监狱). *laô iǒ* 牢狱.

Calambre (n.痉挛). *mâ pý* 麻痹.

Calcañal del pie (np.脚后跟). *kiǒ kēn* 脚跟.

Calandria (n.百灵鸟). *hōa mý* 画眉.

Calar, penetrar (vt.渗透，穿透). *te'ú* 透.|. *te'ú kúo* 透过.

Calabera de cabeça (np.头盖骨). *kù leû* 骷髅①.

Calçado (n.鞋类): medias, y sapatos (np.袜子和鞋子). *hiây uǎ* 鞋袜.

Calcar pisando (vp.用脚踩踏). *çhièn tǎ* 践踏.|. *kiǒ jeù* 脚踩. [参见：pisar (踩、跴).]

Calçarse los sapatos (vp.穿鞋子). *chūe'n hiây* 穿鞋. – las medias (袜子). *chūe'n uǎ* 穿袜.

Calças (n.袜子). *uǎ* 袜. – colchadas con algodon (衬棉的). *miên uǎ* 棉袜. – de fieltro (毛毡的). *chēn uǎ* 毡袜. ett^a. (等等).

Calças de seda (np.丝织的袜子). *lỳ uǎ* 里袜. – de lana (羊毛的). *juñg uǎ* 绒袜. – de muger (女人穿的). *xě k'ú* 褶裤②. – calcetas (短袜). *siào uǎ* 小袜.

Calçado, o enpedrado (a.铺筑的，铺砌的). *xě çh'ý tiě* 石砌的. – calle enpedrada (铺砌的街道). *çh'ý kiāy* 砌街. – camino (一条路). *çh'ý lú* 砌路. – ladrillado (铺路用的砖块). *çh'ý chuēn* 砌砖.

（p.40）

Calçada de piedra (np.石砌的堤道). *kañ'g iáy* 坑隘③.|. *tañ'g* 塘.

Calçetero (n.织袜工、袜商). *kāy' uǎ p'ú tiě* 开袜铺的.|. *çhó uǎ tiě* 做袜的.

Calçones (n.裤子). *k'ú* 裤.|. *k'ú tañg* 裤裆.

Calçones de niños abiertos por detras, y delante (np.前后敞开的童裤). *kāy' k'ú tañg* 开裤裆.

Calcular, los Astros (vp.推算星象). *kà'o nień chū'y pú* 考验推步.

Caldera, tacho (n.锅，壶). *kō* 锅.|. *tiñg kō* 鼎锅.|. *kō çhǔ* 锅子.

---

① 柯本注：*kù*，梵蒂冈本作*kū'*.

② "褶"，柯本缺字。"褶裤"，即膝裤，女子穿用的膝袜。

③ 柯本将前一字写为"康"，后一字缺。

Calderilla pequeña de bronze (np.铜制的小罐、铜钵). *tûn'g kù* 铜瓿①.|. *tûn'g kuòn* 铜罐.

Caldo (n.肉汤). *tān'g* 汤.|. *kenḡ* 羹. – esforzado (浓稠的). *chù tào lán jǒ* 煮到烂肉②. – de misturas (用各种杂料炖的). *hû lǎ tān'g* 胡辣汤③.

Calendas, primer dia de luna (n.朔日，即阴历每月的第一天). *çhū' iě* 初一.|. *çhō' iě* 初一.④

Calendario (n.年历). *liě puèn* 历本.|. *liě jě* 历日. – del Reyno (皇家历本). *hoâng liě* 皇历.|. *liě xū* 历书.|. *kuōn liě* 官历.

Calendario perpetuo, vt el nuestro (np.永久不变的年历，例如我们欧洲的历法). *iùng niên liě* 永年历. – el de las fiestas (过圣节用的). *chēn lỳ tān* 瞻礼单.

Calentarse al fuego (vp.靠近火、烤火). *hiūn hò* 熏火.|. *hiàng hò* 向火⑤.

Calentarse al sol (vp.晒太阳). *xaý jě* 晒日.|. *hiàng jě têu'* 向日头.

Calentar (vt.加热 vi.取暖、变暖和). *nuòn jě* 暖热.|. *uēn jě* 温热.|. *uēn nuòn* 温暖.

Calentar à otro (vp.使别人温暖). *jě tā'* 热他.|. *nuòn tā'* 暖他.

Calenturas, y frios (np.热与寒间歇发作、寒热病). *hân jě* 寒热.|. *niǒ çhiě* 疟疾. [参见：tercianas (间歇热).]

Calentura continua (np.慢性烧热). *chân'g jě* 常热. – etica (肺痨). *tân' hò* 痰火.|. *kiě' piń'g* 急病⑥.

Caliente (a.热的、暖的). *jě tiě* 热的.|. *nuòn tiě* 暖的.

Calentador para la cama (np.床用的取暖器). *vuēn tèu* 温斗.|. *tûn'g lû lû* 铜炉炉⑦.|. *kiǒ lû* 脚炉.

Calera (n.石灰岩开采场), horno de cal (np.石灰窑). *hoēy iâo* 灰窑. – el calero (烧制石灰者). *xāo hoēy tiě* 烧灰的.

---

① *kù*, 柯本写为"钴"。
② 柯本作"煮到烂弱"。
③ 柯本拟为"胡拉汤"。如今民间胡辣汤的常见做法，放入肉块、粉条、豆皮、花生等，的确是一种杂料的浓汤。
④ 柯本注。"初"宁二读，*çhū'* 或 *çhō'*。
⑤ 柯本注：*hiàng*，梵蒂冈本作*hiáng*，去声。
⑥ *kiě'*，送气符疑衍，柯本改为*kiě*。
⑦ 柯本注：梵蒂冈本仅一*lû*，无叠音。

Calma① (n.平静无风). *xù* 暑.|. *tiēn' jě* 天热.|. *xù jě* 暑热.|. *tiēn' xù* 天暑.|. *iên jě* 炎热.|. *leańg iên* 晾炎.

Calmar el viento, y çesar las olas (vp.风势和缓，浪头平息). *fuńg piń'g lańg çhińg* 风平浪静.

Calor (n.热、温暖). *jě* 热.|. *nùon* 暖.

Caloroso (a.炎热的). *jě hoēn* 热昏.|. *jě pě'* 热迫②.|. *jě xańg leào* 热伤了.

Calidad, o naturaleza de las cosas (np.事物的本性或天性). *sińg* 性.|. *sińg çhiń'g* 性情.|. *sińg kě* 性格.|. *sińg ta'ý* 性态.

Calumniar (vt.诬陷、毁谤). *vù láy* 诬赖.|. *láy* 赖. [参见：acusar (状告).]

Calua (n.秃顶). *kuāng tìng* 光顶.|. *kuāng têu'* 光头.

Callar (vi.保持沉默). *pǒ çhó xińg* 不做声.|. *pǒ iên* 不言.|. *kièn mě* 缄默.|. *pǒ fǎ iě iù* 不发一语.|. *pǒ xuě iě xińg* 不说一声.

Callado (a.沉默的、话不多的). *kùa iên chȳ jiń* 寡言之人.|. *chîn' mě chȳ jiń* 沉默之人.|. *kiñ kèu' tiě* 金口的③.

Callar por respecto, y no hablar (vp.出于敬畏而默不作声). *nǎ nǎ pǒ kàn iên* 讷讷不敢言.|. *nǎ nǎ pǒ neńg iên* 讷讷不能言.|. *mě mě, ûl pǒ iên* 默默、而不言.

Calla no hables (s.别作声、不要说话). *pǒ iáo çhó xińg* 不要做声.|. *chú xińg 住声.|. *pǒ-kò' xańg kèu'* 不可上口④.

Calle (n.街道). *kiāy* 街.|. *kiāy fańg* 街坊.

Callejuela (n.小街、巷). *hiáng* 巷.

Calle del mercado (np.商业街), al caiçeria (n.市场). *kiāy xý* 街市.|. *tá kiāy* 大街.

Callos de las manos, o, pies (np.手或脚上的茧子). *kiǒ pà* 脚疤.|. *xèu pà* 手疤.

---

① 柯本注：calma一词在现代西班牙语里并不表示炎热，但旧时或有此义；《葡汉词典》（1580s）上的词目calma，也对译为"暑、热"。按：夏季海上无风，则必炎热，炎热与无风的语义关联很明显。至于词源，可比较拉丁语cauma（热），古希腊语καυμα（热，尤指暑热）。

② "迫"，柯本打有问号。按："热迫"有其词，谓内热逼入脏器。

③ 柯本注：*kiñ*，梵蒂冈本作*kin*。按：据之其词当为"禁口的"。

④ 柯本注：*xańg*，梵蒂冈本作*xáng*，去声。

Cama, lecho (n.床，床榻). *choân'g* 床.|. *mìn choân'g* 眠床①. – hazer, o componer la (备床，或铺整床褥). *pū' choân'g* 铺床.|. e ɔᵃ. (也可反过来说：*choân'g pū'* 床铺).|. *gān xě pū' káy* 安设铺盖.

Camello (n.骆驼). *lǒ tô'* 骆驼.

Camandian.②

Camarin de çacate (np.储藏间、草棚). *mâo lêu* 茅楼.|. *mâo fañg* 茅房.

Camara, o, aposento (n.居室，房间). *mìn fañg* 眠房.|. *kiēn fañg* 间房. – donde se duerme (睡觉的房间). *gó fañg* 卧房.

Camara secreta (np.秘密的房间). *miě kiēn* 密间. – de las mugeres (女子的). *kuēy kǒ* 闺阁.|. *kuè'n núy* 闺内.|. *kuè'n kuēy* 闺闺.

Camarero (n.管家、内侍). *siń iuńg tiě jiń* 信用的人.|. *çhīn' siń jiń* 亲信人.|. *siń fǒ tiě jiń* 心腹的人. – del Rey (君王的). *kiú xý* 近侍③. – que le asiste siempre (始终在身边伺候的). *chân'g xý* 常侍.

Camarada (n.伙伴、好友). *hò ký* 伙计.

Camino tuerto moraliter (np.弯路、斜径，引申指精神行为). *siê lú* 邪路.|. *chā' lú* 差路.

Camaras (n.腹泻). *tú sié* 肚泻.|. *sié tú* 泻肚.|. *hoáy fǒ* 坏腹. – de sangre (带血的). *huñg lý* 红痢.|. *sié hiuě* 泻血. – con puxos (重度下泻). *lý çhiě* 痢疾.

Camarones (n.虾). *hiâ* 虾. – secos grandes (大个的干虾). *túy hiâ* 对虾.|. *hiâ kān* 虾干.④

Camarote de nauio (np.船上的房间). *chuê'n çhān'g* 船舱. – el del Piloto (引航员的房间). *chuê'n uỳ lêu* 船尾楼.|. *chuê'n uỳ kiá* 船尾架.

Camino (n.路、径). *lú* 路.|. *lú tû'* 路途.|. *lú têu* 路头. – camino real (皇家大道、正路). *tá lú* 大路.|. *tá táo* 大道.|. *kuōn lú* 官路.

Camino por rodeos (np.环绕的路). *chēu lú* 周路. – derecho (笔直的). *chě lú* 直路. – pequeño (狭小的). *siào lú* 小路.|. *kiñg lú* 径路.

Camino largo (np.远长的路). *chân'g lú* 长路.|. *iuèn lú* 远路. – estrecho (窄狭

---

① 柯本注：*mìn*，可能是"眠 *miên*"的又读或误拼。按：又音的可能性更大，如闽南话里"眠"就有 [mîan²]、[mîan²] 二读，且官家话读为 [min²]，广州话读作 [min⁴]，也可证此处的拼法不误。（见《发音字典》）

② 义不明，也未给汉语释义。柯本注：伦敦本、梵蒂冈本均无此条。

③ 柯本注：*kiú*，梵蒂冈本作*kín*。按：其词又可作"禁侍"，指皇家侍卫。

④ 柯本注：*hiâ*，梵蒂冈本作*hiā*；*túy*，梵蒂冈本作*húy*.

的). *chě lú* 窄路.|. *hiǎ lú* 狭路. – llano (平坦的). *pi'ńg lú* 平路.

Camino tuerto (np.弯转的路). *uān lú* 弯路. – por tierra (陆行的). *hán lú* 旱路. – por agua (水上的). *xùy lú* 水路.|. *chuê'n lú* 船路.

（p.41）

Camino de altos, y baxos (np.忽上忽下的道路). *ký' lú* 歧路.|. *ký' kiū'* 崎岖. – de monte (山间的). *xān lú* 山路. – peligroso (危险的). *hièn* 险.|. *p'iě siào lú* 僻小路①.|. *hièn chi'ún siào lú* 险峻小路.

Caminar (vi.行走、行进). *chèu lú* 走路.|. *hińg lú* 行路. – caminante (行路人). *chèu lú tiě* 走路的.|. *hińg lú tiě* 行路的.|. *chǔ' lú tiě* 出路的②.

Camisa (n.衬衫、衬衣). *jǒ sān* 褥衫.|. *tuòn sān* 短衫.|. *hán sān* 汗衫.|. *nuý sān* 内衫.

Campana (n.钟). *chūng* 钟. – campanilla (小钟、手铃). *lińg* 铃.|. *iâo lińg* 摇铃.|. *iâo chūng* 摇钟.|. *ki'ńg* 磬.

Campanario (n.钟楼). *chūng leû* 钟楼.

Campañillas del agua (np.水中的气泡). *xùy p'áo* 水泡.

Camotes, batatas (n.山芋、甜薯). *fān xù* 番薯.

Campo (n.乡下、田园、原野). *kiāo vuáy* 郊外.|. *tý iè* 地野.|. *kiāo iè* 郊野. – montuoso (山间的). *xān iè* 山野.|. *chào' chân'g* 草场.

Campestino (n.乡下人), hombre agreste (np.粗野的人). *iè jiń* 野人.

Can sobre que cargan las vigas (np.支撑房梁的木架).③

Canal (n.水沟、管子). *uà châo'* 瓦槽.|. *ký' leú* 渠漏④. – canal maestra (大水沟、主水道). *tá leú* 大漏.|. *xùy kièn* 水溅.|. *uà kièn* 瓦溅.|. *uà lièu* 瓦流.⑤

Canas de la cabeça (np.头发灰白). *pě fǎ* 白发. – entre cano (灰白相间). *chān' pě* 参白. – hombre cano (头发灰白的人). *fǎ pě tiě jiń* 发白的人.|. *têu' fǎ pě tiě* 头发白的.

---

① 分断似有误，当接上一词，作"险僻小路"。
② "出路"，指上路、启程，见Salir camino（p.196）。
③ 未见汉语释义。
④ *ký'*，似为*kiû'* "渠"之误，柯本缺字。
⑤ 这一串词，似乎是在描述雨水击打屋顶的景象。*kièn*，柯本缺字。

Canasta (n.篮子). *chǒ luǹg* 竹笼.|. *chǒ siāng* 竹箱.|. *kiụèn siāng* 卷箱①.|. *iuên lô* 圆箩. la que es redonda (是一种圆形的器具).

Cancer que come las narizes (np.漫延到鼻孔的溃疡). *pý iûn* 鼻痛.

Cancion (n.歌曲). *kō xȳ* 歌诗.|. *kō ki'ǒ* 歌曲.|. *kō cha'ńg* 歌唱.

Candado (n.锁具). *sò* 锁. – de bronze (铜制的). *tuńg' sò* 铜锁. – vno (一具). *iě pà sò* 一把锁.

Candela (n.蜡烛). *chǒ* 烛. – de çera (蜡制的). *lǎ chǒ* 蜡烛. – de seuo (油脂的). *iêu chǒ* 油烛.

Candelero (n.烛台). *chǒ tâ'y* 烛台.|. *lǎ tâ'y* 蜡台.

Candil (n.油灯). *teńg leańg* 灯亮.|. *teńg hò* 灯火. – encender lo (点亮灯火). *tièn teńg* 点灯. – apagar lo (熄灭灯火). *miě teńg* 灭灯.

Candelexa del candil (np.油灯的把手或提手). *teńg chàn* 灯盏.

Canela (n.肉桂). *kuéy pý'* 桂皮. – la tosca (粗皮). *jǒ pý'* 肉皮.

Cangrejo (n.蟹、龙虾). *pân'g hiày* 螃蟹.|. *hày siñ* 海蟳.

Caniculares (n.酷暑时季). *tá xǜ* 大暑.|. *tá xǜ jě* 大暑热.

Canonizar (vt.立为圣人). *kào' tìng goêy xińg jiñ* 考定为圣人.|. *jě xińg jiñ chȳ chě'* 入圣人之册.|. *teńg xińg jiñ chȳ pìn'* 登圣人之品.

Cansancio, fatiga (n.疲乏，劳顿). *laô siñ* 劳心.|. *laô liě* 劳力.|. *laô kiụén* 劳倦.|. *fañ laô* 繁劳.

Cansar à otro (vp.使人疲劳). *luý jiñ* 累人.|. *mô nán* 磨难.|. *kù' jiñ* 苦人.|. *nân goêy* 难为.

Cansado (a.疲惫的). *pý' kiụén* 疲倦.|. *laô kiụén* 劳倦.|. *kiụén ku'én* 倦困.|. *kiụén leào* 倦了.|. *pý' leào* 疲了.

Canse à v. m. (s.辛苦您了、有劳阁下). *laô tuńg* 劳动.|. *tō laô* 多劳.|. *iêu laô* 有劳.|. *fañ iǒ pú* 烦玉步②.|. *kińg tuńg* 惊动.

Cantar (vt./vi.唱歌). *cha'ńg k'iǒ* 唱曲. – con otros (跟人一起). *chý' cha'ńg* 齐唱. – à choros (合唱). *hoêy cha'ńg* 回唱③.|. *hô cha'ńg* 和唱.

Canto de Aues (np.鸟儿的鸣唱). *niào miñ* 鸟鸣.|. *kiáo mîñ* 叫鸣. – del gallo (指公鸡). *kȳ mîñ* 鸡鸣.

Canto de la vrraca (np.喜鹊的鸣唱). *ch'iǒ sào* 鹊噪. – de la sigarra, o

---

① 书卷箱，书箱。
② 柯本缺后二字。"玉步"，敬辞，犹雅步。此句的意思是：有劳您多走几步。
③ *hoêy*，柯本写为"会"。

chicharra (知了或蟋蟀的鸣叫). *xên kiń'* 蝉吟①.

Cantar victoria (vp.唱胜利之歌). *cha'ńg kày' kō* 唱凯歌.

Cantares de niños (np.儿童的歌曲). *siào ûl iâo* 小儿谣.|. *tûn'g iâo* 童谣.

Cantor (n.歌唱者). *kō chè* 歌者.|. *cha'ńg k'iǒ tiě* 唱曲的. cantador. idem. (歌唱者，同此)

Canton, o esquina (n.角，或外角). *kiǒ* 角.|. *iû* 隅.|. *lień iû* 廉隅②.

Cantoras [son malas mugeres.] (n.歌女[属于坏女人一类]). *ký niù* 伎女③.|. *ký chè* 伎者.|. *kō ký* 歌伎.|. *cha'ńg fú* 娼妇.|. *niù lǒ* 女乐④.

Cantaro (n.水罐). *tân'* 坛.|. *uńg* 瓮.

Canto, piedra (n.石头，岩石). *xě têu'* 石头.

Cantarera (n.放坛罐等的架子). *kǒ pań* 搁板.

Cantera de sacar piedra (np.采石场). *xě lińg* 石岭⑤. – el official de sacar la (开采石块的匠人). *xě çhiańg* 石匠.|. *tà xě jiń* 打石人.

Canton: Pronuincia de china⑥ (n.广东：中国的一个省). *kuàng tuńg* 广东.

Cañas saspeadas (np.带斑点的竹子). *pań chǒ* 斑竹.

Cantin plora (n.一种吸管). *liéu çhǔ* 溜子.|. *kiǒ çhǔ* 搁子.|. *kiǒ çhièu* 搁酒⑦. sirue para sacar vino del tibor, o buyon (一种器具，用来把酒从一个瓶子或罐子里注入另一个).

Canilla de la pierna (np.腿骨). *kiǒ liên* 脚臁⑧.|. *liên kiǒ* 臁脚.|. *kiǒ kińg* 脚胫. – la espinilla (胫骨). *kińg kǒ* 胫骨.

Caña⑨ (n.杆、杖). *chǒ* 竹.|. *chǒ kān* 竹竿. – las grandes (巨大的). *mà chǒ* 麻竹⑩.

Caña del timon (np.舵把、舵盘). *tó iâ* 舵牙.

---

① *xên*，柯本误录为*xîn*，其词作"呻吟"。"蝉吟"，犹蝉鸣，唯"吟"字读音有误。
② *lień*，柯本缺字。"廉隅"一词甚古，出自《周礼·考工记·轮人》；廉、隅，分指边和角。
③ "伎"或作"妓"，但与今言之"妓"终有区别。
④ 柯本注：*lǒ*（快乐的"乐"）系误拼，当为*iǒ*（音乐的"乐"）。
⑤ 柯本作"石陵"。
⑥ 这里Pronuincia的首字母大写，china反而为小写。
⑦ *kiǒ*，柯本缺字。"搁"，捧、舀，如搁水、搁酒。
⑧ *liên*，柯本缺字。"臁"，即小腿，胫骨也称臁骨。
⑨ caña一如英语的cane，本不指竹子。
⑩ *mà*，梵蒂冈本作*mâo*，伦敦本作*nià*，柯本根据前一本，将字写为"毛"。

Caña dulce (n.甜杆). *ché* 蔗.|. *kān ché* 甘蔗.|. *tañ'g ché* 糖蔗.

Cañuelas para echar suertes (np.用于抽签的小木竹片). *çhiēn'* 签.

Caña tequin para botar para afuera el barco (np.启船时用的杆子). *çhēng kāo* 撑篙.

Cañaueral (n.竹园、竹林). *chǒ liñ* 竹林.|. *chǒ iuên* 竹园.|. *chǒ xān* 竹山. que son los que estan en montes (指生长在山里的成片竹子).

Cañas partidas para altar algo (np.劈开的竹子，用来捆缚东西). *chǒ miě* 竹篾.

Cañuelas de los abanillos (np.折扇的骨子). *xén kǒ* 扇骨.

Cañamo, distincta especie del nuestro (n.大麻，不同于我们欧洲的品种). *chú mâ* 苎麻. – deste hazen el lienço (用来制麻布的). *hoâng mâ* 黄麻.

Caño (n.引水渠). *kēu* 沟.|. *xùy kēu* 水沟. – de las sementeras para el agua (把水引到田里的). *kēu kiû'* 沟渠.

(p.42)

Cañon, pluma nuestra para escriuir (n.羽毛管，我们欧洲人用来写字的羽毛笔). *gô liñg* 鹅翎.|. *gô mâo piě* 鹅毛笔.

Cañuto, vt sic (n.植物的管茎，或类似之物). *tuñg'* 筒.|. *kuòn* 管. – de caña (指竹子). *chǒ tuñg'* 竹筒. – para los pinzeles (用于制作画笔). *piě kuòn* 笔管. – para soplar (用来吹火). *chū'y hò tùng'* 吹火筒.

Cañuto para meter agua al puerco que pese mas (np.用来给猪灌水以增重的管子). *kuón xùy tiě kuòn* 灌水的管. – para llenar de viento (用来充气的). *chū'y k'ý tiě* 吹气的.

Caos (n.混乱无序). *hoén tùn* 混沌.|. *hoén hoén, lûn lûn* 浑浑沦沦.|. *hoén lûn* 浑沦.

Capa, la que el chino vsa es aseytada para lluuias (n.斗篷，中国人用来遮雨). *iù ȳ* 雨衣.|. *iêu ȳ* 油衣. – de fieltro (毛毡的). *chēn sān* 毡衫.

Capa de bonete[①] que vsan los labradores (np.劳动者使用的一种带圆帽的斗篷). *sō ȳ* 蓑衣. – capa cubierta de libro (书的封套). *xȳ kiǒ'* 书壳.|. *xȳ ta'ó* 书套.|. *xȳ ȳ* 书衣.

Capacete (n.头盔). *kūe'y* 盔. – de hierro (铁制的). *tiě' kūe'y* 铁盔. ett^a. (等等).

---

① 柯本注：bonete很有可能为bonote（椰壳纤维）的误拼，即这里说的斗篷是用椰壳纤维制作的。按：bonete是一种圆帽或四角帽，其词恐不误。

Capacho para apretar aseyte (np.用来榨油或滤油的篓子). *ieu kū'* 油箍.

Capar hombres, o, animales (vp.阉割人或动物). *iēn* 阉.|. *tién* □①.|. *kiuě* 绝②.|. *choˇ iñ* 㭬阴③. – capar hombre (阉割人). *iēn koˇ* 阉割. que es cortando lo todo (即全体割除).

Capar gallos (vp.将公鸡去势). *xuń kȳ* 骟鸡④. – capar puercos (将公猪去势). *kiě chū* 羯猪.|. *tién chū* □猪⑤.

Capar cauallos, o toros (vp.将公马或公牛去势). *xén mà, xén nieu* 骟马、骟牛. – capar gatos (将公猫去势). *xén miáo* 骟猫. – por castigo (用为刑罚). *iñ hiṅg* 淫刑.|. *hía fú hiṅg* 下腐刑.

Capados eunucos del emperador (np.皇室的阉人). *ta'y kién* 太监.

Caparrosa (n.矾、硫酸盐). *çháo* 皂.

Capacidad de lugar, o basija (np.处所的容纳量，或器皿的容积). *iûng xéu* 容受.|. *pāo iûng* 包容.|. *iûng çháy* 容载.|. *xéu çháy* 受载.|. *hân iûng* 涵容.

Capacidad (n.容载量), es capaz (vp.容得下、有能力). *iûng tě kúo* 容得过.|. *nêng iûng* 能容.|. *iéu iûng* 有容.

Capacidad de hombre (np.人的能力、气度). *tú leáng* 肚量.|. *k'y leáng* 气量.|. *fuén leáng* 分量.

Capilla de yglesia (np.教堂的小礼拜堂). *chiṅg tién* 正殿. – la mayor (教堂的主楼). *chiṅg tañ'g* 正堂.

Capitan de soldados (np.士兵的首领). *piṅg kuōn* 兵官.|. *çhiáng kuōn* 将官.|. *piṅg têu'* 兵头.

Capitan general de toda la Prouincia (np.一省的总官长). *çhuṅg toˇ* 总督.|. *pú iuén* 部院.|. *tū toˇ* 都督.

Capitan general de exercito (np.军队的总帅). *xèu çhiáng* 守将.|. *chù çhiáng* 主将.|. *çhiáng kiūn* 将军.|. *tù tuñ'g* 都统.|. *têu' liṅg* 头领.|. *çhuṅg tuñ'g*

---

① 伦敦本同此。据梵蒂冈本，此音拼为*tún*，故柯本改写成"*tún* 躈"（本指骟马）。按：*tién*一音当另有其字，况且底下再度出现。历来民间表示去势的单音词颇多，有的与此音接近，如"犍"。见赵祎缺（2011）。

② 柯本写为"决"。按：或可能是音近的"羯"。

③ *choˇ*，柯本拟为"祝"。《尚书·吕刑》"爰始淫为劓、刵、椓、黥。"孔颖达疏："椓阴，即宫刑也。"

④ *xuń* 为 *xén* 之误，见下条。

⑤ *tién*，柯本也改为"*tún* 躈"。

lìng pīng mà 总统领兵马.|. *çhuǹg lìng* 总领.|. *kiūn xúy* 军帅.|. *çhiáng xúy* 将帅.

Capitan principal de las villas (np.城镇的总官长). *xèu pý* 守备.

Capitania (n.一支军马或一个连队). *kiūn pīng* 军兵.

Capitan cabo de un tercio del exercito① (np.指挥一个军团的官长). *çhuǹg pīng* 总兵.|. *çhuǹg chiń* 总镇.

Capitan aquien perteneçe la guardia de muros, y puertas (np.负责守卫城墙和城门的官长). *chiňg xèu* 城守②.

Capitan principal de la ciudad (np.一座城市的总官长). *çhân' fù* 参府.|. *çhân' çhiáng* 参将.|. *fú çhiáng* 副将.|. *ièu kiě* 游击③.

Capitan de vna compania centuria (np.一支百人连队的首领). *pě fū chaňg* 百夫长.|. *pě çhuǹg* 百总.|. *pà çhuǹg* 把总.

Capitan de nauio (np.一艘船的首领、船长). *chuê'n chù* 船主. – de armada (指舰队). *xùy çū* 水司. – de ladrones (指偷儿). *çhě têu'* 贼头.

Capitan de la guarda (np.卫兵的首领). *xáo kuón* 哨官④.

Capitanear (vt.统率、指挥). *sǒ lìng jiń chuńg* 率领人众.|. *çú iuên têu' mǒ* 司员头目.

Capitulo de libro (np.一本书的章或篇). *piēn'* 篇.|. *chaňg* 章.

Capon Aue (np.阉过的禽类). *iēn kȳ* 阉鸡.|. *tún kȳ* 骟鸡.|. *kiuě kȳ* 绝鸡.

Capon hombre (np.被阉割的人). *iēn jiń* 阉人.|. *kiuě tiě jiń* 绝的人⑤.

Caponera, gallinero (n.鸡舍，鸡棚). *kȳ luňg* 鸡笼.

Capullo de seda (np.蚕的茧子). *çhân' kièn* 蚕茧.|. *çū kièn* 丝茧.

Capullos de las flores (np.花朵的蓓蕾). *hōa juỳ* 花蕊.|. *hōa luỳ* 花蕾. – de algodon (棉花的). *miên hōa* 棉花.

Cara cosa (np.昂贵的东西). *kuéy* 贵.

Cara, facies (n.脸，面容). *mién* 面.|. *mién máo* 面貌.|. *iûng máo* 容貌.|. *mién mǒ* 面目.|. *mién p'ý* 面皮.|. *lièn çhùy* 脸嘴.

---

① tercio一词，义项甚多（①第三 ②三分之一 ③斗牛三步骤 ④步兵团……），此处当指步兵团，其兵员的数量并不确定，犹如总兵所辖也无定编。柯本取该词的分数义，于是译为"head command of a third of the army"（三分之一支军队的总统领）。

② *chiňg*，脱送气符，柯木订正为*chiňg'*。

③ 柯本注：*ièu*，梵蒂冈本作*ièu*，阳平。

④ 柯本注：*kuón*，梵蒂冈本作*kuōn*，阴平。

⑤ 可能想说"绝种的人"。*kiuě*，柯本写为"决"。

Cara à cara (pp.面对面). *tuý mién* 对面.

Cara sin verguença (np.一副不知羞耻的面孔). *vû lièn tỳ'* 无脸体.|. *vû lièn chỳ'* 无廉耻.|. *lièn p'ý heú* 脸皮厚.

Caracol (n.蜗牛). *lô xȳ* 螺蛳①. – del mar (海里的). *hày lô* 海螺. – de sementeras (田里的). *tiên' lô* 田螺.|. *chủ fú k'iỏ* 自负壳.

Caracol de escalera (np.螺旋转梯). *lô t'ý* 螺梯②.

Carabao (n.水牛). *xùy niêu* 水牛.|. *k'ý niêu* 稷牛③.

Carambano, ielo (n.冰柱，冰冻). *pīng* 冰.|. *tuńg pīng* 冻冰.|. *xoañg pīng* 霜冰.|. *lìng kú* 凌固.|. *hân kú* 寒固.

Carahay④ (n.锅、镬). *kō* 锅.|. *tīng kō* 鼎锅.|. *ti'ě kō* 铁锅. – de dos asas (带双把的). *tiě' ùl kō* 铁耳锅.

Caratula (n.面具、假面). *mién kiǒ'* 面壳.

Carbon (n.炭、炭火). *ta'ń* 炭.|. *hò ta'ń* 火炭. – encendido (燃烧的). *hûng ta'ń* 红炭.

Carbonero (n.烧炭工). *xāo ta'ń jiñ* 烧炭人.

Carbunco⑤ (n.红宝石). *ié miñg chụ* 夜明珠.

Carbunco, enfermedad (n.痈，一种疾病). *tīng* 疔.

Carcajada derisa (np.大声狂笑). *kuân'g siáo* 狂笑.|. *tá siáo* 大笑.

Carcañal del pie (np.脚后跟). *kiǒ kēn* 脚跟.

Carcel (n.监狱). *kiēn lâo* 监牢.|. *lâo iỏ* 牢狱.|. *kiēn kiń* 监禁.

Calaboço (n.牢狱). *tý laô* 地牢. – calaboço Real (皇家的牢狱). *tiēn' lâo* 天牢.

Carcelero (n.监狱看守、狱卒). *kiń chủ* 禁子.|. *tý' lâo lỳ* 提牢里⑥.|. *çū iỏ* 司狱.|. *kiēn chè* 监者.

Carcoma (n.蠹虫). *chú chû'ng* 蛀虫.

Carcomar (vt./vi.蛀蚀、生蛀虫). *chú* 蛀.

---

① *xȳ*，柯本缺字。"螺蛳"，又名师螺。本词典上，"师"字一般拼为 *çū*，但"尸""诗"均作 *xȳ*。

② *t'ý*，柯本改标为 *tý*，阴平。

③ *k'ý*，柯本缺字。"稷牛"，祭奉谷神所用之牛。*k'ý* 一音或从"饩"来，同样表示祭献。

④ 柯本注：来自菲律宾西班牙语。

⑤ 即 carbúnculo（红宝石）。

⑥ "提牢"，狱官名；也作动词，指管理一应监狱事务。此处似指关进监狱。

(p.43)

Cardar (vt.梳理). *sū* 梳. – cardar algodon (梳棉花). *çhiēu' suý miên hōa* 揪碎棉花①.

Carda (n.梳子). *tińg seū* 钉梳②.|. *pâ' juńg k'ý* 耙绒器.

Cardar lana (vp.梳羊毛). *sū miên iańg mâo* 梳绵羊毛.|. *sēu juńg* 梳绒.|. *sū juńg* 梳绒.

Cardenal del Papa. [llamanos.] (np.教皇封任的红衣主教[我们的说法]). *kiáo hoāng çhàẏ siańg* 教皇宰相.

Cardeno, morado (a./n.紫、紫色，深紫). *çhủ sẻ* 紫色.

Cardenal de golpe (np.击打的瘀伤). *çhińg' hêng* 青痕.|. *gū hêng* 乌痕.

Cardenillo (n.铜绿、浅绿). *tuńg' çhińg* 铜精③.|. *tuńg' lỏ* 铜绿.

Cardo, o, quicio de la puerta (np.门的铰链或枢轴). *muên çhuón* 门转④.|. *muên luń* 门轮.|. *muên chụ̌* 门枢.

Carecer (vi.缺乏), no tener (vp.没有). *mỏ ièu* 没有.|. *kie'ń xào* 欠少/歉少.|. *kiuẻ' xào* 缺少.

Carecer de lo necessario (vp.缺乏必需品). *pỏ keú iuńg* 不够用.|. *fǎ iuńg* 乏用.|. *pỏ tẻ pién iuńg* 不得便用.

Carestia (n.匮乏、高价). *kuéy màẏ* 贵买. [参见：año caro (物价昂贵的年头).] *hiūng hoāng* 凶荒.|. *kȳ hoāng* 饥荒.

Carearse (vr.面向、会面). *siańg hiańg* 相向.|. *túy hiańg* 对向.|. *siańg túy* 相对.

Carga (n.担子、负担、职责). *tán* 担.|. *jiń* 任.

Cargar (vt.担载). *tiāo'* 挑.|. *tiāo' tán* 挑担.

Cargarse, o, encargarse (vr.承担或担任), tomar sobre si (vp.负起责任). *tān tańg* 担当.|. *jiń chîn'g* 任承.

Cargo, dignidad (n.职责，职位). *jiń chẻ* 任职.|. *chẻ fuén* 职分.|. *chẻ chańg* 职掌/执掌.|. *chẻ jiń* 职任. – tomar posecion (出任某职). *táo jiń* 到任.|. *xańg jiń* 上任.

---

① *çhiēu'*，柯本转录为 *çhiēn'*，其字作"扦"。

② *seū*，可能是"梳"的方音读法。

③ *çhińg*，原无送气符，柯本改作 *çhińg'*，其字写为"青"。漏标固有可能，但"铜精"也有其词，一指道教所奉诸精灵之一，余如玉精、金精、铅精；一为药名，即铜青，见《本草·石一·雌黄》。

④ 门的转轴。*çhuón*，柯本拟为"钻"。

Cargadores (n.挑夫). *tiāo' tán tiě* 挑担的.|. *fū mà* 夫马.

Cargar entre dos (vp.两人合担). *kańg* 扛.

Cargar por abaxo (vp.往下加压). *iǎ* 压. – con la mano (用手). *gań chǒ* 按着.|. *çhā'n chǒ* 挽着.

Cargar las bestias (vp.往牲畜身上装货). *tô'* 驮.|. *çháy* 载. – los carros (往车上装、装车). *choāng çháy xańg chē'* 装载上车.|. *çháy chē'* 载车.

Cargar el nauio (vp.给船装货、装船). *çháy chuê'n* 载船.|. *hía lǒ chuê'n* 下落船.

Cargar el arcabuz, o pieça (vp.给火绳钩枪或大炮充弹). *jě chu'ńg iǒ* 入铳药.

Carrera (n.跑、紧走). *pâo' çhèu* 跑走.*①

Carreta (n.木轮车). *niêu chē'* 牛车.*

Cargar silletas de manos (vp.抬手椅、抬轿子). *tây' kiáo* 抬轿. – cargadores de ellas (抬这类椅子的人). *tây' kiáo tiě* 抬轿的.|. *kiáo fū* 轿夫.|. *fū mà* 夫马.

Caridad, amor (n.慈爱，爱). *gáy* 爱.|. *gáy çhińg'* 爱情. – virtud de ella (仁爱之德). *gáy tě* 爱德.

Carmin (n.洋红、唇膏). *iēn chȳ* 胭脂.

Carmesi (a./n.洋红、胭脂红). *liêu huńg* 榴红. – tercio pelo (丝绒). *tiēn' gô juńg* 天鹅绒.

Carnero (n.公绵羊). *miên iańg kù* 绵羊牯.

Carniceria (n.肉店). *máy jǒ tień* 卖肉店.|. *çhày xǎ seńg kèu' p'ú* 宰杀牲口铺.|. *tû' tień* 屠店.

Carne (n.肉). *jǒ* 肉. – ofrecida en sacrifficio (祭礼上供奉的). *chú jǒ* 俎肉.|. *çhý jǒ* 祭肉.|. *fǒ jǒ* 福肉. – ahumada (烟熏的). *lǎ jǒ* 腊肉.|. *iēn jǒ* 烟肉.

Carne salada (np.用盐腌过的肉). *hiên jǒ* 咸肉. – seca (干的). *jǒ fū* 肉脯. – magra (瘦的). *chińg jǒ* 精肉. – gorda (肥的). *fý jǒ* 肥肉. – cruda (生的). *seńg jǒ* 生肉.

Carnicero (n.屠夫、屠户). *çhày seńg kèu' tiě* 宰牲口的.|. *tû' fū* 屠夫.|. *tû' çhày* 屠宰.|. *chó tû' hú* 做屠户.

Carnicero de puercos (np.杀猪的屠户). *çhày chū tiě* 宰猪的. – el que mata Bacas (杀牛的). *çhày niêu tiě* 宰牛的. et sic ettᵃ. (如此等等).

---

① 此条及下面出现的若干条标有星号，也许是编写者觉得应该归并于某一关联条目，或者释义等尚可修订。

Caro (a.贵、价高的). *kuéy* 贵. – caro precio (价格昂贵). *kiě kuéy kiá* 极贵价.|. *xańg kiá* 上价.|. *kiá kāo* 价高.

Carretero (n.造车匠、车夫). *chē' fū* 车夫.*

Carpintero (n.木匠). *mǒ chiang* 木匠.|. *mǒ kuńg* 木工.|. *çhó mǒ jiń* 做木人.

Carpintear (vt./vi.加工木料、干木工活儿). *chǒ mǒ* 作木.

Carpinteria (n.木器店). *mǒ tień* 木店.

Carrillos del rostro (np.脸颊). *lièn* 脸. *

Carriço (n.芦苇). *lû chǒ* 芦竹.

Carro (n.车、大车). *chē'* 车. – de mulas (骡拉的). *lô chē'* 骡车. – de burros (驴拉的). *liû chē'* 驴车. – de 4. cauallos, vt coche (四匹马拉的，如四轮马车). *çú mà chē'* 四马车.

Carro que lo lleue vn hombre (np.一个人推拉的车). *tǒ têu' chē'* 独头车. – el que lleuan dos hombres (两个人推拉的). *t'uý chē'* 推车.

Carros de guerra (np.打仗用的车). *chén chē'* 战车.|. *chē' leû* 车楼.|. *juńg chē'* 戎车.|. *chén leû* 战楼.|. *kě chē'* 革车.|. *chiń leû* 阵楼.

Carro de mugeres (np.女子乘坐的车). *hiāng chē'* 香车.

Carro de v. m. (np.您的车、尊驾). *chē' ký'* 车骑.|. *chē' kiá* 车驾.|. *çhūn iǔ* 尊舆.

Carro del Cielo, vrsa mayor (np."天车"，大熊星座). *pě tèu sińg* 北斗星.

Carroça, coche (n.大型马车，四轮车). *çú mà chē'* 四马车.|. *chē' fó* 车副①. – carroça de Real (皇家的马车). *iǔ lièn* 御辇.|. *luńg kiá* 龙驾.|. *luôn kiá* 銮驾.|. *fuńg lièn* 凤辇.

Carta (n.书信、文书). *xū* 书.|. *xū kièn* 书简.|. *tǒ chǎ* 牍札.|. *siào kièn* 小简.|. *chǎ xū kièn* 札书简②.|. *xū chǎ* 书札. – del desafio (向人挑战的). *chén xū* 战书.

Carta de propria mano del Rey escrita (np.君王亲手书写的信). *xèu cháo* 手诏. – de Mandarines (官员写的). *xū ký'* 书启③.

Carta de recibo (np.收讫证明、收据). *lìng xū* 领书.|. *lìng tiě'* 领帖. – carta de pago (付讫证明). *xēu pia'ó* 收票.|. *xēu lìng* 收领. – carta de fauor (请求信、请愿书). *kiêu' xū* 求书.

---

① 即副车，帝王车驾的从车。

② "简"字疑衍。

③ 柯本注：*ký'*，梵蒂冈本作*ký'*，上声。

Carta de marear (np.航海图). *hày tû′* 海图.|. *hày chiñg′* 海程.|. *xùy chiñg′* 水程.

Carta pacio (n.记事簿). *siè puèn* 写本.|. *chà'o puèn* 抄本.

Cartearse (vr.通信). *xū vuàng lây* 书往来.|. *xū siń vuàng lây* 书信往来.

Cartas, naypes (n.纸牌，牌戏). *chỳ pây′* 纸牌.

Cartel (n.布告), orden de los Mandarines (np.官员发布的命令). *kaó xý* 告示.

Cartero, o correo (n.邮差，或信使). *tỳ tañ'g* 提塘①.

（p.44）

Cartilla de los niños (np.少儿读的小书册). *muñg tuñg′ xū* 蒙童书.|. *kỳ′ muñg kiāo iáo* 启蒙教要②.

Carton (n.纸板). *chỳ poéy* 纸褙.

Casa, vt sic (n.房子，也泛指住所). *fañg çhǔ* 房子.|. *fañg vǒ* 房屋.|. *fañg xé* 房舍.|. *kuñg xě* 宫室. – casa: la familia (房子：家). *kiā* 家.

Casa de paja (np.草盖的房子). *mâo fañg* 茅房.|. *mâo leû* 茅楼.|. *çhào′ leû* 草楼.|. *çhào′ lû* 草庐.

Casa Real, estirpe regia (np.皇家、王室的宫室). *vuañg kiā* 王家.|. *kuě kīa* 国家.

Casas Reales (np.皇宫、宫廷). *châo′ tiñg′* 朝廷. [参见：Palacio (宫殿).]

Casa de recreacion (np.供休息的场所). *xùy kǒ* 水阁.③

Casa solariega noble (np.贵族的祖第、豪宅). *xý kiā* 世家.|. *tá xý kiā* 大世家.|. *kiú kīa* 巨家.|. *hiūng kiéu chȳ kiā* 雄赳之家④.

Casas de Regulos, o grandes (np.王爷或显贵的宅所). *vuañg fù* 王府.

Casa, familia (n.房屋，家). *kiā* 家.|. *jiń kiā* 人家.

Casas de grandes Mandarines (np.大官的宅所). *fù* 府.

Casas de v. m. (np.阁下的居所、尊邸). *kuéy fù* 贵府.|. *kuéy kiā* 贵家.|. *kuéy iú* 贵寓.

Casa humilde, mi pobre casa (np.卑微的家，我的穷室). *hân kiā* 寒家.

---

① 柯本注：*tỳ* 系误拼，当为*tý′*。按：提塘，清代驿站兼哨所；执掌本省与京师官署往来文书递送的官员，称为提塘官，古名邸吏、邸官，而"提"一音"邸"，有可能不误。但另一处出现"提塘官"（p.59），"提"便读为*tý′*。

② *iáo* "要"，柯本误作*xū* "书"。

③ 此条柯本未录。水阁，临水的楼阁。

④ 柯本注：*kiéu*，梵蒂冈本作*kién* "健"。

Casa de Doctores (np.博士的宅第). *chín çú tý* 进士第①.

Casa de comunidad (np.集体或共有的房子). *kūng tiñ'g* 公庭.|. *kūng sò* 公所.

Casa de mucha famlilia (np.大家庭、大家族). *kiā kèu' tá* 家口大.

Casa interior de las mugeres (np.女子的内室). *héu tiñ'g* 后庭.|. *siéu goêy* 绣帏.

Casarse la muger (vp.女子成婚). *kiá* 嫁.|. *chǔ' kiá* 出嫁.

Casarse el varon (vp.男子成婚). *çhi'ú çhīn'* 娶亲.|. *çhi'ú çhȳ'* 娶妻.|. *huôn çhīn'* 完亲.|. *huôn çhi'ú* 完娶.

Casar la hija (vp.使女儿成婚). *kiá niù* 嫁女.|. *çhȳ' ỳ niù kiá jiñ* 妻以女嫁人②.|. *ỳ niù çhȳ' jiñ* 以女妻人.

Casar llamando al marido a casa de la muger (vp.使男人到女家成婚). *chāo fū* 招夫.|. *chāo chúy sý* 招赘婿.|. *chāo çhīn'* 招亲.|. *chúy çhīn'* 赘亲.|. *çhieú çhīn'* 就亲.

Casarse segunda vez (vp.第二次成婚). *chûn'g hoēn* 重婚.|. *çháy çhi'ú* 再娶.|. *çháy hoēn* 再婚.|. *ký chiú* 继娶③.|. *úl hoēn* 二婚.

Casamiento (n.婚姻). *hoēn iñ* 婚姻.|. *hoēn hǒ* 婚合.|. *kiě çhiú* 结聚.

Casamiento primero, primer matrimonio (np.初次结婚，头婚). *iuên po'éy* 原配.|. *chińg po'éy* 正配.|. *chińg çhi'ú* 正娶.

Casado (a.已婚的), hombre casado (np.已结婚的男人). *ièu çhȳ' chǔ* 有妻子.|. *çhi'ú çhīn' leào* 娶亲了. – muger casada (已成婚的女人). *ièu chańg fū tiě* 有丈夫的.

Casadera donçella (np.适婚的少女). *ińg kiá tiě* 应嫁的.|. *ŷ kiá* 宜嫁. – que se quiere casar (渴盼结婚的). *hoây chūn'* 怀春.

Casamentero (n.男媒人). *moêy jiñ* 媒人.

Casamentera (n.女媒人). *moêy pô'* 媒婆.

Cascaras, vt de guebos, o, cosas duras (n.外壳，如鸡蛋或硬物的壳). *kiǒ'* 壳.

Cascaras, o, mondaduras de frutas (n.外皮，即水果的皮、壳). *pý'* 皮.

Cascos de texas que bradas (np.破碎的瓦片). *uà súy* 瓦碎.|. *uà pi'én* 瓦片.

Cascajo (n.砾石), piedre çuelas (np.碎石头). *uà liě* 瓦砾.

Cascos de calabaza (np.头盖骨). *nào kiǒ'* 脑壳.

---

① *çý*，柯本写为"邱"，意思固然不错，但一是须偶宕原标调符有误，二是其词并非习惯搭配。"进士第"，谓进士及第，也是朝廷赐予进士宅第的封号。

② 当分断作二语，"妻以女"为书面语，"嫁人"则为口语。

③ *chiú*，脱送气符。"继娶"，犹续娶。

Cascos de cebollas (np.洋葱的外皮). *çhūn'g pý'* 葱皮. – de cañas (竹子的外皮). *chǒ çhiñ'g* 竹青.

Cascabeles (n.马铃). *liñg ûl* 铃儿.|. *hiàng liñg* 响铃.|. *chuén liñg* 串铃①.

Casco de morrion (np.头盔). *tiě' kuē'y* 铁盔.

Casero (n.房东、房主), amo de la casa (np.一家之主). *kīa chù* 家主.|. *kiā chàng* 家长.|. *chàng kīa* 掌家.

Casero (a.自家的), nacido en casa (ap.家产的). *kīa señg* 家生.

Casi, adverbio (ad.几乎，属于副词). *chā' pǒ tō* 差不多.|. *chiang kiń* 将近.

Caso, acaso, adverbio (ad.偶尔，或许，也是副词). *gèu jên* 偶然.|. *hǒ jên* 忽然.|. *chǒ jên* 卒然.

Caspa de la cabeça (np.头皮屑). *têu' kèu* 头垢.|. *têu' ný* 头腻②.

Casquete de cuero (np.皮制的头盔). *pý' máo* 皮帽.

Caso (n.事情、问题), no hazer caso (vp.对事情不在意、不理会). *pǒ lý* 不理.|. *pǒ kuòn* 不管.|. *kiň'g hǒ* 轻忽. – hazer poco caso (小看、轻视). *kiň'g çhién* 轻贱.|. *chǒ çhién* 作贱.

Caso (n.情况), por ningun caso (pp.任何情况下都不、决不). *chiě' pǒ kò'* 切不.|. *vuán pǒ kò'* 万不可.|. *tuón pǒ kò'* 断不可.

Casta cosa (np.贞洁), castidad (n.节欲). *çhiuě iǒ* 绝欲.|. *chiñg kiě* 贞洁.|. *çhiuě sě* 绝色.

Castigo (n.惩罚). *hiñg fǎ* 刑法. – pena de la culpa (因犯罪而施罚). *chúy fǎ* 罪罚.

Castidad virginal (np.处子之贞). *tuñg' chiñg* 童贞.|. *tuñg' xīn* 童身. – castidad vidual (寡妇之贞). *kùa chiñg* 寡贞. – castidad coniugal (夫妻之贞). *gèu chiñg* 耦贞.

Casto hombre (np.纯真、节欲的人). *çhiñg siñ kùa iǒ chȳ jiñ* 清心寡欲之人.|. *goêy çhiñ'g kiě chȳ jiñ.* 为清洁之人.

Castañas (n.栗子). *liě chǔ* 栗子. – seca (干的). *kān liě* 干栗.

Castaño (n.栗子树). *liě xú* 栗树.

Castañetas (n.响指), dar con los dedos (vp.弹响指、打榧子). *tán chỷ* 弹指.|.

---

① 柯本注：*chuén*，梵蒂冈本作*chuén'*，有送气符。

② *ný*，柯本写为"泥"。"泥"与"腻"，注音分别为 *ný* 与 *ný*，可参看Albañil（p.9）、Asco（p.23）等条。

chēn chỳ 拈指①.

Castañas auellanadas (np.褐色的栗子). *fuńg liě* 风栗. – pilada (容易剥的). *pǒ kiǒ' liě* 薄壳栗②. – de monte (山里产的). *mâo liě* 毛栗③.|. *xān liě* 山栗.

Castigo del Cielo (np.上天的惩罚). *tiēn' ki'én* 天谴.|. *tiēn' fǎ* 天罚.

Castigar (vt.惩罚、处刑). *fǎ* 罚.|. *çhě fǎ* 责罚.|. *kiǹg çhě* 儆责④.|. *kiā hińg* 加刑.|. *tuńg hińg* 动刑.

Castigar mas delo que merece la culpa (s.惩罚大过所犯之罪). *iuńg hiǹg kúo tańg* 用刑过当.

Castigo graue (np.严酷的刑罚). *chuńg hiǹg* 重刑.|. *chuńg fǎ* 重罚.|. *chuńg çhě* 重责. – con la pena del talion (为报复起见). *fàn çhó* 反坐.

Castillo (n.城堡、堡垒). *chu'ńg chîng'* 铳城.|. *chu'ńg leû* 铳楼.|. *tiě leû* 敌楼.|. *tiě tây'* 敌台.

Castrado (a.遭阉割的). *iēn tiě* 阉的.|. *tuń tiě* 驐的.|. *kiuě tiě* 绝的. [参见：capar (阉、骟、劁).]

(p.45)

Castrar la colmena (vp.割下蜂窝). *kǒ miě uō* 割蜜窝.|. *çhiù' miě fańg* 取蜜房.|. *kāy' miě fańg* 开蜜房.|. *kǒ miě* 割蜜.

Casualmente (ad.偶然). [参见：caso (偶尔).]

Catana (n.马刀). *tāo* 刀. – enhastada (带柄的). *tǎ' tāo* 鐯刀. – de japon (日本式的). *uō tāo* 倭刀.

Catarata, nube de los ojos (n.白内障，即眼睛里的白翳). *ièn ý* 眼翳.

Catarro (n.黏膜炎、感冒). *kě' seú* 咳嗽. – acatarrado (患黏膜炎、得感冒). *mâ fuńg* 麻风/麻疯/痳风.

Cate, libra (n.斤、磅). *kiń* 斤.

Catalogo (n.目录). *tān çhǔ* 单子. – de los presentes (礼品单). *lỳ tān* 礼单. – hazer lo (清点、登录礼品). *tà tièn* 打点⑤.| *xańg tān* 上单.

Catalogo (n.名单), matricula de los examinados aprouados (np.入选考生的名

---

① chen，读的白字，当拼为mien.

② pǒ，柯本写为"爆"。

③ 柯本作"茅栗"。

④ 此词柯本未录。

⑤ 柯本注：梵蒂冈本作"*tà tān* 打单"。

册). *gań* 案.|. *pàng* 榜. – publicar dicho catalogo (颁布上述名单). *fǎ gań* 发案.|. *chǔ' gań* 出案.|. *fǎ pàng* 发榜.|. *fǎ kāy' pàng* 发开榜①.

Catalogo de los Doctores aprouados (np.博士名录), publicar los (vp.发布入选博士的名单). *çhó hiào* 做晓②.|. *hoâng pàng* 黄榜.|. *kiñ pàng* 金榜.|. *chūn pàng* 春榜③.

Catalogo que se publica de los *kiù jiñ* (np.录有考中举人者的名单). *çhiēu' pàng* 秋榜.|. *luñg hù pàng* 龙虎榜.

Catorze (num.十四). *xě çú* 十四.

Catauiento (n.风标). *tiñg fuñg kỳ'* 定风旗.|. *chāo fuñg siń kỳ'* 招风信旗.

Cathreda, o, pulpito. [llamamos.] (n.讲坛，或讲台[照我们圣教的说法]). *kiàng çhó* 讲座.

Catre (n.行军床). *choâ'ng* 床. [参见：cama (床).]

Caua (n.坑、穴). *tù' kēn'g* 土坑. – ocultas para trampa de enemigos (诱惑敌人的暗坑). *hièn kēn'g* 陷坑.|. *chén kēn'g* 战坑.

Caualgar (vi.骑马). *kỳ' mà* 骑马.|. *ku'á mà* 跨马.|. *xańg mà* 上马.|. *chiñg' mà* 乘马.

Cauallero (n.骑兵), soldado de acauallo (np.马军). *piñg mà* 兵马.|. *mà piñg* 马兵.

Caualgadura (n.坐骑、驮兽). *señg kèu'* 牲口.

Caballo (n.马). *mà* 马. – brauo (野性的). *liě mà* 烈马④. – manso (驯顺的). *xún mà* 驯马.|. *leâng mà* 良马.|. *xún xén tiě mà* 驯善的马.

Caballeria⑤ (n.坐骑；骑兵). *kiūn mà* 军马.|. *jiñ mà* 人马.

Cauallo de posta (np.传邮送信的马). *páo mà* 报马.|. *iě mà* 驿马. que corre ala posta (奔跑传讯的). *liêu siñg mà* 流星马.

Cauallo indomito (np.不听话的马). *pǒ xéu hân lǒ tiě mà* 不受衔络的马⑥.|.

---

① "开榜"即"发榜"，"发"恐为衍字。
② 犹"着晓"，着令天下知晓。
③ 柯本注：*chūn*，梵蒂冈本作*chūn'*，有送气符。
④ 字音*liě*很清晰，但柯本转录为*iè*，其字遂作"野"。
⑤ 柯本转录为Caualeria，译成riding beast, a mount（骑兽，坐骑），与汉语词遂不能对应。
⑥ *lǒ*，柯本写为"勒"。"络"是马具的一部分，如"马络"，缰绳或拴马的绳子；"辔络"，辔头加缰绳。

官话词汇　141

fàn hièn 反衔①.|. pǒ xéu kỳ lě 不受羁勒.

Caualleriça (n.马厩). mà lân 马栏.

Cauallo ligero que corre (np.快跑的轻骑). kuṅg mà 公马.

Cauallo de guerra (np.战马). siǔ mà 戍马②. – armado (披甲的马). kiǎ mà 甲马.

Cauallo de caña (np.竹竿做的假马). chỏ mà 竹马.

Cauallo marino (np.海马). hày mà 海马.

Cauallete del texado (np.瓦片屋顶的屋脊). uà tuṅg tiṅg 瓦栋顶.

Cauar sacando tierra (vp.掘土、挖除). kiụě tù' 掘土.|. kiụě kỳ' 掘起.|. kiụě kāy' 掘开.|. chû' 除.

Cauar en madera (vp.在木头上挖凿). kě' pàn 刻版.|. k'ú mỏ 刳木.|. k'ú kūṅg 刳空.|. tiāo 雕.|. kě' 刻.

Caudal, o dinero principal (n.资财，即资金). puèn chiên' 本钱.

Caudillo (n.首领). têu' mỏ 头目.|. chó têu' 做头.

Cauerna (n.洞穴). tuṅg k'ỏ 洞窟.|. k'ỏ hiě 窟隙.|. keṅg k'ỏ 坑窟. – cuebas en los montes (山上的洞穴). xān tuṅg 山洞.

Causa (n.原因). iuên kú 原故/缘故.|. iuên iñ 原因/缘因.|. iuên iêu 原由/缘由.

Causar (vt.造成). cháo 造.|. chó 做.

Causa eficiente (np.有效因、动因). cháo chè 造者.|. goêy chè 为者.|. chỏ chè 作者. – causa material (物质因). chẻ sò ỳ jên 质所以然.|. chẻ chè 质者.③

Causa formal (np.形式因). mû sò ỳ jên 模所以然.|. mû chè 模者.

Causa final (np.最终因). goéy sò ỳ jên 为所以然.|. goéy chè 为者.④

Causa primera (np.第一因、主因、初始因). chúy chū' sò ỳ jên 最初所以然.

Causas secundas (np.第二因、次因). chú sò ỳ jên 次所以然⑤.

---

① 柯本注：hièn，梵蒂冈本作hién，去声。

② 柯本注：此处的siǔ "戍"是误读，即jûng "戎"。按：其音其字也可能并不误。"戍马"，即戍边、卫戍之马。

③ 参见Forma, causa formal（p.101）。

④ 此条的两例"为"，均读去声，表示为什么、为了什么目的。可比较Causa eficiente (有效因、动因)一条下的"为"，读为阳平，等义于做、造。

⑤ chú，柯本订正为chú'，脱送气符。注意：次因，及下面的普遍因、具体因，可有多个，故面文词均用复数。相对于此，初始因、最终因都只有一个，有效因一般也只有一个，故都取单数；物质因、形式因，为抽象概念，故而也用单数。这一串涉及逻辑的词目，其单复数颇有讲究，汉译难以体现。

Causas vniuersales (np.普遍因). *kuńg sò ỳ jên* 公所以然.

Causas particulares (np.具体因). *çú sò ỳ jên* 事所以然.

Causa, o, negocio (n.事业，或事务). *çú tỳ'* 事体.|. *çú xý* 事势.|. *çú çhińg'* 事情.

Causar, o, ser causa de algo (vt.引起，即导致某事发生). *chāo iǹ* 招引.|. *iuên iǹ* 原因①.

Causon (n.高烧), calentura muy grande de calor (np.体温很高的烧热). *xańg xù* 上暑.|. *fǎ kuân'g* 发狂.|. *fǎ xāo* 发烧.

Cauteloso (a.谨慎的). *siào siń tiě jiń* 小心的人.

Cautela (n.慎重、心细). *çhǔ sý* 仔细②.

Caxa (n.箱子). *siańg çhù* 箱子. – de madera (木制的). *mǒ siańg* 木箱. – de cañas (竹编的). *chǒ siańg* 竹箱. – de cuero (皮革的). *p'ý siańg* 皮箱.

Caxon, o, escritorio (n.箱柜，或写字台). *ku'éy* 柜.

Caxon de medicinas (np.药品箱). *iǒ siańg* 药箱.

Caxetilla (n.小箱子). *hǒ çhǔ* 盒子.|. *hiǎ çhǔ* 匣子.

Caxetilla charanada (np.上漆的小箱子). *ch'iě hǒ* 漆盒. – de antojos (放眼镜的). *ièn kińg hǒ* 眼镜盒.

Caxon de comida (np.食品柜、饭菜盒). *xě siańg* 食箱.

Caxa del sello (np.印章盒). *iń tèu* 印斗.|. *iń hǒ* 印盒.

Caxa, o, caxon de diffuncto (np.装尸体的箱子). *kuōn mǒ* 棺木. [参见：ataud (棺材).]

Cayado (n.手杖、木棍). *chańg çhǔ* 杖子.

（p.46）

Ça.

Çabullirse en el agua (vp.沉入水中). *chîn' xùy lỳ* 沉水里. – el buço③ (潜水).

---

① 柯本作"原引"。"原因"，现在一般用为名词，古时则以动词用法居多，用来引出解释某件事情何以如此的句子，相当于今天说：原本是因为，这是因为。

② 柯本注：*çhǔ*，梵蒂冈本作*çhǔ*，上声。

③ 今拼buceo（潜水）。

xùy moêy 水没.|. mŷ xùy 没水.①

Çamarra (n.羊皮袄). p'ý gào 皮袄.

Çacate, espadaña (n.草，香蒲等). mâo çhào' 茅草. vt sic (各种草的统称). çhào' 草. – çacatales espesos (茂盛的草丛). çhào' mȧng 草莽.

Çancajo (n.脚踵). kiŏ kēn 脚跟.

Çaguan (n.入门口), casa puerta (np.门厅). muên leû 门楼.

Çahurda, pocilga (n.猪圈，猪舍). chū lań 猪栏.

Çaherir, exprobar (vt.伤害，责骂). xang tā' tiĕ siń 伤他的心.|. ch'ú tā' 刺他.

Çahumador (n.香炉), brasero de olores (np.烧香的火盆). hiāng lû 香炉.

Çanahoria (n.胡萝卜). hoang lô pĕ 黄萝卜.|. fān lô pĕ 番萝卜.|. pĕ kiŏ 白角②.

Çancadilla (n.圈套). hién chińg 陷阱. idest trampa (即陷阱).

Çanja grande de agua (np.大型的水沟). hô kēu 河沟. – Regaderas de huerta (灌溉用的水渠). iuên kēu 园沟.

Çandia (n.西瓜). sȳ kūa 西瓜.

Çapatos (n.鞋子). hiây 鞋. – de manta (棉制的). pú hiây 布鞋. – de seda (丝质的). chêu' hiây 绸鞋. – de paja (草编的). çhào' hiây 草鞋. – de cuero (皮革的). p'ý hiây 皮鞋.|. kĕ lỳ 革履.

Çapatos para visitar al Rey (np.觐见君王时穿的鞋). châ'o hiây 朝鞋.

Çapatero (n.鞋匠). chó hiây tiĕ 做鞋的.|. hiây chiáng 鞋匠. – Remendon de çapatos (修鞋的匠人). pù hiây tiĕ 补鞋的.

Çapatear (vt.踩、踏、跺). kiŏ çhă' 脚擦.|. kiŏ tièn 脚点.|. kiŏ tùn 脚顿.|. kiŏ tă 脚踏.

Çaquizami (n.顶楼、阁楼). gań leû 暗楼.|. leû xańg 楼上. [参见：sobrados (顶楼).]

Çaraguelles (n.裤子). k'ú 裤. [参见：calçones (马裤).]

Çaranda çedaço, o, arnero (np.过滤沙土用的筛子，即沙箱). xāy lô 筛箩.

Çarçillos (n.耳环). ùl hoân 耳环.

Çarça (n.荆棘).③

Çarçamora (n.黑莓).

---

① moêy 和 mŷ，似为"没"字的二读，后一音见于客家话、闽南话。柯本缺字，推测即"沫"。可比较《葡汉词典》118b，"沫水"。

② 柯本缺字。可能是白萝卜的方言说法。

③ 此条及下一条，原无汉语释义。

Ce.

Çeuada (n.大麦). *tá mě* 大麦.

Cebolla (n.洋葱). *çhūn'g têu'* 葱头.

Cebollino (n.洋葱苗). *çhūn'g iuńg* 葱秧.

Ceatica (n.坐骨神经痛).[①]

Çecina (n.干肉). *jǒ fù* 肉脯. – al humo (烟熏的). *lǎ jǒ* 腊肉. – de venado (鹿肉制的). *lǒ fù* 鹿脯.

Çedro. [llamamos.] (n.雪松[我们欧洲人的称法]). *kuēy hoá mǒ* 桧花木[②].

Çedaço (n.筛子). *xāy lô* 筛箩.|. *xāy kȳ* 筛箕.|. *xāy tèu* 筛斗.

Çediço, o, laçio (a.虚弱的，即柔弱无力的). *xoāy jǒ* 衰弱.|. *juèn jǒ* 软弱.

Çeder a otro (vp.向某人让步、谦让). *jańg tā'* 让他.|. *tūy' jańg* 推让.|. *jańg suń* 让逊.

Cedula (n.字条、凭据). *pi'áo* 票.

Çegar à otro, sacando le los ojos (vp.弄瞎某人，挖他的眼睛). *uōn ièn* 剜眼.|. *uōn mǒ* 剜目.

Çegar (vi./vt.失明、致盲), quedar çiego (vp.眼瞎). *xoāng mǒ hiǎ leào* 双目瞎了.|. *xé vuáng* 摄妄[③].|. *ièn kù leào* 眼瞽了.

Çeguera interior (np.内盲、昏厥). *hoēn mý* 昏迷. – exterior (外盲、糊涂). *hoēn vú* 昏鹜.

Çejas (n.眉毛). *ièn mý* 眼眉.|. *mǒ moêy* 目眉.|. *ièn moêy* 眼眉.|. *mý mâo* 眉毛.[④]

Çelada, o capacete (n.头盔). *kuēy'* 盔.

Çelada de enemigos np.(敌军的埋伏). *pāo chiń* 包阵.|. *miě pińg* 密兵.|. *miě chín* 密阵.

Çelar, encubrir (vt.遮盖，掩藏). *chē ièn* 遮掩.|. *chân'g miě* 藏密.

Çelda, o aposento (n.小室，房间). *kiēn fańg* 间房.|. *mìn fańg* 眠房.|. *fańg kiēn* 房间.

---

① 原缺汉语对应词。

② 柯本注：*hoá*，梵蒂冈本作*hoā*，阴平。按：*hoá*，去声，调符有可能不误，即"桦"，桧木与桦木常并举。

③ 柯本缺字。"摄"，摄入、目受，如影像。

④ 柯本注：*moêy*和*mý*是"眉"字的不同发音。

Çeloxia (n.窗格). *kě çhǔ* 格子.|. *choān'g muên çhǔ* 窗门子.|. *muên liên* 门帘.|. *chǒ liên* 竹帘.

Çelebridad (n.名望、排场). *jě nào* 热闹.|. *nào jě* 闹热.

Çelebro (n.颅骨). *nào heú* 脑后.

Çelebrar las fiestas (vp.庆祝节日). *hiñg lỳ* 行礼.|. *chēn lỳ* 瞻礼.|. *xèu chēn lỳ jě* 守瞻礼日.

Çelebrar su nombre, hazer le celebre (vp.彰显他的名字，使其著名). *chañg kỳ' mîng* 彰其名.|. *pó mîng* 播名.|. *iañg kỳ' mîng* 扬其名.

Çelebre, famoso (a.有名望的，著名的). *chǔ' mîng tiě* 出名的.|. *ièu tá mîng xiñg tiě* 有大名声的.

Çelemin, ganta① (n.塞雷敏，甘塔). *tèu* 斗.|. *xiñg* 升.

Çelestial (a.天国的), cosa del Cielo (np.属于天国的事情). *tiēn' çú* 天事.|. *tiēn' pào* 天保.|. *tiēn' çhiǒ* 天爵.|. *tiēn' xañg tiě çú* 天上的事.

Çelestiales (n.天国之人). *tiēn' jiñ* 天人.|. *tiēn' kuě tiě jiñ* 天国的人.

Celos, sospechas (n.疑问，怀疑). *ŷ hoě* 疑惑.|. *çhāy' ŷ* 猜疑.|. *çhāy' hiên* 猜嫌. – tener los el marido de la muger (丈夫猜疑妻子). *ŷ çhȳ' ièu kàn* 疑妻有感②.

Çelos de los amantes entre si (np.情人之间的猜忌). *çhēng sě* 争色③.|. *máo çhiě* 媢嫉.

Çementerio (n.公墓). *mîng tañ'g* 明堂.|. *xiñg tañ'g çhiên'* 圣堂前. – de diffunctos (普通亡者的). *vuán jiñ chùng* 万人冢.

Çençerro (n.驮兽戴的铃铛). *liñg çhǔ* 铃子.|. *hiàng liñg* 响铃.

Çeniça (n.灰烬). *hò hoēy* 火灰. – ceniçiento (灰色). *hoēy sě* 灰色.

Çena (n.晚餐). *vuàn fañ* 晚饭. – cenar (用晚餐). *ch'ě vuàn fañ* 吃晚饭.

Cenador, o, cenaculo (n.晚餐室，餐厅). *tân'g* 堂. – sala de adentro (内厅). *heú tân'g* 后堂.

Çenceño, idest, sin leuadura (a.干瘪的，即不用酵母). *xûn vû çhǎ* 纯无杂. – puro, pan çenceño (不发酵的面包). *vû kiāo chȳ mién têu'* 无酵之面头.

Çeñir el vestido (vp.给衣服系上带子). *hǒ ȳ* 合衣.|. *pañg iāo taý* 绑腰带.

Çeñirse (vr.给自己系上带子). *hý iāo* 系腰.

---

① çelemin, 容量单位, 约等于4.6升; ganta, 源出西属菲律宾的容量单位, 约合3升。

② *ièu kàn*, 柯本写为"诱感"。"有感", 指心生感情。

③ 柯本拟为"争啬"。

Çeñidor (n.带子、衣带). *iāo taý* 腰带.|. *fŏ xīn taý* 缚身带.

Çenojiles (n.袜子的吊带). *uă taý* 袜带.

Çernir (vt.筛、过筛). *xāy* 筛.

Çenso, o, reditos (n.租金，或利息). *lý* 利.|. *lý çhiên'* 利钱.

Çerrar el sello del officio, no vsar del (vp.锁上官印，不用官印). *fuṅg iń* 封印.

Çerrar (vt.关闭). *pý* 闭. – la puerta (指关上门). *pý muên* 闭门. – con llaue (用钥匙). *sò muên* 锁门.

（p.47）

Çerrar con llaue (vp.用钥匙锁上). *sò fuṅg sò* 锁封锁.

Çerrar tapando (vp.封闭、阻断). *pý sĕ* 闭塞.

Çerrar cartas (vp.封上信). *fuṅg xū* 封书.|. *kiṅ fuṅg* 紧封.|. *hú fuṅg* 护封.

Çerrar la boca (vp.闭上嘴巴). *hŏ kèu'* 合口. – moraliter (引申义). *kiń kèu'* 禁口.

Çerrar la bolsa (vp.系上钱袋). *sŏ hô pāo* 束荷包①.

Çerrar los ojos (vp.闭上眼睛). *pý ièn* 闭眼.

Çerro alto (np.高大的山). *çhiu'ń liṅg* 峻岭.|. *kāo xān tiṅg* 高山顶.

Çeruatillo (n.幼鹿). *siào lŏ* 小鹿. – corço (狍子). *kỳ* 麂.

Çertidumbre de algo, vt, tengo certeça (np.确信某事，比如，对某事我的确了解). *gò mîng chȳ táo* 我明知道.|. *gò chĕ xĕ mîng pĕ* 我质实明白.

Çertificar (vt.证明). *chiṅ* 证.|. *nién chīn* 验真.|. *nién xĕ* 验实.|. *chiṅg xý* 证是.

Çertificacion de los Mandarines (np.官员所持的证书). *chĕ cháo* 执照.|. *pȳ vuên* 批文②.|. *vuên piń'g* 文凭.|. *hiṅg vuên* 行文.|. *çhiĕ chý* 节制③.

Çertificacion de Mandarines para viaje (np.官员旅行途中使用的证书). *hú xiṅ* 护身.|. *iāo pây'* 腰牌.|. *kuōn pi'áo* 官票.

Çeruiz (n.颈部、脖子). *hêu luṅg* 喉咙.|. *hàng çhŭ* 吭子.

Çessar (vi.中止、停歇), parar finaliter (vp.终结、终止). *siĕ chý* 息止. – parar (停止). *chỳ* 止.|. *chỳ siĕ* 止息.

Çesto (n.手提的篮或筐). *lân* 篮.|. *t'ý lân* 提篮.|. *t'ý lô* 提箩.|. *lân kuāng* 篮筐④.

---

① *sŏ*，柯本写为"缩"。
② *pȳ*，原写漏标送气符，当为*pý'*。
③ 指批文中写明职权或管辖范围。
④ *kuāng*，脱送气符。

官话词汇　147

Çesto para estiercol, o, tierra (np.装粪便或泥土的筐子). *fuén kȳ* 粪箕.|. *tù' kȳ* 土箕.|. *ch'ó kȳ* 撮箕. – de flores (放花的). *hōa lân* 花篮. – de caña (竹编的). *miě lân* 篾篮.

Çetro (n.权杖). *kiñ chańg* 金杖.|. *kiñ tiâo'* 金条. – lo formal, mando (正式的，象征权威). *kiûen' pińg* 权柄.|. *kiûen' xý* 权势.

Çeuo, manteca (n.油脂，猪油). *iêu* 油.|. *kāo chȳ* 膏脂.

Çeuo para pescar (np.钓鱼的饵食). *tiáo ùl* 钓饵.|. *ûy ùl* 鱼饵①. – çeuar (投下诱饵). *hía ùl* 下饵.

Ch.

Cha. [la beuida de china.] (n.茶[中国的饮料]). *châ'* 茶. – en oja (叶状的). *châ' iě* 茶叶.|. *châ' ià* 茶芽. – la mas fina (更为精细的品种). *sý châ'* 细茶.|. *châ' têu'* 茶头.|. *vù ỳ châ'* 武夷茶②.

Cha de *nân kīng* (np.南京产的茶). *tiēn' chý' châ'* 天池茶. – afamada (著名的一种). *suńg lô châ'* 松罗茶.

Cha de *hâng chēu* (np.杭州产的茶). *luńg chiǹg châ'* 龙井茶. – coçida (煮过的). *châ' tańg'* 茶汤. – heruir la (煮茶). *pên'g châ'* 烹茶.|. *xāo châ'* 烧茶.|. *pa'ó châ'* 泡茶.

Cha olorosa (np.带香味的茶). *hiāng châ'* 香茶.

Cha buena quita la melancolia (s.好茶驱除忧郁). *chiňg' châ' kiày muén* 清茶解闷.

Chamelote (n.羽纱).③

Chancaca (n.粗糖). *xā tâng'* 砂糖.|. *huńg tâng'* 红糖.

Chanpan (n.舢板). *chuê'n* 船. [参见：barco (船).]

Chanciller, secreto de camara Real (np.帝国内阁的枢密大臣). *tuñ'g chińg çú* 通政使.

Chapitel (n.柱子顶部). *tuńg tińg* 栋顶④.

---

① 柯本注：*uy*，梵蒂冈本作*yu*。
② 柯本注：*ỳ*，梵蒂冈本作*y*，阳平。按：其字柯本写为"彛"。
③ 原无汉语对应词。
④ 柯本注：*tińg*，梵蒂冈本作*tiṅg*，上声。

Chapodar (vt.砍掉树枝). *kàn' tuòn* 砍短①.|. *çhiĕ'* 切.

Chapa de metal (np.金属板). *tuńg' pàn* 铜板. – cedula de Mandarines (官员身份的证明). *piá'o* 票.|. *vuên iǹ* 文引②. [参见：certificacion (证书).]

Chara de vinagre (np.泡醋的叶子). *suōn çh'áy* 酸菜.

Chillar, o rechinar (vi.尖叫，或吱嘎磨牙). *çhiĕ' çhỳ* 切齿.

Charan (n.漆、清漆). *çh'iĕ* 漆.|. *iêu çh'iĕ* 油漆.

Charanador (n.漆工). *çh'iĕ çhiańg* 漆匠.

Chinelas (n.拖鞋). *să hiây* 靸鞋③.

Charanar (vt.涂漆). *xańg çh'iĕ* 上漆. – los dientes de los carros (车牙发出的响声). *hán hán* 吭吭④.|. *lińg lińg* 辚辚. – de las aues (鸟儿的鸣叫). *ińg ińg* 嘤嘤.⑤

Chiqueyes⑥ frescos (np.新鲜的柿子). *xý çhủ* 柿子. – otra especie (另一品种). *çú çhủ* 柿子⑦. – secos (风干的). *çú pińg* 柿饼. – breuales (类似无花果的品种). *iêu xý* 油柿. – como datiles (类似枣子的品种). *çú çhào* 柿枣.

Chimenea (n.烟囱). *iēn kuòn* 烟管.|. *iēn tuńg'* 烟筒.

Chico, pequeño (a.小、年少的，幼、幼小、短小的). *siào tiĕ* 小的.|. *tuòn tiĕ* 短的.

China, este Reyno (n.中国，该帝国). *chūng hôa* 中华.|. *chūng kuĕ* 中国.|. *chūng tù'* 中土.|. *tá mîng kuĕ* 大明国.

Chinche (n.臭虫). *ch'éu chûn'g* 臭虫.

Chirimias⑧, flautas (n.笛号，长笛). *fuńg siāo* 风箫⑨. – tocar las (演奏笛号). *chūy' siāo* 吹箫. – organo (管风琴). *fuńg siāo* 风箫. – tocar le (演奏管风琴). *tièn siāo* 点箫.

---

① *tuòn*，上声；梵蒂冈本作去声*tuón*，柯本据此写为"断"。
② 柯本作"文印"。*iǹ*，上声。
③ 柯本作"毼（tā）鞋"。"靸（sā）鞋"，无跟的草鞋；"靸"又可当动词，如《红楼梦》上的"靸了鞋、靸着鞋"等说法，在今天的南京话里仍能听到。
④ 柯本缺字。表示车行声，"吭吭"是口语词，"辚辚"则是文语词。
⑤ 柯本注：这里的车牙云云及三个叠音词，似乎应该接在Chillar一条后面。
⑥ 此词查无着落，其柿子一义是从汉语对应词推出的。
⑦ 柯本注：*xý*和*çú*是"柿"字的不同发音。按："柿"字的读法，北音翘舌，南音不翘舌，万济国说后者为另一品种，也许是指南国所产。
⑧ 古时的一种木管乐器，类似今双簧管，柯本oboes（欧巴、双簧管）。
⑨ 柯本注：这里的*fuńg*"风"可能是衍字，据梵蒂冈本只有*siāo*"箫"。

Chirimias (n.笛号), gayta samorana (np.风笛). *sò nâ* 唢呐. – trompeta (小号、喇叭). *lǎ pā* 喇叭. – la banda por do se toca el organo (管风琴奏乐的一侧). *piēn siāo* 边箫.

Chiste, dar en el (vp.正中要害、恰到好处). *chuńg leào* 中了.|. *hǒ leào* 合了.|. *túy leào* 对了.|. *chuńg çhiě* 中节①.|. *chuńg hiě* 中的②.

Chocar (vi.触碰、冲突), topetar vno con otro (vp.相互碰撞). *siaňg ch'ǒ* 相触.

Chocarrero (n.戏耍者、滑头). *uôn xòa tiě jiñ* 玩耍的人.

Chupar (vt.吮、嘬). *çhiùen* 吮.|. *chǔe* 嘬③. vt mosquitos (如蚊子叮咬). *çhiùen* 吮. – sorbiendo (嘬吸、呷食). *hiě tūn'* 吸吞.|. *hiě chǒ* 吸啄.

Choça (n.草房). *mâo leû* 茅楼.|. ∧*lû* 茅庐.|. ∧*faňg* 茅房.④

(p.48)

Ci.

Ciçaña⑤ (n.毒麦). *t'ý páy* 稊稗.

Cidras (n.香橼). *tiên' tuňg'* 甜桐⑥.|. *hiāng iuên* 香橼.

Ciego (a.眼盲的 n.盲人). *xoāng kù* 双瞽.|. *kù mǒ* 瞽目.|. *kù çhǔ* 瞽子.|. *kù chè* 瞽者.|. *kù vuáng* 瞽妄.|. *hiǎ çhù* 瞎子.

Cielo (n.天、天宇、天国). *tiēn'* 天.|. *chān'g tiēn'* 苍天. – de la luna (指月亮). *iuě luñ tiēn'* 月轮天. – de Mercurio (指水星). *xùy siňg tiēn'* 水星天. – de Venus (指金星). *kiñ siňg tiēn'* 金星天. – de Sol (指太阳). *jě luñ tiēn'* 日轮天. – de Jupiter (指木星). *mǒ siňg tiēn'* 木星天. – de Marte (指火星). *hò siňg tiēn'* 火星天. – de Saturno (指土星). *tù' siňg tiēn'* 土星天.⑦ – de las estrellas (指众星). *siéu tiēn'* 宿天.|. *siaňg tiēn'* 象天.|. *chụ siňg tiēn'* 诸星天. – trepidacionis (指天宇颠动). *çhiń tūy' tiēn'* 进退天. – cristalino

---

① 指节奏或节拍正合适.
② 柯本注：*hiě*, 梵蒂冈本写为*tiě*.
③ 柯本写为"啜", 亦无不可.
④ 符号"∧"不常用, 表示第一个字音*mâo*重复.
⑤ 另一处拼作zizaña, 见Auena (p.27). 此条的汉语对应词, 柯本也写为"荑稗".
⑥ *tuňg'*, 柯本缺字. 盖因香橼的果子状似油桐果, 故有此称.
⑦ 水、金、木、火、土五星之名, 以及太阳, 柏林本原作依次以天文符号☿、♀、♃、♂、♄、☉代之, 而梵蒂冈本则直接写出文字. 柯本从梵蒂冈本, 本书此条亦同.

(指晶状、清澈). *xùy chiṅg tiēn'* 水晶天①. – primer mobil (谓第一动力). *çhūng tuṅg tiēn'* 宗动天.

Cielo empireo (np.最高一层的天、极天). *çhiṅg* 静.|. *vû tuṅg chȳ tiēn'* 无动之天.|. *kuāng mîng tiēn'* 光明天.|. *chīn fǒ chȳ tiēn'* 真福之天.|. *tiēn' tâṅg'* 天堂.

Cielo y tierra (np.天与地). *tiēn' tý* 天地.|. *kiên' kuēn'* 乾坤.

Cielo de cama (np.床顶、床幔). *muón tiēn' tìṅg* 幔天顶.

Ciciones, calenturas (n.间歇热，发烧). *hân jě* 寒热.|. *pày çhǔ* 摆子.

Cierço viento (np.寒冷的北风). *çhiṅg' fuṅg* 清风.|. *pě fuṅg* 北风.

Ciento (num.百). *iě pě* 一百.

Centesimo (num.第一百). *tý iě pě tiě* 第一百的.

Cien mil (num.一百个千、十万). *xě vuán* 十万.

Ciento pies (n.百脚、蜈蚣). *gû kuṅg* 蜈蚣.

Cien apellidos, o alcuñas, que son los de china (np.一百个姓氏或家族名，即中国的诸多姓氏). *pě kiā siṅg* 百家姓.

Cigarra (n.蝉). *xên* 蝉.

Cigarron verde (np.绿色的蚱蜢). *tâṅg' lân* 螳螂.

Cierta cosa: cosa cierta (np.确凿的事情：事情属实). *chīn xě tiě* 真实的.|. *chīn chiṅg* 真正.|. *tiě kiǒ'* 的确.|. *chīn xý* 真是.

Ciertamente, realmente (ad.的确，事实上). *kùo jên* 果然.|. *xě jên* 实然.|. *tuón jên* 断然.|. *k'iǒ jên* 确然. – por cierto (肯定、当然). *tiě jên* 的然.|. *tiṅg jên* 定然.|. *kiuě jên* 决然.|. *kiuě xý* 决是.|. *kiuě tiṅg* 决定.

Ciertamente (ad.当然): tengo lo por cierto (s.此事我很了解、确实如此). *gò mîng hiào* 我明晓.|. *gò mîng chȳ* 我明知.|. *çhiṅg' chȳ* 情知. – no lo se de cierto (对此我不确定). *uý kién kiuě xý* 未见决是.

Cieruo, venado (n.鹿). *lǒ* 鹿.|. *xān lǒ* 山鹿.|. *chaṅg* 獐.

Cifra (n.缩写), escriuir abreuiando (vp.以简略的方式书写). *seṅg siè* 省写.

Cigueña (n.白鹳). *laò kuón* 老鹳.|. *jîn niào* 仁鸟.

Cilicio (n.带棘刺的苦行僧衣及带子). *kě' kỳ táy* 克己带.|. *t'iě sǒ* 铁索.

Cilindros, colunas (n.圆柱，柱子). *ch'ú kiṅg* 柱茎②.

Cimientos (n.地基、基础). *kȳ chȳ* 基址.|. *tý kỳ* 地基.

---

① *chiṅg*，似为 *çhiṅg* 之误，柯本改从后者。

② 柯本注：*ch'ú*，梵蒂冈本作 *chú*，没有送气符。

Cincha (n.肚带). *lĕ* 勒.|. *lĕ tú* 勒肚. – de cauallo (指马具). *mà lĕ* 马勒.|. *kiaṅg lỳ* 缰拊①.

Cincho (n.皮带、腰带). *iāo taý* 腰带. – de los Mandarines que es de oro (官员所佩的金质腰带). *kiñ taý* 金带. – de plata (银质的). *iñ taý* 银带. etc. (等等).

Cinta, vt sic (n.带子，总称). *taý* 带.

Cintura (n.腰部、束腰带). *iāo* 腰.

Cintillo de sombrero (np.帽子的带子). *máo taý* 帽带.

Cipres (n.柏树、柏木). *pĕ xú* 柏树.

Cinco (num.五). *gù* 五.|. *gù kó* 五个.

Cinco vezes (np.五次). *gù ch'ú* 五次.|. *gù pién* 五遍.|. *çhāo* 遭. ett.ᵃ (等等).

Cinco semillas (np.五类种子). *gù kŏ* 五谷. – 5. tonadas (五种音调). *gù iñ* 五音.

Cinco sabores (np.五种味道). *gù vúy* 五味.

Cinco colores (np.五种颜色). *gù sĕ* 五色.

Cinco virtudes (np.五种德行). *gù chân'g* 五常.

Cinco ordenes (np.五种秩序或级次). *gù luñ* 五伦. – 5 astros (五种星体). *gù siṅg* 五星.

Cinco montes principales (np.五座主要的山). *gù iŏ* 五岳.

Cinco partes exteriores del cuerpo humano② (np.人体的五种外部器官). *gù çháng* 五脏/五藏.

Cinco horas de la tarde (np.午后的五个时辰). *chèu' xŷ* 丑时. – cinco horas de por la mañana (早上的五个时辰). *mâo xŷ* 卯时.③

Cinco mil (num.五千). *gù çhiēn'* 五千.

Circulo (n.圆圈), linea redonda (np.圆形的线条). *kiŭen'* 圈. – antartico (南极). *nân kiĕ kiŭen'* 南极圈. – artico (北极). *pĕ kiĕ kiŭen'* 北极圈.

Circulo (n.圆圈), rueda de gente (np.一圈人). *jiñ hoân liŏ* 人环立④. – andar al deredor (围着圈走). *hoân chuèn* 环转.|. *hoân xún* 环旋.

---

① 拊缰，牵拉缰绳，二字倒换便成名词，构造法一如勒马与马勒。*lỳ*，梵蒂冈本作*lĕ*，柯本据之写为"勒"。

② 柯本注：exteriores（外部的），梵蒂冈本作interiores（内部的）。

③ 此条的汉语释义与西语词目出入甚大。

④ 柯本注：*liŏ*，梵蒂冈本作*liĕ* "立"。

Circuncidar (vt.环割、环切). *kǒ sùn* 割笋.|. *kǒ p'ý* 割皮.

Circular buelta (vp.环绕、转圈). *hoân chuèn* 环转.

Circunstancia (n.状况、情势). *çhiñg' çhiě* 情节.|. *çhiñg' lỳ* 情理.|. *çhiñg' ieû* 情由.

Cirio (n.一种粗大的蜡烛). *tá lǎ chǒ* 大蜡烛.

Cirujano (n.外科). *vual kō'* 外科①.

Ciruela (n.洋李子). *lỳ çhù* 李子. – ciruelas pasas (洋李干). *lỳ kān* 李干.

Cisco (n.炭块、碎炭). *gāy hoēy* 埃灰.|. *ta'ń hoēy* 炭灰.

Cismatico [llamamos.] (a.分裂的、搞派别活动的 n.分裂主义者 [我们这样说]). *lỳ chȳ* 离支.|. *kàn'g goéy* 抗违.|. *kiào kiañ'g* 狡强②.|. *kiañ'g leañg* 强梁. idest que no se quiere sujetar (意即某人不肯顺从).

Cisterna de agua (np.蓄水池). *xùy k'ú* 水库.|. *çhân'g xùy* 藏水.|. *sǒ xùy* 蓄水③.

Cisne (n.天鹅).④

Citar en juyzio las partes (vp.传审当事方). *kiáo xìn* 叫审.|. *huón xìn* 唤审.

Citar (vt.征引), alegar testos (vp.引用文句). *iñ xū* 引书.|. *chíñg xū* 证书⑤. – refediendo lo antiguo (参考古书、引用古人说法). *chuê'n kiéu* 传旧. – citando el libro (引用某书). *suńg xū* 颂书.

Citara (n.一种西洋琴). *tuñg' hiên* 铜弦.

Citara chinica (np.中国琴). *kiñ'* 琴. – tocar la (弹奏这种琴). *tān' kiñ'* 弹琴.

Ciudad grande (np.大城市). *fù* 府.|. *chiñg' fù* 城府. – medianas (中等的). *chēu* 州.

Ciudadano (n.城市居民). *chiñg' lỳ jiñ* 城里人.

---

① 按：*vual*可能是笔误，也可能属于异常拼法，记的是儿化音（比较：*ûl* "儿"；*ùl* "耳"）。柯本注：梵蒂冈本作*vuáy kē'*；伦敦本补有修订拼法*vuáy kē'*. 又按："科"字在柏林本上始终拼为*kō'*，并不作*kē'*.
② 谓强词狡辩。柯本拟为"教强"。
③ *sǒ*，柯本缺字。拼法有疑，"蓄"字他处或作*hiǒ*。
④ 原缺汉语释义。
⑤ 谓证之以书，使用书证。

(p.49)

Ço.

Çoçobra① (n.顶风), viento por proa (np.迎着船头刮来的风). *niě fuñg* 逆风.|. *túy têu' fuñg* 对头风.

Çoçobra de algo (np.某事引起的忧虑).②

Çodiaco (n.黄道带). *chiě k'ý* 节气.

Çorra (n.狐狸). *hû lý* 狐狸.

Çopo de los pies (np.双足畸形).③

Çombido en las orejas (np.耳中的鸣响). *ùl mîng* 耳鸣.|. *ùl hiàng* 耳响.

Çv.

Çuecos (n.木屐). *hiây ta'ó* 鞋套.|. *mǒ kiě* 木屐.

Çumo de qualquier cosa (np.任何东西的汁液). *chě* 汁.

Çurrar cueros (np.鞣制皮革). *lién p'ý* 练皮.

Çurron (n.皮囊、背袋). *nâng* 囊.

Cl.

Clamor, voceria (n.喧哗，吵嚷). *hân xiñg* 喊声.|. *jàng xiñg* 嚷声.

Clamar das voces (vp.大喊大叫). *hǒ táo* 喝道 vel *nǎ' hièn* 呐喊.④

Clamar (vi.喊叫). *hū háo* 呼号.|. *kiáo hân* 叫喊.|. *hiūen jàng* 喧嚷.

Clara de guebo (np.鸡蛋白). *tań pě* 蛋白.|. *tań çhiñg'* 蛋清.

Claramente (ad.明显、显然). *hièn jên* 显然.|. *hiào jên* 晓然.|. *mîng pě* 明白.

Claro, manifiesto⑤ (a.清楚的，显明的). *mîng pě* 明白.|. *mîng hièn* 明显.|. *kuāng miñg* 光明.|. *kuāng leańg* 光亮.

---

① 今拼zozobra（逆风）。以下诸多Ç字头的词，现代也常改以Z起首。
② 原缺汉语释义。
③ 原缺汉语释义。
④ 此条为另手补写。vel（或者），拉丁文连词。
⑤ 这个词又有一层宗教的含义，指圣体公开展示，故有"光明""光亮"之谓。又，本条不见于柯本。

Claraboia (n.气窗、天窗). [参见：abertura (洞孔).]

Claridad (n.明亮、亮堂). *kuāng* 光.|. *kuāng mîng* 光明.|. *kuāng leáng* 光亮.|. *kuāng cháo* 光照.|. *cháo iáo* 照耀.

Claridad, euidencia de alguna cosa (n.清晰明了，如某事无可置疑). *té'u mîng* 透明.|. *chȳ mîng* 知名.

Claro mucho, muy claro (ap.清楚得很，非常明显). *mîng mîng* 明明.|. *cháo mîng* 昭明①. – claro, patente (清楚，明显). *lú hién* 露现.|. *hién hién* 显现.

Claro, que se ve (adp.清清楚楚，一目了然). *cháo chañg* 昭彰②.|. *hién mîng* 显明.|. *chañg chú* 彰著③.

Claro esta, que es assi (s.事情如此，再清楚不过). *chú jên* 自然.

Claro, o liquido (a.稀薄的，或液态的). *hȳ tiě* 稀的.|. *hȳ hȳ tiě* 稀稀的.

Claro cielo, sereno (np.晴朗的天空，风和日丽). *tiēn' chiñg'* 天晴.

Clauar (vt.钉钉子). *tiñg* 钉.

Clauo (n.钉子). *tiñg* 钉. – de hierro (铁制的). *tiě' tiñg* 铁钉. – de caña (竹制的). *chǒ tiñg* 竹钉.

Clauo de comer (np.丁香，一种食用香料). *tiñg hiāng* 丁香.

Clauar los ojos, mirar con atencion (vp.眼睛盯住，仔细看). *çù mǒ chién* 使目箭④.|. *mǒ chién* 目箭.

Clauellina, o, clauel (n.麝香石竹，或康乃馨). *chièn juñg hōa* 剪绒花.

Clauixa de guitarra (np.六弦琴的弦轴). *kiào chǔ* 铰子.

Clauixa del arado (np.犁的销子). *lý heú chó* 犁后座.

Clauicordio (n.古式钢琴). *tuñg' hiên kiñ'* 铜弦琴.

Clausula, periedo⑤ (n.句子、小句，句子、完整句). *chiě* 节.|. *xū chiě* 书节.

Claustro (n.回廊). *tiēn' chiǹg* 天井.

Clausura (n.修道院内院). *muên kiń* 门禁.|. *niên kiń muên* 严禁门.

Clima (n.气候、天气). *xùy tù'* 水土.|. *tiēn' k'ý* 天气.

---

① 柯本作"照明"。
② 柯本作"照张"。
③ 柯本作"张著"。
④ 潮汕话里有"倏目箭"一语，谓盯住人看、以目传情，与此处所记很接近。
⑤ 今拼periodo，指含有主句和从句、语法上完整的句子，与clausula（=英语clause）可以是句子的一部分不同。无论怎样，这两个词与给出的汉语词都不对应。

Clemencia (n.仁慈). *kuōn' jiń* 宽仁.|. *kuōn' iuńg* 宽容.|. *jêu xeń* 柔善.|. *hoây jêu* 怀柔.

Clemente (a.仁慈的). *kuōn' çhû' jiń heú* 宽慈仁厚. [参见：piadoso (虔敬、慈悲的).]

Clerigo. [llamamos.] (n.牧师[我们的称法]). *xińg Pě tō lǒ hoéy tiě* 圣伯多禄会的①.

Clueca, gallina (n.孵蛋的母鸡). *pāo tán tiě kȳ* 抱蛋的鸡②. – cloquear ella (抱蛋鸡咯咯叫). *kȳ hū tań* 鸡呼蛋.

+ Claraboya en el texado para que de luz al aposento (np.铺瓦的屋顶上所开的天窗，使光线能照进房间). *mîng vùa* 明瓦.③

Claramente (ad.明显、显然). [参见：abierta (清晰).]

(p.50)

Co.

Cobarde (a.胆怯的 n.胆小鬼). *tàn siào tiě* 胆小的.|. *vû tàn tiě jiń* 无胆的人.|. *kińg siń tiě* 惊心的.

Cobertura, vt sic (n.遮盖物，如罩子、盖子等). *káy çhǔ* 盖子. [参见：tapadera (盖子).]

Cobijar (vt.遮盖、覆盖). *káy kỳ'* 盖起. [参见：tapar, cubrir (遮盖，覆盖).]

Cobertor de cama (np.床罩). *pý káy* 被盖.|. *pý uō* 被窝.

Cobrar deudas④ (vp.讨债). *çhiù' cháy* 取债.|. *tào' chańg* 讨账.|. *çhiù' chańg* 取账.

Cobrar los tributos Reules (vp.收取皇家税赋). *çhiù' çhiên' leańg* 取钱粮.|. *pỳ kiáo çhiên' leańg* 俾缴钱粮⑤.|. *çhūy' leańg* 催粮.

---

① *pě tō lǒ*, 柯本未写汉字。相传耶稣有十二门徒，圣彼得为其中之一，"伯多禄"即彼得，是当年天主教士所拟的汉译名。

② 柯本无"的"字，写为"菢蛋鸡"。

③ 此条标有加号，表示应与相关的词目排在一起。

④ 此词柯本遗漏。

⑤ 柯本注：*pỳ*，在柏林本上被修改为*pý*。按：恰相反，柏林本此处用浓笔将去声符"´"改为上声符"ˇ"。

Cobrar el arros de las sementeras (vp.收取田产的稻谷①). *xēu çhū* 收租.

Cogollos (n.芽、嫩苗). *mêng iâ* 萌芽. – de cañas (指竹子). *siùn* 笋.

Cobre (n.铜). *tuñ'g* 铜.

Cochinchina Reyno (np.交趾支那王国). *kiāo chỳ kuĕ* 交趾国.

Cobro (n.安全之地), ponerse en cobro (vp.妥善安置). *gān vuên* 安稳.|. *gān chȳ tiñg' tańg* 安置停当.

Cocear (vi.踢), dar coçes (vp.踢腿). *ti'ĕ kỳ* 踢起.|. *ti'ĕ kiŏ* 踢脚.

Coche (n.马车). *mà chē'* 马车.|. *çú mà chē'* 四马车. – coche del Rey (君王的马车). *luôn kiá* 銮驾. [参见：carroza② (四轮大马车).]

Cochino (n.猪). *chū* 猪. [参见：puerco (猪).]

Cochinilla de S. Anton (np.圣安东的胭脂虫). *fī chŭ* 绯猪.③

Coco de comer (np.食用的椰子). *yê çhŭ* 椰子. – seco echo xicara, o vaso (晾干后制成杯、勺等). *yê piâo'* 椰瓢.|. *iây çhŭ* 椰子.④

Cocodrillo, cayman (n.鳄鱼，美洲鳄). *gŏ iǔ* 鳄鱼.

Codicia (n.贪心). *tān' siñ* 贪心.|. *iŏ siñ* 欲心.

Codiciar (vt.贪图). *tān'* 贪.|. *tān' mêu* 贪谋.|. *tān' liuén* 贪恋.

Codiciar riquezas (vp.贪图财富). *tān' çhây'* 贪财.

Codiciar honrras (vp.贪图声望、名誉). *tān' mîng xiŭ* 贪名声.

Codicioso (n.贪婪者). *tān' siñ tiĕ jiñ* 贪心的人.

Codicioso (a.贪婪的), Mandarin codicioso (np.贪婪的官员). *tān' kuōn* 贪官.

Codorniz (n.鹌鹑). *gān xûn* 鹌鹑.|. *tiên' kỹ* 田鸡.⑤

Cojin (n.坐垫). *tiên çhŭ* 垫子.

Codo del braço (np.手臂的肘部). *xèu héu kiŏ* 手后角.

Codo, medida suya (n.腕、腕尺，即以手腕作为量度单位). *chĕ'* 尺. tiene 10 pulgadas (一尺等于十寸).

Cofradia (n.教友会、兄弟会). *hoéy* 会. – de nuestra (我们圣教的). *xiń mù*

---

① 即以稻谷抵田租。

② 即carroça（p.43）。

③ 此条如柯本指出，为另手插入，所以拼法有小异（*fī* = *fy*; *chŭ* = *chū*）。西班牙语cochinilla（胭脂虫，胭脂虫红、洋红），原为cochino（猪）的指小形式，或许因此而有汉译"猪"；"圣安东"，义不明。

④ 柯本注："椰"，明代官话发为*iê*（按：柏林本原写为*yê*），清代官话则读为*iây*。

⑤ 盖指某种野鸡，而非青蛙。可比较Gallina（p.103）条下的"田鸡"。

hoéy 圣母会. – de la misericordia (旨在倡导慈悲的). jiñ hoéy 仁会. – de la pasion (旨在感受苦难的). kù' hoéy 苦会. – cofrade (同会的成员). hoéy ièu 会友.

Coger, tomar (vt.抓、拿、攫，拿取、拣取、夺取). nà 拿.

Coger prediendo (vp.拿住、握住). nâ 拿①.

Coger flores, o fruta, tirando (vp.采摘花朵、果子). çhày' 采.|. t'iě 搩.

Coger en vno (vp.攒集到一起). çhuǹg pāo 总包.

Coger del suelo (vp.从地上拿起). kièn ky' 捡起.

Cogedor de vasura echo de palo (np.舀粪便的容器，用木棍编成). fuén tèu 粪斗. – el de cañas (竹制的). fuén kȳ 粪箕.

Cogote (n.后脑勺). têu' tiňg 头顶.|. nào héu 脑后.

Coger los frutos que son los arrozes (vp.收获稻谷类的果实). xēu tuňg 收冬②.

Coger el trigo (vp.收获小麦). xēu mě 收麦.

Coger la alcabala (vp.收税). nǎ xúy 纳税. – el alcabalero (税务官员). xúy kuōn 税官.

Coger caçando③ (vp.从事狩猎). tà goêy 打围.|. tà liě 打猎. caçar (即狩猎).

Cohechar (vt.行贿). lú hoèy 赂贿. – recebir coechos (收受贿赂). xéu hoèy 受贿.|. tě héu xèu 得后手.

Coechos (n.贿赂). hoèy lú 贿赂.|. hoèy xèu 贿手.|. héu xèu çhiñg' 后手情④.

Coetes (n.鞭炮). hò pa'ó 火炮.|. hò hōa 火花.|. pa'ó çhǔ 炮子. – busca pies⑤ (寻脚、串脚). ū xù pa'ó □鼠炮⑥.

Cohombros, o, como ellos (n.菜瓜，或类似的瓜种). çh'ǔ kūa 刺瓜⑦. – amargos (带苦味的). kù' kūa 苦瓜.

---

① 所标声调与上一例"拿"不一，何故不明。
② 柯本注：此为闽方言说法。
③ Coger caçando这一构式，有点像汉语的"打猎"，实义在后一成分caçando，即动词 caçar (= cazar)的副动词形式。或许是为说明"打猎"构成囫囵一个词，才写了参照词目caçar (p.39)。
④ çhiñg', 梵蒂冈本作çhiên', 柯本据此写为"钱"。
⑤ 字面意思是"找脚"，一种点燃之后会在脚边来回呲呲串游的小炮仗，沪上戏称"米老鼠"。
⑥ ū, 柯本写作"乌"，认为"乌鼠"是闽方言词，即老鼠。按：可能是"鸟鼠炮"，闽南话里老鼠叫"鸟鼠"，"鸟"与"乌"一笔之差。
⑦ 柯本注："刺瓜"可能是闽方言的借词。

Cola de animal, ett[a]., o remate (np.动物的尾巴等，或事物的终端、结尾). *uỳ* 尾.

Cola para apegar (np.粘东西用的胶水). *xùy kiāo* 水胶.

Cola de tripas de pescado (np.用鱼肠制成的胶). *iû kiāo* 鱼胶.

Colacion, frutas (n.甜点，水果). *kùo çhǔ* 果子. – para la *châ'* (喝茶时配的). *châ' kùo* 茶果.|. *châ' leáo* 茶料.

Colacion (n.小吃、点心), hazer la (vp.做点心). *tièn siñ* 点心.

Colar (vt.过滤). *liú kúo* 滤过.

Colchon (n.床垫). *jǒ çhǔ* 褥子.|. *mîen jǒ* 棉褥.

Colcha (n.床单、垫被). *jǒ çhǔ* 褥子.|. *gó jǒ* 卧褥.

Colear (vi.摆尾), menear la cola (vp.摇晃尾巴). *iâo uỳ* 摇尾.

Colera, este humor (n.胆汁，指一种体液). *hoâng iẻ* 黄液.|. *hoâng tân'* 黄痰.

Colera, yra (n.愤怒，气愤). *fuèn nú* 愤怒.|. *chīn' nú* 嗔怒.

Colerico (a.脾气火暴的). *siń kiẻ tiẻ* 性急的.|. *sáo páo* 懆暴.|. *siń çhîn'g xín kiẻ* 性情甚急.|. *pǒ çhû'ng iûng tiẻ* 不从容的.|. *siń çhîn'g ỳ nào* 性情易恼.|. *hò siń tiẻ jiñ* 火性的人. – fogoso (烈性子的). *hèn nú tiẻ* 狠怒的.|. *siń kiǹ* 性紧.

Colegio Real en la Corte (np.宫廷所设的皇家学院). *hán liñ iuén* 翰林院.|. *kuẻ çhǔ kień* 国子监.

Colegios ut de los nuestros (n.学院，我们欧洲拥有的类型). *hiǒ iuén* 学院.|. *hoéy iuén* 会院①.

Coles (n.一种甘蓝). *kiáy lân ch'áy* 芥兰菜.

Colica (n.疝气、腹绞痛). *xùy hò pǒ tuñg'* 水火不通.*

Colgar (vt.悬吊). *tiáo* 吊. – pendientes vt ymagines, dozeles, ett[a]. (悬挂坠饰、画像、华盖等). *chañg kuá* 张挂.|. *kuá kỳ'* 挂起.

Colgar para abaxo, o, estar pediente (vp.悬垂，下垂). *hiuên* 悬.|. *hiuên chúy* 悬坠.

Collado (n.丘陵、小山). *xān uō* 山窝.|. *xān iāo* 山凹②.

Colgado in corde, que no se quede oluidar (ap.心里焦虑，不能忘怀). *kuá siñ* 挂心.

Colorado (a.红). *huñg sẻ* 红色. – muy fino (非常鲜艳的). *tá huñg* 大红.|. *liêu*

---

① 柯本作"诲院"。

② "凹"读为 *iāo*，可参看词目Abollar（p.2），例词"打凹"。

huńg 榴红.

Color, vt sic (n.颜色、色彩、颜料等). *sě* 色. – para pintar (绘画用的). *çhày' sě* 彩色.

Colgar el sello del officio a un lado del vestido (vp.把官印挂在衣服的一侧). *kuá iń* 挂印.

* Colirio para los ojos (np.洗眼剂). *iēn iǒ* 眼药.|. *mǒ tièn* 目点.|. *ièn tièn* 眼点.

Colmar (vt.装满、充满). *muòn* 满. – colmo, moraliter (满满的，引申义). *muòn çhǒ* 满足.

Collar (n.衣领、项圈). *liṅg* 领.|. *hú liṅg* 护领. – de pellejo para el tiempo de frio (寒冷天气用的毛皮围脖). *goêy liṅg* 围领.|. *fuṅg liṅg* 风领. – de cascabeles (指铃铛). *liṅg kiyēn'* 铃圈.

Collar de oro (np.金质的项圈). *kiṅ kiṅg kiyēn'* 金颈圈. – collar de hierro (铁质的项圈). *ti'ě kiṅg kiyēn'* 铁颈圈.

Collar de vestido (np.衣裳的领子). *liṅg* 领. – de vestido de varon (男人衣裳的). *tá liṅg* 大领. – de vestido de muger (女人衣裳的). *siào liṅg* 小领.

Colocar (vt.安排、安顿). *gān chý* 安置.

Colmena (n.蜂巢). *miě fuṅg tuṅ'g* 蜜蜂桶.|. *miě fuṅg chiào* 蜜蜂巢.|. *miě fuṅg kō'* 蜜蜂窠.

Colodrillo (n.颈背、后脑勺). *heú chìn* 后枕.|. *nào heú* 脑后.

(p.51)

Color arrebol para las mugeres (np.女人用的胭脂). *iēn chȳ* 胭脂. – Afeytes (口红). *iēn chȳ fuén* 胭脂粉①.

Color que sale al rostro (np.脸上的红晕). *lièn huńg kỳ'* 脸红起.

Color del rostro (np.脸庞的颜色), apariencia (n.外观、面色). *iên sě* 颜色.|. *mién sě* 面色.|. *iuṅg sě* 容色.

Color del cielo (np.天空的颜色). *chān'g* 苍.|. *hiûn* 玄②.

Color de enfermo (np.病态之色、病色). *mién çhiṅg'* 面青.

---

① 柯本注：*fuèn*, 梵蒂冈本作 *fuèn*, 上声。

② 柯本写为"曛"。所谓天玄地黄，"玄"的可能性更大，唯注音可能脱一字母，他处拼为 *hiuèn*。

Columpio (n.秋千). çhiēn' çhiēu' 千秋①.

Coluna (n.柱子). chú chǔ 柱子.|. chú têu' 柱头.|. tuńg chú 栋柱.|. tuńg chǔ 栋子②.

Coluna de sala (np.大厅的柱子). tiṅg' chú 厅柱.

Coma en la clausula (np.句子里的逗点). tièn 点.|. kiu̯ēn' 圈.

Comarca (n.地区、地方). tý faṅg 地方.

Comadreja (n.鼬). hoaṅg xù 黄鼠.

Comarcaneo del Reyno (np.帝国的邻邦). liṅ kuě jiṅ 邻国人.|. liṅ paṅg jiṅ 邻邦人. – de Prouincia (指省份). liṅ seṅg 邻省. ettª. (等等).

Combatir (vi.战斗). kuṅg chén 攻战.|. kuṅg tà 攻打. – poniendo cerco (形成包围). goêy chiṅ'g kuṅg tà 围城攻打.

Combatir por dos partes (vp.从两面攻打). leaṅg hiá hiǎ kuṅg chiṅ'g 两下挟攻城.|. leaṅg hú kiě chiṅ'g 两路击城③.

Combatir por todas partes (vp.从各面攻打). çú mién kiūn mà chuṅg tiě goêy chú 四面军马重叠围住④.|. xèu u̯ý siaṅg kuṅg 首尾相攻.

Combina (n.联合、结合). hû hǒ 互合⑤.|. siaṅg chi'ṅg 相称.|. kỳ hǒ 几合⑥.

Combinan en los naturales (vp.彼此性情相合). siaṅg tě 相得.|. siaṅg têu' 相投.

Combinan sin oposicion (vp.契合无间). siaṅg tě vû niě 相得无逆.

Combinan con migo (vp.与我的想法相合). chiṅg hǒ gò fý fù 正合我肺腑⑦.|. ièu k'ý hǒ iṳ gò siṅ 有契合于我心.|. hǒ gò tiě ý 合我的意.

Combidar (vt.邀请). chiṅ'g 请. – a beuer vino (请人喝酒). chiṅ'g chièu 请酒.

Combidado, huespede (n.受邀者、客人). kě' jiṅ 客人.|. pīn kě' 宾客.|. kién chiṅ'g chè 见请者.|. jiṅ kě' 人客.

---

① 即秋千。民间倒语"千秋",系喻意福吉。柯本写为"鞦韆",固然不错,只是难以显出文字的妙用。

② 此词不见于柯本。

③ 柯本注:hú,梵蒂冈本作lú"路"。

④ chuṅg tiě,柯本写为"冲的"。按:此句出自《三国演义》第九十二回:"……四面军马重叠围住,云可擒矣。"唯"重"当拼为chûng',见词目Casarse segunda vez(p.44)下的例词"重婚"。

⑤ 柯本注:hû,梵蒂冈本作hú,去声。

⑥ 即基本相合。kỳ,柯本写为"气"。按:梵蒂冈本作ký',则是"契"字无疑。

⑦ 此句出自《李笠翁批阅三国志》第一百十六回,司马昭语:"我见钟会之策,正合我肺腑。"

官话词汇

Combite (n.宴会). *ién* 宴.|. *chièu ién* 酒宴.|. *iên ién* 筵宴. – combite Real (皇家的宴会). *iú ién* 御宴.

Comediamiento (n.文明知礼). *lỳ máo* 礼貌.|. *lỳ ỷ* 礼仪.

Comedido, vrbano (a.谦恭的，温雅的). *ièu çū̆ vuên tiẻ* 有斯文的.|. *cháy hañg tiẻ* 在行的.|. *ièu lỳ máo tiẻ* 有礼貌的.

Comedor, goloso (a.贪吃的，嘴馋的). *tān' xẻ* 贪食.|. *háo xẻ* 好食.|. *tān' tāo'* 贪饕①.

Comer (vt./vi.吃). *ch'ẻ* 吃.|. *ki'ẻ* 吃.|. *xẻ* 食.|. *iúng fán* 用饭. – comer de carne (吃肉). *ch'ẻ hoēn* 吃荤. – de ayuno (戒肉食). *ch'ẻ sū̆* 吃素.|. *pỏ iúng siñg vúy* 不用腥味. – comer lacticinios (吃奶制品). *ch'ẻ siào hoēn* 吃小荤. [……] [参见：abocado (可口的). = comer.] [参见：aboca llena (满满一口).]②

Comida de à medio dia (np.中午的饭、午饭). *chuŭng fán* 中饭.|. *gù fán* 午饭.|. *chuŭng hò* 中火③. – vna comida (一顿饭). *iẻ tùn* 一顿.|. *iẻ çhān'* 一餐.

Comer los gusanos la madera (vp.蛀虫吃木头). *chú mỏ* 蛀木.|. *chỳ' mỏ* 歠木④.

Comer las aues (vp.鸟儿吃食). *chỏ* 啄.

Comer hasta estar satisfecho (vp.吃到满足为止). *ch'ẻ pào* 吃饱. – comer hasta artar (吃撑). *ch'ẻ chańg* 吃胀.

Comer con otros (vp.跟人一起吃). *kuńg ch'ẻ* 共吃.|. *tuńg' ch'ẻ* 同吃.

Comienço (n.开头、初始). *xỳ çhū'* 始初. [参见：principio (开端).]

Comercio con otros Reynos (np.与其他王国通商往来). *tuñ'g vuáy kuẻ* 通外国. – por mar (经由海路). *tuñ'g hày* 通海.

Començar (vt./vi.开始), dar principio (vp.开始做). *kỳ' têu'* 起头.|. *kāy' xèu* 开首.|. *hía xèu* 下手.|. *tuńg xèu* 动手.

Començar la obra (vp.开始干活). *kỳ' kuńg* 起工.

Començar à dezir (vp.开始说话). *kāy' ién* 开言.|. *çhây' xuẻ* 才说.

Començar à barbar (vp.开始长胡子). *çhây' fă siŭ* 才发须.

Començar el camino (vp.开始行路). *fańg kỳ' xīn* 方起身.|. *kỳ' chiń'g* 启程/起程.

---

① 柯本作"贪叼"。
② 这一条为后手插入，行首的几个词难以辨认。提示参见的两个词都在p.2。
③ 尤指途中打尖，如"打中火"。柯本写为"中伙"，也一样。
④ *chỳ'*，柯本写为"齿"。

Começar de nuebo (vp.重新开始). *çhûn'g siñ çhó* 从新做.
Comedia (n.戏剧). *hý* 戏. – hazer la (演戏). *çhó hý* 做戏.|. *cha'ng hý* 唱戏. – vna comedia (一场戏). *iě tây' hý* 一台戏.|. *iě chāng hý* 一桩戏①.
Comediantes (n.演员). *hý çhǔ* 戏子. – si es muger (如果是女演员). *hý fú* 戏妇. – 1° papel de varon (一号男角). *hý seng* 戏生. – de muger (女角). *hý tán* 戏旦.
Comedias (n.戏剧), libro de comedias (np.剧本). *hý puèn* 戏本.|. *hý vuên* 戏文.
Cometa del Cielo (np.天上的彗星). *sào siñg* 扫星.
Cometer, encargar (vt.委托，托付). *chǒ fú* 嘱咐. – mandando es (以命令的方式). *fuēn fú* 吩咐.|. *miñg fú* 命咐.|. *miñg liñg* 命令.
Cometer el despacho al juez inferior (vp.给予下级一项批示). *pȳ' hiá* 批下. ett^a. (等等).

Começon (n.痒), tener começon (vp.发痒). *iàng* 痒.
Comida, o manjar (n.饭食，即食物). *xě tiě vuě* 食的物.|. *iǹ xě tiě vuě* 饮食的物. [见上：comida (饭食).]
Comission (n.使命、权限). *sò fú chȳ kiuě'n* 所赋之权.
Comissario (n.代理、获授权者). *chāy' kuōn* 差官. del Rey (君王派遣的). *kiñ' chāy'* 钦差.
Como? interrogando (ad.怎样，表示疑问). *jû hô* 如何.|. *hô jû* 何如.|. *chèng mò iáng* 怎么样.|. *jû chȳ hô* 如之何.
Como, afirmando (ad.如同、像某一样，表示断定). *jû* 如.|. *çú siaǹg* 似像.|. *çhiéu jû* 就如.
Como, idest, verbigracia② (ad.比如，即举例说明、例如). *p'ý jû* 譬如.
Como quiera③ (adp.无论怎样、既然). *pǒ lún* 不论.|. *pǒ kiū* 不拘.
Con migo (pp.和我、跟我一起). *tuñg' gò* 同我.|. *iù gò* 与我.
Como me atreuere yo (s.我怎敢、我岂能). *hô kàn* 何敢.|. *kỷ' kàn* 岂敢.
Como hade auer tal cosa (s.怎会有这样的事情). *ky' ièu çhǔ' lỷ* 岂有此理.
Como de antes (adp.和以前一样、一如往常). *jû kiéu* 如旧.|. *cháo kiéu* 照旧.|. *ȳ kiéu* 依旧.|. *jû çhiên'* 如前.|. *jû kù* 如故.|. *ȳ iuên* 依原. – và, y viene

---

① *chāng*，柯本拟为"场"。此音梵蒂冈本作*çhēng*，也不无疑问。量词"桩"读为 *chāng*，见Negocio（p.149）。
② 拉丁语副词，也作verbi gratia，缩写为v. g.。
③ 今连写为comoquiera，同义于de cualquier manera（不论以何种方式，无论如何）。

como de antes (来来去去跟从前一样). *jeñg ki'ú, jeñg laў* 仍去仍来.
Como fuera bien (s.怎样才好). *tañg jû hô* 当如何.
Como quizieres (s.随你怎样、你随意). *piñ'g nỳ sûy ý* 凭你随意.|. *piñ'g nỳ çhây' çhù'* 凭你裁处.|. *piñ'g nỳ pién* 凭你便.|. *piñ'g nỳ chù ý* 凭你主意.

（p.52）

Como sera mejor? (s.怎样才会更好？). *chèng mò iáng çhây' hào* 怎么样才好.
Comodidad (n.便利). *pién* 便.|. *pién iě* 便益.|. *pién lý* 便利.|. *pién ŷ* 便宜.|. *fañg pién* 方便. – hauiendo comodidad (方便时、便中). *iú pién* 遇便.|. *tě pién* 得便.|. *jǒ ièu pién* 若有便.|. *ièu fañg pién* 有方便.|. *ièu pién tañg* 有便当. – no hauer comodidad (不方便). *vû fañg pién* 无方便.
Comodidad (n.便利), seguir la comodidad (vp.为方便起见). *chûn'g pién* 从便.|. *sûy pién* 随便.|. *çhiéu pién* 就便. – modo y traça acomodada (便捷的方式、权宜之策). *pién lú* 便路.|. *pién ký* 便计.|. *pién fǎ* 便法.|. *huǒ lú* 活路.|. *pién çhě'* 便策.|. *fañg fǎ* 方法.
Comodidad en la compra (np.购物时所得的便宜). *mày tě pién ŷ* 买得便宜. – comprar caro (买得贵). *mày tě pǒ pién ŷ* 买得不便宜. – hombre que busca comodidad (寻觅便宜货的人). *yáo tě pién ŷ tiě jiñ* 要得便宜的人.①
Compadecerse (vr.同情、怜悯). *gāy liên* 哀怜.|. *gāy kiñ'* 哀矜.|. *çhě' iñ* 恻隐.|. *chu'ý liên* 垂怜.|. *kiñ' nién* 矜念.|. *liên nién* 怜念.|. *gāy tu'ńg* 哀痛.|. *gāy kàn* 哀感.|. *çhў' çhān'g poēy çhě'* 凄怆悲恻.
Compasion (n.怜悯、同情), digno de compasion (ap.值得同情). *kò' liên* 可怜.|. *kò' gāy* 可哀.|. *kò' xañg* 可伤. – grande lastima, y perdida, vt de hazienda (巨大的悲伤和损失，如失去财产). *kò' siě* 可惜.
Compañero (n.同伴、朋友). *pên'g ièu* 朋友.|. *tuñ'g pu'ón* 同伴.|. *pên'g pu'ón* 朋伴②.|. *tuñ'g liù* 同侣.|. *pu'ón liù* 伴侣.
Compañero en el officio (np.工作中的同伴、同事). *hò k'ý* 伙计③.|. *kiāo ièu*

---

① 本条的三例"便宜"，注音都误为表示方便、适宜之义的"便宜"（见上上条）。正确的 例注音见Ynteres（p.119）。又，*yáo* "要"，他处多拼为*iáo*，如本页下面将出现的词目Compendio。
② 此词柯本未录。
③ "计"字的正确拼法，见于词目Camarada（p.40）下的例词"伙计"。

交友.|. *kiāo pên'g* 交朋. – en el camino (路途中). *tuǹg lú tiě* 同路的.|. *tuǹ'g hiǹg tiě* 同行的.|. *kēn paṅg hiṅg tiě* 跟帮行的.

Compañia, vt sic (n.团体、会社、盟会等). *hoéy* 会. y de tratos, y contratos (即由协议、规章等约定的组织).

Compañia de gente (np.一帮人). *kiǔn'* 群. – vna compañia de gente (一群人). *iě ky̌' jiń* 一起人.|. *iě hò tiě jiń* 一伙的人.

Compañia (n.连队), vna compañia de soldados (np.一个连队的士兵). *iě iuṅg* 一营.|. *iě xaó kiūn* 一哨军.|. *iě chȳ pīng mà* 一支兵马.|. *iě túy* 一队.|. *iě cháy* 一寨. – gauilla (团伙、帮). *iě taǹg jiń* 一党人.

Compañones (n.男性生殖器). *iñ chǔ* 阴子.|. *xén chǔ* 肾子.|. *luòn chǔ* 卵子.|. *vuáy xiń* 外肾. esta es palabra casta (这是纯洁无邪的说法). – las bolsas (阴囊). *luòn pāo'* 卵泡①.

Comparar (vt.比较、对比、比喻). *py̌* 比.|. *py̌ iú* 比喻.|. *chiaṅg py̌* 将比.

Comparacion (n.比较、对比、比喻). *py̌ faṅg* 比方.|. *py̌ jû* 比如.|. *p'y̌ jû* 譬如②.|. *py̌ lỳ* 比例.

Compas (n.量具、测具). *kuēy kiù* 规矩.|. *kuēy ch'ě* 规尺.|. *kuēy xě* 规式.|. *kuēy leańg* 规量. – Redondo (圆形的). *hoân ch'ě leańg* 环尺量③. – la esquadra (四方的). *kiǒ' ch'ě* 曲尺.|. *uān ch'ě* 弯尺.

Compas en la musica (np.音乐上的节拍). *pě' pàn* 拍板.|. *tièn pàn* 点板.

Compasar (vt.用绳墨等器具找平). *pày piṅg'* 摆平.|. *chiù' piṅg'* 取平.

Compeler (vt.强迫). *kiàn'g* 强. [参见：forzar (迫使).]

Compendio (n.摘要、提要). *iǒ iên* 约言.|. *ch'ó iáo* 撮要.|. *iáo liǒ* 要略.|. *iáo iǒ* 要约.|. *iáo chy̌* 要旨.|. *tá liǒ* 大略.|. *kiǹ iáo* 紧要.|. *tá tuōn* 大端.|. *tá iáo* 大要.

Compendiar (vt.摘录要点、加以概括). *chiù' iǒ iên* 取约言.|. *chiù' ch'ó iáo* 取撮要. – y assi de los de mas anteponiendo les el *chiù'*, por el orden que estan puestos (其余诸词的用法可据此类推，将"取"字置于其前).

Compensar, retribuir (vt.报偿，酬报). *páo tǎ* 报答.|. *chêu' páo* 酬报.|. *chêu' tǎ* 酬答.|. *iṅg tǎ* 应答.

---

① *pāo'*，带送气符。柯本作 *pāo*，其字遂写为"包"。

② 此词柯本未录。

③ *hoân*，柯本写为"还"。

官话词汇 165

Competente, consentaneo (a.恰当的，适宜的). *tañg* 当.|. *kāy tañg* 该当.|. *siañg ý* 相宜.|. *siañg chi'ńg* 相称.

Competir, altercar (vi.交锋，争吵). *siañg çhēng* 相争.|. *siañg téu* 相斗. – con palabras (用言辞). *téu kèu'* 斗口.|. *çhēng kèu'* 争口.

Competir, o altercar, disputando (vi.争辩，或争嘴). *çhēng luń* 争论. – sobre la primacia (为得第一). *çhēng siēn* 争先.

Competir sobre amores, zelotypia (vp.为了情爱或出于嫉妒而相争). *çhēng sě* 争色①. – competir apostando (打赌相争、争下赌注). *siañg tù* 相赌.

Complacer, agradar (vt./vi.使人高兴，满意). *chuńg ý* 中意. [y quitando pelillos como dizen (这时就像人们说的那样，要把小小的瑕疵搁在一边).]

Complaçencia (n.开心、满意). *tě ý* 得意.|. *hỷ siàng* 喜想.|. *lǒ siàng* 乐想.

Complexion (n.天性、气质). *sińg çhińg'* 性情.|. *puèn sińg* 本性.|. *pìn k'ý* 秉气②.|. *pìn sińg* 秉性.|. *çhǔ chě* 资质.

Componer libros, sacar los a luz (vp.编著书籍，付诸出版). *çhó xū* 做书.|. *chú xū* 著书.|. *cháo xū* 造书.|. *chú hién* 著现③.

Componer sus retoricas, hazer las (vp.修炼辞藻，写美文). *çhó vuên* 做文.|. *çhó vuên chañg* 做文章.|. *çhó vuên çhú* 做文字.

Componer versos (vp.作韵文). *çhó xȳ* 做诗.

Componer, adereçar (vt.拾掇，整理). *çhý' chìng* 齐整.|. *xēu xě* 收拾.|. *siēu chìng* 修整.

Componerse (vr.合拢), conuerse las partes (vp.各方联合). *siañg chù'* 相处.

Componerse el rostro (vp.整饰面孔). *siēu iuñg* 修容.|. *chìng iuñg* 整容.

Composicion, modestia (n.仪态，端庄). *goēy ý* 威仪.|. *iuñg ý* 容仪.|. *iên goēy* 严威.|. *iên chìng* 严整.

Composiciones, retoricas suyas (n.作文，他们的修辞作品). *vuên chañg* 文章.|. *vuên çhú* 文字. – modernas (现代的). *xỷ vuên* 时文. – antiguas (古代的). *kù vuên* 古文.

Comprar (vt.购买). *mày* 买.|. *mày lây* 买来. – por menudo (零散买). *liñg mày* 零买.|. *sǒ sǒ mày* 续续买.|. *lǒ sǒ mày* 陆续买.|. *liñg suý mày* 零碎买.

---

① 柯本拟为"争啬"。
② *pìn*，柯本写为"品"，下一例同此。
③ 柯本作"著献"。

Comprar por junto (vp.整批买). *çuǹg mày* 总买.|. *çheńg mày* 整买①.

Comprar al fiado (vp.贷钱买). *xē mày* 赊买.

Comprar dando luego el precio (vp.当场付钱买). *hién kiá mày* 现价买.|. *hién çhiên' mày* 现钱买.

Comprar lo todo (vp.全部买下). *çhiń mày* 尽买.|. *tū mày* 都买.|. *iě çhỷ' mày* 一齐买.|. *iě k'áy mày* 一概买②.|. *iě kỳ' mày* 一起买.

Comprar a buen ojo (vp.凭眼力估买). *ièn kù mày* 眼估买.|. *kù kiá mày* 估价买.

Comprador (n.购买者). *mày chè* 买者.|. *mày tiě jiñ* 买的人.

Comprador del Mandarin (np.官员的买办). *mày pán tiě* 买办的.

（p.53）

Comprender, contener (vt.囊括，包含). *pāo hân* 包含.|. *pāo kuǒ* 包括.|. *hân iuńg* 涵容.

Comprender con el entendimiento (vp.理解、认识). *tuńg' tǎ* 通达.|. *çhín t'éu* 尽透.|. *t'éu tuńg'* 透通.|. *çhín chỷ* 尽知.

Comprometer (vt./vi.达成一致、承诺). *kuńg hiù* 共许.|. *tuńg' hiù* 同许.|. *siang hiù* 相许.

Comulgar. [dezimos.] (vt./vi.授予或领受圣体，即圣餐[按我们的说法]). *lìng xińg tỳ'* 领圣体.

Comun cosa (np.公共的东西). *kuńg iúng tiě* 公用的.|. *kuńg vuě* 公物.|. *chuńg jiñ ièu fuén tiě* 众人有份的.|. *chùng kuńg tiě* 众公的③.

Comun, ordinario (a.普通的，寻常的). *piñ'g chân'g* 平常. – cosa ordinaria (普普通通的事情). *chân'g çụ* 常事.|. *siñ chân'g tiě* 寻常的.|. *iuńg chân'g tiě* 庸常的.

Comun (n.居民), hombre ordinario (np.普通人). *piñ'g chân'g tiě jiñ* 平常的人. – plebeyo (平民百姓). *sỏ jiñ* 俗人.

Comun (a.共同的), en comun (pp.共有). *kuńg tuñ'g* 公通.|. *tuñ'g kuńg* 通公.|. *kuńg çhuńg* 共总.

Comunidad (n.集体、民众). *chuńg jiñ* 众人.|. *kuńg chuńg* 公众.|. *tá kiā* 大家. – todos (所有人). *chū jiñ* 诸人.

---

① 柯本注：*çheńg*，梵蒂冈本作*chìng* "整"。

② *k'áy*，梵蒂冈本作*k'uáy*，柯本据此写为 "块"。

③ 柯本注：*chùng kuńg*，梵蒂冈本作*kūng chúng* "公众"。

Comun cosa de comunidad (np.集体的东西). *kuñg chuńg tiě vuě* 公众的物.|. *tá chuńg chȳ vuě* 大众之物.

Comun consulta (np.共同的考虑、公众的意见). *kuñg lún* 公论.|. *kuñg ý* 公议.

Comunes platicas, o, palabras (np.民间俗言，人人都说的话). *chân'g iên* 常言.

Comunicar (vi.交往), tener comunicacion (vp.互通往来). *siañg tuñ'g* 相通.|. *tuñ'g vuàng lây* 通往来.|. *kiāo tuñ'g* 交通.

Comun (a.一般的、常见的), por la mayor parte (pp.绝大部分). *tá káy* 大概.|. *tá puón* 大半.|. *tá fuén* 大份.

Comunicar (vt.传授、感染), repartir à otros (vp.散发给他人). *fuēn jiń* 分人.|. *sań iù jiń* 散于人.|. *fuēn kāy'* 分开.|. *fuēn kiě jiń* 分给人.

Comunicar vnos con otros, vt doctrina (vp.传布，使某事某物由一些人传至另一些人，如传播一种教义). *siañg chuê'n* 相传.|. *siṳ chuê'n* 胥传.

Comunion de los sanctos (np.圣徒共同体、教徒大家庭). *siañg tuñ'g kuñg* 相通公.|. *kuñg chȳ tuñ'g* 公之通.

Con. [preposicion.] (prep.与、跟某某一起[介词]). *tuñg'* 同.|. *iù* 与.|. *kuńg* 共.|. *hǒ* 合①.

Concabo (a.凹陷的). *kūn'g kiṳ tiě* 空虚的②.|. *kūn'g tiě* 空的.

Con afecto (pp.有好感、有爱慕之心). *siñ çhiě'* 心惬.|. *çhiě' ý* 惬意③.

Con atencion (pp.留神、专注). *chuēn ý* 专意.|. *chuēn siñ* 专心.

Concebir la muger (vp.女人怀孕). *xéu iń* 受孕.|. *xéu tāy'* 受胎.|. *hoây iń* 怀孕.|. *hoây tāy'* 怀胎.|. *ièu tāy'* 有胎.|. *ièu iń* 有孕.|. *chîn'g tāy'* 成胎④.|. *kiě tāy'* 结胎.|. *hoây xīn çhù* 怀身子⑤.

Concebir (vt.构思), tener concepto de otro (vp.想象某事). *kò' siàng* 可想.|. *siàng tiń* 想定.|. *siàng tā'* 想他.

Concepto (n.想法、念头). *ý çṳ* 意思.|. *siñ ý* 心意. [参见：intento (意图).]

Conceder perdon (vp.赦免). *xé* 赦.|. *xú* 恕. [参见：perdonar (原谅、宽恕).]

---

① *hǒ*，柯本写为"和"。按：*hǒ* "合"与 *hô* "和"在柏林本上区分得很清楚。

② 柯本注：*kiṳ*，梵蒂冈本作 *hṳ̄* "虚"。按：可参看 Vazia: cosa vazia（p.218），所配例词相同。

③ 柯本写为"心切""切意"，亦无不可。

④ 柯本写为"承胎"。

⑤ 柯本写为"怀娠子"。

Conceder (vt.许可、准予). *hiù* 许.|. *iùn* 允.|. *iùn hiù* 允许.|. *iùn nŏ* 允诺.|. *iṅg iùn* 应允.|. *chùn* 准.

Concesion, o, permision (n.许可，承诺). *hiù iên* 许言.|. *sò hiù tiĕ* 所许的.

Concertarse los discordes (vp.排除异议取得和解). *hô mŏ* 和睦.|. *siaṅg hô* 相和. [参见：hazer la amistades (结交朋友).]

Concertarse los pleiteantes (vp.平民百姓和谐一致). *siaṅg chù'* 相处.

Concertar, adereçar (vt.加以协调，整饰). *siēu lỳ* 修理.|. *chìṅg tuńg* 整顿①. – ordendo lo (使之有序). *choáṅg tièn* 装点.|. *tà tièn* 打点.|. *chìṅg tièn* 整点.|. *tà lŏ* 打捋.|. *pày liĕ* 摆列. [参见：componer (调整、整理).]

Concertar el exercitos (vp.整顿军队). *chìṅg pīng mà* 整兵马.|. *chìṅg páy pīng* 整败兵②.

Concertarse en el precio (vp.就价格取得一致). *kiá tuńg'* 价同.|. *kiá hŏ* 价合.|. *kiàṅg kiá* 讲价.|. *tíṅg kiá* 定价.

Concertar su vida y costumbres (vp.调整自己的生活和习惯). *siēu hińg* 修行.|. *siēu xīn* 修身.

Concha (n.贝壳). *kiŏ'* 壳.

Concilio (n.教务会议). *kuṅg luń* 公论.|. *kuṅg ý* 公议.

Conciencia (n.道德心、是非感). *tiēn' lỳ* 天理.|. *leaṅg siń* 良心.|. *puèn siń* 本心.|. e ɔᵃ. (也可反过来说：*siń puèn* 心本).|. conciencia (有良心的反面、无良心). *fàn leaṅg siń* 反良心.

Concierto (n.协调、商妥). *iŏ ký'* 约期.|. *siaṅg iŏ* 相约.|. *siaṅg ký'* 相期.|. *iŏ tíṅg* 约定.|. *tíṅg iŏ* 定约.

Concierto (n.协约): papel de concierto (np.协定书). *vuên iŏ* 文约.|. *iŏ xū* 约书.|. *vuên k'ý* 文契. – cumplir lo (执行协约). *çhièn iŏ* 践约.|. *lỳ iŏ* 履约.

Concluir argumentando (vp.经论辩而说服). *pién tào* 辩倒.|. *fŏ leào* 服了.|. *pién fŏ leào* 辩服了.

Concluir (vt.完成), acabar (vt./vi.结束). *huôn leào* 完了.|. *huôn chîng' leào* 完成了.|. *chîng' leào* 成了.|. *chîng' çhiụe'n leào* 成全了.|. *huôn pý* 完备.

Concluir (vt.完成), consumado, perfecto (a.完美的，完善的). *çhiụe'n pý leào*

---

① 柯本注：*tuńg*, 梵蒂冈本作*tuń*。

② *páy*，去声，但梵蒂冈本作上声*pày*，柯本据此写为"摆"。按：柏林本所标不误。"整败兵"，由"整兵"推导而来，如《三国演义》第十八回："刘表、张绣各整败兵相见。"

全备了.|. *huôn pý leào* 完备了.

Conclusion (n.总结、结论). *çhuṅg ien* 总言.|. *çhuṅg iǒ* 总约.

Concluy me (s.我放弃). *gò fǒ leào* 我服了.

Concordar vno con otro (vp.彼此谐和). *siaṅg hǒ* 相合.|. *hô hào* 和好.|. *hô hiě* 和协.|. *hiě hǒ* 协合.①

Concordar palabras con obras (vp.言语和行为一致). *iên hiṅg siaṅg fú* 言行相符.|. *iên hiṅg siaṅg cháo iṅg* 言行相照应.

Concordar en natural (vp.自然地和谐). [参见：acordar (一致同意、协调一致).]

Concordar las voces en la musica, consonancia (vp.奏乐时诸音谐和，即谐音). *hiě gù iṅ* 协五音.|. *pā iṅ kiāy hô* 八音皆和②.|. *cha'ng hô* 唱和.

Concordes, vnanimes (a.一致同意的，意见统一的). *tuṅg' ý* 同意.|. *tuṅg' siṅ* 同心.|. *iě siṅ* 一心.

Concupicencia (n.色欲、贪欲). *çū iǒ* 私欲.|. *siê iǒ* 邪欲.

(p.54)

Concurso grande de gente (np.一大群人聚在一起). *çhỳ chiě* 挤集.|. *çhỳ luṅg leào* 挤拢了.|. *çhỳ ch'ǒ* 挤簇③.

Concurir de su parte (vp.尽力合作). *hiě liě* 协力.|. *kiā liě* 加力.|. *chū liě* 出力④.|. *xȳ kuṅg* 施功.

Concubina (n.情妇、妾). *çhiě'* 妾.|. *piēn' faṅg* 偏房. – del Rey (君王的). *hoâng fy* 皇妃.|. *fy piṅg'* 妃嫔.⑤ – concubina de v. m. (阁下的姬妾). *liṅg chuṅ'g* 令宠.|. *çhūn chuṅ'g* 尊宠.

Conde (n.伯爵). *hêu pě* 侯伯.|. *chū hêu* 诸侯.

Condesa (n.伯爵夫人). *hêu niâng* 侯娘.

Condenar por sentencia (vp.判处徒刑). *vuén chúy* 问罪. – à açotes (判处抽打). *vuén chaṅg chúy* 问杖罪.

---

① 在梵蒂冈本上，此条行末写有汉字"禽"，柯本因此将两例 *hiě* 都写为"禽"。

② *kiāy*，柯本写为"谐"。此例盖取自明人丘濬《大学衍义补》卷四十三："作乐八音皆和，声声俱见……"

③ *ch'ǒ*，柯本写为"撮"。

④ *chū*，脱送气符。

⑤ 参看词目Damas del Palacio（p.64），三例"嫔"均有后鼻音。

Condenar à destierro (vp.判处流放). *vuén tû'* 问徒. – à muerte (判处死刑). *vuén çụ̀ çhúy* 问死罪.|. *vuén chiṅg fǎ* 问正法. – à destierro (判处流放、发配). *vuén lieû* 问流. – à soldado, o galeote (判处充军或苦役). *vuén kiūn* 问军.

Condenacion, sentencia (n.判决，依法裁决). *vuén fǎ* 问法/问罚①.|. *tuón iụ̀* 断语.|. *gaṅ* 案.

Condicion, o natural (n.性格，或天性). *siṅg çhîn'g* 性情.|. *siñ siṅg* 心性.|. *siṅg ký'* 性气.

Condicion buena (np.性格好), de buen natural (pp.天性善良). *hào siñ chân'g* 好心肠.|. *hào siṅg çhiñ'g* 好性情.|. *xén xỏ jiñ* 善熟人②.|. *tý chụ̀' jiñ* 易处人③.

Condicion tratable de buenas entrañas (np.性格柔和、生来心好). *xén siñ jiñ* 善心人.|. *hào siñ hào ý tiẻ* 好心好意的.

Condicion mala (np.性格不好), de mal natural (pp.脾气糟糕). *nân chụ̀' jiñ* 难处人.|. *siṅg çhiñ'g piēn'* 性情偏.|. *siṅg çhiñ'g pỏ hào* 性情不好.|. *siṅg çhiñ'g tày tiẻ* 性情歹的.|. *çhiñ'g k'ý pỏ hào* 情气不好.

Condicion mala (np.性格不好), de ruynes bofes (pp.心气邪恶). *tỏ çhiñ'g tiẻ jiñ* 毒情的人. – sentido que luego se enoja (动辄发怒). *siào k'ý tiẻ* 小气的.|. *ièu siṅg çhụ̀* 有性子.

Condicion (n.情况、条件), en algun concierto (pp.在一定的条件下). *sò tíṅg tiẻ çụ́* 所定的事. – con tal condicion que ett[a]. (根据这一条件、在这种情况下如何如何). *jỏ xý* 若是.

Condicipulo (n.同学). *tuṅg' hiỏ tiẻ* 同学的.|. *kuṅg hiỏ tiẻ* 共学的.|. *hiỏ ièu* 学友.|. *tuṅg' muên tiẻ* 同门的.

Conejo, liebre④ (n.兔，兔子). *t'ú chụ̀* 兔子.

Confederarse (vr.结社、加入联盟). *kiẻ mîng* 结盟.|. *kiẻ taṅg* 结党.|. *kiẻ lién* 结联. – juramentando se (立誓). *siaṅg iỏ xý* 相约誓.|. *kiẻ iỏ xý* 结约誓.|.

---

① "问法"指依法处置，"问罚"指实施处罚。柯本取后一词，但前一词与西语词目更相合。

② 指善于跟人混熟。

③ 柯本注：*tý*，梵蒂冈本作*ý*。

④ 柯本录漏一字母，作libre，遂释为放荡、散漫（libertine, loose）。"兔子"称conejo或liebre，属于同物而异名，此处并无引申义。后一词另有独立词目，见Liebre（p.128）。

hoéy xý 会誓.|. kiě ý 结义.

Confederado (n.同盟者、盟友). kuńg miñg tiě 共盟的.

Conferir (vt.协商、合议). hǒ 合. [参见：acordar① (一致、协调).]

Confesar, vt sic (vt.认可、承认、供认、忏悔等). jiń 认.|. chȳ jiń 知认②.

Confesar la fee (vp.认可信仰). chîn'g jiń xińg kiáo 承认圣教.|. jiń chûn'g kiáo 认从教.

Confesar en juyzio, o, en tormentos (vp.审判中认罪，或酷刑下招认). chāo jiń 招认.|. chāo kuńg 招供.|. çhú chāo 自招.

Confesar el delicto (vp.承认罪行). chāo çhúy 招罪.|. chiñg' ký' çhúy 称其罪.|. fǒ çhúy 服罪.

Confesar claramente (vp.公开认罪). chāo chińg miñg pě 招证明白.

Confesar al sacerdote (vp.向圣职人员认罪、忏悔). kiày çhúy 解罪.|. káo kiày 告解③.|. káo çhúy 告罪.|. kuńg káo 供告.

Confesarse por pecador (vp.承认有罪). çhú jiń goêy çhúy jiń 自认为罪人.

Confesor (n.忏悔牧师). xîn fú 神父.|. kiày xě ký' jiń çhúy chè 解释其人罪者.

Confesonario (n.忏悔室). kiày çhúy çhó 解罪座.|. ti'ńg jiñ çhúy çhó 听人罪座.

Confesion del Reo (np.罪犯或被告的供词). kèu' kuńg 口供.

Confesar el confesor al penitente (vp.牧师听取忏悔). ti'ńg jiñ çhǔ çhó tiě çhúy 听人自做的罪.|. t'ý jiñ kiày çhúy 替人解罪.

Confiança (n.信任), tener la hombre de credito (vp.取得某人信任). goêy jiñ sò siń fǒ 为人所信服.|. çhiù' siń iǔ jiñ 取信于人.|. pǒ xě siń iǔ jiñ 不失信于人.|. iéu hiñg 有行④.

Confiar (vt./vi.信赖、托付), estribar (vi.依靠). ỳ ka'ó 倚靠.|. ỳ laý 倚赖.|. ka'ó chǒ tǒ' laý 靠着托赖.

Confiar de si (vp.充满自信). choáng tá 壮大.

Confiar (vt./vi.信赖、托付), tiene arrimo (vp.有靠头). ièu çhié 有借.|. ièu xý têu' 有恃头.|. ièu tá ka'ó xān 有大靠山.|. ièu hào çhiân'g piě 有好墙壁.|.

---

① 见Acordar con otro（p.5）。

② 柯本注：jiń，梵蒂冈本作jin，去声。

③ 柯本未录此词。

④ 谓有德行。《大戴礼记·盛德》："能行德法者，为有行。"梵蒂冈本在两个字音之间插入sín，柯本据此写为"有信行"。

ièu núy xéu 有内手①.

Confiar de si con soberuia (vp.自以为了得). *chŭ kūa'* 自夸.|. *chŭ tŏ'* 自托.|. *chŭ muòn* 自满.|. *chŭ chŏ* 自足.|. *chŭ xý* 自是. – presumido (自大的). *chŭ kiū* 自居.

Confirmar (vt.断定、举证), dar testimonio de lo que dize (vp.为所说的话提供证据). *miṅ chiṅ* 明证.|. *goêy chiṅ* 为证. – Prouar lo con effctos (用事实证明). *chiṅ nién* 证验.|. *nién chiṅ* 验证.

Confirmar (vt.确认), aprouar lo que dize (vp.赞同某人所言). *iṅ cheṅg* 引证. – diziendo de si con la boca②, annuere (以口说表示同意). *tièn têu'* 点头.|. *tỷ têu'* 点头③.|. *xèu keṅ'g* 首肯.|. *liṅg chỹ* 领之.

Confirmar en el officio (vp.以官文的形式确认). *kiā ti'ĕ* 加帖.

Confirmar le, boluer le el officio (vp.确认一项职任，再度任命某职). *fŏ jiń* 复任.|. *cháy jiń* 再任.

Confiscar los bienes (vp.没收财产). *mŏ kuōn* 没官.|. *chié mŏ kiā chū* 籍没家资.|. *jĕ kuōn* 入官.|. *nă kuōn* 纳官.|. *chāo' ký' kiā chū* 抄其家资.|. *chāo' mŏ* 抄没.

Confites (n.糖果). *tañ'g hōa* 糖花.|. *moêy hōa tañ'g* 梅花糖.|. *kān chên'* 甘缠④.|. *tañ'g chên'* 糖缠⑤.

Confiteria, fruteria (n.糖果店，水果店). *tañ'g kuò tién* 糖果店.|. *kuò chù tién* 果子店.

Conforme a su estado (adp.符合其身份). *sûy fuén* 随分.

Conforme en todo, no discrepa (adp.各方面都符合，没有任何差式). *iĕ iĕ fú hŏ* 一一符合.

Conformarse con otro (vp.顺从别人). *ȳ xún* 依顺.|. *sûy tā' ý* 随他意.|. *chûn'g ȳ tā' hô xún* 从依他和顺.

Conformarse para mal (vp.顺从坏事). *fú hô* 附和.|. *fú hoéy* 附会.|. *lûy tuñ'g* 雷同.|. *hô siûn* 和循.

---

① *xéu*，调符有疑，柯本写为"守"。
② 柯本注：boca（嘴），梵蒂冈本纠正为cabeça（头）。
③ *tỷ*，柯本写为"低"。按：此音似为"点"字的方音读法，如上海话读[ti]，苏州话读[tie^{51}]，均无鼻韵尾。（见《发音字典》）
④ 即糖缠，此词柯本未录。
⑤ *chên'*，柯本缺字。糖缠，用面粉、果仁伴糖浆制成的甜食。

Conformidad (n.协调一致). *fŭ çhiĕ* 符节.|. *chý hŏ* 志合.

Conforme a las leyes (adp.符合法律). *ȳ liŭ* 依律.|. *cháo liĕ* 照例①.|. *gań liŭ* 按律.

Conforme a lo que merece (adp.合乎情理). *ȳ tańg* 依当.|. *ȳ tańg xéu* 依当受.

Conformarse con el tiempo (vp.与时季相宜), segun el tiempo (pp.适时). *sûy xý* 随时.|. *iń xý* 因时.|. *siańg xý* 相时②.

Con fuerza (pp.用力气、尽全力). *iuńg liĕ* 用力.|. *fý liĕ* 费力.

Conformes, vnanimes (a.协调一致的，意见统一的). *siañg hiĕ* 相协.|. *siañg tuñ'g* 相同.|. *siañg k'ý* 相契.|. *siañg hŏ* 相合.

Conforme (ad.根据), segun (prep.按照). *ȳ* 依.|. *cháo* 照.

Conforme a lo antiguo, como antes (adp.合乎古制，和从前一样). *ȳ kiéu* 依旧.|. *cháo kiéu* 照旧.|. *cháo çhiên'* 照前.

Conforme a lo escrito (adp.根据书面材料), segun ello (pp.按照文字所写). *piñ'g çhú* 凭字.|. *cháo çhú* 照字.

+ Congraciar (vt.讨好). *fuńg chiñg'* 奉承.③

Confortar, vt medicinas (vt.增强、振奋，如利用药品). *pù iĕ* 补益.|. *pù chú* 补助.|. *pù liĕ* 补力.|. *pù iàng* 补养.|. *kiàn'g kién* 强健.

（p.55）

Confortatiua medicina (np.增强体质的药品). *pù iŏ* 补药.|. *ièu pù tiĕ iŏ* 有补的药.

Confortar, animar (vt.振奋，激励). *mièn liĕ* 勉力.|. *kiēn kú* 坚固. [参见：animar (激励).]

Confusamente (ad.乱哄哄地). *fuēn fuēn* 纷纷.|. *fuēn iûn* 纷纭.|. *hoēn tuń* 浑沌.

Confundir (vt.弄乱、搞混). *hoēn luón* 混乱.|. *hoēn çhă* 混杂.|. *çhă luón* 杂乱.

Confuso interiormente (ap.内心昏茫). *hoēn chañg* 昏障.|. *hoēn hoēn* 昏昏.|. *hoēn hoĕ* 昏惑.|. *hoēn moéy* 昏昧.|. *pŏ mîng pĕ tiĕ* 不明白的.

Congelarse, vt el agua, ett^a. (vr.冻结，尤指水等). *tuńg* 冻.|. *tuńg kỳ'* 冻起.|. *tuńg kiĕ* 冻结.

---

① *liĕ*，柯本仍写为"律"，因梵蒂冈本此处仍作*liŭ*。

② 柯本作"向时"，与西语词目不合。且"向"字拼为*hiańg*，在本词典上相当一致。可参看词目Carearse（p.43），"*siañg* 相"与"*hiañg* 向"恰成对照。

③ 此条前标有加号，表示按音序须移至下页适当处。

Confundir à otro, auergonçar lo (vp.羞辱他人，使某人羞愧). *liñ jǒ* 凌辱[1].|. *siēu jǒ* 羞辱.|. *siáo jǒ* 笑辱.|. *vù jǒ* 侮辱.|. *chỳ' jǒ* 耻辱.|. *jǒ má* 辱骂. – a todos se añade el *tā'* / *jiñ* a lo ultimo (在所有这些词的后面都可以加上"他"或"人").

Confutar (vt.反驳、驳斥). *pién ch'ě* 辩斥.|. *pién pi'ě* 辩辟[2].|. *chě pién* 质辩[3].

Conuencer[4] (vt.说服). *pién tào* 辩倒.|. *pién fǒ* 辩服.

Congoja (n.焦虑、苦闷). *siñ núy tiě kù'* 心内的苦.|. *iēu iǒ* 忧郁.|. *iēu muén* 忧闷.|. *siñ muén* 心闷.

Congoxar[5] (vt.使人苦恼、忧伤). *kù'* 苦.|. *muén* 闷.|. *p'ě* 迫.|. *iēu liú* 忧虑.

Con grande aparato, y ostentacion (pp.大摆排场，大肆炫阔). *tá goēy fuñg* 大威风.

Con gran cuydado (pp.十分细致). *chǔ sý* 仔细. idest contiento (即认真细致). *iúng siñ* 用心.|. *chuēn siñ* 专心.|. *hiǔ siñ* 虚心.|. *siào siñ* 小心.

Congregar (vt./vi.集拢). *chiě chiú* 集聚.|. *tūy chiě* 堆集.|. *hoéy chiú* 会聚.

Congregacion (n.团体、集会). *hoéy* 会.

Conjeturar (vt.推测、假设). *leańg chě'* 量测.|. *leańg tǒ* 量度.|. *ch'ě nién* 测验.

Conjuncion, et (conj.连词，如et"和、与"). *kiě* 及.|. *iè* 也.|. *pińg* 并.

Conjuncion de luna (np.月合[月亮与行星的会合]). *iuě sǒ* 月朔. – 1° de luna (阴历月的第一天). *chū' iě* 初一.|. *chō' iě* 初一. ett[a]. (等等).[6]

Conjurarse (vr.立誓结盟). *kiě* 结.|. *mîng xý* 盟誓.

Conoçer (vt.认识、知道). *jiń* 认.|. *chỳ* 知.

Conocidos (n.熟人). *siañg chȳ tiě* 相知的.|. *siañg xǒ* 相熟.|. *siañg chě* 相识.|. *siañg jiń* 相认.|. *jiń chīn'* 认亲.|. *siń jiń* 信任.|. *jiń chě* 认识. a todos se añade el *tiě*, o, el *jiñ* (在所有这些词的后面都可以加上"的"或"人"). – tener algun conocimiento (有那么一点儿认得). *iēu puón*

---

① "凌"，他处多作*liñg*，但*liñ*也非仅此一例。
② 柯本作"辩撒"。
③ 柯本作"折辩"。
④ 此词写在上一条的右首，有删画之痕。参见p.58，出现同一词目，所用例子有同有异。
⑤ 柯本注：梵蒂冈本上，此词写为congoxarse，即由及物变为自反，遂与汉译更为对应。
⑥ "初"字二读，见Calendas（p.40）。

mién xě 有半面识.

Conocimiento que haze fee (np.提供信用保障的凭据). *k'ý* 契.|. *vuên k'ý* 文契.|. *vuên kiụén* 文卷.|. *vuên iǒ* 文约.

Conocimiento de deuda (np.债款的收条、债据). *ki'én pi'áo* 欠票.|. *çhié iǒ* 借约.|. *çhié tiě'* 借帖. – de venta (涉及出售、出让的). *mày k'ý* 买契.|. *tièn k'ý* 典契①.

Conocimiento, o, noticia (n.认识，即熟晓情况). *hiào tě* 晓得.|. *chȳ táo* 知道. – conocimiento claro (十分明白). *tuñ'g mîng* 通明.

Conocer, o, reconocer el beneficio (vt.懂道理，即感恩). *jiń gēn* 认恩.|. *chȳ gēn* 知恩.

Conocer, discernir (vt.明白、辨清). *fuēn mîng* 分明.|. *chȳ miñg* 知明.

Conocer le (vp.认识某人). *jiń tě tā'* 认得他.

Con razon (pp.合理、以理智的方式). *ièu lỳ* 有理.|. *ièu táo lỳ* 有道理.

Con priessa (pp.急迫、快速). *ku'áy* 快.|. *kiǹ kiě* 紧急.|. *kiǹ siē* 紧些.

Consagrar (vt.奉为神圣、祝圣). *tà xiń* 打圣.|. *liě xiń* 立圣.

Conquistar (vt.征服、攻克). *kuñg chén* 攻占②.|. *chén fǒ* 战服. – el Rey en persona (君王亲征). *chīng chén* 征战.|. *chīng fǎ* 征伐.

Consanguinidad (n.血缘关系). *çhīn'* 亲.|. *çhīn' kiụén* 亲眷. – parentesco (亲属关系). *çhīn' çhi'ě* 亲戚.

Consejo (n.建议、谋略). *ký mêu* 计谋.|. *ký çhě'* 计策.

Conseguir, alcanzar (vt.取得，获得). *tě* 得.

Consiguientemente (ad.因此、其结果是). *çhǔ jên* 自然.

Consejos Reales (np.帝国内阁). *pú* 部. los 6. consejos (六大部院). *lǒ pú* 六部. – Consejo de estado (国务院). *lỳ pú* 吏部. – el de guerra (战争部). *pīng pú* 兵部. – el de hazienda (财政部). *hú pú* 户部. – el de crimen (刑法部). *hiñ pú* 刑部. – el de obras (工程部). *kuñ pú* 工部. – el de ceremonias (礼仪部). *lỳ pú* 礼部. los Presidentes de estos 6. consejos se llaman (这六大部院的各位长官称为): *xańg pú* 尚部③. antepuesto el nombre de su consejo (各部院的名称置于其前). los consejeros segundos que son dos cn cada Tribunal (每一部院的委员会包括两名副手). el del lado derecho

---

① *tièn*，柯本写为"点"。

② 柯本作"攻战"。

③ *xańg pú* "尚部"，当为 *xańg xū* "尚书"，可参看词目Consul（p.56）。

se llama (位于右侧的称为): *iéu xý lañ* 右侍郎. y el del lado ysquierdo se dize (而位于左侧的叫做): *çhò xý lañ* 左侍郎. antepuesto el nombre de su Tribunal, o consejo (各委员会或部院的名称置于其前).

Consejeros de consejo de camara, que es el supremo de asesores regios (np.内阁会议诸委员，系皇家顾问委员会的最高级成员). *kǒ laǒ* 阁老.

Consentir, o, permitir (vt.赞同，准许). *hiù* 许.|. *iń chiń'g* 应承.|. *iń iuńg* 应容.|. *iń nǒ* 应诺.|. *iń iùn* 应允.|. *piń'g* 凭①.

Consentir en los pensamientos (vp.与所思所想契合). *liêu hoây* 留怀.|. *tě ý siàng* 得意想. – consentir de proposito (故作赞许). *kú ý liêu hoây* 故意留怀.

Consentir, o, permitir a otro (vt.同意，即准许某人). *hiù tā'* 许他.|. *piń'g tā'* 凭他. – no consentir con el (不同意某人). *pǒ çhûn'g* 不从.|. *pǒ iuńg* 不容.|. *pǒ keń'g* 不肯.|. *pǒ hińg* 不行.

Conserua, vt sic (n.可以长期保存的食品，通称). *kāo* 膏. – de peras (梨制的). *lý kāo* 梨膏. ett.ᵃ (等等). – de miel (蜂蜜制的). *miě kāo* 蜜膏.|. *miě kùo* 蜜果.

Conseruar (vt.保存、贮藏、保养). *pào çhûn'* 保存.|. *pào çhiûe'n* 保全.|. *pào iàng* 保养.|. *iàng çhûn'* 养存.

Conseruar la vida (vp.维持生命、维生). *pào miń* 保命.|. *pào seńg* 保生.|. *çhûn' miń* 存命.

Conseruar la vida tratando se bien (vp.维生且善于养生). *tiâo' iàng* 调养.|. *pào chuńg* 保重.|. *chīn chuńg* 珍重.|. *çhiûe'n xīn iùen háy* 全身远害.

Conseruar, durar (vt./vi.保持，持续). *kiń tě kièu* 禁得久.|. *náy tě kièu* 耐得久.

Conseruar, no poderse conseruar en el mesmo estado (vp.勉强维生，无法保持同样的水准). *pǒ neńg ỳ çhiûe'n xỳ chuńg* 不能以全始终.

Consistir (vi.在于、包含于). *çháy* 在.

Consideradamente (ad.周密细致地). *chīn çhiǒ* 斟酌.|. *sý çū* 细思.

（p.56）

Considerar (vt.思索). *siàng* 想.|. *çū siàng* 思想.|. *çū leańg* 思量. – rumiar lo de espacio (长时间考量). *fàn çū fǒ siàng* 反思复想.|. *chèn chuèn çū leańg* 展转思量.

---

① 指任凭，等于说准许某人自由行事。下下条出现的"凭他"，也当如此理解。

Considerar lo, rumiar lo de noche, y de dia (vp.思考某事，日夜寻思). *chéu ié iên siñ* 昼夜研寻. – por menudo (就细微处着眼). *çhiân'g chă'* 详察. – el principio, y fin (从头到尾). *çū çhiên' suón heú* 思前算后.

Considerado, prudente (a.周密的，审慎的). *ieú chỳ chè* 有智者①.|. *çhûn'g iuñg tiě jiñ* 从容的人.

Consistorio (n.议事厅、市府). *kuñg tân'g* 公堂.|. *kuñg tiñg'* 公庭.

Consolar (vt.安慰). *gān goéy* 安慰.|. *gān lŏ* 安乐.|. *fù goéy* 抚慰. – con buenas palabras (用温暖的言辞慰藉). *ỳ xén iên goéy tā'* 以善言慰他.|. *iúng xén iên gān goéy tā'* 用善言安慰他.

Consolar al triste (vp.抚慰悲伤的人). *gān goéy iēu chè* 安慰忧者. – persuadiendo (通过劝说). *kiụ'én kiày* 劝解.|. *kuāng kiày* 宽解②.|. *kiày tā' tiě muén* 解他的闷.

Consuelo (n.慰藉、快乐). *gān lŏ* 安乐.|. *hỳ lŏ* 喜乐.|. *gān goéy* 安慰.|. *huōn hỳ* 欢喜.|. *hīn hỳ* 欣喜.

Consolador (n.抚慰者). *goéy chè* 慰者.

Consonancia de voces (np.声音之和谐、谐音). *chéu çhiě* 奏节.|. *çhiě chéu* 节奏.

Consonante letra (n.辅音字母、韵字). *iún* 韵.

Constancia, firmesa (n.恒心，毅力). *kiēn tiń g* 坚定.|. *kiēn laô* 坚牢.|. *kiēn kiŏ'* 坚确.|. *liě leańg* 力量.|. *kiân'g ý* 强毅.

Constante animo (np.坚毅的精神). *kiēn ý* 坚毅③.|. *kiēn siñ* 坚心.|. *kiēn kú* 坚固. – animo inuicto (不屈不挠的精神). *tuñ'g kān tiě' tàn* 铜肝铁胆.

Constante en la obseruancia (np.恒久不变). *kú xèu* 固守.|. *kiēn xèu* 坚守.|. *ièu heñg siñ* 有恒心.

Constantemente (ad.①始终、经常 ②确实、无疑). *kú jên* 固然.|. *kañg jên* 刚然④.

Constar (vi.很显然、明明白白). *miñg pě leào* 明白了.|. *hièn miñg* 显明.|. *fŏ lú* 发露⑤.|. *lú siě* 露些.

---

① 柯本注：*ieú chỳ*，梵蒂冈本作*ièu chý*。
② 柯本注：*kuāng*，梵蒂冈本作*kuān'*。
③ 或从柯本，写为"坚意"，只不过可有贬义。
④ "刚然"（刚刚、刚才），与西语词义不符。*kang*疑为*tang*之误，即"当然"。
⑤ 柯本注：*fŏ*，梵蒂冈本作*fā*。

Consta claro, es assi (s.事情很清楚，正是如此). *pién xý leào* 便是了.|. *kùo xý* 果是.|. *ỳ vû ỳ* 已无疑.

Constelacion de las estrellas (np.星座、星宿). *tiēn' siáng* 天象.|. *siñg siáng* 星象.|. *siñg siéu* 星宿.|. *úl xẻ pǎ siéu* 二十八宿.|. *liẻ siñg siéu* 列星宿.

Constelacion de las estrellas todas en general las que son fixas (np.由位置通常固定的所有恒星组成的星座). *kiñg siáng* 经象.

Constituir, vt sic (vt.建立、创立、制定等). *liẻ choáng* 立创. – leyes (指法律). *liẻ fǎ* 立法.|. *tiñg fǎ liù* 定法律.|. *choáng fǎ* 创法.|. *liẻ fǎ liñg* 立法令.|. *chý fǎ* 制法.

Constituir ordenes, mandatos, dar ordenes (vp.制定命令，颁发指令，下命令). *ch'ủ háo liñg* 出号令.

Constituir à vno en lugar de otro (vp.确定一人以代替另一人). *tiñg iẻ jiñ taý chȳ* 定一人代之.

Constituciones, o reglas (n.法规，或规章). *kuēy kiù* 规矩.|. *kuēy fǎ* 规法. – constituciones de la Religion (本教的法规). *hoéy kuēy* 会规.

Constreñir (vt.强迫). *pě'* 迫.|. *chūy' çh'ỏ* 催促.|. *kiàng' mièn* 强勉.|. *pě' lě* 迫勒.

Constreñir deteniendo (vp.迫使留滞). *kià'ng liêu* 强留.|. *kù' liêu* 苦留.|. *chên' chú* 缠住.|. *puón liêu* 绊留.|. *puón chú* 绊住.|. *kù' lě* 苦勒.|. *kià'ng pě'* 强迫.

Constreñir a que se buelua (vp.强使回归). *kù' kiụ'én chuèn* 苦劝转.|. *liẻ kiụ'én kuēy* 力劝归. [参见：forzar (强迫).]

Consul, Presidente de los consejos (n.执政官，前述诸大部院的长官). *xańg xū̌* 尚书. [参见：consejeros (顾问、参事).]

Consuegro (n.亲家). *çhīn' kiā* 亲家. – consuegra (亲家母). *çhīn' kiā mù* 亲家母.

Consultar (vt.咨询、商讨). *ý luń* 议论.|. *siañg ý* 相议.|. *xańg leańg* 商量.

Consulta comun (np.公论). [参见：comun (共同的).]

Consultores (n.顾问). *siañg ý tiẻ* 相议的.|. *ý luń chè* 议论者.

Consumir, vt sic (vt.消化、消耗、消费等). *siāo hoá* 消化. – la hazienda (消耗财产). *páy hoéy kiā çhây'* 败坏家财.|. *kiā çhây' kiń'g leào* 家财罄了.|. *páy leào kiā niě* 败了家业.|. *ki'ńg leào kiā çhây'* 罄了家财.|. *çhín leào* 尽了. ett[a]. (等等).

Consumirse el aseyte en el candil (vp.灯油耗尽). *iêu kān leào* 油干了.

Consumir las fuerzas, y vida (vp.精力和生命一并耗尽). *sańg miń'g* 丧命.|.

sańg xīn 丧身. – las fuerzas (耗费力气). *háo liě* 耗力.

Consumido sin fuerzas (ap.耗尽力气、力竭). *vû liě* 无力.|. *xoāy jǒ* 衰弱.

Contar (vt.计算). *suoń chańg* 算账.①

Contador (n.会计、出纳员). *hoéy suón chańg tiě* 会算账的. – buen contador (高超的算手). *xén suón tiě* 善算的.|. *xén ký tiě* 善计的.

Contagio (n.传染病). *jèn pińg* 染病.|. *uēn k'ý* 瘟气.|. *uēn pińg* 瘟病. – Peste (瘟疫). *tǒ k'ý* 毒气.|. *chǒ k'ý* 浊气.|. *goéy k'ý* 秽气.

Contaminar (vt.传染、污染). *jèn* 染.|. *jèn gū* 染污. – las costumbres (指习俗). *jèn gū leào fuńg sǒ* 染污了风俗.|. *jèn hoáy leào fuńg sǒ* 染坏了风俗.

Contaminar viento malo (vp.污染空气). *jèn gū k'ý heú* 染污气候.|. *jèn gū k'ý siě* 染污气息.

Contar quantos, ettᵃ. (vp.计算一下数字，等等). *suón sú* 算数.|. *suón chańg* 算账. – quantos son (数量是、有多少). *suón ký tō* 算几多.|. *suón tō xào* 算多少.

Contar por orden (vp.按次序计数). *liě sú* 历数. – hazer cuentas (计算、计数). *lý hoéy* 理会.|. *sù sú* 数数.|. *suón sú* 算数.

Contar historias (vp.讲故事). *chuê'n xuě* 传说.|. *xuě kù çú* 说古事②.|. *tân' xuě* 谈说. – platicar (谈话、交谈). *xuě táo* 说道.

Contar por los dedos (vp.掰指头计算). *kiǒ chỳ suón* 屈指算③.

Contar por junto (vp.求算总数、总计). *çhuǹg suón* 总算.

Contar de memoria (vp.默算、心算). *hân kèu' suón* 含口算. – el tablero de sus cuentas por bolillas (他们的算板，带有一些小球珠). *suón pûon'* 算盘.

Contemplar (vt.思考 vi.默祷). *mě siàng* 默想.|. *çhûn' siàng* 存想.|. *mě hoéy* 默会.|. *çū táo* 思道.|. *mě táo* 默道.

Contemplar las estrellas (vp.观察星斗). *çhě' siańg* 测象.|. *xìn tiēn' siáng* 审天象.|. *kuōn tiēn' siáng* 观天象.

---

① 此条为另手补写，不见于柯本。

② *kù*，柯本转录为*kú*，据此写为"故"。"古事"一词又见于词目Cuento（p.62）。

③ *kiǒ*，柯本写为"曲"，并有注：梵蒂冈本作*kiǒ'*，带送气符。

（p.57）

Contemporiçar con alguno (vp.顺从某人). *sûy xuń tā'* 随顺他.|. *miên xuń* 俛顺.|. *kiụên' xuń* 权顺.|. *kiụên' taý jiń* 权待人.①

Contender con otro (vp.跟人争斗). *siañ çheñg* 相争.|. *siañ téu* 相斗.|. *siañ keū* 相诟②. – disputando (争论). *çheñg pién* 争辩.

Contento, alegre (a.满足的, 开心的). *huōn hỳ* 欢喜.|. *ku'áy lǒ* 快乐.|. *ku'áy huǒ* 快活.

Contento, satisfecho (a.满足的, 满意的). *çhǒ ý* 足意.|. *çhǒ leào ý* 足了意.|. *muòn çhǒ leào ý* 满足了意.|. *ku'áy çhǒ ý* 快足意.

Contento (a.满足的), de si pagado (pp.对自己很满意). *çhú çhǒ* 自足.|. *çhú muòn* 自满.|. *çhú iñg* 自盈.|. *çhú xý* 自是.

Contento con su estado (ap.满足于自己的地位或身份). *gān fuén* 安分.|. *gān puèn fuén* 安本分. – facil de contentar (容易满足、好伺候). *iuñg ý kuòn taý tiě* 容易管待的.

Contentar, agradar (vi.欢喜, 乐意). *chuńg ý* 中意.|. *hǒ ý* 合意.|. *jû ý* 如意.|. *xě ý* 适意. – dificil de contentar (难以满足、难伺候). *pǒ nêng iuñg vuě* 不能容物.

Contener (vt.容纳、装有). *çháy* 载.

Contener, enserrar en si (vt.包含, 内中含有). *pāo hân* 包含.|. *kiēn pāo* 兼包.|. *uēn çhân'g* 蕴藏.

Contener, vt las vasijas (vt.容纳、盛有, 如容器). *hân iuñg* 涵容.|. *pāo iuñg* 包容.

Contenerse, modificarse (vr.自我约束, 自制). *kě' kỳ* 克己.

Continuar (vt./vi.继续、持续). *siāng liên* 相连.|. *çhiě liên* 接连.|. *pǒ tuón* 不断.|. *miên miên pǒ çhiụě* 绵绵不绝.

Continuar la generacion (vp.传宗接代、传代). *cú ký* 嗣继.|. *ký táy* 继代.|. *chiñg' fú kỳ miě* 承父基业③.|. *çhù sūn siāng chiñ'g* 子孙相承.

Continuar en la amistad (vp.保持友谊). *kiāo kiě vuàng lây* 交结往来.

Continuo, eterno (a.连续的, 永恒的). *iuǹg* 永.|. *miên iên chañ'g iuèn* 绵延长

---

① "俛顺", 俯首迁就, "俛"即"俯", 此处读音有误。"权顺", 权且依他。"权待人", 姑且好好待他, 柯本将 *taý* 误录为 *láy*, 其词遂作"权赖人"。

② *keū*, 柯本写为"拘"。

③ *miě* 为 *niě* 之误。*kỳ*, 柯本转录为 *ký*, 字作"继"。

远.|. *iuǹg iuǹg* 永永.

Continuar dando molestia (vp.缠扰不断). *miên chên'* 绵缠. — molesto (缠人的). *miên chên' tiě jiń* 绵缠的人.

Continuamente (ad.连续不断地). *chân'g chân'g* 常常.|. *chân'g xŷ* 常时.|. *xŷ kě'* 时刻.

Continuar algun lugar (vp.频繁出入某个地方). *chân'g taó mêu ch'ủ* 常到某处.

Con tiempo, de ante mano (pp.及时，先期). *iủ siēn* 预先.

Con tiempo (pp.及时). *çhào siē* 早些.

Contorno (n.四周、周边). *tý fāng* 地方.

Contiento (a.谨慎的). *chủ sý* 仔细.|. *mán mán* 慢慢.

Contra (prep.对立), por lo contrario (pp.相反). *fàn* 反. — dezir lo contrario (说反话). *fàn kiàng* 反讲.

Contra dezir①, inpugnar (vt.反驳，驳斥). *tào pién* 倒辩.|. *fàn pién* 反辩.|. *pién chě* 辩质②.

Contra dezirse a si mesmo (vp.自相矛盾). *mâo tūn* 矛盾.

Contra dezir, vt a las leyes, o, mandatos (vp.唱反调，如悖于法律、指令). *niě nì* 逆.|. *poéy niě* 背逆/悖逆.|. *fań* 犯.|. *goêy* 违.

Contra peso (n.平衡物、砝码). *tǎ têu'* 搭头.|. *tǎ siē* 搭些.③

Contra hazer, ymitar (vt.照样子做，模仿). *hiǒ jiń* 学人.|. *faǹg hiáo* 仿效.|. *hiáo faǹg* 效仿.

Contrariarse, oponerse (vr.对峙，对立). *siaǹg fàn* 相反.|. *siaǹg poéy* 相背.|. *siaǹg kě'* 相克.|. *túy kě'* 对格④.|. *túy tiě* 对敌.|. *siaǹg ch'ủ* 相刺.

Contrarios, enemigos (n.对手，敌人). *túy têu'* 对头.|. *chêu' tiě* 仇敌.|. *tiě xèu* 敌手.|. *túy xèu* 对手.

Contra ponçoña (n.抗毒剂). *kiày tǒ tiě* 解毒的.|. *sań tǒ tiě* 散毒的.

---

① 今连写为contradecir（反驳），是独立的动词。下面出现的以Contra起首的词目，如今也大都连写为一个词，视为动词、名词等。

② 犹质辩，柯本作"辩折"。

③ 分量不够、搭上一些，叫"搭头"；"搭头"是名词，"搭些"则是动词。*siē*，柯本缺字。

④ 谓对打、格斗。*kě*，或可能脱漏送气符，梵蒂冈本便作*kě'*，柯本据之写为"克"。

Contra echo① (a.与事实相反的). *kià tiě* 假的.|. *fý chīn tiě* 非真的.

Contra hazer la forma, o sello, fingir lo (vp.仿造签名或印章，作假). *kià* 假.

Contra uenir (vt.违背、违抗). *gú niě* 忤逆.|. *poéy niě* 背逆/悖逆.

Contra minar la mina, o enboscada (vp.识破埋伏，破解圈套). *tỳ mây fǒ* 抵埋伏.|. *p'ó mây fǒ* 破埋伏.

Contra traças (n.反制措施), deshazer las (vp.实施反制措施以破解敌计). *p'ó mêu* 破谋.|. *p'ó çhě* 破策.|. *p'ó kỹ kuān* 破机关.

Contraher, vt el pecado, o mancha (vt.沾染，如罪恶、污迹). *hoě* 获.|. *tě* 得.|. *pỳ jèn* 被染②.

Contra punto (pp.依旋律、按节奏). *çhiě cha'ńg* 节唱.|. *çhiě kō* 节歌.③

Contratar mercadeando (vp.做生意). *çhó mày máy* 做买卖.|. *xañg mày* 商买.|. *çhó xañg jiń* 做商人.

Contratar con otros Reynos (vp.与其他王国通往来). *tuñ'g fān* 通番.|. *tuñ'g vuáy kuě* 通外国. – por el mar (经由海路). *tuñ'g hày* 通海.

Contratar (vt.立约), hazer contrato (vp.签订合约). *kiāo iě* 交易.|. *xañg mày lây vuañg tuñ'g lý* 商买来往通利④.

Contrato de compañia (np.商号或公司的协约). *hǒ puèn fuēn lý* 合本分利⑤.

Contribuir (vt.贡奉、捐献). *suńg* 送.

Contrato, amistad⑥ (n.交往，友情). *siañg kiāo çhiě* 相交接.|. *kiāo iêu* 交游⑦.|. *kiāo hǒ* 交合.|. *kiāo kiě* 交结.|. *kiāo tuñ'g* 交通. i. juntarse en amistad (即，友好往来).

Contrato entre dos: vno pone la plata, y el otro la diligencia (np.双方之间的约定：一方出银子，另一方出力气). *hǒ tuñg' iě chǔ' puèn, iě chǔ' liě* 合同一出本、一出力.

Contrecho, valdado (a.风瘫的，患残疾的). *pińg fuñg tiě* 病风的.|. *goēy pý* 痿痹. – Paralitico (麻痹、瘫痪的). *goēy pińg* 痿病.

---

① 今拼contrahecho（伪造的、假的）。以Contra起首的介词短语，今多连写为一个词。

② 柯本注：*pỳ*，梵蒂冈本作*pý*，去声。

③ 可能缩略自"击节而歌""击节而唱"。

④ "通利"，犹通畅。柯本作"通例"，但"例"为入声字，本词典上拼为*liě*。

⑤ 谓股份公司，本金合出而利润分成。柯本作"合本分例"。

⑥ 此词为柯本漏录。

⑦ *iêu*，柯本写为"友"。按：调符未必有误。

Contricion (n.悔恨). *xén tu'ńg* 善痛. – tener contricion (心生悔恨). *ièu çhǔ çhúy xén tu'ńg* 有自罪善痛①.

Controuersia (n.争论、辩论). *çheńg pién* 争辩. [参见：contienda② (争论).]

Contumas (n.顽固不化). *geńg chě* 硬执.|. *kú chě* 固执.|. *kiàn'g hèn* 强狠.|. *hèn sińg* 狠性.|. *mèng hàn* 猛悍.|. *kiāo hàn* 骄悍.|. *hèn siñ* 狠心.|. *çú siń* 肆性.|. *uān hàn* 顽悍. – aferrado (倔强、固执的). *uān hàn* 顽悍. A todos se añade el *tiě*, o *jiñ*, o *chè* (在所有这些词的后面都可以加上"的、人、者").

Contumasmente (ad.执意). *chě jên* 执然.|. *kú jên* 固然.

（p.58）

Conturbar (vt.搅乱). *hoě luón* 惑乱.|. *tà luón* 打乱.

Conuencer (vt.说服). *pién fǒ* 辩服.|. *pién tào* 辩倒.|. *chińg fǒ* 证服.

Conualeçer (vi.恢复), sanar de la enfermedad (vp.病后康复). *pińg hào leào* 病好了.|. *pińg iù* 病愈.|. *pińg leào* 病了③. [参见：sanar (痊愈).]

Conualecencia (n.康复). *iàng pińg* 养病.

Con vehemencia (pp.强烈、强有力). *çhiě' siñ* 切心.|. *çhiě' ý* 切意.|. *iúng siñ* 用心.|. *iúng liě* 用力.④

Convencer (vt.说服). *pién tào* 辩倒.|. *pién fǒ* 辩服.⑤

Conuencer lo, hazer le callar (vp.制服某人，使他住嘴). *chỳ tā' tiě kèu'* 止他的口.

Conuenir (vi.适合), es conueniente (vp.时机适宜). *kāy* 该.|. *tańg* 当.|. *kāy tańg* 该当.|. *ińg tańg* 应当.|. *chińg tańg* 正当.|. *tańg jên* 当然.|. *kāy jên* 该然.

Conuiene segun razon (vp.合乎理智、有道理). *hǒ lỳ* 合理.|. *lỳ chỳ tańg jên* 理之当然.|. *iùng tańg* 允当⑥.|. *tańg ký' kò'* 当其可. – para escritura (书面语间). *lỳ chỳ sò ý* 理之所宜⑦.

---

① 感到内疚而痛悔。
② 未见独立词目。
③ "病了"，即病已了、已好，"了"为实义，表示了结。
④ *çhiě'*，柯本转录时脱漏送气符，两例都作 *çhiě*，字写为"疾"。
⑤ 此条加写于页缘左侧，实已见于前文（p.55），且与本页的第二条是同一词目。
⑥ 柯本作"永当"。
⑦ *ý*，阳平，柯本转录作上声 *ỳ*，写为"以"。

Conuiene a saber.|. esto es. (s.这就是说；也即). *chiĕxý* 即是. esta es para escritura; para hablar es (这是书面的表达；口语则说): *chiéu xý* 就是.|. *này* 乃.

Conueniencia (n.便利). *pién* 便.|. *pién ŷ* 便宜.|. *fañg pién* 方便.

Conuento de Bronzos (np.和尚的寺庙). *xý iuén* 寺院. – a los nuestros dezimos (至于我们的寺院，则叫): *puèn hoéy iuén* 本会院.|. *tañg'* 堂.

Conuersar, tratar, o platicar con otros (vp.与人对话、讨论或交谈). *kiāo chiĕ* 交接.|. *siañg chù'* 相处.|. *siañg iù* 相语.

Conuersacion, platica (n.会话，交谈). *kiàng hoá* 讲话.|. *xuĕ hoá* 说话.|. *kuńg kiàng* 共讲①.

Conuertir, vt sic (vt./vi.改变、转变、变化等). *hoá* 化.|. *pién hoá* 变化.|. *pién* 变.

Conuertir, vt Gentiles (vt./vi.使之皈依、归化，如对异教徒). *kiṵén hoá* 劝化.

Conuertir enseñando (vp.通过教育改变). *kiāo hóa* 教化.|. *hoá hoéy* 化诲.|. *kiāo hoéy* 教诲. – encaminando (通过指引方向). *hóa taó* 化道.|. *iǹ taó* 引道.

Conuertirse a la ley (vp.皈依宗教). *kuēy kiáo* 皈教.|. *chûn'g kiáo* 从教.|. *fŏ kiáo* 服教.|. *jĕ kiáo* 入教.|. *chiń kiáo* 进教.

Conuertirse, mudarse (vr.改变想法、心念等). *hoéy siñ chuèn ý* 回心转意.|. *kiày pién leào* 改变了②.|. *pién iĕ leào* 变易了.|. *chuèn nién* 转念.|. *chuèn ý* 转意.|. *chuèn siñ* 转心.|. *chuèn pién* 转变.

Conuertirse del vicio a la virtud (vp.弃恶从德). *kày ŏ chiēn' xeń* 改恶迁善.

Con voz baxa (pp.低声、轻轻). *siào xiñg* 小声.

Con vos habla esto (s.此话与你有关). *iṵ nỳ ièu iṵ* 与你有语.|. *iṵ nỳ ièu kān* 与你有干.③

Con vuestra licencia (pp.经你们准许). *chiǹ'g miǹg* 请命.|. *piǹ miǹg* 禀命.

Copa, o taça de vino (n.高脚杯，即酒杯). *chièu chiŏ* 酒爵.|. *chièu poēy* 酒杯.|. *chièu chuńg* 酒盅.|. *chièu chaǹ* 酒盏.

---

① *kuńg*，柯本写为"供"。这里的"共"是介词，同义于"与、和、跟"等。
② 柯本注：*kiày*，梵蒂冈本作*kày*。
③ 后一句不见于柯本。

Copero (n.侍酒者). *çŭ çhièu jiñ* 伺酒人①.|. *kuòn çhièu tiĕ* 管酒的.|. *kiñg' çhièu tiĕ* 倾酒的.

Copa de sombrero (np.帽子的顶端). *maó çhŭ têu'* 帽子头.

Copete, o mogote del cabello (np.束发的饰物，即发髻). *fă ký* 发髻.|. *ký çhŭ* 髻子.

Copia, traslado (n.抄本，抄成稿). *chào' kào* 抄稿②. – trasunto (抄件). *kào* 稿.

Copiar (vt.抄写、誊写). *chó kào* 做稿. [参见：trasladar (誊写).]

Copia de palabras (np.能言善语), fecundia (n.好口才). *kèu' çhây'* 口才.|. *kèu' kiĕ* 口给.|. *pién çhiĕ* 辩捷.

Copiosamente (ad.充分、大量). *kān'g ka'ý* 慷慨.

Copo de algodon (np.棉花的絮团). *miên hōa* 棉花.

Copula conjugal (np.夫妻交合). *hiñg fañg* 行房.

Copula carnal con qualquiera (np.与任何其他人的性交). *hiñg siê iñ* 行邪淫.|. *siañg kiāo* 相交.|. *tuñg' kiēn* 通奸.|. *tuñg' çhiñg'* 通情.

Copula con parientes (np.与亲戚的性交). *niào xéu hiñg* 鸟兽行.|. y mataforiçe se dize (比喻的说法是): *çhiŭ lŏ* 聚麀③.

Coral (n.珊瑚). *sān hû xú* 珊瑚树.

Coraças (n.胸甲、铁甲). *kiă* 甲.

Coraçon (n.心、中心). *siñ* 心. – el del hombre (人的心、心脏). *siñ kān* 心肝. – para escritura (书面语词). *fañg çhu'ń* 方寸.|. *liñg tây'* 灵台. – entrañas (内脏). *siñ chân'g* 心肠.

Coraçon mio. [requiebro.] o, entrañas mias (np.我的心[表爱的说法]，直义为我的内脏). *gò siñ kān* 我心肝.

Coraçon duro (np.死硬的心), de piedra (pp.石头般的). *tiĕ' siñ* 铁心.|. *kañg chân'g* 钢肠.|. *siñ jŭ tiĕ' xĕ* 心如铁石.|. *siñ geńg tiĕ'* 心硬铁④.|. *tiĕ' tà siñ chân'g* 铁打心肠 | *geńg sin* 梗心.

Coraçon ruin pesimo (np.邪恶之心、歹毒心肠). *ŏ siñ* 恶心.|. *tày siñ* 歹心.|.

---

① *çŭ*，柯本写为"肆"。

② *chào'*，柯本转录为*çhào'*，字作"草"。

③ "聚麀"，指公鹿及其儿鹿与同一牝鹿交配。其词甚古，出自《礼记·曲礼上》："夫唯禽兽无礼，故父子聚麀"。喻指人类，指父与子共一妻，自然属于乱伦。"麀"，音忧，此处所拼同于"*lŏ* 鹿"，是读的白字。

④ *tiĕ'*，疑为*tiĕ*"的"之误。或可能脱一字，如"心硬如铁"。

siê siñ 邪心.|. siê ý 邪意.|. piēn' siñ 偏心.

Coraçon bueno, buenas entrañas (np.心好，好心肠). xén siñ 善心.|. leańg siñ 良心.

Coraçon grande, animoso (np.宏大、勇敢的心). ièn kān'g çhǔ tá 眼眶子大①.|. ièu tàn leańg 有胆量.|. ièn kiáy tá 眼界大.

Coraçon, pecho (n.心，胸), lugar del coraçon (np.心脏所寓之处). siñ hiūng 心胸.|. siñ uō 心窝.|. siñ tân'g 心堂.

Coraçon desinterezado (np.纯净无私的心). siñ vû chú chǒ 心无住着②.

Coraçon interezado (np.有所牵念的心). siñ ièu chú chǒ 心有住着.

Coraçon perplero (np.迷茫的心). siñ chuńg hoāng hǒ 心中慌忽.

Corazon lastimado, que brome el corazon (np.受伤的心，如同有东西在啃噬心脏). pè'u kān liě tàn' 剖肝裂胆③.|. xańg siñ 伤心.

Coraçon pequeño (np.心胸狭窄), de poco animo (pp.缺乏精神内涵). tú leańg chě siào 肚量窄小.

Coraçon inquieto (np.烦躁不安的心). fân siñ 烦心.

Coraçon colgado en lo que ama (np.因爱而失却方向的心). hiuên siñ 悬心.

Coraje (n.愤恨). hèn siñ 狠心.|. heń iuén 恨怨.

Corbina pescado (np.海产的白鲈鱼). hày çhiě iǔ 海鲫鱼.

Corcoba (n.驼背). tań çhǔ 担子.|. çhiě xȳ 脊蛳④.|. tô' çhǔ 驼子.

Corcobado (a.弯曲的、拱形的、背驼的). poéy chȳ kiào 背之绞⑤.

Corcobado (a.背驼的、拱背的). tān poéy tiě 担背的.|. poéy tān tiě 背担的.|. poéy çhiě xȳ 背脊蛳.|. poéy tô' çhǔ 背驼子.|. kiǒ' poéy tiě 曲背的.|. tô' poéy tiě 驼背的.

（p.59）

Corcobado por delante (ap.因背驼而前倾). kiû' chý tiě 胸肢的⑥.|. iù ki'ǒ tiě

---

① 柯本注：kān'g，梵蒂冈本作kuāng'.
② 一颗心须无所住，无所牵念，此为佛教的说法。
③ tàn'，梵蒂冈本作tàn，没有送气符。
④ 背脊隆起如螺蛳壳，可能是方言词。xȳ，柯本缺字，读音参见Caracol（p.42）。
⑤ 后二字有疑，柯本缺。
⑥ kiû' chý，柯本缺字。"胸"，弯曲，民间称鸡胸为"鸡胸"。

伛曲的.|. *heū* 軥①.

Cornija (n.挑檐). *hò sȳ* 火飞②.

Corchete de los Mandarines (np.官员中的捕快一类). *çháo lý* 皂隶③.|. *çhāy' jiñ* 差人.|. *iùen chā'y* 远差.④

Corchete del vestido (np.衣服的钩子、领钩、领扣). *keū* 钩.

Corcho (n.软木). *nuòn mǒ* 软木⑤.|. *xú pý'* 树皮.

Cordel, soga (n.细绳，粗绳). *sǒ çhǔ* 索子.|. *xiñ çhǔ* 绳子.|. *xiñ sǒ* 绳索.

Cordero (n.羊羔). *iañ kāo* 羊羔.|. *miên iañ kāo* 绵羊羔.

Cordial amigo, mi grande amigo (np.亲爱的朋友，我的挚友). *siñ fǒ tiě jiñ* 心腹的人.

Cordial, medicina para el corazon (n.强心药，即强健心脏的药物). *pù siñ iǒ* 补心药.|. *iàng siñ iǒ* 养心药.|. *siñ iǒ* 心药.

Cordialmente (ad.由衷), de entero corazon (pp.发自内心). *chuēn siñ* 专心.|. *çhi'ě siñ* 切心.|. *chuēn ý* 专意.|. *çhiě' ý* 切意.|. *chīn siñ* 真心.

Cordones pequeños (np.小带子、衣带). *táy* 带. – el de nuestro Padre S. Francisco⑥ se dize (我们圣方济会的神父所说的那种绶带): *xiń táy* 圣带.

Coria Reino (n.朝鲜国).⑦

Cornado moneda, es en valor lo mesmo que (np.一种西班牙铜币，币值相当于): *iě hâo* 一毫.

Cornear, vt el buey con los cuernos (vt.角抵，如公牛用其角顶). *ch'ǒ* 触.

Coro donde se resa (np.念诵经文的场所). *kiñ leū* 经楼.|. *kiñ tân'g* 经堂.

Corneta (n.号角、喇叭). *kǒ çhǔ* 角子. – tocar la (吹号角). *chūy' kǒ* 吹角.

Coros (n.合唱), reçar, o cantar à choros (vp.齐声念诵或歌唱). *siañ çhiě*

---

① 柯本缺字。吴语称弯腰为"軥"，弓着背或驼背为"軥背"，其字或另有写法。

② 柯本缺字。挑檐有两大功用，防水与防火，这里指的是后者。追求艺术效果的挑檐，便是飞檐；*sȳ* 当为 *fȳ* "飞"之误。

③ 柯本作"曹吏"。

④ 柯本注：*çhāy'* 和 *chā'y* 是同一字"差"的不同读法。

⑤ *nuòn*，柯本写为"嫩"。按："软"字在潮州话、客家话、无锡话里分别读为 [neng²]、[ngion¹]、[nioe²³²]，都与本条所拼相近。（见《发音字典》）corcho及其对应的汉语词 "*juèn mǒ* 软木"，另见p.60。

⑥ 原稿此处为一串缩写，其中的"Fran.co"一词，柯本理解为法国的、法国人。

⑦ 此条为另手补入，并无汉语对应词。

ch'éu 相节奏.

Corona, vt sic (n.头戴的冠，或类似顶冠之物). *kuōn* 冠.|. *mièn* 冕.|. *kuōn mièn* 冠冕. – de flores, o de gloria (鲜花扎成的，或者象征荣誉的). *hoā kuōn* 花冠.

Corona Real (np.皇冠). *mièn lieû* 冕旒.|. *kuōn ièu lieû* 冠有旒.|. *tiēn' chǔ kuōn* 天子冠.|. *xě úl lieû* 十二旒.

Corona con que el Rey da audiencia (np.君王出席祭祀等活动时所戴的冠). *piń'g tiēn' kuōn* 平天冠①. – ponerse la (戴上冠). *kiā lieû* 加旒. – traher la puesta (然后戴上加旒的冕). *cháy lieû* 载旒.

Corona de espinas (np.荆棘冠). *kiě ch'ú kuōn* 棘刺冠.|. *kiě ch'ú kū'* 棘刺箍.②

Coronilla de la cabeça (np.头的顶部、头顶心). *têu' tìng* 头顶.

Corona, vt la de la Religiosos sacerdotes: el cerquillo de la cabeça, abrir la (n.头顶剃光，尤指天主教士：把头发理成环状的秃顶). *tý iě kó iuên tìng* 剃一个圆顶.|. *chièn tìng* 剪顶.|. *kā'y tìng* 开顶.

Coronarse el Rey, tomar posecion del Reyno (vp.君王加冕，取得国家的统治权). *teńg kȳ* 登基.|. *chiě goéy* 即位.

Coronar (vt.加冕). *iù tā' taý kuōn* 与他戴冠.

Coronar, vt à nuestra Señor con espinas (vt.戴冠，如我主戴上荆棘冠). *ch'ú kū' fańg cháy chǎ' têu' xańg* 刺箍放在插头上③.

Coronicas (n.编年史). *kān kién* 纲鉴.|. *tuń'g kién* 通鉴.|. *kién mǒ* 鉴目. [para escritura (书面语的说法). *kién chě'* 鉴册.]

Coronista (n.编年史家、传记作家). *kuě cù* 国史④.

Corporeo (a.物质的、肉体的). *ièu hińg tiě* 有形的.|. *ièu hińg siáng* 有形象.|. *ièu hińg máo* 有形貌.|. *ièu hińg tý'* 有形体.

Corporales, los nuestros de la missa. [llamamos.] (n.做弥撒时用来擦拭的布[我们圣教的说法]). *xińg tỳ' pú* 圣体布.|. *xińg tỳ' kiń* 圣体巾.|. *xińg tỳ' fańg p'á* 圣体方帕.

Corpulento (a.肥大的), hombre grueso, o gordo (np.肥胖的人，大块头). *fý*

---

① 柯本作"凭天冠"。
② 指耶稣受刑时被套上的荆棘冠。
③ 柯本注：梵蒂冈本并无 *chǎ'* 一音。按："刺箍放在头上"或"刺箍插头上"，属于可替换的表达方式，两句之间可能漏了分断的标点。
④ 指一国的史官。

pa'ńg tiě 肥胖的.

Corral, o, cercado (n.牲畜圈，或围栏). *lân çhě'* 栏栅.|. *goêy lỳ pà* 围篱笆.

Corral de vacas (np.牛圈、牛棚). *nieû lân* 牛栏. – de comedias (演戏的场所). *hý chañ'g* 戏场.

Correa (n.皮带). *pỷ' taý* 皮带.

Corredor, balcon (n.走廊，阳台). *çhèu mà leû* 走马楼. – para pasar (供通行的). *kuó táo* 过道.|. *kǒ táo* 阁道.|. *tuñ'g táo* 通道①. – pasadiço (小街、巷道). *leú hiáng* 陋巷②.

Corredor de lonja (np.买卖交易的经纪人). *hâng kiā* 行家.|. *ià jiñ* 牙人.|. *ià hâng* 牙行.|. *ià pào* 牙保.|. *tañg hâng têu' tiě* 当行头的.

Corredor, que corre (a.善跑的，如赛跑手). *hoéy pâ'o tiě* 会跑的.|. *hoéy çhèu tiě* 会走的.

Corregir (vt.纠正、斥责). *kìng kiáy* 儆诫.|. *kìng çhě* 儆责.

Corregir en presencia (vp.当面训斥). *mién çhě* 面责.

Corregidor de Ciudad (np.城市的长官、市长). *fù kuōn* 府官.|. *chý fù* 知府. – de villa (县镇的). *hién kuōn* 县官.|. *chý hién* 知县.

Correo, vt el que lleua cartas (n.递邮者，如递送书信的人). *çhèu páo jiñ* 走报人.|. *tūn'g páo tiě jiñ* 通报的人③.|. *táy xū tiě jiñ* 带书的人.

Correos que tienen los Mandarines (np.官员下辖的信使). *p'ú pīng* 铺兵.|. *tañg' pīng* 塘兵.|. *chāy' kuōn* 差官.|. *chîn'g chā'y* 承差.

Correo comun de los Mandarines (np.官员们共属的信使). *tý' tañ'g kuōn* 提塘官.

Correr a la posta (vp.奔跑递邮、飞速传信). *lieû siñg páo mà* 流星报马.

Correr (vi.奔跑). *çhèu* 走. – correr de prisa, vt el que huye (急速奔跑，如逃走). *pâo' çhèu* 跑走. – huir, acojerse (逃跑，逃避). *puēn çhèu* 奔走. – correr como bolando (如飞一般奔跑). *fỷ pâo'* 飞跑.|. *fỷ çhèu* 飞走.

Correr (vi.跑), escaparse huyendo (vp.逃跑). *tâo' çhèu* 逃走. – correr con grande prisa (飞速奔跑). *pâo' tě ku'áy* 跑得快. – ir por la posta a cauallo (快马送邮). *pâo' mà* 跑马.

Correr delante de otro (vp.跑在某人前面). *siēn çhèu* 先走. – detras de otro (跑

---

① 此词不见于柯本.

② *leú*，柯本写作"楼"，注音也改为*lêu*.

③ 柯本作"通报人"，没有*tiě*.

在某人后面). *héu çhèu* 后走.

Correr del agua, o cosa liquida (vi.流动，如水或液态物质). *liêu* 流.

Correr cauallo (vp.策马快跑). *pâo' mà* 跑马. – arrienda suelta (松开辔头). *faṅg pý teû' çhèu* 放辔头走.|. *faṅg kiaṅg xiṅg çhèu* 放缰绳走.

Correr con otro (vp.与人同行). *tuṅg' çhèu* 同走.|. *kuṅg çhèu* 共走. – correr lo todo (四处走、周游). *pién çhèu* 遍走.|. *pién hiṅg* 遍行.

Correr las lagrimas (vp.眼泪流淌). *liêu luý* 流泪.|. *t'ý kiě* 涕泣. – correr, o gotear las canales (檐沟或管道淌水，滴答). *tiě hiá laý* 滴下来.

Correr de arriba① (vp.从上面淌下来). *xaṅg lieû* 上流. – correr à abaxo (往下流淌). *hiá lieû* 下流.

Correr las cortinas (vp.拉开帘幕). *kāy' liên* 开帘.|. *hién liên* 掀帘②.

Correr riesgo (vp.冒险). *hièn* 险. [参见：peligro (危险的).]

Correr le, afrentar le (vp.使某人羞愧，凌辱某人). *lìn siēu tā'* 凌羞他.|. *vù mán tā'* 侮慢他.

Correr a cauallo (vp.骑马). *kiū' mà* 驱马.|. *chý' mà* 驰马.|. *çhèu mà* 走马.

Corrida, vna carrera (n.赛跑，一程的奔跑). *iě pâo'* 一跑.

（p.60）

Correrse (vr.羞愧). *p'á siēu* 怕羞.|. *siēu chỳ'* 羞耻. – salir las colores al rostro (脸色羞红). *lièn huṅg kỳ'* 脸红起.

Corrientes de rios (np.河道的水流). *kȳ' liêu* 溪流. – corrientes rapidas entre peñas (岩石之间的湍流). *tān' xùy* 滩水.|. *laý xùy* 濑水. – torrentes de aguas (激流). *xān chuē'n* 山川.

Corriente (n.水流), seguir la corriente azia abaxo (vp.顺着水流下行). *xún liêu* 顺流.|. *sûy liêu* 随流.

Corriente azia arriba (np.沿着水流往上), ir contra ella (vp.逆流而进). *niě liêu* 逆流.|. *xaṅg liêu* 上流.

Corriente (a.流通的、寻常的), cosa corriente, ordinaria (np.日常见惯的事物). *piň'g chân'g tiě* 平常的.

Corresponder à lo que deue (vp.回应所欠之情、还报). *iṅg chêu'* 应酬.

Corrillo de gente (np.围成一圈的人们). *goêy liě chè* 围立者.

---

① 柯本理解为往上流淌（to flow upward），与汉语释义"上流"（逆流）相合。

② 此条及下一条，柯本均未录。

Corrimiento, inchaçon (n.囊泡，肿块). *chùng kỷ'* 肿起.

Corromper (vt.使之腐坏). *páy hoáy* 败坏.|. *sùn hoáy* 损坏.

Corromper las costumbres (vp.败坏习俗). *páy hoáy fuñg sỏ* 败坏风俗.

Corromper (vt.诱奸), desflorar a la donzella (vp.玷污处女). *gū hoáy xẻ niù* 污坏室女.|. *gū jỏ xẻ niù* 污辱室女.|. *p'ó kỷ' xīn* 破其身.|. *kiày p'ó kỷ' tỷ'* 解破其体.

Corrupta muger (np.遭玷污的女子). *çhân' niù* 残女.|. *páy hoáy tiẻ niù* 败坏的女.|. *p'ó xīn tiẻ niù* 破身的女.

Corromperse, o podrirse el pescado, o, carne (vr.腐坏变质，如鱼或肉腐烂). *lań* 烂.|. *hièu lań* 朽烂.

Corrupta cosa, vt vino, ett^a. (np.变了质的东西，如葡萄酒等). *pién leào vúy* 变了味.

Corrupcion (n.腐败、堕落). *hièu hú* 朽腐.|. *hú páy leào* 腐败了.①

Corruptible (a.会腐败变质的). *neñg hièu tiẻ* 能朽的.|. *neñg miẻ tiẻ* 能灭的.

Corta cosa (np.短小的东西). *tuòn tiẻ* 短的.

Cortar, vt sic (vt.切、割、砍、截等). *çhiẻ'* 切.|. *kàn'* 砍.|. *tuón* 断.
 – reuanando, cerçenando (以切、割的方式). *kỏ* 割.|. *çhín kỏ* 戢割②.
 – con tixeras (用剪刀). *çhièn* 剪.

Cortar en troços (vp.切割成小块). *kàn' tuón* 砍断. – cortar papel (切割纸张). *çhây' chỷ* 裁纸. – cortar carne (切割肉类). *çhiẻ' jỏ* 切肉. – cortar paja (割草). *kỏ çhào'* 割草.

Cortar la cabeça (vp.割头、斩首). *kàn' têu'* 砍头.|. *chàn xèu* 斩首.|. *chàn têu'* 斩头.|. *tuón têu'* 断头.|. *tuón xèu* 断首. – el pescueço (脖子). *kỏ kiǹg* 割颈. para escritura (这是书面语的说法).

Cortar en menudos pedaços, castigo de china (vp.把身体切割成碎块，中国的一种酷刑). *súy kùa* 碎剐.|. *liń chỷ'* 凌迟.

Cortar moraliter, apartarse (vt.切断，引申义，即隔绝、脱离). *tuón çhiuẻ* 断绝.|. *tuón chụ'* 断除.|. *kẻ tuón* 隔断.

Cortarse, turbarse (vr.茫然失措，张口结舌). *pỏ hoéy xuẻ hoá* 不会说话.|. *pỏ hoèy kiàng* 不会讲③

---

① *hú*, "腐"字闽南话读[hu³]、[hu⁶]，潮州话读[hu¹]、[hu⁷]。（见《发音字典》）

② 柯本注：*çhín*，梵蒂冈本作*çhièn* "剪"。

③ *hoèy* 为 *hoéy* 之误.

Corte, o filo del cuchillo (n.锋刃，或刀刃). *tāo fuṅg* 刀锋.|. *tāo kèu'* 刀口.

Cortedad, excaseça, mesquines (n.怯懦，小器，吝啬). *kiēn' liń* 悭吝.

Cortedad de ingenio (np.智力短缺). *mîng gú pǒ tuṅg'* 明悟不通.

Corte Real (np.宫廷、朝廷), Curia (n.皇室). *kiṅg chiṅg'* 京城.|. *kiṅg tū* 京都.|. *chań'g gań* 长安. [para escritura (书面语词). *kiṅg çū̱* 京师.] – la corte de agora (现如今的朝廷所在). *Pě Kiṅg* 北京.

Cortes (a.有礼貌的), hombre cortes (np.礼貌周全的人). *ièu lỳ tiě jiń* 有礼的人.|. *çū̱ vuên tiě* 斯文的.|. *chỳ lỳ tiě jiń* 知礼的人. [参见：bien criado (有教养的).]

Cortesia (n.礼貌、礼仪). *lỳ máo* 礼貌.|. *lỳ ŷ* 礼仪.|. *lỳ çhiě* 礼节.|. *vuên lỳ* 文礼. – vsar de cortesia (运用礼仪、讲究礼数). *hiṅg lỳ* 行礼.|. *iúng lỳ* 用礼.|. *ȳ lỳ tuńg* 依礼动.

Cortesmente (ad.有礼貌地). *lỳ jên* 礼然.|. *vuên jên* 文然.

Corte, o traça (n.方式或方法), vt corte v. m. por donde, o como le pareciere (s.什么样的方式方法您觉得最合适). *çhūn çhây'* 尊裁.

Corteza del arbol (np.树木的皮层). *xú pŷ'* 树皮. – corcho (软木). *juèn pŷ* 软皮①.|. *juèn mǒ* 软木.

Cortedad de animo (np.缺乏精神或胆量). *tàn siào* 胆小.|. *mǒ ièu tú leáng* 没有肚量.|. *ièu siào siń* 有小心.

Corto de palabras (ap.缺少词语、没有口才). *pǒ hoéy kiàng* 不会讲.|. *kèu' çû̱ tuòn* 口词短②.

Costoso, caro (a.价高的，昂贵的). *kuéy tiě* 贵的.

Cortinas (n.帘子、帷幕). *liên* 帘.|. *liên mǒ* 帘幕.

Cortinas de la cama (np.床帏). *choân'g çhiên' goêy* 床前帷.

Corua cosa (np.弯曲的东西). *ki'ǒ* 曲.

Cosa (n.事物、东西). *vuě* 物.|. *vuě kién* 物件.|. *tuṅg sȳ* 东西.

Cosa, negocio (n.事情，事务). *çú* 事.|. *çú lỳ* 事理.|. *çú tỳ'* 事体.

Cosarios, Piratas (n.海盗). *hày k'éu* 海寇.|. *hày çhě* 海贼.

Costal (n.口袋). *kèu' taý* 口袋.|. *chā' kèu'* 叉口③.|. *tô' çhù̱* 驮子④.

---

① *pŷ*，脱送气符。

② *çû̱*，脱送气符。

③ *chā'*，柯本缺字，且疑其注音为 *chū* "褚"之误。按：原拼不误，"叉口"即叉袋，其用例在明清小说中并不罕见。

④ *tô'*，柯本缺字。"驮子"，即牲畜运输的驮垛、驮袋。

Costillas (n.肋骨、排骨). *lě kǒ* 肋骨.

Cosser (vt.缝、缝合). *fuńg* 缝.|. *fuńg kỳ* 缝起. – pespuntando, o colchando (密缝，或絮棉). *nǎ* 纳.

Cosser bordando (vp.以刺绣法缝合). *nǎ siéu* 纳绣.

Cosecha del arroz (np.稻谷收获季). *tuńg* 冬. – coxer la (收获稻谷). *xēu tuńg* 收冬.

Costas, gastos (n.费用，开支). *fý iuńg tiě* 费用的①.|. *sò iuńg tiě* 所用的. – gastos del camino (旅途的开支). *puôn' fý* 盘费.

Costa del mar (np.海岸). *hày piēn* 海边.|. *pīn hày tiě fańg* 滨海地方②.

Costra (n.硬皮、痂). *kiā* 痂③.|. *kiǒ'* 壳. – de la morisqueta (米饭的). *kō pā* 锅巴.

Costado (n.体侧、两肋). *lě pa'ńg* 肋膀. – los dos costados (两肋). *leàng pa'ńg* 两膀.|. *hiě lě* 胁肋.

Çozobro④ (n.焦虑). *iēu liǔ* 忧虑.

Costumbres (n.风俗习惯). *fuńg sǒ* 风俗.|. *siě sǒ* 习俗. – del mundo (世俗生活的). *xý sǒ* 世俗. – de la Patria (一乡一地的). *hiāng sǒ* 乡俗.

Costumbres malas (np.鄙俗恶习). *ǒ sǒ* 恶俗.|. *chèu' sǒ* 丑俗.|. *pỳ' sǒ* 鄙俗. – metidas, o, introducidas en el mundo (身陷世俗生活). *chîn' iǔ xý sǒ* 沉于世俗.

Costumbre (n.习俗), acostumbrar (vt.使之习惯于). *siě kuón* 习惯.|. *kuón sǒ* 惯俗.|. *kuón leào* 惯了.

Costura (n.缝纫、接缝). *sień fuńg* 线缝.

Cota de hierro (np.铠甲). *tiě' kiǎ* 铁甲. – de malla (网眼状的铁甲). *sò chǔ kiǎ* 锁子甲.|. *lien hoân kiǎ* 连环甲. – de algodon (棉制的). *miên kiǎ* 绵甲.

Cotejar (vt.比较、对比). *siang pỳ* 相比.|. *tuý pỳ* 对比.|. *tuý hǒ* 对合.|. *tuý iě tuý* 对一对.|. *pỳ iě pỳ* 比一比.|. *siang tuý* 相对.|. *kiáo leańg* 较量.

Couarde (a.怯懦的). *vû tàn* 无胆.|. *tàn siào* 胆小.|. *mǒ chý k'ý* 没志气.|. *tàn liě jǒ* 胆力弱.|. *vû tàn liě* 无胆力.

Couardia, miedo (n.胆怯，害怕). *p'á* 怕.|. *kińg p'á* 惊怕.

---

① 柯本作"费用"，无"的"字。这里的"费用"应是动词，即花钱、耗费。
② 柯本注：*tiě*，梵蒂冈本作 *tý* "地"。
③ 调符不误，为阴平。柯本改成入声 *kiǎ*，字遂作"甲"。
④ 词义与海事有关，今拼zozobra（逆风、风险、担忧）。

Coxin (n.坐垫、椅垫). *tién çhǔ* 垫子.|. *çhó jǒ* 坐褥.

（p.61）

Coxear (vi.跛行). *kiuê' hiñg* 瘸行.|. *kuāy hiñg* 拐行①.|. *pày hiñg* 摆行. – coxo (瘸子). *pò çhǔ* 跛子.

Coyuntura de tiempo (np.时间的节点、时机). *xŷ çhiě* 时节. – buena (适宜的). *pién xŷ* 便时.|. *xŷ xŷ* 是时.

Coyunturas de los guesos (np.骨头的节点、关节). *kǒ çhiě* 骨节.

Cozer (vt.烧煮、做饭). *chù* 煮. – al baho (用蒸汽). *chiñg* 蒸. – cozer medicinas (煮药、熬药). *çhiēn iǒ* 煎药.|. *châ'* 茶.|. *pēn'g châ'* 烹茶.|. *xāo châ'* 烧茶.

Cozina (n.厨房). *chǔ' fañg* 厨房.

Cozinero (n.厨师). *chû' çhǔ* 厨子.|. *hò têu'* 火头.|. *fán têu'* 饭头.|. *chû' hía jiñ* 厨下人. – de los Mandarines (官员雇用的). *tû' çhǔ* 屠子.

Cr.

Creçer (vi.生长). *chaǹg* 长.|. *chaǹg tá* 长大.

Creçer como las plantas (vp.如植物般生长). *señg chaǹg* 生长.

Crecer aprissa (vp.快速生长). *chaǹg tě ku'áy* 长得快.|. *chaǹg tě hèn* 长得狠.

Creçer en la virtud (vp.在道德品行方面取得进步). *çhiń xén* 进善.|. *çhín çhiên'* 进前.|. *chân' ûl çhiń* 长而进②.

Crecer el precio en las cosas (vp.物品的价格上涨). *kỳ' kiá* 起价.|. *chaǹg kiá* 涨价.

Creçimiento, aumento (n.增长，提高). *çhēng kiā* 增加.

Creçientes grandes, auenidas de los rios (np.大水、涨潮，河水泛滥). *kỳ' hô iě chǔ' lây* 溪河溢出来.

Creyble cosa (np.可信的事情). *kò' siń* 可信.

Crecido (a.已长大的). *chaǹg tá leào* 长大了. – Adulto (成年的、成熟的). *chaǹg chiñ'g tiě* 长成的. – Prouecto en edad (上了年纪). *laò chaǹg* 老长.

---

① 柯本注：*kuāy*，梵蒂冈本作*kuày*，上声。

② *chân'*，似为*châng'* "长" 的笔误或异读。而*châng'*则又是生长、长大成人的 "长 *chaǹg*" 字的误读。

Creer (vt.相信). *siṅ* 信. – credencia de la fee crestiana (对基督教信仰的笃信). *siṅ tĕ* 信德. – hombre ligero en creer (轻易相信的人). *kiṅg' siṅ tiĕ jiṅ* 轻信的人.

Credito (n.信用), hombre de credito (np.讲信用的人). *siṅ xĕ tiĕ jiṅ* 信实的人.|. *kién siṅ iŭ jiṅ* 见信于人.|. *goêy jiṅ sò siṅ fŏ tiĕ* 为人所信服的. – no de credito (没有信用). *pŏ xĕ siṅ tiĕ* 不实信的.

Crepusculos de la mañana (np.清晨的曙光). *lý mîng* 黎明.|. *çhiṅg xiṅ* 清晨①.|. *vûy mîng* 微明.

Crespo de cabello (np.卷发). *kiêu' fă tiĕ* 虬发的.|. *fă kiêu' kiêu' tiĕ* 发虬虬的.②

Cresta de gallo (np.公鸡的冠). *kȳ kuōn* 鸡冠.

Criar de nada algo (vp.从无中造出某物). *çhiuĕ vû çháo ièu* 绝无造有.|. *chŭ' ièu iŭ vû* 出有于无.|. *chŭ' vuĕ iŭ chiûe'n vû* 出物于全无.|. *pŏ çhié ièu ûl çháo ièu* 不借有而造有.

Criatura (n.创造物、生物). *pý çháo chè* 被造者③.

Criar, o sustentar (vt.哺育，供养). *iàng* 养. – animales (饲养动物). *hiŏ iaǹg* 蓄养. – al niño (喂养婴幼儿). *pù iaṅg* 哺养. – mascar les la comida con leche (用嚼碎的食物喂养或喂奶). *pù jù* 哺乳.

Criar postemas, o llagas (vp.生溃疡，或糜烂). *seṅg çhān'g* 生疮.|. *seṅg choān'g* 生疮. ettᵃ (等等).

Criar enfermedad (vp.起病). *seṅg piṅ* 生病.|. *fă piṅ* 发病.

Criar enseñando (vp.教养、教育). *kiāo iaṅg* 教养.|. *kiāo hiún* 教训.

Criar hijos, parir los (vp.生儿子，育儿). *seṅg chŭ* 生子.

Criança (n.哺育、教育), buena criança (np.良好的教育). *siēu iaṅg* 修养.|. *chý xīn* 治身④. – bien criado (有教养、教育得好). *seṅg tĕ tuōn chiṅg* 生得端正.|. *seṅg tĕ siéu k'ý* 生得秀气.

Criar los arboles fruta, producir la (vp.树木生长果实，结出果子). *seṅg* 生.|. *fă seṅg* 发生.

Criar piojos, pulgas, ettᵃ. (vp.生出虱子、跳蚤等). *seṅg* 生.

---

① 柯本注：*çhiṅg*，梵蒂冈本作*çhiṅg'*，有送气符。
② 部分重复的词目，见Cabello crespo（p.38）。
③ 据柯本注，伦敦本补有：*xéu çháo chè* 受造者.|. *xéu çháo tiĕ vuĕ* 受造的物. este el meyor (这是更好的说法).
④ 柯本作"置身"。

Criados (n.男仆). *kiā jiñ* 家人.|. *kiā tuñ'g* 家童.|. *siào kiáy* 小价.|. *kiáy pǒ* 价仆.|. *kēn sûy tiě jiñ* 跟随的人. – mi criado (我的仆人). *siào çū* 小厮.

Criado (n.男仆), el criado de v. m. (np.您的仆从). *liñ kiáy* 令价. [para escritura (书面语词). *xiń çù* 盛使①.]

Criadas (n.女仆). *pý niù* 婢女.|. *iā têu'* 丫头.|. *çù niù* 使女②.

Criadas de la Reyna (np.王后的女仆). *taý niù* 侍女③.|. *kuñg niù* 宫女.

Criador (n.创造者), nuestro Dios (np.我们圣教所奉的神、我主). *çháo vuě chè* 造物者.|. *çháo tiēn' tý vuán vuě chȳ chù* 造天地万物之主. idest, hazerdor de todas las cosas (即，一切事物的造就者).

Crimen, delicto (n.罪行，过失). *çhúy* 罪.|. *çhúy kiēn'* 罪愆.|. *çhúy kuó* 罪过. – lese magistatis (冒犯君主之罪). *fán kỷ' kiūn çhúy* 犯欺君罪.|. *fán châo' tiñ'g* 犯朝廷.|. *kỷ' kiūn* 欺君.

Crimen (n.刑事), consejo del crimen (np.刑法部). *hiń pú* 刑部. – en las Audiencias de las ciudades, y villas ay 6. officios, o salas, que corresponden a los consejos del crimen, llaman se (各地市县、乡镇的法院设有六个部门，其职能相当于刑部，称为). *hiń fañg* 刑房.

Criminal cosa (np.刑事案件). *kò' xéu fǎ tiě* 可受法的.

Crines del cauallo (np.马的鬃毛). *mà iñg* 马缨.|. *mà çhūng* 马鬃.

Crisma. [dezimos.] (n.圣油[我们的说法]). *xiń iêu* 圣油. – dar la, o, los santos olios (施以圣油). *fú xiń iêu* 付圣油.

Crisol de platero (np.银匠使用的坩埚).④

Cristal (n.晶体、水晶). *xùy çhiñ* 水晶.

Cristalino (n.水晶体), cosa de cristal (np.结晶的东西). *xùy çhiñ tiě* 水晶的.

（p.62）

Cristo Jesus (n.基督耶稣). *iê sū kȳ lý sū tō* 耶稣基利稣多.|. *kiéu xý chȳ chù* 救世之主.

Cristianos (n.基督徒们). *kiáo chūng jiñ* 教中人.|. *çhûn'g kiáo tiě* 从教的.|. *fuñg kiáo jiñ* 奉教人.|. *liǹg xiń xùy chè* 领圣水者.

---

① 也说"盛价"，明清小说、笔记中很常见。
② 柯本作"厮女"。参见Sierua, esclava, criada（p.200）。
③ 柯本作"待女"。按："待"为"侍"之误，后者二读，*xý*或*çú*。
④ 原缺汉语释义。柯本注：梵蒂冈本补有对应词"*în kuón* 银罐"。

Cristiano (n.基督徒), hazerse cristiano (vp.成为基督徒). *jě çhiń kiáo* 入进教.|. *çhín kiáo* 进教.

Cristiandad, ley nuestra (n.基督教，我们的宗教). *Tiēn' çhù xińg kiáo* 天主圣教.

Criuar, ahechar (vt.筛，过筛). *xāy* 筛.

Criuo (n.筛子), arnero de arroz (np.谷筛). *mỳ xāy* 米筛.

Cronica (n.编年史). *kāng kién* 纲鉴. [参见：coronica (编年史).]①

Crucificar (vt.钉在十字架上). *tińg xě çhú kiá* 钉十字架.

Crucifixo (n.耶稣受难像). *tińg xě çhú kiá tiě* 钉十字架的.

Crudo (a.生的), no cocido (ap.未煮过的). *seńg tiě* 生的.

Crudeças de estomago (np.胃积食、不消化). *pỳ' goéy çhiě chý* 脾胃积滞.|. *pỳ' goéy tińg' çhiě* 脾胃停积.|. *tińg' chý* 停滞.

Cruel (a.残忍的、暴虐的). *çhân' páo* 残暴.|. *çhàn' k'ǒ* 惨酷.|. *çhàn' tǒ* 惨毒.|. *ki'ǒ niǒ* 屈虐.

Cruel animal (np.凶残的动物). *mèng xéu* 猛兽.

Cruel viento, viento vracan (np.暴风，飓风). *páo fuńg* 暴风.|. *fuńg páo* 风暴.

Cruel castigo (np.残酷的惩罚、暴行). *k'ǒ hińg* 酷刑. – hazer crueldades a los vasallos (对臣民施加暴行). *çhàn' háy leańg mîn* 惨害良民.

Cruz (n.十字、十字架). *xě çhú kiá* 十字架.|. *xě çhú xińg háo* 十字圣号. – hazer la señal de la cruz (画十字). *tà xě çhú* 打十字.|. *tà xińg háo* 打圣号.

Cruzadas las manos (np.两手交叉). *chā' xèu* 叉手.|. *kiāo chā'* 交叉.|. *kiāo chǒ* 交着②. – encrucijada de calles (交叉街口). *xě çhú kiāy* 十字街. – de caminos (交叉的道路). *xě çhú lú* 十字路.

Cv.

Cuba (n.木桶、桶). *tá tuǹ'g* 大桶.

Cubrir (vt.盖、掩、蒙). *káy* 盖.|. *chē káy* 遮盖.|. *chē ièn* 遮掩. – encubrir (遮蔽、掩藏). *pý* 蔽.|. *káy chǒ* 盖着.|. *chē kǒ* 遮搁.

Cubrir velando, o con velo (vp.遮盖严实，如用纱巾或披肩遮挡). *chē ky'* 遮起.

---

① 此条柯本未录。可比较p.59中的一"纲"字，拼为*kān*，无后鼻音。

② *chǒ*，柯本写为"足"。

Cubrir la cabeça (vp.遮盖头部). *káy têu'* 盖头.

Cubrir nos el cielo (vp.天空覆盖着我们). *tiēn' feú* 天覆.

Cubrir con cal las paredes (vp.用石灰抹墙). *xańg hoēy* 上灰.

Cubrir (vt.覆盖), entapiçar las paredes (vp.往墙上挂壁毯). *chańg pyě* 帐壁.

Cubrir (vt.遮盖), hazer sombra (vp.遮荫), amparar (vt.庇护)①. *iñ pý* 荫蔽/荫庇.|. *pý iñ* 蔽荫/庇荫.

Cubrir, vt pauellon (vt.遮挡，如用帐篷). *goêy chańg* 帷帐.

Cubierta (n.盖子、罩子、套子). *káy chǔ* 盖子.

Cubierta, y secretamente (adp.以掩蔽而隐秘的方式). *miě miě* 秘密.

Cubierta de cartas (np.书壳). *fuñg ta'ó* 封套.|. *xū ta'ó* 书套. – la cubierta o funda de adentro (书里面的封皮、内封). *núy hân* 内函.

Cubiertas de despachos de Mandarines (np.供官员递信用的封袋). *fuñg tuñ'g* 封筒.

Cuello, o collar del vestido (n.领口，即衣服的领子). *lìng* 领.

Cuchillo (n.刀). *tāo* 刀. – el corte del cuchillo (刀的锋刃). *pě jiń* 白刃.

Cuchillada (n.刀击、刀伤). *tāo heńg* 刀痕.|. *iě hía tāo* 一下刀.

Cuenca de los ojos (np.眼窝、眼眶). *mǒ kuǹ'g* 目孔.|. *ièn kuǹ'g* 眼孔.

Cuentas de deudas, ettª. (np.债务之类的账目). *sú mǒ* 数目. – hazer las cuentas (做账务). *suón chańg* 算账.

Cuentas para rezar (np.念经时用的珠子). *chū* 珠.|. *nién chū* 念珠.|. *xińg chū* 圣珠. – vna cuenta (一颗珠子). *iě liě chū* 一粒珠.

Cuento, historia (n.史传，故事). *kù çú* 古事.

Cuento, vn cuento de plata (num.百万，一百万的银两). *iě pě vuán* 一百万. idest, un millon nuestro (即我们说的一百万).

Cuerdas de viguela, et similia (np.六弦琴的弦，或类似的弦线). *hiên* 弦.|. *hiên sién* 弦线.

Cuerda para atar (np.捆缚用的绳索). *xińg chǔ* 绳子. [参见：cordeles (绳索).②] – cuerda de ballesta (弩的弦). *nù hiên* 弩弦. – del arco (弓的弦). *kuñg hiên* 弓弦.

Cuerdo, prudente (a.明智的，审慎的). *ièu chý tě* 有智德③.|. *chý chè* 智者.

---

① 此词柯本未录.

② 见Cordel（p.59）.

③ 柯本无"德"字.

Cuero, pellejo (n.兽皮、皮革，毛皮、皮肤). *pý'* 皮①. – curtido (经鞣制的). *lién pý'* 练皮.

Cuerno de animales (np.动物的角). *kiǒ* 角.|. *têu' kiǒ* 头角. – de vaca (牛的). *niêu kiǒ* 牛角. ettª. (等等).

Cuerpo (n.身体). *jǒ xīn* 肉身.|. *jǒ kiṳ'* 肉躯.|. *hiñg kiṳ'* 形躯.|. *xīn çhǔ* 身子.|. *xīn kiṳ'* 身躯.|. *hiñg hiây* 形骸.

Cuerpo muerto (np.死人的身子), cadauer (n.尸体). *xīn xȳ* 身尸.|. *xý hiây* 尸骸②.|. *hiây kǒ* 骸骨.

Cuerpo de armas (np.成套的盔甲). *kuēy' kiǎ* 盔甲.|. *kiǎ chéu* 甲胄.|. *kiáy chéu* 介胄③.|. *kày' kiǎ* 铠甲.

Cuerpo trunco sin cabeça (np.没有头部的躯干). *tuón xèu chȳ xȳ* 断首之尸.

Cueruo (n.鸦、乌鸦). *gū yā* 乌鸦.

Cuesta (n.山丘、山坡). *xān lìng* 山岭.|. *xān tǐng* 山顶. – cuesta alta (高山). *çhiu'én lìng* 峻岭④.

Cuesta arriba (np.上坡). *xańg lìng* 上岭.

Cuesta abaxo (np.下坡). *hiá lìng* 下岭.

(p.63)

Cueua (n.洞穴). *xān tuńg* 山洞.|. *xě tuńg* 石洞. vt de los hermitaños (如隐士穴居之所).

Cueuas de la tierra, vt minas, ettª. (np.地上的洞，如矿洞之类). *kēng'* 坑.|. *hiě* 陕. – agujero (洞眼). *kūn'g hiě* 空隙.

Cuesco de fruto (np.果核). *hǒ çhǔ* 核子.

Culebra (n.蛇). *xê* 蛇.|. *laò xê* 老蛇⑤. – ponçoñosa (有毒的). *tǒ xê* 毒蛇.

Culpa (n.过失、罪行). *çhúy* 罪.|. *çhúy kuó* 罪过.|. *çhúy kiēn'* 罪愆.|. *kuó xě* 过失.

Culpado (a.有罪的), Reo (n.罪犯). *çhúy jiñ* 罪人.|. *fán jiñ* 犯人.

---

① 柯本脱"皮"字。
② 柯本注：*xý*，梵蒂冈本作*xȳ*，阴平。
③ 柯本作"骸胄"。
④ 柯本注：*çhiu'én*，梵蒂冈本作*çhiún'*。
⑤ 南方方言词，见许宝华、宫田一郎（1999：1660）。"老"为虚义的词头，同于老虎、老鼠的"老"。

Culpar à otro, vt porque no hizo lo que le dixe (vp.责怪某人，比如责备他没有按照说的那样做). *káy tā'* 怪他①.

Culpar (vt.怪罪), echar la culpa a otro (vp.把罪责推卸给某人). *láy tā'* 赖他.|. *kuēy chúy iǔ tā' jiń* 归罪于他人.

Culantro (n.芫荽).②

Cultiuar la tierra (vp.耕种土地). *kēng* 耕.|. *chû'* 锄. – arrar, y cabar (犁地，翻地). [参见：labrar (耕作、劳作).]

Cumbre del monte (np.山的峰巅). *xān tiǹg* 山顶.|. *liǹg têu'* 岭头.|. *xān têu'* 山头.

Cumplir lo prometido (vp.履行诺言、践诺). *chièn iên* 践言.|. *chièn sò hiù* 践所许.

Cumplir el voto (vp.履行誓言). *hoân iuén* 还愿.

Cumplir el tiempo del officio (vp.完成公职的任期). *muòn jiń* 满任.|. *jiń muòn* 任满.

Cumplir el año (vp.满一年), año cumplido (np.过完的一年). *chēu súy* 周岁.|. *chēu niên* 周年.

Cumplir cada vno con su obligacion (vp.每一个人完成自己的义务). *chín puèn* 尽本.|. *chó puèn fuén* 做本分.|. *chîn'g kỷ' puèn* 诚其本.

Cumplimientos (n.礼貌、客套). *lỳ máo* 礼貌. – no andar en ellos (不按礼规走、不讲究客套). *pǒ kiū* 不拘. [参见：cortesias (礼貌、礼仪).]

Cuna de niños (np.婴儿的摇篮).③

Cuña (n.楔子). *chiēn* 签④. – de madera (木制的). *mǒ chiēn* 木签. – de ahormar sapatos (用来楦鞋的). *hiuén siě* 楦楔.

Cuñada muger del hermano mayor (np.称自己哥哥的妻子). *hiūng sào* 兄嫂.|. *kō sào* 哥嫂.|. *sào chǔ* 嫂子.

Cuñada muger del hermano menor (np.称自己弟弟的妻子). *tý siě fú* 弟媳妇.|. *tý fú* 弟妇.

Cuñadas casadas con dos hermanos, la menor llama ala mayor (np.兄弟俩的

---

① 柯本注：*káy*，梵蒂冈本作*kuáy*。
② 原缺汉语释义。culantro，即cilantro（芫荽、香菜）。柯本注：梵蒂冈本补有对应词"*yuên siǔ* 芫荽"。
③ 原缺汉语释义。柯本注：梵蒂冈本补有对应词"*yâo uō chǔ* 摇窝子"。
④ "签"字他处多作*chiēn'*，带送气符，见Acuñar（p.5）、Cañuelas（p.41）。

妻子相互之间，弟之妻称兄之妻为). *mù niâng* 姆娘.|. *mù mù* 姆姆.|. *pě mù* 伯母. – la mayor llama ala menor (兄之妻称弟之妻为). *xìn* 婶.|. *xǒ xìn* 叔婶.|. *xìn xìn* 婶婶. – otros la llamaran (其他人则称呼她为). *xìn niâng* 婶娘.

Cuñados hermanos de la muger (np.称自己妻子的兄弟). *çhỹ' kiéu* 妻舅. – al mayor llama (妻子的大哥称为). *tá kiéu* 大舅. – al 2do (妻子的二哥称为). *úl kiéu* 二舅. et sic de cett[is] (余者可类推).

Cuñados de v. m. (np.您的妻舅). *çhūn kiéu* 尊舅.|. *liń kiéu* 令舅.

Cuñadas hermanas de la muger, las llama el marido (np.妻子的姐妹，丈夫称她们为). *ŷ niâng* 姨娘.|. *ŷ* 姨.

Cuñados maridos de las hermanas: al mayor llaman (np.对自己姐妹的丈夫，称姐姐的丈夫为). *çhiè fū* 姐夫.|. *çhiè chang* 姐丈. – al menor (称妹妹的丈夫为). *moéy fū* 妹夫.|. *moéy chang* 妹丈.|. *moéy sý* 妹婿.

Cuñados casados con dos hermanas (np.姐妹俩的丈夫). *tuńg' kiñ* 同襟.|. *liên kiñ* 连襟.

Cuñados hermanos del marido, la muger llama al mayor (np.妻子对自己丈夫的兄弟，称哥哥为). *pě fú* 伯父. y al menor (称弟弟为). *xǒ fú* 叔父.

Cundir como açeyte, etc. (vi.洇漫、弥散，如油之类). *chîn' chú* 沉住.|. *chîn chú* 浸住.

Çumo (n.汁液、浆水). *chě* 汁.

Çueco (n.木屐). *mǒ kiě* 木屐.|. *hiây tǒ'* 鞋托①.

Cura, sanidad (n.医治、治疗法，健康). *pińg iù* 病愈.|. *pińg leào* 病了.②

Cura de almas (np.教区神父)③. *kuòn jiñ liñg hoên* 管人灵魂.|. *xîn fú* 神父.

Curador, tutor (n.监护人，保护人). *iańg fú* 养父.

Curar enfermedad (vp.治病). *ȳ pińg* 医病.|. *ȳ chý* 医治.|. *leáo pińg* 疗病.

Curar, vt sic (vt.医治、治疗、治愈诸义). *ȳ leáo* 医疗. – los ojos (治疗眼疾). *ȳ mǒ* 医目

Curar lienços, o, mantas (vp.漂白麻布，或毛织物). *pi'áo pú* 漂布.|. *pi'áo pě* 漂白.|. *gēu pú* 沤布. – oficial de curar mantas (漂白工). *pi'áo çhiańg* 漂匠.

① *tǒ'*，柯本缺字。或可能是"拖"，但他处多为阴平，而非入声。
② 参看词目Conualeçer（p.58）。
③ 字面义：灵魂的医师。

Curar seda (vp.漂白或加工生丝). çhiēn gēu xǒ çū 煎沤熟丝. – pieças de seda (成块的丝绸). xǒ sǒ chêu' tuón 熟缩绸缎①.

Curiosa cosa (np.干净整洁的东西). çhý' chìng 齐整.|. çhiǹg' ûy 精微.|. hào çhiǹg' sý tiě 好精细的.②

Curiosidades (n.奇特怪异的东西). ký' ý tiě vuě 奇异的物.|. ký' kià'o chȳ vuě 奇巧之物.|. ký' miáo tiě vuě 奇妙的物.

Curioso hombre, huelga de inquirir (np.有好奇心者，渴望探寻事物的). háo chǎ' tiě jiñ 好察的人.|. chǎ' chǎ' chȳ jiñ 察察之人.

Curioso en su persona (ap.性好整洁), y limpio hombre (np.爱干净的人). haó chiǹg' kiě tiě 好清洁的.

Curtir cueros (vp.硝制毛皮). xǒ pý' 熟皮.|. lién xǒ pý' 练熟皮.|. siāo çhó pý' 硝做皮.|. hiūn pý' 熏皮.

Curtir pieles, quitar les el pelo (vp.鞣制皮革，去除绒毛). jêu kě 鞣革.|. xańg siāo 上硝.|. jêu kě xańg 鞣革上③.

Curtidor (n.鞣皮匠). siāo pý' jiñ 硝皮人.|. jêu kě kuńg 鞣革工.

Curar pieles (vp.加工皮革). lién pý' 练皮. [参见：curtir (硝制、鞣制).]

Custodia, o tabernaculo (n.圣体龛、神龛). kān' çhǔ 龛子. – de santos, o Altar (与圣徒或祭事有关的). xińg kān' 圣龛.

Cuydar (vt.照料、看护). cháo kú 照顾.|. ka'ń kú 看顾.|. cháo kuòn 照管.|. ka'ń kuòn 看管. – cuydar de negocios (管理事务). kú. lỳ çú 顾、理事④.

* Cuydados (n.忧心事、烦恼事). iēu liú 忧虑.|. kàn ký 感悸⑤.|. siñ çú 心事.

Cuydadoso (a.细心的). kiǹ xiń tiě 谨慎的.|. siào siñ tiě 小心的.

（p.64）

Çurron (n.皮囊、背袋). poéy nańg 背囊. – para lleuar la comida (用来盛食物的). xě taý 食袋.|. xě tuñg' 食筒.

---

① xǒ sǒ，柯本缺字。"熟缩"，缩水处理。
② çhiǹg'，两例均衍送气符。
③ 不成词组，疑脱字。
④ 柯本作"顾理事"。按：原写"kú 顾"与"lỳ 理"之间有标点，似乎想表示"顾事"与"理事"同义。
⑤ 似指因感忧而心悸。后一字柯本拟为"忾"。

Cuytado (a.懦弱的、不幸的). *siào jiñ* 小人.|. *tù' jiñ* 土人.|. *lañg poéy tiě* 狼狈的. [参见：miserable (贫苦的、悲惨的).]

Çumbido de mosquitos (np.蚊子的嗡嗡声). *vuên hèu* 蚊吼.|. *vuên chûn'g tiě hèu* 蚊虫的吼.

D
(pp.64-80)

Da.

Dadiuoso, magnanimo (a.大方的，大度的). *kañ'g k'áy tiẻ* 慷慨的.

Dadiuas, beneficios (n.礼物，恩惠). *gēn çú* 恩赐.|. *sò iù tiẻ* 所与的.|. *sò suńg tiẻ vuẻ* 所送的物.|. *gēn* 恩.

Dados (n.骰子). *sẻ çhủ* 色子.|. *têu' çhủ* 骰子.|. *têu' mà* 骰码.

Damasco (n.锦缎). *tuón çhủ* 缎子.

Dançar (vi.跳舞). *ti'áo vù* 跳舞.

Dado à alguna cosa (ap.投身、专注于某项事务). *chuēn vú* 专务.|. *chuēn çhiẻ'* 专切.|. *chuēn ý* 专意.|. *iẻ ý* 一意.|. *chuēn iẻ* 专一.

Dado à la luxuria (ap.贪嗜色情). *háo sẻ* 好色.|. *tān' sẻ* 贪色.|. *mý sẻ* 迷色.|. *gáy sẻ* 爱色. idest, luxurioso (即淫荡). – dado al vino (嗜酒). *háo çhièu* 好酒.|. *tān' çhièu* 贪酒. ett[a]. (等等).

Daga (n.匕首、短剑). *tuòn kién* 短剑.

Damas del Palacio, que son las concubinas del Rey (np.宫中的贵妇人，系君王之妾). *fỹ piñ'* 妃嫔.|. *kuñg piñ'* 宫嫔.|. *piñ' iủ* 嫔御.

Dañar (vt.破坏、伤害). *páy hoáy* 败坏.|. *tà hoáy* 打坏.|. *sùn hoáy* 损坏.|. *háy* 害.

Dañoso (a.有害的). *lý háy tiẻ* 厉害的.|. *ièu háy tiẻ* 有害的.

Dar, vt sic (vt.给、给予、供给、授予等). *iủ* 与/予.|. *pà iủ* 把与.|. *suńg* 送.|. *suńg iủ* 送与.

Dar el superior al inferior (vp.上级给予下级). *çú iủ* 赐予.|. *gān çú* 恩赐[①].

Dar à logro (vp.放贷以赚取暴利、放高利贷). *fańg lý çhiên'* 放利钱.|. *seńg lý çhiên'* 生利钱.

Dar arroz à logro (vp.贷给稻谷以赚取高利). *seńg taó çhủ* 生稻子.

Dar su palabra (vp.许下诺言). *hiủ leào* 许了.|. *kiàng leào* 讲了.|. *hiủ tińg* 许

---

① 柯本注：*gān*，梵蒂冈本作 *gēn*。

定.|. *xuě tiṅg* 说定.|. *kiŏ' hiù* 确许①.|. *tiě hiù* 的许.

Dar en rostro (vp.抵触、惹恼). *túy chiṅg* 对证.|. *mién chiṅg* 面证. – conuenciendo le, afrentando le (驳倒，羞辱). *mién jŏ* 面辱.|. *túy mién vù mán tā'* 对面侮谩他.

Dar el parabien (vp.道喜、道贺). *kuṅg hỳ* 恭喜.|. *ki'ṅg hó* 庆贺.

Dar testimonio (vp.提供证据), atestiguar (vt.证实). *chiṅg* 证.

Dar coçes (vp.踢上几脚). *ti'ĕ* 踢.|. *kiŏ ti'ĕ* 脚踢. [参见：coçear② (踢).]

Dar priesa (vp.催促). *chū'y tā'* 催他.

Dar parte, hazer saber (vp.告知，通报). *pào* 报③.|. *chuê'n* 传.|. *káo xuě* 告说.|. *chîn' xuě* 陈说.

Dar parte al superior (vp.向上级报告). *káo pìn* 告禀.

Dar gracias (vp.表达谢意). *sié* 谢.|. *kàn sié* 感谢.|. *kàn gēn* 感恩.|. *sié gēn* 谢恩.|. *kàn mú* 感慕.

Dar principio (vp.起首、开启). *kỳ' çhū'* 起初.

Dar peticion (vp.请求、请愿). *tỳ chîn'g* 递呈.|. *chîn'g* 呈.

Dar quexas (vp.申诉、陈冤). *kuáy* 怪. – quexarse al superior (向上级申诉). *káo suṅg* 告讼.

Dar ventaja, ceder a otro (vp.逊让，顺从某人). *jaṅg* 让.

Dar garrote (vp.绞死). *kiào çù* 绞死.|. *kiào* 绞. – sentencia à dar garrote (判以绞刑). *kiào çhúy* 绞罪.

Dar vado a las cosas (vp.妥善处理事情). *chûn'g iûng* 从容.|. *kiày kuōn'* 解宽.|. *kuōn' iûng* 宽容.|. *kuō'n* 宽.

Dar botones de fuego (vp.以烧灼法治疗、行灸疗). *kiéu hò* 灸火.

Dar carena (vp.整修船只). *nién chuê'n* 验船④.

Dar en seco el barco (vp.船只搁浅). *kuá çhiāo* 挂礁.|. *luṅg iŭ xā* 拢淤沙.|. *chuê'n chú leào* 船住了.|. *chuê'n hièn iŭ nỳ* 船陷淤泥.

Dar parias (vp.奉上贡品) *chín kuṅg* 进贡 | *kuṅg hién* 贡献

Dar presentes (vp.奉上礼品). *suṅg lỳ* 送礼.

Dar trabajo a otro (vp.给人添乱、烦人). *luý jiñ* 累人.|. *kiào jào* 搅扰.|. *çhâo'*

---

① 柯本误为 "*kiŏ' leào* 确了"。

② = cocear, 词目见 p.50。

③ 柯本注：*pào*, 伦敦本纠正为 *páo*, 去声。

④ *nién*, 柯本缺字。"验" 读为 *nién*, 见 Argumento（p.20）、Confirmar（p.54）等条。

náo 嘈闹.

Dar trabajo, vt el huesped (vp.添麻烦，如有客人). *nân goêy* 难为.

Dar los buenos años visitandose (vp.在登门拜访时道贺新年). *páy niên* 拜年.

Dar buenas nuebas (vp.传达好消息). *páo hỳ* 报喜.

Dar de balde, gratis (vp.白给，不收钱). *pě suńg* 白送.|. *pě pě suńg* 白白送.|. *pě iù* 白与.|. *kūn'g suńg* 空送.|. *pú xè* 布舍.

Dar golpes (vp.敲击、击打). *tà* 打.|. *kiě* 击.|. *ke'ú* 叩.

Dar golpes a la puerta (vp.打门、叩门). *kiāo' muên* 敲门.

Dar de mas (vp.多给、加量). *tō iù* 多与.|. *tō çhēng* 多增.|. *tiēn' siē* 添些.

Dar doblando (vp.多给一倍). *kiā poéy* 加倍. – dos vezes mas (多出两倍). *kiā sān poéy* 加三倍. ett.ª (依此类推).

Darse la mano por amistad (vp.伸出手表示友好). *vuàn xèu* 挽手.|. *vǒ xèu* 握手.

Dar asalto (vp.偷袭). *tēu' iuńg* 偷营.

Dar la hora el relox (vp.时钟打点报时). *çhǔ mińg chuńg tà mêu xỳ* 自鸣钟打某时.|. *tà kià hiá* 打几下.①

（p.65）

Darse por vencido (vp.表示服输、投降). *fǒ* 服. – las manos cruzadas (双手交叉). *kiāo xèu* 交手.|. *chā' xèu* 叉手.|. *hiańg* 降.

Dar ocasion (vp.导致、引起). *iǹ tuńg* 引动.|. *t'ý kỳ' têu'* 提起头②.|. *tiào' tuńg kỳ kuǒ* 挑动机括.|. *chý* 致.

Dar à la vela (vp.张帆、扬帆). *kỳ' pûn'g* 起篷.|. *kāy' chuê'n* 开船.|. *kiǔ kỳ fuńg hân* 举起风帆③.|. *xańg xùy* 上水.

Dar recados (vp.转达问候、代为致意). *tō páy xańg* 多拜上. – y saludes en las cartas, o de palabra (在信里写，或也可以口头说). *tō chý ý* 多致意.|. *chuèn chý* 转致.|. *kuēy chý* 归致④.

Dar tras pies (vp.绊倒、跌跟头). *fàn gēn tào hiá* 反跟倒下.|. *çhây' gēn tào* 栽

---

① 柯本注：*mêu*、*kià*，梵蒂冈本分别作 *mèu* "某"、*kỳ* "几"。
② *kỳ'*，柯本转录为 *kỳ'*，字作 "其"。
③ 此句梵蒂冈本拼作 *kiá kỳ' fūng fân*，柯本据之写为 "架起风帆"。
④ 回去后请致问候或谢意。

跟倒①.

Dar credito (vp.相信、信任). *siń fŏ* 信服.|. *siń chūn'* 信宠②.

Dar cote (vp.推一记、捅一下). *tà çhùy kiŏ* 打嘴角③.|. *tà nào kŏ ûl* 打脑骨儿.

Dar estocadas (vp.用剑击打). *chuē'n iě kién* 穿一剑.|. *ỳ kién çh'ú* 以剑刺.

Dar vna cuchillada (vp.给一刀). *kà'n iě tāo* 砍一刀.|. *xañg iě tāo* 伤一刀.|. *kà'n iě hía tāo* 砍一下刀.

Dar licion (vp.讲课、讲解课文), decorar (vt.背诵). *poéy xū* 背书.|. *poéy suńg* 背诵.|. *fŏ xū* 复书.|. *ký suńg* 记诵.

Dar de espuelas al cauallo, picar le (vp.踢马刺以催马行). *piēn mà* 鞭马. – açotando lo (用鞭子抽). *chě' mà* 策马.

Dar de mano (vp.放手、罢手). *ki'ú* 去.|. *k'ý* 弃.|. *xè* 舍.|. *sié* 卸.|. *çhiu̯ě* 绝.

Dar vna cayda (vp.摔一跤). *tiě iě tào* 跌一倒.|. *tào tiě leào* 倒跌了.

Dar la mano ayudando (vp.出手帮忙、伸援手). *çhiě xèu* 接手.|. *xèu çhiě* 手接.|. *xéu xèu* 授手.|. *táy gò xañg* 带我上.

Dar limosna (vp.施舍、赈济). *xè xȳ* 舍施.|. *xȳ xè* 施舍.|. *kiéu çhý* 救济.

Dar bocado (vp.咬一下). *iào iě kèu'* 咬一口.

Dar punta pie cayendo (vp.绊脚摔倒). *kēu tào* 勾倒.|. *puón tào* 绊倒.

Dar çancadilla (vp.把人绊倒). *kēu kiŏ* 勾脚.

Dar fiança en el tribunal (vp.在法庭上为人做担保). *tỳ pào choáng* 抵保状.

Dar fiador (vp.当保人). *iuńg pào* 用保.

Dar fiado (vp.贷给、赊卖). *xē iù̯ jiń* 赊与人.

Dar nuebas (vp.递送消息、传讯). *páo siń* 报信.|. *páo siāo siě* 报消息.|. *chuē'n páo* 传报.

Dar de cozes, patadas (vp.踢人，踹人). *gēu tà jiń* 殴打人.|. *gēu jiń* 殴人.

Dar puñadas (vp.用拳头打人). *tà kiu̯e'n* 打拳.|. *kiu̯e'n têu' tà jiń* 拳头打人.

Dar mate en el Axedres (vp.下棋时将死). *çhiang xù̯ leào* 将输了.|. *çhiang çù̯ leào* 将死了.

Dar que dezir (vp.惹人说道、贻人口实). *chāo kuáy* 招怪.|. *çhiù̯' kuáy* 取怪.

Dar ponçoña (vp.下毒药). *hia tŏ* 下毒.|. *iŏ jiń* 药人.

Dar rebato (vp.敲警钟、发警报). *hò páo* 火报.|. *hò xŏ lây páo* 火速来报.|. *siñg*

---

① "裁"当拼为 *çhāy*，读作 *çhây'* 似因其字形近于"裁"。

② 犹宠信。柯本注：*chūn'* 似为 *chûng'* "从"的讹读。

③ 似指努嘴示意。

vuàng lây páo 星往来报.①

Dar relacion de todo, desde sus princios (vp.从头到尾详述经过). *xuě lây liě* 说来历.|. *xuě kēn iȩ̌* 说根由.

Dar saco (vp.抢劫). *lù liǒ* 掳掠.|. *chiàn'g liǒ* 抢掠.|. *chiàn'g tǒ chińg kuāng* 抢夺净光.

Darse por vencido (vp.认输). *iêu tā' fǒ* 由他服.|. *xińg tańg fǒ* 胜当服.

Dar la penitencia (vp.惩罚、治罪). *tińg chúy fǎ* 定罪罚.

Dar señal en las compras (vp.买货时交定金). *fańg leào tińg chiên'* 放了定钱.|. *fǒ leào tińg chiên'* 付了定钱.|. *tińg leào kiāo tān* 定了交单.

Dar señal de auiso, vt en la guerra (vp.发信号，如在战时). *tà háo têu'* 打号头.|. *tà háo xińg* 打号声.

Dar señal de salir el Mandarin à audiencia (vp.官员出行、升堂时给信号). *tà pańg* 打梆.|. *kiāo' pańg* 敲梆.

Dar vado a los negocios (vp.妥善处理事务). *chù' cú* 处事.|. *chù' fuēn cú* 处分事.|. *chù' kāy'* 处开.

Dar tanto por tanto (vp.按同等价值给付或偿还). *túy hoân* 对还.|. *túy fǒ* 对付.|. *túy kúo* 对过.|. *pińg tǎ* 平答.|. *pińg hoêy* 平回.

Dar a la bomba (vp.用唧筒抽水). *sào chān'g* 扫舱.|. *iâo xùy* 舀水. – desaguar (排水). *têu xùy* 抖水.②

Dar buen exemplo (vp.树立好榜样). *liě xén piào* 立善表.|. *liě hào piào iáng* 立好表样.

Dar licencia (vp.给予许可). *hiù* 许.

Dar consejo (vp.给予劝告、提供建议). *hiún hoéy* 训诲.|. *kiụ'én iụ́* 劝谕.|. *kiāo iụ́* 教谕.

Dar cabeçadas de sueño (vp.因困乏而打瞌睡). *tà tùn* 打盹.③

Dar de revez (vp.从背面或横里击打). *fàn tà* 反打.|. *huńg tà* 横打.|. *siê tà* 斜打.

Dar fondo al nauio (vp.船舶下锚). *hiá tińg* 下碇.

Dar titulo, de grandes, o de Mandarines (vp.授衔，指对贵族或官员). *fuńg* 封.

---

① 柯本将西语词目理解为突然脾气发作（to have a sudden fit of passion, a tantrum），三条注音遂依次还原为"火暴""火熟来暴""性旺来暴"。"星"，流星探马，谓飞速传信。

② 柯本作"斗水"。

③ 柯本写为"打顿"。

Dar voto (vp.投票选举), elegir (vt.推选). *chūy' siùen* 推选①.

Dar sentencia (vp.作出判决). *tuón* 断.|. *pȳ' pu'ón* 批判.|. *vuén* 问.|. *huôn gań* 完案.|. *kiě gań* 结案.|. *tuón gań* 断案.

Dar palmetas (vp.打手心、打手). *tà xèu chaǹg* 打手掌.

Dar palmadas (vp.拍手、鼓掌). *kù chaǹg* 鼓掌.

Darse golpes en los pechos (vp.拍打胸脯). *chū'y hiūng* 捶胸.

Dar enprendas (vp.典当). *chó tang* 做当.|. *tang* 当.

Dar, o entregar las cartas (vp.寄信或送信). *tý xū* 递书.

Dar soplo (vp.提供内幕消息). *te'ú lú kēn kȳ* 透露根基.

Dar gritos (vp.呼喊). *hū háo* 呼号.|. *hàn* 喊.

Dar un grito (vp.大喊一声). *hǒ iě xiǹg* 喝一声.

Dar palabra de casamiento (vp.允诺婚约). *tiń chīn'* 定亲.

Dar escusas (vp.找借口). *tūy' tǒ'* 推托.|. *xě chǔ'* 设辞.

Dar con la cabeça en tierra (vp.以头磕碰地面). *k'ǒ têu'* 磕头.|. *ke'ú têu'* 叩头.

Dar satisfacion (vp.给出令人满意的回复). *poêy' hoá* 赔话.|. *hoêy hoá* 回话.

(p.66)

Dar barato en el juego (vp.赌局的赢家赏给小钱). *xaǹg chiên'* 赏钱.

Dar muestra de si (vp.自我介绍、自述). *xuě chú kỳ* 说自己.

Dar bofetadas (vp.打耳光). *pà chaǹg* 巴掌.|. *tà chaǹg* 打掌.|. *chaǹg mién* 掌面.

Dar à escojer (vp.让人挑选). *piń'g tā' siùen* 凭他选.

Dar esfuerzo (vp.鼓劲), animar (vt.激励). *mièn lý* 勉励.|. *kiụ'én mièn* 劝勉.|. *liě mièn* 力勉.

Dar libre à alguno, soltar le (vp.给某人自由，松开手). *faǹg tā'* 放他.

Dar con la carga en tierra (vp.因重载而倒地). *iǎ tào* 压倒.

Dar al traste con todo (vp.遭到彻底挫败). *tá páy leào* 大败了.|. *chiụe'n páy leào* 全败了.

Dar cuenta al superior de lo que le encomendo (vp.向当事的上级说明情况). *fǒ miń* 复命.

Dardo (n.标枪、投枪). *tuòn chiaǹ'g* 短枪.

Datiuo, caso (n.与格，一种语法格). *iù* 与②.

---

① "推" 拼为 *chūy'*，同音于 "吹"，可参看 Astrologo iudiciario（p.24）。

② 相当于 "与" 的行为动词是 dar（给、给予），见 Dar, vt sic（p.64）。

Data, o fecha (n.日期，或年月日). *niên iuě ký háo* 年月记号.|. *jě çhǔ ký háo* 日子记号.

Dar en el blanco (vp.正中目标). *chuńg tiě* 中的.

De.

De, preposicion (prep.介词de，表示"……的""从……"). *iṳ* 于. – de lugar (从某个地方). *çhǔ* 自.|. *çhûn'g* 从.

De aqui adelante (pp.从现在起). *çhǔ kiñ ỳ héu* 自今以后.

De à donde? (pp.从哪里、从什么地方). *çhûn'g nâ lỳ* 从哪里.|. *çhûn'g nâ iě piēn* 从哪一边.|. *çhûn'g xiń mò sò çháy* 从甚么所在.

De alli (pp.从那里). *çhûn'g ná lỳ* 从那里.|. *çhûn'g ná iě piēn* 从那一边.|. *çhûn'g ná iě sò çháy* 从那一所在.

De arriba (pp.从上面). *çhûn'g xańg* 从上.|. *çhǔ xańg piēn* 自上边.

De aqui, o desde aqui (pp.从这里，或从这里起). *çhûn'g ché lỳ* 从这里.

Desde arriba abaxo (pp.从上面到下面). *çhûn'g xańg ûl hía* 从上而下.

De antemano (pp.事先). *iǔ siēn* 预先.

De qualquier manera, sea lo vno, o, lo otro (pp.不管以什么方式，以这种方式还是那种方式). *pǒ luń* 不论.|. *pǒ kiṳ'* 不拘①.

De aqui à pocos dias (pp.从现在起的几天). *pǒ kuó kỳ jě* 不过几日.|. *kỳ jě héu* 几日后.

De valde, en vano (pp.白费，徒劳). *tû' jiń* 徒然②.|. *kūn'g hiṳ* 空虚. – manos vazias (空着两手). *kūn'g xèu* 空手. – recebir gratis (无偿获得). *pě xeú* 白受. – gastar en vano (白白耗费). *kūn'g fý* 空费.|. *hiṳ fý* 虚费.

Debanar (vt.卷、绕). *kiụèn* 卷.|. *kiụèn xā* 卷纱. – debanar hilo (卷绕纱线). *kiụèn sién* 卷线.|. *kiày xā kiụē'n* 解纱圈③.

Debanador en que se debana (np.用来绕线的筒子、线轴). *iǒ çhǔ* 轴子④.|. *kiá ûl* 架儿.

---

① *kiṳ'*，送气符为笔误，可对比重复的一条（p.68），以及词目 Como quiera（p.51）等。

② "然"，他处多拼为 *jên* 或 *jeń*。

③ 谓解开缠绕的纱团。*kiụē'n*，柯本拟为"绢"。

④ *iǒ*，疑为 *chǒ*（轴）之误。

Debaxo (ad.下面、在底下). *hiá mién* 下面.|. *hiá têu'* 下头.|. *tỳ hiá* 底下.|. *hía piēn* 下边.

De buena edad (pp.正当年、壮年). *chūng niên tiě* 中年的.

De buena gana (pp.很乐意). *kān siń* 甘心.|. *gān siń* 安心.|. *hỳ siń* 喜心.|. *çhíng' iuén* 情愿.

Debuxo① (n.图画、草图). *miâo* 描.|. *tà tû'* 打图.|. *hoá iáng* 画样.|. *hoá tû'* 画图. – sacando lo por otro (为人画像、画人物像). *chuê'n iǹg* 传影.

De buenas entrañas (pp.心肠好). *leańg çhíng'* 良情.|. *leańg siñ tiě jiń* 良心的人.|. *hào siñ tiě* 好心的.

De cabo à cabo (pp.从一头到另一头). *çhú xỳ chý chuñg* 自始至终.|. *chûn'g têu', chý uỳ* 从头至尾.|. *chûn'g çhîe'n chý héu* 从前至后.

De cada parte (pp.从每一个方面). *kǒ ch'ú* 各处.|. *çhú ch'ú* 四处②.|. *çú mién* 四面.|. *çú fañg pǎ mién* 四方八面. idest, de todas partes (也即从所有的方面).

De camino (pp.顺道). *xuń lú* 顺路.|. *pién lú* 便路.|. *pién taó* 便道.|. *pién kiñg chỳ lú* 便经之路.

De aca para alla andar (pp.四处奔波). *tuñg çhèu sȳ çhèu* 东走西走. – mirar (观看). *tuñg ka'ń sȳ ka'ń* 东看西看. – pensar (思考). *çū tuñg çū sȳ* 思东思西.

Dechado, modelo (n.样式，模式). *iańg çhǔ* 样子.|. *mû çhǔ* 模子.

De contado: dar luego el precio (pp.即付：当场付给现价). *hién iñ çhǔ* 现银子.|. *hién mày* 现买.|. *hién kiá* 现价.|. *túy iñ çhǔ* 兑银子.

De corazon (pp.从心里、由衷). *chuēn siñ* 专心.|. *puèn siñ* 本心.|. *kēn siñ* 根心.|. *fã çhú ieû lỳ* 发自由里③.|. *fã chǔ' núy ý* 发出内意④.

De corrida, de paso, vt mirar libro (pp.着急，匆忙，比如草草看上几眼书). *fêu ka'ń* 浮看.

De cerca (pp.附近、周围). *kiń* 近.|. *pǒ iuèn* 不远.

---

① 名词，今拼 dibujo（图画、图案）。柯本断定为动词 dibujar（描画、绘画）的单数第一人称变位形式（dibujo"我画"），然而通观本词典，以变位形式作词目很少见，除非是在对话的场景中。也许是嫌西语词目与汉语释义的词性不能对应，梵蒂冈本才改用动词 debujar 立条。

② 柯本注：*çhú*，梵蒂冈本作 *çú*。

③ *ieû*，柯本缺字。"由里"，即根由、内里。

④ *chǔ'*，柯本转录为 *çhú*，字作"自"。

Decender (vi.下来). *hía* 下.|. *hía lây* 下来. – los superiores, vt el Rey (位高者到来，如君王驾临). *kiańg* 降.|. *kiańg lây* 降来.|. *liń* 临.|. *kiańg liń* 降临.

Decimar (vt./vi.十中取一、缴纳什一税), de diez vno (pp.十分之一). *xě chēu' iě* 十抽一.

Decimo, o, el decimo (num.第十，或第十个). *tý xě kó* 第十个.

（p.67）

Dechado, modelo (n.样式，模式). *iańg çhǔ* 样子.|. *mû çhǔ* 模子.①

Declarar, explicar (vt.解释，阐说). *kiày xuě* 解说.|. *kiày mîng* 解明.|. *kiày xě* 解释.

Declararse (vr.宣称、表明意思). *fǎ mîng* 发明.|. *kiàng mîng* 讲明.|. *xuě mîng* 说明.

Declarar à otro su pecho (vp.向人说明自己的心思). *çhiân'g sý fuēn mîng pě* 详细分明白.

Decorar (vt.背诵), dezir de memoria (vp.凭记忆复述). *ký suńg* 记诵.|. *poéy suńg* 背诵.

Decoro, ostentacion (n.尊严，阔气). *tý' mién* 体面.|. *goēy fuńg* 威风.

Decretar, determinar (vt.颁令，决定). *kiuě tińg* 决定. – la sentencia (判决、裁决). *kiuě gań* 决案.|. *tuón gań* 断案.

Decretos (n.命令、指令). *lińg* 令. – Reales (皇家下达的). *lińg chỳ* 令旨.|. *xińg chỳ* 圣旨.

Decrepito (a.老迈的). *laò máo* 老耄.

Degenerar (vi.蜕化变质). *pǒ siáo* 不肖.|. *pǒ siang* 不像.|. *pǒ jû* 不如.

Dedal (n.顶针). *chīn chỳ* 针指②.

De dia (pp.白天、白日里). *jě kiēn* 日间.|. *pě jě* 白日.

De noche (pp.夜里). *ié kiēn* 夜间.|. *vuàn kiēn* 晚间. – media noche (半夜). *puón ié* 半夜.

Dedicar las yglesias. [dezimos.] (vp.为庆祝教堂建成举行圣礼[我们的说法]). *liě xińg tań'g* 立圣堂.

Dedicacion (n.庆典), dia en que se dedica (np.庆祝圣教立堂之日). *jě xińg tań'g* 入圣堂.|. *çhū' kāy' xińg tań'g* 初开圣堂.

---

① 重复的词条，见上页。
② 柯本注：此词可能借自闽语。按：明清小说中有"针指"一词，指针线活，即针黹。

Dedo (n.手指). *chỳ* 指.|. *xèu chỳ* 手指.|. *chỳ têu'* 指头. – el pulgar (大拇指). *mù chỳ* 拇指.|. *tá chỳ* 大指.|. *chỳ têu' mǒ* 指头目①. – el dedo index (食指). *tièn chỳ* 点指②.|. *xě chỳ* 食指. – el dedo de en medio (中间的指头、中指). *chuñg chỳ* 中指. – el pequeño (小指头). *siào chỳ* 小指.|. *uỷ chỳ* 尾指.|. *mû mîng chỳ* 无名指③. – el dedo anular (戴戒指的指头、环指). *çú mù chỳ* 四拇指.

Deducir, colegir (vt.推论，推导). *chūy' chǒ* 推着④.|. *chūy' çhě* 推测.

De dos en dos (pp.两个两个). *úl úl* 二二.|. *chǒ xoāng* 逐双.|. *xoāng xoāng* 双双.

De este modo (pp.以这种方式、类型). *jû xý* 如是.|. *jû çhù'* 如此.|. *ché teǹg* 这等.|. *ché iáng* 这样.|. *ché teǹg iáng* 这等样.

Defender la entrada (vp.守卫入口). *pà xèu* 把守.|. *tỷ taǹg* 抵挡.

Defender en juyzio (vp.出庭辩护). *kèu' sú* 口诉.|. *piǹ sú* 禀诉. – Abogado, defender assi (律师，此种场合的辩护人). *táy tú* 代诉⑤.|. *chù vuên* 主文.|. *sú iuên iêu* 诉原由.

Defensor, Patrono (n.担保人、庇护者，东家、主人). *çhó chù* 做主.|. *pào chù* 保主.|. *chù pào* 主保.

Defensa, respuesta del pleyto que me ponen (n.辩护词，就原告对事主所控做出的回答). *sú choáng* 诉状.

Defensa de gente en las fronteras (np.驻守边防的人员). *xèu kiáy kiǔn mà* 守界军马.

Defensa, o guarda (n.防御设施，或护卫措施). *goêy chîn'g* 围城.

Defraudar (vt.欺诈、偷漏税). *kūey' fú* 亏负.|. *kūe'y sùn* 亏损.|. *kūe'y kièn* 亏减⑥.

De frente (pp.迎面、对面). *túy* 对.|. *túy mién* 对面.|. *túy hiáng* 对向.|. *chiǹg túy* 正对.|. *siāng túy* 相对.|. *siāng hiáng* 相向.

---

① 应是方言词。*mǒ*，梵蒂冈本作 *mù*，故其字可写为"拇"或"母"。
② 难以确定是方言词还是一种译法。西语称食指，取意于指示、指点。汉语旧时称"点指"，意思是按手印。
③ 似为误植，当与下一词"四拇指"并列。又 *mû*，梵蒂冈本作 *vû*，系同一字"无"的两读，白与文之分。
④ 即推算成功。"推"字的读音，见 Astrologo iudiciario（p.24）。
⑤ 柯本注：*tú*，梵蒂冈本作 *sú*。
⑥ *kièn*，梵蒂冈本作 *kièn'*，柯本据之写为"欠"。

De fuera (pp.外面). *vuáy mién* 外面.|. *vuáy têu'* 外头.|. *vuáy piēn* 外边.|. *vuáy siāng* 外厢.

Defuncto① (a.已故的 n.死者). *çù jiñ* 死人.|. *çù chè* 死者.

Dehesa (n.草场), tierra inculta (np.未耕之地). *kūn'g tý* 空地.

De inprouiso (pp.出人意料). *hǒ jên* 忽然. [参见：de repente② (突然).]

De grado, de voluntad③ (pp.情愿，乐意). *kān siñ* 甘心. [参见：voluntad (意愿).]

Degollar (vt.斩首). *chàn xèu* 斩首.|. *kà'n têu'* 砍头.|. *kǒ têu'* 割头.|. *chàn têu'* 斩头.|. *tùón têu'* 断头④.|. *tuòn xèu* 断首.|. *tuòn xèu* 断首. [*kǒ kiǹg* 割颈. para escritura (书面语词).]

Delantar, mandil (n.围裙). *goêy kiûn'* 围裙.

Delante (ad.在前面、在面前、当面). *mién çhiên'* 面前.|. *túy mién* 对面.|. *mǒ çhiên'* 目前.|. *ièn çhiên'* 眼前.

Delantera de casa (np.房子的前面、正面). *mién* 面.|. *muên mién* 门面. idest, fachada (即房屋的正面).

Delanteros (n.走在前头的人). *siēn hiǹg tiě* 先行的.

Delegar (vt.委派、授权). *goēy tǒ'* 委托⑤.|. *tǒ' fú* 托付.|. *niě kiûe'n* 摄权⑥.

Delegado (n.受委派者、获授权者、代表). *xù çù* 署使⑦.|. *xù kuòn* 署管.|. *niě goéy* 摄位.|. *xéu niě* 受摄⑧.|. *táy kiûe'n chè* 代权者.|. *t'ý kiûe'n* 替权.

Deleytar (vi.愉悦、快乐 vt.使之快乐). *hỳ* 喜.|. *iuě* 悦.

Deleytes (n.令人喜悦的事物). *hỳ lǒ* 喜乐.|. *hiēn hỳ* 欣喜.|. *gān lǒ* 安乐.|. *fǒ lǒ* 福乐.

---

① 另作 difunto，为现代通行的拼法，在本书中也出现，如 Alabança（p.9）条下。

② 写为 Derrepente（p.69）。

③ 柯本转录作 Degrado de voluntad (willingly)。实为两个同义的介词短语，中间有句点隔开。

④ *tùón* "断"，原写带上声、去声两个调符，难以判定写者究竟打算取哪一个。而接下来的例词"断首"，写了两遍，其中的"断"字都只标上声。可对照 Cortar la cabeça（p.60），两例"断"字均标为去声。

⑤ 柯本注：*goêy*，梵蒂冈本作 *goêy*，上声。

⑥ *niě*，似乎是把"摄"读成了"聂、镊"，下一条的两例也一样。可参看 Ganar la voluntad de todos（p.103），取摄人心的"摄"拼为 *xě*，不误。

⑦ 即署理使臣。*çù*，梵蒂冈本作去声 *çú*，柯本据之写为"事"，也是一种可能性。

⑧ 柯本写为"受业"。

Deleytarse interiormente (vp.内心喜悦). *lŏ siàng* 乐想.|. *tĕ ý siàng* 得意想.|. *hỳ siàng* 喜想.

Deleytoso (a.令人愉悦的), gustoso en cosas de comer (ap.好吃、美味的). *ièu vúy* 有味.

Deleytoso a la vista (ap.美观、悦目). *ièu ỳ çú* 有意思①.|. *ièu çhi'ṷ́* 有趣. – ameno (景色秀丽). *méu xíng* 茂盛.

De lexos (pp.从远处). *iùen* 远.

Delgado, vt papel, manta, ettᵃ. (a.薄、单薄，如纸张、棉布等). *pŏ tiĕ* 薄的.

Delgado, fino (a.纤细的，精微的). *sý sý tiĕ* 细细的.|. *sý nuón tiĕ* 细嫩的.|. *çhiñg sý* 精细②.|. *sý kià'o* 细巧.|. *sý miĕ* 细密.

Deliberar (vi./vt.思索、考虑、决定). *çṷ̄ leañg* 思量.|. *çṷ̄ siàng* 思想.

Deliberacion (n.成熟的想法、深思熟虑). *siàng tíng leào* 想定了.|. *tíng leào* 定了.

Delicado, flaco, debilitado (a.柔弱的，脆弱的，虚弱的). *juèn jŏ* 软弱.|. *xoāy jŏ* 衰弱.|. *kiṷén jŏ* 倦弱.|. *miên juèn* 绵软.

Delicado, afeminado (a.柔嫩的，娇弱的). *tuñg' iên jŏ chý* 童颜弱质③.|. *señg tĕ sý úl, kiāo jêu* 生得细腻娇柔④.|. *kiāo moêy* 娇媚.

Delicada voz (np.细弱的声音). *xiñg çhièu* 声浅⑤.|. *xiñg sý* 声细.|. *xiñg çhiñg'* 声清.

Delicto (n.过失、违法行为). *çhúy* 罪. [参见：crimen, y pecado (罪行，罪过).]

Del todo (pp.全部、所有的). *çhiûe'n* 全.|. *vû sò* 无所.

Del mismo modo (pp.以同样的方式). *iĕ puōn* 一般.|. *iĕ jên* 亦然. [*jû jên* 如然. para escritura (书面语词).]

De mala gana (pp.不情愿、很勉强). *pŏ kān siñ* 不甘心.|. *pŏ iuén* 不愿.

De mañana (pp.早晨的时候). *çhào kiēn* 早间.|. *xên çhào* 晨早.

---

① 柯本注：*ỳ*，梵蒂冈本作 *ý*，去声。
② "*çhiñg* 精" 经常读为同调的送气音 "*çhiñg'* 青"。
③ "质" 字他处多读入声，如 "*chṷ̄ chĕ* 资质"，见 Complexion (p.52)。此处的 *chý*，或为又音，或别有其字。
④ 柯本将此句分断为两截，前四字写为 "生得细兒"，后二字 "妍柔" 单作一词。这里出现的 *úl* (二)，看来是把 "腻" 读成 "贰" 的结果。
⑤ 柯本注：*çhièu*，梵蒂冈本改作 *çhièn*，但仍漏标送气符。

Demandar (vt.求告), poner pleyto (vp.起诉). *suńg sú* 讼诉.|. *káo sú* 告诉.

Demandar, mendigar (vt.乞求，乞讨). *kiêu' xě* 求食.|. *ki'ě xě* 乞食.

（p.68）

Demandador, mendigo[①] (n.讨要者，乞丐). *hōa çhǔ* 花子/化子.|. *kaý çhǔ* 丐子.|. *ki'ě xě* 乞食.

Demasia (ad.过量、多余). *tō* 多.|. *ta'ý tō* 太多.|. *tō iǔ* 多余.|. *tō kuó tiě* 多过的.

Demasiadamente (ad.过度、太). *ta'ý kuó* 太过.|. *kuó fuén* 过分.|. *kuó tańg* 过当.

Demas de esso (adp.此外、而且). *iéu* 又.|. *çhiè'* 且.[②]

Demas de esso, fuera de esso (adp.在……之外，除此还有). *lińg vuáy* 另外.|. *fuēn vuáy* 分外.|. *iǔ vuáy* 余外.

De mi parte, en lugar mio (pp.代表我，代替我). *taý gò* 代我.|. *t'ý gò* 替我.|. *goéy gò* 为我.

De mal en peor (pp.越来越糟). *iě fǎ pǒ hào* 益发不好.

De bien en mejor (pp.越来越好). *hào iéu hào* 好又好.|. *moèy ûl iéu moèy* 美而又美.

De medio en medio (pp.正当中、恰在中间). *tańg chuńg* 当中.|. *chińg chuńg* 正中.|. *túy chuńg* 对中.

De mediado (pp.一半、占一半). *puón* 半. – de mediado el mes (半个月). *puón iuě* 半月. ett[a]. (等等).

De nantes[③] (pp.在这之前、前面). *fańg çhây'* 方才.|. *çhây'* 才.

Demonio (n.恶魔、鬼魅). *mô kuèy* 魔鬼.|. *siê mô* 邪魔.|. *siê kuèy* 邪鬼.|. *siê xîn* 邪神.

Demostrar, indicar (vt.指出，指示). *chỳ* 指.|. *chỳ chǒ* 指着.

Demostracion (n.明示、证据). *mîng luń* 明论.|. *mîng lỳ* 明理.|. *chỳ luń* 指论.

De muchas maneras (pp.各式各样、以多种方式). *tō iáng* 多样.|. *pě puōn* 百般.

Demudar el color (vp.改变颜色). *pién sě* 变色.

---

① 柯本误录为 demandor, mandigo。

② 此条原写于上一页的空白处，标有加号。

③ 即 de antes（前面的、此前的）。

Demudar el color del rostro, perder le (vp.改变面色，失色). *mién pién çhĭng'* 面变青.

Denostar con palabras (vp.用脏话骂人). *ǒ kèu' má* 恶口骂. [参见：afrentar (羞辱).]

Denuesto (n.侮辱、骂人话). *ǒ iù* 恶语.|. *ǒ hóa* 恶话.|. *chè'u iên* 丑言. [参见：afrenta, oprobrio (羞辱，耻辱).]

Denodado (a.饶勇的). *tàn tá* 胆大.|. *pǒ p'á* 不怕. [参见：atreuido (勇武的).]

Dental, o reja del arado (n.犁铧，即耕地用犁的铁片). *lý têu'* 犁头.

Dentro (ad.在里面). *núy* 内.|. *lỳ mién* 里面.|. *chŭng* 中.|. *núy mién* 内面.|. *lỳ têu'* 里头.|. *núy lỳ* 内里.

Dentera (n.牙齿酸疼感). *chỷ' suōn* 齿酸.

De ninguna manera (pp.不论以何种方式、无论如何不). *tuón pǒ* 断不.|. *çhiuě pǒ* 绝不.|. *tū pǒ* 都不.

Denunciar dando auiso, o, nuebas (vp.发布通知，或报知消息). *paó* 报.|. *chuê'n paó* 传报.|. *tuň'g paó* 通报.

Denunciar, auisar, el superior al inferior (vt.发布通知，通报情况，指上级向下级). *chuê'n iủ* 传谕.|. *chuê'n xý* 传示. – mandado (下命令). *chuê'n míng* 传命.|. *chuê'n lińg* 传令.

Denunciar al Mandarin (vp.宣布官职). *xéu kuōn* 授官.|. *chǔ' xéu* 敕授①.

De nuebo (pp.重新). *çhûn'g siñ* 从新.|. *çháy kỳ' têu'* 再起头.

De nuebas se haze, fingir que no lo sabe (vp.假装吃惊，佯作不知). *kià pǒ chỷ taó* 假不知道.

De paso (pp.顺道、途径). *kiň'g kuó* 经过.

Deposito (n.库藏、仓库). *ký k'ú* 寄库②.

De mi patria (pp.我家乡的). *hiāng lỳ tiě* 乡里的. – paysano (同胞、同乡). *hiāng çhīn'* 乡亲.

De oy a mañana (pp.从今天到明天、未来几天). *pǒ kuó kỳ jě* 不过几日.

De otra manera (pp.另一方式、以其他方式). *piě iańg* 别样.|. *ý iańg* 异样.

De otra parte (pp.另一处、从其他地方). *piě ch'ú* 别处.|. *piě sò çháy* 别所在.

De ordinario (pp.通常、经常). *chân'g chân'g* 常常.|. *luỳ ch'ú* 累次.

---

① *chǔ'*，拼法有疑，柯本写为"出"。

② 生前烧纸钱，暗托于冥吏，以备死后取用，民间谓之"寄库"，所焚冥币则称"寄库钱"。西语词目自然没有这层意思。

De palabra (pp.用言语、以口头表达). *kèu' iên* 口言.|. *kèu' xuě* 口说.|. *kèu' kiàng* 口讲.

Depender, vt algun negocio, de otro (vi.倚赖、取决于，比如对某个人、某件事). *çháy tā'* 在他. – no depende de mi (这不取决于我、不是我的事). *pǒ çháy gò* 不在我. – a el pertenece (这取决于他、属于他). *çháy tā'* 在他.

De pies a cabeça (pp.从脚到头). *çhûn'g têu' táo kiǒ* 从头到脚.|. *pi'én xīn* 遍身①.

Depositar (vt.存放、寄送). *ký* 寄.|. *ký fú* 寄付.|. *ký tǒ'* 寄托.|. *kiāo ký* 交寄. – entregar (交给). *kiāo fú* 交付.|. *kiāo iù* 交与.

Depender, perteneçer (vi.依赖于，属于). *kuān hý* 关系.|. *kuān xǒ* 关属.|. *hý xǒ* 系属.|. *xǒ kuān* 属关.

De poco asiento, y cascos (pp.坐不住的，浮躁不实的). *fêu jiń* 浮人.

Deponer del officio (vp.撤职、离职). *kě ký' chě* 革其职.|. *kě ký' jiń* 革其任.|. *pá ký' kuōn* 罢其官.|. *mièn ký' kuōn* 免其官.|. *ki'ú kuōn* 去官.|. *ki'ú chě* 去职.|. *túy kuōn* 退官②.|. *hiēu kuōn* 休官.

De prouecho (pp.有利可赚、有好处). *ièu lý iě* 有利益.|. *ièu iě* 有益. – sirue (用得上). *ièu iuńg* 有用.|. *iuńg tě tiě* 用得的.

De proposito (pp.有意图、有目的). *kú ý* 故意.|. *ièu siń* 有心.|. *tě ý* 得意.|. *tě' ý* 特意.|. *tǒ ý* 独意.

De poca inportancia (pp.无关紧要). *mǒ siaṅg kān tiě* 没相干的.|. *mǒ iuńg tiě* 没用的.

De poco caletre (pp.脑筋不好使). *vû mêu* 无谋.|. *vû chý* 无智.

Deprender (vt.学习). *hiǒ* 学. [参见：aprender (学习).]

De puntillas (pp.踮起脚). *ch'ý kiǒ* 跂脚.

De qualquier manera (pp.无论何种方式). *pǒ luń* 不论.|. *pǒ kiū* 不拘.

De que manera? como? (pp.以什么样的方式、怎样). *çhèng mò iańg* 怎么样.|. *hô jù* 何如.|. *jû hô* 如何.

De quando en quando (pp.时不时、时而). *ièu xý* 有时.

De quien, o cuyo es? (pp.这是谁的，谁人的东西？) *xý xûy tiě* 是谁的.|. *nâ kó tiě* 哪个的.|. *xý nâ kó tiě* 是哪个的.|. *xiǹ mò jiń tiě* 甚么人的.

---

① 柯本注：*pi'én*，梵蒂冈本作 *pién*。

② 柯本注：*túy*，梵蒂冈本作 *túy'*。

Derecho (a.笔直的、正确的). *chiń tiě* 正的.|. *chě tiě* 直的.|. *chiń chě* 正直.|. *tuōn chiń* 端正.

Derechamente (ad.直接、径直). *chě chě* 直直.|. *chě jên* 直然.

Derecho civil (np.民法), leyes (n.法律). *fǎ liǜ* 法律.|. *kuě fǎ* 国法.|. *kuě liǜ* 国律.

Derechos deuidos (np.应有的各项权利). *kāy tě tiě* 该得的①.

Derecho a algo (np.对某物拥有的权利), tener derecho en alguna cosa (vp.有权参与某事或拥有某物). *ièu fuén* 有份. – tengo derecho (我有权利). *gò ièu fuén* 我有份.

Derecho de ambas manos, ambidoster (ap.两只手一样好用，双撇子). *iúng leaǹg xèu iě puōn* 用两手一般.

Deriuarse (vr.发源、来自). *ièu laý* 由来. – desde lo antiguo (自古以来). *chûn'g laý* 从来.|. *chuê'n laý vuán kù* 传来万古.

Derramar (vt.倾倒、洒落). *tào* 倒.|. *kiǹg' tào* 倾倒.|. *tào kiǹg'* 倒倾.|. *tào siě* 倒泄.|. *tào pǒ'* 倒泼.

Derramarse, y no quedar gota (vr.倒干，不剩一滴). *tào chiń* 倒尽.|. *tào kān leào* 倒干了.

Derramarse, vertirse de lleno (vr.流出，满到溢出). *iě chǔ' lây* 溢出来.

Derramar el corazon (vp.心神涣散). *siń sań* 心散.|. *sań siń* 散心.|. *siń chèu* 心走.

Derramarse agua en el suelo, o regar lo (vp.水倒在地上，或往地上泼洒水). *pǒ' xùy lǒ tý* 泼水落地.

– De raiz (pp.从根子起、连根一起、彻底). *chûn'g kēn* 从根.|. *liên kēn* 连根②.|. *taý kēn* 带根.③

(p.69)

Derrengar (vt.伤腰、折断脊梁). *iāo tǒ'* 腰脱.|. *iāo tuón* 腰断.|. *iāo geńg* 腰硬.

Derrengar con cozes (vp.踢断脊梁). *tà tuón iāo* 打断腰.

Derrepente④ (ad.突然). *ch'ǒ jên* 卒然.|. *hǒ jên* 忽然. – sin pensar (没想到、

---

① 柯本注：梵蒂冈本添有字音 *lỳ*，将对应词扩展为"该得的理"。
② *liên*，柯本误录为 *iên*，其字作"沿"。
③ 此条写于本页右下角，前有连字符，似乎打算移置别处，如关联词目 Raiz（根）之下。
④ 即 de repente（pp.4, 67）。

不料). *pŏ siàng* 不想.|. *sŏ jên* 速然.|. *hŏ tý* 忽地.

Derretir (vt.消融、熔解). *iuńg* 融/熔.|. *siāo* 销.|. *iuńg siāo* 熔销.|. *iuńg hoá* 融化/熔化. [参见：fundir (融化、熔解).] – Derretirse (vr.融化). *iuńg leào* 融了.①

Derribar à otro en el suelo (vp.把某人打倒在地). *tà tào* 打倒.|. *tūy' tào* 推倒.|. *tà fān* 打翻.

Derretorno②, vt mulas, ettª. (ad.回转、转圈，如骡子等). *hoêy têu'* 回头.|. *hoêy chîn'g* 回程.|. *hoêy chuèn tiĕ* 回转的. [参见：bajar③ (下来).]

Derribar el viento (vp.大风刮倒). *fuńg chūy' tào* 风吹倒.|. *fuńg iă tào* 风压倒④.

Derribar edificios (vp.拆掉建筑物). *çhĕ'* 拆.|. *çhĕ' hoèy* 拆毁.

Derribar los muros (vp.拆毁城墙). *çhĕ' tào chîn'g* 拆倒城.|. *heńg tào chîn'g* 横倒城.

Derromania⑤ (ad.突然、一下子). *iĕ çhý'* 一齐.|. *iùng lây* 涌来. [参见：venir (来).]

Desabrido (a.不好吃的), sin sabor (pp.没味道). *tań tiĕ* 淡的.|. *mŏ ièu vúy* 没有味.

Desabrido (a.不开心的), algo achacoso (ap.有点不舒服). *pŏ çhú çháy* 不自在.|. *pŏ xoāng ku'áy* 不爽快.|. *pŏ ku'áy huŏ* 不快活.

Desabrido (a.粗暴的), mal acondicionado (ap.脾气坏). *geńg sińg tiĕ* 硬性的.|. *nù jiń tiĕ* 怒人的⑥.|. *geńg kèu' tiĕ* 硬口的.

Desabrigado (a.无遮盖的), no tiene ropa (vp.没有衣裳). *kū xŏ vû ȳ* 孤属无衣⑦.|. *kū kù' vû ȳ laý* 孤苦无依赖.

---

① 柯本将西语词目 derretir 理解为消耗、消费（to consume, expend）。原拼的四例阳平调 *iuńg*，柯本均改作去声 *iúng*，五个词写为"用""消""用消""用化""用了"。注意本条给出的参见词目 fundir，实有妙用，提醒读者 derretir 一词与之同义。

② = de retorno（回来、回转的）。

③ 他处拼为 baxar，见 p.31。

④ *iă*，柯本写为"押"。

⑤ = de romania，见 Entrar（p.88）、Yr de romania（p.122）等条。

⑥ 柯本注：*nù*，梵蒂冈本作 *nú*。

⑦ 柯本作"孤属无依"，指万济国错将 *vû ȳ* 理解成"没有衣服"。但"无衣"一词甚古，如《国风》秦风、唐风均有篇名《无衣》。考虑到与词目的呼应，写为"无衣"更合万济国的本意。

Desabrigado lugar (np.空无遮蔽之地). *kūn'g kuǒ'* 空阔.|. *lańg tańg ch'ú* 浪荡处.|. *kūn'g kiŭ* 空居①.|. *kūn'g ch'ú* 空处.

Desacato (n.轻慢、不敬). *siě tǒ* 亵渎.

Desacatar, agrauiar (vt.藐视，侮辱). *kỹ' fú* 欺负.|. *kỹ' mań* 欺慢.

Desabotonar (vt.解开纽扣). *kiày ke'ú chǔ* 解扣子.|. *kāy' ke'ú chǔ* 开扣子.

Desacostumbra (n.生疏、不习惯). *seńg sū tiě* 生疏的.|. *tiēu seńg tiě* 丢生的.

Desacostumbrado (a.不寻常的、很少见的), no vsado (ap.不再使用的). *fȳ chân'g tiě* 非常的.|. *pǒ chân'g iúng tiě* 不常用的.

Desacompañado, solo (a.没有伴侣的，孤独的). *tān xīn* 单身.|. *çhú kỳ* 自己.

Desauciar (vt.无法救治). *vû kiéu* 无救.|. *pǒ kò' ȳ* 不可医.|. *ȳ pǒ tě* 医不得.

Desafiar en presencia (vp.挑战、迎面对抗). *kiēn' iǹ* 牵引②.|. *tiào' chén* 挑战.|. *jě iǹ* 惹引. − dos capitanes (两个军官对阵). *kiáo hién xý* 叫献示.|. *kiáo chîn' xý* 叫陈示.|. *niě chén* 逆战.|. *sǒ chén* 索战. − cuerpo à cuerpo (角力、单打独斗). *mèu tān niě mèu* 某单逆某.

Desafio por escrito (np.以书面形式表示挑战). *iǒ chén* 约战.|. *tà chén xū* 打战书.|. *fǎ chén xū* 发战书.|. *suńg chén xū* 送战书.

Desagradecido (a.忘恩负义的). *vuańg gēn* 亡恩③.|. *poéy gēn* 背恩.|. *fú gēn* 负恩.|. *kū gēn* 辜恩.

Desairado (a.不光彩的). [参见：afrentado (遭侮辱的).]④

Desalar el pescado, echar lo en remojo (vp.除去腌鱼的盐分，浸泡在水里). *çhín xùy* 浸水.

Desaliñado (a.邋遢的). *pǒ kièn tiě jiń* 不检的人.|. *hoàn suńg tiě* 缓松的⑤.|. *ȳ kuōn pǒ kièn* 衣冠不检.

Desalmado (a.居心不良的). *hě siń tiě* 黑心的.|. *kūe'y siń tiě* 亏心的.|. *moéy siń tiě* 昧心的.|. *kỹ' siń tiě* 欺心的.|. *sańg siń tiě* 丧心的.|. *tǒ siń tiě* 毒心的.

Desalmado pessimo (ap.歹毒至极). *tǒ siń tiě* 毒心的.|. *hèn tǒ tiě* 狠毒的.|. *hiūng çhàn' tiě* 凶惨的.|. *vû tiēn' lỳ tiě* 无天理的.

---

① *kiŭ* "居"，有可能为 *hiŭ* "虚" 之误，见 Concabo（p.53）。
② 似指拔河，双方牵拽较力，分出输赢。
③ *vuańg*，注音不误，如"曲突徙薪亡恩泽"。柯本写为"忘"，虽非其字，意思也对。
④ 与 Abergonçado 合为一条，见 p.2。
⑤ 此词无把握，姑拟如此。柯本缺前二字。

Desamparar (vt.放弃、弃绝). *ch'ǜ leào* 辞了.|. *pǒ kú* 不顾.|. *xè ki'ǘ* 舍去.|. *k'ý* 弃.

Desamorado (a.缺乏爱意的、冷淡的). *pǒ çhiñ'g tiě* 不情的.|. *pǒ gáy* 不爱.|. *gáy kiñ'g* 爱轻.|. *kuà çhiñ'g* 寡情.|. *vû çhiñ'g* 无情.|. *hiṻ çhiñ'g tiě* 虚情的.

Desangrado (a.失血的). *vû hiṳě* 无血.

Desandar (vt.从原路返回), boluer atras (vp.折回). *t'úy pú* 退步.|. *t'úy heú* 退后.|. *tào chuèn hîng* 倒转行.|. *tào t'úy* 倒退.|. *hoêy pú* 回步.

Desanimar (vt.使人泄气、失去勇气). *tàn lǒ* 胆落.|. *p'ó tàn* 破胆.

Desanimado (a.沮丧的). *vû tàn* 无胆. [参见：desmayar (使人泄气)].

Desarraygar (vt.连根拔、根除). *chû' pǎ* 除拔.|. *pǎ kēn* 拔根.|. *ki'ú kēn* 去根.|. *chû' çhiṳě* 除绝.

Desarmar (vt.解除武装). *tǒ' ȳ kiày kiǎ* 脱衣解甲.

Desarmar el arco (vp.放松弓弦). *fańg kāy' leào kuñg* 放开了弓.|. *hía kuñg hiên* 下弓弦.①

Desarmado (a.解除武装的). *vû k'ý hiáy* 无器械.|. *vû kiūn k'ý* 无军器.

Desañudar el ñudo (vp.解开绳结). *kiày kiě* 解结.

Desaparecerse (vr.消失). *pǒ kién leào* 不见了.|. *hǒ jên pǒ kién* 忽然不见. – lo que lleua el viento (被风吹走). *piāo' sań* 飘散.

Desaparejar (vt.卸鞍解辔). *ki'ú ký' kiú* 去其具.|. *xēu ký' kiú* 收其具.

Desasosegado (a.惶惑不安的). *pǒ gān siñ* 不安心.|. *siñ luón leào* 心乱了.

Desapercebido (a.没有防备的、意想不到的). *xě fańg pý* 失防备.|. *xě kiǹg* 失警.|. *pǒ iú pý* 不预备.|. *pǒ fańg pién* 不方便.|. *vû pý* 无备.

Desapropiarse desu hazienda (vp.失去或放弃财产). *chǔ' leào puèn niě* 辞了本业.|. *xè leào puèn fuén* 舍了本分.

Desaprouechado (a.派不上用场的). *mǒ iuńg tiě* 没用的. – en los estudios, o en la virtud (在学业上或德行方面). *pǒ chaǹg chín tiě* 不长进的.|. *pǒ chín pú* 不进步.|. *pǒ hiańg çhiên'* 不向前.

Desastre, infortunio (n.灾难，倒霉事). *gú xańg* 误伤.|. *pǒ çhiân'g* 不祥.|. *pǒ ký'* 不期.|. *pǒ hiǹg* 不幸.

Desastre ierro por ierro (np.灾难不断、挫折连连). *xě çhǒ'* 失错.|. *gú çhǒ'* 误错.|. *chā' gú* 差误.

---

① "弦"字两拼，记下的是两个相近的音，*hiuên* 和 *hiên*。但柯本改作去声 *hién*，其字遂写为"线"。

Desastrado, infeliz (a.不幸的，不吉的). *vû hińg tiě* 无幸的.|. *pǒ çháo hoá tiě* 不造化的.

Desatinado (a.神志不清的). *kuân'g vuáng* 狂妄.

（p.70）

Desatar (vt.解开、松开). *kiày* 解.|. *kiày sán* 解散. – las sogas con que estaua atado (解开捆缚的绳索). *sán xîng çhǔ* 散绳子.|. *ki'ú xîng çhǔ* 去绳子. – fardos (指包袱、包裹). *kiày kāy'* 解开.

Desatar, vt preso (vt.释放，如犯人). *xě fǒ* 释缚.|. *kiày fǒ* 解缚.|. *xě iñ* 释引①. – el vestido (指衣裳). *kiày ȳ* 解衣. – la bolsa (指钱袋). *kiày hò p'áo* 解荷包②.|. *fańg ta'ó sǒ* 放套索.

Desatinar (vi.糊涂、错乱). *tiēn tào* 颠倒.|. *hoēn luón* 昏乱.|. *màng choáng* 莽撞.|. *meǹg lańg* 孟浪.|. *hoēn hoéy* 昏晦.

Desatinado (a.神志不清的). *hoēn lào tiě* 昏老的. – y todos los antecedentes posponiendo la particula *tiě* (上一条所列的各词，后面都可带小词"的").

Desatino, disparate (n.糊涂话，蠢言). *luón kiàng* 乱讲.|. *luón iên* 乱言.|. *hû xuě* 胡说.

Desatauiado (a.卸了妆的、穿着随便的). *pǒ chìng* 不整. [参见：desaliñado (邋遢的).]

Desarrollar (vt.卷开、铺开). *kiày kuèn* 解滚③.|. *chuèn kāy'* 转开.

Desatapar (vt.揭开盖子、衣物等). *hién kỳ'* 掀起.|. *hién kāy'* 掀开.④

Desautoriçar à otro diziendo mal del (vp.否定某人，说其坏话). *sùn jiń mîng çhiě* 损人名节.|. *hoèy jiń mîng vuáng* 毁人名望.|. *gū mîng sě* 污名色.|. *poéy mîng* 悖名. [参见：difamar (诋毁).]

Desautorizado (a.失势的), sin honrra (pp.无声誉可言). *vû xý leào* 无势了.|. *xý xoāy leào* 势衰了.|. *vû mîng sě* 无名色.|. *vû xý iáo* 无势要.|. *vû mîng têu', vuáng kińg'* 无名头、望轻. con el *tiě*, o el *chè*, pospuesto (这些词的后面可加"的"或"者").

---

① *iñ*，柯本缺字。"引"，拖曳柩车的绳子，"发引"即出殡，"释引"即下葬。
② 犹解囊。*hò p'áo*，注音与"火炮"相混。荷包，可参看 Bolsa（p.34）。
③ 指滚动卷起的物品，如地毯、画轴，使之铺展开来。
④ 柯本错写为"现起""现开"。可参看另一词目 Destapar（p.74），写的正是"掀起"。

Desbatar① el exercito (vp.击溃敌军). *xǎ páy* 杀败.|. *chén páy* 战败.|. *páy tiě bài dí* 败敌.|. *p'ó miě* 破灭.|. *chiûe'n kiūn fǒ mǒ* 全军覆没.

Desbaratar la amistad (vp.破坏友谊). *chě' kiūn tá puón* 撤军大半②.

Desbaratar un esquadron (vp.击溃一支骑兵). *hoēn xǎ iě chiń* 昏杀一阵.

Desbaratar, descomponer (vt.拆毁，拆散). *chě' chāi* 拆.|. *chě' kỳ* 拆起.|. *tuón chǒ duàn xīn* 断㪤.|. *siǒ chū' poē'y* 削粗胚.|. *ki'ú chū' poē'y* 去疵胚.③

Desbarbado (a.没胡须的). *kuāng lièn chǔ* 光脸子.|. *pô' chǔ lièn* 婆子脸.|. *kuāng hiá pá* 光下巴. — lampiño (没长胡子). *vû siū* 无须.

Desbocado (a.嘴不干净的), mala boca (np.臭嘴). *ǒ kèu'* 恶口. — hablador (多话、饶舌). *tō chùy* 多嘴. — cauallo desbocado (没戴口套的马). *pǒ xeú hân tiě mà* 不受衔的马.

Descabeçar (vt.砍脑袋). *chàn xèu* 斩首. [参见：degollar (斩首).]

Descabeçado trunco (np.砍去脑袋的躯身、无头尸). *kǒ têu' tiě* 割头的.|. *chàn têu' tiě* 斩头的.

Descabeçado sin meollo, o juyzio (ap.没脑子、没主见). *mǒ têu' nào jiñ* 没头脑人.|. *mǒ lây ieu jiñ* 没来由人.|. *fȳ jiñ* 非人.

Descabullirse (vr.溜走、遁走). *tâo' leào* 逃了.|. *chèu leào* 走了.|. *tǒ' chèu* 脱走.

Desbarrancarse (vr.跌落). *hién lǒ* 陷落.|. *hién keng* 陷坑.④

Descabellado, incompuesto (a.头发蓬乱的，衣冠不整的). *pȳ' fǎ tiě* 披发的.|. *sán fǎ tiě* 散发的. — cabellos descompuestos (满头的乱发). *pûn'g sung tiě* 蓬松的.

Descalabrar (vt.弄伤头部). *xang têu'* 伤头.|. *tà têu'* 打头.

Descalçarse (vr.脱下鞋子). *tǒ' hiây* 脱鞋.

Descalço (a.没穿鞋的、光脚的). *chě' kiǒ tiě* 赤脚的.

---

① 中间脱一音节 ra，与下面几条所含的动词 desbaratar（摧毁、击溃）是同一词。

② *chě'*，柯本写为"拆"，但"拆"字通例拼作 *chě'*。本条的汉语释义似乎与西语词目相冲突，除非把撤军理解为撤回援军。柯本此处有注，可备一说：amistad（友谊）系笔误，原词当为 mitad（一半）；梵蒂冈本作 a metade（一半以上），柏林本、伦敦本均误抄为 la amistad。

③ 柯本注：此条可能混合了两个词目，梵蒂冈本便分出另一词目 desbastar（粗加工、弄光滑），将后三词移至其下。按：柯本此条有两个问题，一是两例 *poē'y* 均缺字；二是未区分 *chū'* 与 *chū'*，都转录为前者，其字都作"粗"。

④ 柯本注：*keng*，梵蒂冈本作 *kēng'*，有送气符。

Descaerse (vr.减退、衰落). *tu'ý hiá* 退下.|. *tu'ý lǒ* 退落.|. *tào tu'ý* 倒退.

Descampar la lluvia (vp.雨住). *iù siě* 雨息.|. *iù chỳ* 雨止.

Descamino (n.歧路、步入歧途). *pǒ xý lú* 不是路①.|. *fỳ lú* 非路.

Descaminado (a.走差路的). *chǒ' lú tiě* 错路的.|. *chèu fỳ lú* 走非路.|. *hîng pǒ xý lú* 行不是路.

Descansar (vi.休息). *hiě* 歇.|. *gān hiě* 安歇.|. *hiě siě* 歇息.|. *siě chỳ* 息止.|. *tiń'g siě* 停息.|. *tiń'g chỳ* 停止.

Descansar el corazon (vp.放宽心), deshogarse (vr.舒缓情绪). *fańg siñ* 放心.|. *fańg hiá siñ* 放下心.|. *gān siñ* 安心.

Descanso (n.憩息、慰藉). *gān lǒ* 安乐.|. *piń'g gān* 平安.|. *piń'g chińg* 平静.|. *gān nińg* 安宁.|. *gān chińg* 安静.

Descarado (a.厚颜无耻的). *vû lièn chỳ'* 无廉耻. [参见：desuergoncado (无耻).]

Descargarse de algo (vp.推卸、开脱). *fańg jiń* 放任②.

Descargar (vt.卸载). *kièn kiňg'* 减轻. – barcos (指船只). *tǒ' cháy* 脱载.|. *pûon' chuê'n* 盘船③. – cargas (指担子). *tǒ' tań* 脱担.|. *tǒ' hîng lỳ* 脱行李.|. *hiě tań* 歇担.

Descargar la conçiencia (vp.心上解脱). *tǒ' ki'ú chuńg luý* 脱去重累.

Descargar le de la obligacion (vp.免除某人的职责或义务). *mièn tā'* 免他.

Descargos en el pleyto (np.诉讼中的控告词或辩护词). *sú choáng* 诉状. – discargarse assi (呈递此类文字). *sú kuó* 诉过④.

Descaualgar (vi.下马). *hía mà* 下马.

Descarnar (vt.剔肉). *siǒ jǒ* 削肉.|. *ki'ú jǒ* 去肉.|. *tǒ' jǒ* 脱肉.

Descarnar los dientes (vp.剔牙). *pǒ kāy' jǒ* 拨开肉.|. *pǒ kāy' iâ chỳ'* 拨开牙齿. – el gueso (骨头). *pǒ kǒ* 拨骨.

Descasarse (vr.解除婚姻). *chiụě hoēn* 绝婚.|. *fū fú fuén lỳ* 夫妇分离⑤. – repudiar (遗弃、休妻). *hiēu lỳ* 休离.|. *k'ý lỳ* 弃离.

Descasarse (vr.解除婚姻), echar el marido a la muger (vp.丈夫抛弃妻子).

---

① "不是"，犹错误。
② *jiń*，柯本误录为 *sīn*，其词作"放心"。
③ 搬船，"盘"即搬。
④ *kuó*，疑为 *kaó* 之误，"诉告"。
⑤ 柯本注：*fuén*，梵蒂冈本作 *fuēn*，阴平。

chaṅg fū chŭ' çhy̆' 丈夫出妻.|. *hiēu çhy̆'* 休妻.|. *chŏ çhy̆'* 逐妻.

Descasarse la muger repudiando al marido (vp.因妻子抛弃丈夫而解除婚姻). *chiuĕ fū* 绝夫.|. *k'ý fū* 弃夫. – dar libelo de repudio (递交离婚书). *sièu hiēu xū iù tā'* 写休书与他①.|. *fuēn lỳ xū* 分离书.

Desjarretar al cauallo, o, a otro animal (vp.割断马或其他动物的腿筋). *tuón kŷ' kiŏ* 断其脚.

Descarriado (a.散落的). *cú sán tiĕ* 四散的②.

Decender (vi.下、下来). *hía lây* 下来. [参见：baxar (低下、压低).]③

Decendientes (n.后裔). *chŭ sūn* 子孙.|. *héu táy* 后代.|. *héu jiñ* 后人.

Decendencia, prosapia (n.后裔、家世，后世、血统). *héu tiĕ* 后嫡④.|. *héu táy* 后代.|. *héu jiñ* 后人.|. *miâo tiĕ* 苗嫡⑤.|. *chŭ sūn siaṅg tiĕ sŏ* 子孙相嫡续.

Desceñir, v. g. quitar le la pretina, o la cincha al mulo (vt.解开，如松开腰带或骡子的肚带). *kiày iāo táy* 解腰带.

Descercar la ciudad, quitar le el cerco (vp.解除一座城市的包围，撤消环围的障碍物). *kiày goêy* 解围.|. *hoêy goêy ûl ki'ŭ* 毁围而去⑥.

Descerrajar (vt.撬开). *p'ó leào muên sò* 破了门锁.

Descojer, desemboluer (vt.拆开，铺展开). *kiày kāy'* 解开.|. *kāy'* 开.

Descolorido (a.褪色的、失色的). *vû sĕ* 无色.|. *tu'ý sĕ* 褪色. – el rostro (指脸色). *mién çhiñg'* 面青.|. *mién vû hiuĕ* 面无血.

Descomedido (a.没礼貌的、无耻的). *vû lỳ tiĕ jiñ* 无礼的人.|. *vû lỳ xín ta'ý* 无礼甚太⑦.|. *táy mán* 怠慢.|. *máo tŏ* 冒渎.

（p.71）

Descomedimiento (n.傲慢无礼). *siĕ tŏ* 亵渎.|. *tañ'g tŏ* 唐突.

---

① 柯本注：*sièu*，梵蒂冈本作 *siè* "写"。
② 柯本作 "肆散的"。
③ 此条及下一条，未见于柯本。
④ 犹嫡后，嫡亲的后代。柯本作 "后的"。
⑤ 柯本作 "苗的"。此词不常用，但中古便有其迹，如《敦煌变文集·降魔变文》中有句，称佛者不是普通人，"盖鸾凤之苗嫡"。
⑥ 柯本注：*hoêy*，梵蒂冈本拼作 *hoèi*，上声。
⑦ 后两个字音（柯本写为 "神态"）当颠倒，即 "太甚"。例句出自《三国演义》第二十七回："许褚曰：'此人无礼太甚，何不擒之？'"

Descompuesto en palabras, o, obras (ap.言语或行为倨傲不恭). *faṅg çú* 放肆.

Desconcertar, desbaratar (vt.拆解，毁坏). *çhě' tǒ'* 拆脱.|. *çhě' hoèy* 拆毁.|. *çhě' kỳ'* 拆起.

Desconcertarse en el precio (vp.就价格起纠纷). *çhēng kiá pǒ chîn'g* 争价不成.|. *kiá pǒ hǒ* 价不合.

Descomulgar. [se dize.] (vt.逐出天主教[照习惯的说法]). *chiuě tā'* 绝他.

Desconfiar (vt.不信任、不指望). *xě vuaṅg* 失望.|. *pǒ vuaṅg* 不望.|. *vû vuaṅg* 无望.

Desconfiado (a.起疑心的、不相信的). *ŷ siṅ chuṅg* 疑心重.|. *ŷ siṅ tō* 疑心多.|. *tō ŷ* 多疑.

Desconfiar① perdïendo el animo (vp.失去信心、丧失意志). *xě chý* 失志.|. *vû leào chý* 无了志.|. *chý chúy leào* 志坠了.|. *xě ý* 失意②.|. *tàn kiě* 胆竭.

Descoiuntar (vt./vi.脱臼、错位). *tǒ' çhiě* 脱节.|. *tà xě leào kǒ çhiě* 打折了骨节③.|. *lý leào kǒ çhiě* 离了骨节.

Descrecer (vi.缩减、减退). *tu'ý* 退.

Desconocido, ingrato (a.不知恩义的，没良心的). *vuaṅg gēn tiě jiṅ* 亡恩的人.|. *poéy gēn* 背恩. [参见：desagradecido (忘恩负义的).]

Desconocido, noconocido (a.不熟悉的，陌生的). *seṅg jiṅ* 生人.|. *mién seṅg tiě* 面生的.|. *seṅg kě'* 生客.

Desconocer (vt.不认得、不了解). *pǒ jiṅ* 不认.|. *pǒ xě jiṅ* 不识认.

Descortes (a.没礼貌的). *vû lỳ tiě jiṅ* 无礼的人.|. *pǒ chȳ lỳ* 不知礼.

Descortesmente (ad.粗鲁无礼地). *pǒ xý lỳ* 不是礼④.|. *pǒ ȳ lỳ* 不依礼.

Desconcordar (vi.不一致、欠和谐). *pǒ hô* 不和.|. *pǒ tiâo' hô* 不调和.|. *pǒ hǒ hô* 不合和.|. *pǒ siāng hǒ* 不相合.

Descontar (vt.减除、打折扣). *kèu' suón* 扣算.|. *chû' suón* 除算. – los quilates de la plata (银子的分量、成色). *chě' iṅ sě* 撤银色.

Desconsolado (a.孤自伤心的). *iēu mué n tiě* 忧闷的.|. *iēu çhêu'* 忧愁. [参见：afligido, triste (受苦的，悲伤的).]

Desconsuelo (n.苦楚、伤心事). *siṅ muén* 心闷.|. *siṅ chūng iǒ muén* 心中郁闷.

---

① 柯本仅录下此词，遗漏了后三个。
② *ý*，柯本误录为 *ŷ*，其字写作"宜"。
③ *xě*，柯本拟为"释"。
④ *xý*，柯本转录为 *xě*，字写作"识"。

Descosser (vt.拆衣裳). *chě' fuńg* 拆缝.

Descosserse (vr.开裂、开线). *fuńg liě leào* 缝裂了.|. *chě' liě* 坼裂.

Descortezar los arboles, o, palos (vp.剥去树木或茎干的皮). *siǒ pý'* 削皮.|. *ki'ú pý'* 去皮.|. *kuǎ pý'* 刮皮.

Descrepcion, vt de estampas, o ymagenes (n.样式，如图片或画像的样式). *tû' iańg* 图样.

Descubrir (vt.揭开、显露). *mîng lú* 明露.|. *páo lú* 暴露.|. *hièn mîng* 显明.|. *mîng hién* 明现①.

Descubrir el secreto (vp.揭露秘密). *páo lú miě̌ ç̧ú* 暴露密事.

Descubierta, y claramente (adp.裸露无遗，清清楚楚). *mîng pě* 明白. – venir assi (公开前来). *mîng lây* 明来. – entrar assi (公开进入). *mîng çhín* 明进.

Descubrir, o inbentar alguna cosa (vt.发现某事，或发明某物). *kāy' xỳ* 开始.|. *liě̌ choáng* 立创②.

Descuydarse de algo (vp.轻忽其事、不关心). *xě̌ kú* 失顾.|. *pǒ kuòn* 不管.|. *pǒ cháo kuòn* 不照管.|. *pǒ cháo kú* 不照顾.|. *pǒ iúng siñ* 不用心.|. *pǒ chǒ siñ* 不着心.|. *pǒ kuá nién* 不挂念.|. *pǒ kú* 不顾.|. *pǒ lỳ* 不理. – no cuydar de nada (什么也不顾、丝毫不上心). *pǒ cháo siēn heú* 不照先后.

Descuydado (a.马马虎虎的). *ièu sū xě̌ tiě̌* 有疏失的. y todos los antecedentes postpuesto el *tiě̌*, o, el *jiñ* (以上给出的词，后面都可以带"的"或"人").

Desculparse (vr.为自己辩护), lauarse de la culpa (vp.洗脱罪责). *sỳ tǒ'* 洗脱.|. *sỳ siu̧ě* 洗雪.|. *sỳ mîng* 洗名.

Desculparse en el pleyto que le ponen (vp.在涉案的讼诉中为自己辩护). *sú choáng* 诉状. [参见：defender (辩护).]

Desde à ỳ (pp.从那里、打从那地方). *chûn'g ná lỳ* 从那里.

Desde niño (pp.从童年起). *chûn'g ièu nién* 从幼年③.|. *chûn'g siào* 从小.

Desde arriba abaxo (pp.从上面到下面). *chûn'g xańg ûl hiá* 从上而下.④

Desde que ay hombres (pp.自打有人类以来). *chûn'g ièu jiñ* 从有人.|. *chûn'g señg ièu jiñ* 从生有人.

---

① *hién*，柯本转录为 *hièn*，字作"显"。

② 柯本注：*choáng*，梵蒂冈本作 *choáng'*，有送气符。

③ *ièu*，柯本订正为上声 *iéu*。

④ 此条字迹模糊，系后手补写。完全相同的一条见于 p.66。

Desde que el mundo es mundo (pp.自打世界存在起). çhûn'g ièu tiēn' tý 从有天地.|. çhûn'g kāy' piě 从开辟.

Desdentado (a.没牙的). vû iâ chỳ' tiě 无牙齿的.

Desden (n.轻蔑). kȳ' fú 欺负.|. kȳ' mán 欺慢.

Desdeñar (vt.轻蔑). hiên jiń 嫌人.|. chīn' hiên 瞋嫌.|. ień k'ý 厌弃/厌气.|. kiñg' vù 轻侮.

Desdezirse (vr.否认、反悔). fàn xuě 反说.|. fàn keù' 反口.|. kày xuě 改说.|. kày pién kỷ' xuě 改变其说.|. kày iě kỷ' xuě 改易其说.|. chuèn xuě 转说.|. chuèn ień 转言.

Desmentir à otro (vp.否认、揭穿某人的谎言). fàn siñ tiě hoá 反心的话.|. taò fàn jiñ tiě hoá 倒反人的话.

Desembarcarse (vr.下船), salir a tierra (vp.上岸). xańg iây 上涯.|. xańg gań 上岸.

Desembainar (vt.拔刀出鞘). kāy' tāo 开刀.|. chēu' tāo 抽刀.|. pǎ tāo 拔刀.|. kāy' siāo 开鞘.|. tāo chǔ' siāo 刀出鞘. – la espada (指剑). kāy' kién 开剑.|. pǎ kién 拔剑.

Desdicha (n.灾祸). çhāy nań 灾难.|. çhāy iańg 灾殃.

Desdichadamente (ad.很不幸). pǒ hińg 不幸.

Desdichado (a.不幸的). mǒ çháo hoá tiě 没造化的. – infeliz (倒霉、晦气的). pǒ hiáo hińg tiě 不侥幸的.

Desembaraçar (vt.打理、清空). leào lỳ 料理.|. fuēn kiày 分解.|. fuēn lỳ 分理. – negocios (指处理完事务). ièu kūn'g 有空.

Desembaraçar negocios (vp.料理事务、腾出时间). kūn'g hiên 空闲.|. mǒ çú kań 没事干①.

Desembaraçar la hazierda del nauio (vp.卸下船载的货物). tǒ' çháy 脱载.|. pûo'n chuê'n 盘船②.

Desembaraçar la casa (vt.腾出房子), mudarse (vr.搬家). puô'n fańg çhǔ 盘房子③.

Desembargar (vt.解除禁令). kāy' kiń 开禁.|. fǎ fańg 发放.|. pǒ kȳ lieû 不羁留.

Desembarcadero (n.船埠、码头). mà têu' 码头. – puerto de mar (海港). gaó

---

① 柯本注：mǒ，梵蒂冈本作 mǒ。
② 柯本注：pûo'n，梵蒂冈本作 puōn "搬"。
③ 柯本注：puô'n，梵蒂冈本作 puōn "搬"。

muên 澳门.|. gaó têu' 澳头.

Desembolsar (vt.掏钱袋、翻口袋). tūn' nañg çhiù' vuě 通囊取物①. – dar quanto tiene en la bolsa (袋里有多少给多少). kiń'g nañg 罄囊.|. kiń'g pāo 倾包.

（p.72）

Desembolsada bolsa, idest bolsa vaçia (np.掏空的钱袋，即空空的钱包). nañg çhín 囊尽.|. nañg kuñ'g 囊空.|. nañg ki'ńg 囊罄.

Desemboluer (vt.铺展开来、卷开). chèn kāy' 展开.|. kiày kiuèn 解卷. [参见：descojer (拆开).]

Desembriagar (vt.使人清醒、摆脱酒醉), pasar le la zorra (np.酒劲过去). çhúy siǹg 醉醒.

Desembuelto, alegre (a.自由自在的、开开心心的). xoāng ku'áy tiě 爽快的.

Desemboltura, descomedimiento (n.恣肆散漫，傲慢无礼). fy̌ ly̌ chy̌ çú̧ 非礼之事.|. pǒ xý lý 不是礼.

Desembuelto (a.没规矩的), mal criado (ap.缺乏教养的). pǒ chy̌ goēy ŷ 不知威仪.|. pǒ chy̌ lý ŷ 不知礼仪.

Desempegar, despegar (vt.去除表面的涂层、揭掉、拆下). chě' ky̌' 拆起.

Desembraueçerse, desenojarse (vr.心里平静下来，不再气愤). chy̌ nú 止怒.|. siě nú 息怒.

Desempeñar (vt.赎回、还债). çhiù' tańg têu' 取当头.|. tào' tańg têu' 讨当头.

Desenclauar clauos (vp.起、拔钉子). pǎ tiñg 拔钉.|. ky̌' tiñg 起钉.|. tu'y̌ tiñg 退钉.

Desenparejar (vt.脱钩、脱开). fuēn ly̌ 分离.|. fuēn kāy' 分开.|. lý kāy' 离开.

Desemejança (n.异别、不相似). pǒ siáo 不肖.|. pǒ siańg 不像.|. pǒ tuñ'g 不同.|. pǒ luý 不类.

Desencajar otra cosa (np.将另一物断开、拆下). chů̧' tǒ' 除脱.|. tǒ' leào 脱了.|. sań 散.

Desempalagar (vt.去除腻味、增进食欲). ki'ų́ úl 去腻②.|. p'ó kèu' 破口③.

---

① 把钱袋翻个底朝天。tūn'，可能脱漏后鼻音，也可能是"通 tūng"的又音。

② úl，柯本缺字。因读白字而导致错误的拼法，比较 Delicado（p.67）下的"细腻"。正确的读音见基础动词 Empalagar（p.83）。

③ 盖指破除忌口。

– abrir el apetito (打开胃口、开胃). *kāy' vúy* 开胃.|. *xoàng kèu'* 爽口.

Desencajar los guesos (vp.断离或拆卸骨头). *sań leào kǒ têu'* 散了骨头.|. *kāy' kǒ têu'* 开骨头.|. *liě kǒ têu'* 裂骨头.|. *sań kǒ têu'* 散骨头.|. *lý kǒ têu'* 离骨头.①

Desencabrestar (vt.解开辔勒). *hía pý teû'* 下辔头.|. *chṳ̌ luṅg têu'* 除笼头.|. *çhiù' kiaṅg xiŋ́* 取缰绳.

Desenfrenar, idem. Desencabrestar (vt.摘下辔勒，义同上一词目).

Desencadenar (vt.解开链锁), quitar las cadenas (vp.去除铁链). *kāy' tiě' lién* 开铁链.|. *kāy' lién sò* 开链锁.|. *kiày faṅg* 解放.

Desenfadarse (vr.自由自在、无拘无束). *sań siń* 散心.|. *kāy' siń* 开心.|. *kūn'g sań* 空散.|. *kuōn' hoâ̯y* 宽怀.|. *hỷ xòa* 喜耍.

Desenfrenado caballo (np.未戴辔勒的马). *vû hân tiě mà* 无衔的马.|. *vû kiaṅg lě* 无缰勒.|. *sań luṅg têu' tiě mà* 散笼头的马.

Desenfrenado hombre (np.吊儿郎当、无所事事的人). *vuâṅg pǎ tiě* 王八的. palabra de grande afrenta, ni teme, ni deue, Padre, o Rufian de putas (这是语气非常强烈的骂人话，比如指一个肆无忌惮、不知廉耻的人，或者皮条客、鸨母之流).

Desenfrenadamente hazer algo (vp.胡乱行事). *luón çhó* 乱做.

Desenojarse (vr.平静下来、不再生气). *chỷ nú* 止怒.|. *siě nú* 息怒.|. *siě k'ý* 息气.

Desengañar (vt.使人觉悟、意识到). *mîng xuě* 明说.|. *chīn xuě* 真说.|. *laò xě xuě* 老实说.|. *mîng chỷ xuě* 明指说.|. *chíng xuě* 正说.

Desenterrar (vt.挖掘、发掘). *kiuě chṳ̌'* 掘出.|. *chṳ̌' chṳ̌'* 锄出②. – los sepulcros (指坟墓). *kiuě fuên mú* 掘坟墓.

Desentrañar (vt.剖腹、掏出内脏). *pèu' chân'g* 剖肠.|. *kǒ siń kān* 割心肝.|. *kǒ lǒ siń kān* 割落心肝. idest, sacarle las entrañas (即挖出内脏).

Desentonar cantando (vp.唱歌走调、不和谐). *xiṅg pǒ hô* 声不和.|. *xiṅg châ' leào* 声差了.|. *çhèu leào iń* 走了音.

Desesperar (vt.使人失望). *poéy vuâṅg* 背望.|. *çhiuě vuáng* 绝望. – quitandose la vida (弃绝人生). *chú k'ý* 自弃.|. *chú páo* 自暴.|. *çhién mîng* 贱命.

Desfalleçer (vi.衰弱乏力). *xoāy jǒ* 衰弱.|. *xoāy sań* 衰散.|. *vû liě* 无力.

---

① "裂骨头" "散骨头" 不见于柯本。

② 柯本作 "除出"。

Desfauoreçer (vt.嫌弃、不再喜欢). *chùn'g xoāy leào* 宠衰了.|. *xý gáy*[①] 弛爱.|. *sū iùen* 疏远.|. *xỳ chùn'g* 弛宠.

Desfigurarse (vr.变丑、毁容). *ki'ú kỷ' mién sě* 去其面色.

Desfigurado (a.变丑了的、遭毁容的). *vû sě tiě* 无色的.|. *vû iańg tiě* 无样的.

Desflorar las donzellas (vp.玷污处女). *p'ó kỷ' hōa* 破其花.|. *p'ó kỷ' xīn* 破其身.|. *kiày p'ó kỷ' tỷ'* 解破其体.

Desganado (a.没胃口的、食欲差的). *mỏ ièu vúy* 没有味.|. *pỏ hoéy ch'ẻ* 不会吃.

Desgarrar (vt.撕破、扯坏). *chè' p'ó* 扯破.|. *chūa p'ó* 抓破.|. *liẻ p'ó* 裂破.

Desgustado de algo (ap.讨厌某某). *pỏ hỳ tā'* 不喜他.

Desgraciado (a.没趣的、没品位的), no tener gracia (vp.没有雅趣、不值一观). *mỏ chi'ú tiě* 没趣的.|. *mỏ ý çụ* 没意思.|. *vû chi'ú vúy* 无趣味.|. *pỏ chȳ chi'ú* 不知趣.|. *pỏ miáo* 不妙.

Desgraciado (a.不讨人喜欢的), mal acondicionado (ap.脾性不好的). *sińg pỏ hào* 性不好.|. *sińg pỏ xún* 性不顺.

Desgracia (n.厄运), grande perdida (np.大不幸). *kò' siẻ tiě* 可惜的.

Desgracias, trabajos (n.种种灾祸、艰难困苦). *hiūng çú* 凶事.

Desgusto, pena (n.烦恼，忧心). *iỏ muén* 郁闷.|. *ieū chêu'* 忧愁.|. *pỏ ku'áy lỏ* 不快乐.|. *pỏ gān* 不安.|. *pỏ kuó ý* 不过意.

Deshazer (vt.拆解、毁坏). *chẻ sań* 拆散.|. *chẻ hoèy* 拆毁.|. *chẻ tỏ'* 拆脱.[②] – quebrando (打碎、弄坏). *p'ó hoáy* 破坏.

Deshazerse (vr.损耗), consumirse las fuerzas (vp.耗费力量). *siāo jỏ* 消弱.|. *siāo seú* 消瘦.|. *hoâng seú* 黄瘦.

Deshollinar (vt.清扫烟囱). *sào uà tuńg* 扫瓦洞.

Deshebrar el cañamo, o, lino (vp.剥取大麻或亚麻丝). *chiẻ chú mâ* 绩苎麻.

Desincharse[③] (vr.肿块消退). *chùng siāo leào* 肿消了.|. *chùng sań leào* 肿散了.

Deshonesto (a.不道德、不正派的). *ièu siê hîng tiě* 有邪行的.|. *siê iń tiě jiń* 邪淫的人.|. *háo sě tiẻ* 好色的.|. *tān' sě tiẻ* 贪色的.|. *chuńg sẻ* 重色.|. *hîng piāo' tiẻ jiń* 行嫖的人.

---

① 柯本注：*xý*，梵蒂冈本作 *chì*（= *xỳ*）。按：本条两例"弛"字都可存疑，更常见的搭配是"失宠""失爱"。

② 柯本注：本条的三例 *chẻ*，梵蒂冈本均作 *çhẻ'*，为送气音。

③ 比较 deshinchar（消肿）。

Deshonestidad (n.不道德、不正派的言行举止). *siê iñ* 邪淫.|. *siê çhîn'g* 邪情.|. *iñ gū* 淫污.|. *iñ goéy* 淫秽.

Deshonrra (n.坏名声、耻辱). *gū mîng* 污名.|. *chèu' mîng* 丑名.|. *ǒ mîng* 恶名.|. *goéy mîng* 秽名.

Deshonrrado (a.臭名昭著的、遭唾弃的). *vû mîng xiēng tiě jiñ* 无名声的人.|. *xéu jǒ tiě jiñ* 受辱的人.|. *çhāo jǒ* 遭辱.

Deshonrrar, afrentar (vt.毁人名声，羞辱). *liñ jǒ* 凌辱.|. *chỳ' jǒ jiñ* 耻辱人. – injuriar (辱骂). *gū jǒ* 污辱.

Desygual (a.不平坦的、欠光滑的). *pǒ pîn'g tiě* 不平的.

Desygual (a.不一样的), no conuienen mucho (vp.几无一致处). *chā' tě tō* 差得多.

Desmereçer (vi.变差、退步 vt.不配). *xě kuēng* 失功.

Desierta cosa (np.遭弃置的事物). *sǒ çhiñg tiě* 肃静的.|. *vû jiñ xiēng* 无人声.|. *kūn'g tiě* 空的.

Desierto (a.荒凉的 n.荒漠). *kua'ńg iè* 旷野.|. *hoāng iè* 荒野.|. *hoāng tý* 荒地.|. *kūn'g iè* 空野.

Desinio, intento (n.目的，意图). *ý çú* 意思.|. *siñ ý* 心意.

Desladrillar (vt.卸去砖块或撬除地砖). *tǒ' chuēn* 脱砖.

Deslumbrar (vi.眩晕、迷惑). *hoēn vú* 昏鹜①.

(p.73)

Desleir (vt.使之溶解、稀释). *luý* 擂. – moliendo (加以研磨). *luý suý* 擂碎.|. *luý lań* 擂烂.

Desleirse (vr.溶解). *siāo* 消.|. *sań* 散.|. *mỳ lań* 糜烂. – derritiendose (融化、溶解). *iuńg* 融/溶. – mesclando② (加以搅拌、掺和). *tiâo' hoá* 调化.

Deslindar la cosa desde su principio (vp.从开端起澄清一件事情). *xuě ký' laỳ tiě* 说其来历③.

Deslenguado, hablador (a.爱说大话的，饶舌的). *tō çhùy* 多嘴.|. *tō kèu'* 多口.

Deslizarse resbalando (vp.滑动、滑倒). *hoǎ ki'ý* 滑去.|. *hoǎ tiě tào* 滑跌倒.④

---

① 柯本拟为"昏雾"。
② mezclar（搅和、掺杂）的副动词，柯本转录为 meselando。
③ *tiě* 为 *liě* 之误，可比较词目 Dar relacion de todo（p.65）下的"说来历"。
④ 柯本漏录此条，下一条为关联的形容词。

Deslizadero (a.滑、滑溜的 n.滑溜处). *hoǎ tý* 滑地.|. *hoǎ lú* 滑路.

Deslomar, cortando por los riñones (vp.伤腰，齐腰切割). *chàn iāo* 斩腰.

Deslustrado (a.失去光泽的、暗淡的). *pǒ kuāng* 不光.|. *ièu vú* 有雾.|. *hoēn hūn* 昏. vt espejo (如镜子).

Desmaiar a otro (vp.吓退), desanimar (vt.使人丧气). *p'ó ḱy' tàn* 破其胆.

Desmadexado (a.虚弱的), sin fuerças (pp.乏力). *kiǒ xèu suōn* 脚手痠.|. *vû liě* 无力.|. *juèn jǒ* 软弱.

Desmayarse (vr.晕倒), perder el sentido (vp.失去知觉). *hiuēn tào* 眩倒.

Desmayo (n.眩晕、昏厥). *xě k'ý* 失气.

Desmayar (vt.使人气馁), perder el animo (vp.失去勇气). *sańg tàn* 丧胆.|. *tàn lǒ leào* 胆落了.|. *tàn kiě* 胆竭.|. *sańg k'ý* 丧气.

Desmandarse (vr.背离法纪、胡作非为). *faṅg çú* 放肆.|. *faṅg tań* 放诞.|. *vû fǎ tú* 无法度. no tener regla (即不守法规).

Desmedrar (vt.毁坏 vi.衰减).①

Desmenbrar, o, desquartizar (vt.肢解，切为四块). *tuón çú chȳ* 断四肢.

Desmesurado (a.粗野无礼的). *vụ tỳ' mién* 无体面.|. *vû lỳ ỳ* 无礼仪.

Desmemoriado (a.记性差的). *mǒ ièu ký hân* 没有记含.|. *vû ký siń* 无记心.|. *vû ký vuén* 无记问.|. *hào vuâng* 好忘.

Desmenuçar (vt.弄碎). *fuēn súy* 分碎.|. *tà súy* 打碎. — en poluos (碎成粉末). *fuèn súy* 粉碎.|. *çhó fuèn* 做粉.

Desmontar (vt.开发、开拓). *kāy' xān* 开山.

Desmoronarse viniendose abaxo (vp.倒塌、崩溃). *peṅg hía laỳ* 崩下来.

Desnudar (vt.脱光、裸露). *tǒ' ȳ fǒ* 脱衣服.|. *kiày ȳ chân'g* 解衣裳.

Desnudez (n.光身): no tener que vestir (vp.没得穿). *vû ȳ chuē'n* 无衣穿.|. *vû ȳ chē tỳ'* 无衣遮体.

Desnudo en carnes (ap.脱得精光、露一身肉). *ch'ě xīn* 赤身.|. *lù tỳ'* 露体②. [*lò chè* 裸者. para escritura (书面语的说法).]

Desnudar el braço, sacarlo fuera de la manga (vp.露出手臂，把手伸出袖子). *ta'ń lú* 袒露③.

Desobar el pescado (vp.鱼儿产卵). *faṅg çhǔ* 放子.

---

① 未给汉语释义。柯本注：梵蒂冈本补有"*t'ouéi siào* 退小"。

② 柯本注：*lù*，梵蒂冈本作 *lóu* (= *lú*)。

③ 柯本注：*ta'ń*，梵蒂冈本作 *t'àn*，上声。

Desobedecer (vt.不服从、抗命). *fań miń* 犯命.|. *pŏ ti'ńg miń* 不听命.|. *pŏ çhūn miń* 不遵命.|. *pŏ çhûn'g miń* 不从命.|. *pŏ xuń miń* 不顺命.|. *niĕ miń* 逆命.

Desobedecer al mandato Regio (vp.违抗皇家的命令). *niĕ chỳ* 逆旨.

Desobediente (a.不肯顺从的、抗命的). *goêy miń chè* 违命者.|. *niĕ miń chè* 逆命者. y assi los demas añadiendo el *chè* (上述各词的后面也都可以带"者"). – Hijo desobediente (不听话的儿子) *pŏ hiáo çhŭ* 不孝子.

Desocupado (a.空、空闲的). *kūn'g hiên* 空闲.|. *ièu kūn'g* 有空.|. *mŏ çú kań* 没事干.|. *tĕ hiên* 得闲.

Desocupado tiempo (np.空余的时间). *hiên xỷ* 闲时.

Desojarse en mirar algo con atencion (vp.凝视、注意看). *chú ka'ń* 注看.|. *çhēng ka'ń* 睁看.

Desojarse el arbol (vp.树叶掉落). *sié iĕ* 谢叶.|. *lŏ iĕ* 落叶.

Despartir (vt.劝解、拉架), componer las partes (vp.调停各方). *chù'* 处①.

Desorden (n.纷乱芜杂). *hoēn luón* 昏乱.|. *çhă luón* 杂乱.|. *hoĕ luón* 惑乱.|. *vụ ch'ú siụ́* 无次序②.|. *xĕ çh'ú siụ́* 失次序.|. *vụ têu' siụ́* 无头绪. cosa desordenada (指乱七八糟的东西或事情).

Desordenar (vt.弄乱). *luón çh'ú siụ́* 乱次序.|. *tà luón leào* 打乱了.

Desorden en comer (np.饮食紊乱). *ch'ĕ luón* 吃乱③.

Desordenado hombre (np.乱无条理的人). *vû kuēy kiụ tiĕ jiń* 无规矩的人.|. *vû fă tú tiĕ* 无法度的.

Despachar (vt.发送、派遣). *fă fańg* 发放.|. *fă lŏ* 发落.|. *tà fă* 打发.|. *fă hîng* 发行④.

Despacho de los Mandarines (np.官员颁发的公函). *fă hía* 发下.|. *pȳ' hía* 批下.|. *fă pȳ'* 发批.

Despacho del Rey (np.皇帝发布的指令). *chỳ ý* 旨意.|. *xińg chỳ* 圣旨. – salir este despacho Real (发出一道这样的指令). *xińg chỳ tào* 圣旨到⑤.|. *chỳ ý hiá* 旨意下.|. *miń hía leào* 命下了.

---

① 指处理、处好关系。此条释义并不完整。
② 柯本注：*ch'ụ́*，梵蒂冈本作 *ts'ụ́* (= *çh'ụ́*)。
③ 柯本注：伦敦本补有 "et contra"（反之亦然），即也可以说"乱吃"。
④ "发行"，一指发起行程、出发；一指处理公文、料理公事的进程。此处盖取第一义。
⑤ *tào*，柯本改为 *táo*，去声。

Disparar[1] el arcabuz, o pieça (vp.发射火绳钩枪，或火炮). *fańg pa'ó* 放炮.|. *fańg chu'ńg* 放铳.|. *fă chu'ńg* 发铳. – la flecha (指箭). *fańg çhién* 放箭.|. *xé çhién* 射箭. – la ballesta (指弩机). *fă nù* 发弩.

Despauilar la candela (vp.掐灭蜡烛). *çhièn chŏ* 剪烛.|. *çhièn chŏ siñ* 剪烛芯.

Despauiladeras (n.烛剪). *niĕ çhŭ* 镊子.|. *chŏ niĕ çhŭ* 烛镊子.[2]

Despeado (a.伤了脚的), cansado de andar (ap.累得走不动). *kiŏ chán pŏ chú* 脚站不住.

Despechado, afligido (a.痛苦的，受折磨的). *iēu kù'* 忧苦.|. *kiĕ kù'* 疾苦.

Despedaçar (vt.切割成碎块). *çhiĕ' tuón* 切断.|. *kàn' suý* 砍碎.|. *suý kùa* 碎剐.

Despedaçado (a.切碎的). *kàn' suý tiĕ* 砍碎的.

Despedir (vt.送别、辞行). *çhŭ'* 辞.|. *çhŭ' piĕ* 辞别. – echando de si (拒绝、拒受). *çhiųĕ tuón* 绝断.|. *sié çhiųĕ* 谢绝.|. *çhŭ' çhiųĕ* 辞绝.

Despedir al huesped (vp.与客人道别). *çhŭ' kĕ'* 辞客.|. *suńg* 送. – dizen a los huespedes graues al despedirse (送别贵客时说). *fuńg piĕ* 奉别.|. *káo piĕ* 告别.

Despededirse[3] el huesped (vp.客人告辞). *fuńg piĕ* 奉别.|. *káo piĕ* 告别.|. *káo çhŭ'* 告辞.|. *paý çhŭ'* 拜辞.|. *chań piĕ* 暂别.[4]

Despedirse dos (vp.两人互相道别). *siańg piĕ* 相别.|. *siańg çhŭ'* 相辞.|. *paý piĕ* 拜别.

Despedir (vt.遣送、赶走). *tà fă* 打发.|. *chŏ fă* 着发[5].|. *fă fańg* 发放.|. *fă hińg* 发行.

Despernar, desparretar (vt.致腿脚伤残，弄断脚筋). *tuón kiŏ* 断脚.|. *tuón chŏ* 断足.

Despeñar (vi.摔下、跌落). *hién keñ'g* 陷坑.|. *hién hiá ki'ų̀* 陷下去.|. *hién lŏ* 陷落.

Despeñadero (n.悬崖). *xān keñ'g* 山坑. – profundo (极深的). *xīn keñ'g* 深坑.

---

① 从上下各条都以 des- 而非 dis- 起首，可知词目当为 desparar。然而 desparar 和 disparar 其实是同一词，拼法不同而已，见 Disparar armas de fuego（p.78）。

② "镊子"，柯本作"捏子"。

③ 即 despedirse（辞别），中间多写了一个音节 de，柯本已删。

④ *chań*，他处多作 *chań*。但柯本写为"散"，因梵蒂冈本拼作 *sán*。客人告辞时说"暂别"，意思是再会、下次见。"散别"显然不适用于这里说的语用场合。

⑤ *chŏ*，柯本缺字。"着"，指遣派、差遣。

Despeñar (vt.使之陷入、困住). *hién kỷ' kù'* 陷其苦①.

Despender, gastar (vt.花费，消耗). *fý iuńg* 费用.|. *çù iuńg* 使用. – la hazienda (指财产). *fuēn çhây'* 分财.|. *fuēn sań* 分散.

Despensa (n.食品贮藏间). *k'ú fańg* 库房. – de arroz (储存稻米的). *mỳ fańg* 米房.

Despensero (n.膳食管理员、管家). *kuòn k'ú fańg tiě* 管库房的. – el que compra la comida (负责采买食物的). *mày pań* 买办.

(p.74)

Desesperar (vt.使人失望、致人绝望). *poéy vuańg* 背望.|. *xě vuańg* 失望.

Despertar (vt.弄醒、叫醒 vi.醒来). *sìng* 醒.|. *tà sìng* 打醒. – de dormir (从睡梦中). *xuý sìng* 睡醒.

Desperdiciar (vt.浪费). *luón iuńg* 乱用. – la hazienda (指财产). *p'ó kiā* 破家.|. *luón iuńg kiā çhây'* 乱用家财.|. *paý kiā niě* 败家业.

Desplazer (vt.使人不快), no agradar (vp.不喜欢). *pǒ chuńg ý* 不中意.|. *pǒ hǒ ý* 不合意.

Despereçarse (vr.伸懒腰). *xīn iāo* 伸腰.

Desplumar (vt.拔除羽毛). *ki'ú mâo* 去毛.|. *mâo pǎ kỳ'* 毛拔起②. – mudar las plumas (换羽毛). *tǒ' mâo* 脱毛.

Desplumado, pelado (a.没了羽毛的，光秃秃的). *vû mâo* 无毛.|. *tǒ' mâo tiě* 脱毛的.

Desplegar (vt.打开、卷开). *kāy' chě* 开折.

Despoblado (n.弃置地、无人烟处). *kūn'g tý* 空地.|. *iè tý* 野地.|. *kūn'g iè* 空野.|. *ku'án iè* 旷野③.

Despoblar, deuastar (vt.使之荒芜、摧毁、灭绝). *chāo' miě* 剿灭.|. *tû' miě* 屠灭.|. *çhiào miě* 剿灭④.|. *chụ̌' miě* 除灭.

Despojar (vt.抢劫、掠夺). *lù liǒ* 掳掠.|. *lù kiụèn* 掳卷.|. *çhiàn'g tǒ* 抢夺.

---

① *hién*，柯本转录为 *kiéu*，其字写为"救"。与此相应，将 despeñar 理解为抚慰痛楚、解救（to relieve from pain）。有趣的是梵蒂冈本，将词目连改动加扩充，成为：despenar, largar a pena（去痛、解救，缓解痛苦），于是意思正好反了过来。

② *kỳ'*，柯本转录为 *ki'ú*，其词写为"毛拔去"。

③ 柯本注：*ku'án*，梵蒂冈本作 *k'uáng*，有后鼻音。

④ 柯本注：明清官话中，"剿"字二读，*chāo'* 和 *çhiào* 均可。

– dando saco (劫夺财物). *kièn liǒ* 捡掠.

Despojos (n.掠获物). *xēu kièn tiě vuě* 收捡的物.|. *sò tě kiñ pào* 所得金宝.

Desposado, nouio (n.新婚男子). *siñ lañg* 新郎.

Desposada, nouia (n.新婚女子). *siñ fú* 新妇.

Desposar (vt.证婚、主婚), dar señal de matrimonio (vp.给予某物以象征婚约、订婚). *hiñg piń'g lỳ* 行聘礼.|. *hía piń'g tiñg* 下聘定.|. *tińg çhīn'* 定亲.|. *kiě çhīn'* 结亲.

Despreciar (vt.轻忽、蔑视). *kỹ fú* 欺负.|. *kỹ' mán* 欺慢. [参见：menospreciar (瞧不上、轻视).]

Despues (ad.在……之后、随后、将来). *heú* 后.|. *heú laỹ* 后来.|. *ỳ heú* 以后. [*jên heú* 然后. para escritura (书面语词).]

Desproporcionado (a.比例失衡的、不匀称的). *pǒ siañg chiń'* 不相称.|. *pǒ siañg ỹ* 不相宜.|. *pǒ siañg teñg* 不相等.

Despuntar (vt.去除尖头、弄钝). *ki'ú tāo çhiēn* 去刀尖. la punta (即去掉尖头、顶端).|. *ki'ú tāo fuñg* 去刀锋. el filo (即除去锋刃). – las puntas de los arboles (指树木的顶端、树梢). *ki'ú xú miào* 去树杪①.|. *ki'ú mǒ mǒ* 去木末.

Desquitarse (vr.赢回、得到补偿). *fǒ puèn* 复本.|. *hoân puèn* 还本. – en el juego (在赌博中). *tù fǒ puèn* 赌复本.|. *tà puèn* 打本.

Desrreglarse② (vr.越轨、出格、乱无规律). *kuó çhiě* 过节.|. *kuó tú* 过度.|. *ta'ý kuó* 太过. [*iú çhiě* 逾节. para escritura (书面语词).]

Desollar (vt.剥皮、勒索). *pǒ pỹ'* 剥皮.

Desear (vt.想要、期待). *iuén* 愿.|. *iuén iǒ* 愿欲.|. *chiñg' iuén* 情愿.

Deseable (a.值得获取的、理想的). *kò' iuén tě tiě* 可愿得的.

Desear deshonestamente, o, desordenadamente③ (vp.怀有邪欲, 或作胡乱之想). *gaý liuén* 爱恋.|. *háo* 好.

Deseo cudicioso (np.贪婪的欲念). *tān' siñ tiě* 贪心的.

Deseos deshonestos (np.不道德的欲念). *iñ iǒ* 淫欲.|. *siê iǒ* 邪欲.|. *çū iǒ* 私欲.|. *hò iǒ* 火欲.|. *iǒ siñ* 欲心.

---

① *miào*, 柯本改为 *miāo*, 其字作"苗"。

② 乍看来多一字母 r, 柯本删去之后成为 desreglar, 实则今拼 desarreglarse, 是省去一个字母 a。

③ 柯本作 desordenamente, 漏录两个字母。

Desemejante (a.不相似的). *pǒ çǘ siańg* 不似像.|. *pǒ iě iańg* 不一样. – el hizo al Padre (儿子不像父亲). *pǒ siáo* 不肖.

Destapar (vt.打开盖子、瓶塞等). *hién kỳ'* 掀起. – quitar la tapadera (揭盖子、拔塞子). *kaý çhǔ hién kỳ'* 盖子掀起.

Destemplado (a.失调的、不和谐的). *xě kỳ' tiâo'* 失其调. – la cuerda del instrumento destemplada (乐器的弦失调走音). *suńg kỳ' hiên* 松其弦①.

Destemplado hombre (np.喜怒无常的人). *vû çhiě* 无节. [参见：desrreglado (邋里邋遢、乱糟糟的).]

Destemplança (n.无节制、过度). *kuó çhiě* 过节. [参见：desrreglarse (越轨、出格).]

Desterrado (a.遭流放的). *pý liêu sỳ* 被流徙.|. *pý liêu ŷ tiě* 被流移的.|. *pý vuén liêu çhúy tiě* 被问流罪的.|. *çhu'ón liêu chè* 窜流者.

Desterrar por castigo (vp.判处流放). *vuén liêu* 问流.|. *vuén tû'* 问徒.|. *fǎ po'éy* 发配.|. *fǎ kièn' ki'ǘ iùen fańg* 发遣去远方.

Destetar (vt.给孩子断奶). *tuón này* 断奶.|. *tuón jù* 断乳.|. *kiń này* 禁奶.|. *çhiuě kỳ' jù* 绝其乳.|. *kě jù* 隔乳②.

Destreza de manos (np.双手灵巧). *ièu xèu tuón* 有手段.|. *hào xèu tuón* 好手段.

Destreza en algo arte, o ciencia (np.某一门技艺高超，或学问优秀). *çhińg xǒ* 精熟.

Destreza, o diestro en la milicia (np.剑术、武艺高强，或战法熟练). *kuńg mà çhińg xǒ* 弓马精熟③. – soldado viejo en milicia (善战的老兵). *çhińg xǒ chȳ pińg* 精熟之兵.

Destreza en negocios, hombre diestro (np.擅长事务的人，能干的人). *ièu puèn çǘ* 有本事.|. *hoéy kán çǘ* 会干事.|. *ièu çhây' kań* 有才干.

Destajo (n.计件的活儿), dar à destajo la obra (vp.干包揽的活儿). *suón kuńg pǒ suón jě* 算工不算日.|. *tà çhó* 打做④.

Destrozar (vt.摧毁、击毁). *sùn hoáy* 损坏. – el exercito (指军队). *chén páy* 战败.|. *xǎ páy* 杀败.|. *sań páy* 散败.

Destroncado, hombre, tronco de pies, y manos (np.被砍断四肢的，缺手缺脚

---

① *hiên*, 柯本改作 *hién*, 字写为"线"。
② 柯本作"革乳"。
③ *kuńg*, 柯本写为"攻"。
④ 如请木匠上门打做家具，系按件付酬。

的人). *chân' fŷ chȳ jiñ* 残废之人.|. *pǒ chiûe'n tỳ' tiě* 不全体的.

Destruir (vt.破坏、损毁). *páy hoáy* 败坏.|. *sùn hoáy* 损坏.|. *xāng háy* 伤害.|. *chân' hoáy* 残坏.

Destruycion grande (np.巨大的损毁). *tá páy* 大败.

Destruycion de la ciudad (np.城市之被毁). *hoèy chiñg'* 毁城.|. *miě chiñg'* 灭城.

Destruir, arrazar (vt.摧毁，夷平). *chiào miě* 剿灭.|. *tû' miě* 屠灭.|. *chụ' miě* 除灭.|. *chiuě miě* 绝灭.

Destruir la hazienda (vp.败毁财产). *p'ó kiā* 破家.|. *páy sùn kiā niě* 败损家业.

Desvanes de la casa (np.房子的顶楼、阁楼). *gań leû* 暗楼.

Desuergonjarse (vr.做无耻的事情). *fańg çú* 放肆.

Desuaneçerse la cabeça (vp.头晕眼花). *têu' hiụen* 头眩.

Desuaneçerse la cosa (vp.模糊不清、消散). *sań leào* 散了.

Desvariar (vi.说胡话). *luón kiàng* 乱讲.|. *hû xuě* 胡说.|. *hû tû' xuě* 糊涂说.|. *xuě luón hoá* 说乱话.

Desvario (n.胡话). *luón hoá* 乱话.|. *hû tû' hoá* 糊涂话.|. *hû xuě* 胡说.

Desventura (n.不幸的遭遇). *pǒ hińg* 不幸.|. *mǒ cháo hoá* 没造化.

Desvergonçado (a.恬不知耻的). *vû lièn chỳ'* 无廉耻.|. *pǒ chȳ chỳ'* 不知耻.|. *pǒ p'á siēu* 不怕羞.|. *pǒ chȳ siēu* 不知羞.|. *lièn pỳ' heú* 脸皮厚.

Desvergoçarse (vr.毫不知耻), perder la uerguença (vp.丧失羞耻心). *xě chỳ'* 失耻.|. *sańg chỳ'* 丧耻.|. *lièn xańg vû hań* 脸上无汗.

Desverguença (n.无耻至极的事情或行为). *vû lièn chỳ' tiě çú* 无廉耻的事. ett[a]. (等等).

（p.75）

Desviarse, apartarse (vr.偏离、调转方向，脱离、躲闪). *pý kāy'* 避开.|. *tò pý* 躲避.|. *tò kāy'* 躲开.|. *chèu kāy'* 走开.|. *xèn kāy'* 闪开.

Desviarse del camino (vp.偏离道路). *tò lú* 躲路.|. *pý tû'* 避途. — errando lo (走错道). *chǒ' lú* 错路.|. *piě lú* 别路.|. *chā' lú chèu* 差路走.|. *mỷ lú chèu* 迷路走.

Desviarse del golpe, huir del (vp.避开拳头，躲开打击). *xèn kāy'* 闪开.|. *xèu tǒ' kỷ' sú* 闪脱其数[①].

---

① 柯本注：*xèu* 系笔误，当为 *xèn* "闪"。按：此句似指躲开数次击打。柯本将 *sú* 改为 *lú*，但字仍缺。

Desviar à otro (vp.引人走差道). *iǹ tā' hiñg fý lú* 引他行非路.

Desvio, adversion (n.淡漠，反感). *pǒ hỳ* 不喜.|. *pǒ gáy* 不爱.|. *nú* 怒.

Desvsado (a.已不流行的), no al vso (vp.不再时兴). *fý xý iáng tiě* 非时样的.

Desvsado (a.废弃不用的), no acostumbrado (ap.用不惯、不适应). *siě pǒ kuón* 习不惯.|. *pǒ siě kuón* 不习惯.

Desvnir, apartar (vt.分离，分开). *fuēn lý* 分离.|. *fuēn kāy'* 分开.|. *lý kāy'* 离开.

De tal manera (pp.那种方式、以那种方法). *ná iáng* 那样.|. *ná teǹg iáng* 那等样.

De tarde en tarde (pp.偶尔), pocas vezes (np.难得一两次). *hàn tě* 罕得.|. *xào tě* 少得.

Detener (vt.阻留). *liêu chú* 留住.|. *chỳ chú* 止住.|. *liêu chỳ* 留止.|. *tiñ'g chú* 停住.

Detener al huesped (vp.留住客人). *liêu kě'* 留客. – con ruegos (请求留下). *ŷ liêu* 遗留.|. *mièn liêu* 勉留.|. *gān liêu* 安留.

Detener por fuerza (vp.全力挽留). *kiàn'g liêu* 强留.|. *kú liêu* 固留.|. *kù' liêu* 苦留.|. *cù liêu* 死留.

Detener le que no hable, dar le tapaboca (vp.阻止某人说话，使其住口). *chỳ ký' kèu'* 止其口. idest hazer le callar (也即迫使其沉默).

Detenerse (vr.迟滞), tardarse dilando el tiempo (vp.拖延时间). *chý' iên* 迟延.|. *kièu iên* 久延.|. *chý mán* 滞慢①.

Detenerse, aguardarse (vr.停止、停顿，耽搁、等待). *tiñ'g chỳ* 停止.|. *hiě chú* 歇住.|. *tiñg' liêu* 停留.|. *tiñg' kiǒ* 停脚.

Detente, aguarda un poco (s.慢一点，等一下！). *tiñg' iě tiñg'* 停一停.|. *teǹg iě teǹg* 等一等.|. *teǹg siē* 等些②.

Detener le, no dexar le pasar (vp.阻挡某人，不使其通过). *laǹ chú* 拦住.|. *laǹ chǒ* 拦着③.

Detener la corriente (vp.止住流水、阻断水流). *tiñ'g liêu* 停流.|. *chỳ liêu* 止流.

---

① *chý*, 柯本写为"迟"，因梵蒂冈本将这一字音拼作 *t'chî'* (= *chî'*)。

② 犹等歇，等一下，方言词。

③ 柯本注：*chǒ*, 梵蒂冈本作 *chǒ*。又按：两例 *laǹ* 柯本都写为"揽"。可参看词目 Amparar cubriendo（p.13），遮拦的"拦"也标为上声。

Debanar① (vt.缠绕).

Determinar (vt.决定、确定). *tíng* 定.|. *kiụe̩ tíng* 决定.|. *kiēn tíng* 坚定.|. *kiụe̩ tuón* 决断.

Determinacion (n.意志、决心、决定). *chý ý kiēn kiụe̩* 志意坚决.|. *tíng ý* 定意/定议.|. *siñ tíng* 心定. – interior (内心中). *siñ lỳ chụ chang* 心里主掌②.

Determinadamente (ad.毅然、断然). *tíng jên* 定然.|. *ie̩ tíng* 一定.|. *pie̩ tíng* 必定.|. *pie̩ kíng* 毕竟.|. *chīn xý* 真是.|. *tiẻ' tíng* 铁定.|. *kiụe̩ jên* 决然.

Determinal plaço③ (vp.确定日期、规定期限). *hièn xỷ kỷ'* 限时期④.|. *tíng xỷ* 定时.|. *lie̩ hièn* 立限.|. *hièn je̩* 限日.|. *tíng kỷ'* 定期.

Determinacion de Juez (np.法官的决定、判决). *kiụe̩ tuón* 决断.|. *kiụe̩ gań* 决案.

De todos partes (pp.从所有的方面、从各个地方). *pié'n chụ'* 遍处⑤.|. *chụ pién chụ'* 自遍处.|. *chûn'g pién chụ'* 从遍处.|. *chụ cụ fang* 自四方.|. *chûn'g cụ fang* 从四方.

De todo punto (pp.任何一点、无论哪里), totaliter (ad.全部、彻底). *chiûe'n jên* 全然.|. *chiûe'n* 全.

Detras (ad.在后面、背后). *héu mién* 后面.|. *héu têu'* 后头.|. *héu piēn* 后边.|. *poéy héu* 背后.

De trauez (pp.横贯), altravezado (横向、横放的). *hûng* 横.

Deuda (n.债、债款). *cháy* 债.

Deudor (n.欠债人). *fú cháy chè* 负债者.|. *ki'én cháy jiñ* 欠债人.|. *fú ki'én chè* 负欠者.|. *cháy kiā* 债家.|. *cháy hú* 债户.

Deuer⑥ (vt.欠债、该钱). *ki'én* 欠.|. *ki'én cháy* 欠债.|. *fú cháy* 负债.

De vna, y otra parte (pp.一面以及另一面). *leang piēn* 两边.|. *chụ chò iéu* 自左右.

---

① = devanar（缠绕），柯本转录为 debonar. 此词插写于空白处，没有汉语释义。

② *chang*，其字或有可能为"张"。

③ 原写有疑，似脱字母或词，柯本改为动宾短语 Determinar el plaço (to set the time or date).

④ 比较 Aplaçar（p.17），"限"字也标为上声。

⑤ 此词画有一道横线，似乎打算删除。

⑥ 今拼 deber，同形于下面出现的另一词目 Deber（应该、必须）。

De un corazon (pp.一条心的). *tuñ'g iě siñ tiě* 同一心的.

De vna edad (pp.同一年份、年龄相同的). *tuñ'g niên tiě* 同年的.|. *tuñ'g suý tiě* 同岁的.

De vna barcada (pp.同一条船的). *kuńg chuê'n tiě* 共船的.|. *tuñ'g chuê'n tiě* 同船的. ett^a. (等等).

Deber (vt.应该、必须), lo debido (ap.应有的、适当的). *tañg jeñ* 当然.|. *kāy jeñ* 该然.①

De veras (pp.真是这样、的的确确). *chīn xě* 真实.|. *kùo jên* 果然.|. *chīn xý* 真是.|. *chīn chīn* 真真.|. *xě xě* 实实.②

De vna mesma menera (pp.以完全一样的方式). *iě puōn* 一般.|. *iě jên* 亦然③.|. *pǒ chā' iě haô* 不差一毫.|. *pǒ chā' fuēn haô* 不差分毫.

Deuocion (n.虔心、热情). *chiñg' siñ* 诚心.|. *chuēn siñ* 专心.|. *jě siñ* 热心.|. *çhiñ'g çhiě'* 情切④.|. *chiñ'g ý* 情意.|. *çhiñ'g jě* 情热.

Deuotamente (ad.虔诚地), con respeto (pp.满怀敬意). *kińg siñ* 敬心.|. *kiên' siñ* 虔心.|. *chiñ'g kińg* 诚敬.|. *chuēn çhiě'* 专切⑤.|. *kiên' kuñg* 虔恭.

Deuoto, virtuoso (a.虔诚的，正直的). *jě siñ tiě* 热心的. y todos los antecedentes postpuesto el *tiě*, o, el *jiñ* (上列各词的后面都可以加"的"或"人").

Dexar⑥, o cesar (vt./vi.停止，终止). *chỷ* 止⑦.|. *pǒ çhó* 不做.

Dexar algo de las manos (vp.使某人放开手里的东西). *fañg xèu* 放手. moraliter (引申的用法，等于说): *pǒ lỷ* 不理.|. *pǒ kuòn* 不管.

Dexar à otro a su voluntad (vp.听由某人随意). *piñ'g tā'* 凭他.

Dexar, o, desamparar à otro (vt.丢下、放弃，或舍弃某人). *çhǔ' tā'* 辞他.|. *xè* 舍.

Dexar el mundo, dar le de mano (vp.离弃世界，撒手而去). *kiñg' xý* 轻世.|. *k'ý xý* 弃世.|. *çhǔ' xý* 辞世. – muriendo (死去). *ki'ú xý* 去世.|. *sié xý* 谢世.

---

① 柯本将西语词目理解为亏欠、该欠（to owe; due, owed to someone），未与 deuer 分清（见上注）。此外，两例 jeñ "然"都误录为 jiñ "人"，对应之词于是作"当人""该人"。

② 最后两个词，原写为一个四字组"真真实实"，其间的分断号是后加的。

③ 柯本作"一然"。

④ çhiě'，柯本误录为 çhiě, 遗漏送气符，其词作"情节"。

⑤ çhiě'，柯本误录为 çhiě, 其词作"专节"。

⑥ 今拼 dejar（放下、搁置、离开）。

⑦ 柯本写为"只"。

Dexar los negocios (vp.放手不管事情). *pỏ lỳ çú* 不理事.|. *pỏ kuòn çú* 不管事.

Dexar el cargo (vp.辞去工作或职务). *çhủ' jiń* 辞任.|. *çhủ' chẻ* 辞职.

Dexar memoria de si (vp.为自己留下好名声). *liêu kuñg çhiẻ* 留功绩.|. *liêu mîng xiñg* 留名声.

Dexo, fin (n.终端，尾部). *chuñg* 终.|. *vùy* 尾.

Dexemonos de historias (s.[我们]别再闲扯了、闲话少说). *pỏ siāo kiàng tō hoá* 不消讲多话.

Dezir refiriendo (vp.叙述、讲故事). *chuê'n xuẻ* 传说.

(p.76)

Dezir (vt./.vi.说、讲). *xuẻ* 说.|. *xuẻ táo* 说道.|. *kiàng xuẻ* 讲说. [*iûn* 云, *ień* 言. para escritura (书面语词).]

Dezis bien[①] (s.[你们]说得好). *xuẻ tẻ hào* 说得好.|. *xuẻ tẻ chỏ* 说得着.|. *xuẻ tẻ xý* 说得是. [参见：bien hablo (说得好).]

Dexemos esto (s.[我们]不如放下这事吧). *pá leào* 罢了.|. *pỏ iaó kuòn hiên çú* 不要管闲事.

Dezir de antemano (vp.事先说). *iú xuẻ* 预说.|. *iú siēn kiàng* 预先讲.|. *iú iên* 预言.|. *siēn iên* 先言.

Dezir missa (vp.诵弥撒经). *chó mỷ sǎ* 做弥撒.|. *fuńg chó mỷ sǎ* 奉做弥撒[②].|. *çhý Tiēn' chủ* 祭天主.

Dezir si, con la cabeça (vp.以头部动作表示"是"). *tièn têu'* 点头.|. *xèu keǹ'g* 首肯. – Dezir de no (表示"不"). *iâo têu'* 摇头. – con la mano (用手表示). *iâo xèu* 摇手.

Dezir todo lo que tiene en el corazon (vp.说出心里所想的一切). *ièu hoây piẻ t'ú* 有怀必吐[③].

Dezir sumariamente (vp.简要陈说、概述). *chuǹg xuẻ* 总说.|. *iỏ xuẻ* 约说.

Dezir (vt.陈述), alegar su derecho (vp.申诉自己的权利). *xuẻ puèn lỳ* 说本理.|. *xuẻ iuên chiñg'* 说原情.

Dezidor (n.机智风趣的谈话者). *tō chùy* 多嘴.|. *hoéy xuẻ hoá tiẻ* 会说话的.|.

---

① 柯本将此句转录为不定式 dezir bien (to say something well)，隐没了西语原句的人称意义。

② *fuńg*，柯本误录为 *suńg*，字写为"诵"。

③ 柯本作"有怀毕吐"。《朱子语类》卷三十九："……有疑必问，有怀必吐。"

xoàng ku'áy tiĕ 爽快的.

Deziembre, dezima luna (n.十二月，阴历的第十个月). *xĕ iuĕ* 十月.

Dezimar①, desmar (vt./vi.十中取一，收缴什一税). *xĕ chēu' iĕ* 十抽一.

Dezeno② (num.第十、第十个). *tý xĕ kó* 第十个.

Di.

Dia (n.白天、日间、一天). *jĕ* 日.|. *jĕ çhù* 日子.|. *pĕ jĕ* 白日. [*chéu* 昼.|. *tań chéu* 旦昼. para escritura (书面语词).]

Dia, y noche (np.日与夜、白天与晚上). *chéu ié* 昼夜.|. *kuāng gán* 光暗.

Dia de holgar, de feria (np.闲暇或休息的日子). *hièn jĕ* 闲日.

Dia de fiesta (np.节庆放假的日子). *chēn lỳ jĕ* 瞻礼日.

Dia largo (np.漫长的日子). *jĕ chân'g* 日常.

Dia de entre semana (np.周天之外的日子). *pîn'g chân'g jĕ* 平常日.|. *kūn'g chân'g jĕ* 空常日③.

Dia y medio (np.一天半). *jĕ puón* 日半.

Dia del nacimiento (np.出生的日子、生日). *seńg jĕ* 生日.|. *tán jĕ* 诞日.|. *xéu jĕ* 寿日.|. *tán xîn* 诞辰.|. *xéu tán* 寿诞. – del Rey (君王的生日). *xińg tán* 圣诞.|. *xińg çhiĕ* 圣节.|. *vuán suý çhiĕ* 万岁节. – de la Reyna, o Principe (王后或王子的生日). *çhiēn' çhiēu' çhiĕ* 千秋节.

Dia de difuntos. [llamamos.] (np.悼念亡故者的日子[我们圣教的说法]). *goéy ỳ vuâng ký' jĕ* 为已亡祈日.

Dia de bisiesto (np.闰日). *juń jĕ* 闰日.

Dia señalado, prefixo (np.选定的特殊日子，预定的一天). *tińg jĕ* 定日.|. *hièn jĕ* 显日④.

Dia siguiente (np.下一天、第二天). *çhủ jĕ* 次日⑤.|. *tý úl jĕ* 第二日.

Dia aciago (np.不幸的日子). *hiūng jĕ* 凶日.|. *pỏ kiĕ jĕ* 不吉日.|. *pỏ hào jĕ* 不好日.|. *pỏ çhiân'g jĕ* 不祥日.

---

① 与 Decimar（p.66）为同一词，只拼法略异。
② = décimo（第十、第十个、十分之一）。
③ *kūn'g*，柯本缺字；有可能为 *tūn'g* "通" 之误。
④ 柯本写为 "限日"，似乎也可成立；"限" 字标为上声，非仅一例。
⑤ *çhủ*，脱送气符，柯本订正为 *ch'ủ*。

Dialogo (n.对话). *vuén tǎ* 问答.

Dia de ayer (np.昨天). *çhǒ jě* 昨日.

Dia siguiente (np.下一日、第二天). *héu jě* 后日. – mañana (明天). *mîng jě* 明日.|. *mîng chāo* 明朝.|. *laỷ jě* 来日.

Dia despues de mañana (np.明天之后的一日). *héu jě* 后日. – y el que se sigue a este (后天之后的一日、大后天). *tá héu jě* 大后日.

Dias ha (np.有些天了、已有一些日子). *kièu leào* 久了.

Dia de asueto (np.休假的日子). *hiá jě* 假日. – dar asueto (休假、度假). *fańg hiá* 放假.①

Dias pasados (np.过去的日子). *çhiên' jě* 前日.|. *hiáng jě* 向日.|. *vuàng jě* 往日.

Dia primero del mes (np.每个月的第一天). *sō jě* 朔日②.|. *xańg jě* 上日.|. *iuên jě* 元日.|. *çhū' iě* 初一.

Dia ultimo del año (np.一年的最后一天). *chû' jě* 除日.

Dia del Juyzio final (np.最后审判之日). *kuńg xîn puó'n tiě jě* 公审判的日.

Diablo (n.鬼怪、妖魔). *mô kuèy* 魔鬼.|. *siê mô* 邪魔. [参见：demonio (恶魔).]

Diacono. [dezimos.] (n.助祭、执事[我们的说法]). *iǔ çhý* 御祭.|. *iéu iǔ çhý* 侑御祭.|. *lǒ pin' tiě* 六品的.③

Diadema (n.冠冕、冠饰、王权). *iuên kuāng* 元光.|. *xîn kuāng* 神光. Resplandores (即光辉夺目).

Diametro (n.直径). *kińg* 径. – semi diametro (半径). *puón kińg* 半径.

Diamante (n.金刚石). *kiń kańg xě* 金刚石.|. *kiń kańg chu'én* 金刚钏④.

Dibujo (n.图画). [参见：debuxo (图画、草图).]

Diciplinarse (vr.抽打自己、自惩、自励). *piēn çhě'* 鞭策.|. *tà piēn* 打鞭.|. *tà sǒ çhǔ* 打索子.

Dicha (n.幸运、好运道). *çháo hoá* 造化.|. *hiáo hińg* 侥幸.|. *fǒ ki'ńg* 福庆.|. *fǒ* 福.

---

① *hiá*，拼法有疑。参见 Vacaciones a los estuantes（p.217），也出现 "*fańg kiá* 放假" 一词，拼法正常。

② 柯本注：*sō*，伦敦本、梵蒂冈本都作 *sǒ*，入声。

③ 柯本注：在神职人员的等级系统中，助祭或执事排在第六级，其上一级为牧师。

④ *chu'én*，柯本拟为 "钻"。

Dicha grande (np.极佳的运道). *hińg xiń* 幸甚.|. *tá hińg* 大幸.|. *tá çháo hoá* 大造化.

Dichoso (a.幸福的、幸运的). *ièu fǒ tiě jiń* 有福的人.|. *çháo hoá tiě* 造化的.|. *hiáo hińg tiě* 侥幸的.

Dicho (n.话、话语). *iên iù* 言语. – subtil (精妙深刻的). *iên ièu xīn ý* 言有深意.|. *xīn miáo* 深妙.|. *iên ièu chý lỳ* 言有至理.

Dicho gracioso (np.诙谐有趣的话). *ièu çhi'ú chỹ iên* 有趣之言.|. *iên ièu ià çhi'ú* 言有雅趣.|. *iù ièu çhi'ú vuý* 语有趣味①.|. *ièu ý chińg'* 有意情②.|. *iên ièu ý vuý* 言有意味.

Dicho comun (np.普通的言论、人人都说的话). *kuńg luń* 公论.|. *kuńg iên* 公言.

Dicho picante (np.尖刻刺人的话). *iên ièu lý háy* 言有厉害.

Dientes (n.牙齿). *chỹ'* 齿. – dientes y muelas (牙齿和臼齿). *iâ chỹ'* 牙齿. – los delanteros (前牙、门齿). *muên iâ chỹ'* 门牙齿.|. *tańg muên iâ chỹ'* 当门牙齿.|. *pàn iâ* 板牙.

Dientes podridos (np.蛀蚀的牙齿). *iâ chú leào* 牙蛀了. – mudar los dientes (更换牙齿). *hoán iâ chỹ'* 换牙齿.

Dientes de ajos (np.蒜头的瓣儿). *suón pán* 蒜瓣.

Dientes de sierra (np.锯子的尖齿). *kiù chỹ'* 锯齿.

(p.77)

Diestro en obrar (ap.工作熟练、有技能). *ièu puèn çú tiě jiń* 有本事的人.|. *hoéy kań çú* 会干事.|. *cháy hâng* 在行.

Dieta (n.忌食), guardar la (vp.保持禁口). *kiń kèu'* 禁口.|. *kiáy kèu'* 戒口.|. *çhiě xě* 节食.|. *ch'ě tań pǒ* 吃淡薄.|. *ch'ě pǒ tō* 吃不多.

Diez (num.十). *xě kó* 十个. – Diez mil (十个千、一万). *iě vuán* 一万. – Diez y ceis (十六). *xě lǒ* 十六. – Diez vuanes③ (十个万、十万). *xě vuán* 十万. – Ciento (一百个万). *iě pě vuán* 一百万.

Diesmos (num.十分之一 n.什一税). *moèy xě chēu' iě* 每十抽一④.

---

① *iù* "语"，柯本误作 *iên* "言"。
② 柯本注：*chîng'*，梵蒂冈本作 *ts'îng* (=*çhîng'*)。
③ vuan（万）的复数形式，是"万"的音译，西语本身并无此词。
④ 尤指什一税，可参看 Dezimar (p.76)。

Difamar (vt.毁誉、诽谤). *páy mîng xiṅg* 败名声.|. *sùn kỷ' mîng sě* 损其名色.|. *hoèy paṅg* 毁谤.|. *fỷ paṅg* 诽谤.

Difundir (vt.扩散、传播). *chuê'n lièu* 传流.

Diferencia (n.差异). *ý piě* 异别.|. *xû ý* 殊异.|. *chā' piě* 差别.|. *pǒ tuṅ'g* 不同.|. *ý iaṅg* 异样.|. *piě iaṅg* 别样.

Diferenciarse (vr.有差异、彼此有别). *pǒ tuṅ'g* 不同.|. *pǒ luý* 不类.|. *pǒ siaṅg tuṅ'g* 不相同.|. *pǒ teṅg* 不等.

Diferenciar (vt.区分、分辨). *fuēn pién* 分辨.|. *fuēn piě* 分别.|. *pién piě* 辨别.

Diferencia grande (np.巨大的差异). *tá pǒ siaṅg tuṅ'g* 大不相同.|. *chā' tě iùen* 差得远.|. *chā' tě tō* 差得多. – como del cielo al mar (有如天空与海洋区别之大). *chā' jû tiēn' iuēn hiuèn kě* 差如天渊悬隔.

Diferir, dilatar (vt.推迟，延缓). *chý' ièn* 迟延.|. *iāy jě ¢hù* 挨日子.|. *¢hiēn' ièn* 迁延.|. *tūy' iāy* 推挨.|. *kày jě* 改日.

Dilacion (n.延宕、耽搁). *chân'g kièu* 长久.|. *tō kièu* 多久.|. *hào kièu* 好久.

Disforme cosa, fea (np.畸形的事物，无比丑陋). *chèu' ¢ú* 丑事.|. *pǒ hào k'án tiě* 不好看的.

Dificil (a.困难的). *nân* 难.|. *nân ¢ú* 难事.

Dificultad, impedimento (n.困难，障碍). *¢hù gaý* 阻碍.|. *¢hù taṅg* 阻挡.|. *taṅg kǒ* 挡隔①.

Dificil de hazer (ap.很难做、难以做到). *nân ¢hó* 难做.|. *nân goêy* 难为.|. *nân hiṅg* 难行.|. *nân chù'* 难处②.|. *fỷ siñ chȳ ¢ú* 费心之事.|. *fỷ liě tiě ¢ú* 费力的事.

Dificultar en algo (vp.某事难以施行), dudar (vt./vi.怀疑、犹豫). *ŷ hoě* 疑惑.|. *pǒ mîng* 不明.

Difinir③ (vt.确定、决定). *tiṅg* 定.|. *kiųě tiṅg* 决定.|. *kiųě tuón* 决断.

Difinicion (n.决定、裁决). *sò tiṅg tiě* 所定的.|. *tiě' gán tiě* 铁案的. – de la yglesia, o, del Papa (教会的裁决，或教皇的决定). *kiáo hoaṅg sò tiṅg tiě* 教皇所定的.

Difunto (n.死者). *¢ù jiñ* 死人.|. *¢ù chè* 死者.④

---

① 柯本写为"当割"。
② 谓难以处理，"处"读为上声。
③ 今拼为 definir。
④ 此条字迹潦草，系后手插入，实与 p.67 上的词目 defuncto 重复。

Digerir (vt.消化、消融). *siāo hoá* 消化.|. *siāo* 消.

Digna cosa (np.应该做的事情或理应获得的东西). *kò'* 可.|. *kāy tañg* 该当.|. *ińg tañg* 应当.|. *ińg tě* 应得.

Digno, benemerito (a.值得尊敬的，功绩卓著的). *ièu kuñg* 有功.

Dignidad, cargo (n.要职，职务). *jiń* 任①.|. *chě* 职.|. *goéy* 位.|. *kuōn chě* 官职.|. *çhiǒ lǒ* 爵禄.

Dilatar (vt.延缓). *chŷ' iên* 迟延. [参见：diferir (推迟).]

Dilatar, estender (vt.传播，扩展). *pú kuàng* 布广.|. *pú iañg* 布扬.

Dilatar el termino (vp.延长期限). *kuōn' xŷ, kỷ'* 宽时、期②.|. *kày hiên kỷ'* 改限期③.

Diligente (a.勤恳的、有上进心的). *kìn xiń tiě* 谨慎的.|. *iúng siñ tiě* 用心的.|. *çhín liě tiě* 尽力的.

Diligencia virtud (np.勤恳之为美德). *kiñ' tě* 勤德.

Diligencia, cuydado (n.勤谨，细心). *kìn xiń* 谨慎.|. *kiñ' kìn* 勤谨.|. *kiñ' liě* 勤力④.|. *çhín siñ* 尽心.|. *kiě liě* 竭力.|. *çhiñg' siñ* 精心.|. *çhiñg' chuēn* 精专.

Diligencia (n.勤奋), poner la (vp.勤勉行事). *lièu siñ* 留心.|. *iúng siñ* 用心.|. *kiā ý* 加意.|. *çhín kỷ* 尽己.⑤

Diligencia grande, todo cuydado (np.异常勤奋，用心至极). *kiñ' lâo* 勤劳.|. *chuēn vú* 专务.|. *laô siñ* 劳心.|. *kiñ' kù'* 勤苦.|. *pǒ hiēu siě* 不休息.|. *sǒ ié çhín siñ* 夙夜尽心.

Diluvio el vniuersal (np.大洪水). *huñg xùy* 洪水. – muchas aguas, castigo (洪水泛滥，天惩). *xùy çhāy* 水灾.

Disminuir (vt./vi.减少、减弱). *kièn* 减.|. *señg* 省.|. *kièn señg* 减省.|. *kièn chǔ'* 减除.|. *kièn sùn* 减损. – la enfermedad (病势减轻). *piñg kiñg' siē* 病轻些.

Disminuir las fuerzas (vp.力量减少、力气减弱). *xáy liě chŷ kiañ'g* 攞力之强⑥.|. *sùn liě* 损力.|. *xoāy liě* 衰力.

Disminucion (n.减少、减轻). *siē xào* 些少.|. *kiñg' siē* 轻些.

---

① 柯本写为"认"。
② 当理解为两个词："宽时""宽期"。
③ hiên, 调符有疑；梵蒂冈本作 hiēn。
④ 柯本作"谨力"。
⑤ 本条之后，柯本插入一条不相干的"得超常格"，见下文标有星号处。
⑥ xáy, 柯本写为"杀"。"攞"，折断、斩断，作此义解当音同"丽"（麗）。

Disminuir los gastos (vp.减少开支). çhiě iuńg 节用.|. iuńg tě seńg kièn 用得省俭①.

Disminuir el peso (vp.减少重量). kièn kiŋ' 减轻.

Dinero de cobre, o, plata (np.铜钱或银钱). çhiên' çhây' 钱财. – de cobre (铜铸的). tûn'g çhiên' 铜钱. – de plata (银铸的). iń çhiên' 银钱.

Dios. [llamamos.] (n.上帝[我们圣教的说法]). Tiēn' chù 天主. idest, señor del cielo (即上天之主). – item, el verdadero señor de cielo y tierra (除此，也指天与地的真正主人). tiēn' tý chīn chù 天地真主. el hazedor de todas las cosas (以及一切事物的造就者). çháo vuán vuě chè 造万物者.

Dios Padre (np.上帝我父). Tiēn' chù fú 天主父. – Dios hijo (天主之子). Tiēn' chù chǔ 天主子. – Dios espiritu Santo (上帝圣灵). Tiēn' chù xińg xîn 天主圣神.

Diciplina②, enseñança (n.纪律、训练、课程，教育、教导、教学). kiāo hiuń 教训.|. táo lỷ 道理. [参见：Doctrina (教理、教义).]

Diciplina para açotar (np.用来抽打的鞭子). piēn çhǔ 鞭子.|. piēn sǒ 鞭索.|. piēn pǒ' 鞭扑.

Dicipulo (n.学生、门徒). hiǒ seńg 学生.|. tý çhǔ 弟子.|. tû' tý 徒弟.|. muên tû' 门徒.|. muên tý 门弟③.|. hiǒ chè 学者.|. muên jiń 门人.

Dicipulo de v. m. (np.您的学生). lińg tû' 令徒.|. kāo tû' 高徒. – mi humilde dicipulo (我卑微的学生、敝人的门生). pý tû' 敝徒.|. iǔ tû' 愚徒.|. siào tû' 小徒.

Discordia (n.分歧、不和). çhēng pién 争辩.|. pǒ siaŋ hô 不相和.

Discordar (vi.不和谐、不一致). pǒ siaŋ hǒ 不相合.|. pǒ siaŋ hô 不相和.|. pǒ tuńg' iě 不同一.|. ièu ý piě 有异别.

Discordar en los pareçeres (vp.意见不统一). ý pǒ tuńg' 意不同.|. kǒ jiń iě ý 各人一意④.

Discreto (a.谨慎的、机敏的 n.聪明人、睿智者). chý chè 智者.|. ièu chý chè

---

① kièn，柯本写为"减"。
② 此词古时又指笞刑，以及施刑所用的鞭子，见下条。
③ 即"门弟子"，及门的弟子。
④ 或作"议不同""各人一议"，也说得通。柯本写为"各人臆异"。

有智者.|. *chý kȳ* 智机①.|. *chȳ chi'ú* 知趣②.

Discurrir con el entendimiento (vp.凭理智进行思考). *chū'y luń* 推论.|. *chū'y çū* 推思.|. *chū'y çhě'* 推测.

Discurrir por diuersos lugares (vp.走过各个地方). *chēu liêu* 周流.|. *pién hiṅg* 遍行.|. *pién çhèu* 遍走.|. *çhèu çú fang* 走四方.|. *pién iêu* 遍游.|. *chēu iêu* 周游.

Disparates (n.胡话、蠢话). *luón iên* 乱言.|. *hû xuě* 胡说.

Disforme (a.畸形的、丑陋的). *pǒ chîn'g mû iaṅg* 不成模样.|. *pǒ chîng' iaṅg* 不成样.|. *pǒ chîng' tỳ' mień* 不成体面.

Disfrazarse (vr.乔装、装扮). *çhié hîng máo* 借形貌.|. *keṅg kày* 更改.|. *keṅg hoán* 更换.|. *kià hîng máo* 假形貌.

* Dispensar (vt.免除、豁免). *mièn* 免.|. *kiǔe'n mièn* 权免.|. *kiǔe'n hiù* 权许. – dar preuilegio (给予特权). *çú chāo' chân'g kě* 赐超常格.|. *liṅg chāo' kě* 令超格. – tener preuilegio (拥有特权). *tě chāo' chân'g kě* 得超常格.*③

Dispertar④ (vt.弄醒、叫醒、使清醒). *sìng kỳ' laỳ* 醒起来.|. *xuý sìng* 睡醒. – de la zorra (酒醉后). *chúy sìng leào* 醉醒了. – dispertar à otro (把某人叫醒). *tà sìng tā'* 打醒他.

(p.78)

Disparar armas de fuego (vp.发射火器). *faṅg pa'ó* 放炮.|. *faṅg chu'ńg* 放铳. – la ballesta (指弩机). *faṅg nù* 放弩. [参见：desparar⑤ (开火、开炮).]

Disponer, ordenar las cosas (vp.安排事务，整理东西). *gān pây'* 安排.|. *pây' tiṅg* 排定.|. *gān tuṅg* 安顿.|. *fuēn tiṅg* 分定.|. *fuēn pây'* 分排.|. *pây' liě* 排列.

Disponer de si (vp.自行安排). *chú tiṅg kỳ niě* 自定己业.|. *chú chù' kỳ çú* 自处己事.|. *chù' kỳ xīn* 处己身.

---

① 犹机智，柯本缺字。

② 谓富有意趣、情趣；或即"智趣"，知、智本通。

③ 内词条 tener preuilegio 及对应的汉语词组"得超常格"，原写于词目 Diligencia, poner la 右首空处，柯本予以接排，然而内容与该词目并无关系；条末标有星号，表示须移至下一出现星号之处。而在本页的倒数第二行，即词目 Dispensar 的开首，我们便见到了这一星号。

④ 与前面出现过的 despertar（p.74）是同一词，因拼法略异而又作一条。

⑤ 即 disparar（p.73）。

Disposicon, orden (n.有序的安排，次序). *ch'ú siú* 次序.|. *tíng siú* 定序.

Disposicion de negocios (np.事情的安排、事务的处理). *fuēn chù'* 分处.|. *chù' tuón* 处断.|. *chù' kāy'* 处开.|. *fuēn pèu'* 分剖.|. *pèu' tuón* 剖断.|. *chîn'g xý* 情势①.

Disposicion del cuerpo (np.身体的状态、体貌). *hiñg choáng* 形状.|. *hiñg máo* 形貌.|. *hiñg siang* 形象. – buenas salud (好身体、健康). *kiân'g choáng* 强壮.

Disposicion buena de salud (np.健康状况良好). *kiân'g choáng* 强壮.|. *tiâo' iàng* 调养.|. *chiñg xoàng* 精爽.|. *xoàng ku'áy* 爽快.|. *kān'g kién* 康健.|. *ku'áy huǒ* 快活.|. *chiñg xīn* 精神②.

Disposicion para introducir la forma (np.用来导入正文或正论的前序). *iñ chù* 引子③.|. *iñ leáo* 引料.

Dispuesto, aparejado (a.安排停当的，处置妥当的). *pý pań leào* 备办了④.|. *tě leào chîn'g xý* 得了情势⑤.

Disponerse (vr.预备、准备). *pý pań* 备办.⑥

Disputar (vt./vi.辩论). *pién luń* 辩论.|. *pién pǒ* 辩驳.|. *pién chě* 辩质.|. *ý luń* 议论.|. *siañg vuén nân* 相问难.|. *kiàng luń* 讲论.

Dissencion, discordia (n.纠纷，不和). *siañg chēng* 相争.

Disimular (vt.容忍、忍让). *chûn'g iûng* 从容.|. *kuōn' iûng* 宽容.

Disimular el odio (vp.掩盖仇恨). *ieǹ hén kià chǒ kuōn' iûng* 掩恨假作宽容.

Disimular fingiendo no lo sabe (vp.佯装不知道某事). *kú goêy pǒ chȳ* 故为不知.|. *kià pǒ chȳ* 假不知.

Disimular su trabajo (vp.掩藏起自己的苦楚). *pǒ hièn ký' kù'* 不显其苦.|. *chân'g ký' kù'* 藏其苦.|. *hoây pǒ lú* 怀不露.

---

① 柯本注：*chîn'g* 为 *chîng'* 之误。按："情势"似为本条所列五个动词的宾语。

② *xīn*，柯本改为阳平调 *xín*。按：原标未必有误，此处的"神"字弱读，更接近阴平调。

③ *chù* 为 *chù* "子"之误。

④ *pý*，柯本写为"被"。"备办"一词已数度出现，可参看 Adereço（p.6）、Aparejar（p.16）。

⑤ 谓已经了解情况，得以把握局势。

⑥ 此条柯本未录；与上一条实为关联条目，形容词 dispuesto 由动词 disponer 的过去分词转化而来。

Disimuladamente (ad.假装如何、悄悄). *jû pǒ kú* 如不顾①.

Disimulado hombre (np.假模假样、有话不说的人). *nân tuṅg' kỳ' siṅ tiě jiṅ* 难通其心的人.

Disipar los bienes, y hazienda (vp.挥霍财富或家产). *paý kiā niě* 败家业.|. *luón iuṅg kiā çhây'* 乱用家财.|. *p'ó kiā* 破家.

Disipador (a.肆意挥霍的 n.挥霍无度者). *paý kiā tiě jiṅ* 败家的人.|. *p'ó kiā tiě* 破家的.|. *p'ó çhây' tiě* 破财的.

Disoluto (a.腐化堕落的), hombre perdido (np.无可救药的人). *faṅg çṳ* 放肆.|. *faṅg taṅg* 放荡.|. *laṅg taṅg* 浪荡.|. *iêu taṅg vû sò pǒ goêy* 游荡无所不为②.|. *siṅ chuṅg çhú vṳ sò çhý kiě* 心中自无所系结③. a todos estos supra dichos modos se añade alo ultimo o el *jiṅ*.|. *tiě*.|. *chè* (以上所说的这些词语，后面都可以带"人、的、者").

Disuadir (vt.说服、劝阻). *kiṵ'én chỳ* 劝止.|. *chùen kiu'én* 转劝.|. *kiṵ'én çhù* 劝阻. — no puedo disuadir le (我没法劝服他). *gò kiu'én pǒ chú* 我劝不住.

Disuadido (a.被说服的). *xuě pién leào* 说变了.|. *xuě leṅg leào* 说冷了.|. *fàn kiṵ'én leào* 反劝了.|. *tà tu'ý leào* 打退了.

Distar vno de otro (vp.彼此保持距离). *siaṅg lỷ* 相离.|. *siaṅg ki'ṳ* 相去.|. *siaṅg iuèn* 相远.|. *kě iuèn* 隔远.|. *lỷ iuèn* 离远.|. *iuèn kě* 远隔.

Distancia grande (np.很大的距离). *hiṵên çhiṵě* 悬绝.|. *chā' tě xiṅ iùen* 差得甚远.

Distilar (vt.蒸馏), gotear (vi.滴落). *leú tiě* 漏滴. vt relox de arena (比如沙漏). *leú* 漏.

Distilar agua de flores (vp.蒸馏提取花露). *chīṅg hoá lú* 蒸花露.

Distinguir (vt.区分、辨别). *fuēn piě* 分别.|. *fuēn pién* 分辨.|. *fuēn kāy'* 分开.|. *ý piě* 异别.

Distinta, y claramente dezirlo (vp.把事情说清楚，交代明白). *çhiân'g xuě mîng pě* 详说明白.

---

① *kú*，柯本据梵蒂冈本，将此音改成 *kù*，字写为"苦"。"如不顾"，装得不关心，就本条而言是自足的释义；"如不苦"，则是作为上一条的延伸释义。

② 例句出自《三国演义》第二十八回，郭常向关羽谈及自己的不肖子："今专务游荡，无所不为，老夫所以忧耳。"

③ 柯本注：*chuṅg*，梵蒂冈本作 *tsáng* (= *çháng*)。

Distraher à algo (vp.引起某人注意). *chùen kiụ'én* 转劝. [参见：disuadir (说服).]

Distraherse, o deuertirse el corazon (vp.走神，心不在焉). *siñ sań* 心散.|. *siñ chèu leào* 心走了.|. *siñ pǒ cháy* 心不在.

Distraydo (a.心有旁骛的、走了神的). *sań siñ tiě* 散心的.|. *sań tań tiě jiñ* 散淡的人.|. *mǒ ièu kiụ sǒ tiě* 没有拘束的.|. *siñ iâo tiě* 心摇的.|. *vû siñ tiě* 无心的.|. *siñ hoēn tiě* 心昏的.|. *lèng tań tiě* 冷淡的.

Distribuir (vt.分配、分发). *fuēn sań* 分散.|. *fuēn kāy'* 分开.

Distribuir la paga a los soldados (vp.向士兵们分发薪饷). *fuēn sań leańg piñg* 分散粮兵①.

Distribuir, vt el Padre la hazienda a los hijos (vt.划分，如父亲把财产分给儿子们). *fuēn kiā* 分家.

Distribuir los dineros, o, hazienda a los Pobres (vp.向贫民散发金钱或财物). *xè çhây' iụ̀ kiûn'g chè* 舍财于穷者.

Distribuydos (n.分发人、散财者). *fuēn çhây' chè* 分财者.|. *xè çhây' chè* 舍财者.

Dictamen de la razon (np.理性的判断). *pùen jiñ tiě kuñg siñ* 本然的公心②.|. *tiēn' lỳ* 天理.|. *leańg chỹ* 良知.

Dictamen propio (np.个人的看法). *çụ̄ siñ* 私心.|. *çụ̄ ý* 私意.③

Diuersidad (n.差异). *kǒ piě* 各别.|. *kǒ ý* 各异.

Diuerso (a.各种各样的、互不相同的). *ý iańg tiě* 异样的.|. *pǒ tuñ'g tiě* 不同的.|. *ièu chā' piě* 有差别.|. *chā' ý tiě* 差异的.

Diuersamente (ad.有所区别地). *ý jên* 异然.|. *chā' jên* 差然.

Diuidir (vt.划分、分断). *fuēn kāy'* 分开.|. *fuēn pèu'* 分剖.|. *pèu' kāy'* 剖开. — cortar por medio (从中间切断). *kàn' tuón* 砍断.

Diuidir la hazienda (vp.分配财产). *fuēn çhây'* 分财.|. *fuēn kiā çhàn'* 分家产.

Diuidir los meritos (vp.分赏功绩). *fuēn kuñg* 分功.

Diuision de las voluntades (np.意愿不一、用心各异). *pǒ siańg hô* 不相和.|. *siñ ý pǒ tuñ'g* 心意不同.

Diuision, o parte (n.部分，份额). *fuén* 份.

---

① 词序有误，当为 *piñg leańg* "兵粮"。参见 Estipendio de soldados（p.94）。

② *jiñ*，柯本写为"人"。"然"字一般拼为 *jên*，偶尔也作 *jiñ*，如 *tû' jiñ* "徒然"，见 De valde（p.66）。

③ 这一条系后手补入，原写于词条 Distancia grande 右首的空白处，适合移置于此。

Diuision de aguas (np.水域的分支). *fuēn lieu* 分流.|. *fuēn xùy* 分水. – de caminos (道路的分叉). *fuēn lú* 分路.

Diuieso (n.瘤、疖). *çhiě* 疖.

Diuisa, señal (n.标记，信号). *ký háo* 记号.

Diuina cosa (np.神物、圣物), exelente (a.绝好的、极美的). *hiųên miáo* 玄妙.|. *çhiųě miáo* 绝妙. [参见：exelente (极好的).]

Diuinamente (ad.绝妙地). *miáo çhāy* 妙哉.

Diuinidad (n.神性), natura diuina (np.神明的本性). *Tiēn' chù tiě sińg* 天主的性.

Diuulgar (vt.公布、传扬). *pú iańg* 布扬.|. *chuê'n* 传. – la doctrina (传播教义、传布教理). *chuê'n kiáo* 传教.

Diuorçio (n.离婚), libelo de repudio (np.离婚书). *hiēu xū* 休书. [参见：descasarse (解除婚姻).]

Diuisar de lexos (vp.从远处看、遥望). *iųèn ka'ń* 远看.|. *iųèn xý* 远视.

(p.79)

Do.

Doblar, vt ropa, ettᵃ. (vt.折叠，如布料、衣服等). *chě* 折.|. *chě kỳ'* 折起.|. *chě luńg* 折拢.

Dobladura, o, su señal (n.褶子，或折叠的痕迹). *chě heńg* 折痕.|. *chě çhiě* 折迹.

Doblado, o, de dos dobleçes (a.折叠的，或有两道折痕的). *leańg chûn'g tiě* 两重的.

Doblar, o doblegar (vt.折叠，或弯折). *ki'ǒ* 曲.|. *guǒ* 窝[1].|. *uān ki'ǒ* 弯曲.

Doblar el cuerpo (vp.弯起身子). *uān iāo* 弯腰.|. *ki'ǒ xīn* 曲身[2].|. *ki'ǒ kuńg* 曲躬[3].

Doblar o duplicar (vt.加倍、翻一番). *kiā poéy* 加倍.

Doblar el principal (vp.本钱翻一倍). *túy puèn* 对本.|. *túy chě* 对折.

---

① 柯本缺字。窝起身子、把铁丝窝个圈儿，在北方话里是很普通的说法。唯拼法独特，仅此一例。

② 或可写为"屈身"，有迎合义。

③ 还可写为"曲恭"，有毕恭毕敬之义。

Dobleçes, vt quantos dobleçes tiene? (n.折痕、叠层，如问：有多少道折痕？). *ièu kỳ chûn'g* 有几重.|. *ièu kỳ çhêng'* 有几层. – v.gª. quantos cielos ay? (关于天空，可以问：天空有多少层？). *tiēn' ièu kỳ çhêng'* 天有几层. ettª. (等等).

Doblado, malicioso (a.里外不一的，心怀鬼胎的). *leañg siñ tiě* 两心的.|. *pi'én siñ tiě* 骗心的.

Doze (num.十二). *xě úl* 十二. – **Dozeno** (第十二). *tý xě úl* 第十二.

Docientos (num.二百). *úl pě* 二百.

Doçil (a.温顺的). *leañg xeń tiě* 良善的.|. *xún sińg tiě* 顺性的.|. *jêu sińg tiě* 柔性的.

Dozel, sitial (n.华盖，显贵席). *tiēn' chańg* 天帐.|. *tiēn' hoā chańg* 天花帐.|. *hoâ káy* 华盖.

Doctrina (n.教义、教理). *kiáo* 教.|. *taó lỳ* 道理.

Docto, sabio (a.博学的，有知识的). *kuàng pǒ* 广博.|. *pǒ hiǒ* 博学.|. *pǒ tūn'g* 博通.|. *pǒ xě* 博识.|. *xīn pǒ* 深博.|. *pǒ hiǎ jû xū* 博洽如书.

Doctor en sus ciencias (np.学问有成的博士). *chiń cú* 进士.|. *hoâng kiǎ* 黄甲①.|. *kiǎ kō'* 甲科.

Doler, dolor (n.疼痛，痛苦). *tu'ńg* 痛.|. *teń'g tu'ńg* 疼痛.

Dolerse, compadecerse (vr.痛心，同情). *gāy lien* 哀怜.|. *gāy tu'ńg. siñ xiń xañ g tā' ièu jiñ* 哀痛、心甚伤他忧人②.

Dolerse de los pecados (vp.因罪孽而悔恨). *tu'ńg hoèy* 痛悔.|. *hoèy k'ý* 悔气.

Dolor insufrible (np.难忍的痛苦). *teń'g tu'ńg nân tañg* 疼痛难当.|. *tu'ńg pǒ kuó* 痛不过.|. *teń'g tě kiń* 疼得紧.|. *kù' tě heń* 苦得很.

Domar hombres (vp.治人、掌控生民). *chý fǒ* 制服.|. *iǎ chý* 压制.|. *xińg fǒ jiń* 胜服人.|. *kiāo xeń* 教善.

Domar animales (vp.驯养动物). *iǎ chý* 压制.|. *tañg xeú, ûl siě chȳ* 当兽而习之③.

Domestico (a.家养的、家庭的 n.家仆、佣人). *xûn xǒ tiě* 驯熟的.|. *xǒ fuén jiń* 熟分人. – los 6. domesticos animales (六种家养的牲畜). *lǒ hiǒ* 六畜.

Domingo (n.礼拜日、星期天). *chù jě* 主日.

---

① 柯本拟为"皇甲"。
② 此句当存疑。柯本将"哀痛"别作一词，又将 *xiń* 改为 *xîn* "神"，也难以读通。
③ 像是现成的句子，取自何书不明。"兽"用为动词，作捕兽、驯兽解。

Dominio, mando (n.统治、支配，执政、指挥). *kiuê'n xý* 权势.|. *kiuê'n pińg* 权柄.|. *kiuê'n goéy* 权位①.

Dominio Absoluto (np.绝对权威). [参见：absoluto (绝对的).]②

Don, dadiua (n.馈赠，礼品). *sò çú tiě vuě* 所赐的物. – presente (礼物). *lỳ vuě* 礼物.

Don, beneficio (n.馈赠，恩惠). *gēn* 恩.|. *gēn çú* 恩赐.

Donacion gratuyta (np.无偿的赠予、赠品). *pě suńg tiě* 白送的.

Donayre, gracia (n.风趣、智趣、潇洒、风度). *chi'ú* 趣.|. *ý çú* 意思.

Donoso, gracioso (a.风趣的，优雅的). *ièu chi'ú* 有趣.|. *ièu ý çú* 有意思.|. *hào xòa tiě* 好耍的.

Donde? (ad.哪里、往哪里). *nâ lỳ* 哪里.|. *hô ch'ú* 何处.|. *chûn'g hô* 从何.

Donde quiera (adp.无论哪里). *pǒ luń hô ch'ú* 不论何处.|. *pǒ kiǔ hô sò* 不拘何所.

Donçella (n.处女、少女). *kuêy niù* 闺女.|. *xě niù* 室女.|. *tuń'g niù* 童女.|. *siéu niù* 秀女.|. *chiuê'n hōa tiě* 全花的.

Donzella③ casta (np.贞洁的少女). *chīng niù* 贞女.|. *hoâng hōa niù* 黄花女.

Donzella nubilis④ (np.适婚的少女). *chīng' têu' niù* 青头女.|. *huńg hōa tuń'g niù* 红花童女.

Dorar (vt.镀金、包金). *liêu kiñ* 鎏金⑤.|. *xańg kiñ* 上金.|. *muòn kiñ* 漫金⑥.|. *tù kiñ* 镀金.|.

Dorar con fuego (vp.以火烧法镀金). *xāo kiñ* 烧金.|. *chiēn kiñ* 煎金⑦.

Dorar, vt retablos (vt.上金，例如为祭坛所用的画像等贴金). *chēn kiñ* 粘金.|. *tiě' kiñ* 贴金.⑧ – engastando (用镶嵌法). *siang kiñ* 镶金.|. *mîao kiñ* 描金. – salpicando (用散撒的方法). *xā kiñ* 沙金⑨.

---

① 柯本作"权威"。
② 此条为后手补写，柯本未录。见 Absoluto dominio（绝对权威），p.3。
③ 与上一条的 donçella 是同一词，今拼 doncella；释义及关联词语可参看 Casadera donçella（p.44）、Desflorar las donzellas（p.72）。
④ nubilis（已到结婚年龄的），拉丁语形容词。
⑤ 柯本作"流金"。
⑥ *muòn*，柯本缺字。"漫"，调符有疑，词义则无疑，指涂抹一层，如用泥漫墙。
⑦ 用火苗烧灼，称"煎"；煎而化之，称"煎销"。
⑧ 柯本写为"黏金""帖金"。
⑨ *xā*，柯本缺字。

Dorada cosa (np.镀金的物件). *lieû kiñ tiĕ* 鎏金的①.

Doradilla yerba (n.药蕨属，一种药草).②

Dormir (vi.睡、睡觉). *xuý* 睡.|. *çhìn'* 寢.|. *xuý chŏ* 睡着.|. *xuý kiáo* 睡觉.
 – dormir descansado (睡得安稳恬适). *gān siĕ* 安息.

Dormir profundamente (vp.睡得熟、熟睡). *xuý tĕ kìn* 睡得紧.|. *xuý tĕ chuńg* 睡得重.|. *chîn' xuý* 沉睡.|. *chȳ' xuý* 痴睡.

Dormillon (n.嗜睡的人、睡虫). *tān xuý tiĕ* 耽睡的③.|. *háo xuý tiĕ* 好睡的.|. *chȳ' xuý tiĕ* 痴睡的.

Dormitorio (n.卧室). *gó fańg* 卧房.|. *mîen fańg* 眠房.|. *çhìn' xĕ* 寢室.

Dormitorio de Religiosos (np.教中人员的寝室). *iĕ liên gó fańg* 一连卧房.|. *iĕ lú miên fańg* 一路眠房.

Duerma v. m. (s.您睡好). *çhìng' gān xuý* 请安睡.

Dormitar (vi.打盹). *puón sińg* 半醒.|. *muńg mý* 梦寐.|. *gú mý* 寤寐.

Dormir sueño ligero (vp.睡得轻、觉浅). *siĕ ièn xuý çhièn'* 息偃睡浅. – dar cabeçadas de sueño (打瞌睡). *tà tièn* 打点④.

Dormir de lado (vp.侧身睡). *chĕ' chŏ xuý* 侧着睡.|. *huńg chŏ xuý* 横着睡. – de bruçes (趴卧着). *fó xuý* 伏睡. – de espaldas (背朝下). *niàng xuý* 仰睡. – vestido (穿着衣裳). *hô ȳ xuý* 和衣睡⑤.

Dos (num.二、两). *úl kó* 二个.|. *leańg kó* 两个.

Dos vezes mas (adp.多两倍). *kiā úl poéy* 加二倍.

Dos dias (np.两天). *úl jĕ* 二日.|. *leańg tiên'* 两天.

Dos manos (np.两只手). *xoāng xèu* 双手.|. *úl xèu* 二手. ett[a]. (等等). – dos meses (两个月). *leańg kó iuĕ* 两个月.

Dos años (np.两年). *úl nîen* 二年.

Dos hombres (np.两个人). *leańg kó jiñ* 两个人.

Dozel (n.华盖). *tiēn' puń'g* 天篷.|. *tiēn' pûn'g chańg* 天篷帐. – sitial (显贵席). *tiēn' hoā chańg* 天花帐.

Dote de la hija, quando se casa (np.女儿出嫁时的妆奁). *kiá choāng* 嫁妆.|.

---

① 柯本作"流金的"。此条原在词目 Donde quiera 的右首。
② 无汉语释义，原写于词条 Dominio 的右首。
③ tān，柯本添有送气符，字作"贪"。
④ tièn，柯本改为 tùn，其词作"打顿"。按：可能是方言的说法或记音。
⑤ hô，柯本写为"荷"。

çhū choāng 资妆.|. kiá çhàn' 嫁产.|. choāng liên 妆奁.

Dotes, los quatro dotes que tendran los cuerpos gloriosos (n.天资，上天赐予人身的四项才赋). xīn çú gēn 身四恩.|. xīn çú tĕ 身四德.|. xīn çú moèy 身四美.

Dotes del cuerpo vt sic (np.形体、身躯等所具的天赋或资质). xīn moèy 身美.

Dote de claridad (np.清晰畅亮之才). kuāng mîng 光明[1].

Dote de agilidad (np.敏捷灵动之才). kiñg' ku'áy 轻快.

Dote de penetrabilidad (np.析事透理之才). vû gáy 无碍.

Dote de incorruptibilidad (np.廉正无瑕之才). vû sùn 无损.|. vû sùn hoáy 无损坏.

（p.80）

Dr.

Dragon (n.龙). luñg 龙.|. maǹg luñg 蟒龙.

Dragon con alas (np.生有翅翼的龙). iǹg luñg 应龙[2].

Dromedario, camello (n.骆驼). lŏ tô' 骆驼.

Dv.

Ducado, moneda (n.达克特、金币，钱币). leaǹg 两. – un ducado, o, tay (一个达克特，或一两). iĕ leaǹg 一两. ett^a. (等等).

Ducho (a.老练的、经验丰富的). xŏ tiĕ 熟的.

Dudar (vt./vi.怀疑、犹豫). ŷ 疑.|. ŷ hoĕ 疑惑.|. çhāy' ŷ 猜疑. – no ay que dudar (无可怀疑). pŏ kò' ŷ 不可疑.

Duendes (n.鬼怪、精灵). kiào kuèy 佼鬼.

Dudosa cosa (np.可疑的事情). kò' ŷ tiĕ 可疑的.|. vúy tiǹg tiĕ 未定的.

Dueño, señor (n.物主、主人，主上、天主). chù 主.

Duque, o simile (n.公爵，或近似的爵衔). kuĕ kuñg 国公.

---

① "光明、轻快、无碍、无损"四者，即上述四恩或四德，起初应该是佛教用语（如《金光明经·赞叹品第四》便有"光明无碍"一句），在此似乎被赋予了西教的诠释。

② iǹg, 柯本缺字。《山海经·大荒北经》："应龙已杀蚩尤，又杀夸父，乃去南方处之，故南方多雨。"

Duplicar (vt.加倍、翻番). *kiā poéy* 加倍.

Dudoso hombre (np.疑心重、遇事犹豫不决的人). *ŷ siñ tiě* 疑心的.|. *tō ŷ tiě* 多疑的.|. *tō ŷ siñ* 多疑心.|. *çhiě ŷ pǒ kuě* 积疑不决.①

Dulçe (a.甜、温柔的). *tiên' tiě* 甜的.|. *kān* 甘.

Dulçura (n.甘甜、温柔). *tiên' vuý* 甜味.

Dulce, y amargo (ap.甜与苦). *kān kù'* 甘苦.

Dura cosa (np.坚硬的事物或质地). *geńg* 硬.|. *ińg* 硬.|. *geńg kiēn* 硬坚.|. *kiēn kiañ'g* 坚强.

Duro en sus palabras (ap.说话生硬、嘴犟). *geńg çhùy* 硬嘴.|. *kiañ'g kèu'* 犟口.|. *kiañ'g çhùy* 犟嘴/强嘴.

Duro, inflesible (a.倔强的，死板的). *señg kiañ'g* 生犟.|. *geńg chě* 硬执.|. *siñ geńg* 心硬.|. *lèng geńg* 冷硬.

Duras entrañas (np.心硬、心肠冷酷). *geńg siñ* 硬心.|. *tiě' xě siñ chañ'g* 铁石心肠.

Dureza de condicion (np.本质坚硬、生性硬实). *sińg geńg* 性硬.

Durasno (n.桃). *tâo' çhù* 桃子.

Duracion de tiempo (np.时间的延续、一段时间). *xý heú* 时候.

Durable (a.能耐久的), de dura (pp.经久的). *náy tě kièu* 耐得久.|. *náy iuńg* 耐用.|. *kiňg tě kièu* 经得久.|. *náy tě chân'g kièu* 耐得长久.|. *kiēn kú* 坚固.|. *lâo kú* 牢固.

Durar, permanecer, vt el Alma (vi.持久，永存，如灵魂). *chañ'g çháy* 长在/常在.|. *chañ'g çhûn'* 长存/常存.|. *pǒ miě* 不灭.|. *pǒ çù* 不死.

---

① *çhiě*，柯本缺字，但有注：梵蒂冈本作 *tsiě* (= *çhiě*)。*kuě*，梵蒂冈本作 *kiuě*。此句实为成语，《尚书·周官》："蓄疑败谋，怠忽荒政。"孔传："积疑不决，必败其谋。"

E
(pp.80-97)

Ea., Ec.

Eá, acaba ya (s.嗨，快点、赶紧的). *ku'áy siē* 快些.

Echarse (vr.躺下), acortarse en la cama (vp.躺倒在床). *tào choâ'ng xańg* 倒床上.

Echar fuera (vp.赶走、逐出). *ki'ú ch'ú* 去除①.|. *kiṳ' chǒ* 驱逐.

Echar fuera, vt animales (vp.往外赶，如把动物赶出去). *kàn tā' ki'ú* 赶他去.|. *chǒ ki'ú* 逐去.|. *têu' ki'ú* 投去②.

Echar por aý (vp.扔掉、抛弃). *tiēu leào* 丢了.|. *tiēu tiáo* 丢掉.|. *tiēu k'ý* 丢弃.

Echar al diablo, vt de los endemoniados (vp.往魔鬼那里驱赶，比如对鬼魅附身的人). *kiṳ' chǒ* 祛逐.

Echar de si (vp.抛掉、弃绝). *çhiụě* 绝.|. *ch'ṳ́ çhiụě* 除绝.

Echar vino en la tasa (vp.把酒倒进杯子、斟酒). *kiñg' çhièu* 倾酒.|. *xāy çhièu* 酾酒③.|. *çhiǒ çhièu* 嚼酒④.

Echar vino en el suelo derramando un poco por ceremonia illicita (vp.在举行不正当的仪式时把少量的酒泼在地上). *kuón çhièu* 掼酒⑤.

Echarse en el agua del Rio (vp.自沉于河水). *têu' hô* 投河.|. *têu' xùy* 投水. – en el poço (跳入井中). *têu' çhiǹg* 投井. – en el fuego (跳进火堆). *têu' hò* 投火.

Echar arrempujones (vp.推搡). *chūy' chṳ̌' vuáy* 推出外.

Echar los dados (vp.掷骰子). *chě têu' çhǔ* 掷骰子.|. *chě tào* 掷骰⑥.

---

① *ch'ú*，调符有疑，似为 *ch'ụ* "除"之误。柯本写为"出"，因伦敦本标作 *chụ̌*，入声。

② 盖指扔石子驱赶。

③ 柯本作"筛酒"，也无不可。"筛酒"尚保留有具体义，即过滤酒渣，而"酾酒"则是带有诗文味的表达。

④ "嚼酒"，吃酒；柯本拟为"爵酒"。

⑤ 柯本作"灌酒"。把东西甩到地上，叫"掼"，南方方言的动词。不正当，即不属于西教。

⑥ *tào*，柯本缺字，但推测可能是闽方言里"骰"字的读音。按：闽南话里此字读 [dao²]，潮州话里读作 [dao⁵]，都可为证。（见《发音字典》）

Echarse en tierra (vp.倒在地上). çhŭ tào 自倒.|. tào xīn 倒身. – echarse de bruçes en tierra (脸朝下躺倒于地). pŏ' tý 扑地.|. fó tý 伏地.|. pŏ' tào 扑倒.|. pŏ' chŏ 扑着.

Echar en vasija, ett^a. (vp.倒入桶、坛、罐等容器). kiñg' tào 倾倒.

Echar menos (vp.缺少、丢失). pŏ kién 不见.

Echar en remojo (vp.泡入水中). çhín xùy 浸水.

Echar lexos (vp.发落到远方). iùen ki'ú 远去.

Echar azia atras (vp.抛到身后). tiēu leào poéy héu 丢了背后.

Echar, o esparçir tierra, o arena (vp.抛撒，撒土或沙子). pāo' xā 抛沙.|. sǎ xā 撒沙.|. xā xā 沙沙[1].

Echar rayos de luz (vp.发出光芒). fă kuāng 发光.

Echar por diuersas partes esparciendo (vp.往四下里抛扔). k'ý sań 弃散. – echar abaxo (往下抛). chě hía 掷下.|. fańg hía 放下.|. ki'ú hía 去下.

（p.81）

Echar mano de otro, agarrar le (vp.用手抓着某人，捉住他). nâ chŏ 拿着.|. laǹ chú 揽住.

Echar mano de lo mejor (vp.够到、握有更好的东西). çhiù' haò tiě 取好的.

Echar candado (vp.用锁具锁上). sò 锁.|. sò kỳ' 锁起.

Echar sobre otra cosa (vp.把东西摞起来), arrumar (vt.堆集、装船). tiě kỳ' 叠起.

Echar la red, o, tarraya (vp.撒布渔网，撒网). sań vuàng 散网.|. sǎ vuàng 撒网.|. fańg vuàng 放网.|. pāo' vuàng 抛网.

Echar de si llomas de fuego (vp.火焰窜起). fă hò ień 发火焰.

Echar la culpa a otro (vp.推诿罪责于他人). láy tā' 赖他.|. vù láy 诬赖.

Echar las suertes (vp.撒签、抽签). pŏ kuá 卜卦.|. vuén kuá 问卦.|. çhó kuá 做卦. – con los palillos (用小棍子). kiêu' çhiēn' 求签.

Echar à perder algun negocio (vp.把某件事情搞砸). hoáy çú 坏事.

Echar el ançuelo (vp.下钓钩). fańg tiáo 放钓.

Echar de ver (vp.了解到), reparar (vi.发觉). chȳ kiǒ 知觉.|. kiǒ tě 觉得.

Echar el ancla (vp.下锚). pāo' tińg 抛碇.|. hía tińg 下碇.

Echar vando (vp.发布公告). chǔ' káo xý 出告示.|. fă lińg 发令.

---

[1] 第一个"沙"用为动词，一如"沙金"的"沙"（p.79）。

Echar a las espaldas, ir ɔᵃ. razon (vp.弃之脑后、不顾，违背理性). *poéy lỳ* 背理.

Echar agua bendida vt en el Asperges, ettᵃ. (vp.洒圣水，例如在唱赞美诗时等). *xà xińg xùy* 洒圣水.

Ecliptica (n.黄道). *hoâng táo* 黄道.

Eclipse del sol (np.日亏、日蚀). *jě xě* 日蚀/日食. – el de luna (指月亮). *iuě xě* 月蚀/月食. – entrambos (包括日、月二者). *jě iuě kūe'y* 日月亏.

Eco (n.回声). *xińg hiàng ińg* 声相应.|. *ińg xińg* 应声.|. *chuèn xińg* 转声.

Ed.

Edad (n.年龄). *niên kỳ* 年纪. – edad pequeña (幼小的年龄). *iéu niên* 幼年. – major (成熟的年纪). *choáng niên* 壮年. – edad gastada (衰朽的年龄). *xoāy lào* 衰老.

Edad ygual, de vna edad con otro (np.同一年龄，跟人岁数一样). *tûn'g niên tiě* 同年的.|. *tûn'g suý tiě* 同岁的.

Edificar (vt.建造). *kiá çháo* 架造.|. *kỳ' çháo* 起造.|. *choańg çháo* 创造①.

Edificios, casas (n.建筑物，房子). *kuńg xě* 宫室. – edificar las (建造宫室). *kiá fańg çhǔ* 架房子.|. *kỳ' fańg çhǔ* 起房子. ettᵃ. (等等).

Edificar a otros con su exemplo (vp.为他人树立榜样). *lyě xén piào* 立善表.|. *liě hào piào iańg* 立好表样.

Edictos (n.通告、法令). *káo xý* 告示.|. *mińg lińg* 命令. – secretos (秘密的). *mě lińg* 默令.|. *gań háo* 暗号.

Educacion, enseñança (n.教育，教导). *kiāo hiún* 教训.

Ef.

Efectuar (vt.完成), acabar la cosa (vp.结束一件事情). *chîng hińg* 成行.|. *huôn chîn'g* 完成.|. *çú chîn'g leào* 事成了.|. *chîn'g çhiuê'n* 成全.|. *çú huôn leào* 事完了.

Eficiente (a.生效的), causa eficiente (np.有效的原因、直接的成因). *çhào chè* 造者.|. *çhǒ sò ỳ jên* 作所以然.

---

① *choańg*，柯本加标有送气符。

Efecto (n.效果、结果). *hiáo nién* 效验.|. *ińg nién* 应验.

Efectos naturales (np.自然的结果). *çhú jên chȳ hiáo* 自然之效.|. *çhú jên chȳ ińg* 自然之应.|. *puèn sińg chȳ hiáo nién* 本性之效验.

Eficaz (a.有效的). *kiǹ kiě tiě* 紧急的①.|. *tǒ çhiě' tiě* 笃切的. – de negocio (指做事情). *xoàng lý tiě* 爽利的.|. *ku'áy tańg tiě jiñ* 快当的人.

Eficaz (a.有效的), hombre eficaz en obrar (np.工作效率高的人). *hoéy kań çú tiě* 会干事的.|. *ièu pùen çú tiě* 有本事的.|. *ièu kań çhây' tiě* 有干才的.

Eficacia (n.效验、效力). *çhiě' çhiě'* 切切.|. *iùng vuâng* 勇往.|. *kèn' çhiě* 恳切. – en exortar (规劝、敦促). *kù' kiụ'én* 苦劝.|. *çù kiu'én* 死劝.

Eficazmente (ad.有效地). *çhiě' jên* 切然.

(p.82)

El.

Elada② (n.冰冻). *xoāng* 霜. idest escarcha (即霜). – carambanos (冰锥、冰柱). *xoāng piñg* 霜冰.

Elarse, vt el agua (vr.上冻，如水结冰). *tuńg* 冻.|. *tuńg kỷ'* 冻起.

Elar (vt.使结冻), caer elada (vp.落霜). *hiá xoāng* 下霜.

El③ (pron.他). *tā'* 他. – el mesmo (本人、本身). *çhú kỷ* 自己.|. *çhú kiā* 自家. – en persona (亲自). *çhīn' xīn* 亲身.

Electo para dignidad (ap.入选为荣誉人士). *siụén* 选.|. *kào' siụén* 考选.|. *chē'u siụén tiě* 抽选的.④

Elefante (n.大象). *siańg* 象. – su colmillo (象的尖牙). *siańg iâ* 象牙.

Elegante (a.高雅的). *ièu sū vuên* 有斯文.|. *ièu vuên lỷ* 有文礼/有文理⑤.|. *ièu vuên çhà'y* 有文采⑥.

Elegante en ablar (ap.说话文绉绉、出语文雅). *ièu kèu' çhây'* 有口才.|. *ièu*

---

① 柯本作"谨急的"。

② 今拼为 helada（冰冻）。

③ el，既是代词，又是定冠词。作为第三人称单数阳性代词，今天常写为 él，以区别于定冠词 el。

④ "选"字他处多标为上声，而此条的三例都作去声，并非误标，见 Escojer（p.90），有相应说明。

⑤ 柯本取的是后者。"文礼"多指举止仪容，"文理"偏重言语表达，用在这里都通。

⑥ *çhà'y*，上声；柯本改作 *çhây'*，阳平，其字遂写为"才"。

kèu' pién 有口辩.|. *ièu tō vuên* 有多文①.

Elegancia (n.优美、雅致). *vuên lỳ* 文礼/文理.|. *sū vuên* 斯文.|. *vuên çhà'y* 文采②.|. *vuên çhủ tiě iên* 文字的言③.|. *vuên ià* 文雅.

Elegantemente lo dixo (vp.言语优雅). *xuě tě miáo* 说得妙.

Elegir por votos (vp.投票选举). *chūy'* 推.|. *chūy' liě* 推立.

Elegir al digno (vp.选为荣誉人士). *liě hiên* 立贤.

Elegir, escojer (vt.推选，挑选). *siùen* 选.|. *siùen çhě* 选择.|. *kièn siùen* 拣选.

Elegir Patron (vp.选东家或庇护人). *liě chù pào* 立主保.

Ellos (pron.他们). *tā' mên* 他们.

Elementos 4. (np.四大元素). *çú hîng* 四行.|. *çú iuên hîng* 四元行, que son (这四者是): fuego (火). *hò* 火. Ayre (空气). *k'ý* 气. Agua (水). *xùy* 水. Tierra (土壤). *tù'* 土.

Elementos 5. de los chinos (np.中国人的五大元素). *gù hîng* 五行, que son (这五者是): metales (金属). *kiñ* 金. maderas (木头). *mǒ* 木. agua (水). *xùy* 水. fuego (火). *hò* 火. tierra (土壤). *tù'* 土.

Elementos 4. de los Bonzos (np.和尚们的四大元素). *çú tá* 四大, que son (这四者是): la tierra (土地). *tý* 地. el agua (水). *xùy* 水. el fuego (火). *hò* 火. el viento (风). *fuñg* 风.

Eloquente (a.能言善辩的). *chàng iū iên iù* 长于言语④.|. *hoéy kiàng* 会讲.|. *xeń goêy xuě çhǔ'* 善为说辞.|. *ièu kèu' pién* 有口辩.|. *xě neñg chuên pién* 舌能转变.

Eleuarse (vr.出神).⑤

Em.

Embararse, espantarse (vr.惶惑，惊恐). *kiñ hoâng* 惊惶.|. *kiñ hoàng* 惊恍.|. *kiñ hiày* 惊骇⑥.|. *hoāng hoāng* 慌慌.

---

① 义不明，*tō* 一音疑有误。
② 此处的 *çhà'y*，柯本也改成阳平，字写为"才"。
③ 这一句似乎是在解释，"文采"即文章之美，与其上、其下两条说的都是口才不同。
④ *chàng*，误拼为生长的"长"。
⑤ 此条原在词目 Elegante en ablar 右首的空白处，没有汉语释义。柯本补录了梵蒂冈本加写的"*jě chîn* (= *jě xîn*) 入神"。
⑥ 柯本注：*hiày*，伦敦本作 *hiáy*，阳平。

Embazado, pasmado (a.讶异的，惊诧的). *kiŋ hoàng tiě* 惊恍的.

Embazado de gran dolor (ap.因剧痛而神志恍惚). *tuńg' hoēn çù* 痛昏死.

Embalsamar los cuerpos muertos, no se usa en china: diremos (vp.用香料涂抹死者的身子，在中国并没有这种习惯：我们有时会这样说). *ỳ hiāng leáo fú mǒ xīn xȳ* 以香料傅抹身尸.|. *tû' mǒ xīn xȳ* 涂抹身尸.

Embaraçar, impedir (vt.妨碍，阻止). *çhù tańg* 阻挡.|. *çhù gáy* 阻碍.|. *çhù kě* 阻隔. [*fańg çhù* 妨阻.|. *çhù sě* 阻塞. para escritura (书面语词).]

Embaraçado el coraçon con negocios (ap.心里因事情而惶惑不安). *siń kiào luón leào* 心搅乱了.

Embaraçarse los pies (vp.双脚被缚). *kiǒ kiào kiě* 脚绞结.|. *fuńg chú kiǒ* 封住脚.|. *puón kiǒ* 绊脚.

Embaraço, impedimento (n.障碍物，障碍). *tańg kǒ* 挡隔①.

Embaucar à todos (vp.欺骗所有人). *ỳ vuáng iên hoě chuńg* 以妄言惑众.

Embarcarse (vr.上船、登船). *hía chuê'n* 下船②.

Embarcadero (n.码头). *mà têu'* 码头.

Embarcacion vt sic (n.船只，总称). *chuê'n* 船.

Embarcacion de pasaje (np.摆渡过河的船). *tú chuê'n* 渡船.

Embarcar hazienda (vp.把货物装上船). *puōn hó iǔ chuê'n* 搬货于船.

Embarniçar (vt.涂上漆). *xańg çhiě'* 上漆. [参见：charanar (涂漆).]

Embargar (vt.查扣). *çhù kě* 阻隔.|. *kȳ lieu* 稽留.|. *çháo kiń* 遭禁③.|. *mǒ kuōn* 没官.

Embargar los bienes de casa, o hazienda (vp.查没家财或资产). *chǎ' leào tā' tiě hó* 查了他的货④.|. *chó leào tā' hó* 坐了他货.

Embaxada (n.公函、诏书). *kiń' mińg* 钦命.

Embaucar (vt.欺骗). *hoēn mý* 昏迷.|. *mý hoě* 迷惑.|. *muôn moéy jiń* 瞒昧人.|. *xeń hoě jiń siń* 煽惑人心.

Embaucado (a.沉沦至深的). *chě mý pǒ gú* 执迷不悟. – por luxuria (纵淫). *mý iń sě* 迷淫色. – por vino (嗜酒). *mý çhièu* 迷酒.

Embaxador (n.使节). *kiń' chāy'* 钦差.|. *kiń' mińg chȳ kuōn* 钦命之官.|. *kiń' çú*

---

① 柯本写为"当割"。
② 从岸上走入船，下到船里，也叫"下船"。
③ *çháo*，柯本缺字。或可能为"诏"，"诏禁"是常见的搭配。
④ *chǎ'*，注音有疑，柯本写为"察"。

钦赐.|. çú chè 使者.|. çú chîn' 使臣.|. chi'ńg kiñ' chāy' 承钦差①.|. tiēn' çú 天使.

Embeuer (vt.浸泡). çhiń te'ú 浸透.|. xīn te'ú 深透②. idest empararse vt agua, tinta, ettᵃ. (即浸入水、墨汁等).

Embeuecido (a.陶醉的). siñ jû çhúy 心如醉.|. jû chȳ jû çhúy 如痴如醉③. – con aplicacion (勤勉刻苦). chuēn siñ chý chý 专心致志. – pensatiuo (思索之中). chîn' çū 沉思.

Embiar (vt.派遣). chāy' 差.|. kièn' 遣.|. kièn' chāy' 遣差.

Embir cartas (vp.寄信、送信). ký xū 寄书. – Presentes (递送各种礼物). suńg lý 送礼.

Embiar al reo al tribunal superior (vp.把犯人或被告押往上级法院). kiáy suńg 解送.

Embiar encomiendas de palabra (vp.传话、送口信). ký iên 寄言.

Embiar embaxador (vp.派遣使臣). kièn' çú 遣使.|. chǔ' çú 出使④.|. fǎ çú chè 发使者.|. vuén jiń iū tā' pańg 问人于他邦⑤.

Embiar socorro de soldados (vp.派兵增援). suńg kiéu piñg 送救兵.

Embidar en el juego (vp.下赌注、加赌注).⑥

(p.83)

Embidia (n.妒忌、羡慕). çhiě tú 嫉妒.|. tú ký 妒忌.|. ièn jě 眼热.|. máo çhiě 媢嫉.|. tú máo 妒媢.

Embidioso (a.妒忌的、羡慕的). tú siñ tiě 妒心的.|. ièn çhièn' 眼浅.

Emblanqueçer, blanquear (vt.漂白、涂成白色). xańg pě 上白.|. tû' pě 涂白.

Embocadero del mar (np.出海口、入海口). hày kèu' 海口.

Emboçarse (vr.裹起、捂住面孔). chē mién 遮面.|. ièn luǹ 掩拢⑦.|. pý mién 蔽面.

Embudo (n.漏斗). leú çhǔ 漏子. – de vino (倒酒用的). çhièu leú 酒漏.

---

① 谓承蒙钦命使臣。chi'ńg，调符有疑，柯本转录为阳平 chîng'。
② 柯本作"渗透"。
③ chȳ，漏标送气符。
④ 此词柯本未录。
⑤ 《论语·乡党》："问人于他邦，再拜而送之。"
⑥ 缺汉语释义。
⑦ luǹ，柯本写为"笼"。

Emboltorio (n.包住或捆起的东西). *pāo fŏ* 包袱. – de cartas (指书信). *xū pāo* 书包①.|. *xū fung* 书封.

Emboscarse (vr.隐蔽、遮掩、埋伏). *mâo fŏ* 埋伏②.

Emboscada de soldados (np.士兵的埋伏、军事埋伏). *mây fó piṅg çù* 埋伏兵士.|. *mây fó tāo* 埋伏刀.

Emborrachar à otro (vp.把人灌醉). *chý jiñ çhúy* 致人醉.|. *çù jiñ çhúy* 使人醉. – persuadiendo le (劝人喝). *kiu̯'én çhúy jiñ* 劝醉人.

Emborrachar à otro forzandole con ruegos (vp.反复纠缠、强使人喝，以至醉倒). *kiaṅ'g jiñ çhúy* 强人醉③.|. *hoaṅg jiñ i̯ù çhièu* 谎人于酒.|. *mièn jiñ ỳ çhièu* 勉人以酒.

Emborracharse (vr.喝醉). *ch'ě çhièu chúy* 吃酒醉.|. *çhúy leào çhièu* 醉了酒.|. *çhúy leào* 醉了.|. *chîn' mién i̯ù çhièu* 沉湎于酒.

Embotar (vi.变钝、迟钝). *tūn* 钝.④

Embotar el corazon (vp.使心灵愚钝). *tūn siñ liṅ* 钝心灵.|. *gaý çhūn'g mîng* 碍聪明.

Embustero (a.骗人的). *xuě hoàng tiě* 说谎的.

Embouarse (vr.出神、发呆). *siñ jû çhúy* 心如醉.|. *siñ jû chȳ'* 心如痴.

Embouado (a.发呆的、傻乎乎的). *hoēn tūn tiě* 昏沌的.

Embraueçerse (vr.生气、怒气冲冲). *fă nú* 发怒.|. *fă mèng* 发猛.|. *fă hèn* 发狠.|. *chiǹ'g hiuṅg siñ* 逞凶心.|. *çhú páo nú* 自暴怒.

Embrauecimiento (n.怒气、一肚子火气). *nú k'ý* 怒气.|. *mèng k'ý* 猛气.|. *hiuṅg k'ý* 凶气.⑤

Embriagarse (vr.喝醉、陶醉). [参见：emborracharse (喝醉).]

Embutir, vt marfil, euano, ettª. (vt.镶嵌，如象牙、乌木等). *kān'* 刊.

Embotido, lleno (a.装满的，满满的). *muòn tiě* 满的.|. *chuñ'g muòn tiě* 充满的.

Emmendar (vt.纠谬、正误). *kày chiṅg* 改正.|. *ch'ě chiṅg* 饬正.

---

① 此词柯本未录。似有两个意思：一指捆扎成包的若干封信；一指信的封套，即"书封"。

② 柯本注：*mâo*，梵蒂冈本拼为 *mâi*。

③ *kiañ'g*，柯本改为上声 *kiàng'*。

④ 柯本注：此处及以下诸例 *tūn*，伦敦本均改为去声 *tún*。

⑤ 整个这一条不见于柯本。西语的词目为名词，给出的汉语对应词也都是名词，与上一条一色的动词恰成对照。

Emmendarse, vt de vicios (vr.自我纠正，如改正错误、抛弃恶习). *kày kúo* 改过.|. *kày ǒ çhiēn' xén* 改恶迁善.|. *çhiūng kày* 悛改①.|. *hoèy têu'* 回头②.

Emmendar, mudando (vt.修改，更改). *kày huón* 改换.|. *keng huón* 更换.|. *keng kày* 更改.

Emmendar, expurgar libros (vp.修订、删正书籍). *sān kày* 删改.|. *sān siǒ* 删削.

Eminente en algo (ap.在某方面出色). *chǔ' luý* 出类.|. *kāo çhây' tiě* 高才的.|. *chāo' kiûn'* 超群.|. *kāo gú tiě jiń* 高悟的人.

Eminente official (np.出色的工匠). *kāo xèu tiě* 高手的.|. *ièu xèu tuón tiě* 有手段的.

Eminente en virtud (ap.德行优秀). *tá tě tiě* 大德的.|. *xíng tě chè* 圣德者.|. *kāo tě tiě* 高德的.|. *fȳ chân'g chȳ tě* 非常之德.

Eminencia en alga cosa (np.某件事情上的优秀者). *kāo çhây'* 高才.

Empanada (n.馅饼). *jǒ pāo* 肉包.

Empadronar (vt.登录名字、登记户口). *tièn kiǎ* 点甲.|. *páo mîng* 报名.

Empacho, verguença (n.羞愧，羞耻). *p'á sieū* 怕羞.|. *sieū chỳ'* 羞耻.

Empachar, vt el estomago (vt.致使积食、不消化，尤指胃不适). *pào chańg* 饱胀.|. *çhó chaǹg* 坐胀③.|. *chańg muòn* 胀满.

Empalagar (vt.使人腻味、倒胃口). *iêu ný* 油腻.|. *ièn* 厌④.

Emparejar (vt.弄平整、对齐整). *çhó piňg'* 做平. – poniendo por orden (按顺序摆放). *pày liě* 摆列.|. *pày túy* 摆队.|. *piňg çhý'* 并齐.

Emparejar rostro con rostro (vp.面对面摆放). *túy mién* 对面.

Emparentar (vi.结亲). *túy çhīn'* 对亲.|. *tiēn' çhīn'* 添亲.

Empaparse, vt agua, aseyte, ettª (vr.浸润，如以水、油等). *çhín te'ú* 浸透.

Empeçar (vt.开始). *kỳ' têu'* 起头. [参见：començar (开始).]

Empedrar (vt.用石头铺砌). *ch'ý xě* 砌石.|. *pū' xě* 铺石.– el camino (砌路). *pū' lú* 铺路.

Empegar, apegar (vt.涂抹，粘贴). *kiāo kỳ'* 胶起.

Empeynes (n.癣). *sièn* 癣.|. *kèu sièn* 狗癣.

---

① *çhiūng*，柯本缺字。
② 柯本注：*hoèy*，梵蒂冈本作 *hoêi*，阳平。
③ 柯本作"做胀"。*chaǹg*，当为 *chańg* 之误。
④ 柯本注：*ièn*，梵蒂冈本作 *yén*，去声。

Empeñar (vt.典当、典押). *tańg* 当.|. *tién tańg* 典当.|. *çhó tańg* 做当.|. *çhó tańg têu'* 做当头.

Empeño (n.典当物). *tańg têu'* 当头. [参见：prenda (典当物、抵押品).]

Empeorar (vt.致使变坏 vi.恶化). *keńg pŏ hào* 更不好. – la enfermedad (病情恶化). *pińg keńg chuńg* 病更重.

Emperador (n.皇帝). *hoâng tý* 皇帝.|. *hoâng xańg* 皇上.|. *kuĕ kiūn* 国君.|. *tiēn' çhŭ* 天子. [参见：Rey (国王、君王).]

Emperatriz (n.皇后). *hoâng heú* 皇后.|. *kuĕ mù* 国母. [参见：Reyna (王后).]

Empellon (n.推、撞). *chūy'* 推.

Empereçar (vi.偷懒、怠惰 vt.拖延、耽搁). *laǹ tó* 懒惰.|. *leǹg tán* 冷淡.

Empinar (vt.举起、竖立). *kiù'* 举①.|. *xú kỷ'* 竖起.|. *liĕ kỷ'* 立起.

Empinarse el caballo (vp.马儿立起). *mà iŏ kỷ'* 马跃起.

Empero (ad.但是、然而). *tán* 但.②

Emplastro (n.药膏、膏药). *kāo iŏ tiĕ'* 膏药贴③.

Emplastrar (vt.抹药膏、贴膏药). *tiĕ' kāo iŏ* 贴膏药.

Emplaçar, poner plaço (vp.设置、确定期限). *tińg xý xŷ* 定是时.|. *hièn tińg kỷ'* 限定期.

Empleo, hazienda (n.用品，资产). *hó vuĕ* 货物.

Emplear dineros en algo (vp.把钱花在某方面). *iúng iń chŭ* 用银子.

Emplear (vt.使用、花费). *iúng* 用. – en pescado (投资渔产). *çhó iŭ* 做鱼. – en seda (投资丝绸). *çhó çū* 做丝. ettᵃ. (等等).

Emplear mal su trabajo (vp.工作没有成效). *iúng liĕ ûl vû iĕ* 用力而无益.

Emplumar (vt./vi.用羽毛装饰、生羽毛), criar pluma (vp.长出羽毛). *seńg iù mâo* 生羽毛.|. *ỳ iù mâo chē kỷ'* 以羽毛遮起.

Empollar gueuos④ (vp.孵蛋). *pāo tán* 抱蛋.

Enponçoñar⑤ (vt.投毒、制毒). *hía tŏ iŏ* 下毒药.|. *fŏ tŏ* 服毒.

---

① 柯本注：*kiù'*，梵蒂冈本作 *kiù*，没有送气符。
② 柯本注：伦敦本添加了两个词：*y* 抑.|. *chỳ xí* 只是.
③ 中国民间广泛使用膏药贴，正是从明清开始。*tiĕ'*，柯本误录为 *tiĕ*，字作"的"。本条的 *tiĕ'* 与下一条的 *tiĕ'*，写法完全一样，都带送气符。此外，词目 emplastro 是名词，今拼 emplasto（药膏、膏药），而非柯本所解的过去分词（plastered, to have a medicinal plaster applied）。
④ gueuos，今拼 huevo（卵、蛋）。
⑤ 原写如此，以 en- 起首，下一关联词目同此。

Enponçoñado, venenoso (a.制毒的，有毒的). *ièu tǒ* 有毒.

Empobreçer (vt.致使贫穷 vi.变穷). *chó kiûn'g jiñ* 做穷人.|. *pién goêy kiûn'g* 变为穷.

Emprenta (n.印刷厂、出版社). *iń xū̱ fañg* 印书房.

Emprender cosa grande (vp.着手做大事、承担要务). *jiń chuńg vú* 任重务.

Empreñarse la muger (vp.女人怀孕). *xéu ińg* 受孕. [参见：concebir (受孕).]

Emprestar (vt.借给). *chié iù̱ jiñ* 借与人. – plata (银两). *chié iñ chù* 借银主[①]. ett^a. (等等).

Emprestado (a.所借的). *chié lây tiě* 借来的.

Empuñar (vt.抓住), tener en el puño (vp.用拳头握住). *xèu kiǔe'n chě chý'* 手拳执持.

Empuñar, vt gouierno (vt.把持，如统治权、管理权). *chāo' chý'* 操持.

(p.84)

Empujar (vt.推搡、促使). *chūy'* 推/催.[参见：rempujar (推).] dar prissa rempujando (用力推). *chūy' chǒ'* 推促/催促.

En.

En, preposicion (prep.介词en, 表示在某处、某时、某方面、某种状态等). *iū̱* 于.

En alguna manera (pp.以某种方式、有那么一点). *cú siańg* 似像.

En alguna manera me huelgo (s.我有点高兴、感到庆幸). *gò iñ goéy ièu siē huōn hỳ* 我因为有些欢喜[②].

En algun tiempo (pp.在某个时候). *ièu xŷ* 有时.|. *ièu xŷ héu* 有时候.|. *ièu xŷ chiě* 有时节.

En algun lugar (pp.在某个地方). *ièu sò cháy* 有所在.|. *ièu ch'ú* 有处.|. *ièu tý fañg* 有地方.

En ayunas[③] (pp.未进食、空肚子). *kūn'g siñ* 空心.|. *kūn'g fǒ* 空腹.

---

① *chù*, 有可能为 *chù*（子）之误。

② 可能想说 "因此"，而不是 "因为"。此条柯本未录。

③ 柯本理解为没有知识、一无所知（without knowledge, ignorant of something），是往转义上想。"空心" 是口语词，即空着肚子，没有吃东西。

En amaneciendo (pp.黎明时分). *tiēn' leańg* 天亮.

Enagenar (vt.出让、转让).①

Enano (a.矮小的 n.侏儒). *iày çhǔ* 矮子.|. *iày jiñ* 矮人.|. *iày tiě* 矮的.

Enamorarse de alguna cosa (vp.喜欢、迷恋上某样东西). *gaý* 爱.

Enamorado, amante (n.情人、恋人，钟情者、爱好者). *gaý chè* 爱者.

Enastar la lança (给长枪、长矛安上尖头). *chǎ' çhiañ'g têu' iŭ pińg* 插枪头于柄.

Enarbolar (vt.竖起、高举). *xú tiě* 竖的②.|. *xṳ kỳ'* 竖起.|. *xú liě* 竖立.

En breue (pp.很快、不久). *ku'áy* 快.|. *pǒ kièu* 不久.|. *iě xý kiēn* 一时间.|. *pǒ kuó kièu* 不过久.|. *pǒ chân'g kièu* 不长久.

En buena ocacion (pp.在适当的时候、时机适宜时). *pién xý* 便时.|. *xý xý* 是时③.|. *tañg xý* 当时.

Encaminar (vt.指路、带领). *iǹ táo* 引道.|. *iǹ lú* 引路.|. *chỳ iǹ* 指引.

Encadenar, meter en cadena, vt al Reo (vt./vp.上锁链，例如对犯人). *lién kỳ'* 链起.

Encadenar ordenando (vp.有序地连接起来). *liên çhiě* 连接.|. *çhiě liên* 接连.|. *kiě liên* 结连.|. *çhiě hǒ* 接合.

Encadenadas (n.连接物), cosas ordenadas (np.井然有序的事物). *siañg liên* 相连.|. *siañg çhiě* 相接.|. *siañg tuň'g* 相统④.|. *siañg xǒ* 相属.

Encanecer (vi.生白发). *têu' fǎ pién pě* 头发变白.

Encalar la pared con cal (vp.用石灰刷墙). *xańg hoēy* 上灰.|. *hoēy piě* 灰壁.|. *hoēy çhiañ'* 灰墙.

Encallar la embarcacion (vp.船只搁浅). *chuê'n çhièn' leào* 船浅了.|. *chuê'n çhièn' chǒ* 船浅着.|. *chuê'n lǒ çhièn' leào* 船落浅了.|. *chuê'n hǒ leào* 船涸了⑤.

Encalleçer, criar callos, moraliter (vt./vp.生趼子，长老茧，引申的用法).

---

① 此条写于本页的右上角，未给汉语释义。柯本注引有梵蒂冈本的补笔：transferre Dominium（转让权力或拥有权）. *kuó vuě kiuên'* 过物权.

② *xú*，柯本写为"树"；*tiě*，缺字。"树"可以当动词，但不作形容词。"树""竖"同源（见王力《同源字典》195 页），本义均指直立。巧的是，本条西语词目的词根也是树（arbol）。

③ = 是时候，可参看 A buen tiempo（p.3）.

④ *tuǹ'g*，上声，柯本转录为阳平 *tûng'*，字作"同"。

⑤ *hǒ*，柯本写为"搁"，怀疑注音为 *kǒ* 之误。"涸浅"，义虽同"搁浅"，但另有其词。

kuón xǒ leào 惯熟了. – en la maldad (指坏事情). hińg kēn iǔ ǒ 行根于恶①.

Encañar el agua (vp.用管道引水). kiě xùy lieû 给水流②.|. kuón xùy 灌水. – encañado de ella (引水的管渠). xùy kuón lieû 水灌流.

Encantadores (n.魔法师). çhó xǔ tiě 做术的.|. hía xîn tiě 下神的.|. vû çū 巫师.

Encantar (vt.使人着魔). iuńg mô xǔ mý jiń 用魔术迷人.

Encapotado, ceñudo (a.忧郁的、颓丧的，面色阴沉的). çhêu' iuńg 愁容.|. mèng iuńg 猛容.

Encarecer (vt.抬价), subir de precio (vp.价格上涨). kỳ' kiá 起价.

Encarcelar (vt.关押、监禁). kiēn kỳ' 监起.|. kiń kiēn 禁监.|. xēu kiēn 收监.|. kiēn kiń 监禁.

Encartonar (vt.用纸板装订书册等). poéy xū 褙书.

Encareçer con palabras (vp.以言辞抬高身价), encarecimiento (n.夸大其词). kuó kỳ' xě 过其实.|. kuó iú 过誉.|. kuó çhiańg 过奖.|. kāo çhán tân' 高赞谈.|. ta'ý kuó 太过.

Encarnar (vt.赋予肉身、实体化): hazerse Dios hombre (vp.上帝变成人). Tiēn' chù kiańg sēng goéy jiń 天主降生为人.|. kiańg ińg 降孕.|. çhiù' jiń sińg çhiě hǒ kỳ goéy 取人性接合己位③.

Encarnar la herida, criar carne (vp.伤口开始愈合，长出新肉). sēng jǒ 生肉.|. chàng jǒ 长肉.

Encarnado color (np.肉色、肉红色). tâo' huńg 桃红.|. jǒ huńg 肉红. – muy fino (十分鲜艳的). lieû huńg 榴红.|. ch'ě sě 赤色.

Encartar (vt.传唤、计入、列进名单). kiēn' tō' 牵拖.|. kiēn' liên 牵连.|. chāo jiń 招人.|. kāy' mińg 开名.|. pān' jiń 攀人.④

En sima (pp.在上面). xańg 上.

Encia (n.牙龈). iâ jǒ 牙肉.|. chỳ' jiń 齿龈⑤.

Encargar alguna cosa (vp.委托以某事). chǒ fú 嘱咐.|. fuēn fú 吩咐.|. tǒ' fú 托付.

---

① "行根"，迷信以为一个人的气运落下根子，一般发生在孩提时代。
② kiě，柯本写为"结"。
③ 此句柯本作"取人性接合 [几位？]"。"己位"，上帝自身的位置，即神性。
④ 这一组五个例词，都与审理案子时传唤证人的环节有关。
⑤ 柯本注: jiń（认、任），梵蒂冈本作 ýn（银、龈）。

Encargarse de algo (vp.负责做某件事). *çhǔ jiń* 自任.|. *çhǔ tańg* 自当.|. *jiń chîn'g* 任承.|. *kān tańg* 干当①.

Encaxar (vt.插进、嵌入、装上、使之合拢). *hǒ fuńg* 合缝.|. *têu' kỳ' lây* 投起来.②

Encaxe del madero, lo que encaxa, y entra (np.木头的凸榫，嵌入的榫头). *mǒ siùn* 木榫.|. *siùn çhǔ* 榫子.|. *siùn têu'* 榫头. – encaxado entra (插入的凹槽). *siùn ièn* 榫眼. – encaxar lo (嵌入榫头、对榫). *jě siùn* 入榫.

Encenagado, enlodado (a.被弄脏的，一身污泥的). *pý lań tù' gū goéy* 被烂土污秽. – en vicios (身陷罪恶). *hoēn mý iū ǒ* 昏迷于恶.

Encender (vt.点燃). *tièn* 点. – fuego (火). *tièn hò* 点火.|. *kỳ' hò* 起火. – candelas (蜡烛). *tièn chǒ* 点烛. – linternas, o, candil (提灯，或油灯). *tièn teng* 点灯.

Encenderse (vr.燃着、起火). *chǒ hò* 着火.|. *xāo chǒ* 烧着.|. *hò chǒ leào* 火着了.

Encendido fuego (np.燃着的火、通红的火). *hò chǒ tiě* 火着的.

Encensario (n.香炉). *hińg lû* 行炉.|. *hiuên lû* 悬炉.③

Encerrar, contener (vt.包含，包括). *pāo hân* 包含.|. *çhuǹg kuēy* 总归.

Enserrarse (vr.自我封闭), no salir de casa (vp.不出家门). *pǒ chǔ' muên* 不出门.

Encerrar los frutos (vp.保存果实、保藏收成). *çhân'g kǒ* 藏谷.

（p.85）

Encojerse (vr.局促、胆怯). *lièn sǒ* 敛缩. – de miedo (由于害怕). *goéy sǒ* 畏缩.|. *kiū sǒ* 拘束. – retirandose azia atras (往后退). *tu'ý sǒ* 退缩.

Encojimiento de los neruios (np.神经收缩、筋腱抽搐). *kiñ çhéu* 筋皱.|. *chuèn kiñ* 转筋④.|. *kiñ mâ sǒ chuèn* 筋麻缩转.|. *kiañ'g leào kiñ* 强了筋⑤.

Encojimiento, verguença (n.羞愧，羞耻). *sièu chỳ'* 羞耻.|. *p'á sièu* 怕羞.

---

① 柯本注：*kān*，梵蒂冈本作 *kàn*。按："干当"，指主事、经管。
② 把一物装进、嵌入另一物，叫"投"，如投榫。榫头与榫眼接合得好，即"合缝"（柯本作"合封"）。此条原来补写于词条 Encarnar la herida 右首的空处，移置于此才能显出条目之间的关联性。
③ 柯本注：伦敦本补有 "*hiāng lû* 香炉"。
④ 即抽筋。
⑤ *kiañ'g*，柯本缺字。"强"，强直、僵硬；中医有病证名"筋强"。

Encolar (vt.上胶), poner cola (vp.用胶粘合). *kiāo kỷ'* 胶起.

Encomendar (vt.委托、托付). *chỏ fú* 嘱咐.[参见：encargar (托付).]. *ký tỏ'* 寄托.|. *ký fú* 寄付.

Encontinente (ad.立即), luego al punto (adp.即刻). *chiéu* 就.

Encomiendas, saludes (n.代致的问候、致意). *tō paý xang* 多拜上.|. *tō xang fỏ* 多上福.|. *tō chý ý* 多致意.

Enconarse la llaga, criar materia (vp.溃疡处发炎，化脓). *choān'g seng nung* 疮生脓.

Enconar la llaga (vp.致使溃疡处发炎、感染). *xang pỷ'* 上皮.|. *seng pỷ'* 生皮.

Encordios (n.腹股肿瘤、腹股沟腺炎). *piēn tỏ* 便毒①.

Encontrar, vt en el camino, ettª. (vt.遇到，如在半道、途中等). *iú chỏ* 遇着.|. *chāo iú* 遭遇.|. *fung chỏ* 逢着.

Encontrarse (vr.相遇、相撞、会面). *siang iú* 相遇.|. *siang chẻ* 相值②.|. *choang iú* 撞遇.

Encontron (n.碰撞): dar lo (vp.发生碰撞). *choáng ch'ỏ* 撞触.

Encontrar por suerte, o dicha (vp.恰巧遇上，或注定会遭遇). *ch'éu kiào'* 凑巧.

Encoruarse (vr.弯腰、躬身). *fù xīn* 俯身.|. *ki'ỏ xin* 屈身.

Encrespar, vt lienço (vt.卷曲、弄皱，如麻布). *chẻ ch'éu* 折皱.|. *chẻ hoā* 折花③.|. *jeû ch'éu* 揉皱.

Encrespado (a.卷曲的、褶皱的). *ch'éu* 皱. – cabello (指头发). *kiêu' fā* 虬发④.

Encorporar, mesclar (vt.掺入，混合). *siang jẻ* 相入.|. *siang kiēn* 相兼.|. *kiēn hỏ* 兼合.|. *siang chă* 相杂.|. *siang tỷ'* 相体.|. *tûn'g leào tỷ'* 同了体.⑤ – licores (指液体). *tiâo' hô* 调和.

Encrucijada de caminos (np.道路的交叉口). *xẻ chủ lú* 十字路. – de calles (指街巷). *xẻ chủ kiāy* 十字街.

---

① 柯本注：*piēn*，梵蒂冈本作 *pién*，去声。
② *chẻ*，柯本保留注音，而将字写为"触"，因据梵蒂冈本此音作 *tch'ỏ* (=ch'ỏ)。
③ 指用纸折成花，纸花。
④ 参见 Cabello crespo（p.38）。
⑤ "相体""同了体"，不像是汉语自有的说法，而是对西语词目的直译：encorporar (incorporar)，字面的意思即进入某一实体，与之合为一体。

Encubrir (vt.遮盖). *chē ièn* 遮掩.|. *chē çhâng'* 遮藏.|. *chē pý* 遮蔽.|. *iǹ chân'g* 隐藏. [*chē xě* 遮饰. para escritura (书面语词).]

Encubrir engañando (vp.为欺骗而掩盖). *muôn moéy* 瞒昧.|. *iǹ muôn* 隐瞒.

Encubrir el delicto en juyzio (vp.在庭审中掩盖过失). *pǒ jiń* 不认.|. *pǒ chāo jiń* 不招认.|. *pǒ chîn'g jiń* 不承认.

Encubrir su virtud (vp.隐匿某人的善德). *mǒ ký' xén* 没其善①. – los defectos (隐瞒其过失). *hoéy ký' tuòn* 讳其短.

Encuentro, vt en el camino (n.相遇、会面，如在路上). *iú chǒ* 遇着.

Endemoniado (a.鬼附身的). *pý mô tiě* 被魔的.|. *jiń hoây chǒ kuèy* 人怀着鬼.|. *mô piñg' jiñ* 魔凭人.|. *jèn leào mô* 染了魔.

Endereçar (vt.弄直、摆正). *faṅg chiń'g* 放正.|. *ŷ chiń'g* 移正.|. *chǒ chiń'g* 作正.

Enquadernar libros (np.装订书籍). *tiń'g xū* 钉书.

En deredor, o, rededor (pp.在周围，或附近). *chēu goêy* 周围.

Endiuia, escarola (n.菊苣，苦苣). *ch'éu ch'áy* 臭菜②.

Endeudarse (vr.欠债). *fú cháy* 负债.|. *ki'én cháy* 欠债.|. *chiě lúy cháy* 积累债.

En dias à tras (pp.前些日子). *çhiê'n jě* 前日.

En donde (pp.在哪里). *nâ lý* 哪里.|. *nâ sò çháy* 哪所在.

En el entretando (pp.在那当儿、同时、其间). *chiaṅg chiéu* 将就.

Endurecer (vt.使之变硬). *chǒ geń'g* 作硬.

Endurecerse (vr.硬化、变硬). *pién geń'g* 变硬.

En el ayre (pp.在空中). *kūn'g chūng* 空中.

En el mundo (pp.在世界上). *xý xaṅg* 世上.|. *xý kiēn* 世间.

Endulçarse (vr.变甜). *pién tiên' tiě* 变甜的.

Enemigo (n.敌人). *chêu'* 仇.|. *chêu' tiě* 仇敌.|. *chêu' kiā* 仇家.|. *túy chêu'* 对仇.|. *iuēn chêu'* 冤仇.|. *iuēn kiā* 冤家.

Enemigo particular (np.自己的敌人). *çū chêu'* 私仇.

Enemistad, odio (n.敌意、仇恨，憎恶、愤恨). *siaṅg heń* 相恨.|. *siaṅg iuén* 相怨.

Enemistados (n.敌对者). *pǒ siang hô mǒ tiě* 不相和睦的.

Enerizarse (vr.惊恐). *kiñg hoâng* 惊惶.

Enero, ultimo mes de su año (n.一月份，他们一年的最后一个月). *xě úl iuě*

---

① 此句柯本漏写了汉字。
② 民间所谓臭菜，也叫芝麻菜（学名羽叶金合欢，属十字花科），其叶状似苦苣（属菊科）。

十二月.|. *niên piēn* 年边.

Enfadar à otro, vt sic (vp.惹恼人、激怒人). *fân nào jiń* 烦恼人.|. *k'ý jiń* 气人.|. *çhâo' náo* 嘈闹.|. *ień fân* 厌烦.

Enfadarse (vr.烦恼、生气). *nào nú* 恼怒.|. *pǒ çhǒ ý* 不足意.|. *pǒ ku'áy huǒ* 不快活.|. *nào kỳ'* 恼起①.|. *ień k'ý* 厌弃/厌气.

Enfado (n.烦恼、火气). *fân nào* 烦恼.|. *nú k'ý* 怒气.|. *sǒ suý* 琐碎.|. *lǒ sǒ* 啰嗦.|. *fân nào* 烦恼②.|. *nú ý* 怒意.|. *fǎ nào tiě* 发恼的.

Enfadoso (a.讨人嫌的 n.讨厌的家伙). *sǒ suý tiě* 琐碎的.|. *fân suý tiě* 烦碎的.|. *fân sǒ tiě* 烦琐的.|. *lǒ sǒ tiě jiń* 啰嗦的人.

Enfade, o cançe a v. m. [cortesia suya.] (s.给您添麻烦了，打扰您了[他们的客套话]). *ièu lâo* 有劳.|. *fân lâo* 烦劳.

Enfade, o cançe a v. m. con mispalabras. [cortesia suya.] (s.说话不当，烦扰阁下了[他们的客套话]). *kiǹg' çhâo'* 惊嘈③.

Enflaquecer (vi.消瘦、变弱). *seú* 瘦.|. *xoāy jǒ* 衰弱.

Enfermar (vi.生病). *fǎ piń* 发病.|. *ièu piń* 有病.|. *piń leào* 病了.④

Enfermedad (n.疾病). *piń* 病.|. *çhiě* 疾.|. *çhiě piń* 疾病. – antigua (有年头的、老的). *kù piń* 古病.|. *kiéu piń* 旧病.

Enfermedad oculta (np.隐疾). *nuý piń* 内病.

Enfermo (a.患病的 n.患者). *ièu piń tiě* 有病的.|. *piń jiń* 病人.

Enfermiço (a.体弱多病的). *xoāy jǒ tiě* 衰弱的.|. *chân'g piń tiě* 常病的.

Enfermerio (n.养病的机构或场所). *piń fańg* 病坊⑤.|. *piń iuén* 病院.|. *iàng piń fańg* 养病房. idest hospital (即济贫院).

Enfermero (n.护理者、护士). *kuòn piń chè* 管病者.|. *kuòn piń fańg tiě jiń* 管病坊的人⑥.

Enfermedad de v. m. (np.您的病、贵恙). *kuéy piń* 贵病. [cortesia suya (他

---

① 柯本写为"恼气"，将上声的 *kỳ* 改作去声的 *ký'*.
② 与本条的第一个词重复。
③ 柯本写为"轻嘈"。可比较 Pesadumbre（p.171）条下的"惊吵"。
④ 此条为后手插补，原写于词条 Enero（一月份）的右首。
⑤ 柯本写为"病房"。从稿面看，此处的"坊"字一开始标为阳平，随后改作阴平；接下来的"养病房"，非今医院病房义，"房"字标为阳平；到下一条的"坊"字，便明确标为阴平。柯本将三例字音统一为 *fāng*，字都作"房"。"病坊"，收养贫病者的慈善机构，唐宋笔记杂著中已可见其词。
⑥ 柯本注：伦敦本将 *fańg* 改为 *fâng*。

们的客套话)].

Enfermedad contagiosa (np.传染病). *jèn píṅ* 染病.|. *ǒ çhiě* 恶疾.|. *kýpíṅ* 气病. – Peste (疫病). *vuēn píṅ* 瘟病.

（p.86）

Enfermedad muy graue (np.严重的疾病). *píṅ chiń' chuṅ* 病沉重.|. *píṅ goêy hièn* 病危险.

Enfrascado en algo (ap.对某人入迷). *gaý liụén* 爱恋.

Enfrente (ad.在对面、在面前). *tuý mién* 对面.|. *mién çhiên'* 面前.|. *tuý hiaṅ* 对向.

Enfrenar los malos desseos (vp.按下不良的念头). *iǎ chý* 压制.|. *kě'* 克.

Enfriarse (vr.变冷、受凉). *leṅ leào* 冷了.|. *pién leṅ* 变冷.

Enfriar (vt.使得冷起来). *chǒ leṅ* 作冷.

Enfriarse en la deuocion, y feruor (vp.热忱、激情冷却下来). *leṅ tań leào* 冷淡了.

Engañar, vt sic (vt.欺骗、哄骗、愚弄等). *pi'én* 骗.|. *muôn* 瞒.|. *muôn pi'én* 瞒骗.|. *kȳ' pi'én* 欺骗.

Engañarse asi mesmo (vp.欺骗自己、自欺). *chǔ gú* 自误.|. *chǔ pi'én* 自骗.|. *chǔ chā'* 自差.|. *chǔ chǒ'* 自错.|. *chǔ chá* 自诈.

Engañarse adinuicem① (vp.相互欺骗). *siaṅ pi'én* 相骗.|. *siaṅ vuáng* 相妄.|. *siaṅ kȳ'* 相欺.

Ingerir② (vt.嫁接). *chiě* 接.

Engaños (n.欺诈、诡计). *kān ký* 奸计.|. *kuèy mêu* 诡谋.|. *chá mêu* 诈谋. – secretos (秘密的). *iṅ mûon* 隐瞒.

Engañador, enbustero (n.骗子，无赖). *pi'én xèu tiě* 骗手的.|. *kuāng kuén* 光棍.|. *kuāng tû'* 光徒.|. *tǒ' pě jiń* 托钵人③.

Engañar (vt.诱骗), lleuar engañados à los muchachos para vender los (vp.诱拐男童卖钱). *kuày taý* 拐带.|. *kuày pi'én* 拐骗.

Enganarse en el conocimiento de algo (vp.误以为、错认为如何). *gú jiń* 误认.|. *máo jiń* 冒认.

---

① 此词拼法有疑，查无所获。
② 与 Inxerir（p.88）、Yngerir（p.117）是同一词。
③ 指叫花子，其蛮横者俗谓强叫花。柯本作"脱白人"。

Engañado, ofuscado (a.迷茫失措的，恍惚不清的). *mỷ luón tiẻ* 迷乱的.|. *hoēn mỷ tiẻ* 昏迷的.|. *hoēn luón tiẻ* 昏乱的.

Engañar le delante de sus ojos (vp.就在某人眼皮底下行骗). *muôn tā' mỏ* 瞒他目.

Engañosamente (ad.以欺诈方式). *pỏ laô xẻ* 不老实[1].|. *iuńg chỷ mêu* 用智谋.|. *iuńg kỷ kiáo* 用计较.

Engastar en oro, o plata (vp.用金子或银子镶嵌). – en oro (镶金的). *ka'ń kiñ* 嵌金. – en plata (镶银的). *ka'ń iñ* 嵌银. ett^a. (等等).

Engendrar (vt.生、生养、产生 vi.出生、诞生). *seńg* 生.|. *seńg çhủ* 生子.

Engendrar amor en alguno (vp.使某人产生爱意). *chý kỷ' gaỷ* 致其爱.

Engolfarse en alta mar (vp.行驶于远洋或公海). *piāo' tá hày* 漂大海.|. *piāo' tá iańg* 漂大洋.

Engordar (vt.养肥 vi.发福). *fỷ pa'ńg kỳ' laỷ* 肥胖起来.|. *iańg tẻ fỷ* 养得肥.|. *çhý fỷ* 致肥[2].

Engrandecer alabando (vp.赞美以光大). *çhūn chiñg'* 尊称.|. *chiñg' suńg* 称颂.|. *chiñg' iańg* 称扬. – honrrando (崇敬而行之). *çhūn çhûn'g* 尊从. – leuantando (予以提升). *çhūn liẻ chỷ* 尊立之.

Engrandecerse asi mesmo (vp.自夸自大). *çhú çhūn tá* 自尊大.

Engrudo de arros (np.米做的糨糊). *mỷ hû* 米糊.|. *mién hû* 面糊.

Engrudar (vt.粘贴、裱糊). *poéy* 褙.|. *poéy kỳ'* 褙起. – papel para cartas (书信用纸). *poéy chỳ* 褙纸.

Engullir, tragar (vt.大口吞食，吞咽). *tūn' hiá* 吞下.|. *tūn' k'iẻ* 吞吃.|. *hía iẻ* 下咽. – tragar de un bocado (一口吃下). *iẻ kèu' tūn' hía* 一口吞下.

Engullir à tragos (vp.一口一口吞咽). *suý kèu' tūn' hía* 逐口吞下[3].

Engullirse las palabras, no dezirlo claro (vp.把话吞到肚里，话没说清楚). *puón tūn', puón t'ú* 半吞半吐.

---

① 柯本注：*laô*，梵蒂冈本改作上声 *lào*。

② *çhý*，可能是"致 *chý*"的又音或笔误。柯木拟为"自"。

③ 柯本注：*suý*，将"逐 *chỏ*"误读为"遂 *suý*"，故有此音。类似的误读如 Cada（p.39）条下的"逐年"。

Enhastar la lança (vp.给长枪、长矛安上尖头). *chǎ' çhiañ'g têu' iǜ piń g* 插枪头于柄①.

Enhastiar (vt.厌恶), dar fastidio (vp.使人讨厌). *ień* 厌.|. *ień iě* 厌斁.

Enhechizar (vt.施巫术、迷幻人). *iuń g mô xǒ ỳ hoēn jiń* 用魔术以昏人.

Enhilar, ensartar, la aguja (vp.穿线，穿针). *chuēn' kuó chīn kuń'g* 穿过针孔.

Ensartar, vt sic (vt.刺穿、扎穿、穿成串等意思). *chuē'n* 穿.

Enlazar con lazos (vp.用绳带串接起来). *vuàng lô* 网罗.|. *chên' fǒ* 缠缚.

Enlodar (vt.沾上污泥). *tà lań nỳ* 打烂泥.|. *ỳ nỳ gū goéy* 以泥污秽.

Enluzir (vt.擦亮、使得铮亮). *mô kuāng* 磨光.

Enjuagar (vt.洗涮、冲洗). *tań g* 荡.|. *lań g* 晾②. – la boca (清洗嘴巴). *seú kèu'* 漱口.

Enigma (n.谜、费解的问题). *mý iǜ* 谜语.|. *iń iǜ* 隐语.|. *mý çhǔ* 谜子.|. *ià mý* 哑谜.|. *gań ý* 暗意.

Enladrillar (vt.用砖铺砌). *pū' chuē'n* 铺砖.

Enlozar (vt.上釉、用陶瓷做铺层). *pū' xě pàn* 铺石板.

Enloquecer (vi.发疯), perder el juyzio (vp.失去理智). *fǎ kuân'g* 发狂.

En lugar de otro (pp.代替某人). *taý tā'* 代他.

Enlutado (a.服丧的). *taý hiaó* 戴孝.|. *ièu fǒ* 有服. – el tiempo de luto (服丧期). *tiñ g iēu* 丁忧.

Enmaderar (vt.用木头搭房架、做铺层等). *iuń g mǒ leào* 用木料③.

Enmascarado, que trahe caratula (a.戴假面的，即戴面具的人). *taý mién kiǎ' tiě* 戴面甲的④.

Enmendar, vt libros, ett^a. (vt.修改、订正，如书籍等). *kày* 改.

Enmienda (n.修正), proponer la (vp.加以修正). *tiń kày* 定改.|. *tiń pǒ çháy fán* 定不再犯.

Enmendar à otro quando hablando yerra (vp.在别人讲错话时予以纠正). *kiày chiń g* 解正⑤.

Enmendarse de sus culpas (vp.纠正自己的过错). *kày kuó* 改过.|. *kày ǒ* 改恶.

---

① 重复的条目，见 Enastar la lança（p.84）。
② 柯本缺字。漱口，沪语说"荡口"（其词见 Lauarse la boca, p.126），粤语则说"晾口"。
③ *leào*，柯本写为"了"。
④ *kiǎ'*，梵蒂冈本作 *kiǒ'*，柯本据此还原为"壳"。
⑤ 犹正解，正确的见解，此处可视为动词。

En medio (pp.在中间). *chuńg kiēn* 中间.|. *chuńg iāng* 中央.

En mucho (pp非常、格外), estimar lo en mucho (vp.十分看重). *kuéy chuńg* 贵重.

Enmudeçer (vi.失声、说不出话), hazerse mudo (vp.嗓子变哑). *kèu' ià leào* 口哑了.

Enmudecer, callar (vi.缄默，沉默). *pǒ chó xiŋ* 不做声.|. *pǒ kāy' kèu'* 不开口.

En ninguna manera (pp.无论以何种方式、不管怎样都不). *tuón pǒ* 断不.|. *tū pǒ* 都不. – vt en ninguna manera quiere (比如，无论如何都不想要、不希望). *tuón pǒ keǹ'g* 断不肯.|. *tū pǒ keǹ'g* 都不肯.

En ninguna parte (pp.无论在哪里都不). *vû sò* 无所.|. *vû ch'ṳ* 无处.|. *mǒ ièu iě kó sò cháy* 没有一个所在.

Ennobleçer (vt.增光、带来荣耀). *kuāng iuŋ̂g* 光荣. – a sus antipasados (为自己的祖宗). *kuāng chiên' chù* 光前祖. – a sus Parientes (为自己的亲属). *hièn kẙ' chīn'* 显其亲.

Ennoblecer à su casa (vp.为家里带来荣耀). *kuāng muên hú* 光门户.|. *goêy sańg chù kuāng* 为桑梓光. – a su decendencia (为自己的后代). *hièn iuŋ̂g chù sūn* 显荣子孙.

Ennoblecer (vt.封爵、显荣), honrrar a su decendencia (vp.为自己的后代增光、带来荣誉). *ỳ hièn hoēy tā'* 以显辉他. – entonces que dare honrrado (到那时我才有荣誉可言). *gò tiě mién xańg chây' ièu kuāng hoēy* 我的面上才有光辉.

Enojarse (vr.生气、光火). *fǎ nú* 发怒.|. *fǎ nào* 发恼.|. *chǒ nào* 着恼.|. *kỳ' nú* 起怒.|. *tuńg nú* 动怒.

Enojar à otro (vp.使人生气、惹人发火). *nú jiń* 怒人.|. *nào jiń* 恼人.|. *ch'ǒ jiń nú* 触人怒.|. *chý jiń nú* 致人怒.

Enojo (n.怒意、火气). *fuèn nú* 愤怒.|. *nú k'ý* 怒气.

Enojadizo (a.容易生气的). *ý tě nú* 易得怒.|. *ý nào tiě* 易恼的.|. *sǒ nào* 速恼.|. *siào k'ý tiě* 小气的.

En otro tiempo (pp.在其他时候). *piě xŷ* 别时.|. *piě xŷ héu* 别时候.

En otro lugar (pp.在其他地方). *piě ch'ṳ* 别处.|. *piě tý fāng* 别地方.|. *piě sò cháy* 别所在.

En paz, y en guerra (pp.在和平时期，以及在战时). *pîn'g, luón tiě xŷ* 平、乱的时.

(p.87)

Enquadernar libros (vp.装订书籍). tíng xū 钉书.①

Enquadernador (n.装订工). tíng xū çhiańg 钉书匠.

En particular (pp.私底下，暗中), en secreto, priuatim②(ad.以个别方式). çū hía 私下.

En propia mano (pp.亲手、亲自). çhīn' xèu 亲手.

En que ha de parar esto (s.这件事到哪一步才会打住). ché çú taó nâ lỳ chỳ mò 这事到哪里止么.|. ché çú taó nâ lỳ kuó mò 这事到哪里过么.

En quando lo compraste? ettª. (s.买这个我得花多少钱？以及类似的问法). tō xào 多少.

Enrredar (vt.布网捉拿). vuàng lô 网罗.|. hý sǒ 系索.|. puón sǒ 绊索.

Enrredados de pies, y manos (ap.手和脚都被绑住). puón kiǒ, puón xèu 绊脚绊手.

Enrrejado, barandas (np.栅栏，栏杆). lân kān 栏杆.

Enrredado corazon (ap.被缠绕的心、心中纠结). hý sǒ jiń siñ 系束人心.|. hý jiń siñ 系人心.

Enrroscarse (vr.卷、扭、拧). kiụèn kỳ' 卷起.|. fân puôn' 翻盘③.

En realidad, de verdad (pp.事实上，实际情况是). kùo jeń 果然.|. chīn xě 真实.|. xě jeń 实然.

Ensalçar (vt.颂扬). chīng' çhán 称赞. [参见：alabar (夸奖).]

En resolucion es, ettª. (pp.总之、简言之，等等). çhuǹg xý 总是.|. tíng xý 定是. ettª. (等等).

Ensanchar (vt.拓宽、扩展). kuōn' 宽.|. çhó kuōn' siē 做宽些.

Enrriquecer (vt.使之富裕、发财). kiā fú leào 家富了④.|. fǎ çhiě 发迹.|. çhó kiā 做家⑤.

Enrriquecerse⑥ (vr.富裕起来). xiŋ kān leào 声干了.|. xiŋ ià leào 声哑了.

---

① 此条已见于 p.85。
② 拉丁语词，=in private。
③ 可能是分开的两个单音动词，如说翻起袖管、盘起辫子，意思都是卷起。
④ kiā，柯本写为"加"。
⑤ 指节俭持家，吴语也说"做人家"。
⑥ 动词 enriquecer 的自反形式。柯本指出系笔误，梵蒂冈本写为 erronquecerse（= eron-quecer，嗓门嘶哑）。

Ensangrentar (vt.染血、沾上血). *tû' hiuě* 涂血.|. *mǒ hiuě* 抹血.

Ensenada (n.小海湾、小港). *gáo muên* 澳门.|. *vuàn kiàng* 湾江①.|. *gáo lỳ* 澳里.

Ensartar, vt cuentas (vt.穿孔眼，如把珠子穿成串). *chūen'* 穿.|. *chūe'n kuó* 穿过. – ut sic② (一般的说法是): *chuēn'* 穿.

Ensartar la aguja (vp.穿针). *chūe'n chīn kuǹ'g* 穿针孔.

Ensartar chapas, o pescado, ett.ª (vp.穿锁眼、鱼儿等物). *kuón* 贯.|. *kuón chūe'n* 贯穿.

Ensañarse (vr.愤怒). *fǎ nú* 发怒. [参见：enojarse (生气).]

Enseñança (n.教育、教导). *kiáo hiún* 教训. – Recibo la enseñança de v. m. (承蒙阁下的教导). *lǐng kiáo* 领教. – enseñeme v. m. (请您指教). *chiǹ'g kiáo* 请教.

Enseñança, recebir la (n.教导), (vp.接受教导). *chiŋ' hoéy* 承诲.|. *xīn chiŋ' kiáo hoéy* 深承教诲③.|. *xèu kiáo* 受教.

Enseñar (vt.教、教授). *kiāo* 教.|. *kiāo táo* 教导.|. *kiāo hoéy* 教诲.|. *kiāo hiún* 教训.|. *hiào hoéy* 晓诲.|. *hiún táo* 训导.|. *hiún hoéy* 训诲.

Enseñar: el maestro a los niños (vt.教：老师教男孩子). *hiún muŋ* 训蒙. – a las niñas (教女孩子). *hiún niù* 训女.

Enseñar el maestro vt sic (vp.老师讲授，一般的说法). *kiāo tǒ* 教读. – explicando sus libros (讲解书上的内容). *kiàng xū* 讲书.|. *kiày xū* 解书.|. *xuě xū* 说书.

Enseñança, criança (n.教育，哺育). *kiāo iàng* 教养.

Enseñar el camino (vp.指给道路). *iǹ lú* 引路. – encaminar (当向导). *iǹ táo* 引道. etiam moraliter (也用于引申义，指精神指导).

Enseñar, mostrar los dientes (vp.显露、露出牙齿). *lú chỳ'* 露齿.

Enseñorearse (vr.成为主人、占为己有). *çhó chù* 做主. – de alguna ciudad, cogerla (夺取某座城市). *tě mêu chiŋ'* 得某城④.

Ensuçiar (vt.弄脏、玷污). *gū goéy* 污秽.

Ensillar el cauallo (vp.为马匹备鞍鞯、鞴马). *pań mà kiaŋ lě* 办马缰勒.

---

① 柯本注：*vuàn*，梵蒂冈本拼作 *vān*。
② 这一短语以及其后的 "穿" 为后手补写，柯本未录。
③ *xīn*，柯本拟为 "申"。
④ 柯本注：*mêu*，梵蒂冈本拼作 *meòu*，上声。

Ensordeçer (vt./vi.致聋、变聋). *ùl lùng leào* 耳聋了①.|. *ùl pǒ tí'ńg* 耳不听.|. *tí'ńg pǒ kién* 听不见.②

Entablar el suelo con tablas (vp.用木板铺地). *pū' pàn* 铺板.|. *pū' tý pàn* 铺地板.

En tanto que (pp.与此同时). *xý héu* 时候.|. *xý chiě* 时节.

Entallar, esculpir (vt.雕刻, 雕塑). *tiāo kě' * 雕刻. [参见: esculpir (雕塑).]

Entallador (n.雕刻工). *tiāo chiáng* 雕匠.|. *kě' chiáng* 刻匠.

Entalladura (n.雕刻品、雕刻工艺). *tiāo kuńg* 雕工.|. *tiāo tiě* 雕的.

Entapiar, enparedar (vt.筑围墙, 用墙围起、监禁). *ỳ chiân'g goêy kiń* 以墙围禁③.|. *ỳ chiân'g kiń kú* 以墙禁锢.

Enparedamiento (n.禁锢之所), carcel de grandes en la Corte (np.关押朝廷重犯的监狱). *kāo chiân'g* 高墙.

Entender, saber (vt.熟悉, 知道). *hiào tě* 晓得.|. *chȳ táo* 知道.|. *tuńg tě* 懂得④.

Entender (vt.理解). *mîng hiào* 明晓.|. *tūn'g tǎ* 通达.|. *tūn'g mîng* 通明.|. *mîng tǎ* 明达.|. *mîng tūn'g* 明通.|. *tūn'g hiào* 通晓.|. *leào mîng* 了明.

Ensoberueçerse (vr.傲慢自大). *chú gaó* 自傲.|. *chú kiāo kuéy* 自娇贵.|. *chú kāo* 自高.|. *chú jiń* 自认.|. *chú xý* 自是.|. *chú chūn* 自尊.|. *chú kūa'* 自夸.|. *chú muôn* 自满⑤.|. *chú tá* 自大.

Entenado (n.前妻或前夫之子、继子). *ký chủ* 继子.|. *ký nân* 继男.

Entendimiento, vt potencia (n.才智、理解力, 指[理性]能力或潜能). *mîng gú* 明悟.|. *mîng chụ* 明思.|. *mîng tǎ chȳ liě* 明达之力.|. *liń chây'* 灵才.|. *liń siń* 灵心.|. *siàng siń* 想心⑥.|. *mîng nêng* 明能.

Entendido (a.懂道理的), de buen ingenio (pp.天性聪慧). *ièu mîng gú* 有明悟.|. *chūn'g mîng tiě* 聪明的. [参见: abil (聪明).]

Entera cosa (np.完整的事物). *chiûe'n tiě* 全的.|. *chiûe'n huôn tiě* 全完的.|.

---

① 柯本注: *luǹg*, 梵蒂冈本作 *lúng*, 阴平.
② 两例 "听" 原写均为去声, 柯本改作阴平.
③ *goêy*, 柯本写的是 "为", "以墙为禁", 也说得通.
④ 此词为另手补写, 不见于柯本.
⑤ 柯本注: *muôn*, 梵蒂冈本作 *mouàn*, 上声. 按: 此词柯本作 "自谩", 意思与同一组的其他词不合.
⑥ 似指形成概念的能力, 佛学有 "想心所" 一说.

chìng kó 整个.

Entendimiento à diuino. [llamamos.] (np.通达神性[我们圣教的说法]). mîng cháo 明照①.

Enteramente, totaliter (ad.完整地，整个地). çhiûe'n 全.|. çhiń 尽.

Entero sin defecto (ap.完好无暇). çhiûe'n vû kiuĕ' 全无缺.

Entereza (n.坚毅果敢). geńg tińg 硬定.|. geńg chĕ 硬执.

Enternecerse de compasion (vp.感动、动情). tuńg gāy çhîn'g 动哀情.|. gāy liên 哀怜.

Enterrar muertos (vp.埋葬死者). mây 埋.|. çhańg 葬.|. mây çháng 埋葬.|. xēu çhańg 收葬.|. gān çhańg 安葬.

Enterrar el ataud, meterlo en el sepulcro (vp.下葬棺木，将其安置于墓地). çhańg kuōn kiéu 葬棺柩.

Enterrar qualquiera cosa en tierra (vp.把某物埋进土里). mây tù' 埋土.

Enterrador, sepulcrero, sepulturero (n.掘墓工，管理墓地、负责葬仪的司事). tù' kuńg 土工.

Entibiar (vt.使东西变凉、使之冷却). leǹg 冷.|. leańg 凉.

Entibiarse (vr.变冷、冷却). pién leǹg 变冷.|. pién goêy leǹg 变为冷.

Entibiarse el feruor, tibio (vp.热情消退，变得冷漠). leǹg tán 冷淡.

Entierro (n.葬礼). sańg lỳ 丧礼.|. çhańg lỳ 葬礼.|. chǔ' sańg 出丧.|. suńg sańg 送丧.|. suńg çhańg 送葬.

En todo tiempo (pp.每时每刻). xý xý 时时.

Entonçes (ad.在那时). ná xý 那时.|. ná xý çhiĕ 那时节.|. tańg xý 当时.|. ná xý héu 那时候.|. xý xý 是时.|. tańg iuên siēn 当原先.

(p.88)

Entonçes (ad.然后、于是), luego que (adp.随即、马上). çhây' 才.|. fańg çhây' 方才.

En todo tiempo (pp.每时每刻). xý xý 时时.②

Entoldar (vt.用布帘等遮蔽). muón kỳ' laỷ 幔起来.③

---

① 汉语本有"明照"一词，谓明察事理，与神性无关。

② 重复的条目，已见于上一页的尾端，只不过上面一条的 tiempo（时间）缩写为 tpō，这种缩写法在本词典中用得很多。

③ 此条不见于柯本。

Entonar (vt.给曲子定音调). *tiâo' kiañ'g* 调腔.|. *cha'ńg tě ièu kiañ'g* 唱得有腔.|. *tě kiañ'g tiâo' iñ* 得腔调音.

Entrambos à dos (ap.两个、双方). *leàng kó* 两个.

En todo lugar (pp.在所有的地方). *pień ch'ù* 遍处.|. *ch'ú ch'ú* 处处.|. *vû sò pŏ* 无所不. v.gᵃ. Dios esta en todo lugar (例如，神到处都在). *Tiēn' chù vû sò pŏ çháy* 天主无所不在.

Entortar (vt.弄弯、弯折). *uān ki'ǒ* 弯曲. – doblegando (加以折叠). *ki'ǒ ki'ǒ* 屈曲.

Entortar (vt.弄歪), poner tuerto (vp.放歪斜). *fańg uāy* 放歪.|. *fańg siê* 放斜.

Entrada (n.入口), dar entrada, vt para verse con el Mandarin (np.允许入内，例如准许会见一位官员). *hiù çhín* 许进.|. *hiù kién* 许见.

Entre dia (pp.白日里). *jě kiēn* 日间.

Entrar, vt sic (vi./vt.进入、加入、引入等). *çhín* 进.|. *jě* 入. – entrar de tropel (混乱无序地进入). *iùng jě* 涌入.|. *iùng çhín* 涌进. – de romania (突然、一下子). *tŏ muên ûl jě* 夺门而入①.

Entrar abarloando (vp.猛然闯入). *choańg jě* 撞入②.|. *chiàn'g jě* 抢入.

Entrar en la Religion (vp.加入圣教). *jě hoéy* 入会.|. *çhín hoéy* 进会.

Entrada, camino (n.入口，门径). *muên lú* 门路.

Entrar à escondidas (vp.偷偷进入). *gán çhín* 暗进.|. *miě jě* 密入.

Entrar en el grado de licençiado (vp.入学攻读学位). *çhín hiǒ* 进学.|. *jě hiǒ* 入学.

Entrar la quaresma (vp.进入大斋期). *fuńg chāy* 封斋.

Entrañas (n.内脏). *gù çhańg* 五脏/五藏.|. *lŏ fù* 六腑/六府.|. *fù çhańg* 腑脏/府藏.|. *gù núy* 五内.|. *siñ kān* 心肝.

Entrañas de hyerro (np.铁质的内脏、铁石心肠). *siñ kān geńg tiě* 心肝硬的.

Entre. [vt entre esto, o aquello.] (prep.在中间 [例如在这个与那个之间]). *chuńg* 中.|. *kiēn* 间.|. *chuńg kiēn* 中间.

Entre tanto (pp.与此同时). *kiŭe'n xý* 权时.|. *çhán xý* 暂时.

Entregar (vt.交给、交付). *kiāo fú* 交付.|. *fú iù* 付与.|. *kiāo iù* 交与.

Entregar el officio el Mandarin que acaba al que entra (vp.卸任的官员向新入职的官员移交公务). *kiāo puôn'* 交盘.|. *kiāo taý* 交代.|. *kiāo iń* 交印.

---

① *tŏ*，梵蒂冈本作 *t'ŏ*，柯本据此写为"脱"。

② *choańg*，柯本将字写为"闯"，根据是梵蒂冈本拼作 *tch'oáng*。

Entregarse, sujetandose al enemigo (vp.投降，臣服于敌人). *têu' hiańg* 投降.

Entregarse a la prision (vp.自投监牢、自首). *çhǔ têu' kuōn* 自投官.|. *çhǔ têu' kiēn* 自投监.

Entregar el Reyno (vp.将王国交与他人). *goèy kuě* 委国.

Entregarse a los apetitos (vp.听任欲望支配). *çhuńg iǒ* 纵欲.|. *çhûn'g iǒ* 从欲.|. *kèu iǒ* 苟欲.

Entremes (n.幕间剧、戏中戏). *xuě puèn çú* 说本事①.

Entremeter (vt.参与、卷入、干预). *çhǎ kў' chuńg* 杂其中.|. *çhǎ iū kў' kiēn* 杂于其间.|. *çhān' çhān'* 掺/搀.

Entremeterse en todo, meter su cucharada② (vp.什么事都掺和，插手、插嘴). *çhān' kèu'* 掺口.

Entreoir (vt.隐约听得). *ti'ńg pǒ mîng* 听不明.

Entremetido, alegrote (a.爱管闲事的，轻佻的). *ku'áy tiě* 快的③.

Entresacar (vt.剔除、删选). *chēu'* 抽.|. *chēu' kў'* 抽起. – escojiendo (加以挑选). *siùen* 选.

Entretener à algo, retardar le (vp.拖住某人，耽搁其事). *chў' iên* 迟延.

Entretener à algo, lleuar le con palabras, vt por no pagar le (vp.用话拖住某人，例如不想付钱). *chў' iên* 迟延.

Entrecano (a.斑白的、夹杂白色的). *têu' fǎ puón pě* 头发半白.

Entretenerse, deuertirse (vr.消遣，娱乐). *kāy' siń* 开心.|. *hỳ xòa* 喜耍.|. *hỳ iě hỳ* 喜一喜.|. *xòa xòa* 耍耍.

Entre si (pp.彼此之间), reciproco (a.相互的). *siańg* 相.

Entresijo del animal (np.动物的肠系膜). *chân'g iêu* 肠油.

Entrincar (vt.纠缠). *hoēn luón* 昏乱.|. *chě luón* 杂乱④.

Entretexer (vt.用杂色的线编织、交织). *çhān'* 掺/搀.

Entristeçerse (vr.忧郁、悲伤). *fǎ muén* 发闷.|. *iēu muén* 忧闷.|. *iēu çhêu'* 忧愁.|. *siń çhiāo* 心焦.|. *iǒ muén* 郁闷.

Entumeçerse (vr.麻木、僵硬). *goēy pý* 痿痹.|. *pý mâ* 痹麻.

---

① "本事"，即正戏。两幕戏之间的小插剧，表演的内容仍与剧情有关，故曰说本事。
② cucharada，匙子，这一短语的直义为：把匙子伸进别人的碗里。
③ 柯本注：梵蒂冈本作"爽快的"。
④ 柯本注：*çhě*，梵蒂冈本作 *tsǎ*。按：盖为"杂"字的又音，开口稍大听起来是 *tsǎ*，略小则成 *chě*。

Enturbiar (vt.搅浑、搞混). *hoēn* 浑①.

En vna, y otra parte (pp.这一方面和那一方面、两个地方都). *leàng piēn* 两边.|. *leàng ch'ǔ* 两处.

En vano (pp.白白、徒劳). *kiǔ* 虚.|. *kūn'g* 空.|. *tû' lâo* 徒劳.|. *tû' fý* 徒费.

En varado de nervios (pp.神经麻痹). *pīng fuńg* 病风.|. *puón xīn pǒ súy* 半身不遂.

Enuejeserse el hombre (vp.人变老迈). *laò leào* 老了.|. *ku'áy laò* 快老.|. *çhién çhién laò* 渐渐老.

Enbaynar (vt.把刀剑收入鞘套). *fuńg tāo* 封刀.|. *xēu tāo iǔ siáo* 收刀于鞘.|. *tāo jě siáo* 刀入鞘.|. *chǎ' kién jě siáo* 插剑入鞘.

Enuejecido en la maldad (ap.染上恶习有年). *ǒ kēn hińg xīn* 恶根行深.|. *kú iǔ ǒ* 固于恶.|. *kuón siě iǔ ǒ* 惯习于恶.

Enuejecerse las cosas (vp.东西变旧). *kieú leào* 旧了.

Enuilecerse (vr.自降身份). *kīng' çhién çhú ky̌* 轻贱自己.|. *çhú kiēn'* 自谦.

Enuernar (vi.度过冬季). *kuó tuńg* 过冬.

Enxalma (n.驮鞍). *hań t'ý* 汗屉.|. *mà hań pý* 马汗被.|. *kay mà hǒ* 盖马褐②.

Enxambre de abejas (np.成群的蜜蜂). *miě fuńg kiûn'* 蜜蜂群.

Enxuto, seco (a.干瘦的，干燥的). *kān tiě* 干的.|. *kān saó tiě* 干燥的.

Enxugar al sol (vp.放在太阳底下晒干). *xáy kān* 晒干.|. *xáy jě* 晒日.

Enxugar al fuego (vp.用火烤干). *hūng kān* 烘干.|. *hiūn kān* 熏干.

Enxugar al viento (vp.靠风吹干). *leáng kān* 晾干.|. *lańg kān* 晾干③.

Enxugar a la sombre (vp.在背荫处荫干). *iń kān* 荫干.

Enxugar las lagrimas (vp.擦干眼泪). *xě ièn luý* 拭眼泪.|. *kiāy' ièn luý* 揩眼泪.

Enxundia de gallina (np.母鸡的油脂). *kȳ iêu* 鸡油.

Inxerir (vt.嫁接、接续). *çhiě* 接.

---

① 柯本写为"昏"。"浑"拼为 *hoēn*，可比照"浑天球"（Esfera celestial, p.91）。

② *hǒ*，柯本写为"袷"。"马褐"，即马衣。

③ *lańg*，柯本缺字。可比较"晾口"（Enjuagar, p.86）。《现代汉语词典》第六、第七版收有方言字"朖"（làng），注明同"晾"（liàng）。

(p.89)

Ep.

Epilogo (n.结语、概要). *iǒ iên* 约言.|. *iáo liǒ* 要略.|. *chuǹg iên* 总言.

Epilogar (vt.简述、概言), dezir en breue (vp.约略言之). *ch'ó ký' iáo* 撮其要①.|. *kièn liǒ* 简略.|. *kiày liǒ* 解略.|. *liǒ xuě* 略说.|. *chuǹg xuě* 总说②.

Epitafio de sepulcro (np.墓志铭). *mú chý mîng* 墓志铭.|. *poēy ký* 碑记.|. *mú chý* 墓志.

Epiqueya (n.诠释)③. *kiụên' pién* 权变.|. *kiụên' fǎ* 权法. – vsar de epiqueya (运用此种手法). *chù' kiụên'* 处权.

Eq.

Equinoccial linea (np.昼夜平分线). *ch'ě taó* 赤道.|. *chéu yé piň'g sién* 昼夜平线.

Equator (n.赤道). *chuňg sién* 中线.

Equinoctial (a.二分点的、春分或秋分的). *chéu yé piň'g fuēn* 昼夜平分.|. *chéu yé siāng tiň'g* 昼夜相停.|. *pîn'g hiňg sién* 平行线.

Equinoctio verno (np.春分). *chuē'n fuēn* 春分. – el autumnal (秋分). *chiēu' fuēn* 秋分.

Equilibrio (n.平衡). *pîn'g sién* 平线.

Equinoctial circulo (np.二分圈、赤道圈). *chéu yé piň'g kiụên'* 昼夜平圈.|. *goéy kiňg* 纬经.|. *goéy sién* 纬线.

Equiuocacion (n.错误、误解). *chǒ' kiày* 错解.|. *chǒ' xuě* 错说. – en la explicasion (在解释时). *chǒ' jiň* 错认.

Equiualencia (n.等值、同等). *taý hoân* 代还④.

---

① 柯本转录为 *chó ký iáo*，写成"做记要"。
② 此词不见于柯本。
③ 法律用语，指因时、因地、因人对法规作灵活的解释。
④ 外放任职的官员，被朝廷招回再履新职，称为"代还"。因大抵属于平级调动，故有此译。

Er.

Era (n.纪元). *tiēn' iañg* 天阳①.
Era de tiempo (np.时代), en esta era (pp.在当代). *kiñ xỷ* 今时.|. *jû kiñ* 如今.
Erizarse el cabello (vp.毛发竖立). *kỷ' mâo* 起毛.
Eriço de la castaña (np.栗子的毛球). *liẻ çhủ pûn'g* 栗子蓬.
Erizo animal (np.动物的刺毛).②
Errar (vt./vi.弄错、犯错、失误). *chā' çhỏ* 差错.|. *gú çhỏ* 误错.|. *çhỏ' leào* 错了.|. *chā' gú* 差误.|. *çhỏ' gú* 错误.|. *xẻ çhỏ* 失错.|. *chā' miéu* 差谬.
Errar el camino (vp.走错路). *çhỏ' lú* 错路.|. *chā' lú* 差路.|. *çhỏ' çhèu* 错走.|. *çhỏ' hiñ* 错行.|. *xẻ lú* 失路.|. *mỷ lú* 迷路.|. *mỷ çhiẻ* 迷迹.|. *mỷ çhūng* 迷踪.
Errar la cuenta (vp.计算出错). *suón chā' leào* 算差了.
Erudicion (n.博学多识). *hiỏ vuên* 学问③.
Erudito (a.博学的 n.饱学之士、学者). *pỏ hiỏ* 博学.

Es.

Escabelo (n.矮凳、脚凳). *tǎ kiỏ teńg* 搭脚凳④.
Escabullirse (vr.逃跑、溜走). *tâo' çhèu* 逃走.|. *tâo' pỷ* 逃避.
Escalera (n.梯子). *tỷ' çhủ* 梯子.|. *lêu tỷ'* 楼梯. – leuadiza (可升降的). *hû tỷ'* 胡梯/扶梯⑤. – con que escalan los muros (供攀墙的). *iûn tỷ'* 云梯.
Escalera de piedra (np.石铺的梯道、石阶). *kiāy pō' ûl* 阶坡儿.|. *tây' kiẻ* 台级⑥.|. *tây' pō* 台坡. – de cordeles (绳编的). *juèn tỷ'* 软梯.
Escalera de caracol (np.回旋上升的梯子、旋梯). *lô çụ tỷ'* 螺蛳梯.
Escalones de piedra (np.石阶、石级). *kiāy kiẻ* 阶级.|. *kiāy pō'* 阶坡. – de

---

① "天阳",即太阳,这里指太阳历或阳历,为西历纪元的依据。
② 如刺猬身上长的刺。此条未见汉语释义。
③ *vuên*,柯本改为去声 *vuén*。
④ *tǎ*,柯本写为"踏"。
⑤ "胡梯""扶梯"实为一个词,"扶"字在闽南话里读为[hu²],潮州话里读为[hu⁵](《见发音字典》)。
⑥ 柯本无此词。

madera (木质的). *tỹ' teńg* 梯凳.

Escalar los muros (vp.缘梯攀墙). *iûn tỹ' kuñg chiñg'* 云梯攻城.|. *xańg chiñg'* 上城.|. *tỹ' xańg çhiâng'* 梯上墙.

Escalentarse (vr.热起来、发热). *fă xāo* 发烧.|. *fă jě* 发热.

Escaño (n.靠背长凳). *kỳ teńg* 几凳.|. *poéy teńg* 背凳.

(p.90)

Escamar pescado (vp.刮鱼鳞). *tà liñ* 打鳞.|. *ki'ú liñ* 去鳞.|. *chụ̂' liñ* 除鳞.

Escama de pescado (np.鱼儿的鳞片). *iû liñ* 鱼鳞.

Escaparse (vr.逃跑). *tâo' çhèu* 逃走.|. *tâo' pý* 逃避.|. *tǒ' kỷ' xèu* 脱其手.|. *çhèu tǒ'* 走脱.|. *tâo' tǒ'* 逃脱.|. *tâo' ki'ụ́* 逃去.

Escarbar (vt.用爪子扒、挠、刨). *pâ'* 扒①.

Escaramuza (n.小冲突、一小仗). *chāo' lień* 操练②.|. *kiāo chén* 交战.|. *hǒ chén* 合战.|. *çhiĕ chén* 接战.|. *kiāo chańg* 交仗.

Escardar (vt.锄地、除草). *chụ̂' çhào'* 除草.|. *pă chào'* 拔草.|. *iûn chào'* 耘草.

Escarabajo (n.甲虫、蜣螂). *kiañ'g lańg* 蜣螂.

Escarmentar③ (vt./vi.训诫、自诫). *kień kiáy* 谏诫/鉴戒.|. *chīng çhiên'* 争前④.|. *çhú sìng* 自省⑤.

Escarcha (n.霜). *xoāng* 霜.

Escarneçer (vt.嘲弄、取笑). *chó luńg* 做弄.|. *hý luńg* 戏弄.|. *xòa jiñ* 耍人.|. *hý vù* 戏侮.|. *hý niǒ jiñ* 戏虐人.|. *hý siáo* 戏笑.

Escarnios (n.嘲笑、侮辱). *hý xòa hoá* 戏耍话.|. *vù mán tiĕ hoá* 侮谩的话.

Escarba dientes (np.牙签). *iâ çhiên'* 牙签.|. *iâ chańg* 牙杖.

Escaso, apocado (a.吝啬的，小气的). *pỳ liń* 鄙吝.|. *liń sě* 吝啬.|. *pỳ sě* 鄙啬.|. *sý sě* 细啬.|. *kiēn' liń* 悭吝.

Escasamente llega (vp.勉强达到、将将够及). *kañg kañg* 刚刚.|. *kañg tĕ keú* 刚得够.|. *kañg táo* 刚到.

---

① 柯本写为"爬"，就抓挠一义与"扒"通。
② 柯本写为"訬练"。*chāo'*，疑为 *çhāo'* 的误写，或"操"字的又音。
③ 此词有及物、不及物二用，及物指训话、教训人，不及物指自警、吸取教训。柯本只作及物解，释为 to correct severely（严厉地纠正）。
④ *chīng*，柯本写为"诤"；后一音缺字。"争前"，即争先。
⑤ 柯本写为"刺醒"。*chủ*，并无送气符。

Escasamente, basta (ad.很少、勉强，仅仅). *kiń keú iuńg* 仅够用.|. *kaňg keú iuńg* 刚够用.|. *chỳ keú iuńg* 只够用.

Esclareçer el dia (vp.天亮起来、破晓). *tiēn' leańg* 天亮.|. *tiēn' mîng* 天明.|. *tiēn' kuaňg* 天光.

Esclareçer, ylustrar (vt.照亮，带来光明、启蒙). *cháo kuaňg* 照光.|. *kuaňg cháo* 光照.

Esclarecido (a.光明的、亮堂的). *kuaňg leańg* 光亮.|. *mîng leańg* 明亮.

Esclauo (n.男奴). *nû pǒ* 奴仆.|. *kiā nû* 家奴.

Esclaua, criada (n.女奴，女仆). *iā têu'* 丫头.|. *pý niù* 婢女.|. *nû pý* 奴婢.

Esclauo, llamar le por agrauio: perro esclauo (n.奴隶，这是粗野的叫法，义为狗奴). *nû çhây'* 奴才.

Escoba (n.扫帚). *sào chèu* 扫帚.

Escobilla, o cepillo (n.小笤帚，刷子). *xuě chǔ* 刷子[①].

Escoplo (n.凿子). *çhǒ chǔ* 凿子.

Escojer (vt.选择、挑选). *siùen* 选.|. *siùen çhě* 选择.|. *kièn siùen* 拣选.|. *kièn çhě* 拣择. el *siùeń*[②] tiene tercera, y quarta tonada ("选"字可读第三声，也可读第四声).

Escojidos (a.选得的、挑出的). *siùen chè* 选者.|. *kièn siùen tiě* 拣选的.[③]

Esconderse (vr.躲藏). *çhân'g siñ* 藏身[④].|. *tò xīn* 躲身.|. *tò çhân'g* 躲藏.

Esconder (vt.藏匿、隐藏). *çhân'g chǒ* 藏着.|. *xēu çhân'g* 收藏.|. *iǹ çhân'g* 隐藏.|. *çhân'g* 藏.|. *çhân'g miě* 藏密.

Escondidamente (ad.暗中), de secreto (pp.秘密地). *iǹ jeń* 隐然.|. *uòn jeń* 宛然[⑤].|. *kȳ miě* 机密.

Escondrijo (n.藏身之所、隐秘地点). *miě ch'ú* 密处.

Esconder tapando (vp.伪装并掩藏). *muôn goéy* 瞒伪.|. *iǹ goéy* 隐伪.

Esconder ladrones, o espias (vp.藏匿盗贼或奸细). *vō çhân'g* 窝藏.|. *xān*

---

① 柯本注：*xuě*，伦敦本改为 *xoǎ*。梵蒂冈本区分韵母 *uě* 和 *oǎ*：*chuě tsù* 是一般的刷子，*choǎ tsù* 则是清洁衣服的小笤帚。

② 为示范起见，万济国给音节 *siùeń* 标了两个调符。实则"选"字或读上声，即 *siùen*，或作去声，即 *siùeń*。

③ 此条隔开一行之后又写了一遍，完全一样。

④ "身"字通例拼作 *xīn*，这里的 *siñ* 可能是笔误，或也可能为又读。

⑤ 似指躲闪、不直接。

çhân'g 山藏.

Esconderse detras de la puerta (vp.躲在门背后). çhân'g çháy muên héu 藏在门后.|. çhân'g çháy muên iṅg lỳ 藏在门影里.

Escorçonera (n.黑婆罗门参). tiēn' muên tuṅg 天门冬. – la pequeña (植株较小的). mě muên tuṅg. 麦门冬.

Escopeta (n.猎枪、火枪). niào chu'ńg 鸟铳.|. niào çhiāng 鸟枪.

Escorpion (n.蝎子).①

Escoria, hezes (n.渣滓，沉淀物). chā 渣.|. chā çhày 渣滓.|. chā çhù 渣子. – del hierro (铁的). tiě' chā 铁渣.

Escota (n.帆脚索). leâo mù 缭母.

Escotilla del barco (np.船舱的入口). chuê'n çhān'g 船舱.

Escritorio (n.书桌、文件柜). xū siaṅg 书箱.|. vuên xū siaṅg 文书箱.|. vuên kiṹ 文具.|. xū kūe'y 书柜. – con gauetas (带抽屉的). chēu' siaṅg 抽箱.|. chēu' t'ý 抽屉②.

Escriuano, vt sic (n.书记员、缮写员等办公人员). xū xèu 书手. – publico (公家的). xū pán 书办.|. xū lý 书吏.|. lý iuên 吏员.|. vuáy laṅg 外郎.|. tý' ku'ńg 提控.|. taō piě 刀笔.

Escriuiente (n.书记员、缮写员). xū xèu 书手.|. siè çhú tiě 写字的.

Escriuanias (n.文具盒). piě nień tiě siaṅg çhù 笔砚的箱子.|. hǒ çhù 盒子.

Escriuir (vt./vi.写、写作). siè 写.|. siè çhú 写字.|. siè xū 写书.|. xū siè 书写.

Escriuir bien (vp.写得好). xén siè 善写.|. siè tě hào 写得好.

Escriuir de corrida, bastardo (vp.快速书写，写草字). çhào' siè 草写.|. çhào' xū 草书.

Escriuir el nombre (vp.写名字). mîng xaṅg chě' 名上册.|. xaṅg mîng 上名.

Escrito por su propria mano (vp.亲手书写). çhīn' piě 亲笔.|. çhīn' xèu siè 亲手写.

Escriuir cartas (vp.写信). siè xū 写书.|. siēu xū 修书.

Escriuir en el rostro herrando lo (vp.用火印把字烙在脸上). lièn xaṅg kě' çhú 脸上刻字.

Escriuir vt historias (vt.记录，如历史事件). ký lǒ 记录.|. siè lǒ 写录.|. chào'

---

① 原缺汉语释义。

② 原标为 t'ý，后又补笔改为 t'ý。可能是因为连读变调，使得记音者对调值产生怀疑。

lǒ 抄录①.

Escriuir gastos, o, cuentas (vp.记录开支或账目). *xaṅg sú* 上数.|. *ký sú* 记数.|. *ký chaṅg* 记账/计账.|. *xaṅg chaṅg* 上账.

Escritura de obligacion (np.书面的契约、合同等). *iǒ kʹý* 约契.|. *vuên kʹý* 文契.|. *vuên iǒ* 文约.

Escritura de venta (np.售物凭据). *máy kʹý* 卖契.

Escriuir con abreuiaturas (vp.以缩略的方式书写). *seṅg siè* 省写.|. *kièn siè* 简写.

Escriuir de fiança (vp.提供书面担保). *pào choaṅg* 保状.

Escrituras del casamiento (np.婚姻证书). *hoēn xū* 婚书.

Escritura sellada (np.盖有印鉴的文件). *iń siń vuên kʹý* 印信文契.

Escriuir dibujando poniendo debaxo la muestra (vp.把图样衬在纸下描画). *miâo siè* 描写.

Escriuir, o firmar por otro (vp.为他人书写或签字). *taý piě* 代笔.|. *taý xū* 代书.|. *taý siè* 代写.

Escriuir en el auanico versos, o sentencias (vp.在扇子上题写诗句). *týʹ xeń* 题扇.

Escrupuloso (a.多疑的、挑剔的). *sò suý* 琐碎.

Escrupulo (n.疑虑、顾忌). *pǒ kuó siṅ* 不过心.|. *pǒ kuó ý* 不过意.②

Escuchar (vt./vi.听、倾听). *tiʹṅg* 听.|. *tà tiʹṅg* 打听.

Escuchar de secreto (vp.偷听). *çū tiʹṅg* 私听.|. *xīn tiʹṅg* 伸听.③

Escudilla (n.碗、钵). *vuàn* 碗.|. *vuàn têuʹ* 碗头.|. *vuàn çhǔ* 碗子.

Escudo, rodela (n.盾牌，圆盾). *chaṅg pâyʹ* 仗牌.|. *chēu pâyʹ* 胄牌④.|. *kièn pâyʹ* 肩牌.

Escudriñar à alguno, mirar lo que lleua (vp.搜查某人，查看所携之物). *sēu kuó* 搜过.|. *sēu tāʹ* 搜他.

Escuerço (n.蟾蜍).⑤

---

① 柯本注：*chàoʹ*，梵蒂冈本作 *tchāoʹ*，阴平。按：也可能为 *çhàoʹ* 之误，即"草录"。
② 这两个对应词的意思，似与西语词目正相反。
③ *xīn*，柯本缺字。"伸听"，伸长耳朵、伸头探听。
④ *chēu*，柯本缺字。
⑤ 原无汉语释义，梵蒂冈本补有"*hiâ mâ* 蛤蟆"。

(p.91)

Escudriñar, vt sic (vt.调查、查询). *châ' vuén* 查问.|. *châ' mîng pě* 查明白.|. *çhiân'g chǎ'* 详察①.

Escuela (n.小学、学校). *xū kuòn* 书馆.|. *xū tâng'* 书堂.|. *hiǒ tâng'* 学堂.

Escuela de esgrima (np.击剑学校). *ièn vù tiň'g* 演武庭.

Escuelas, vt uniuersidades② en las villas, y ciudades (np.乡村和城镇的学校，如大学). *jû hiǒ* 儒学.|. *fù hiǒ* 府学.

Escuelas Reales en la Corte (np.宫廷中的皇家学院). *kuě hiǒ* 国学.|. *kuě çhǔ kień* 国子监.

Escuela de dançantes (np.舞蹈学校). *iǒ vù fang* 乐舞坊.

Esculpir (vt.雕刻). *kě' k* 刻.|. *tiāo* 雕.|. *tiāo kě'* 雕刻.|. *k'ý kě'* 契刻.|. *tiāo leú* 雕镂.|. *mîng kě'* 铭刻.

Escultor (n.雕刻工). *tiāo çhiańg* 雕匠.|. *tiāo kung* 雕工.

Escuro (a.暗、黑暗的). *gań hě* 暗黑.|. *iēu gań* 幽暗.|. *hě leào* 黑了.|. *gań* 暗.

Escupir (vi.吐痰、吐唾沫). *t'ú iên* 吐涎.|. *ta'ó* 唾③.|. *t'ú ta'ó* 吐唾.|. *t'ú çhīn* 吐津.|. *t'ú ta'ó mǒ* 吐唾沫.|. *siāo çhân'* 消馋④.|. *ta'ó tân'* 唾痰.

Escusarse (vr.谢绝、推辞). *çhǔ'* 辞.|. *tūy' tǒ'* 推托. – dar escusas (找借口). *tūy' kú* 推故.|. *tǒ' kú* 托故.|. *çhié kèu'* 借口.|. *chū'i çû'* 推辞. vsad este (不妨使用这个词)⑤.

Escusarse fuertemente (vp.竭力推辞). *kû' çhǔ'* 苦辞⑥.|. *kiēn çhǔ'* 坚辞.

Escusado (a.可省除的、多余的), no necessario (ap.不必要的). *pǒ iuńg* 不用.|. *mǒ iuńg tiě* 没用的.|. *pǒ siāo* 不消.

Exequias (n.殡葬仪式). *sang lỳ* 丧礼. – de los christianos (基督徒的). *gān sò* 安所.

Esfera (n.球、球体). *tiēn' kiêu'* 天球. del cielo (指天体). – globo de la tierra (指球状大地). *tý kiêu'* 地球.

---

① *chǎ'*, 入声, 柯本录为 *châ'*, 故字仍作"查"。

② 此词原写为 uniuersid.' (= uniuersidades), 柯本误录成 uniuersales, 由是理解为遍布各地的学校 (schools, such as the universal ones in the villages and towns). 意思虽然也对, 与原文终究有出入。

③ 柯本注: *ta'ó*, 伦敦本、梵蒂冈本改拼 *t'ó*。

④ 柯本缺字。"馋", 馋唾、口馋, 即口水, 参见 Bauas de la boca (p.29)。

⑤ 指"推辞"更普通、更常说。这个词的拼法略异, 连同随后的提醒语都为另笔补写。

⑥ 柯本注: *kû'*, 伦敦本修正为 *kù'*。

Esfera celestial (np.天球). *hoēn tiēn' kiêu'* 浑天球①.|. *tiēn' tỷ'* 天体②.

Esferico (a.球状的、球体的). *iuên* 圆.|. *tuôn'* 团.|. *tuôn' iuên* 团圆.

Esforzar (vt.鼓励、激发). *mièn lý* 勉励.|. *mièn kiàn'g* 勉强.

Esforzarse (vr.使劲、尽力). *iuńg liẻ* 用力.|. *chiń liẻ* 尽力.|. *fý liẻ* 费力.|. *iuńg siń* 用心.|. *fă fueń* 发奋.|. *fueń lý* 奋厉③.

Esfuerzo (n.力气、胆量). *liẻ leańg* 力量.|. *iuǹg liẻ* 勇力.|. *meǹg iuǹg* 猛勇④.|. *iuǹg choańg* 勇壮.|. *choańg k'ý* 壮气.|. *hiuńg iuǹg* 雄勇.|. *hiuńg choańg* 雄壮.|. *kuāng kiañ'g* 光强.|. *chińg choańg* 精壮.|. *choańg kień* 壮健.|. *kiañ'g iú* 强围.

Esforzado capitan, valiente (vp.刚健、勇武的军官). *iuǹg çú* 勇士.|. *meǹg çú* 猛士.|. *liẻ çú* 力士.|. *kaṅg iuǹg* 刚勇.

Esgrimir (vt.挥舞兵器、练武). *siẻ vù* 习武.|. *ieǹ vù* 演武.|. *vù kień* 舞剑.|. *p'ó pú pień vù tāo pây'* 破步边舞刀牌⑤.|. *xeń vù tāo pây'* 善舞刀牌.

Esgrimir con lança (vp.挥舞长矛). *vù chiañ'g* 舞枪| *tìng' chiañ'g* 挺枪.|. *çù chiañ'g* 使枪.

Eslabon de cadena (np.链子串成的环圈). *lién hoân* 链环.|. *lién kiūen'* 链圈.

Eslabon de açero para sacar fuego (np.用来摩擦燧石以取火的钢圈). *hò tāo* 火刀.

Esmalte (n.珐琅、搪瓷). *fă lań* 珐琅.

Esmeralda (n.祖母绿). *lỏ iỏ* 绿玉.|. *lỏ pào iỏ* 绿宝玉.|. *lỏ sẻ pào xẻ* 绿色宝石.

Espacios ymaginarios (np.想象中的空间). *kūn'g hiụ* 空虚.|. *hoēn tuń* 浑沌.

Espacio de tiempo (np.一段时间). *xý héu* 时候.|. *xý chiẻ* 时节.|. *iẻ xý kiēn* 一时间.|. *iẻ hoéy kiēn* 一会间.

Espacio (n.间隔), poco à poco (adp.一点一点). *mán mán* 慢慢. – paso a paso (一步一步). *chién chién* 渐渐.⑥

Espacio, o tardança (n.迟慢，耽搁). *chý' leào* 迟了.|. *chý' iên* 迟延.|. *leańg kièu* 良久.

---

① 柯本写为"昏天球"。
② *tỷ'*, 柯本误录成 *tý*, 遂将其词写为"天地"。
③ 柯本写为"愤力"。
④ 柯本误录为"*meǹg liẻ* 猛力"。
⑤ 前三字柯本缺。"破步"，谓迈开步子，其句似取自某部小说。
⑥ 此条不见于柯本。

Espacio de dos años (np.两年之隔). *leǎng niên tiě kièu* 两年的久. et sic de estos (余可类推).

Espacioso, ancho, dilatado (a.宽敞的，宽广的，辽阔的). *kuàng kuǒ'* 广阔.|. *kuàng tá* 广大.

Espaciarse, diuertirse (vr.消遣，娱乐、愉悦). *kāy' siń* 开心.|. *hỳ xòa* 喜耍.|. *kuōn' sań* 宽散.

Espacioso, tardo, flematico (a.迟慢的，迟钝的，冷漠的). *kuōn' siě tiě* 宽息的.|. *sińg kuōn'* 性宽.|. *kiày kuōn'* 解宽.

Espada (n.剑). *kień tāo* 剑刀. – preciosa (珍贵的). *pào kień* 宝剑.

Espada de dos filos (np.双刃之剑), montante (n.宽剑). *xoāng chā' kień* 双叉剑.|. *xoāng jiń kień* 双刃剑.|. *xoāng fuńg kień* 双锋剑.|. *xoāng kèu' kień* 双口剑 | *leǎng mién tāo* 两面刀 | *leǎng kù kień* 两股剑①. – jugar de dos espadas (演练两把剑). *chý xèu leǎng kień* 置手两剑.|. *luńg xoāng tāo* 弄/抢双刀②.

Espadaña (n.香蒲). *kień leńg çhào'* 剑棱草.|. *chān'g pû'* 菖蒲.

Espaldas (n.背部、脊背). *poéy* 背.|. *poéy héu* 背后.|. *çhiě poéy* 脊背.|. *kiēn poéy* 肩背.

Esparsirse las nubes (vp.云彩消散). *sào tańg fèu iûn* 扫荡浮云③.

Esparrago (n.芦笋).④

Espantar (vt.使人害怕、把人吓坏). *hě p'á jiń* 吓怕人.|. *kińg hě jiń* 惊吓人.|. *kińg p'á jiń* 惊怕人.|. *kuǹg hě jiń* 恐吓人. poner le miedo (都指引起恐惧).

Espantarse (vr.害怕、惊恐). *kińg hoāng* 惊慌.|. *kińg gǒ* 惊愕.|. *kińg hiày* 惊骇.|. *çhǒ kińg* 作惊.|. *çhǒ hě* 作吓.

Espantado (a.受惊的). *hoāng māng* 慌忙.⑤

Espanto grande, quedo sin sangre (np.万分惊恐，吓得面无血色). *kińg tě*

---

① 柯本写为"两口剑"，以为 *kù* 系 *kèu'* 之误。刘备所用的双剑，称为"(雌雄)双股剑"，一名鸳鸯剑。量词"股"指细长之物，相当于"支"，如《红楼梦》里称金簪为"一股"。

② 影本上字音 *luńg* 标有阴平、去声两个调符；后者似为补写，同时并未抹去前者。

③ 《三国演义》第一百零二回："……收兵已了，天复清朗，乃孔明驱六丁六甲扫荡浮云也。"

④ 此条写了两遍，都缺汉语释义；柯本引有梵蒂冈本的补释：*kiuě* 蕨。

⑤ 另手补插的条目。

hoên sań 惊得魂散.|. kiñg çù 惊死.|. ch'ě iě kiñg 吃一惊.|. xéu kiñg 受惊.|. kiñg hoên pǒ chǒ tỳ' 惊魂不着体.

Espantosa cosa (np.可怕的东西), formidable (a.可畏的). kò' kiñg 可惊.|. kò' p'á 可怕. – espantajo, vt vn hombre de paja (吓唬人的东西，如草编的假人). taó çhào' jiń 稻草人.

Esparcir (vt.散播). fuēn sań 分散.|. tà sań 打散.|. lỳ sań 离散. – soplando (吹开). chūy' sań 吹散. – esparsir semilla (撒种子). sǎ kāy' 撒开.

Especificar (vt.详细说明、具体描述). çhiân'g sý 详细.|. fuēn mîng 分明.|. kiày pèu' 解剖.|. sý pèu' 细剖.|. pèu' chě 剖拆.|. pèu' siě 剖析.|. siě çhiân'g 析详.

Especies de las cosas philosophicas (np.哲学意义上的事物类型). vuě siańg 物象. – de las logicas (逻辑意义上的类型). vuě luý 物类. – de las corporeas (有形事物的类型). ièu hiñg chȳ siańg 有形之象.

Especies de las cosas incorporeas (np.无形事物的类型). vû hiñg chȳ siańg 无形之象. – producir las especies (形成种种类型). señg siańg 生象.|. fǎ siańg 发象.|. chiñg' siańg 成象.

Especie genero de + cosas① (np.具体事物的类型或种属). luý 类.|. fuēn luý 分类. – de cauallo (马属). mà luý 马类.|. jiń luý 人类. et sic de cetteris speciebus (如此等等，不一而足).

Especie, o casta, o semilla (n.类别、品类，或种系). chùng 种. v.g^a. esta casta de hombre (例如说，这样的一种人、一类人). chè iě chùng jiń 这一种人. ett^a. (等等).②

Especie aromatica (n.香料、调料). hiāng leáo 香料.

Esperesarse (vr.伸懒腰). xīn iāo 伸腰.③

（p.92）

Especular (vi.思辨、推理). chū'y luń 推论.|. chū'y kiéu lỳ tỳ' 推究理体.|. tuñg' ký' kú 通其故.|. sý çū 细思.|. mě kiéu 默究.

---

① 页缘有相应的符号：+ cada cosa（每一事物），表示以此替换 cosas（种种事物）。
② 柯本注：chè, 梵蒂冈本作 tché, 去声。
③ 此条原写于词目 Espacio de tiempo 的右首，柯本未录。但下一页将出现的一条与此基本相同。Esperesarse, 即 desperezarse（伸懒腰）。

Especial intento (np.特殊的意图、特别的想法). *çū y̌ 私意*①.

Extra ordinario (ap.非同一般的). *fy̌ chân'g* 非常.|. *fuén vuáy* 分外.

Especies de comer (np.食物的佐料). *hiāng leáo* 香料.|. *çhiāo leáo* 椒料.

Espectaculo, apariencia (n.景象，外观). *hińg choáng* 形状.|. *mû iáng* 模样.|. *hińg mû* 形模.

Espeluçarse el cabello (vp.头发蓬乱). *chèn' fǎ* 缠发②.|. *chén liě* 站立.

Espereçarse (vr.伸懒腰). *xīn iāo* 伸腰.

Espejo (n.镜子). *kińg* 镜.|. *kińg kién* 镜鉴. – de vidrio (玻璃制的). *pō ly̌ kińg* 玻璃镜. – mirarse al espejo (照镜子). *cháo kińg* 照镜.|. *tuy̌ kińg* 对镜.

Esperar, vt en Dios (vt.瞻仰，如对上帝). *vuańg* 望.|. *niàng vuańg* 仰望.|. *chēn vuańg* 瞻望.

Esperança (n.希望), la virtud de la esperança (np.希望之德). *vuańg tě* 望德.

Esperança vanna (np.空洞的希望). *hiǔ vuańg* 虚望.|. *hȳ vuańg* 希望.

Esperar, aguardar (vt.等候，期待). *teǹg* 等.|. *táy* 待.|. *teǹg táy* 等待.|. *tiń'g* 停. – el inferior al superior (下级等候上级). *çú héu* 侍候③.

Esperar en otro (vp.寄望他人), confiar (vt.信赖). *y̌ lay̌* 倚赖.|. *ka'ó* 靠.|. *y̌ ka'ó* 倚靠.|. *tǒ' lay̌* 托赖.

Esperimentar, prouar (vt.实验、试验，尝试、试试). *xy̌ ta'ń* 试探.|. *ta'ń xy̌* 探试.|. *xy̌ nién* 试验.|. *xy̌ kuó* 试过.|. *y̌ kińg* 已经④.|. *kińg kuó* 经过.

Esperimentado (a.有经验的). *ièu chě tiě jiń* 有执的人.|. *xǒ tiě* 熟的.|. *lào chińg'* 老成.|. *lién tǎ* 练达.|. *gań lién tiě* 谙练的.

Esperiencia (n.经验、熟练老到). *kińg liě xǒ* 经历熟.|. *kińg liě lién* 经历练.⑤ – mancebo sin esperiencia (没多少经验的少年). *xàó nién vuy̌ çhêng' kińg çú* 少年未曾经事⑥.|. *pǒ kińg liě xǒ* 不经历熟.|. *pǒ' kińg xǒ* 不经熟.

Espeso (a.浓密的), no claro (ap.不清澈). *miě tiě* 密的.|. *heú tiě* 厚的.|. *chêu' miě* 稠密.

Espeso como licores (ap.稠厚如液体). *nûng* 浓.|. *chêu'* 稠.

---

① 柯本作"思意"。
② *chèn'*，调符有疑，柯本缺字。
③ *çú*，柯本误认作 *iǔ*，其词写为"御候"。
④ 指经历过某事，不无经验。
⑤ "经历练"，犹"久经历练"。"历熟"即"历练"，"熟""练"同义。
⑥ *xàó*，标有上声、去声两个调符。

Espesura de gente (np.密集的人群). *çhỳ miě* 挤密. – de arboles (指树木). *çhào' mǒ chêu' tǒ* 草木稠缀①.|. *çhào' mǒ chêu' miě* 草木稠密. – frondoso (枝叶繁茂). *méu xiń* 茂盛.

Espiar (vt.侦察、窥探). *tà ta'ń* 打探.|. *tà tièn* 打点.|. *tà ti'ń* 打听.|. *ta'ń sý* 探细.|. *xaó ta'ń* 哨探.

Espia (n.密探、间谍). *kiēn sý* 奸细.|. *kān sý* 奸细.②|. *sý çhǒ* 细作.|. *chiń' chè 侦者*.|. *ta'ń çhǔ* 探子.|. *iêu chiń' tiě* 游侦的.|. *ta'ń sý tiě* 探细的.|. *xaó ta'ń chè* 哨探者.|. *lô çú* 逻士.

Espiar, vt de atalaya (vt.窥探，比如从高处瞭望). *kuè'y vuań* 窥望.|. *teń kāo sý çhǒ* 登高细作.

Espina de pescado (np.鱼骨头、鱼刺). *iǔ ch'ú* 鱼刺.|. *iǔ kǒ* 鱼骨.

Espiga (n.穗). *suý* 穗. – de trigo (麦子的). *mě suý* 麦穗. – de arroz (稻子的). *táo suý* 稻穗.

Espigar (vi.抽穗). *chaǹg suý* 长穗.|. *fǎ suý* 发穗.|. *gù kiǒ iań hoā* 五谷扬花.

Espigar, o espigolar, cojer los Pobres las espigas que se caen (vt.拾穗，指的是穷人捡拾田里掉落的麦穗等). *xě suý* 拾穗.|. *xě goêy suý* 拾遗穗③.

Espinas (n.刺). *ch'ú* 刺.|. *kiě ch'ú* 棘刺.|. *kiń kiě* 荆棘.|. *chiě lý* 蒺藜.

Espinar, punçar (vt.刺、刺伤，扎、戳). *ch'ú* 刺.

Espino, çarçales④ (n.带棘刺的灌木、黑莓林). *kiě liń* 棘林.|. *ch'ú liń* 刺林.|. *chûn'g kiě* 丛棘.

Espinoso (a.带刺的、刺多的). *ièu ch'ú tiě* 有刺的.

Espinacas (n.菠菜). *pǒ liń ch'áy* 菠菠菜.

Espinilla de la pierna (np.腿的胫骨). *kǒ liên* 骨臁. – del pie (指脚骨). *kiǒ liên* 脚臁.⑤

Espinaço (n.脊柱、脊梁骨). *chiě kǒ* 脊骨.|. *chiě leań kǒ* 脊梁骨.|. *chiě leań* 脊梁.

Espirar (vt./vi.呼吸、呼气), morir (vi.死). *tuón k'ý* 断气.|. *chiuě k'ý* 绝气.|. *k'ý sań leào* 气散了. – apartarse el alma del cuerpo (灵魂离开身子). *hoên*

---

① *tǒ*，柯本缺字。盖混同于拾掇的"掇"，参见 Arrebañar（p.21）。
② *kiēn*、*kān*，柯本分别写为"奸""奸"。
③ "遗"读为 *goêy*，见 Fluxo seminis（p.100）。
④ zarzal（黑莓林，荆棘丛）。
⑤ 两例 *liên*，柯本均缺字。参见 Canilla de la pierna（p.41）。

ki'ŭ leào 魂去了.|. hoên lý xīn 魂离身.

Espirar, ojos ya apagados (vp.呼气、气绝，两眼黯然无神). gań mǒ 暗目.
 – oy çerrar los ieǹ (合上眼). pý leào ień 闭了眼.

Espiritu, aliento (n.精神、心灵，气息、呼吸). k'ý 气.

Espiritus (n.神灵、精灵). xîn 神.

Espiritus vitales (np.活力、生命力). xîn k'ý 神气.|. huǒ k'ý 活气.

Espiritus buenos, y malos chinicos (np.中国人眼里的精灵，善神和恶鬼). kuèy xîn 鬼神.|. xîn kuèy 神鬼.

Espiritu, animo (n.精神、气概，精力、勇气). chý k'ý 志气.|. juý k'ý 锐气.
 – brios (坚毅果敢). chý k'ý hiēn gańg 志气轩昂①.

Espiritu sin cantidad, ni materia (np.既无量、也无质的精灵). vû hiñg, vû iǹg liǹg tý' 无形、无影灵体. y desta suerte sepuede usar del tý' para la sustancia espiritual sin escrupulo alguno (毫无疑问，"体"一词可以这样使用，表示神灵的本质或精神的实质).

Espiritual cosa (np.属于神灵的东西). xîn vuě 神物.|. xîn çú 神事.|. xîn miáo 神妙.

Espiritual ayuda, o, auxilio (np.精神的支助或援手). xiǹg iéu 圣佑.|. iéu xîn chú 佑神助.

Espiritu tutelar chinoco (np.中国人眼里的庇护神). tù' tý xîn 土地神. [参见：Angeles, demonios (天使，恶魔).]

Espital② (n.济贫院、养济院). piǹg iuén 病院. [参见：enfermeria (养病之所).]

Espigon, punta (n.尖、尖头，尖端、顶端). ch'ǔ 刺.

Espolear (vt.用马刺策马), açotar al caballo [, que los chinos no vsan espuelas] (vp.用鞭子抽马[中国人不用马刺]). piēn mà 鞭马.|. ch'ě mà 策马.|. piēn ch'ě mà 鞭策马.

Espolear moraliter à alguno (vp.鞭策某人，引申的用法). chū'y ch'ǒ 催促.|. tǒ chě 督责.

Espolon de gallo (np.公鸡的后爪). ký kiù 鸡距③.

Esponjoso (a.海绵状的、松软的). pa'ńg tiě 胖的.

---

① hiēn，柯本拟为"掀"。

② espital = hospital，见 Enfermerio（p.85）。

③ 可能不是指鸡的后爪（距）本身，而是指斗鸡时缚在公鸡后爪上的铁片（距铁）。

Esponja (n.海绵).①

Esporton para la vasura (np.装粪便的提筐). *fuén kȳ* 粪箕. – para la tierra (装泥土的). *tù' kȳ* 土箕.

Esposo, nouio (n.新婚的丈夫). *siñ lañ* 新郎. – nouia (新婚的妻子). *siñ fú* 新妇.

Esso② (pron.这个、那个). *ché* 这.|. *chǔ'* 此. – esso es (是这样的、正是如此). *chiéu xý* 就是.|. *chīn xý* 真是.

Esposas de las manos (np.手铐). *xèu chèu* 手杻.|. *xèu nièu* 手杻.|. *xèu kǒ* 手梏.

Esprimir (vt.挤出). *chỳ chǔ' lây* 挤出来. – la materia (脓水). *chỳ nûng* 挤脓.

Espuma (n.泡沫、浮渣). *mǒ chǔ* 沫子. – de agua (水面上的). *pa'ó mǒ* 泡沫. – campanillas de agua (水里冒出的气泡). *xùy pa'ó* 水泡.

Espumar (vi.冒泡、起沫), echar espumarajos por la boca (vp.嘴里淌出沫子). *liêu mǒ* 流沫.|. *t'ú mǒ* 吐沫.

Esquife (n.小艇). *siào chuê'n* 小船.

Esquadra de carpintero (np.木匠用的角尺). *ki'ǒ ch'ě* 曲尺.

(p.93)

Espumar (vt.除去泡沫 vi.起泡沫), quitar la espuma, vt de la olla, ettª. (vp.从汤锅、砂锅等里面撇去浮沫). *chùy' mǒ* 吹沫③.

Esprimir, vt para sacar aseyte (vt.挤压，如榨油). *gań iǎ* 按压.

Esprimir chupando con la boca (vp.用嘴挤压、嘬吮). *chiǒ* 嚼.

Esquadron, o esquadra de exercito (n.一支军队，或一班军兵). *chúy* 队.|. *chín* 阵.|. *chȳ* 支. – de apie, vn esquadron (一支步兵). *iě chúy kiūn* 一队军. – de a caballo (一支骑兵). *iě chín jiñ mà* 一阵人马.

Esquila (n.铃铛), campanilla pequeña (np.小钟). *ki'ńg* 磬.|. *siào ki'ńg* 小磬.

Esquina (n.角、屋角、街角). *kiǒ* 角.|. *iǔ* 隅.

Esquinado, quadrado (a.带角的，方形的). *cú fañ tiě* 四方的.|. *cú mién tiě* 四面的.

---

① 这一条为后手补写，由笔迹可知出自同一人。既然有形容词 esponjoso（海绵状的），也就理应给出相应的名词。但海绵一物看来是新鲜的，一时还找不到一个合适的名称。《葡汉词典》也收有 Esponja（96a），同样没有写出对应词。

② = eso, 指在听话人跟前、离说话人略远的人或物，或者刚刚说到的事情；根据说话的场景，经常也可译为 that (one) "那（个）"。

③ *chùy'*, 拼法有疑。梵蒂冈本改作 ts'iù (=*chiù*)，柯本据之写为"取"。

Establo de bestias (np.牲畜的圈栏). *lañ* 栏. – de puercos (圈猪的). *chū lañ* 猪栏. – de caballos, ettᵃ. (圈围马匹等牲畜的). *mà lañ* 马栏.

Estable (a.稳固的), cosa firme (np.牢固的事物). *kiēn tińg tiě* 坚定的.|. *iǒ tińg tiě* 约定的.|. *kiuě tińg tiě* 决定的.|. *kiēn kú tiě* 坚固的.

Establecer (vt.确立、巩固). *kiēn tińg* 坚定.|. *tińg nîng* 定宁.|. *ińg kú* 凝固.

Estaca (n.桩子). *mǒ tańg* 木挡.|. *mǒ chūn'* 木椿/木桩①. – para atar caballos (拴马的). *hý mà chūn'* 系马椿.|. *hý mà chú* 系马柱.|. *mà iě* 马驿②. – para atar barcos (拴船的). *mǒ hoéy* 木榫③.

Estacas en los Rios, corrales para cojer pescado (np.打在河里的桩子，用来拦堵鱼儿的竹木栅子). *leañg hù* 梁沪.|. *goéy lý pà* 围篱笆.

Estacadas (n.木栅), cercas de maderas (np.木围栏). *mǒ chiñg'* 木城.

Estado, o condicion de la cosa (n.状况，即事情的现状或态势). *tý goéy* 地位.|. *tý pú* 地步.|. *xý fuén* 势分.|. *xý ću* 世事.

Estado, o dignidad alta (n.身份，即显赫的地位). *kāo tý goéy* 高地位. – conformarse con su estado (符合自己的身份). *sûy fuén* 随分. – estar contento con el (满足于自己的位置). *gān fuén* 安分.

Estado, conseruar su estado (vp.保持身份，维护自己的名分). *xèu fuén* 守分. – ir ↄᵃ. su estado (有违自己的身份). *fán fuén* 犯分.|. *kúo fuén* 过分. – exeder delo deuido (逾越适当的职分). *kúo fuén* 过分.

Estado propio, vt de Religion (np.事物固有的性状，如宗教的本性). *puèn fuén* 本分.

Estado, o apariencia exterior (n.状态，或事物外在的表现). *hińg choáng* 形状.|. *hiñg xý* 形势.|. *xý choáng* 势状.|. *tý' ta'ý* 体态.|. *xý ta'ý* 势态.|. *çhin'g choáng* 情状.|. *çhin'g ta'ý* 情态.

Estado (n.原态), boluer las cosas a su primer estado (vp.事物回到原初的状态). *fǒ siēn kiǹg tû'* 复先景图.

Estado de la naturaleza in puris naturalibus (np.纯自然的天性所呈现的状态). *sǒ sińg chȳ tý* 塑性之地④.|. *pin'g sińg chȳ tý* 平性之地.

---

① "椿"即"桩"，似因字形接近香椿的"椿"，才误拼成 *chūn'*。
② *iě*，柯本缺字。"马驿"，即驿站，歇马、换马之所。
③ *hoéy*，柯本缺字。"榫"，木桩，字又作"樟"，本指墙上挂衣物的木橛。
④ 柯本作"索性之地"。

Estado de la naturaleza corrupta (np.天性遭到腐蚀后的状态). *hoáy sińg chȳ tý* 坏性之地.

Estado de la naturaleza reparada (np.天性得到修正后的状况). *pù sińg chȳ tý* 补性之地.

Estallido del rayo (np.闪电的炸裂声), trueno (n.响雷). *p'iě liě* 霹雳.

Estallido, sonido (n.爆裂声，响声). *hiaǹg* 响.

Estameñas, lanillas (n.粗毛线，毛料). *hǒ chǔ* 褐子.|. *pà chǔ* □子①.|. *juńg* 绒.

Estambre (n.毛线、经纱). *miên xā* 棉纱.

Estampar (vt.印刻、盖印). *iń* 印.|. *mîng kě'* 铭刻. [参见：inprimir (印刷)②.]

Estampado en el alma (vp.印刻在心灵中). *mîng kě' iǖ siñ* 铭刻于心.

Estaño (n.锡). *siě* 锡.|. *siě lǎ* 锡镴.

Estañar (vt.镀锡、包锡). *ta'ńg siě* 烫锡.|. *pày siě* 摆锡③.

Estancar (vt.截停、阻滞). *chỳ chú* 止住.

Estanque de agua (np.池塘、蓄水池). *xùy chý'* 水池. – de pescado (养鱼的). *iû chý'* 鱼池.

Esta mañana (np.早晨、今早). *xîn chào* 晨早.

Esta vez (np.这一次). *ché iě chāo* 这一遭.|. *ché iě pién* 这一遍.|. *ché iě ch'ú* 这一次.

Esta en regla (vp.守规矩), hombre puesto en razon (np.明理的人). *cháy hańg* 在行.

Estar vt sic en lugar, existir, ettª. (vi.在、在某处，存在，等等). *cháy* 在.

Estar a pique de algo, ettª. (vp.几乎处于、接近于，等等). *xú kȳ* 庶几.

Estar en pie (vp.站立). *chań chǒ* 站着.|. *liě* 立. – leuantarse en pie (站起来). *chań kỳ'* 站起.

Estar en rueda, o en corrillo (vp.围成一圈). *hoân liě* 环立. – sentados (围坐一圈). *hoân chó* 环坐.

Estar colgado (vp.处于悬垂状态). *tiáo chǒ* 吊着.|. *hiụen chǒ* 悬着.

Estar en esta vida (vp.在此生、生活在今世). *hién cháy* 现在.

Estar de salud (vp.健康、身体好). *chú cháy* 自在.|. *piñ'g gān* 平安.|. *kańg*

---

① *pà*，日本有和字"䋄"，为绢布类的总称，但读为 *hā*。

② 即 imprimir（pp.195, 211），另有独立词目拼作 Ymprimir（p.121）。

③ 水银掺锡，呈黑亮色，称为"摆锡"。

kién 刚健①.|. *choáng kién* 壮健.

Estar metido todo en el mundo, ettª. (vp.深陷于世务，等等). *chîn' niĕ* 沉溺.|. *chuēn vú* 专务②.

Estar ausente (vp.不在场、缺席). *pŏ çháy* 不在.

Estar en casa (vp.在家里). *çháy kiā* 在家. ettª. (等等).

Estar por el parecer de otro, acomodarse con su voto (vp.凭某人处置，顺从其意). *ti'ńg kỳ' chù' fuén* 听其处分③.

Estar pendiente esperando, vt en Dios ettª. (vp.抱有希望，例如对上帝等). *hiuên vuańg* 悬望.

Estar para (vp.马上就要、快要). *çhiañg* 将.|. *çhiañg kín* 将近.|. *ku'áy* 快.|. *chā' pŏ to* 差不多.|. *lin̄* 临.|. *iáo* 要.

Estar sentado (vp.坐着). *çhó chŏ* 坐着.

Estar dispuesto, apercebido (vp.已准备好，已安排停当). *fañg pién leào* 方便了.|. *chỳ' pý leào* 齐备了.|. *pań leào* 办了.

Estar en su juyzio, como el enfermo (vp.理智健全、脑子清楚，如指病人). *çhiñg xîn* 精神④.

Estar en su voluntad, depender del (vp.听从某人，倚赖于他). *çháy tā' chù ý* 在他主意.

Estar acostado (vp.躺在床上). *tào choâ'ng* 倒床.

Estar sobreaguado (vp.漂浮在水面). *fêu* 浮.

Estar de prestado en algun lugar (vp.借住某处). *kiụ̂e'n chú* 权住.

Estar en lugar de otro (vp.代替某人). *táy tā'* 代他.

Estar alerta (vp.保持警惕). *fañg pý* 防备.|. *fañg xèu* 防守.

Estar en posecion (vp.拥有、获得拥有权). *tĕ kỳ' kiụ̂e'n* 得其权.

Estar ocupado (vp.忙于、有事做). *ièu çú* 有事.|. *pŏ tĕ hiên* 不得闲.|. *mŏ hiên* 没闲.|. *mŏ tĕ kūn'g* 没得空.

Estar delante (vp.在前面). *çháy çhiên'* 在前.|. *mién çhiên'* 面前.|. *tuý mién* 对面.

---

① *kañg*, 有可能漏标送气符, 即"康", 可比较 Bueno de salud (p.37)、Disposicion buena de salud (p.78)。

② 柯本转录为 *chuēn vú y*, 缺字。

③ *chù'*, 柯本漏录送气符, 其词作 "听其嘱吩"。

④ 柯本写为 "清神", 因梵蒂冈本将第一个字音拼为 *tsiñg'* (=*çhiñg'*), 带送气符。

Estar al deredor (vp.在四周、在附近). *çháy chēu goêy* 在周围.|. *çháy çhò iéu çhiên' heú* 在左右前后.

Estar el aue sobre los guebos (vp.禽鸟坐在卵上、孵蛋). *páo tań* 抱蛋.

Estar de luto (vp.在服丧). *çháy chý chuńg* 在制中.

Estar obligado (vp.有责任、应当). *kāy* 该.|. *kāy tańg* 该当.|. *jiń tańg* 任当.

Estar de baxo (vp.在底下). *çháy hiá* 在下. – en sima (在上面). *çháy xańg* 在上. ett^a. (等等).

（p.94）

Estar, consistir en esso ett^a. (vi.在、在于，在这方面，等等). *çháy iŭ* 在于.
– estar alto, baxo, sucio, ett^a. y en similes no se vsa el *çháy*, sino el termino simple; y algunas vezes se vsa el *xý*, o el *ièu*, no ay regla cierta (说某物高、低、脏等等，只需用相关的单词本身，而不必用"在"；有时候，会使用"是"或"有"，并没有什么确定的规则).

Estar para morir (vp.快要死去). *liń cù* 临死.|. *liń chuńg* 临终.|. *chiańg cù* 将死.

Estando para hazer lo (vp.将要做某事). *liń iǒ hía xèu* 临欲下手.

Estar cercanos, estar vezinos ett^a. (vp.在近旁，是邻舍，等等). *siańg kiń* 相近.|. *siańg liń* 相邻.|. *siańg kĕ* 相隔.|. *kĕ piĕ* 隔壁.

Estar mejor de la enfermedad (vp.病情好转). *keńg hào siē* 更好些.|. *suńg siē* 松些.

Estar atonito, espantado (vp.受到惊吓，恐惧). *kuâ'ng hoâng* 恇惶.①

Estar perplexo (vp.犹豫不定). *mǒ tińg* 没定.|. *siñ vuý tińg* 心未定.|. *vuý kiụ̆ tuón* 未决断.

Estar palido, amarillo (vp.显得苍白，面色青黄). *mién çhiñg'* 面青.|. *mién hâng* 面黄②.

Estatuas de bulto (np.雕像、半身像). *tiāo siańg* 雕像. – de barro (黏土制作的). *sú siańg* 塑像. – de piedra (石材雕刻的). *tiāo xě siańg* 雕石像.|. *xě siańg* 石像.

Estatuas de hombre de piedra (np.石雕的人像). *xě jiń* 石人. – de caballo (石雕的马). *xě mà* 石马. – de bronze (青铜铸造的). *tuñ'g siańg* 铜像.

---

① 此条隔开一行又写了一遍，完全相同。
② 柯本注：*hâng*，他本都作 *hoâng*。

Estatuario (n.雕塑师), el que haze estatuas (np.制作雕像者). *tiāo kuńg* 雕工.|. *tiāo çhiańg* 雕匠.

Este (a.这、这个). *ché* 这.|. *ché kó* 这个.|. *çhǔ'* 此.

Estender (vt.伸展). *chèn kāy'* 展开.|. *chańg kāy'* 张开.|. *pū' xīn* 铺伸.|. *xīn chě* 伸直.|. *xǔ xīn* 舒伸.|. *pū'* 铺. – cubriendo (覆盖). *pū' káy* 铺盖.

Estender, vt manos, pies, ettª. (vt.伸展开来，如手、脚等). *xīn kỷ'* 伸起.|. *xīn kāy'* 伸开.|. *xǔ kāy'* 舒开.

Estender el cuerpo (vp.舒展身子). *tìng' kāy' xīn* 挺开身. – espereçarse (伸懒腰). *xīn iāo* 伸腰.

Estendidos pies, y manos, iertos (np.手和脚摊开，手足僵直). *xèu kiǒ hoāng chańg* 手脚慌张.

Estender la mano, abrir la (vp.张开手，打开手掌). *xīn xèu chàng* 伸手掌.

Estender descojiendo (vp.摊开、铺开). *chèn kāy'* 展开. – estender la cama (摊床、铺整被褥). *pū' choân'g* 铺床.

Estender la red, echar la (vp.把网张开，撒网). *chańg chǒ lô vuàng* 张着罗网.|. *chańg vuàng* 张网.

Estender el cuello para recebir el golpe, vt los Martires (vp.伸出脖子迎向绞索，如同烈士那样). *xīn kìng xéu hińg* 伸颈受刑.

Estender, vt ramos, sarmientos, ettª. (vi.延伸，如枝杈、葡萄藤等). *muên iên* 蔓延.|. *çhū' muôn* 滋蔓.

Estio, o, verano (n.夏天，夏季). *hía tiēn'* 夏天.|. *hía ký* 夏季.

Estero (n.浅滩、河口). *kiàng* 江①.

Estitico (n.便秘). *pǒ tūn'g* 不通.

Estimable cosa (np.珍贵的东西). *kò' chuńg* 可重.|. *kò' kuéy* 可贵.

Estera, petate (n.席子，凉席). *siě çhǔ* 席子.|. *çhào' siě* 草席.|. *pû' siě* 蒲席. – de bejuco (用藤本植物编的). *teń'g siě* 藤席. – hazer petates (制作席子). *chě siě* 织席.

Estercolar las tierras (vp.给田地施肥). *ỳ fuén kiǎo tuên* 以粪浇园.|. *fuén tièn'* 粪田.|. *fańg fuén* 放粪.|. *fǎ fuén* 发粪.

Estiercol (n.粪便、粪肥). *fuén* 粪. – vasura (牲畜粪、圈肥). *fuén tù'* 粪土.

Esteril tierra (np.荒瘠的土地). *hoāng vû tý* 荒芜地.|. *tý séu* 地瘦.|. *hoāng hán* 荒旱. – muger esteril (不能生育的女人). *lańg çhǔ tāy'* 浪子胎.|. *hoāng*

---

① 柯本注：梵蒂冈本作 *kiāng*，阴平。

tāy' 荒胎.|. vû poē'y tāy' 无胚胎①.

Esteril (a.不孕的), muger inpotente (np.无生育能力的女人). xě niù vû ch'ǔ 石女无出②.|. kū' çhiě vû ùl 枯瘠无儿.

Estilar aguas (vp.经蒸馏提取花露). chiñg hoá lú 蒸花露③. – de flores, vt sic (从花朵中获取). chiñg 蒸.

Estilo, instrumento mathematico (n.铁笔、日晷针，一种数学工具). piāo 表.|. piāo 标. – leuantar lo para tomar la sombra del sol (将之竖起以测日影). liě kān chǒ jě iñg 立杆著日影. – leuantar lo en el Relox (竖为钟表的标准). liě piāo 立标.|. kién piāo 建标.

Estilo de composiciones retoricas (np.修辞性作文的风格). vuên fǎ 文法.|. vuên ký' 文气.|. vuên lỳ 文理.|. piě fǎ 笔法.

Estimar (vt.看重、珍重). kuéy 贵.|. chuńg 重.|. kuéy chuńg 贵重.|. pào chuńg 宝重④. – reuerenciando (表示敬意). çhūn chuńg 尊重.|. kiñg chuńg 敬重.

Estimar la virtud (vp.尊重德行). pào xén 褒善. – las letras (尊崇文学). xańg vuên 尚文.|. kuéy vuên 贵文. – las armas (尊崇武艺). xańg vù 尚武.|. kuéy vù 贵武.

Estima (n.认识、看法), en mi estima (pp.在我看来、以我之见). gò kién xě 我见识⑤.

Estimar en poco (vp.不重视、小看). kiñg' çhién 轻贱.|. pǒ lỳ 不理.

Estipendio de soldados (np.士兵的薪酬). piñg leañg 兵粮.|. leañg çhiên' 粮钱.

Estocadas (n.剑击), dar las (vp.用剑刺). ỳ kién ch'ǔ xañg 以剑刺伤.

Estomago (n.胃). pý' goéy 脾胃. – boca de estomago (胃的入口). goéy kèu' 胃口.

Estola de la missa (np.做弥撒时佩戴的长巾). chó mîsǎ tá taý 做弥撒大带⑥.

Estopa, la de china es de palmas, bonote (n.粗麻布，在中国人们用棕树皮、椰子壳当原料). çhūng 棕.

---

① 柯本作"芜胚胎"。
② ch'ǔ, 柯本改为çhù, 字作"子"。
③ 柯本注：hoá, 梵蒂冈本作 hoā, 阴平。
④ 柯本写为"保重"。
⑤ 柯本脱"gò 我"字。
⑥ mî、sǎ 二音连写，以示为一个词。

Estoque[①] (n.无刃剑、轻剑). *çú fuñg kién* 四锋剑.|. *çú kèu' kién* 四口剑.

Estornudar (vi.打喷嚏). *tà t'ý* 打嚏.|. *tà pu'én* 打喷.

Estorbar (vt.阻挡、妨碍). *chù* 阻.|. *chù tañg* 阻挡.|. *kiń chù* 禁阻.|. *kiń chỳ* 禁止.|. *chù gaý* 阻碍.|. *kiń iǘ* 禁围/禁御.

Estoruar deteniendo lo (vp.阻挡、拦截某人). *chù kě* 阻隔.|. *laǹ chù* 拦阻.|. *kě chǒ* 隔着.|. *kě chú* 隔住.|. *laǹ chú* 拦住.

Estoruo (n.障碍、阻力). *chù gaý* 阻碍.|. *tañg kǒ* 挡隔.|. *chù tañg* 阻挡.

Estrado, tarima (n.台、讲台，木板台). *tý tây'* 地台.|. *tý tây' pàn* 地台板.|. *muôn tý pàn* 蒙地板.|. *xeń p'ú pàn* 苫铺板.[②]

Estragar, vt el estomago, o, gusto (vt.破坏、糟践，如坏了胃口或味道). *páy leào* 败了.|. *hoáy leào* 坏了.|. *páy hoáy* 败坏.

Estrago, o, matança (n.灾害、毁损，或大屠杀). *xǎ xañg* 杀伤.|. *sań páy* 散败.|. *páy vuâng* 败亡.|. *xǎ chín* 杀尽.

Estrañar (vt.觉得奇怪、不习惯). *kuáy ý* 怪异.|. *hiên* 嫌.

Estrangero (n.外国人). *vuáy kuě jiń* 外国人.|. *vuáy pañg jiń* 外邦人.|. *vuáy fañg jiń* 外方人.|. *piě kuě jiń* 别国人.|. *ý kuě tiě* 异国的.|. *fān jiń* 番人.|. *xǒ ý tý jiń* 属移地人.[③]

(p.95)

Estraño (a.外国的). *vuáy fañg tiě* 外方的.|. *ý fañg tiě* 异方的.|. *pǒ xý puèn tý tiě* 不是本地的.

Estraña cosa, rara (np.异国的物事，珍稀物品). *ký' ý* 奇异.|. *ý kuáy* 异怪.|. *kù kuáy* 古怪.|. *fỹ chân'g* 非常.

Estraña cosa que pone espanto (np.引起恐惧的异国物事). *ta'ý ký'* 太奇.|. *kuó ký'* 过奇.|. *ch'ǔ ký'* 出奇.|. *ký' xín* 奇甚.

Estrecho, angosto (a.狭窄的，狭小的). *chě siào* 窄小.|. *pièn siào* 褊小.|. *chě hiǎ* 窄狭.|. *pièn hiǎ* 褊狭.[④]

Estrechar (vt.弄窄、变狭). *kày chě* 改窄.|. *kày chǒ hiǎ* 改作狭.

---

① 指击剑用的轻剑，柯本 rapier；汉语释义像是一种描述，但意思不清楚，*çú* 是否就写为 "四" 也有疑。

② *muôn*、*xeń*，柯本缺字。盖指搭建布道台，用木板铺面。

③ *ý*，柯本拟为 "异"。此句实即今所谓移民，从异国他乡移居而来。

④ 两例 *pièn* 柯本都写为 "扁"。

Estrecho de mar (np.海峡). *hày hiǎ* 海峡. – entre yslas (岛屿之间的). *hày tào hiǎ* 海岛峡.

Estrecho peligroso, vt entre montes (np.险阨的峡谷，如处于大山之间). *hièn iaý chȳ ch'ú* 险隘之处.|. *goêy ŷ hièn çhù* 逶迤险阻.|. *goêy ŷ hièn ch'ú* 逶迤险处. – guardar estos lugares peligrosos (守卫这类险隘之地). *pà chú iaý kèu'* 把住隘口.|. *taṅg chú siào lú* 挡住小路.

Estregar, refregar (vt.擦、摩擦，搓、揉). *chǎ'* 擦.|. *xèu chǎ'* 手擦.①

Estrujar (vt.挤、压、榨). *çhỳ* 挤.

Estuche (n.盛放小件器物的盒子). *vuên kiǘ* 文具.

Estrellas (n.星星). *siṅg* 星.|. *siṅg xîn* 星辰.|. *siṅg siéu* 星宿.

Estrellado cielo (np.布满星星的天空、星空). *siṅg kuāng muòn tiēn'* 星光满天.|. *chuṅg siṅg laṅg tiēn'* 众星朗天.

Estremado, exelente (a.绝佳的，优异的). *miáo* 妙.|. *kiẽ hào* 极好. con los demas superlatiuos (或与其他表示最高级意义的字词连用).

Estribos de la silla del caballo (np.马鞍所带的镫子). *mà teṅg* 马镫.|. *tǎ teṅg* 踏镫.

Estribo del edificio (np.建筑物的支柱). *chú çhù* 柱子.

Estribar (vi.靠托、依赖). *ỳ ka'ó* 倚靠.|. *ỳ laý* 倚赖.|. *tỏ' laý* 托赖.|. *ỳ çhié* 倚借.|. *ka'ó chǒ* 靠着.|. *pân'g chǒ* 傍着.|. *ỳ chaṅg* 倚仗.|. *fú tỏ'* 附托.|. *fú chǒ* 附着.

Estribo (n.支柱), tiene buen estribo, o buenas espaldas (vp.有可靠的支柱，背后有结实的靠山). *ièu ka'ó xān* 有靠山.|. *ièu hào çhiân'g piẽ* 有好墙壁.|. *ièu tá xý têu'* 有大忴头.

Estruendo, ruydo (n.喧闹，噪杂). *çhâo' náo* 嘈闹.|. *náo jě* 闹热.|. *jaṅg náo* 嚷闹.|. *lào çhâo'* 唠嘈②.| *hiṹen náo* 喧闹.

Estudiar (vt.学习). *tỏ xū* 读书.|. *ka'ń xū* 看书.|. *kuṅg xū* 攻书③.|. *suṅg tỏ* 诵读.

Estudiante (n.学习者、学生). *hiǒ seṅg* 学生.|. *tuṅ'g seṅg* 童生.|. *hiǒ chè* 学者.|. *tỏ xū tiẽ* 读书的.|. *xū seṅg* 书生.

Estudio, o escuelas (n.大学预科，或一般而言的学校). *xū kuòn* 书馆.|. *hiǒ tân'g* 学堂.|. *hiǒ kuòn* 学馆.

---

① "擦"，他处多拼为 *chǎ'*，但此处未必就是笔误。
② *lào*，柯本写为 "咾"。
③ 柯本写为 "工书"。

Estudio, o librerias donde se estudia (n.书房、藏书间、图书馆，即供人学习的场所). *xū fańg* 书坊①.|. *xū tań'g* 书堂.

Estrupo (n.强奸). [参见：desflorar (玷污).]

Estufa (n.火炉、暖房). *ka'ńg choân'g* 炕床.|. *kān' choân'g* 炕床.②

Et.

Eterno (a.永恒的). *iuǹg* 永.|. *iuǹg kièu* 永久.|. *iuǹg iuèn* 永远.|. *heńg kièu* 恒久.|. *heńg iuèn* 恒远.|. *vû kiûń'g* 无穷.|. *vû chuńg* 无终.|. *vû hièn chý* 无限际.|. *vû kiańg* 无疆. todos estos son à parte post sine fine (所有这些词都表示以后也永远没有终点). – in secula seculorum (一代又一代、世世代代). *iuǹg iuǹg xý xý* 永永世世.

Eternidad de Dios sin principio ni fin (np.上帝之永恒，既无起点也无终极). *vû xỳ, vû chuńg* 无始无终. – ab eterno (自有永恒以来). *çhûn'g vû xỳ chȳ çhū'* 从无始之初.|. *çhûn'g vû xỳ ỳ lây* 从无始以来.|. *çhûn'g vû xỳ chȳ xỳ* 从无始之始.

Eternizarse (vr.永久存在). *chân'g çhûn'* 长存.|. *chân'g seńg* 长生.|. *iuǹg seńg* 永生.|. *iuǹg çháy* 永在. [参见：eterna③ (永恒的).]

Etico④ (a.患痨病的). *kiě' pińg tiě* 急病的⑤.|. *tân' hò* 痰火.|. *nuý xańg* 内伤.|. *lâo pińg* 痨病. [参见：tisico (得痨病的).]

Et cetera (np.如此等等、以及其他). *teǹg* 等.

Ev.

Euacuar, agotar (vt.清空，耗尽). *ki'ńg* 罄.|. *çhiń* 尽.|. *kiě leào* 竭了.

Euangelio (n.福音、福音书). *fǒ iń* 福音.|. *siń kiáo kińg tièn* 新教经典.

Euangelista (n.领唱福音并掌文书的教士). *xińg çù* 圣使.|. *ký lǒ tiě* 记录的.

---

① *fańg*，原标为阴平，柯本改作阳平 *fâng*，其字还原为"书房"。古时"书坊"并不专指书店，而"书房"的含义也比现在广。

② 两例"炕"字注音不同，后一例似为方音，柯本缺字。

③ 并无独见的词目，可参看 p.95 上的 Eterno（永恒的）。

④ 今拼 hético（患痨病或消耗热的、枯瘦的）。

⑤ *kiě'*，送气符疑衍。

Euangelizar (vt.传播福音、布道). *chuê'n kiáo* 传教.|. *hiñg kiáo* 行教.|. *pú kiáo* 布教.

Euidente (a.显见的、无可否认的). *mîng pě leào* 明白了.

Europa (n.欧洲). *tá sȳ iañg* 大西洋.

（p.96）

Eunucos del Rey (np.君王的阉人、宦官). *ta'ý kién* 太监.|. *núy kuōn* 内官.|. *kiń xý chîn'* 近侍臣.|. *kuñg chuñg chañg* 宫中长.|. *çú chȳ kuón* 寺之官①.|. *chân'g xý chè* 常侍者.

Ex.

Exagerar (vt.夸张、言过其实). *kiě iên* 极言.|. *ta'ý kúo* 太过.

Exagerar en alabar (vp.过度赞扬). *çhín chiñg'* 尽称.

Examen de los que entran de nuebo licenciados, y de los viejos para conseruar su grado (np.年度考试，包括初次参试的考生和那些必须保持入试资格的旧考生). *suý kào'* 岁考. – el lugar es (相应的考场为). *kuñg iuén* 贡院.

Examen de los que entran à *kiù jiñ* de 3. en 3. años (np.每三年一次、在第三年举行的考试，考取者即"举人"). *kō' kào'* 科考.|. *kō' kiù* 科举.|. *kiñg' xý* □试②. – el lugar del examen (考试的地点为). *kō' chân'g* 科场.

Examen de los licenciados de 3. en 3. años (np.每三年一次、在第三年举行的考试). *kào' hiáo* 考校③.

Examen de *kiù jiñ* en la Corte para entrar en Doctores (np.举人为入选博士而参加的朝廷考试). *hoéy xý* 会试. – despues de aprouados se bueluen a examinar delante del Rey, y este examen se dize (凡入选者，复又在皇帝面前受试，这一考试称为). *tién xý* 殿试.|. *tiñ'g xý* 廷试.

---

① 寺官，执掌寺庙事务的官员。

② 柯本注：这一级考试通常称为"乡试"，*kiñg'* 一音有可能是"鄉（乡）"字被误认作"卿"的结果。按："乡"字相当活跃，组成的词有"乡村、乡里、乡亲、乡里亲、乡俗、乡绅、乡党、乡谈、乡语、同乡、本乡、贵乡、敝乡"（pp.10, 60, 68, 126, 134, 144, 165, 167）等等，其中的"乡"字都不误，一律拼为 *hiañg*。

③ 犹考较，考试。

Examen donde se escojen los que han de ser Mandarines (np.为挑选官员而举行的考试). *kào' siuén* 考选.

Examen de los Mandarines en las visitas que hazen cada tres años (np.每三年一度的考试或巡视，受试对象为官员). *kào' chǎ'* 考察.

Examinadores Regios que embian de la Corte para el examen de *kiù jiñ*, son dos, del 1.ᵒ se dize. (np.皇家为"举人"的考试而派遣的考官，计有两位，第一位称为). *chù kào'* 主考. el 2.° (第二位叫做). *fú kào'* 副考.

Examinador de los licenciados de cada Prouincia (np.每一省的考生所面对的考'官). *tý' hiǒ taó* 提学道.|. *chūng çū* 宗师.

Examinar para ver si saben (vp.查问考生是否懂得). *kào'* 考.|. *kào' vuén* 考问.

Examinar, aueriguar (vt.检查、调查). *chǎ'* 察.|. *chā* 查①.|. *chā kiéu* 查究.|. *chā vuén* 查问.|. *xìn vuén* 审问.|. *chā xīn* 查审.

Examinar testigos (vp.提审证人). *xìn vuén kān chíng* 审问干证.

Examinar los pecados para confesarse (vp.审问人犯并促其认罪). *sìng chǎ' chúy kuó* 省察罪过.|. *chiân'g sý siàng chú kỳ tiě chúy* 详细想自己的罪.

Examinar lo, y aueriguar lo por menudo (vp.盘查，调查细节). *chiñg chǎ' chá* 精察.|. *chā cháo* 查照.|. *chā mîng pě* 查明白.

Examinar lo en juyzio (vp.在庭审中查问). *kào' ki'ǒ* 考确②.|. *ki'ǒ vuén* 确问.|. *chūy' ki'ǒ* 推确.|. *chiân'g xìn vuén mîng pě* 详审问明白.

Examinador, o pesquisidor de alguna cosa, o, causa (n.审查官，即调查某件事情或盘查原因的官员). *chā puôn'* 查盘.

Examinar a los que han de entrar en licenciados (vp.举行考试，参试者为欲获得生员资格的考生). *kào' tuñ'g señg* 考童生.

Examinar el cuerpo del difunto para ver si le mataron, o murio el (vp.查验死者的身体，以确定是属于被害还是自然死亡). *nién xȳ* 验尸.|. *kièn nién* 检验.|. *kièn xȳ* 检尸.|. *kièn xȳ ièu xāng* 检尸有伤.

Exhalar (vt.呼气、呼出). *pu'én k'ý* 喷气.|. *t'ú k'ý* 吐气.

Exeder (vt.超过、越出). *kuó* 过.|. *xińg kuó* 胜过.|. *kuó tú* 过度.|. *kuó chiě* 过节.|. *kuó fuén* 过分.|. *chāo' kuó* 超过.|. *iŭ chiě* 逾节. – en palabras (话说得过分). *kuó xiń chỹ iên* 过甚之言.

Exeder en lo que conuiene (vp.不合适、不合度). *kuó tañg* 过当.|. *kuó puèn*

---

① 似与"渣、楂"的读音相混；"查"字他处多拼为 *châ'*，阳平、送气。

② 即考明、考查清楚；也说"确考"，确切地考证。

fuén 过本分.

Exceso grande (np.过多、过大). *ta'ý kuó* 太过.

Exeder à otros lleuando les la ventaja (vp.超越他人并占有优势). *chāo' tŏ'* 超脱.|. *chāo' kiûn'* 超群.|. *chŭ' chuńg* 出众.|. *chāo' chŏ* 超卓.|. *chŏ chiụě* 卓绝.

Exelente, admirable (a.绝好的，令人赞叹的). *miáo* 妙.|. *xańg miáo* 上妙.|. *chiụě miáo* 绝妙.|. *chiụě hào* 绝好.|. *kỷ' miáo* 奇妙.|. *kỷ' ý* 奇异.|. *xīn miáo* 深妙.|. *chúy miáo* 最妙.|. *hiụen miáo* 玄妙.

Exceptuar (vt.排除、不包括). *chụ̌'* 除.|. *pŏ cháy núy* 不在内.

Excepcion (n.例外). *fuén vuáy* 分外.|. *lińg vuáy* 另外.

Exclamar, clamar (vi./vt.叫喊，呼喊、呼吁). *háo hū* 号呼.|. *hàn kiáo* 喊叫.|. *hū háo* 呼号.

Exclamar, o, clamar de temor (vi./vt.喊叫，或因恐惧而哀号). *kińg háo* 惊号.

Exclamacion (n.喊叫、感叹). *xińg hân* 声喊. – suspiro (叹息). *ta'ń k'ý* 叹气.|. *ta'ń siě* 叹息.

Excluir (vt.排除、除外). *chụ̌'* 除.

Exe de la rueda (np.轮子的轴). *lûn chŏ* 轮轴.|. *lûn iuên* 轮辕.

Excitar (vt.刺激、激励). *tý' sìng* 提醒.|. *kìng kiŏ* 警觉.|. *kiụén lý* 劝励.|. *chě lý* 责励. [参见：persuadir (说服).]

Executar (vt.实施、执行、贯彻). *hińg* 行.|. *xý hińg* 施行.|. *hía xèu* 下手.|. *goêy chŏ* 为作①.|. *chińg' hińg* 成行.

Exercitado en algo (ap.在行、熟通某事). *kuón xŏ* 惯熟.|. *xŏ tiě* 熟的.

Exalacion de la tierra (np.大地的呼气). *tý ký'* 地气.②

Exemplo, dechado (n.样本、样例，供模仿的样板、样子). *piào iańg* 表样.|. *piào ý* 表仪.|. *piào chě* 表则.|. *piào tiě* 表的.|. *piào sŏ* 表率.

Exemplo de virtud (np.德行的榜样). *goêy xén tiě piào* 为善的表.

Exemplo de maldad (np.恶行的榜样). *chŏ pŏ xeń chȳ piào* 作不善之表.

---

① *chŏ*，柯本转录为 *chŏ*，其词遂作"为著"（著＝着）。"为作"，犹作为，和另外四个汉语词一样也是及物动词，与西语词目（executar = ejecutar）的意义和词性都一致。

② 此条实与本页前面出现的词目 Exhalar（呼气）关联，可能并没有中国人所谓接地气的"地气"这一转义。柯本 vapors arising from the earth（土地挥发的蒸汽），也是取直义的理解。

Exemplos como milagros (np.如同奇迹般的楷模). *xíng çhiě* 圣迹.|. *kù çú* 古事.

Exemplificar (vt.举例说明、例示). *liě piào* 立表. – con palabolas① (用寓言). *liě iú* 立喻.|. *pỳ iú* 比喻.

Exercicio (n.功课、练习), o exerctarse (vr.演练、实践). *hiǒ siě* 学习.|. *ý siě* 肄习.|. *kuón siě* 惯习.

Exercicios cotidianos (np.每天的功课). *jě ku'ó* 日课.|. *kuñg ku'ó* 功课. [vt el de nuestro officio diuino② (例如我们神圣的日课即祈祷).]

Excequias (n.殡葬仪式). *sañg lỳ* 丧礼.|. *çhañg lỳ* 葬礼. [参见：esequias③ (殡仪、葬仪).]

Exercicio, ocupacion (n.活动，职业). *çú niě* 事业.

(p.97)

Exercito de acauallo (np.骑兵、马军). *kiūn mà* 军马.|. *piñg mà* 兵马.

Exercito de socorro (np.救援部队、增援人马). *kiéu kiūn mà* 救军马.

Exercito de apie (np.步战的军队、步兵). *kiūn çú* 军士.|. *hiuñg çú* 雄士.|. *pú piñg* 步兵. – de agua (水军). *xùy çú* 水士.

Expectacion, fama, o esperança de vno (np.一个人的期望、名望、声誉等). *kìng niàng* 景仰/敬仰④.|. *vuên vuáng* 闻望⑤.|. *ièu chuńg vuáng* 有众望/有重望⑥.|. *ièu mîng vuáng* 有名望.|. *vuáng chuńg* 望重. – fuera de toda esperança que se tenia (出乎一切期望、无论如何想不到). *vuáng vuáy* 望外.|. *ý vuáy* 意外.|. *pǒ liú* 不虑.|. *pǒ ý* 不意.

Experiencia (n.经验), experimentado, ett^a. (a.有经验的，等等) [参见：esperimentar (体验、试验、经历)，以及 exercitado (在行的、熟通的).]⑦

---

① 即 parábolas（寓言），柯本误录为 palabras（言词、话）。
② = divino（神的、神职的），柯本误录为 diurno（白昼的）。
③ 与词目 Excequias（今拼作 exequias）是同一个词。
④ 注意音节 *kìng*，含两个调符，一为上声、一为去声。这种双调符的现象很少见，但也并非孤例，可参看 Escojer（p.90）、Espada de dos filos（p.91）。柯本转录为 *kìng'*，是把后一个调符当成了送气符；而梵蒂冈本只有 *kìng* "景"，不作两标。
⑤ 柯本作"文望"。
⑥ 柯本取后者。
⑦ 这一条柯本未录，或因只是参见条目。

Explicar (vt.解释、说明). *kiày xuě* 解说.|. *kiày chṳ́* 解注.|. *xuě mîng* 说明.|. *kiày mîng* 解明.|. *çhiân'g mîng* 详明.

Explicacion (n.解释、说明). *kiày chṳ́* 解注.

Explorar (vt.考察、调查). *tà ta'ń* 打探.|. *tà ti'ńg* 打听. [参见：espiar (侦察、窥探).] – explorador (考察者). [参见：espia (密探、间谍).] – exponer (详述、阐明). *kiài* 解①. [参见：explicar, comentar (解释，评论).]

Exprimir② (vt.挤压、压榨). *çhỳ* 挤. – poniendo peso en sima (从上往下施压). *kiǎ* 夹.|. *iǎ* 压.

Exprimiduras (n.压榨后的剩余物、渣滓). *chā* 渣. – de arros despues de echo el vino (酿酒剩余的米渣). *çhāo* 糟.

Expreso, claro (a.清楚明白的，显而易见的). *mîng pě* 明白.|. *hièn mîng* 显明.

Experto (a.谙练懂行的). *liŋ lý* 伶俐. – Abil (聪明的、能干的). *çhūn'g miñg* 聪明.

Exquisito, raro (a.精美奇妙的，稀奇古怪的). *ky' ý* 奇异.|. *kù kuáy* 古怪.|. *ky' kuáy* 奇怪.|. *fy̌ chân'g* 非常.

Extraordinario (a.特异的). *ý chân'g* 异常.|. *ý iańg* 异样. [参见：estraña cosa (异国的奇物).]

Expuestos al peligro, no temer lo (ap.处于险境而毫不畏惧). *pǒ p'á* 不怕.

Exteriormente (ad.外观上、从外表看). *vuáy mién* 外面.|. *vuáy máo* 外貌.|. *vuáy têu'* 外头.

Extrema vncion (np.最后的搽油礼). *liñ chuŋ̄g fú xińg iêu* 临终傅圣油. – dar la extrema vncion (施以临终圣油礼). *chǎ' xińg iêu* 擦圣油③.

Extremo, o estremo en algo (a.极端的，即在某件事情上采取过分的做法). *hièn* 险④.|. *kiě* 极.

---

① 另手后补的对应词，与万济国的拼法略异。

② 与 esprimir（pp.92, 93）是同一词。

③ 柯本注：*chǎ'* 似为 *çhǎ'* 之误。按：此非孤例，词目 Estregar（p.95）之下的两例"擦"也都拼为 *chǎ'*，存在异读的可能。

④ 其字甚草，柯本因不可识（illegible）而放弃。"险"，若铤而走险，也即走极端。

F
(pp.97-102)

Fa.

Fabrica (n.工厂). *kuñg xě* 工室.

Fabricar (vt.制造). *kiá çháo* 架造.|. *choańg çháo* 创造. [参见：edificar (建造).]

Fabricador (n.制造者). *kiá çháo tiě* 架造的.|. *kiá çháo chè* 架造者.

Fabula, cuento (n.寓言、传说，故事). *kù çú* 古事. – palabras fabulosas (闲篇、胡诌). *tiēn' hoá* 天话.|. *mǒ tǎ sǎ tiě hoá* 没搭撒的话.|. *uôn xòá tiě hoá* 玩耍的话①.|. *hoañg tañ'g tiě hoá* 荒唐的话.

Facil (a.容易的). *iuñg ý* 容易.|. *pǒ nân* 不难. – facil de alcançar (容易获得). *ý tě* 易得. – de pasar (容易通过). *ý kúo* 易过.

Facil (a.容易相处的): hombre para todo (np.对什么都适应的人). *xoàng ku'áy jiñ* 爽快人.|. *xún fuńg jiñ çhiñg'* 顺奉人情.

Facilmente (ad.轻易、无须费力). *xú kỳ* 庶几.|. *iuñg ý* 容易.

Facinoroso hombre (np.歹毒的人、歹徒). *ǒ jiñ* 恶人.|. *lý háy tiě jiñ* 厉害的人.

Faysan (n.雉、野鸡). *xān kū* 山鸪.|. *tý kȳ* 地鸡.

Facultad, potestad (n.能力，权力). *kiûe'n xý* 权势.|. *kiûe'n pińg* 权柄.|. *kiûe'n nêng* 权能.

Fecundo en hablar (ap.能说、话多). *hoéy xuě hoá* 会说话.

Faciones del rostro (np.脸容、容貌). *hiñg choańg* 形状.|. *hiñg máo* 形貌.

Falsear, o falcificar (vt.作假，伪造). *çhó kìa* 做假.|. *choāng kìa* 装假.

Falcificar el sello (vp.造假印), sello falso (np.伪造的印信). *kìà iń* 假印.

Falcificar escrituras (vp.伪造文书、文契等). *kìà k'ý* 假契.

Falsario (a.虚假的、伪善的 n.谎骗者、作假者). *kān kiào'* 奸巧.|. *hoây úl siñ* 怀贰心.|. *siñ chuñg goèy ki'ǒ* 心中委曲.|. *fàn siñ tiě jiñ* 反心的人.|. *kān mêu chȳ poēy* 奸谋之辈②.

---

① "耍"字也标有两个调。

② *poēy*, 柯本写为"卑"。可比较另一例"辈"（Anciano, viejo, p.13），也标为阴平。

Falso, no supera lo verdadero (s.虚假终究战胜不了真实). *siê pǒ xińg chíng* 邪不胜正. – Refalsado, mal hombre (骗子，歹人). *kiēn chā* 奸诈.

Falso (a.虚假的), cosa falsa (np.伪造的东西). *kià tiě* 假的.|. *kià goéy* 假伪.|. *chá goéy* 诈伪.|. *hiū goéy* 虚伪.|. *pǒ chīn tiě* 不真的.

Falsas palabras (np.假话). *xuě hoańg* 说谎.|. *chá iên* 诈言.|. *luón iên* 乱言.|. *vuańg iên* 妄言.

Falsa moneda (np.假币). *kià çhiên'* 假钱. – plata (银钱). *kià iń çhù* 假银子.

Faldas (n.裙子、裙摆，山坡、山麓). *kiûn'* 裙. – de monte (指山). *xān kiǒ* 山脚.|. *xān iāo* 山腰.

Falta, defecto (n.错误，缺陷). *kuó xě* 过失.|. *kiuě' xě* 缺失.|. *p'ó pińg* 破病.|. *kie'ń kiuě'* 欠缺.|. *chân'g tuòn xý fỷ* 长短是非.

Faltar de algun lugar (vp.缺席某处、未出现). *pǒ çháy* 不在.|. *mǒ ièu* 没有.

Falta de cosas (np.东西匮缺), penuria (n.贫乏). *kiuě' xào* 缺少.|. *kiuě' fǎ* 缺乏.|. *mǒ ièu* 没有.|. *xào* 少.|. *pǒ tō* 不多.|. *fǎ iúng kiuě' xào* 乏用缺少.

Faltar en la palabras (vp.说话不算数、食言). *xě siń* 失信.|. *xoàng siń* 爽信.

Faltar en el respecto (vp.缺少敬意). *kie'ń niên kińg* 欠严敬.

Falta vno (vp.缺少一个). *xào iě kó* 少一个.

Falta un tay (vp.短缺一两). *xào iě leańg* 少一两. *ett*[a]. (等等).

Falta poco ett[a]. (vp.就缺一点儿，等等). *çhēng siê ûl* 增些儿①.

Falta poco para caer (vp.几乎跌倒、眼看要跌倒). *hièn siē tiě tào* 险些跌倒.|. *chā' pǒ tō tào* 差不多倒.

Falta me plata (s.我缺银两). *gò xào iń çhù* 我少银子. et sic de cett[is] (如此等等). – no me haze falta (我不缺、我有). *gò pǒ xào* 我不少.

（p.98）

Faltar a la enseñança (vp.缺少教诲、没教养). *xě kiaó* 失教.

Faltar en el concierto (vp.没有履行条约). *xoàng iǒ* 爽约.|. *xě iǒ* 失约.

Faltar en la cortesia (vp.缺少礼貌). *xě lỷ* 失礼. – en recebir al huesped (没有迎接客人). *xě ińg* 失迎. – en combidar② le (没有邀请客人). *kiuě çhiǹ'g* 缺请③. – remendar la falta (补全所缺). *keńg pù kiuě' xě* 更补缺失. – no

---

① 柯本注：*siê*，伦敦本、梵蒂冈本都作 *siê*，阴平。

② 今拼 convidar（邀请）。

③ *kiuě*，脱送气符。

aya falta (决不能出错). *çhiēn' vuán* 千万. ett^a. (等等) .|. *vuŏ tĕ ièu gú* 勿得有误.

Fama, nombre (n.名望，声誉). *mîng xiāg* 名声.|. e ɔ^a. (也可反过来说：*xiāg mîng* 声名).|. *mîng sĕ* 名色.|. *mîng vuańg* 名望.|. *mîng çhiĕ* 名节.

Fama (n.名望), hombre de grande fama (np.声誉极高的人), famoso(a.著名的). *vuáng chuńg* 望重.|. *niàng chuńg jiń* 仰重人.|. *mîng chuńg iŭ tańg xý* 名重于当世.|. *mîng iú* 名誉.|. *xeń iú* 善誉.|. *hién mîng* 显名.

Fama tiene en todo el mundo (s.闻名于世、名扬天下). *hiēu xiāg mîng iú tiēn' hía sò vuên* 休声名誉天下所闻①.|. *ièu xiāg tă* 有盛达②. afamado (有名的、出了名的). *chŭ' mîng* 出名.

Fama (n.名声), buscar fama (vp.追求名声). *liĕ mîng* 立名.|. *kiêu' mîng* 求名.

Fama, rumor (n.传闻，谣言). *ièu jiń chuĕ'n* 有人传.|. *ièu jiń kiàng* 有人讲.

Familias (n.家族、氏族). *çhūng çhŏ* 宗族.|. *kiā çhŏ* 家族. – las familias: de Padre, Madre, y muger (家庭成员：父亲、母亲、妻子). *sān çhŏ* 三族. – 9. propinquas (九类亲属). *kièu çhŏ* 九族.

Familiar (a.熟悉的 n.熟人), amigos que se comunican (np.相互往来的朋友). *tūn'g kiā* 通家.|. *siāng xŏ* 相熟.|. *siāng chý* 相至③.|. *siāng heú* 相厚④.|. *sŏ kiāo* 宿交⑤.

Familiaridad muy estrecha (np.至为亲密的友谊). *mŏ niĕ chȳ kiāo* 莫逆之交⑥.|. *kiñ lân chȳ k'ý* 金兰之契⑦.|. *kiñ xŏ chȳ kiāo* 金石之交⑧.|. *vuèn kìng chȳ kiāo* 刎颈之交.

Familiaridad, correspondencia (n.亲密关系，书信往来). *lây vuàng* 来往. – tengo con el correspondencia (我跟他有来往). *gò iŭ tā' vuàng laŷ* 我与他往来.

Familiaridad (n.亲密无间), tratar familiarmente (vp.往来亲密、无拘无束),

---

① 此句引自《三国演义》第四回，"名"为"美"之误："休声美誉，天下所闻。""休"与"美"并为动词，组成对偶；"休声"，不声张、不刻意求名声。

② 谓盛名在外，事业发达。此例柯本未录。

③ 谓相交至厚，至交。柯本作"相知"，调符出错也不无可能。

④ 柯本作"相候"。

⑤ *sŏ*，柯本拟为"索"。

⑥ *mŏ*，柯本写为"没"。

⑦ *k'ý*，柯本转写为 *kiāo*，字作"交"。

⑧ 柯本注：*xŏ* 为 *xĕ* 之误。按：也可能为 *iŏ* "玉"之误，"金玉之交"犹金兰之交。

sin cortesias (pp.不拘礼仪). *pǒ iuńg lỳ máo* 不用礼貌.|. *pǒ kiū* 不拘.

Fator① (n.管家). *k'ú kuōn* 库官.

Fardelaje (n.旅行袋), o, carruaje del camino (np.行路用的一应车辆). *hińg lỳ* 行李.

Fardos (n.成捆的东西、包袱). *pāo kùo* 包裹.|. *pāo fǒ* 包袱.|. *kuèn fǒ* 捆缚②.

Fanega, tiene 10. gantas (n.法内加，容量合10甘塔). *hǒ* 斛.

Fatiga (n.疲劳、艰辛). *siń kù'* 辛苦.|. *ieū luý* 忧累.|. *ieū kù'* 忧苦.

Fatigado (a.疲惫的、困倦的). *ièu kù'* 有苦.|. *çū mańg* 私忙.

Fausto, ostentacion (n.排场，阔气). *goēy fuńg* 威风.|. *tỳ' mién* 体面.|. *iuńg hôa* 荣华.|. *fuēn hôa* 芬华.

Faxar (vt.捆扎). *chēn' kùo* 缠裹③.|. *pāo kùo* 包裹.

Fastidio (n.厌食、厌烦). *ień* 厌. – en comer (在饮食上). *pǒ xeń xě* 不膳食.|. *pǒ çū iǹ xě* 不思饮食.|. *xě ień leào* 食厌了.|. *ch'ě pǒ hiá* 吃不下.

Fastidio (n.厌烦), dar fastidio a otro (vp.使人厌烦). *lińg jiń ień iú* 令人厌饫.

Fauor, gracia (n.恩惠，恩泽). *gēn* 恩.|. *gēn çú* 恩赐. – del superior, del Rey (来自上级、君王的). *chùn'g* 宠.|. *hińg* 幸.

Fauor, o intercesion del superior (np.上级的说情，给予的好处). *fueń xańg* 分上.|. *jiń chińg'* 人情.

Fauorecido, priuado del Rey (np.君王宠幸之人，宠臣). *chùn'g chîn'* 宠臣.|. *hińg chîn'* 幸臣.|. *xińg chîn'* 圣臣.|. *çū chùn'g* 私宠.

Fauorecido de todos (np.所有人的宠儿). *chuńg jiń chȳ ý* 中人之意.

Fauorecer (vt.支持、援助). *kiéu* 救. [参见：ayudar (帮助).]

Fauorecedor, bien echor (n.赞助者，施恩者). *gēn chù* 恩主.|. *gēn jiń* 恩人.

Fauorable (a.顺畅的、有利的). *xuń tiě* 顺的. – viento (指风向). *xuń fuńg* 顺风. ett[a]. (等等).

Faxa para la cintura (np.护腰的带子). *nuòn iāo* 暖腰.|. *kùo tú chǔ* 裹肚子.|. *pāo tù* 包肚④. – para faxarse las piernas (裹腿用的). *kùo kiǒ* 裹脚.|. *kiǒ táy* 脚带.|. *chên' táy* 缠带.

---

① = factor（古指管家、工长），柯本理解为施行者、代理人（factor, agent for another），与汉语词义不合。

② *kuèn*，脱送气符。

③ 柯本注：*chēn'*，伦敦本改为 *chên'*，阳平。

④ *tù*，后手另标有去声符。

Faxa, o, turbante para la cabeça (np.裹头的带子或布巾). *chēn' têu'* 缠头.|. *chēn' pú* 缠布.① – para faxar los niños (裹婴儿用的). *kiań'g pāo* 襁褓.

Faz (n.脸). *mién* 面.

Fe.

Fea cosa (np.丑陋的东西). *chèu'* 丑.|. *chèu' leú* 丑陋.|. *chèu' ǒ* 丑恶.

Fealdad (n.丑陋). *pǒ hào ká'n tiě* 不好看的.

Feo (a.丑、丑陋的), de mala cara (pp.相貌难看). *mién chèu'* 面丑.|. *chèu' máo* 丑貌.|. *ièu p'ó siańg* 有破相.

Fee, creencia (n.信、信念，信仰). *siń* 信. – fee virtual (实际的信仰). *siń tě* 信德. – fee solida (坚实的信仰). *chîn'g siń* 诚信. – fee diuina (神圣的信仰). *chāo' sińg tiě siń* 超性的信.|. *xińg siń* 圣信.

Fee humana (np.人类的信仰). *jiń siń* 人信. – fee viua (在世时的信仰). *huǒ siń* 活信. – fee muerta (人死后的信仰). *çù siń* 死信. – no tiene fê (没有信仰). *vû siń* 无信.|. *pǒ siń* 不信.|. *mǒ ièu siń tě* 没有信德.

Fielmente (ad.忠实、准确地). *siń jên* 信然.|. *xě jên* 实然.|. *chîń'g jên* 诚然.

Fecundo (a.能产的、多产的). *hoéy seńg* 会生. – pingues tierras, o sementeras (肥沃的土壤或耕地). *fý tiên'* 肥田.

Fertil, vt tierras fertiles (a.肥沃的，尤指土壤). *fý* 肥.|. *héu* 厚.

Feligreses, de quien siempre se compra (n.眷顾者，即那些总来买东西的人). *chù kụ́* 主顾.

Feria (n.集市). *hiụ* 墟/圩. – hazer la (办集市). *chó hiụ* 做墟/做圩.

Felicidad, dicha (n.福气，好运). *fǒ* 福.|. *kiě* 吉.|. *chiân'g* 祥. [参见：dichas (好运道).]

Feliz, dichoso (a.幸福的，幸运的). *ièu fǒ* 有福.|. *ièu çháo hoá* 有造化.|. *ièu hiáo hińg* 有侥幸.

Feroz (a.凶残的、暴虐的). *iùng mèng* 勇猛.|. *kuâ'ng vuáng* 狂妄.|. *chân' paó* 残暴.|. *chân' niǒ* 残虐.

Feruor (n.热忱、热情). *jě siń* 热心. – cristianos feruorosos (热忱的基督徒). *jě siń tiě* 热心的.

---

① 柯本注：*chēn'*，梵蒂冈本将两例都改为阳平。

（p.99）

Festejar (vt.过节、庆祝), dar el para bien (vp.欢庆节日). *hó* 贺.|. *kiǹg hó* 庆贺.|. *hó hỳ* 贺喜.

Festejar nuestras fiestas (vp.庆祝我们圣教的节日). *çhó chēn lỳ* 做瞻礼.

Fi.

Fiar a la persona de otro (vp.为别人做担保). *pào tā'* 保他.|. *chiǹ'g jiń* 承认①.|. *taý jiń* 代人.

Fiar (vt.作保), dar fiado (vp.赊销). *xē* 赊.

Fiador (n.保人). *pào kiā* 保家. – de la hazienda (担保其资产). *jiń çhiên' jiń* 认钱人②.

Fianza (n.信用书). *pào choáng* 保状. – in scriptis (书面形式的). *lìng choáng* 领状.

Fiar mas en la persona que en la prenda (vp.为某人作保, 信的是其人而非其物). *taǹg jiń, pǒ taǹg vuě* 当人不当物.

Fiarse de otro, creer le (vp.信任某人, 相信他). *siń tā'* 信他.|. *iuńg tā'* 用他.

Fideos de arina (np.用面粉做的通心粉). *mién sién* 面线③.|. *sǒ mién* 索面. – gruesos (粗或宽一些的). *chiě' mién* 切面. – de arroz (米做的). *mỳ fuèn* 米粉.

Fideos, o como fideos que nacen en las peñas que baña el mar (n.通心粉, 或一种样子像通心粉的东西, 生长在海水浸泡的岩石上). *hày fuèn* 海粉④.

Fiebres (n.热度、烧热). *jě* 热. – tener las (患病烧热). *fǎ jě* 发热.|. *fǎ xāo* 发烧. [参见：calenturas (发烧).]

Fiel de la balança (np.天平的指针). *tiēn' piǹg' chīn* 天平针.

Fiel vasallo (np.忠实的臣下). *chuǹg chîn'* 忠臣. – hombre fiel (忠实的人). *chuǹg heú* 忠厚.|. *lào xě* 老实.|. *chuǹg ý* 忠义.

Fidelidad (n.忠诚). *chuǹg ý* 忠义. – de verdad (忠于真理、信守事实). *xě* 实.|.

---

① *jiń*, 柯本所录为 *jiń*, 字作 "人"。

② *jiń*, 柯本写为 "任"。

③ 细面条, 闽、粤、客、吴等方言都说。见许宝华、宫田一郎（1999：3971）。

④ 民间又称海粉丝、海挂面, 实为一种海兔属的软体动物, 所产之卵呈细带状。

chîn'g xě 诚实.

Fiel que cuyda de los pesos (np.掌管称重的吏员). *kuòn chi'ńg* 管秤.

Fiera (n.野兽、猛兽). *meṅg xéu* 猛兽.|. *ǒ xéu* 恶兽.|. *iè xéu* 野兽.

Fiereza (n.凶猛). *iùng meṅg* 勇猛.|. *páo meṅg* 暴猛.|. *hiūng páo* 凶暴.|. *hiūng meṅg* 凶猛.

Fieros, amenazas (n.恐吓，威胁). *kiṅg* 惊. – echar le fieros (大肆恫吓). *kiṅg tā'* 惊他.

Fiestas nuestras (np.我们圣教的节日). *chēn lỳ jě* 瞻礼日.

Fiestas de los chinos en sus meses (np.中国人过的阴历月节日). *niên çhiě* 年节.

Fiestas, o juegos (n.节庆、游艺), hazer las (vp.举办节庆、游艺活动). *çhó huōn hỳ* 做欢喜①.

Figura exterior (np.外部形象、外观). *siańg* 象.|. *hińg siańg* 形象.|. *hîng choáng* 形状.|. *iuñg máo* 容貌.|. *tỳ' máo* 体貌.|. *choáng máo* 状貌.|. *iên sě* 颜色.|. *ký' siańg* 气象.|. *mién máo* 面貌.|. *kiṅg siańg* 景象.|. *kuāng kiṅg* 光景.

Figurar (vt.形成、象征、代表). *siańg* 象. – tomar figura, ut los Angeles que aparecen (取得形象，如天使显形). *çhié hińg* 借形②.

Figura, o modo de ladron (np.贼形或贼样), parece ladron (vp.看起来贼头贼脑). *ièu çhě hińg* 有贼形.

Figura del cielo (np.天宇的形象). [参见：forma del cielo (天宇的形式或构造).]③

Fixar (vt.确定、决定). *tińg* 定.|. *iǒ tińg* 约定.|. *kiuě tińg* 决定.

Fixar en tierra hincando (vp.扎入地里并固定). *chǎ' tińg* 插定.

Fixar los ojos, o la vista en algo (vp.注目，把视线投向某人某物). *chú ka'ń* 注看.|. *çhēn'g mǒ* 瞠目④.|. *ièn chú çháy ná lỳ* 眼驻在那里⑤.

Fixo, seguro (a.固定的，牢靠的). *tińg tańg* 定当.|. *tiñg' tańg* 停当.|. *tiñg' tò'*

---

① *hỳ*，柯本误录为 *lỳ*，其字遂作"礼"。

② *çhié*，去声，柯本误作入声 *çhiě*，其字写为"结"。

③ 此条为另手补入，缺汉语释义，柯本未录。参见 Forma del cielo（p.101），为同一人所写。

④ *çhēn'g*，梵蒂冈本无送气符，柯本据之写为"睁"。

⑤ "眼驻"，犹驻眼，即驻目。

停妥.|. *tò' tańg* 妥当.|. *iuǹg tańg* 允当①. [参见：firme (稳固).]

Filigrana (n.金属丝). *iñ lùi çū* 银颗丝. de plata (银质的). – *kiñ lùi çū* 金颗丝. de oro (金质的).②

Filos del cuchillo, espada, ettᵃ. (np.刀、剑等物的锋刃). *tāo fuñg* 刀锋.|. *tāo kèu' * 刀口.

Filosophia (n.哲学). *kě vuě kiûn'g lỳ chȳ hiǒ* 格物穷理之学.|. *siṅg hiǒ* 性学.

Filosopho (n.哲学家), hombre docto (np.饱学之士). *hiên chè* 贤者.|. *hiǒ çú* 学士.|. *jû chè* 儒者.|. *tá hiǒ çú* 大学士.

Filosophar (vi.论理、讨论哲理). *chū'y luń* 推论.|. *chū'y çū* 推思.|. *ý luń* 议论.

Fin, o termino (n.尽头，终点). *chūng* 终.|. *mǒ* 末.|. *chūng mǒ* 终末.|. *hiên çhý* 限际.|. *kiûn'g* 穷.|. *çhiń* 尽.|. *kiûn'g çhiń* 穷尽.|. *uỳ* 尾.

Fin, paradero, vt el hombre erga Deum (n.终点，投宿之处或归宿，犹如神明之于人生). *kuēy sǒ* 归宿.|. *kuēy chǒ* 归着.|. *chỳ sǒ* 止宿.|. *kuēy hiańg* 归向.|. *chỳ sò* 止所.|. *kuēy sò* 归所.|. *chuńg chỳ chȳ sò* 众止之所③.|. *mǒ chỳ chȳ sò* 末止之所.|. *tiṅg hiańg* 定向.

Fin (n.终点、尽头), tener lo (vp.有尽头). *ièu chūng* 有终.|. *ièu hièn* 有限.|. *ièu çhiń* 有尽.|.*ièu kiûn'g chiń* 有穷尽.

Fin (n.终点、目标), tener fin a que mira (vp.眼中有目标). *ièu sò tańg çhiù* 有所当趋.|. *ièu sò tańg hiańg* 有所当向.|. *ièu çhiù hiańg* 有趋向.④

Fin (n.目标、宗旨), causa final (np.最终的事业). *goéy chè* 为者. – fin comun (共同的目标). *kuńg goéy* 公为. – fin particular (个人的目标). *çū goéy* 私为.

Fin, intento (n.目的，意图). *ý çú* 意思. – que intento tienes? (你的目的、意图是什么？) *ièu xiń mò ý çú* 有甚么意思. – porque fin? (为什么目的？) *goéy xiń mò* 为甚么.

Finalmente (ad.最终、终于). *piě kiṅg* 毕竟.|. *piě jên* 必然. – forçosamente (一定). *piě tiṅg* 必定.

Final ultimo (ap.最后的、终极的). *sǎ uỳ tiě* 煞尾的.|. *mǒ uỳ tiě* 末尾的.

---

① *iuǹg*，柯本写为"永"。疑为 *iuǹ* 之误，或"允"字的又音。
② 此条系另手添写，故拼法如 *lùi* (=*lùy*) 略异。但注意 *iñ* 和 *kiñ*，调符仍写于鼻韵尾之上。"颗丝"，带斑点或接续的次等丝，从西语词目看不出这一意思。
③ 谓所有人都必然去往的归宿。柯本作"中止之所"。
④ 柯本注：两例 *çhiù* 在梵蒂冈本上都有送气符。

Fin, muerte (n.人生终点，死亡). *chūng* 终.|. *chūng mǒ* 终末.|. *çù* 死. – murio (他死了). *vuâng leào* 亡了.

Fin, efecto que tuuo (np.目的达到、作用有效). *hiáo nién* 效验.|. *ińg nién* 应验.

Fin del año (np.一年之末、年终). *niên piēn* 年边.|. *niên mú* 年暮. – del mes (一月之末、月底). *iuě çhín* 月尽.

Fin del mundo (np.世界末日). *xý mǒ* 世末.|. *xý chūng* 世终. – juyzio final (最后的审判). *kuňg xìn pu'ón* 公审判.

Fino, delgado (a.细小的，瘦长的). *sý nuón* 细嫩.|. *sý iéu* 细幼.|. *sý sý tiě* 细细的. – tierno, delicado (柔嫩的，纤弱的). *nún nún tiě* 嫩嫩的.|. *iéu nún* 幼嫩.

Fingida voluntad, o intento (np.假装的愿望或意图). *kià ý* 假意.①

(p.100)

Fingir (vt.假装、伪造). *chá goêy* 诈伪.|. *hiňg chá* 行诈.|. *kià* 假.| *iañg* 佯.|. *hiǔ* 虚.

Fingir que no sabe (vp.假作不晓). *iañg goêy pǒ chȳ* 佯为不知.

Fingir que esta enfermo (vp.装作生病). *kià pińg* 假病.|. *chá pińg* 诈病.|. *tū'y pińg* 推病.

Fingida cosa (np.假造的东西、作伪的事情). *kià tiě* 假的.|. *hiǔ tiě* 虚的.|. *hiǔ kià tiě* 虚假的.

Fingimiento, estratagema (n.诡计，计谋). *iañg iên* 佯言.|. *hiǔ kià* 虚假.| *máy kó p'ó chán* 卖个破绽.

Fingir el nombre y persona de otro (vp.假冒他人的名字和身份). *çhie tā' miñg sińg* 借他名姓. – la persona (冒充身份). *çhié tā' mîng sě* 借他名色.

Firme, fuerte (a.稳固的，结实的). *kiēn kú* 坚固.|. *kiēn xě* 坚实.|. *lâo xě* 牢实.

Firme cosa (np.事情稳当、安排妥善). *tiňg' tańg* 停当.|. *tiňg' tò'* 停妥.|. *iuňg tańg* 允当. [*tò' tańg* 妥当. seguro (可靠).]

Firmemente (ad.坚定、毅然). *chuēn siň* 专心.|. *chuēn ý* 专意.|. *kiuě ý* 决意.|. *siň tińg* 心定.|. *kiēn siň* 坚心.

Firmeza de animo (np.意志坚定). *kiēn ý* 坚毅.|. *kiēn siň* 坚心.|. *iuňg tiě* 勇的.

Firmar (vt.签字、签署). *kuá haó* 挂号.|. *hoá haó* 画号.

---

① 此条原写于词目 Fin, muerte 的右首，实与下一页的头一条关联。

Firma (n.所签的名字). *haó* 号.|. *haó çhú* 号字①.

Fiscal que cuyda del fisco Real en cada ciudad, y villa (np.每个城市及乡镇掌管财政的官员). *k'ú lý* 库吏.

Fistola enfermedad (n.瘘病、瘘管). *leú* 瘘. – criar la (长出瘘管). *seńg leú* 生瘘.

Fl.

Flaco (a.衰弱的), sin fuerzas (pp.没有力气). *xoāy* 衰.|. *xoāy jǒ* 衰弱.|. *juèn jǒ* 软弱.|. *liǔ jǒ* 羸弱②.|. *vû liě* 无力.

Flaqueza (n.消瘦乏力). *hiū jǒ* 虚弱. – flaco, magro (瘦弱，瘦削). *seú* 瘦.

Flecha (n.箭). *çhién* 箭. – de fuego (带火的). *hò çhién* 火箭.

Flechar (vt.射箭). *xé çhién* 射箭.

Flechero (n.弓箭手). *iuńg kuńg çhién tiě jiń* 用弓箭的人. – armar el arco (拉弓). *chańg kuńg* 张弓.

Flemas (n.痰). *tân'* 痰.|. *xùy tân'* 水痰.|. *tân' siên* 痰涎.

Flemas quaxadas (np.结块的痰). *hoâng tân'* 黄痰.|. *geńg tân'* 硬痰.

Flemas de viento, gota coral (np.风寒引起的痰症，痛风). *fuńg tân'* 风痰③.

Flema salada (np.带咸味的痰、咸痰). *kān sièn* 肝涎④.

Flematico (a.迟缓的、冷漠的). *kuōn' siń tiě* 宽心的.|. *siń kuōn'* 性宽.|. *kuōn' mán tiě* 宽慢的.

Flete del barco (np.船费). *chuê'n çhiên'* 船钱.|. *chuê'n çhū* 船租.|. *xùy kiǒ çhiên'* 水脚钱.

Fletar barco (vp.租船). *kú chuê'n* 雇船.|. *tào' chuê'n* 讨船.|. *siè chuê'n* 卸船⑤.|. *jiń chuê'n* 赁船.

Flocadura, fluecos, llamamos (n.流苏，穗子，我们欧洲人的叫法). *çū sių̈ 丝须. – a los pequeños (较小的称为). *taý* 带.

Flor (n.花). *hōa* 花. su numeral (相应的量词). *tò* 朵. – vna flor (一枝花). *iě tò*

---

① 原写为去声 *çhú*，但柯本所录为上声 *çhǔ*，字作"子"。

② *liǔ*，柯本写为"劣"。

③ 柯本写为"疯瘫"。按：西语词目实含两种病症，柯本针对的是后者。Gota coral（痛风）另有专条，见 p.105。

④ 柯本注：*sièn* 或为 *siên* "涎"之误。按：古医家相信风痰由肝经紊乱引起。

⑤ 柯本作"写船"。

hōa 一朵花.|. iě têu' hōa 一头花. vn ramillete (即花束、一束花).

Flor de arina① (np.面粉之精华、上等面粉). têu' mién 头面.|. xańg mién 上面.

Florecer (vi.开花), abrir las flores (vp.花朵绽开). kāy' hōa 开花.|. tù' hōa 吐花.|. fă hōa 发花.|. hōa fańg leào 花放了.

Floresta (n.植被葱茏之地、树林). kāy' hōa xińg méu 开花盛茂.|. çhào' mǒ çhŭ xińg 草木滋盛.|. hōa iûńg méu xińg 花容茂盛.

Florente siglo (np.繁荣昌盛的时代). xińg xý 盛世.

Florente Reyno (np.繁荣昌盛的王国或朝代). kuě luńg xińg 国隆盛.|. kuě chý luńg 国至隆.

Flota de barcos de mercançia (np.商船队). xańg chuê'n 商船.|. tá kě' chuê'n 大客船.

Floxo, negligente (a.松懈的，疏忽大意的). laǹ tó 懒惰.|. pǒ iuńg sīn 不用心.|. leǹg tań tiě 冷淡的.

Floxedad assi (n.懈怠、懒散). laǹ tó 懒惰.

Floxo (a.松、松动的), no apretado (ap.未盖紧或未绑牢). suńg 松.|. kuōn' 宽.

Floxamente (ad.慢腾腾、懒懒散散地). pǒ xańg kiǹ 不上紧.|. kuōn' 宽.

Fluxo de sangre por la boca (np.嘴里淌血). t'ú hiuě 吐血. – por otra parte (其他部位出血). hiuě lieu pǒ chỷ 血流不止.|. hiuě leú 血漏.

Fluxo seminis (np.遗精). goêy çhińg 遗精②.|. leú çhińg 漏精.|. liêu çhińg 流精.|. siě çhińg 泄精.|. liń pě chǒ 淋白浊.|. liêu pǒ taý 流不待.

Fluxo seminis por enfermedad, y flaqueza (np.因疾病、体弱而遗精). liêu çhińg chỷ pińg 流精之病.|. goêy çhińg chỷ pińg 遗精之病.|. jǒ siě çhińg 弱泄精.

Fo.

Fofo (a.疏松的、松软的), cosa gueca (np.内空的东西). kūn'g hiŭ 空虚.

Fofo, inchado (a.膨松的，肿起的). hiŭ chùńg 虚肿.

Fogon (n.火炉、炉灶). hò çháo 火灶.

---

① 今拼 harina（粉、面粉）。

② "遗"读为 goêy，有两种可能：一是方音，今闽南话读 [ui²]，客家话读 [vui²]，广州话读 [wai⁴]（见《发音字典》），都近于此条所记之音；二是误读，以为与遗赠、遗劳、遗人以金的"遗"（wèi）同音。

(p.101)

Fogoso narural (np.烈性子). *siń kiǹ* 性紧. – colerico (暴躁、易怒的). *kiǹ kiě* 紧急.

Forçosamente (ad.不得不、必须). *piě tiń* 必定.|. *piě kiń* 毕竟.|. *piě jeñ* 必然.

Forastero (n.陌生人、客人). *vuáy kě'* 外客. [*liù kě'* 旅客. idest pelegrino huesped (即旅行来到的客人).] [参见：estrangero (外国人).]

Forçosa cosa, necessaria (np.不得不做的事情，必须采取的步骤). *iáo kiǹ tiě* 要紧的.|. *kiǹ iáo tiě* 紧要的.|. *mièn pǒ tě tiě* 免不得的.

Forçar (vt.强迫). *kiàn'g jiñ* 强人.|. *mièn kiàn'g tā'* 勉强他. – con persuaciones (经劝说). *kiàn'g kiụ'én* 强劝.|. *chūy' pě'* 催迫①.

Forçadadamente (ad.不得不), a mas no poder (vp.没有其他办法). *pǒ tě ỳ* 不得已.|. *mǒ náy hô* 没奈何.|. *kiě kù'* 急苦.

Forçejar (vi.下力、努力). *iuń liě* 用力.

Forma, modelo (n.模型，模式). *mû chǔ* 模子.|. *mû iań* 模样.|. *iań chǔ* 样子.

Forma (n.形式), causa formal (np.形式因). *mû chè* 模者.|. *mû sò ỳ jeñ* 模所以然. – sustancial (实体因). *tỳ' mû* 体模. – intrinseca (内在因). *núy mû* 内模. – racional (理性因). *liń mû* 灵模.②

Formalmente, realiter, dezimos (ad.形式上，实质上，我们欧洲人这么说). *mû jên* 模然.|. *xě jên* 实然.

Formar, hazer (vt.构造、形成，做、制作). *cháo* 造.|. *chó* 做.|. *chǒ* 作.

Forma del cielo (np.天宇的形式或构造). *tiēn' siáng* 天象.|. *siń siáng* 星象.③

Fornicar (vi.通奸). *hiń siê iñ* 行邪淫.|. *hiń piâo'* 行嫖.

Fortaleza virtud (np.坚强，一种品德). *iuń tě* 勇德.|. *kańg ý* 刚毅.

Fortaleza, valor (n.刚强，英勇). *iuń* 勇.|. *iuń liě* 勇力.|. *kiañ'g iuń* 强勇.|. *kańg kiañ'g* 刚强.|. *kańg liě* 刚烈④.

Fortaleza, castillo (n.要塞，城堡). *chu'ń chîn'g* 铳城.|. *piń iuń* 兵营.|. *piń*

---

① 柯本作"推迫"。
② 大抵相当于亚里士多德的形式、质料、动力、目的四因说。可对照 p.45, Causa eficiente（有效因、动因）、Causa formal（形式因）诸条。
③ 后手插入的条目。
④ 柯本作"刚力"。

goéy 兵卫.|. *goéy sò* 卫所.[1]

Fortalezer (vt.加固), hazer muros, o cerca (vp.筑墙，或修围城). *çhó chîn'g* 做城.|. *chēu goêy* 周围.

Fortificacion, fuertes (n.堡垒，要塞). *chu'ńg chîn'g* 铳城.|. *chu'ńg tây'* 铳台.|. *tiě leû* 敌楼.|. *tiě tây'* 敌台.

Fortuna (n.命运). *miń* 命. – buena (运气好). *hào miń* 好命. – mala (运气糟). *pǒ hào miń* 不好命.

Fossos de la muralla (np.护城河、城壕). *chîn'g hô* 城河.|. *chîn'g chý'* 城池.

Fr.

Fragoso camino (np.高低不平的道路). *kȳ' kiū' tiě lú* 崎岖的路.

Franco, liberal (a.爽朗的，大方的). *kaǹ'g ka'ý* 慷慨.

Frasco de poluora (np.火药瓶). *chu'ńg kuòn* 铳管.|. *hò iǒ kuòn* 火药管.

Frasco de vidrio (np.玻璃瓶). *pō lý fańg kuòn* 玻璃方管.

Frayle, Religioso (n.僧侣、修士，神职人员). *siēu taó tiě* 修道的.

Fragua (n.铁匠炉、锻炉). *tiě' lû* 铁炉.

Fregar, refregar (vt.摩擦，揉搓). *chǎ'* 擦.|. *çhō'* 搓.

Freir (vt.油炸). *çhiēn* 煎.|. *gâo* 熬.|. *çhiēn gâo* 煎熬.|. *gâo chù* 熬煮.

Frito (a.油炸的). *çhiēn tiě* 煎的.|. *gâo tiě* 熬的.

Freno del cauallo (np.马嚼子). *ma hân* 马衔[2].|. *chỳ chú mà tiě' hoân* 止住马铁环[3]. – todo el freno de afuera (马嚼子之外的所有配件). *mà hân vuáy tiě* 马衔外的.|. *mà xén hán* 马扇汗[4].|. *mà piāo* 马镳.

Frente (n.前额). *gě* 额.| *gě têu'* 额头.

Frequentar (vt.频繁出入). *chañ'g chañ'g laý* 常常来.|. *laý tě chēu miě* 来得周密.|. *luỳ ch'ú laý* 累次来.

Frequentemente, continuo (ad.频繁，接连不断地). *chañ'g chañ'g* 常常.|. *pǒ tuón* 不断.

Frescura (n.凉爽), fresco (a./n.清凉). *leaĝ ku'áy* 凉快.|. *leaĝ xoàng* 凉爽.

---

① *goéy*，两例原写均标去声，柯本改为阳平 *goêy*，字作"围"。
② *ma*，无调符，与后一字音几乎连写。是漏标还是有意不标，表示轻读，难以断定。
③ *tiě'*，柯本转录为 *tiě*，字作"的"。
④ "扇汗"，马镳两侧所缠的饰巾，柯本缺字。

— tomar el fresco (觅阴凉). *chîn'g leañg* 乘凉.|. *têu' leañg* 投凉.|. *tān' leañg* 贪凉.|. *hiĕ leañg* 歇凉.

Fresco lugar, opaco, sombrio (np.清凉之地，不透光的、遮荫的地方). *méu xińg* 茂盛.|. *chý leañg chỹ ch'ú* 至凉之处.|. *iñ leañg* 荫凉. — viento fresco (清凉的风). *leañg fuñg* 凉风.|. *çhiñg' fuñg* 清风.

Fresco, vt carne, pescado, ett^a. (a.鲜、新鲜，如鲜肉、鲜鱼等). *siēn* 鲜.|. *siñ siēn* 新鲜.

Fresco, nuebo, vt frutas, ett^a. (a.新鲜的，新产的、当季的，如水果等). *siñ* 新.|. *siñ vuý* 新味. — prouar las (品尝新产). *xý siñ vuý* 试新味.|. *chañ'g siñ siēn* 尝新鲜. ett^a. (等等).

Fria cosa (np.冷的东西). *leǹg tiĕ* 冷的.

Friamente (ad.冷冰冰地). *leǹg leǹg tiĕ* 冷冷的.|. *leǹg tań tiĕ* 冷淡的.

Frio (a./n.冷、寒冷). *leǹg* 冷.|. *hân* 寒.|. *çhiñg' leǹg* 清冷.|. *leǹg hân* 冷寒.

Frio grande (np.酷寒). *tiēn' ký' páo leǹg* 天气暴冷.|. *hân k'ý* 寒气.|. *tiēn' hân tý tuńg* 天寒地冻.|. *niên hân* 严寒①.|. *piñg leǹg* 冰冷.

Frios, y calenturas (np.寒与热间歇发作、寒热病). *hân jĕ* 寒热.

Frixoles (n.菜豆). *téu* 豆.

Frisar vna cosa con otra (vp.一样东西与另一样接近). *siāng çú* 相似.|. *çú siańg* 似像.

Frontal del Altar (np.祭坛正面的幕帷). *tây' goêy* 台帷. — de la mesa (桌子的帷布). *chŏ goêy* 桌帷.

Frontaleras (n.祭坛台帷的饰物). *tây' moêy* 台楣②.

Frontis picio (np.建筑物的正面). *muên mién* 门面.|. *chińg mién* 正面.|. *muên têu'* 门头.

Frutas, vt sic (n.水果，总称). *kùo çhǔ* 果子.|. *kùo piǹ'* 果品.

Fruta de sarten (np.用锅炒的果子、炒货). *çhiēn kùo* 坚果③. — de açucar (糖渍的). *tân'g kùo* 糖果. — de miel (蜜渍的). *miĕ kùo* 蜜果.

Frutos (n.果实). *xĕ* 实.

Frutal, donde ay muchos arboles de frutas (n.果林，即生长有许多果树的地

---

① 柯本作"年寒"。一如"验"发为 *nién*，这里的 *niên* 也是"严"的又读。见 Argumento（p.20）、Confirmar（p.54）等条。

② *moêy*，柯本缺字。

③ 柯本写为"煎果"，似受 sarten（平底锅、煎锅）一词干扰。

方). *kùo xǔ liñ* 果树林. – arbol frutal (果树). *kùo xú* 果树.

（p.102）

Frutos (n.果实). *xě* 实.①

Fructificar (vi.结出果实). *kiě xě* 结实.|. *kiě kùo* 结果.

Fruta verde (np.生涩的果子). *señg kùo* 生果. – madura (成熟的). *xǒ kùo* 熟果②.

Frutillas para acompañar la *cha* (np.喝茶时伴食的果品). *châ' kùo* 茶果.|. *poêy' châ' kùo* 陪茶果.

Fructuoso (a.果实累累的). *hoéy señg* 会生.|. *señg tě tō* 生得多.

Frutos de la tierra, lo que cria la tierra (np.地里出产的果实，地生的东西). *tù' señg tiě* 土生的.|. *tù' sò señg tiě* 土所生的.|. *tù' ŷ* 土宜.

Frustrar (vt.挫伤、使人沮丧). *kū fú* 辜负.|. *chý hoēy* 至灰③. – frustro sus esperanças (使其希望落空). *kū fú kỷ' vuáng* 辜负其望.|. *gú jiñ sò vuáng* 误人所望.|. *hiŭ fú kỷ' vuáng* 虚负其望.

Frustrar el intento (vp.使其意图受挫). *kū fú jiñ ý* 辜负人意.

Fv.

Fuelles para soplar (np.用来吹气的风箱或鼓风袋). *fuñg siāng* 风箱.

Follar (vt.鼓风、拉风箱). *kiēn' fuñg siāng* 牵风箱.|. *chè' fuñg siāng* 扯风箱.

Follar, nuestros organos, se dira (vp.弹奏我们欧洲的风琴，就这样说): *kỷ' fuñg siāng* 起风箱. por que se leuantan las fuelles (这是因为要牵拉风箱).

Fulano (n.某某、某人). *mèu jiñ* 某人.

Fuego (n.火). *hò* 火. – fuego que de noche se ve en el ayre (夜晚空中可见的星火). *liñ hò* 磷火.|. *ié hò* 夜火.|. *kuèy hò* 鬼火.

Fuente (n.泉、源泉). *çhiûe'n* 泉.|. *iûen* 源.|. *iûen çhiûe'n* 源泉. – de agua (出水的). *xùy çhiûe'n* 水泉. – brotar la fuente (泉水流出). *çhiûe'n iuñg chǔ'* 泉涌出.|. *chūy' chǔ'* 推出.

---

① 此条已见上页。
② *xǒ*，柯本误录为 *xě*，其词作"实果"。
③ "至灰"，万分灰心，如说心念至灰。柯本作"置喙"。

Fuentes, que con fuego se hazen en los braços ett^a. (n.溃疡、脓疮，生于手臂或其他部位，可以用火灼法治疗). *kiéu çhān'g* 灸疮.

Fuertemente (ad.猛然、有力地). *geńg chě* 硬执.

Fuera, exteriormente, o, alla fuera (ad.外面、外地，外部，在外面). *vuáy* 外.|. *vuáy mién* 外面.|. *vuáy têu'* 外头.|. *vuáy piēn* 外边.|. *vuáy siańg* 外厢.

Fuera, y dentro es lo mesmo (s.外面和里头一样、外表和内心一致). *piào lỳ jû iě* 表里如一.

Fuera de esto (adp.额外、在这之外). *fuén vuáy* 分外.

Fuera desto (adp.除此、此外). *lińg vuáy* 另外.

Fuera de lo que pensaua (adp.超乎想象). *ý vuáy* 意外.|. *vuáng vuáy* 望外.
– sin pensar (没想到、料想不及). *pǒ siàng* 不想.

Fuerza, o, violencia (n.强力，暴力). *kiaǹ'g* 强. [参见：forçar (强迫).]

Fuerte cosa (np.牢固的东西). *kiēn kú* 坚固.|. *kiēn lâo* 坚牢.|. *kiēn xě* 坚实.

Fuerzas (n.力量、力气). *liě k'ý* 力气.|. *hiuě k'ý* 血气.|. *iuǹg liě* 勇力.|. *liě* 力.|. *choańg iuǹg* 壮勇.|. *choańg siě* 壮□①. – poner fuerzas (用力气). *iuńg liě* 用力.|. *fý liě* 费力.|. *çhiń liě* 尽力.

Fuerzas morales (np.精神力量). *iuńg siñ* 用心.|. *fý siñ* 费心.|. *chuēn siñ* 专心.|. *liě leańg* 力量.|. *chuēn vú* 专务.

Fuerte, valeroso (a.强有力的，勇武的). *ièu liě* 有力.|. *ièu liě k'ý* 有力气.|. *kiañ'g ièu liě* 强有力.|. *kiañ'g fũ* 强夫.|. *iuńg cú* 勇士②.

Fuerte de soldados (np.士兵驻守的据点). *piñg iuñg* 兵营.|. *goéy sò* 卫所③.
– estacada do se amparan los soldados (士兵们用以设防的栅栏). *tûn' iuñg* 屯营.

Funda de qualquiera cosa (np.盛放某物的盒子、套子等). *ta'ó* 套.|. *taý* 袋.

Fundamento, cimiento (n.基础，地基). *kȳ chỳ* 基址.|. *'kièn kiǒ* 墙脚④.

Fundamento, o razon (n.依据，或理由). *piñ'g kiú* 凭据.

Fundar (vt.创建), dar principio (vp.打基础、起头). *liě* 立.|. *liě choáng* 立创.|.

---

① *siě*，梵蒂冈本作 *liě*，柯本据之写为"力"。

② 柯本注：*iuńg*，梵蒂冈本作 *yùng*，上声。

③ *goéy*，柯本改为阳平 *goêy*，其词作"围所"。参见 Fortaleza, castillo（p.101）。

④ 此词写于行间，出自另手。*'kièn*（音节开头有送气符），疑为"墙"字的又读，属方音或个人变异。柯本转录为 *kiēn*，其词作"坚脚"。

choáng xỷ 创始.|. *kién choáng* 建创.|. *choáng kỹ* 创基.|. *kāy' kỹ* 开基.

Fundadores de las Religiones. [dezimos.] (np.各教派的创立者[我们圣教的说法]). *hoéy chù* 会主.|. *liẻ hoéy chù chińg* 立会主政.|. *liẻ hoéy kỹ chù* 立会基主.

Fundamento (n.来源), origen de la cosa (np.事情的起源). *lây liẻ* 来历.|. *lây iêu* 来由.|. *kēn kỹ* 根基.

Fundir metales (vp.熔解金属). *iuǹg* 熔.|. *siāo* 销.|. *iuǹg siāo* 熔销.|. *chú* 铸.|. *iuǹg chú* 熔铸.|. *iuǹg hóa* 熔化.|.*tâo' chú* 陶铸.

Fundir moneta (vp.铸造钱币). *chú çhiên'* 铸钱.|. *kù çhiên'* 鼓钱①.|. *tà çhiên'* 打钱.

Fundir (vt.熔铸), refinar la plata (vp.精炼银子). *kiňg' iñ* 倾银.|. *çhiēn iñ* 煎银②.|. *sié iñ* 泻银.|. *kiňg' sié* 倾泻.

Fundidor de plata (np.铸银者、银匠). *kiňg' iñ çhiańg* 倾银匠.

Fundicion donde se haze moneda (np.铸钱的场所、铸币厂). *çhiên' chaǹg* 钱厂.|. *tuńg' çhiên' kiỏ* 铜钱局.

Furia, o furor (n.狂怒，暴怒). *hiuňg hèn* 凶狠.|. *páo hèn* 暴狠.|.*hiūng mèng* 凶猛.

Furioso (a.狂暴的). *hiuňg ǒ tiẻ* 凶恶的.|. *hiuňg iuǹg tiẻ* 凶勇的.|. *hiuňg vuôn* 凶顽③.|. *kuâ'ng mèng* 狂猛.

---

① "鼓"，冶炼，如鼓金（冶铁）。
② "煎"，熔化，如煎销（熔冶）。
③ *vuôn*，柯本转录为 *vuàn*。

G
(pp.103-108)

（p.103）

Ga.

Gaçapo, conejo, o liebre (n.幼兔，兔子). *t'ú çhǔ* 兔子.

Gafo de pies, y manos (np.手脚蜷曲呈鸡爪状). *mâ fuñg* 麻风. [参见：leproso (患麻风病的).]

Gajo (n.枝、串), un gajo (np.一枝、一串). *iě tò* 一朵. – de vbas, ett^a. vt un gajo de naraja (指葡萄等，也可表示一瓣橘子). *iě pán* 一瓣.

Gayta (n.风笛). *sō nâ* 唢呐.

Gala, elegancia (n.华丽、排场、优美、雅致). *lỳ chi'ú* 礼趣.|. *lỳ chý* 礼制.

Galante (a.殷勤的、风流的). *çhǔ tý* 子弟.|. *ièu muên fuñg* 有门风.

Galanteria (n.雅致、礼貌). *çhǔ tý kiā fuñg* 子弟家风.|. *çhǔ tý siáng* 子弟相.

Galante cosa, hermosa (np.优雅、华美的东西). *moèy lý* 美丽.|. *hôa lý* 华丽.|. *iûng hôa* 荣华.|. *hôa çhày'* 华彩.|. *fuēn hôa* 芬华.

Galantemente, lo hizo (s.[他]行为彬彬有礼). *ièu lỳ chi'ú* 有礼趣.|. *ièu lỳ chý* 有礼制.|. *ièu tý chi'ú* 有□趣①.

Galardon, premio (n.奖赏、奖金). *xaǹg* 赏. [参见：premio (奖赏).]

Galardonar (vt.打赏). *páo xaǹg* 报赏.|. *xaǹg páo* 赏报. [参见：premiar (给赏).]

Galardonador (n.打赏者). *xaǹg páo chè* 赏报者.|. *xaǹg chǔ* 赏主.

Galagala② (n.柏油). *ièu hoēy* 油灰.

Galeote (n.苦役犯，尤指划船的犯人). *tû'fû* 徒夫.|. *vuén tû' tiě* 问徒的.

Galera, o como ella (n.大帆船，尤指用犯人划桨的战船，或类似的舰船). *luñg chuê'n* 龙船.

Galgo de caça (np.打猎使唤的狗). *liě kèu* 猎狗.|. *liě kiùe'n* 猎犬③.

---

① *tý*, 梵蒂冈本作 *ý*, 柯本据此写为"意"。

② 此词查无着落，柯本作 bitumen（柏油、沥青）。

③ 此词柯本未录。

Galleta para vino (np.盛酒的壶). *chièu kuòn* 酒罐①.

Galardetes desus nauios (np.船上的旗帜). *hŏ tìng táy* 鹤顶带.|. *kỷ'* 旗.

Galapago (n.乌龟). *kuēy* 龟.

Gallina (n.母鸡). *kȳ mù* 鸡母. – clueca (孵蛋的母鸡). *pāo kȳ* 抱鸡. – de monte (山里的). *tiên' kȳ* 田鸡.

Gallinero (n.鸡舍). *kȳ luǹg* 鸡笼.

Gallo (n.公鸡). *kȳ kuñg* 鸡公.|. *kȳ kiŏ* 鸡角②. – cantar el gallo (公鸡啼叫). *kȳ mîng* 鸡鸣.|. *kȳ tý'* 鸡啼. – donde ponen las gallinas (母鸡下蛋的地方). *kȳ vō* 鸡窝.|. *kȳ çhȳ'* 鸡栖.

Galope (n.快步), ir al galope (vp.马儿快步行进、奔驰). *mà chèu* 马走.|. *chỷ' mà* 驰马.

Gana, voluntad de algo (n.愿望，即对某物抱有的欲望). *iáo* 要.|. *gáy* 爱.|. *iuén* 愿.|. *hỳ* 喜. – tiene gana de comer (想吃东西、有食欲). *gáy ch'ĕ* 爱吃. ett^a.(等等).

Gancho (n.钩子). *kēu* 钩.

Ganado mayor, vacas (np.大牲畜，即牛). *niêu* 牛. – para los sacrificios (用于献祭的). *tá lâo* 大牢.

Ganado menor, puercos, y ouejas (np.小牲畜，猪和羊). *chụ, iañg* 猪、羊.|. *siào lâo* 小牢.

Ganadero (n.牧人), pastor de vacas (np.牧牛人). *ka'ń niêu tiĕ* 看牛的.|. *fañg niêu tiĕ* 放牛的. – pastor de ouejas (牧羊人). *mŏ tuń'g* 牧童.|. *ka'ń iañg tiĕ* 看羊的.

Ganancia, lucro (n.收益，利润). *lý çhiên'* 利钱.|. *lý siĕ* 利息.|. *siĕ çhiên'* 息钱.|. *chủ çhiên'* 子钱.|. *châȳ' lý* 财利.

Ganancioso, cudicioso (a.逐利的，贪婪的). *tān' siñ tiĕ* 贪心的.|. *tān' lý tiĕ* 贪利的.|. *tān' châȳ' tiĕ* 贪财的.

Ganar (vt./vi.获利、赚钱). *çhuón çhiên'* 赚钱.|. *çhuón iñ chủ* 赚银子.|. *chi'ń çhiên'* 趁钱.|. *iuñg lý* 营利.|. *kiā lý* 加利.|. *tĕ lý* 得利.|. *chŏ lý* 着利.|. *tĕ iĕ* 得益.

Ganar tanto por tanto (vp.投入多少赚得多少). *tuý hó lý çhiên'* 兑货利钱.|. *kiā poéy lý çhiên'* 加倍利钱.

---

① 柯本作"酒管"。

② 即童子鸡，柯本注谓可能源出闽方言。

Ganar en el juego (vp.竞技、游戏得胜，或赌博赢钱). *ińg* 赢.|. *xińg* 胜.

Ganar la voluntad de todos (vp.赢得所有人的心). *çhiù' xĕ jiñ siñ* 取摄人心.|. *çhiù' chuńg çhîn'g* 取众情.|. *tĕ mîn siñ* 得民心.

Ganar por la mano a otro (vp.比别人占优、得先机). *siēn tĕ* 先得.

Ganar sueldo de soldados, ett*. (vp.士兵等领取粮饷). *ch'ĕ leańg* 吃粮.

Ganapan, que pide limosna (np.讨要施舍的粗人). *kaý çhŭ* 丐子.|. *hōa çhŭ* 花子/化子.

Gangoso (a.说话齆声齆气的). *uńg pý* 齆鼻.|. *chûn'g xĕ* 重舌.

Gançua (n.撬锁器、撬锁者), llaue falsa (np.伪造的钥匙). *kuèy xŷ* 诡匙.|. *kāy' sò tiĕ kuèy* 开锁的鬼①|. *kià iŏ xŷ* 假钥匙.

Gañan (n.农杂工). *nûng fū* 农夫.|. *nûng kuńg* 农工.

Ganso (n.鹅). *gô* 鹅.

Garça (n.鹭). *pĕ hŏ* 白鹤.|. *chân'g hoéy* 长喙.|. *siēn hŏ* 仙鹤.|. *iuēn iańg* 鸳鸯.|. *vuên kiñ'* 文禽.

Garços ojos (np.蓝色的眼睛). *lân mŏ* 蓝目.|. *lân ièn* 蓝眼.

Gargajear (vi.吐痰、吐唾沫). *t'ú çhân'* 吐馋.|. *kĕ' çhân'* 咳馋.|. *seú hêu* 嗽喉.|. *seú kèu'* 嗽口.

Gargajoso (n.痰、唾沫). *kèu' çhân'* 口馋.|. *kèu' tân'* 口痰.

Garganta (n.喉咙). *hêu luńg* 喉咙.|. *iñ hêu* 咽喉.|. *hàng* 吭.|. *kìng hàng* 颈吭.
– el tragadero (咽喉、食道). *hêu luńg kuòn* 喉咙管.

Gargantear (vi.用颤声唱). *tiâo' kiañg'* 调腔.|. *chuên kiañg'* 转腔.

Gargarismos (n.漱口剂). *kèu' hân* 口含.|. *sań kèu'* 散口.

Gargantillas (n.项圈). *lìng hoân* 领环.

Garlito, o, ceuo de pescar (n./np.渔网，或捕鱼的诱饵). *tiáo ùl* 钓饵.|. *iŭ ùl* 鱼饵.

Garras, vt de cangrejo, ett*. (n.爪子，如螃蟹的钳子之类). *gâo* 螯. – agarrar con ellas (用钳子抓). *gâo kiên'* 螯钳.

Garitas de soldados (np.士兵执勤的岗楼). *chiñ'g leû* 城楼.|. *kĕ leû* 阁楼. – de centinela (观察哨所在). *ièn tún leû* 烟墩楼②.

Garrocha (n.刺枪). *ch'ŭ niên çhiañ'g* 刺捻枪.

---

① *kuèy*，两例柯本都缺字。"鬼"可指偷儿，也可指功夫诡异的锁匠。

② 柯本缺前二字，但有注：*ièn tún*，梵蒂冈本作 *ièn tūn*。烟墩，烽火台的俗名。

Garrapata (n.[动物身上的]虱子). *gū pý* 污蜱①.

Garrote (n.木棍), palo para aporrear (np.击打用的棍棒). *kuén çhǔ* 棍子.|. *mǒ kuén* 木棍.|. *çhûy' pańg* 槌棒/棰棒.|. *pańg çhǔ* 棒子.

Garrote (n.绞刑), dar garrote (vp.施绞刑). *kiào* 绞. – matando (绞杀). *kiào çù* 绞死.

Gastar, vt sic (vt.花费、消耗、穿戴等). *iuńg* 用.|. *fý* 费.|. *çù iuńg* 使用.|. *fý iuńg* 费用.|. *çhǒ iuńg* 作用.

Gastar bien el tiempo (vp.善于利用时间). *xeń iuńg jě xý* 善用日时.

Gastos ordinarios (np.日常开支). *jě fý leâng xě* 日费粮食.|. *jě jě sò iuńg tiě* 日日所用的.|. *iuńg tú seńg* 用度生.|. *çù iuńg* 使用.|. *kuńg kiě* 供给.|. *kuńg ińg* 供应.

Gastos del camino (np.一路上的开支). *puôn' fý* 盘费.|. *lú fý* 路费.|. *lú çhū* 路资.|. *puôn' çhiên'* 盘钱.

Gastar el tiempo ociosamente (vp.懒懒散散虚度时光). *kūn'g hiên kuó jě çhǔ* 空闲过日子.

Gastos moderados (np.适度的开支、节用). *kièn iuńg* 俭用/减用②.

Gastar desbaratadamente (vp.胡乱花钱). *luón iuńg* 乱用.|. *lań iuńg* 滥用.|. *vuàng fý* 枉费③.|. *pǒ çhây'* 不裁.

Gauilan (n.雀鹰). *lào ińg* 老鹰.|. *iâo ińg* 鹞鹰.

Gauiota (n.海鸥、银鸥). *pě lú* 白鹭.|. *lú çhǔ'* 鹭鹚.

Gauetas (n.储物柜、抽屉). *ku'éy çhǔ* 柜子.|. *ku'éy siang* 柜箱.④

（p.104）

Gauilla (n.团伙、帮派). *tańg* 党. – de ladrones (盗贼组成的). *çhě tańg* 贼党. – de vellacos (歹徒组成的). *ǒ tańg* 恶党.

Gauia del arbol del nauio (np.船桅上的站台、桅楼). *goêy tèu* 桅斗⑤.

Gastador que gasta mucho (np.大肆花费者). *p'ó çhây'* 破财.|. *p'ó kiā* 破家.|. *p'ó fý tiě jiń* 破费的人.

---

① 柯本缺字。蜱，俗名甚多，如壁虱、牛虱、草扒子、草蜱虫等。
② 柯本取后者。
③ *vuàng*，上声，梵蒂冈本改作去声 *vuáng*，柯本据此写为"妄"。
④ *ku'éy*，原写两例都带送气符，柯本订正为 *kuéy*。
⑤ 桅斗，即桅楼，可供水手站立远望。*tèu*，柯本转录为 *têu'*，字遂作"头"；释义作 the main top-sail of a ship's mast，与西语词目之义不合。

Gato (n.猫). *miâo ûl* 猫儿. – muy peludo (毛很多的一种). *çū chǔ miâo* 狮子猫. – de monte (山间的). *iè miâo* 野猫. – hembra (雌的). *mù* 母. – macho (雄的). *kuñg* 公. – de Algalia (麝香猫). *xé miâo* 麝猫.|. *xé chǔ* 麝子.

Gatear (vi.爬行), andar a gatas (vp.匍匐行进). *pû' fŏ* 匍匐.|. *pû' pŏ'* 匍扑.|. *pû' tý ûl cheù* 匍地而走.|. *çú kiŏ hiñg* 四脚行.

Ge.

Gemir (vi.呻吟、哼唧). *xīn xīn iñg* 呻呻吟.|. *gū hū* 呜呼.|. *chǔ' siĕ* 出息.|. *ta'ń siĕ* 叹息.|. *ta'ń k'ý* 叹气.|. *ȳ hȳ* 噫嘻.|. *chân'g ta'ń tuòn siĕ* 长叹短息.|. *chân'g hiŭ tuòn ta'ń* 长吁短叹.|. *gô gô* 哦哦.|. *ta'ń siĕ* 叹息①.|. *iēu ta'ń* 忧叹. todos significan susperar, o gemir (以上各词都表示叹息或呻吟).

Gemido (n.呻吟、哀叹). *ta'ń k'ý* 叹气.|. *ta'ń siĕ* 叹息.

Generacion, decendencia (n.代传，继承关系). *liĕ taý* 历代.|. *ký taý* 继代.|. *siāng taý* 相代.|. *chǔ siēn* 子先②.

Generacion, parentela (n.家系，亲属). *puèn chuñg* 本宗.|. *chuñg chŏ* 宗族.|. *kiā chŏ* 家族.|. *kēn kiŏ* 根脚③.

Generacion, siglo (n.一代，一世). *xý taý* 世代.|. *xý* 世. – en china vn siglo son 30. años (在中国一世为三十年). *fú chǔ siāng taý goêy iĕ xý* 父子相代为一世.

Geneologia, su libro (n.谱系，记录谱系的书、系谱). *xý pù* 世谱.|. *chuñg chŏ* 宗族④.|. *kiā pù* 家谱⑤.

Generacion phisica (np.自然界的生成、生长、繁育). *cháo hoá* 造化.|. *hoá señg* 化生.

General de exercito (np.军队的统帅). *chiáng kiūn* 将军.|. *súy* 帅⑥. [参见：capitan general (总帅).]

---

① 与第四个词重复。
② 疑为"祖先"或"子孙"之误。
③ *kiŏ*，柯本误录为 *chŏ*，字作"族"。"根脚"，指根基、家世、出身。
④ 柯本注：*chuñg*，梵蒂冈本作 *tsūng* (=*chūng*)。
⑤ *pù*，原无送气符。
⑥ 柯本写为"率"。类似的词目见于 p.42，两例"帅"字均拼为 *xúy*。

General (a.一般的、通用的), cosa comun (np.共有的东西). *kuñg* 公. – del vso comun (供大家使用的). *kuñg iuńg tiě* 公用的.

Genero (n.种类、类属). *çhuǹg luý* 总类.|. *çhuǹg tuñ'g* 宗同①.

Generosidad de animo, magnifico (np.思想大方，精神宏大). *kaǹ'g ka'ý* 慷慨.

Generalidad (n.通行的说法), hablar en comun (vp.人人都说). *kuñg iuńg tiě hoá* 公用的话.

Gencroso, noble (a.出身高贵的，贵族的). *çhuñ çhǒ tiě* 尊族的.|. *xý kiāy tiě jiñ* 世家的人.|. *fañg kiā tiě* 方家的.

Gestos, acciones (n.举止, 动作). *hiñg tung* 行动.②

Gengibre (n.姜). *kiañg* 姜. – el viejo (老的). *lào kiañg* 老姜.|. *kiañg mù* 姜母. – el tierno (嫩的). *çhǔ kiañg* 子姜.|. *kiañg têu' ûl* 姜头儿. – fresco (新鲜的). *señg kiañg* 生姜. – en açucar (糖渍的). *tañ'g kiañg* 糖姜.

Gente (n.人、人们、人员). *jiñ kèu'* 人口.|. *jiñ tiñg* 人丁.|. *jiñ* 人. – gente de casa (家里人、亲人). *kiā lỳ tiě jiñ* 家里的人.|. *kiā kèu'* 家口.

Gente de seruicio (np.服侍的人员、仆人). *kiā jiñ* 家人.|. *iǔ jiñ* 役人.|. *kiā pǒ* 家仆.|. *kiáy pǒ* 价仆.

Gente mucha (np.许多人). *tō jiñ* 多人.

Gente de audiencia (np.法院或官衙的人员). *iâ iǔ* 衙役.

Gente de apic (np.步兵), csquadron (n.步兵队). *pú piñg* 步兵. – de acaballo (骑兵). *piñg mà* 兵马.|. *mà piñg* 马兵.

Gente de armada (np.穿甲胄的军人、甲兵). *pỳ' kiǎ chý' kō chỳ jiñ* 披甲持戈之人.

Gente de guarnicion (np.驻守人员、驻军). *siuñ piñg* 巡兵. – hazer gente de guerra (召集军兵). *chāo piñg* 招兵.|. *tièn kỳ' kiūn mà* 点起军马.

Gente de guardia (np.守卫部队). *sǒ goêy kiūn* 戍卫军③.|. *xèu goêy piñg* 守卫兵.|. *goêy kiūn* 卫军.|. *goêy çú* 卫士.

Gentil hombre, bien dispuesto (np.举止优雅、容貌端正的人). *piào chý* 标致.|. *çhiún siéu* 俊秀.|. *çhiún ià* 俊雅.|. *çhiñg' siéu* 清秀.|. *hào xèu çhày'* 好神采④.|. *choáng máo tuōn moèy* 狀貌端美.|. *ý piào fỳ sǒ* 仪表非俗.|. *moèy mǒ çhiñg' siéu* 美目清秀.

---

① 犹言"同宗"，即属于同一类。
② 与本字头的最后一条部分重复，后一字音未标调符。
③ 柯本作"宿卫军"。
④ *xèu* 为 *xîn* "神"之误。

Gentileza (n.优雅大方). çhiñg' siéu 清秀. – y los inmediatos (以上其余各词也都适用于此义).

Gergon de paja para dormir (np.睡觉用的草垫). çhào' çhién 草荐.

Getas de la tierra, como hongos (np.地生的唇状植物，类似蘑菇). mǒ ùl 木耳.|. hiañg kū 香菇.

Geta① de la boca (np.撅起的嘴唇). hày çhùy xûn 海嘴唇②.|. tá xûn 大唇.|. chù' xûn 杵唇③.

Gestos, acciones, visajes (n.举止，动作，表情). hiñg tuńg 行动.

Gi.

Gigante (n.巨人). chân'g jiñ 长人.|. chûn'g tá jiñ 崇大人④.

Ginete (n.骑手). kỷ' mà tiě 骑马的.

Giron de vestido (np.衣裳的边饰).⑤

（p.105）

Gl.

Globo terrestre (np.地球). tý kiêu' 地球.

Globo celeste (np.天球). tiēn' kiêu' 天球.

Gloriarse (vr.喜悦). huōn hỳ 欢喜.|. e ɔᵃ. (也可反过来说：hỳ huōn 喜欢.)

Gloria, fausto (n.光荣，荣耀). kuñg iûng 功荣⑥.|. iûng kuāng 荣光.|. muên mién 门面.|. muên çhiân'g 门墙⑦.|. iûng hiñg 荣幸.|. iûng hôa 荣华.

Gloria celestial (np.天国的幸福). chīn fǒ 真福.|. iûng fǒ 荣福.|. tiēn' tañg' fǒ 天堂福.

Glorificar, honrrar (vt.颂扬，增光). iûng çhūn 荣尊.|. hièn iûng 显荣.|. çhūn

---

① Geta，今拼 jeta，指突起嘴唇、噘嘴的样子。
② hày，梵蒂冈本作 héou，柯本据此写为"厚"。按：柏林本不误，"海"指大，如海碗。
③ chù'，柯本缺字。"杵"，伸出、突出。
④ chûn'g，梵蒂冈本作 châng'，柯本据此写为"长"。按："崇大"成词，即伟岸高大。
⑤ 无汉语释义，柯本附有梵蒂冈本所补：ȳ piēn táy 衣边带.|. hiáng jě lieu 向日流.
⑥ kuñg，梵蒂冈本作 kuāng，柯本据之写为"光"。
⑦ çhiân'g，柯本拟为"祥"。按："门墙"即"门面"，都意味着世俗的福乐。

iañg 尊扬.|. hièn iañg 显扬.

Glorioso deste mundo (np.今世得福者、此生显荣者). ièu iûng chùn'g chè 有荣宠者.|. ièu iûng hiñg chè 有荣幸者.

Glosa, comento (n.注释，评论). chú 注.

Glosar, comentar (vt.注释，评论). kiày chú 解注.

Glosador, comentador (n.注释者，评论者). chú chè 注者.

Gloton, comedor (n.大食客，贪吃者). tān' ch'è tiě 贪吃的.|. tān' tāo' chè 贪饕者.

Go.

Golfo de mar (np.海湾、海域). hày iañg 海洋.|. chān'g hày 沧海.

Golondrina (n.燕子). iēn niào 燕鸟.

Goloso (a.贪吃的、嘴馋的). chân' kèu' tiě 馋口的.|. chùy chân'g 嘴馋[1].|. háo moèy vuý 好美味.|. chiñg' chùy 清嘴.

Golpear (vt.击打). tà 打. – llamando a la puerta (打门、叫门). kiāo' muên 敲门. – darse en los pechos (自己拍打胸脯). chû'y hiūng 捶胸.

Golpear (vt.叩击), dar con la cabeça en tierra (vp.脑袋叩地). ke'ú têu' 叩头.|. kǒ' têu' 磕头.

Golpe, vt un golpe (n.敲击，例如敲一下). iě hía 一下. ettª.(等等).

Goma (n.树脂、树胶). kiāo 胶. – de arbol (树木所产的). xú kiáo 树胶.

Gordo (a.油脂多的、肥胖的). fy pa'ng 肥胖.|. fy tiě 肥的. – barrigon (肚子肥大的). tá tú chǔ 大肚子.

Gordura, manteca (n.油脂、脂肪、猪油、奶油). iêu 油.|. kāo 膏. [sǒ leâo 束腙[2]. para escritura (书面语词).]

Gorgojo del trigo (np.小麦生出的虫子). mě chûn'g 麦虫.

Gorrion (n.麻雀). mà chiǒ 麻雀.|. chiǒ niào 雀鸟.[3]

Gorgear las Aues (vp.鸟儿鸣叫).[4]

Gota (n.滴珠). tiě 滴. – vna gota (一滴). iě tiě 一滴.

---

[1] chân'g，两种可能：后鼻音为衍；"馋"字的又音。

[2] 柯本缺前一字。《说文》肉部："腙，牛肠脂也。从肉尞聲。"

[3] chiǒ，疑脱送气符，参见 Pardal（p.164）。

[4] 无汉语释义，柯本引有梵蒂冈本的补释：niào kiáo 鸟叫.

Gotear (vi.滴、滴下、滴落). *tiě leú* 滴漏.

Gotera (n.漏雨、漏缝). *leú* 漏.

Gota à gota (np.一滴又一滴). *tiě tiě* 滴滴.

Gotear la candela (vp.蜡烛熔化滴落). *chǒ luý* 烛泪.

Gota coral (n.痛风). *iañg tiēn fuñg* 羊癫疯.|. *fuñg tân'* 疯痰①.

Gotoso en las manos (ap.两手患痛风). *xèu fuñg* 手疯.

Gotoso de los pies (ap.两脚患痛风). *kiǒ kiñ fuñg* 脚筋疯. – artetica (关节疼). *kǒ çhiě* 骨节.|. *kiūn liụen* 拘挛②. – de todo el cuerpo (全身疼痛). *pě chiě çụ tū tu'ńg* 百节似都痛③.

Gotoso en los pies (ap.两脚痛风), ysipula (n.丹毒)④. *liêu hò* 流火.

Gouernar (vt./vi.管辖、统治、执政). *chý* 治.|. *chý iụ́* 治御.|. *kuòn chý* 管治.|. *çhày chý* 宰治.|. *chù chaǹg* 主掌.

Gouernar la casa (vp.管理家政). *kuòn kiā* 管家.|. *lỳ kiā* 理家.|. *chý kiā* 治家. – el Reyno (管理王国). *chý kuě* 治国.

Gouernar en lugar de otro (vp.代人管理). *xú çụ́* 署事.|. *taý xụ́* 代署.|. *taý kuòn* 代管.|. *taý niě* 代业.

Gouierno (n.政体、政府、统治). *chý kiûe'n* 治权.|. *chíng chý* 政治.|. *chíng kiûe'n* 政权.|. *kiûe'n xý* 权势.

Gouernador de la Ciudad, el principal que tiene el sello (np.一座城市的主管或市长，握印的长官). *fù kuòn* 府官⑤.|. *chý fù* 知府.|. *ta'ý çhūn* 太尊.|. *ta'ý xèu* 太守. – por cortesia le dizen (出于礼貌称其为). *ta'ý iê* 太爷.

Gouernador, el 2.ᵈᵒ de la Ciudad (n.市政官，位居第二等). *úl fù* 二府.|. *tuñ'g chý* 同知⑥.|. *úl çhūn* 二尊. – el 3.ʳᵒ (第三等). *sān fù* 三府.|. *tūn'g pu'ón* 通判.

Gouernador, el 4.ᵗᵒ de la Ciudad (n.市政官，第四等). *çú fù* 四府.|. *çú chūn* 四

---

① 谓口吐白沫，羊癫疯的症状之一。音同"风痰"，见 Flemas de viento（p.100）。柯本作"疯瘫"。

② *kiūn*，梵蒂冈本作 *kiū*，柯本据之写为"拘"。如柯本注所言，"骨节"与"拘挛"当连读，成一句话。

③ 柯本注：梵蒂冈本在音节 *çú* 的后面加写了 *tchý* (=*chý*)，句子于是成为"百节四肢都痛"。

④ 今拼 erisipela（丹毒）。

⑤ 柯本写为"府管"，似乎也成词，只是不甚通行。

⑥ 柯本注：*chý*，梵蒂冈本作 *tchý*，阴平。

尊.|. çhūy' kuōn 推官①.|. hiñg tiñ'g 刑厅②. – el 5.ᵗᵒ (第五等). kiñg liě 经历③.

Gouernador de las villas (np.各县城的长官). hién kuōn 县官.|. chý hién 知县.|. hién çhūn 县尊.|. hién lińg 县令.|. hién iǹ 县尹.

Gouernador, el 2.ᵈᵒ de las villas (n.县政官，位居第二等). hién chiñg' 县丞.|. úl iê 二爷. – el 3.ʳᵒ (第三等). chù pú 主簿. – el 4.ᵗᵒ (第四等). tièn çǜ 典史.|. lý mǒ 吏目.

Gouernador (n.主人), señor que gouierna (np.管事的主子、老爷). chù çhày 主宰.

Gouernaje (n.舵), timon de nauio (np.船舵). chuê'n tó 船舵. – gouernar lo (掌舵). ỷ tó 移舵.|. nâ tó 拿舵.

Gozarse (vr.欣喜、开心). hỷ 喜.|. hiñ hỷ 欣喜.|. hỷ lǒ 喜乐.|. huōn hỷ 欢喜.|. gān lǒ 安乐.

Gozar (vt./vi.享受、愉快). hiàng 享.|. gān hiàng 安享.|. xéu hiàng 受享/寿享.|. çhó hiàng 坐享.|. hiàng fǒ 享福.

Gozo (n.欢欣愉悦). fǒ lǒ 福乐.|. hỷ lǒ 喜乐.|. ku'áy lǒ 快乐.

Gozar bienes eternos (vp.享受永世的幸福). xéu hiàng vû leańg chȳ fǒ lǒ 受享无量之福乐.|. hiàng iûng fǒ 享荣福④.

Gozoso (a.快乐的). nuý hỷ vuáy lǒ tiě jiń 内喜外乐的人.|. huōn hỷ tiě 欢喜的.|. xéu fǒ tiě 受福的.

Gozque (n.狗仔), perrillo pequeño (np.幼犬). siào kèu 小狗. – los nuestros muy peludos (我们欧洲的品种，多毛狗). çū kèu 狮狗.

（p.106）

Gr.

Gracia de Dios (np.上帝的恩惠). xiń chùn'g 圣宠.|. tiēn' chù chùn'g gaý 天主宠爱. – pro vt est Auxilio (其援助与庇护). xańg ieú 上佑.|. pào ieú 保佑.|. xiń ieú 圣佑.|. fǒ liě 福力.

---

① çhūy'，拼法有疑。柯本作"催官"。
② 主掌刑事的官员。柯本作"行厅"。
③ 主掌文书的官员。
④ iûng，梵蒂冈本作 iùng，柯本据此写为"永"，与西语词目的意思更贴近。

Gracia del Rèy (np.君王的恩惠). *chùn'g gáy* 宠爱.|. *gēn chùn'g* 恩宠.|. *gēn gáy* 恩爱.

Gracia, donayre (n.风度，雅趣). *çhi'ú* 趣.|. *vuéy* 味.

Gracioso (a.优雅的). *ièu çhi'ú* 有趣.|. *vuēn ià* 温雅.|. *vuēn suý* 温粹.①
– palabras graciosas (优雅风趣的言辞). *ià çhi'ú chȳ iên* 雅趣之言.|. *ièu xīn vúy chȳ iên* 有深味之言.

Graciosas palabras, ridiculas (np.风趣、逗乐的言语). *pîn'g hoá* 评话.|. *siaó hoá* 笑话.|. *siáo tân'* 笑谈.

Graciasm (n.谢意), dar las gracias (vp.致谢). *sié* 谢.|. *kàn sié* 感谢.|. *chiňg' sié* 称谢.|. *kàn mú* 感慕.

Gratis (a./ad.无偿), dar de gracia (vp.免费给予). *pě sung* 白送.|. *pě pě sung* 白白送.

Gradas de piedra (np.石铺的阶梯). *kiāy* 阶.|. *kiě* 级.

Grados de la dignidad (np.身份的级别). *pìn'* 品.|. *pìn' kiě* 品级. –en los examenes (考试的级别). *teng* 等.

Grado, vt de frio, caliente, ettª. (n.度量，寒、暑等的程度). *fuén* 分.

Grados del Cielo (np.天象的度数). *tú sú* 度数.|. *chên' tú* 躔度. – de longitud (指经度). *kuèy tú* 轨度.|. *king tú* 经度. – de latitud (指纬度). *goéy tú* 纬度.

Graduado (a.获得学位或级别的). *ièu pìn' kiě* 有品级.|. *ièu pìn' çhu'ńg* 有品从.|. *ièu pìn' tý* 有品第.|. *ièu fuēn chě* 有分职.|. *ièu kuōn iuên* 有官员. todos son para Mandarines (所有这些都是针对中国官员的说法).

Graduado de licenciado (ap.获得一定级别的学位或职衔). *chiń hiǒ leào* 进学了. – de *kiù jiń* (成为"举人"). *chuńg kiù* 中举. – de Doctor (成为博士). *chín çú* 进士.|. *chuńg chín çú* 中进士. – quitar le el grado, o officio (革除某某的学位或职务). *kě leào ký' chě* 革了其职.|. *kě ký' kuōn chě* 革其官职.|. *tǒ' chě* 脱职②.|. *chû' ki'ú ký' chě* 除去其职.|. *chǔ' siǒ ký' chě* 除削其职.|. *vuén kě* 问革.|. *ki'ú leào kuōn* 去了官. – baxar le un grado (降低其级别). *kiang iě kiě* 降一级. ettª.(等等). – degradado (被革职的、腐败的). *xě chě kuōn* 失职官.|. *hoáy kuōn* 坏官.

Grajo (n.秃鼻乌鸦). *gū iā* 乌鸦.|. *laò iā* 老鸦. – cantar el grajo (乌鸦叫唤). *iā mîng* 鸦鸣.|. *iā saó* 鸦噪.|. *iā kiáo* 鸦叫.

---

① 两例 *vuēn* 柯本都写为"文"，因梵蒂冈本作 *uên*，阳平。

② *tǒ'*，送气符或衍，即"夺"。

Grama (n.某种草或某些类草的名称).①

Gramatica (n.语法、语法学、语法书). *iên iù vuên chú chȳ hiŏ* 言语文字之学.|. *vuên ý chȳ hiŏ* 文艺之学②.

Gramatico (n.语法家、语法学家). *xuĕ vuên chè* 学文者.|. *hiŏ vuên chú chè* 学文字者.|. *chǔ' jiñ* 词人.

Grana, purpura (n.哆罗绒，一种猩红或紫色的料子). *tō lô nỳ* 哆罗呢.

Granada (n.石榴). *xě liêu* 石榴.

Granado (n.石榴树). *xě liêu xú* 石榴树.

Granças (n.麸子、糠). *kān'g* 糠.|. *kān'g têu'* 糠头.|. *chū' kān'g* 粗糠.

Grande (a.高大的、宏伟的). *tá* 大.|. *hûng* 宏.

Grande, dilatado (a.宽大的，辽阔的). *kuàng tá* 广大.

Grande cuerpo (np.身材高大), crecido (a.已长大的、硕大的). *chaǹg tá* 长大.

Grande beneficio (np.巨大的恩惠). *hûng gēn* 宏恩.|. *tá gēn* 大恩.

Grande hombre, es para todo (np.高人、能人，样样都会). *ieù puèn çú* 有本事.|. *hoéy kań çú* 会干事.

Grande hablador (np.话多、饶舌的人). *tō chùy* 多嘴.|. *tō kèu'* 多口.

Grandeza, magestad (n.堂皇，庄严). *goēy fuñg* 威风.|. *goēy ŷ* 威仪.|. *goēy iûng* 威容.

Grandeza de corazon (np.心地宏大). *tú leańg tá* 肚量大.

Grande cosa, negocio de inportancia (np.大事情，要紧的事务). *kuōn hý tiĕ çú* 关系的事.|. *tá çú* 大事.

Grandes echos (np.伟大的功业、伟绩). *tá kuñg* 大功.

Granja (n.农场、农舍), trojes de arroz (np.储藏稻米的库房、谷仓). *chān'g fañg* 仓房.

Granjas, o trojes Reales (n.庄园、别墅，或皇家谷仓). *gù fuńg leû* 五凤楼③.

Grangear (vt.经营、获得). *chý kiā chàn'* 治家产.|. *lỳ kiā niĕ* 理家业.

Granillos de granada (np.石榴的果粒). *xě chǔ* 石籽. – de morisqueta (米饭的颗粒). *fań liĕ* 饭粒.|. *fań chēn* 饭沾④.

---

① 无汉语释义，梵蒂冈本有补释：*ts'ào* 草.
② 柯本作"文意之学"。"文艺"一词，今指文学艺术，古则只指文学、文字之艺，与"武艺"对言。
③ 福建土楼有以"五凤楼"名者，其中的一层便设为谷仓。
④ *chēn*，柯本缺字。饭粒，俗称饭沾子。

Granos de semilla. ett.ᵃ (np.种子等物的颗粒). *liě* 粒.|. *kò'* 颗.|. *kò' liě* 颗粒.

Granos de sarna, o vegigas (np.皮肤上的丘疹、疙瘩或水泡). *pa'ó* 疱.
  – diuiesos (疖子). *çhiě* 疖.

Graniço (n.冰雹). *luŷ pǒ* 雷雹.

Graniçar (vi.下冰雹). *iù pǒ* 雨雹.

Grassa, gordura (n.油脂，脂肪). *iêu* 油.

Gratificar, agradecer (vt.感恩，报恩). *kàn gēn* 感恩.|. *sié gēn* 谢恩.|. *kàn mú* 感慕.|. *kàn sié* 感谢.

Grato (a.惹人爱的), agradable à todos (ap.人人喜欢的). *tě jiñ ý* 得人意.|. *chuńg jiñ ý* 中人意.|. *hǒ jiñ ý* 合人意.|. *chíng jiñ ý* 称人意①.|. *jû jiñ ý* 如人意.

Graue, pesado, phisice (a.重，沉重的，就物理意义而言). *chuńg* 重.

Graue, molesto (a.繁重的，恼人的). *sò suý* 琐碎.|. *mô nán jiń* 磨难人.|. *k'ý jiñ* 气人.

Graue cosa, de inportancia (np.大事情，重要的事务). *kiǹ iáo tiě çú* 紧要的事.|. *kuōn hý chȳ çú* 关系之事.|. *tá çú* 大事.

Grauedad, seriedad (n.威仪，严肃). *goēy niēn* 威严.|. e ɔᵃ. (也可反过来说: *niēn goēy* 严威) .|. *goēy ý* 威仪.|. *goēy fuńg* 威风.|. *choáng chuńg* 庄重.|. *çhuń chuńg* 尊重.|. *goēy chuńg* 威重.

Graue, seuero (a.威严的，严肃的). *goēy niēn tiě* 威严的.|. *niēn sǒ* 严肃.|. *siańg máo goēy niēn* 相貌威严.|. *niēn tý chińg tá* 严祇正大②.|. *ièu goēy chuńg* 有威重.

Graue y cortes (ap.庄重有礼). *iên çh'ǔ çhiñ'g xoàng, lỳ sú chīn pý* 言辞清爽、礼数臻备③. – perder la grauedad (丧失威严). *goēy ý pǒ kě* 威仪不格.|. *sańg ký' goēy ý* 丧其威仪.

Graue, y afable (ap.既威严又和蔼). *kuō'n mèng píng hiñ* 宽猛并行.|. *jeû chuńg ièu kańg* 柔中有刚.|. *kuō'n mèng tě chuńg* 宽猛得中④.|. *sě lý tàn pǒ* 色厉胆薄.

---

① 柯本注: *chíng*，梵蒂冈本添有送气符。
② *tý* 为误读。"祇"音其。"严祇"，犹祇严，即恭谨严肃。
③ 柯本作"辞清爽，礼数珍秘"，脱漏"言"字，且末二字还原有误。此句实出《太平广记·神仙·张果》，稍有改动: "言词清爽，礼数臻备。"
④ *chuńg*，柯本写为"重"。"得中"，即宽猛相济，行中庸之举，"中"当读阴平。

Grauedad fingida (np.装出的威仪), hazerse graue (vp.假作威严). *chǒ goēy* 作威.|. *choáng tá* 壮大①.|. *chǒ iańg chǔ* 作样子.|. *chó mû iańg* 做模样.|. *kià goēy mû* 假威模.

Grietas, aberturas (n.裂缝，裂口). *liě* 裂.|. *fuńg* 缝. – de las manos (手上的皲裂). *kāy' kiūn chě'* 开皲坼. – de piedra (岩石的缝隙). *xě hiě* 石隙.|. *xě hiá* 石瑕②.

Grillos que cantan (np.鸣叫的蟋蟀). *siě sǒ* 蟋蟀.|. *ch'ǒ chě* 促织.|. *chûn'g sū* 螽斯.|. *sǒ kȳ* 莎鸡.|. *chá fǒ* 蚱蝠③.|. *chá mèng* 蚱蜢.|. *suńg siū* 螋蝑.|. *chiňg lý* 蜻蚓. todos estos nombres les dan en diuersos tiempos del año, variando les el nombre por el orden supra escrito (所有这些都是中国人对蟋蟀的叫法，因一年里时令的不同而有区别，根据字的写法来排序).

Grillos para los pies (np.铐脚的铁链). *kiǒ leáo* 脚镣.

Gritar (vi.喊叫). *hièn* 喊.|. *nǎ hièn* 呐喊.|. *chiě hū* 疾呼.|. *hū haó* 呼号.|. *tá xiňg kiáo* 大声叫.|. *fǎ tá xiňg* 发大声.|. *fǎ xiňg hièn* 发声喊.

Gritar los que van por delante del Mandarin por las calles (s.当官员走在街上时，有人在前面吆喝开道). *hǒ táo* 喝道.

Gritar (vt.呵斥), dar le un grito, vt callad (vp.大声训斥，比如叫人住嘴). *ch'ě* 叱/斥. – echar le ansi (发出喝令). *ch'ě tu'ý* 叱退.

Gritar los niños (vp.①训斥小孩子 ②小孩子吵吵嚷嚷)④. *tà uāy kiáo* 打歪叫.

(p.107)

Gritos (n.喊叫声). *kiáo xiňg haó* 叫声号⑤. – vn grito (一声喊叫). *tá kiáo iě xiňg* 大叫一声. – muchos (好几声). *liên kiáo sú xiňg* 连叫数声. – murio gritando (叫喊着死去). *liên kiāo sú xiňg ûl cù leào* 连叫数声而死了⑥.

---

① 疑为"装大"，死要面子。
② 柯本写为"石瑕"。
③ 盖指食虫蝠，有别于食果蝠。但梵蒂冈本以 *sǒ* 替换 *fǒ*，柯本遂据之写为"蚱蟀"。
④ Gritar 作及物动词，义为斥责，作不及物动词，义为叫嚷。柯本取后一义（for children to make a ruckus），但万济国给出的汉语对应词似乎取的前一义，即打得孩子哇哇叫。
⑤ 字序似有误，当为"叫号声"。
⑥ 柯本注：*kiāo*，梵蒂冈本作 *kiáo*，去声。

Gritos grandes (np.高声的喊叫), vozeria (n.喧闹). *hiŭen hôa* 喧哗.|. *tá jaǹg 大嚷*. – riendose (大声笑着). *hiŭen siáo* 喧笑.

Gritar los exercitos quando acometen (s.军队发动攻击时大声呼号). *leaǹg kiūn nǎ hièn* 两军呐喊.

Gritar gimiendo, o llorando (vp.哭喊，啜泣). *hū háo* 呼号.|. *tỷ' k'iě* 涕泣.

Grosura (n.油脂). *iêu* 油.

Gruessa cosa (np.肥大的东西), gorda (n.脂肪). *fỷ tiě* 肥的.|. *fỷ pa'ńg tiě* 肥胖的.

Grulla (n.鹤). *ién* 雁.|. *iaǹg niào* 阳鸟.|. *tiēn' gô* 天鹅.

Grosero hombre (np.粗鲁、粗俗的人). *çhū' jiň* 粗人.|. *çhū' çhièn'* 粗浅.|. *çhū' maǹg* 粗莽.|. *çhū' sǒ* 粗俗.|. *chùn' lù* 蠢鲁.|. *çhū' chùn'* 粗蠢.

Gruesa cosa, no delgada (np.厚厚的东西，不那么细或薄的). *heú tiě* 厚的.|. *heú tá* 厚大. – engrosar (使之变厚). *kiā heú* 加厚.|. *chó heú* 做厚.

Groseramente (ad.粗粗、草草). *çhū' liǒ* 粗略.|. *laò çhào'* 潦草. – descortesmente① (不礼貌). *vû lỷ* 无礼.

Grosera cosa (np.粗糙、粗陋的东西). *çhū' choáng* 粗壮.|. *çhū' poē'y* 粗胚②.|. *çhū' çháo tiě* 粗糙的.

Gruñir el puerco (vp.猪猡哼叫). *chū hiāo* 猪哮.

Grupera por donde entran y salen los perros (np.供狗进出的穴口或小门). *kèu muên* 狗门.

Grupera de la silla del cauallo (np.马鞍的后座或垫子).③

Gv.

Guadaña (n.钐刀、钐镰). *uān tāo* 弯刀.|. *chaǹ'g uān tāo* 长弯刀.

Gualdrapa (n.马披). *chańg nỷ gān* 障泥鞍.|. *gān chańg nỷ* 鞍障泥.|. *mà gān chańg* 马鞍障.④

Guarda (n.卫兵、守护者). *xèu chè* 守者.|. *ka'ń xèu tiě* 看守的. – de las puertas (看守大门的). *pà muên tiě* 把门的.|. *xèu muên kiūn* 守门军.|. *pà xèu tiě* 把守的.

---

① 此词以及后随的汉语词不见于柯本。
② 柯本作"粗卑"，须推定 *poē'y* 的送气符有误。
③ 原缺汉语释义。
④ *chańg*，三例柯本都写为"帐"。"障泥"，挂于马鞍两侧的挡泥布。

官话词汇 349

Guarda Real (np.皇家卫队). *iǔ lièn kiūn* 御辇军.|. *sǒ goêy pīng* 戍卫兵①.|. *kiń pīng* 禁兵.|. *chò iéu sǒ goêy chȳ chîn'* 左右戍卫之臣.|. *goêy chǒ* 卫卒.|. *goêy çú* 卫士.|. *iǔ kiń kiūn* 御禁军.|. *hú kiá kiūn* 护驾军.

Guardar, recojer (vt.收存，收集并储藏). *xēu xě* 收拾.|. *xēu chân'g* 收藏.|. *xēu kỳ'* 收起.

Guardar, vt los preceptos, ett^a. (vt.恪守、保持，如严守法规、戒律等). *xèu shǒu*.②

Guardas (n.卫士), gente de guardia que va con los presos (np.押送犯人的兵士). *kiáy suńg pīng mà* 解送兵马③.

Guardas que van de escolta con los Mandarines por los caminos (np.一路护送官员的卫兵). *hú suńg pīng mà* 护送兵马.

Guarda ropa (np.藏衣室), Roperia (n.储衣间). *xēu ȳ fańg* 收衣房. – del Rey (君王的). *iǔ ȳ kiēn* 御衣间.

Guarda ropa, ropero Real (np.看管衣服的人，为皇家看管衣物者). *tién ȳ chè* 典衣者.

Guardas del candado (np.锁的凹槽、锁簧). *sò siū* 锁鏽.

Guardar defendiendo (vp.看护并防卫). *ka'ń xèu* 看守.|. *pào xèu* 保守.|. *pào hú* 保护.|. *hú chú* 护助.

Guardar en el coraçon (vp.保持在心中). *hoây iū sīn* 怀于心.|. *kỳ iū sīn* 记于心.|. *kuá nién* 挂念.|. *liēu sīn* 留心.

Guardar la boca (vp.管住嘴巴、忌口). *kiáy kèu'* 戒口.|. *kiń kèu'* 禁口.|. *lièn kèu'* 敛口.

Guardar castidad (vp.持守贞洁). *kiáy sě* 戒色.|. *chiuě sě* 绝色.

Guardar las leyes (vp.遵守法规). *chūn xèu* 遵守.|. *chě fǎ* 执法.|. *chūn fǎ tú* 遵法度.

Guardar las fiestas (vp.维持例行节日). *xèu chēn lỳ jě* 守瞻礼日.

Guardar secreto (vp.保持秘密). *miě kèu' pǒ lú* 密口不露.

Guardarse, acautelarse, vt del enemigo (vr.防备、预防，例如对敌人). *fańg pý* 防备.|. *fańg iǔ* 防御.|. *fańg xèu* 防守.|. *xèu pý* 守备.

---

① *sǒ*，柯本写为"肃"。下一例也如是。
② 此条在影本隔开十余行又写了一遍，完全一样。
③ *kiáy*，柯本写为"戒"。

Guardarse del viento (vp.避开风吹、防风). *pý fuñg* 避风/备风①.

Guardarse, esconderse (vr.隐避，躲藏). *lièn xīn* 敛身.|. *tò kāy'* 躲开.

Guardarse de los peligros (vp.躲避、防备险情). *pý hièn* 避险/备险②.

Guardoso, parco (a.节俭的，有节制的). *kièn iuṅg tiě* 俭用的.

Guarida, castillo (n.掩蔽之所，城堡). *chu'ṅg chiñ'g* 铳城.|. *piñg iûṅg* 兵营.

Guarda del ganado vacuno (np.照看牛群者). *ka'ṅ nièu tiě* 看牛的. – el de ouejas (照看羊群者). *ka'ṅ iaṅg tiě* 看羊的.

Guardar justicia (vp.维护正义、保持公正). *kuñg ý* 公义. – Recto, justo (正直的，公正的). *kuñg táo* 公道.

Guarnicion de gente (np.驻军、卫戍部队). *siûn piñg* 巡兵.|. *hú goêy piñg* 护卫兵.

Guedeja de cabellos sueltos (np.散落的长发、发绺). *pý' fǎ* 披发.

Guerra (n.战争), guerrear (vi.开战、打仗). *kiāo chén* 交战.|. *hǒ chén* 合战.|. *tà chaṅg* 打仗.|. *túy tiě* 对敌.|. *kiāo fuñg* 交锋.|. *siāṅg chén* 相战.|. *tiě iṅg* 敌应.

Guerra campal (np.野外战争). *lǒ chén* 陆战.|. *iè chén* 野战.|. *iây chén* 崖战.

Guerra por agua (np.水面战争). *xùy lǒ chín piñg* 水陆进兵.|. *xùy chén* 水战.

Guebos de gallina, o, de otra Aue (np.母鸡或其他禽类的卵). *tán* 蛋.|. *luòn* 卵. – de gallina (母鸡所产). *ký tán* 鸡蛋. ettª. (等等). – de pescado (鱼类所产). *iǔ çhǔ* 鱼子.

Guia (n.向导). *iṅ táo chè* 引道者.|. *xě kiṅg lú chè* 识径路者.

Guiar, encaminar (vt.当向导，指路、带路). *iṅ táo* 引道.

Guindas, o cereças (n.酸樱桃、黑樱桃、樱桃). *iñg tâo'* 樱桃.

Guindo, o cereço (n.酸樱桃树，樱桃树). *iñg tâo' xú* 樱桃树.

Guiñar (vt.挤眼、递眼色), hazer señas (np.给信号、暗示). *tchāo* 招. com os olhos (以目光). *mǒ niě* 目逆.|. *tiēou yèn sě* 丢眼色.③

Girnalda de flores (np.花环、花冠). *hōa kuōn* 花冠.

Guisar (vt./vi.烹饪), coçer majares (vp.做饭菜). *chù* 煮. vt cocer carne (例如做肉食). *chù jǒ* 煮肉.

---

① 柯本取 "备风"。本词典上 "避、备" 同音。

② 柯本取后者。

③ 柏林本上这一条原无汉语释义，此处根据柯本补上梵蒂冈本提供的对应词。*niě*，柯本缺字；"目逆"，以目光相迎，即有所示意。

（p.108）

Gueco, vazio (n.凹陷、中空，空、无物). *kūn'g* 空.|. *kūn'g kiŭ* 空虚.|. *kūn'g kiŏ'* 空缺.

Guerfano① (a.无父母的 n.孤儿). *kū* 孤.|. *kū ûl* 孤儿.|. *kū tān* 孤单.

Guesped② (n.客人). *kě'* 客.|. *kě' jiñ* 客人.|. *pīn kě'* 宾客.|. *jiñ kě'* 人客.

Gueso vt sic de todo animal etiam racional (np.一切动物以及人的骨骼，总称). *kǒ* 骨.|. *kǒ têu'* 骨头.

Guesos de muerto (np.死人的骨骼). *hiây kǒ* 骸骨. – gueso de fruta (水果的核仁). *hǒ çhŭ* 核子.

Guerta (n.果园、园子). *iuên* 园. – de frutales (出产水果的). *kùo çhŭ xú iuên* 果子树园. – de flores (种花的). *hōa iuên* 花园.

Goloso③ (a.嘴馋的、贪吃的). *háo ch'ě tiě* 好吃的.|. *tān' xě tiě* 贪食的.|. *chuńg kèu' fǒ chȳ iǒ* 重口腹之欲④.

Gula (n.大食客、贪吃者). *tān' tāo'* 贪饕⑤.|. *mý iǹ xě* 迷饮食.

Gusano, vt sic (n.虫子，总称). *chûn'g* 虫. – de seda (吐丝的). *çū çhân'* 丝蚕.

Gusarapo (n.蛆、虫子，尤指水生的). *xùy chûn'g* 水虫.|. *xùy ch'iū* 水蛆.

Gusano ponçonoso (vp.有毒的虫子). *tǒ chûn'g* 毒虫.

Gusano de carne, o pescado podrido (np.腐烂的肉或鱼里的虫子). *çhīu' chûn'g* 蛆虫.

Gustar, prouar (vt.品尝，试试味道). *chân'g xě* 尝食.|. *chân'g vúy* 尝味.|. *xý chân'g* 试尝. – la comida (对食物). *xý vúy* 试味.|. *chân'g xě* 尝食.

Gustar (vt.品尝), tener gusto, saber de gusto (vp.有某方面的口味，善辨滋味). *chȳ vúy* 知味.|. *kān vúy* 甘味.|. *tào' vúy* 讨味.|. *ièu vúy* 有味.

Gustoso, sabroso (a.美味的，好吃的). *ièu vúy* 有味.|. *xoàng kèu' tiě vúy* 爽口的味.|. *ièu çhŭ vúy* 有滋味.|. *vúy moèy* 味美.

Gusto (n.味道、滋味). *vúy* 味.|. *çhŭ vúy* 滋味. – el sentido del gusto (对五味的感觉、味觉). [*xý kuōn* 试官⑥. para escritura (书面语词).] en la boca

---

① Huerfano（p.114）的异拼。
② 本词典上更为常见的拼法是 huesped。
③ 此词作为词目已见于字头 Go.（p.105），就拼法看不应出现在这里。
④ *chuńg*，柯本写为"中"。
⑤ 柯本作"贪叨"。
⑥ 此词可存疑，*xý* 一音或另有其字。

predomina el sentido del gusto (由嘴巴掌管味觉). *kèu' kuōn çū̱ chân'g* 口官司尝.

Gustar de los trabajos (vp.甘愿辛劳). *çhîn'g iuén kān kù'* 情愿甘苦.|. *kān sūy xéu kù'* 甘遂受苦①.

Gustos sensuales (np.感官之娱、肉欲). *siê iǒ* 邪欲.|. *iě iǒ* 逸欲.|. *xý iǒ* 嗜欲.|. *gān iě* 安逸.|. *çhuńg iǒ* 纵欲.

Gusto, deleyte (n.喜悦，欢乐). *lǒ siàng* 乐想.|. *těý siàng* 得意想.|. *hỳ siàng* 喜想.|. *hỳ lǒ* 喜乐.

Gustar, vt de comer, o ver algo (vi.爱好、喜欢，如嗜好美食、喜见某物). *gáy* 爱.|. *iáo* 要.|. *hỳ* 喜.|. *huōn hỳ* 欢喜.

---

① *sūy*，梵蒂冈本改作 *sīn*，柯本据之写为"辛"。按：以试尝苦味的甘遂比喻受苦，柏林本未必有误。

H
(pp.108-114)

Ha.

Habitar (vt./vi.居住). *kiū* 居.|.*chú* 住.|. *kiū chú* 居住.|. *kiū ch'ú* 居处.|. *kiū çháy* 居在.|. *gān hiá* 安下.

Habitar de prestado por poco tiempo (vp.短时间内借住某处). *kiûe'n kiū* 权居.|. *ký kiū* 寄居.|. *chán chú* 暂住.

Habitar por mucho tiempo (vp.长期居住). *kièu kiū* 久居.|. *chañ'g chú* 长住.|. *iuǹg kiū* 永居.

Habitacion, casa (n.住处、居所，房子、家). *fañg çhǔ* 房子.|. *fañg vǒ* 房屋.|. *fañg xé* 房舍.|. *kuñg xě* 宫室.

Habitacion, quando con cortesia se pregunta, la habitacion de v. m. se dize (n.住处，有时出于礼貌要说"阁下您的居所"). *kuéy* 贵.|. *çhūn fù* 尊府. – responde mi pobre habitacion (对方的回答是"我陋敝的住处"). *pý iǘ* 敝寓. esto quando es habitacion de prestado; pero quando es su casa, dize (这是说的借居之处；如果是自己的家，就说). *hân kiā* 寒家. mi casa fria (我贫寒的家).

Habituarse (vr.习惯、适应于). *kuón siě* 惯习. [参见：acostumbrarse (习惯于).]

Habada (n.犀牛). *sȳ niêu* 犀牛.

Hablar (vi.说、讲). *kiàng* 讲.|. *xuě* 说.|. *kiàng hoá* 讲话.|. *xuě hoá* 说话.|. *tân' iên* 谈言.

Hablar poco (vp.话少). *kùa ieñ* 寡言.

Hablar mucho (vp.话多). *kiàng tě tō* 讲得多.|. *kiàng tō hoá* 讲多话.

Hablar al superior intercedendo por otro (vp.为别人向上级求情). *kiàng fuén xaǹg* 讲分上.|. *xuě çhîn'g* 说情.

Hablar de otro (vp.说人、谈论别人). *kiàng tā'* 讲他.|. *xuě tā'* 说他.

Hablar alto (vp.大声说话). *kāo xiñg xuě* 高声说.|. *tá xiñg kiàng* 大声讲.

Hablar entre dientes (vp.从牙缝里挤出词儿、抿着嘴讲). *hân hû xuě* 含糊说.

Hablar bien, vt la lengua que aprendio (vp.说话清楚，比如学语言时). *kiàng tĕ mîng* 讲得明.|. *kiàng tĕ xŏ* 讲得熟.

Hablar con otro (vp.跟别人说话). *tuý jiēn kiàng* 对人讲.|. *iù tā' xuĕ* 与他说. ett[a].(等等).

Hablar baxo (vp.低声说话). *siào xīng kiàng* 小声讲.|. *sý xīng kiàng* 细声讲.|. *kiñg' siē kiàng* 轻些讲.

Hablar al oydo (vp.贴着耳朵说). *ùl piēn xuĕ* 耳边说.|. *hú siāng ùl xuĕ* 互相耳说.|. *hiáng ùl xuĕ* 向耳说.

Hablar de secreto (vp.暗里说、悄悄说). *miĕ miĕ xuĕ* 秘密说.|. *gań kiàng* 暗讲.|. *poéy héu xuĕ* 背后说.

Hablador (a.话多的、饶舌的). *tō çhùy* 多嘴.|. *tō kèu'* 多口.|. *kèu' piēn xuĕ* 口边说.|. *kiàng çhùy* 讲嘴.

Hablar con elegancia (vp.谈吐优雅). *ièu kèu' çhây'* 有口才.|. *iēn tân' kiĕ lý* 言谈吉利.|. *xeń çhiñ'g xuĕ* 善清说.|. *xuĕ ièu vuēn çhây'* 说有文才.

Haca (n.马驹、矮种马). *siào mà* 小马.

Hacha de cera, sirio (np.多芯的欧式蜡烛). *tá lă chŏ* 大蜡烛.

Hacha para cortar (np.用来劈砍的斧子). *fù têu'* 斧头.

（p.109）

Hado, ventura, o suerte (n.命运，运气，运道). *miń* 命. – buna suerte (好运道). *hào miń* 好命. – mala suerte, o dicha (运道不好，没福气). *pŏ hào miń* 不好命.

Halagos (n.恭维捧人的话). *fuńg chîn'g* 奉承. – Alagueño[①], blando (谄媚的，怯懦的). *juèn jŏ* 软弱.|. *sý nuń* 细嫩.|. *xuń tiĕ* 顺的[②].

Halcon (n.游隼、猎鹰). *iâo iñg* 鹞鹰.

Hallar (vt.找到、发现、碰上). *chŏ* 着.|. *tĕ chŏ* 得着.|. *siń chŏ* 寻着. – encontrar (遇到). *iù chŏ* 遇着.

Halito, resuello (n.呵气，呼吸). *hū hiĕ k'ý* 呼吸气.

Hambre (n.饥饿、饥荒). *gó* 饿.|. *kȳ* 饥.|. *kȳ gó* 饥饿.|. *tú kȳ* 肚饥.

Hambre canina (np.狂食症、消渴病). *siāo chiń* 消症.|. *siāo taó piń* 消道病.

Hambriento (a.饥饿的 n.饥者). *xeú gó tiĕ jiēn* 受饿的人.|. *ièu kȳ sĕ* 有饥

---

① 今拼 halagüeño（讨好、谄媚的）.

② 此词柯本未录。

色.|. *gó jiñ* 饿人. – morir de hambre (死于饥饿). *gó çụ̀* 饿死. – Año de hambre (饥荒之年). *hoāng niên* 荒年.

Haragan (n.懒人、闲来逛去的人). *hiên jiñ* 闲人.|. *kūn'g hiên tiể jiñ* 空闲的人.|. *hiên kuó jẻ çhủ* 闲过日子.

Harina (n.面粉、粉). *fuèn* 粉. – de trigo (小麦磨的). *mién fuèn* 面粉. – de arroz (稻米磨的). *mỳ fuèn* 米粉.

Harmonia① (n.和谐、和声). *çhéu iỏ* 奏乐.|. *iỏ xiñg* 乐声.

Harnero (n.筛子). *miẻ lô* 篾箩②.|. *xāy lô* 筛箩.|. *pò* 筐③. – cedaço, o criua (过筛用的箩、筛子). *xāy lô* 筛箩. – de arroz (筛米用的). *mỳ xāy* 米筛. – cerner le, o limpiar le (筛米，或淘米). *xāy mỳ* 筛米.

Harriero (n.脚夫). *mà fū* 马夫.|. *ka'ń mà tiể* 看马的. – de burros (赶驴的). *liụ fū* 驴夫.

Harto ay (s.足够了、够多了). *keú leào* 够了.|. *ièu leào* 有了.

Harto (a.够饱的、富足的), estar harto de comer (vp.吃够、吃饱). *pào leào* 饱了.|. *pào muòn* 饱满.|. *ién pào* 餍饱.|. *pào çhỏ* 饱足.|. *pào iụ́* 饱饫. – hartarse (饱食、吃够). *ch'ẻ pào* 吃饱.|. *tẻ pào ch'ẻ* 得饱吃.

Hasta aqui, ett[a]. (pp.直到现在、此时，等等). *taó kiñ* 到今.|. *chý kiñ* 至今. – hasta agora, idest (即，直到今天). *kiẻ kiñ* 及今.

Hasta à donde? (pp.直到哪里、到什么地方). *taó nâ lỳ* 到哪里.

Hasta aqui (pp.直到这里、此处). *taó ché lỳ* 到这里. ett[a]. (等等).

Hasta el fin (pp.直至终点). *taó chuňg* 到终.|. *taó vùy* 到尾.

Hasta el suelo (pp.直到底部). *taó tỳ* 到底.

Hasta de la lança (np.长枪、长矛的握把). *çhiāń'g piń'g* 枪柄.

Hauas (n.蚕豆). *çhân' teú* 蚕豆.|. *châ' teú* 茶豆.

Hastio (n.厌腻、厌食). *ién* 厌.|. *ný* 腻.|. *ień iẻ* 厌斁.

Haz, vt un haz de leña, o, cañas, ett[a]. (n.捆、束、扎，如一捆柴火、一扎秸秆，等等). *pà* 把. – un haz de leña (一捆柴火). *iẻ pà chây' hò* 一把柴火. – de yerbas (青草、绿叶菜). *iẻ pà ch'áy* 一把菜.

Hato de ganado (np.牲畜群). *hiỏ çhàn'* 畜产④. – de obejas (指羊群). *iẻ kiûn' iañg* 一群羊. – de bacas (指牛群). *iẻ kiûn' nieû* 一群牛.

---

① 即 Armonia（p.20）.

② 柯本作"密箩"。此词原写于左侧页缘，带十字号，表示插入此处。

③ 柯本写为"簁"。

④ *çhàn'*，柯本拟为"孱".

Hato, fato, ropa de camino (n.行李，包袱，即路上用的衣物). *hiñg lỳ* 行李.|. *hiñg têu'* 行头.

Hazer①, vt sic (vt./vi.做、作、干、施行、造成、使得，等等). *çhó* 做.|. *çháo* 造.|. *hîng* 行.|. *goêy* 为.

Hazerse Bonzo (vp.当和尚). *chų̌' kiā* 出家.

Hazaña (n.功勋、业绩). *xén kuñg* 善功.|. *xén hiñg* 善行.|. *kuñg hiñg* 功行.

Hazer aguada (vp.往船上装运淡水). *choáng xùy* 装水②.|. *kiẻ xùy* 给水③.

Hazer tapias, pisar las (vp.筑土坯墙，把土夯实). *chỏ çhiân'g* 筑墙.

Hazer las cuentas (vp.计数、算账). *suón choáng* 算账④.|. *suón sú* 算数⑤.

Hazer, o, dar del cuerpo (vp.解手，或上大号). *kiày xèu* 解手.|. *chų̌' kuñg* 出恭.|. *tá pién* 大便.

Hazer voto (vp.起誓). *hiù iuén* 许愿.|. *hiá iuén* 下愿.

Hazer las amistades (vp.交朋友). *hô mỏ* 和睦.|. *siañg hô* 相和.

Hazer traycion, leuantamiento, rebelion (vp.发起叛乱，哗变，暴动). *çhó mêu fañ* 做谋反.

Hazer que facere, facere (vp.使人做，引起). *çù* 使.|. *liñg* 令.

Hazer enojar a otro (vp.使人气愤). *jè jiñ nú* 惹人怒.|. *ch'ỏ jiñ nú* 促人怒.

Hazer alarde (vp.检阅、阅兵). *chāo' lién* 操练.|. *hía chāo'* 下操.⑥

Hazer bien à otro, socorrer le (vp.对人友善，予以支助). *kiéu çhý jiñ* 救济人.|. *chēu siẻ pào gaý* 周惜宝爱.

Hazer à otro à otro que sea bueno⑦ (vp.使人向善). *liñ jiñ goêy xeń* 令人为善.|. *iñ jiñ ių̃ xeń* 引人于善.|. *goêy jiñ hào* 为人好.|. *goêy jiñ chiñg* 为人正. – conuertir le (使人版化). *kių'én hoá jiñ* 劝化人.

Hazer callar (vp.使人住口). *kiáo jiñ chỷ xiñg* 叫人止声.|. *kiáo jiñ chų́ xiñg* 叫人住声.

---

① 今拼 hacer，相当于英语行为动词 to do、make。

② *choàng*，一字两调，但所标的上声和去声对于"装"字都不合常规。或许是受到声旁"壮"的干扰：粗壮的"壮"读去声，表示粗大一义的"奘"则念上声。

③ 柯本作"汲水"。

④ 柯本注：*choáng*，梵蒂冈本作 *tcháng*。

⑤ 柯本补有"*sú choáng* 数账"一词，未说明来源。

⑥ 柯本将西语词目理解为吹牛、说大话 (to boast, brag)，遂致汉语释义不可解，写为"訬口/[嚇？]訬"。

⑦ 有笔误，衍一 à otro。

Hazer oficio (vp.从职、从事某业). *çhó seṅg ý* 做生意.|. *chě niě* 执业①.

Hazer saber (vp.使人知道、告知). *tūn'g chȳ* 通知.|. *chuên' xuě* 传说.|. *paó jiń chȳ* 报人知.|. *kaó sú* 告诉.

Hazer la voluntad de otro (vp.顺从他人的意愿). *çhûn'g xún* 从顺.|. *xún kỷ' ý* 顺其意.|. *ȳ çhûn'g* 依从.

Hazer caso de otro (vp.看重某人). *kuéi chuńg tā'* 贵重他②.

Hazer cortesias (vp.致敬、行礼). *hiṅg lỷ* 行礼.|. *hiṅg lỷ máo* 行礼貌.|. *fuṅg páy* 奉拜.

Hazer llegar (vp.叫人来). *liṅ táo* 令到.|. *liṅ laỷ* 令来.

Hazer, o guisar la comida (vp.做吃的，烹调食品). *çhó faṅ* 做饭.|. *chù faṅ* 煮饭.|. *luṅg faṅ* 弄饭③.

Hazer gente (vp.征兵、募兵). *chāo piṅg* 招兵.|. *kỷ' piṅg* 起兵.

Hazer fruto (vp.有结果、产生效益). *ièu iě* 有益.|. *ièu pù iě* 有补益.|. *ièu kuńg hiáo* 有功效④. – tener effecto (起作用、生效). *ièu hiáo nién* 有效验.

Hazer guerra (vp.发动战争、打仗). *chiṅg chén* 征战.|. *kuṅg chén* 攻战.|. *chén teú* 战斗.

Hazer mercedes (vp.施惠、行善举). *xȳ gēn* 施恩.|. *gēn çú* 恩赐.

Hazer habito, costumbre (vp.养成习惯，做惯). *siě kuón* 习惯.|. *kuón lién* 惯练.|. *lién siě* 练习.|. *çhó kuón* 做惯.

Hazer prouision de ante mano (vp.预先做好准备、备妥粮草弹药等). *iú pý* 预备.|. *çhân'g çhiǔ* 藏聚.

Hazer perfectamente (vp.做得完美、取得成功). *çhó chîn'g* 做成.|. *çhó chîn'g çhiǔe'n* 做成全.

Hazer inperfectamente (vp.做得不好、不成功). *çhó pǒ chîn'g* 做不成.|. *çhó tě pǒ çhiṅg* 做得不精.

Hazer fuerza (vp.用力、尽力). *iuṅg liě* 用力.

Hazer sin atencion (vp.做事不上心). *pǒ lieu siṅ çhó* 不留心做.|. *pǒ chú nién çhó* 不注念做.

---

① 柯本作"职业"。
② *kuéi* = *kuéy*。此条系另手补写，笔画很粗，墨色颇浓。
③ 柯本注：*luṅg*，梵蒂冈本作 *lúng*，去声。
④ 柯本注：*kuṅg*，梵蒂冈本作 *kūng*，阴平。

Hazer mal, dañar (vp.做坏，vt.破坏). *háy* 害.|. *xańg háy* 伤害.|. *chân' háy* 残害. [参见：dañar (破坏).]

Hazer mala obra à otro (vp.给人带来麻烦、添乱). *taý luý* 带累.|. *xěgú* 失误.|. *luý jiń* 累人.|. *kūe'y* 亏.

Hazer en lugar de otro (vp.代某人做、代劳). *taý tā' chó* 代他做.|. *taý goêy* 代为. – hazer por el (为了他做). *t'ý tā'* 替他.

Hazer poco caso (vp.看轻、不重视). *hǒ liǒ* 忽略.|. *pǒ lỳ* 不理.|. *pǒ kuòn* 不管.|. *hû tû' chó* 糊涂做.

Hazer sal (vp.制盐). *chó iên* 做盐. – al fuego (用火烤). *chiēn iên* 煎盐.

Hazerse ala vela (vp.张帆). *kāy' chuên* 开船.

Hazer agua el nauio (vp.船进水). *chuên leú* 船漏.

Hazerse, vt Dios hombre (vr.成为、变成，如上帝化身为人). *goêy jiń* 为人.

（p.110）

Hazer progresos (vp.取得进步). *chiń pú* 进步.|. *xańg chín* 上进.|. *tǎ chín* 达进.|. *xańg tǎ* 上达.|. *xańg chiên'* 上前.

Hazer sol (vp.出太阳). *ièu jě têu'* 有日头.|. *kién leào jě* 见了日. – tiempo claro (晴朗的日子). *tiēn' chîn'g leào* 天晴了.

Hazer fuego (vp.烧火、点火、架起火). *kỷ' hò* 起火.|. *chó hò* 做火.

Hazer carbon (vp.制炭). *xāo ta'ń* 烧炭.|. *chó ta'ń* 做炭.

Hazer cal (vp.制作石灰). *xāo hoēy* 烧灰.|. *chó hoēy* 做灰.

Hazer vida con su muger (vp.与妻子一同生活). *tuń'g fańg* 同房. – no hazer la (不一起生活). *pǒ tuń'g fańg* 不同房.

Hazer, o dar audiencia el Mandarin (vp.官员议事或举行庭审). *chó tań'g* 坐堂.|. *chǔ' tań'g* 出堂.

Hazer caso (vp.重视), estimar (vt.看重). *chuńg* 重.|. *kuéy chuńg* 贵重.

Hazer parar (vp.使人留下、留宿). *lièu chú* 留住.

Hazer lo que deue, cumplir con su obligacion (vp.做该做的事情，履行职分). *chiń puèn* 尽本.|. *chó puèn fuén* 做本分.

Hazer lo que le mandan (vp.听从命令并付诸实行). *chūn xèu* 遵守.|. *chūn mińg* 遵命.|. *ti'ńg mińg* 听命.|. *ti'ńg xún* 听顺.|. *xún mińg* 顺命.

Hazer centinela (vp.站岗、守卫). *ka'ń xèu* 看守. – rodando (巡逻). *siûn xèu* 巡守.

Hazer desordenadamente (vp.乱无章法地行事). *luón çhó* 乱做.|. *vuáng tuńg* 妄动.

Hazer señas llamando (vp.呼唤、召唤). *chāo* 招.

Hazer algo de gracia (vp.做某件事没有报酬、无偿劳作). *kūn'g çhó* 空做.|. *pě çhó* 白做.

Hazerse fuerza (vp.勉力而为). *mièn kiàn'g* 勉强.|. *mièn lỳ* 勉励①.

Hazer su voluntad (vp.从其所愿). *sûy ý* 随意.|. *sûy pién* 随便.|. *jiǹ ý* 任意.

Hazer a destajo (vp.干计件或包揽的活儿). *tà çhó* 打做.②

Hazer sogas (vp.制作绳子). *tà sǒ* 打索.

Hazer vino (vp.造酒). *jańg çhièu* 酿酒.|. *çhó çhièu* 做酒.

Hazer aseyte (vp.制油、榨油). *niên iêu* 碾油.|. *çhó iêu* 做油.

Hazer informacion, y pesquisa (vp.询问，稽查). *xiǹ vuén* 审问.|. *châ' vuén* 查问.

Hazer alternatim (vp.轮流做). *lûn çhó* 轮做.

Hazer sus quartos la centinela (vp.岗哨执勤、值夜). *xèu keńg* 守更.

Hazer sombra (vp.遮荫、庇护). *iñ pý* 荫蔽/荫庇.|. *pý iñ* 蔽荫/庇荫.

Hazer cosas de barro (vp.用黏土制作器物). *sú* 塑.

Hazer ymagenes de barro (vp.用黏土制作人像). *sú siáng* 塑像.

Hazer ventaja (vp.占优、领先). *xińg kuó* 胜过.

Hazer concierto (vp.达成协约、立约). *çhó iǒ* 做约.|. *siāng iǒ* 相约.

Hazer del ojo (vp.使眼色).③

Hazer cosquillas (vp.胳肢、挠痒).

Hazer gestos (vp.做鬼脸). *çhó iańg* 做样.

Hazer de nuebo, començar (vp.重新做，起头). *cho'áng çhó* 创做.|. *liě choáng* 立创④.

Hazer sementeras (vp.干田里活儿). *keńg tiên'* 耕田.|. *çhó tiên'* 做田.|. *chuńg tiên'* 种田.

Hazer de prestado (vp.临时做、暂且行事). *kiṳe'n çhó* 权做.

Hazer milagros (vp.创奇迹). *çhó xińg çhiě* 做圣迹.

---

① *lỳ* 为 *lý* 之误。

② 参见 Destajo（p.74）。

③ 此条及下一条原缺汉语释义。

④ 柯本注：梵蒂冈本作 *tch'oáng liě* "创立"。

Hazer ayre con el auanico (vp.用扇子扇风). *tà xén* 打扇.

Hazer algo de camino (vp.在路上做某事、顺道做). *xuń lú çhó* 顺路做.

Hazer frio (vp.变冷、天冷). *hân* 寒.|. *leǹg* 冷.|. *tiēn' leǹg* 天冷. – grande frio (酷寒). *hân leǹg* 寒冷.

Hazerse de rogar[①] (vp.摆臭架子、使人央求). *iáo jiñ kiêu'* 要人求.|. *iáo jiñ fuńg çhîn'g* 要人奉承.

Hazer officio de Mandarin (vp.履行官职、当官). *çhó kuōn* 做官.

Hazer el pecado nefando (vp.犯不齿之罪). *çhó nân sě* 做男色.|. *fàn sińg* 反性.

Hazer diabluras (vp.扮鬼、调皮捣蛋). *çhó mô kuèy* 做魔鬼.

Hazer su año nuebo (vp.过他们的新年). *çhó niên* 做年.

Hazer fiestras nuestras (vp.过我们圣教的节). *çhó chēn lỳ* 做瞻礼.

Hazia algun lugar (pp.朝向某个地方). *hiańg* 向.|. *tuý* 对.

Hazia à donde? (pp.往哪里). *hiańg nâ lỳ* 向哪里.|. *hiańg nâ iě piēn* 向哪一边.

Hazia adentro (pp.朝里、在里面). *núy mién* 内面.|. *lỳ mién* 里面.|. *núy lỳ* 内里.|. *lỳ piēn* 里边.

Hazia à tras (pp.朝后面). *tu'ý heú* 退后.

Hazia arriba (pp.往上面). *hiańg xańg* 向上.

Hazia abaxo (pp.往下面). *hiańg hiá* 向下.|. *tuý hiá* 对下.

Haz de leña (np.一捆柴火). *chây' pà* 柴把.|. *chây' kū'* 柴枯.[②]

Hazienda (n.财产、资产). *chây' vuě* 财物.|. *niě* 业.|. *kiā çhây'* 家财.|. *kiā niě* 家业.|. *çhây' hó* 财货[③].|. *kiā çhàn'* 家产.

He.

Hebra (n.线、丝), vna hebra (np.一根线或丝). *iě tiâo'* 一条. – de hilo (各类材质的线、丝). *iě tiâo' sién* 一条线.

Hecho (a.做好的、现成的), ser echo (vp.已做好). *goêy* 为.|. *çhó tiě* 做的.|. *cháo tiě* 造的.

Hechisero (n.巫师). *çhó xǔ jiñ* 做术人.|. *iāo xǔ jiñ* 妖术人.|. *siê xǔ jiñ* 邪术人.

---

① 柯本转录为 hazer se derogar, 读不通.

② 前一词柯本写为"柴扒",后一词拟为"柴箍"。"柴枯",即枯柴。小时家里烧柴,总听得大人说"柴枯"。

③ *hó*,柯本误录为 *hò*,其词作"财伙"。

Hechos, obras (n.行为、举止，成果、作品). *hińg* 行.|. *hińg tiě çú* 行的事.

Hecho de prestado (np.临时所为、权宜之举). *çhûn'g kiu̯e'n tiě* 从权的.

Hecho de nuebo (np.新作、新品). *siñ çhó tiě* 新做的.

Hecho de barro (np.黏土制品). *sú tiě* 塑的. – fictilis[1] (陶土器具). *iâo k'ý* 窑器.

Hechos pedaços (np.碎块). *p'ó suý tiě* 破碎的.|. *p'ó tiě* 破的.

Hecho à macha martillo (ap.用锤子砸实的、结实牢靠的). *kiǹ tińg* 紧定.|. *kiēn xě tiě* 坚实的.|. *kiēn lâo tiě* 坚牢的.

Hedor (n.臭气、臭味). *che'ú k'ý* 臭气. – de cosa podrida (腐烂物的臭味). *lań che'ú* 烂臭. – en el sabor (闻上去). *che'ú vuý* 臭味.

Heder (vi.发臭). *che'ú* 臭. – muy hediondo (极臭). *che'ú pǒ kò' vuên* 臭不可闻.|. *che'ú k'ý nân vuên* 臭气难闻.

Hedor de cosa fresca, vt carne, pescado, ett[a]. (np.鲜货，如肉、鱼等的腥味). *siēn k'ý* 鲜气.|. *sińg k'ý* 腥气.|. *che'ú sińg* 臭腥.

Hembra en los animales, vt sic (a./n.雌、雌性，就动物而言). *mù* 母.|. *piǹ* 牝.|. *çhū'* 雌.

Hembra en los botones[2], o corchetes (np.纽扣上的凹眼，或纽襻的扣眼). *k'éu ùl* 扣儿.

Hembra (a./n.女、女性), muger (n.女人). *niù* 女.|. *fú* 妇.|. *fú niù* 妇女.|. *niù jiń* 女人.|. *fú jiń* 妇人.

Hender (vt.劈开、破开). *p'ó kāy'* 破开.|. *chě kāy'* 拆开.|. *pè'u kāy'* 剖开.|. *suý liě* 碎裂. – henderse (开裂). *liě kāy'* 裂开. – el monte (指山体). *xān liě leào* 山裂了. – el nauio (指船只). *chuên kiày liě* 船解裂.

Henderse y romperse (vp.裂开并断成两半或几截). *p'ó liě* 破裂. – romper rasgando (撕破). *liě p'ó* 裂破.

Hendedura en el labio, o, oreja (np.嘴唇或耳朵有缺口). *kiu̯e'* 缺.

Henchir (vt.装满、填满). *muòn* 满.|. *chuńg muòn* 充满.|. *ińg muòn* 盈满.

Hermanas (n.姐妹). *çhiè moéy* 姐妹.

(p.111)

Hendedura, abertura (n.裂缝、裂口). *liě* 裂.|. *kě fuńg* 隔缝.|. *fuńg liě* 缝裂. – en la tierra (地上的裂缝). *hiṳ hiě* 虚隙.

---

[1] 拉丁语词，指黏土、陶土及其制品。

[2] 柯本误录为 botanes（植物），释义作植物的雌性（the female of plants）。

Heredades, tierras (n.田产，田亩). *tiên' tý* 田地.|. *choāng tiên'* 庄田.|. *choāng fañg* 庄坊.|. *tiên' choāng* 田庄.

Heredar (vt.继承、获得遗产). *tĕ jiñ kiā çhây'* 得人家财.|. *tĕ jiñ kiā niĕ* 得人家业.|. *goêy niĕ* 遗业.|. *goêy çhàn'* 遗产.①

Heredero (n.继承人). *tĕ kiā niĕ chè* 得家业者.|. *tĕ kiā çhây' tiĕ jiñ* 得家财的人.|. *çú heú chè* 嗣后者.|. *chîn'g ký chè* 承继者.

Herencia (n.遗产). *çhù niĕ* 祖业.|. *kiā çhàn'* 家产.|. *kiā niĕ* 家业.

Hereje (n.持异端者、异教徒). *ý tuōn jiñ* 异端人.|. *gú kiáo chè* 误教者.|. *ý kiáo chè* 异教者②. – Apostata (叛教者). *poéy kiáo chè* 背教者.

Heregia (n.邪说、异教). *ý tuōn* 异端.|. *çhò tuōn* 左端.|. *çhò taó* 左道.|. *siê kiáo* 邪教.

Heresiarca (n.建立异教者). *kỳ' ý tuōn jiñ* 起异端人.|. *liĕ ý tuōn tiĕ xèu* 立异端的首.

Hermanos (n.兄弟). *hiūng tý* 兄弟.|. *kuēn tý* 昆弟③.|. *tý hiūng* 弟兄.

Hermanados (n.把兄弟). *meǹg hiūng tý* 盟兄弟.|. *kiĕ páy hiūng tý* 结拜兄弟.|. *páy pà* 拜把.

Hermandad, cofradia (n.兄弟会，教友会). *hoéy* 会.

Hermano mayor (np.哥哥). *hiūng* 兄.|. *kō* 哥.|. *kō lañg* 哥郎. – mi hermano maior (我的哥哥). *kiā hiūng* 家兄. – menor (弟弟). *tý* 弟.|. *tý lañg* 弟郎. – mi hermano menor (我的弟弟). *xé tý* 舍弟.

Hermana mayor (np.姐姐). *çhiè* 姐. – mi hermana maior (我的姐姐). *kiā çhiè* 家姐. – menor (妹妹). *moéy* 妹.|. *moéy çhù* 妹子. – mi hermana menor (我的妹妹). *xé moéy* 舍妹.

Hermanos carnales (np.嫡亲兄弟). *çhiñg' hiūng tý* 亲兄弟④.|. *tuñ'g pā'o hiūng tý* 同胞兄弟⑤.|. *tiĕ hiūng tý* 嫡兄弟.

Hermanos de Padre, y no de madre (np.同一父亲而非同一母亲所生的兄弟). *tuñ'g fú, ý mù hiūng tý* 同父异母兄弟.|. *kŏ mù hiūng tý* 隔母兄弟.|. *ký hiūng tý* 继兄弟.

---

① 末了两个词，柯本写为"为业""为产"，语义上说不通。"遗"读为 *goêy*，参见 Fluxo seminis（p.100）。

② *ý*，梵蒂冈本作 *ý*，去声。

③ *kuēn*，脱送气符。

④ 柯本注：*çhiñg'*，梵蒂冈本为 *çhīn'*，前鼻音。

⑤ 柯本注：*pā'o*，梵蒂冈本作 *pāo*，无送气符。

Hermano maior de v. m. (np.阁下的兄长、您的哥哥). *liṅ hiūng* 令兄.|. *çhūn hiūng* 尊兄.

Hermano menor de v. m. (np.阁下的弟弟、您的弟弟). *liṅ tý* 令弟.|. *hiên tý* 贤弟.

Hermanos del Rey (np.君王的兄弟). *tá ta'ý çhù* 大太子. que es el maior; el menor (这是指君王的兄长；如果是弟弟，则叫). *siào ta'ý çhù* 小太子.

Hermanos de leche (np.奶兄弟). *jù hiūng tý* 乳兄弟.

Hermanas de leche (np.奶姐妹). *jù çhiè moeỳ* 乳姐妹.

Herida (n.创伤、伤口). *xañg* 伤.|. *kiñ chān'g* 金疮.|. *pûo'n çhiě* 瘢迹.|. *kiñ ỳ* 金痍.

Herir (vt.弄伤、伤害). *tà xañg* 打伤.|. *kiñ chān'g* 金疮.|. *xañg haý* 伤害.|. *xañg sùn* 伤损.|. *tà sùn* 打损.|. *xà xang* 杀伤.|. *xà haý* 杀害.

Herir dando estocada (vp.用剑刺伤). *ch'ǔ xañg* 剌伤.

Herir vna cosa con otra, topetandose (vp.互相碰撞、相伤). *siañg liǔ* 相庚①.|. *siañg ch'ǒ* 相触.

Herir le el corazon con palabras (vp.用言语刺伤人的心). *xañg siñ* 伤心.|. *xañg jiñ tiě siñ* 伤人的心.

Herir le con los ojos (vp.以目光伤人). *ièn mǒ xé jiñ* 眼目射人.

Hermita② (n.荒庙野寺、偏僻去处). *chào' tañ'g* 草堂.

Hermitaño (n.山僧、隐士). *iǹ sieū tiě* 隐修的.

Hermoso (a.漂亮的、美丽的). *piāo chý tiě* 标致的.|. *moeỳ hào* 美好.|. *moeỳ lý* 美丽.|. *hào ià* 好雅.|. *çhīng' sièu* 清秀.|. *çhý' chiǹg* 齐整.|. *çhīng' suý* 清粹.|. *seng tě hào* 生得好.|. *moeỳ máo* 美貌.|. *chi'úñ sièu* 俊秀.

Hermosura (n.美丽). *moeỳ* 美.|. *moeỳ hào* 美好.|. *sièu nuón* 秀嫩.

Hermosear (vt.打扮、妆饰). *choāng xě çhý' chiǹg* 妆饰齐整.|. *sièu chiǹg* 秀整.

Hermoso de rostro (ap.脸蛋好看、貌美). *moeỳ máo* 美貌.|. *seng tě hào* 生得好.|. *sièu iuṅg* 秀容.|. *çhǔ sě* 姿色.

Hermoso, como piedra preciosa (ap.美如宝石). *hōa iuñg iǒ máo* 花容月貌.

Herrada para agua (np.盛水的木桶). *xùy tùn'g* 水桶.

Heroyco hombre, famoso (np.英雄人物、著名人士). *tá ièu mîng tiě jiñ* 大有名的人③.

---

① *liǔ*，柯本缺字。"相庚"，相冲突。
② 这个词及下一个词，根据现在的拼法须省除首字母 h。
③ *mîng*，柯本写的是"明"，当为笔误。

Herradura (n.马蹄铁、马掌). *tiě' sǎ* 铁靸.|. *tiě' hiây* 铁鞋.|. *tiě' kiǒ kūa* 铁脚爪①.

Herrar el caballo (vp.给马儿钉蹄铁). *xańg tiě' kiǒ kūa* 上铁脚爪②.

Herrar con fuego (vp.用烧红的铁块烙印). *tà hò iń* 打火印.|. *lǒ hò iń* 烙火印.

Herrar el rostro con sangue (vp.在脸上刻血字). *mě kě' kỳ' mién* 墨刻其面.|. *kińg' mién* 黥面.|. *tà iń çhǔ kě' çhú* 打印子刻字. – este castigo (作为一种刑罚). *mě hińg* 墨刑.

Herramienta (n.工具、器具). *k'ý kiụ́* 器具.|. *kiā hò* 家伙.|. *k'ý iuńg* 器用.③

Herrero (n.铁匠). *tà tiě' tiě jiñ* 打铁的人.|. *tiě' kuńg* 铁工. – el maestro (打铁师傅). *tiě' çhiańg* 铁匠.

Herreria (n.铁匠铺、打铁行), calle de herreros (np.铁匠铺子集中的街道). *tiě' lû kiāy* 铁炉街.|. *tiě' lû hańg* 铁炉行.

Herrumbre (n.锈、锈斑). *siéu* 锈.|. *tiě' siéu* 铁锈. – criar la (生锈). *seńg siéu* 生锈.|. *xańg siéu* 上锈.④

Heruir (vi.沸腾). *kuèn* 滚.|. *kuèn kỳ'* 滚起.|. *fý kuèn* 沸滚.|. *xāo kuèn* 烧滚.|. *kuèn p'ó* 滚破. – a borbollones (起泡滚涌的样子). *pu'én iùng kuèn* 喷涌滚.

Hiruiente (a.煮开的、沸腾的). *kuèn tiě* 滚的. – moraliter, feruoroso (引申义，指热情的). *jě siñ* 热心.

Heruor (n.沸腾), un heruor (np.煮一下、煮沸). *kuèn iẻ kuèn* 滚一滚⑤.

Hez, o, hezes de qualquier cosa (n.沉渣，指任何东西的沉淀物). *chā* 渣.|. *chā çhày* 渣滓. – asientos (残余物). *tỷ* 底.

Hezes que quedan despues del vino, del arroz (np.酿酒、做米酒残余的渣子). *çhāo* 糟.|. *çhièu çhāo* 酒糟.

---

① *kūa*，柯本缺字。疑为"瓜"音，其形与"爪"甚近。

② 此条柯本未录。

③ 此条两见，完全一样。

④ 柯本注：*xańg*，梵蒂冈本作 *cháng* (= *xáng*)，去声。按：可参看关联条目 Tomar de herrumbre（p.213），"上"拼为 *xańg*。

⑤ 柯本注：梵蒂冈本处理为两个词，"滚""一滚"。按："滚一滚"，即把食料投入滚开的水里过一下即捞起，如果是蔬菜便称"焯"。

(p.112)

Hi.

Hidalgo (a.出身高贵的 n.贵族、绅士), noble (a.高贵的、高尚的 n.贵族). *xý kiā tiě* 世家的.|. *tá xý kiā* 大世家.|. *xý chîn'* 世臣.|. *hiuńg kiéu chȳ kiā* 雄赳之家①.|. *hièn chîn' kiā* 显臣家.|. *xý kiń' chȳ kiā* 世卿之家.|. *mîng muên xý lǒ chȳ çhǔ* 名门世禄之子.|. *kuńg chîn' chȳ heú* 功臣之后.|. *tá kiā çhǔ tý* 大家子弟.|. *mîng kiā çhǔ tý* 名家子弟.

Hidalguia (n.贵族身份、上等地位). *chūn kuéy* 尊贵.|. *iûng kuéy* 荣贵.|. *kuéy çhǒ* 贵族.|. *xińg çhǒ* 盛族.|. *kiā çhūn* 家尊.

Hidropesia (n.水肿). *kù chaǹg* 臌胀.|. *xùy kù pińg* 水臌病.

Hiel (n.胆汁). *tàn* 胆.|. *kù' tàn* 苦胆.

Higado (n.肝脏). *kān* 肝.

Higos (n.无花果). *vû hōa kùo* 无花果.

Higuera (n.无花果树). *vû hōa kùo xý* 无花果树.

Hierro (n.铁). *tiě'* 铁.|. *tiě' kiń* 铁金. – crudo (未经冶炼的). *seńg tiě'* 生铁. – colado (经过冶铸的). *xǒ tiě'* 熟铁. – moraliter v°. ierro② (引申的用法 参见ierro).

Hijos (n.儿子). *çhǔ* 子.|. *ûl çhǔ* 儿子. – el hijo de v. m. (阁下之子、您的儿子). *lińg lańg* 令郎. – si se habla con Mandarines (如果对方是官员，就称). *kuńg çhǔ* 公子. – al primero, se dize (对其长子，称为). *tá xǒ* 大叔. – al 2°. (称其次子). *úl xǒ* 二叔. ett^a. (余可类推). – mi hijo (我的儿子). *siào ûl* 小儿.|. *siào çhǔ* 小子.

Hijas (n.女儿). *niù ûl* 女儿.|. *niù çhǔ* 女子. – hija de v. m. (阁下之女、您的女儿). *lińg gáy* 令爱. – si con pequeñitas (如果年龄还小，就称). *chiēn' kiń* 千金. – si habla con Mandarin (如果对方是官员，则称其女儿为). *siào çhìe* 小姐. – mi hija (我的女儿). *siào niù* 小女.

Hijo mayor (np.大儿子). *chaǹg nân* 长男.|. *chaǹg çhǔ* 长子.|. *tá ûl çhǔ* 大儿子. – el 2°. (二儿子). *ch'ú çhǔ* 次子.|. *chūng çhǔ* 仲子. – el 3°. (三儿子). *ký çhǔ* 季子. – los pequeñitos (年龄还小的). *ieú çhǔ* 幼子.

---

① 柯本注：*kiéu*，梵蒂冈本作 *kién* "健"。

② 并无单立的词目，实即hierro，也拼为hyerro。见 Entrañas de hyerro（p.88），属于引申用法。

Hijo propio legitimo (np.法律认可的亲生儿子). çhīn' çhǔ 亲子.|. chīn çhǔ 真子.

Hijo de concubina (np.妾生的儿子). xú çhǔ 庶子.|. çhiě seng tiě 妾生的.|. piēn' seng tiě 偏生的.

Hijo adulterino (np.与人私通所生的儿子、私生子). kān seng tiě 奸生的.

Hijo de meretriz (np.妓女所生的儿子). hōa seng tiě 花生的.|. çhǎ chùng tiě 杂种的.

Hijo postumo que nacio muerto el padre (np.父亲死后出生的儿子). goêy fǒ çhǔ 遗腹子①.

Hijo adoptiuo (np.收养的儿子). ý chǔ 义子.|. gēn chǔ 恩子.|. paó iaǹg çhǔ 抱养子.

Hijos de un parto (np.同一胎生的儿子). xoāng seng tiě çhǔ 双生的子.

Hijos de un parto② (np.同一胎生的儿子). iě tāy' seng tiě 一胎生的.

Hijo del Rey, el maior (np.君王的儿子，其长子). ta'ý çhǔ 太子.|. hoâng çhǔ 皇子.

Hija de Rey (np.君王的女儿). kuňg chù 公主.|. hoâng niù 皇女.

Hijo prohijado (np.收养并给予继承权的儿子). liě çú tiě 立嗣的.|. liě ký çú tiě 立继嗣的.

Hijo maior de los duques y grandes (np.公爵及贵族的长子). xý çhǔ 世子.

Hijo de la muger entenado (np.非原配所生的儿子). ký nân 继男.|. sûy mù çhǔ 随母子. – del marido (现婚丈夫携来的儿子). sûy fū çhǔ 随夫子.

Hijo del primer marido (np.头婚丈夫的儿子). çhiên' fū çhǔ 前夫子. – del 2º. (二婚丈夫的儿子). héu fū çhǔ 后夫子.

Hijo del primer matrimonio (np.初次婚姻所生的儿子). çhiên' çhù 前子. – del 2º. (第二次婚姻所生的儿子). héu çhǔ 后子.

Hijo guerfano (np.失去父母的儿子). kū ûl 孤儿.|. kū çhǔ 孤子.

Hijo bueno, obediente (np.孝顺的好儿子). hiáo çhǔ 孝子.|. siào chǔ 肖子.|. siańg hiên 象贤.

Hijo prodigo (np.败家子、浪子). lańg tańg çhǔ 浪荡子.|. p'ó kiā chǔ 破家子.

Hijo que degenera (np.败坏家门的儿子). pǒ siáo çhǔ 不孝子.|. jǒ çhǔ 辱子.|. tièn jǒ çhǔ chuňg chȳ tû' 玷辱祖宗之徒.

---

① "遗"读作 goêy，参见 Fluxo seminis（p.100）。

② 重复的词目，柯本合为一条，保留了不同的对应词。

Hilar (vt.纺织). *faṅg* 纺.|. *faṅg çhiě* 纺绩. – seda (蚕丝). *faṅg çū̱* 纺丝. ettᵃ.(等等).

Hilera, renglera (n.行，排). *haṅg* 行.|. *haṅg liě* 行列.|. *pày liě* 摆列.|. *iě çhý'* 一齐.

Hincar en tierra, o pared, ettᵃ. (vp.扎入泥地、插进墙壁等，并使之固定). *chǎ'* 插.|. *chǎ' chú̱* 插住.|. *chǎ' kiṅ* 插紧.|. *uôn chú̱* 绾住①.

Hincapie (n.立稳、坚持，或借以立稳的支撑物). *pá piṅg* 把柄.|. *piṅg' kiú̱* 凭据.|. *piṅg' ȳ* 凭依.|. *kiě vú* 急务. – Hizo incapie en tal cosa (在某件事情上立场坚定、目标明确). *ỳ mèu çú goêy chù̱* 以某事为主.|. *goêy puèn* 为本.|. *goêy kiě* 为急.

Hincar para señal (vp.插上某物作为信号). *chǎ' chó ký háo* 插做记号.

Hincar lo para que este fixo (vp.插得牢实). *chǎ' tiṅg chú̱* 插定住.

Hincar soplando (vp.吹入气使某物膨大). *chūy'* 吹.

Hincarse de rodillas (vp.屈膝下跪). *kuéy hía* 跪下.

Hincharse (vr.肿大). *chùng kỳ' lây* 肿起来.

Hinchason (n.肿块). *chùng* 肿.

Hinchaçon de diuiesos (np.疖子形成的肿块). *çhiě* 疖. – criar los (长疖子). *seṅg çhiě* 生疖.

Hinchaçon grande en las espaldas (np.脊背上的大肿块). *poéy chùng* 背肿. – criar la (形成这类肿块). *seṅg poéy chùng* 生背肿.

Hinchaçon con podre, y ponçoña (np.带脓毒的囊肿). *pièn tǒ* 便毒.

Hinchado, abotagado (a.肿起的，肿胀的). *hiǔ chùng* 虚肿.|. *hiǔ feû* 虚浮.

Hipocresia (n.虚伪). *kià xeń* 假善.|. *goéy xén* 伪善.|. *kià hào siñ tiě* 假好心的.

Hipocrita (a.虚伪的 n.伪君子). *kià xén tiě* 假善的.|. *kià hào siñ tiě* 假好心的.|. *goéy xén tiě* 伪善的.

Hinojo (n.茴香). *siào hoēy hiāng* 小茴香. – de china (中国产的). *tá hoēy hiāng* 大茴香.

Historias (n.史书). *kaṅg kién* 纲鉴. [参见：Anales (年鉴).]

Historiador (n.史家). *ký cù̱* 记史.|. *cù̱ chè* 史者.|. *ký lǒ chè* 记录者.

Historiador del Rey (np.君王的记史者). *cù̱ kuōn* 史官.|. *kuòn ký* 管记.

---

① *uôn*，柯本缺字。"绾住"，稳住。

(p.113)

Ho.

Hoçico (n.[兽类的]嘴巴). *xûn* 唇. – de puerco (猪嘴). *chū xûn* 猪唇.

Hoçar el puerco (vp.猪拱土). *chū lý tù'* 猪犁土.

Hoz para segar (np.收割庄稼用的镰刀或钐镰). *kǒ tāo* 割刀.|. *uān tāo* 弯刀.

Hogar (n.火炉、炉灶). *hò çháo* 火灶.

Hoguera (n.篝火、火堆). *tá hò* 大火.

Hojas de arboles, y libros (np.树木的叶子，以及书册的页张). *iě* 叶/页. – caerse la oja del arbol (树木的叶子掉落). *lǒ iě* 落叶.|. *sié iě* 谢叶.

Hoja de oro, plata, ettª. para dorar (np.金子、银子等制成的薄片，用为饰品). *pǒ* 箔. – de oro, ettª. (金质的，等等). *kiñ pǒ* 金箔.

Hollejo (n.植物的外皮，如果皮、豆壳). *pý'* 皮.

Hojaldras, se pueden llamar (n.煎饼，或可以这样称). *xāo piǹg* 烧饼.|. *ieû piǹg* 油饼.

Hojuelas, llamamos (n.薄饼，我们欧洲人的叫法). *kiụen piǹg* 卷饼.

Hojaldrado [que es como el nuestro] (n.千层饼[跟我们的煎饼有些像]). *çhiēn' chûn'g piǹg* 千重饼.

Holgarse (vr.欢乐、开心). *huōn hỳ* 欢喜.|. e ɔª. (也可反过来说：*hỳ huōn* 喜欢).|. *hīn hỳ* 欣喜.|. *hỳ xoà* 喜耍.

Holgarse dela cosa que apetece (vp.喜欢自己中意的东西). *háo* 好.|. *gaý* 爱.

Holgar, descansar (vi.休息、歇息). *gān hiě* 安歇.

Hollar con los pies (vp.用脚踩踏). *chà'y* 踩.|. *çhièn* 践.|. *tǎ* 踏.|. *chà'y tǎ* 踩踏.|. *çhièn tǎ* 践踏.

Hombre, ut sic (n.人、成年人、男人等). *jiñ* 人.|. *nân jiñ* 男人.

Hombre de verdad, solido (np.诚实、可靠的人). *laò xě tiě jiñ* 老实的人.|. *pǒ' xě tiě* 朴实的.

Hombre recto, justo (np.正直的、有正义感的人). *ý jiñ* 义人.|. *ý çú* 义士.

Hombre afable (np.和善可亲的人). *leañg xén tiě jiñ* 良善的人.|. *vuēn hô tiě* 温和的.|. *xuń siǹg tiě* 顺性的.

Hombre mundano (np.世俗的人). *xý jiñ* 世人.

Hombre fuerte, incansable (np.健壮勇武、斗志顽强的人). *tuñ'g xīn tiě' kǒ tiě* 铜身铁骨的.

Hombre de hierro (np.铁人). *tiě' jiń* 铁人. [参见：bien dispuesto (体魄与精神俱强).]

Hombre muerto, idest no es para cosa (np.死人，即已不起作用的人). *xīn kú* 身故.|. *çù jiń* 死人.|. *mǒ chuńg iuńg tiě jiń* 没中用的人.

Hombre vulgar (np.普通人、平民). *xú jiń* 庶人.|. *piń'g chań'g tiě jiń* 平常的人.

Hombre alquilado (np.雇来的人、帮工). *iûng kuńg tiě jiń* 佣工的人.

Hombre honrrado, de esperanças (np.高贵可敬、前途无量的人). *mìng vuańg tiě* 名望的①.|. *çhūng luóy tiě* 尊贵的②.

Hombre de pocas obligaciones, baxo (np.①鲜有社会义务、地位低下的人 ②几无责任感、卑鄙下贱的人). *siào jiń* 小人.|. *hía çhién tiě jiń* 下贱的人.|. *siào kò' tiě jiń* 小可的人.③

Hombre de negocios (np.会做事情的人、实干家). *hoéy kań çú tiě* 会干事的.|. *ieù puèn çú tiě* 有本事的.|. *ieù chý tiě* 有智的④.

Hombre casto (np.贞洁、纯洁的人). *liên chiñg jiń* 廉贞人.

Hombre limpio (np.干净的人). *çhīng' kiě tiě jiń* 清洁的人.

Hombre callado (np.沉默寡言的人). *sǒ çhíng jiń* 肃静人.|. *kùa iên tiě* 寡言的.

Hombre enano (np.矮小的人). *siào jiń* 小人.|. *iày jiń* 矮人.

Hombre de poco fundo (np.没基础或没底气的人). *fêu jiń* 浮人.

Hombre malo (np.坏人). *ǒ jiń* 恶人.

Hombre de credito (np.讲信用的人). *ieù siń tiě jiń* 有信的人.|. *tě chuńg siń tiě jiń* 得众信的人⑤.

Hombre muy amigo (np.喜欢的人、交好者). *siñ fǒ jiń* 心腹人.

Hombre virtuoso (np.有德的人). *xén jiń* 善人.|. *ieù tě hińg tiě* 有德行的.

Hombre de quien se puede fiar (np.可以信赖的人). *kò' tǒ' tiě jiń* 可托的人.

Hombre que no se determina para algo (np.在某件事情上面下不了决心的人). *mǒ chù ý tiě* 没主意的.

---

① "望"作形容词解，犹言名盛的。
② 柯本注：*çhūng*，梵蒂冈本作 *tsūn* (= *çhūn*)。
③ 西语词目可有二解，一指地位、身份，一指道德、品德。"小人"也如此，称人"小人"和自称"小人"，意思很不一样。
④ *chý*，柯本写为"志"，也无不可。
⑤ 柯本漏录字音 *siń*，遂作"德重的人"。

Hombre vario, mudable (np.多变、易变的人). *mǒ tińg tiě* 没定的.|. *fàn fǒ chȳ jiń* 反复之人.

Hombro (n.肩、肩膀). *kiēn* 肩.|. *kiēn têu'* 肩头.

Homicida (n.杀人者). *xǎ jiñ chè* 杀人者.

Honda (n.投石器). *pāo xě taý* 包石袋.

Honda cosa, profunda (ap.低洼、深、深刻、深沉). *xīn* 深.

Hondon (n.底、底部). *tỷ* 底. – hasta el fondo (直到深底). *taó tỷ* 到底.

Hongo (n.蕈、蘑菇). *kū* 菇. – secos (晾干的). *hiāng kū* 香菇.

Honesto, pudico (a.诚实的，贞洁的). *chiṅg kiě tiě* 清洁的①.

Honestidad (n.诚实、正直). *chiṅg' kiě* 清洁.|. *chiṅg chiṅg* 清贞.|. *chiṅg tě* 贞德.|. *kùa iǒ* 寡欲.|. *liēn chiṅg* 廉贞.

Honrrar (vt.敬、尊敬). *fuńg kiń g* 奉敬.|. *iuńg kiń g* 荣敬.|. *çhūn çhuńg* 尊从.|. *kiń g chuńg* 敬重.

Honrra (n.荣誉). *kuāng chùn'g* 光宠.|. *kuāng iuńg* 光荣.|. *luńg chuńg* 隆重.|. *iuńg kuéy* 荣贵.

Honrrar (vt.增光), hazer honrras (vp.给予荣誉). *cheṅg iuńg* 增荣②.|. *chēn iuńg* 瞻荣.|. *iuńg hiēn* 荣显.|. *hièn iáo tā'* 显耀他.

Honrroso nombre (np.光荣的名字、荣誉的名号). *iuńg mîng* 荣名.|. *tá mîng xiñg* 大名声. – ni teme, ni deue (既不担惊受怕，也不认为理应如此). *iuńg jǒ pǒ kiń g* 荣辱不惊.

Honrrado hombre (np.①诚实正直的人 ②受仰敬的人). *ièu xý iáo tiě jiñ* 有势要的人.|. *leańg chîn'g* 良臣③.

Honrrar (vt.奖赏), hazer mercedes el Rey. ett^a. (vp.君王赐予恩惠、荣誉等等). *kiā kuéy chùn'g* 加贵宠.|. *piào ý* 表异④.|. *piào hièn* 表显.

Hora (n.时候、钟点、小时). *xý xîn* 时辰.|. *xỷ héu* 时候. – dar horas (敲钟报时). *chán chūe'n* 站传.

Horca (n.绞架). *tiáo jîn kiá* 吊人架.

Horquilla (n.带丫杈的棍子、木叉). *chā' chǔ* 杈子/叉子.|. *iā mǒ* 丫木.⑤

---

① 柯本注：*chiṅg*，梵蒂冈本有送气符。
② 柯本写为"峥嵘"。可比较同义词 Ylustrar（p.120），其下写的是"增荣"。
③ *chîn'g*, 柯本转录为 *chîng'*, 字作"情"。"臣"字他处多拼为 *chîn'*, 并无后鼻音。
④ 谓旌表殊异的才干或成绩。
⑤ 柯本作"*chā' mǒ* 叉木"，漏录中间两字。

官话词汇　371

Hormiga (n.蚂蚁). *leû y̌* 蝼蚁.|. *mà y̌* 蚂蚁.

Horizonte (n.地平线). *tý piǹ'g* 地平.|. *tý piǹ'g xaǹg* 地平上.

Horma de sapatos (np.鞋楦). *hiụén têu'* 楦头.

Hospital[①] (n.养济院、济贫院). *piǹg iuén* 病院.

Horno (n.炉子). *lû* 炉.|. *hò lû* 火炉. – de cal, texa, o loça (烧制石灰、瓦片、陶瓷器物的炉窑). *iâo* 窑.

Hornero de pan (np.面包师). *çhó mién têu' jiñ* 做面头人.|. *çhó muôn têu' jiñ* 做馒头人.

Hostias nuestras dezimos (n.薄饼、甜饼，类似于我们不发酵的圣饼). *mién piǹg* 面饼.

Horro, libre (a.受豁免而获得自由身的，独立自主的). *vû chù* 无主.|. *mǒ iêu jiñ kuòn tiě* 没有人管的.[②]

Horror, temor (n.恐怖，害怕). *kiñg p'á* 惊怕.|. *kiñg goéy* 惊畏.

Horror (n.厌恶), de asco (pp.恶心). *ién kiú* 厌惧.

Hoy dia (np.今天). *kiñ jě* 今日.

Hospedar (vt.接待住宿). *liêu jiñ kě'* 留人客.|. *çhiě kě'* 接客.|. *iên kě'* 延客.|. *táy kě'* 待客.|. *çhiě liêu* 接留.

Hoyo (n.洞、坑). *k'ǒ luǹg* 窟窿.

（p.114）

Hostigar el coraçon (vp.烦心、闹心). *ch'ú siñ* 刺心.|. *xañg siñ* 伤心. idest herir lo (即给心灵带来伤害). *pǒ kúo siñ* 不过心.

Hv.

Hueco (a.凹陷的、空心的). *kūn'g tiě* 空的.|. *kūn'g kiǔ* 空虚. – el espacio de la tierra al cielo (地与天之间的空间). *kūn'g chūng* 空中.

Huelgo, aliento, respiracion (n.气息，呼气，呼吸). *hū hiě* 呼吸.

Huerfano[③] (a.失去父母的 n.孤儿). *kū ûl* 孤儿.|. *kū çhǔ* 孤子.|. *kū tān* 孤单.|. *gāy çhǔ* 哀子.

---

① 与 Espital（p.92）实为同一词。

② 柯本取的前一义（enfranchised, freed），汉语释义则是取后一义，如指可以自由放牧的野地。

③ 与 Guerfano（p.108）是同一个词。

Huella, rastro (n.脚印，足迹). *kiǒ çhiě* 脚迹. – moraliter, vita sanctorum (引申义，指圣人的行止). *hîng çhiě* 行迹.

Huerto, vergel (n.园子，花园或果园). *hōa iuên* 花园.

Humana cosa (np.人类的东西或事务). *jiń vuě* 人物.|. *xý vuě* 世物.① – voluntad humana (人类的意愿). *jîn iǒ* 人欲.

Humanamente, no se puede hazer (s.就人而言，这不可能做到). *luń jiń goêy, pǒ neńg tě* 论人为、不能得.|. *luń jiń liě pǒ neńg tě kéu* 论人力不能得够②.

Humanamente hablando (adp.就人情说、从一般人的角度说). *çhú chańˊg çhińgˊ xuě* 自常情说.

Humanidad (n.人性), naturaleza humana (np.人的自然本性). *jiń sińg* 人性.

Humanos gustos temporales, mundanos (np.人生的趣味，尘世、世俗之趣乐). *xý vúy* 世味.|. *xý lǒ* 世乐③.|. *xý fǒ* 世福④.

Humanamente tratar à otro (vp.以人道的方式对待人). *çhiń jiń lỳ táy tāˊ* 尽人理待他.|. *çhín jiń çhińgˊ táy tāˊ* 尽人情待他.

Humano, cortes (a.文雅的、仁慈的，有礼貌的、礼仪周全的). *ièu jiń çhińgˊ* 有人情.|. *ièu sū vuên* 有斯文.

Humedad (n.潮气、湿气). *xě kˊý* 湿气.|. *jún kˊý* 润气.|. *jún xě* 润湿.

Humedecer (vt.弄湿、沾湿). *jún çhě* 润泽.|. *jún xě* 润湿.

Humido radical (ap.湿气之源、湿根)⑤. *kēn xě* 根湿.|. *kēn xě kˊý* 根湿气.|. *kāo leańg* 睾凉⑥.

Humo (n.烟). *iēn* 烟.|. *hò iēn* 火烟.

Humear (vi.冒烟), echar humo (vp.起烟). *fǎ iēn* 发烟.|. *hò iēn kỳˊ lây* 火烟起来.

Humoso, ahumado (a.烟熏的，熏制的). *iēn tiě* 烟的.|. *lǎ tiě* 腊的.| *hiūn tiě* 熏的.

---

① 后一词不见于柯本。
② 此句柯本脱"*tě* 得"字。
③ *lǒ*，柯本缺字，猜测为 *sǒ*（俗）之误。按：柏林本不误，"世乐"有其词，谓此生此世的快乐。
④ 柯本写为"世服"。
⑤ 柯本说明：即淋巴液，西方古代医学概念。
⑥ 柯本缺字。男根阴湿，谓之睾凉。

Humazo (n.浓烟), dar humazo (vp.冒浓烟). *chuñ'g pý chǔ* 冲鼻子.

Humildad (n.谦逊). *kiēn' tě* 谦德.|. *kiēn' suń* 谦逊.|. *kiēn' jańg* 谦让.|. *kiēn' hiŭ* 谦虚.

Humilde (a.谦虚的、谦卑的). *kiēn' jańg tiě* 谦让的.| *ièu kiēn' tě tiě* 有谦德的.

Humildad con respecto (np.谦卑而仰敬). *kiēn' kuńg* 谦恭. – abatiendose (顺从). *kiēn' iě* 谦抑.

Humor (n.体液). *tân'* 痰.|. *iě* 液. – los 4. humores① (四类体液). *cú iě* 四液. – flemas (黏液、黏痰). *pě tân'* 白痰.|. *pě iě* 白液.

Humor melancolico (np.抑郁之液、苦液). *hǔ tân'* 黑痰.|. *hǔ iě* 黑液. – colerico (胆汁的). *hoâng tân'* 黄痰.|. *hoâng iě* 黄液. – sanguino (带血的、血色的). *huńg tân'* 红痰.|. *huńg iě* 红液.

Humores malos (np.污秽的体液). *hě xùy* 黑水.|. *ǒ siên* 恶涎.|. *hoâng xùy* 黄水.

Hundirse (vi.沉没), irse a pique (vp.沉到底). *chîn'* 沉.|. *chîn' hiá ki'ú* 沉下去. – en el agua (没入水中). *chîn' iŭ xùy* 沉于水.

Huron (n.白鼬、雪貂).②

Huracan (n.飓风). *páo fuńg* 暴风.|. *kuâ'ng fuńg* 狂风.

Hurtar (vt.偷窃). *tēu' táo* 偷盗.|. *tēu' chiě* 偷窃③. – cosa hurtada (偷来的东西、赃物). *tēu' lây tiě* 偷来的.|. *tēu' táo tiě* 偷盗的.

Hurtar el tiempo (vp.偷时间、乘闲). *tēu' kūn'g* 偷空.|. *tēu' hiên* 偷闲.|. *chîn'g kūn'g* 乘空.

Hurtar el cuerpo al peligro (vp.闪开身子以躲避危险). *tò xīn* 躲身.|. *tò kāy'* 躲开.

Husillo (n.排水沟). *tá keū* 大沟.|. *tá xùy keū* 大水沟.

Huso para hilar (np.纺织用的纱锭). *chū' tô' ûl* 枢陀儿④.|. *niě siên tô' ûl* 捏线陀儿⑤.

Huir (vi.逃走、逃避). *chèu* 走.|. *tâo' chèu* 逃走.|. *puén chèu* 奔走. – corriendo (奔跑着). *pâo' chèu* 跑走.

---

① 四液说，为古希腊哲人希波克拉底所创。
② 原无汉语释义。
③ *chiě*, 柯本作 *chiě'*, 字写为"窃"。
④ 柯本注：*chū'*, 梵蒂冈本作 *tchâ'* (= *châ'*)。
⑤ *niě*, 柯本写为"捻", 也一样；*tô'*, 包括上一例, 柯本都缺字。

Huir los trabaxos (vp.逃避艰辛或苦难). *tâo' nán* 逃难.|. *ki'ú luón* 去乱.

Huir todo el exercito (vp.全军溃逃). *çú sań puén çhèu* 四散奔走①.

Huirse à los montes (vp.逃到山里). *tâo' xù jě xān* 逃暑入山.|. *puén tǒ' xù choańg* 奔脱暑状.

Huirse le (vp.逃开、摆脱某人). *tǒ' çhèu* 脱走.|. *tǒ' ki'ú* 脱去.|. *tǒ' lỷ* 脱离.

Huir bolando, a toda prissa (vp.飞奔而逃，拼命逃跑). *fỷ pâo' çhèu* 飞跑走.

Huido (a.逃跑的), soldado huydo (np.逃跑的士兵). *tâo' pińg* 逃兵.|. *tâo' kiūn* 逃军.

Huir del viento (vp.躲开风势、避风). *pý fuńg* 避风. – del calor (躲避炎热). *pý xù* 避暑. – del golpe (躲开打击). *xèn pý* 闪避.|. *xèn kāy'* 闪开.

---

① *çú*，柯本写为"肆"。

Y
(pp.115-123)

（p.115）

Ya.

Ya, para preterito (ad.已经，表示过去时). *leào* 了.|. *çhên'g* 曾. vt ya fue (例如，已经走了). *ki'ù leào* 去了. – ya lo hè visto ([我]已见到他了). *çhêng kién leào* 曾见了.|. *ỳ* 已. antepuesto (前置于动词).

Ya no mas (adp.别再、再别、不要再). *çháy pỏ* 再不. vt ya no mas ofendere a Dios (例如，别再冒犯上帝). *çháy pỏ kàn tě çhúy Tiēn' chù* 再不敢得罪天主.

Ya ha tiempo (vp.已有一段时间、很长时间了). *tō kièu* 多久.|. *hiù tō kièu* 许多久.|. *hào kièu* 好久.|. *ỳ kièu* 已久.|. *kú kièu* 固久.|. *leañg kièu* 良久.|. *xý jě kièu* 时日久.

Ya que es assi (vp.既然事已如此). *ký jeñ* 既然.|. *ký xý* 既是.

Ya basta (s.好了、行了). *pá leào* 罢了.|. *keú leào* 够了.

Y, conjuncion (conj.和、以及、连接词). *kiě* 及.|. *piń'g* 并.|. *iè* 也.|. *iě* 亦.|. *ieú* 又.

Yçar la vela (vp.升起风帆). *chē' pûn'g* 扯篷①.|. *kỳ' pûn'g* 起篷.

Yd.

Ydiota (n.无知的人、傻瓜). *pỏ chȳ çhǔ* 不知字.|. *pỏ chȳ çú tiě* 不知事的.|. *iǔ chù'n tiě* 愚蠢的. [参见：ignorante (无知的).]

Ydolos (n.偶像). *pû' să* 菩萨.|. *tù' xîn* 土神.

Ydolatrar (vt.祭拜偶像). *kiń'g páy pû' să* 敬拜菩萨.|. *poéy kiáo* 背教.

Ydropesia (n.水肿、积水). *kù chańg* 臌胀. [参见：hidropesia (水肿).]

Yda, y venida (np.去往与前来). *ki'ú lây* 去来.|. *vuàng lây* 往来.

---

① 柯本注：*chē'*，梵蒂冈本作 *tch'è*，上声。按：可参看 Leuantar la vela del nauio (p.127)。

Ye.

Yelo① (n.冰、冰冻). *piŋ* 冰.|. *xoāng piŋ* 霜冰.

Yerro, moraliter (n.谬误，多为转义). *chā' chǒ'* 差错.|. *gú chǒ'* 误错.|. *chǒ'* 错.

Yeso (n.石膏). *pě tù'* 白土.|. *xě kāo* 石膏.|. *hoǎ xě* 滑石.|. *tù' fuèn* 土粉.

Yermo, desierto (n.荒地，荒野). *ku'án iè* 旷野②. – en el desierto (在荒野中). *iè lỳ* 野里.

Yesus (n.耶稣). *iê sū* 耶稣. – saludor del mundo (世界的拯救者). *kiéu xý chè* 救世者.

Yesca (n.火绒、引火绳). *hò iǹ* 火引. – poluora (火药). *hò iǒ* 火药.

Yema de guebo (np.鸡蛋黄). *tań hoâng* 蛋黄. – de vid (葡萄藤上生出的嫩芽). *chiě* 节. – de arbol (树枝上长出的嫩芽). *xú chiě* 树节.

Yerno (n.女婿). *niù sý* 女婿. – yerno de v. m (您的女婿). *liń sý* 令婿. – mi yerno (我的女婿). *siào sý* 小婿.

Yerno, marido de la nieta (np.孙女或外孙女的丈夫). *niù sūn sý* 女孙婿③.

Yerno del Rey (np.君王的女婿). *fú mà* 驸马.

Yerbas, vt sic (n.各种草，通称). *chào'* 草.

Yerba de Santa Maria (np.圣母草、艾蒿). *gaý chào'* 艾草.

Yerba buena (np.香草、薄荷). *chiñ'g hó* 清藿④. = *hiañg hóa chào'* 香花草⑤.

Yerba de que hazen sapatos (np.用于制鞋的草). *pû' chào'* 蒲草.

Yerba que nace sobre el agua (np.水面上浮生的草、浮萍). *piâo' chào'* 藻草.

Yerba que con ella se lima⑥ (np.会割伤人的草). *chiě' chào'* 切草.

Yerba verde (np.青绿的草). *chiñg' chào'* 青草. – seca (干的). *kān chào'* 干草.|. *kū' chào'* 枯草.

---

① 今拼 hielo（冰）。
② 柯本注：*ku'án*，伦敦本添有后鼻音 -g。
③ 原词序如此。
④ 柯本缺字。盖即藿香草。
⑤ 此词为另手补写。俗称罗勒为香花草，其叶瓣状似薄荷。
⑥ 词目的意思不甚清楚，柯本作"grass with which one cuts oneself"。似乎并没有一种草叫"切草"，这样说可能只是在形容这种草很锋利。

Yn.[①]

Ynconuiniente (a.不合宜的、欠妥当的). *pǒ kò'* 不可.|. *pǒ pién* 不便.|. *pǒ tańg* 不当.|. *pǒ kāy* 不该.|. *pǒ ińg* 不应. – no tiene inconuiniente (没什么不方便、没问题). *pǒ fańg* 不妨.|. *vû fańg* 无妨.|. *vû gáy* 无碍.|. *mǒ çú* 没事. – que inconuiniente tiene? (这有什么不方便的？) *ièu hô fańg* 有何妨.|. *ièu hô xańg* 有何伤.

Yncreyble (a.难以相信的). *nân siń tiě* 难信的.|. *pǒ kò' siń tiě* 不可信的.|. *siń pǒ tě tiě* 信不得的

Yncredulo (n.不信教、不肯信的人). *pǒ siń tiě jiń* 不信的人.|. *nân siń tiě jiń* 难信的人.

Yndecente (a.不雅观的、欠端庄的). *pǒ hào ka'ń tiě* 不好看的.|. *pǒ hào ka'ń siańg* 不好看相.

Yndecentemente (ad.有失端庄地). *pǒ ȳ lỳ* 不依礼.

Yncurable (a.医不好的). *ȳ pǒ tě tiě* 医不得的.|. *pě kiā ȳ chý pǒ kò'* 百加医治不可.

Yndiciplinable (a.毫无约束的、无法纪的). *vû kiūn* 无君.

（p.116）

Yndicio, muestra (n.标志，迹象). *kỷ háo* 记号.|. *hiáo niên* 效验.|. *ińg niên* 应验.

Yndia oriental (n.东印度). *siào sȳ iańg* 小西洋. – el Reyno de donde era el *Foě* (佛所源出的王国) *tiēn' chǒ kuě* 天竺国.

Yndice de los libros (np.书籍的目录). *mǒ lǒ* 目录.|. *piēn' mîng* 篇名.

Yndice de cuentas (np.计数表、账目表). *sú mǒ* 数目.

Yndecible (a.无法形容的、难以言状的). *pǒ kò' xińg iên* 不可胜言.|. *pǒ xińg iên* 不胜言.|. *kān' iên tiě* 堪言的[②].|. *xuě pǒ tě tiě* 说不得的.|. *xuě pǒ chin tiě* 说不尽的.

Yndiciplinable (a.毫无约束的、无法纪的). *vû kiūn* 无君.[③]

[①] 原稿此下有一说明："下列以 Yn. 起首的条目，按顺序本应排于 Ym. 之后，置于此处系误植。"

[②] 疑脱字，当为 "不堪言的"。

[③] 与上一页的最后一条重复。

Yndiferente, indeçiso (a.不要紧的，不确定的). *vúy tíṅ tiẹ̌* 未定的. – no sabe que hazerse (不知道该做什么). *mỏ chù ý* 没主意.

Yndiferentemente (ad.无关紧要、无所谓). *pỏ luṅ* 不论.|. *pỏ kiụ̄* 不拘. – indiferente estoy (我觉得这样那样都可以、还不能决定). *gò ý vuý kiụ̄ẹ* 我意未决.|. *gò ý vuý tíṅ* 我意未定.

Yndigestion (n.积食、不消化). *çhiẹ̌* 积. – tener la (发生积食). *ièu çhiẹ̌* 有积. – quitar la digiriendo (化解积食). *hoá çhiẹ̌* 化积.①

Yndigesto (a.难以消化的、消化不良的). *nân siāo hoá tiẹ̌* 难消化的.|. *xẹ̌ pỏ siāo tiẹ̌* 食不消的.

Yndignarse, ayrarse (vr.愤怒，气愤). *fā nú* 发怒.|. *fuèn nú* 愤怒. [参见：enojarse, ayrarse② (生气，气愤).]

Yndignacion (n.愤怒). *nú k'ý* 怒气.

Yndignado (a.气冲冲的). *fuèn nú tiẹ̌* 愤怒的.|. *fā nú tiẹ̌* 发怒的.

Yndigna cosa (np.不合适、不恰当之事). *pỏ kò'* 不可.|. *pỏ tāṅ* 不当.|. *pỏ kāy* 不该.|. *pỏ íṅ tāṅ* 不应当.

Yndignamente recebi fauores (s.[我]不配受此恩惠). *jỏ mûṅ tiēn' mûṅ* 辱蒙忝蒙③.

Yndigno de su persona (ap.对某人不合适). *pỏ siaṅ* 不像.|. *pỏ chi'ṅ* 不称.

Yndigno (a.配不上的、不值得的), sin meritos (pp.没有功劳). *vû kuṅ* 无功.

Yndignamente tengo esta dignidad (s.[我]配不上这一尊荣). *tiēn' kiụ̀ laṅ tāṅ* 忝居滥当④.

Yndignamente recebi los officios del Reyno (s.[我]不配领受国家的官爵). *vuàṅg xéu kuẹ̌ kiā çhiỏ lỏ* 枉受国家爵禄⑤.

Yndiscreto (a.轻率的). *pỏ chȳ lỳ tiẹ̌* 不知礼的.|. *pỏ sū vuên tiẹ̌* 不斯文的.

Yndiscretamente (ad.贸然、莽撞). *kuâ'ng jên* 狂然.|. *luón jên* 乱然.

Yndispuesto, achacoso (a.不舒服的，身体欠佳的). *pỏ çhú çháy* 不自在.|. *pỏ ku'áy huỏ* 不快活.|. *pỏ xoaṅg ku'áy tiẹ̌* 不爽快的.|. *vû çhiṅg xiṅ* 无精神.|.

---

① 柯本作"疾、有疾、化疾"。
② 此词并未单独作为词目出现。
③ 柯本注："*tiēn'* 忝"，梵蒂冈本作"*tién* 玷"。按："辱蒙""忝蒙"是同义的两个词，当从柯本予以分断。
④ 柯本注：*kiụ̀*，梵蒂冈本作 *kiụ̄*，阴平。
⑤ *vuàṅg*，柯本写为"妄"。

pǒ çhú jên 不自然.|. *pǒ xoàng kién* 不爽健.|. *pǒ gān* 不安.|. *kie'ń gān, xě tiâo'* 欠安、失调. – indisposicion (身子不舒服). *çhiñg' xiñ xoāy jǒ* 精神衰弱.

Yndisposicion, achaque (n.病患不适，宿疾或小病). *kie'ń gān* 欠安.|. *kú çhiě* 痼疾.|. *siē kiụén* 些倦.

Yndisposicion de v. m. (vp.阁下的疾病、您的病). *kuéy iańg* 贵恙. – mi indisposicion (我的病). *çhién iańg* 贱恙.

Yndocto (a.没教养的、无知的). *pǒ xě çhú tiě* 不识字的.|. *vuý tǒ xū tiě* 未读书的.|. *mǒ ièu hiǒ vuên* 没有学文①. – sabe poco (他懂得很少). *xū çhièn' xien*疏浅.|. *mǒ vúen kién* 没闻见②.

Yndocto, brutal (a.没教养的，粗野的). *iû lù* 愚鲁.|. *vuôn chùn'g* 顽蠢.|. *pǒ chȳ kuńg kińg* 不知恭敬.

Yndomito (a.未驯服的、不顺从的). *iǎ pǒ chý* 压不制.|. *chý pǒ tě tiě* 制不得的.|. *pǒ xeú hân tiě mà* 不受衔的马.

Yndustria (n.技能、本领). *chý mêu* 智谋.|. *ký kiáo* 计较.|. *mêu goêy* 谋为.|. *çhây' chý* 才智.|. *kȳ chý* 机智.

Yndustrioso (a.能干的、本领高强的). *ieù puèn çú* 有本事.|. *ieù çhây' neñg* 有才能.|. *ieù çhây' kań* 有才干.|. *ieù xèu tuón* 有手段.|. *ieù chȳ ý* 有智意.|. *ieù chý mêu* 有智谋.

Ynducir (vt.劝服、诱使). *kiụ'én* 劝. [参见：incitar (激励).]

Yndulgencia (n.宽宥、赦免). *tá xé* 大赦.|. *çhiûe'n xé* 全赦. – ganar la (获得大赦). *tě tá xé* 得大赦.|. *chîn'g tá xé* 承大赦.

Yndulto, priuilegio (n.豁免，特权). *gēn çú* 恩赐. – particular (特殊的、针对个人的). *çū gēn* 私恩.

Yndustriar à otro (vp.训导、训练他人). *kiāo hiún* 教训.|. *kiāo táo* 教导.

Ynefable (a.难以言喻的、不可名状的). *hiụen miáo* 玄妙.|. *vûy miáo* 微妙.

Ynestimable (a.不可估量的), no tiene precio (vp.无可估价、极具价值). *vû kiá pào* 无价宝.

Ynexorable (a.无情的). *kiụě pǒ kiñg' xé* 决不轻赦.|. *sūy lieû luý, chuńg vû sò xé* 虽流泪、终无所赦. idest: aunque derrame lagrimas, no se perdona (意

---

① *vuên*, 柯本改为 *vuén*，字作"问"，参见 Aprender (p.18)。"没有学文"，指没有念过书、不识字。

② 柯本注：*vúen*, 梵蒂冈本作 *vuên*，阳平。

思是：再怎样淌眼泪，也得不到宽赦).

Ynexplicable (a.难以解释的). *kiày pŏ çhín tiĕ* 解不尽的.|. *pŏ kò' xińg iên* 不可胜言. [参见：indecible (难以言状的).]

Ynfamar (vt.毁誉、诽谤). *páy mîng xiñg* 败名声.|. *sùn gū jiñ chȳ mińg çhiĕ* 损污人之名节.|. *hoáy jiñ tiĕ mîng xiñg* 坏人的名声.|. *tién jŏ mîng çhiĕ* 玷辱名节.|. *tién gū mîng çhiĕ* 玷污名节.

Ynfamia (n.坏名声、臭名). *gū mîng* 污名.|. *che'ú mîng* 臭名.|. *ŏ mîng* 恶名.|. *chèu' mîng* 丑名.

Ynfame hombre (np.名声很臭的人). *vû mîng xiñg tiĕ* 无名声的.

Ynfamar publicando (vp.公开毁谤). *señg liêu ień* 生流言.

Ynfante, niño (n.幼儿，儿童). *hây tûn'g* 孩童.|. *siào hây* 小孩.

Ynfantes, hijos del Rey (n.太子、王子，即君王的儿子). *hoâng çhŭ* 皇子. – fuera del primero, todos son Regulos, y les llaman (这指的是长子，其余各子则称为). *chiñ vuâng* 亲王①.

Ynfanteria, soldados de apie (n.步兵，即步战的士兵). *pú piñg* 步兵.

Ynfeliz (a.倒霉的、不幸的). *vû hińg tiĕ jiñ* 无幸的人.|. *pŏ çháo hoá tiĕ* 不造化的.

Ynferior (a.低级的、劣等的). *çháy hiá chè* 在下者.|. *hiá goéy tiĕ* 下位的.|. *hiá teǹg tiĕ* 下等的.

Ynferior, subdito (a.下级的，下属的). *xŏ kuòn tiĕ* 属管的.|. *chý hiá* 治下.|. *xŏ hiá chè* 属下者.

Ynferir (vt.推论、推断). *chū'y çhĕ'* 推测.|. *çhĕ' leańg* 测量.|. *leańg tŏ* 量度.|. *kuē'y çhĕ'* 窥测.

Ynfiel, gentil (a.不信圣教的，异教的). *vuáy kiáo tiĕ* 外教的.|. *kiáo vuáy tiĕ* 教外的.|. *pŏ çhûn'g kiáo tiĕ* 不从教的. [参见：gentil (①异教的② ②优雅的).]

Ynfiel (a.不忠实的), **no leal** (ap.不可靠). *xĕ siń tiĕ jiñ* 失信的人.|. *pŏ chuñg tiĕ* 不忠的.

Ynfierno (n.地狱). *tý iŏ* 地狱.|. *iùng kù' tý iŏ* 永苦地狱.|. *chuńg chúy tý iŏ* 众罪地狱/重罪地狱③.

---

① 柯本注：*chiñ*，梵蒂冈本作 *ts'ĭn* (= *çhīn'*)。

② 此义又用为名词，见 Conuertir, vt Gentiles（p.58）。

③ 柯本取后者。

Ynfinito (a.无穷的、无止境的). *vû kiûn'g* 无穷.|. *vû kiûn'g çhín* 无穷尽.|. *vû kiang* 无疆.|. *vû hièn çhý* 无限际.|.*vû leang* 无量.

Inficionar (vt.感染、污染). *jèn* 染.|. *jèn tień* 染玷.①

Inflamar (vi./vt.①燃着、点燃 ②发炎、引起炎症). *fǎ xě* 发热.|. *fǎ xāo* 发烧.

Infundir (vt.①倾注、灌入 ②神授、天赐). *fú* 赋.|. *fú pý* 赋畀.②

（p.117）

Ynfedelidad contra Dios (np.对上帝不信从). *pǒ sin̄ Tiēn' chù* 不信天主. – contra el Rey, o amigo (对皇帝或朋友不忠实). *pǒ chung* 不忠.

Ynfinitos, inumerables (a.无限的，数不尽数的). *vû sú* 无数.|. *vû leang poēy sú* 无量倍数③.|. *pǒ kò' xiń sú* 不可胜数.

Ynfinitos siglos (np.无数个世纪). *iung iung xý xý* 永永世世.|. *vuán vuán niên* 万万年.

Ynflamado el coraçon (np.心里火热). *sin̄ jě leào* 心热了. – ojos inflamados (眼睛火热、发炎). *ièn jě* 眼热.|. *ièn hung* 眼红.

Ynflamar a otros, vt predicando (vp.以热情感化他人，例如通过布道). *kàn fǎ jiń sin̄* 感发人心.|. *kàn tuńg* 感动.

Ynflamado en la concupiscencia (ap.色欲中烧). *çū iǒ chě leào* 私欲炙了.|. *iǒ hò xāo sin̄* 欲火烧心.

Ynformar à otro (vp.向他人通报). *páo mîng* 报明.|. *çhiân'g páo* 详报.

Ynformacion (n.消息、情报、报告). *chîn'g chù* 呈子.|. *páo tān* 报单.

Ynformar à los Mandarines (vp.向官员报告或通报). *xīn chîn'g* 申呈.|. *tỳ chîn'g* 递呈.|. *tỳ páo* 递报/邸报.④

Ynformarse de otro (vp.询问、调查某人的情况). *çhiân'g vuén* 详问.|. *châ' vuén* 查问.

Ynfortunio, desgracia (n.不幸事件，灾祸、不巧). *chāy hoán* 灾患.|. *chāy iang* 灾殃.|. *pǒ ch'éu kiào'* 不凑巧.

Yngenio (n.才能、睿智). *châу' nêng* 才能.|. *châу' chý* 才智.

---

① 这一条与下面两条并排，见于页面的右下侧，都以小写字母 i 起首。
② 柯本写为"付""付畀"。
③ *poēy*, 梵蒂冈本作 *goéy*, 柯本据之写为"为"。按：柏林本原拼不误，唯声调与今读有出入。《大乘大集地藏十轮经·忏悔品第五》："过前所说五无间罪，无量倍数。"
④ 柯本取后者。

Yngenioso, abil (a.聪明的，能干的). çhūn'g mîng 聪明.|. ièu mîng gú 有明悟.|. çhây' chý 才智.

Yngeniosa cosa (np.巧妙的设计、物件、手法等). kiào' miáo 巧妙.|. ièu chi'ṷ 有趣.|. ièu siē ý çú 有些意思.

Yngerir (vt.嫁接). çhiĕ 接. – arboles (指树木). çhiĕ xú 接树.

Yngrato (a.忘恩负义的). vuañg gēn tiĕ 亡恩的.|. vû çhiñ'g tiĕ 无情的.|. pŏ çhîn'g jiñ 不情人.|. pŏ kàn gēn jiñ 不感恩人.|. poéy gēn jiñ 背恩人.|. kuà çhîn'g 寡情.|. pŏ chỳ gēn tiĕ 不知恩的.|. fú gēn tiĕ 负恩的.

Yngratitud (n.忘恩负义). vuañg gēn 亡恩.|. vû çhîn'g 无情.|. poéy puèn 背本.

Ynabil (a.没能力的), no es para nada (vp.什么都不会). mŏ chuñg iuñg tiĕ 没中用的.|. mŏ iuñg tiĕ 没用的.

Ynhabitable (a.无法居住的). chú pŏ tĕ tiĕ 住不得的.

Ynhumano (a.不人道的、残忍的). çhân' páo 残暴.|. páo niŏ 暴虐. [参见：cruel (残忍).]

Ynjuria (n.侮辱、谩骂). jŏ mán 辱谩.|. jŏ iên 辱言.|.vù mán tiĕ hoá 侮谩的话.|. jŏ má 辱骂.|. hoèy lý 毁詈.

Ynjuriar (vt.侮辱、谩骂). liñ jŏ jiñ 凌辱人.|. siēu jŏ jiñ 羞辱人.|. vù mán 侮谩.|. chỳ' jŏ 耻辱.|.vù jŏ 侮辱.|. chèu' jŏ 丑辱.

Ynjuriar con palabras (vp.以言词侮辱、骂人). má lý 骂詈.|. lý iên 詈言.|. liñ vù 凌侮.|. chéu çhìu 咒诅.|. chéu iù 咒语①. – ser injuriado de otro (遭人辱骂). xéu jŏ 受辱.|. náy jŏ 耐辱.|. çhāo jŏ 遭辱.|. xéu liñ jŏ 受凌辱.|. xéu kỳ' fú 受欺负.

Ynjusto (a.不公平的、偏袒一方的). pŏ kuñg táo tiĕ 不公道的.|. pŏ kuñg ý tiĕ 不公义的.|. pŏ ý tiĕ 不义的.|. ièu piēn' ý tiĕ 有偏倚的.|. ièu çṵ ý tiĕ 有私意的.

Ynjusticia (n.不公平、非正义). pŏ piñ'g fuēn 不平分.|. pŏ kuñg 不公.|. pŏ ý 不义.|. fàn ý 反义.

Ynocente (a.清白的), sin culpa (pp.没有罪). vû kū jiñ 无辜人.|. vû çhúy chè 无罪者.

Ynocente criatura (np.纯真无邪的初生儿). ch'ĕ chṳ̀ vû chȳ 赤子无知.|. siñ seng hây ûl, hây tûn'g 新生孩儿、孩童.

Ynocencia (n.懵懂期), tiempo de la inocencia (np.纯真无邪的岁月). ch'ĕ chṳ̀

---

① 此词柯本未录。

chȳ chū' 赤子之初.|. vuý kāy' míng gú chȳ 未开明悟知①.

Ynouar (vt.更新、重做). fŏ siñ 复新.|. kiā siñ 加新.|. cháy siñ 再新.|. choāng siñ 妆新/装新②.|. keng siñ 更新.|. chûn'g siñ 从新. – de cada dia mas (日日翻新、天天有新意). jě siñ 日新.|. siñ ûl iéu siñ 新而又新.

Ynouar leyes (vp.革新律法). liě siñ fǎ 立新法.|. kiā siñ fǎ 加新法.|. hoán siñ fǎ 换新法.

Ynumerables (a.难以计数的). vû sú tiě 无数的. [参见：infinitos (无穷的).]

Ynopinadamente (ad.出乎意料地), sin pensar (pp.没想到). gèu jên 偶然.|. ch'ŏ jên 卒然.|. pŏ siàng xý 不想时.

Ynquieto interiormente (ap.内心不平静). siñ pŏ gān 心不安.|. siñ pŏ píñg' 心不平.|. niě niě siñ pŏ gān 恧恧心不安.|. chìn' xě pŏ gān 寝食不安.|. siñ pŏ niñg 心不宁.

Ynquieto por no poder dormir (ap.辗转难眠). xuý pŏ gān tiě 睡不安的.

Ynspirar (vt.启发). chỳ tièn 指点. – Reuelar (启示). mě ky' 默启.|. mě xý 默示.

Ynquieto hombre que no para (np.动个不停的人). tuñg chỳ pŏ niñg 动止不宁.|. xèu kiŏ pŏ tiñg 手脚不定.|. ky' kiū pŏ niñg 起居不宁.|. háo iâo tuñg jiñ 好摇动人.

Ynquiete à v. m. (s.打扰您了). kiñg tuñg 惊动.|. kiñg máo lào tá jiñ 惊冒老大人.|. kiào jào 搅扰.|. kiñg châo' 惊嘈.|. ièu máo tŏ 有冒渎.|. tō jào 多扰. – a la gente ordinaria, se dize (对普通人则说). ky' tuńg nỳ 起动你.

Ynquietud, alboroto (n.烦躁，喧闹). châo' náo 嘈闹.|. jào luón 扰乱.|. hoēn jào 混扰.|. jàng 嚷.|. sáo kiào 骚搅.

Ynquerir (vt.询问). châ' vuén 查问.|. fàng vuén 访问.|. fàng chǎ' 访察.|. puô'n vuén 盘问.|. xìn vuén 审问.|. fàng kiêu' 访求.|. fàng siñ 访寻.

Ynquerir examinando (vp.细察、盘查). kào' kiéu 考究.|. chā tièn 查点.|. xìn vuén 审问.

Ynquerir de secreto (vp.暗中寻访). miě fàng 密访.|. gań fàng 暗访.|. ta'ń fàng 探访.

Ynquisicion nuestra diremos (n.宗教法庭，我们圣教的说法). xìn chǎ' hoéy 审察会.

---

① 句末疑脱字，可能是"未开明悟之时"（知、之同音）。"明悟"是一个词，"开明悟"为常见搭配，见 Juyçio, o entendimiento（p.124）、Vso de razon（p.226）。

② 柯本作"创新"。"妆新"，谓重新梳妆打扮，频见于唐宋诗词。

Ynquisidor, pesquisidor (n.宗教法庭的法官，审查官). *chă' puô'n chè* 察盘者.|. *chă' puô'n kuōn* 察盘官.

Ynstar (vt.恳求). *çháy kiêu'* 再求. [参见：insistir (执意、坚持).]

Ynsigne hombre (np.杰出者、名人). *chŭ' mîng tiĕ* 出名的.|. *tá mîng xīng tiĕ* 大名声的.

Ynsaciable (a.无法满足的、贪婪的). *pŏ neńg pào tiĕ* 不能饱的.|. *pŏ kéu pào tiĕ* 不够饱的.|. *pŏ kò' pào tiĕ* 不可饱的.|. *vû ién* 无厌.

Ynsanable (a.治不好的). *ȳ pŏ tĕ tiĕ* 医不得的.|. *chý pŏ tĕ tiĕ* 治不得的.

Ynsensato (a.愚蠢的、不明智的). *chȳ' muñg tiĕ* 痴懵的①.|. *mŏ têu' tiĕ* 木头的.

（p.118）

Ynsensible (a.没有感觉的). *pŏ kiŏ tu'ńg tiĕ* 不觉痛的.|. *pŏ chȳ tu'ńg tiĕ* 不知痛的.

Ynsensibles cosas (np.没有感觉的事物). *vû kiŏ chȳ'n'g chȳ vuĕ* 无觉情之物.|. *vû kiŏ hoên tiĕ* 无觉魂的.|. *vû kiŏ sińg chȳ vuĕ* 无觉性之物.|. *pŏ chȳ kiŏ tiĕ vuĕ* 不知觉的物.|. *ku'áy jên tiĕ* 块然的.

Yncierto (a.不确定的). *mŏ tińg tiĕ* 没定的.

Ynsignias de honrra de los Mandarines (np.表示官员荣誉的标志). *pày tāo ký kiú* 牌刀器具②.

Incauto (a.马虎大意的). *pŏ kiǹ xiń tiĕ jiń* 不谨慎的人.|. *pŏ chú sý tiĕ* 不仔细的.

Ynsistir (vi.坚持、一再要求). *kèn' kiêu'* 恳求.|. *çháy sān çháy çú kiêu'* 再三再四求.|. *kù' kiêu'* 苦求.|. *sŏ kiêu'* 索求.|. *chuēn kiêu'* 专求.

Ynstantemente (ad.执意), con instancia, y afecto (pp.恳切而认真地). *kèn' kèn' çhiĕ' çhiĕ'* 恳恳切切.|. *chīn çhiĕ'* 真切.|. *chuēn çhiĕ'* 专切.|. *kèn' çhiĕ'* 恳切.|. *tŏ çhiĕ'* 笃切.

Ynsolencia (n.蛮横无理、厚颜无耻). *vû lièn chỳ' tiĕ çú* 无廉耻的事.

Ynsolente (a.无耻的 n.无耻之徒). *vû lièn chỳ' tiĕ jiń* 无廉耻的人.

Ynspirado, o reuelado de Dios (a.受到启迪的，即接受上帝启示的). *Tiēn'*

---

① *muńg*，柯本所录为 *mâng*，字作"盲"。

② 柯本注：*ký*，梵蒂冈本作 *ký'*，有送气符。按："牌"字读音有疑，他处作 *pây'* 或 *pâ'y*。

chù mě xý tiě 天主默示的.|. mě kỳ' tiě 默启的.|. chỳ tièn tiě 指点的.[1]

Ynstable (a.不稳定的). mǒ tińg tiě 没定的.|. ŷ tuńg tiě 移动的.|. nêng pień iě tiě 能变易的[2].

Ynstrumentos musicos (np.各种乐器). iǒ k'ý 乐器.

Ynstante (n.瞬间). siū iū 须臾.|. kiǹg' kě' chỹ kiēn 顷刻之间.|. hiū hiě chỹ kiēn 须隙之间[3].|. pie'ń hiaǹg 片晌.|. xuń mǒ kāy' hǒ 瞬目开合[4].

Ynstante (n.瞬间), en un momento, o instante (pp.就在那一刻、刹那间). iě xý kiēn 一时间.|. xuń siě 瞬息.|. iě xuń 一瞬.| iě siě 一息.

Ynstituir (vt.建立、确立). liě 立.|. liě chuaǹg 立创.|. kién 建.

Ynstituto, regla (n.规章，规则). kuēy kiù 规矩. – leyes (指律令法规). fǎ liù 法律.

Ynstinto, sinderesis (n.本能，判断力). leaǹg nêng 良能.|. leaǹg chỹ 良知.|. tiēn' lỳ 天理. – luz natural (天性的光辉). leaǹg chỹ tiě kuāng 良知的光.

Ynstinto en los animales (np.动物身上的本能). chỹ kiǒ 知觉.|. puèn sińg 本性.

Ynstrumentos (n.工具、用具). k'ý kiù 器具.|. k'ý kiá 器架.|. k'ý iuńg 器用.|. kiā hò 家伙.

Yncienso (n.香、薰香). jù hiaǹg 乳香.|. ti'ě jù hiaǹg 滴乳香[5].

Yncensario (n.香炉). hiuèn lû 悬炉.|. hiǹg lû 行炉.|. tiâo' lû □炉[6]. – Brasero de olores (焚香用的炉子). hiaǹg lû 香炉.

Yncensar (vt.点香、焚香). suńg fuńg hiaǹg 送奉香.|. fuńg lû hiaǹg 奉炉香.|. kuńg hiaǹg 供香. – quemar olores (燃点薰香). fuên hiaǹg 焚香.|. xāo hiaǹg 烧香.|. hiǹg hiaǹg 馨香[7].

Yncitar (vt.引发、鼓动). iǹ tuńg 引动.|. kàn tuńg 感动.|. iǹ ièu 引诱.|. chý jè 致惹. – yncito me à ir (他劝诱我去). jè gò ki'ú 惹我去.|. chý gò ki'ú 致我去.

---

① 关联的动词条目 Ynspirar 出现在上一页。
② 柯本作"能变的"，脱字音 iě。
③ 柯木作"嘘吸之间"，也通。
④ mǒ，柯本写为"没"。"瞬目"，指眨眼，眼皮开合在一瞬间。
⑤ ti'ě，送气符为衍。
⑥ tiâo'，梵蒂冈本作 tiáo，柯本据之写为"吊"。
⑦ hiǹg，或为 hiń "行"之误。

Yncitar a mal (vp.诱人做坏事). *kù chu'én* 鼓撺.|. *kēu iǹ* 勾引.|. *tý' sién* 提线①.|. *ièu kàn* 诱感.

Yncitarse ad inuicem à mal (vp.相互勾搭做坏事). *siaǹg nǎ iṷ siê* 相纳于邪.|. *siaǹg kiēn' iǹ iṷ ǒ* 相牵引于恶.

Yncitar à deshonestidades (vp.诱使产生不良的欲念). *jè tuńg chūn' siń* 惹动春心.|. *tiào' luńg* 挑弄②.

Ynclinarse alguna cosa (vp.倾向于某事). *xuń* 顺.|. *suŷ* 随.

Ynclinar la cabeça (vp.低下头). *fù xèu* 俯首.

Ynclinar el cuerpo por reuerencia (vp.弯下身子表示礼敬). *tà kuǹg* 打躬.|. *kiǒ kuǹg* 鞠躬.|. *kiên' xīn* 欠身.|. *kiên' kuǹg* 欠躬.③

Ynclinado, tuerto (a.倾斜的、歪斜的). *piēn' tiě* 偏的.|. *uāy tiě* 歪的.|. *siê tiě* 斜的.|. *piēn' ỳ* 偏倚.|. *piēn' p'iě* 偏僻.

Ynclinacion natural (np.自然的倾向). *puèn sińg* 本性.|. *sińg xuń suŷ tiě* 性顺随的.|. *sińg çhǔ* 性子.

Ynclinacion humana (np.人类的一般倾向). *jiń siń sò hiaǹg* 人心所向.

Ynclinacion mala (np.坏倾向). *leaǹg siń uāy kuó* 良心歪过.|. *siń uāy siê* 性歪邪.|. *uāy k'ý* 歪气.|. *siê k'ý* 邪气.

Ynclinacion de mal natural (np.糟糕的自然倾向、坏天性). *p'iě sińg tiě* 癖性的.

Ynclinado en amar mas a uno que a otro (ap.倾向于爱一人多过另一人), parcial (a.偏心). *piēn' gáy* 偏爱.

Ynclinacion natural de cada cosa (np.每一事物的天然倾向). *kǒ vuě iě tiń chỳ hiaǹg* 各物一定之向.

Yncomodidad (n.不合宜、麻烦事). *pǒ pién* 不便.|. *sēng xéu* 生受.

Ynconprensible (a.不可理解的). *tuñ'g pǒ çhiń tiě* 通不尽的.|. *tuñ'g pǒ tě tiě* 通不得的.|. *pǒ kò' tuñ'g* 不可通.

Ynconsideradamente (ad.胡乱、草率). *luón luón* 乱乱.|. *çhū' liǒ* 粗略.|. *kèu çhiè'* 苟且.

Ynconsideracion (n.不留心、欠考虑). *vû siń* 无心.|. *vû ý* 无意.|. *pǒ siàng* 不想.|. *mîng luǹg* 朦胧④.

---

① *sién*，柯本缺字。此处是以提线木偶喻指强拽人做事。
② *tiào'*，柯本转写为"调"。按：伦敦本此音为 *t'iâo*，阳平。
③ 柯本注：*kiên'*，梵蒂冈本作 *kień'*，去声。
④ 柯本注：*mîng*，梵蒂冈本作 *mûng*。

Ynconstancia (n.不稳定、反复多变). *siñ mǒ tiń* 心没定.|. *kiñ' siñ* 轻心.|. *siñ pǒ kiēn* 心不坚.

Ynconstante (a.不稳定的、多变的). *mǒ tiń tiě* 没定的.|. *mǒ tiń chùn* 没定准.

Yntencion mala (np.坏想法、邪念). *siê ý* 邪意.|. *piēn' ý* 偏意.

Yntento (n.意图、目的). *ý çú* 意思.|. *siñ chỳ sò fǎ tiě* 心之所发的. [参见: intencion (想法、念头).]

Yncontinente, que no puede contenerse, vençerse (a.不由自主的，即不能自控、自制). *pǒ nêng kě' kỳ* 不能克己.|. *jiñ pǔ kúo* 忍不过.

Yncorregible (a.无法纠正的、无可救药的). *vû fǎ kò' kla* 无法可加|. *pǒ kù fǎ* 不顾法.|. *pǒ kiñ* 不经①.|. *heú pý' tiě* 厚皮的.

Yncorruptible (a.不会腐坏的). *pǒ hieû tiě* 不朽的.|. *pǒ lan tiě* 不烂的.|. *pǒ nêng hieù* 不能朽.|. *pǒ nêng hoáy* 不能坏.|. *pǒ hieù lán* 不朽烂.|. *vû nêng sùn hoáy tiě* 无能损坏的.

Yncorrupto (a.未遭腐蚀的、廉贞的). *chiǔe'n chîng' tiě* 全澄的.|. *vû kiuě'* 无缺.|. *vû sùn* 无损.

Yntencion baxa (np.低俗的企图). *chý pý leú* 志鄙陋.

Ynstrumentos para ver las estrellas (np.观测星象的仪器). *kuōn tiēn' k'ý siáng* 观天气象.|. *k'ý kiú* 器具.②

Ynstrumentos de guerra (np.军事器具、战具). *chiañ'g tāo k'ý hiáy* 枪刀器械.|. *kiūn k'ý* 军器.

Ynstrumentos de agricultura (np.农用工具). *nuñg k'ý* 农器.|. *nuñg kiú* 农具.

Ynstrumentos de mesa, vt taças, salero, ett^a. (np.餐饮用具，如杯子、盐罐等). *k'ý mièn* 器皿③.

Ynstrumentos de carpintero (np.木匠的工具). *fû kiñ* 斧斤.

Yntentar à ver como sale (vp.试图弄清事情如何). *xý ka'ń* 试看.

Yntencion (n.意图、意愿、想法). *ý cú* 意思④.|. *siñ ý* 心意.|. *chý ý* 志意. – propria (自己的意愿、原本的意思). *puèn ý* 本意.|. *puèn siñ* 本心.

Yntencion buena (np.良好的意图、善意). *hào ý* 好意.|. *chiñg' ý* 清意.|. *hào*

---

① 柯本写为"不惊"。
② 柯本注：这两个词语似应合为一个六音节的词组。按：当理解为观天象、气象的器具。
③ 柯本注：*mièn*，梵蒂冈本作 *ming*。
④ *cú*，当为 *çú* 或 *çú* 的笔误。

ý çú 好意思. – dirigir la intencion (端正意图). *chińg ý* 正意.|. *chińg chý* 正志.

Yntencion particular (np.个人的意图). *çū ý* 私意.|. *çū siñ* 私心.|. *ý iuén* 意愿.

(p.119)

Yntentar (vt.打算), tener intento (vp.起念头). *ièu ý* 有意.|. *ièu siñ* 有心.|. *kỳ' ý* 起意.

Yntentos grandes generosos (np.宏大的愿望、高尚的志向). *chý tá siñ kāo* 志大心高.|. *choańg chý* 壮志. – conseguir sus intentos (实现其愿望). *tě ý leão* 得意了.|. *chîn'g ý* 成意. – Dexolo à vuestra voluntad, o, intento (就按你们的意思做). *sûy ý* 随意.|. *chi'ng ý* 称意.|. *sûy pién* 随便.|. *jû ý* 如意.|. *piń'g ý* 凭意. – a la voluntad de v. m. (悉从阁下所愿、就从您的意思). *çhūn çhây'* 尊裁.|. *jiń çhūn ý* 任尊意.

Yntimo amigo (np.亲密的朋友). *siñ fǒ tiě jiń* 心腹的人.

Ynterceder (vi.调解、为人求情). *chuèn tǎ* 转达.|. *chuèn kiêu'* 转求.|. *ta'ý kiêu'* 代求①.|. *chuèn kèn'* 转恳.

Ynteres (n.利益、利润、利息). *lý iě* 利益.|. *lý siě* 利息.|. *piên' iě* 便益.

Ynterceder con los Mandarines (vp.向官员求情). *chó fuén xańg* 做分上.|. *çhó jiń çhîn'g* 做人情.

Yntercesor (n.斡旋者、调解人). *chù pào* 主保. – poner por intercesor (求人说情). *iańg ǎu* 央. – no admite intercesores (不接受调停). *pǒ xéu çhìn'g tǒ'* 不受请托②.|. *pǒ xéu jîn çhîn'g* 不受人情.|. *pǒ ti'ńg jiń çhîn'g* 不听人情.

Yntercalar, es de tres en tres años acrecentarse mas vna luna, la qual se llama (vt.添加、插入、闰，尤指每三年增加一个月，即闰月). *juń iuě* 闰月.

Ynteresar (vt.产生利润、获得利益). *ièu iě* 有益.|. *ièu lý* 有利.|. *ièu lý iě* 有利益.|. *tě ièu lý iě* 得有利益. – hazer algo por interes, o, buscar lo (为获利而做某事，为追逐利益而行事). *vú lý* 务利.|. *kiêu' ý* 求易.|. *tān' ý* 贪易.|. *mêu ý* 谋易.③

Ynterior (a./n.内、内里、里面). *nuý* 内.|. *lý* 里.|. *nuý lỳ* 内里.|. *lỳ mién* 里面.|.

---

① 柯本注：*ta'ý*，梵蒂冈本作 *táy*，无送气符。

② *çhìn'g*，上声，柯本转录作阳平 *chîng'*，字写为"情"。

③ "求易、贪易、谋易"，都指行事畏难图易。*ý*，三例柯本均缺字，猜测有可能为 *lý* "利"之误。

lỳ têu' 里头.|. *chuńg* 中.

Ynterior, y exterior es lo mismo (s.里面和外面一样). *piào lỳ jû iě* 表里如一.|. *nuý vuáy iě jên* 内外一然.

Ynterior del hombre, moraliter (np.人的内里、内心，引申义). *siñ nuý* 心内.|. *nuý siñ* 内心.|. *chuńg chân'g* 中肠/衷肠.|. *chuńg siñ* 中心/衷心.|. *siñ chuńg* 心中.|. *siñ lỳ* 心里.

Ynterior del hombre, phisice, entrañas, ettª. (np.人体内部，从生理上说，即内脏等). *gù chang lǒ fù* 五脏六腑/五藏六府.|. *gù nuý* 五内.|. *gù chang* 五脏/五藏.

Ynterior odio (np.内心的仇恨), **guardar lo** (vp.记恨). *hoây heń* 怀恨. – **interiormente sufrir lo** (因仇恨而心受煎熬). *iń jiń* 隐忍.

Ynterponer (vt.加插于二者之间、隔断、干预). *kě* 隔.|. *chù kě* 阻隔.

Ynterpretacion (n.解释). *kiày xuě* 解说.|. *kiày chú* 解注.

Ynterprete, comentador (n.注解者，评论家). *kiày chú chè* 解注者.

Ynterprete para hablar (np.谈话时负责解说者、翻译). *tūn'g cú* 通事.

Ynterpretar sueños (vp.解说梦相). *kiày muńg* 解梦.|. *iuên muńg* 圆梦.

Ynterrogatorio, dialogo (n.询问，对话). *vuén tǎ* 问答.

Yntervalo (n.间隔的一段时间). *xý héu* 时候.|. *xý chiě* 时节.

Ynterrogacion, si, o, no? (n.疑问词，"是"或者"不是"). *mò* 么①.|. *feu* 否. post puestos (均后置).

Yntitular (vt.命名), **dar nombre** (vp.给予名称). *tiṅg mîng* 定名.|. *chiù' mîng* 取名.|. *liě mîng* 立名.|. *gān mîng* 安名.

Yntitular (vt.命名), **dar titulos el Rey** (vp.由皇帝颁授称号). – **de Regulos** (对诸王). *fuńg vuâng* 封王. – **de marqueses, ett**ª. (对诸侯等). *fuńg hêu* 封侯. – **otros honrrosos** (颁给其他荣誉名号). *fuńg chiǒ* 封爵.|. *chiǒ háo* 爵号.

Yntolerable (a.无法忍受的). *jiṅ pǒ kúo tiě* 忍不过的.|. *jiṅ pǒ tě tiě* 忍不得的.|. *pǒ kò' jiṅ tiě* 不可忍的.|. *taṅg pǒ k'y* 当不起.

Yntrepidamente (ad.无畏、凛然). *tiṅg' jên* 挺然.|. *ý jên* 毅然.|. *kùo kàn* 果敢.|. *kiéu jên* 赳然.

Yntratable (a.难以相处的). *nân chiù' tiě jiń* 难取的人.|. *pǒ iuńg jiń chiñg' tiě* 不用人情的.

Yntroduzir, vt el tema en los sermones (vt.引入、介绍，例如布道词的题目).

---

① 柯本写为"吗、么"。

tý' kỳ 题起.|. *tý' fă* 题发.|. *tý' hiṅg* 题兴.① – Introducion en los libros (书卷的导言、引论). *iṅ* 引.

Yntroduzir à alguno que vea al superior (vp.向上司介绍某人). *iṅ chín* 引进.|. *iṅ kién* 引见.

Yntrineado, rebuelto, confuso (a.纷繁的、杂乱的、迷茫的). *fuēn luón tiĕ* 纷乱的.|. *fuēn fuēn* 纷纷.|. *iûn iûn* 纭纭.|. *vû têu' siú* 无头绪.|. *mŏ moèy ièn* 目昧眼②.

Ynuentar (vt.发明、创造). *choa'ṅg liĕ* 创立.|. *choáng cháo* 创造.|. *chào cháo* 肇造.|. *liĕ fă* 立法.

Ynuentor (n.发明创造者). *choa'ṅg xỳ jiń* 创始人.|. *chŏ kỳ' chè* 作起者.|. *chū' kỳ' chè* 初起者.

Ynvocar à los santos (vp.向圣人求助). *kỳ' kiêu'* 祈求.

Ynuentario (n.清单、目录). *kāy' chào' chaṅg* 开草账.|. *chiĕ ký kỳ' chây'* 集计其财.|. *chây' pú* 财簿.

Ynvernar (vi.过冬、越冬). *xèu tuṅg* 守冬③. – aguardando viento fauorable (等候有利的风向). *teṅg heú xún fuṅg* 等候顺风.|. *kuó tuṅg* 过冬.

Ynvierno (n.冬天). *tuṅg hân* 冬寒.|. *tuṅg tiēn'* 冬天.|. *tuṅg xỳ* 冬时.|. *tuṅg ký* 冬季.|. *luṅg tuṅg* 隆冬.|. *niēn hûn chỳ xỳ* 严寒之时④. – los 3. meses de frio (冻寒持续的三个月). *sān iuĕ tuṅg* 三月冬.

Ynvisible (a.不可见的). *fỳ ùl mŏ sò kiṅg* 非耳目所经.|. *vû hiṅg vû iṅg tiĕ* 无形无影的.|. *pŏ kò' kién vuén tiĕ* 不可见闻的⑤.|. *pŏ neṅg tĕ kién tiĕ* 不能得见的.

Ynvsitado (a.不常见的、非同寻常的). *fỳ chân'g tiĕ* 非常的.|. *xào tĕ iuṅg tiĕ* 少得用的.|. *pŏ xý chân'g iuṅg tiĕ* 不是常用的.

Ynutil cosa (np.无用的东西). *mŏ iuṅg tiĕ* 没用的. – hombre ynutil (无用的人). *mŏ chuṅg iuṅg tiĕ* 没中用的.|. *mŏ siaṅg kañ tiĕ* 没相干的.

---

① 柯本写为"提起、提发、提兴"。原写词序疑有误，当为"起题"，起一个题目或开始讲一个题目；"发题"，阐发题意；"兴题"，兴起并进入话题。

② 末尾疑脱字，当为"目昧眼昏"。但梵蒂冈本改 *ièn* 为 *gîn* (= *jîn*)，柯本据之写为"目昧人"。

③ 柯本作"守东"，当属笔误。

④ 柯本注：*hûn*，梵蒂冈本作 *hân*。按：此词柯本作"年寒之时"，参见 Frio grande (p.101)。

⑤ *vuén*，柯本正为 *vuén*，阳平。

（p.120）

Yg.

Yglesia formal, la santa yglesia (np.正式的教会、教会形式，神圣的教会). *Tiēn' chù xińg kiáo hoéy* 天主圣教会.|. *kuńg kiáo hoéy* 公教会.|. *xińg kiáo hoéy* 圣教会.

Yglesia material, dezimos (np.物形的教会，即教堂，我们圣教的说法). *Tiēn' chù tañ'g* 天主堂.|. *xińg tañ'g* 圣堂. [*xińg tień* 圣殿. para escritura (书面语词).]

Yglesia de nuestra Señora (np.圣母堂). *xińg mù tańg* 圣母堂①. ettª. (等等).

Ygnominia (n.耻辱). *vù mán* 侮慢.|. *liń jǒ* 凌辱. [参见：afrenta (羞辱).]

Ygnorante (a.无知的). *muńg tuǹg* 懵懂.|. *iǔ muńg* 愚懵.|. *chỷ' muńg* 痴懵.|. *chỷ' jiń* 痴人.

Ygual (a.平等的、平均的). *pińg'* 平.|. *kiūn pińg* 均平.

Ygual con otro (ap.与别人一样). *puōn pińg* 般平.|. *puōn çhỷ'* 般齐.|. *pińg çhỷ'* 平齐.|. *iě iańg* 一样.

Ygual en edad (ap.年纪一样). *tuń'g nień tiě* 同年的.

Ygualdad (n.平等、相同、等同). *pǒ chā'* 不差.|. *iě puōn* 一般.|. *iě iańg* 一样.

Ygualmente (ad.同样、一并), a vna (pp.统一、一致). *iě pińg'* 一平.|. *iě çhiě'* 一切.|. *iě çhỷ'* 一齐.|. *kiūn çhỷ'* 均齐.|. *iě kỷ'* 一起.

Yguales en dignidad (ap.身份、地位或职位相同). *tuń'g leào* 同僚②.|. *tuń'g goéy* 同位.

Ygual, derecho (a.平、平坦的、平等的，直、笔直的、正确的). *pińg' chińg* 平正.|. *pîn'g chě* 平直.

Ygual de animo (ap.心态平和、情绪稳定). *hô pîn'g* 和平.

Yguales dias y noches (np.日与夜同长). *cheú ié pińg fuén* 昼夜平分.

Ygualar cortando con tixeras (vp.用剪刀取平). *çhây'* 裁.

Yj.

Yjares (n.胁腹、侧腹). [参见：costados (体侧、两肋).] *lě* 肋.|. *leàng lě* 两

---

① *tañg*，脱送气符。

② 柯本注：*leào*，梵蒂冈本作 *leâo*，阳平。

肋.|. lĕ pa'ńg 肋膀.

Yl.

Ylicita cosa (np.非法的事情). fў ý chȳ çú 非义之事.|. fў lỳ 非理.|. pŏ hŏ lỳ 不合理.|. pŏ tańg tiĕ 不当的.|. pŏ kāy 不该.|. pŏ kò' 不可.|. pŏ taó tiĕ 不道的.

Yluminar, alumbar① (vt.照耀，照亮). cháo 照.|. cháo kuāng 照光.

Yluminar las ymagenes (vp.给画像上色). choāng iên sĕ 妆颜色.|. tiên' iên sĕ 填颜色.

Ylustre hombre (np.有名气的人). mińg vuańg tiĕ 名望的.|. tá ièu mîng tiĕ 大有名的.

Ylustrar (vt.光扬、增光). çhēng iuńg 增荣.|. iuńg kuāng 荣光.

Ym.

Ymagen, vt sic (n.形象、画像、塑像等). siańg 像.|. hińg siańg 形像/形象.
 – de metal fundida (金属铸制的). chú tiĕ siańg 铸的像.

Ymagen de bulto de madera (np.木制的半身像). mŏ tiāo tiĕ siańg 木雕的像.
 – de barro (黏土塑制的). nў sú tiĕ siańg 泥塑的像.|. sú siańg 塑像.②

Ymagen pentada en papel, lienço, ettᵃ. (np.画在纸张、亚麻布等上的人像). hoá tiĕ siańg 画的像.|. iên sĕ hoá tiĕ siańg 颜色画的像.

Ymaginar (vt./vi.想象、幻想). siàng tŏ 想度③.|. çụ siàng 思想. – hazer especies en la ymaginatiua (在脑海中想象各种各样的事物). siàng kień 想见.|. siàng siańg 想象.|. chú siańg 注想④.

Ymaginacion (n.想象、幻想). nień siańg 念想⑤.|. nień liụ 念虑.

---

① 脱一字母，即 alumbrar（p.12）。
② 此条柯本未录。
③ 柯本作"想夺"。
④ 谓凝思想望，唐宋诗词中有其用例。"想"字所标的调符有误。柯本作"注像"。
⑤ 柯本作"念像"。"念想"，犹想念，"想"字调符有误。

Ymaginatiua (n.想象力、理解力). *sý iẻ* 细绎.|. *çū iẻ* 思绎.①

Ymaginatiuo hombre (np.想象力丰富者、好幻想的人). *sý fân jiñ* 细烦人.|. *tō siñ tiẻ* 多心的.|. *kúo liú jiñ* 过虑人.|. *tō çū liú tiẻ* 多思虑的.|. *ŷ liú tiẻ* 疑虑的.|. *siñ tō çhāy' ký* 心多猜忌.

Ymaginacion, sospecha (n.想象、幻觉, 疑思、疑虑). *ŷ liú* 疑虑.|. *ŷ siñ* 疑心.|. *kúo liú* 过虑. – no me paso por la ymaginacion (我无法想象). *gò siǎng pỏ taò* 我想不到.

Ymitar (vt.模仿、效法). *hiỏ* 学.|. *fàng fǎ* 仿法.|. *fàng siang* 仿像.|. *fàng hiáo* 仿效.

Ymitar el mal exemplo (vp.效仿坏榜样). *hiáo ieû* 效尤.

Ymitar el modelo (vp.按模型、照样子做). *cháo iang* 照样.|. *ȳ iang* 依样. – no ymito el modelo (不照式样做). *çèu iang* 走样.

Ymitar à fulano (vp.效仿某人). *çhiù' fǎ iū mèu jiñ* 取法于某人.

Ymitar a los antiguos (vp.效法古人). *çū fǎ kù taó* 师法古道②.

Ymitar los inferiores lo que hazen los superiores (vp.下级效仿上级的方式行事). *xang hiñg hiá hiáo* 上行下效.

Ymmenso (a.无限量的、无穷的). *vû leang* 无量.|. *vû kiûn'g çhý* 无穷际.|. *vû kiang* 无疆.|. *vû hièn çhý* 无限际.

Ymmutable (a.永久不变的). *vuán pỏ iẻ tiẻ* 万不易的.

Ymmortalidad (n.永世长存之本质). *iùng seng* 永生.|. *chân'g seng* 长生.

Ymmortal (a.不死的、不朽的). *pỏ çù* 不死.|. *pỏ miẻ* 不灭.|. *pỏ hièu* 不朽.|. *pỏ nêng çù* 不能死.|. *iùng pỏ çù* 永不死.|. *iùng çhûn'* 永存.|. *pỏ nêng xéu sùn* 不能受损.

(p.121)

Ympasible (a.毫无感觉的、无动于衷的). *vû sùn* 无损.|. *pỏ nêng xéu xang* 不

---

① 柯本写为"细忆""思忆",与西语词目的意义不无出入。且"忆"非入声字,注音作 *y*,与此处所拼也不合。"思绎",也说"绎思",指反复思索以推求事理;"细绎",意思大抵相同,近代论理作品中不乏用例。又,词目 ymaginatiua (= imaginativa) 是抽象名词,相当于英语说 imagination (想象力) 或 understanding (理解力),而柯本只处理为形容词 (imaginative);下一条所见的 ymaginatiuo,才是形容词。

② *çū*,柯本写为"思","思法古道"也通。"师"字不卷舌,拼为 *çū*,在本词典上相当一致。

能受伤.|. *pǒ nêng xéu haý* 不能受害.|. *pǒ nêng xéu kù'* 不能受苦.

Ympaciente (a.缺乏耐心的). *pǒ hoéy jiǹ naý tiě jiǹ* 不会忍耐的人.|. *pǒ hân jiǹ* 不含忍.

Ympedir (vt.阻碍). *çhù* 阻.|. *çhù tańg* 阻挡.|. *çhù gaý* 阻碍.|. *çhù kě* 阻隔.

Ympedimento (n.障碍). *gaý* 碍.|. *çhù* 阻.|. *çhù gaý* 阻碍.|. *tańg kǒ* 挡隔①.|. *fańg* 妨.

Ympedir el paso, vt en los caminos (vp.阻止通行，例如在道路上). *lân chú* 拦住.|. *tańg lú* 当路.|. *çhiě lú* 截路.|. *lân iụ̀* 拦御②.

Ympedir que no pase (vp.挡住去路不让通过). *gaý kě pǒ chiń* 碍隔不进.|. *chỷ lú* 止路.

Ymperio, Reyno (n.帝国，王国). *kuě* 国.|. *kuě kiā* 国家. – Reynado (在位时期、统治之朝). *châo'* 朝.

Ympertinente cosa (np.不相干的事情), no haze al caso (vp.无关紧要). *mǒ siańg kān tiě* 没相干的.|. *mǒ iúng tiě* 没用的.

Ympertinente, cansado hombre (np.刁钻挑剔的人，讨人嫌的家伙). *sò suý tiě jiǹ* 琐碎的人.|. *nân çhiù' tiě jiǹ* 难取的人.|. *tō nâ* 多拿③.

Ymperfecto (a.不完美的、有缺陷的). *pǒ chiûe'n tiě* 不全的.|. *ièu kiuě' tiě* 有缺的.|. *pǒ chińg k'ý* 不正气.

Ympetrar (vt.祈求、求得). *kiêu' ûl tě* 求而得.|. *ký' hoě* 祈获.|. *kiêu' tě leào* 求得了.|. *kiêu' suý leào* 求遂了. – no impetrar pidiendo (虽经恳求仍未得到). *kiêu' ûl pǒ tě leào* 求而不得了.

Ympetrable④ (a.可以求得的). *kiêu' pǒ tě tiě* 求不得的.

Ympetracion (n.恳求、祈求). *ký' kiêu'* 祈求.|. *kiêu'* 求.

Ympetu del agua (np.水势凶猛). *xùy iuṅg xińg* 水涌升.|. *xùy hiuṅg iuṅg* 水汹涌.

Ympetu del viento y el agua (np.风大水急). *siāo siāo fuńg iụ̀ paó çhiě* 潇潇风雨暴疾⑤.

Ympetuoso hombre (np.坚定果敢、无所顾忌的人). *hiuṅg iuṅg tiě* 凶勇的.|. *hiuṅg heṅg* 凶狠.|. *hiuṅg meṅg* 凶猛.

---

① 柯本写为"当割"。
② 似指拦挡御驾。
③ 似指贪小便宜，柯本缺字。
④ 柯本注：此词有误，梵蒂冈本作 inimpetrable（无法求得的）。
⑤ 《康熙字典》已集上，水部十六画"潇"："潇潇，风雨暴疾貌。"

Ymponer falso (vp.栽赃、诬告). *vuáng chíng* 妄证.|. *vù láy* 诬赖.|. *vù káo* 诬告.|. *vuáng láy jiñ* 妄赖人.

Ymportar, conuenir (vi.关系重大，有必要). *kāy* 该.|. *tañg* 当.|. *kò'* 可.

Ymportante cosa (np.重要的事情). *iáo kiǹ tiě* 要紧的.|. *kiǹ iáo tiě* 紧要的.|. *iáo iuńg tiě* 要用的.|. *xańg kiǹ tiě* 上紧的.

Ymportunar (vt.缠扰). *chū'y pě'* 催迫①.|. *tà kiào* 打搅.| *pě' jiñ* 迫人.|. *ta'ý pě' jiñ* 太迫人.

Ymportunidad (n.缠扰). *mô nán jiñ* 磨难人.|. *kù' jiñ* 苦人.

Ymportuno, cansado (a.烦人的，讨人嫌的). *sò suý tiě* 琐碎的.|. *fân sò* 烦琐.|. *fân suý tiě* 烦碎的.|. *ta'ý fân* 太烦.

Ymportunamente (ad.反反复复、接连不断地). *chân'g chân'g pǒ tuón* 常常不断.

Ymposible (a.不可能的、不可以的). *pǒ neñg goêy tiě* 不能为的.|. *çhó pǒ tě tiě* 做不得的.|. *çhiuě pǒ kò' goêy* 绝不可为.

Ympotente que hazer lo no puede (ap.没有能力做某事). *pǒ nêng çhó* 不能做.|. *pǒ hoéy çhó* 不会做.

Ympotente para engendrar (ap.不能生育). *pǒ nêng señg* 不能生.|. *vû hiuě mě* 无血脉.

Ympotencia (n.不育、性无能). *vû nêng* 无能.

Ymprimir (vt.印制、印刷). *iń* 印.|. *iń pàn* 印版.|. *xuě iń* 刷印.

Ymprimir libros (vp.印制书籍). *iń çhě'* 印册.|. *xuě xū* 刷书.

Ympresion (n.出版社), casa de inpresor (np.印刷所). *iń xū fañg* 印书房.|. *iń xū tién* 印书店.

Ympresor (n.印刷匠). *iń xū tiě* 印书的.|. *kě' çhú tiě* 刻字的.|. *kě' pàn tiě* 刻版的.|. *kā'n pàn tiě* 刊版的.

Ymprimir habriendo letras (vp.用刻成的字模印制). *kě' çhú* 刻字.|. *kě' pàn* 刻版.|. *kān' pàn* 刊版.

Ymprouable (a.无法证明的). *pǒ kò' chińg tiě* 不可证的.|. *chińg pǒ tě tiě* 证不得的.

Ymprudente (a.鲁莽的、不明智的). *vû chý tiě* 无智的.|. *vû çhây' chý* 无才智.|. *pǒ chȳ çú* 不知事.|. *vû siñ siú* 无心绪.

Ymprudentemente (ad.鲁莽无理地). *pǒ y lỳ* 不依理.|. *fȳ lỳ* 非理.|. *luón* 乱.

---

① 柯本作"推迫"。

Ymprudencia (n.不明智、糊涂). *chȳ'* 痴.
Ymplacable (a.不讲情面的、难以通融的). *pǒ xeú jiń ҫhiń'g* 不受人情.
Ympugnar (vt.攻击、抨击). *kuǹg* 攻.|. *kuǹg chén* 攻战.

Yn.

Despues de la Y ante E se hallaran fol. que por yerro se escriuieron alli deuiendose de escriuir despues de la Y ante M. el que hiziene nuebo traslado en miendelo. (在字头Ye.的后面发现有若干误写的页张，本应置于Yn.之下。望日后的缮写者注意调整。)

Yo.

Yo (pron.我). *gò* 我. – hablando con personas graues, el de baxa esphera dize (在与地位高者说话时，位低者称自己). *siào tiě* 小的. – el estrangero (外国人称自己). *liù jiń* 旅人. – el que es letrado, dize, o se nombra (读书人则称自己). *xiǒ seńg* 学生.|. *muên seńg* 门生.
Yo mismo (pron.我本人). *ҫhú kỳ* 自己.

（p.122）

Yp.

Ypocresia[①] (n.虚伪). *kià xeń* 假善.|. *kià xeń máo* 假善貌[②].|. *goéy xeń* 伪善.
Ypocrita (a.虚伪的 n.伪君子). *kià máo tiě* 假貌的.|. *kià xeń tiě jiń* 假善的人.

Yr.

Yr (vi.去、去往). *ki'ú* 去.|. *vuàng* 往.|. *hińg* 行. andar (走、行走). *ҫhèu* 走. – yr apie (走路、步走). *pú hińg* 步行.
Yr delante (vp.走在前面、先行). *siēn ҫhèu* 先走.|. *siēn hińg* 先行. – vt en la virtud ett[a]. (在德行等方面). – *ҫhiń pú* 进步.|. *hiańg ҫhiên' ki'ú* 向前去.

---

① 与Hipocresia（p.112）是同一词。
② 此词不见于柯本。

Yr al cielo (vp.往天上去). *xiñg tiēn'* 升天.

Yr a la Corte (vp.去往朝廷、京城). *xańg kiñg* 上京.|. *fú kiñg* 赴京.

Yr de tras, vt el moço (vp.走在后面，如男仆). *kēn* 跟.|. *kēn sûy* 跟随.|. *sûy heú hîñg* 随后行.

Yr aprissa (vp.急行、疾走). *ku'áy çhèu* 快走.|. *ku'áy ki'ú* 快去.|. *ku'áy hiñg* 快行.

Yr los Mandarines inferiores a la Audiencia de los superiores (vp.下级官员赴上级官员的议事或庭审). *xańg iâ muên* 上衙门.

Yr a banquete (vp.去参加宴席). *fú siě* 赴席.|. *fú ién* 赴宴.

Yr al examen (vp.奔赴考试). *fú kào'* 赴考.

Yr, y venir (vp.去往与前来), pasearse (vr.漫步、闲逛). *hiñg lây, hiñg ki'ú* 行来行去.|. *çhèu xańg, çhèu hiá* 走上走下.|. *lây lây, vuàng vuàng* 来来往往.

Yr en persona (vp.亲自前往). *çhīn' hiñg* 亲行.

Yr en persona apelear, vt el Rey (vp.亲自参战，如君王). *çhīn' chiń* 亲阵①.

Yr al deredor (vp.在周遭走、绕着圈走). *chēu hiñg* 周行.|. *chēu goêy çhèu* 周围走.|. *xuń jâo çhèu* 旋绕走.

Yr sin reparar en estoruos (vp.不顾障碍依然前往). *chỳ kuòn ki'ú* 只管去.

Yr al lado de otro (vp.随某人同行). *siañg hiñg* 相行.|. *fú hiñg* 附行.|. *pu'ón hiñg* 伴行.

Yr por montes, y rios (vp.走过山岭与江河). *iùen pú xān chūe'n* 远步山川.

Yr de romania (vp.迅即冲出、突然冒现). *iuǹg chǔ'* 涌出.|. *chỳ' iuǹg* 齐涌.|. *çhēn iuǹg* 争涌②.|. *fuñg iuǹg ki'ú* 蜂涌去.

Yr con la corriente (vp.顺着水流前行). *xún lieù* 顺流.|. *lieù hía* 流下.|. *xún xùy ki'ú* 顺水去.

Yr contra corriente, agua arriba (vp.逆着水流前去). *xańg lieù* 上流.|. *niě xùy hiñg* 逆水行.|. *sú lieù* 溯流.

Yr en seguimiento (vp.紧跟而行). *kàn* 赶.|. *chūy kàn* 追赶.

Yr à Romeria (vp.朝圣). *chín hiañg* 进香.

Yr ala orilla del Rio siguiendo lo (vp.沿着河岸行走). *iuên hô çhèu* 缘河走.|.

---

① *chiń*，柯本转录为 *chíng*，字作"征"。原写音节末尾确有字母 g，但被写者本人或他手涂删。

② *çhēn*，柯本缺字。

iuên kiāng hiṅg 缘江行.

Yrse lexos (vp.走得远、去远方). *iuèn çhèu* 远走.|. *ki'ú iuèn* 去远.|. *iuèn hiṅg* 远行.|. *iuèn ki'ú* 远去.

Yr al Palacio del Rey los Mandarines. [que van vna vez al mes.] (vp.官员前往君王的宫殿[每月一次]). *xaṅg châo'* 上朝.

Yr en silleta (vp.坐轿子前往). *çhó kiáo ki'ú* 坐轿去.

Yr el nauio a la bolina (vp.利用风势行船). *kiāo' chûe'n* 鼓船①.

Yr en barcado (vp.坐船前往). *çhó chûe'n ki'ú* 坐船去②.

Yr camino (vp.行路、上路). *chèu lú* 走路.|. *hîng lú* 行路.|. *chǔ' lú* 出路.

Yr en su lugar (vp.代替某人前往). *t'ý tā' ki'ú* 替他去.|. *taý tā' ki'ú* 代他去.

Yr declinando el sol, o la luna al occidente (vp.太阳或月亮从西边落下). *siê* 斜.|. *lǒ* 落.|. *hía* 下.

Yr por rodeos (vp.转圈走、走远路). *jào lú çhèu* 绕路走.|. *uān ki'ǒ ki'ú* 弯曲去.

Yr en guardia de los presos, los soldados (vp.士兵押解犯人一路行). *iǎ suṅg* 押送.|. *kiáy suṅg* 解送.

Yrse (vr.走了、消失了、死了). *ki'ú leào* 去了.

Yr en compañia (vp.有伴同行). *pu'ón suṅg* 伴送.|. *pu'ón hiṅg* 伴行.|. *piṅg hiṅg* 并行.|. *tuñ'g hiṅg* 同行.

Yr por tierra (vp.从陆上走). *hiṅg haṅ lú* 行旱路. – ir apie (步行前往). *pú hiṅg lú* 步行路. – yr a cauallo (骑马前往). *kỳ' mà chèu lú* 骑马走路.

Yr por agua (vp.从水上走). *hiṅg xùy lú* 行水路.

Yr por la posta (vp.飞驰递邮、驰马飞奔). *pâ'o mà chèu* 跑马走.|. *ié siṅg chèu* 夜星走.

Yrse siguiendo (vp.前后相续而行). *siāng liên* 相连.

Yrse apique (vp.沉没). *chîn' hiá ki'ú* 沉下去.|. *chîn' niě* 沉溺.|. *chîn' luṅ* 沉沦.

Yrse la vasija, trasminarse (vp.酒桶、瓦罐等容器渗漏). *leú* 漏.

Yrse a la mano (vp.克制、自控). *liên xèu* 敛手.|. *chiè' chú* 且住③.|. *kě' kỳ* 克己.

---

① *kiāo'*,柯本缺字。看来是把"鼓"字误读为"敲",才导致这一注音。见关联动词 Bolinear（p.34）,其下有"鼓风""鼓船"二词。

② *çhó*,柯本误写为"做"。

③ *chiè'*,上声,柯本误录为入声 *chiě'*,字写为"㖏"。

Yr a la mano a otro (vp.牵制、限制某人). çhù 阻.|. kiń chỳ 禁止. [参见：impedir (阻止).]

Yrse el barco con la corriente (vp.顺水行船). xuń liêu hiñg chēu 顺流行舟.

Yr los soldados en guardia con los Mandarines en el camino (vp.士兵一路护卫官员前行). hú suńg 护送.

Yr al monte (vp.前往山里). xańg xān 上山.①

Yra (n.气愤). fuèn nú 愤怒.|. nào nú 恼怒.|. ý nú 义怒.|. chín nú 震怒.

Ys.

Yslas (n 岛屿) hày tào 海岛. – despobladas (无人居住的荒岛). hạy chēu 海洲.

Ysla hermosa (n.美丽岛、赫尔墨萨岛②). tá uān 大湾.|. kỹ luǹg tán xùy 鸡笼淡水③.

Ysla de Manila (np.马尼拉岛). liù suńg 吕宋.

Ysopo para agua bendita (np.圣水掸洒器). sǎ xińg xùy tiě kʼý kiú 撒圣水的器具.

（p.123）

Yv.

Yugo de bueyes, o vacas (np.公牛或母牛的轭具). niêu gě 牛轭.

Yunque de herrero (np.铁砧). tiěʼ chīn 铁砧.

Yz.

Yzquierda mano (np.左手). çhò xèu 左手. – lado yzquierdo (左侧). çhò piēn 左边. – los demas v.e. Yç. (其余条目见Yç.)

---

① 此条柯本漏录。
② 即台湾，西文旧名 Formosa。
③ "鸡笼"，今写为"基隆"。

J
(pp.123-124)

Ja.

Jaez de cauallo (np.马具). *mà gań* 马鞍①.|. *mà pý* 马辔.

Jardin (n.花园). *hōa iuên* 花园. – Jardinero (n.园丁). *çhó hōa iuên tiẻ jiń* 做花园的人.

Jarro (n.单耳陶罐). *kuón çhủ* 罐子.|. *uà kuón* 瓦罐.

Jaspe (n.碧玉). *mà nào xẻ* 玛瑙石②.|. *iỏ xẻ* 玉石.

Jabali (n.野猪). *xān chụ* 山猪.

Jaola (n.笼子). *lań* 栏. – de paxaros (关鸟的). *niào luńg* 鸟笼.

Jabon (n.肥皂). *sỳ iỏ* 洗药.

Jazmin, zampaga③ (n.茉莉花，桑巴伽花). *mẻ lý hōa* 茉莉花.

Jamones (n.火腿). *iēn tùy'* 腌腿/烟腿.|. *lǎ jỏ* 腊肉.

Japon, aquel Reyno (n.日本，日本国). *jẻ puèn* 日本.

Japones (n.日本人). *uō çhù* 倭子.|. *jẻ puèn jiń* 日本人.

Je.

Jengibre (n.姜). *kiańg* 姜. – el mas viejo (老姜). *kiańg mù* 姜母. – en salsa (用调味汁浸泡的). *çháo kiańg* 糟姜④. – en vinagre (醋渍的). *çh'ú kiańg* 醋姜. – fresco (新鲜的). *siēn kiańg* 鲜姜.

---

① *gań*，柯本缺字。调符有疑，字则无疑。马鞍加上马辔头，便合称马具，恰是西文词目所指。

② 柯本漏写汉字。

③ 一种类似茉莉的香型花，产于菲律宾，拼法很多，如 sampaga、sampaka、tsampaka、champaca 等；或即中国南方所产的黄兰（Michelia champaca Linn）。

④ *çháo*，柯本缺字。

Jo.

Joya (n.珠宝首饰). *chīn pào* 珍宝.|. *pào poéy* 宝贝.|. *pào k'ý* 宝器.

Joya preciosa del Reyno (np.王国的珍宝、一国之宝). *kuě pào* 国宝.

Joyas (n.珠宝), ornato de la cabeça de la muger (np.女人的头饰). *xèu xě* 首饰.|. *têu' mién* 头面.

Joya que no tiene precio (np.无可计价的珍宝). *vû kiá pào* 无价宝.

Jornada de camino (np.一天的路程、行路的日程). *chîn'g* 程.|. *lú chiñ'g* 路程. — vna jornada (一段路程). *iě chîn'g* 一程.

Jornal (n.一天的工钱、日薪). *kuñg çhiēn'* 工钱.|. *kung kiá* 工价.|. *iùng kiá* 佣价.|. *jě kuñg çhîc'n* 日工钱.|. *iûng chý* 佣值/佣直①.

Jornalero (n.日工、短工). *iûng kuñg jiñ* 佣工人.|. *siào kuñg jiñ* 小工人. — por mucho tiempo (长期的). *chân'g kuñg* 长工②.

Jouial, alegre (a.快乐的，高兴的). *xoàng ku'áy tiě* 爽快的.

Jv.

Jubileo. [dezimos.] (n.教皇颁布的大赦[我们圣教的说法]). *tá xé* 大赦. — ganar lo (获得大赦). *tě tá xé* 得大赦.

Judiciaria potestad③ (np.①占星家的预断权 ②司法权). *tuón çú chý kiụe'n* 断事之权.

Judio (n.犹太人). *Judea kuě tiě jiñ* 犹太国的人.|. *Judeo jiñ* 犹太人.④

Juego, entretenimiento (n.游戏，娱乐). *hỳ xòa* 喜耍.

Jugar, vt naypes, dados, ettª. (vi./vt.玩游戏，如打牌、掷骰子之类). *hỳ tù* 喜赌⑤.|. *kiǒ xiń'g* 角胜⑥.|. *tù xiń'g* 赌胜.|. *tù pǒ* 赌博.

Jugar al axedres (vp.玩棋). *hiá ký'* 下棋.|. *siań'g ký'* 象棋.|. *goêy ký'* 围棋. vᵉ. infra (见下).

---

① *chý*，注音有疑。此词柯本作"佣质"，与西语词目不合。
② 柯本作"常工"。
③ 柯本作 "astrological power or ability"，是取的前一义。
④ 两例"犹太"都未写注音，而是直接写的西语词。元代以来文献中，对犹太人的叫法甚杂，如"术忽""竹忽""主吾""主鹘""朱乎得""祝虎"等，这里都未采用。
⑤ *hỳ*，梵蒂冈本作去声 *hý*，柯本据之写为"戏"。
⑥ 柯本作"决胜"。"决"字在本词典上拼为 *kiuě* 或 *kiụě*。

Jugar a las tablas Reales (vp.玩双陆棋). *tà xoāng lǒ* 打双陆. – el jugar de las tablas (这种棋子的游戏). *xoāng lǒ* 双陆①.|. *xoāng lǒ mà* 双陆马. – tablero (双陆棋盘). *xoāng lǒ pûo'n* 双陆盘.

Jugar dinero (vp.玩钱、耍钱). *tù çhiên'* 赌钱.

Jugar vino (vp.玩酒、拿酒打赌). *tù çhièu* 赌酒.

Jugar de manos (vp.变戏法). *çhó pà hý* 做把戏. – el tal juego (类似的玩法、魔术). *hý fǎ* 戏法.

Jugador de manos (np.变戏法者). *çhó pà hý tiě* 做把戏的. que es el juego de maesse coral (即一种变魔术的游戏).

Jugar a las coçes② (vp.玩踢脚的游戏). *tiě' kién* 踢毽.

Jugar à pares, o, nones con las manos (vp.用手玩猜单双或有无的游戏). *çhāy' kiûe'n* 猜拳.|. *çhāy' moêy* 猜枚.

Jugar a la pelota (vp.玩球戏). *tà kiêu'* 打球.|. *tà miên kiêu'* 打绵球③.

Jugar a los naypes (vp.玩纸牌). *tà chỳ pâ'y* 打纸牌.|. *tù pâ'y* 赌牌.|. *tà iě çhǔ* 打叶子④.

Jugar a los dados (vp.玩骰子). *tà têu' çhǔ* 打骰子.|. *tà têu' mà* 打骰码. – echar los (抛掷骰码). *chě têu' çhǔ* 掷骰子.

Jugar a las puñadas (vp.玩拳击). *vù kiûe'n* 舞拳.

Jugar de palabras (vp.玩弄词语). *hý iên* 戏言.|. *xòa tā'* 耍他.

Jugar las armas (vp.把玩兵器), escrimir⑤(vt.挥舞刀剑). *luńg tāo* 弄刀.

Jugar a la oca⑥ (vp.玩鹅子棋). *xiňg kuōn tû'* 升官图.

Junco (n.灯心草). *siě çhào'* 席草.

---

① 柯本未录此词,只录有下一词"双陆马",写为"双六码"。"双六",即"双陆";"马",因棋子似马而得其名。

② 踢毽子于欧洲人是一种陌生的游戏,没有对应词,只得表达为一种动作。coçes,名词 coz(踢脚、踢腿、蹶子)的复数形式,可参看 Acocear, dar coçes(p.4)、Cocear, dar coçes(p.50)。

③ "绵"可能是指球软,而非其材质。

④ "叶子",即叶子格、叶子戏,中国本土古老的纸牌戏。

⑤ 即 esgrimir(p.91)。

⑥ 西班牙的一种传统棋子戏,盘上设 63 格,每 9 格置一枚鹅状棋子,以掷骰子决定移步晋级。"鹅子棋"是笔者的译法,与中国升官图的类似处,盖在都是桌戏,都画有格子,都凭骰子点数决胜负。

Jusgar (vt.判断、判决). *xìn puón* 审判. es pleito (指诉讼). – gusgar[①] hacer juicio (判断，进行判断). *siàng* 想.[②]

Juir (vi.逃跑). *tâo' çhèu* 逃走.[③]

(p.124)

Jugar vnas tablillas de marfil como naypes (vp.玩一种类似纸牌的象牙骨牌戏). *pū' iâ pâ'y* 铺牙牌.

Jugar al axedrez (vp.玩棋赛、下棋). *chŏ kỷ'* 着棋. – el tablero (布棋的木板). *kỷ' puô'n* 棋盘. – las piecas (一个个的棋子). *kỷ' chǔ* 棋子.

Jugador (n.玩游戏者、参赌者). *tù pŏ tiĕ* 赌博的.|. *tù chiên' tiĕ* 赌钱的.|. *háo tù pŏ* 好赌博.

Juntar gente (vp.召集队伍). *chiĕ jiñ mà* 集人马.[④]

Juebes, dezimos (n.星期四，这是我们[道明会]的说法). *chēn lỳ çú* 瞻礼四.|. *chù çú* 主四. – los P. P. de la Compañia dizen (耶稣会的神父们则说): *chēn lỳ gù* 瞻礼五.|. *chù gù* 主五. idest feria quinta (即第五个工作日).

Juez (n.裁夺者、审判官). *xìn pu'ón chè* 审判者.|. *pu'ón kuōn* 判官.|. *pu'ón çú chè* 判事者.|. *çú çū* 士师.

Juez, o Mandarin desintereçado (np.公正无私的法官或官员). *chiñg' kuōn* 清官.

Juezes de las causas criminales de todo el Reyno (np.全帝国刑事案的审判官们). *sān fǎ çū* 三法司.|. *tá lỳ xý* 大理寺.

Juez de lo criminal de toda la Prouincia (np.全省刑事案的审判官). *gán chǔ' çū* 按察司[⑤].

Juez criminal de cada ciudad (np.每个城市负责刑事案件的审判官). *hiñg tiñ'g* 刑厅.|. *chūy' kuōn* 推官.

Junio (n.六月). *gù iuĕ* 五月.

Julio (n.七月). *lǒ iuĕ* 六月.

---

① 即 jusgar（今拼 juzgar），其后当有逗号点断。
② 此条为另手添写，所释既简，注音也有疑。*puón*，漏标送气符，见下页关联的名词条目 Juez。
③ 此条也系另手补写，juir 即 huir，词目见 p.114。
④ 重复的词条，隔开数行下面又出现。
⑤ 柯本注：*chǔ'*，梵蒂冈本作 *chǎ'*。

Juntar riquezas, et similia (vp.聚集财富及类似之物). *chiě* 集/积.|. *chiú* 聚.|. *chiě chiú* 集聚/积聚.|. *tūy* 堆.

Juntamente (ad.一起、共同). *tuñg* 同.|. *kuńg* 共.|. *pińg* 并.|. *kiēn* 兼.

Juntar vno con otro (vp.把一个与另一个连接起来). *hǒ* 合.|. *chiě hǒ* 接合①.

Juntar mas, y mas (vp.越积越多). *liǔ chiě* 屡积②.

Juntar gente (vp.召集队伍). *chiě jiň mà* 集人马.

Juntar las manos para rezar (vp.合拢手掌以祈祷). *hǒ chaǹg* 合掌.

Juntar las manos para la cortesia de china (vp.合拢双手表示中国式的礼貌). *chā' xèu* 叉手③.

Juntarse de compañia para mal (vp.纠结成伙以谋图坏事). *kiě taṅg* 结党.

Juntarse, arrimandose cerca (vp.联合并聚集成群). *kiń* 近.|. *chīn' kiń* 亲近.|. *xīn piēn lây* 身边来.

Juntar en vno (vp.聚合为一). *hǒ luǹg* 合拢.|. *che'ú luǹg* 凑拢.|. *iě kỳ'* 一起.

Juntar el exercito (vp.召集军队). *chiú kiūn mà* 聚军马.

Juntarse en el matrimonio (vp.经婚姻走到一起、结婚). *hoēn hǒ* 婚合.|. *siāng po'éy* 相配.|. *hîng faňg* 行房.

Juntar su caudal con otro, hazer trato de compañia (vp.与别人联合资产，签订合约). *hǒ puèn* 合本.

Juntar a tratar algun negocio (vp.聚到一起商讨某事). *siaňg hoéy* 相会.|. *hoéy chiě* 会集.

Juntos (a.组合的、联结的). *siaňg liên* 相连/相联.|. *siaňg chiě* 相接.|. *siaňg kiń* 相近.

Junturas del vestido (np.衣裳各部分的结合处), costuras (n.接缝). *ȳ fuńg* 衣缝.|. *kiě hoéy* 结会.

Juntos (a.一体的、统一的), alma y cuerpo (np.灵魂与肉体合一). *liňg hoên taý jǒ xīn* 灵魂带肉身.|. *liňg hoên tuň'g jǒ xīn* 灵魂同肉身.

Juntamente (ad.一起、共同、同时). *iě chiě* 一切④.|. *iě kỳ'* 一起.|. *iě ka'ý* 一概.|. *iě chỳ'* 一齐.|. *iě xý* 一世.|. *iě piňg* 一并.

Junturas de los guesos (np.骨头的结合处、关节). *kǒ chiě* 骨节.|. *kǒ jǒ chȳ*

---

① 柯本作"结合"。本词典上，"*chiě* 接"与"*kiě* 结"拼法有别。

② *liǔ*，调符有疑；梵蒂冈本拼作 *lòui* (= *lùy*)，柯本据此写为"累"。

③ 即行拱手礼。

④ 柯本注：*chiě*，梵蒂冈本有送气符。

kiāo çhý 骨肉之交际.|. kǒ jǒ siang chǒ chȳ ch'ú 骨肉相着之处. – de los neruios (神经或筋腱的结合处). kiñ kǒ chȳ sǒ 筋骨之索①.

Jurar (vt./ vi.发誓、立誓、诅咒). fǎ xý 发誓.|. fǎ iuén 发愿.|. xuě xý 说誓.

Juramento (n.誓言、誓词). mîng xý 盟誓.|. fǎ xý chȳ iên 发誓之言.

Juramento execratorio (np.诅咒之词、诅语). tù chéu 赌咒.|. fǎ chéu 发咒.

Juramento falso (np.虚假的誓言). hiǔ xý 虚誓.|. vuaṅg xý 妄誓.

Juramentarse, conjurarse muchos (vp.一群人立誓结盟，密谋行事). hoéy miñg 会盟.|. tuñ'g mîng 同盟.|. mîng iǒ 盟约.|. mîng xý 盟誓.|. kiě mîng 结盟.

Juramentarse mordiendose el dedo hasta salir sangre (vp.咬破指头滴血，以此立誓结盟). çhiǒ chỷ liéu hiuě goêy xý 嚼指流血为誓.|. iào chỷ goêy xý 咬指为誓. – beuiendo sangre (饮血为誓). xǎ hiuě xý 歃血誓②.

Juridicion (n.管辖权). kuòn hiá 管下.|. xǒ kuòn tý faṅg 属管地方.|. xǒ kuòn tiě 属管的.

Justamente (ad.理所当然、公平合理地). kāy jên 该然.|. taṅg jeń 当然. – deuido (适当、应当的). çhú jeń 自然.

Justa cosa (np.正确之事、正当之举). chý taṅg chȳ çú 至当之事.|. chińg lỳ chȳ çú 正理之事.|. ièu lỳ chȳ çú 有理之事.|. chińg kiṅg tiě çú 正经的事.|. kò' 可.

Justicia (n.正义). ý 义.|. kuṅg ý 公义.|. chuṅg ý 忠义③.|. kuṅg taó 公道.|. kuṅg pîn'g 公平.|. tiēn' lỳ 天理.|. tiēn' taó 天道.|. lỳ ý 理义.

Justicia, vt est virtus (n.正义感，此乃一种品德). ý tě 义德.

Justiciero (a.严格执法的). haó nîen hîng 好严刑. – cruel justiciero (施酷刑的). niǒ hiṅg chè 虐刑者.

Justiciero recto en el premio, y castigo (ap.赏罚严明正当). chý kuṅg vû çū 至公无私.|. chý kuṅg, chý taṅg 至公至当.

Justiciar (vt.施行正义), hazer justicia (vp.维护公道). hièn ý 显义.|. hièn kuṅg 显公.|. chiṅg ý 正义.|. chiṅg kuṅg 正公. [mîng ý 明义. manifestar la (即予以彰显).|. mîng kuṅg 明公.]

Justiciarse (vr.为自己辩护、洗冤). çhú sú 自诉.|. çhú mîng 自明.|. çhú sỳ 自洗.|. çhú siuě 自雪.|. çhú pě 自白.|. çhú pién 自辩.

---

① sǒ, 柯本写为"锁"。"锁"非入声字，词义也不甚合。

② xǎ, 柯本写为"杀"。

③ 此词柯本未录。

Justo, recto (a.公正的，正直的). *kuṅg taó tiě* 公道的.|. *kuṅg chě tiě* 公直的.|. *kuṅg piṅ'g tiě* 公平的.

Justo (a./ad.正确、公平), derecho (a.正确的 n.法律). *kuṅg lỳ* 公理.

Justo es que muera (s.他理该受死). *kāy çù* 该死.|. *taṅg çù* 当死.

Juuentud (n.青春、青少年时期). *ieú nîen* 幼年.|. *chuṅg nîen jín* 冲年人①.|. *ieú xý tiě* 幼时的.

Juyçio, o entendimiento (n.智力、判断力，智能、理解力). *mîng gú* 明悟. – abrirse el entendimiento a los niños (指幼童智力萌发). *kāy' mîng gú* 开明悟.|. *fǎ ki'áo* 发窍.|. *tūn'g çhîn'g* 通情.|. *kāy' kỳ iû mûng* 开启愚蒙.

Juyzio baxo (np.智力低下), de poco juyzio (pp.欠缺理智). *chièn' kie'ń* 浅欠②. – perder lo, enloqueçer (失去理智，发疯). *fǎ kuân'g* 发狂.

Juyzio temerario (np.轻率的判断). *vuaṅg ý* 妄议.|. *kiṅg' ŷ* 轻疑.|. *luón ý* 乱议.③

Juyzio (n.庭审), parecer en juyzio (vp.出庭). *kién kuōn tuý lỳ* 见官对理④.|. *kiě kuōn çú* 结官事⑤.|. *ti'ńg tuón çú* 听断事⑥.

Juyzio (n.判断力、理智), hombre de buen juyzio (np.理智健全、判断力高强的人). *kāo mîng iuèn kién tiě çú* 高明远见的士.|. *hièn tǎ chý çú* 贤达之士.|. *kāo leaṅg chý çú* 高亮之士⑦.|. *kāo kién* 高见.

Juyzio, o concepto, que se haze de otro (np.对他人的意见或看法). *siaṅg tiṅg* 想定.|. *çū siaṅg* 思想. – suspender el juyzio (中止判决). *tiṅg' chú kiě tuón* 停住结断⑧.

Juzgar (vt.判断、判决、审判). *xì pu'ón* 审判.|. *xì tuón* 审断.|. *chù' tuón* 处断.|. *pu'ón xìn* 判审.|. *tiń tuón* 定断.|. *tuón çú* 断事.|. *chù' çú* 处事.|. *pu'ón tuón* 判断.|. *pu'ón vuén* 判问.

---

① "冲年"，谓幼年。*chuṅg*，疑脱送气符，梵蒂冈本改作 *tchūn'*（= *chūn'*），柯本写为"春"。

② *kie'ń*，柯本转录为 *k'iáo*，字作"窍"。

③ 柯本作"妄意、轻意、乱意"。

④ 柯本作"鉴观对理"。

⑤ "官事"，犹官司。

⑥ 此条的三个汉语表达，说的都是上公堂打官司或听诉讼，正与西语词目对应。柯本对词目的领会有偏差，只作泛泛的判断、做决定解（judgment, to make a judgment, reach a decision）。

⑦ *leaṅg*，去声，柯本转录为阳平 *leâng*，其字作"良"。

⑧ "结断"，结案、了结官司。

Juzgar (vt.审判), boluer le a juzgar (vp.翻案重审). *fŏ xiǹ* 复审.|. *fàn xiǹ* 返审.

Juzgar, vt supra (vt.审判，同上). *pu'ón çú* 判事①.

Juzgar temerariamente (vp.遽下论断、草率判案). *vuaṅg pu'ón* 妄判.|. *kiṅg' kiủ xiǹ pu'ón* 轻据审判.|. *vuaṅg tuón* 妄断.

Juzgar el coraçon ageno por el suyo (vp.以己之心度人之心). *çhiaṅg siṅ pỳ siṅ* 将心比心. piensa el ladron que todos son de su condicion (在偷儿眼里别人也都是贼).

---

① 谓审理案件、裁夺狱讼。

L
(pp.125-132)

La.

Labios (n.唇、嘴唇). *xụ̂n* 唇.|. *kèu' xụ̂n* 口唇.|. *çhùy xụ̂n* 嘴唇.

Labios befos[①] (np.厚厚的双唇). *heú çhùy xụ̂n* 厚嘴唇. – hendidos (豁唇). *kiụě' xụ̂n* 缺唇.

Labio de alguna cosa (np.某些东西的唇状边缘). *piēn* 边.

Laberinto (n.迷宫). *mỷ iuên* 迷园.|. *mỷ leû* 迷楼.

Labor, trabaxo (n.活计，劳动). *kuṅg fū* 工夫.

Labrador, cuyas son las sementeras (np.拥有耕地的农夫). *tiên' chụ* 田主.

Labrador de officio (np.干活儿的农民). *nuṅg kuṅg* 农工.|. *nuṅg fū* 农夫.|. *nuṅg kiā* 农家.|. *tień jiń* 佃人.|. *tień fū* 佃夫.[②]

Labrar las tierras (vp.耕作田地、种地). *keṅg tý* 耕地.|. *keṅg çhǒ* 耕作.|. *chý tiên'* 治田.|. *tień tiên'* 佃田.

Labrança, agricultura (n.农活、耕耘，农业). *nuṅg kiā* 农家.

Labrar piedras (vp.加工石材). *chǒ xě* 琢石. – preciosas (贵重的石料). *chǒ iǒ* 琢玉.|. *chý iǒ* 治玉.|. *tiāo kě' kūe'y piě* 雕刻珪璧.|. *lỷ iǒ* 理玉.

Labrar con aguja (vp.干针线活儿). *chīn chỷ* 针黹.|. *tiāo' siéu* 挑绣.

Labrar flores con martillo, vt el platero (vp.用锤子雕花，如银匠). *çhán hōa* 鏨花.

Lacayo (n.仆役、侍从). *chàṅg piēn tiě* 掌鞭的.|. *mà fū* 马夫.|. *kàn kiǒ tiě* 赶脚的.

Lacre (n.火漆). *hò çhi'ě* 火漆.|. *iń kiaō* 印胶.

Lacio, flaco (a.衰朽的，消瘦的). *xōay jǒ* 衰弱.|. *mién seú* 面瘦. – descolorido (苍白、无血色). *mién hoâng* 面黄.

Ladeado (a.倾斜的). *siē pǒ chiṅg* 斜不正.|. *vuāy* 歪.

---

① befos, 即 beços（今拼 bezo），见 Beço（p.31）。

② 最后两个词，柯本将两例 *tień* 都改成 *tień'*，写为"田人""田夫"。此条实与上一条对举，指租用他人之地耕种的农民；"佃人""佃夫"，即佃户。

Ladera de cuesta (np.山坡). *xān pō* 山坡①.|. *kāo pō* 高坡.|. *xān fàn* 山阪.

Lado del camino (np.路边、道侧). *lú pân'g* 路旁.|. *táo pân'g* 道旁.

Ladino, experto (a.精明的、机灵的，能干的、熟练的). *liñ lý* 伶俐.|. *liñ luǹg* 玲珑.|. *çhūn'g mîng* 聪明.|. *kuāy* 乖.

Lado, banda (n.边、缘、侧). *piēn* 边.|. *pañ'g* 旁.|. *pañ'g piēn* 旁边.|. e ɔᵃ. (也可反过来说：*piēn pañ'g* 边旁).

Lado, o banda del poniente (np.西边，西头). *sȳ piēn* 西边.|. *sȳ fañg* 西方. ettᵃ. (等等).

Ladrar el perro (vp 狗叫) *fý* 吠 | *kèu fý* 狗吠. ladrido del perro (狗的叫声). *kèu fý xiñg* 狗吠声.

Ladrillos (n.砖头). *chuēn* 砖.| *tù' chuēn* 土砖. – cocido (烧制的). *hò chuēn* 火砖.|. *çhiñ' chuēn* 青砖②. – quadrado (方形的). *fañg chuēn* 方砖. – largo (长条的). *tiâo' chuēn* 条砖.

Ladron (n.盗贼). *çhě* 贼.|. *táo çhě* 盗贼.|. *ke'ú* 寇. – Ratero (小偷小摸的贼骨头). *xù çhě* 鼠贼. – hurtar a escondidas (暗中卷走). *tēu' taó* 偷盗.

Ladrones (n.盗贼), piratas del mar (np.海盗). *hày çhě* 海贼.|. *hày ke'ú* 海寇.|. *chuē'n çhě* 船贼.

Ladrones salteadores (np.盗匪、强贼). *kiañ'g táo* 强盗.|. *çhě ke'ú* 贼寇.|. *tuón lú jiñ* 断路人.|. *çhiě lú tiě* 截路的③.|. *çhièn lú jîn* 剪路人.|. *tà muén kuén* 打闷棍.|. *fañg piāo' liǒ* 房剽掠. – que no viuen de otra cosa (专吃这行饭的人). *kiě liǒ goêy señg* 劫掠为生.

Ladronera (n.贼巢). *çhě uō* 贼窝.|. *çhě cháy* 贼寨.

Lagar, diremos (n.榨压葡萄的地方，按我们欧洲的说法). *chày' tă pû' tâo' tiě sò* 踩踏葡萄的所.|. *iǎ pû' tâo' chȳ tuǹ'g* 压葡萄之桶.

Lagarto, cayman (n.蜥蜴，鳄鱼). *gǒ iû̯* 鳄鱼.

Lagarto (n.蜥蜴). *çú kiǒ xê* 四脚蛇.

Lagartija (n.小蜥蜴、壁虎). *chȳ' hù* 蝎虎.|. *piě hù* 壁虎.|. *piě xê* 壁蛇.|. *hiě hù* 蝎虎.|. *hiě xê* 蝎蛇.

Lago (n.湖泊). *chū xùy* 潴水. – laguna (小湖、池塘). *xùy hû* 水湖.

Lagrimas (n.眼泪). *ièn luý* 眼泪.|. *tý' lieû* 涕流.

---

① *pō*，脱送气符。

② *çhiñ'*，柯本缺字。青砖，也以黏土烧制而成。

③ 柯本作"截路人"，所录注音不差。

Lagrimal (n.内眼角). *ièn hiá luý çhâo'* 眼下泪槽.|. *luý tañ'g* 泪堂①.

Lama, lodo (n.泥淖、淤泥). *lañ nỷ* 烂泥.|. *lañ tù'* 烂土.|. *nỷ nîng* 泥泞.

Lamer (vt.舔). *tièn'* 舔.|. *xě tièn'* 舌舔.

Lançadera (n.梭子). *sō çhǔ* 梭子.

Lamentar (vt.悲泣、痛惜). *tý k'ǒ* 啼哭.|. *t'ý k'iě* 涕泣.

Lamentable cosa (np.可悲的事情). *kò' xañg tiě* 可伤的.|. *kò' gāy tiě* 可哀的.

Lamina de bronze (np.薄铜板、铜片). *tuñg' pàn* 铜板.

Lampara (n.发光的物体、光亮). *lieu lý kuāng* 琉璃光.

Lampiño (a.没胡子的). *vû siṷ tiě jiñ* 无须的人.

Lamprea (n.七鳃鳗). *çhiēu' iṷ* 鳅鱼. son pequeñas las de aca (此地所见的种类个头较小).

Lana (n.羊毛). *iañg mâo* 羊毛.|. *juñg mâo* 绒毛.|. *miên iañg mâo* 绵羊毛.

Lança (n.长枪、长矛). *çhiān'g* 枪.|. *kō* 戈.|. *mâo* 矛. – dar lançadas (投掷标枪等). *piāo' çhiān'g* 镖枪/标枪.

Lançada (n.长枪、长矛的扎刺、刺伤). *çhiān'g ch'ú* 枪刺.|. *çhiān'g xañg* 枪伤. – vna lançada (一枪、一刺). *xǎ iě çhiān'g* 杀一枪.

Lançar, echar de si (vt.抛、掷,扔、丢). *tiēu tiaó* 丢掉.|. *ki'ṷ* 去.|. *k'ý* 弃. [参见: echar (扔、抛).]

Los, las (art.复数定冠词). *chè* 者.|. *tiě* 的. pospuestos (均后置).

Lancilla pequeña (np.短枪). *siào çhiān'g* 小枪.

Lanceta para sangrar (np.放血用的手术刀、刺血针). *ti'áo hiṷě tiě tāo* 挑血的刀.

Lanterna (n.提灯). *teñg luñg* 灯笼.|. *kēu teñg* 勾灯②.|. *fuñg teñg* 风灯. – de abalorio (饰有玻璃珠子的). *chṷ teñg* 珠灯.

Langosta (n.蝗虫). *hoâng chuñ'g* 蝗虫③.

Lapa, pescado (n.帽贝, 一种鱼). *chañg iṷ* 章鱼.

Lapa④, o cueba (n.石洞, 或山洞). *xān tuñg* 山洞.|. *tý tuñg* 地洞.|. *xě tuñg* 石洞.|. *niên tuñg* 岩洞.

---

① *tañ'g*, 柯本拟为"塘"。"泪堂",相面用语,而非生理解剖术语。

② 一种民间的群灯舞,百度百科有条。

③ 柯本写为"黄虫"。又,音节 *chuñ'g* 的尾字母似被涂去,改作 *chuñ'*。

④ 此词未查到,当与石头有关(拉丁文 lapis "石"); lapa(帽贝)的得名,大概也是因为像驮着石头的帽子。

Largar (vt.松解、放开). [参见：soltar (松开).] *fańg* 放.

Lapidario que conoce de piedras preciosas (np.熟晓宝石的珠宝商或宝石匠). *xě pào chè* 识宝者.|. *piě pào chè* 别宝者.① – que las vende (售卖宝石者). *hó iǒ uńg* 货玉翁. – que las labra (加工宝石者). *iǒ jiń* 玉人.|. *iǒ kuńg* 玉工.

Largo, liberal (a.大方的，慷慨的). *kaǹ'g ka'ý* 慷慨.

Larga cosa (np.长的东西). *chân'g* 长.

Largo, y corto (ap.长和短). *chân'g tuòn* 长短.

Largo tiempo (np.一段长时间). *chân'g kièu* 长久.|. *hào kièu* 好久.|. *ièu kièu* 悠久.

Largura (n.长度). *chân'g* 长. – quanto tiene de largura (长度如何). *ièu tō xào chân'g* 有多少长.

Lastimar (vt.弄伤、伤害、悲悯). *fǎ poēy* 发悲.|. *fǎ gāy* 发哀.|. *xang tu'ńg* 伤痛. – el corazon (心伤). *ch'ǔ siń* 刺心.

Lastre (n.压舱物). *chuê'n chúy* 船硾.|. *chin xě* 镇石.②

(p.126)

Lastima (n.悲哀、遗憾). *gāy* 哀. – grande lastima, quando se perdieron bienes temporales, vt yendo se la nao apique (巨大的悲哀，损失世俗财物如船只沉没时的悲恸). *kò' siě* 可惜.

Lastrear el nauio (vp.给船压载、压舱). *hía chin ỳ xě* 下镇以石.|. *iǎ chuê'n* 压船.|. *chúy chuê'n* 硾船.

Lastre (n.压舱物). *chuê'n chúy* 船硾.|. *chin xě* 镇石.

Laton (n.黄铜). *hoâng tuń'g* 黄铜.

Laurel (n.月桂、桂冠).③

Lauar (vt.洗、洗刷). *sỳ* 洗.|. *tiě* 涤.|. *sỳ chǒ* 洗濯④.|. *sỳ tiě* 洗涤.|. *kuòn* 盥.⑤

Lauarse el cuerpo, bañarse (vp.洗身子，vr.洗澡). *sỳ chào* 洗澡.|. *sỳ xīn* 洗身. – en agua caliente (泡热水). *sỳ tańg'* 洗汤.|. *mǒ iǒ* 沐浴.|. *chào iǒ* 澡浴.

---

① 柯本二词作"石宝者""璧宝者"。
② 此条下一页再度出现。
③ 原缺汉语释义。
④ 柯本作"洗著"。
⑤ 调符有疑，柯本写为"灌"。

Lauarse el rostro (vp.洗脸). *sỳ lièn* 洗脸.|. *sỳ mién* 洗面. ettᵃ. (等等). – los cabellos (洗头发). *çhŏ fã* 濯发①.

Lauatorio, lugar donde se lauan (n.澡堂，供人们洗浴的地方). *iǒ xě* 浴室.

Lauarse la boca (vp.洗嘴、漱口). *çhińg kèu'* 净口.|. *sỳ kèu'* 洗口. – enjuagarse (漱口). *tańg kèu'* 荡口.

Lauar curando, vt mantas, seda, ettᵃ. (vp.连洗带漂白，如布袍类棉织品、丝织物等). *piá'o sỳ* 漂洗.

Lauandero (n.洗衣匠). *sỳ ȳ fŏ tiě* 洗衣服的.

Lauar la arena para sacar la plata, oro, ettᵃ. (vp.洗汰沙子以觅取银子、金子等). *tâo' xā* 淘沙.

Lauar, o limpiar el poço (vp.清洗水井). *tâo' çhińg* 淘井.|. *puōn çhińg* 搬井.

Lauar el arroz para coçer lo (vp.把米洗净备煮). *tâo' mỳ* 淘米.|. *ta'ý mỳ* 汰米.

Laço (n.活套、套索、圈套). *ta'ó sŏ* 套索.|. *kiūe'n ta'ó* 圈套. – poner lo (设圈套). *xě ta'ó* 设套.|. *çhŏ ta'ó* 作套. – caer en el laço (落入圈套). *xańg leào ta'ó sŏ* 上了套索.|. *lŏ kiūe'n sŏ chuńg* 落圈索中.|. *jě leào kiūe'n ta'ó* 入了圈套.|. *suý leào kiūe'n ta'ó* 坠了圈套②.

Laceria (n.赤贫), pobreça grande (np.极度贫困). *kiûn'g kiě* 穷急/穷极.|. *kiûn'g fã* 穷乏.

Lacerado (a.贫穷的、小气的). *kiēn' lińn* 悭吝. [参见：miserable (吝惜).]

Le.

Leal, fiel (a.忠实的，忠诚的). *chuńg* 忠. – vasallo leal (忠实的臣属). *chuńg chîn'* 忠臣.

Lebrel (n.猎兔犬), perro de caça (np.打猎用狗). *liě kèu* 猎狗.|. *tà liě kèu* 打猎狗.

Leccion (n.读物), lo que se lee (np.供阅读的东西). *sò tŏ tiě* 所读的.|. *xū xańg sò ka'ń tiě* 书上所看的.

Leche (n.奶、牛奶). *này* 奶. – de bacas (奶牛产的). *niêu này* 牛奶.|. *niêu jù* 牛乳.|. *jù lŏ* 乳酪.

Lecho (n.床、铺). *choân'g* 床. [参见：cama (床).]

---

① 柯本作"*sỳ fã* 洗发"，或另有所据。注意此处的"濯"，拼法略异于上一例。

② *suý*，柯本缺字。"坠"（墜），误读为"遂"音。

Lechon (n.猪崽). *siào chū* 小猪. [参见：puerco (猪).]

Lechugas (n.莴苣、莴笋). *xén ch'áy* 藤菜①.

Leer (vt.读、阅读). *tǒ* 读.|. *suńg xū* 诵书.

Leer libros (vp.阅读书籍). *tǒ xū* 读书.|. *ka'ń xū* 看书.

Leer el maestro explicando a los dicipulos (vp.教师一面读一面给学生讲解). *kiàng xū* 讲书.|. *kiàng luń* 讲论.|. *kiàng chańg* 讲章.|. *xuě xū* 说书.

Leer lo 2da vez (vp.读第二遍). *cháy tǒ* 再读.|. *cháy ka'ń* 再看.

Legado (n.使者、使臣). *cù chè* 使者.|. *kīn' chāy'* 钦差.

Legislador (n.立法者). *liě fǎ tú chè* 立法度者.|. *liě cho'áng liǔ fǎ chè* 立创律法者.

Legitimo (a.合法的、嫡亲的). *chīn tiě* 真的. – hijo (指嫡子). *chiñ' chǔ* 亲子.

Legitima, o patrimonio (n.法定相续产，或世袭财产). *chǔ niě* 祖业②.|. *kiā chàn'* 家产.|. *kiā niě* 家业.

Legitimar algun hijo (vp.将某个儿子立为合法继承人). *liě cú* 立嗣.

Legumbres, verças, vt sic (n.蔬菜、青菜，以及类似的叶菜). *ch'áy* 菜.|. *sū ch'áy* 蔬菜③.

Lejos (a.远、遥远的). *iuèn* 远.④

Lego (a.凡俗的、未出家的), secular (a.尘世的、世俗的；n.凡人、非正规教士). *xý jiñ* 世人.|. *xý sǒ tiě jiñ* 世俗的人.

Legua, vna legua⑤ (n.里格，一里格). *iě p'ú lú* 一铺路.|. *xě lỳ lú* 十里路.

Lengua de la boca (np.嘴里的舌头). *xě* 舌.|. *kèu' xě* 口舌.|. *xě têu'* 舌头.

Lenguaje de cada region (np.每一个地区的人们说的话). *hiāng iǜ* 乡语.|. *hiāng tân'* 乡谈.

Lengua natural (np.本地人说的话、自然语言). *tù' iñ* 土音.

Lengua mandarina (np.官员们说的话、官话). *kuōn hóa* 官话.|. *chíng chǔ* 正字.|. *chíng iñ* 正音.

Lenguaje, o sonsonete de la lengua (np.说话的腔调，言谈的语气或调子). *kiañ'g* 腔.

---

① *xén*，柯本缺字。"藤菜"，莴笋的诸多方言名之一。

② 柯本写为"子业"，未录"家产"。此条所列的三个汉语词，实与 Herencia（p.111）之下的三者相同。

③ 柯本作"素菜"，也不无可能。

④ 此条为另手补充；下一页实有拼法略异的同一词 Lexos，且两度出现。

⑤ 里格，西班牙计程单位，一里格五千五百余米，相当于中国的十里或一铺。

Lengua de campana (np.钟舌、铃舌). *chuŋ chûy'* 钟锤①.

Lenguados, pescados (n.舌鳎，各种鳎鱼). *hiây tỷ iǔ* 鞋底鱼.

Lengua de baca, yerba (np.牛舌头，一种草). *nieû xě çhào'* 牛舌草.

Lerdo (a.愚钝的、笨拙的). *muŋ tuŋ tiě* 懵懂的. [参见：ignorancia② (无知).]

Leñador (n.打柴人、卖柴人). *çhiâo' çhù* 樵主.|. *çhiâo' fū* 樵夫.|. *çhiâo' chè* 樵者.|. *tào' chây' jiń* 讨柴人.|. *tà chây' tiě* 打柴的.|. *maý chây' tiě* 卖柴的.

Leña (n.柴、柴火). *chây'* 柴.|. *chây' hò* 柴火. – vn haz de leña (一捆或一束柴). *iě pà chây'* 一把柴.|. *iě sǒ chây'* 一束柴.

Leon (n.狮). *çū çhǔ* 狮子. – Rey de los animales (动物之王). *xéu chuŋ vuâng* 兽中王.

Leona (n.母狮). *mù çū çhǔ* 母狮子.

Lepra (n.麻风病). *mâ fuŋ* 麻风.|. *fuŋ çhiě* 风疾.|. *laý pińg* 癞病.|. *tá mâ fuŋ* 大麻风.|. *pě laý* 白癞.|. *laý çhiě* 癞疾.

Leproso (n.麻风病患者). *laý çhǔ* 癞子.|. *laý pińg tiě* 癞病的.

Letanias de los Santos, llamamos (np.圣徒连祷，我们这么说). *liě pin' tào vuên* 列品祷文③. – de nuestra Señora (圣母连祷). *xińg mù tào vuên* 圣母祷文.

Letanias de la passion del Señor (np.我主受难连祷). *xéu nań tào vuên* 受难祷文.

Letanias vt sic (n.各种连祷，总称). *tào vuên* 祷文.

Letra (n.字母、字符). *çhú* 字. – letras y armas (文学与军事). *vuên vù* 文武. – las letras (文学). *vuên niě* 文业. – el principio de los trabaxos del hombre fue saber letra (一个人的劳苦艰辛是从认得字开始的). *jiń seńg xě ch'ú ieū hoán xỳ* 人生识字忧患始④.

Letreros honrrosos, que se dan en vnas tablas (np.刻于木板以彰显荣名的文字). *pây' pień* 牌匾.

---

① 柯本作"钟槌"。

② 此词并未设条，同根的形容词 ygnorante (= ignorante) 见 p.120。

③ *vuên*，原写为阳平，柯本所录则为去声 *vuén*，字作"问"。接下来的三例"祷文"，柯本也都作"祷问"。

④ *ch'ú* 为 *çhú* "字"之误。

（p.127）

Letrados (n.有学问的人、学者). *jû chè* 儒者.|. *jû seṅg* 儒生.|. *hiǒ çú* 学士.|. *ièu çhây' hiǒ* 有才学.|. *ièu hiǒ vuên* 有学问. – por humildad se llan: letrado pobre (为表示谦虚他们称自己为"贫寒的学者"). *hân jû* 寒儒.

Letrados antiguos (np.古代的学者). *siēn jû* 先儒.|. *siù hiên* 许贤①. [*siēn chiṅg* 先正. para escritura (书面语词).]

Letrados modernos (np.现代的学者). *heú jû* 后儒.|. *heú hiǒ* 后学.

Letreros de las tiendas en tablillas que dizen lo que se vende (np.店家刻在小木板上的字，说明售卖什么). *chāo pây'* 招牌.

Letreros grauados en piedra (np.镌刻在石头上的文字). *poēy ký* 碑记.|. *xě poēy* 石碑. – de los sepulcros (墓地里的). *mû poēy* 墓碑.|. *mú chý* 墓志.|. *xîn táo poēy* 神道碑.

Letrinas, secretas (n.厕所，净手之所). *mâo ch'ú* 茅厕.|. *ch'ú sò* 厕所.|. *kiày xèu tiě sò* 解手的所.|. *tuṅg çhiṅg* 东净.|. *çhiṅg sò* 净所.|. *pién faṅg* 便房.|. *mâo kaṅ'g* 茅坑.

Leuadura (n.酵母). *kiáo mién* 酵面.|. *suōn mién* 酸面. – leudar (发酵). *fǎ mién* 发面. – leudarse la masa (面团发起来). *mién fǎ leào* 面发了.|. *mién fǎ suōn* 面发酸.|. *mién kỳ' kiáo* 面起酵.②

Leuantar falso (vp.捏造、诬告). *vuaṅg chíṅg* 妄证.

Leuantarse de la cama (vp.从床上起来). *kỳ' choâ'ng* 起床.|. *pâ' kỳ'* 爬起.|. *kỳ' xiñ* 起身. [*tiâo' kỳ'* 跳起③. para escritura (书面语词).]

Lexia (n.碱水). *kiēn* 碱.

Leuantate (s.[你]快起来). *nỳ kỳ' laŷ* 你起来.

Leuantarse, o alterarse virilia (vr.勃起，或阳物挺起). *iâng vuě çhú kiù* 阳物自举.|. *iâng vuě geṅg kỳ'* 阳物硬起.

Leuantar con palanca (vp.用杠杆抬升). *çhiāo kỳ' laŷ* 撬起来.|. *çhiāo chǒ*④ 撬着. idem con pala de hierro (用铁锹、铁铲之类也一样).

Leuantar el precio (vp.提高价格、涨价). *kỳ' kiá* 起价.

---

① 犹选贤。"许"，赞许、嘉许，柯本缺字。
② 柯本以"*mién kiáo* 面酵"收尾，柏林本并无此词。
③ *tiâo'*，调符有疑，且其词恐非书面语。
④ *çhiāo*，疑脱送气符；比较本页另一例"撬"（见下注），记为 *ki'áo*。*chǒ*，柯本所录为 *çhǒ*，字作"作"。

Leuantar, arregaçar el vestido (vp.撩起、掖起衣裳). *chēu' y̆ fŏ* 撷衣服.

Leuantarse, vt lo que brota (vr.萌发，如嫩芽). *fă ky̆' laŷ* 发起来.

Leuantarse sobre el agua (vp.浮在水上). *feû ky̆' laŷ* 浮起来.

Leuantar la cabeça (vp.抬起头). *gaṅg xèu* 昂首.|. *niaṅg xèu* 仰首.

Leuantar vt sic (vt.起、升起、举起等). *ky̆'* 起.|. *hiṅg ky̆'* 兴起.|. *ky̆' lây* 起来.

Leuantar del suelo (vp.从地上拾起). *kièn ky̆' lây* 捡起来.|. *tỷ' ky̆' lây* 提起来.|. *nà ky̆' lây* 拿起来.

Leuantar à dignidad (vp.晋爵、升职). *kiù chién* 举荐.|. *kāo siuèn* 高选.

Leuantar casas, o, edificios (vp.起房子，建宫室). *kiá* 架.|. *kiá chão* 架造.|. *ky̆'* 起.

Leuantarse el viento (vp.风刮起来). *ky̆' fuṅg* 起风.

Leuantar la vela del nauio (vp.升起船帆). *ky̆' pûn'g* 起篷.|. *chè' pûn'g* 扯篷.

Leuantar, vt al humilde (提升、擢拔，例如从卑位升迁). *kiù chién* 举荐.

Leuantar el ancha (vp.拉起船锚). *kiào tiṅ* 绞碇.|. *chè' tiṅ* 扯碇.

Leuantarse de la silla, vt en las visitas (vp.从椅子上起身，比如在会见客人时). *ky̆' goéy* 起位.

Leuantar pujando acia asi (vp.奋力抬起). *ki'áo ky̆' lây* 撬起来.①

Leuantar en arbolando (vp.竖直、立起来). *xú liě* 竖立.|. *xú ky̆'* 竖起.

Leuantar, promouer à grado superior (vp.升级、升迁). *xiṅg* 升.

Leuantar la hostia en la missa (vp.做弥撒时高举祭品). *kiù iâṅg xiṅg tỷ'* 举扬圣体. – el caliz (圣杯). *xiṅg chiŏ* 圣爵.

Lexos (a.远、遥远的). *iuèn* 远.

Leuantar las manos en alto (vp.高举双手). *kiù xèu* 举手.|. *ky̆' xèu* 起手.

Leuar el ancla (vp.升起船锚). *ky̆' miâo* 起锚.|. *ky̆' tiṅ* 起碇.

Lexos (a.远、遥远的). *iuèn* 远. [*iâo iuèn* 遥远. para escritura (书面语词).]

Leuantarse, rebelarse (vr.起兵，反叛). *mêu fàn* 谋反.|. *ky̆' ý* 起义.|. *pién ý* 变义/变异.

Leuante, oriente (n.东，东方). *tuṅg* 东.

Leuante viento (np.东风). *tuṅg fuṅg* 东风.

La parte del leuante (np.东面、东部). *tuṅg piēn* 东边.

Ley (n.法律、法典). *fă liŭ* 法律.|. e ○ᵃ. (也可反过来说：*liŭ fă* 律法).|. *tièn fă* 典法.

---

① *ki'áo*，原写带送气符，柯本转录为 *kiáo*，字作"叫"。

Ley penal (np.刑事法律). *hiṅg fǎ* 刑法.|. *fǎ tú* 法度.|. *chý tú* 制度.

Ley prohibitiua (np.禁令、禁律). *liŭ fǎ kiṅ liṅ* 律法禁令.|. *fǎ liŭ kiṅ iu̧* 法律禁谕.|. *fǎ liŭ kiṅ kiáy tiě* 法律禁戒的.

Leyes del Rey (vp.君王的法律、法令). *vuâng fǎ* 王法.

Leyes de la milicia (vp.军事法律). *kiūn fǎ* 军法.|. *kiūn liṅ* 军令.

Leyes del Reyno (vp.王国或国家的法律). *kuě fǎ* 国法.|. *fǎ liŭ* 法律. – no miran à parentesco (无视亲情). *vuâng fǎ vû çhīn'* 王法无亲.|. *kuě fǎ vû çhīn'* 国法无亲.

Li.

Liar, amarrar, enferdellar (vt.捆，绑，包). *kuè'n ky̌'* 捆起.|. *kuè'n fǒ* 捆缚.|. *kuè'n paṅg* 捆绑.

Libelo de repudio (np.离婚书). *hiēu xū* 休书.|. *lŷ xū* 离书.

Libelo infamatorio sin nombre (np.匿名诽谤书). *vû mîng tiě'* 无名帖.|. *vû têu' tiě'* 无头帖.|. *hoèy xū* 毁书.①

Liberal (a.大方的、开明的). *kaǹg ka'ý* 慷慨.|. *xè çhây' tiě* 舍财的.|. *kiṅg' çhây'* 轻财.|. *xè tě iuṅg* 舍得用.|. *haó xy̧ xè* 好施舍.|. *hoéy xy̧* 会施.

Liberalissimo para con todos (ap.对所有人都极其大度). *pǒ xy̧ çhý chuṅg chè* 博施济众者.|. *kién iṅ çhù jû tù'* 见银子如土.

Liberalmente me tratais (s.[你们]对我很慷慨). *táy gò nuṅg heú* 待我浓厚.

Libertad (n.自由). *çhǔ chù* 自主.|. *çhǔ iêu* 自由.|. *çhǔ chuēn* 自专.|. *neṅg chuēn* 能专. [*çhǔ tiě* 自得②. para escritura (书面语词).]

Librar (vt.解救). *kiéu* 救. – de la muerte (从死神手中救出). *kiéu mîng* 救命. – al mundo, vt cristo nuestro Señor (拯救世界，如耶稣基督我主之所为). *kiéu xý* 救世.

Libertador (n.解救者). *kiéu chè* 救者.

Libra, cate (n.磅，斤). *kiṅ* 斤.

Libre (a.自由的、独立自主的). *çhǔ goêy chù* 自为主.|. *çhǔ chù chaṅg* 自主掌.|. *pǒ xǒ jiṅ kuòn* 不属人管.|. *mǒ kuòn têu'* 没管头.

Libertad (n.自由), no tener la (vp.没有自由). *pǒ tě çhǔ chù* 不得自主.|. *pǒ tě*

---

① *tiě'*，两例柯本都误录为 *tiě*，字作"的"。

② *tiě*，柯本拟为"迪"。"*tiě* 的""*tě* 得"易混，此处当为笔误。

çhǔ iêu 不得自由.|. pǒ tĕ çhǔ jû 不得自如.

(p.128)

Libre aluedrio (np.自主、专权). *chuēn neńg* 专能.|. *chù ý* 主意.|. *chù chańg* 主掌.|. *chù chý'* 主持.|. *çhǔ chuēn* 自专.

Libertado (a.放肆的), atreuido en palabras (ap.说话无所顾忌). *kàn iên* 敢言. – dize con libertad lo que quiere (想说便说、口无遮拦). *fańg iên vû ký* 放言无忌. – la verdad (讲真话). *kèu' chĕ* 口直.

Libreria (n.藏书室、图书馆、书店). *xū fańg* 书房.|. *xū iuén* 书院.

Librero que vende libros (np.卖书的书商). *máy xū tiĕ* 卖书的.

Librero que imprime libros (np.印书的书商). *iń xū tiĕ* 印书的.|. *xuĕ xū çhiańg* 刷书匠. – que los enquaderna (管装订的). *tińg xū tiĕ* 钉书的.

Libro (n.书). *xū* 书.|. *çhĕ'* 册.|. *xū çhĕ'* 书册. – vn libro (一本书). *iĕ puèn xū* 一本书. – vna obra (一部著作). *iĕ pú xū* 一部书.

Librillo (n.小型的书、小册子). *siào puèn* 小本.|. *siào xū* 小书.

Libro de cuentas (np.账本). *sú pú* 数簿. – de gasto (开支簿). *çù iuńg pú* 使用簿.

Libro de la geneologia de la familia (np.记录家族谱系的书册). *kiā pú* 家簿.

Libros canonicos, y clasicos suyos (np.正典，他们的经籍). *gù kińg* 五经.

Libros dos del Confucio (np.孔子的两本书). *luń iù* 论语, et (分为) *xańg hía luń* 上下论.

Licencia (n.许可令、批准书). *hiù* 许.|. *mińg* 命. – pedir la (请求批准). *pìn mińg* 禀命.|. *çhìn'g mińg* 请命.|. *pìn kaó* 禀告.|. *kaó kiá* 告假.|. *pìn xý* 禀示①.

Licencia (n.许可), dar la, o, conceder la (vp.给予许可，准允). *iūng* 容.|. *hiù* 许.|. *chùn* 准.|. *iùn* 允. – sin mi licencia (未经我同意). *pǒ tĕ gò mińg* 不得我命.

Licencia del Rey (np.君王颁发的特许令). *fuńg chý* 奉旨.

Licencia, o libertad demasiada (n.放纵，即过分自由). *fańg çù* 放肆.|. *fańg tańg* 放荡.|. *pǒ kièn sŏ* 不检束②.

Licenciado, o Bachiller (n.持有一定级别学位证书的考生，或学士). *siéu*

---

① *xý*, 柯本缺字。"禀示"，犹禀告。

② 柯本作"不减缩"。

çhâ'y 秀才.|. çhín hiŏ tiĕ 进学的. delante del se nombra el mesmo (在点名或提及这些学生时称为): seṅg iuên 生员.

Licenciados que comen renta Real①, son de los primeros (np.领取皇家津贴的考生，其成绩为一等). liṅ seṅg 廪生.|. pù liṅ 补廪②.

Licenciados que entran por la vniuersidad de la corte (np.考入皇家大学的学生). kién seṅg 监生.

Licenciado que tiene el primer nombre en el examen (np.考得头名的学生). gaṅ xèu 案首.|. pȳ' xèu 批首.|. têu' mìng 头名.|. tý iĕ mìng 第一名.

Liendre (n.虱卵). sě taṅ 虱蛋.

Licito (a.正当的、合法的). kò' 可.|. kò' tĕ 可得. – es licito hazer lo (此事合法、可行). kò' goêy 可为.|. kò' hiṅg 可行.|. kò' ŷ çhó tĕ 可以做得.

Licito (a.合理的、规范的), puede se hazer (vp.能行、可以做). goêy tĕ 为得.|. çhó tĕ 做得. – no es ɔª. razon (不违背理性). pŏ xaṅg lỳ 不伤理.|. vû háy 无害.|. vû faṅg 无妨.

Licor (n.液体、酒). iṅ tiĕ 饮的.|. kò' iṅ tiĕ 可饮的. idest beuida (即饮料，尤指酒类).

Lidiar (vi.争斗、战斗). çhēng 争.

Liebre (n.兔子). t'ú çhǔ 兔子.

Lienço (n.亚麻布). hiá pú 夏布.|. çhý pú 祭布③.|. kŏ pú 葛布.

Lienço, pañuelo (n.手帕，手巾、头巾等). xèu kiṅ 手巾.|. haṅ kiṅ 汗巾.|. haṅ pú ûl 汗布儿. – toalla (毛巾). xèu p'á 手帕.

Liga para caçar paxaros (np.擒鸟用的粘胶). chȳ' kiāo 黐胶④.

Liga, o, conjuracion (n.同盟、团体，结帮密谋). kiĕ taṅg 结党.

Ligar, atar (vt.捆、扎，系、拴). paṅg fŏ 绑缚.

Ligas, o cintas de las medias (np.袜子的绑带或系带). uǎ taý 袜带.

Ligera, y velozmente (adp.轻快而迅捷). ku'áy ku'áy 快快.|. sŏ sŏ 速速.

Ligera cosa (np.轻捷灵便的事物). kiṅg' 轻.|. kiṅg' ku'áy 轻快.|. kiṅg' sŏ 轻速.|. kiṅg' çhiĕ 轻捷.|. kiṅg' lý 轻利.

Ligereza (n.轻灵敏捷), el don de ligereza en la gloria (np.轻灵敏捷的天性).

---

① 柯本遗漏逗号之后的半句。廪生有名额限制，凭的是应试成绩。
② 柯本写为"铺廪"。"补廪"，增补、补录为廪生，旧时科场的常用词之一。
③ çhý，柯本缺字。所谓披麻戴孝，必以麻布织品。
④ 即木胶。chȳ'，柯本缺字。

xîn ku'áy 神快.|. xîn sǒ 神速①.|. kiṅg' ku'áy 轻快.

Limaduras (n.锉屑). tiě' xā 铁砂.|. tiě' siě 铁屑.

Lima de hierro (np.铁锉). ch'ó chǔ 锉子②. – limar (用锉刀加工). chō' 磋③.|. mô chō' 磨磋.|. chō' kuāng 磋光. – alizar con lima (用锉刀打磨光滑). ch'ó 锉④.

Limetas (n.凸肚长颈的酒瓶). piṅg' 瓶.|. hû 壶. numeral de ellas (这类器皿的量词). pà 把.

Limon (n.柠檬). hiāng iuên 香橼. assi los llaman en chě' kiāng (在浙江人们这样叫).

Limites (n.界限、限度). kiáy 界.|. piēn kiáy 边界.|. tý kiáy 地界.|. kě kiáy 隔界.|. kiāng kiáy, hièn chý 疆界、限际. – fin (终点). kiě 极.|. kiûn'g 穷.

Limite del tiempo, plaço, termino (np.时间的限度，即期限，限期). hièn kỷ' 限期.|. kỷ' xỷ 期时.|. hièn jě 限日.|. kě' kỷ' 克期/刻期. – poner lo (设定期限). tiṅg kỷ' 定期.|. tiṅg jě 定日.|. tiṅg xỷ 定时.

Limosna (n.施舍物、赈济品). xè xỳ chȳ vuě 舍施之物. – dar la (分发施舍物品). xè xȳ 舍施.|. xȳ xè 施舍.|. pú xȳ 布施.|. xȳ chý 施济.

Limosnero que cuyda de la limosna (np.管理赈济、照看施舍物品的人). chù chý xȳ chè 主济施者.|. kuòn chý xȳ chè 管济施者.

Limpio (a.干净的). kiě chiṅg 洁净.|. chiñ'g kiě 清洁.|. kān chiṅg 干净.

Limpio viento, claro, vt el cierço (np.清新爽快的风，如北风). chiṅg' fuṅg 清风.

Limpio (a.纯洁的), de corazon limpio, sin malos desseos (pp.心里干净，没有邪念). chiñ'g siñ kuà iǒ 清心寡欲.|. moêy chiñ'g mǒ siéu 眉清目秀.

Limpio Mandarin, desinteresado (np.清廉的官员，即没有私心). chiñ'g kuōn 清官.|. chiñ'g kiě tiě 清洁的.

Limpiar, vt sic (vt.清扫、清洗，泛指收拾干净). luṅg kān chiṅg 弄干净.|. tà kān chiṅg 打干净.|. chiṅg kān chiṅg 整干净.

Limpiar refregando, vt mesa (vp.清理、擦拭，如桌子). kiāy' chǒ 揩桌.|. mû kiào 摩矫. – la mesa (擦桌子). mû kiào chǒ chǔ 摩矫桌子.|. kiāy' chǒ

---

① 原拼 sǒ，但又涂改为 xǒ，柯本据之写成"熟"，反而牵强。
② ch'ó，去声、送气，柯本转录为阴平、送气 chō'，字作"磋"。
③ chō'，阴平、送气，下面两例同此。
④ 这一字音的拼法同本条开头"锉子"的"锉"。

çhǔ 揩桌子.①

Limpiar las lagrimas (vp.擦眼泪). xě luý 拭泪.|. chǎ' luý 擦泪.|. hoēy luý 挥泪.|. xà luý 洒泪.

Limpiar el sudor (vp.擦汗). xě hán 拭汗.

Limpiar el rostro (vp.擦脸、洗脸). kiāy' lièn 揩脸.

Limpiar las orejas (vp.洗耳朵、去耳垢). kēu ùl 抠耳②.|. pâ' ùl 扒耳.

Limpiar los poços (vp.清理水井). tâo' çhińg 淘井.|. çhińg çhińg 净井. – los rios (清理河道). siún hô 浚河. – los caños (清理水渠). pâ' kēu 扒沟.

Limpiamente (ad.光明正大地), con ojos limpios mire v. m. este negocio (s.盼您以明亮的目光审度这件事情). çhiń'g pa'ń 清盼.

Linaje (n.世系、宗系). çhūng çhǒ 宗族.|. kiā çhǒ 家族.|. hú çhǒ 户族. – de un linaje (属于同一宗系). kuńg çhǒ tiě 共族的.|. tuńg' çhǒ tiě 同族的.

Linea, decendencia (n.血缘、谱系，子孙后代). taý 代.|. ký taý 继代.|. ký çụ 继嗣.|. chuê'n taý 传代.|. liě taý 历代.

（p.129）

Linea mathematica (np.数学意义上的线条). sién 线. – recta (笔直的). chě sién 直线. – obliqua (弯曲的). ki'ǒ sién 曲线. – perpendicular (垂直的). chúy sién 坠线.

Linea equinoccial (np.昼夜平分线). ch'ě taó 赤道.|. cheú ié piñ'g sién 昼夜平线. – la ecliptica (黄道线). hoâng taó sién 黄道线.

Lindes, terminos (n.边界，界线). tý' gān 堤堰. que siruen de camino, lindera (用作道路或地界).③

Lino (n.亚麻). hò mâ 火麻. – como lino (如同亚麻的品种). çhú mâ 苎麻.|. çhīụ mâ 苴麻.

Linternas (n.灯、灯具). teñg luñg 灯笼. – de toca (蒙有薄纱的). xā teñg 纱灯. – de papel (纸质的). chỳ teñg 纸灯. – de cuero (羊皮制的). iañg pý' teñg 羊皮灯.

Linternas con vnas figurillas que se menean (np.画有一些会转动的人像的灯笼). çhèu mà teñg 走马灯.

---

① mû kiào，柯本缺字。"摩娇"，犹"娇摩"，即按摩，宾语当为身子而非桌子。

② kēu，疑脱送气符。但说"勾耳朵"也并非不可能，故而柯本拟为"钩"。

③ 柯本注引有伦敦本所补：tiên' ký 田基。

Lissa, pescado (n.鲻，一种鱼). *tiên' iŭ* 田鱼①.

Liciado (a.伤残的). *seng píng tiẻ* 生病的.

Liron (n.睡鼠). *tiẻ' 饕*②.

Lirios (n.百合花). *çhǔ ién hōa* 紫艳花③. – otros amarillos (其他黄色的品种). *hiŭen hōa* 萱花④.

Liso (a.平坦的、光滑的). *kuāng huǒ* 光滑⑤.|. *kuāng iẻ* 光烨⑥.|. *kuāng juń* 光润.

Lisonja (n.谄媚). *chèn' iù* 谄谀.|. *chèn' moéy* 谄媚.|. *pào çhiang* 褒奖. [参见：adulacion (谄媚之词).]

Lisonjero (a.讨好人的、谄媚的). *fung ching' tiẻ* 奉承的.|. *chèn' moéy jiñ tiẻ* 谄媚人的.

Listar (vt.登记), poner en lista (vp.登录于册). *tièn* 点. [vt soldados, ettª. (点名，如对士兵等).] *çhó çhẻ'* 做册.

Lista de algo (np.条状的东西). *tiâo' hōa* 条花.

Listado (a.带条纹的). *tiâo' hōa tiẻ* 条花的.|. *hōa çhày' tiẻ* 花彩的.|. *chẻ hōa tiẻ* 织花的. – blancas, y negras (白黑相间). *ching' pẻ kieñ* 青白间.

Litera (n.肩舆、轿子). *mà kiáo* 马轿.|. *juèn chē'* 软车.

Liuiano (a.轻、轻飘飘的). *kiñg'* 轻. [参见：ligero (轻).]

Liuiano hombre (np.轻浮的人). *kiñg' siñ tiẻ jiñ* 轻心的人.|. *pỏ chȳ kiñg' chung tiẻ* 不知轻重的.|. *kiñg' pỏ jiñ* 轻薄人.

Liuiandad de coraçon (np.心气浮躁). *kiñg' siñ* 轻心.|. *siñ çhièn'* 心浅.|. *kiñg' pỏ* 轻薄.

Liuianamente (ad.轻率地). *kiñg' kiú* 轻据.|. *vû piñg' kiú* 无凭据.

Liuianos (n.肺，尤指用为食材的牲畜肺). *fý* 肺.

---

① *tiên'*，柯本缺字。

② 睡鼠冬眠前须饱食，故有此称。

③ 盖指紫百合，柯本缺前二字。

④ 俗称黄花菜，花瓣状似百合。

⑤ "滑"字他处拼为 *hoǎ*，此处或属笔误，或为又音。

⑥ *iẻ*，柯本缺字。

Lo.

Loar (vt.称赞). *chiñg' çhán* 称赞.|. *miñg iǘ* 名誉.|. *pāo chiñ'g* 褒称. [参见：alabar (夸奖).]

Loable (a.值得称赞的). *kò' çhán mòey tiẻ* 可赞美的.

Lobanillo (n.皮肤瘤、疖子、树疖). *liẻ* 裂. – criar lo (长疖子). *seng liẻ* 生裂.

Lobo (n.狼). *çhây' lang* 豺狼.|. *hù lang* 虎狼.

Lobrego, obscuro (a.黑暗的，昏暗的). *gán hẻ* 暗黑.|. *iēu gán* 幽暗.|. *hẻ* 黑.

Loco (a.疯狂的、精神错乱的), sin juyzio (pp.没有理智). *tiēn jiñ* 癫人.|. *tiēn kuân'g* 癫狂.|. *fuñg çhủ* 疯子.|. *fuñg tiēn* 疯癫.|. *kuân'g chè* 狂者.|. *kuân'g tang* 狂荡.|. *fuñg kuân'g* 疯狂.|. *kuân'g huỏ p'iẻ fū* 狂惑匹夫.

Loça fina (np.细瓷). *chủ' k'ý* 瓷器.|. *kiāo' k'ý* 巧器①.

Loça ordinaria (np.普通陶瓷). *iâo k'ý* 窑器.|. *uà k'ý* 瓦器.

Loçano, gallardo (a.兴旺发达的，潇洒而优雅的). *çháy hân tiẻ jiñ* 在行的人②.|. *ièu sụ vuên tiẻ* 有斯文的.

Lodo (n.淤泥). *lán tù'* 烂土.|. *lán nỷ* 烂泥.|. *tù' nỷ* 土泥.

Logica, llamamos (n.逻辑，我们欧洲人的说法). *mîng lỷ tān* 名理探③.

Lo demas, cetera (ap.其他的，其余等等). *k'ý' iụ* 其余.|. *teng* 等.

Logro (n.利润、利息). *lý* 利.|. *lý çhiên'* 利钱.|. *çhây' lý* 财利.|. *liẻ siẻ* 立息④.|. *siẻ çhiên'* 息钱.|. *çhủ çhiên'* 子钱.

Logro (n.高利贷), dar a logro (vp.放贷以牟取暴利). *fang lý çhiên'* 放利钱.|. *fang cháy* 放债.|. *fang çhây'* 放财.|. *fang chang* 放账.

Logrero (n.放贷人、债主). *fang chang jiñ* 放账人.|. *çhủ çhiên' kiā* 子钱家.|. *iuńg lý jiñ* 用利人.|. *fang lý çhiên'* 放利钱.

Los, las, les (art.复数定冠词[分中性、阴性、阳性]). *chè* 者.|. *tiẻ* 的.

Lombrizes (n.蚯蚓，或蛔虫之类蠕虫). *kiñ' iñ* 蜸蚓⑤. – las que se crian en el vientre (肚中所生的). *siāo xẻ chûn'g* 消食虫.|. *chân'g chung chûn'g* 肠

---

① *kiāo'*，调符有疑，柯本缺字。
② *hân*，原写如此。
③ *tān*，拼法有误，柯本缺字。《名理探》，李之藻译（1631）。
④ *liẻ*，柯本疑其有误，拟为"利"。"立息"，犹定息。
⑤ 蚯蚓的别名，也作蜸蟺。*kiñ'*，注音不误，柯本改作 *kiû'* "蚯"。

中虫.|. *muén chûn'g* 闷虫①.

Lomo (n.腰部). *iāo* 腰. – carne de lomo (腰部的肉、脊肉). *iāo jǒ* 腰肉.

Longaniça (n.香肠). *jě jǒ chȳ chân'g* 入肉之肠.

Longura de tiempo (np.很长一段时间). *chân'g kièu* 长久.|. *hào kièu* 好久.

Loar (vt.赞美、称颂). *çhán iù* 赞语.|. *chiŋ' iù* 称语.|. *suńg iên* 颂言.[参见：alabança (赞誉之辞).]

Lonja de mercaderes (np.商品交易市场). *gān hó* 安货.

Loriga, cota (n.护身甲，锁子甲). *kiǎ* 甲. – de hierro (铁制的). *tiě' kiǎ* 铁甲. – de cuero (皮制的). *pý' kiǎ* 皮甲. – de algodon (棉制的). *mîen kiǎ* 绵甲.

Loro, papagayo (n.鹦鹉). *iŋ kō* 鹦哥②.

Losado, enlosado (n.铺石路面，铺砖地). *pū' xě tiě* 铺石的.

Losa de piedra (np.石板、石砖). *xě pàn* 石板.|. *xě poēy* 石碑.

(p.130)

Lv.

Luchar (n.格斗、肉搏). *chēng teú* 争斗.|. *xañg kiāo* 上跤③.|. *kiāo çhēng* 跤争.|. *tù tiě* 赌跌④.|. *tà pāo kiāo* 打抱跤⑤.|. *kiāo tiě* 跤跌.

Luego al punto (adp.马上、立即). *çhiéu* 就. – luego vendra (他马上来、这就来). *çhiéu laŷ* 就来.

Luego que (adp.就在这时、刚刚). *fāng çhây'* 方才.|. *çhây'* 才. – luego que llego (就在我到的时候). *çhây' táo* 才到. – agora acaba de llegar (他刚来到). *çhây' táo* 才到.

Lugar (n.地方、处所). *ch'ú* 处.|. *sò çháy* 所在.|. *tý fāng* 地方.|. *ch'ú sò* 处所.|. *ki'ú ch'ú* 去处. – no ay lugar do poner lo (没有地方放置某物). *mǒ ch'ú fańg* 没处放. – do justician (执行死刑的地方). *fǎ chân'g* 法场.

Lugar lobrego, secreto (np.幽暗、隐蔽的地方). *iēu p'iě chȳ ch'ú* 幽僻之处.|.

---

① *muén*，柯本缺字。"闷虫"，可有二解：形象的说法，指闷于腹中的虫子；即千足虫或百脚陆，俗名闷棒虫。

② 柯本缺第二字。

③ *xañg*，柯本改为 *xáng* "上"。

④ 柯本作"堵跌"。

⑤ 柯本作"打包跤"。

sỏ piēn p'iẻ chȳ ch'ú 索边僻之处①.

Lugar apasible (np.安宁怡人的地方). *hào kìng chý* 好景致.|. *hào kuāng kìng* 好光景.

Lumbral de la puerta (np.门槛). *muên hû* 门户.|. *muên hièn* 门限②.

Lumbre, claridad (n.光、光芒，明亮). *kuāng* 光.|. *kuāng leáng* 光亮.|. *kuāng mîng* 光明. – de fuego (火焰发出的). *hò kuāng* 火光.

Lumbre natural (np.自然的光芒、天生的灵性、天性). *síng kuāng* 性光.|. *puèn síng chȳ kuāng* 本性之光.|. *liñ kuāng* 灵光.|. *mîng tẻ* 明德.|. *leâng nêng* 良能.|. *leâng chȳ* 良知.|. *leâng chȳ tiẻ kuāng* 良知的光③.

Lumbre sobre natural (np.超自然的光芒、神性). *chāo' síng tiẻ kuāng* 超性的光. – la lumbre de la fee (信仰的光芒). *sín tẻ tiẻ kuāng* 信德的光.

Lumbre infusa del Cielo (np.上天赋予的光芒). *tiēn' xéu tiẻ kuāng* 天授的光. [*tiēn' iuñg* 天荣. para escritura (书面语词).]

Lumbrera en el texado para luz (np.屋顶上透亮的天窗). *tūn'g mîng uà* 通明瓦.

Luna clara (np.清朗的月亮、明月). *iuẻ leáng* 月亮.

Luna (n.月、月亮). *iuẻ* 月. [*ta'ý iñ* 太阴. para escritura (书面语词).] – de 30. dias (一月三十天). *tá iuẻ* 大月. – de 29. (一月廿九天). *siào iuẻ* 小月. – intercalar vna mas en 3. años (每三年一闰). *jún iuẻ* 闰月.

Luna, desde el 1.ʳᵒ hasta 8. (n.月、月相，从初一到初八). *xańg hiụèn* 上弦. – de 8. hasta 15 (从初八到十五). *xańg vuańg* 上望. – 15 de luna (每月的十五). *iuẻ vuańg* 月望. – de 22. asta 29 (从廿二到廿九日). *hía hiụèn* 下弦. – menguante de luna (月亏). *iuẻ kuē'y* 月亏.|. *iuẻ hiụ* 月虚. – la 1.ʳᵃ de su año (他们过的阴历年的第一个月). *chiñg iuẻ* 正月.④

Lunar (n.痣、斑点). *chý* 痣.

Lunes, nossotros españoles dezimos (n.礼拜一，我们西班牙人这么说). *chù*

---

① 柯本删去第一个字音，并将 *piēn* 改为送气的 *piēn'*，写为"偏僻之处"。"边僻"虽与"偏僻"近义，但并非同一词。"索"，寻觅，可能是衍字。

② 犹门槛，柯本即写为"门槛"。

③ *tiẻ*，柯本转录为 *tẻ*，字作"德"。

④ 柏林本所述相当准确，而柯本此条大乱，称十五为"上望"，十五到廿二日为"月望"（柏林本并未言及十五至廿二，柯本根据的是伦敦本）；"从初八到十五"一句遭删除；至于"上弦""下弦"，则写为"上旬""下旬"。

iě 主一. – los Padres portugueses dizen (葡萄牙神父们则说). *chù úl* 主二. feria 2.^(da) (即第二个工作日).

Lustre (n.光泽、光彩). *kuāng leáng* 光亮.|. *kuāng míng* 光明.

Luto (n.服丧、丧服). *hiáo ȳ* 孝衣.|. *sang hiáo* 丧孝.|. *hiáo fŏ* 孝服. – tiempo de luto (服丧期). *tīng iēu* 丁忧.

Luxuria (n.纵欲、淫荡). *siê çhín'g* 邪情①.|. *siê iñ* 邪淫.|. *siê iǒ* 邪欲.|. *iñ çhín'g* 淫情.|. *mỷ sě* 迷色.|. *sě iǒ* 色欲.|. *iǒ hò* 欲火.|. *iñ goéy* 淫秽.|. *siñ chě* 心炙.|. *iñ iě* 淫佚/淫泆.

Luxurioso (a.好色的、淫荡的). *háo sě tiě* 好色的.|. *háo piâo' tiě* 好嫖的.|. *tān' sě tiě* 贪色的.|. *háo huāng iñ* 好荒淫.|. *çhín'g sě sò çhù* 情色所阻.|. *huāng iñ tú sě* 荒淫妒色.

Luz (n.光、光线). *kuāng* 光.|. *kuāng míng* 光明.|. *kuāng leáng* 光亮.

Luzero del Alba (np.启明星、晨星). *hiào míng chȳ sīng* 晓明之星.|. *páo hiào* 报晓.

Luzero de la tarde, estrella de Venus (np.昏星、暮星，金星). *kīng sīng* 金星.

Luzir (vi.发光、闪亮). *cháo kuāng* 照光.

Luciernaga (n.萤火虫). *iûng chún'g* 萤虫.|. *iûng hò* 萤火.②

LLa.

LLagas (n.溃烂、创伤). *choān'g* 疮/创. – boca de la llaga (创伤的口子). *xang kèu'* 伤口. – señal de la llaga (创伤之迹、伤疤). *xang çhiě* 伤迹.|. *xoang hên* 伤痕③. – heridas (伤口、创伤). *xang sùn* 伤损.

llagas de la boca (np.口腔溃疡). *kèu' choān'g* 口疮.

llaga antigua (np.多年不愈的溃疡、旧伤). *kièu choān'g* 久疮/久创.

llama del fuego (np.火舌、火苗). *hò ién* 火焰.

llamar, vt sic (vt./vi.叫、叫唤，一般的说法). *kiáo* 叫. – llàma le (叫他). *kiáo tā'* 叫他. – con cortesia (以礼貌的方式). *çhiǹ'g tā'* 请他④. – con la mano

---

① 柯本漏录此词。

② 柯本注：伦敦本作"*iûng hò chûng'* 萤火虫"。

③ *xoang*（柯本仍作 *xāng*），若非笔误，便是"伤"字的异读。

④ 柯本添有第三个字音 *lây*，"请他来"。

(招手示意). *xèu chāo tā'* 手招他①.

llamar los superiores a los inferiores (vp.上级召见、叫唤下级). *cháo tā'* 召他. – dando vozes (大声叫). *hū háo* 呼号.|. *huón tā'* 唤他.

llamar el Rey à alguno (vp.君王召见某人). *siŭen tā' jě kién* 宣他入见.|. *chiñg cháo* 征召.|. *siŭen cháo* 宣召.

llamar el Rey a los virtuosos para seruirse de ellos (vp.君王召唤贤德之士予以重用). *chāo hiên nă çú* 招贤纳士.

llamarse, nombrarse, asi mesmo (vr.叫什么名字，怎么样称呼，所表达的意思相同). *çhŭ chiñg'* 自称.|. *chiñg' goéy* 称为. – como se llama? (他叫什么名字?) *mîng kiáo xiń mò* 名叫甚么.|. *kiáo xiń mò mîng çhŭ* 叫甚么名字②.

llamar al perro, puerco, ettª. (vp.叫唤狗、猪等). *hŭ kèu* 嘘狗.|. *hŭ chŭ* 嘘猪. ettª. (等等)③.

llamar, o acarrear calamidades, ettª. (vp.招来，引起灾难等等). *chāo çhiù'* 招取.|. *chāo chý* 招致④.|. *chāo laý* 招来.

llamar a la puerta (vp.叫门). *kiāo' muên* 敲门⑤.|. *ke'ú muên* 叩门.|. *tà muên* 打门.

llamar de secreto (vp.秘密召唤、私下叫来). *miě cháo* 密召.

llamar al medico (vp.叫医生). *çhiǹ'g ȳ señg* 请医生. et sic de cettis (等等，可依此类推).

llamar por su nombre (vp.叫某人名字). *chiñg' tā' mîng háo* 称他名号. idest nombrar le (即称呼他).

llano (a.平、平坦的). *piñg' tiě* 平的. – camino llano (平坦的道路). *piñg' lú* 平路.

llanten (n.车前). *chē' çhiên' çhào* 车前草.|. *hiâ mâ iě* 蛤蟆叶.

---

① *xèu*，柯本写为"守"。
② *çhŭ*，去声，柯本转录为上声 *çhù*，字作"子"。
③ *hŭ*，柯本写为"呼"，认为拼法反常，当为 *hū*。按：*hŭ* 有可能是摹声词。"嘘"，他处拼为 *hiŭ*，与 *hŭ* 似为同字异音关系。
④ 柯本漏录此词。
⑤ *kiāo'*，柯本转录为 *kiáo*，字作"叫"。

(p.131)

Llaneça (n.平直、实在), hombre llano (np.朴实无华的人). *lào xẻ* 老实.|. *pỏ' xẻ tiẻ* 朴实的.|. *chuñg heú* 忠厚.|. *chiñ sỏ* 真率①.

llanto (n.哭泣、哭声). *k'ỏ xiñg* 哭声.|. *tý' k'ỏ* 啼哭.|. *gāy k'ỏ* 哀哭.|. *tu'ńg k'ỏ* 痛哭.|. *t'ý k'iẻ* 涕泣.

llaue (n.钥匙). *iỏ xỷ* 钥匙.|. *sò xỷ* 锁匙. – falsa (伪造的). *kià yỏ xỷ* 假钥匙.

LLe.

LLegar (vi.到、到达、来到). *taó* 到.|. *tỷ* 抵.|. *liñ* 临.|. *kiẻ* 及. [*chý* 至. para escritura (书面语词).]

llega, basta (vi.足矣，足够). *kéu leaò* 够了.|. *ièu leaò* 有了.

llegarse cerca (vp.靠拢、接近). *çhiñ' kiń* 亲近.|. *xīn piēn lây* 身边来.|. *kiń piēn lây* 近边来. [*çhiñ' çhiéu* 亲就. para escritura (书面语词).]

llega al justo, lo que basta (vp.不多不少正正好，恰好够). *kéu iuńg* 够用.|. *kañg kañg kéu* 刚刚够②.|. *chińg hào* 正好.

llegar la embarcacion à tierra (vp.船只靠岸、泊船). *luǹg chuê'n* 拢船.|. *uān chuê'n* 湾船.

llegarse, vt a la pared (vr.靠近，如挨着墙). *iày luǹg* 挨拢.

llegado el tiempo (ap.时间到、是时候). *liñ xỷ* 临时.|. *xỷ kỷ' táo leaò* 时期到了.

Llegados (a.属于近亲的、亲近的), en parentesco (pp.有亲缘关系). *çhiñ' çhiẻ* 亲戚③. – de vna patria (同一故乡的). *hiañg çhiñ'* 乡亲.

lleno (a.满、满满的). *muòn* 满.|. *chuñ'g muòn* 充满.|. *iñg muòn* 盈满.|. e ɔᵃ. (也可反过来说：*muòn iñg* 满盈.).|. *mý muòn* 弥满.

llenar (vt.充满、满是). *muòn* 满. ettᵃ. vt supra (等等，见上一条).

Llenar (vt.布满、溢满), crecer la marea (vp.涨潮). *xùy chàng* 水涨④. – marea

---

① 柯本写为"真俗"。
② 柯本作"纲纲够"。
③ *çhiẻ*, 可能漏标送气符。此词柯本作"亲切"，但西语词目写明是亲戚。
④ *chàng*, 一字两调，表示异读。

llena (满潮). *xùy piń'g* 水平.|. *xùy muòn* 水满.①

lleuar, vt sic (vt.携带、带上、捎上、运载等). *nà ki'ú* 拿去.|. *taý ki'ú* 带去.|. *xèu nà ki'ú* 手拿去.

lleuar enbarcado (vp.用船运送). *çháy* 载. – mercadurias (指商品、货物). *chuê'n çháy hó* 船载货.|. *chàng çháy* 装载②.

lleuar en la mano (vp.用手拿、手握). *xèu chě* 手执.

lleuar de la mano (vp.牵着手). *hý xèu* 携手.|. *tý' xèu* 提手.

lleuar a cuestas, a los hombros (vp.用背驮，或用肩扛). *fú poéy* 负背.|. *poéy chǒ* 背着.

lleuar à beuer el caballo (vp.牵着马儿去饮水). *iǹ mà* 饮马.

lleuar algo en el pecho (vp.贴胸揽抱某物). *páo çháy htūng çhiên'* 抱在胸前.

lleuar à enpujones (vp.用力推或拽). *chūy'* 推.|. *chūy' çhín* 推进.

lleuar lo mejor, ser bien librado (vp.进展顺利，有利、得便宜). *pień ý* 便宜.

lleuar lo peor (vp.受挫、吃亏). *xě kūe'y* 食亏/蚀亏③.|. *xeú kūe'y* 受亏.

lleuar algo rodando (vp.转圈牵拉或推动某物). *chuèn tūy'* 转推.|. *siě chūy'* 㧎推.|. *siě chuèn* 㧎转.④

lleuar de diestro (vp.牵着缰绳). *kiēn'* 牵.

lleuar el barco con tequines (vp.用篙子撑船). *chàng chuê'n* 掌船.|. *çhēn'g chuê'n* 撑船.

lleuar el barco a la sirga (vp.用纤绳拉船). *chè' chuê'n* 扯船.|. *kie'ń chuê'n* 纤船.|. *lǎ chuê'n* 拉船.|. *chè' xèu chuê'n* 扯手船⑤.

lleuar en braços (vp.用手臂拢起、怀抱). *páo* 抱.

lleuar en la dos manos (vp.用两手捧). *fuǹg* 奉.|. *xèu fuǹg* 手奉.

lleuar en la boca (vp.口中含带). *kèu' hân* 口含.

lleuar cartas (vp.带信). *taý xū* 带书. – encaminar las (委托上路者捎带). *xào xū* 捎书. – embiar las (邮寄信件). *ký xū* 寄书.

---

① 本条内两度出现的西语名词 marea（潮水、潮汐，独立的词目 Mareas 见于 p.135），柯本都误录成 marca（记号、标记），遂将前后两个词目都理解为达到水线（to rise to the water mark or waterline; the full mark）。但汉语词的还原未受影响。

② *çhàng*，当为"装"字的异读，柯本缺字。

③ "食亏"，犹吃亏；"蚀亏"，谓亏本。二词都可成立，柯本写的是前者。

④ *siě*，柯本两例都写为"继"。此条像是在说拉磨、推磨。

⑤ "扯手"，缰绳，牵拉的绳子。

lleuar la espada en la cinta (vp.腰带上挂着剑). iāo poéy kién 腰佩剑.

lleuar por fuerza (vp.用力拉扯、拖曳). kiàn'g chè' 强扯.|. kiàn'g tō' 强拖.|. kiàn'g uàn 强挽.

lleuar mal alguna cosa (vp.难以忍受某事). jìn pǒ kúo 忍不过.

lleuar la ventaja (vp.占优、赢得). xíng kúo 胜过.|. saý kúo 赛过.

lleuar la delantera, ir delante (vp.当先锋、导路，走在前面). siēn hiñg 先行.

lleuar lo hasta el fin (vp.将某事进行到底). hiñg taó chuñg 行到终.

lleuar en procession (vp.列队行进时导路). iñg suñg 迎送.

lleuar por las calles en paseo a los Doctores (vp.带领众博士通过大街). iñg chín çú 迎进士. – a los licenciados (带领众考生). iñg siéu çhây' 迎秀才.

lleuar entre dos vna cosa cargando la (vp.两人抬一件东西). kān'g 扛.

lleuar los presos a los Tribunales (vp.押送犯人前往法庭). kiáy suñg 解送.

lleuar fruto el arbol (vp.树木长出果实), fructificar① (vi.结果子). kiě kùo 结果.|. kiě xě 结实.

lleuar de la mano, vt guiando le, vt al ciego (vp.牵着手，比如带路，或携盲人行走). kiēn' iǹ 牵引.

lleuar el agua encañada (vp.用管道引水). kuón xùy 灌水.

（p.132）

LLo., LLv.

LLorar (vi.哭). tý' k'ǒ 啼哭.|. t'ý k'iě 涕泣.|. gāy k'ǒ 哀哭. – derramar lagrimas (流眼泪). lieû luý 流泪. – llorar el niño pequeño (婴幼儿啼哭). uā uā 哇哇.

llorar a gritos (vp.大哭、哀号). háo k'ǒ 号哭.|. hū háo k'ǒ 呼号哭.|. tá xiñg k'ǒ 大声哭.|. k'ǒ k'ǒ gāy gāy 哭哭哀哀.

llouer (vi.下雨). hiá iù 下雨.|. lǒ iù 落雨.|. chó iù 做雨/坐雨②. – estar para llouer (要下雨). ieù iù ý 有雨意.

lluuia (n.雨、雨水). iù 雨. – grande (浩大的). tá iù 大雨.|. tiēn' laó 天涝.|. kièu laó 久涝.|. liñ lý pǒ chú 淋漓不住.

---

① 柯本漏录此词。

② "做雨"，谓天公作雨；"坐雨"，谓人值雨天，坐居不出。

luuia sin cesar (np.连天不住的雨、淫雨). *chiẻ iù* 积雨①. – un aguacero (阵雨、阵头雨). *iẻ chín têu' iù* 一阵头雨.|. *iẻ liñ iù* 一淋雨.|. *iẻ kiāo iù* 一浇雨.②

---

① 柯本写为"疾雨",与西语词目不合。
② "一淋雨""一浇雨",不见于柯本。

M
(pp.132-148)

Ma.

Maças que lleuan los Mandarines por delante quando salen, que son vnos dragones (np.官员们外出时所持的权杖，具有某些龙的形状). *luńg têu'* 龙头.

Maça, o, maço de madera (n.大头棒，即木槌). *pańg chûy'* 棒槌.|. *mǒ chûy'* 木槌.|. *pańg têu'* 棒头.

Maça de portero (np.看门人的棍杖). *gù hōa têu'* 五花头①.

Macao, Ciudad de Portugueses (n.澳门，葡萄牙人居住的城市). *hiańg xān gáo* 香山澳.

Macerar (vt.折磨、奉苦行), enflaquecer (vt./vi.使之消瘦、瘦弱). *seú* 瘦.|. *seú xoāy* 瘦衰.

Maço de cartas (np.成叠或成捆的书信). *iě pāo xū* 一包书.|. *iě sǒ xū* 一束书.|. *iě fuńg xū* 一封书. – vna carta (一封信). *iě fuńg xū* 一封书.

Maciço (a.结实的、牢固的). *kiēn xě* 坚实.|. *kiēn kú* 坚固.

Macetas de flores (np.花盆、花瓶). *hōa puê'n* 花盆.

Macho en los hombres (np.人类的雄性). *nân çhǔ* 男子. – en puercos, cabras, ettᵃ. (指猪、羊等雄性). *kù* 牯. – en bacas, cauallos, ettᵃ. (指牛、马等雄性). *mèu* 牡. – en las Aves (指禽鸟). *hiūng* 雄.|. *kuńg* 公.

Machos (n.铁具), grillos de los pies，(np.铐脚的铁链). *kiǒ leáo* 脚镣.

Macho de carga (np.驮物的骡子). *lô çhǔ* 骡子.

Machin, mono (n.各类猴子). *hêu çhǔ* 猴子.

Machucar apretando (vp.碾压). *iǎ chǔ* 压住. – moliendo (研磨、捣碎). *chuń'g p'ó* 舂破.

Madastra (n.继母). *kỳ mù* 继母.|. *héu mù* 后母.|. *vuàn mù* 晚母.

Maderas (n.木材、木料). *mǒ leáo* 木料.|. *mǒ chây'* 木柴②.|. *çhây' leáo* 材料.|.

---

① 当为花棍的一种。

② *chây'*, 柯本所录为 *çhây'*, 字作"材"。

chây' mǒ 柴木.

Madero (n.原木、木头). *mǒ têu'* 木头.

Madre (n.母亲). *mù çhīn'* 母亲.|. *niañ çhīn'* 娘亲.|. *çhǔ' mù* 慈母. – Madre de v. m. (您的母亲). *liñ tân'g* 令堂.|. *çhūn tân'g* 尊堂. – si es Mandarin al que se le pregunta se dize (如果对方为官员，称呼是): *ta'ý niañ* 太娘.|. *ta'ý fú jiñ* 太夫人.|. *lào fú jiñ* 老夫人.① – el responde mi madre (答话时称自己的母亲，则说). *kiā mù* 家母.

Madre propria (np.亲生母亲). *çhīn' mù* 亲母.|. *çhīn' niañ* 亲娘.|. *chīn mù* 真母

Madre de leche (np.乳母、奶娘). *jù mù* 乳母.

Madre que me adopto (np.收养我的母亲). *ý mù* 义母.|. *gēn mù* 恩母.|. *iañ mù* 养母.

Madre del Rio (np.河床). *hô chuñg liêu* 河中流.

Madre del Rey (np.皇帝的母亲). *mù hoâng* 母皇.|. *hoâng ta'ý heú* 皇太后.|. *niañg này* 娘奶. – de los Regulos (各位王爷的母亲). *ta'ý mù* 太母.|. *ta'ý fú jiñ* 太夫人.②

Madre de la vientre de la muger (np.女人腹中的子宫). *çhǔ kuñg* 子宫.

Madre perla nacar (np.珍珠母). *chū mù ki'ǒ* 珠母壳.|. *lô páng* 螺蚌.

Madre (n.母亲), mi madre difunta (np.我已故的母亲). *siēn mù* 先母.

Madre de Dios (np.上帝之母). *Tiēn' chù xiñg mù* 天主圣母.|. *Tiēn' chù mù hoâng* 天主母皇.

Madrina (n.教母). *taý mù* 代母③. [*k'ý mù* 契母④. para escritura (书面语词).]

Matriz, metropoli (n.教区中心，首府). *señg chîn'g* 省城.

Madexa, de ceda (n.桄、缕、绞，指生丝). *çū iě çhǔ* 丝一组⑤. – de cabellos (指头发). *fǎ iě sǒ* 发一束. – pequeñas (指小物件). *iě pà* 一把. – grandes (指大物件). *iě kuèn'* 一捆.

Madrugar (vi.早起). *kỳ' tě çhào* 起得早.|. *çhào kỳ' xīn* 早起身.

Madrugado (n.清晨). *çhào xîn* 早晨.

---

① "太夫人""老夫人"，柯本作"太妇人""老妇人"。
② 柯本作"太妇人"。
③ 柯本作"待母"。
④ 柯本作"寄母"。按：*k'ý* 为送气音，所标不误。"契母"，即义母。
⑤ *çhǔ*，柯本写为"仔"。

Maduro, vt fruta (a.成熟的，如水果). *xǒ* 熟.|. *chîn'g xǒ* 成熟.

Maduro, hombre tal, prudente, cabal (a.成熟的，指为人谨慎周全，处事老练). *chiǎg lién tiě* 臻练的①.|. *lào chîn'g tiě* 老成的.|. *xǒ tiě* 熟的.

Madrono, o su simile a el (n.野草莓，或类似的浆果). *iaṅg moêy* 杨梅②.

Maestro, vt sic (n.老师、先生、师傅，一般的说法). *siēn seṅg* 先生.|. *çū fú* 师傅.|. *niě çū* 业师.|. *xǒ çū* 塾师. – por honrra (表示敬意的尊称). *lào çū* 老师.|. *chūn çū* 尊师.|. *iên çū* 严师.|. *lào siēn seṅg* 老先生.

Maestro difunto (np.已故的老师). *siēn çū* 先师.

Maestro del Rey (np.君王的老师). *kuě çū* 国师.|. *ta'ý çū* 太师.

Maestro de ceremonias (np.主持礼仪者、司礼人). *lỳ seṅg* 礼生.|. *cha'ńg lỳ chè* 唱礼者③. – Regio (主持王室的礼仪). *çhāy' pān chè* 栽班者④. – de los Regulos (为诸王爷引导礼仪者). *iǹ lỳ chè* 引礼者.

Maestre sala que prueua la comida (np.试尝膳食的领班). *xén fū* 膳夫.|. *siēn chân'g chè* 先尝者.|. *siēn xý chè* 先试者.

Maestro de obras (np.工匠、匠师、手艺人). *çū fú* 师傅.

Maestro de musica (np.通乐理的师傅). *iǒ çū* 乐师.

Maestro de Bonzos, es como prelado de ellos (np.和尚拥戴的大师，如僧院的院长). *fǎ çū* 法师.|. *chù çū* 祖师.|. *xên çū* 禅师.

Mafrodita (n.双性人). *iñ iaṅg jiñ* 阴阳人.

（p.133）

Maesse de campo (np.军事长官). *kiǔn çū* 军师.|. *hiñg kiūn chù pǒ* 行军主簿.|. *tý' tǒ* 提督.

Maestre de la nao (np.船长、舰长). *chuê'n çū* 船师.|. *chāo' chuê'n chè* 操船者.

Maestro de niños (np.幼童的教师). *kiāo tǒ siēn seṅg* 教读先生.

Maestro, y dicipulos (np.教师与学生、先生与弟子). *çū tý* 师弟.

Maestro coral, jugador de manos (np.魔术师，变戏法者). *chó pà hý tiě* 做把戏的.

Maestro principal, Proto maestro de china (np.鼻祖、祖师，中国的第一位教师). *kuǹ'g fú çhǔ* 孔夫子. – el 2do. (排名第二的). *meṅg chǔ* 孟子.

---

① *chiǎg*，柯本写为"贞"。

② 柯本作"杨楣"。

③ 柯本作"倡礼者"。

④ 此词当存疑。

– ambos dos juntos (二位合称). *kuǹg meńg* 孔孟.

Maestra, muger del maestro (n.女主人、夫人，老师的妻子). *çū mù*① 师母.|. *çū niańg* 师娘. llaman la assi los dicipulos (弟子们这样称呼她).

Magullar (vt.挤压). *iǎ* 压.|. *iǎ chuńg* 压重.

Magestad (n.威严、庄重). *goēy ŷ* 威仪.|. *çhūn iuńg* 尊荣.|. *çhūn çhûn'g* 尊崇.|. *iuńg hièn* 荣显.|. *çhûn'g kāo* 崇高.

Magnifico (a.宏伟的、大度的). *kañ'g k'áy tiě* 慷慨的.|. *xè çhây' tiě* 舍财的.|. *p'ó çhây' tiě* 破财的.

Mayordomo (n.总管、管家). *kuòn kiā* 管家.

Magnanimo (a.胸襟开阔的、豁达大气的). *tá chý leańg tiě* 大志量的.|. *tá chý k'ý* 大志气.|. *muên mién kǒ' tǎ* 门面阔达②.|. *hińg çù kuǒ tá* 行事廓大③.|. *tá liě leańg tiě* 大力量的.

Magro, flaco (a.瘦削的、瘦弱的). *seú* 瘦.|. *xoāy jǒ* 衰弱.|. *xoāy pǒ* 衰薄. – carne magra (瘦肉). *chīng jǒ* 精肉.

Majar (vt.捣、舂). *chuñ'g* 舂.

Majadero, o mortero (n.研钵，臼). *chuñ'g kieú* 舂臼.

Majadero, tonto (a.愚蠢的，呆傻的). *chȳ' muńg* 痴懵.|. *iǔ chȳ'* 愚痴.|. *iǔ muńg* 愚懵. [参见：tonto (呆傻).]

Majuelo, viña (n.新辟的葡萄园，葡萄林). *pû' tâo' iuên* 葡萄园.

Mal (a.坏、糟、邪恶的). *ǒ* 恶.|. *hiūng* 凶.|. *hiūng ǒ* 凶恶. – maluado (心眼坏、歹毒). *tày* 歹.

Malamente (ad.糟糕、不够). *pǒ hào* 不好.

Mal hauida, vt hazienda de Mandarines (ap.非法获得的，如官员的财物). *çhāng vuě* 赃物.|. *pǒ ý tiě çhây'* 不义的财.

Males, y bienes (np.坏事与好事、厄运与福气). *hó fǒ* 祸福.|. *kiě hiūng* 吉凶.

Malo, y bueno (ap.坏与好、恶与善). *hào, tày* 好歹.|. *xeń, ǒ* 善恶.

Mal auenturado (ap.运气糟糕、倒霉). *vû hińg* 无幸.|. *vû çháo hoá* 无造化.
[参见：desdichado (不幸的).]

Mala ventura (np.糟糕的运气、倒霉事). *pǒ hào mińg* 不好命.|. *mǒ çháo hoá* 没造化.

---

① *mù* 当为 *mù* 之误。
② 后二字柯本缺。"门面"，即外表、排场。
③ 谓气度宽宏，处事痛快。*kuǒ*，脱送气符，参见 Muros（p.147）。

Maldad (n.恶行、劣迹). ǒ tě 恶德.|. chèu' ǒ 丑恶.

Mal acondicionado (ap.脾气坏、心眼狭). geńg chě 硬执.|. nân chù' tiě jiñ 难处的人.|. kiě sińg tiě 急性的.

Mal negocio (np.坏事情). tày çú 歹事.|. iè çú 野事.|. pǒ hào çú 不好事.|. chèu' çú 丑事.

Mala condicion (np.坏脾气、怪癖). pi'ě sińg 癖性.|. k'ý pi'ě 气癖.

Mal de cabeça (np.脑袋疼). têu' tu'ńg 头痛. – de barriga (肚子疼). tú tu'ńg 肚痛.|. tú teñ'g 肚疼. [参见：dolor (疼痛、痛苦).]

Malas entrañas (np.坏心眼、歹毒心肠). hiūng páo 凶暴.|. ǒ siñ 恶心.|. vû çiñg' 无情.|. hèn siñ tiě 狠心的.

Mal echo (ap.做得糟糕). çó tě pǒ hào 做得不好.|. çó tě pǒ xý 做得不是.|. chuě çó tiě 拙做的.

Mal aguero (np.坏兆头). pǒ hào çhây' têu' 不好彩头.|. pǒ hào siēn chào 不好先兆.

Mal parado① (ap.受伤的、遭毁损的). nân kiéu tiě 难救的.

Mal modo (np.糟糕的式样、方式等). pǒ xý iáng 不是样.|. pǒ hào ka'ń siáng 不好看相.|. pǒ xý ty' 不是体.

Mandar (vt.下命令、颁令). miń 命.|. liń 令.②

Mal quisto (ap.令人讨厌、遭人憎恶的). jiñ sò çiñg hiēn tiě 人所憎嫌的③.|. chuńg jiñ sò nú tiě 众人所怒的.|. pǒ tě jiñ tiě ý 不得人的意.

Mal sufrido (ap.不能忍、易急躁). çháo paó tiě 躁暴的.|. sǒ çháo tiě 率躁的④.|. pǒ hoéy jiñ náy 不会忍耐.|. pǒ hân jiñ tiě 不含忍的.

Maldicion (n.咒语、脏话). chéu 咒.|. má chéu 骂咒.

Maldiciente (a.嘴不干净的、毁谤人的). ǒ kèu' tiě 恶口的.|. lý kèu' tiě 厉口的.

Maldezir (vt./vi.诅咒、诋毁、抱怨). chéu má 咒骂.|. chéu çhú 咒诅.|. má iuén 骂怨.|. chéu çhiù' 咒诅.⑤

Maldezir (vt.骂人): dezir malas palabras (vp.吐脏话). má 骂.|. má lý 骂詈.

---

① 柯本理解为某事难以制止（hard to put stop to）。
② 此条属于见空插入，本不应出现在这里，关联条目见下一页起首。
③ çiñg，拼法有疑，柯本写为"精"。
④ 谓性情率直，但也失之急躁。柯本作"俗躁的"。
⑤ 柯本注："诅"，或读 çhú，或读 çhiù'，属于一字二音。

Malechor, culpado (n.罪犯，有罪或有过失者). *fán jîn* 犯人.

Maleta (n.箱包、提包). *pāo fŏ* 包袱.|. *mà pāo* 马包.|. *pý' pāo* 皮包.

Maleuolo (a.居心不良的). *tŏ siñ tiĕ* 毒心的.|. *lý háy tiĕ* 厉害的.|. *ŏ jiñ* 恶人.

Malicia (n.恶意、坏心眼). *tiāo chá* 刁诈.|. *pŏ háo ý çú* 不好意思.|. *ŏ ý* 恶意.
— de los niños quando llegan al vso de la razon (指孩童开始悟事，此时脑筋乖巧、意念奇特). *tiāo kuāy* 刁乖.

Malicioso (a.心怀恶意的、奸猾狡诈的). *tiāo kià'o tiĕ* 刁巧的.|. *kuāy kià'o tiĕ* 乖巧的.|. *kān kià'o* 奸巧.|. *kiēn chá* 奸诈.

Malo (a.坏、孬). *pŏ hào tiĕ* 不好的.|. *taỳ* 歹. — hombre malo (坏人). *ŏ jiñ* 恶人.|. *pŏ hào jiñ* 不好人.

Malparir la muger (vp.女人流产). *chúy tāy'* 坠胎. [参见：abortar (流产、打胎).]

Muger mala, deshonesta (np.坏女人，即不忠贞的). *iñ fú* 淫妇. — Ramera (妓女). *piào çhŭ* 婊子.

Maltratar a algo (vp.虐待某人). *táy tā' pŏ hào* 待他不好.|. *háy tā'* 害他.

Mal espiritu (np.邪恶的精灵), demonio (n.魔鬼). *siê xîn* 邪神.|. *siê mô* 邪魔.|. *ŏ xîn* 恶神.

Mancera de arado (np.犁把、犁柄). *lý uỳ* 犁尾.

Malla (n.锁子甲). *ti'ĕ hoân kiă* 铁环甲.|. *ti'ĕ kiŭe'n kiă* 铁圈甲.|. *lień hoân kiă* 链环甲①.|. *sò çhù kiă* 锁子甲.

Mamar (vt.吃奶). *ch'ĕ naỳ* 吃奶.|. *ki'ĕ jù* 吃乳.|. *goéy naỳ* 喂奶. — Dar la teta al niño (使婴儿嘬奶). *kèu' xańg jù pý* 口上乳昪②.|. *ỳ jù iang ký' çhŭ* 以乳养其子. idest sustentar le con leche (即用乳汁养活孩子).

Manar, vt agua de la fuente (vi.流出、冒涌，如泉中的水). *liêu chŭ'* 流出.|. *fā chŭ'* 发出.|. *pu'én chŭ'* 喷出.|. *iuṅg chŭ'* 涌出.

Manancial (n.源泉). *iuên* 源.|. *xùy iuên* 水源. — origen (发端、起因). *iuên iêu* 原由.

Manceba (n.情妇). *çhiĕ'* 妾. [参见：concubina (情妇、妾).]

Mancebo (a.年轻的 n.少年). *héu seńg* 后生.|. *xáo niên tiĕ* 少年的.|. *ieú niên tiĕ* 幼年的.

Mançanas (n.苹果). *hōa huńg* 花红.|. *xā kùo* 沙果.|. *pîn' kùo* 苹果.

---

① *lień*, 似为 *liên* 之误，即"连环甲"。见 Cota de hierro（p.60）。

② *pý* "昪"，给予，柯本缺字。

Mancha (n.污迹), o, manchar (vt.弄脏). *jèn tién* 染玷.|. *gū goéy* 污秽.|. *tién* 玷.

Manco (a.独臂的), sin manos (pp.没有双手). *vû xèu tiě* 无手的.

（p.134）

Mandato del juez que se pone en publico (np.公开发布的法令). *kaó xý* 告示.|. *lińg* 令.

Mandato Regio (np.君王下达的指令). *chỳ ý* 旨意.|. *xińg chỳ* 圣旨.|. *cháo chỳ* 诏旨.|. *lińg chỳ* 令旨.

Mandamientos (n.训条、诫律). *kiáy kuēy* 诫规. – los 10. del decalago (十大诫规). *xě kiáy* 十诫.

Mandamiento de prision (np.逮捕令). *nâ piá'o* 拿票.

Mandar, o, encomendar (vt.委派，托付). *chǒ fú* 嘱咐.|. *kiāo fú* 交付.|. *lińg* 令.

Mandarin, vt sic (n.官员，通称). *kuōn* 官.|. *kuōn fù* 官府.|. *kuōn iuén* 官员.|. *kuōn chaǹg* 官长.|. *ièu chě* 有职.|. *ièu çụ* 有司.|. *kuōn leâo* 官僚.|. *kuōn lý* 官吏.

Mandarines de letras, ciuiles (np.掌管文字、文书的官员，文职人员). *vuên kuōn* 文官.

Mandarines de guerra (np.掌管武备、战事的官员). *vù kuōn* 武官.|. *vù chě kuōn* 武职官.|. *çhiańg kuōn* 将官.

Mandarines de la sal (np.掌管盐务的官员). *iên iuên çụ* 盐运司①.

Mandarin de Ciudad (np.城市的长官), gouernador, o corregidor (n.市政官，或市长). *fù kuōn* 府官.|. *chȳ fù* 知府.|. *fù chūn* 府尊.|. *ta'ý chūn* 太尊.

Mandarin de Villa (np.县镇的长官). *hién kuōn* 县官.|. *chý hién* 知县.|. *hién çhūn* 县尊.

Mandarines grandes cuyo mando llega a toda la Prouincia (np.管辖权限广及全省的大官). *xańg çụ* 上司.|. *liñ hiá* 临下.

Mandarines que acabaron su officio y viuen en sus Palacios (np.任期满后回到乡宅生活的官员). *hiāng xîn* 乡绅.|. *çháy* 在②.

Mandarin de corte (np.出入宫廷的官员、朝廷重臣). *châo' tiñg' mińg kuōn* 朝廷命官.|. *châo' chîn'* 朝臣.

Mandarines de licenciados, que ay en cada Ciudad, y Villa (料理每一市、县

---

① 第二个字音有疑。

② 柯本缺字。疑脱"野"字，"在野"，与"在朝"对言。

考务的官员). *hiǒ kuōn* 学官.|. *hiǒ çū* 学司.

Mandarines embiados por los superiores a algun negocio (np.上级委派处理某项事务的官员). *chāy' kuōn* 差官. – si son embiados por el Rey se llaman (若由君王直接派遣，则称). *kiñ' chāy'* 钦差.

Mandarin interino (np.临时委派的官员). *kiǔe'n kuōn* 权官.|. *kiǔe'n jiń* 权任.|. *xú jiń tiě* 署任的.

Mandarines que en la corte procuran las cosas de cada Prouincia son 15. (在朝分别打点各省事务的官员，计有十五名). *kō' táo* 科道.

Mango (n.把手、柄), cabo de cuchillo (np.刀子的握柄). *tāo piń* 刀柄.|. *tāo pá* 刀把.

Manida, o, mansion (n.居所，或宅第). *kiū chú tiě sò çháy* 居住的所在.

Manera, modo (n.方式，式样). *iań* 样.|. *mû iań* 模样. – De que manera? (以什么样的方式？怎么样？) *hô iań* 何样.|. *hô jû* 何如.|. *jû hô* 如何.|. *çhèng mò iáng* 怎么样.|. *xín mò iań* 甚么样.

Manera (n.方式), de ninguna manera (pp.不论以何种方式、无论怎样都不). *tuón pǒ* 断不.|. *çhiǔe pǒ* 绝不.|. *çhūng pǒ* 总不.|. *çháy pǒ* 再不. postpuesto al punto lo que se niega (其后接续要否定的词语). *chūng pǒ* 终不①.

Maneras muchas (np.许多方式). *tō iáng* 多样.|. *hiù tō fańg fǎ* 许多方法. – por muchos caminos (可行的路子很多). *hiù tō muēn lú* 许多门路.

Manjar (n.食品、食物). *xě vuě* 食物.|. *iń xě tiě vuě kień* 饮食的物件. – yguerias② (美食). *piǹ' vuě* 品物.

Manifiesto, claro (a.明显的，清楚的). *mîng pě* 明白.|. *hièn chú* 显著.|. *cháo chú* 昭著.

Manifiestamente (ad.显见、无疑). *hièn jên* 显然.|. *fuēn mîng* 分明.

Manifestar (vt.表明、显示). *hièn mîng* 显明.|. *fǎ hièn* 发显.|. *hièn iâng* 显扬.|. *hièn kién* 显见.

Manifestar publicando (vp.公开表示、公之于世). *chuên xuě* 传说③.|. *tūn'g tă* 通达. – los defectos de otro (揭人短处). *siě leú jiń çù* 泄漏人事.|. *páo lú* 暴露.|. *siě lú* 泄露.

---

① 柯本注：*pǒ* 系 *pǒ* 之误，此字伦敦本作 *pă*。

② 今拼 iguarias（美味、佳食）。

③ *chuên*，脱送气符。

Manifestar los ordenes al Pueblo, publicar los (vp.向民众发表律令，公诸社会). *chuê'n páo* 传报.|. *tūn'g páo* 通报. [参见：publicar (公布、发表).]

Maña (n.乖僻), mala maña (np.坏习性). *p'iě* 癖.|. *pi'ě síng* 癖性.|. *p'ó píng* 破病.

Maña, o destreza (n.机敏，灵巧). *kiào'* 巧. – mañoso (聪明、狡猾的). *kuāy kiào'* 乖巧.

Mañana (n.明天). *mîng jě* 明日.|. *mîng çhào* 明早.

Mañana del dia (np.一日之晨、上午). *çhào xîn* 早晨.|. *çhiñg' çhào* 清早. – por la mañana (一早上、上半天). *çhào kiēn* 早间.|. *çhào xang* 早上.|. *çhiñg' xîn* 清晨.

Mañana, y tarde (np.早晨和晚上). *çhào vuàn* 早晚. – desde la mañana hasta la tarde (从早到晚). *çhûn'g hiào chý mú* 从晓至暮.|. *chú chāo chý mú* 自朝至暮.

Manillas, braçaletes de las mugeres (np.女人戴的手镯、手环). *xèu chǒ* 手镯.|. *chǒ têu'* 镯头.|. *chǒ çhǔ* 镯子.|. *xèu xǒ* 手镯.|. *xǒ çhǔ* 镯子.①

Mano (n.手). *xèu* 手. – derecha (右侧的). *ieú xèu* 右手. – ysquierda (左侧的). *çhò xèu* 左手.

Mano de mortero, almires, ettª. (np.槌杵，石臼、研钵等所用的杵棒). *chûy' çhǔ* 槌子. – de molino (磨磨用的). *liǔ chûy'* 鑢槌.

Manos ambas (np.两只手). *leang xèu* 两手.|. *xoāng xèu* 双手.

Manopla (n.甲胄等的铁护手). *xèu tiě' ta'ó* 手铁套.

Manos cruzadas (np.两手交叉). *kiāo xèu* 交手.|. *chā' xèu* 叉手. – juntar las manos palma con palma (掌对掌合拢两手). *hǒ chang* 合掌.

Manos buenas (np.双手灵巧), habil de manos (ap.有手艺). *xèu tuón* 手段.|. *xèu çhây'* 手才.

Manos, y pies (np.手和脚). *xèu çhǒ* 手足.|. *kiǒ xèu* 脚手. – no esta en mi mano (此事不在我手、不由我左右). *pǒ cháy gò* 不在我.

Manosear (vt.摸、抚摩). *xèu mû* 手摸.|. *xèu tung* 手动.

Manojo (n.束、把、撮). *pà* 把. – vn manojo (一束、一把等). *iě pà* 一把.

Mansedumbre (n.温和、顺从). *leang xén* 良善.|. *xuń leang* 顺良.|. *xuń xén* 顺善.

---

① 柯本注：*chǒ* 和 *xǒ*，系"镯"字的不同读音。

Manso hombre (np.温顺的人). *xuń siń g tiě* 顺性的.|. *leańg xén tiě* 良善的.|. *kuōn' jiń* 宽仁.

Manso animal (np.驯顺的动物). *xún xéu* 驯兽.|. *xén xéu* 善兽.

Manta de la cama (np.床用的毯子). *pý kaý* 被盖.|. *pý uō* 被窝. – numeral de mantas (这类毯子的量词). *chańg* 张.

Mantas, vt sic, ropa de china (n.毯子，统称，如中式的床单、被罩等). *pú* 布. – de algodon (棉制的). *miên pú* 棉布. – de cañamo (麻制的). *mâ pú* 麻布.

Manteca de puerco (np.猪的油脂). *chū iêu* 猪油. ett^a. (等等). – mantequillas (黄油、奶油). *sǒ iêu* 熟油①.

(p.135)

Manteles del Altar, dezimos (np.祭坛的布幔，我们这样说). *muón xińg tây' pú* 慢圣台布.

Mantener (vt.抚育、赡养). *iaǹg* 养.|. *iaǹg iǒ* 养育.|. *kuńg xeń* 供赡.|. *iaǹg xeń* 养赡.|. *kuńg kiě* 供给.

Mantenimientos (n.食粮). *leâng xě* 粮食. – de arroz (指稻米). *mì leâng* 米粮. – los 5. mantenimientos (五种食粮的合称). *gù kǒ* 五谷. idest las sinco semillas (即五种谷物).

Mantenimientos de los soldados (np.士兵的给养). *leâng çhào'* 粮草.|. *kiūn leâng* 军粮.

Manto, no se vsa, el nuestro llamamos (np.斗篷、长袍，中国人并不穿，是我们欧洲人的叫法). *muón xīn pú* 慢身布. – y si fuere de ceda (如果料子用的丝绸，则称). *muón xīn chêu'* 慢身绸.

Mapa (n.地图), carta de marcar (np.航海测位图). *hàý tû'* 海图.

Mapa, discripcion (n.地图，绘制的地理图). *tû'* 图. – Mapa mundi (世界地图). *tý tû'* 地图.|. *vuán kuě tû'* 万国图.|. *xān hàý tý iû çhiçe'n tû'* 山海地舆全图.

Mar (n.海洋、大海). *hàý* 海.|. *hàý iańg* 海洋.|. *çhān'g hàý* 沧海.

Mar alto (np.公海、远洋). *tá iańg* 大洋.

Mares quatro (np.四大洋). *çú hàý* 四海. idest las 4. partes del mundo (即世界的四面、四大部分). – todos los Rios salen del mar y bueluen a el (所有

---

① *sǒ*, 柯本拟为"酥"。

的江河都从大海流出，复又回归大海). *pĕ chuē'n señg iŭ hày, ûl kuēy iŭ hày* 百川生于海、而归于海.

Mar pacifico (np.平静的海洋、太平洋). *hày pō gān* 海波安.|. *ta'ý piñg' hày* 太平海.

Mar vermejo (np.红色的海洋、红海). *huñg hày* 红海.

Mar de arena, deciertos todos de montes de arena (np.沙海，由沙丘组成的所有荒漠). *xā mǒ* 沙漠.

Mar estrecho (np.狭窄的海), fretum (n.海峡). *hiǎ* 峡.|. *hày hiǎ* 海峡.

Mar que se yela (np.会上冻成冰的海). *piñg hày* 冰海.

Mar mediterraneo (np.地中海). *tý chuñg hày* 地中海.

Março, su 2.ᵈᵃ luna (n.三月，他们的二月份). *úl iuĕ* 二月.

Marfil (n.象牙). *siáng iâ* 象牙.

Marauilla (n.奇观、奇迹). *kỷ' ý* 奇异.|. *kỷ' kuáy* 奇怪.|. *kò' ỳ kuáy* 可以怪.|. *hӯ hàn xiń kỷ'* 稀罕甚奇. [*ý çhiĕ* 异迹.|. *kỷ' çhiĕ* 奇迹. para escritura (书面语词).]

Marauillarse, espantarse (vr.感到惊奇，惊讶). *kiñg hiày* 惊骇.|. *kiñg ý* 惊异.|. *kuáy ý* 怪异.|. *xĕ kiñg* 慑惊.|. *ý kuáy* 异怪.|. *hiày gǒ* 骇愕. [*kiñg kuáy* 惊怪. para escritura (书面语词).]

Marchar el exercito (vp.军队行进、行军). *çū chǔ'* 师出.|. *çū hiñg* 师行.|. *çū fă* 师发.

Marchito (a.枯萎的), caydas las ojas (np.叶子凋落). *sié iĕ tiĕ* 谢叶的.

Margen (n.边沿、页缘). *xū piēn hiûen* 书边缘①.|. *xū kūn'g* 书空.

Margarita perla (np.珍珠). *chīn chū* 珍珠.

Mareas (n.潮、潮水). *châo' xùy* 潮水. – grandes (大潮水). *tá châo'* 大潮.|. *tá xùy* 大水. – pequeñas (小潮水). *siào châo'* 小潮.|. *siào xùy* 小水.

Marea llena (np.满潮). *châo' chàng muòn leào* 潮涨满了.|. *xùy piñ'g leào* 水平了. – baxa marea (低潮). *châo' tu'ý leào* 潮退了.|. *châo' siāo leào* 潮消了.|. *châo' lǒ leào* 潮落了.

Marearse (vr.晕船). *hiûen chuē'n* 眩船.

Marear la embarcacion (vp.使船、驾船). *hiñg chuē'n* 行船.|. *kiá chuē'n* 驾船. – marear las velas (操使风帆). *iuńg fuñg* 用风.

---

① "缘"，注音有疑，恐衍一字母，当为 *iûen* 或 *iûen*。

Marido (n.丈夫). *chańg fū* 丈夫.|. *leańg jiń* 良人.|. *hińg kiā* 行家①.|. *hań chù* 汉子.

Marido, y muger (np.丈夫和妻子). *fū fú* 夫妇.|. *fū chȳ'* 夫妻.|. *uńg pô'* 翁婆.

Marido 2.do, muerto el primero (np.第二位丈夫，第一位已故). *vuàn fū* 晚夫.|. *héu fū* 后夫.

Marido difunto (np.已故的丈夫). *chiên' fū* 前夫.

Marido de v. m. (夫人您的先生、您丈夫). *kiā chàng kuńg* 家长公.|. *tiēn' kiūn* 天君.|. *lào kuńg* 老公.|. *kiǔn chǔ* 君子.

Marinero (n.水手). *xùy xèu* 水手.|. *saó chǔ* 艄子②.|. *chuê'n xèu* 船手.|. *kāo kuńg* 篙工.|. *têu' kuńg* 头工③.

Marinero el Arraez de la nao, o barco (np.舰长，或船主). *chàng chuê'n tiě* 掌船的.|. *kiá chàng* 驾长.|. *saó kuńg* 艄公④. – a los de remos, llaman (划桨的水手，称为). *iāo lù tiě* 摇橹的.|. *tań'g chiáng tiě* 荡桨的.

Marisco (n.海贝、贝类). *hày chě* 海蜇⑤.|. *hày vuý* 海味.

Mariscar (vt.捡拾贝类等). *chiù' hày vuý* 取海味.

Maritimo, vt Pueblos (a.滨海的，例如靠海的居民). *xày piēn tiě* 海边的.

Marmol (n.大理石). *pě xě* 白石.|. *kiào' xě* 巧石⑥.|. *chiańg lǒ xě* 将乐石.|. *tuón kȳ' xě* 端溪石⑦.

Mariposa (n.蝴蝶). *hû tiě* 蝴蝶.|. *fȳ gô* 飞蛾.|. *vuý tiě* 尾蝶⑧.

Maroma (n.粗绳子、缆绳). *lân* 缆.|. *sǒ* 索.

Marquesotes (n.鸡蛋面饼、玉米饼). *tań pińg* 蛋饼.|. *hiańg pińg* 香饼.|. *sȳ iańg chě tań pińg* 西洋掷蛋饼⑨.

Marques, como tal (n.侯爵，或类似的爵位). *pě* 伯.

Martes, segun los españoles (n.星期二，按照西班牙人的习惯说法). *chù úl* 主二.|. *chēn lỳ úl* 瞻礼二. – segun los Portugueses (照葡萄牙人的习惯

---

① 谓一家之主、当家人。
② 柯本作"艘子"。
③ *têu'*, 柯本缺字。"头工"，即撑篙手。
④ 柯本作"艘公"。
⑤ 柯本作"海质"，不明何意。这一条的西语词目marisco, 若取复数形式便是泛指海味。
⑥ 此词柯本未录。"巧石"，犹奇石。
⑦ 柯本缺前二字。将乐、端溪，均为著名砚石。
⑧ 似为凤尾蝶、燕尾蝶等的略称。*vuý*, 调符有疑，柯本缺字。
⑨ *chě*, 柯本写为"质"。

则说). *chù sān* 主三.|. *chēn lỳ sān* 瞻礼三.

Martillo (n.锤子). *tiĕ' chûy'* 铁锤.

Martillar (vt.锤击、敲打). *chûy' tà* 锤打.

Martir (n.烈士、殉难者、殉教者). *chý mińg tiĕ* 致命的.|. *xè mińg tiĕ* 舍命的.|. *xéu nán tiĕ* 受难的.|. *goéy ý chý mińg tiĕ* 为义致命的.

Martirio (n.磨难、牺牲), padecer lo (vp.受磨难、献身). *xéu nán* 受难.

Martirizar (vt.折磨致死). *kiùn nán* 窘难.|. *kiā chuńg hińg* 加重刑.|. *kiā tō kù'* 加多苦.

Mas. [comparatiuo.] (ad.更、更多[比较级]). *keńg* 更.|. *kuó iǜ* 过于. [v.° el Arte (参看《语法》)①.]

Mas. [adverbio.] (ad.更、更加[副词]). *keńg* 更.

Mas ay, aun ay mas (adp.还有，还有更多的). *hoân ièu* 还有.

Mas. [conjuncion.] enpero (conj.但是[连词]，然而). *tań* 但.|. *này* 乃.|. *jên* 然.|. *náy hô* 奈何.

Mas. [por lo contrario.] (conj.可是[表示相反]). *fàn* 反.|. *fàn tào* 反倒.

Mas un Real, v. gª. un tay, mas un Real (adp.多一个雷阿尔②，例如多出一两，多一个银币). *tō iĕ çhiên'* 多一钱. idest un Real demas (即多了一个钱币).

Mas cercano deudo (np.血缘关系更近的亲戚). *keńg çhīn'* 更亲.

Mas quiero esto que aquello, primero esto que aquello (s.我更想要这个而不是那个，我觉得这个比那个好). *nîng* 宁.|. *nîng kò'* 宁可.

Mas, vt mientras mas me rasco, mas me come (ad.更加、越发，例如我越挠就越痒). *iǜ* 愈.|. *iuĕ* 越.|. *iĕ fǎ* 益发/一发. v. gª. *iuĕ pâ', iuĕ iańg* 越扒越痒. el *iĕ fǎ* no se repite, si que se pone al ultimo (注意"益发"这个词，在从句中出现时是不能重复的).

Mas si, condicional (conj.但如果，属于条件句的用法). *jŏ* 若.|. *jŏ xý* 若是.|. *kià jû* 假如.

Mas y mas (adp.越来越多). *iǜ tō* 愈多.|. *iuĕ tō* 越多.|. *iĕ fǎ tō* 益发多.

Mas que esso, no solo esso (adp.比这更多，不只这个). *pŏ chỳ* 不止.

Mas añade un poco (adp.再加一点). *çháy tiēn' siē* 再添些.

Mas vnos pasos (adp.再走几步). *çháy kỳ pú* 再几步. ettª. (等等).

---

① 指 *Arte de la Lengua Mandarina*（《华语官话语法》）。

② 雷阿尔（real），一种硬币，多为银质，合四分之一比塞塔（peseta）。

Mascar (vt.咀嚼). *chiŏ chùy* 嚼嘴.|. *chùy chiŏ* 嘴嚼.|. *fù chiŏ* 腐嚼①.|. *hân vuý* 含味. mastigar (即咀嚼、反复思考).

Mascar lo que come (vp.嚼碎所吃的东西). *pú xẻ* 哺食.|. *pú tūn'* 哺吞.

Mascar la comida, vt a los niños (vp.把食物嚼碎，如喂食婴幼儿). *pú iaǹg* 哺养.

Mascararse (vr.戴假面具). *tà lièn* 打脸.|. *kúa siū* 挂须.

（p.136）

Mascara, o caratula (n.面具、假面具，或浓彩化妆). *mién kiǒ'* 面壳.|. *hý lièn* 戏脸.|. *siáo lièn* 笑脸.|. *kuèy lièn* 鬼脸.

Mascararse (vr.戴假面具). *kúa siū* 挂须.|. *tà lièn* 打脸.②

Masa de trigo (np.面团). *chó mién* 做面. – leuda (发酵的面团). *fǎ mién* 发面. – de frixoles blanca (用白色的菜豆制作的). *teú fú* 豆腐.

Mas tarde (adp.更晚、更加迟). *iẻ fǎ chỷ'* 益发迟.|. *iù chỷ'* 愈迟.|. *keńg chỷ'* 更迟.

Mastil (n.桅杆), arbol del nauio (np.船上的樯、桅). *chuên' goêy* 船桅.|. *goêy kān* 桅杆.|. *chiân'g goêy* 樯桅.|. *chiân'g kān* 樯杆.|. *fân chiân'g* 帆樯. – leuantar lo (竖起桅杆). *xú goéy* 竖桅.|. *kỳ' goéy* 起桅.

Mastil de la romana (np.秤杆). *chi'ńg kiụên'* 秤权.

Mastin (n.大型猎犬), perro de ganado (np.牧羊狗). *tá kèu* 大狗.|. *tá kiụè'n* 大犬.

Mata (n.枝条). *xú chȳ* 树枝.

Matalotaje (n.旅行干粮、船用食粮). *kān leaǹg* 干粮.|. *chaňg lú leaňg* 张路粮③.|. *lú fý* 路费.|. *lú chŭ* 路资.

Matalotaje de mar (np.出海食物储备). *chaňg chuê'n* 张船.

Matar, vt sic (vt.杀、杀死、宰杀等). *xǎ* 杀.|. *xǎ cù* 杀死. – con ponçoña (用毒药). *tỏ cù* 毒死.

Matar puercos, vacas, ettᵃ. (vp.宰杀猪、牛，等等). *chày* 宰.|. *xǎ* 杀.

Matar animales viuientes (vp.杀死有生命的动物). *xǎ seňg* 杀生.

---

① 从柯本，可存疑。
② 此条实同于上一页的最后一条，只是两个汉语词对调了位置。
③ *chaňg*，以及下一条的同一音，柯本都缺字。"张"，张罗、料理，如张筵，备办筵席。

Matador (a.好杀生的 n.杀人者), amigo de matar (np.嗜杀成性者). *tān' xǎ* 贪杀.|. *háo xǎ* 好杀. [*siě páo* 习暴. para escritura (书面语词).]

Matar a lançadas (vp.用标枪扎死). *piāo' çù* 镖死.

Matarse a si mesmo (vp.杀死自己、自杀). *çhú xǎ* 自杀.|. *mǒ çhú kỳ* 殁自己.|. *xǎ çhú kỳ* 杀自己. – ahorcandose (上吊). *çhú ý* 自缢. – degolandose (抹脖子、自刎). *çhú vuén* 自刎.

Matar, y estinguir las nuebe parentelas (vp.杀死、灭绝，屠灭九支亲属). *miě kièu çhǒ* 灭九族. – las 3. padre, madre, y muger (灭三族，即父、母、妻). *chāo' sān çhǒ* 剿三族. – toda la familia (诛杀整个家庭). *lǒ miě çhiǔe'n kiā* 戮灭全家.

Matar a los Reos (vp.处死罪犯). *chū lǒ faň jiň* 诛戮犯人. – cortando la cabeça (砍脑袋). *chaǹ çù* 斩死.|. *kàn' çù* 砍死. – Dando garrote (处绞刑). *kiào çù* 绞死.

Matar flechando (vp.用箭射杀). *xé çù* 射死.

Matar à porraços, o, açotes (vp.棒杀，或鞭笞致死). *tà çù* 打死.

Matar sin culpa (vp.无罪冤杀). *vû kú xǎ jiň* 无故杀人.

Matar ahogando con agua (vp.用水淹死、溺杀). *çhiň çù* 浸死.|. *ièn çù* 淹死. – con las manos, vt a los niños (用手杀死、掐死，例如捂死婴儿). *iǎ çù* 压死.

Matar tapando el resuello (vp.掩毙、闷死). *ièn çù* 掩死. – à estocadas (用锐器扎死). *ch'ú çù jiň* 刺死人.|. *chi'ě çù* 切死①.

Matar piojos, o, pulgas (vp.杀灭虱子或跳蚤). *chǔ' sě çhǔ* 除虱子②.

Matar à pesadumbres (vp.折磨致死). *k'ý çù jiň* 气死人.|. *pě çù jiň* 迫死人.

Matar sin razon ni causa a vnos, y a otros (vp.无缘无故杀人，滥杀无辜). *luón xǎ* 乱杀.

Matar, vt el inferior al superior (vt.致死，指位低者杀死位高者). *xý* 弑. – Parricida (弑亲). *chày xý fú chè* 宰弑父者.

Matar al Rey (vp.杀害君王). *xý kiūn chè* 弑君者.

Mortandad de mucha gente (np.杀死许多人、大屠杀). *xy huňg iǔ lú* 尸横于路.|. *çù jiň jû luón mâ* 死人如乱麻.

Matadura (n.牛马等身上的碰伤). *çhiě xāng* 疾伤.

---

① 切割至死，即凌迟，柯本缺前一字。

② *chǔ'*，疑为 *chù'* "除" 之误，或为其又音。柯本缺字。

Matador, sicario (n.凶手，雇佣的杀手). *ch'ǔ kě'* 刺客.|. *hîng ch'ǔ* 行刺.
– Homicida (凶杀、凶手). *hiūng xīn* 凶身.|. *hiūng xèu* 凶手.

Matarse ad inuicen (vp.相互残杀). *tuý miǹg* 对命.|. *tuý xǎ* 对杀.|. *siaṅg xǎ* 相杀.

Matar de hambre (vp.致人饿死). *gó cù jiň* 饿死人.

Mathematico (n.数学家)①. *tiēn' cū* 天师.|. *jě chè* 日者.|. *chaṅg tien' tý çú xỷ chè* 掌天地四时者.|. *chiṅg iū tiēn' vuên chè* 精于天文者.

Mathematica (n.数学)②. *tiēn' vuên hiǒ* 天文学.|. *tiēn' vuên tý lỳ* 天文地理.

Mathematicos Regio (vp.皇家的数学家). *kiñ' tiēn' kién tiě kuōn* 钦天监的官.

Materia, podre (n.脓，溃烂). *nuṅg* 脓.|. *nuṅg hiuě* 脓血.|. *nuṅg xùy* 脓水.

Masmorra (n.地牢). *gań tý laô* 暗地牢.

Materia prima (np.原初之物、第一性的物质). *iuên chě* 原质.|. *iuên leáo* 原料.|. *k'ý mù* 气母.|. *ta'ý chě* 太质.

Materia prima de los chinas (np.中国人说的原初之物). *iuên k'ý* 原气.

Materia, materiales (n.物质，材料). *chě leáo* 质料.|. *çhǔ chě* 资质.|. *çhây' leáo* 材料.|. *leáo taṅg* 料当③.

Materia, y forma (np.物质与形式). *mû chě* 模质.

Materia, o modelo para aprender à escriuir (n.字帖，即练习写字的摹本). *fǎ tiě'* 法帖.|. *çhǔ tiě'* 字帖.|. *çhǔ tý'* 字体.

Materiales de maderas para leuantar casas ett[a]. (np.盖房子等用的原木料). *mǒ leáo* 木料.|. *çhây' leáo* 材料.

Materialiter, dezimos (ad.在物质上、就实质而言，我们欧洲人这么表达). *chě jên* 质然.

Materia que ponen los Padres en la generacion, semen, et sanguis (np.为人父者在生殖过程中投放的精与血). *chiṅg hiuě* 精血.

Materia, o tema sobre que hazen sus composiciones (np.中国人写作文所用的题材或话题). *tý' mǒ* 题目.|. *tý' chỷ* 题旨.

Matizar las ymagenes (vp.修饰形象、润色表达). *siēu chiṅg* 修整.

Matricula (n.登记簿、名册). *çhě' çhiě* 册集.|. *puèn çhiě* 本集. – de los aprouados en los grados (登录考试成功者的名单). *paṅg* 榜. – publicar

---

① 柯本译为 astronomer（天文学家）。
② 柯本译为 astronomy（天文学）。
③ 柯本缺第二字。"当"，谓物资，如家当。

los (发布名单、发榜). *kiá pañg* 架榜.①

Matricular (vt.登录、注册). *xańg çchě'* 上册. – hazer estos libros (编制这类名册). *çháo çhě'* 造册.|. *hoá mîng çhě'* 画名册.

Matrimonio (n.婚姻). *hoēn iñ* 婚姻.|. *hoēn hŏ* 婚合.|. *hoēn po'éy* 婚配.|. *po'éy hŏ* 配合.|. *kiĕ çhīn'* 结亲.|. *chiñ'g çhīn'* 成亲.|. *piĕ çhīn'* 毕亲.|. *hŏ hoēn* 合婚.

Matrimonio (n.婚姻), consumar lo (vp.完婚). *hŏ fañg* 合房.|. *tu'ñg fañg* 同房. – acto matrimonial (婚配行为). *hiñg fañg* 行房.|. *fañg çú* 房事. – deshazer el matrimonio (解除婚姻). *tu'ý hoēn* 退婚.

Mayor (ad.较大、更大). *keńg tá* 更大.|. *iù tá* 愈大. [v.º el Arte (参看《语法》).]

Mayo (n.五月). *sān iuĕ* 三月. – si fuere ya la 4.ᵗᵃ luna (如果已经进入阴历的第四个月，则称). *çú iuĕ* 四月.

（p.137）

Me.

Mecanico officio (np.手工活儿). *xèu ý* 手艺.|. *ý niĕ* 艺业.|. *señg ý* 生意.

Mecha (n.灯捻、烛芯), torcida de candil (np.油灯的芯子、灯芯). *teñg çhào'* 灯草.|. *teñg siñ* 灯芯.

Mechero (n.灯罩、灯嘴).②

Mecerse, columpiarse (vr.荡秋千). *tà çhiēn' çhiēu'* 打千秋. – columpio (秋千). *çhiēn' çhiēu'* 千秋.|. e ɔᵃ. (也可以反过来说：*çhiēu' çhiēn'* 秋千).

Medalla (n.圣牌、勋章). *xińg pây'* 圣牌③. – de cobre (铜质的). *tuñ'g pây'* 铜牌. ettᵃ. (等等).

Medalla que traem ellos en el bonete (np.他们的帽子上所佩的勋章). *kiĕ çhŭ* 结子④.

Media noche (np.半夜). *puón ié* 半夜.|. *çhŭ xŷ* 子时.

Media libra (np.半磅). *puón kiñ* 半斤. et sic de cettⁱˢ. (如此等等).

---

① *pañg*，调符有疑，两例柯本都写为"梆"。
② 柏林本缺汉语释义，柯本补有"*fèu çhù* 浮子"，所据及意义都不明。
③ 柯本作"胜牌"。
④ 盖指官员礼帽即顶戴上的顶珠。

Media hora (np.半个小时). *puón xý* 半时.

Medio dia, la hora de entonces (np.中午，中午时分). *chińg gù* 正午.|. *gù chińg* 午正.|. *gù kieñ* 午间. – de 10. à 12.① (从十点到十二点). *cú xý* 巳时. – a las 11. (在十一点的时候). *gù xý çhū'* 午时初.

Medio despierto (np.半醒、似醒非醒). *puón siǹg* 半醒.

Medio dormito (np.半睡、似睡非睡). *puón xuý* 半睡.

Medio (a.居中的 n.中间), en medio (pp.在中间). *chuñg kieñ* 中间.|. *chuñg iañg* 中央.

Medios, vt para conseguir algo (n.手段、工具、资料等，如为获得某物而采取的手段). *sò iuńg tiě* 所用的.

Mediania (n.中等、一般、平庸). *iuñg chân'g* 庸常.

Mediano hombre (np.普通人、平庸者). *iuñg sǒ* 庸俗.

Medianamente (ad.不好不坏、勉强). *liǒ hào* 略好.

Medianero (n.调解者、中间人). *chuñg jiñ* 中人. – para casamientos (为婚姻牵线的). *moêy jiñ* 媒人. – para amistades (为和好而从中调停的). *hô çú jiñ* 和事人.|. *hô têu'* 和头.

Medianero para tener entrada con alguno (np.负责介绍、引荐的中人). *sieñ iuńg* 先容.

Medico (n.医生). *ȳ señg* 医生.|. *ȳ çú* 医士.|. *ȳ chè* 医者.|. *iǒ lañg chuñg* 药郎中.|. *nuý kō'* 内科. [*jǔ ȳ* 儒医. para escritura (书面语词).]

Medico Real (np.皇家医生). *ta'ý ȳ* 太医.|. *kuě ȳ* 国医.|. *iǔ ȳ* 御医.

Medico de Mandarines (np.为官员看病的医生、官医). *ȳ kuōn* 医官.

Medicina, vt sic (n.药，总称). *iǒ* 药.|. *iǒ xě* 药石.|. *iǒ leáo* 药料.|. *iǒ çhây'* 药材.

Medicina (n.医药), la ciencia de ella (np.关于医药的学问). *ȳ kiā* 医家.

Medicina substantial (np.营养药). *pù iǒ* 补药.

Medicina que tiene effecto (np.疗效良好的药). *liñg iǒ* 灵药.|. *xîn iǒ* 神药.|. *iǒ liě* 药力.

Medicina confortatiba. v. confortatiba (np.增强体质的药品，见 Confortatiba).②

---

① 如果与巳时对应，当为九点到十一点，才与午时接得上。

② 此条为另手写于页缘。参见 p.55，词条 Confortatiua medicina。

Medicina para hazer vino (np.酿酒用的药物). çhièu ki'ǒ 酒曲/酒麴/酒籾①.
– la blanca (白色的). pě ki'ǒ 白曲. – la colorada (有色、红色的). huñg ki'ǒ 红曲.

Medicina para purgar (np.通便药), purga (n.泻药). sié iǒ 泻药.|. tà hiñg iǒ 打行药②.

Medicina muy substantial, son rayzes que viene de Coria (np.一种滋补力道甚强的药材，为根状植物，来自朝鲜). jiñ señ 人参.

Medicinas para flemas (np.祛痰的药物). hía tân' iǒ 下痰药.

Medicinas cocidas (np.熬煮的药). tān'g iǒ 汤药.|. iǒ tān'g 药汤.

Medir, conjeturar (vt.衡量、斟酌，揣测、猜想). leañg tǒ 量度.

Medida, vt sic (n.分量、尺寸、度量等). tú 度.|. leañg 量. – de trigo, arroz, ropas, o mantas (小麦、稻谷、布匹、毛纺物等的计量). leañg 量.|. tú 度.

Medidas (n.尺度、分寸), tiene sus medidas (vp.遇事能把握分寸). ièu ch'ě ch'ún 有尺寸.

Medir quanto tiene de largo (vp.量量长度多少). leañg kỳ tō chân'g 量几多长. ettᵃ. (等等).

Medir colmado (vp.测量堆集的东西). leañg kāo 量高.

Medir mermando (vp.测量或称量时克扣分量). leañg çhièn' siē 量浅些.|. leañg piñg' siē 量平些. – para lo que mide por palmos, o varas (用手掌或杆子量度时). leañg çhièn' siē 量浅些.

Medida conque miden la ropa, es vna tercia nuestra (np.量布的尺子，长度相当于我们所用米尺的三分之一). ch'ě 尺.

Medir las fuerzas (vp.测量体力或力气). leañg liě 量力. – prouar las (予以测试). xý liě 试力.

Medir el cuerpo, vt los sastres (vp.量身材，如裁缝那样做). tú kỷ' xīn piǹ' 度其身品.

Medir, o comparar vno con otro (vt.权衡，即拿一个与另一个比较). pỳ 比.|. siañg pỳ 相比.

Medir el corazon ageno por el suyo (vp.以自己的心思度量他人的心思). çhiang siñ pỳ siñ 将心比心.

---

① 旧时酒曲用米制者写为"籾"，用麦者写为"麴"或"麯"。柯本写的是"酒麴"。
② "行药"，一指通行药、普通药物，一指服药后漫步以发散药性。"打行药"，此处应该是指上药铺买市面上通行的药，包括泻药。可参看 Purga（p.182）。

Meditar (vi./.vt.沉思、默思、思考). *mě siàng* 默想.|. *mě tỳ'* 默体.|. *mě hoéy* 默会.|. *chú siàng* 注想.|. *mě chûn'* 默存.|. *chûn' siàng* 存想. – orando (在祈祷时). *mě tào* 默祷.|. *mě kỳ'* 默祈.

Meditar de los Bonzos (vp.和尚们的沉思冥想). *chó xeń* 坐善①.|. *jě tiṅg chó kuṅg* 入定坐工.|. *chó siuǹg* 坐想.|. *xên çū* 禅思.

Meditacion, vt sic (n.沉思冥想、暗自思念，一般的说法). *núy siàng* 内想.|. *núy çū* 内思.|. *çū nién* 思念.|. *mě siàng tiě çú* 默想的事②.

Medra, prouecho (n.进益、进展，益处、好处). *lý iě* 利益.

Medrar, en ganancias, o, bienes (vp.利润增加，或财富增长). *lý tá* 利大.|. *xuń lý* 顺利.|. *jě chín iě jě* 日进一日③.

Medrar en estudios (vp.学业进步). *tūn'g tǎ* 通达.

Medroso (a.胆怯的). *tàn siào* 胆小.

Mejor (a./ad.更好). *keńg hào* 更好.|. *iù hào* 愈好.|. *iuě hào* 越好.|. *hào kuó* 好过.|. *hào çú pǒ jû* 好似不如④.|. *kiân'g siē* 强些.

Mejor es, mas vale (vp.这样更好，更值得), antes bien (adp.毋宁). *nîng kò'* 宁可.|. *nîng taṅg* 宁当.|. *pǒ jû* 不如. – algo mejor (略好一点). *hào siē* 好些.

Mejoria del enfermo (np.病愈、康复). *piń iù leào* 病愈了.|. *piń hào leào* 病好了. idest mejoro (即好转了).

Melancolia (n.忧郁、苦闷). *iēu muén* 忧闷.|. *iēu chêu'* 忧愁.|. *iēu iǒ* 忧郁.|. *iǒ muén* 郁闷.

Melancolico (a.忧郁的). *iēu chêu' tiě* 忧愁的.|.*iēu muén tiě* 忧闷的.|. *siń chiāo tiě* 心焦的.

Mella, vt sic (n.缺口、豁口、破口等). *kiuě'* 缺.

Mellado de dientes (np.牙齿掉落不全). *kiuě' chỳ* 缺齿⑤.

Melliços de un vientre (np.同一胎生的孪生子). *xoāng seṅg* 双生.|. *kiǎ xoāng* 夹双.

---

① 犹善坐、至善坐，打禅的一种坐姿。xeń，原标为去声，柯本改为阳平 xên，其词作"坐禅"。

② *çú*，去声，柯本写为"思"。

③ 柯本写为"入进益日"。

④ 言外之意：而其实更好。

⑤ *chỳ*，脱送气符。

Melonar (n.瓜田). *kūa iuên* 瓜园.

Melon (n.香瓜、甜瓜). *tiên' kūa* 甜瓜.|. *hiāng kūa* 香瓜.

Membrillo (n.榲桲、温柏). *mǒ kūa* 木瓜.

Memoria potencia (np.记忆力). *ký hân* 记含.|. *ký sińg* 记性.

Memoria (n.记忆), acordarse (vr.记住、记得). *ký nién* 记念.|. *ký ý* 记忆①.|. *ký chǒ* 记着.|. *ký tě* 记得. – tener en la memoria (保持在记忆中). *kuá nién* 挂念.

Memorial para el Rey (np.上呈皇帝的报告). *puèn* 本. – meter lo (呈递报告). *xáng puèn* 上本.|. *çhe'ú puèn* 奏本.

(p.138)

Memorial para los mandarines, peticion (np.向官员呈递的报告，请愿或申述). *chîn'g çhǔ* 呈子. – meter lo (提交报告). *tỳ chîn'g* 递呈.

Memorial (n.备忘录), libro de memoria (np.记事本). *sú pú* 诉簿.|. *ký sú puèn* 记诉本.

Memoria (n.记忆), no oluidarse (vp.不忘怀). *ký siñ* 记心.|. *hoây siñ* 怀心.|. *ký ý* 记忆②.|. *ký nién* 记念.

Memorias recaudos en cartas, muchos recados ettª. (np.在信中表示问好、多多问候，等等). *chý ý* 致意.|. *tō páy xańg* 多拜上.

Mencion (n.提及、讲到), hize mencion de ti (s.[他]提到了你). *ký tě nỳ leào* 记得你了.|. *xuě nỳ leào* 说你了. vt sic (类似的说法又如). *tý' xuě* 提说.|. *tý' kiě* 提及.

Mendigar (vt.乞讨、要饭). *ki'ě xě* 乞食.|. *kiêu' xě* 求食.

Mendigo (n.乞丐). *hōa çhǔ* 花子/化子.|. *kaý çhǔ* 丐子.

Mendiga (n.女丐). *ki'ě xě pô'* 乞食婆.

Mendiguez (n.行乞), gran pobreza (np.赤贫). *kiûn'g fǎ* 穷乏.|. *kiûn'g kiě* 穷急/穷极.

Mendrugo de pan (np.吃剩的干硬面包，尤指给乞丐的). *chân' mién têu'* 残面头.|. *puón ku'áy mién têu'* 半块面头.|. *iě ku'áy muôn têu'* 一块馒头.|. *muôn têu' iě ku'áy* 馒头一块.

Menear (vt.摇晃、摆动). *tuńg* 动.|. *kiù tuńg* 举动.|. *iún tuńg* 运动.

---

① 柯本作"记意"（=寄意），与词目不合。

② 此处柯本也写为"记意"。

Menearse (vr.摇摆、晃动). *iâo tuńg* 摇动. – andando (如走路时). *hiñg tuńg* 行动.|. *chèu tuńg* 走动.

Menear el agua, o, aseyte, ett*. (vp.摇晃或搅动水、油，等等). *iâo xùy* 摇水. ett*. (等等).

Menear las manos diziendo de no (vp.摇摆双手表示"不"). *iâo xèu* 摇手. – la cabeça (以摇头示意). *iâo têu'* 摇头.

Menear las manos, vt sic (vp.挥手、摆手、做手势等). *tuńg xèu* 动手.

Menear el remo grande por la popa (vp.摇动船尾的大桨). *iâo lù* 摇橹.

Menear el cuerpo echando piernas, y ombros (vp.摇晃身子，连肩带腿一起动). *iâo pày* 摇摆.

Menear, incitar (vt.促动，激发). *kù tuńg* 鼓动.|. *kàn tuńg* 感动.

Menear tirando (vp.拖动、拉动). *chēu' tuńg* 抽动.

Menear al deredor, o, rededor, vt rueda (vp.转来转去、转圈，如轮子). *chuèn tuńg* 转动.

Menearse el niño en el vientre (vp.胎儿在母腹中动弹). *fān tāy'* 翻胎.

Menear la cabeça diziendo de si (vp.摇晃脑袋表示"是"). *tièn teû'* 点头. – diziendo de no (表示"不"). *iâo têu'* 摇头.

Menear los cascabeles, tocar los (vp.摇马铃，摇响铃声). *iâo lińg* 摇铃.

Menear la lança, jugar la (vp.摇晃长矛，挥舞、把玩长矛). *cù chiañ'g* 使枪. – la catana (使弯刀、马刀). *vù tāo* 舞刀.

Meneos buenos (np.良好的训导). *hào chỳ tièn* 好指点.

Menguante de luna (np.月亏). *iuĕ hía vuańg* 月下望.|. *hía hiụên* 下弦①.|. *hía siûn* 下旬.|. *iuĕ kuē'y* 月亏.

Menguante del Mar (vp.海水消退). *xùy tu'ý* 水退.

Menguar, vt en la vasija, o secando al fuego (vi.减缩、缩小，例如用锅煎干，或者用火烘干). *siāo* 消.|. *chiēn kān* 煎干.|. *chiēn sǒ leào* 煎缩了.|. *chiēn chĕ leào* 煎窄了②.

Mengua, o pobreza (n.匮乏，或贫困). *kiûn'g fǎ* 穷乏.|. *kiûn'g kiụĕ'* 穷缺.|. *kue'ń fǎ* 困乏.

Mengua (n.减少、缩小). *xào leào* 少了.|. *xě leào* 失了.|. *kiụĕ' leào* 缺了.

Menguar, descrecer, vt boluiendo atras en las letras, o virtud, ett*. (vi.衰退，

---

① *hiụên*，柯本拟为"悬"。
② *chě*，柯本缺字。说汤窄了，意思是汤水少了；煎窄了，即把汤水煎干了。

衰减，比如在文学、德行等方面退步). *tu'ý heú* 退后.

Menester (n.日用必需、必备之物). *iáo iuńg* 要用. ett[a]. (等等). [参见：necessario (必要的).]

Menesteroso (a.贫困的). *pîn' kiûn'g* 贫穷. [参见：pobre (贫穷的).]

Menor, pequeñuelo (a.小、较小的，小小的). *siào tiě* 小的.

Menor respeto de mayor (ap.与较大的相比要小些). *keńg siào tiě* 更小的.

Menor de edad (ap.年纪小), muchacho (n.男孩、少年). *siào çhǔ* 小子.

Menor parte, la menor parte (np.小部分，较小的份额). *siào fuén* 小份.

Menos (a./ad.较少、更少). *keńg xào* 更少. – por lo menos[①] (至少、起码). *kiě xào* 极少.

Menos un Real (ap.少一个雷阿尔). *xào iě çhiên'* 少一钱. ett[a]. (等等).

Menoscabar la hazienda (vp.损毁资产). *p'ó kiā* 破家.|. *p'ó çhây'* 破财.

Menoscabo, falta (n.损失，短缺). *kiuě' xě* 缺失.

Menoscabo, detrimento (n.损害，破坏). *háy* 害. – recebir lo (受到损害). *xéu háy* 受害.

Menospreciar (vt.小视), tener en poco (vp.看轻). *kiñg' çhién* 轻贱.|. *kiñg' k'ý* 轻弃.

Menospreciar el mundo (vp.鄙视世界、厌弃世俗生活). *kiñg' xý* 轻世.|. *çhiuě xý* 绝世.

Menosprecio (n.蔑视), poca estima (np.不敬). *siě tǒ* 亵渎. – tratar con menosprecio (轻慢相待). *taý mań* 怠慢.

Mensagero (n.信使). *sò çhāy' tiě* 所差的.|. *sò kièn' tiě* 所遣的.

Mensaje (n.信函、口信、消息). *sò ký tiě iên* 所寄的言.|. *sò chǒ tiě hoá* 所嘱的话.

Mentir (vi.说谎、欺骗). *xuě hoańg* 说谎.|. *xuě pě* 说白.|. *tiáo hoańg* 掉谎/吊谎.|. *hû xuě* 胡说.|. *luón kiàng* 乱讲.

Mentiras, disparates (n.谎言、假话，蠢言、胡话). *hoàng iên* 谎言.|. *hiǔ tań* 虚诞.|. *hiǔ goéy* 虚伪.|. *vuańg tań* 妄诞.|. *kuán'g iên* 狂言.|. *chá iên* 诈言.|. *chá hoá* 诈话.

Mentis me, engañais me (s.你在说谎，你在骗我). *hoàng gò* 谎我.|. *pie'ń gò* 骗我.

Mentiras de lo escrito (np.文字上的讹误). *siè çhǒ' leào* 写错了.

---

① 这一短语不见于柯本。

Mentiroso (a.说谎成性的). *xuě hoàng tiě jiñ* 说谎的人.|. *pǒ laò xě tiě* 不老实的.|. *kiaò chá tiě* 狡诈的.

Menudear (vt./vi.详述细故、细话). *sò suý* 琐碎.

Menudo, pequeño, fino (a.琐细的，纤小的，精微的). *sý sý tiě* 细细的.|. *sý nién tiě* 细验的. – por menudo (繁碎、细琐地). *chiân'g sý* 详细.

Meollo, vt de fruta, melones, ett^a. (np.甜瓜、水果等物的瓤、肉). *jañg* 瓤. – de calabaça (南瓜、西葫芦等). *kūa jañg* 瓜瓤.

Meollo, o tuetano (n.髓，或骨髓、精髓). *sùy* 髓.|. *kǒ sùy* 骨髓.|. *nào sùy* 脑髓. [参见：sesos (脑髓、脑子).]

Meollos, cesos① (n.脑髓、骨髓、脑髓、脑筋). *têu' nào* 头脑. – no tiene meollo, o juyzio (没长脑子，即没有判断力). *mǒ têu' nào* 没头脑.

Mercar (vt.买、购买). *mày* 买.|. *mày lây* 买来. – por junto (成批购买、趸买). *chùng mày* 总买.|. *tū mày* 都买.

Mercader (n.商人). *chó mày máy tiě* 做买卖的.|. *xañg jiñ* 商人.|. *kiāo iě tiě* 交易的.|. *méu iě tiě* 贸易的.

Mercader de maderas (np.做木行生意的、木材商). *mǒ kě'* 木客.

Mercader del sal (np.买卖食盐的), salinero (n.盐商). *iên xañg* 盐商.|. *chó iên* 做盐.

Mercader grueso de cosas de valor (np.做贵重物品生意的大商人). *tá kě'* 大客.|. *kě' xañg* 客商.|. *fañg hó chè* 放货者.

Mercado, plaça (n.集市，广场、市场). *iâ chîe'n* 街前.|. *xý chìng* 市井.

Mercadear (vi.做生意、经商). *chó mày máy* 做买卖.|. *kiāo iě* 交易.

Mercadurias (n.商品). *hó vuě* 货物. – de piedras preciosas (珠宝玉石之类). *kiñ iǒ* 金玉. – de pieças, y sedas (布匹和丝绸). *pú pě* 布帛.

（p.139）

Mercado (n.集市). *kiāy xý* 街市.|. *hú xý* 互市②. – Alcayzeria (市场，尤指买卖生丝的场所). *chîn'g xý* 城市.|. *hañg xý* 行市.|. *mà têu'* 码头.

Mercader estranjero (np.外来客商、外国商人). *liù kě'* 旅客.

Mercader de arroz (np.米商). *mỳ hú* 米户.|. *mỳ hañg* 米行.

Mercader de bacas (np.牛商). *máy niêu tiě* 卖牛的. et sic de singulis (做其他

---

① 上一条提示参见 sesos，其旧拼即 cesos。
② 特指与其他民族以及外国人通商的市场。柯本作"户市"。

买卖者可依此类推).

Merced, beneficio (n.赏赐，恩惠). *gēn* 恩.|. *gēn çú* 恩赐.|. *gēn çhě* 恩泽.|. *gēn hoéy* 恩惠. [*tě hoéy* 德惠.|. *tě çú* 德赐. para escritura (书面语词).]

Merced del Rey (np.君王给予的恩赐). *fuǹg çheńg* 封赠.|. *kiń' çú* 钦赐.|. *gēn tièn* 恩典.|. *iǔ çú* 御赐.|. *gēn çú* 恩赐.

Merecer (vt./vi.应得、理当称赏). *liě kuňg* 立功.|. *kién kuňg* 建功.|. *chîn'g kuňg* 成功.|. *kań kuňg* 干功①.

Merece, ettª. (vt.应该、必须、值得，等等). *kāy* 该.|. *taňg* 当.|. *kāy taňg* 该当.|. *ińg* 应.

Merece morir (vp.理应处死、合该去死). *kāy çù* 该死.|. *taňg çù* 当死.|. *çháy çù fǎ chuňg* 在死罚中.

Merece su pecado mil muertes (s.就他的罪行该判处一千次死刑). *kỷ' çhúy hǒ vuán çù* 其罪合万死.

Merecimientos (n.成就、功绩). *kuňg lâo* 功劳.|. *kuňg* 功.|. *hiūen lâo* 勋劳.|. *kuňg çhiě* 功绩.|. *lâo çhiě* 劳绩.|. *hiáo lâo* 效劳.

Meritos virtuosos (np.德行高尚的功业). *kuňg tě* 功德.

Merito (n.功绩), perder el merito (vp.丧失功业), desmerecer (vi.不配称赏). *xě kuňg* 失功.|. *páy çhiě* 败绩.|. *pǒ chîn'g kuňg* 不成功.|. *vû kuňg* 无功.

Meritos grandes (np.巨大的功劳). *tá kuňg* 大功.|. *poēy çhiě* 丕绩②.|. *kiáy xý chỹ kuňg* 盖世之功③.

Meritos de los antepasados (np.先辈的功绩). *iń çhiě* 荫绩④.

Merienda (n.午后的点心、午饭). *tièn siň* 点心.

Mes, o, luna (n.月、月份，或月亮). *iuě* 月. – de 30. dias (一月三十天). *iuě tá* 月大. – de 29. (一月廿九天). *iuě siào* 月小. – mes intercalar (闰月). *juń iuě* 闰月.

Mes y medio (np.一个半月). *iuě puón* 月半.

Mes entero (np.整个月、满满一个月). *chēu iuě* 周月. – en todo este mes (在整个这一月). *iuě çhín* 月尽.

---

① 犹功干，才干。
② 柯本作"倍绩"。
③ *kiáy*，柯本写为"诫"。
④ *iń*，柯本拟为"胤"。"荫绩"，谓先辈建立的功绩可以荫庇子孙；"荫"读去声，一如此处所标。

Mes primero de su año (np.中国人阴历年的第一个月). *chiñg iuĕ* 正月.

Mes pasado: el mes pasado (np.上个月：过去的一个月). *çhîe'n iuĕ* 前月.

Meses de ynuierno (np.冬天的几个月). *tuñg* 冬①.

Meses de uerano (np.夏天的几个月). *hía iuĕ* 夏月.

Mes acabado (np.一月之终), al fin del mes (pp.到月底) *iuĕ çhín* 月尽.|. *iuĕ chuñg* 月终.|. *iuĕ mŏ* 月末.|. *iuĕ uỷ* 月尾.

Mes del parto de la muger (np.女子分娩的月份). *xún iuĕ* 顺月.

Mes despues del parto (np.分娩之后的一个月). *çhàn' héu iuĕ* 产后月.

Mes presente, este mes (np.当前的月份，本月). *ché kó iuĕ* 这个月.|. *kiñ iuĕ* 今月.

Mes decimo (np.第十个月), Deciembre (n.十二月). *lă iuĕ* 腊月.

Mes, o, mestruo muliebre (n.月事，即女子每月的经期). *iuĕ kiñg* 月经.|. *iuĕ siń* 月信.|. *siào çhàn'* 小产.|. *kiñg xùy* 经水②.

Mestruo (n.月经), sanguis mestrualis (np.经血). *lŏ huñg* 落红. – tempus menstruy (来月经的时间、经期). *kiñg héu* 经后.

Mesa (n.桌子). *chŏ çhù* 桌子.|. *tây'* 台. – la de los tribunales (法庭上用的桌子). *gań* 案.

Mesa quadrada (np.四方的桌子). *chūn tây'* 衡台③.|. *pă siēn chŏ* 八仙桌.

Mesa redonda (np.圆形的桌子). *iuên chŏ* 圆桌.

Mesa con caxones (np.带抽屉的桌子). *chēu' siañg chŏ* 抽箱桌.

Mesa para quemar olores (np.供烧香用的桌子). *hiāng gań* 香案.|. *hiāng kỷ* 香几.

Mesa de libros (np.书桌). *xū gań* 书案. – numeral de ellas (以上各类桌子的量词). *chañg* 张. v. g^a. vna mesa (例如一个桌子). *iĕ chañg chŏ* 一张桌.

Mesa donde ponen la tablilla del difuncto (np.放置死者牌位的桌子). *liñg chŏ* 灵桌.

Mesa con manjares (np.摆妥菜肴的桌子). *chŏ siĕ* 桌席. – sentarse a la mesa (在桌子跟前落座). *xańg chŏ* 上桌.|. *xańg siĕ* 上席.

Mesmo tiempo (np.同一时间), en el mesmo tiempo, al mesmo tiempo，(pp.在同一时间，同一时候). *tañg xỷ* 当时. – en la mesma noche (在同一夜

---

① 比照下一条，似脱"月"字。
② 此词的前面原有一个拉丁语词组 talis sanguis（这一类血），被画线删除。
③ *chūn*，柯本缺字。"衡"，纯正、标准。

晚). *tañg ié* 当夜. – en el mesmo dia (在同一天). *tañg jě* 当日. ett ͣ . (等等).

Meson, venta (n.客店，客栈). *hiě p'ú* 歇铺.|. *hiě tién* 歇店.|. *kě' kuòn* 客馆.|. *kě' tién* 客店. – Bodegon (饭馆、酒家). *fań tién* 饭店.

Mesonero (n.客店老板). *tién chù* 店主. – los guespedes les llaman (客人这样称呼店主). *chù jiń* 主人.|. *chù jiń kiā* 主人家.

Mesarse los cabellos (vp.用手捋弄、整理头发). *çhày' têu' fǎ* 捋头发.|. *çhày' pǎ têu' fǎ* 捋巴头发.①

Mesquita de moros (np.摩尔人的清真寺). *lỳ páy çhǔ'* 礼拜祠.

Mesuradamente, modestè (ad.温文尔雅地，谦恭有礼地). *sū vuên* 斯文.

Mesurado, modesto, graue (a.言行适度的，恭谨的，严肃的). *goēy ȳ tiě* 威仪的.|. *goēy iuǹg tiě* 威容的.

Metaphora (n.隐喻、比喻). *iú iên* 寓言.|. *tǒ' iên* 托言.|. *kỳ iên* 寄言.|. *xě iên* 设言.|. *çhié iên* 借言.

Metal, vt sic (n.金属，总称). *kiñ* 金. – los 5. que ellos ponen (中国人使用的五种金属). *gù kiñ* 五金.

Meter dentro (vp.置入、放进). *chín lỳ têu'* 进里头.

Meter memorial (vp.递交报告). *tỳ chín'g* 递呈. – al Rey (向君王呈交). *tỳ puèn* 递本. [参见：memorial (备忘录、报告).]

Meter lo el corazon, o seno (vp.把某事放在心上，心系或怀揣). *fańg çháy hoây chuñg* 放在怀中.|. *siēu çhâng' iṳ siń* 修藏于心②.|. *chǎ' hoây chuñg* 插怀中.

Meter debaxo de tierra (vp.埋入土中、藏在地下). *mây iṳ tù'* 埋于土.|. *çhân'g iṳ tù'* 藏于土.

Meter en la manga (vp.放进袖子). *çhân'g siéu lỳ ki'ú* 藏袖里去.

Meterse donde no le llaman de pies, y manos (vp.把手和脚伸到本不该出现之处，插手、插足). *chǎ' kiǒ, chǎ' xèu* 插脚插手.|. *chǎ' ta'ó* 插套③.

---

① 柯本把西语词目理解为用手拔头发（to pluck off the hair with the hands），将注音还原为"採头发""採拔头发"。"捋"与"採"形近，*çhày'* 一音盖由读白字而生。今北方话仍说把头发"捋巴捋巴""捋巴顺溜"。

② "修藏"，犹藏修，谓潜心琢磨。*siēu*，柯本拟为"收"，推测记音有误，或可能受到闽方言影响。

③ 此词疑为误植，当归上一条或下一条。

Meter las manos en la mangas (vp.把双手插进袖子). *tuñ'g siéu* 通袖.|. *lièn xèu* 敛手.|. *çhín xèu* 搢手.

Meterse en muchos negocios (vp.涉足很多事务). *nǎ chǎ çú* 纳杂事.

Meterse en este negocio (vp.参与、卷入此事). *tǎ ché iě kień çú* 搭这一件事.

Meterse en todo (vp.事事插手、百般干预). *chǎ' iāo* 咤吆.|. *iāo kèu'* 吆口.|. *iāo xě* 摇舌.①

Meterse con el② (vp.与他往来). *lǎ lā'* 搭他.

Meter su alcaldada (vp.硬行干预某事、霸道行事). *chǎ' kèu'* 插口.|. *çhân' kèu'* 搀口.

Meter lo todo a barato (vp.吵吵闹闹打断说话). *chǎ çhiě* 喳喊③.

Metropoli (n.首府). *seǹg çhiñ'g* 省城.

(p.140)

Mesclar (vt.掺和、混合). *çhān'* 掺/搀.|. *çhān' luǹg* 掺拢.|. *kiào hô* 搅和.|. *kiēn hô* 兼和. vt licores (如酒、液体).

Mexillas (n.面颊). *lièn* 脸. – las dos mexillas (两颊). *leaǹg sāy* 两腮.

Mesclarse vnos con otros (vp.一些与另一些混杂起来). *kiāo chǎ* 交杂.|. *chǎ hô* 杂和.|. *kiēn luǹg* 兼拢.|. *pǒ chǎ* 驳杂④.

Mesclarse hombres con mugeres (vp.男人与女人混合). *nân niù hoēn chǎ'* 男女混杂.

Mesclar con agua (vp.将水掺入其中). *çhān' xùy* 掺水.

Mesclarse carnaliter parientes con parientes (vp.亲属之间发生肉体关系、血亲混交). *luón çhūng* 乱宗.|. *fań ý* 犯义.

Mescla de varios colores (vp.各种颜色混杂). *chě sě* 杂色⑤.

Mesclados (n.混乱杂沓). *hoēn chǎ* 混杂.|. *luón chǎ* 乱杂.|. *hoēn iâo* 浑肴⑥.|. *iâo chǎ* 肴杂.|. *chǎ luón* 杂乱.

---

① 柯本写为"插吆、吆口、吆舌"。
② 柯本理解为与某人干架(to pick a fight with someone),但"搭"并无此义。
③ 柯本缺字。
④ 柯本作"拨杂"。
⑤ 柯本注：*chě* 似为 *chǎ* 之误。
⑥ *iâo* 及下一例,柯本均写为"摇"。"浑肴""肴杂",古人时或如此写,犹浑淆、淆杂。

Mescla de tierra y arena (np.泥土与沙子的混合). *xā tù'* 沙土. – de cal y tierra (石灰与泥土的混合). *hoēy tù'* 灰土. – gala gala① (柏油). *iêu hoēy* 油灰.

Mescla de varias ciencias (np.各种学问的杂糅). *chǎ hiǒ* 杂学. – de Artes mecanicas (各门手艺的汇集). *chǎ ý* 杂艺.|. *chǎ chý* 杂智.

Mesquino, apocado (a.吝啬的，小气的). *pỳ' liń* 鄙吝.|. *siào kiā* 小家.|. *uý tá fañg* 未大方.|. *kiēn' liń* 悭吝.|. *liń chiên'* 吝钱.②

Mesquinear (vi.吝啬、吝惜). *seǹg iuńg* 省用.|. *chó kiā* 做家.

Mi.

Miedo, temor③ (n.害怕，担忧). *p'á* 怕.|. *kiǹg* 惊.|. *kiǹg p'á* 惊怕.|. *kiǹg goéy* 惊畏.|. *kiǹg hoâng* 惊惶.

Miedo grande, que dar espantado de miedo (np.大惊，以至陷入恐惧). *chǒ kiǹg* 着惊.|. *xéu kiǹg* 受惊.|. *ki'ě iě kiǹg* 吃一惊.

Miedo (n.恐惧), cosa medrosa que pone miedo (np.会引起恐惧的可怕事物). *p'á jiñ tiě* 怕人的.|. *hě cù jiñ tiě* 吓死人的.

Miel (n.蜜、蜂蜜). *miě* 蜜. – de Abejas (蜜蜂酿的). *fuǹg miě* 蜂蜜. – agua miel (蜜汁水). *miě xùy* 蜜水. – hazer miel las Abejas (蜜蜂酿蜜). *jańg miě* 酿蜜.

Miembro, vt sic del cuerpo (n.肢，尤指构成全身的各部分肢体). *chȳ* 肢.|. *chȳ tỳ'* 肢体. – los 4. quartos (四个部分的肢体). *cú chȳ* 四肢.

Miembro del venado (np.公鹿的外生殖器). *lǒ piēn* 鹿鞭.④

Membrum virile (np.男性生殖器). *leâo chù* 屪子. – hablando castamente se dize (文雅的说法是). *iańg vuě* 阳物.|. *jiń muên* 人门.|. *hía tù* 下肚.|. *iñ hía* 阴下.

Membrum muliebre (np.女性生殖器). *pȳ* 屄. – es tosco, el casto es (这是粗俗的词，文雅的说法为). *iñ vuě* 阴物.|. *iñ muên* 阴门.|. *siào pién sò* 小便所. [参见：partes (生殖器官).]

---

① 即 galagala（p.103）。
② 在 "鄙吝" 和 "小家" 之间，柯本还录有 "小吝"，柏林本无此。
③ 柯本漏录此词。
④ 鹿鞭、牛鞭之类，传统信以为滋补品。柯本将西语词目理解为某个部位的鹿肉（a side or quarter of venison），遂将字写为 "鹿边"。

Miembro por miembro (np.逐个肢体、全部的肢体). *chȳ chȳ chiě chiě* 肢肢节节.|. *çú chȳ pě chiě* 四肢百节.|. *çú tỳ'* 四体.

Mientras, o mientras que (conj.同时，与此同时). *xỳ héu* 时候.|. *xỳ chiě* 时节.

Mierda (n.排泄物、脏东西). *xỳ* 屎. – es tosco, el hurbano es (这是粗俗的词，有教养的说法为). *fuén* 粪. basura (畜粪).

Miercoles, los españoles dezimos (n.星期三，西班牙人这么说). *chù sān* 主三. los ytalianos digo Portuguenes dizen (意大利人，尤其葡萄牙人则说). *chù çú* 主四. feria 4. (也即第四个工作日). *chēn lỳ çú* 瞻礼四.

Migaja de pan (np.面包屑). *mién têu' siě* 面头屑.|. *muên têu' suý* 馒头碎[1].

Mil (num.千). *chiēn'* 千. – vn mil (一千). *iě chiēn'* 一千. – millares (数千、许多). *vuán vuán* 万万.|. *chiēn' vuán* 千万.

Mil vezes (np.千次). *chiēn' chāo* 千遭.|. *chiēn' piên* 千遍.

Millar (num.千). *chiēn'* 千. – vn millar (一千). *iě chiēn'* 一千.

Milagros (n.奇迹). *xíń chiě* 圣迹.|. *liń nién* 灵验.|. *xîn kỳ'* 神奇. – hazer milagros (创造奇迹). *chó xíń chiě* 做圣迹.|. *hiń xíń chiě* 行圣迹.|. *hièn xîn liń xíń chiě* 显神灵圣迹.

Milano (n.苍鹰、鸢). *iè iń* 野鹰.|. *chū'n niào* 春鸟[2].|. *iuên niào* 鸢鸟.

Milicia (n.军事、战事). *vù niě* 武业. – en quanto arte (作为一门艺业). *vù hiǒ* 武学.

Milicia por tierra (np.陆地战争). *lǒ chén* 陆战.|. *pú chén* 步战. – por agua (在水上). *xùy chén* 水战. – de acaballo (以骑兵). *mà chén* 马战. – de carros (以兵车). *chē' chén* 车战.[3]

Milicia (n.军队、行伍), andar en milicia (vp.入伍、参军). *lìng juń mà* 领戎马.|. *tāng piń* 当兵.|. *ch'ě leań* 吃粮.

Milla chinica (np.中国的里程单位). *lỳ* 里. diez hazen vna legua[4] (十里相当于我们欧洲的一里格). – vna milla (一里). *iě lỳ* 一里. ettᵃ. (等等).|. *iě hiě lú* 一歇路[5].

---

① *muên*，柯本转录为 *mién*，其词作 "面头碎"。

② 似与西语词目不合。*chū'n*，柯本拟为 "隼"。

③ 本条的五例 *chén*，柯本都误录为 *chín*，字一律作 "阵"。

④ 参见 Legua（p.126）。

⑤ "一歇"，一阵子，一会儿。

Millares de millares (np.千千万万、许许多多). *vuán vuán* 万万.|. *çhiēn' vuán* 千万. – ynumerables (数不过来的). *vû sú* 无数.

Mis tios de parte de Padre, el mayor (np.父亲的兄弟，年长的我称他为). *kiā pě* 家伯. – el menor (比父亲年轻的称为). *kiā xǒ* 家叔.

Mi madre (np.我的母亲). *kiā mù* 家母. cortesia (礼貌用词).

Mi madre difunta (np.我已故的母亲). *siēn mù* 先母.

Mio (pron.我的). *gò tiě* 我的.

Mi Padre (np.我的父亲). *kiā fú* 家父. – difunto (已故的). *siēn fú* 先父. hablando en cortesia (有礼貌的说法).

Mina debaxo de tierra (np.地下的坑道、地穴、矿藏). *tý táo* 地道.|. *tý tuńg* 地洞.|. *niě kūn'g* 匿空.

Mina de oro (np.储金的矿藏). *kiñ kung* 金矿.|. *kiñ xān* 金山. – de plata (储银的). *iñ kuńg* 银矿.|. *iñ keñ'g* 银坑. – de hierro (储铁的). *tiě' kuńg* 铁矿.|. *tiě' keñ'g* 铁坑. ett^a. (等等).

Minar (vt.掘坑道), hazer mina (vp.挖地洞). *chūe'n tý táo* 穿地道.|. *gán tà tý tuńg* 暗打地洞.|. *gán kiụě tý táo* 暗掘地道.|. *gán kiuě fó táo* 暗掘伏道. vt en los exercitos (如陆军的做法).

Minar (vt.采矿), abrir mina de metal (vp.开采金属矿). *kāy' kung* 开矿.|. *kāy' chūe'n xān* 开穿山.

Minero (n.矿层), vena de metal (np.金属储藏的矿脉). *kiñ* 筋. – de oro (藏金的). *kiñ tiě kiñ* 金铁筋. – de plata (藏银的). *iñ kiñ* 银筋.

Minador (n.采矿者、矿工). *kāy' kung tiě* 开矿的.

Minuta, borrador (n.草记、底稿、草稿、初稿). *kào* 稿.|. *çhào' kào* 草稿.

(p.141)

Ministro, vt de Justicia (n.职员，如法院的吏员). *xèu hiá* 手下.|. *xǒ hiá* 属下.|. *pây' têu'* 牌头.|. *iǎ pǒ xèu* 押捕手①.|.*iǎ iụ̀* 衙役.

Mi Abuelo, hablando en cortesia (np.我的祖父，有礼貌的说法). *kiā çhù* 家祖. – Difunto (已故的). *siēn çhù* 先祖. – mi Abuela (我的祖母). *kiā çhù pỳ* 家祖妣. – Difunta (已故的). *siēn çhù pỳ* 先祖妣.

Mi hermano mayor, en cortesia (np.我的哥哥，有礼貌的说法). *kiā hiūng* 家兄. – Difunto (已故的). *siēn hiūng* 先兄.

---

① 柯本缺字。唯第二个字音的拼法有疑。

Mi hermano menor (np.我的弟弟). *xé tý* 舍弟. – Difunto (已故的). *sieñ tý* 先弟.

Mi hermana mayor (np.我的姐姐). *kiā çhiè* 家姐. – Difunta (已故的). *sieñ çhiè* 先姐.

Mi hermana menor (np.我的妹妹). *xě moéy* 室妹①. – Difunta (已故的). *sieñ moéy* 先妹.

Mi hijo, en cortesia (np.我的儿子，谦逊有礼的说法). *siào ûl* 小儿.

Mi hija (np.我的女儿). *siào niù* 小女.

Mi pariente (np.我的亲戚). *xé çhīn'* 舍亲.

Mi amigo (np.我的朋友). *pý ièu* 敝友.

Mi casa, o familia, en cortesia (np.我的家或家庭，谦逊有礼的说法). *hân kiā* 寒家.

Mi Reyno (np.我的国家). *pý kuě* 敝国.|. *pý pañg* 敝邦.

Mi criado (np.我的仆人). *siào kiáy* 小阶.|. *siào sṳ* 小厮②.

Mi nombre, en cortesia (np.我的名字，谦逊有礼的说法). *çhién mîng* 贱名.

Mi muger (np.我的妻子). *pý fañg* 敝房.|. *çhién fañg* 贱房.

Mi marido (np.我的丈夫). *lào kuñg* 老公.

Mi salud, en cortesia (np.我的身体、健康状况，谦逊有礼的说法). *çhién iańg* 贱恙.

Mi nieto (np.我的孙子). *siào sūn* 小孙.

Mi sobrino (np.我的侄子或外甥). *xé chě* 舍侄.

Mirar, vt sic (vt.看、望、注视等). *ka'ń* 看.|. *kień* 见.|. *ka'ń kień* 看见. [*xý* 视.|. *tù* 睹.|. *lań* 览.|. *pa'ń* 盼. para escritura (书面语词).]

Mirar azia lo alto (vp.往上看、仰视). *niàng ka'ń* 仰看. – con respecto (满怀景仰). *niàng vuańg* 仰望.|. *chēn niàng* 瞻仰.

Mirar de lexos (vp.往远处看). *iuèn ka'ń* 远看.|. *iuèn xý* 远视.|. *iâo vuańg* 遥望.|. *iuèn vuańg* 远望.

Mirar de arriba (vp.从上面看). *ka'ń hiá* 看下.|. *fù xý* 俯视.|. *vuàn ka'ń* 俛看③.|. *liñ hiá* 临下.

Mirar de adentro (vp.从里面看). *nuý ka'ń* 内看.|. *nuý kień* 内见.

Mirar guiñando del ojo (vp.边看边使眼色). *chāo ièn* 招眼.

---

① 犹家妹。第一个字音原写为 *kiā* "家"，涂去之后改写作 *xě* "室"。

② *sṳ*，有涂改之迹，似乎想改为 *çū*，同于 Criados（p.61）条下所见。

③ "俛"即"俯"，拼为 *vuàn* 是读的白字，以为与"晚、挽"同音。

Mirar por varias partes, mirar lo todo (vp.四处张望，什么都看). *ka'ń tuńg ka'ń sý* 看东看西.|. *chēu goêy ka'ń* 周围看.|. *çú kú* 四顾.

Mirar de atalaya (vp.从瞭望塔上观望). *vuańg* 望.|. *ka'ń* 看.

Mirar encontrando (vp.碰见、遇上). *iú kień* 遇见.|. *chiě kień* 接见①.

Mirar de rostro à rostro (vp.面对面互相看). *chě ka'ń* 直看.|. *chuēn ka'ń* 专看.|. *chě xý* 直视.

Mirar de paso (vp.扫一眼、过下目). *çhán kień* 暂见.|. *kúo mǒ çhán kień* 过目暂见.

Mirar con malos ojos (vp.用恶意的目光注视). *mǒ xīn ǒ xý* 目瞋恶视②. – con yra (满怀愤慨). *siāng gù xý vuańg* 相忤视望③.|. *nú mǒ xý chý* 怒目视之.

Mirar las flores (vp.观花). *xaǹg hōa* 赏花. – la luna (观月). *xaǹg iuě* 赏月. – la niebe (观雪). *xaǹg siuě* 赏雪. esto es recreandose en ello (凡此都有愉悦在其中).

Mirar al soslayo (vp.斜眼看). *chě' mǒ xý* 侧目视.|. *xeǹ ka'ń* 闪看.|. *siê mǒ xý* 斜目视.|. *siê ièn ka'ń* 斜眼看.

Mirar guardando (vp.看护、守卫). *ka'ń xèu* 看守.

Mirar por su salud (vp.照看自己的身子、料理自身的健康). *iaǹg xīn* 养身.

Mirar adelante (vp.往前看). *kién chiên'* 见前.|. *ka'ń chiên'* 看前.|. *hiang chiên'. vuāng vuāng jên ki'ǔ* 向前、望望然去④.

Mirar prouando (vp.试着看看). *xý ka'ń* 试看⑤.

Mirar el interior del hombre (vp.审视人的内心). *ka'ń jiń siń fǒ* 看人心腹.

Mirar vn poco (vp.略微看一下). *ka'ń iě ka'ń* 看一看.

Mirar la ventura (vp.看运气、测测运道). *ka'ń miń* 看命.|. *suón miń* 算命.

Mirar el *fuńg xùy* para enterrarse (vp.看风水以定何时入土). *ka'ń fuńg xùy* 看风水.|. *ka'ń iǔ* 堪典⑥. creen que esto es ciencia (他们相信这是一门科学).

---

① 谓迓迎、迎见。柯本作"结见"。
② 词序似误，当为"瞋目恶视"。
③ 谓相互敌视。"忤"，柯本作"恶"。
④ 谓失望而趋避，句见《孟子·公孙丑上》："推恶恶之心，思与乡人立，其冠不正，望望然去之，若将浼焉。"朱熹《集注》："望望，去而不顾之貌。"此句与前一词"向前"之间有句点，似应隔断。*vuāng vuāng*，柯本转录为 *vuáng vuāng*。
⑤ 柯本作"视看"。
⑥ 柯本作"看舆"。

Mirar de secreto (vp.偷眼望、悄悄看). *tēu' mǒ çhiě' vuańg* 偷目窃望.|. *tēu' çhiñg' ka'ń xý* 偷睛看视①.

Mirar lo interior (vp.察看内里). *kuōn nuý* 观内.|. *ka'ń lỳ mień* 看里面.

Mirar, cuydar (vt.照看，照料). *ka'ń kú* 看顾.|. *cháo kú* 照顾.

Mirar para atras (vp.往后看、回顾). *ka'ń heú* 看后.|. *hoêy kú* 回顾.|. *hoêy heú* 回后.

Mirar con misericordia (vp.怜悯同情地看待). *liên xý* 怜视.

Mirar con buenos ojos, moraliter (vp.目光殷殷地瞻望，引申义). *çhiñg' pa'ń* 清盼.|. *ỳ mǒ xý pa'ń* 以目视盼.

Mirar guiñando del ojo (vp.边看边使眼色). *chāo ièn* 招眼.②

Mirar sin pestañear (vp.眼睛不眨盯着看). *mǒ pǒ chuēn çhiñg* 目不转睛.|. *ièn chú ka'ń* 眼注看.|. *çhēng ka'ń* 睁看.

Mirar con amor (vp.充满爱意地看着). *kiu̯én xý* 眷视.|. *kiu̯én ka'ń* 眷看. – de concupicencia (色眯眯地). *kú liu̯én* 顾恋.

Mirar las linternas de su Paseua deleytandose en ellas (vp.在中国人的复活节期间观赏灯笼). *xaǹg teñg* 赏灯.

Mirar libros (vp.看书), estudiar (vt.学习). *ka'ń xū* 看书.

Mirar a vezes por alguna cosa (vp.轮流观看某样东西). *luñ ka'ń* 轮看.

Mirar y no poder ver lo (vp.看了，但是看不清或看不明白). *ka'ń pǒ kień* 看不见.|. *ka'ń pǒ mîng* 看不明.

Mirar a la lumbre (vp.借着光线、烛光等看). *cháo ka'ń* 照看. – al fuego (就着火光). *cháo hò* 照火.

Mirar açechando (vp.窥探). *çhiâo' ka'ń* 瞧看.

Mirar de soldados en atalaya (vp.士兵从瞭望塔上观察). *iēn tuñg lêu* 烟墩楼.|. *vuańg lêu* 望楼.|. *vuańg tây'* 望台. [参见：atalaya (瞭望塔).]

Mirar lo bien (vp.仔细看). *çhiân'g sý ka'ń* 详细看. – boluer à ver lo (回过头重新看). *çháy ka'ń* 再看.

Mirar con malos ojos (vp.用歹毒的眼神看人). *tǒ ièn ka'ń jiń* 毒眼看人.|. *tǒ ièn xaǹg jiń* 毒眼伤人.

Mirar flechando el corazon (vp.目光如箭穿心过). *ỳ mǒ xé siñ* 以目射心. vulnerasti cor meum (你伤了我的心).

---

① *çhiñg'*, 送气符为衍.
② 重复词条，也见本页.

Mirar por si (vp.考虑自己、自顾). *kú kỳ* 顾己. – por la vida (顾惜生命). *kú mińg* 顾命.

Mirar lo que dize (vp.思考所说的话). *siàng sò iên* 想所言.|. *siàng sò xuě tiě* 想所说的.

Mirador, Açotea (n.阳台，露台、屋顶平台). *iuě tây'* 月台.|. *xáy tây'* 晒台.

Mirra (n.没药). *mǒ iǒ* 没药/末药.

（p.142）

Miseria, pobreza (n.悲惨，贫穷). *kiûn'g kiě* 穷急/穷极.|. *kiûn'g fǎ* 穷乏.

Miserable (a.悲惨的), digno de conpasion (ap.值得同情的). *kò' liên tiě*. *kiûn'g jiñ* 可怜的、穷人.

Misericordia (n.怜悯、同情心). *chủ' poēy* 慈悲.|. *jîn chủ'* 仁慈.|. *chủ' jiñ* 慈仁.|. *kuōn jiñ* 宽仁.|. *chě' iñ* 恻隐.|. *chủ' chě'* 慈恻. – enquanto virtud (视之为一种品德). *jiñ tě* 仁德.

Misericordioso (a.宽怀仁慈的). *chủ' siñ tiě jîn* 慈心的人.|. *kuōn jiñ tiě* 宽仁的.|. *juèn siñ tiě* 软心的.|. *jêu siñ tiě jîn* 柔心的人.

Miserias, trabajos (n.贫穷困苦，种种艰辛). *laô kù'* 劳苦.|. *kù' chù'* 苦楚.

Missa, dezimos (n.弥撒，我们圣教的说法). *mỷ sǎ* 弥撒.|. *chý tiēn' chủ chȳ lỷ* 祭天主之礼.

Missal (n.弥撒书、祈祷经文). *mỷ sǎ kiṅg puèn* 弥撒经本.

Misturar, vt licores (vt.掺杂、混合，如酒等液体). *tiâo'* 调.

Mistura (n.混合、混合物). *siaṅg tiâo'* 相调. [参见：mesclar (混合).]

Mistos (n.混合物), cuerpos mistos (np.混杂、杂交而成的东西). *chǎ tỷ'* 杂体.

Mismo: el mismo (a.同样的：同一个). *chủ kỳ* 自己.|. *chủ kiā* 自家. [参见：mesmo① (同样的、同一个).]

Misterios, vt del Rossario (n.神秘、奥迹，如《玫瑰经》以及持念珠默祷). *tuōn* 端. – los 15. misterios (十五条奥迹). *xě gù tuōn* 十五端. – vn tercio de Rossario (《玫瑰经》的三分之一). *gù tuōn* 五端.②

Misterioso: profundo (a.神秘的：深奥的). *hiǔen miáo chỷ cú* 玄妙之事.|. *xīn miáo* 深妙.|. *gáo miáo* 奥妙.|. *gáo chỷ* 奥旨.|. *hiǔen chỷ* 玄旨.|. *hiǔen ý* 玄意.

---

① 与 mismo 是同一词。

② 十五端奥迹，指圣母玛利亚一生所历，分欢喜、痛苦、荣福三阶段；五端，即耶稣经历的五件事：降生、救赎、受难、复活、升天。

Misterioso (a.神秘的): intento profundo (np.深奥的意图). *vuŷ miáo* 微妙.|. *xīn gáo* 深奥. – Palabras tales misteriosas (神秘玄奥的话语). *miẻ iủ* 密语.|. *miẻ chỷ* 密旨.

Mitad, o, mitad de algo (n.半，或某物的一半). *puón, iẻ puón* 半、一半.|. *puón piēn* 半边.|. *puón kó* 半个.

Mitad de la mano, el medio (np.手的半当中，手心). *chaṅg siñ* 掌心.

Mitra de obispo, diremos (np.主教戴的法冠，我们这么叫). *chù kiáo lỳ kuōn* 主教礼冠.

Mo.

Moça de poca edad (np.幼年的女孩). *niủ chù* 女子.|. *siào niên tiẻ* 小年的.|. *ieú nién tiẻ niủ* 幼年的女.

Moça, criada (n.女仆，女佣人). *iā têu'* 丫头.|. *cù niủ* 使女.|. *iā hoân* 丫环.|. *pý niủ* 婢女.|. *ch'ẻ kiỏ pý* 赤脚婢.

Moço (a.年轻的 n.少年): de poca edad (ap.年纪小的). *héu seṅg* 后生.|. *ieú niên tiẻ* 幼年的.|. *xaó niên tiẻ* 少年的.|. *niên xaó tiẻ* 年少的.|. *mỏ niên kỳ* 没年纪.|. *fú chūn' chiēu' ià chè* 负春秋伢者[1].

Moçedad (n.青春), tiempo de ella (np.青春时期). *ieú xỷ* 幼时.|. *chiñ'g chūn'* 青春.|. *chuṅg kiỏ chȳ xŷ* 总角之时.|. *chiṅg' nieñ* 青年.|. *ieú niên* 幼年.|. *siào xỷ* 小时.

Mocedad (n.青春), los años de la mocedad no bueluen (s.青春年华不回转). *chiñg' chūn' pỏ cháy lây* 青春不再来.|. *chūn' chiēu' pỏ cháy laỷ* 春秋不再来.

Moço de seruicio (np.男仆). *siào sū* 小厮.|. *tuṅg' pỏ* 童仆.|. *kiā jiñ* 家人. – mi moço (我的仆人). *siào kiáy* 小价.|. *siào sū* 小厮. – moço de v. m. (您的仆人). *liṅ kiáy* 令价.|. *chūn cù* 尊使.|. *xiṅg kiáy* 盛价.

Moços de confiança (np.信任的仆人). *chiñ' sûy kiā jiñ* 亲随家人.|. *chiñ' siñ kiā jiñ* 亲信家人. – de recaudos (传递信件、转达口信的). *chûe'n miṅg tiẻ jiñ* 传命的人.

Moço de mulas, o, cauallos (np.赶骡、赶马的仆从). *mà fū* 马夫. – de Borricos (赶驴的). *liủ fū* 驴夫.

---

[1] 指耽误了青春的孩子。柯本缺第一、第四字。

Moços de Mandarines (np.官员的仆从). *xèu hiá* 手下. – por honrrar les (对他们的敬称是). *tá xǒ* 大叔.

Mocho, mutilado (a.肢体不全的、残废的). *kiuě' chȳ tỳ' tiě* 缺肢体的.|. *chě chȳ tỳ' tiě jiń* 折肢体的人.

Mochuelo (n.猫头鹰), Ave nocturna (np.夜行鸟). *chȳ' hiāo* 鸱鸮/鸱枭.

Mocos (n.鼻涕). *pý nûng* 鼻脓.|. *pý ý* 鼻洟. – el tosco es (粗俗的说法是): *pý xỳ* 鼻屎.

Mocos de hierro (np.铁屑、铁沫). *tiě' chā* 铁渣.

Mocion (n.心动、灵感). *kàn tuńg* 感动. [参见：mouer (运动).]

Modelo, exemplar (n.模式、样本). *mû iańg* 模样.|. *iańg çhǔ* 样子.|. *mû çhǔ* 模子.|. *kě xě* 格式.

Moderado, vt sic (a.适度的、有节制的，一般的说法). *kień jiń* 俭仁.①

Moderacion (n.适度、持俭). *çhiě iuńg* 节用.|. *çhiě seńg* 节省.|. *kień seńg* 俭省/减省.|. *çhiě chý* 节制.|. *çhiě kień* 节俭.

Moderado en la comida (ap.饮食有节制、膳食节俭). *tań pǒ* 淡薄. – en el vestido (节俭穿戴). *kień chūe'n* 俭穿. – en los gastos (节俭开支). *kień seńg* 俭省/减省.|. *kień iuńg* 俭用/减用.

Moderado en hablar (ap.说话有节制、言语谨慎). *kień kèu'* 俭口②.|. *kùa iên* 寡言.|. *seńg iên* 省言. – en negocios (一应事务). *fân çǔ kień seńg* 凡事减省③.

Moderado, afable (a.言行适度的、和蔼可亲的). *uēn hô tiě jiń* 温和的人.

Moderado en su persona (ap.为人谦和而克己). *pǒ iǔ çhǔ fuńg* 薄于自奉④.

Moderado en sus apetitos (ap.欲望有节制). *sǒ sińg çhiň'g iǒ* 索性清欲.|. *liên çhińg kùa iǒ* 廉净寡欲.⑤

Moderar (vt.控制、约束、调节). *kày tińg kuēy kiù* 规矩.|. *kuēy iǔ çhiě tú* 规于节度.|. *chó tińg kuēy* 做定规.

Modestamente (ad.言行适度、谦逊知礼地). *chińg kińg* 正经.|. *lỳ ý* 礼仪.

---

① Moderado, 柯本视为名词 (a moderate person)，故其字作"俭人"。俭仁，犹仁俭。《史记·秦始皇本纪》："子婴仁俭，百姓皆载其言。"
② 柯本作"减口"。
③ 谓减免繁文，排除冗杂。
④ 谓日用俭省，克己持身。柯本作"朴于自奉"。
⑤ 柯本作"索性情欲""廉静寡欲"。

Modernos siglos (np.当今的世纪). *kiñ xý* 今世.|. *hién xý* 现世.

Modernos letrados (np.现今的学者). *heú jụ̀* 后儒.|. *heú hiên* 后贤.|. *heú kiỏ chè* 后觉者.

Moderno vso (np.现行的式样、风格、用法等). *xý iańg* 时样.|. *xý vuên* 时文.|. *xý ta'ó* 时套.

Moderno tiempo (np.当代), aora (ad.现在). *tańg kiñ* 当今.|. *mỏ kin* 目今.|. *jụ̀ kiñ* 如今.|. *mỏ hiá* 目下.|. *hién kiñ* 现今. [*fańg kiñ* 方今. para escritura (书面语词).]

Modestia (n.正经、庄重). *tuōn choāng* 端庄.|. *choāng chuńg* 庄重.|. *choāng kińg* 庄敬.|. *goêy ý* 威仪.|. *xēn lień* 身敛①.|. *tuōn sỏ* 端肃.|. *kuńg sỏ* 恭肃.

Modesto hombre (np.谦恭正派的人). *tuōn fańg chińg taó tiẻ jiñ* 端方正道的人.|. *siańg máo tuōn choāng* 相貌端庄.|. *uēn kuńg xûn heú tiẻ jiñ* 温恭纯厚的人.|. *hiên hoéy tiẻ* 贤惠的.|. *chuńg heú tiẻ* 重厚的.

(p.143)

Modo (n.方式、方法), de este modo (pp.以这种方式). *ché iańg* 这样.|. *ché teńg iańg* 这等样. [参见：manera (方式).]

Modo, o estado de la cosa (n.方式、样子，即事物的状态). *çú xý* 事势.

Modo de vida (np.生活方式). *tú señg chȳ puèn* 度生之本.

Modorra (n.昏睡). *xúy tẻ pỏ siǹg* 睡得不醒.|. *xúy tẻ chuńg* 睡得重. no poder despertar (即醒不过来).

Modo, o, talle (n.情况，事态). *çhîng' xý* 情势.|. *máo choańg ta'ý* 貌状态②. – assi es: deste modo es (是如此：情况就是这样). *puèn çhîn'g xý jụ̀ çhủ'* 本情是如此. – porque de otro modo (否则的话). *pỏ jên* 不然.

Mofar (vt.嘲笑). *vù mán* 侮谩.|. *hý siáo* 戏笑.|. *siáo mán* 笑谩.|. *siáo tā'* 笑他.

Mofador (a.嘲弄人的). *kȳ' mán jiñ tiẻ* 欺谩人的.

Mofa (n.嘲笑). *kȳ' mán* 欺谩.|. *hý siáo* 戏笑.

Mojarracho (n.小丑). *çhó nô* 做傩③. [参见：enmascarado (戴假面的).]

Mohina (n.气恼、郁闷). *pỏ çhỏ ý* 不足意.|. *pỏ huōn hỳ* 不欢喜.|. *nú ý* 怒意.|. *nào nú* 恼怒.|. *pỏ hỳ* 不喜.

---

① *xēn*, 疑为 *xīn* 之误。身敛，犹敛身，指遇见贵人闪让或趋避。

② 疑脱字，可能想写"貌状""状态"。

③ *nô*, 柯本缺字。演傩戏者必戴彩妆面具，舞蹈动作夸张滑稽，或因此给西士留下小丑的印象。

Mohecerse, enmohecerse (vr.长绿毛、发霉). *seṅg moêy* 生霉.|. *xańg moêy* 上霉.

Moho (n.霉、霉迹). *moêy* 霉.

Mohoso (a.发霉的). *seṅg moêy tiě* 生霉的.|. *ièu moêy tiě* 有霉的.

Mojar (vt.弄湿). *tǎ xě* 打湿.|. *çhiń xě* 浸湿.|. *luńg xě* 弄湿.|. *chēn jún* 沾润.|. *jún çhě* 润泽.|. *nuón jún* 润润①.

Mojar penetrando (vp.里外湿透). *xě te'ú* 湿透.|. *te'ú xě* 透湿. – salpicando (因溅落). *çhién xě* 溅湿.|. *çhién kāy'* 溅开.

Mojar goteando (vp.因水滴落而沾湿). *tiě xě* 滴湿.|. *sēn leú* 渗漏. – roziando con la boca (用嘴喷水). *pu'én xě* 喷湿.

Mojar algo en el vinagre (vp.用醋淋或蘸). *chań çh'ú* 蘸醋. – en aceyte (用油). *tièn iêu* 点油.

Mojar algo (vp.稍微弄湿). *tièn xě* 点湿.

Mojar el pincel, o pluma en la tinta (vp.用毛笔或羽毛笔蘸墨水、墨汁). *çhiáo piě mě* 蘸笔墨②.|. *vù piě* 舞笔.

Mojar enpapando (vp.泡湿、浸湿). *çhě hiǎ* 泽洽③.|. *çhiń xùy* 浸水. [*xùy çhú* 水渍. para escritura (书面语词).]

Mojar el dedo, vt tomando agua bendita (vp.用指头蘸水，例如施圣水). *tièn xińg xùy* 点圣水.

Mojado (a.湿漉的、沾湿的). *xě leào* 湿了.|. *nuón leào* 润了.

Molduras (n.花样雕饰，尤指建筑物所用). *tiāo hōa* 雕花.

Mojon, limite (n.界石、路标、边缘、界线). *kiáy* 界.|. *pién kiáy* 边界④.

Molde (n.模型、模子). *mû* 模.|. *mû çhǔ* 模子⑤.|. *mû iańg* 模样. [参见: modelo (模式).]

Moler, vt trigo (vt.磨、碾、研、舂、捣、榨，如磨麦子). *mó* 磨. – vt medicinas, o, colores (又如药材、色料等). *luý iǒ* 擂药.|. *tào iǒ* 捣药.

Moler cañas de açucar (vp.榨甘蔗). *nién chè* 研蔗.

Moler en mortero (vp.用臼捣). *chuñ'g* 舂.

---

① *nuón*，柯本推测为闽音，与 *jún* 实为同一单音词。试比较下面的词目 Mojado，有词组 "*nuón leào* 润了"。

② *çhiáo*，柯本缺字。似为"醮"字的误读，可比较上上条 "*chań çh'ú* 蘸醋"。

③ 书面语词，当与"水渍"对换位置。

④ *pién*，柯本正为 *piēn*。

⑤ 此词不见于柯本。

Moler muy menudo (vp.精研、细磨、舂碎). *niên suý* 研碎.|. *liû suý* 鑢碎.|. *tào suý* 捣碎.|. *niên lań* 研烂. – en mortero (用臼). *tào lań* 捣烂.

Moler andando la rueda, o, taona (vp.转圈推磨，或用马拉磨). *chūy' mó* 推磨①.|. *iāy mó* 挨磨.

Moler alisando (vp.磨得光滑平整). *mô kuāng* 磨光.

Moler arroz haziendo arina (vp.把米磨成粉). *niên mỳ* 研米.|. *luý mỳ* 擂米.|. *chèn mỳ* 碾米②.

Moler tinta en sus tinteros (vp.用他们的墨盒即砚台磨墨). *niên mě* 研墨.

Moler arroz quitando le la cascara en el molino (vp.用磨子碾压稻谷，以去除外壳). *túy mỳ* 碓米. – en molino a mano (用手推的磨子加工). *luńg mỳ* 砻米.|. *luńg mó* 砻磨.|. *luńg kiǒ'* 砻壳.

Moler, moraliter, cansar (vt.磨、折磨，引申的用法，也即致人疲累、受苦). *mô nán* 磨难.|. *kù' jiń* 苦人. [参见：molestar (搅扰).]

Moler amolando, vt el cuchillo (vp.磨砺、磨快，如磨刀子). *mô* 磨.

Molestar (vt.搅扰、麻烦). *mô nán* 磨难.|. *luý jiń* 累人.|. *kù' jiń* 苦人.|. *mô jiń* 磨人.|. *nào jiń* 恼人.|. *kiào jiń* 搅人.

Molestia (n.搅扰、麻烦). *chào' náo* 吵闹. – y los antecedentes (上列各词都适用于表达此义).

Molesto, importuno (a.烦人的，讨厌的). *hoéy mô nán jiń* 会磨难人.|. *kù' jiń tiě* 苦人的.

Molinillo de mano (np.手推的小型磨子). *xèu mó* 手磨.|. *mó çhǜ* 磨子.

Molino de rueda (np.以转轮驱动的磨子). *mó çhǜ* 磨子.|. *xě liên* 石碾③. – de viento (风力带动的). *fuńg chē'* 风车.

Molino de agua (np.水力驱动的磨子). *xùy mó* 水磨.

Molino en que con mazos limpian el arroz (np.一种用槌棒清除稻壳的磨子). *mỳ túy* 米碓. – de agua (靠水力驱动的). *xùy túy* 水碓. – con los pies (用脚踏带动的). *kiǒ túy* 脚碓.

Molino, o athaona (n.磨子，或马拉的磨子), la tal casa (np.安置磨子的房舍). *mó fańg* 磨房.

Molino de caña dulce (np.甜秆或甘蔗的榨汁机). *niên chē'* 研车.

---

① 柯本作"槌磨"。
② *chèn*，"碾"误读为"展、辗"音。
③ 盖指磨刀器，类似今以脚踏带动的砂轮。

Molinero de trigo (np.磨麦子的人). *mó mién tiẻ* 磨面的.|. *mó kuñg* 磨工. – de arroz (磨米的). *túy mỳ tiẻ* 碓米的.

Mollera (n.头顶). *gẻ têu'* 额头.

Molido el cuerpo (np.浑身乏力、疲惫不堪). *suōn* 痠/酸. – los guesos (骨头酸痛). *tà kỏ têu'* 打骨头.

Molleja de las Aues (np.禽鸟的砂囊、嗉囊). *kiǹg* 颈①.

Mollir, vt cama (vt.弄松软，如床褥). *jêu* 揉.|. *juèn jêu* 软揉.

Mollete (n.圆面包). *juèn mién têu'* 软面头.

Mono (n.公猴). *hêu çhủ* 猴子. – mona (母猴). *hêu mù* 猴母.

Momento (n.瞬间、瞬时), vn instante (np.一刻、片刻). *kiñg' kẻ'* 顷刻.|. *xuń siẻ* 瞬息. [参见：instante (片刻).]

Momos, o, mimos (n.鬼脸，或丑角). *çhó kiǔ* 做鬼②.

Monarquia (n.君主制). *tuǹ'g* 统.|. *iẻ tuǹ'g* 一统.|. *tuǹ'g iủ* 统御.|. *tuǹ'g hiǎ* 统辖.

Monarca de todo el mundo (np.整个世界的君主). *tuǹ'g iủ vuán fañg* 统御万方.|. *iẻ tuǹ'g tiēn' hía* 一统天下.

Monacordio (n.古式钢琴). *tûn'g hiên kiñ'* 铜弦琴.

Monasterio (n.修道院). *iuén* 院.

Mondadientes (n.牙签). *chỳ' tǎ'* 齿剔③. – palillo de dientes (剔牙的小棍). *iâ çhiēn'* 牙签.|. *iâ chañg* 牙杖.

Mondar, vt fruta (vt.去皮，如削水果). *ki'ú pỷ'* 去皮.|. *siỏ pỷ'* 削皮.

Moneda (n.钱币). *çhîe'n* 钱. – de plata (银质的). *iñ çhîe'n* 银钱. – de cobre (铜质的). *tûn'g çhiên'* 铜钱.

Monje, hermitaño (n.僧侣、修士，隐士). *iǹ siēu* 隐修.

Monjas suyas (np.他们的女僧侣). *nỷ kú* 尼姑. – a las nuestras dezimos (我们圣教的女性僧侣则称). *xèu tûn'g xīn* 守童身.|. *siēu taó tiẻ niù* 修道的女.|. *iǹ siēu tiẻ niù* 隐修的女.

---

① 盖因嗉囊位于禽鸟食道的中下部，看似脖颈的组成部分，才如此叫。

② *kiǔ*，柯本缺字。实即"鬼"字的方音，如吴语便如是。其音底下画有横线，似即提醒此为异读。

③ *tǎ'*，柯本拟为"扡"，推测其为闽方言词。按：其字即"剔"，在闽方言、围头话里的发音都接近 *tǎ'*。"齿剔"，犹剔齿、剔齿签，明清语言里通俗的说法是剔牙、剔牙签、剔牙杖。

Monopolio (n.垄断). *xańg jîn siańg iǒ kiá* 商人相约价.

Monstruo (n.妖怪、畸胎). *kuáy* 怪. – que nace de muger (女人所产的). *tāy' fań* 胎犯.|. *ý çhàn'* 异产.|. *kuáy çhàn'* 怪产.|. *niù káy* 女丐①.|. *iāo kuáy* 妖怪.|. *iāo çhiñg* 妖精.

Monstro (n.怪物、妖怪), de mona (np.猴妖). *hêu çhiñg* 猴精. – de puerco (猪妖). *chū çhiñg* 猪精.②

Monstruosa cosa (np.奇异怪特的东西). *kuáy vuě* 怪物.|. *kuáy ý* 怪异.|. *ky' kuáy* 奇怪.

Montes de minas de plata (np.银矿山). *iń xān* 银山.

Montes (n.山). *xān* 山.|. *liǹg* 岭③. – numeral de montes (指山的量词). *têu'* 头.

(p.144)

Montes altos (np.高山). *kāo xān* 高山. – con cuestas dificiles (陡峭难攀的). *çhiún liǹg* 峻岭. – espesos con arboledas ettᵃ. (丛林茂密、草木葱郁). *xīn xān* 深山.|. *xīn liń* 深林.

Montes continuos, cordillera de montes (np.山连着山，山势若链、延绵起伏). *xān luńg kuó mě* 山龙过脉④.

Montes que diuiden la juridicion (np.构成行政辖区分界的山脉). *kuān xān* 关山.

Montes 3. los mas altos de la china (np. 三山，即中国最高大的三座山). *kuēn' lûn* 昆仑.⑤

Montes sinco de fama (np.五大名山). *gù iǒ* 五岳.

Montes que todo es piedra sin yerba (np.布满石头、寸草不生的山). *xě xān* 石山.

Monteria, o caça (n.狩猎，或追猎). *tà liě* 打猎.|. *tà goêy* 打围. caçar, idez (义同，即打猎).

Monte el mas afamado en la Prouincia de *xān tuńg* que llaman (山东省最有名的一座山，称为). *t'áy xān* 泰山.

---

① *káy*，柯本缺字，猜测其仍为"怪"，属闽南方音。
② 盖指孙悟空与猪八戒。
③ *liǹg*，上声，柯本转录为阳平 *lîng*，字作"陵"。
④ 风水学用语，柯本缺中间二字。
⑤ 未说全，昆仑只是三山之一。

Montañas (n.山岳、山区). *xīn xān* 深山.

Montañez, o, hombre montaraz (n.山民，即山里人). *iè jiñ* 野人.|. *xān jiñ* 山人. – por mala palabra (贬义的说法). *xān kuèy* 山鬼.

Monton (n.堆、堆集物). *tūy* 堆.|. *tūn* 墩. de piedras (石头的). *xě tūy* 石堆.|. *xě tūn* 石墩.

Moral, o, morera (n.黑桑树，桑树). *sañg xú* 桑树.|. *çhân' sañg* 蚕桑.

Mora fruta (np.桑椹、黑桑椹). *sañg çhǔ* 桑子.|. *sañg kùo* 桑果.|. *sañg suý* 桑穗①.

Morar (vi.居住), habitar (vt./vi.栖居、居住). *chú* 住.|. *kiū chú* 居住.

Morador vezino del pueblo (np.村镇上相邻而居的人们、乡邻). *hiāng lỳ kiū chú tiě* 乡里居住的.

Morar juntos (vp.住在一起). *tuñ'g chú* 同住.

Morador vezino pared en medio (np.中间隔着一道墙的居住者、隔壁邻居). *liñ kiū tiě* 邻居的.|. *kě piě tiě* 隔壁的.

Morado (a./n.深紫、黑紫): color morado (np.深紫色). *chǔ sě* 紫色.

Moralidad② (n.道德寓意): sacar la, moraliçar (vp.寻求道德寓意，从事道德说教). *chiù' xîn iě* 取神益.|. *chiù' ý çú* 取意思.|. *kiêu' iě* 求益.

Morcielago (n.蝙蝠). *piēn fǒ* 蝙蝠.|. *fy xù* 飞鼠.|. *iên laò xù* 檐老鼠.|. *siēn xù* 仙鼠.

Marcilla de puerco (np.猪血肠). *chū chân'g hiuě jě tiě* 猪肠血入的.③

Mordaz, picante (a.辣、辛辣的，讥刺人的). *lǎ tiě* 辣的. – moraliter (引申义). *kèu' lý* 口厉.|. *kèu' xañg tiě* 口伤的.|. *xañg jiñ* 伤人.

Morchillo, o lagarto del braço (n.上臂，或大臂). *pañ'g chǔ* 膀子.|. *xèu pý tiě pañ'g chǔ* 手臂的膀子.

Morder (vt.咬). *iào* 咬.

Mordedura (n.咬、咬伤). *iào xañg* 咬伤.|. *iào hên* 咬痕.|. *iào çhiě* 咬迹.

Moreno, fusco, vt los indios (a.褐色的、肤色黝黑的，暗黑的，如印度人). *chù mién tiě* 紫面的.

Morir (vi.死). *çù* 死.|. *vuâng* 亡.|. *ki'ú xý* 去世.|. *kuó xý* 过世.|. *lûn vuâng* 沦

---

① *suý*, 柯本缺字，认为是闽方言词。

② = moraleja, 指寄托于故事、寓言、成语等中的人生道理或品德训诫。

③ 此条不见于柯本。

亡.|. çhǒ kú 作古①.|. sañg xīn 丧身.|. sié xý 谢世.|. k'ý xý 弃世.|. mǒ xý 没世.|. xéu çù 寿死.

Morir de enfermedad (vp.死于疾病). píng çù 病死.

Morir de hambre (vp.死于饥饿). gó çù 饿死.

Morir el Rey (vp.君王死去). peñg 崩.|. vuâng ỳ ièn kiá 王已晏驾.

Morir derrepente (vp.突然死亡). çh'ǒ jên çù 猝然死.|. hǒ jên çù 忽然死.|. paó çù 暴死.

Morir suauemente, vt los sanctos (vp.安然甜美地死去，圣人们便如此). mîng mǒ ûl xý 瞑目而逝②.|. ŷ jên ûl çù 怡然而死.

Morir de rabia, o, rabiando (vp.死于愤怒，愤愤而死). pě' çù 迫死.|. k'ý çù 气死.|. kù' çù 苦死.

Morir al mundo, moraliter (vp.离别世界去死，引申的说法). k'ý xý 弃世.|. çhû' xý 辞世.|. kiñ'g xý 轻世.|. çhiuě xý 绝世.

Morir en la guerra (vp.在战争中死去). çù iū fuñg ký' miñg 死于奉其命.|. pǒ tě ký' çù 不得其死.

Morir marido, o, muger (vp.丈夫或妻子死去). xě ký' gèu 失其偶.|. tuón hiên 断弦.

Morir eternamente (vp.永远死去). iuñg çù 永死.

Morir en la moçedad (vp.年轻时便亡故). çù pǒ ký' 死不期③.|. chuñg niên iào chě 中年夭折.

Morir viuiendo④ (vp.活生生地死去). señg çù 生死.

Morir de pena (vp.因劳苦或悲痛而死). kù' çù 苦死. – de melancolia (因忧郁). muén çù 闷死.|. iēu muén çù 忧闷死.

Morir martir por la justicia (vp.为正义而壮烈死去). goéy ý chý miñg 为义致命.|. xè miñg 舍命.

Morir por otro, en su lugar (vp.代某人去死). t'ý tā' çù 替他死.

Morir por el Rey o patria (vp.为君王或祖国而死). goéy pào kuě chuñg çù 为保国忠死. – por los Padres (为了父辈). hiáo çù 孝死.

---

① 柯本写为"作故"。
② "瞑目"，柯本作"明目"。
③ ký'，柯本缺字。
④ 若求语法对应，即 to die living; 柯本意译为 to endure a living death（承受活生生的死亡）。

Morir ahogado en el agua (vp.溺死在水中). chîn' çù 沉死.|. çhín xùy lỷ çụ 浸水里死.

Morir de frio elado (vp.死于冻寒). tuńg çù 冻死.

Morir de gollado (vp.砍头处死). kàn' çù 砍死.|. chàn xèu çù 斩首死. – Dando le garrote (用木棍绞杀). kiào çù 绞死.

Morir sin dexar decendentes (vp.身死而未留子嗣). çù çhiụě táy 死绝代.

Morir, o viuir todo es ventura (s.死或生都取决于命运). çù seńg ièu mińg 死生有命.

Mortaja (n.裹尸布). lién pú 殓布.|. lién y 殓衣.|. lién fỏ 殓服.

Mortajar (vt.用布裹尸). piń lién 殡殓. [参见：amortajar (裹尸、备敛).]

Mortal, que causa muerte (a.致命的，即会造成死亡的事物或因素). neńg chý çù tiẻ 能致死的.|. chý çù tiẻ 致死的.

Mortalidad (n.致命性、死亡率). çù neńg 死能[①].

Mortandad (n.大规模的死亡). tō jiń çù 多人死.|. xȳ huńg iụ táo 尸横于道.|. çù jiń jû luón mâ 死人如乱麻.|. kān nào tû' tý 肝脑涂地.

Mortal, que ha de morir (a.会死的，即难免一死). neńg çù 能死.|. hoêy çù 会死.|. neńg hièu 能朽. idest corruptible (也即会朽烂的).|. xỏ çù 属死.|. xỏ ièu çhiń 属有尽.

Mortesino (a.垂死的), medio muerte (ap.半死不活). puón çù 半死.|. puón seńg puón çù 半生半死. – fingirse mortecino (佯装将死). kià çù 假死.

Mortuorio (n.殡葬、凭吊). chó tiaó 做吊.

Mortero (n.臼、研钵). chuǹ'g kiéu 舂臼.|. kiéu chủ 臼子.

Moro (n.摩尔人). hoêy hoêy 回回.|. hoêy çhủ 回子.

Mora (n.摩尔族女人). hoêy pô' 回婆.

Morisqueta (n.大米饭). fán 饭.|. mỳ fán 米饭.

Morrion (n.头盔). tiẻ' kuē'y 铁盔.

Mortificarse (vr.自我抑制、自制). kẻ' kỷ 克己.|. kẻ' chý 克制. – las passiones (克制欲望). iẻ çhîn'g 抑情.|. kùa iỏ 寡欲.|. sùn iỏ 损欲.

Mortificar la propria voluntad (vp.抑制自己的喜好). kẻ' çū̇ iỏ 克私欲.|. çhủ iẻ sùn 自抑损.|. kẻ' ki'ú kỷ çụ̄ 克去己私.

Mortificarse, castigandose a si mesmo (vp.奉苦行，自我惩罚). çhủ chińg 自

[①] 疑当为"能死"，即会死、必得死，参看下下条。

征①.|. *çhǔ fǎ* 自罚.|. *chǔ çhě* 自责②.|. *çhǔ kù'* 自苦.

Mortificar la carne (vp.抑制肉欲). *iǎ chý k'ý hiu̯ě* 压制气血.|. *pǒ hiù huŋ̂g fǎ jǒ xīn çhǔ tě chě* 不许横发肉身自得执③.

(p.145)

Moscas (n.蝇). *çhāng iŋ̂* 苍蝇.|. *chiŋ̂'g iŋ̂* 青蝇.|. *gū iŋ̂* 乌蝇.

Moscardon (n.胃蝇). *hû iŋ̂* 胡蝇.

Mosquear (vt.驱赶苍蝇). *tà çhāng iŋ̂* 打苍蝇.|. *kàn çhāng iŋ̂* 赶苍蝇.|. *chǒ iŋ̂* 逐蝇.|. *ki'ú iŋ̂* 去蝇.

Mosqueador (n.苍蝇拍). *xén* 扇. [参见：abanico (扇子).]

Mosquitos (n.蚊子). *vuên chûn'g* 蚊虫. - sacudir los (拍打蚊子). *tà vuên chûn'g* 打蚊虫.|. *pǒ fù ûl ki'ú chý* 拨抚而去之④.

Mosquitillos prietos que sacan sangre (np.一种深褐色的吸血蚊子). *juý çhǔ* 蚋子. - del vino, o, vinagre (会叮酒或醋的蚊子). *meng çhǔ* 蠓子.

Mosto de vbas (np.鲜葡萄汁). *pû' tâo' chě* 葡萄汁.

Mostaça en grano (np.成颗粒的芥末). *kiáy lǎ chǔ* 芥辣籽.|. *lǎ kiáy chǔ* 辣芥籽.|. *kiáy ch'áy çhǔ* 芥菜籽.|. *kiáy mǒ chǔ* 芥末籽.⑤

Mostaça echa para comer (np.食用的芥末). *kiáy lǎ* 芥辣. - en verça picante (用作辣味的菜). *lǎ ch'áy* 辣菜. - en verça para comer no picante (用作不辣的食用菜). *kiáy ch'áy* 芥菜.

Mostrar (vt.指示、说明). *chý* 指.|. *chý chîn'* 指陈.|. *chý in̂* 指引. - con el dedo (用手指). *chý tièn* 指点. - con la mano (用手). *pà xèu chý* 把手指. - con los ojos (用目光示意). *mǒ chý* 目指.

Mostrar proponiendo (vp.陈述、阐明). *chîn' xuě* 陈说.|. *chý xuě* 指说.|. *chîn' xě* 陈设. - prouando (为证明某事). *in̂ chiń* 引证.

Mostrar su virtud (vp.展示其德行). *piāo' ký' tě* 标其德⑥. - su amor, o,

---

① 犹自惩。
② *çhě*，柯本转录为 *chě'*，带送气符，字作"策"。
③ 谓不允许肉欲自作主张，恣肆横行。最后一字柯本写为"质"。
④ *pǒ fù*，柯本写为"搏拊"。
⑤ *çhǔ*，四例柯本都写为"子"，易误会为词尾。
⑥ "标"，标扬，犹表扬。送气符或衍，但比较"镖"字，也记为 *piāo'*，见 Alançear (p.9)、Lança (p.125)。

voluntad (显示爱意、意愿等). *piào ý* 表意.

Mostrar su abilidad (vp.展示其本领). *hièn xîn tuñg'* 显神通. – su esfuerzo (展现其力量). *chañg ký' iñg hiuñg* 张其英雄.

Mostrarse asi mesmo (vp.展现自己的德行、本领等). *chủ hièn* 自显.|. *kién xý* 见示.|. *chủ chìng'* 自逞.

Mostrar claramente (vp.清楚地显示、明示). *hièn mîng* 显明.

Mostrar su poder (vp.展现其能力). *chìng ký' nêng* 逞其能①. idest alabandose (即矜夸).

Mostrarse, vt ser rico siendo pobre.|. e ɔᵃ. (vr.表现、显得，如显得富裕而其实贫穷；或者相反，显得贫苦而实则富有). *chó mû iáng* 做模样.|. *choāng mû iáng* 装模样. – fingirse tal (假装如此). *máy luñg* 卖弄.|. *máy siáo* 卖笑.

Mostrar su habilidad de manos (vp.展示自己的手艺). *chèn xèu tuón* 展手段.|. *chèn xèu mién* 展手面.|. *chèn puèn çủ* 展本事.

Mostrar su natural (vp.展露自己的天性). *chèn puèn siń g* 展本性. – sus fuerzas (展露其力量). *chèn liě* 展力.

Mota (n.斑点、微粒). *iě tièn* 一点.②

Mota (n.斑点、微粒), vna mota (np.一个斑点、一颗微粒). *iě tièn* 一点.

Mota de arena que cae en el ojo (np.掉入眼睛的一颗沙子). *tiēn' xā* 添沙.|. *ièn tiēn' xā* 眼添沙.

Mote, picando a otro (np.给别人起的绰号). *ký chủ* 讥刺.|. *chủ siñ tiě hoá* 刺心的话.|. *xañg siñ chỷ iên* 伤心之言.

Motejar (vt.给人起绰号、嘲讽). *ký fuńg* 讥讽.|. *xañg jiñ tiě siñ* 伤人的心.|. *tà siáo jiñ* 打笑人.|. *hý xòa jiñ* 戏耍人.

Motejar inquriando (vp.讽言讽语伤人). *hý vù jiñ* 戏侮人.|. *hý niǒ jiñ* 戏虐人.

Motejado (a.被嘲讽的). *xéu jǒ tiě jiñ* 受辱的人.|. *siēu chỷ' tiě* 羞耻的.

Motin, rebelion (n.暴乱，反叛). *mêu fàn* 谋反.|. *pyén ý* 变义/变异③.

Motinado, alboroto (n.吵嚷，喧闹). *luón jañg* 乱嚷.

Motiuo, causa (n.动机、目的，原因、理由). *iuên kú* 原故/缘故.|. *iuên iêu* 原由/缘由. – sin causa (没有任何理由). *vû kú* 无故. – por que motiuo?

---

① *chìng*, 脱送气符.
② 柯本缺此条.
③ 柯本作"变翌".

(出于何种动机、原因何在？) *goéy hô* 为何.|. *hô kú* 何故.|. *hô goéy* 何为.

Motiuo, intento (n.主旨、主题，意图、打算). *ý çú* 意思.|. *ý hiańg* 意向.|. *siñ chý* 心志.|. *siñ çú* 心事①.|. *chù ý* 主意.

Mouer fisicamente (vt.动、运动、移动，从物理意义上理解). *tuńg* 动.|. *iâo tuńg* 摇动. – mudando (改变位置). *ŷ tuńg* 移动. – guiando (诱发其动). *iǹ tuńg* 引动.

Mouer moralmente, el interior (vt.动、感动、激动，引申的用法，比如指内心激荡). *kàn tuńg* 感动.|. *kàn fǎ* 感发.|. *kiě fǎ jiñ siñ* 激发人心.|. *kàn fǎ jiñ siñ* 感发人心.|. *tuńg jiñ siñ* 动人心. – confortando (鼓励). *kiě lý jiñ siñ* 激励人心.

Mouer à proseguir el bien (vp.促人上进). *kàn tuńg hiñg çhiń* 感动行进.

Mouerse à compassion (vp.心生怜悯). *gāy kuó tuńg siñ* 哀过动心.

Mouer circulariter, vt los Cielos (vp.循环运动，如天体运行). *iúń tuńg* 运动.|. *chēu tuńg* 周动②.|. *hoâń tuńg* 环动③.

Mouer cosa como rueda (vp.像轮子那样转圈). *chuèn tuńg* 转动. – cosa como tornillo (像螺丝那样盘旋). *xuń tuńg* 旋动.

Mouerse, vt andando (vr.自行运动，如走路). *hiñg tuńg* 行动. – vt las estrellas (或者如群星). *iúń hiñg* 运行.|. *uǒ chuèn* 涡转.|. *uǒ xûn* 涡旋.

Mouer pujando (vp.用力推动、拉动). *chè' tuńg* 扯动. – leuemente (稍稍用力). *kiñ'g tuńg* 轻动.

Mouer à yra (vp.使人愤怒), yrritar (vt.激怒). *jè* 惹.|. *kiě ch'ǒ jiñ siñ* 激触人心.

Mouerse interiormente (vp.内心为之所动). *ièu kàn* 有感.|. *kàn kě* 感格. – quede yo muy agradecido (我会非常感激). *pǒ xiñg kàn kiě* 不胜感激.

Mouer con buenos exemplos (vp.以优秀的榜样感动人). *ỳ tě hoá jiñ* 以德化人.|. *ỳ xén piào tuńg jiñ* 以善表动人.

Mouedizo (a.易波动的、不稳定的). *iě tuńg tiě* 易动的.|. *kò' tuńg tiě* 可动的.|. *neñg tuńg tiě* 能动的.|. *iuńg tuńg tiě* 容动的④.|. *huǒ tuńg tiě* 活动的.

Mouimiento natural (np.自然的运动、本能的活动). *çhú tuńg chỷ tuńg* 自动

---

① 柯本作"心思"，也通，但须假定 *çú* 为 *çū* 之误。
② 此词柯本未录。
③ 柯本作"还动"。
④ *iuńg*，调符有疑。柯本转录为 *iûng*，字也作"容"。

之动.|. *puèn síng chȳ tuńg* 本性之动.|. *puèn hińg chȳ tuńg* 本行之动.

Mouimiento interior (np.内心的活动). *tuńg çhîn'g* 动情.|. *siñ tuńg* 心动.

Mouimiento rapto (n.情绪的波动、冲动). *taý tuńg chȳ tuńg* 带动之动.

Mouimiento violento (n.强烈的动作、剧烈的波动). *kiân'g tuńg* 强动.

Mouimienton contrario (np.反向的运动). *niĕ tuńg* 逆动.|. *fàn tuńg* 反动.

Mouimiento circular (np.循环的运动). *xuń tuńg* 旋动.|. *vǒ xuń chȳ tuńg* 涡旋之动.

Mouimiento recto (np.直线的运动). *chĕ tuńg* 直动.

Mouimiento oblico (np.斜向的运动). *siê tuńg* 斜动.|. *piēn' siê chȳ tuńg* 偏斜之动.

Mouimiento de trepidacion (np.颤动、颠动). *vù tuńg* 舞动①.

Mouimiento de retrogrado (np.倒退的运动、逆动). *hoêy tuńg* 回动.|. *tu'ý chȳ tuńg* 退之动.

Mouimiento de la rueda (np.轮转的运动). *chuèn tuńg* 转动.

Mouimiento interior (np.内在的运动). *nuý tuńg* 内动.

Mouimientos sensuales carnis (np.肉欲的耸动). *siê çhîn'g tuńg* 邪情动.|. *siê iǒ tuńg kỳ'* 邪欲动起.

（p.146）

Mouerse, vt andando (vr.自行运动，如走路). *hiñg tuńg* 行动. – vt las estrellas （或者如群星）. *iúń hiñg* 运行.|. *vǒ xuń* 涡旋.|. *vǒ chuèn* 涡转.②

Mv.

Muchacho (n.男孩、少年). *uā çhŭ* 娃子.|. *tuń'g çhŭ* 童子.

Muchas vezes (np.许多次). *tō çh'ǔ* 多次.|. *luý çh'ǔ* 累次.|. *luỳ çh'ǔ* 累次.③

Muchedumbre (n.大批、大群). *xiń tō* 甚多.|. *ta'ý tō* 太多.|. *chuńg tō* 众多.

Mucho (a./ad.很多、大量). *hào tō* 好多.|. *hiù tō* 许多.|. *kiĕ tō* 极多.|. *tō tĕ hèn* 多得很.

Mucho tiempo (np.很长时间). *tō kièu* 多久.|. *hào kièu* 好久.|. *chân'g kièu* 长

---

① *vù*，柯本缺字，且将词目理解为可怕的运动（fearful movement）。

② 重复的条目，已见上页，但例词的排序不同，注音、拼法略异。

③ 柯本注：*huý* 和 *huý* 是"累"字的不同读法。

久.|. *kièu leào* 久了.|. *hiù tō kièu* 许多久.

Muchas gracias (s.非常感谢)①. *tō sié* 多谢.|. *tō kàn* 多感.|. *iě kàn jiń* 益感人②. *kiûn'* 群③.

Muchos lo ven (s.此事很多人看到). *xě mǒ sò xý* 十目所视.

Mucho mejor (adp.好得多). *keńg hào* 更好.|. *iuě hào* 越好.

Muchos negocios (np.许多事情). *tō çú* 多事.

Muchos sin numero (ap.多达无数). *vû sú tiě* 无数的.

Muchos corazones no conuienen (s.人心众多而不能齐一). *chuńg siń pǒ iě* 众心不一.

Mucho ha que no veo à v. m. (s.[我]已很久没有见到您). *kièu goêy* 久违.

Muchos manjares en el combite (np.宴席上丰富多样的食品). *pìn' vuě* 品物.

Mucho mas (adp.多了许多). *iuě tō* 越多.|. *iuě fǎ* 越发. [*iêu tō* 尤多. para escritura (书面语词).]

Mudarse de vna parte à otra (vp.从一地徙居另一地). *çhiēn' ŷ* 迁移.|. *ŷ sỳ* 移徙.|. *ŷ çháy piě ch'ú* 移在别处.|. *ŷ kiū* 移居.

Mudar casa (vp.换房子、迁居). *puōn kiā* 搬家.|. *puōn iuń* 搬运.|. *puōn fańg çhǔ* 搬房子.

Mudar el pellejo (vp.换皮、脱皮). *tu'ý pý'* 蜕皮.

Mudar las alaxas de casa (vp.搬运家里的东西). *puōn kiā hò* 搬家伙.|. *puōn kiā k'ý* 搬家器.|. *puōn kiā iuńg vuě* 搬家用物.|. *puōn kiā çú* 搬家事④.

Mudar el semblante del rostro (vp.变脸色). *pién mién sě* 变面色.|. *pién mién* 变面.

Mudar de intento (vp.改变意图). *chuèn ý* 转意.|. *fàn ý* 反意.

Mudar la color, o, perder la (vp.改变颜色，或褪色). *pién sě* 变色.|. *chuèn sě* 转色.

Mudarse el Cielo (vp.变天). *tiēn' pién leào* 天变了.

Mudarse del vicio a la virtud (vp.由恶变为善、弃恶从德). *çhiēn' xén kày ǒ* 迁善改恶.

---

① 最常说的一句致谢的话，语意和形式都相当于英语"Many thanks"。

② *iě*，柯本缺字。

③ 疑为误植，应归本页之前出现的词目 Muchedumbre。柯本将其与前一词接续，作"□感人群"。

④ "家事"，犹家什。

Mudarse de otra manera (vp.换一种方式). *pién kŏ iáng* 变格样①.

Mudar las plumas las Aues (vp.鸟类换羽毛). *tu'ý mâo* 蜕毛.

Mudar la sentencia (vp.改变判决). *fàn gán* 反案.|. *chuèn gán* 转案.|. *kày gán* 改案.

Mudar el vestido (vp.换衣装). *huón chuē'n* 换穿.

Mudar los dientes, o muelas (vp.换牙，或者换臼齿). *tu'ý iâ* 蜕牙.

Mudar el agua (vp.把水换过). *huón xùy* 换水.

Mudar de Tribunal, apelar à otro (vp.改变诉讼法庭，向另一法庭投告). *kày iâ muên* 改衙门.

Mudar de estado (vp.改变身份、状况等). *pién tỳ'* 变体.|. *pién chân'g* 变常.

Mudarse de vno en otro (vp.由一种状态变为另一种状态). *kày pién* 改变.|. *pién ta'ý* 变态. vt de bueno en malo vel è contra (比如由好到坏，或者相反).

Mudable (a.可变的、不定的). *mŏ tíng tiĕ* 没定的.|. *neûg pién iĕ tiĕ* 能变易的.|. *vû chân'g tiĕ* 无常的.|. *fàn chân'g tiĕ* 反常的.

Mudarse à quarto② la centinela (vp.哨兵值夜换岗). *lûn keñg* 轮更. ettª. (等等).

Mudar para otro oficio (vp.换另一行当或职务). *kày tiâo'* 改调.

Mudo (a.哑 n.哑巴). *ià çhŭ* 哑子.|. *ià kèu'* 哑口.|. *ià pá* 哑巴.|. *ià çhŭ* 哑子③.

Muela de la boca (np.嘴里的臼齿). *kèu' iâ* 口牙.|. *çhên'g chỳ* 层齿④.

Muela para moler, de piedra (np.石制的磨盘). *mó xĕ* 磨石.

Muelle para desembarcar (np.卸货的码头). *chĕ mà* 殖码⑤.

Muebles de casa (np.一应家具), àjuar (n.家当、家用什物). *kiā hò* 家伙.|. *kiā k'ý* 家器.|. *kiā vuĕ* 家物.|. *kiā kiú* 家具.|. *kién vuĕ* 件物.

Muerte (n.死亡). *çù* 死.|. *vuâng* 亡.|. *chuŋg* 终.|. *mŏ* 殁. [参见: morir (死).]

Muerte repentina (np.突然的死亡). *ch'ŏ jên çù* 猝然死.|. *hŏ jên çù* 忽然死.|. *páo çù* 暴死.

Muerte pelada, como la pintamos (np.尸骨、骨架，就像我们欧洲人描画的

---

① "格样"，犹式样。

② 今拼 cuarto（四分之一，一夜的四分之一）。古时西方人对一夜作四等分，便于值夜轮班把握时间；中国人则作五等分，即五更。

③ 与本条的第一个词重复。

④ 柯本猜测其为闽方言词。

⑤ 货殖码头；*chĕ*，柯本缺字。

那样). *kū leû* 骷髅.|. *hiáy kǒ* 骸骨.|. *çù ta'ý* 死态.

Muerte eterna (np.永恒的死亡). *iùng çù* 永死.

Muerte violenta (np.暴力所致的死亡). *hiung çù* 凶死.|. *niě çù* 逆死.

Murio (a.死了的、已亡故的). *çù leào* 死了.|. *pǒ çháy leào* 不在了.|. *ki'ú xý leào* 去世了.|. *vuâng leào* 亡了.

Muertos, y viuos (np.死人与活人、已故的和在世的). *seng çù chè* 生死者.

Muestra, o, indicio (n.标记、招牌，迹象、征兆). *ký háo* 记号.|. *vuáy háo* 外号.

Muestra, o, forma de letra para escriuir (n.样本，或写字用的字帖). *chủ tỷ'* 字体.

Muestra, o, modelo (n.模型，模式). *iang chù* 样子.|. *mû chù* 模子.

Muesca (n.槽口、刻痕). *kàn' chủ* 坎子.|. *chuón kàn'* 钻坎.①

Muger, vt sic (n.女人，总称). *niù jiñ* 女人.|. *fú jiñ* 妇人.|. *fú niù* 妇女.|. *niú kiụén* 女眷②.|. *niâng chủ* 娘子. [*niù liêu* 女流. para escritura (书面语词).]

Muger, vxor③ (n.妻子，妻). *chỹ' chủ* 妻子. – mi muger (我的妻子). *pý fañg* 敝房.|. *pý nuý* 敝内.|. *chién fañg* 贱房.|. *fañg hiá* 房下.|. *chién kiñg* 贱荆.|. *chuě kiñg* 拙荆.|. *kiñg jiñ* 荆人.|. *laò chỹ'* 老妻.|. *xān chỹ'* 山妻.|. *chỹ' nû* 妻奴.|. *siào chỹ'* 小妻.

Mugeres de Mandarines (np.官员的妻子). *này này* 奶奶.|. *fú jiñ* 夫人④.|. *ta'ý ta'ý* 太太.

Muger de v. m. (np.您的妻子). *liñg chiñg* 令正.|. *pào kiụén* 宝眷.|. *chūn fú jiñ* 尊夫人⑤.|. *chūn chiñg* 尊正.|. *liñg kiụén* 令眷.|. *chūn kuè'n* 尊阃.|. *liñg kuè'n* 令阃.

(p.147)

Muger primera ya difunta (np.已故的第一位妻子). *chiên' chỹ'* 前妻.

Muger primera (np.第一任妻子). *iuên po'éy* 原配.

Muger segunda viua (np.在世的第二位妻子). *heú chỹ'* 后妻.

---

① *kàn'*, 柯本两例都写为"砍"。
② 此处的"女"字带两个调符，一为上声 *niụ* (= *niù*)，一为去声 *niú*。后者柯本未录。
③ 拉丁语词，以限定词目之义。
④ 柯本作"妇人"。
⑤ 柯本作"尊妇人"。

Muger honrrada (np.忠贞的女子). *hiên fú* 贤妇.|. *ièu niù tĕ* 有女德.|. *hiên hoéy* 贤惠. virtuosa (即有德行).

Muger adultera (np.通奸的女子). *çū çhîn'g vuáy ý* 私情外意.

Muger mala (np.坏女人), meretrix① (n.娼妓、淫妇). *piào çhǔ* 婊子.|. *chān'g fú* 娼妇.|. *chān'g ký* 娼妓.|.*ký niù* 妓女.|. *ký chè* 妓者.

Muger mala que canta en los combites (np.在宴会上唱歌的轻薄女子). *lŏ hú* 乐户.|. *fuèn têu' niù* 粉头女.|. *niù lŏ* 女乐.

Muger inpotente (np.不能生育的女人). *iâng goēy* 阳痿.|. *vû iâng* 无阳.|. *pŏ chiñg' tāy'* 不成胎.|. *pŏ señg chàn'* 不生产.|. *lañg tāy'* 浪胎.

Muger casada (np.已婚的女子). *ièu chañg fū tiĕ* 有丈夫的.

Muger que no se ha casada (np.未婚的女子). *xĕ niù* 室女.

Muger vieja (np.上了年纪的女人). *laò pô'* 老婆.|. *laò fú jiñ* 老妇人.

Muger baxa (np.贫家女), plebeya (n.平民女子). *pi'ĕ fú* 匹妇.

Muger hermosa (np.漂亮的女人). *muèy niù* 美女.|. *kiāo niù* 娇女.|. *iāo kiāo* 妖娇.

Muger casta (np.贞洁的女子). *chiñg fú* 贞妇.

Muger viuda (np.守寡的女人). *xèu kuà* 守寡.|. *kuà fú* 寡妇.|. *xèu çhiĕ* 守节.|. *çhiĕ fú* 节妇.

Muger que fingen que esta en la luna (np.人们以为生活在月亮上的女子). *chân'g gô* 嫦娥.

Muger que muerto el marido antes de consumar el matrimonio, por esso no se buelue a casar, y guarda castidad (np.其夫死于完婚前的女子，且不再婚而持守贞节). *chiñg liĕ chŷ niù* 贞烈之女.|. *liĕ niù* 烈女.

Mugeres, damas de Palacio (np.宫中的贵夫人). *kuñg niù* 宫女.

Mugeres del Rey, o Regulos (np.君王或王爷的女人). *sý kiūn* 细君.|. *siào kiūn* 小君.|. *kuñg gô* 宫娥.

Mulier, et vinum apostatare faciunt (s.女色与贪酒致人沉沦)②. *chièu sĕ mŷ siñ* 酒色迷心.

Muger varonil (np.勇敢的女人). *iuñg niù* 勇女.|. *ièu nân çhǔ hiuñg chân'g tiĕ niù* 有男子胸肠的女.

---

① 也是拉丁语词，将坏女人缩小至一类。
② 整句为拉丁文。

Muger flaca (np.柔弱的女人). *nùoń ý tiě niù* 嫩意的女.|. *juèn jǒ tiě niù jiń* 软弱的女人.

Mugre (n.油污、污垢). *iêu jèn* 油染.|. *iêu tién* 油玷.|. *ǒ chǒ* 恶浊.|. *çhāng* 脏. – mugriento, mugre (污浊的，满是油垢). *iêu kèu* 油垢.

Mugron (n.压条、新枝、芽苗，尤指葡萄藤). *ký seṅg* 继生.|. *seṅg ký* 生继.|. *ký çụ́* 继嗣.

Mulo (n.公骡). *lô çhǔ* 骡子.|. *lô kù* 骡牯.

Mula (n.母骡). *lô mù* 骡母.

Mulatero (n.赶骡子的脚夫、骡夫). *mà fū* 马夫.

Muladar (n.粪堆、垃圾场). *fuén tūn* 粪墩.|. *fuén tù'* 粪土.|. *fuén tỹ* 粪地[1].

Muleta (n.木杆、拐杖). *chańg çhǔ* 杖子.|. *kuày chańg* 拐杖.

Multitud (n.大批量、许许多多). *tō tō* 多多.|. *ta'ý tō* 太多.|. *chuńg tō* 众多.

Multiplicar la especie (vp.繁育物种). *chûe'n lúy* 传类.

Multiplicar su generacion (vp.繁育子孙). *chûe'n lieu tō* 传流多.|. *chûe'n ký* 传继.|. *fân ieu çhǔ sūn* 繁佑子孙[2].

Mundo (n.世界、地球、人类社会). *xý kiáy* 世界.|. *tiēn' hía* 天下.|. *pù' xý* 普世.|. *hoân iụ̀* 寰宇/环宇.|. *iụ̀ xý* 宇世.|. *çú hày* 四海.|. *lǒ hǒ chỹ núy* 六合之内.|. *tiēn' hía çụ́ faṅg* 天下四方.|. *jiń xý* 人世.

Mundo terreno (np.凡俗的世界、人间). *chîn' xý* 尘世.

Mundo, vt es enemigo del alma (n.俗世，系灵魂或精神世界的敌对方). *xý sǒ* 世俗. idest las costumbres mundanas (即世俗生活的种种惯习).

Mundano (n.凡人), homo filius huius seculi (np.属于这个世界的普通人)[3]. *xý sǒ tiě jiń* 世俗的人.|. *xý çhîn'g tiě jiń* 世情的人. – cosa mundana (np.世俗的东西). *xý vuě* 世物.

Multar en dinero (vp.罚钱、罚款). *fã iń çhǔ* 罚银子. – Multa (n.罚金、罚款). *çhúy xǒ* 罪赎.

Muñeca del braço (np.手臂的腕部、手腕). *xèu mǒ* 手末.|. *xèu uán* 手腕.

Muñeças con que juegan los niños (np.儿童玩的布娃娃). *niaṅg çhǔ* 娘子.

Murmurar (vi.嘟哝、背后议论、搬弄口舌). *hoèy paṅg* 毁谤.|. *fỹ paṅg* 诽

---

[1] *tỹ*，调符有疑。柯本猜测系 *tūy* 之误，即"粪堆"。

[2] *ieu*，调符有疑，柯本缺字。"繁佑"，繁育庇佑。

[3] 此句也是拉丁文。

谤.|. çhân' pańg 谗谤①.|. kiàng tā' châng tuòn 讲他长短.|. xán pańg 讪谤.|. kiàng tā' xý fỳ 讲他是非.|. chán pańg xý fỳ 谮谤是非②.|. chán hoèy 谮毁.|. tỳ pańg 诋谤.

Murmuracion (n.背后议论之词、谗言谤语). çhân' hoá 谗话.|. çhân' iên 谗言.|. hoèy pańg tiě hoá 毁谤的话.|. chân' siê chȳ xuě 谗邪之说.|. fỳ lỳ chȳ çú 非礼之事.|. poéy héu hoá 背后话.

Murmurador (n.说闲话者). chán fū 谗夫.|. chân' kèu' tiě 谗口的.|. chân'g fuén chȳ tû' 常愤之徒.③

Murmullo, o como dezimos: ay vn Rum rum (n.窃窃私语，或像我们常说的那样：谣传如何如何). ièu jiń kiàng 有人讲.

Multiplicar (vt.增加). kiā 加.|. tiēn' 添.|. çhēng 增.|. kiā tō 加多. – a metad mas (多出一半). kiā poéy 加倍.

Multiplicacion arismetica (np.数学上的乘法). xińg fǎ 乘法.|. xińg sú 乘数.|. iń fǎ 因法.④

Muros (n.城墙). chińg' 城.|. chińg' çhiân'g 城墙.|. chińg' tàn' 城垣⑤.|. chińg' kuǒ' 城廓.

Muros cubiertos (np.遮起的城墙). iń chín'g 阴城. – descubiertos (敞开的城墙). iańg chín'g 阳城.

Murar la Ciudad (vp.筑墙围城). çháo chín'g goêy fù 造城为府.

Murcielagos⑥ (n.蝙蝠). piēn fǒ 蝙蝠.|. fỳ xǜ 飞鼠.

Musica (n.音乐). çhéu iǒ 奏乐.|. iǒ iń 乐音.|. iǒ xińg 乐声.|. iǒ chiě 乐节.

Musico (n.音乐家). iǒ kuńg 乐工.|. iǒ çū 乐师. idest maestro de musica (即深谙音乐的大师).

Musicos Regios (np.皇家乐师). iǒ ta'ý çū 乐太师.|. iǒ lińg jiń 乐伶人.

Muslo (n.大腿). kiǒ tùy' 脚腿.|. kiǒ tùy' têu' 脚腿头.

Mustio (a.忧郁的、消沉的). iēu çhêu' tiě 忧愁的.|. çhêu' iuńg 愁容.|. iēu muén tiě 忧闷的.|. pǒ xoàng ku'áy tiě 不爽快的.

---

① 此词柯本未录。

② çhán，柯本写为"谗"（下一例同此）。但"谗"字的注音为 chân'，明显有别。

③ 柯本未录前二词，第三个词作"尝粪之徒"。

④ 两例"乘"都误读为千乘之国的"乘"。

⑤ tàn'，系"垣"字的误读。柯本写为"坦"。

⑥ 与 morcielago（p.144）是同一词，这里用的复数。

Muy barato (ap.价格低廉、很不值钱). *lań çhién* 烂贱.

Muy confuso (ap.十分迷茫). *mâng mâng miào miào* 茫茫渺渺.

Muy amigos intimos, amistad secreta (np.十分亲密的朋友，秘密的友情). *miě kiāo* 密交.①

Muy mucho (ap.非常之多). *ta'ý tō* 太多.|. *xiń tō* 甚多.|. *ta'ý kuó* 太过.

Muy muchos (np.为数众多). *sú vuán* 数万.

Muy, superlatiuo (ad.极其、最，表示最高级). *tě kiǹ* 得紧.|. *tě kiě* 得极.|. vº. in *arte* de eorum vsu (参看《语法》上有关其用法的说明.)

Muy sufrido (ap.极为宽容). *juŵg jiŵ* 容人②.

（p.148）

Muy dormido (ap.睡得沉实). *pǒ chȳ siǹg* 不知醒.

Muy de ordinario (pp.极普通、很常见). *chân'g chân'g* 常常.

---

① "密交"，一指关系亲密，一指秘密交往，西语词目看来是想说明歧义。

② *juŵg*, 柯本缺字，推测其拼法可能是 *iûng* 的笔误。按：当为"容"字的两读，北音作 *juŵg*，南音则为 *iûng*。

N
(pp.148-153)

Na.

Nacer (vi.生、生长). *seṅg* 生.|. *seṅg çhàn'* 生产.|. *chǔ' xý* 出世. – las plantas (指植物). *fǎ seṅg* 发生.|. *seṅg chaṅg* 生长.|. *fǎ mêng iâ* 发萌芽.

Nacer de humedad, o corrupcion (vp.因潮湿或腐烂而生长). *seṅg iṳ xě* 生淤湿.|. *xě seṅg* 湿生.

Nabos (n.芜青、萝卜). *muôn çhiṅg ch'áy* 蔓菁菜.

Nacer los dientes (vp.长牙齿). *seṅg iâ chỳ'* 生牙齿.|. *chaṅg iâ chỳ'* 长牙齿.

Nacer de concubina (vp.为妾所生). *piēn' seṅg* 偏生.

Nacer de copula de macho, y embra (vp.雄性与雌性交配、男性与女性交合而生). *kiāo kàn seṅg* 交感生.

Nacer otra vez (vp.再次出生、复生). *çháy seṅg* 再生.①

Nacer juntos (vp.一同出生). *xoāng seṅg* 双生.|. *tuȋ'g seṅg* 同生.

Nacer postemas (vp.生溃疡、长脓疮). *seṅg pién tǒ* 生便毒. – llagas (指溃疡、糜烂). *seṅg choān'g* 生疮. ett ͣ. (等等).

Nacido, postema (n.瘤，脓肿、溃疡). *pién tǒ* 便毒.|. *vû mîng tǒ* 无名毒. – Diuiesos (疖子). *çhiě* 疖.

Nacer el Rio, o, fuente (vp.江河或泉水发源). *iuṅg iêu* 涌游②.|. *iuên lièu* 源流.

Nacimiento (n.生日). *seṅg jě* 生日. [参见：dia de nacimiento (出生之日).]

Nacimiento del Señor, dezimos (np.我主之诞生，我们圣教的说法). *iê sū xiṅg tań* 耶稣圣诞.|. *iê sū tań seṅg* 耶稣诞生.|. *iê sū kiaṅg tań* 耶稣降诞.

Nacion (n.民族、国家), hombre de tal nacion, o tierra (np.某国或某地出生的人). *mèu tý faṅg jiń* 某地方人.

Nada (n./ad.无、没有、毫无), la nada (np.乌有、空无一物). *vû* 无.|. *çhiǔe'n vû* 全无.|. *vû vuě* 无物.|. *vû ièu* 无有. – no es nada, no importa nada (没关系，不要紧). *vû çú* 无事.|. *pǒ faṅg* 不妨.|. *vû xaṅg* 无伤.

---

① 此条柯本未录。

② 即上游，江河发源之所。

Nada (ad.毫不), no sele de nada (vp.什么都无所谓). *pǒ kú* 不顾.|. *pǒ kuòn* 不管.|. *pǒ lỳ* 不理. – no haze caso de su cuerpo (他对自己的身体毫不在意). *pǒ kú xīn xaṅg* 不顾身伤. – de su vida (不在乎自己的生命). *pǒ kú miṅ* 不顾命.

Nadie (pron.没有任何人). *vû jiñ* 无人.|. *mǒ ièu jiñ* 没有人.

Nadar (vi.游泳). *fêu xùy* 浮水.|. *iêu xùy* 游水.|. *çhiêu'* 泅.|. *hý xùy* 戏水.|. *hoéy xùy* 会水.

Nadar (vi.游泳), saber nadar (vp.会游泳). *neṅg fêu xùy* 能浮水.|. *neṅg hiṅg xùy* 能行水.|. *chỹ xùy siṅg* 知水性.|. *hoéy çhiêu'* 会泅. – Bucear (潜水). *mý xùy* 没水①.

Naguatato②, o, interprete (n.翻译土著语言者，或译员). *tūn'g çú* 通事.

Naypes (n.纸牌、牌戏). *chỳ pây'* 纸牌.|. *pây' çhù* 牌子.|. *tèu iě* 斗叶.

Nalgas (n.臀部). *tuñ'* 臀. – el trasero (屁股). *p'ý çhù* 屁子. es vocablo tosco (这是一个粗俗的字眼).

Nanca③: fruta (n.木菠萝：一种水果). *tâo' lǒ miě* 桃萝蜜.

Naranjas dulces (np.甜味的柑橘、甜橙). *kān çhù* 柑子.|. *miě tuñ'g* 蜜桐. – Agrias (酸味的). *suōn kiě* 酸桔.|. *suōn luòn* 酸卵.④

Naranjas de cascara gorda dulces (np.甜味的厚皮柑橘). *kiě çhù* 桔子.|. *kiǒ çhù* 橘子.|. *kān kiě* 柑桔. – de otra casta dulces (另一甜味的品种). *kān çhào* 柑枣.

Naranjas pequeñitas (np.小个的柑橘). *kiñ kiě* 金桔.

Naranjas grandes que llaman (np.大个的柑橘，称为). *iéu çhù* 柚子.

Naranjas en acuçar secas aplastadas (np.压扁的糖渍橘干). *kiǒ piṅg* 橘饼.

Naranjo (n.柑橘树). *kān xú* 柑树.|. *kiě xú* 桔树.|. *iéu xú* 柚树. – naranjal (成片的柑橘树). *kān xú liñ* 柑树林.

Nariz (n.鼻子). *pý çhù* 鼻子. – sus ventanas (鼻子的出气口). *pý kuṅ'g* 鼻孔.

Nariz aguileña (np.鹰钩鼻). *tiě keū pý* 铁钩鼻⑤.|. *iṅg çhiù pý* 鹰鹫鼻⑥.|. *keū*

---

① *mý*，去声，柯本转录为阳平 *mý*，推测为闽方言词，指潜水。
② 即 nahuatlato, 本指会讲纳华特语（náhuatl）并担任翻译的墨西哥人。
③ 亦拼 manca, 原产菲律宾的一种水果（jack fruit），属木菠萝科。
④ 整个这一条不见于柯本。"蜜桐"，盖因柑子状似油桐果而得名；"酸卵"，谓蛋状的酸果。
⑤ *tiě*，疑脱送气符。柯本写为"凸"。
⑥ *çhiù*，疑为 *çhiéu* 之误，与"就"同音。

pý 钩鼻.

Nariz afilada (np.尖尖的鼻子). *chùn têu' pý* 准头鼻.

Nariz chapada (np.扁平的鼻子). *pièn pý chù* 扁鼻子①.|. *tă' pý çhù* 塌鼻子. – narigudo (鼻子很大的). *tá pý çhù tiě* 大鼻子的.

Nata de leche (np.用牛奶制成的乳脂、奶油). *jù ieu pý'* 乳油皮.|. *jù tuńg* 乳冻.|. *jù ieu* 乳油.

Naturaleza (n.天性、本性、本质). *sińg çhǔ* 性资.|. *çhǔ sińg* 资性.|. *sińg tỷ'* 性体. [*sińg mińg* 性命. para escritura (书面语词).]

Naturaleza diuina (np.神明之本质、神性). *Tiēn' çhù chȳ sińg* 天主之性.

Naturaleza humana (np.人类之本质、人性). *jiñ sińg* 人性.

Naturaleza de la cosa (np.事物之本质、物性). *sińg çhińg'* 性情.|. *sińg puèn* 性本.|. *puèn sińg* 本性.

Natural propio (np.自身的本性、天性). *puèn* 本.|. *puèn sińg* 本性.

Naturalmente (ad.很自然、势所必然). *puèn teńg* 本等.|. *puèn jên* 本然.|. *leańg jên* 良然.|. *tińg jên* 定然.|. *sińg jên* 性然.|. *çhú jên* 自然.|. *kiṷě jên* 决然.|. *ûl jên* 而然.|. *çhú jên* 自然的.

Naturalmente (ad.天然使然), echo sin artificio (ap.不做作), cosa natural (np.事物的自然状态). *seńg chińg' tiě* 生成的.|. *sińg chińg' tiě* 性成的.

Naturaleza que se recibe de los Padres (np.从父辈身上获得的禀赋). *k'ý pìn* 气禀.|. *k'ý chě* 气质.|. *chě k'ý* 质气.

Nauaja (n.折刀). *t'ý tāo* 剃刀.

Naua, o, campo llano (n.洼地，或平地). *pińg' iańg* 平洋/平阳/平垟②.

Natural de tal lugar, o tierra (ap.某个地方出生的). *mèu ch'ṷ seńg chàńg tiě* 某处生长的.

Naturales afectos (np.天然的情感、本性使然的感情). *sińg çhińg'* 性情.|. *puèn çhińg'* 本情.

Natural bueno (ap.生性善良). *sińg xeń* 性善.|. *tě sińg* 德性.|. *leańg xeń* 良善.|. *chuńg sińg* 忠性.③

Natural abieso (ap.生性邪恶). *sińg ǒ* 性恶.

Natural aspero (ap.性子粗暴、冷酷无情). *sińg lìě* 性烈. – fuerte (脾气暴躁).

---

① *chù*，似为 *çhǔ* 之误.

② "平洋"，平坦而有积水的土地、洼地；"平阳"，平坦干燥、阳光充沛的土地；"平垟"，平坦的田地，方言词.

③ 柯本缺此条及下一条.

siń kańg 性刚.|. *sińg kańg hàn* 性刚悍. – Agreste (为人粗鲁). *çhŭ sińg lù tuńg* 资性鲁钝.

Natural terrible (ap.性子可怖). *hiuńg sińg tiě jiń* 凶性的人.

Natural suaue, blando (ap.性格温柔，柔顺). *sińg jêu* 性柔.|. *vuēn leańg tiě sińg* 温良的性.

Natural desahogado (ap.性格宽容). *sińg k'ý kuōn' xéu* 性气宽受. – colerico (性子急). *sińg kiě* 性急.|. *sińg kiǹ* 性紧.|. *sińg çháo páo* 性躁暴. – Rigido (僵化死板). *sińg k'ý chě ch'ǒ* 性气直促.

（p.149）

Naturaleza espiritual (np.精神之本质、心性). *lińg sińg* 灵性.|. *xîn sińg* 神性.|. *vû hińg chў sińg* 无形之性.

Natural malo, que tiene algun defecto natural (ap.坏性子，即生性有某种缺陷). *pi'ě sińg* 癖性.

Nauidad (n.耶稣诞辰). [参见：nacimiento (生日).]

Naueta para olores (np.盛香的船形容器、香盒). *hiāng hǒ çhù* 香盒子.

Naue, o nauio (n.船、舰). *chuê'n* 船.|. *chēu* 舟. numeral de nauios, o barcos (大小船只的量词). *chě* 只.|. *háo* 号.

Naues nuestras (np.我们欧洲式样的船). *kiǎ pàn chuê'n* 夹板船.

Nabio pequeño (np.小船), batel (n.艇). *siào chuê'n* 小船.|. *sān pàn chuê'n* 舢板船.

Naue de espia (np.间谍船). *xaó chuê'n* 哨船.

Naue de cosarios (np.海盗船). *çhě chuê'n* 贼船. – de armada (海军的). *pińg chuê'n* 兵船.

Nauegar (vi.航行、航海 vt.驾船、海运). *hińg chuê'n* 行船.|. *piāo' hày* 漂海.|. *piāo' iańg* 漂洋.|. *hińg xùy lú* 行水路.|. *hańg hày* 航海.

Nauegar viento en popa (vp.乘着船尾来风航行). *xuń fuńg hińg chuê'n* 顺风行船. – con la corriente (顺着水流). *xuń lièu hińg chuê'n* 顺流行船.

Nauegar contra el viento (vp.逆风航行). *niě fuńg hińg chēu* 逆风行舟. – contra corriente (顶着水流). *niě xùy hińg chuê'n* 逆水行船.

Nauegacion (n.航海). *xùy lú* 水路.|. *hày lú* 海路.

Nagaza paxaro (np.捕鸟的诱饵). *niào moêy* 鸟媒.|. *iǹ niào* 引鸟.|. *sǒ niào chě* 率鸟者①.

---

① 《说文》卷六口部："囮……率鸟者，系生鸟以来之，名曰囮。"

Ne.

Neblina, o, niebla (n.霭、薄雾，雾). *vú* 雾.|. *hoēn vú* 昏雾.|. *iûn vú* 云雾.

Nebli, o, açor (n.游隼，或苍鹰). *laò iṅg* 老鹰.

Necedad (n.蠢言、蠢行). *chỹ' iên* 痴言.|. *luón kiàng* 乱讲. – Pensamiento necio (胡思乱想). *chỹ' siàng* 痴想.

Necessaria cosa (np.必须的事情). *iáo kiǹ tiě* 要紧的.|. *kiǹ iáo* 紧要.|. *taṅg iáo tiě* 当要的. – inescusable (必不可免的). *mièn pǒ tě tiě çú* 免不得的事.[①] – No es necessario (没有必要). *pǒ siāo* 不消.|. *pǒ iuṅg* 不用.|. *pǒ piě* 不必.

Necessariamente (ad.势必、必然). *piě tiṅg* 必定.|. *piě kiṅg* 毕竟.|. *piě jên* 必然.|. *piě taṅg* 必当.|. *piě siụ* 必须.|. *siụ iáo* 须要.|. *piě iáo* 必要.|. *siụ taṅg* 须当.

Necessario (a.必要的、必需的 n.必要之物、必需品). *sò siụ tiě vuě* 所需的物.|. *taṅg kiǹ chỹ çú* 当紧之事. – de todos los dias (所有的日子里都需要的). *jě iuṅg tiě siụ* 日用的需.|. *jě jě iuṅg tiě* 日日用的.|. *jě siụ* 日需.|. *jě kiě chỹ siụ* 日急之需. – Que necessidad ett.ª (有何必要，等等). *hô siāo* 何消.|. *hô piě* 何必.|. *hô iuṅg* 何用.

Necessidad (n.危难、困厄), hazer de la necessidad virtud (vp.从困厄之中练就美德). *piě siụ ỳ hiūng goêy kiě* 必须以凶为吉.

Necessidad, o pobreza (n.窘迫，贫穷). *kiûn'g kiě* 穷急/穷极.|. *kiûn'g fã* 穷乏. – Acudir a las necessidades (济贫救难). *kiéu kiě* 救急.

Necessidad extrema (np.万分急迫). *pě' iụ pǒ hoě kỳ* 迫于不惑己[②].|. *tá pǒ hoě kỳ* 大不惑己.|. *kiụn kiě* 窘急.|. *kue'ń kiě* 困急.|. *ki'ě kiě* 切急[③].

Necessarias, o, secretas (n.茅坑，厕所). *ch'ú sò* 厕所.|. *mâo ch'ú* 茅厕.|. *ch'ú faṅg* 厕房.|. *kiày xèu tiě sò* 解手的所.|. *mâo kaṅg* 茅坑.|. *pién faṅg* 便房.|.

---

① 柯本与柏林本原条有三处出入："紧要"，柯本作"紧要的"；"当要的"，柯本缺；"免不得的事"，柯本作"免不了的事"。

② 意思似乎是：遇到紧急情况，最要紧的是不自乱阵脚。此句以及下一句疑为误植，应接在上上条"必须以凶为吉"之后。

③ 柯本作"吃急"。

e ɔᵃ. (也可反过来说：*fañ pién* 房便).|. *chiñg fañ* 净房.①

Necio (a.愚蠢的 n.蠢人). *chȳ' jiñ* 痴人.|. *tù' jiñ* 土人.|. *xān jiñ* 山人.|. *chùn' jiñ* 蠢人.|. *pǒ chȳ lỳ tiĕ* 不知礼的.

Neciamente (ad.无知、愚蠢地). *pǒ cháy hañg* 不在行.|. *chȳ' jên* 痴然.|. *fỳ lỳ* 非礼.

Negacion (n.否定、否定词、否定式). *pǒ* 不.|. *fỳ* 非.|. *mǒ* 没. – De ninguna manera (以任何方式都不、无论怎样都不). *tū pǒ* 都不.|. *chiuĕ pǒ* 绝不.|. *tuón pǒ* 断不.

Negacion prohibitiua (np.意在表示禁止的否定). *pǒ iáo* 不要.|. *mǒ* 莫②.|. *vû* 毋.

Negacion afirmatiua, absit (np.意在表示肯定的否定，怎能这样). *kỳ'* 岂. – absit que no, ettᵃ. (怎能不这样，等等). *kỳ' pǒ* 岂不.

Negar no confessando, ni reconociendo (vp.否认，不承认或不认可). *pǒ jiń* 不认.|. *pǒ jiń chiñg'* 不认承.

Negar lo que se pide, no conceder lo (vp.拒绝某人的请求，不准许). *pǒ chùn* 不准.|. *pǒ iùn* 不允.

Negar en los tormentos lo que se pregunta (vp.严刑之下仍拒绝回答). *pǒ chāo* 不招.

Negar, vt encubriendo los pecados (vt.隐瞒，如遮盖所犯的罪行). *chē ièn* 遮掩.|. *chân'g* 藏.

Negar con la cabeça diziendo de no (vp.一面摇头表示否认，一面说"不"). *iâo têu'* 摇头.

Negligencia, perereza (n.马虎，懒散). *làn tó* 懒惰.

Negligencia (n.疏忽大意). *pǒ kiñ' xiñ* 不勤慎.|. *pǒ liéu siñ* 不留心.|. *pǒ iúng siñ* 不用心.|. *pǒ chín siñ* 不尽心.|. *pǒ xañg siñ* 不上心.|. *pǒ kiā ý* 不加意.|. *pǒ xañg kiǹ* 不上紧.

Negligente (a.不经意的、粗心的). *leǹg tañ tiĕ* 冷淡的.|. *pǒ kiñ' liĕ tiĕ* 不勤力的. y todos los de arriba pospuesto el *jiń* 人.|. *chè* 者.|. *tiĕ* 的. (以上所列各词的后面，都可以加"人、者、的").

Negocio (n.事情、事务). *çú* 事.|. *çú tỳ'* 事体.|. *çú chiñg'* 事情.|. *keú tañg* 勾

---

① 对照 Letrinas (p.127)，可知 *kañg* 当为 *kañg'* "坑"，*fañ* 当为 *fañg* "房"（柯本即改从后者）。但把 *pién fañg* 倒过来，得到的应该是动词 "方便"，婉指解手。

② *mǒ*，柯本作 *mó*。按：本词典上"莫"字两拼，*mǒ* 与 *mó* 均可。

当①. – numeral de negocios (表示事情、事务的量词). *kién* 件.|. *chańg* 桩.

Negocio de consideracion (np.重要的事情). *tá çṳ́* 大事.|. *kuān hý tiě̆ çṳ́* 关系的事.|. *iáo kiǹ tiě̆ çṳ́* 要紧的事.|. *chiě' kiǹ tiě̆ çṳ́* 切紧的事②.

Negocio facil (np.容易的事情). *pǒ nân tiě̆ çṳ́* 不难的事.|. *iuńg ý tiě̆ çṳ́* 容易的事.

Negocio comun (np.共同的事情). *chuńg jiń tiě̆ çṳ́* 众人的事.|. *kuńg çṳ́* 公事.|. *kuńg kán* 公干.

Negocio impertinente (np.不相干、不要紧的事情). *hień çṳ́* 闲事.|. *mǒ siańg kān tiě̆ çṳ́* 没相干的事.

Negocio de casa (np.家里的事情). *kiā fǎ* 家法.|. *kiā lỳ tiě̆ çṳ́* 家里的事.

Negocio presente (np.当下的事情). *hień çú* 现事.|. *ièn chiên' tiě̆ çṳ́* 眼前的事.|. *jû kiń tiě̆ çṳ́* 如今的事.|. *mǒ hía tiě̆ çṳ́* 目下的事.

Negocio firme, fixo (np.定妥的事情，已妥善处理的事务). *iuǹ tańg tiě̆ çṳ́* 允当的事.|. *tiñg' tańg tiě̆ çú* 停当的事.|. *tiñg' tò' tiě̆ çṳ́* 停妥的事.

（p.150）

Negocio obscuro, embrolla (np.模糊、纷乱的事情). *pǒ mîng pě tiě̆ çṳ́* 不明白的事.|. *hoēn chańg tiě̆ çṳ́* 昏障的事.|. *ièu p'ó pińg tiě̆* 有破病的.

Negocio concluydo (np.已完成的事情). *çṳ́ chiñg' leào* 事成了.|. *çṳ́ huôn leào* 事完了.|. *çṳ́ piě̆ leào* 事毕了.|. *çṳ́ ki'ě̆* 事讫.

Negocio feo (np.丑恶的事情). *chèu' çṳ́* 丑事.|. *kò' siēu chỹ çṳ́* 可羞之事.|. *pỳ çṳ́* 鄙事.

Negociante, mercader (n.商人，生意人). *chó mày máy tiě̆* 做买卖的③.

Negociar (vi.从事、经营 vt.协商、办理). *kán çṳ́* 干事.|. *chǒ çṳ́* 作事.|. *hiñg çṳ́* 行事.|. *chù' çṳ́* 处事.|. *lỳ çṳ́* 理事.|. *kuòn çṳ́* 管事.|. *iǹg vú* 应务.

Negociar (vi.从事、工作), que negocio tiene v. m. (s.您从事什么工作). *kuéy kán* 贵干. – que tratar con migo? (有什么事情要跟我商量？). *ièu hô kién kiāo* 有何见教.|. *ièu hô iṳ́* 有何谕④. – tengo un negocillo ([我]有一

---

① 此词写于行间，为另手插入，不见于柯本。
② *chiě'*，柯本转录为 *çiě'*，字作"急"。
③ *chó*，柯本写为"作"。
④ *iṳ́*，柯本写为"语"。

件小事情). *ièu siào çǔ* 有小事.

Negociador (n.谈事者、协商人), hombre de negocios (np.实干家、懂行者). *hoéy kán çú tiě jiñ* 会干事的人.|. *ieù puèn çǔ tiě jiñ* 有本事的人.|. *çháy hâng tiě jiñ* 在行的人.

Negociacion (n.谈判、经商), comprar y vender (vp.买与卖). *mày máy* 买卖.|. *méu iě* 贸易.

Negro color (np.黑色). *hě sě* 黑色.|. *çhiñg' sě* 青色.|. *çhān'g* 苍.

Negro un poco (ap.带一点黑、微黑). *puón hě* 半黑.

Negras vestiduras (np.黑色的衣服). *çhiñg' ȳ* 青衣.①

Negro de Guinea (np.几内亚的黑人). *hě jiñ* 黑人. – a quien los chinos por afrenta les llaman (中国人对他们的贬称是): *hě kuèy* 黑鬼. diablo negro (即黑色的魔鬼)②.

Negrear, vt las sombras de las pinturas (vi.变黑、趋暗，例如画面上的阴影). *hě ìng* 黑影.

Neruios (n.神经、筋腱). *kiñ çhiě* 筋节.|. *kiñ kǒ* 筋骨.

Neruioso (a.筋腱暴突的、精力旺盛的), de fuerzas (pp.强壮有力的). *choáng kień* 壮健.|. *kiañ'g kień* 强健.|. *ièu kiñ çhiě mě lǒ tiě* 有筋节脉络的.

Neruios, fuerças (n.活力，力量). *kǒ lǒ kiñ kǒ chȳ liě* 骨络筋骨之力.|. *liě k'ý* 力气.

Neuar, y llouer (vi.下雪和下雨). *iù fy̌ fy̌ pań'g* 雨霏霏滂③.

Neuada (n.大雪、雪暴). *tá siuě* 大雪.

Neuar (vi.下雪). *hía siuě* 下雪.|. *lǒ siuě* 落雪.|. *kiańg siuě* 降雪.|. *chiñg' siuě* 乘雪④.|. *siuě hōa lǒ chǔ'* 雪花落绰⑤.

Neutral (a.中立的、游移不定的). *vúy tińg tiě jiñ* 未定的人.|. *pǒ ȳ tuńg, pǒ ȳ sȳ* 不依东、不依西.

---

① 此条柯本未录。
② 旧时一种蔑称。
③ 对译并未言及雪，当存疑。可能含两个词，"雨霏霏"和"雨滂"。
④ *chiñg'*，柯本缺字。
⑤ *chǔ'*，柯本缺字。"落绰"，雪花乱舞、纷纷落下。

Ni.

Ni (ad.也不), pro no (adp.甚至不). *iè pǒ* 也不. – ni poco, ni mucho (不少也不多). *kaṅg kaṅg hào* 刚刚好.|. *pǒ tō pǒ xào* 不多不少.

Ni alto, ni baxo. ni bueno, ni malo (ap.既不高也不低；虽不好也不坏). *iuṅg chân'g tiě* 庸常的.|. *piṅ'g chân'g tiě* 平常的.

Ni esta aqui, ni alli (s.既不在这里，也不在那里). *pǒ çháy ché lỳ, pǒ çháy ná lỳ* 不在这里、不在那里.

Ni mas, ni menos (ap.既不更多也不更少). *iě iaṅg* 一样.

Ni teme, ni deue (s.既不担心害怕，也不觉得应该如此). *pǒ p'á jiṅ* 不怕人.

Nichos (n.置放雕像的壁龛). *kān' çhǔ* 龛子. – como andas (可以抬起行走的架子). *tiṅ'g çhǔ* 亭子.

Nidos (n.窝巢、洞穴). *uō* 窝.|. *çhiào* 巢. – de paxaros (鸟儿的窝). *niào uō* 鸟窝.|. *niào çhiào* 鸟巢. – hazer lo (造窝). *chó uō* 做窝.|. *luỳ uō* 垒窝①.|. *kiě kéu uō çhiào* 结构窝巢.

Nidos que se come (np.供食用的鸟窝). *ién uō çh'áy* 燕窝菜.

Nido, o, cueba de ladrones (n.贼窝，即盗贼栖身之处). *çhě çhiào* 贼巢.

Niebla (n.雾霭). *vú* 雾.|. *iûn vú* 云雾.|. *vú k'ý* 雾气.|. *lỳ vú* 霓雾②.

Nieta de parte de hijo (np.儿子一方的孙女). *niù sūn* 女孙.|. *sūn niù* 孙女. – de parte de hija (女儿一方的). *vuáy sūn niù* 外孙女.

Nietos de parte de hijo (np.儿子一方的孙子). *sūn çhǔ* 孙子. – de parte de hija (女儿一方的). *vuáy sūn* 外孙.|. *vuáy seṅg* 外甥③.

Nieue (n.雪). *siuě* 雪. – blanco como la nieue (像雪一样白). *pě jǔ siuě* 白如雪. – hazer combite quando nieua para ver la nieue (乘雪天办宴以观赏雪景). *xaṅg siuě* 赏雪.

Nigromancia (n.巫术). *siê fǎ* 邪法.|. *siê xǔ* 邪术.|. *iāo fǎ* 妖法.|. *iāo xǔ* 妖术.

Nigromantico, echizero (n.通巫术者，巫师). *iāo jiṅ* 妖人.|. *fǎ kuōn* 法官④.|. *iāo vuáng chȳ jiṅ* 妖妄之人.|. *hoán jiṅ* 幻人.

---

① 柯本作"累窝"。
② *lỳ*，柯本缺字。"霓雾"，谓妖氛。
③ 有些南方方言称外孙为"外甥"。
④ 指作法的道士。

Ninguna cosa (np.没有任何东西、乌有). *vû vuě* 无物.|. *mǒ ièu tuñg sȳ* 没有东西.

Ninguno (a./pron.没有任何人). *vû jiñ* 无人.|. *mǒ ièu iě kó* 没有一个.

Niña pequeña (np.小女孩). *niù ûl* 女儿.|. *niù çhǔ* 女子.|. *siào niù* 小女.|. *tuñg' niù* 童女.

Niñas de los ojos (np.瞳人、眼珠). *mêu çhǔ* 眸子.|. *ièn tuñ'g çhǔ* 眼瞳子.|. *ièn chū* 眼珠.|. *tuñ'g jiñ* 瞳人.①

Niñerias (n.琐碎小事), no nadas (np.无足轻重的事情). *siào kò' tiě çú* 小可的事.|. *pǒ tá kiǹ tiě çú* 不大紧的事.

Niñerias, puerilidades (n.幼稚的言行，孩子气). *siào hây çhǔ tiě çú* 小孩子的事.

Niñes (n.童年). *iéu niên* 幼年.|. *xáo niên* 少年.

Niño de 10. años arriba (np.十岁以上的孩子). *çhiañ'g têu' tiě* 锵头的②.

Niño pequeño (n.小男孩). *hây tuñ'g* 孩童.|. *siào hây çhǔ* 小孩子.|. *hây ûl* 孩儿.|. *hây iéu* 孩幼.

Niño que mama (np.还在吃奶的幼儿). *ch'ě này tiě hây çhǔ* 吃奶的孩子.|. *ch'ě jù tiě hây çhǔ* 吃乳的孩子.

Nipa conque cubren las casas (np.用来覆盖屋顶的椰树叶). *mâo çhào'* 茅草.

Niuel (n.水平面、水平仪). *chùn* 准.|. *chùn çhě* 准则.|. *fǎ çhě* 法则.

Niuelar (vt.取平、平衡). *chùn piňg'* 准平.

（p.151）

Ni uno, ni otro (np.既不是这个，也不是那个). *ché kó iè pǒ, ná kó iè pǒ* 这个也不、那个也不. – neuter (两个都不是). *tū pǒ* 都不.

Ni una blanca tengo (s.[我]一个子儿也没有). *gò mǒ ièu fuēn hâo* 我没有分毫.

Ni un apice (np.甚至一点点也没有). *vû iě tièn* 无一点.|. *vû iě siē* 无一些.

No.

No acostumbrada cosa, invsitada (np.不习惯的事情，不同寻常的现象). *fȳ chañ'g* 非常.|. *hàn tě kién* 罕得见.

---

① *tuñ'g*，两例柯本都写为"童"。

② *çhiañ'g*，柯本缺字。盖即束发，"锵"或非本字。

No hazer lo bien (vp.做得不好). *tù' çhó* 土做①.
No (ad.不). *pŏ* 不.|. *fy̆* 非.|. *mŏ* 没.|. *vû* 无.
No es (vp.不是). *pŏ xý* 不是.|. *fy̆* 非.
No. [prohibiendo.] (ad.不[表示禁止]). *pŏ iáo* 不要.|. *mŏ* 莫.
No es licito (vp.不合法、不正当). *pŏ kò'* 不可.|. *pŏ kāy* 不该.|. *pŏ tañg* 不当.
No esta en Regla (vp.不合规矩、不标准). *pŏ çháy hañg* 不在行.
No acostumbrado a algo (ap.不习惯于某事). *pŏ kuón* 不惯.
No gustar de algo (vp.不乐意做某事). *siñ pŏ kàn* 心不敢②.|. *siñ pŏ iuén* 心不愿.
No hazer al caso (vp.没大关系、不要紧). *pŏ siañg kān* 不相干.
No es razon (vp.没有道理). *fy̆ ly̆* 非理.|. *fy̆ ý* 非义.|. *pŏ çháy iŭ ly̆* 不在于理.|. *pŏ kāy* 不该.
No caer en la cuenta (vp.死不明白、不肯改悔). *chĕ mý pŏ gú* 执迷不悟.
No dezir nada (vp.什么也不说). *mĕ mĕ pŏ iên* 默默不言.
No ymitar el modelo (vp.不照模型或样子做). *chèu iañg* 走样.
No hauer (vp.没有). *mŏ ièu* 没有.|. *mŏ leào* 没了.
No hauer causa (vp.没有原因或理由、无缘无故). *vû kú* 无故.|. *mŏ lây iêu* 没来由.|. *mŏ lây têu'* 没来头.|. *mŏ ièu iuén kú* 没有缘故.
No lo hallar (vp.找不到). *siñ pŏ kién* 寻不见.|. *siñ pŏ chŏ* 寻不着.
No llega (vp.达不到). *pŏ kiĕ* 不及.
No lo poder alcançar (vp.无法赶上、追不及). *kàn pŏ chŏ* 赶不着.
No es mucho, vt que haga esto, ettᵃ. (vp.不多、没多少，比如说：做此事收获并不多，等等). *pŏ goêy chȳ tō* 不为之多③.
No es poco que haga esto (s.做这件事收获并不少). *pŏ goêy chȳ xào* 不为之少.
No lo digas, no ay para que dezir lo (s.[你]别说这个，不必说这个). *mièn xuĕ* 免说.
No es necessario (vp.没有必要). *pŏ siāo* 不消.|. *pŏ iáo* 不要.|. *pŏ siŭ* 不须.
No poder lo tragar (vp.无法吞咽). *tūn pŏ hía* 吞不下.
No ha mucho (vp.为时不长、不久前). *pŏ kieù* 不久.|. *uý kieù* 未久.

---

① 谓土法制作，与官货或洋货相对而言。

② *kàn*，或为 *kān* 之误，即"心不甘"。

③ 犹言"为之不多"。

No ay para que hablar (s.没必要说). *pǒ piě iên çhù'* 不必言此.|. *pǒ piě xuě* 不必说.|. *pǒ siāo kiàng* 不消讲.|. *pǒ iuńg xuě* 不用说.

No poder leuantar lo (vp.无法把某物抬起、举不起). *nà pǒ kỳ'* 拿不起.

No oza determinar (vp.不敢下决心). *siñ uý tińg* 心未定.|. *siñ mǒ tińg* 心没定.

No poder sufrir lo (vp.无法忍受某事). *jìn pǒ chú* 忍不住.

No salir con su intento (vp.没有得到所期待的). *pǒ těý* 不得意.|. *xě cú* 失事①.

No ay cosa que no tenga (s.什么都不缺、样样有). *vû pǒ ièu* 无不有.

No es como el (vp.与之不同). *pǒ jû py̌* 不如彼.|. *pǒ çú* 不似.

No huuo tal (vp.这样的东西或事情从未有过). *uý chȳ ièu* 未之有.

No es assi (vp.事情并非如此). *pǒ xý* 不是.|. *pǒ jên* 不然.|. *fȳ iě* 非也.

No corresponden, vt las obras a las palabras (vp.不一致，如行为与言语不相符). *pǒ siāng cháo ińg* 不相照应.

No ay tal razon (vp.没有这样的道理). *vû chù' lỳ* 无此理.|. *uý ièu chù' lỳ* 未有此理. — como ha de hauer tal razon (怎会有这样的道理). *kỳ' ièu chù' lỳ* 岂有此理.

No se como, idest, aun no se de cierto (s.[我]不知道事情怎样，即仍不清楚、不确定). *vû kién xě* 无见识.

No se contentar con poco (vp.不满足于小小的收获). *kién tá* 见大.

No es tan cierto (vp.不能确定、没有把握). *uý piě xý chīn* 未必是真.|. *nân pién xý chīn* 难辨是真.|. *uý piě jên* 未必然.

No solo (adp.不仅、不只). *pǒ tań* 不但.|. *pǒ chy̌* 不止.

No me puede hazer mal (s.对我有何害处、又能拿我怎样). *pǒ náy gò hô* 不奈我何.|. *náy gò pǒ hô* 奈我不何.

No se parece (vp.不像、不相似). *pǒ siáo* 不肖.|. *pǒ çú* 不似.|. *pǒ xańg* 不尚②.

No tiene que ver con migo, no me pertenece (s.此事与我无关，不涉及我). *iù gò vû kān* 与我无干.|. *pǒ iù gò* 不与我.

No puede menos, a mas no poder (vp.无法避免，只能如此). *pǒ těý* 不得已.|. *mǒ náy hô* 没奈何.

No se vsa agora (vp.如今已不使用、不再流行). *kiñ xý pǒ hîng* 今时不行.

---

① 谓处事失当。柯本作"失思"。
② 不效法、不照样做。柯本作"不上"。

No tiene remedio (vp.无药可救、无计可施). *vû fǎ* 无法.|. *mǒ leào fǎ* 没了法.|. *vû kò' náy hô* 无可奈何.

No saber tantear las cosas (vp.不懂得掂量事情). *pǒ çhú leańg* 不自量.

No es como antes (vp.跟从前不一样). *pǒ jǔ kieù* 不如旧.|. *fȳ tuń'g vuàng jě* 非同往日.

No se vsa agora (vp.如今已不使用、不再流行). *kiñ xî pǒ hîng* 今时不行.①

No puede tardar (vt.不得拖延), tarde que temprano (adp.或迟或早). *fȳ mîng çhiě héu* 非明即后.|. *fȳ chāo ȳ siě* 非朝伊夕.

No se puede comparar (vp.无法比较、难以比拟). *pỳ pǒ tě* 比不得.|. *pǒ neńg tuý* 不能对.

No se mouer por aficion (vp.不为情感所动). *pǒ xún çhińg'* 不顺情.

No sirue (vp.不适用、不好用、用不上). *pǒ iuńg* 不用.|. *pǒ kān' iuńg* 不堪用.|. *mǒ chuńg iuńg* 没中用.|. *iuńg pǒ tě* 用不得.

No tiene gracia (vp.缺乏雅趣). *mǒ çhi'ú* 没趣.

No teme morir (vp.不怕死). *pǒ kú mińg* 不顾命.|. *vuâng mińg* 亡命②.

No basta (adp.不够、缺少). *pǒ kéu* 不够.|. *pǒ çhǒ* 不足.|. *pǒ kiě* 不及.

No cuydar de si (vp.不在乎、不顾惜自己). *pǒ çhú gáy* 不自爱.|. *pǒ çhú kú* 不自顾.|. *pǒ çhú chuńg* 不自重.

No ay para que tomar trabajo (s.不必为此烦劳). *mièn laô* 免劳.

No tener hijos (vp.没有儿子). *çhiuě táy* 绝代.|. *çhiuě héu* 绝后.|. *çhiuě çù* 绝嗣.

No es conforme à razon (vp.于理不合、有悖理性). *pǒ hǒ lỳ* 不合理.

（p.152）

No tener à donde poner el pie (vp.没地方搁脚、无处安身). *vû sò çhȳ' xīn* 无所栖身.|. *vû ỳ çhú iuńg* 无以自容.

No ha desistido (vp.尚未放弃). *siñ uý çù* 心未死.

No tener camino para huir la muerte (vp.面临死亡无路可逃). *vû seńg ký* 无生计.|. *mǒ leào huǒ lú* 没了活路.

No tener nada (vp.什么也没有). *tū mǒ ièu* 都没有.

No tener que ver con los otros (vp.不过问其他事情). *pǒ kuòn vuáy çù* 不管外

---

① 重复的词条（见本页），只有一处拼法小异。
② 柯本作"忘命"。

事.|. *pǒ lỳ iû cụ́* 不理余事.

No asentar bien el pie (vp.脚坐不实). *tǎ pǒ chŏ tý* 搭不着地①.

No estar bien de salud (vp.身子不适). *pǒ chǔ cháy* 不自在.|. *pǒ chú jù* 不自如.|. *pǒ chiñg xîn* 不精神.|. *pǒ xoàng ku'áy* 不爽快.

No exercer el officio del gouierno (vp.不处理公务、没有处置权). *pǒ lỳ cụ́* 不理事.|. *pǒ kuòn cụ́* 不管事.

No agrauiarse, ni sentirse (vp.既不生气，也不怨艾). *hiēu kaý* 休怪②.

No hauer (vp.没有). *mǒ ièu* 没有.|. *mǒ leào* 没了.

No ay quien pase (s.没有任何人经过). *tuón jiñ hîng* 断人行③.

No cesar (vp.不停止、不中断). *pǒ chỳ, pǒ tuón* 不止、不断.

No esta en mi este negocio (s.这件事不取决于我). *pǒ cháy gò* 不在我.

No caminar como antes (vp.不像以前那样通行). *tuón lú* 断路.|. *hîng pǒ jù kièu* 行不如旧.

No ay rastro, ni pisado (s.既无踪迹，也无足印). *vû kiŏ chiĕ* 无脚迹.|. *vû hiñ g chiĕ* 无行迹.|. *vû ký háo* 无记号.

No ay duda, claro esta (s.毫无疑问，十分清楚). *chú jeñ* 自然.

No ay ley que le corrija (s.没有任何法规可以纠正其行径). *vû fǎ kò' kiā* 无法可加.

No complir la palabra (vp.不履行诺言). *xě siñ* 失信.|. *pǒ chièn ieñ* 不践言.

No conocer el beneficio (vp.不识恩惠、不知报恩). *vuañg gēn* 忘恩.|. *pǒ chȳ gēn* 不知恩.

No atendiendo à esto, o aquello (vp.不管是这个或那个). *pǒ luñ* 不论.

No ay para que andar en cumplimientos (s.不必拘守礼节). *pǒ kiụ̄* 不拘.|. *mièn lỳ* 免礼.

No importa (vp.不重要、没关系). *pǒ tá kiñ* 不大紧.|. *pǒ fañg* 不妨.

No se difenrencia mucho (s.[我]看不出有多大区别). *chā' pǒ tō* 差不多.

No escriuir (vp.不写、止笔). *tiñg' piĕ* 停笔.|. *tiñg' sìè* 停写.

No es comun, ni baxo (vp.既不普通，也不低俗). *fỹ fân* 非凡.

No pensando (vp.没想到), inopinadamente (ad.很意外). *pǒ siàng* 不想.|. *gèu jên* 偶然.|. *pǒ kiŏ* 不觉.|. *pǒ cụ̄* 不思.|. *pǒ ký'* 不期.|. *pǒ ý* 不意.

---

① *tǎ*，柯本写为"踏"。

② "怪"多拼为 *kuáy*，这里的 *kaý* 似为笔误或方音。

③ 杜甫《月夜忆舍弟》："戍鼓断人行，边秋一雁声。"

No haze caso de mi (s.[他]不在乎我). *pǒ lỳ gò* 不理我.|. *pǒ taý gò* 不待我.|. *pǒ çhà'y gò* 不睬我.|. *pǒ ỳ gò goêy ý* 不以我为意.

No poder hazerse (vp.无法做到、不能做). *çhó pǒ tĕ* 做不得.

No lo se (s.此事[我]不知道). *pǒ hiào tĕ* 不晓得.|. *pǒ chȳ* 不知.|. *pǒ chȳ táo* 不知道.|. *pǒ chȳ hiào* 不知晓.

No entrar en cuenta (vp.不计入). *pǒ suón* 不算.|. *pǒ çhŏ suón* 不足算.

No estar de vereas (vp.不认真、不热情). *mǒ siñ* 没心.|. *mǒ naý fàn* 没耐烦.

No es à proposito (vp.不合适). *pǒ pień* 不便.

Noble (a.高贵的 n.贵族). *çhūn kuéy* 尊贵.|. *çhūn kāo* 尊高.|. *kāo çhûn'g* 高崇.|. *xý kiā* 世家.

Nobleza (n.贵族、豪门). *tá xý kiā* 大世家.|. *tá muên mién* 大门面.|. *çhūn kiā* 尊家.

Nobleza de condicion (np.身份高贵、地位高上). *leañg siñg* 良性.

Nouio (n.新婚男子). *siñ lañg* 新郎.

Nouia (n.新婚女子). *siñ fú* 新妇.|. *siñ niañg* 新娘.

Noche (n.夜晚). *ié* 夜.|. *hĕ ié* 黑夜. – profunda (夜深时分). *xīn ié* 深夜.|. *leañg ié* 良夜.|. *iñ ié* 霪夜.|. *hoēn ié* 昏夜. – De noche (夜间的、在夜里). *ié kiēn* 夜间.|. *ié chuñg* 夜中.|. *ié lỳ* 夜里.

Noche (n.夜晚), al anochecer (pp.夜幕降临时). *çhây' vuàn* 才晚.|. *pân' mú* 傍暮.|. *iǒ mú* 约暮.|. *çhū' hoēn* 初昏. – media noche (半夜). *puón ié* 半夜.|. *chuñg ié* 中夜.|. *çhù xý* 子时.

Noche (n.夜晚), antes de media noche (adp.半夜之前). *ié uý iañg* 夜未央. – a boca de noche (临近夜晚). *çhiañg vuàn* 将晚.|. *çhū' keñg xý fuēn* 初更时分.|. *tiēn' sĕ çhién vuàn* 天色渐晚.

Nogal (n.胡桃树). *hŏ tâo' xú* 核桃树.

Nombrar (vt.命名、点名、任命). *chiñg'* 称.|. *mîng* 名.|. *chiñg' mîng* 称名.|. *kiáo mîng* 叫名.|. *hū mîng* 呼名.|. *huón mîng* 唤名.

Nombre (n.名字、名称、姓名). *mîng* 名.|. *mîng çhú* 名字.|. *mîng háo* 名号.|. *mîng mǒ* 名目.

Nombre y termino de las cosas (np.事物的名称和术语). *mîng siañg* 名象.|. *mîng ý* 名义.

Nombre, fama (n.名望、声誉). *mîng xiñg* 名声.|. *mîng sĕ* 名色.|. *xiñg mîng* 声名.

Nombramiento de algun officio que da el Rey (np.君王授予的官衔). *ch'ĕ* 敕.

Nomina, Reliquiario (n.名单、圣名录，圣物堂). *xiń tǒ* 圣牍. – Reliquiario de los ydolos (祭拜偶像的物件或场所). *hiāng hò* 香火.

Nones (n.单数、奇数). *tān sú* 单数.|. *ký sú* 奇数.

Nono en orden (num.第九，序数). *tý kièu tiě* 第九的.

Noria (n.水车). *xùy chē'* 水车.

Norte (n.北、北极). *pě kiě* 北极.|. *pě sińg* 北星.

Nordeste (n.东北). *tuńg pě* 东北.

Norueste (n.西北). *sȳ pě* 西北.

Nota, en los libros (n.注释、注解，见于书籍). *pȳ' pîn'g* 批评.|. *kiā pȳ' tièn* 加批点. – libro de notas (便笺簿、记事本). *ch'ě gań* 册案.|. *kiùen gań* 卷案.|. *vuên kiùen* 文卷.

Nota, o, afrenta (n.声誉，坏名声). *mîng xińg ièu jeǹ tien* 名声有染玷.

Notar el bien, o el mal (vp.记录善行或恶迹). *gań ký jiñ xeń, ǒ* 案记人善恶.|. *pîn'g piǹ'* 评品.|. *piǹ' chě* 品骘①.

Nosotros (pron.我们). *gò mên* 我们.|. *gò teǹg* 我等.

Notablemente (ad.明显). *ta'ý* 太.|. *xiń* 甚. [参见：los superlatiuos (最高级).]

Notable, señalado (a.显著的，杰出的). *fȳ chân'g tiě* 非常的.|. *chǔ' mińg tiě* 出名的.|. *xańg hào tiě* 上好的.

Notario (n.书记员). *xū lý* 书吏.|. *xū xèu* 书手.

Notificar (vt.知会、通知). *kiáo xiǹ* 叫审.|. *kiào ti'ńg xiǹ* 叫听审②. papa la sentencia (指诉诉案).

Notorio, claro (a.显见的，清楚的). *mîng pě tiě* 明白的.

Notorio, publico (a.众所周知的，公开的). *jiñ sò kuńg chȳ* 人所公知.|. *chuńg jîn hiào tě* 众人晓得.|. *jîn jîn chȳ táo* 人人知道.|. *hièn chú* 显著.|. *cháo chú* 昭著.

Notomia (n.解剖、解剖学). *pèu' xý kǒ ç̌ hiě* 剖视骨节.|. *chǎ' xý kińg lǒ* 察视经络.|. *xīn chǎ' hiě hoéy* 深察胁会. – hazer anotomia del cuerpo muerto para ver si tiene las señales que le imponen (解剖死者的尸体，以发现是否有作伪的痕迹). *niéń xȳ* 验尸.|. *kièn xȳ* 检尸.|. *kièn niéń xiñ xȳ* 检验身尸.

Nouenta (num.九十). *kièu xě* 九十.|. *kièu xě kó* 九十个.

---

① 犹评定。柯本改 *piǹ'* 为 *pîn'*，其词作 "品质"。

② "叫"，原拼同上一词，作去声 *kiáo*，但又以浓笔改为上声 *kiào*。

Noueno (num.第九). *tý kièu kó* 第九个.

Nouecientos (num.九百). *kièu pě* 九百.

Nouenta mil (num.九十个千、九万). *kièu vuán* 九万.

Nouecientos mil (num.九百个千、九十万). *kièu xě vuán* 九十万.

Nouedades (n.新事物、新鲜事). *siñ vuên* 新闻.|. *ý vuên* 异闻.|. *ý chân'g* 异常.

Nouelero (a.性喜新异的). *hý ti'ng siñ vuên* 喜听新闻①.|. *háo ý vuên tiě* 好异闻的.

Nouiembre (n.十一月). *xě iuě* 十月.|. *iañg iuě* 阳月.

Nouillo (n.牛犊). *siào nîeu* 小牛. – de baca (母牛犊). *siào hoâng nièu* 小黄牛.

（p.153）

Nouicio, nuestro diremos (n.新手、新入教者，我们圣教这样说). *chū' chín hoéy tiě* 初进会的.|. *siñ chín hoéy tiě* 新进会的.

Nouicio de los Bonzos (np.初为和尚者). *chū' chǔ' kiā tiě* 初出家的.|. *pȳ' fǎ tiě* 披发的.|. *chǒ fǎ* 祝发.

Nouicio en la guerra, Bisoño (np.打仗的新手，n.新入伍者). *siñ piñg* 新兵.

Nv.

Nube (n.云). *iûn* 云.|. *tiēn' iûn* 天云.|. *xān chūe'n k'ý* 山川气. – negra (乌黑的). *hě iûn* 黑云.|. *gū iûn* 乌云. – clara (明亮的). *chīn'g iûn* 清云.|. *pě iûn* 白云.

Nube rala (np.稀疏的云朵). *chiân'g iûn* 翔云.|. *hȳ iûn* 稀云. – espesa (浓密的云层). *nuñg iûn* 浓云.|. *miě iûn* 密云. – Nube seca (干燥的云头). *kān' iûn* 干云②.

Nube de lluuia (np.蕴有雨意的云). *xùy iûn* 水云.|. *iù iûn* 雨云. – Nubes juntas (连片的云团). *pú iûn* 布云. – hermosa (美丽的云彩). *chǔ iûn* 紫云.|. *vuên iûn* 文云.|. *iûn chîn'g chañg* 云成章.

Nubes (n.浓云), deshazerse las nubes (vp.浓云消散). *iûn siāo* 云消.|. *iûn sań leào* 云散了. – andar sobre las nubes (在云层上面行走). *kiá iûn* 驾云.|.

---

① "喜"字一般标为上声，但作去声也非孤例。可比较 *hý siñ* "喜信"（Nueuas buenas, p.153）。

② *kān'*，送气符疑衍。"干云"多用为文学字眼，指高入云霄，西语释义似有误解。

tên'g iûn 腾云.|. chú çháy iûn xúy 住在云陲①.

Nubes (n.云团), decender de ellas (vp.从云团中降下). gań lǒ iûn têu' 按落云头②.

Nube de los ojos (np.眼睛里生出的白翳). ièn ý 眼翳.|. ièn mǒ 眼膜.

Nublado (a.乌云密布的、阴沉沉的). iûn çhiě 云积.|. iûn pú 云布. – muy obscuro (乌云蔽日). muòn tiēn' tū xý hě iûn 满天都是黑云.

Nuera (n.儿媳妇). siě fú 媳妇.|. ùl fú 儿妇.

Nuera de v. m. (np.您的儿媳妇). lińg siě 令媳.|. çhūn siě 尊媳.|. lińg tań'g hiá 令堂下. – mi nuera (我的儿媳妇). siào siě 小媳.

Nueua cosa (np.新的东西). siñ tiě 新的. – vino nueuo (新酿的酒). siñ çhièu 新酒. ett^a. (等等). – hazer de nuebo (重新做). siñ ký' 新起.|. çhûn'g siñ 从新.|. chuñ'g siñ 重新.

Nueuo, al vso (a.新、新兴的，如一种习惯或式样). xý iáng 时样. – nueuo, recien venido (新来的，最近到达的). siñ lây tiě 新来的. – nueuo, dicipulo (新学生、新弟子). çhū' hiǒ 初学.

Nueuo (n.新人), hombre nuebo no conocido (np.新面孔、不认识的新来者). señg jiñ 生人.|. señg iuñg tiě 生容的.

Nueuamente (ad.新近、近来). çhây' 才.|. çhū' 初.|. fańg çhây' 方才.

Nueuas (n.消息、新闻). siń siě 信息.|. siào siě 消息.|. xińg siě 声息. – inciertas (不确定、不可靠的). lièu iên 流言.|. fêu iên 浮言.|. vû kēn chý iên 无根之言.

Nueuas de casa (np.家里来的消息). kiā siń 家信.|. kiā páo 家报. – Dar nueuas (递寄消息). tuńg' siào siě 通消息.|. tuńg' páo 通报.|. suńg páo 送报.

Nueuas (n.消息), aueriguar las (vp.探问消息). tà ti'ńg siào siě 打听消息.|. tà ta'ń 打探. – no ay nueuas (没有任何消息). pǒ kién siào siě 不见消息.

Nueuas buenas (np.好消息). hý siń 喜信. – malas (糟糕的). hiūng siń 凶信. – no ay cosa de nuebo (没有任何新鲜的事情). mǒ ièu siñ vuên 没有新闻.

Nueuas de hauer entrado en Doctor (np.考取博士的消息). páo çhín çụ́ 报进士.

Nueuo, fresco (a.新上市的，新鲜的). siñ siēn 新鲜.|. siēn tiě 鲜的.

Nueue (num.九). kièu kó 九个.

---

① xúy, 柯本写为"睡"。

② gań, 柯本缺字。此句常见于神话小说，谓驾云者自高而降。

Nueue mil (num.九千). *kièu çhiēn'* 九千.

Nueue millones (num.九百万). *kièu pĕ vuán* 九百万.

Nueue grados (np.九个等次、品级). *kièu pìn'* 九品.

Nueue choros de Angeles (np.天使的九重唱). *kièu pìn' tiēn' xîn* 九品天神.

Nuez fruta (np.核桃果). *hŏ tâo'* 核桃. – de la garganta (咽喉凸起处、喉结). *hêu luńg kŏ* 喉咙骨①. – de la ballesta (弩弓的扳机). *nù kȳ* 弩机.|. *nù kuèy* 弩轨②.|. *nù kȳ iâ* 弩机牙.

Nunca (ad.决不再). *çháy vû* 再无.|. *çháy pŏ* 再不.

Nunca in eternum③ (adp.永远不). *iuǹg pŏ* 永不. – oydo, ni visto (从未听说，也从未见过). *uý vuēn, uý kień* 未闻、未见.

Nunca huuo (vp.从来没有、从未有过). *uý ièu* 未有.|. *çhûn'g lây uý ièu* 从来未有.|. *çhǔ lây uý ièu* 自来未有.|. *pŏ çhên'g ièu* 不曾有.|. *iĕ hiańg uý ièu* 一向未有.

Ñudo (n.结、绳结). *kiĕ têu'* 结头. – Ciego (解不开的). *cù kiĕ* 死结.

Ñudo corrido (np.解得开的结). *huŏ kiĕ* 活结.

Ñudosa cosa (np.节段很多的东西、节点). *ièu tō çhiĕ* 有多节.

Ñudo del dedo artejo (np.手指的关节). *chỳ çhiĕ* 指节. – de cañas (竹竿的节). *chŏ çhiĕ* 竹节. – de tablas (木板的节疤). *paǹ çhiĕ* 板节.

Ñudo del cabello (np.头发扎结成的髻子). *fă ký* 发髻. idest el mogote (即盘起的头发、髻子). – Dar este ñudo (扎起发髻). *tà çh'ó* 打撮④.|. *vuàn ký* 绾髻.|. *kiĕ fă ký* 结发髻.|. *vuàn kiŏ ûl* 绾角儿⑤.

Numero (n.数、数字). *sú* 数.

Numeral, vt sic (n.数量词、量词，泛指). *kó* 个. los demas vide in *Arte* (更多的量词可参看《语法》).

Nutria (n.水獭). *chŏ lièu* 竹鼬⑥.

---

① *kŏ*，柯本写为"核"，猜测系 *hŏ* 的误拼。

② 柯本作"弩暑"。

③ in eternum = in aeternum（永远、永世），拉丁短语。

④ 指把头发打理成一撮撮或一缕缕。

⑤ *kiŏ*，柯本转录为 *kiĕ*，字作"结"。男孩头顶两侧扎起的发髻，称为"总角"，俗名"角儿"。

⑥ 亦名竹鼠，以嫩竹为食，与水獭非同属。*lièu*，注音有疑，柯本缺字。

O
(pp.153-161)

O.

O, esto, o, aquello, disiuntiua (conj.表示选择义的连词o，这个还是那个、这样还是那样). *hoě* 或.|. *hoě chè* 或者. – viene, o no viene (是来还是不来). *hoě lây, hoě pǒ lây* 或来、或不来.

O, con verbo, se puede dezir tambien con la afirmatiua (conj.在与动词连用时，o也可以表示肯定之义). – viene, o, no viene (他来或不来). *lây pǒ lây* 来不来.①

（p.154）

Ob.

Obas del mar, comen las los chinos (np.海藻，中国人吃的东西). *çhiŋ' tāy'* 青苔.|. *çhǔ çh'áy* 紫菜.|. *hày çh'áy* 海菜.

Oblea (n.薄饼、圣饼). *pǒ mién pìng* 薄面饼.

Obedecer a los maiores (vp.服从、听命于长者). *hiáo kiŋ* 孝敬.|. *hiáo xún* 孝顺.|. *xún miŋ* 顺命.|. *ti'ŋ miŋ* 听命.|. *çhūn miŋ* 遵命.|. *xún çhûn'g* 顺从.|. *fuŋ miŋ* 奉命.

Obediente hijo (np.孝顺的儿子). *hiáo çhǔ* 孝子.

Obeceçer② a las leyes (vp.遵从法律). *çhūn fǎ* 遵法.|. *fuŋ fǎ* 奉法.|. *jǔ fǎ çhó* 如法做.|. *cháo fǎ* 照法.|. *ȳ fǎ* 依法.

Obedecer los ordenes de los capitanes (vp.听从指挥官的命令). *çhûn'g liŋ* 从令.|. *ti'ŋ tiâo' kiēn'* 听调遣.|. *ti'ŋ iǒ sò* 听约束③.|. *çhūn tiâo' kiēn'* 遵调遣.④

---

① 似乎应该这样理解：他来，或者不来，是两种情况选其一；他来（或）不来都一样，是肯定义，表示结果相同。

② 即 obedecer（服从、听从）。

③ 柯本注：*sò*，似为 *sǒ* 之误。

④ *tiâo' kiēn'*，两例柯本都缺字。

Obedecer conformando se con el mandato (vp.服从命令、按指令行事). *jū miń* 如命.|. *ȳ miń* 依命.|. *cháo miń* 照命.|. *chūn cháo* 遵照①.|. *ȳ çhûn'g* 依从.|. *ȳ xún* 依顺.|. *çhūn ȳ* 遵依.

Obedecer al Rey, y sus ordenes (vp.服从君王及其旨令). *fuń châo' tiń'g* 奉朝廷. – a los Padres (服从父辈之命). *hiáo kiń fú mù* 孝敬父母. – al virrey (服从总督之命). *fuń kiūn chỳ* 奉君旨.

Obedecer a los mayores (vp.服从长者). *çhûn'g chaǹg* 从长.

Obedecer rindiendose (vp.屈服而顺从). *hiâng fǒ* 降服.

Obedesco à v. m. (s.[我]听从您的命令). *fǒ miń* 如命.|. *çhūn miń* 遵命.|. *liǹg miń* 领命.

Obedecer la razon, seguir la (vp.服从理性，以理性的方式处事). *xún lỳ* 顺理.|. *ȳ lỳ* 依理.

Obedecer guardando las leyes, y mandatos (vp.遵守法规和法令). *xún xèu* 顺守.

Obdiencia virtud (np.孝顺之德). *hiáo tě* 孝德.|. *hiáo xún* 孝顺.|. *hiáo ièu* 孝友.|. *hiáo siñ* 孝心.

Obeja (n.母羊、母绵羊). *miên iañg mù* 绵羊母.|. *iañg mù* 羊母.

Objeto exterior (np.外界事物、外部物体). *vuáy kiǹg* 外景.|. *vuáy hiań* 外向/外象②.|. *vuáy kiǹg kiáy* 外景界.

Objeto (n.物体、对象). *hiáng kiáy* 向界/象界③.|. *sò hiań tiě* 所向的.|. *kiǹg kiáy* 景界.|. *sò xǒ* 所属④. – el objeto de la vista son las 5. colores⑤ (视觉的对象乃是五色). *gù sě xǒ mǒ chȳ kiáy* 五色属目之界. et sic de singulis (其余具体对象可据此类推).

Obispo, llamamos (n.主教，我们圣教的称法). *chù kiaó* 主教.|. e ɔª. (也可反过来说：*kiaó chù* 教主). – electo (推选的). *siuén chù kiaó* 选主教.

Obispado (n.主教的职权和管区). *chù kiaó sò xǒ tiě kiǹg kiáy* 主教所属的境界.

Obligar (vt.约束、束缚、迫使). *fǒ jiń* 缚人.|. *kiū sě tā'* 拘塞他.|. *kiū sǒ* 拘束.|. *chě tā'* 责他.

---

① 柯本注：*chūn* 为 *çhūn* 之误。
② "外向"，谓人所面向的外界；"外象"，谓外在物象。柯本取前一词。
③ 柯本取前者。
④ "属"通"瞩"，指所看到的事物，所目见的世界。
⑤ 柯本脱漏数字"5"。

Obligar le à obrar bien (vp.迫使其努力工作). *kiū hý kuēy kiáy tā'* 拘系规诫他.
Obligarse tomando algo sobre si (vp.主动承担某项义务). *kàn tañg* 敢当.|. *kàn pào* 敢保.| *pào làn* 保揽.
Obligarse por junto (vp.悉数承担、包干). *çhuǹg làn* 总揽.
Obligacion del officio, o estado (np.工作的职责，或所在职位规定的义务). *chě fuén* 职分.|. *puèn fuén* 本分.|. *puèn chě* 本职①.|. *çhě jiń* 责任.|. *chě niě* 职业.
Obligacion ay de ett.ª (np.有责任、有义务，等等). *kāy tañg* 该当.|. *kāy jên* 该然.|. *tañg jên* 当然.|. *sò tañg* 所当.|. *siū tañg* 须当.|. *iń tañg* 应当.|. *hǒ tañg* 合当.
Obligacion (n.职责), cumplir con ella (vp.履行职责). *çhín puèn* 尽本.|. *çhín kỷ' chě* 尽其职.|. *çhín kỷ' fuén* 尽其分.| .*çhín kỷ' tañg jên chȳ xě* 尽其当然之实②.
Obligacion, o, recibo de deuda (n.债契，即债务的收据). *xēu pi'áo* 收票.
— quedar obligado, vt con el beneficio (欠债、受恩，比如欠某人的情). *kàn gēn* 感恩.|. *xīn kàn héu ý* 深感厚意.|. *xīn hô héu ý* 深荷厚意.
Obligar con razon (vp.通过讲道理说服人). *ỳ lỳ fǒ jiń* 以理服人.
Obligar con virtud, y buen exemplo (vp.以德行和表率诱导人). *ỳ xén piào hóa jiń siñ* 以善表化人心.
Obras, vt sic (n.行动、工作，泛指). *hiń* 行.|. *sò hiń tiě çú* 所行的事.
Obras, trabajo (n.成果、作品，任务、业绩). *kuñg fū* 功夫.|. *kuñg niě* 功业.|. *çú niě* 事业.
Obras meritorias (np.值得赞扬的成就). *kuñg laô* 功劳.|. *kuñg liě* 功烈.|. *kuñg çhiě* 功绩.|. *ièu kuñg chȳ hiń* 有功之行.
Obra prima, perfecta (np.一流的作品，精湛的手艺). *kuñg kiào'* 工巧.|. *kiě çhiñg kiào' kuñg* 极精巧工.|. *kiào' miáo chȳ kuñg* 巧妙之工.
Obras toscas (np.粗陋的作品). *çhū' kuñg fū* 粗功夫.
Obras de aguja (np.针线活). *chīn kuñg* 针工.
Obras de manos (np.手工活). *xèu kuñg* 手工.|. *çhý çhǒ* 伎作③.
Obras comunes (np.大家的成果、共同的成就). *chuńg kuñg* 众工.|. *xú çhiě* 庶绩.

---

① 柯本作"本质"。
② *xě*，柯本缺字。
③ 指手艺人。*çhý*，柯本拟为"济"。

Obras morales (np.合乎道德的行为). *tĕ hiṅg* 德行.|. *kuṅg hiṅg* 功行.

Obras de misericordia, vt las 14. (np.慈悲行为，如有十四类之说). *gāy kiñ'* 哀矜.|. *jiñ xȳ* 仁施.|. *jiñ hoéy* 仁惠.|. *gēn xȳ* 恩施.|. *tĕ hoéy* 德惠.

Obras que se venden echas, vt vestidos, ettᵃ. (np.制成后售卖的货品，如成衣等). *hién chîn'g tiĕ* 现成的.

Obras mecanicas (np.手工活、工匠活). *ý niĕ* 艺业.|. *seṅg ý chȳ çú niĕ* 生意之事业.

Obras sin merito, ni prouecho (np.既无优长也无益处的劳作). *hiṳ kuṅg* 虚工.|. *vuaṅg kuṅg* 妄工.|. *çù kuṅg* 死工.

Obras grandes (np.大工程、巨作). *kién tá kuṅg* 建大功.|. *kién tá liĕ* 建大烈.

Obras pequeñas (np.轻松的活计、小作品). *siào kò' tiĕ kuṅg fū* 小可的功夫.

Obras no dizen con las palabras (s.行为有悖于言语). *iên hiṅg pŏ siāng cháo* 言行不相照.|. *hiṅg pŏ kiĕ iên* 行不及言.

Obras propias (np.自己的活计、自创的作品). *chīn' xèu tiĕ kuṅg* 亲手的功.|. *chủ hiṅg* 自行.|. *chủ kỳ tiĕ kuṅg* 自己的功.

Obras interiores (np.内在的功夫). *núy kuṅg fū* 内功夫.

Obras exteriores (np.外在的功夫). *vuáy hiṅg* 外行.

Obrar, vt sic (vt./vi.做、干、工作、实行、加工、建造等). *hiṅg* 行.|. *chó* 做.|. *hiṅg kuṅg* 行工.|. *chó kuṅg fū* 做工夫.|. *chŏ goêy* 作为.|. *chó çú* 做事.|. *chó kuṅg* 做工.|. *hiṅg çú* 行事.|. *hiá xèu* 下手.|. *xȳ goêy* 施为.

Obrar en madera (vp.做木工活). *chŏ mŏ* 作木. – en cosas de metal, oro, plata, bronze, ettᵃ. (加工金属制品，如金、银、铜等). *tà tuñ'g* 打铜. ettᵃ. (等等).

Obrar la virtud (vp.践行道德、做善事). *hiṅg xén* 行善.|. *goêy xén* 为善.|. *chó xén* 做善.

Obrar el mal (vp.做坏事). *hiṅg ŏ* 行恶.|. *goêy ŏ* 为恶.|. *chó ŏ* 做恶.

Obrar siguiendo su voluntad (vp.照其意愿行事). *sûy ý* 随意.|. *sûy pién* 随便.|. *sûy kỳ' iuén* 随其愿.

Obrar de secreto (vp.暗中行事). *miĕ miĕ hiṅg* 秘密行.

Obrar libremente (vp.自由行动、独立行事). *chủ chuēn hiṅg* 自专行.|. *chủ chù hiṅg* 自主行.

Obrar necessariamente (vp.必须如此行事). *pŏ tĕ pŏ hiṅg* 不得不行.|. *pŏ tĕ pŏ jên* 不得不然.

Obrar de secreto (vp.暗中行事). *gań tý chó* 暗地做.|. *miĕ miĕ hiṅg* 秘密行.

Obrar segun, y conforme a razon (vp.以理性的方式行事，凭道理做事). *cháo lỳ hiñg* 照理行.|. *ȳ lỳ ûl hiñg* 依理而行.

Obrada de tierra, lançada (np.测量地亩面积的单位). *mèu* 亩.

Obrero (n.工人、匠人). *kuñg çhiáng* 工匠.|. *çhiáng jiñ* 匠人.|. *çhiáng çhǒ* 匠作.

（p.155）

Obrero, el maestro (n.工人、工匠，工长、领班). *tá kuñg* 大工.|. *çū fú* 师傅. – el aprendiz, o peon (学徒，或杂工、短工). *siào kuñg* 小工. – el alquilado para el trabaxo (雇来干活的). *iuñg kuñg* 佣工.

Obscureçer (vi.变黑、趋暗). *iñ gań* 阴暗.|. *iēu gań* 幽暗.

Obscuro (a.黑暗的). *gań hě* 暗黑.|. *ieú gań* 黝暗.|. *hoēn vú* 昏雾. [参见：escuro (黑暗).]

Obscuro, moraliter (a.暗昧的、模糊不清的，引申义). *pǒ mîng pě* 不明白.|. *hoēn chańg* 昏障.|. *hoēn mỷ* 昏迷.

Obstaculo (n.障碍). *tańg kǒ* 挡隔①. [参见：impedimento (障碍).]

Obstar, estoruar (vt.阻碍，妨碍). *chù tańg* 阻挡.|. *chù gaý* 阻碍.|. *pây' chù* 排阻.|. *chỳ pây'* 止排②.

Obstinado (a.顽固的、顽强的). *kú chě* 固执.|. *kiēn chě* 坚执.|. *iáo niě* 拗逆.|. *chě iū iě* 执于一③.|. *uôn chě* 顽执.|. *chě iáo* 执拗.|. *jiñ ǒ ûl pǒ çhiǔn* 人恶而不悛④.

Obstinado en el bien, o, en el mal (ap.坚意为善，或执意从恶). *kú kiēn* 固坚.|. *kú xèu* 固守.|. *chě ý* 执意. [参见：aferrado⑤ (倔强、固执).]

Obstinacion (n.顽固、顽强). *chě ý* 执意.|. *kú siñ* 固心.

Oc.

Ocasion de tiempo, lugar, ettª. (np.有利的时机，地利之便等). *kȳ hoéy* 机会.|.

---

① 柯本写为"当割"。
② 似指中止排水。
③ 柯本作"执于臆"。
④ *çhiǔn*，柯本写为"逡"。
⑤ 非独立词目，作为内词条见于 Contumas（p.57）。

kȳ iuên 机缘. – de tiempo (指时间上有利、便利). xỷ xý 时势.|. pién xý 便时.

Ocasion, causa (n.理由，原因). iuên iñ 原因.|. iuên kú 缘故/原故.|. kiñ 根①. [参见：fundamento (依据、起源).]

Ocasion (n.机会), aprouecharse de ella (vp.利用机会). chîn'g kȳ 乘机.|. chîn'g xý 乘势.|. chîn'g kuñ'g 乘空.|. kiēn kuñ'g 间空.|. chîn'g hiě 乘隙.|. chîn'g pién 乘便.|. iǵ pién 应便.

Ocasion (n.机会), la ocasion no se ha de perder (s.机会不应该流失). kȳ hoéy pỏ kò' xẻ 机会不可失. – perder la ocasion (丧失机会). xẻ kȳ hoéy 失机会.

Ocasion (n.机缘), no poder tener ocasion (vp.难觅机缘). pỏ tẻ iñ iêu 不得因由.|. vû têu' lú 无头路.|. vû muên lú 无门路.|. mỏ iñ iẻ nâ 没因业拿②.|. vû iñ 无因.

Ocasion (n.时机), esperar la, y aprouecharse de ella (vp.期待时机并充分把握). heú hiě chîn'g pién 候隙乘便.|. chîn'g kȳ hoéy 乘机会.

Ocasionar à otro (vp.引诱某人、致使其做某事). iñ tā' 引他.|. chý tā' 致他. – yrritar le (惹恼他). jè tā' 惹他.

Ocasion buena (np.好机会). hỏ xý 合时.|. che'ú kiào' 凑巧.

Ocasion de pecado (np.犯罪的原因). çhúy keñ 罪根.|. çhúy iñ 罪因. – Proxima (经常的诱因、近因). chân'g chý jiñ çhó çhúy 常致人做罪.|. xào tẻ pỏ iñ ièu 少得不引诱.

Ocasion de pecado remota (np.致使犯罪的偶然原因、远因). hàn tẻ chý jiñ çhó çhúy 罕得致人做罪.|. xào tẻ ièu 少得诱.

Ocasionar sospechas (vp.引发猜疑). señg kò' ŷ 生可疑.|. señg ŷ siñ 生疑心.|. chý jiñ ŷ hoě 致人疑惑.

Ocasionado à Riñas (ap.好吵架), vidriado, o, vidrioso (a.易动怒的，敏感而脆弱的). siào k'ý tiẻ jiñ 小气的人.

Occidente (n.西、西方). sȳ 西.|. sȳ piēn 西边.|. sȳ fang 西方.

Ochenta (num.八十). pǎ xẻ 八十. – ochenta mil (八十个千、八万). pǎ vuán 八万.– ochenta vezes (八十次). pǎ xẻ pién 八十遍.|. pǎ xẻ çhāo 八十遭.

Ocho (num.八). pǎ 八.|. pǎ kó 八个. – ocho cientos (八百). pǎ pẻ 八百. – ocho

---

① 柯本认为 kiñ 系 kēn 之误。按：注音可能不误，本于客家话。

② "因业"，犹业因，佛教谓产生果报之因。

mil (八千). *pǎ çhiēn'* 八千. – 800 mil (八百个千、八十万). *pǎ xě vuán* 八十万. – 8 millones (八百万). *pǎ pě vuán* 八百万.

Oçio (n.闲暇). *hiên xý* 闲时.|. *hiên çhińg* 闲静.|. *pǒ hiń* 不行.|. *pǒ tuńg* 不动.|. *pǒ çhó* 不做.

Ocioso (a.空闲的、闲适的). *kuň'g hiên* 空闲.|. *vû çú* 无事.|. *hiên hía* 闲暇.|. *çhińg hiên* 静闲.|. *hiên* 闲.

Ocioso hombre, siruen los antecedentes item (np.清闲的人，上述各词也可表示同样的意思). *hiên jiń* 闲人.|. *gān hiên* 安闲.|. *ién hiên* 宴闲.|. *ién kiǔ* 宴居.|. *siǔ hía* 须暇.

Ocioso, holgazan (a.逛荡好闲的，怠惰懒散的). *haó hiên* 好闲.|. *tān' hiên* 贪闲.|. *iêu hiên* 游闲.|. *hỳ ièu xoà* 喜游耍.

Ociosamente (ad.懒懒散散地), gastar el tiempo (vp.荒废时间). *hiên kuó jě xý* 闲过日时.|. *kuň'g fý jě* 空费日.

Ociosamente (ad.徒劳无益、无所事事地). *hiǔ jên* 虚然.|. *kuň'g jên* 空然. – sin prouecho (无益、无果). *tû' laô* 徒劳.

Oçio bueno (np.悠然闲散), quietud (n.怡然静谧). *nîng çhińg* 宁静.|. *hoāng nîng* 荒宁.|. *çhiňg hiên* 静闲.|. *hiên çhińg* 闲静.

Ocultar, esconder (vt.藏匿、隐藏). *çhân'g kỳ'* 藏起.|. *çhiên' çhân'g* 潜藏.|. *çhiên' miě* 潜密.|. *iǹ miě* 隐秘.|. *kỹ miě* 机密.

Ocultar los pecados, encubrir los (vp.隐匿罪行，掩藏罪迹). *chē ièn çhǔ çhúy* 遮掩自罪.|. *pǒ jiń çhǔ çhúy* 不认自罪.

Ocultar el nombre (vp.隐没姓名). *mây mîng* 埋名.

Ocultamente (ad.悄悄、暗里). *gán tý* 暗地.|. *çū hía* 私下.|. *miě miě* 秘密.|. *çhiào' jên* 悄然.|. *hě tý* 黑地. – a hurtadillas, a escondidas (偷偷摸摸，暗中进行). *tēu' tēu* 偷. – hurtar (偷窃). *tēu' taó* 偷盗.

Ocupar à otro (vp.用人、雇人、麻烦人). *juńg jiń* 用人[①].|. *tǒ' jiń* 托人. – ocupo à v. m. (有劳阁下、麻烦您). *çhié chuńg* 借重.

Ocupar lugar, estar en lugar (vp.占地方、在某处). *iuńg sò* 容所.|. *çháy iǔ sò* 在于所.

Ocupar injustamente, apropiandose lo ageno (vp.非法占有，将他人之物据为已有). *chén* 占.|. *tūn' chén* 吞占.|. *pǎ chén* 拔占. – el Reyno (指王国、

---

① *juńg*, 去声, 柯本转录为阳平 *júng*, 字作"戎". 按: 首字母 *j* 似为 *i* 的异写, *juńg* 即 *iuńg* "用" 或 "佣".

国家). *chén kuě* 占国. – las tierras (指土地). *chén tiēn' tý* 占田地.

Ocupacion (n.职业、事业). *chuēn vú* 专务.|. *chiě' vú* 切务.|. *cú niě* 事业.|. *kéu tāng* 勾当.

Ocupacion propia de cada vna (np.每个人自己的职业或事业). *puèn vú* 本务.|. *puèn niě* 本业.

Ocupado todo en vna cosa (ap.集中精力于一件事情). *chuēn vú iụ iě* 专务于一.|. *chiě' vú iụ iě* 切务于一.|. *chuēn ý hiańg ý* 专意向义.

（p.156）

Ocupado (a.忙、忙碌的), estar ocupado (vp.有事情做). *mǒ tě kuñ'g* 没得空.|. *mǒ hiên* 没闲.|. *pǒ tě hiên* 不得闲.|. *mǒ kuñ'g hiên* 没空闲. – muy ocupado (事情很多). *mâng* 忙.|. *ièu tō cú* 有多事.

Od.

Odio (n.仇恨). *heń* 恨.|. *iuén heń* 怨恨.|. *iuén gú* 怨恶.

Odio mortal (np.致命的仇恨). *cù heń* 死恨.|. *cù iuén* 死怨.

Odio (n.仇恨), tener lo (vp.抱有仇恨). *hoây heń* 怀恨.|. *hañ iuén iụ siñ* 含怨于心.|. *ièu heń siñ* 有恨心.

Odible (a.可恨的), digno de odio (ap.理当愤恨). *kò' gú* 可恶.|. *kò' heń* 可恨.

Odioso a todos (ap.遭所有的人怨恨). *tě chuńg jiń tiě heń* 得众人的恨.|. *kiě iuén iụ jiñ* 结怨于人①.

Odre (n.皮制的酒囊、油囊等). *niêu pý' taý* 牛皮袋②.

Of.

Ofender (vt.触犯、伤害). *tě chúy* 得罪.|. *hoě chúy* 获罪.|. *tě kúo* 得过. [*chùy' chúy* 垂罪③.|. *jè chúy* 惹罪. para escritura (书面语词).]

Ofender (vt.犯过失), pecar (vi.犯罪、做错). *fán chúy* 犯罪.

---

① 柯本作"积怨于人"。"积"记为 *chiě*，"结"记为 *kiě*（更常作 *kiě*），本词典上分得较清。

② 柯本作"皮袋"，无"*niêu* 牛"字。

③ *chùy'*，柯本缺字。"垂"是下对上的用辞，犹言降罪。

官话词汇 515

Ofender à Dios (vp.触犯上帝). *tĕ çhúy Tiēn' chù* 得罪天主.|. *hoĕ çhúy Tiēn' chù* 获罪天主.

Ofendi à v. m. trate le mal (s.冒犯阁下，招待不周). *taý mań* 怠慢.|. *máo tŏ* 冒渎.|. *tān'g tŏ* 唐突①.|. *siĕ tŏ* 亵渎. – Pido à v. m. me pardone (恳求阁下原谅我). *çhìn'g çhúy* 请罪.|. *kién xú* 见恕.

Ofensa (n.所犯之罪、罪行). *çhúy* 罪.|. *çhúy kúo* 罪过.|. *çhúy kiēn'* 罪愆.|. *kúo xĕ* 过失. [参见：pecado (罪过).]

Ofendido (a.遭伤害的 n.受害方). *sò hoĕ çhúy tiĕ* 所获罪的.

Oficial mecanico (np.手艺人). *çhiáng jiń* 匠人.|. *kuńg çhiáng* 工匠.|. *çhiáng çhŏ* 匠作. llaman le por honrra (对匠人的尊称). *çū fú* 师傅.

Oficial primo (np.一流的匠人). *leańg çhiáng* 良匠.|. *leańg kuńg* 良工.

Oficial de Mandarines (np.隶属官府的匠人). *kuōn çhiáng* 官匠.

Oficial de obra gruesa, tosca (np.手艺粗糙的匠人). *chuĕ xèu tiĕ* 拙手的.|. *chuĕ çhŏ* 拙作.

Oficio mecanico (np.手工活儿). *seńg ý* 生意.|. *ý niĕ* 艺业.|. *xèu ý* 手艺. – cabeça de oficiales (匠人的头儿、工头). *kuńg çū* 工师.

Oficio, cargo (n.职业、职务，职位、工作). *chĕ fuén* 职分.|. *chĕ jiń* 职任.|. *chĕ goéy* 职位.|. *jiń chĕ* 任责②.|. e ɔᵃ. (反可反过来说：*chĕ jiń* 责任). – de Mandarin (特就官员而言). *kuōn chĕ* 官职.|. *kuōn fù* 官府.|. *kuōn iuên* 官员.

Oficio (n.职务、职位), que cargo tiene v. m. (s.您担任什么职务). *kuéy chĕ* 贵职. – quitar el oficio (夺职、撤职). *kĕ chĕ* 革职.|. *mièn chĕ* 免职.|. *pá chĕ* 罢职.|. *kĕ jiń* 革任.

Oficio (n.职务、职位), quitarse lo por culpa (vp.因罪责而夺其职). *vuén kĕ* 问革.|. *ki'ú chĕ* 去职.|. *kĕ chŭ'* 革除. – perder el oficio (失去职位). *xĕ goéy* 失位.

Oficio, o cargo (n.职务，或职任), dexar lo (vp.放弃所任之职、辞职). *tu'ý kuōn* 退官.|. *k'ý kuōn* 弃官.|. *kuéy tiēn' lỳ* 归田里.

Ofrecer (vt.呈献、奉献). *suńg hién* 送献.|. *fuńg hién* 奉献.|. *fuńg xańg* 奉上.|. *hién xańg* 献上.|. *fuńg* 奉.|. *hién* 献.

---

① 柯本作"当渎"。

② *chĕ* "责"，柯本转录为 *chĕ* "职"；接下来的"责任"写为"职任"，遂与本条的第二个词重复。

Ofrecer parias al Rey (vp.向君王呈献贡品). *chín kuńg* 进贡.|. *hién chín* 献进.|. *nǎ hién* 纳献.

Ofrecer cosas de comer a los ydolos (vp.向偶像供奉食品). *kuńg iańg* 供养.

Ofrecer algo para ver lo (vp.奉献某物以供观赏). *chîn'g lań* 呈览.|. *chîn'g kién* 呈见.

Ofrecerse ocasion (vp.提供机会、利用时机). *ièu pién xȳ* 有便时.|. *iǔ kȳ hoéy* 遇机会.

Ofrenda (n.贡品). *hién vuě* 献物. – del sacrificio (用于祭祀的). *chý pin'* 祭品.|. *sò chý chȳ vuě* 所祭之物.

Ofuscar (vt.致人眼花、使人糊涂). *hoēn luón* 昏乱.|. *hoēn mý* 昏迷.|. *hoēn moéy* 昏昧.|. *gań moéy* 暗昧.|. *xeń hoě* 煽惑.

Ofuscado interiormente (ap.内心惶惑). *hoēn siń* 昏心.|. *hoēn mý* 昏迷.|. *siń hoēn mý* 心昏迷.

Og., Oj.

Ogaño (n.今年), este año (np.本年、这一年). *kiñ niên* 今年.|. *hién niên* 现年.

Ojala (int.但愿、真希望). *pǎ pǒ tě* 巴不得.[参见：oxala (= ojala).]

Ojal de boton (np.扣子的孔眼、扣眼儿). *ke'ú ùl* 扣儿①.

Oja② (n.叶、叶子、页张). *iě* 叶/页. – de arbol (树上的). *xú iě* 树叶. – de flor (花儿的). *hōa iě* 花叶. – de libro (书籍的). *xū̱ iě* 书页. – de espada, o catana (刀剑的刃). *tāo jǒ* 刀□③.

（p.157）

Oja de cha (np.茶树的叶子、茶叶). *châ' iě* 茶叶. – de sauçe (柳树的叶子). *lieù chúy cū̱* 柳坠丝. – de pino (松树的叶子、松针). *suńg mâo* 松毛.

Oja de oro batido (np.锻打的黄金薄片、金叶). *kiñ pǒ* 金箔. – de plata (银质的). *iñ pǒ* 银箔. – de estaño, o, caley (锡制的). *siě pǒ* 锡箔. – de açofar, hoc est plata falsa, y oro falto (以黄铜制作的，属于假金、假银). *tuñ'g pǒ* 铜箔. – de oropel (仿金箔、镀金的). *fańg kiñ* 仿金④.

---

① *ùl*，上声，柯本改作阳平 *ûl*。
② 今拼 hoja（叶、张、花瓣）。
③ *jǒ*，疑为 *jiń* "刃"的误听误记。柯本写为"肉"，猜测是闽方言词。
④ *fańg*，柯本拟为"方"。

Ojaldre[①] (n.薄煎饼). *xāo pìng* 烧饼.|. *iêu pìng* 油饼.|. *çhiēn' chûn'g pìng* 千重饼.

Ojeriza (n.冷眼、反感). *pǒ huòn hỳ* 不欢喜. – tengo le ojeriza (我讨厌他). *gò pǒ hỳ tā'* 我不喜他.|. *nào tā'* 恼他.

Ojos colericos (np.愤怒的目光). *nú mǒ* 怒目. – los ojos de v. m. (您的眼睛). *kuéy mǒ* 贵目.

Ojos (n.眼睛). *ièn* 眼.|. *mǒ* 目.|. *ièn çhiñg* 眼睛.|. *ièn mǒ* 眼目. – organo de la vista (视觉器官). *mǒ kuōn* 目官.|. *mǒ kiú* 目具.

Ojos negros (np.黑色的眼睛). *çhiñg' ièn* 青眼. – garços (蓝色的眼睛). *lañ ièn* 蓝眼. – saltados (眼睛突起). *ièn lú* 眼露.|. *ièn tǒ' chǔ'* 眼凸出.

Ojos llenos de lagrimas (np.眼里满含泪水). *luý muòn mêu* 泪满眸.|. *luý iñg mêu* 泪盈眸.|. *luý chǔ chǔ mǒ* 泪注注目[②].

Ojos viuos (np.生动活泼的眼睛). *kuāy ièn* 乖眼.|. *ý chuèn tuńg tiě ièn* 易转动的眼. – hundidos (凹陷的眼睛). *iāo ièn* 凹眼. – lo negro de los ojos (黑眼珠). *hě chū* 黑珠. – lo blanco (眼白). *pě chū* 白珠.|. *ièn çhiñg* 眼睛.

Ojos misericordiosos (np.慈悲的目光), mirar assi (vp.以慈悲的目光注视). *chǔ' mǒ liên xý* 慈目怜视.

Ojo de agua (np.水眼、泉眼). *xùy kiuě* 水决.|. *xùy iuǹg* 水涌.

Ojos turbados (np.昏花的眼睛、迷乱的目光). *ièn hōa leào* 眼花了.|. *moéy mǒ* 昧目. – conocer por los ojos el interior (通过眼睛窥知心思). *ỳ mǒ tūn'g chỳ* 以目通旨[③].

Ojos (n.眼神), dañar con la vista, tomar de ojo (vp.以眼神刺伤人). *tǒ ièn xañg jiñ* 毒眼伤人.|. *tǒ ièn haý jiñ* 毒眼害人.

Ojo de aguja (np.针眼). *chīn kuǹ'g* 针孔.

Ojos de puente (np.桥眼、桥洞). *kiâo' muên* 桥门.

Ojo del orificio (np.屁眼、肛门). *fuēn muên* 粪门.

---

① 即 hojaldre，今译煎饼、千层饼、酥皮的都有。见 Hojaldras（p.113）。

② "泪注" 独立成词，谓泪如雨注；"注目" 为另一词，可能是顺手写出，与释义无关。柯本认为 "*chǔ chǔ* 注注" 是读白字的结果，即眼泪 "汪汪"，也不无可能。

③ *chỳ*，柯本拟为 "知"。

Oy., Oi.

Oy (n.今天). *kiñ jě* 今日.|. *çhiě jě* 即日.

Oydo (n.耳朵). *ùl* 耳.|. *ùl tō* 耳朵.|. *ùl kuōn* 耳官. – Dezir al oydo (对着耳朵悄悄说). *fú ùl xuě* 附耳说.

Oydo (n.听觉), dar oydo à todos (vp.留神倾听). *kiňg ùl* 倾耳[1]. – hazer oydos de mercader (佯装没听见). *ièn ùl* 掩耳.|. *pý ùl* 蔽耳.|. *sě ùl* 塞耳.|. *ti'ňg pǒ jě ùl* 听不入耳.

Oydor de los consejos, Reales (np.直属皇家内阁的法官). *xańg çū̌* 尚司[2].[参见：presidente, consejo (部院长官，部院).]

Oir obedeciendo (vp.听从、听命于). *ti'ňg çhûn'g* 听从.

Oyente, el que oye (n.听者、听众，即在聆听或旁听的人). *ti'ňg chè* 听者.|. *ti'ňg kiaṅg chè* 听讲者.

Oir (vt.听、倾听). *ti'ňg* 听.|. *ti'ňg kién* 听见.|. *vuên kién* 闻见.|. *ti'ňg nǎ* 听纳. – con atencion (留心听). *niàng ùl ûl ti'ňg* 仰耳而听.

Oir de secreto (vp.暗中听、偷听). *miě ti'ňg* 密听.|. *çhiě' ti'ňg* 窃听.

Oir con silencio (vp.静静地听). *çhińg ti'ňg* 静听. – ay quien nos oie (哎呀有人在听、当心偷听). *ùl mǒ kiāo kiń* 耳目交近[3].

Oir (vt.聆听), inclinar los oydos (vp.倾耳恭听). *chě' ùl ûl ti'ňg* 侧耳而听[4].|. *sỳ ùl ûl ti'ňg* 洗耳而听.

Oir la sentencia (vp.出席庭审、听讼). *ti'ňg xìn* 听审.

Oir, sin percebir lo que se dize (vp.听而不察、听不明白某人说的话). *ti'ňg pǒ kién* 听不见.|. *ti'ňg pǒ xìn* 听不审. – hoc est sin entender (即不懂、不领会). *ti'ňg pǒ mîng* 听不明.

Oir (vt.听闻), ha poco que lo òi (s.此事我才听说). *kiń vuên* 近闻.|. *çhây' vuên* 才闻.

---

[1] *kiňg*, 脱送气符。

[2] *çū̌*, 柯本缺字，疑其为 *xū̌* "书"的误拼。按：似为"尚书司"的简称；或可写为"上司"，即汉时地位甚高的三公。

[3] 谓处处有人耳目，说话必须当心。《说唐》第三十六回："朱灿道：'小人今日在此救了恩公，杀出江都，岂不为快！'李密喝道：'咥！你说哪里话来。耳目交近，你想是活不耐烦了！'"今存最早的《说唐》六十八回本出自雍正年间，此前坊间想必流传过私刻本。

[4] *chě'*, 柯本拟为"撤"。

Ol.

Olas del agua (np.水浪、波浪). *laṅg* 浪.|. *pō laṅg* 波浪. – aplacarse las olas (浪势趋于平静). *laṅg çhiṅg* 浪静.|. *laṅg siě* 浪息.|. *laṅg piṅg' leào* 浪平了.

Olas, y vientos (np.浪与风、风浪). *fuṅg laṅg* 风浪. – leuantarse hasta el cielo (浪高冲天). *pě laṅg tāo' tiēn'* 白浪滔天①.

Olas grandes (np.巨大的浪头). *tá laṅg* 大浪.|. *meṅg laṅg* 猛浪.|. *laṅg hiūng iuṅg* 浪汹涌. – heruir las olas (波浪翻滚). *laṅg kùen* 浪滚②.

Olas pequeñas (np.微弱的波浪), cabrillas (n.浪沫、浪花). *laṅg vuên* 浪纹③.

Olla (n.陶锅、砂锅, 炖杂烩). *xā kō* 砂锅.

Oler (vt.闻、嗅 vi.散发气味). *hiéu* 嗅.|. *vuên* 闻. – recebir olfato (闻到、嗅到). *pý vuên hiaṅg* 鼻闻香. – oler mal (气味难闻). *ch'éu* 臭. [参见：heder (发臭).]

Olfato (n.嗅觉). *vuên kuōn* 闻官.|. *hiéu kuōn* 嗅官.|. *hiéu kiú* 嗅具.④

Oliuo arbol (np.橄榄树). *sȳ iêu xú* 西油树. – oliuar (橄榄树丛). *iêu xú liñ* 油树林.

（p.158）

Olio (n.油、圣油). *iêu* 油. [参见：aceyte⑤ (油).]

Olios sanctos (np.圣油). *xíṅg iêu* 圣油.

Olor (n.气味、香味). *hiaṅg* 香.|. *hiaṅg k'ý* 香气.|. *hiṅg hiaṅg* 馨香.|. *faṅg hiaṅg* 芳香. todos son de olor bueno (所有这些词都指好闻的气味).

Olor de pastillas (np.制成片状或块状的香). *hǒ hiaṅg* 合香⑥.

Olor excelente (np.异常芳香). *ý hiaṅg* 异香.|. *kiě hiaṅg* 极香⑦. – dar lo de si (散发异香). *pu'én hiaṅg* 喷香.

---

① *pě*，柯本写为"百"。
② "滚"标有上声、去声两个调符，前者为浓笔，似为纠正后者而补加。
③ 柯本作"浪文"。
④ 柯本作"文官""臭官""臭具"。
⑤ 即 açeyte（p.5）。
⑥ 柯本作"*hǒ iêu* 荷油"。
⑦ 柯本作"吉香"。

Olor pestilencial de peste (np.瘟疫有害的气味). *uēn kʼý* 瘟气.

Olorosas especies (np.香料). *hiañ leáo* 香料. – sentir el olor (嗅闻香气). *pý chủ vuên hiañ* 鼻子闻香.|. *vuên tẻ hiañ* 闻得香.

Olorosos palos (np.香柱、柱香), calamba (n.沉香). *kýʼ nân hiañ* 奇楠香. – palo Aguila (沉香木). *chînʼ hiañ* 沉香.|. *sỏ hiañ* 宿香①.

Olores (n.香), ofrecer los (np.进香). *kuñg hiañ* 供香.|. *hiñg hiañ* 行香. – quemar los (焚烧香火). *fuên hiañ* 焚香.|. *xāo hiañ* 烧香.

Olor malo (np.难闻的气味). *chʼéu kʼý* 臭气.|. *chʼéu vuý* 臭味. – que no se puede sufrir (臭得难以忍受). *chʼéu pỏ kòʼ vuên* 臭不可闻.|. *chʼéu kʼý nân vuên* 臭气难闻.|. *chʼéu pỏ kòʼ tañ* 臭不可当.|. *chʼéu goéy tẻ xiń* 臭秽得甚.

Oluidarse (vr.忘记). *vuañg ký* 忘记.|. *vuañg leào* 忘了.|. *xẻ ký* 失记.|. *pỏ ký tẻ* 不记得.|. *goêy vuañg* 遗忘②.

Oluidado (a.被遗忘的). *vuañg hoáy leào* 忘怀了③.

Oluidarse del benefficio (vp.忘记别人的恩情). *vuañg gēn* 忘恩.|. *vuañg chiñgʼ* 忘情④.

Oluido (n.遗忘、负心). *vuañg ký* 忘记.

Oluidadiço (a.好忘的、忘性大). *hoéy vuañg* 会忘.|. *ý vuañg* 易忘.|. *hào vuañg* 好忘. – Desmemoriado (记性差). *mỏ ièu ký hân* 没有记含.

Om.

Omnipotente (a.万能的 n.万能之主、上帝). *çhiũeʼn nêng chè* 全能者.|. *vû sò pỏ nêng* 无所不能.

Omnipotencia (n.万能). *çhiũeʼn nêng* 全能.|. *vû kiẻ chȳ nêng* 无极之能.|. *vû kiǔnʼg chȳ nêng* 无穷之能.⑤

Ombligo (n.肚脐). *fỏ çhýʼ* 腹脐.|. *tú çhýʼ* 肚脐.|. *iāo ièn* 腰眼.

---

① *sỏ*，柯本缺字。
② "遗"读为 *goêy*，参见 Fluxo seminis（p.100）。
③ *hoáy*，柯本写为"坏"。
④ 柯本注：*chiñgʼ* 为 *çhîngʼ* 之误。
⑤ 柯本缺最后一词"无穷之能"。

On.

Onça, nuestra, 8. Reales de peso (n.盎司，我们欧洲人的计量单位，合八个雷阿尔的重量). *pǎ chiên' chȳ chuńg* 八钱之重. – onça de china, 10. Reales de peso (中国人的盎司，合十个雷阿尔). *leańg* 两. – vna onça (一盎司). *iě leańg* 一两.

Onça, animal (n.猎豹，一种动物). *páo* 豹.|. *hù páo* 虎豹.|. *kiñ chiên' páo* 金钱豹.

Once horas del dia (np.日间的十一点). *gù chū' 午*初.|. *cú xỳ mǒ* 巳时末.

Onda (n.浪头). *lańg* 浪. [参见：ola (波浪).]

Ondear (vi.波涛涌动). *lańg kỳ'* 浪起.|. *lańg tù tuńg* 浪舞动①. – ondoso (涛急浪大). *tō lańg* 多浪.

Onçeno numero (num.第十一，数字). *tý xě iě* 第十一.

Once mil (num.十一个千、一万一千). *iě vuán iě chieñ'* 一万一千.

Op.

Opilado, hydropico (a.壅塞的，水肿的). *kù chańg tiě* 臌胀的.

Opilacion (n.积水、水肿). *fêu chuńg* 浮肿.|. *sě leào kuń'g hiě* 塞了孔隙.

Opinion particular de cada vno (np.每一个人自己的见解). *ý siańg* 意想.|. *hiuńg ý* 胸臆.|. *ý tú* 意度. – esta es mi opinion (这是我个人的看法). *chǔ' xỳ gò ý xuě* 此是我臆说.

Opinion comun de todos (np.所有人的共同看法). *chuńg ý chȳ ý* 众议之意.

Opinable (a.有商讨余地的、值得一议的). *kò' ỳ pién tiě* 可以辩的.|. *leańg piēn ièu pîn'g kiǔ* 两边有凭据.

Opinatiuo hombre (np.坚持已见者). *ý tú chȳ jiń* 意度之人.|. *liě ý kién jiń* 立意见人. – aferrado a su opinion (固执己见者). *chě kỳ ý jiń* 执己意人.

Opinion, o fama, que se tiene de alguno (n.声誉或名声，即对某人的评价). *mîng xińg* 名声.

Oportuno, aproposito (a.适时的，方便的). *pién tiě* 便的.

Oponerse (vr.反对、对抗). *tiě* 敌.|. *tỳ tańg* 抵当.|. e ɔᵃ. (也可反过来说：*tańg tỳ* 当抵). – no se me puede oponer (他无法与我对抗、不是我对手). *tỳ*

---

① *tù*, 柯本缺字。疑为 *vù* 之误。

pǒ tě gò 抵不得我.|. tañg pǒ tě gò 当不得我.|. kiń pǒ tě gò 禁不得我.
Oposicion (n.对立、对抗). siañg tỳ 相抵.|. siañg tuý 相对.|. siañg fàn 相反.
Oprobios (n.侮辱、骂人话). jǒ ieñ 辱言.|. vù iên 侮言.|. liñ jǒ tiě hoá 凌辱的话.

（p.159）

Oportunidad (n.机遇), buena ocasion, buen tiempo (np.好机会，好时机). çhe'ú kià'o 凑巧.|. tañg xȳ 当时.|. pién xȳ 便时.|. hǒ kȳ 合机.|. hǒ xȳ 合时.|. lây tě xȳ 来得时.|. lây tě çhe'ú 来得凑.|. çhe'ú kȳ hoéy 凑机会.|. lây tě hào 来得好.|. lây tě chǒ 来得着. idest, venir à buen tiempo oportuno (即到来的时机好，恰是时候).

Oportuna, inportuna, y cansadamente (ad.合时宜，不合时宜，纠缠不休地). mô nân 磨难.|. châng chân'g 常常.|. pǒ tuón 不断.|. xȳ xȳ 时时. de contino (即连续不断).

Oprimir (vt.压迫、折磨). mô nań 磨难.|. hiě chý 胁制.|. iǎ chý 压制.|. ch'ó mô 挫磨.|. paó kiañ'g 暴强.

Opuesto, contrario (a.对立的，相反的). tuý che'û tiě 对仇的.|. chêu' tiě 仇敌. — enemigo (敌人). tiě chêu' 敌仇.

Opuestos, vt el agua al fuego, ettª. (a.相对立的，如水与火，等等). tuý kě' 对克.|. siañg fàn 相反.|. pǒ siañg jě 不相入.|. pǒ siañg hǒ tiě 不相合的.

Or.

Ora① (n.小时、钟点、时刻). xȳ 时.|. xȳ xîn 时辰.|. xȳ héu 时候. — vna ora (一个时辰). iě xȳ 一时. vna óra suya son dos horas nuestras (他们的一个时辰相当于我们的两个小时).

Ora de la muerte (np.死亡的一刻). çù xȳ 死时.|. liñ chuñg 临终.|. çù héu 死后.

Ora de medio dia (np.正午时分). gù xȳ 午时.|. gù chiń'g 午正.|. tañg gù 当午.

Ora de media noche (np.半夜时分). chǔ xȳ 子时. — en punto de media noche (半夜里敲打钟点的时刻). puón ié 半夜.

Oracion (n.祈祷、祷告). kỳ' tào 祈祷.|. kỳ' kiêu' 祈求.|. kỳ' chǒ 祈祝.|. tào chǒ 祷祝.

---

① 今拼 hora（小时、时间）。

Oracion escrita que se reza (np.念诵的祈祷文、祷告词). *chǒ vuên* 祝文.|. *kiṅ vuên* 经文.

Oracion del Pater noster (np.主祷文). *chù kiṅ* 主经.|. *çháy tiēn kiṅ* 在天经. – del Aue Maria (万福玛利亚、圣母颂). *xiṅ mù kiṅ* 圣母经.|. *iá vě kiṅ* 万福经①.

Oracion mental (np.心中默祷). *mě ký'* 默祈.|. *mě siàṅg* 默想.|. *mě tào mě suṅ* 默祷默颂.|. *mě nién* 默念.

Oracion vocal (np.口诵祷词). *nién kiṅ* 念经.|. *suṅ kiṅ* 诵经.|. *kèu' nién* 口念.

Orar (vi.祈祷、祷告). *ký' vuaṅ* 祈望.|. *ký' tào* 祈祷.|. *ký' kiêu'* 祈求. – a Dios (向上帝祈求). *kiêu' tiēn' chù* 求天主.

Oratorio (n.祈祷室), Domus orationis (np.礼拜堂). *kiṅ tâṅg'* 经堂.|. *ký' tào tâṅg'* 祈祷堂.

Orcuelo que se cria en los ojos (np.眼睛里长的疹子、偷针眼). *mǒ chén* 目疹.

Orden de las cosas (np.事物的秩序). *ch'ú siú* 次序.|. *ch'ú tý* 次第.|. *piṅ' liě* 品列.|. *pān luý* 班类.|. *çhiě liên* 接连.|. *piṅ' teṅg* 品等.|. *çhiě iṅ* 接应.|. *teṅg siú* 等序.|. *teṅg ch'ú* 等次.

Orden (n.秩序), ay orden (vp.有序), y concierto (a.次第分明的). *ièu tiṅ kuēy* 有定规.|. *ièu tiṅ liě* 有定列. – 5. ordenes, o, respetos (五种秩序，或五类人际关系). *gù lûn* 五伦.|. *gù tièn tá kiṅ* 五典大经.

Ordenar (vt.整理), poner por orden (vp.整顿次序). *pây' liě* 排列.|. *gān pây'* 安排.|. *pây' pān* 排班.|. *liên pây'* 联排.

Ordenar mandando (vp.颁发指令). *liṅ* 令.|. *míṅ* 命. – salir el orden (下达命令). *fǎ liṅ* 发令.

Ordenes Regios (np.皇家的命令、敕令). *xiṅ chỳ* 圣旨.|. *chỳ ý* 旨意.

Ordenar el exercito (vp.整饬军队). *pây' chiṅ* 排阵.|. *pú chiṅ* 布阵.|. *liě chiṅ* 列阵.|. *pây' liě piṅ çù* 排列兵士.

Ordenadamente (ad.井然有序地). *ièu têu' siú* 有头绪. – ir con orden (列队行进). *ỳ ch'ú siú* 以次序.|. *liě liě ỹ ch'ú tý* 列列依次第. – en rengleras (排成一行一行). *haṅg hiṅ* 行行②.

---

① 柯本注：*iá vě* 为拉丁语 Ave 的音译。按："万福"为意译，柯本缺此二字。

② 排成行列而行进。

Orden, grado (n.级别，等级). *pìn' * 品.|. *teǹg* 等.|. *pìn' teǹg* 品等.|. *pìn' kiě* 品级. – los ordenes sacros, dezimos (圣教的等级，我们称之为). *xińg pìn'* 圣品.|. *pìn' kiě* 品级.

Ordenes de guerra (np.军事秩序、军规军纪). *kiūn fǎ* 军法.|. *kiūn lińg* 军令.|. *pińg fǎ* 兵法.

Orden de la cosa, su principio (np.事物的条理，事物的起源). *laŷ liě* 来历.|. *laŷ iêu* 来由.|. *laŷ têu'* 来头.

Ordenarse de sacerdote, dezimos (vp.获得圣教的职级、成为某一级别的教士，我们这么说). *teńg tǒ tě pìn' kiě* 登锋德品级.|. *teńg chù çhý pìn' kiě* 登主祭品级.①

Ordeñar (vt.挤奶). *çhỳ jù* 挤乳.|. *çhiù' jù* 取乳.|. *çhỳ nàỳ* 挤奶.|. *çhiù' jù lǒ* 取乳酪.

Ordïnario (a.普通的、平常的). *chân'g chân'g* 常常. [参见：siempre (始终).]

Orear (vt.晾干), poner al ayre (vp.放在露天吹干). *leańg* 晾.

Oregano (a.倔强好斗的、异常惊恐的). *hû sú* 觳觫.②

Oreja (n.耳朵). *ùl* 耳.|. *ùl tò* 耳朵. – escarbar las orejas (掏耳朵). *pâ' ùl* 扒耳. – linpiar las (去耳垢). *tào' ùl* 掏耳.|. *çhiù' ùl* 取耳③.

Oregeras④ (n.耳罩、护耳). *ùl chúy* 耳坠. [参见：zarcillos (耳环).] – tirar de las orejas (拉耳垂、揪耳朵). *çhiēu ùl* 揪耳. – refregar las (揉搓耳垂). *jêu ùl* 揉耳.

Orfandad (n.孤儿状态). *kū pîn'* 孤贫. – guerfano (a.无父母的 n.孤儿). *kū ûl* 孤儿.

Organos de los sentidos (np.各类感觉的器官、感官). *kuōn* 官.

Organo (n.管风琴). *fuńg siāo* 风箫.|. *fuńg kiń'* 风琴.|. *pieñ siāo* 边箫. – el de china se toca con la boca (中国人用嘴吹奏的管风琴). *seńg* 笙.

Organista (n.管风琴手). *tañ'g fuńg siāo tiě jiñ* 弹风箫的人.|. *tièn fuńg siāo tiě jiñ* 点风箫的人.

---

① *tǒ tě*, -dote 的音译，原写带有下画线，柯本缺此二字。参见 Sacerdote de ellos（p.195）。又 *teńg*，柯本转录为上声 *tèng*，其字作"等"。

② 此条不见于柯本。oregano, 今拼 orejano, 本指未烙印记的牲畜，即野性尚在，引申为惊惧、提防。

③ *çhiù'*, 柯本缺字。

④ 今拼 orejeras（耳罩、耳套），可能曾有耳垂义。汉语"耳坠"也兼指耳垂。

Oriente (n.东方、东部). *tuñg* 东.|. *tuñg piēn* 东边.|. *tuñg fañg* 东方.|. *tuñg mién* 东面.

Oriental (a.东方的、东部的). *tuñg hiáng* 东向.

（p.160）

Origen (n.根源、起因). *iuên* 原.|. *iêu* 由.|. *iuên iêu* 原由.|. *iuên iñ* 原因.|. *iñ iêu* 因由.

Original pecado (np.原初之罪、原罪). *iuên çhúy* 原罪.

Original (a.原来的、最初的 n.原稿、原著、原件), libro original (np.最初的本子、原本). *iuên çhĕ'* 原册. – de escritura (指书写的文字). *iuên kāo* 原稿.|. *iuên k'ý* 原契.

Originarse (vr.源起、发生). *iêu laŷ* 由来. ett^a. (等等).

Originarse (vr.源起于、产生自). *çhŭ sò iêu laŷ tiĕ* 自所由来的.|.*çhú chûn'g laŷ* 自从来.*desde su origen ab antiguo, etiam (即，从远古发生以来). *çhûn'g kù* 从古.|. *çhûn'g laŷ* 从来.①

Original de causa, o pleyto (np.事情或案子的起因). *gán tỳ* 案底.

Orilla del vestido, o manta, ett^a. (np.衣裳、斗篷等物的边缘). *ȳ piēn* 衣边.|. *pú piēn* 布边. ett^a. (等等).

Orilla del mar (np.海洋的边缘). *hày piēn* 海边.|. *hày pīn* 海滨. – del agua (水域的边缘). *xùy piēn* 水边. – del Rio (河道的边缘). *kȳ' piēn* 溪边.

Orla (n.边饰、饰边). *piēn* 边.|. *ùy* 尾.

Orina (n.尿). *siào pień* 小便.|. *siào sēu* 小溲. estos son castos (这些是文雅的说法).|. *niáo* 尿.|. *pień niáo* 便尿.|. *sēu niáo* 溲尿. vocablos toscos (这些是粗俗的说法).

Orina, y camara (np.尿和屎、小便和大便). *xùy hò* 水火. es termino politico (这是委婉而巧妙的说法).

Orin del hierro (np.铁器的锈迹), o, herrumbre (n.铁锈). *tiĕ' siēu* 铁锈.

Orizonte② (n.地平线). *tý piñ'g sién* 地平线.|. *tý piñ'g kiŭen'* 地平圈.|. *tiēn' piēn'* 天边.|. *tiēn' tỳ* 天底.|. *tiēn' kēn* 天根. – zenil (天顶). *tiēn' tìng* 天顶.

Ornamento (n.装饰物、美饰). *hoâ lý* 华丽.|. *çhý' chìng* 齐整.|. *hoâ moèy* 华美.|. *vuên çhà'y* 文采.|. *moèy lý* 美丽.|. *vuên hoâ* 文华.

---

① 星号所指不明。

② 即 horizonte（p.113）。

Ornato de la cabeça de las mugeres (np.女人头戴的饰物). *têu' mién* 头面.|. *xèu xě* 首饰.|. *fuńg kuān* 凤冠.

Ornamentos de altar (np.祭坛的饰物). *xińg tây' xèu xě* 圣台首饰.

Oro (n.金子). *kiñ* 金.|. *hoâng kiñ* 黄金. – fino (纯质的). *chīn kiñ* 真金. – falso (假造的). *kìa kiñ* 假金.

Oro en oja para dorar (np.镶金使用的金叶). *kiñ pǒ* 金箔.

Oro hilado, hilo de oro (np.金线，金质的线). *kiñ sién* 金线.

Oro muy fino, obrizo (np.成色极高的金子，纯金). *ch'ě kiñ* 赤金.|. *chǔ kiñ* 紫金.|. *pě lién kiñ* 百炼金①.

Oropel (n.仿金箔、镀金). *fańg kiñ* 仿金②.|. *pý' kiñ* 皮金.|. *iâng pý' kiñ* 洋皮金. idest oro puesto en pellejo (即把金子做成金皮或金纸).

Oro pendola, Aue (np.黄莺，一种鸟). *hoâng ińg* 黄莺.

Oruga, o, berruga (n.疣，瘊子). *laò xù nài* 老鼠奶.

Ortaliça (n.园子里种的菜、蔬菜). *iûen ch'áy* 园菜.

Ortelano (n.园林工). *chó iûen tiě* 做园的.|. *chuńg ch'áy tiě jiñ* 种菜的人.|. *máy ch'áy tiě* 卖菜的.

Os.

Osadia (n.胆量、勇气). *tàn tá* 胆大.|. *tá tàn* 大胆.|. *kàn* 敢.

Osar (vi.敢于、冒险). *kàn* 敢.|. *kàn tańg* 敢当.

Osadamente (ad.勇敢地). *pǒ p'á* 不怕.|. *iuǹg jên* 勇然.

Osado (a.大胆的、英勇的), hombre atreuido (np.勇武的人). *ièu tàn tiě jiñ* 有胆的人.|. *kàn tańg tiě jiñ* 敢当的人.|. *pǒ p'á tiě jiñ* 不怕的人.

Oso, animal (n.熊，一种动物). *hiûng* 熊.

Oscuridad (n.黑暗). *gań hě* 暗黑.|. *iēu gań* 幽暗.|. *hě leào* 黑了.|. *gań leào* 暗了.

Ospedar③ (vt./vi.接待住宿、留宿、寄宿). *liêu* 留. – al guesped (接待客人). *liêu kě'* 留客.|. *liêu jiñ* 留人.

---

① 柯本作"白炼金"。

② *fańg*，柯本拟为"方"。

③ 即 hospedar（p.113）。

Ostentar (vt.展示), hazer ostentacion (vp.炫耀)①. *chèn* 展. – de sabio (显露学问). *chèn çhây' hiŏ* 展才学. *ett*ᵃ. (等等).

Ostentacion (n.排场、阔气). *tỳ' mién* 体面.|. *muên mién* 门面.

Ostias② para el sacrifficio de la missa (np.做弥撒时用的圣饼). *mién pìng* 面饼.

Ostia de animales que se sacrifican (np.用于祭祀的动物). *hȳ seng* 牺牲.|. *çhý seng* 祭牲. – de otras cosas (指其他祭物). *çhý piǹ'* 祭品.

Ostiones (n.牡蛎). *lý fang* 蛎房.

Ot.

Otear (vt.观测、查看). *ka'ń xèu* 看守.|. *pà xèu* 把守.|. *vuáng ka'ń* 望看.

Otero (n.山丘、小山包). *xān tìng* 山顶.

Otorgar (vt.同意、准予). *chùn* 准.|. *iùn* 允.|. *iùn nŏ* 允诺.

Otoño (n.秋天). *çhiēu'* 秋.|. *çhiēu' xȳ* 秋时.|. *çhiēu' tiēn'* 秋天.|. *çhiēu' ký* 秋季.|. *ký çhiēu' iuĕ* 季秋月.

Otra vez (np.又一次、重新). *çháy* 再.|. *çháy iĕ çhāo* 再一遭. – otra vez buelue (再次前来). *iéu lay* 又来.|. *çháy lay* 再来.

Otro tanto (a./ad.同样多). *iĕ poéy* 一倍.|. *kiā poéy* 加倍.

Otras cosas semejantes (np.其他类似的东西或事情). *teǹg vuĕ* 等物.|. *teǹg çú* 等事.|. *teǹg haǹg* 等项③.

Otro (a.别的、另外的). *piĕ* 别.|. *piĕ tiĕ* 别的.|. *piĕ kó* 别个.|. *liǹg iĕ kó* 另一个.

Otro dia (np.另一天). *kày jĕ* 改日.|. *liǹg jĕ* 另日.|. *piĕ jĕ* 别日.

Otro tiempo (np.另一时间). *kày xỳ* 改时.|. *piĕ xỳ* 别时.|. *kày ký'* 改期.

Otra vez dezir lo, repetir lo (vp.再说一次，重复一遍). *çháy xuĕ* 再说.|. *iéu xuĕ* 又说.|. *chuǹ'g kiàng* 重讲.

Otro modo (np.另一方式、别的式样). *kŏ iańg* 各样.

Otros muchos (ap.多出许多). *hoân tō* 还多.|. *liǹg ièu tō* 另有多.

---

① 柯本未录这一动词短语.
② 即 hostias（p.113）.
③ 柯本作"等行"。"项"音 *hańg*，南方话里较普遍，如闽南话读 [hang⁴]，潮州话读 [hang⁶]；客家话读为 [hong⁴]，广州话读为 [hong⁶]，也近于此。(见《发音字典》)

Otro tanto me costo (s.花了我同样多的钱). *gò iẻ iańg kiá mày tiẻ* 我一样价买的.

（p.161）

Otra vida (np.另一条命、下一辈子). *héu xý* 后世.|. *laŷ xý* 来世.|. *çù heú* 死后.|. *xīn heú* 身后.

Octubre (n.十月). *kièu iuě* 九月.|. *çhiēu' ký iuě* 秋季月.|. *chuńg çhiēu' iuě* 仲秋月①.

Ov.

Ouas de agua (np.水生的藻类). *çh'áy tây'* 菜苔. [参见：obas (水藻).]
Oueja (n.绵羊、母绵羊). *miên iańg* 绵羊.|. *mîen iańg mù* 绵羊母.
Ouejero, Pastor (n.牧羊人，放牧人). *mǒ tuń'g* 牧童.|. *ka'ń iańg tiẻ* 看羊的.
Ouillo (n.丝、线、绳等绕成的团). *iuên* 团. – de hilo (线绕成的). *sién iuên* 线团.②

Ox.

Oxala③ (int.但愿、真希望). *pā pǒ tẻ* 巴不得.|. *heń pǒ tẻ* 恨不得.|. *vuáng pǒ tẻ* 望不得.
Oxear, fieras (vt.驱赶、轰走，如兽类). *kàn* 赶.|. *kàn ch'ǒ* 赶逐④.
Oxear, moscas, o mosquitos (vt.驱赶、拍打，如苍蝇或蚊子). *foě* 拂.|. *tà* 打.

---

① 柯本作"中秋月"；*chuńg*, 去声。
② 柯本写为"原""线原"，是往线索（a clue）一义上猜。"团"（團）读为 *iuên*，原因可能有两个：一是与"圆"（圓、圜）字相混；二是所记为南音，如"团"字潮州话读 [uêng⁵]，广州话读 [yun⁴]，围头话读 [üng⁴]（见《发音字典》）。
③ 即 ojala（p.156）。
④ *ch'ǒ*，送气符疑衍，柯本写为"触"。

P
(pp.161-182)

Pa.

Paçer (vi.牲畜吃草 vt.放牧). *xě çhào'* 食草.|. *ki'ě çhào'* 吃草.|. *ch'ě çhào'* 吃草.

Paciencia (n.耐心、容忍). *jiǹ náy* 忍耐.|. *iuǹg jiǹ* 容忍.|. *hân jiǹ* 含忍. – virtud (忍之为美德). *jiǹ tě* 忍德.

Paciencia (n.耐心、忍耐), tener la (vp.有耐心、能忍耐). *hoéy jiǹ tiě jiñ* 会忍的人.|. *hân jiǹ* 含忍.|. *jiǹ xéu tiě* 忍受的. – Tened paciencia (耐心点！忍一忍！). *nîng jiǹ* 宁忍.

Paciente (n.接受者、受众). *xéu chè* 受者. – agente (施为者、施动). *chǒ chè* 作者.

Pacientemente (ad.耐心、舒缓地). *çhûn'g iuñg* 从容.

Pacificar (vt.安抚、平定). *kiụ'én kiày* 劝解.|. *kiụ'én hô* 劝和. – hazer pazes (达成和平). *hô mǒ* 和睦.

Pacificador, medianero (n.安抚者，调停人). *chuñg jiñ* 中人.|. *kiụén' hô tiě jiñ* 劝和的人.

Pacifico (a.安宁的、平静的). *çhûn'g iuñg tiě* 从容的.|. *çhīn' hô tiě* 亲和的.|. *uēn k'ý tiě* 温气的.|. *piñg' hô jiñ* 平和人.|. *hô mǒ jiñ* 和睦人.

Pacificamente (ad.安宁地、平静地). *gān jên* 安然.|. *nîng çhińg* 宁静①.|. *gān nîng* 安宁. – Pedir pazes (请求和解、要求和平). *kiêu' hô* 求和.|. *kiàng hô* 讲和.

Padecer (vt./vi.忍受痛苦、遭受苦难). *xéu kù'* 受苦.|. *jiǹ kù'* 忍苦.|. *kūe'y* 亏. – trabaxos (指艰辛、苦楚). *xéu kūe'y* 受亏.|. *xéu nán* 受难. – muerte (指死亡). *xéu çụ̀* 受死.

Padre (n.父亲). *fú* 父.|. *fú çhīn'* 父亲.|. *niên kiūn* 严君.|. *fú kiūn* 父君.

Padre, y Madre (np.父亲和母亲). *fú mù* 父母.|. *xoāng çhīn'* 双亲.|. *iê niâng, úl çhīn'* 爷娘二亲. – mi Padre (我的父亲). *kiā fú* 家父.|. *kiā kiụn* 家君.|.

---

① *çhińg*, 柯本误录为 *çhîng'*, 字作"情"。

kiā niên 家严.|. niên çhīn' 严亲.|. kiā çhūn 家尊. – mi Padre difunto (我已故的父亲). siēn fú 先父.|. siēn kào' 先考.|. siēn kiūn çhǔ 先君子.

Padre, y hijo (np.父亲和儿子). fú çhǔ 父子.

Padre de v. m. (np.您的父亲). liṅg çhūn 令尊.|. çhūn kuṅg 尊公.|. tá kuṅg 大公.|. çhūn uṅg 尊翁.

Padre del Rey (np.皇帝的父亲). ta'ý xaṅg hoâng 太上皇.

Padre de Mandarin (np.官员的父亲). ta'ý iê 太爷.

Padre espiritual (np.精神之父、牧师). xîn fú 神父.|. kiáo fú 教父.|. çhūn fú 尊父.

Padre santo, el Papa, dezimos (圣父，教皇，我们这么说). kiáo hoá hoâng 教化皇.|. kiáo hoâng 教皇.

Padre adoptiuo (np.养父). gēn iaṅg fú 恩养父.|. ý fú 义父.|. iaṅg fú 养父.

Padrastro (n.继父). ký fú 继父.|. heú fú 后父.

Padre riguroso, saca hijo obediente (s.严厉的父亲养育成孝顺的儿子). niên fú çhǔ' hiáo çhǔ 严父出孝子.

Padrino en el baptismo (np.施洗礼时的教父). ta'ý fú 代父.

Padron (n.花名册、登记簿). mîng pú 名簿.|. paó mîng tiě çhě' 报名的册.

Pagar retribuyendo (vp.报复). paó iṅg 报应.|. chêu' paó 仇报.

Pagar (vt.支付、偿还). hoân 还.|. chân'g 偿. – la deuda (偿还债务). hoân cháy 还债.|. hoân chân'g 还偿.

Pagar el beneffico, agradeciendo lo (vp.报答恩典，以表感谢). paó gēn 报恩.|. sié gēn 谢恩.|. chêu' sié 酬谢.

Pagar en la mesma moneda (vp.以同样的币种或钱数偿还). tuý hoân 对还.|. piñ'g hoân 平还.|. hoêy hoân 回还. [piñ'g paó 平报. para escritura (书面语词).]

（p.162）

Pagar el tributo de las sementeras (vp.支付谷粮税). nǎ leaṅg 纳粮.|. huôn leaṅg 完粮①.

Pagar justos por pecadores (vp.对罪愆报以公正、以德报怨). hiǔ liṅg xě xēu 虚领实收.

---

① 柯本作"还粮"。

Pagar los derechos de la mercaduria (vp.支付商品税). *nǎ xúy* 纳税.|. *xańg xúy* 上税.|. *leào xúy* 了税.

Pagar reditos (vp.偿还利息). *hoân lý çhiên'* 还利钱.

Pagar las injurias (vp.以怨报怨), vengarse (vr.复仇). *paó chêu'* 报仇.

Pagar la visita (vp.回访). *hoêy paý* 回拜.

Pagar luego (vp.立即偿付). *çhiéu hoân* 就还.

Pagar resarciendo (vp.赔偿、赔付). *pù xǒ* 补赎①.|. *chùn çhúy* 准罪.|. *chùn chě* 准折②.|. *chùn tỷ* 准抵.|. *pù çhúy* 补罪.|. *pù kuó* 补过.

Pagar la culpa con trabaxos (vp.以做苦工赎罪). *ỳ kù' pù çhúy* 以苦补罪.|. *ỳ kù' tỷ çhúy* 以苦抵罪.|. *ỳ kù' tańg çhúy* 以苦当罪.

Pagar con la vida (vp.以命抵偿). *chân'g mińg* 偿命. – vida por vida (一命抵一命). *ỳ mîng chân'g mińg* 以命偿命③.

Paga del trabajo (vp.工作的薪酬、工资). *kuńg çhiên'* 工钱.

Pagar el sueldo à los soldados (vp.向士兵发放粮饷). *sán pińg leańg* 散兵粮.|. *fuēn leańg* 分粮.|. *sǎ leańg* 撒粮.

Pagar por otro (vp.替人偿还). *taý poêy'* 代赔.

Pagar el flete (vp.支付船运费). *hoân chuê'n çhîe'n* 还船钱.

Pagar el alquiler de la casa (vp.支付住房的租金). *hoân fańg çhū* 还房租.

Pagar de cantado (vp.当场支付). *hién çhiên' hoân* 现钱还.|. *hién iń çhù hoân* 现银子还.

Pagar los labradores el arroz de la cosecha (vp.农民交纳收获的稻谷以抵地租). *kiāo çhū* 交租.|. *hoân tiên' çhū* 还田租.

Pagar la pena pecuniaria (vp.支付罚金). *nǎ çhúy xǒ* 纳罪赎.

Paga de la posada (np.住宿费). *sǒ çhiên'* 宿钱.|. *hiě çhiên'* 歇钱.

Pagano, gentil (n.非基督徒，异教徒). *vuáy kiáo tiě jiń* 外教的人. [参见：gentil (异教徒).]

Pago de sementeras (np.一块块的田地). *tiên' iâng* 田垟.

Page (n.童仆、听差). *muên çhǔ* 门子.|. *xèu hía* 手下.|. *muên chè* 门者.|. *muên kuōn* 门官.

---

① *xǒ*，柯本转录为 *xě*，字作"失"。
② 即准予折罪，柯本未录此词。这一串六个词，说的都是准许被告以某种方式赎罪，赔偿损失以减轻罪罚。
③ *mîng*，柯本订正为 *míng*。

Paja (n.干草). *kān çhào'* 干草. – de trigo (指麦草). *mě kān* 麦秆. – de arroz (指稻秆). *táo çhào'* 稻草.|. *hô kān* 禾秆.①

Paja de espadaña para cubrir casas (np.用来苫屋顶的干草). *mâo çhào'* 茅草. – un haz de paja (一把干草). *iě sǒ çhào'* 一束草.

Pajar (n.草垛). *çhào' tūy* 草堆.|. *kān tūy* 干堆/秆堆. monton de paja (即一堆干草).

Pajuela para encender (np.点火用的干草、引火棍). *hò iǹ* 火引.

Pala de hierro para cauar (np.挖土用的铁锹). *tiě' çhiāo'* 铁锹.|. *çhiāo' chǎ'* 锹锸.

Pala de palo (np.木制的锹). *mǒ çhàn'* 木铲.

Pala de horno (np.烧炉子用的锹). *ta'ń çhàn'* 炭铲.|. *lû çhàn'* 炉铲.|. *mién têu' tǒ'* 面头托②.

Pala de remar (np.划船用的桨). *hôa çhǔ* 划子.|. *gû çhǔ* 杌子. – barca de estas palas, como bancas (使用这种桨的小船，类似独木舟). *hôa çhǔ chuê'n* 划子船.|. *gû çhǔ chuê'n* 杌子船③.

Palabras (n.词、言语、话). *hoá* 话.|. *iên* 言.|. *iên iǜ* 言语. numeral de palabras (指言语的量词). *kiǔ* 句. – dos palabras (两句话). *leaǹg kiǔ* 两句.

Palabras afectuosas (np.温情的言语、亲热话). *çhiě' iên* 切言.|. *kiě çhiě' chȳ iên* 极切之言④.

Palabras ociosas (np.闲言碎语、多余的话). *hiên hoá* 闲话.

Palabras friuolas (np.轻浮的言语、没根据的话). *xý chiǹg chȳ tân'* 市井之谈.|. *hiǚ iên* 虚言.|. *fêu iên* 浮言.

Palabra por palabra (np.一个词一个词、一句话一句话). *iě kiǔ iě kiǔ* 一句一句.

Palabra por palabra traducir algo (vp.逐词逐句翻译一篇东西). *iě çhǔ tuý hién iě çhǔ* 一字兑现一字.|. *tuý iě* 对译.

Palabras ridiculas (np.滑稽的话、可笑之语). *siáo tân'* 笑谈.|. *hý iên* 戏言.|. *hý tân'* 戏谈.|. *siáo hóa* 笑话.

---

① "麦秆""禾秆"，柯本作"麦干""禾干"。
② 烘烤馒头用的铁具，或制作面包的模具。
③ 使用短木桨的轻舟，可能只容得下一张凳子，即单人独坐，遂有此名。
④ 柯本作"急切之言"。

Palabras picantes (np.狠毒的话、讥刺之言). *ièu tǒ tiě hóa* 有毒的话.|. *tǒ háy chȳ iên* 毒害之言.|. *lý háy chȳ iên* 厉害之言.|. *chǔ' iù xańg jiń* 出语伤人.

Palabras entre dientes (np.齿缝间挤出的话、吞吐其词). *kèu' hân chȳ hóa* 口含之话.

Palabras dulces (np.甜蜜的话). *tiên' iên miě iù* 甜言蜜语.

Palabras desconpuestas (np.唐突无礼的话). *fańg çú chȳ iên* 放肆之言.|. *pǒ piñg' chȳ iên* 不平之言.

Palabras solidas (np.实在而可信的话). *chîn'g iên* 诚言.|. *xě iên* 实言.|. *chīn iên* 真言.

Palabras afectadas, compuestas (np.矫揉造作的言辞，精心雕琢的话语). *kiào' iên* 巧言. – dezir vna palabra (说一句话). *xuě iě xīńg* 说一声.

Palabras elegantes de retorica (np.有修辞色彩的文绉绉的话). *vuên hóa* 文话.|. *iên hiên ià tiě* 言娴雅的.

Palabras comunes (np.普普通通的话). *chân'g ień* 常言.①

Palabras torpes (np.粗话、下流话). *siê hoá* 邪话.|. *siê iń tiě hoá* 邪淫的话. – feas (难听的). *chèu' hóa* 丑话.

Palabras falsas (np.假话、违心话). *kèu' pǒ ińg siń* 口不应心. – Dad me licencia que diga (允许我说一句). *iûng xīn iě iên* 容申一言.

Palabras con emfasis (np.强调的词语、带重读的句子). *iě çhú iéu çú ý* 一字又四义②.|. *iě kiú ièu kỳ ý* 一句有几义.③ – egnimaticas④ (哑谜似的、费解的). *ký iǹ iù* 寄隐语.

Palabras de fauor (np.赞许、袒护、有利的话). *uēn iú* 温谕⑤.|. *uēn chỳ* 温旨.

Palabras buenas (np.善意、好听的话). *xeń iên* 善言.|. *kiā iên* 嘉言.|. *sū iên* 酥言⑥.

Palabras preciosas, oraculos (np.珍贵的言辞, n.神谕). *iǒ iên* 玉言⑦.|. *paò iên* 宝言.

---

① 此条为另笔补写。
② *iéu*，柯本据伦敦本改为 *ièu*，字作"有"。
③ 意思是，一字可有多义，致使句子产生歧解，但如果某个字重读，句意便能清楚。
④ 当为笔误，即 enigmaticas (enigmático)。
⑤ *iú*，柯本写为"语"。"谕"犹旨，即谕旨。
⑥ 谓柔言细语；*sū*，柯本缺字。
⑦ 柯本作"郁言"。"玉言"，"金玉良言"的省说。

Palabras afeytadas (np.假惺惺的话). *hōa iên kiào' iǜ* 花言巧语.

Palabrero (a.话多的、爱唠叨的), hablador (a.饶舌的 n.话痨). *pǒ çhùy tiě* 驳嘴的.|. *tō çhùy jiñ* 多嘴人.|. *háo tân' tiě* 好谈的.|. *tō iên tiě* 多言的.

Palacio Real (np.君王的宫殿). *châo' tiñg'* 朝廷.|. *kuñg tién* 宫殿.|. *hoâng kuñg* 皇宫.|. *hoâng tién* 皇殿.

Palacio de la Reyna (np.王后的宫殿). *kuñg tiñg'* 宫廷.|. *kiń kuñg* 禁宫.

Palacio de los Regulos (np.诸王爷的府邸). *vuâng fù* 王府.

Palacio de los grandes Mandarines (np.高官们的府邸). *fù* 府.

Paladar (n.硬腭、上腭). *xańg gǒ* 上腭①.

Palanca (n.杆子、杠子). *kańg* 杠.|. *tây' kańg* 抬杠. para cargar entre dos (供两人一起抬重物时使用).

Pala pala② (n.巴拉巴拉舞). *chǒ kiá* 竹架.|. *tǎ kiá* 搭架.

Paliça (n.棍击), dar le vna paliza de palos (vp.用木棍打人). *kuèn çhǔ tà* 棍子打.

(p.163)

Paleta de hierro (np.小铁铲). *tiě' çhàn'* 铁铲.|. *çhiēn xý* 煎匙. – para freir (煎炸食物时用). *tiñg çhàn'* 鼎铲.

Palenque (n.栅栏、用栅栏围起的场地). *tây'* 台. – para comedias (用于演戏). *hý tây'* 戏台.

Palillos de dientes (np.剔牙用的小木棍). *iâ çhiēn'* 牙签.|. *iâ chańg* 牙杖.

Palillos conque se come (np.吃饭用的小木棍). *ku'áy çhù* 筷子. – de marfil (象牙制的). *iâ chú* 牙箸. – conque echan suertes (算命用的小木棍). *çhiēn' poēy* 签牌③. – de tocar el atambor (敲鼓用的木棍). *kù chûy'* 鼓槌.

Palma de la mano (np.手掌). *xèu chańg* 手掌.|. *xèu pàn* 手板.|. *xèu siñ* 手心.

Palma arbol (np.棕榈树). *iê xú* 椰树. – siluestre (野生的). *tiě' xú* 铁树.

Palma de adonde sacan bonote (np.可提取椰树纤维的棕榈). *çhūng xú* 棕树.

Palmadas (n.掌声), dar las (vp.拍手、击掌). *kù chańg* 鼓掌.|. *vù chańg* 舞掌.

Palmada (n.拍、掌击), dar le vna palmada (vp.给某人一掌). *tà tā' iě chańg* 打他一掌.

---

① 柯本作"上额"。

② 南美土著的一种化妆舞，以舞姿模仿各类动物。西语词目与汉语释义的关系不明。

③ *poēy*, 盖将"牌"字读为"碑"音。柯本缺此字。

Palmatoria (n.打手心用的木棍、戒尺). *mǒ pā chaǹg* 木巴掌. – vna (打一记). *iě pā chaǹg* 一巴掌.

Palmito (n.棕榈、棕榈芯). *iê siùn* 椰笋①.|. *iê siñ* 椰芯.

Palo (n.木头、木棍、木杆). *mǒ têu'* 木头. – un palo (一根木头或木棍). *mǒ tiâo'* 木条.

Palo podrido (np.朽烂的木头). *lań mǒ* 烂木.

Palmo (n.一掌、一拃). *iě nǎ* 一捺.|. *iě chā* 一拃.②

Palo que llaman de china, que es singular medicina (np.一种据说产自中国的木头, 是特殊的药材). *fǒ liń* 茯苓.|. *tù' fǒ liń* 土茯苓.

Palo conque pelean (np.打斗用的棍棒). *kuén çhǔ* 棍子.|. *mǒ kuén* 木棍.|. *chûy' çhǔ* 槌子.

Palo Aguila (np.沉香木). *chîn' hiañ* 沉香.

Palo para teñir (np.染色用的木头), sibucao (n.苏木). *sū mǒ* 苏木.

Palo conque cargan la pinga (np.用于抬重物的杠子). *pàn tiāo'* 板挑.|. *pièn tiāo'* 扁挑.③

Palo calamba (np.沉香木属). *kŷ' nân hiāng* 奇楠香.

Palo conque anda el molino de arroz (np.推磨碾米时助力的木杆). *luǹg kēu* 砻勾.

Palos, o maderaje de la puente (np.桥梁的木架, 或其木质构造). *kiâo' leâng* 桥梁.

Palo conque açotan (np.抽打用的棍棒). *kuén çhǔ* 棍子.

Palo pequeño, manero para sacudir (np.短小的木棍, 容易挥舞的一类). *tuòn kuén* 短棍.

Paloma (n.鸽子). *kǒ çhǔ* 鸽子.|. *pě kǒ* 白鸽.

Palomino (n.幼鸽). *siào kǒ çhǔ* 小鸽子.

Palomar (n.鸽棚、鸽房). *kǒ çhǔ fañ* 鸽子房.

Panpano, pescado (n.鲳鱼, 一种鱼). *çhiān'g iụ̂* 枪鱼.

Pampano de vid (np.葡萄藤上的幼芽). *pû' tâo' iâ* 葡萄芽.

---

① *siùn*, 柯本缺字。棕榈芯状似竹笋, 可食用。

② *nǎ*、*chā*, 柯本缺字。张开手掌, 从拇指到中指或小指尖的长度, 称为"一拃"。"一捺", 盖即伸出中指或小指的动作。

③ *tiāo'*, 阴平, 柯本将两例都改作阳平 *tiâo'*, 写为"条"。"扁挑", 犹扁担, 明清小说中有其用例;"板挑"当属同义词。

Palpar (vt.触摸、感受). *xèu mû* 手摸.

Pan (n.面包). *mién têu'* 面头.|. *mién pāo* 面包.|. *mién pìng* 面饼. – vn pan (一个面包). *iě ku'áy mién têu'* 一块面头.

Pan baço (n.粗面包、黑面包). *ch'ú mién têu'* 次面头①.|. *úl mién tiě* 二面的.

Pan azimo (np.未发酵的面包). *cù mién têu'* 死面头.|. *cù mién pìng* 死面饼.|. *mién poēy* 面胚②.

Papagaio (n.鹦鹉). *iñ kō* 鹦哥.|. *iñg vù* 鹦鹉.③

Paneçillos al baho del agua coçidos (np.用水蒸熟的小面包). *mién pāo* 面包.|. *tièn siñ* 点心.

Panes que hazen de arroz con vna capa de harina (np.用米做的面包，裹有一层面粉). *muôn têu'* 馒头.|. *muôn xèu* 馒首.

Pan de oro (np.金锭). *kiñ tińg* 金锭. – de plata (银质的). *iñ tińg* 银锭. su numeral, vn pan (相应的量词，表示一块金锭或银锭). *iě tińg* 一锭.

Panezillo de tinta (np.墨块). *iě fañg mě* 一方墨.|. *iě tińg mě* 一锭墨.|. *iě ku'áy mě* 一块墨.|. *iě hǒ mě* 一盒墨.

Pan, y demas sustento cotidiano (n.面包，以及其他日常口粮). *jě jě iuńg leâng* 日日用粮.

Pan de açucar (np.块状、结块的糖). *pě tañg' kiě* 白糖结④.

Panaderia (n.面包店). *mién têu' hâng* 面头行.|. *mién têu' p'ú* 面头铺.

Panadero (n.面包师、面包商). *chó mién têu' jiñ* 做面头人.|. *máy mién têu' tiě* 卖面头的.

Panal de miel, o colmena de miel de abejas (np.蜂巢，蜜蜂窝). *miě uō* 蜜窝.

Pandero (n.手鼓). *kù* 鼓.|. *siào kù* 小鼓.|. *hoây kù* 淮鼓.

Panero, o, granero, de arroz (n.存放面包的库房，或谷仓、粮仓). *mỳ chān'g* 米仓.|. *chān'g lìn* 仓廪.

Pañales, mantillas (n.尿布，襁褓). *kiàng pào* 襁褓.

Pañiçuelo de narizes (np.擦鼻子的手帕). *xě pý chǔ kiñ* 拭鼻子巾. – seruilleta (餐巾). *xèu kiñ* 手巾.|. *xě xèu kiñ* 拭手巾.

Paño de Europa, de lana (np.欧洲产的呢绒，呢料). *tō lô ný* 哆罗呢.

---

① *ch'ú*，柯本写为"粗"。

② *poēy*，柯本缺字。

③ 词目另见 Loro, papagayo（p.129），拼法略异。*kō*，柯本缺字。

④ *kiě*，柯本缺字。

Paños, o, mantas de algodon (np.布料，棉织物). *mieñ pú* 棉布.

Paño de lienço (np.麻布的料子). *hiá pú* 夏布.|. *mâ pú* 麻布.|. *kǒ pú* 葛布.

Paño, o toualla de rostro (n.手巾，或洗脸用的毛巾). *hán kiñ* 汗巾.|. *mién kiñ* 面巾.

Paño o toualla para atar la cabeça (np.裹头的布巾或毛巾). *pāo têu'* 包头.|. *xèu p'á* 首帕.

Pañuelo (n.手帕、手巾). *xèu kiñ* 手巾.|. *hán kiñ* 汗巾. numeral de ellos (相应的量词). *tiâo'* 条. – vn pañuelo (一块手帕). *iě tiâo' xèu kiñ* 一条手巾.

Pantorrilla (n.腿肚子). *kiǒ tú* 脚肚.|. *kiǒ kuēng* 脚肮[①].

Papa (n.教皇). *kiáo hoá hoâng* 教化皇.|. *kiáo hoâng* 教皇.

Papas, panatela (n.稀粥类流质食品，布丁等软食). *mién têu' chǒ* 面头粥.

Papada (n.人的双下巴、牛的颈部垂肉). *hàn jǒ* 颔肉.|. *hàn hiá tiě jǒ* 颔下的肉.|. *hiǔen lieû* 悬瘤.|. *kìng lieû* 颈瘤.|. *iên pāo kìng* 盐包颈. – de bueyes (指阉牛). *nieû chân'g* 牛肠.[②]

Papel (n.纸). *chỳ* 纸. – de caña muy delgado (用竹子为原料制作的薄纸). *chǒ chỳ* 竹纸. – de algodon (棉质的). *miên chỳ* 棉纸.

Papel de estraça (np.牛皮纸). *çhū' chỳ* 粗纸. – muy basto para las secretas (如厕用的极粗糙的一类). *çhào' chỳ* 草纸.

Papel con alumbre para escriuir nossotros (np.掺有明矾的纸，我们欧洲人用它写字). *fân chỳ* 矾纸. – vna resma de papel, o, balon[③] (一令，或一捆纸). *iě tāo chỳ* 一刀纸.

Papel de visita (np.访客时用的名帖). *páy tiě'* 拜帖. – entero (全套的). *çhiuê'n tiě'* 全帖. – no entero (非全套的). *tān tiě'* 单帖.

Papel de visita de inferiores à superiores, que por fuera es negro (np.下级拜访上级时用的名帖，外壳为黑色). *xèu puèn* 手本.|. *pìn tiě'* 禀帖.

Papel de visita para ver los Regulos (np.谒见王爷时用的名帖). *kỳ'* 启.

Papel dorado (np.镀金的纸). *kiñ chỳ* 金纸. – plateado (镀银的). *iñ chỳ* 银纸.

(p.164)

Papel aceytado para lluuia (np.防雨水的油浸纸). *ieû chỳ* 油纸.

---

① "肮"，他处拼为 *kēng*，见 Braços（手臂），p.36。

② "盐（腌）包颈"和"牛肠"似乎都属食品。*chân'g*，柯本缺字。

③ 一令（resma）纸为500张，一捆（balon）合24令；一刀则为100张。

Papel de marca mayor (np.优质纸、金边纸). *kiñ pân'g chỷ* 金旁纸.

Papel, o escritura sellada (np.带封印的文件). *iń siń* 印信.

Papel de concierto (np.协约书). *iǒ xū* 约书.

Papel para escriuir carta, reglado (np.带格式的信纸). *kièn chỷ* 笺纸①.

Papel para peticiones (np.请愿书、投诉书). *chîn'g vuên chỷ* 呈文纸.|. *choáng chỷ* 状纸.

Papel que sobra en los libros (np.书册里面空白的页张). *hiên chỷ* 闲纸.

Paramo, desierto (n.荒野，无人烟处). *kua'ńg iè* 旷野.|. *kuñ'g tý* 空地.

Papirote (n.弹指、响指). *tân' iě hía* 弹一下.|. *chỷ têu' tân'* 指头弹. – dar lo (打一记响指、用指头敲一下). *liě tà iě pāo* 立打一包.|. *tân' tā' iě hía* 弹他一下.

Parabien (n.祝贺). *ki'ńg hó* 庆贺.|. *kuńg hó* 恭贺.|. *kuńg hỷ* 恭喜.|. *paý hó* 拜贺.|. *hó jîn* 贺人.

Parabien (n.祝贺), presente que se da en los parabienes (np.庆贺时送上的礼物). *hó lỷ* 贺礼.|. *hó ý* 贺仪.

Parabien que se da al Rey (np.献给君王的礼物). *châo' hó* 朝贺.

Parabienes que se dan en los nacimiento (np.庆贺生日时所送的礼物). *paý xéu* 拜寿.|. *ki'ńg xéu* 庆寿.|. *hó xéu* 贺寿.

Para (prep.为了、对于). *ỳ* 以. – para, datiuo (给予，表示与格意义). *iủ* 与.

Paraque (prep.为了、以便). *goéy xiń mò* 为甚么.

Parapoco (a.了无用处的、无甚可取的). *mǒ chuńg iuńg tiě* 没中用的.

Parayso celestial (np.天上的乐园、天堂). *tiēn' tañ'g* 天堂.|. *vuán fǒ chỷ puèn sò* 万福之本所.|. *tiēn' kuě* 天国.|. *iûng fǒ ki'ủ ch'ủ* 荣福去处.

Parayso terrenal (np.尘世的乐园). *tý tañg* 地堂.|. *fǒ tý* 福地.

Paramento, o, tapete (n.壁毯、帷幔等饰物，或地毯). *pū' chēn tiâo'* 铺毡条.

Paramentar (vt.装点、整饰). *pū' pâ'y* 铺排.|. *xě chý* 设置.|. *xě pú* 设布. – colgar paramentos (张挂壁毯、帷幔等). *kuá piě* 挂壁.|. *kiě çhày* 结彩.|. *tǎ çhày* 搭彩.②

Pararse (vr.停止、中断). *chỷ* 止.|. *chỷ chú* 止住.|. *chỷ pú* 止步.|. *chỷ chú* 止住③.|. *tiń'g chú* 停住. – descansando (歇息、休闲). *hiě sǒ* 歇宿.|. *hiēu siě* 休息.

---

① 柯本作"简纸"。

② çhày，两例均脱送气符。

③ 与第二个词重复。

Parar la obra (vp.停止工作). *hiĕ xèu* 歇手.|. *chú xèu* 住手.|. *tiñg' xèu* 停手.|. *pá kuñg* 罢工.|. *tiñg' siĕ* 停息.|. *tiñg' kuñg* 停工.|. *chỳ kuñg* 止工.|. *siĕ kuñg* 息工.|. *fańg xèu* 放手.

Parar deteniendo (vp.阻止、留滞). *chỳ lieū* 止留.|. *tańg chú* 挡住.

Parar en pie (vp.站立、立住脚). *chán chú* 站住.|. *chán chŏ* 站着.|. *chán liĕ* 站立.

Parar (vi.停息), cesar el viento (vp.风停止刮). *fuñg siĕ leào* 风息了.

Parar el exercito (vp.军队停止行进), aloxarse (vr.就地宿营). *chă' iûñg* 扎营.

Parar el cauallo, detener lo (vp.止住马，拉住缰绳). *lĕ chú mà* 勒住马.|. *chỳ mà* 止马.|. *gań pý pŏ tuńg* 按辔不动.

Parar las armas (vp.休战、停火). *lĕ mà tiñg' tāo* 勒马停刀.|. *gān chú tāo chiañ'g* 按住刀枪①.|. *pá piñg* 罢兵.|. *hiēu piñg* 休兵.

Parar sin poder ir adelante (vp.停住脚步无法前进). *pŏ chîe'n* 不前.|. *pŏ chîe'n chèu tĕ* 不前走得.|. *pŏ chín* 不进.|. *pŏ chín ki'ú tĕ* 不进驱得.|. *ch'ú pŏ chín tĕ* 刺不进得.

Pararse colorado (vp.变成红色). *pién huñg* 变红. – blanco (成白色). *pién pĕ* 变白. ettª. (等等).

Parar en mal (vp.结局糟糕、没有好下场). *pŏ tĕ hào chuñg* 不得好终.

Para siempre (pp.永远). *iuǹg iuǹg* 永永.|. *iuǹg iuèn* 永远. – in eternum (永恒). *iuǹg iuǹg xý xý* 永永世世.

Parcial (a.偏心的、偏袒的). *chûn'g tā'* 崇他②.|. *ȳ tā'* 依他.

Parco (a.适度的、有节制的). *kień* 俭③.|. *kièn iuńg tiĕ* 俭用的.|. *chiĕ iuńg tiĕ* 节用的.

Pardo (a.棕褐色的). *tù' sĕ* 土色.

Pardal, gorrion (n.麻雀，家雀). *mà chiŏ'* 麻雀.

Parecer, intento, sentir (n.看法，主意，意见). *ý çú* 意思.|. *iĕ kień* 臆见④.|. *siñ ý* 心意.|. *xĕ ý* 识义. – mi parecer [hablando cortesmente y con humildad] (我的看法、我意[属于谦恭有礼的说法]). *iû kień* 愚见.|. *pỳ kień* 鄙见.|. *pỳ ý* 鄙意.|. *chuĕ ý* 拙意.|. *gò chìe'n kień* 我浅见.

---

① *gān*，柯本写为"安"。
② *chûn'g*，或可能为 *chùn'g* 之误，即"宠他"。
③ 柯本注：*kień* 似为 *kièn* 之误。
④ *iĕ*，拼法有疑，"臆"字他处拼为 *ý*。

Pareçer, el parecer de v. m. (n.看法、意见，您的看法). *kiáo iú* 教谕. – dize o quadra con mi pareçer (这与我的看法正相一致). *chiṅg têu' gò kȳ* 正投我机.|. *chiṅg hǒ gò ý* 正合我意.

Pareçer que, ett^a. (vi.觉得怎样、认为如何，等等). *siàng* 想.|. *leáng çhě'* 量测. – que vendra (觉得他会来的). *siàng piě lây* 想必来. ett^a. (等等).

Parecer que dize bien (vp.看来说得有道理). *siàng xuě tě ièu lỳ* 想说得有理. – mudar de parecer (改变想法). *kiày ý* 改意.|. *pién ý* 变意.

Parece verdad (vp.看起来像是真的). *çú chīn tiě* 似真的.|. *çú xě tiě* 似实的. – que te parece poco mas, o menos (你觉得是多了还是少了？). *leáng chě tō xào* 量值多少①.

Parecerse (vr.看起来像、相似). *çú siaṅg* 似像.|. *siaṅg çú* 像似.|. *siaṅg siáo* 像肖.

Parecer bien (vp.显得漂亮). *hào ka'ń* 好看.|. *hào ka'ń siaṅg* 好看相.|. *hào lỳ tỳ'* 好礼体②. – no parecer le bien, desgustarse de ello (觉得不好看，感到厌恶). *mǒ çhi'ú* 没趣.

Parecido hijo a sus Padres (ap.儿子像他的父辈). *fú çhǔ siaṅg siáo* 父子相肖. Padre y hijo se parecen (即父亲和儿子相像).

Parecerse algo (vp.看上去有点像). *liǒ tuń'g* 略同.

Parecerse al natural (vp.看起来跟原来的一样). *cháo iuên* 照原.

Parecer lo que se perdio (vp.找到丢失的东西). *chǒ leào* 着了.|. *çháy leào* 在了.

Parecer ante alguno (vp.在某人面前出现、到某处见某人). *kién mién* 见面.|. *hoéy mién* 会面.|. *kién tā'* 见他.

Pareçer se mucho, y diferenciar se poco (s.相似多而区别少). *tá tuń'g, siào ý* 大同小异.

Pared (n.墙壁). *piě* 壁.|. *çhiân'g* 墙. – de tierra (泥土垒的). *tù' çhiân'g* 土墙.|. *tù' piě* 土壁. – de tablas (木板建的). *pàn piě* 板壁.

Pared de ladrillos (np.砖砌的墙壁). *chuēn çhiân'g* 砖墙. – de piedras (石头砌成的). *xě çhiân'g* 石墙. – de cañas (竹竿搭建的). *chǒ piě* 竹壁.

Pared de açulejos (np.瓷砖砌的墙壁). *tù' k'ú çhiân'g* 土库墙.|. *fuṅg hò çhiân'g* 风火墙/封火墙.

---

① *chě*，柯本转录为 *çhě'*，字作"测"。

② 柯本作"好理体"。

Pared en medio que diuide las casas (np.两家之间的隔墙). *kě piě* 隔壁.|. *kiēn çhiân'g* 间墙.|. *kiēn piě* 间壁.

Pared de ladrillos que cerca la casa (np.把房子围起的砖墙). *hò çhiân'g* 火墙. – de piedras sillares (方石垒起的). *kiě xě tiě çhiân'g* 结实的墙①.

(p.165)

Pared de cerca en redondo (np.围成一圈的墙). *çhiân'g goêy* 墙围.|. *chēu tàn'* 周垣②. – hazer la de piedra (用石头筑围墙). *ch'ý xě çhiân'g* 砌石墙.

Pared que haze ante puerta (np.门前所立的墙). *cháo çhiân'g* 照墙.|. *cháo piě* 照壁.

Parejo, ygual (a.平整的, 齐平的). *piñ'g tiě* 平的.|. *piñ'g piñ'g tiě* 平平的.

Pares de muger parida (np.产妇的胎盘). *tāy' ȳ* 胎衣.|. *pāo' ȳ* 胞衣.|. *ȳ pāo'* 衣胞.|. *goéy* 胃③.

Parentesco de consanguinidad por parte de Padre (np.父亲一方的血亲、宗亲). *çhūng çhǒ* 宗族.|. *tûn'g çhūng* 同宗.|. *tûn'g tân'g tiě çhīn'* 同堂的亲.|. *fú çhǒ* 父族. à todos se añade el *çhīn'* (所有这些词的后面都可加"亲").

Parentesco por parte de Madre (np.母亲一方的亲戚). *piāo çhīn'* 表亲④.|. *mù çhǒ* 母族.|. *héu kiā* 后家.

Parentesco de affinidad por parte de la muger (np.妻子一方的亲戚、姻亲). *çhȳ' çhǒ* 妻族.|. *çhīn' kiā* 亲家.|. *vuáy kiā* 外家.

Parientes vt sic (n.亲戚,统称). *çhīn' çhiě* 亲戚.|. *çhīn' xǒ* 亲属.|. *çhīn' çhǒ* 亲族.|. *kiń çhīn'* 近亲.|. *çhīn' kiuén* 亲眷.

Parientes del Rey, de stirpe Regia (np.君王的亲戚,皇室的亲属). *tień hiá çhūng xě* 殿下宗室.|. *tý xě tiě çhūng p'áy* 帝室的宗派.|. *kuě çhiě* 国戚.|. *hoâng p'áy* 皇派.|. *vuâng fù çhūng xě* 王府宗室.|. *hoâng xě* 皇室.|. *hoâng çhīn'* 皇亲.

Parientes muy cercanos (np.血缘关系很近的亲戚). *xě çhīn' fú çhǒ* 室亲父族.|. *kiń çhīn'* 近亲.|. *çhīn' çhǒ* 亲族.

---

① *kiě xě*, 柯本写为"碣石"。

② 柯本写为"周坦"。"垣"误读为"坦"音,有先例,见 Muros (p.147) 条下的"城垣"一词。

③ 柯本另解为闽方言借词,如厦门话里"衣"字读为 ui。

④ *piāo*, 柯本订正为 *piào*。

Parientes (n.亲属), los 6. Parentescos (np.六类亲属关系). *lǒ çhīn'* 六亲. que son: Padre y Madre, hermano mayor y menor, de muger y hijos (这六类是：父亲和母亲，哥哥和弟弟，妻子和儿子).

Parientes remotos (np.远房的亲戚). *sū fañg tiě* 疏房的.|. *vû fǒ chȳ çhīn'* 无服之亲①.

Pariente de v. m. (np.您的亲戚). *liṅg çhīn'* 令亲.

Parientes muy llegados, vt Padres, hijos, y hermanos (np.直系近亲，如父、子、兄弟). *çhīn' kǒ jǒ* 亲骨肉.|. *hiuě çhīn'* 血亲. – muy humil de Pariente (自己的亲戚，谦卑的说法). *xé çhīn'* 舍亲.|. *pý çhīn'* 敝亲.

Parientes por la hija (np.女儿一方的亲戚). *vuáy çhīn'* 外亲.|. *ý çhīn' tiě çhǒ* 懿亲的族.|. *vuáy çhiě* 外戚.

Parientes y estraños (np.亲人和外人). *çhīn' sū* 亲疏.

Parientes de vna mesma Alcuña (np.同一家族的亲属). *tuñ'g çhǒ tiě* 同族的.

Parientes, o Paysanos (n.同乡人). *hiaṅg çhīn'* 乡亲.|. *hiaṅg lỳ çhīn'* 乡里亲.

Parias (n.贡品). *kuṅg* 贡. – dar las (奉上贡品). *çhín kuṅg* 进贡.

Parir (vt.分娩、生产). *señg çhǔ* 生子.|. *señg iàng* 生养.|. *çhàn' çhǔ* 产子.|. *fuēn mièn* 分娩.|. *fuēn pién* 分骈②.|. *kiày iṅg* 解孕.|. *tiēn' iě çhǔ* 添一子.|. *iàng iǒ* 养育.

Parida (n.产妇). *çhàn' fú* 产妇.|. *çhây' señg çhǔ tiě fú* 才生子的妇.|. *çháy iuě lỳ* 在月里.

Parir los Animales (vp.牲畜生产). *hiǒ iaṅg* 蓄养.|. *señg çhàn'* 生产.

Parlar (vi.谈话、闲聊). *xuě hoá* 说话.|. *kiaṅg hoá* 讲话.|. *kiāo tân'* 交谈.

Parla (n.闲聊、口才). *tō hoá* 多话.

Parlero, hablador (a.爱唠叨的，饶舌的). *tō kèu'* 多口.|. *tō çhùy tiě* 多嘴的.|. *hoéy xuě hoá tiě* 会说话的.

Parafo (n.段落). *çhiě* 节.|. *tiâo'* 条.

Parpados de los ojos (眼皮、眼睑). *ièn mǒ tiě pý'* 眼目的皮.

Parracho. [diremos.] (n.教区长、教区神父[我们的称法]). *kuòn iě tân'g kiáo chuṅg tiě xîn fú* 管一堂教众的神父③.

---

① "无服"，谓五服之外，关系很远。柯本作"五服"，意思正相反。本词典上"五"读为 *gù*，其拼法相当一致。

② *pién*，柯本缺字。指生双胞胎，骈胎即双胞胎。

③ *kiáo chuṅg*，柯本写为"教中"，下一例也如此。

Parroquiano [de la Parrochia] (n.[一个教区的]教民). *xǒ puèn tân'g tiě kiáo chuñg* 属本堂的教众.

Parrochia (n.教区). *xǒ iě tân'g tiě tý fañg* 属一堂的地方.

Parra (n.葡萄藤、葡萄架). *pû' tâo' xú* 葡萄树.

Parrillas (n.炉箅子). *tiě' poéy* 铁焙.|. *lû choân'g* 炉床. – como la de Santo Lorenço (如同圣洛伦佐教堂使用的那种). *hò choân'g tiâo'* 火床条.

Parte (n.部分、局部). *fuén* 分/份. – la maior parte (主要的部分、大部分). *tá fuén* 大份.|. *kúo puón* 过半.

Parte propria, o suerte de cada vno (np.自己的份额、分内之事，或每一个人的运道). *puèn fuén* 本分.

Parte, o banda (n.地区，或疆界). *piēn* 边.|. *fañg* 方. – parte del poniente (西方、西部). *sȳ fañg* 西方.|. *sȳ piēn* 西边. ett^a. (等等).

Partes del mundo 4. (np.组成世界的四个部分). *çú fañg* 四方.|. *tiēn' hía çú fañg* 天下四方.|. *çų́ iuèn* 四远.

Parte, o lugar de otra parte (n.地方、处所，多指另一处). *piě ch'ú* 别处.|. *tā' ch'ú* 他处.|. *piě sò* 别所.|. *piě sò çháy* 别所在.

Partes, o dotes (n.优点，或才能、天资). *leâng çhây'* 良才.|. *çhây' liě* 才力. idest habilidad (即能力).

Parte (n.通报), dar parte (vp.告知). *iù tā' chȳ taó* 与他知道.|. *iù tā' xuě* 与他说.

Partes genitales viri (np.男性生殖器). *iañg vuě* 阳物.|. *jiñ muên* 人门.|. *miñg muên* 命门.|. *hía tú* 下肚. el tosco es (粗俗的说法是): *leâo çhǔ* 屪子.

Partes genitales feminas (np.女性生殖器). *iñ vuě* 阴物.|. *iñ muên* 阴门.|. *hiá iñ* 下阴. el tosco es (粗俗的说法是): *pȳ iañg* 屄样①.

Partes genitales del hombre, o, muger (np.男性或女性生殖器). *hía xīn* 下身.|. *hía tỳ'* 下体.|. *xīn hiá* 身下.|. *siào pién* 小便.

Partes desyguales (np.不平均的份额、非等分). *pǒ piñg' fuén* 不平分. – yguales (均等的). *piñg' fuén* 平分.|. *kiūn fuén* 均分.

Partera (n.助产妇). *señg pô'* 生婆②.|. *çhàn' pô'* 产婆.|. *çhiě señg pô'* 接生婆.|. *sỳ çhǔ niañg* 洗子娘.|. *xēu señg fú jiñ* 收生妇人.

Participar (vi.参与、共有、分享). *ièu fuén* 有份.|. *kuñg kuñg* 公共.|. *siañg tuñg'* 相同.

---

① 柯本缺后一字.

② 此词不见于柯本.

Participar, y comunicar en los meritos <u>muertos</u> (vt.通报，告知亡者的功绩)①. *tuñ'g kuñg* 通功.|. *kuñg tuñ'g* 功通. – digo en los meritos (就其功绩特此通告). *tuñ'g kuñg* 通功②.|. e ɔᵃ. (也可反过来说：*kuñg tuñ'g* 功通).

Participante (n.参与者), complice en la maldad (np.干坏事的同谋). *siañg chú goêy ǒ* 相助为恶.|. *chú ǒ pi'ě fū* 助恶匹夫.|. *goêy ǒ ièu fuén* 为恶有份.

Particula, o partezilla (n.颗粒、微粒，或碎块). *siào ku'áy* 小块.|. *iě tièn ûl* 一点儿.

Particular razon, ratio precipua (np.特别的理由，主要的依据). *tá piñg' kiú* 大凭据③.

Particular cosa (np.特殊的事情), no ordinaria (ap.不同寻常的). *fȳ chân'g tiě cú̱* 非常的事.

Particular, propio (a.私人的，自己的). *cū̱ hía* 私下.|. *cū̱ ièu* 私有.|. *chú kỳ ièu tiě* 自己有的.|. *chú cū̱* 自私.

Particularmente (ad.尤其、特别). *cū̱ hía* 私下.|. *liñg vuáy* 另外.|. *fuén vuáy* 分外.

Particular (n.个人、平民), hombre ordinario (np.普通人). *piñg' chañ'g tiě jiñ* 平常的人.|. *sǒ jiñ* 俗人.|. *pú ȳ tiě* 布衣的.

（p.166）

Particular (n.个人), hombre raro (np.罕有的人、奇人). *fȳ chañ'g tiě jiñ* 非常的人.|. *kỳ' kuáy tiě jiñ* 奇怪的人.

Particular razon, o titulo, ratio precipua (np.特别的理由或凭据，主要的依据). *tá piñg' kiú* 大凭据④.

Particular cosa (np.特殊的事情), no ordinaria (ap.不同寻常的). *fȳ chân'g tiě cú̱* 非常的事⑤.

Particion (n.分配、分发). *pây' fuén* 排分.

---

① muertos（亡者的），原写带下画线，以示要紧。柯本未录此词，其解释与纪念亡者无关（to share in and impart merits）。本条的后半截 "digo en los meritos"（直译：现在我来报告这些功绩），也不见于柯本。

② "通功"，中国天主教人士常用此语，以通报某教友亡故，并列述其业绩。如今教内仍说 "炼灵通功"，所发讣告则称 "通功单"。

③ 柯本作 "大平据"。

④ 此条已见上页，词目略异。

⑤ 此条已见上页，完全一样。

Partida, o, apartamiento (n.出发、动身，或离开、撤离). *lý kāy'* 离开.|. *siaṅg lý* 相离.|. *lý piĕ* 离别.|. *fuēn xèu* 分手.

Partido, o concierto (n.协议，或条约). *kiĕ iŏ* 结约.|. *iŏ tíṅg* 约定.|. *ý tíṅg* 议定.|. *tíṅg ý* 定议①.

Partido (a.分割开的), diuidido en partes (ap.分成若干部分的). *fuēn kāy' tiĕ* 分开的.|. *fuēn sań tiĕ* 分散的.

Partidas (n.份额、份数), la parte del testamento (np.遗嘱规定的应得部分). *goêy liêu chȳ fuén* 遗留之份②. – libro de partidas, o, particiones (划分遗产的文书). *goêy liêu fuén çhiĕ'* 遗留份契③.

Partir de golpe, o, rajando (vp.一下子分开，或劈开). *peù' kāy'* 剖开.

Partir en partes (vp.分成若干部分). *fuēn* 分.|. *fuēn kāy'* 分开.|. *pèu' kāy'* 剖开.|. *çhiĕ kāy'* 截开.

Partir el camino (vp.道路分岔). *fuēn lú* 分路.

Partir en partes yguales (vp.分成一些均等的部分). *piṅg' fuēn* 平分.|. *kiūn piṅg'* 均平.

Partir rompiendo, vt nueçes ettª. (vp.砸破，如核桃之类坚果). *p'ó kāy'* 破开.

Partir en menudas partes (vp.分割成小块). *fuēn suý* 分碎.

Partirse la embarcasion (vp.船只起航). *kāy' chuê'n* 开船.|. *fă chēu* 发舟.

Partir la herencia (vp.分割遗产). *fuēn kiā niĕ* 分家业.|. *fuēn kiā çhàn'* 分家产.

Partirse por camino de tierra (vp.由陆路动身). *kỳ' xīn* 起身.|. *kỳ' hiṅg* 起行.|. *kỳ' hiṅg chiṅ'g* 起行程.|. *kỳ' hán lú* 起旱路. – quando partira v. m.? (您何时启程？). *kỳ xŷ fă kiá* 几时发驾.|. *kỳ xŷ fă hiṅg* 几时发行.

Partirse los Mandarines, o personas graues (vp.官员或大人物启程). *kỳ' mà* 起马.|. *kỳ' hiṅg* 起行.|. *teṅg chîn'g* 登程.

Partirse la cosa rompiendose (vp.某物裂开). *p'ó liĕ* 破裂.|. *liĕ p'ó* 裂破. vt velum templi (例如寺庙里的帷幕).

Parto (n.分娩). *fuēn miên* 分娩. [参见：parir (分娩).]

Parto antes del tiempo (np.分娩早于预期、早产). *chúy tāy'* 坠胎. [参见：malparir (流产).]

Pasa assi el negocio (s.事情就是如此). *çú xý ché iaṅg* 事是这样.

---

① 柯本作"定义"。
② "遗"读作 *goêy*，参见 Fluxo seminis（p.100）。
③ *çhiĕ'*, 柯本转录为 *çhiĕ*，无送气符，字作"籍"。

Pascua de flores (np.复活节). *iê sū fǒ huǒ chēn lỳ* 耶稣复活瞻礼.
Pascua de espiritu Santo (np.圣灵降临节). *sū pì lì tō sāntō kiaṅg liñ chēn lỳ* 苏比里多桑多降临瞻礼①.
Pascua de nauidad (np.圣诞节). *iê sū xińg tań chēn lỳ* 耶稣圣诞瞻礼.
Pasmar (vt.使人惊愕), poner miedo (vp.吓煞人). *p'á jiñ* 怕人.|. *kiñg p'á jiñ* 惊怕人.
Pasmo de viento sin poderse menear (np.受风、惊风，以至不能动弹). *tuńg fuñg* 动风.|. *pińg fuñg* 病风. – de medio cuerpo (半个身子不能活动). *puón xīn pǒ sûy* 半身不遂.
Pasmado de miedo (ap.因恐惧而呆愣). *kiñg hoâng* 惊惶.|. *chǒ kiñg* 着惊.|. *xéu kiñg* 受惊.
Pasas, vbas pasas (n.葡萄干，即晾干的葡萄). *pû' tâo' kañ* 葡萄干.
Pasadero (a.勉强的、还算可以的), puede pasar (vp.过得去). *pǒ tań hào* 不但好.|. *pǒ tań miáo* 不但妙. no es muy bueno (即，不是特别好).
Pasado mañana (np.后天). *héu jě* 后日.
Pasado un año (ap.过了一年、一年后). *kúo iě niên* 过一年. et sic de cett^is. (如此等等).
Pasajero, Peregrino (n.行路人，旅行者). *liù kě'* 旅客.|. *liù jiñ* 旅人.|. *hiñg liù* 行旅.
Pasajero, caminante (n.过路人，步行者). *hiñg lú tiě* 行路的.|. *çhèu lú tiě* 走路的.|. *kuó lú tiě* 过路的.|. *hiñg jiñ* 行人.
Pasaje (n.通道、可通过处). *tú têu'* 渡头.|. *tú kèu'* 渡口. – el barco de pasaje (摆渡船). *tú chuê'n* 渡船.
Pasar, vt sic (vi./vt.通过、穿过、经过等). *kuó* 过.|. *kiñg kuó vuàng* 经过往.
Pasar à nado (vp.游泳通过、游过去). *fêu kuó xùy* 浮过水.|. *çhiêu' kuó xùy* 泅过水.|. *iêu xùy* 游水.
Pasar el Rio (vp.通过河流). *kuó hô* 过河.|. *kuó kȳ'* 过溪. – pasar el mar (越海、渡洋). *kuó hày* 过海. ett^a. (等等).
Puede pasar, en saber (vp.通得过、说得通，指领会或理解). *iê tuñ'g* 也通.
Pasar el tiempo, o la vida (vp.度过时日，度过一生). *kúo jě çhù* 过日子.|. *tú seńg* 度生.|. *tú jě* 度日.|. *tú xý* 度世. – puede pasar (过得去、还凑合). *iè iuńg tě* 也用得.|. *iè kò'* 也可.

---

① 前六字为espiritu Santo（圣灵）的译音，柯本悉缺，只录注音。

Pasar el verano (vp.度过夏天). *kuó hía* 过夏.|. *kuó xù* 过暑. ett*. (等等).

Pasados siglos (vp.过去的世代). *vuáng xý* 往世.|. *xańg kù* 上古.

Pasar muchos trabajos (vp.经受了许多艰难困苦). *liě kuó tō nán* 历过多难.|. *máo tō kù'* 冒多苦.

Pasarse à la otra parte (vp.去往另一边). *kuó ná piēn* 过那边.

Pasar adelante (vp.去往前面). *kuó ki'ú* 过去.|. *hiańg çhiên' ki'ú* 向前去.

Pasar velozmente, vt el Aue bolando (vp.迅速经过，如鸟儿飞过). *ku'áy kúo* 快过. – no pasa de un año (过去不到一年). *pǒ kúo iě niên* 不过一年.|. *pǒ chǔ' iě niên* 不出一年. ett*. (等等).

Pasar ociosamente (vp.懒懒散散度日). *hiên kúo jě çhǔ* 闲过日子.|. *tû' siāo kuāng iñ* 徒消光阴.

Pasar por la imaginacion (vp.想到某事、念头闪过). *ièu siàng têu'* 有想头.|. *ièu siàng ký* 有想记. – no me pasa por la ymaginacion (我没想到、无法想象). *gò mǒ ièu siàng têu'* 我没有想头. ett*. (等等).

Pasar de raia (vp.逾越界线). *ta'ý kúo* 太过.|. *kúo fuén* 过分.|. *kúo chiě* 过节.|. *vû chiě chý* 无节制. excesso (即多余、没必要).

Pasar el tiempo (vp.打发时间). *kuó xý* 过时.|. *siāo xý jě* 消时日.|. *siāo suý iuě* 消岁月.

Pasarse la ocasion (vp.机会溜走、错过时机). *xě kȳ hoéy* 失机会.

Pasar un paso, dar un paso mas (vp.跨出一步，再迈一步). *çháy hiñg iě pú* 再行一步.|. *çháy çhèu iě kiǒ* 再走一脚.

Pasadiso (n.过街通道). *tuñ'g kiāy leû* 通街楼.|. *mǒ kiâo'* 木桥.

Pasajero que pasa la barca (np.坐摆渡船的乘客). *kúo chuê'n jiñ* 过船人.|. *kúo tú jiñ* 过渡人.

Pasa demas (vp.不止于此、还有更多). *tō* 多.|. *liñg* 另.|. *vuáy* 外.|. *liñg vuáy* 另外.① idest demas sobra (意即除此之外还有).

Pasar, exceder (vt.超过，超越). *chāo'* 超.|. *chāo' kúo* 超过.

Pasar tiempo (vp.消磨时间), entretenerse (vr.娱乐). *hỳ xoà* 喜耍.|. *kāy' siñ* 开心.

Pasar à vado el Rio (vp.从浅滩过河). *leâo xùy kúo ki'ú* 撩水过去.②

Pasar de vna mano à otra (vp.从一只手转到另一只手、从一人之手转入另

---

① *liñg*，两例都不合常规读音。

② 谓撩起下裳蹚水过河。*leâo*，柯本缺字，猜其可能为闽方言借词。

一人). *kúo xèu* 过手.|. *chuèn xèu* 转手.

Pasar à otra juridicion (vp.通过并进入另一辖区). *kúo kuān* 过关.

Pasar por el agujero (vp.穿过针孔), ensartar (vt.刺穿、穿成串). *chuēn' kúo* 穿过.|. *chuēn'* 穿.

Pasar años y mas años (vp.经过许多年、年复一年). *liě nîen* 历年.|. *kúo tō nîen* 过多年.

Pasar taladrando, o barrenando (vp.钻孔透过，打眼穿过). *te'ú kúo* 透过.

Pasarse por alto, no preuenir lo (vp.看惯、熟视无睹，不能预见其变). *pǒ kiǒ tě* 不觉得.

（p.167）

Pasar el plaço, o, termino (vp.超过时间或期限). *kúo xý ký'* 过时期.|. *chý' hièn* 迟限.

Pasar de esta vida ala otra (vp.由此生去往来生、由今世转向来世). *kúo xý* 过世.

Pasar à mayor dignidad (vp.转赴更高的职位、升迁). *pú tá goéy* 步大位①.

Pasamanos (n.绦带、饰边). *sién piēn* 线边. – de oro (金质的). *kiñ sién piēn* 金线边.

Pasar muestra los soldados (vp.清点士兵). *tièn piñg* 点兵.|. *tièn mào* 点卯②.

Pasatiempo (n.消遣、娱乐). *chiù' lǒ* 取乐.

Pasada, vt de maduro, cosa assi dañada (a.过了期的、已不新鲜的，易腐坏的东西，如熟透的果蔬). *hoáy leào* 坏了.|. *pǒ hào leào* 不好了.|. *sùn hoáy leào* 损坏了.

Pasar de memoria, vt la licion (vp.记诵，如默念祈祷经文). *ký nién* 记念.|. *nién kúo* 念过.

Pasaporte (n.通行证、护照). *cháo xīn* 照身.

Pasado (a.过去的 n.过去), preterito (n.语法上的过去时). *ỳ kuó* 已过.|. *kuó leào* 过了.

Pasearse (vr.漫步、逛荡). *hiñg lây, hiñg ki'ú* 行来行去.|. *chèu lây, chèu ki'ú* 走来走去.|. *sań kiǒ* 散脚.|. *kiù chǒ* 举足.

Pasearse por las calles (vp.街头闲逛). *xańg kiāy hiên hiñg* 上街闲行.|. *hîen*

---

① *pú*，柯本写为"布"。

② 柯本作"点帽"，并将上声 *mào* 改为去声 *máo*。

hîng iū kiāy xý 闲行于街市.

Pasearse (vr.散步), irse apasear (vp.随便走走). *hińg iě hińg* 行一行.|. *çhèu iě çhèu* 走一走.|. *iêu hińg* 游行.|. e o.ª (也可反过来说：*hińg iêu* 行游) .|. *hiên iêu* 闲游.

Paseo (n.闲逛、走动). *hińg tuńg* 行动.|. *çhèu tuńg* 走动. – lugar en donde se pasea (散步的地方). *çhèu tuńg tiě sò* 走动的所.|. *hińg tuńg tiě ch'ú* 行动的处.

Passion, o pena (n.苦难，痛楚). *kù'* 苦.|. *kù' nán* 苦难.|. *nán* 难. – recebir la (遭受苦难). *xéu kù'* 受苦.|. *xéu nán* 受难.

Passion del alma (np.灵魂之苦、精神之痛). *çhińg'* 情. los chinas ponen 7. llaman las (中国人把情分为七类，称之为). *chi'ě çhińg'* 七情. – hize lo sin passion (我做这件事并不夹带私人感情). *gò chó vû çụ chîn'g* 我做无私情.|. *vû çụ ý* 无私意.

Pasito (n.小步子、缓步 ad.缓慢、轻轻地). *çhú sý* 仔细.|. *siē mán* 些慢.|. *mán mán* 慢慢.|. *kiñg' siē* 轻些.

Paso (n.步子、步伐). *pú* 步. – lleualo de paso (顺便捎上). *xuń taý* 顺带. – de paso lo vio (顺便看看). *fêu ka'ń* 浮看.|. *kiñg' kiñg' ka'ń* 轻轻看.

Paso à paso (np.一步接一步、逐步). *iě pú iě pú* 一步一步.|. *suý pú* 逐步①.

Paso graue (np.严肃、庄重的步子). *chě chiń* 直进.|. *chě pú úl jě* 直步而入.②|. *mán mán chèu* 慢慢走.|. *kāo pú* 高步.

Pasos largos (np.大步子). *tá pú* 大步. – no puede dar un paso (无法挪动哪怕一步). *ch'ún pú, iè pǒ neńg tuńg* 寸步也不能动. – quedese v. m. no pase adelante (请您停步，别再往前走). *liêu pú* 留步.|. *chìn'g liêu pú* 请留步.

Paso para alguna parte (np.通向某处的路径). *muên lú* 门路.

Paso peligroso (np.险峻的山口或隧道). *hièn ch'ú* 险处.|. *lú goêy hièn* 路危险.|. *hièn iáy* 险隘.|. *iáy kèu'* 隘口.|. *kiáy kèu'* 界口.③

Pastilla de olor (np.带香味的止咳药片). *hiańg pìng* 香饼④.|. *hǒ hiańg pìng* 合

---

① "逐"误读为"遂"音，类似之例见 Cada（p.39）条下的"逐年"。

② *chě*，两例柯本都写为"秩"。"秩"在本词典上同音于"自"，拼为 *chú*，见 Seguirse por orden（p.198）。

③ *iáy*，两例柯本都写为"崖"。可比较 Estrecho peligroso（p.95），同一字音写为"隘"。又 *kiáy*，柯本缺字。

④ 含香料的饼状或片状药物，具有驱虫、止咳等功效。

香饼①.

Pastel (n.馅饼). *jǒ mién pāo* 肉面包.|. *jǒ pāo* 肉包.|. *jǒ piṅg* 肉饼.②

Pasto de animales (np.供牲畜食用的草料、牧草). *çhū' çhào'* 刍草.|. *iaṅg xéu tiě çhào'* 养兽的草.

Pasto comun, tierra de pastos (np.公共牧场，牧地). *chào' chaň'g* 草场.|. *chào' tý* 草地.|. *mǒ niêu, mà chȳ sò* 牧牛马之所.|. *mǒ xéu tý* 牧兽地.

Pastor (n.牧人，尤指牧羊人). *mǒ tuń'g* 牧童.|. *mǒ fū* 牧夫.|. *mǒ jiń* 牧人.|. *mǒ chè* 牧者.|. *ka'ń iaṅg chè* 看羊者.

Pastor, vt obispo, o Mandarin (n.牧师、牧守，如主教或官员). *mîn mǒ* 民牧.|. *mǒ niên chè* 牧民者③.|. *jiń mǒ chè* 人牧者.

Pata de bestia (np.兽类的蹄或爪). *tý'* 蹄.|. *kiǒ tý'* 脚蹄. – de caballo (马儿的蹄子). *mà tý'* 马蹄.

Patada, huella (n.脚印，足迹). *kiǒ çhiě* 脚迹.|. *kiǒ iń* 脚印.

Patear la bestia escarbando la tierra (vp.兽类用蹄子或脚爪踩踏、刨挖). *kiǒ tý' pâ' tù'* 脚蹄扒土.

Patear de enojo (vp.气得跺脚). *iǒ kiǒ* 跃脚④.|. *tuń hiây tỳ* 顿鞋底.

Patena del caliz, dezimos (np.盛放圣餐的盘子，我们这么说). *xiń puôn'* 圣盘.|. *xiń çhiǒ puôn'* 圣爵盘.⑤

Patente, claro (a.明显的，清楚的). *mîng pě* 明白. [参见：claro (清楚的).]

Patente Real del officio que tiene el Mandarin (np.官员持有的皇家委任状). *miń* 命.|. *ch'ě* 敕.|. *ch'ě xū* 敕书.

Patente del officio de Bonzo (np.和尚所持的证书). *tú tiě* 度牒.

Patente, o, orden Real (n.委任状，或皇家敕令). *mîng cháo* 明诏⑥.|. *cháo lú* 诏录⑦.|. *cháo xū* 诏书.|. *huń'g cháo* 宏诏.|. *ch'ě iú* 敕谕.|. *kaó cháo* 诰诏.|. *kaó miń* 诰命.|. *xiń chỳ* 圣旨.|. *chý cháo* 制诏⑧.|. *xiń iú* 圣谕.

Patente comun (np.普通的证书). *piń' vuên* 凭文.|. *chě cháo* 执照.|. *hû niên*

---

① *hǒ*，柯本缺字。
② 后二词柯本未录。
③ *niên* 为 *mîn* 之误，柯本订正为后者。
④ *iǒ*，柯本转录为 *tǒ*，字作"跺"。
⑤ *puôn'*，柯本转录为 *puên'*，字作"盆"。
⑥ 谓英明的诏命。*mîng*，阳平，柯本改为去声 *mìng*，字作"命"。
⑦ 谓诏告录用，柯本缺前一字。
⑧ 柯本作"致诏"。

符验①.|. *pây'* 牌.

Patentes o bulas que dan los Bonzos para la otra vida (np.和尚们颁给的来世通行证). *çù jîn lú iǹ* 死人路引.|. *hû lǒ* 符箓.|. *hû tiě* 符牒.

Patente de Mandarin de guerra (np.武官的委任状). *chǎ' hû* 札符.|. *hû çhiě* 符节. – de soldado (士兵所持的). *piñg hû* 兵符.

Patente para ser conocido en los caminos (np.旅行用的身份证明). *hû xīn pây'* 护身牌.|. *kuān vuên* 关文.|. *hû kiuén* 符券.

Patio (n.庭院、院落). *tiēn' çhiǹg* 天井.|. *miǹg tañ'g* 明堂.|. *iuén çhǔ* 院子.

Pauilo de candela (np.烛心、烛捻). *chǒ siñ* 烛芯.

Pato (n.鸭、公鸭). *iǎ çhǔ* 鸭子.|. *iǎ hiûng* 鸭雄. – la embra (母鸭). *iǎ mù* 鸭母②.

Pato bolador (np.会飞的鸭子). *xùy iǎ* 水鸭. – Ganso (鹅). *gô* 鹅.

Patrañas de viejas (np.老妇人的瞎胡诌). *hû hoá* 胡话.|. *luón xuě* 乱说.|. *hû tû' xuě* 糊涂说.|. *hû xuě* 胡说.|. *tiēn hoá* 癫话.

Patriarcha, llamaremos (n.总教主，我们会这样称呼). *taý kiáo hoâng kuòn iě kuě xiǹg kiáo çú lỳ tiě* 代教皇管一国圣教事理的.

Patria (n.故土、家乡). *puèn hiang* 本乡.|. *puèn tý* 本地.|. *puèn ch'ǔ* 本处.|. *kiā hiang* 家乡.|. *hiang lỳ* 乡里.

Patricio, paysano (n.同胞，同乡). *hiang çhīn'* 乡亲.|. *tuñ'g hiang jiñ* 同乡人.|. *hiang tang* 乡党③.|. *gò hiang lỳ tiě jiñ* 我乡里的人.|. *hiang tang jiñ* 乡党人.

Patria (n.家乡), mi humilde Patria (np.我鄙陋的家乡，谦称). *pý hiang* 敝乡. – la Patria de v. m. (您的家乡). *kuéy hiang* 贵乡.|. *kuéy ch'ǔ* 贵处.

Patrimonio (n.祖业、资产). *kiā châyʼ* 家财.|. *kiā niě* 家业.|. *kiā çhàn'* 家产.|. *kiā çhǔ* 家资.|. *çhǔ niě* 资业.|. *goêy niě* 遗业④.

Patron, defensor (n.东家、主人，担保人、庇护者). *chù pào* 主保.|. *pào chù* 保主.

Pauellon (n.帐子、帐篷). *vuên chang* 蚊帐.|. *chang çhǔ* 帐子.|. *muón chang* 慢帐.

---

① 柯本注："符"发为 *hû*，显系闽方音侵入之迹，以下诸例也如是。
② *mù*，柯本转录为 *niù*，其词作"鸭女"。
③ 行间添有字音 *jiñ*，即"乡党人"。
④ 参见 Heredar（继承），p.111。

（p.168）

Pauo Real (n.孔雀). *kuǹ'g çhiǒ* 孔雀.

Pauor (n.恐惧). *kiñg p'á* 惊怕. [参见：miedo, temor (害怕，担忧).]

Pausa en leer, o hablar, ett^a. (np.停顿，如朗读、说话时等). *çhûn'g iûng* 从容.

Pauta, o Regla (n.方格线、格尺、尺子、规矩). *kiáy fañg* 界方①.|. *kě çhǔ* 格子.|. *kièn pàn* 笺板②.|. *chě kě çhǔ* 直格子③.

Pauta para reglar (np.画格子用的模板或尺子). *kě xě* 格式. – los quadros de cada renglon, si son quadrados (每一行的四方格，如果是标准的四方形，就叫). *kě ièn* 格眼.

Paxaros (n.鸟、禽类). *niào* 鸟.|. *kîn' niào* 禽鸟.|. *kūn'g chūng tiě niào* 空中的鸟. Aues del cielo (天空中的鸟儿、飞禽).

Paxaros bouos (np.一种水鸟). *lú çhǔ'* 鸬鹚④. – nocturnos (夜行鸟). *ié niào* 夜鸟.

Paxaros del huesped (np.客来鸟、喜鹊). *kě' niào* 客鸟⑤.|. *chiń niào* 进鸟⑥. llaman le assi: porque creen que quando cantan es señal que vienen huespedes (这样称呼喜鹊是因为人们相信：当它鸣叫时，预示客人就会上门).

Paxaril, viento al paxaril (n.帆角绳，由帆角即侧面吹来的风). *çhě fuñg* 侧风.|. *pañ'g fuñg* 旁风.

Paz, quietud (n.和平，安静). *ta'ý piñ'g* 太平.|. *piñ'g gān* 平安.|. *nîng çhińg* 宁静.|. *hô pîn'g* 和平.|. *gān niñg* 安宁.|. *piń'g çhiǹg* 平静.|. *pîn'g siě* 平息.

Paz (n.和平), tener la con otro (vp.与人保持和平). *hô mǒ* 和睦.|. *hô hǒ* 和合.|. *hô hào* 和好.|. *hǒ hào* 合好⑦.

Payo (n.雨伞). *iù sàn* 雨伞. [参见：quitasol (遮阳伞).]

---

① 柯本作"楷方"。
② 即信笺的模板，柯本作"简板"。
③ 直格，相对横格而言。
④ 柯本作"鹭鸶"，见 Bouo paxaro conque pescan（p.35）。
⑤ 柯本注：福建话里称喜鹊为"客鸟"。
⑥ 当为动词，谓喜鸟登门，必有佳事。
⑦ 此词柯本未录。

Pe.

Peal, soleta, o plantilla (n.短袜，或袜子的衬底). uǎ tỷ 袜底.

Pecas del rostro (np.脸上的斑点). mién pān 面斑.

Pecado, vt sic (n.罪、过错、罪孽等). çhúy 罪.|. çhúy kuó 罪过.|. çhúy kiēn' 罪愆.|. çhúy ǒ 罪恶. – original (原初之罪). iuên çhúy 原罪.|. iuên çhù tiě çhúy 原祖的罪.

Pecado mortal (np.死罪). tá çhúy 大罪.|. chuńg çhúy 重罪.|. çù çhúy 死罪. – venial (轻微可恕的). siào çhúy 小罪.|. kiňg' çhúy 轻罪. – nefando (人所不齿、令人恶心的). nân sě 男色.|. nân fuňg 男风.

Pecados muchos (np.大量罪行). çhúy ǒ mỷ tiēn' 罪恶弥天.|. çhúy ǒ chuṅg çhiě 罪恶充积.|. çhúy chě jû xān 罪责如山①. – un pecado (一桩罪行、一宗罪). iě kién çhúy 一件罪.|. iě tiâo' çhúy 一条罪.

Pecar (vi.犯罪、出错). fań çhúy 犯罪.|. tě çhúy 得罪.|. hoě çhúy 获罪. – voluntariè (存心、有意). kú ý fań çhúy 故意犯罪.|. ièu siń fań 有心犯.|. tě ý fań 得意犯.|. mîng chỷ ûl fań 明知而犯.

Pecar por ignorancia (vp.因无知而犯罪). pǒ chỷ ûl gú fań 不知而误犯.|. chǔ' iụ vû siń chỷ fań 出于无心之犯.|. gú fań 误犯.

Pecar con muger (vp.犯女色罪). hiṅg niù sě 行女色.|. çhó niù sě 做女色.|. iụ niù jiń hiṅg siê iń 与女人行邪淫.

Pecar con animales (vp.犯兽奸罪). iụ kiń' xéu hîng sě 与禽兽行色.

Pecar con varon (vp.犯男色罪). hiṅg nân sě 行男色.|. siụēn nân fuṅg sě 宣男风色②.|. çhó nân sě 做男色. – con bichos (与男童行淫). uôn tûn'g 玩童③.|. iń tûn'g 淫童.|. siào cha'ńg 小娼④.

Peces (n.鱼). iụ̌ 鱼. [参见：pescado (鱼、食用鱼).]

Peçon del pecho (np.乳头). jù têu' 乳头.|. này têu' 奶头. – de la fruta (指果实). kùo tý 果蒂. – de las flores (指花朵). hōa tý 花蒂.

Pechos (n.胸脯), darse, o herirse en ellos (vp.拍打胸脯). fù hiūng 抚胸.|. chû'y hiūng 捶胸.|. fù siń 抚心.

---

① chě，柯本缺字。唯"责"字他处多拼为 çhě。
② siụēn，柯本缺字。"宣"，宣泄、发泄。
③ 柯本作"顽童"。
④ 男妓的别称，柯本缺字。

Pechos, o tributos (n.捐税，或纳贡). *hiańg* 饷.

Pecho (n.胸、胸膛). *hiūng* 胸.|. *hiūng chuńg* 胸中.|. *hiūng fù* 胸腑. – tabla del pecho (胸膛、胸骨). *hiūng kǒ* 胸骨.|. *hiūng kě* 胸膈.

Pecho, moraliter (n.胸，引申义). *hiūng hoây* 胸怀.|. *hiūng ý* 胸臆[①].|. *hiūng chuńg* 胸中.|. *fǎ ińg* 发膺[②].

Pecho (n.护胸), o peto de armas (np.护胸甲). *hiūng kiǎ* 胸甲.|. *tiě' hiūng kiě* 铁胸节.

Pechuga de gallina, o capon (np.母鸡或阉鸡的胸脯肉). *kȳ hiūng jǒ* 鸡胸肉.|. *kȳ hiūng p'û jǒ* 鸡胸脯肉.

Pechos de la muger, o hembra en los animales (np.女人的乳房，或雌性动物的胸部). *này* 奶.|. *jù* 乳.

Pedaços, fustros[③] (n.块、段、截、碎块、碎屑). *ku'áy* 块.|. *pi'én* 片.|. *tiâo'* 条. – un pedaço de tabla (一块木板). *iě ku'áy pàn* 一块板. – pequeños (碎小的). *súy* 碎.

Pedernal (n.燧石). *hò xě* 火石.

Pedestal de coluna (np.柱子的底座、柱墩). *chú sang* 柱磉.|. *chú çhó* 柱座.|. *xě sang* 石磉.

Pedrada (n.抛掷石头、遭石头击打). *xě têu' chūy' tā'* 石头捶他.

Pedir (vt.请求、要求). *kiêu'* 求.|. *kỳ* 祈.|. *kỳ kiêu'* 祈求.|. *kiêu' ki'ě* 求乞.

Pedir, vt deuda, ett[a]. (vt.索要，如债款等). *tào'* 讨.|. *çhiù' cháy* 取债.

Pedir orando (vp.祷告并祈求). *kỳ' tào* 祈祷.|. *tào chǒ* 祷祝.|. *tào kaó* 祷告.|. *chǒ káo* 祝告.

Pedir con instancia, y esperança (vp.满怀希望地殷切请求). *kỳ' vuáng* 祈望.|. *kèn' kiêu'* 恳求.|. *çhiě' kiêu'* 切求.|. *fó k'iě* 伏乞.|. *kèn' ki'ě* 恳乞.

Pedir limosna (vp.乞求施舍). *kiêu' xè xȳ* 求舍施. – la comida, ut los mendigos (讨要食物，如乞丐所为). *ki'ě xě* 乞食.|. *kiêu' fán* 求饭.

Pedir con ruegos (vp.恳请、苦求). *kèn' kiêu'* 恳求.|. *gāy káo* 哀告.|. *gāy kiêu'* 哀求.

Pedir lluuia (vp.祈求降雨). *kỳ' iù* 祈雨.|. *kiêu' iù* 求雨.

---

① 柯本写为"胸意"。

② 谓发自胸中，出自内心。

③ 似为拉丁语词 frustrum（碎块、碎片、碎屑）的讹写。

Pedir encarecidamente (vp.反复殷切地请求). *çhiě' kiêu'* 切求.|. *chuēn siñ kiêu'* 专心求.

Pedir prestado (vp.请求借给). *kiêu' çhíe* 求借.|. *vuén çhié* 问借.

Pedir poniendo à otro por intercesor (vp.求人说情、请人调解). *iañg kiêu'* 央求.|. *iañg tǒ'* 央托.

Pedir por otros (vp.为别人请求), interceder (vi.求情、调解). *xuě jiñ çhîn'g* 说人情.|. *xuě fuēn xańg* 说分上.|. *kiaǹg jîn çhiñ'g* 讲人情. con hombres (指跟人打交道).

Pedir licencia (vp.请求允许). *pìn mińg* 禀命.|. *pìn vuén* 禀问.|. *káo pìn* 告禀.

Pedir aiuda, y fauor (vp.求援，求助). *kiêu' kiéu* 求救. – a Dios (向上帝). *kiêu' iéu* 求佑.

Pedir que haga algo con el (vp.恳求、苦苦请求). *iañg moèi* 央浼.①

(p.169)

Pedir limosna los Bonzos (vp.和尚请求施舍). *k'iě hoá* 乞化.|. *hoá çhiên'* 化钱.|. *hoá chāy* 化斋. [*hoá iuēn* 化缘. para escritura (书面语词).]

Pedir consejo, con cortesia (vp.征求意见，客套的说法). *çhiǹ'g kiáo* 请教.

Pedir mercedes (vp.请求给予赏赐). *çhiǹ'g kuñg* 请功.|. *kiêu' gēn* 求恩.

Pedir perdon (vp.请求原谅、宽恕). *kiêu' xé* 求赦. – de la pena (请求免予处罚). *kiêu' mièn* 求免. – pido perdon a v. m. (请您饶恕我). *çhiǹ'g çhúy* 请罪.

Pedir que perdone à otro. [es palabra cortes.] (vp.请求宽恕某人[这是有礼貌的说法]). *kién xú* 见恕.|. *kién xé* 见赦. – atreuo me à pedir à v. m. (我斗胆向您请求). *kàn çhiǹ'g* 敢请. – pedir perdon (请求宽谅). *kiêu' jaô* 求饶.

Pedir al Rey por memorial (vp.向君王呈本请求). *çhéu çhiǹ'g* 奏请.

Pedir socorro de soldados (vp.请求派兵增援). *kiêu' kiéu piñg* 求救兵.

Pedir albricias (vp.讨要贺喜钱). *páo hỳ* 报喜. idest dar las buenas nuebas (即报知好消息).

Pedir que añada mas, quando se conpra algo (vp.在买东西时要求加量). *tào' tiēn'* 讨添.

Pedir despues de hauer vendido casa, o sementera que se añada algo mas (vp.在卖出房子或田地后要求补贴). *tào' tiě'* 讨贴.

---

① 此条为另手补写，柯本拟为"央媒"。"央浼"一词如今罕用，但在明清小说中很常见。

Pedir por justicia (vp.有理由请求、诉求有法理可据). *ŷ kieu'* 宜求.|. *tañg kieu'* 当求.|. *kāy kieu'* 该求.|. *ȳ ý kieu'* 依议求.

Pedigueño (n.爱讨要的人、好求告者). *tō kieu' tiě jiñ* 多求的人.|. *mô nán jiñ tiě* 磨难人的.

Pedregal (n.多石之地). *xě têu' liñ* 石头林.|. *chǔ' xě xān* 出石山.|. *xě xān* 石山.|. *chañ'g xě xān* 长石山①. idest, cantera de donde sacan piedras (即采石场，觅取石材的地方).

Pedrera (n.采石场), monton de muchas piedras juntas (np.大量石头堆积之地、乱石岗). *luón xě xān* 乱石山.|. *xě xān* 石山.|. *çhiě xě xān* 积石山.

Pedregoso (a.遍布石头的), donde ay muchas pedreçuelas (adp.碎石满地). *tō xě ch'ú* 多石处.|. *chuńg xě choáng* 众石状.

Pedrero, el que labra piedras (n.石匠，加工石材的匠人). *xě çhiang* 石匠.|. *xě kuñg* 石工.

Pedreçuelas (n.小块的石头、碎石子). *siào xě* 小石.

Pegajosa enfermedad (np.传染性的疾病). *ý kúo tiě piń* 易过的病.|. *ý chuê'n tiě piń* 易传的病.|. *ỳ jèn tiě piń* 已染的病②.

Pegar con cola, o, engrudo (vp.用胶水或糨糊粘贴). *chēn* 粘.|. *kiāo chú* 胶住.|. *nieñ chú* 粘住. – no pega (粘不上). *chēn pǒ chú* 粘不住.

Pegadiso (a.黏性的), cosa que se pega (np.粘得住的东西). *ý chēn tiě* 易粘的.|. *ý siañg chēn* 易相粘.

Pegados, juntos (a.粘住的，连接起来的). *siañg lień* 相连.|. *siañg çhiě* 相接.|. *siañg ka'ó* 相靠.|. *siañg ỳ* 相倚.|. *siañg sǒ* 相续③.|. *siañg fú* 相附.|. *siañg mô* 相摩. a todos se añade el *tiě* (所有这些词的后面都可以带"的").

Pegar vna cosa con otra (vp.把一物与另一物胶合起来). *çhiě ky' lay* 接起来.|. *çhiě sǒ* 接索. vt soga (如绳索).

Pegose (a.已粘牢的). *chēn chǒ leào* 粘着了.|. *nieñ chú leào* 粘住了.|. *gān chǒ* 安着.

Pegar fuego (vp.点燃、点着火). *ky' hǒ* 起火. – quemando alguna casa, ett^a. (放火烧房子之类). *xāo fañg çhǔ* 烧房子. ett^a. (等等).

---

① *chañ'g*，柯本缺字。盖将生长之"长"（*chang*）误读为长短之"长"。《山海经·中次六经》言及"长石之山"，虽不生草木，然而出产金玉。

② *ỳ*，柯本所录仍为 *ý*，字作"易"。

③ 柯本作"相束"。

Peguxal (n.养家的少量田地和资产). *puèn fuén chȳ çhây'* 本分之财.|. *kiā niè* 家业.

Pelar (vt.拔去禽鸟的羽毛). *tŏ' mâo* 脱毛.|. *ki'ú mâo* 去毛.|. *pă mâo* 拔毛.

Pelar con agua caliente (vp.用开水烫后退毛). *tañ'g* 烫. – la gallina (母鸡、鸡). *tañ'g kȳ* 烫鸡. ett^a. (等等).

Pelar le las barbas (vp.拔某人的胡须). *çhày' kỷ' siū* 采其须.|. *pă kỷ' siū* 拔其须.

Pelado, lanpiño (a.没有毛发的，没胡须的). *vû siū tiĕ* 无须的.

Pelarse (vr.蜕毛、换新羽). *mâo lŏ* 毛落.|. *hoán mâo* 换毛.|. *mâo tŏ'* 毛脱.|. *tŏ' mâo* 脱毛.

Pelea (n.冲突、打斗). *çheñg* 争. – altercar sobre algo (为某物而争斗). *siañg çheñg* 相争.

Pelear, guerrear (vi.打斗，打仗). *tà chańg* 打仗.|. *siāng xǎ* 相杀.|. *siāng chén* 相战. [参见：guerrear, y guerra (打仗、战事).]

Peligro (n.危险、险境). *goêy hièn* 危险.|. *hièn ch'ú* 险处.|. *hièn nán* 险难.|. *goêy tà* 危殆①.

Peligro que insta (np.近在眼前的危险). *liñ nań* 临难.|. *goêy kiĕ* 危急. – de muerte (濒死之险). *hièn çù* 险死.|. *liñ çù* 临死.|. *hoéy çù* 会死.

Peligroso (a.危险的、有风险的). *pŏ gān vuèn tiĕ* 不安稳的.|. *pŏ tiñg' tańg tiĕ* 不停当的. – el que esta en major puesto, tiene maior peligro (位置越高，风险越大). *tiĕ tĕ kāo, tiĕ tĕ chuńg* 叠得高、跌得重.|. *iuĕ kāo, iuĕ hièn* 越高、越险.

Peligrar (vi.面临危险、情况危急). *kiñg' goêy* 倾危.|. *cháy goêy kiĕ chȳ chuñg* 在危急之中. – Ponerse en peligro (身入险境). *chú nǎ iǖ hièn* 自纳于险.

Peligro (n.险境), salir de un peligro, y dar en otro mayor (vp.从一处险境脱身，却又落入另一更大的险境). *kiǎ lỷ lańg ūo, ieú fuńg hù kèu'* 恰离狼窝、又逢虎口②.

Pelos (n.毛发、绒毛). *mâo* 毛. – suaues (柔软纤细的). *nuón mâo* 嫩毛.|. *sý mâo* 细毛.

Pelota de ballesta (np.弩射的弹丸). *tân' çhǔ* 弹子.|. *tân' iuên* 弹圆③. – tirar la

---

① *tà* 系 *tày*（殆）之误。柯本写为"歹"。

② 此句出自《三国演义》第三回。*kiǎ*, 脱送气符, 柯本写为"夹"。

③ 柯本写为"弹丸", 所指之物虽同, 而音实不一。又如下下条所录的"蹴圆", 犹蹴鞠, 不说"蹴丸"; 宋代蹴鞠艺人有社团齐云社, 别号"圆社", "圆"字也不写为"丸"。

(射出弹子). *faṅ tân'* 放弹.|. *faṅ tân' iuên* 放弹圆.

Pelota (n.球、球戏). *kiêu'* 球/毬.|. *hý kiêu'* 戏球. – jugar à la pelota, con ella (打球，玩球). *tà kiêu'* 打球.

Pelota de viento (np.充气的球). *kiǒ kiêu'* 鞠球.|. *k'ý kiêu'* 气球①. – jugar la (玩鞠球). *çhiēu' kiêu'* 蹴球②.|. *çhiēu' iuên* 蹴圆.|. *tǎ kiǒ* 踏鞠.|. *taṅg kiêu' iuên* 挡球圆③.

Pellejo (n.皮肤、毛皮). *pŷ'* 皮.|. *pŷ' fū* 皮肤. – criar lo (长出新皮肤). *seṅg pŷ'* 生皮.

Pellejo, o cuero curado (n.毛皮，np.经鞣制的兽皮). *xǒ pŷ'* 熟皮.

Pellejero, que cura pellejos (n.皮革匠，即鞣制兽皮者). *jêu kě kuṅg* 鞣革工. [参见：curtidor (鞣皮匠).]

Pelliza, zamarra (n.皮大衣、皮袄). *pŷ' gào* 皮袄.|. *pŷ' pa'ó çhǔ* 皮袍子.|. *pŷ' fǒ* 皮服. vestidos aforrados con pellejos (即衬有毛皮的衣服).

Pelliscar (vt.掐、捏、拧). *çhǒ' jîn jǒ* 戳人肉④.|. *kiǎ' jîn* 掐人.|. *niě jîn jǒ* 捏人肉.

Pena, castigo (n.处罚、惩罚). *çhúy fǎ* 罪罚.|. *hiṅg fǎ* 刑罚. [参见：castigo, castigar (刑罚、处刑).]

Pena pecuniaria (np.罚金、罚款). *çhúy xǒ* 罪赎.|. *fǎ xǒ* 罚赎.

Pena del talion (np.报复、以牙还牙的刑罚). *fàn çhó* 反坐⑤.

Pena de muerte (np.死刑). *çù çhúy* 死罪. – sentenciar lo à muerte (判其死刑). *vuén çù çhúy* 问死罪.

Pena, dolor (n.痛心、遗憾，痛苦、痛悔). *siṅ çhiāo* 心焦.|. *ièu kù'* 有苦.|. *çhêu' siṅ* 愁心.|. *siṅ çhêu' kù'* 心愁苦.|. *tu'ṅg hén* 痛恨.

Pena (n.艰难、辛劳), dar pena, o molestia à otro (vp.使人受苦，或折磨人). *nân goêy jiṅ* 难为人.|. *kūe'y tā'* 亏他.|. *nán jiṅ* 难人.|. *mô nán jiṅ* 磨难人.

Penar à alguno (vp.惩罚某人). *kiā hiṅg* 加刑.|. *fǎ tā'* 罚他. idest castigar le (即对其人施以刑罚).

Penar (vi.受折磨), recebir pena (vp.接受惩罚、被施刑). *xéu kù'* 受苦.|. *xéu

---

① 唐代仲无颇有《气毬赋》："气之为毬，合而成质。"
② "蹴"误读为"就"音。
③ *taṅg*，柯本缺字。"挡"，犹迎、拦、截，蹴鞠的基本动作之一。
④ *çhǒ'*，柯本写为"撮"。
⑤ 柯本作"反做"。

fǎ 受罚.|. *xéu hiñg* 受刑.

Penacho (n.头戴的羽饰、羽冠). *chý' kūe'y* 翅盔.

Peñasco (n.岩石、巨石). *xě têu'* 石头.|. *tá xě têu'* 大石头. – en el mar (海上的巨石). *hày çhiāo* 海礁.

Penca de cuero para açotar (np.抽打用的皮条). *pý' piēn* 皮鞭.

（p.170）

Pendiente, colgado (a.悬垂的，垂吊的). *hiụen chúy tiě* 悬坠的.|. *tiáo tiě* 吊的.

Pendon (n.旗、幡). *ký'* 旗.|. *liń ký'* 令旗. [参见：bandera, o, vandera (旗帜).]

Penetrar (vt.渗透、穿透). *tuñ'g* 通.|. *tuñ'g tǎ* 通达.|. *te'ú tuñ'g* 透通.|. e ªa. (也可反过来说：*tuñ'g te'ú* 通透).|. *mîng tuñ'g* 明通.|. *tuñ'g çhě* 通则①.|. *tuñ'g çhín* 通浸. vt açeyte (例如油). *te'ú çhín* 透浸.

Penetrar hasta los guesos (vp.渗透进骨头). *chě te'ú jě kǒ* 直透入骨②.

Penetrarse ad inuicem (vp.相互渗透). *siañ te'ú* 相透.|. *siañ jě* 相入.

Penetrar lo interior del otro (vp.看透某人的内心). *xě te'ú jiñ ý* 识透人意.|. *chȳ mîng tā' nuý ý* 知明他内意.

Penitencia, vt est virtus, castigandose (n.忏悔，作为一种品德，要求自奉苦行). *çhǔ fǎ* 自罚.|. *çhǔ chiñg* 自征.|. *çhǔ kù'* 自苦.|. *çhǔ çhě* 自责.|. *kù' siēu* 苦修.

Penitencia que da el confessor (np.忏悔牧师施予的惩罚). *chúy fǎ* 罪罚.|. *fǎ çhúy* 罚罪.|. *xý fǎ* 示罚③. – Recebir la (领受惩罚). *lìng fǎ* 领罚.|. *lìng çhúy fǎ* 领罪罚.

Penitencia (n.惩罚), pedir la (vp.请求或要求施以惩罚). *chiǹ'g çhúy fǎ* 请罪罚④. – dar la (给予惩罚). *çhě çhúy* 责罪.|. *kiā çhúy fǎ* 加罪罚. – hazer la (实施惩罚). *chó çhúy fǎ* 做罪罚.

Pensar (vi./vt.想、思索、考虑、认为). *siàng* 想.|. *çū* 思.|. *çū siàng* 思想.|. *nién siàng* 念想 念相⑤.|. *fǎ nién* 发念.

---

① 柯本作"通测"。

② *chě*，柯本转录为 *chě'*，字作"彻"。

③ 谓予以惩罚，以示警戒。*xý*，柯本缺字。

④ *chiǹ'g*，柯本订正为 *chìng'* "请"。

⑤ "念想"，犹想念；"念相"，方言词，指纪念物。

Pensamiento (n.思想、想法). *nién têu'* 念头.|. *siàng têu'* 想头.

Pensamiento ocioso (np.遐思、随想). *hiên siàng* 闲想. – malo (坏想法). *vuańg nién* 妄念.|. *vuańg siàng* 妄想.|. *vuańg çū̆* 妄思.

Pensatiuo (a.专心思考的). *xīn çū̆* 深思.|. *kù' siàng tiě jiñ* 苦想的人.|. *çhîn' çū̆ tiě jiñ* 沉思的人①. – al primero sele añade tambien el *tiě jiñ* (第一个词的后面也可以加"的人").

Pensar lo y no acordarse (vp.想来想去想不出究竟). *siàng pŏ lây* 想不来.|. *siàng pŏ chŭ'* 想不出.

Pensar lo vna, y muchas vezes (vp.想念一个人，反反复复思念). *sān fān gù fŏ̆ siàng tā'* 三番五复想他.

Peñas, o peñascos (n.岩石，巨石). *xě iên* 石岩.|. *xě nîen* 石岩.②

Peor (a./ad.更坏、更糟). *keńg pŏ hào* 更不好.|. *iuě, iuě pŏ hào* 越越不好.

Peon (n.步行者), hombre de apie (np.走路的人). *pú hińg tiě* 步行的.

Peon, jornalero (n.短工、雇工，日工). *siào kuńg* 小工.|. *iuńg kuńg* 佣工.

Pepino (n.黄瓜). *hoâng kūa* 黄瓜.

Pepita (n.籽、仁、核). *jiñ* 仁. la medula de ella (指里面的芯子). – con la cascara (带壳或皮的). *chŭ̀* 籽/子. – de la sandia (西瓜的籽儿). *kūa chŭ̀* 瓜子. – guesos de frutas (水果的核儿). *hŏ chŭ̀* 核子.

Pequeño (a.小、细小的). *siào tiě* 小的.|. *vûy siào tiě* 微小的. – muy menudo, o fino (极细碎，或纤微的). *sý vûy* 细微.

Pequeño de cuerpo (ap.身材短小). *iày iày tiě* 矮矮的.

Pequeño (a.卑微的、低贱的), hombre vil (np.贱人、小人). *siào kò' tiě jiñ* 小可的人.

Peras (n.梨). *lý chŭ̀* 梨子.

Peral (n.梨树). *lý xú* 梨树.|. *lý mŏ* 梨木.

Perada conserua (np.制成蜜饯的梨子). *lý kāo* 梨膏.

Percebir (vt.觉察、领悟). *seńg kién* 省见. [参见：advertir (留意).]

Perder (vt.丢失、失去). *xě lŏ* 失落.|. *vuâng xě* 亡失.|. *goêy xě* 遗失.|. *goêy lŏ* 遗落.③|. *tiāo leào* 掉了.|. *xě ki'ú* 失去.

Perder las esperanças (vp.失去希望). *xě vuańg* 失望.|. *vû vuańg* 无望.|. *çhiuě*

---

① *çhîn'*, 柯本写为"寻"。

② *iên* 和 *nîen* 系同一字的不同读法。

③ "遗"读作 *goêy*，参见 Fluxo seminis（p.100）。

vuaṅg 绝望.

Perder la voz (vp.失去嗓音). xě xiṅg 失声.|. vû xiṅg iṅ 无声音.|. pǒ hoéy kiaṅg 不会讲.

Perder el respecto (vp.失去敬意、丧失尊严). xě lỳ 失礼.|. xě kiń 失敬.|. siě tǒ 亵渎.

Perder en el juego (vp.在赛事或赌局中受挫). xū leào 输了. — en la guerra (在战斗中失败). fú leào 负了.|. páy leào 败了.

Perder los alientos, y espiritus (vp.丧失胆气和精神). saṅg leào chý 丧了志. — de miedo (由于胆怯). kiù chý xě çhǒ' 举止失措①.

Perder la grauedad (vp.失去威严). sùn goēy fuṅg 损威风.

Perder el color del rostro (vp.失去脸色、失色). pién sě 变色.

Perder la vida (vp.失去生命). saṅg mińg 丧命.|. xè mińg 舍命.|. saṅg xīn 丧身.

Perder la fama (vp.失去声誉). saṅg mîng 丧名.|. sùn leào mîng xiṅg 损了名声.

Perder los merecimientos (失去功勋). páy çhiě 败绩.|. xě leào kuṅg 失了功.

Perder el animo (vp.丧失勇气). siṅ tàn kiāy suý 心胆皆碎.|. hoēy leào chý 灰了志.

Perder el principal (vp.损失资金). xě puèn 蚀本.

Perder, destruyendo (vp.损坏、毁损). páy 败.|. páy hoáy 败坏.|. hoáy 坏.|. sùn hoáy 损坏.|. xaṅg háy 伤害. dañar hiriendo (使之伤损，以至毁灭).

Perder la verguença (vp.丧失羞耻心). vû liên chỳ' 无廉耻.|. mǒ liên chỳ' 没廉耻.|. vû siēu chỳ' 无羞耻.

Perdida grande, vt muerte de alguna persona, o hazienda (np.巨大的损失，如某位要人之死，或财产之失). kò' siě 可惜.

Perdido hombre (np.迷路者、浪子). laṅg taṅg tiě jiṅ 浪荡的人.|. mǒ fǎ tiě jiṅ 没法的人.

Perdidamente (ad.胡乱、漫无目标地). laṅg taṅg 浪荡.|. luón 乱.

Perdiz (n.山鹑、石鸡). ché kū 鹧鸪.

Perdon general del Rey para todo el Reyno (np.君王下达的全国性赦免令). tá xé 大赦. — perdon de la culpa (赦免罪行). çhúy xé 罪赦.

Perdonar (vt.宽恕、赦免). xé 赦.|. xé mièn 赦免.|. jâo 饶. [xú 恕.|. xé ieú 赦宥. para escritura (书面语词).] — perdonar soportando al proximo (对身边人宽怀忍让). kuō'n xú 宽恕.

---

① 原写为上声 chỳ，涂改作去声 chý。

Perdonar el castigo (vp.免除刑罚). *mièn fǎ* 免罚.

Perdone v. m. (s.请您宽恕). *kién xǔ* 见恕.|. *çhiǹ'g çhúy* 请罪.

Perdonar le los açotes (vp.免除某人的鞭刑). *mièn tà* 免打.

Perdonar la muerte (vp.赦免死罪). *mièn çù* 免死.

Perdurable (a.经久不灭的). *vû kiûn'g* 无穷.|. *iuǹg iuǹg* 永永.|. *vû chuñg* 无终. [参见: eterno (永恒的).]

Perecer, morir (vi.死亡、消逝、死). *vuâng leào* 亡了.|. *çù leào* 死了.

Perecer (vi.消亡、毁灭), acabar (vi./vt.完蛋、终结). *chuñg leào* 终了.|. *hoá leào* 化了.|. *hoáy leào* 坏了.|. *pǒ hào leào* 不好了.

Perecer, vt de hambre, estar para morir (vi.死亡, 如饿死, 濒临死亡). *lúy çù 累死*. – de hambre (由于饥饿). *kȳ çù* 饥死.|. *kȳ páy vuâng* 饥败亡.

Peregrina cosa (np.稀奇古怪或异国他乡的物事). *kù kuáy tiě çú* 古怪的事.|.*kȳ' ý tiě çú* 奇异的事.

Peregrinar (vi.漫游、旅行). *chēu liēu* 周流.|. *iêu hiñg* 游行.|. *iuèn hiñg* 远行.

Peregrino (n.漫游者、旅行者). *liù jiñ* 旅人.|. *iêu fañg jiñ* 游方人.|. *chēu liēu chè* 周流者.|. *hiñg iêu chè* 行游者.|. *iuèn hiñg chè* 远行者.|. *liù kě'* 旅客.

Pereça (n.懒散、怠惰). *laǹ tó* 懒惰.|. *hiáy tó* 懈惰.

Pereçoso (a.懒散的、没精打采的). *laǹ tó tiě jiñ* 懒惰的人.|. *leǹg tań jiñ* 冷淡人.

Perficionar (vt.完成、完满结束). *chiñ'g* 成.|. *huôn chiñ'g* 完成.|. *çhó chiñ'g* 做成.|. *chîn'g çhiǔe'n* 成全.|. *çhiǔe'n huôn* 全完.|. *siēu chiǹg* 修整.|. *hoēn çhiǔe'n* 浑全.

(p.171)

Perfumar (vt.熏香 vi.发散香味). *fuên hiañg* 焚香.|. *hiñg hiañg* 馨香.

Perfumes (n.香气、香味、香料). *hiañg* 香. [参见: olor (香、香味).]

Pergamino (n.羊皮纸). *iañg pý'* 羊皮. – vitela (犊皮纸). *iañg kāo pý'* 羊羔皮.

Perlas (n.珍珠). *chīn chǔ* 珍珠.|. *moèy chǔ* 美珠.

Perlado, o, Prelado (n.主教、修道院长等高级神职人员). *hoéy chaǹg* 会长.

Perfectamente (ad.十分、十足). *çhiǔe'n jên* 全然.|. *hoēn çhiǔe'n* 浑全.

Perfecta cosa (np.完整、完好的东西). *çhiǔe'n vuě* 全物.|. *chiñ'g vuě* 成物.|. *chiñ'g xě* 成实.|. *hién chiñ'g tiě* 现成的.|. *çhiǔe'n, vû kiụě* 全、无缺.

Perjudicar (vt.伤害、有损于). *háy* 害.|. *çhù tańg* 阻挡.

Perjudicial (a.不利的、有害的). *ièu haý* 有害.|. *ièu çhù gáy* 有阻碍.

Perjurar (vi.立假誓、违誓). *hiŭ xý* 虚誓.|. *vuáng fǎ xý* 妄发誓.

Perlesia (n.风瘫、麻痹症). *goēy fuñg* 痿风.|. *piñg fuñg* 病风. – de medio cuerpo (半个身子瘫痪). *puón xīn pǒ suý* 半身不遂.

Perlatico (a.患风瘫病的). *piñg fuñg tiě* 病风的.|. *goēy fuñg tiě* 痿风的.

Permanecer (vi.持续、持久). *çháy* 在. – siempre (始终、永远). *chañ'g çháy* 常在.|. *iuñg çháy* 永在.

Permitir (vt.允许). *hiù* 许.|. *hiù iųn* 许允.

Permision (n.准许、许可). *hiù iųén* 许愿.

Permitir le, dexar le haga lo que quiziere (vp.允许某人，让他做想做的事). *iûng tā'* 容他.|. *piñg' tā'* 凭他.|. *pǒ kuòn tā'* 不管他.

Pero, adverbio (ad.但是，属于副词). *tañ* 但.

Pernicioso (a.有害的、恶毒的). *ǒ tiě* 恶的.|. *ièu lý haý* 有厉害.|. *ièu haý* 有害.

Pernil de tocino (np.腌猪腿). *iēn tùy'* 腌腿.|. *chū tùy'* 猪腿. [参见：jamon (火腿).]

Perpetuar (vi.持续、持久). *chân'g kieù pǒ tuón* 长久不断.

Perpetuamente (ad.永远). *chân'g chân'g* 常常.|. *iuñg chân'g* 永长/永常①.

Perpetuo (a.长久的、永世的). *iuñg* 永.|. *chân'g* 长/常②.

Perpetuidad (n.持久性、恒常性). *iuñg xŷ* 永时.|. *iuñg iuñg* 永永. [参见：eterno (永恒的).]

Perplexidad (n.困惑不解、疑虑不定). *mǒ tiñg* 没定.|. *mǒ tiñg chùn* 没定准.

Perplexo (a.困惑的、摇摆不定的). *siñ uý tiñg* 心未定.|. *mǒ kiųě ý* 没决意.|. *mǒ chù ý* 没主意.|. *ièu iú pǒ kiųě* 犹豫不决.|. *mǒ tiñg* 没定.

Perseguir (vt.刁难、迫害). *kiùn nán* 窘难.|. *çhân'g haý* 残害.

Perpendiculo (n.铅锤、线坠). *chùn çhě* 准则.|. *chùn xiñg* 准绳.|. *chúy sién* 坠线. – el de los carpinteros (木匠用的准绳). *tiáo mě sién* 吊墨线. – tomar lo (以之测准). *tiáo sién çhiù' chùn* 吊线取准.

Perro (n.狗). *kèu* 狗.|. *kiųe'n* 犬. – macho (公狗). *kèu kù* 狗牯. – hembra (母狗). *kèu mù* 狗母③.

Perro rabioso (np.疯狗). *tiēn kèu* 癫狗.|. *fuñg kèu* 疯狗.

---

① 柯本取后者。
② 柯本取后者。
③ 母狗，福建、广东、台湾都有人说。见许宝华、宫田一郎（1999：3492）。

Perro alano, que guarda el ganado (np.猛犬，即看守羊群的狗). *xèu iâng kèu* 守羊狗.

Perro de caça (np.狩猎犬). *liě kèu* 猎狗.|. *chèu kèu* 走狗.

Perrillo de falda (np.叭儿狗). *hý kèu chù* 戏狗子. – los lanudos (毛茸茸的). *cū kèu* 狮狗.|. *cū chǔ kèu* 狮子狗.

Perrillo (n.幼犬). *siào kèu* 小狗.|. *siào kiùe'n* 小犬.

Perro celeste (np.天上的狗). *tiēn' kèu* 天狗.

Perspectiua (n.远景、透视法). *ièn sién fǎ* 掩线法①. – el arte de ella (运用这种方法的技艺). *chě leańg fǎ* 折亮法. – Pintada (用于绘画). *ińg hoá* 影画.

Perseuerar (vi.坚持、持之以恒). *chân'g hińg* 常行.|. *pǒ tuón* 不断.|. *hêng hińg* 恒行.|. *xỳ chuńg jû iě* 始终如一.|. *xèu kỳ' chân'g* 守其常.

Perseuerancia, virtud (n.坚忍不拔，一种德行). *hêng tě* 恒德.

Persona, dezimos (n.个人、要人、人物，我们称). *goéy* 位②. – en persona, idest, venir el mismo en persona (亲自，即本人自己前来). *chīn' xīn* 亲身.|. *chīn' kuńg* 亲躬.|. *chǔ kỳ* 自己.

Persuadir (vt.劝解、说服). *kiụ'én* 劝.|. *kiụ'én hóa* 劝化. – no me puedo persuadir (不可能说服我). *gò pǒ siń* 我不信.

Pertenecer (vi.属于、归属、有关). *xǒ* 属.|. *xǒ kuòn* 属管.|. *kuōn hý* 关系. – no os pertenece (跟你没有关系). *iụ nỳ mǒ siańg kān* 与你没相干.|. *iụ nỳ vû kān* 与你无干.

Pertinaz (a.顽固的). *kú chě tiě* 固执的.|. *chě iě tiě* 执一的③.

Pertinasmente (ad.顽固地). *kú chě* 固执.

Perturbar (vt.扰乱、搅混). *hoēn* 昏.|. *luón* 乱.|. *hoēn luón* 昏乱.|. *hoě luón* 惑乱.

Perturbacion interior (np.内心混乱). *hoēn siń* 昏心.|. *hoēn mý* 昏迷.|. *mý siń* 迷心.|. *hoēn chańg* 昏障.

Peruertir (vt.致使变坏、堕落). *iǹ hoáy* 引坏.|. *kiāo hoáy* 教坏④. – A otro (毒

---

① 柯本作"眼线法"。

② 有歧义，可指尊称量词，也可指神学上所谓三位一体的"位"。

③ 柯本作"执意的"。本词典上"意"一般拼为 *ý*，非入声字。

④ 此词柯本未录。

害他人). *p'ó páy jiń* 破败人.|. *p'ó hoáy jiń* 破坏人.|. *tu'ý leào jiń* 颓了人①.

Peruerso hombre (np.邪恶、狠毒的人). *kiě ǒ tiě jiń* 极恶的人.|. *hiāo hiūng chȳ luý* 枭雄之类②.|. *çhiēn' siê siào jiń* 怨邪小人.|. *hiuńg ǒ tiě jiń* 凶恶的人.

Peruersidad (n.邪恶、狡诈的行为或本性). *hiuńg ǒ* 凶恶.

Peruertir (vt.挥掇), meter ziçaña (vp.制造不和). *kiáo sō* 教唆.

Pesada cosa (np.重物、沉重). *chuńg* 重.|. *chuńg tá* 重大.

Pesadas palabras (np.沉闷冗长的话语). *tá hóa* 大话.|. *chuńg hóa* 重话.

Pesado (a.沉闷的、乏味的), hombre molesto (np.讨人嫌的人). *sò suý tiě jiń* 琐碎的人.|. *mô nán jiń* 磨难人.

Pesada de la Romana (np.秤砣). *chi'ńg chûy'* 秤锤. – del peso de Romana (秤量用的砝码). *mà çhǔ* 码子.|. *tô' mà* 砣码.|. *tô' çhǔ* 砣子.

Peso, de dos balanças (np.双秤盘的天平所用的砝码). *tiēn' pińg'* 天平.|. *mà teńg* 码戥.|. *tô' teńg* 砣戥. – de vna balança (单秤盘的). *lý teńg* 厘戥.|. *teńg çhǔ* 戥子.

Pesadumbre, pena (n.沉重、忧心). *kù'* 苦.|. *siń ièu kù'* 心有苦. – di pena a v. m. (给您添了麻烦). *kińg' chào'* 惊吵③.

Pesadamente (ad.沉重、重重地). *chuńg* 重. – aporrear assi (重重、狠狠地打). *chuńg tà* 重打.|. *tà tě chuńg* 打得重.

Pesar, desagradar (vi.沉重、讨人嫌). *pǒ chuńg ý* 不中意.

Pesar, o pena (n.悔恨、心痛，或忧虑). *tu'ńg hoèy* 痛悔.|. *ièu kù'* 有苦.|. *nuý muén* 内闷.|. *ieū kù'* 忧苦.

Pesar, o ponderar (vt.斟酌，权衡). *çhiân'g siańg* 详想.|. *hiǔ siń siańg* 虚心想.|. *çhiân'g sý siańg* 详细想.

Pesale (n.痛悔不已). *hoèy k'ý* 悔气.|. *hoèy siń* 悔心.|. *hoèy* 悔.

Pescado (n.鱼). *iǔ* 鱼. – fresco (新鲜的). *siēn iǔ* 鲜鱼. – salado (盐腌的). *hiēn iǔ* 咸鱼. – seco (晾干的). *iǔ kān* 鱼干.|. *iǔ siańg* 鱼鲞.

Pescado del mar (np.海里的鱼). *hày iǔ* 海鱼. – bolador (会飞的). *fy iǔ* 飞鱼. – numeral de pescados (指鱼的量词). *vùy* 尾.

---

① *tu'ý*，柯本写为"退"。
② *luý*，柯本所录为 *jiń* "人"。
③ 柯本作"轻吵"。*kińg'*，送气符疑衍。但《华语官话语法》上也有此词（Varo 1703：92；中译本 159 页），注音相同，带送气符。

Pescar, vt sic (vt.捕、捞、捉、钓[鱼、虾等]). *tà iủ* 打鱼.|. *pù iủ* 捕鱼. – con red (用渔网). *vuàng iủ* 网鱼. [参见：echar la red (撒布渔网).] – con anzuelo (用鱼钩). *tiáo iủ* 钓鱼.|. *kēu iủ* 钩鱼. – con nasa (用鱼笼). *cháo iủ* 罩鱼.

Pesca (n.渔业、渔场). *tō iủ tiě sò* 多鱼的所.

Pescaderia (n.鱼店、鱼市). *iủ hańg* 鱼行.

Pesebre (n.饲料槽). *çhâo'* 槽.|. *mà çhâo'* 马槽.①

（p.172）

Pescador (n.渔民、渔夫). *iủ uńg* 渔翁.|. *iủ fū* 渔夫.|. *tào' iủ tiě* 讨鱼的.|. *iủ siń chè* 鱼寻者. – de caña (用竹竿). *tiáo iủ jiń* 钓鱼人.|. *kēu iủ tiě* 钩鱼的.

Pescuezo (n.脖颈). *kiǹg hańg* 颈项②.|. *hêu luǹg* 喉咙.|. *pŏ çhù* 脖子. [参见：garganta (喉咙).]

Pescoçada (n.拳打脖颈). *chaǹg kỷ' hańg* 掌其项.

Pesquisar (vt.侦稽、调查). *chǎ' vuén* 察问.|. *miě vuén* 密问.|. *gań tý chā vuén* 暗地查问③.|. *xìn vuén* 审问.

Pesquisidor (n.侦稽者、调查者). *chā puôn'* 查盘. – de toda la Prouincia (负责全省的). *gań chǎ' çū* 按察司.

Pestañas (n.眼睫毛). *ièn mâo* 眼毛.|. *ièn çhiě* 眼睫.

Pestañear (vi.眨眼睛). *çhǎ ièn* 眨眼.|. *ièn mǒ kiāo çhiě* 眼目交睫. – sin pestañear (眼睛一眨不眨). *mǒ pǒ kiāo çhiě* 目不交睫.|. *ièn pǒ xún* 眼不瞬.

Peste (n.瘟疫). *vuēn piǹg* 瘟病.|. *k'ý piǹg* 气病.|. *chańg iủ* 瘴疫. [*xańg hô k'ý* 伤和气. para escritura (书面语词).]

Pestilencia (n.瘟疫、恶臭). *tǒ háy* 毒害.|. *ǒ tǒ* 恶毒.

Pestiferamente (ad.恶劣透顶地). *ǒ tě kiǹ* 恶得紧.|. *lý háy pǒ kúo* 厉害不过.

Pespuntear (vt.缉，即用细密的针脚缝制). *chèu chū* □□.|. *ch'ú chīn* 刺针.|. *nǎ* 纳.

Petaca (n.皮箱). [参见：ababote (箱子).]

Petate (n.凉席). *siě chù* 席子.|. *çhào' siě* 草席.|. *pû' siě* 蒲席.

---

① *çhâo'*，阳平，两例柯本都误录为上声 *çhào'*，字作"草"。

② "项"音 *hańg*，参见 Otras cosas semejantes（p.160）。

③ *chā*，拼法有疑，或有可能误读为渣渣的"渣"音。

Peticion (n.请愿书、诉状). *chiñg' çhǔ* 呈子.– de pleyto (涉及诉讼). *choáng çhǔ* 状子. – meter lo (提交、奉上其件). *tỳ chiñg'* 递呈.|. *tỳ choáng* 递状.

Peticion falsa contra otro (np.对某人的诬告). *vù choáng kaó* 诬状告.|. *hoàng choáng* 谎状.|. *hiǔ çhǔ'* 虚辞.|. *hoàng çhǔ'* 谎辞.

Peticion al Rey (np.上呈君王的请愿书). *puèn* 本. – meter la (呈递报告). *xañg puèn* 上本.|. *tỳ' puèn* 题本[1].|. *çheú puèn* 奏本.

Peuetes suyos (n.他们的香、线香). *hiañg sién* 香线. – nuestros (我们圣教使用的香、香柱). *hiañg chú* 香炷.

Pez, o, brea (n.松脂、松香,或焦油). *suñg hiañg* 松香.|. *suñg kiāo* 松胶.

Peynar (vt.梳理头发). *sū têu'* 梳头. – peyne (梳子). *têu' sū* 头梳. – de caña muy espeso (密齿的竹梳). *pý sū* 篦梳. – peynarse con el (用篦子梳头). *pý têu'* 篦头.

Pi.

Piadoso (a.富有同情心的). *çhǔ' poēy tiě* 慈悲的.|. *jiñ çhǔ' tiě* 仁慈的.|. *çhǔ' siñ tiě* 慈心的.|. *kuōn' jiñ tiě* 宽仁的.|. *siñ jêu jiñ* 心柔仁.

Piadosamente (ad.怜悯、同情地). *kuōn' jiñ* 宽仁. – mirar assi (眼里满是怜悯). *liēn xý* 怜视.

Piedad (n.同情心、仁爱之怀). *siñ jiñ* 心仁.|. *siñ mìn* 心悯.|. *siñ çhǔ'* 心慈. – virtud (仁爱之为美德). *jiñ tě* 仁德. – buenas entrañas (好心肠). *jêu xén* 柔善.|. *jêu chañ'g* 柔肠.|. *çhǔ' xén* 慈善.

Piara de ganado (np.成群的牲畜). *kiûn'* 群.

Picaça, vrraca (n.喜鹊). *çhiǒ' niào* 鹊鸟.|. *hỳ çhiǒ'* 喜鹊.

Picar el Aue (vp.鸟儿啄食). *chéu chǒ* 咮啄.|. *chǒ chǒ* 啄啄. – picar chupando vt mosquitos (叮啄并吮吸,如蚊子). *ch'áy chǎ* 采咂[2].|. *tiñg* 叮.

Picada (vt.啄、咬、叮、刺). *ch'ǔ* 刺.|. *ch'ǔ xañg* 刺伤. – picar, o punçar, idem (刺、刺痛,扎、扎痛,义同上).

Pica, lança (n.扎枪,长矛). *çhiān'g* 枪.

Picar piedra (vp.穿凿、打磨玉石). *chu'ón xě* 串石.|. *sỳ xě* 洗石[3].

---

[1] 柯本作"提本"。

[2] *ch'áy*,拼法有疑,柯本写为"嚓"。

[3] *sỳ*,柯本缺字。

Picar carne (vp.切肉、剁肉). *tó jǒ* 剁肉.|. *chán jǒ* 斩肉①.

Picar (vt.讥刺), motejar a otro (vp.给人起绰号). *ch'ú jiñ siñ* 刺人心.|. *xāng jiñ siñ* 伤人心.|. *ch'ú hoèy* 刺毁.|. *kȳ ch'ú* 讥刺.

Picaronse entrambos vno a otro (vp.彼此讥刺). *ỳ iēn siāng chě* 以言相责.

Picar el vestido, o sapatos, y des agujerar (vp.把衣服或鞋帮剪穿，并留出孔眼). *chán chuēn'* 劗穿②.

Picar, o herrar el rostro (vp.扎刺图文，或在脸上烙火印). *ch'ú chú* 刺字.

Picar desmenuçando (vp.砍成小块). *chán suý* 斩碎③.

Picar lo picante, vt la pimienta (vp.辛辣的东西，如胡椒、辣椒之类，有刺激作用). *lǎ* 辣. – picante (辛辣的). *lǎ tiě* 辣的.

Picota (n.悬挂被斩者头颅的木杆、示众柱). *goêy kán* 桅杆.

Piel, o pellejo (n.皮、皮肤，或兽皮、毛皮). *pȳ'* 皮.

Picaço, paxaro carpintero (n.一种雀，啄木鸟). *chǒ mǒ niào* 啄木鸟.

Picina (n.鱼池、池塘). *xùy chȳ'* 水池.|. *chāo chȳ'* 沼池.

Pico, vn pico de peso son 200. cates (n.皮科，重量单位，一皮科合200卡特). *iě tań* 一担.|. *iě ti'áo* 一挑.

Pico de limeta, o jarro (np.瓶子或罐子的口). *piñg' chùy* 瓶嘴.

Pico de Aue (np.禽鸟的嘴、喙). *niào chùy* 鸟嘴.

Pies (n.脚、足). *kiǒ* 脚. – ir apie (用脚走、步行). *pú hiñg* 步行.|. *pú chèu* 步走. – soldado de apie (步战的士兵). *pú piñg* 步兵.

Pie (n.脚步、脚力), pasar apie exuto el rio (vp.走过河而脚不湿). *kān kiǒ kuó kȳ'* 干脚过溪. – a pie quedo (脚步轻轻、悄悄). *pǒ tuńg kiǒ* 不动脚.|. *kiǒ chú* 脚驻④.|. *pǒ chuēn kiǒ* 不转脚.|. *pǒ ỳ pú* 不移步. – desmentir el pie (脚跟歪斜、迈错步子). *xě kiǒ* 失脚.

Pies descalços (np.光着脚). *ch'ě kiǒ* 赤脚.

Pies de Animales grandes (np.大型动物的脚), pata (n.蹄或爪). *tý'* 蹄.|. *kiǒ tý'* 脚蹄.

Pie de monte (np.山脚、山麓). *xān kiǒ* 山脚.

---

① *chán*，柯本写为"鑽"（钻）；"钻"，本词典上多拼为 *chuón*。"斩肉"，吴方言词，把肉切成块状或剁碎，叫"斩"，如白斩鸡、斩心子（剁馅儿）。

② 柯本作"钻穿"。"劗"，剪，如"劗发"，即剪发。字通"攢、钻"。

③ 柯本作"钻碎"。

④ 犹驻脚，驻足。"驻"字一般拼为 *chú*，此处作 *chú*，当属又音。

Piedra beçar (np.牛黄石、粪石). *lǒ pào* 绿宝.|. *lǒ xě* 绿石.|. *lǒ iǒ* 绿玉.

Piedra sillar (np.方形的石料). *fañg xě* 方石.

Piedra de culebra (np.蛇石). *hiě tǒ xě iñ* 吸毒石引.

Pieça, sala (n.房间，大厅). *tañg'* 堂.|. *tiñg'* 厅.

Pieça de artelleria (np.火炮). *chu'ńg* 铳.|. *tá chu'ńg* 大铳.

Pieças de ceda, o mantas, i el numeral de ellas (np.整块的丝绸料子或布料，以及相应的量词). *pi'ě* 疋/匹. – vna pieça (一整块的料子). *iě pi'ě* 一疋/一匹.

（p.173）

Pieça de oro, vt fuente (np.成件的黄金，如金盆、金碟). *kiñ k'ý* 金器. – de plata (银质的). *iñ k'ý* 银器.

Piedra vt sic (n.石、石头). *xě têu'* 石头.|. *xě chǔ* 石子. – de amolar (磨刀用的油石). *mô xě* 磨石.|. *mô tāo xě* 磨刀石.|. *lý xě* 砺石. – yman (磁石). *hiě tiě' xě* 吸铁石.|. *chǔ' xě* 磁石.

Piedra preciosa (np.宝石). *pào xě* 宝石.|. *pào iǒ* 宝玉.|. *iǒ xě* 玉石.

Piedra de toque (np.试金石). *xý kiñ xě* 试金石.|. *leâo xě* 燎石①.

Piedra alumbre (np.明矾石). *pě fân* 白矾.|. *fân xě* 矾石.|. *mîng fân* 明矾.

Piedra açufre (np.硫磺石). *liêu hoañg xě* 硫磺石.

Piedra esponjada (np.海绵石、浮石). *feû xě* 浮石.

Piedra de melancolia, que haze varios colores, philosofal (np.能生成各种颜色的异石，点金石、魔法石). *gù chày' xě* 五彩石.

Piedra, enfermedad de piedra en la orina (n.结石，即尿道结石的一种病). *xě liñ* 石淋.|. *liñ tu'ńg* 淋痛.

Piedras menudas, o pequeñas (np.碎小的石块，小石子). *siào xě* 小石.

Piedra en que estriba la basa de la coluna (np.柱子的底座所承托的石头). *sañg puôn'* 磉盘.|. *sañg xě* 磉石.

Piedra granizo (np.冰雹). *piñg pǒ* 冰雹.|. *siuě chū* 雪珠.|. *xě pǒ* 石雹②. – granizar (下冰雹). *lǒ pǒ* 落雹.|. *hiá pǒ* 下雹.

Piedra de molino, o tahona (np.磨石，或马儿牵拉的磨). *mó xě* 磨石. – la piedra de abaxo (石磨的底盘). *mó puôn'* 磨盘.

---

① 犹燧石、火石，质地坚硬。leâo, 柯本缺字。

② 此例"雹"字的注音小异于其余三例。

Piedras (n.条石), loças de piedra (np.石板). *xě pàn* 石板. – la que leuantan con epitafios, ett^a. (其上刻写墓志铭等的石板). *xě poēy* 石碑.

Piedra para moler colores para pinturas (np.研磨绘画所用颜料的石头). *fuèn xě* 粉石.

Pielago del mar (np.海洋、深海). *iañg* 洋.|. *çhān'g hày* 沧海.

Piernas (n.腿、小腿). *kiŏ* 脚. – con los muslos (连同大腿). *tá tùy'* 大腿.|. *tùy' 腿*. – echar piernas (自以为了得). *çhó tá* 做大.

Pierna de manta (np.布匹的宽度). *iě fŏ* 一幅. un lienço (即一幅布).

Pila de agua, vt las nuestras (np.水槽、水池，如我们欧洲常见的公共汲水处). *xě puôn'* 石盘.|. *xùy puôn'* 水盘.

Pilar arroz (vp.捣米、舂米). *chūn'g mỳ* 舂米. – muy menudo (捣得很碎). *chūn'g suý* 舂碎.|. *tào suý* 捣碎.

Pilar arroz en el molino (vp.用磨子碾米). *taý mỳ* 碓米①.

Pilar, coluna (n.支柱，柱子). *chú chủ* 柱子. – de piedra (石头的). *xě chú* 石柱. – pilar çillo pequeño (短小的柱子). *xě tùn* 石磴②.

Pildoras (n.药丸). *iŏ iuên* 药圆③.

Pilon para pilar arroz (np.捣米用的臼子). *chūn'g kiéu* 舂臼.|. *mỳ kiéu* 米臼.

Pilon de agua, de barro (np.水槽，盛水的陶罐). *xùy kañg* 水缸.

Piloto (n.领航员、驾船者). *tó kuñg* 舵工.|. *nâ tó tiě* 拿舵的.|. *chuê'n çụ̄* 船师.|. *chañg kuñg* 掌工④. – los nuestros (我们的船只配备的这类人员). *liě çụ̄* 历师⑤.|. *hò chañg* 伙长/火长⑥.

Pimienta (n.胡椒). *hû çhiāo* 胡椒. – de china (中国式的). *hōa çhiāo* 花椒.

Pimiento (n.辣椒). *lǎ çhiāo* 辣椒.|. *huñg çhiāo* 红椒.|. *fān çhiāo* 番椒.

Pino (n.松树). *suñg xụ́* 松树.|. *suñg mǒ* 松木.

Pinar (n.松林). *suñg liñ* 松林.|. *suñg xú liñ* 松树林.

Piñon (n.松子、松仁). *suñg çhủ* 松子.

---

① 柯本注：*taý* 为 *túy* 的笔误。

② *tùn*，柯本缺字。

③ 柯本作"药丸"。宋人陈师文等撰《太平惠民和剂局方》卷一治诸风，录有"乳香没药丸"一种，谓"每服五丸，不可多服"。

④ 即掌舵工，柯本作"长工"。

⑤ 从柯本，盖指通天文、识海图者。

⑥ 此词为另手补写。

Pinaluete, con que leuantan sus casas (n.冷杉，他们盖房子使用的一种木料). *sān mǒ* 杉木.|. *sān xú* 杉树.

Pincel para escriuir (np.用来写字的毛笔). *piě* 笔. su numeral (笔的量词). *chy* 支.

Pintar (vt.画、绘). *hoá* 画.|. *siè hoá* 写画.|. *tû' hiñg* 图形.|. *hoéy hoá* 绘画. – dibuxando (勾画、描摹). *miáo hoá* 描画.

Pintor (n.画手、画家). *hoá chiáng* 画匠.|. *hoá kuñg* 画工.

Pintar con oro (vp.用金粉画), dorar，(vt.涂金). *miáo kiñ* 描金.

Pintar las paredes (vp.画壁画). *hoá piě* 画壁.

Pintar al nutural (vp.照原物画、写真). *chuê'n xîn* 传神.|. *hoá iñg chīn* 画影真①.|. *hoá chīn iuñg* 画真容.

Pintado de muchas colores (ap.画面使用多种颜色、彩绘). *chà'y* 彩.

Pintada, manta pintada de flores (np.绘有花卉的布). *hōa pú* 花布.

Pintura (n.画幅、画). *hoá* 画. – ymagen (人物画像). *siáng* 像.|. *hiñg siáng* 形像.

Piojos (n.虱子). *sě chǔ* 虱子.

Pipa, o pipote de vino (n.盛酒的大小木桶). *chièu tuǹ'g* 酒桶.

Piramide (n.角锥、金字塔). *xě fuñg* 石峰.|. *ta'ý hû xě* 太湖石.

Pirata (n.海盗). *hày chě* 海贼.|. *hày k'éu* 海寇.

Pisar (vt.踩、踏). *chièn tǎ* 践踏.|. *tǎ chièn* 踏践.|. *kiǒ chièn* 脚践.|. *kiǒ jeù* 脚踩.|. *jèu chièn* 踩践.|. *chày'* 踩.

Pisar trillando (vp.边踩边打). *chièn tào* 践倒.|. *tà lǒ* 打落②.

Pisar tapias (vp.夯实土坯墙). *chǒ chiân'g* 筑墙.

Pisar con pilon③ (vp.用夯砣夯实). *chǒ* 筑.

Pisada (n.脚印). *kiǒ chiě* 脚迹.|. *chuñg chiě* 踪迹.

Pito (n.哨子、管乐器). *chūy' kuòn* 吹管.|. *tiě chǔ* 笛子. flauta (笛、长笛).

Pitar (vi.吹哨子、笛子等). *chūy'* 吹. – la flauta (笛). *chūy' tiě chǔ* 吹笛子.

---

① 柯本未录此词。

② *tà*，柯本所录为 *tǎ*，字作"踏"。

③ 柯本订正为 pison（夯砣）。

Pl.

Plaça delante de Audiencia, donde se vende cosas (np.官衙跟前的广场、市场，那里售卖各种东西). *iâ çhiên'* 衙前. – mercado (集市). *kiāy xý* 街市.

Plaça, o, lugar comun (n.广场、空场，或公共场所). *kuńg tińg'* 公厅①.

Plancha para desembarcar (np.下船上岸的跳板). *xańg iáy pàn* 上涯板.|. *ti'áo pàn* 跳板.

Plana, oja (n.纸页，页张). *xū iě* 书页.

Plaço, termino (n.期限，限期). *tińg xý* 定时.|. *ký' xý* 期时.|. *hièn xý* 限时.|. *tińg ký'* 定期. – cumplido (限期已到). *ký' muòn leào* 期满了.|. *ký' xý táo leào* 期时到了.

Plancha de hierro (np.铁板). *tiě' pàn* 铁板. – de cobre (铜质的). *tuńg' pàn* 铜板. ett^a. (等等).

Planetas (n.行星). *gù goéy liě sīng* 五位列星.|. *gù goéy liě siéu* 五位列宿. – a los 7. (指七大行星). *chi'ě chińg* 七政.

Planta para plantar (np.用于种植或扦插的树苗). *xú tiâo'* 树条.|. *xú chý* 树枝.

Planta del pie (np.足底、脚底板). *kiǒ tỷ* 脚底.|. *kiǒ pàn* 脚板.|. *kiǒ pàn siń* 脚板心.

Plata baxa (np.成色差的银子). *tỷ iń çhǔ* 低银子②.|. *chǒ' iń çhǔ* 觕银子.③

（p.174）

Plantar arboles (vp.种树). *çhāy xú* 栽树.|. *chuńg chě* 种植.|. *chě liě* 植立.

Plantar flores (vp.种花). *çhāy hōa* 栽花.

Plantanos (n.大蕉、香蕉). *çhiāo çhǔ* 蕉子.|. *pā çhiāo* 芭蕉. – su arbol (其树种). *çhiāo xú* 蕉树.|. *iâ çhiāo* 牙蕉.

Plata (n.银、银子). *iń çhǔ* 银子. – la mas subida (质地最佳的). *sý çū iń çhǔ* 细丝银子.|. *sý iń çhǔ* 细银子.|. *vuên iń çhǔ* 纹银子.|. *leâng iń çhǔ* 良银子.|. *luńg têu' iń çhǔ* 龙头银子.|. *têu' iń çhǔ* 头银子.|. *vuên kuāng chǒ sě tiě iń çhǔ* 纹光足色的银子④. – los quilates (银子质量或纯度的等级).

---

① 盖指村民聚集之所，与祠堂属于本家不同。
② "低银"，也说"低钱"。
③ 此条复见于下一页，柯本未录。
④ *chǒ*，似为 *çhǒ* 之误，其字柯本写为"竹"。

chiŋg' 成①. y la suben hasta 10 (分为十个等次).

Plata de 8. quilates (np.纯度为第八等的银子). *pă chiŋg'* 八成②. et sic de cett^is. (如此等等).

Plata baxa (np.成色差的银子). *tў iŋ chủ* 低银子.|. *chŏ' iŋ chủ* 龊银子③.

Plata labrada (np.加工过的银子). *xèu xẻ iŋ chủ* 首饰银子.|. *iŋ k'ý* 银器.

Plata hilada, hilo de plata (np.抽成丝的银子，银丝或银线). *iŋ sień* 银线.

Platear (vt.包银、镀银). *gān iŋ* 安银. [con hoja de plata (用银箔). *tiě' iŋ pŏ* 贴银箔.].|. *xańg iŋ* 上银.|. *tú iŋ* 镀银.|. *kièn iŋ* 嵌银.

Plateado (a.包银或镀银的). *tú iŋ tiě* 镀银的.|. *tiě' iŋ tiě* 贴银的.

Platero que haze ojas de plata, ett^a. (np.制作银箔、银件等饰品的匠人). *iŋ chiańg* 银匠.|. *tà iŋ chủ tiě* 打银子的. – que la funde (熔铸银子的匠人). *kiŋ' iŋ chủ tiě* 倾银子的.|. *tâo' iûŋg tiě* 陶熔的.

Platicar con otro (vp.跟人交谈). *iù jiŋ xuẻ hoá* 与人说话. [参见：hablar (说、讲).]

Platillo pequeño (np.小盘子、小碟子), **salsereta** (n.调料碟、调色盘). *tiě chủ* 碟子.|. *chu'ón puôn'* 攒盘.|. *puôn' tiě* 盘碟. – para la taça de vino (与酒杯配套的). *poēy puôn'* 杯盘.

Plato (n.盘、碟). *puôn' chủ* 盘子.|. *puôn' uàn* 盘碗.|. *ch'ẻ puôn'* 吃盘④. – de loça (陶瓷的). *chủ' puôn'* 瓷盘. – de cobre (铜质的). *tuŋg' puôn'* 铜盘.

Playa (n.滩涂、沿岸). *hày piēn* 海边.|. *hày pīn* 海滨. – del mar (指海滩). *hày iaŷ* 海涯.|. *hày gań* 海岸.

Plegar (vt.折叠、折皱). *chẻ* 折/褶.|. *piẻ chẻ* 襞褶.

Plebeyo (n.平民). *xú mîn* 庶民.|. *piń'g chań'g tiẻ jiŋ* 平常的人.|. *iuŋg chań'g tiẻ jiŋ* 庸常的人.|. *chuŋg pìn' tiẻ jiŋ* 中品的人.|. *pi'ẻ fū* 匹夫.

Plegarias, ruegos (n.祷求，请求). *kỷ' kiêu'* 祈求.|. *kèn' kiêu'* 恳求. [参见：pedir (请求、请愿).]

Pleytista (a.爱打官司的、好吵架的). *hoéy kaó choáng tiẻ* 会告状的.|. *kèu' lý tiẻ* 口厉的.

Pleytear (vi.提请诉讼、打官司). *kaó choáng* 告状.|. *kaó suńg* 告讼. [参见：

---

① 柯本写为"程"。

② 柯本作"八程"。

③ *chŏ'*，柯本缺字。"龊"，黑且脏，如说黑龊龊。

④ 义不明，前一字音或另有其字。

poner pleyto (起诉).]

Pleyteante (n.诉讼者、当事人). *iuên kaó* 原告.

Pleyto (n.诉讼、官司、案子). *kuōn çú* 官事.|. *kaó choáng* 告状. – pleito falço (错告). *vù kaó* 误告.①

Pliego de papel (np.对折的纸、对折页). *chaṅg* 张. – un pliego de papel (一张对折纸). *iě chaṅg chỳ* 一张纸.

Pliegos de cartas (np.成叠或成捆的书信). *pāo xū* 包书. – vn pliego de cartas (一叠或一捆信). *iě pāo xū* 一包书. – si es vna carta (如果只是一封,则叫). *iě fuṅg xū* 一封书. numeral de ellas (书信的量词). *fuṅg* 封.

Pliegues (n.衣服上的褶皱). *piě kièn* 襞裥②.|. *piě chě* 襞褶.

Plomo (n.铅、铅块). *iuên* 铅.|. *kiên'* 铅.③

Plomada de Albanil (np.泥瓦匠用的铅锤). *iuên hiuên* 铅悬.|. *iuên chúy* 铅坠.

Plumas de paxaros, o Aues (np.鸟儿或禽类的羽毛). *iù mâo* 羽毛.|. *niào mâo* 鸟毛. – cañones (翎管、翮). *iù liṅg* 羽翎.

Plumas de la saeta (np.箭矢的羽毛、箭羽). *çhién iṅg* 箭缨.|. *çhién liṅg* 箭翎.|. *xé iù* 射羽.

Pluma conque escriue el Rey (np.君王写字所用的羽毛笔). *iú piě* 御笔.|. *kiñ piě* 钦笔.④

Plumas conque nossotros escriuimos (np.我们欧洲人用来写字的羽毛笔). *gô mâo liṅg* 鹅毛翎. – conque escriuen los chinas (中国人用来写字的毛笔). *piě* 笔. – punta de ella (这种笔的端头). *piě çhiēn* 笔尖.

Pluma recta, escriuano fiel (np.正直的笔风, 诚实的作家). *chě piě* 直笔. – la pluma de v. m. (阁下之笔、您的文字). *çhūn piě* 尊笔.|. *kāo piě* 高笔.

Plumaje (n.羽饰). *mâo iṅg* 毛缨.|. *iù mâo iṅg* 羽毛缨.

Plumero (n.头戴的羽饰、羽冠). *ch'ỳ kuē'y* 翅盔.|. *iù mâo kuē'y* 羽毛盔.

---

① 后半条 pleito falço 为另手补入。

② *kièn*, 柯本缺字。

③ 柯本注:属于一字二音。按:"铅"字今闽南话读 [ian²], 客家话读 [yen²], 广州话读 [jyun⁴], 都近于万济国所记的第一个音 *iuên*。(见《发音字典》)

④ *kiñ*, 脱送气符。

Po.

Poblar (vt.布满、散播、居住). *kuàng pú* 广布.

Pobre (a.贫穷的 n.穷人). *kiûn'g jiň* 穷人.|. *pîn' jiň* 贫人.|. *pîn' kiûn'g tiě* 贫穷的.|. *pîn' fǎ* 贫乏.|. *kiûn'g fǎ chè* 穷乏者.|. *hân pǒ tiě* 寒薄的.|. *kiā kiûn'g tiě* 家穷的.|. *kiā çū siáo fǎ* 家私消乏.|. *kiā lỳ tań pǒ* 家里淡泊.

Pobre vagamundo (np.贫苦的流浪汉). *liêu kaý çhù* 流丐子.

Pobres de espiritu (np.精神贫乏的人). *xîn pîn' chè* 神贫者.

Pobres voluntarios (np.自甘清贫的人). *kiū' pîn'* 居贫①.|. *kān pîn'* 甘贫.|. *gān pîn'* 安贫.|. *xèu pîn'* 守贫.

Pobres vergonçantes, honrrados (np.甘贫乐道之士). *hân çú* 寒士.|. *ki'ě çú* 乞士. – de voto, vt los Religiosos (自愿守贫的，如宗教界人士). *çhiuě çhây' tiě* 绝财的.

Pobres mendigos (np.要饭的穷人). *hōa çhù* 花子/化子.|. *káy çhù* 丐子. [参见：mendigos (乞丐).]

Pobres huerfanos (np.贫苦的孤儿、孤苦的穷人). *kū pîn'* 孤贫.

Pobrissimo (a.赤贫的). *kiụn'g kiě* 穷急/穷极.|. *kiụn'g gó tiě* 穷饿的.|. *kiûn'g pě'* 穷迫.|. *ku'én kiûn'g* 困穷.|. *kiûn'g ku'éy* 穷匮②.

Pobreza (n.贫穷、匮缺). *pîn' kiûn'g* 贫穷. – cabeça de los mendigos (乞丐的头领). *hōa çhù têu* 花子头.|. *káy çhù têu* 丐子头.

Poco (a./ad.少、少量). *xào* 少.|. *liǒ* 略.|. *siē* 些.|. *siē xào* 些少.|. *kùa* 寡.

Poco à poco (adp.一点一点、逐渐). *mán mán* 慢慢.|. *çhién çhién* 渐渐.

（p.175）

Pocas vezes (np.没几次、难得). *xào tě* 少得.|. *hàn tě* 罕得.

Poco hà, ettª. (adp.很少、不多点儿，等等). *çhây'* 才.|. *fañg* 方.|. *fañg çhây'* 方才.

Poco tiempo (np.些许时间、没多久). *pǒ kièu* 不久.|. *mǒ ièu chân'g kièu* 没有长久.

Poco animo (np.没精神、缺胆气). *tań siào* 胆小.|. *juèn xèu* 软手.

---

① *kiū'*，疑为 *kiū* "居" 之误。柯本写的是"屈"，但"屈"为入声字，他处拼作 *k'iǒ* 或 *ki'ǒ*。

② 柯本作"穷溃"。

Poco mas, o menos (adp.略多或略少、或多或少). *chā' pǒ tō* 差不多.|. *chā' pǒ tō ûl* 差不多儿.|. *tá liǒ* 大略.

Poco mas, vn poco mas (adp.多一些，多一点儿). *tō siē* 多些.

Poco menos, vn poco menos (adp.少一些，少一点儿). *xào siē* 少些.

Poco, o, mucho (adp.少或多). *tō xào* 多少.

Poco saber del negocio (vp.对某事很少了解). *pǒ chȳ* 不知. – no sabe de la missa la media (对弥撒只了解一半、一知半解). *chȳ iě, pǒ chȳ úl* 知一不知二.

Poco a poco hilaua la vieja el copo (s.一点一点老妇人便织成了布). *chiě xào, chiń'g tō* 积少成多.

Poco diligente (ap.不够勤奋、有点懒散). *laǹ tó* 懒惰.|. *pǒ taǹ lỳ çú* 泊淡理事①.

Poco falta (vp.略缺一些). *kiuě' xào* 缺少.|. *xào pǒ tō* 少不多.

Poco antes (adp.略早、之前不久). *siēn siē* 先些.

Poco despues (adp.不久之后). *kuó pǒ kièu* 过不久.|. *mǒ ièu kièu* 没有久.

Poco inporta (vp.不那么重要、没大关系). *pǒ tá kiǹ* 不大紧.|. *pǒ iáo kiǹ tiě* 不要紧的.|. *pǒ fańg* 不妨.

Poço (n.井). *chiǹg* 井.|. *xùy chiǹg* 水井.

Poço manancial (np.带泉眼的水井). *chiǹg chiûe'n* 井泉.

Poço seco (np.干涸的井). *kān chiǹg* 干井.|. *kū chiǹg* 枯井②. numeral de Poços (井的量词). *ièn* 眼.

Posilga, o, chiquero de puercos (n.猪圈，或猪棚). *chū lân* 猪栏.

Podar③ (vt.修剪树木). *kàn' xú chȳ* 砍树枝.

Poder (aux.能够、可以). *nêng* 能.|. *hoéy* 会.|. *nêng tě* 能得.

Poder, mando (n.权力，职权). *kiûe'n* 权.|. *nêng* 能.|. *kiûe'n nêng* 权能.|. *kiûe'n xý* 权势.|. *kiûe'n pińg* 权柄.

Poder absoluto (np.绝对的权力). *tǒ kiûe'n* 独权.|. *tǒ nêng* 独能.|. *chuēn kiûe'n* 专权.|. *tǒ liên chȳ kiûe'n* 独敛之权④.

Poder grande (np.巨大的权力). *tá nêng* 大能. – omnipotente (万能的、万能

---

① 谓处理事务不上心。"泊淡"，犹淡泊，柯本拟为"不但"。

② *kū*，脱送气符。

③ 柯本误录为 poder，与下一词混同。

④ *liên*，柯本写为"怜"。

之主). *chiûe'n neñg chè* 全能者.|. *vû sò pỏ neñg* 无所不能.

Puede pasar (vp.可行、过得去). *kiń kò'* 仅可.|. *iẻ kò'* 亦可.

Podra ser (vp.有可能、也许会). *kuǹ'g p'á* 恐怕.

Pollo (n.雏鸟、小鸡). *siào kȳ* 小鸡.

Polilla (n.蛾子、蠹虫). *chú chûn'g* 蛀虫.

Podrirse (vr.腐烂). *lań* 烂.|. *hièu lań* 朽烂.

Podrido (a.腐烂的). *lań tiẻ* 烂的.|. *hièu lań tiẻ* 朽烂的.

Podre, materia (n.溃烂，脓). *nuǹg* 脓.|. *ch'éu nuǹg* 臭脓.|. *nuǹg hiuẻ* 脓血.

Poleo (n.薄荷). *pó hô* 薄荷. – el pequeño (株型较小的). *hiang iủ* 香鱼①.

Polos (n.地极). *kiẻ* 极. – del norte (北方之极). *pẻ kiẻ* 北极. – del sur (南方之极). *nân kiẻ* 南极.

Poeta (n.诗人). *xȳ jiń* 诗人.|. *hoéy chó xȳ tiẻ* 会做诗的.|. *xȳ uǹg* 诗翁.|. *xȳ pẻ* 诗伯.

Poesia (n.诗歌). *xȳ kiú* 诗句.|. *xȳ fã* 诗法.|. *xȳ chủ'* 诗词.|. *xȳ tỷ'* 诗体.

Poetiçar (vi.作诗), hazer versos (vp.写韵文). *chó xȳ* 做诗.|. *tý' xȳ* 题诗.|. *liên xȳ* 联诗②.|. *kuñg xȳ* 工诗.

Poesia, numeral de poesias, o versos (n.诗、诗篇，诗作或韵文的量词). *xèu* 首. – vna poesia (一首诗). *iẻ xèu xȳ* 一首诗.|. *iẻ chiuẻ* 一绝.|. *iẻ liủ* 一律.

Polido (a.有丰采的). *sý nuón tiẻ* 细嫩的.|. *chý' chìng* 齐整.|. *piào chý tiẻ* 标致的. conpuesto, hermoso (即整洁，漂亮).

Policia (n.斯文有礼、好教养). *lỷ maó* 礼貌.|. *vuên lỷ* 文礼.|. e ᵃ. (也可反过来说：*lỷ vuên* 礼文).|. *lỷ tỷ* 礼体.|. *lỷ ỷ* 礼仪.|. *sū vuên* 斯文.

Polir (vt.修饰、润色、磨光). *sieū chìng* 修整. – las piedras preciosas (打磨宝石). *mô kuāng* 磨光.|. *sieū kuāng* 修光.|. *chō' kuāng* 磋光.

Poluo (n.灰尘). *chiǹg' gāy* 尘埃.|. *fêu gāy* 浮埃.

Polucion voluntaria (np.自污、手淫). *xèu sẻ* 手色.|. *chủ chỏ* 自作.|. *chó xèu sẻ* 做手色. – in somnis (做梦时). *muńg siẻ* 梦泄.|. *muńg goêy chiñg* 梦遗精③.

Polucion vt sic (n.一般意义的遗精), seminis efusio (np.射精). *chủ' sẻ* 出色.|. *siẻ chiñg* 泄精.|. *lièu chiñg* 流精.

---

① 盖即鱼香草，民间视为薄荷的一种。柯本缺后一字。

② *liên*，阳平，柯本转录为去声 *lién*，字作"练"。

③ "遗"读作 *goêy*，参见 Fluxo seminis（p.100）。

Poluora (n.火药). *hò iǒ* 火药.|. *chu'ńg iǒ* 铳药.

Ponçoña (n.毒物). *tǒ* 毒.|. *tǒ iǒ* 毒药.

Ponçoñoso (a.有毒的). *ièu tǒ tiě* 有毒的.|. *tǒ vuě* 毒物. [参见：veneno (毒药).]

Poluos de qualquiera cosa (np.任何粉末状的东西). *fuèn* 粉. – de tabaco (烟叶的碎末). *iēn fuèn* 烟粉.|. *pý iēn* 鼻烟.|. *hiūn fuèn* 熏粉.

Ponpa (n.荣耀、堂皇、排场). *kuāng iuńg* 光荣.|. *iuńg xińg* 荣盛.|. *tỳ' mién* 体面.

Ponderacion (n.深思、细虑). *xīn siàng* 深想. – excesso (过分谨慎). *ta'ý kuó* 太过.

Ponderar (vt.权衡、斟酌、反复掂量). *fān çū fǒ siàng* 翻思复想.|. *xǒ siàng* 熟想.|. *çháy siàng* 再想.|. *çhiân'g chǎ'* 详察.|. *sý çū laỳ* 细思来.

Poner en lugar (vp.摆放在某处). *fańg çháy* 放在.|. *gān tuńg* 安顿①.|. *fańg hía* 放下.|. *gān chý* 安置. – pon lo en la mesa (把它放在桌子上). *fańg çháy chǒ xańg* 放在桌上. et sic de cett^is. (如此等等).

Poner delante (vp.放在跟前). *fańg çháy mién çhiên'* 放在面前.|. *gān pây' ièn çhiên'* 安排眼前.

Poner ensima, o, arriba (vp.放在高处，或置于顶上). *fańg xańg mién* 放上面.|. *fańg xańg* 放上.

Poner debaxo (vp.放在底下). *fańg tý hía* 放地下.|. *fańg hiá mién* 放下面.

Poner a parte, en otro lugar (vp.放在一边，放到其他地方). *fańg piě ch'ụ* 放别处.|. *lińg fańg* 另放.|. *lińg gān tuńg* 另安顿.

Poner la gallina sus guebos (vp.母鸡下蛋). *seńg tań* 生蛋.|. *hiá tań* 下蛋.

Poner gana de comer (vp.勾起食欲). *kāy' vúy* 开胃.

Poner precio (vp.确定价格). *liě kiá* 立价.|. *kỳ' kiá* 起价.|. *tińg kiá* 定价.

Pongamos caso que (vp.让我们假定……). *kià jû* 假如.

Poner nombre (vp.取名、起名). *liě mîng* 立名.|. *çhó mîng çhú* 做名字②.|. *piào mîng* 标名③.

---

① 柯本作"安动"。按："顿"字读为后鼻音，非此一例，见 Acomodar（p.4）、Asentar alguna cosa en lugar（p.23）。

② 柯本作"做名"，漏录"字"。

③ 即题名、彰显其名，柯本作"表名"。可比较"标致"（Hermoso, p.111; Polido, p.175），其中的"标"字也作上声。

Poner tasa, o modo (vp.确立规格或式样). *tińg kuēy* 定规.

Poner cuydado (vp.关心、留意). *iuńg siñ* 用心.|. *fý siñ* 费心.|. *kiǹ siñ* 谨心.

Poner color (vp.使用色料、涂色). *gān sě* 安色.|. *xańg sě* 上色.

Poner la mesa con lo necessario para combite (vp.铺桌设席并摆放用具). *pây' chǒ gān siě* 排桌安席.

Ponerse à peligro (vp.使自己处于险境). *çhú hièn* 自险.

Ponerse de por medio intercediendo, medianero (vp.从中调停，当调解人). *iańg* 央.|. *çhó chuńg jiń* 做中人.

Poner en el pescueço colgado (vp.挂或系在脖子上). *kuá kiǹg xańg* 挂颈上.

Ponerse al sol (vp.暴露在太阳下、晒太阳). *jě têu' hía xaý* 日头下晒.

Poner en saluo (vp.放在安全的地方). *chý gān ch'ú* 置安处.|. *fańg gān vuên chȳ ch'ú* 放安稳之处.

Poner en remojo (vp.浸泡). *çhín xùy* 浸水.

（p.176）

Poner entre tanto (vp.暂且放置、暂时搁置). *kiǔe'n fańg* 权放.|. *çhiańg çhiéu fańg* 将就放.

Poner el corazon (vp.放在心上). *hoây iǔ siñ* 怀于心.|. *kuá siñ* 挂心.|. *kuá ý* 挂意.

Poner en orden (vp.按顺序排列、整次). *gān pây'* 安排.|. *pây' tińg* 排定.|. *pày liě* 摆列. [参见：ordenar (整理).]

Poner en prendas (vp.抵押、典当). *tańg* 当.

Ponerse con grauedad (vp.摆出威严的架势). *chíńg iên sě* 正颜色.|. *tuńg iuñg máo* 动容貌.|. *goēy ŷ* 威仪.

Poner exemplo (vp.举例子). *pỳ iǔ* 比喻.

Poner todas sus fuerzas (vp.使全力). *çhín liě* 尽力.|. *iuńg liě* 用力.|. *xín chǒ liě* 甚着力①.|. *ki'ńg liě* 罄力.|. *kiě liě* 竭力.

Poner al sol (vp.放在太阳下). *xaý jě* 晒日. – al viento (放在通风处). *leańg* 晾.|. *lú fuńg* 露风.

Ponerse en pie, leuantarse en pie (vp.站起来，立起身). *chań ky'* 站起.

Ponerse el bonete (vp.戴四角帽，如僧侣帽、学生帽等). *chý kiñ* 置巾. – el Birrete (法官、教师等戴的礼帽). *taý máo* 戴帽.

---

① 柯本缺前二字。

Poner pleyto (vp.提请诉讼、打官司). *kaó choaṅg* 告状.|. *chiṅg' jiṅ* 呈人①.

Poner por memoria (vp.记于簿册). *ký sú* 记数.

Poner dentro de la manga (vp.放入袖子). *çhân'g siéu lỳ ki'ý* 藏袖里去.

Poner vna pierna sobre otra (vp.把一条腿架在另一条腿上). *kiāo kiŏ* 交脚.|. *kiāo kù* 交股.

Poner en deposito (vp.寄存、存放). *ký* 寄.

Poner el aro, o, arco en la pipa, o balsa (vp.给酒桶或水桶箍上铁箍). *kū' tuṅ'g* 箍桶.

Poner la fecha en la escritura (vp.给文稿署上日期). *lŏ jě* 录日.

Poner sus esperanças (vp.寄托自己的希望). *tŏ' laý* 托赖.|. *ỳ laý* 倚赖.|. *vuaṅg* 望.

Poner la silla al cauallo (vp.给马儿上鞍子). *kuá mà gān* 挂马鞍.|. *poéy mà* 鞴马②.

Poner vno sobre otro, vt las piedras en la pared (vp.把一样东西贴附在另一样上面，例如往墙上砌石块). *çh'ý* 砌.

Poner vno sobre otro arrumando (vp.把一样东西堆放在另一样上面). *tiĕ kỳ' lây* 叠起来.|. *tūy* 堆.

Poner su nombre firmando (vp.签署自己的名字). *hóa háo* 画号.|. *kúa háo* 挂号.

Pontifice (n.教皇、大主教). *kiáo hoâng* 教皇. [参见：Papa (教皇).]

Poniente (n.西方、西部). *sȳ* 西.|. *sȳ piēn* 西边.|. *sȳ faṅg* 西方.

Popa de nauio, o barco (np.舰或船的尾部). *chuê'n vùy* 船尾. – la proa (舰船的头部). *chuê'n têu'* 船头.

Poquedad, escazes (n.短缺、怯懦、匮乏、吝啬). *kiēn' liń* 悭吝.|. *pỳ' liń* 鄙吝.

Poquito (a.一点点、很少的). *siē xào* 些少.|. *kiĕ xào* 极少. ett.ᵃ (等等).

Por (prep.为、为了). *goéy* 为.

Por. [en lugar.] (prep.替、代[表示取代、替换某某]). *t'ý* 替.|. *taý* 代. – haz esto en mi lugar (你代替我做这件事吧). *taý gò* 代我. – haz me esto (你为我做这件事吧). *t'ý gò* 替我.

Por ventura (pp.也许、大概). *kuṅ'g p'á* 恐怕.

---

① 盖谓递呈子告人。

② 柯本作"背马"。

Por ventura es assi (s.事情也许是这样的). *kuǹg p'á xý* 恐怕是.|. *hoě xý* 或是.

Por, idest per (prep.因为，即由于). *iñ* 因. – per me (由于我的缘故). *iñ gò* 因我.

Por esso (pp.因为这一点). *iñ çhǜ'* 因此.

Por tanto (pp.由于这样). *sò ỳ* 所以.

Por algun tiempo, o de aqui aun poco (pp.一小会儿，或从现在起不多会儿). *tiǹ'g hoéy* 停会.|. *teǹg siē* 等些.|. *siē kièu* 些久.|. *pǒ kièu* 不久.|. *kiǔe'n* 权.

Por amor de mi (pp.为了我、看我的面子). *goéy gò* 为我.|. *goéy gò mién çhîn'g* 为我面情.|. *goéy gò çhîn'g fuén* 为我情分.|. *ka'n gò mién fuén* 看我面分.

Por cierto (pp.当然、无疑). *kùo jên* 果然.|. *piě tiǹg* 必定.|. *piě kiǹg* 毕竟.

+ Por cierto (pp.确实如此、顺便说一下). *gày jên* □然.|. *tiě jên* 的然.|. *ch'éu kiào'* 凑巧.①

Por el contrario (pp.相反、反之). *fàn* 反.

Por donde? (pp.哪里？什么地方？). *nâ lỳ* 哪里.|. *nâ sò çháy* 哪所在.|. *nâ tý fāng* 哪地方.|. *xiń mò sò çháy* 甚么所在.

Por do quiera (pp.不管哪一方面、无论如何). *pǒ lún xiń mò çháy* 不论甚么在.

Por la major parte (pp.大部分、大都). *tá kaý* 大概.|. *tá puón* 大半.

Por la maior parte (pp.大部分、大都). [参见：comun (共同的).]②

Por lo menos (pp.至少、起码). *kiě xaò* 极少.③

Por el mismo tiempo (pp.在同一时间、与此同时). *tuǹ'g xý* 同时.|. *kuńg xý* 共时.|. *iě xý* 一时.

Por la mañana (pp.在早上、早晨). *çhào kiēn* 早间.|. *xîn çhào* 晨早.

Por esso, por tanto (pp.因为这个，由于这样). *sò ỳ* 所以.|. *iñ çhǜ'* 因此.|. *xý kú* 是故.|. *kú çhǜ'* 故此.

Porque? preguntando (conj.为什么，表示疑问). *goéy xiń mò* 为甚么.|. *goéy hô* 为何.|. *hô goéy* 何为.|. *hô kú* 何故. – Respondiendo: por quanto (回答是：因为如何如何). *iñ goéy* 因为.

Porque causa? (s.出于什么原因？). *goéy xiń mò iûen kú* 为甚么缘故.|. *hô kú*

---

① 此条原写于本页他处，条首标有加号，想必表示当与关联词目接排。
② 此条补写于页缘左侧，与上一条实为同一词目。
③ 接上条，也为后手补写。词目另见 Menos（p.138）。

何故.|. *hô iñ* 何因.

Por dicha (pp.碰巧、无意中). *hińg* 幸.|. *hiáo hińg* 侥幸.

Por amor de v. m. (pp.为了阁下、看您的面子). *goéy kiñ mién* 为金面.|. *goéy tá fuén* 为大分.

Por ultimo (pp.最终、归根到底). *chuñg iên* 终焉.|. *chuñg kièu* 终久.|. *chuñg siũ* 终须.|. *táo tỷ* 到底.|. *xańg hía* 上下①.

Por ultimo (pp.最终), finalmente (ad.最后), o, en fin yo tengo de morir (s.到头来我总得死). *gò chuñg pỏ mièn iẻ çụ* 我终不免一死.

Por fuerza (pp.强使、强行). *mièn kiàn'g* 勉强.|. *kù' iáo* 苦要.

Por junto (pp.整个、一并、悉数). *iẻ çhuǹg* 一总.|. *iẻ kỷ'* 一起.|. *iẻ çhỷ'* 一齐.

Por honrra (pp.为了荣誉). *goéy kuñg mîng* 为功名.|. *goéy mîng xiñg* 为名声.|. *goéy kuāng iûng* 为光荣.

Por vna parte (pp.一方面、其一). *iẻ çhě* 一则.|. *iẻ lây* 一来.|. *iẻ mién* 一面.|. *iéu* 又. – Por vna parte se reîa, y parte otra se enojaua (一边开心，一边气恼). *iẻ mién siáo, iẻ mién nào* 一面笑一面恼.|. *iéu siáo, iéu nào* 又笑又恼. ett^a. (等等).

Por todos eran ciento (pp.总计为一百). *kuńg suón ièu iẻ pẻ* 共算有一百.|. *iẻ çhuǹg ièu iẻ pẻ* 一总有一百.

Por merced (pp.出于好意、为了人情). *goéy çhîn'g* 为情.|. *goéy jiñ çhîn'g* 为人情.|. *goéy çhîn'g kiêu'* 为情求.

Por mas que hagais (pp.无论你怎样尽力). *sūy çhín niù siñ* 虽尽汝心.|. *sūy kiẻ nỳ liẻ* 虽竭你力.

Por nada (pp.毫不费力), facilmente (ad.很容易). *iûng ý* 容易.|. *kiñg' ý* 轻易.

Porque via? (pp.哪一条路？由什么途径？). *hô lú* 何路.|. *hô iêu* 何由.|. *çhûn'g hô* 从何.

Por rodeos (pp.通过曲折的途径、以委婉的方式). *uàn ki'ỏ* 婉曲.|. *uàn goèy* 婉委.|. *goèy ki'ỏ* 委曲.

Por si (pp.自己), el mesmo (np.本人). *çhú kỷ* 自己.|. *çhú kiā* 自家. – el mesmo en persona (本人亲自). *çhīn' xīn* 亲身.|. *kuñg çhīn'* 躬亲.

Por todas partes (pp.在所有的方面、各个地方). *pi'én ch'ụ* 遍处.|. *ch'ụ ch'ụ* 处处.

---

① 犹高低，无论如何。

Por agora (pp.眼下、暂且). *çhiè'* 且.|. *fañg çhiè'* 方且.①

（p.177）

Por poco (pp.差一点), poco falto (adp.几乎). *chā' pŏ tō* 差不多.|. *hièn siē* 险些.|. *hièn hièn* 险险.

Por el mal vino el bien (s.由坏事变成好事). *iñ hó tĕ fŏ* 因祸得福.

Por todos caminos (pp.由各条道路). *cú lú* 四路.

Por ningun modo (pp.不论哪种方式都不、决不). *tū pŏ* 都不.|. *çhiŭe'n pŏ* 全不.|. *tuoń pŏ* 断不.|. *çhīe'n vuán pŏ* 千万不. = *vuán pŏ kò'* 万不可.|. *tuoń pŏ kò'* 断不可.②

Porcelana (n.瓷器). *tá uàn* 大碗.|. *kañg* 缸.

Porfiar (vi.争执、激辩). *çhēng* 争.|. *kèu' çhēng* 口争.|. *kiāo çhēng* 交争.|. *çhēng pién* 争辩.|. *teú kèu'* 斗口.|. *çhēng teú* 争斗.

Porfiado (a.顽固的、执拗的). *geńg chĕ tiĕ* 硬执的.|. *kú chĕ tiĕ* 固执的.|. *kiân'g çhùy tiĕ* 犟嘴的.

Porfia (n.固执己见). *geńg chĕ* 硬执.|. *geńg pién* 硬辩.|. *çhēng kèu'* 争口.

Porfia (n.激斗、苦战), a porfia (pp.争相), o puesta (n.竞争、比赛). *siāng saý* 相赛. – a porfia venir, certatim (竞相，争先恐后). *tū iáo laý* 都要来.|. *çhỳ laý* 挤来.

Porquero (n.养猪人). *iàng chū hú kiā* 养猪户家.|. *máy chū tiĕ* 卖猪的. – el que los mata (杀猪的屠户). *chày chū tiĕ* 宰猪的.

Porqueria donde se venden los puercos (np.卖猪的场所). *chū hañg* 猪行.

Porqueria, suciedad (n.秽物，垃圾). *gū goéy* 污秽.|. *uŏ ch'ŏ* 龌龊③.|. *çhāng* 脏.

Poros (n.毛孔、缝隙). *mâo kuǹ'g* 毛孔.|. *mâo kuòn* 毛管④.|. *mâo hiĕ* 毛隙.

Porra (n.棍棒、大头棒). *chây' têu'* 柴头.

Porraços (n.[棍棒]击打). *tà* 打. numeral de ellos (表示击打次数的量词). *hiá* 下.

---

① *çhiè'*，上声、送气音，柯本所录则为入声、非送气音 *çhiĕ*，写为"即""方即"，并将西语词目释为 right now（立即）。
② 等号及最后两个词为另手补写。
③ *ch'ŏ*，送气音，柯本转录为 *chŏ*，其词作"涴浊"。
④ 柯本写为"毛脘"。

Portada (n.屋宇的正面、门厅). *muên mién* 门面.|. *muên lêu* 门楼.

Portal (n.门廊、廊道). *lú fañg* 路坊①.|. *lañg* 廊.|. *siañg* 厢.

Portador de cartas (np.信使、送信人). *taý xū tiě jiń* 带书的人②.

Porte de cartas (np.信资、邮费). *siń çhiên'* 信钱.|. *taý xū çhiên'* 带书钱.

Portadas, o arcos triumfales (n.门楼，或功德门、凯旋门). *pâ'y fañg* 牌坊.|. *çú pâ'y leû* 四牌楼.|. *fañg* 坊.

Portero (n.看门人). *pà muên tiě* 把门的.|. *xèu muên tiě* 守门的.|. *kuòn muên tiě* 管门的.

Posar (vi.歇息、投宿). *hiě* 歇.|. *hiě sǒ* 歇宿.

Posar el Aue (vp.鸟儿栖息). *çhỹ'* 栖.

Posada (n.住宿、旅店). *hiě p'ú* 歇铺.|. *hiě tień* 歇店.

Posponer (vt.后置、延后). *goêy heú* 为后.|. *chó heú* 做后.|. *tañg heú* 当后.|. *liêu çháy heú* 留在后.|. *ỷ çháy heú* 移在后.

Poseer (vt.拥有、占有、掌握). *kuòn niě* 管业.|. *chîn'g xéu* 承受.|. *tǒ' chàng 托掌*③.|. *tě kuòn* 得管.

Posecion (n.资产、田地等拥有物). *puèn niě* 本业.|. *kuòn niě* 管业.

Posecion (n.掌控、管辖), tomar posecion de mandarinato (vp.接过某一官职的辖治权). *xańg jiń* 上任.|. *táo jiń* 到任.|. *kiāo kuòn* 交管. – de la corona (承继王位). *teñg kỹ* 登基.

Posecion (n.拥有、支配), tomar posecion de la hazienda, o tierras (vp.接过财产或田地的支配权). *tě leào kuòn niě* 得了管业.|. *kỳ' niě* 启业.

Poseciones, o hazienda (n.拥有的资产，或财产). *kiā niě* 家业.|. *kiā çhây'* 家财. [参见：patrimonio (祖业).]

Poseedor (n.拥有者、掌管者). *kuòn niě tiě* 管业的.|. *tǒ' chàng tiě* 托掌的④.|. *chàng kuòn tiě* 掌管的.

Posible (a.可能的、可行的). *kò' ỳ* 可以.|. *neñg goêy* 能为.|. *neñg ièu* 能有.|. *neñg çhó tiě* 能做的.

Posibilidad, vt para pagar (n.可能性、可行性，例如有能力偿还). *ièu liě kò' hoân* 有力可还. ettª. (等等).

---

① *fañg*，阴平，柯本转录为阳平 *fáng*，作"路房"。
② *taý*，柯本写为"待"。
③ 犹托管。*tǒ'*，送气音，柯本转录为非送气音 *tǒ*，字作"独"。
④ *tǒ'*，柯本仍转录为 *tǒ*，其词作"独掌的"。

Postilla (n.痂、结痂). *pỳ' 瘔.|. pỳ' kiě 瘔结.|. pỳ' kiā 瘔痂*.①

Poste de piedra (np.石头的柱子). *xě tuǹ* 石墩. – pilar, o coluna (柱子). *xě chú* 石柱.

Postigo de la ciudad (np.边门、小城门). *ki'ǒ chiň'g muên* 阙城门②.

Posta, correo (n.驿站、驿马，邮件、信使). *chèu páo* 走报.|. *p'áo mà páo* 跑马报③.

Posta, guarda (n.岗哨、卫兵). *xèu siuṅ jiň* 守巡人.|. *siuṅ kiāy tiě* 巡街的. que anda por las calles (即在街上巡逻的人).

Posta de pescado, o, carne (np.成块的鱼或肉). *iě ku'áy* 一块.|. *iě chiě* 一截.|. *iě tuón* 一段.|. *iě liuèn* 一脔.

Postema (n.溃疡、脓肿). *chùng tǒ* 肿毒.|. *chān'g tǒ* 疮毒.|. *iūng chiǔ* 痈疽.

Postrarse en tierra (vp.伏倒、跪倒在地). *fó tý* 伏地.|. *fù fó* 俯伏.

Postrera (a.末了的 n.最后一个). *xǎ vùy tiě* 煞尾的. [参见：ultimo (最终).]

Postrimeria (n.末日、终极命运). *chuṅg mǒ* 终末. – las 4. (死亡四途④). *çú mǒ* 四末.|. *çú chuṅg* 四终.

Postura (n.姿势、立场). *mû iaṅg* 模样.|. *hiṅg choáng* 形状.

Postura en el precio (np.出售或拍卖时标明的价格). *tiṅg kiá* 定价.

Poço (n.井). *chiǹg* 井.|. *xùy chiǹg* 水井.⑤ – limpiar lo (清洗水井). *puōn chiṅg* 搬井.

Potajes (n.炖煮的菜、炖蔬菜). *ch'áy* 菜.

Potencia (n.能力、机能、权能). *neňg* 能. – las tres del hombre (人的三种能力). *sān çṳ* 三司⑥.

Potro (n.马驹). *mà chǜ* 马仔.|. *siào mà* 小马.

Potro para dar tormento (np.上刑用的木凳). *mǒ liǜ* 木驴.

Potroso⑦ (n.疝气). [参见：quebrado (有疝).]

---

① 柯本注："瘔"指痂，可能受闽方言影响。
② *ki'ǒ*，柯本缺字。阙城门，犹城阙，即城门两侧的楼阁。
③ *p'áo*，柯本所录为 *chèu* "走"。
④ 盖指死亡、审判、地狱、天堂。
⑤ 部分重复的词目（p.175）。
⑥ 盖指基督教沉思默祷之三步骤：记诵、思索、立志。
⑦ 无汉语对应词，柯本理解为遭难、受苦（afflicted），相应地把 quebrado 译为破产、累坏（broken, debilitated）。

Pr.

Prado (n.草地、草原). *çhào' tý* 草地.

Preceder (vt.先于、走在前面). *siēn hiṅg* 先行.|. *siēn çhèu* 先走.

Precepto (n.命令、法规、戒律). *miṅg* 命.|. *liṅg miṅg* 令命.

Precio (n.价格、价钱). *kiá* 价.|. *kiá çhiēn'* 价钱.|. *kiá xǒ* 价赎.|. *kiá sú* 价数.
– no tiene precio (无可估价、极具价值). *vû kiá* 无价.

Precioco (a.珍贵的). *pào poéy* 宝贝.|. *kò' kuéy tiě* 可贵的.|. *kāo kuéy* 高贵.
– cosa preciosa (珍贵的东西). *kuéy vuě* 贵物.|. *vû kiá pào* 无价宝.|. *pào poéy tiě* 宝贝的.

Preciar, estimar (vt.珍视，看重). *kuéy chuṅg* 贵重.|. *chuṅg* 重.

Precioco, y vil (ap.贵与贱、宝贵与低劣). *çhién kuéy* 贱贵.

Precio comun, corriente (np.普通的价格，当前、流通的价格). *xý kiá* 时价.|. *piṅg' kiá* 平价. – subido (高昂的). *xaṅg kiá* 上价.|. *kuéy kiá* 贵价.|. *kāo kiá* 高价.

Precipicio (n.悬崖、陡壁). *hièn çhi'ún* 险峻.

（p.178）

Precio baxo (np.低价). *çhién kiá* 贱价.|. *piṅg' ŷ* 平宜①.

Precios diferentes (np.不同的价格). *xoāng iaṅg kiá* 双样价.

Precito (a.注定灭亡的). *k'ý çhiuě tiě* 气绝的.|. *tuón çhiuě tiě* 断绝的.

Precipitarse (vr.跌落、坠入). *tiě lǒ keṅ'g kàn'* 跌落坑坎. – Precipicio (悬崖、陡壁). *hièn çhi'ún* 险峻.②

Predicar (vt./vi.宣讲、布道). *kiàng táo* 讲道.|. *luṅ táo* 论道.|. *tân' táo* 谈道.
– el euangelio (讲解福音书). *kiàng kīṅg* 讲经.

Predicar dilatando la ley (vp.宣讲并传播教义). *chuên' kiáo* 传教.|. *pú kiáo* 布教.|. *chèn' iaṅg xiṅg kiáo* 阐扬圣教.|. *pú iaṅg kiáo* 布扬教.③

Predicador (n.宣讲者、布道者). *kiàng táo siēn seṅg* 讲道先生.|. *hiṅg kiáo chè* 行教者.|. *kiàng táo chè* 讲道者.|. *kiāo kiáo chè* 教教者.④

---

① 犹便宜。柯本作"平夷"。
② 后一句与上一页的最后一条重复。
③ 整个这一条不见于柯本。
④ 第一个"教"为阴平，动词，指教给；第二个"教"为去声，名词，指教义。

Precursor (a.先行的、走在头里的). çhiên' ki'ụ́ 前去.|. siēn kiụ̄' 先驱①.

Predestinar (vt.先决、注定). çhiên' tińg 前定.|. çhiên' siụèn 前选.

Predestinado (a.先决的、注定的). çhiên' siụèn tiẻ 前选的.|. çhiên' tińg tiẻ 前定的.

Predominar (vt./vi.统治、主导、至高无上). çhù 主.|. vuańg② 王. vt los Astros (例如众星).

Pregon (n.宣读的公告、政令). kiáo lińg 教令.|. kaó xý 告示.|. táo lińg 道令.

Prefacion de los libros (np.书籍的序言). siú vuên 序文.|. tý' çhủ' 题词.|. kuōn piēn' 冠篇. – introducion (导言、引论). iń 引.

Preferir (vt.优先考虑、偏爱). ỳ tā' goêy siēn 以他为先.|. lìng xèu 领首.

Preferido (a.优先的、首先考虑的). têu' siēn tiẻ 头先的.|. siēn xèu tiẻ 先首的.

Pregonar (vt.宣告、发令). chuên' lińg 传令.|. kiāo chuên' 教传.|. chuên' táo lińg 传道令.|. chuên' mińg 传命. vt à los ajusticiados (例如对犯人宣令).

Pregonar, vt sic (vt.大声说话、喊叫等). iańg xīng xuẻ 扬声说.|. kāo xīng xuẻ 高声说.|. kiáo kiāy 叫街.

Pregonero (n.宣读告示者). chuên' lińg chè 传令者.|. siụēn kiáo chè 宣叫者.|. kiáo iụ́ jiń 叫谕人③.|. siụēn xý jiń 宣示人.

Preguntar (vt.问、询问、提问). vuén 问.|. káo vuén 告问④.|. fàng vuén 访问.|. mién vuén 面问.|. xẻ vuén 设问.|. vuén iẻ xīng 问一声.

Preguntar examinando, vt los jueces al Reo (vp.察问，如法官讯问犯人). xìn vuén 审问.|. sińg vuén 讯问.

Preguntar por la salud (vp.询问健康状况、问候). vuén gān 问安.|. vuén héu 问候.|. iń vuén 音问.

Pregunto a v. m. (s.[我]向您请问). çhiǹ'g vuén 请问.

Preguntar los inferiores a los superiores (vp.下级向上级询问). pìn vuén 禀问. – hasta esta pregunta (居然问了这样的问题). jû çhủ' fā vuén 如此发问.|. çhỏ xý vuén 作是问.

Prelado, vt de las Religiones (np.宗教界的高层人士，如修道院的院长).

---

① kiụ̄'，阴平，柯本转录为去声 kiụ́'，字作"去"。
② 谓天象主宰人事。vuańg，王天下的"王"，动词，去声。柯本写为"望"。
③ 柯本作"叫语人"。按：两例 kiáo 写为"教"也说得通。
④ 谓就所问告知一二。káo，柯本改为 k'áo，字作"考"。

hoéy chaṅg 会长.|. chù hoéy 主会.|. chaṅg hoéy 掌会.|. chý hoéy 治会①.

Prelado, vt obispo (n.高级神职人员，如主教). chù kiáo chè 主教者.|. çṳ kiáo chè 司教者.|. chaṅg kiáo chè 掌教者.

Prelado de los Bonzos (np.高级别的和尚). seṅg kuōn 僧官.|. seṅg vuàng çṳ 僧纲司②.|. chú chỷ' 住持③.|. seṅg kiā chỷ chù 僧家之主.

Prelacia (n.高级别的神职). chù kiáo chȳ goéy 主教之位. – Dignidad episcopal (主教职位). çṳ kiáo chȳ chẻ 司教之职④.

Prematica (n.公告). kaó xý 告示. – mas si es del Rey (如果出自君王，则叫). xíṅg chỷ 圣旨.|. chỷ ý 旨意.

Premiar (vt.奖赏). xaṅg 赏.|. xaṅg çú 赏赐.|. paó xaṅg 报赏.|. xaṅg kuṅg 赏功.|. hiṅg xaṅg 行赏. – a los soldados (对士兵的奖励). ka'ó kuṅg 犒功.|. ka'ó xaṅg 犒赏.

Premiar (vt.奖赏、慰劳), dar refresco a los officiales que trabajan (vp.向那些承担任务的工作人员发放膳食). ka'ó lâo 犒劳.

Premio (n.奖品、酬劳). xaṅg 赏. – de los presentes a los que los trahen (给递送奖品或礼品者的赏钱). xaṅg fuṅg 赏封.|. xaṅg çhièn' 赏钱.

Prenda (n.抵押物、典当物). taṅg têu' 当头. – en señal de amor (当作爱情的信物). kù ký 古记⑤.

Prender (vt.拿、抓、捉拿). nâ 拿.|. nâ chú 拿住.|. nâ chỏ 拿捉.|. kiṳ sỏ 拘索.|. pú chỏ 捕捉.|. chỏ nâ 捉拿.

Prender dando la casa por carcel (vp.关押在家里). kiā kiṅ 家禁.|. kiṅ çháy kiā chuṅg 禁在家中.

Prender (vt.逮捕), poner en la carcel (vp.关进监狱). xēu kiēn 收监.|. têu' kiēn 投监.|. kiēn kỷ' 监起.|. kiṳ liêu 拘留.

Prender la planta en la tierra (vp.植物在泥土里生根). hiṅg kēn 行根.

Preñada (a.怀孕的). ièu íṅg 有孕.|. ièu xīn 有身.|. xéu íṅg tiẻ 受孕的.

Prenuncios, o presagios (n.预告，或预兆). siēn cháo 先兆.

Preparar (vt.准备、预办). pý paṅ 备办.|. iú pý 预备.|. paṅ 办.|. çhỷ' pý 齐备.|.

---

① 柯本作"制会"。
② vuàng，"綱"（纲）误读为"網"（网）音。柯本作"僧網司"。
③ 柯本作"柱持"。
④ chẻ，柯本写为"质"。
⑤ 《金钗记》中有"金钗、弓鞋、菱花三般古记"一说。

tà pań 打办.|. gān pây' hiá 安排下.

Preparar combite (vp.预备宴席). pań ién 办宴.|. pań çhièu 办酒.

Pressa (n.捕获物). çhiù' hoĕ tiĕ vuĕ 取获的物.|. nâ hoĕ tiĕ vuĕ 拿获的物. – Despojos de guerra (战利品). chen hoĕ chȳ vuĕ 战获之物.|. chen xińg sò hoĕ tiĕ 战胜所获的.

Prensa (n.印刷机). iă pàn 压版.

Presencia (n.存在、在场). mién çhiên' 面前.|. e ɔᵃ. (也可反过来说：çhiên' mién 前面) .|. ièn çhiên' 眼前.|. mǒ hiá 目下. – Dios esta presente en todo lugar (神处处都在). Tiēn' chù vû sò pǒ çháy 天主无所不在. – per essentiam (通过其本质). ỳ ký' tỳ' çháy 以其体在. – per presentiam, et inspectiones (通过其当下的存在和显现). ỳ hién çháy, ỳ mǒ çháy 以现在、以目在. – per potentiam (通过其万能之力). ỳ ký' kiục'n neńg çháy 以其权能在.

Presentar al Juez los presos (vp.向法官递解犯人). taý táo 带到①. – los testigos (递送证人). chiń kān chińg 进干证.

Presentarse al Juez (vp.向法官投案). chú têu' kuōn 自投官.

Presentar, o hazer presentes (vt.呈献，即奉上礼物). sung lỳ 送礼.|. hién lỳ 献礼. [fuǹg tý 奉递. para escritura (书面语词).]

Presente (n.现在), el tiempo presente (np.此时), agora (ad.而今). hién kiñ 现今.|. jû kiñ 如今.|. hién xý 现时.

Presente (a.当前的、现在的), delante (ad.在眼前、当面). hién çháy 现在.|. mién çhîe'n 面前.|. tuý mién 对面. [参见：presencia (存在、在场).]

Pretender (vt.企图、力求). mêu 谋.|. tû' mêu 图谋.

Presidio (n.城堡、要塞). chu'ńg chîng' 铳城.|. piñg iuńg 兵营.

Prestar (vt.借给). çhié 借.

Presente, don, dadiua (n.礼物，礼品，赠品). lỳ vuĕ 礼物.|. ŷ vuĕ 仪物. – en el dia del nacimiento (逢生日所送). xéu lỳ 寿礼. – en parabien (逢喜庆所赠). hó lỳ 贺礼.

Presente en la primera vez que se ven (np.初次会面时所赠的礼物). chý lỳ 贽礼. – para los entierros (出席葬仪时所奉). sańg lỳ 丧礼. – a la despedida para el camino (启程告别时). çhién hińg 饯行.

---

① 柯本作"待到"。

(p.179)

Presentes que se dan en la Pascua de los chinas (np.中国人每逢他们的圣诞节所送的礼物). *niên lỷ* 年礼.|. *sunǵ niên* 送年.

Presentar (vt.呈送、解送、提交、奉献). [见上]

Presidente (n.总官长), el principal que preside (np.主事的首长). *chinǵ tañ'g* 正堂.|. *chinǵ iń* 正印.|. *chanǵ iń* 掌印.|. *chù kiûe'n chè* 主权者.|. *chanǵ kiûe'n chè* 掌权者.|. *xèu chó chè* 首座者.

Presidentes de los Reales consejos (np.皇家内阁的长官). *xanǵ xṳ̄* 尚书.[参见：consejos (内阁).]

Presidir (vt.执掌、主持). *chanǵ kiûe'n* 掌权.|. *chanǵ kuòn* 掌管.

Presos (n.犯人). *kiń chiêu' tiě* 禁囚的. – Reo (罪犯、囚徒). *chiêu' fań tiě* 囚犯的.|. *fań jiñ* 犯人.

Prieto (a.深褐色的), color negro (np.黑色). *hě tiě* 黑的.|. *hě sě* 黑色. [参见：negro (黑色).]

Presto (a.快、迅速的). *ku'áy* 快.|. *sǒ* 速.

Presto, aparejado (a.已备妥的，适合的). *pań leào* 办了.|. *pién leào* 便了.|. *pý pań leào* 备办了.|. *hién chîn'g* 现成.

Presto (a.便捷的), a mano (pp.在手头、方便). *sûy xèu* 随手.|. *cháy xèu hía* 在手下.|. *fanǵ pién* 方便.|. *pién lý* 便利.

Presumir de si (vi.自吹、自以为是). *chú kūa'* 自夸.|. *kūa' chú kỷ* 夸自己.|. *chú tǒ'* 自托.|. *chú chin'g* 自逞.|. *chú ỳ* 自倚①.|. *chú xý* 自是.

Presumcion (n.自负、自傲). *gáo k'ý* 傲气.

Presumtuoso (a.傲气十足的). *chú kūa' tiě jiñ* 自夸的人.|. *kiāo gáo tiě* 骄傲的.

Presumir pensando (vp.猜测、推想). *ŷ chě'* 臆测②.|. *tú leanǵ* 度量.|. *leáo leanǵ* 料量.|. *tú leáo* 度料.

Presuroso, apresurado (a.匆促的，紧迫的). *kiǹ kiě' tiě* 紧急的.|. *sinǵ kiǹ tiě* 性紧的.

Pretal del cauallo (np.马匹的肚带). *mà hiunǵ táy* 马胸带.|. *nâ hiunǵ táy* □胸带③.|. *tú táy* 肚带. – de cascabeles (带铃铛的). *mà linǵ* 马铃.

---

① 犹自恃，柯本作"自以"。
② 柯本作"疑测"。
③ *nâ*，柯本写为"拿"。

Preuenir (vt.预备、准备). *iú pý* 预备.|. *pý pań* 备办.|. *iú siēn pý pań* 预先备办.

Preuenirse de ante mano metiendo memorial (vp.提交预案，为正式行动做准备). *tỷ gań* 递案.

Preuenir apercibiendose (vp.提前警示并做准备). *iú fañg* 预防.|. *fañg pý* 防备. – socorriendo (准备救援). *iú kiéu* 预救.

Priessa (n.匆忙、急切). *ku'áy* 快. – dar priessa (着急). *chūy'* 催[①].|. *kàn* 赶.

Priuilegio (n.特许、豁免). *gēn çú* 恩赐.|. *çú mièn* 赐免.|. *gēn tièn* 恩典.

Priuilegiado (a.获特许的、被豁免的). *ièu mièn* 有免.

Primas de parte de Padre (np.父亲一方的堂姐妹). *çhiè moéy* 姐妹.|. *xỏ pě çhiè moéy* 叔伯姐妹. – la maior (岁数大的). *çhiè* 姐. – la menor (岁数小的). *moéy* 妹.

Primas de parte de Madre (np.母亲一方的表姐妹). *piào çhiè moéy* 表姐妹. – la maior (岁数大的). *piào çhiè* 表姐. – la menor (岁数小的). *piào moéy* 表妹.

Primero (num.第一 a.第一的、最先的), o el primero (np.第一个). *tý iẻ* 第一.|. *têu' iẻ* 头一.|. *goêy xèu* 为首.|. *xèu siēn tiẻ* 首先的.|. *têu' siēn tiẻ* 头先的.

Primeramente (ad.首先、起初). *siēn* 先.|. *siēn çhiên'* 先前.

Primero de año (np.每年之初). *chīng iuẻ çhū' iẻ* 正月初一.

Primero del mes (np.每月之初). *çhū' iẻ* 初一.

Primos de parte de Padre (np.父亲一方的堂兄弟). *xỏ pě hiuñg tý* 叔伯兄弟.|. *hiuñg tý* 兄弟.|. *tuñ'g tuñ'g hiuñg tý* 同堂兄弟[②]. – el mayor (岁数大的). *hiuñg* 兄. – el menor (岁数小的). *tý* 弟.

Primos de parte de Madre (np.母亲一方的表兄弟). *piào hiuñg tý* 表兄弟.

Primicias (n.头批成熟的果实). *siñ señg tiẻ* 新生的.|. *xèu siñ tiẻ* 首新的. – dar las (奉上这类果实). *çhín siñ* 进新.|. *hién siñ* 献新.

Principe, hijo mayor del Rey (n.王子，即君王的长子). *ta'ý çhủ* 太子.|. *xý çhủ* 世子.|. *çhiên' súy* 千岁.|. *hoâng chàng chủ* 皇长子.

Principal (a.首要的、根本的). *xèu siēn tiẻ* 首先的.|. *tý iẻ tiẻ* 第一的.|. *çhuñg* 宗.|. *tá çhuñg* 大宗[③].|. *chàng puèn* 长本.

---

① 柯本作"推"。

② 第二个 *tuñ'g* 为 *tañ'g* 之误。

③ 谓万物所宗，世界之本源，《淮南子·原道训》有其词。

Principal negocio (np.主要的事情、要务). *xèu vú* 首务.|. *tý iĕ iáo kiǹ tiĕ çṳ́* 第一要紧的事.|. *tá chỳ* 大旨.

Principal de la ganancia (np.收益的本金). *puèn çhiên'* 本钱.

Principal (a.声名卓著的), hombre noble, honrrado (np.高尚、正直的人). *mîng vuáng tiĕ* 名望的.|. *çhūn jiń* 尊人.|. *çhūn kuéy* 尊贵.

Principado (n.王爵、王国). *vuańg goéy* 王位.|. *hoâng tý tiĕ goéy* 皇帝的位.

Priuado del Rey (np.君王的心腹、宠臣). *hińg chîn'* 辛臣.

Principio, y fin (np.始点与终点). *xỳ chuńg* 始终.|. *xỳ mŏ* 始末.

Principio de su año, o de su 1ra. luna (np.中国人的一年之始，或他们阴历年的第一个月). *chīng iuĕ* 正月.

Principios, rudimentos (n.起步阶段，基础知识). *çhū' hiŏ* 初学.

Principiante (n.初学者、新手、学徒). *çhây' hiŏ tiĕ* 才学的. – en las letras (指学问上). *hiŏ seńg* 学生.

Prisiones (n.链锁、镣铐、羁绊). *xèu kiŏ chȳ nâ* 手脚之拿①.|. *xèu chèu kiŏ leáo* 手杻脚镣.|. *xèu nièu chĕ kiŏ* 手杻絷脚②.|. *leáo jiń mâ kiŏ* 撩人马脚③.

Priuar de algun bien (vp.剥夺某人的福利). *ki'ṳ́ tā' tiĕ fŏ* 去他的福.|. *çhiụĕ ký' fŏ* 绝其福.

Proa del nauio (np.舰船的头部). *chuê'n têu'* 船头.|. *chuê'n xèu* 船首. – Poner la proa (摆正船头朝向). *hiáng* 向. – azia el norte (朝向北方). *hiáng pĕ piēn* 向北边.

Proa (n.船头), no sabe donde pone la proa (s.不知道船头该朝哪里). *pŏ chȳ hiáng hô ch'ụ́* 不知向何处.|. *hiáng pŏ chȳ têu'* 向不知头.

Proa (n.船头、方向), poner la proa en la honrra (np.奔荣名去、谋求荣誉). *hiáng kuńg mîng* 向功名.|. *hiáng mîng lỳ* 向名礼④.|. *hiáng mîng xiń* 向名声.

Proceder, obrar (vi.进行，行事). *hîng* 行.|. *hiŏ* 学.|. *çhûn'g* 从⑤. – Procede bien (事情进行得不错). *hîng tĕ hào* 行得好.|. *chińg kiń* 正经.|. *hîng tĕ xý* 行得是.

---

① "拿"，擒拿、拿获。
② 此句有疑，词序或有误。柯本注："杻"字二读，*chèu* 或 *nièu*。
③ 谓使绊马索。"撩"通"撩"。
④ 柯本作"名利"。
⑤ 柯本缺此词。

Proceder (vi.来自), originarse (vr.发源). *iuên iêu* 原由/缘由.|. *iuên* 原/缘/源.|. *iêu* 由.|. *çhûn'g* 从.|. *çhûn'g iêu* 从由. [参见：originarse (发源).]

Proceder, vt el calor, del fuego (vi.发生、发出，如发热、着火). *fǎ* 发. – el proceder del espiritu Santo llamanos *fǎ* (圣灵的显现，我们也称为 "发").

Procession nuestra de los Santos (np.我们的圣徒组织的列队游行). *iêu iú* 游异①.|. *iêu chēn* 游瞻.|. *iñg suńg* 迎送.|. *iêu kiāy* 游街.|. *hîng hiāng* 行香.

Procesion de los Bonzos (np.和尚们的列队游行). *tà çhiāo* 打醮.|. *xě çhiāo iǔ mèu sò núy* 设醮于某所内.

Procurar con todo cuydado (vp.专心致志地理事). *chuēn vú* 专务.

Processo (n.案件、涉案文件). *vuên kiu̯èn* 文卷.|. *gán vuên* 案文.|. *kiu̯èn gán* 卷案.|. *vuên xū̄* 文书. – hazer lo (将这类文件建档). *liě gán* 立案.

（p.180）

Processo (n.案件), hazer lo tomando la confession (vp.审理案件时录取供词). *çhiù' kèu' çhǔ'* 取口词.|. *vuén kèu' kuńg* 问口供.

Procurador de la casa (np.代管家务者). *kuòn kiā* 管家. – de la comida (代管膳食者). *mày pán* 买办.

Procurador escriuano (np.书记员). *xū̄ lỳ* 书吏.|. *xū̄ pān* 书办.

Procurar honrra (vp.谋求名誉). *kiêu' mîng* 求名.|. *liě mîng* 猎名②.|. *tào' mîng xiñg* 讨名声.

Prodigo (a.出手大方的、挥霍成性的). *kaǹg ka'ý* 慷慨.|. *p'ó çhây' tiě* 破财的.

Prodigio (n.奇异、奇迹). *kỳ' kuáy* 奇怪.|. *kỳ' ý* 奇异.|. *ý kuáy* 异怪.

Producir (vt.出产、产生). *señg* 生.|. *fǎ señg* 发生.|. *fǎ chụ̌'* 发出.

Proesas, hazañas (n.成就，功勋). *kuñg lâo* 功劳.|. *hîng çhiě* 行迹.|. *hîng kuñg* 行功.

Profecia (n.预言、《圣经》预言书). *siēn chȳ chȳ ieñ* 先知之言.|. *siēn chȳ sò xuě tiě* 先知所说的.

---

① 盖指抬着圣像游行。*iú*，柯本拟为"遇"。

② *liě*，柯本转录为 *liě*，字作"立"。

Professar, vt la fee (vt.从事、奉行，如奉行一种信仰). *jiń* 认.|. *chȳ jiń* 知认. – vt los Religiosos (如教徒所行). *siēu hoéy* 修慧.|. *hiù sān çhiụě* 许三绝①.

Profeta Santo (np.圣教的预言者、先知). *siēn chȳ xińg jiń* 先知圣人.

Profeta (n.预言家). *siēn chȳ chè* 先知者.|. *chȳ uý laỷ chè* 知未来者.|. *chȳ çhiañg laỷ chè* 知将来者.|. *iủ chȳ chè* 预知者.|. *liñg tuñ'g xîn chè* 灵通神者.

Prohijar (vt.过继、收养子). *liě çú* 立嗣.|. *liě ý çhù* 立义子②.

Prohijado (n.养子). *ý çhù* 义子.|. *iańg çhù* 养子.|. *kān ûl* 干儿.

Profundo (a.深、深刻、深奥的). *xīn* 深. – Doctrina (一种教义或学说). *xīn miáo* 深妙.|. *gáo miáo* 奥妙.|. *hiụen miáo táo lỷ* 玄妙道理.

Progressos (n.进步). *kuñg niě tá çhín* 功业大进③.

Prohibir (vt.禁止). *kiń* 禁.|. *kiń chỷ* 禁止.|. *kiń çhù* 禁阻.|. *kiń kiáy* 禁戒.|. *xě kiń* 设禁.

Prohibir impediendo (vp.禁止并阻挡). *làn chú* 拦住.|. *kiụ kiń* 拘禁.|. *kiń chú* 禁住.|. *çhù chú* 阻住.|. *làn çhù* 拦阻.④

Prohibicion (n.禁止、禁令). *kiń iên* 禁严.|. *iên kiń* 严禁.|. *kiń iǒ* 禁约. – con rigor (严厉禁止). *kiń tě lý háy* 禁得厉害.

Prolixo, enfadoso (a.冗长的，烦人的). *sò suý tiě* 琐碎的.

Prolixamente (ad.琐琐碎碎地), cansado (a.令人厌烦的). *mô nán* 磨难.

Prologo (n.序言、绪论). *siụ* 序.|. *iǹ* 引.|. *siụ vuên* 序文.

Prometer (vt.承诺、许可). *hiụ* 许.|. *hiụ nǒ* 许诺.|. *hiụ hiá* 许下.|. *hiụ tińg* 许定.

Prometer por otro (vp.替人承诺). *táy hiụ* 代许.

Prometer a Dios (vp.向上帝承诺). *hiụ iuén tiēn' çhù* 许愿天主. [参见：voto (誓言).]

Promesa (n.所许之愿、诺言). *hiụ tiě* 许的.|. *sò hiụ tiě* 所许的.|. *kién hiụ tiě* 见许的.

---

① 三绝，谓绝财、绝色、绝意。
② 柯本作"立义"，漏录 *çhù* 。
③ *kuñg*，柯本写为"工"。
④ *làn*，两例柯本都写为"揽"。

Promesa (n.承诺、保证), acceptar la (vp.保证履行诺言). *kě hiù* 恪许①.|. *liṅg miṅg* 领命.|. *liṅg kiáo* 领教. – de v. m. recibo merced (承蒙您的惠泽、惠教). *kîn' liṅg* 钦领②.

Promptitud (n.机敏、迅捷、急躁). *pién* 变.|. *pién siñ* 变心.③

Promouer à maior dignidad (vp.升迁至更高的官职). *xiñg* 升.|. *xańg* 上.

Promulgado por todo el mundo (ap.向全天下颁布). *pań hîng tiēn' hiá* 颁行天下.

Pronosticar (vt.预测、预言). *xuě uý laý chȳ çú* 说未来之事.

Pronostico (n.预兆). *siēn cháo* 先兆.④

Pronunciacion (n.发音、读音). *xiñg iñ* 声音.

Pronunciar las letras, o palabras (vp.读字母、发字音，或吐字). *xuě* 说.|. *kiàng* 讲. – pronunciar bien (口齿清楚、说话明白). *kiàng tě mîng* 讲得明.|. *kèu' xě nêng chuèn pién* 口舌能转变.

Pronunciar la sentencia (vp.宣布一项判决). *kèu' iú̧* 口谕.|. *chuê'n tuón iù̧* 传断语.|. *kiu̧ě gán* 决案.|. *pu'ón iù̧* 判语.

Proponer informando (vp.提出一种说法、表达一种看法). *xě lún* 设论.|. *chîn' xuě* 陈说.|. *tý' xuě* 提说.

Proponer alguno al Rey para leuantar lo (vp.向君王推荐某人). *çhién iańg* 荐扬.|. *kiù̧ çhién* 举荐.|. *tý' pǎ* 提拔.|. *kiù̧ chiñg'* 举称.

Proporcion, vt la que dize el castigo con la culpa, ett[a]. (n.适当、合度，例如量刑与所犯之罪是否相符，等等). *siańg chi'ńg* 相称.

Proporcion, esta Arte, o ciencia (n.比例，作为一门技艺或科学). *pỳ liě chȳ hiǒ* 比例之学.

Proposito (n.意图、主意、意志). *siñ ý* 心意.|. *siñ chý* 心志.|. *chý ý* 志意.|. *ý* 意. – otro proposito (他人的意图). *piě ý* 别意.| *tā' ý* 他意.|. *piě lún* 别论.

Proposito (n.目的、论题), hablar a proposito (vp.所论所述切合话题). *hǒ lý* 合理.|. *tańg lỳ* 当理.|. *hǒ çhiě* 合节⑤.|. *chuńg lỳ* 中理. anteponese el *xuě*, o *kiàng* ("说"或"讲"置于这些词之前).

---

① *kě*, 柯本缺字。
② 柯本作"勤领"。
③ 柯本作"便""便心"。
④ 此条之前有重复，也见于本页。
⑤ 柯本作"合接"。

Proposito (n.目的、目标), aque proposito? (pp.为了什么目的？). *hô kú* 何故.|. *hô goéy* 何为.

Prorrogar (vt.延长、延期). *chý' iên* 迟延. [参见：dilatar (延缓).]

Proprio philosophico, propiedad en 4to. modo (ap.哲学意义上的自有或固有，即第四种方式的所有权或拥有物). *tỏ ièu* 独有.|. *tỏ kiủ* 独据.|. *tỏ pìn* 独秉.|. *tỏ fú* 独赋①.|. *tỏ tẻ* 独得.②

Proprio (a.自己的、固有的), cosa propria (np.属于自己的东西). *chủ kỳ tiẻ* 自己的.|. *kỳ vuẻ* 己物.|. *puèn vuẻ* 本物.|. *kú vuẻ* 固物.

Propiedad (n.属性、特性). *iuên xý* 原势.|. *puèn xý* 本势.|. *puèn tèng* 本等.|. *puèn chîn'g* 本情.|. *sińg puèn* 性本.

Propria mano (np.自己的手、亲手). *chīn' xèu* 亲手. – proprio cuerpo (自己的身体、亲自). *chīn' xīn* 亲身. ett^a. (等等). en persona (即本人亲自).

Propria patria (np.自己的故乡). *puèn hiańg* 本乡. – propria Religion (自己所奉的宗教). *puèn hoéy* 本会. ett^a. (等等).

Propria naturaleza (np.自然的属性、生来固有的性质). *puèn sińg* 本性.|. *puèn chîn'g* 本情.|. *sińg chîn'g* 性情.|. *seńg chîn'g* 生情.

Propriamente (ad.原本、实质上). *puèn jên* 本然.|. *chīn chiẻ* 真迹.|. *xẻ jên* 实然.

Postrar③ (vt.使人跪倒、伏倒). *fù fó* 俯伏. – Postrado (跪倒、伏倒的). *fó tiẻ* 伏的.

Proseguir (vt.继续、接续). *chiẻ xańg chó* 接上做.|. *chiẻ sỏ* 接续.|. *kỳ sỏ* 继续.|. *liên sỏ* 连续. – la platica (指交谈会话). *chiẻ chiên' xuẻ* 接前说.

Prosperar (vt.使之繁荣 vi.繁荣发达). *kiáng fỏ* 降福.|. *cú fỏ* 赐福④.|. *chý fỏ* 致福.|. *fỏ tā'* 福他.

Prosperidad, dicha (n.幸福，福分). *kiẻ* 吉.|. *fỏ* 福.|. *kiẻ ki'ńg* 吉庆.|. *fỏ ki'ńg* 福庆.|. *gān fỏ* 安福.|. *iéu fỏ* 佑福. [参见：dichas (好运道).]

Prospero (a.顺利的), viento en popa (np.顺风). Todo le sale bien. (s.风顺好使船、一切顺当). *xuń kiǹg* 顺境⑤.|. *iûng hińg* 荣幸.|. *lỳ xuń* 理顺.|. *iẻ seńg*

---

① 柯本作"独附"。
② 物质财产所有权的四种方式，或法律意义上的四种权能，即占有权、使用权、收益权、处分权。此处是就西语词目的一般意义而言，比如也可指独具某种能力或天赋。
③ 又拼作 prostrar, 故在此出现，见关联条目 Postrarse en tierra (p.177)。
④ *cú*, 柯本拟为"使"。
⑤ 柯本作"顺景"。

çhèu xuń fuńg 一生走顺风①.|. tĕ ý kúo xuń kiǹg 得意过顺境.|. chīn'g ý 称意.

Protector (n.庇护者、保家). gēn jiń 恩人.|. gēn çhù 恩主.|. pào chù 保主.

Proteruo (a.顽固的). chĕ gáo 执傲.|. geńg chĕ 硬执.|. kú chĕ 固执.|. pŏ fŏ jiń 不服人.|. pŏ ȳ jiń 不依人.

Prouar lo con preguntas (vp.用问话试探). xý vuén 试问.|. ta'ń xý 探试.

Prouable (a.可信的、可以证明的). ièu piń'g kiú tiĕ 有凭据的.|. ièu gań nién tiĕ 有案验的.|. ièu kào' chiń'g 有考证.|. kiń'g lý 近理②.|. çú ièu xý 事有试.

Prouar, vt la comida (vt.尝试、试试，如食物). xý chân'g 试尝.|. xý 试.|. chân'g 尝. – prueua lo (试一下). chân'g iĕ chân'g 尝一尝.

（p.181）

Prouar con razones, o autoridades (vp.以合理的推论或可靠的依据来证明). chiń'g 证.|. iǹ chiń'g 引证.|. çhiù' chiń'g 取证.|. chiń'g 征.

Prouar experimentando, vt a los nouicios, ettᵃ. (vp.通过试验、试用来证明，例如对新手等). xý ta'ń 试探. tentar assi (即探索、尝试).

Prouar a ver el effecto (vp.试探效果如何). xý nién 试验.

Prouar las fuerzas (vp.试探、比试力量). kiáo liĕ 较力.|. xý liĕ 试力.|. pỳ liĕ 比力.|. kiŏ liĕ 角力.|. kiáo kiŏ 较角③.

Prouar las armas (vp.试验武器、试炼兵器). xý kién 试剑.

Prouarse para la guerra (vp.练兵以备战). xý vù 试武.|. chāo' lién 操练④.

Prouecho (n.利益、利润). iĕ 益.|. lý 利.|. lý iĕ 利益. – es de prouecho (这是有益、有用处的). ièu iuńg 有用.

Prouechoso (a.有好处的、有利可图的). ièu lý iĕ 有利益.|. ièu iĕ 有益. – para la salud (对于健康). ièu pù iĕ 有补益.|. ièu pù 有补.

Prouechosamente (ad.以有益、利好的方式). pién iĕ 便益.|. ièu pién 有便.

Prouecho (n.利益), buscar le (vp.逐求利益). tān' lý 贪利.|. hoây lý 怀利.|. çh'iū lý 趋利.|. vú lý 务利.

---

① 柯本作"一生顺风"，脱字音 çhèu。

② 柯本缺字。

③ 末了二词柯本作"较力""较较"。

④ 柯本作"訬练"。按："操练"一词此前已两度出现，见 Escaramuza（p.90）、Hazer alarde（p.109）。

Proueher (vt.储备、供应). *pý pań* 备办.|. *pań* 办. – proueher la casa de lo necessario (为家庭日用备置必需品). *gān kiā* 安家.|. *çhū pý kiā iuǹg* 资备家用.

Proueher de lo necessario à alguno (vp.为某人提供必需之物). *iǜ tā' sò iuǹg tiĕ* 与他所用的.

Prouehido (a.已备妥的、备足的). *pý pań leào* 备办了.|. *çhý' pý leào* 齐备了.

Prouido (a.有所准备的、会谋略的). *iú ký chỹ jiń* 预计之人.|. *iú tû' chỹ jiń* 预图之人.|. *iú suón ký tiĕ* 预算计的.|. *siēn kỹ chỹ jiń* 先机之人①.

Prouido, en todo es muy prouido (a.有远见的，即能预见所有的事情). *iêu vuán lỳ chỹ mîng kién* 有万里之明见.|. *kāo mîng iùen tá chỹ kién* 高明远大之见.|. *ièu siēn kién chỹ mîng* 有先见之明.

Prouerbio (n.谚语、格言、箴言). *sǒ iǜ* 俗语.|. *kù iǜ* 古语.|. *ién iǜ* 谚语.|. *ién iēn* 谚言.

Prouincia (n.省、省份). *seǹg* 省. – 13. Prouincias, y dos Cortes de china (中国的十三个省份以及两座京都). *leaǹg kiňg, xĕ sañ seǹg* 两京十三省.|. *xĕ sañ taó* 十三道.

Prouincias de china son 15. sciliçet (np.中国的省份共有十五个，即). *Pĕ kiňg – nân kiñ – xān tuňg – xān sỹ – xèn sỹ – hô nân – çụ́ chuē'n – iûn nân – kuéy chēu – chĕ kiaňg – hû kuàng – kiaňg sỹ – fŏ́ kién – kuàng tuňg – kuàng sỹ*. 北京 南京 山东 山西 陕西 河南 四川 云南 贵州 浙江 湖广 江西 福建 广东 广西.

Prouincial, diremos (n.负责一省教务的神父，我们这么称). *kuòn iĕ seǹg tiĕ hoéy chaǹg* 管一省的会长.

Prouision, y mantenimiento (np.食粮及食品储备). *kiā iuńg* 家用.|. *leâng xĕ* 粮食.|. *iǹ xĕ* 饮食.

Prouision, o mantenimiento de guerra (np.军粮及一应军备物资). *leâng çhào'* 粮草.|. *kiụ̀n siụ̄ iuńg* 军需用.

Prouidencia (n.预防措施). *pào kuòn* 保管.|. *iú tińg* 预定.|. *iú gān pây'* 预安排.

Prouidencia diuina (np.天意、天命、神祇的安排). *Tiēn' chụ̀ kiańg kién* 天主降见②.|. *Tiēn' chụ̀ tiĕ mińg* 天主的命.

Prouocar (vt.挑衅、招惹、引起). *jè* 惹.|. *jè tuńg* 惹动.|. *iǹ tuńg* 引动.|. *tiâo'*

---

① *siēn kỹ*, 柯本所录为 *suón ký* "算计"。

② *kién*, 柯本写为 "监"。

tuńg 挑动①.|. jè fǎ jiń 惹发人. [参见：irritar (惹恼).]

Proximo (a.邻近的、身边的). siaňg çhiň' jiń 相亲人.|. çhiň' kiń jiń 亲近人. – Amar al proximo como asi mismo (爱邻人如爱自己). gáy jiń jû kỷ 爱人如己.

Prueua, experiencia (n.试验，实验). xý ka'ń 试看.|. xý ta'ń 试探.

Prudencia (n.智慧、睿哲). chý 智.|. chý xě 智识.|. chý hoéy 智慧. – virtud (作为一种德行). chý tě 智德.

Prudente (a.明智的、审慎的). chý chě 智哲.|. ièu chý 有智.|. chý chè 智者.|. ièu çhây' chý 有才智.|. chě jiń 哲人.|. hień chý tiě 贤智的.

Prudentemente (ad.慎重、有所节制地). ièu kień xě 有见识.|. kień xě kāo mîng 见识高明. lo hizo (即发挥见识).

Pv.

Pua (n.尖刺、刺状物). çh'ǔ 刺. – de hierro (铁的). tiě' çh'ǔ 铁刺.

Publico (a.公开的、人所共知的). tō jiń chỷ taó tiě 多人知道的.|. chuńg jiń tuńg chỷ hiào 众人通知晓.

Publicamente (ad.公开、众目之下). hièn hién 显现.

Publicar (vt.公布、发表、传播). páo lú 暴露.|. hién iańg 显扬②.|. chuê'n 传.|. iańg mîng 扬名. – alabando (称颂). chán iańg 赞扬.

Puchas, o poleadas (n.面糊、麦粥). mién chǒ 面粥.

Pueblo (n.村子、村镇). hiāng çhūn' 乡村.|. çhūn' lỷ 村里.|. çhūn' lǒ 村落.|. hú çhūn' 户村.

Pueblo, la plebe (n.人民，平民). chuńg jiń 众人.|. xú mîn 庶民.

Puente (n.桥). kiâo' 桥.|. xûy leaňg 水梁. – de piedra (石头的). xě kiâo' 石桥. – de madera (木头的). mǒ kiâo' 木桥. – de barcos (小船搭起的舟桥). fêu kiâo' 浮桥.|. luón kiâo' 乱桥. – de un palo (用一根木头架起的). tǒ mǒ kiâo' 独木桥.|. tû' kańg 徒杠.

Puente leuadiza (np.悬桥、吊桥). tiáo kiâo' 吊桥.|. fêu leańg 浮梁.|. chǒ kiâo' 竹桥. – leuantar la (升起吊桥). siě kỷ' fêu kiâo' 揭起浮桥③. – hazer la (搭

---

① 柯本作"调动"。

② 柯本作"现扬"。

③ siě, 有可能误读为"歇"音。柯本无此字音，径作"起浮桥"。

建这种桥). tǎ kỳ' fêu kiâo' 搭起浮桥.

Puerco, animal (n.猪，一种动物). chū 猪. – gruñir (猪哼叫). chū chó xiŋ 猪做声.|. chū hiāo 猪哮.

Puerca (n.母猪). chū mù 猪母.|. e ɔ̄ᵃ. (也可反过来说：mù chū 母猪). – berraco (种猪、公猪). chū kù 猪牯.|. mèu chū 牡猪.

Puerco jabali (np.野猪). xān chū 山猪.|. iè chū 野猪. – espin (豪猪). hô chū 河猪.|. tâo' chū 陶猪①. – lechon (猪崽、乳猪). siào chū 小猪.|. chū tûn' 猪豚.

Puerco (a.肮脏的), no limpio (ap.不干净). vǒ chǒ 龌浊②. [参见：sucio (污浊).]

Puerro, o, simile a ellos (n.韭葱，或类似的菜蔬). lieû kieù 柳韭③.

Puerta (n.门). muên 门. – la principal (主门). tá muên 大门.|. chiŋ muên 正门.|. têu' muên 头门. – la 2ᵈᵃ. (第二道门、次门). úl muên 二门. – el postigo (边门). siào muên 小门.|. pién muên 便门.|. héu muên 后门.|. cū muên 私门. numeral de ellas (指门的量词). xén 扇.|. kó 个. – dos puertas (两扇门). úl xén muên 二扇门.

（p.182）

Puertas de los dos lados colaterales (np.两侧平行的边门). kiǒ muên 角门.|. ùl muên 耳门.|. pan'g muên 旁门.|. chò ieú iě muên 左右翼门.

Puerta 1ʳᵃ. y principal de los Tribunales (np.法院或官衙的第一道门、主门). ŷ muên 仪门.

Puertas de Rejas en las calles, que diuiden los barrios (np.街上把地段隔开的栅栏所留出的门). chě lân muên 栅栏门.④

Puerto (n.港口). gaó muên 澳门.|. hày kèu' 海口.|. hày muên 海门.|. tú têu' 渡头.|. mà têu' 码头.|. hày uān 海湾. – tomar puerto (进港). xaŋ́ iaŷ 上涯.|. uān chuê'n 湾船. – saltar en tierra (靠岸). xaŋ́ gán 上岸.

Puesto el sol (vp.太阳落山). jě têu' hiá xān 日头下山.⑤

---

① tâo', 柯本缺字。陶猪，陶塑的猪，一般取健硕的野猪状。
② 柯本作"涴浊"。
③ 盖即柳叶韭，属葱科。
④ 柯本未录此条。
⑤ 此条原为本页的第一行，但行首有记号，指明应当插于此处。

Pujar haziendo fuerza (vp.使劲往上拉). *chè' kỳ' laỷ* 扯起来. – arrastrando (拖曳、牵拉). *chè' kiēn'* 扯牵.|. *chè' lǎ* 扯拉.|. *chè' tō* 扯拖.

Pujar el precio (vp.抬高价格). *kỳ' kiá* 起价.|. *tiēn' kiá* 添价.|. *chēng kiá* 增价.①

Pulgar: dedo (n.拇指：指头). *chỳ mù* 指拇.|. *mù chỳ* 拇指. [参见：dedo (手指).]

Pulgada② (n.寸). *ch'ún* 寸.

Pulga (n.跳蚤). *ti'áo chào* 跳蚤.|. *hě chào* 黑蚤③.|. *gū sě* 乌虱④.

Polido (a.精致的、漂亮的). *chỷ' chìng* 齐整.|. *hào ka'ń tiě* 好看的.|. *chìng chỷ'* 整齐.⑤

Polidamente (ad.十分精致、漂漂亮亮地). *sý nún* 细嫩.|. *sý sý* 细细.|. *nún nún* 嫩嫩.

Pulmon (n.肺). *chiě kǒ* 脊骨⑥.

Pulpo pescado (n.章鱼). *jeû iủ* 柔鱼.

Pulpito, llamanos (n.讲台，我们圣教的称法). *kiàng chó* 讲座.

Pulso (n.脉搏). *mě* 脉. – tomar lo (把脉). *ka'ń mě* 看脉.|. *chiǹ mě* 诊脉.|. *héu mě* 候脉.

Pulso fuerte (np.有力的脉动). *mě ièu liě* 脉有力.|. *mě choáng* 脉壮.|. *mě tá* 脉大. – apresurado (脉跳急促). *mě kiǹ* 脉紧.

Punçar (vt.刺、扎). *ch'ú* 刺.

Punçon (n.锥子、刻刀、针状饰物). *ch'ú* 刺. – de hierro (铁质的). *chuón, tiě' chuón* 钻、铁钻. – de cabello (头戴的). *chāy' chủ* 钗子.|. *têu' chān* 头簪.

Pulir (vt.打磨、弄光洁). *siēu chìng* 修整. – al torno, tornear (用旋床加工，旋磨). *chē' kỳ'* 车起.|. *chē' kuāng* 车光.

Punta de cosa aguda (np.尖状物的顶端). *chiēn* 尖. – de aguja (针的端头). *chīn chiēn* 针尖. – de los dedos (手指的端头). *chỳ chiēn* 指尖.

---

① 此条也不见于柯本。
② 长度单位，按：西班牙制一寸合 23 毫米。
③ 柯本作"虼蚤"。
④ "乌"（烏）有可能为"鸟"（鳥）的误读。鸟虱，一名羽虱，寄生于鸟类。
⑤ 部分重复的词条（见 p.175），词目当写为 pulido (= polido)。
⑥ 盖指肺部的骨骼、肋骨。柯本缺字，且将西语词目理解为马身上的关节瘤（fleshy tumor on the joints of horses）。

Punta de la lengua (np.舌头的尖端). *xě çhiēn* 舌尖. – de la nariz (鼻子的尖端、鼻尖). *pý chùn* 鼻准. – de la espada (剑的尖端、剑尖). *kién vùey* 剑尾.

Punta del sapato (np.鞋子的端头、鞋尖). *iuñg têu′ 圆头*①.

Puntiagudo (a.带尖的、锋利的). *çhiēn çhiēn tiě* 尖尖的.

Puntillazo (n.踢、踹). *tà tiě′* 打踢.|. *tiě′* 踢.

Punto, o, coma (n.句点，或逗点). *tièn* 点.

Punto de tiempo (np.时间点). *iě xŷ kiēn* 一时间. [参见：instante (一刻、片刻).] – a punto estoy (马上、我这就完). *gò pién leào* 我便了.|. *gò pán leào* 我办了.

Punto (n.时间点、时刻), aqui esta el punto (s.就在此刻). *cháy chǔ′* 在此. – a este punto llego el negocio (事情就进展到这一步). *cú táo ché lỳ kúo* 事到这里过.|. *táo ché lỳ chỳ* 到这里止.

Puño de la mano (np.手握成的拳头). *xèu kiûe′n* 手拳.|. *kiûe′n têu′* 拳头. – cerrar el puño (握紧拳头). *ki′ǒ xèu* 屈手. – dar puñadas (用拳头击打). *tà kiûe′n* 打拳.

Puño de la espada (np.剑的握手、剑柄). *kién têu′* 剑头.|. *kién pá* 剑把.

Puñadas (n.拳打、以拳击打). *kiûe′n tà* 拳打. – vna puñada (一拳头). *iě kiûe′n tà* 一拳打. – dar puñadas (打出拳头、用拳头打). *tà kiûe′n* 打拳.|. *luńg kiûe′n* 弄拳. – jugando (打着玩儿). *xòa kiûe′n* 耍拳.

Puñado (n.握、把), vn puñado (np.一把、一小撮)②. *iě pà* 一把.

Puñal (n.匕首、短刀). *tuón kién* 短剑③. – vna puñalada (一记剑刺、一道剑伤). *iě ch′ǔ xañg* 一刺伤.

Puxos (n.里急、腹泻). *lý chiě* 痢疾.

Puro (a.纯洁的), sin mescla (pp.无杂质). *xûn* 纯.|. *xûn vû chǎ* 纯无杂.|. *chiñg xûn* 精纯.|. *xûn iě pǒ chǎ* 纯一不杂.

Puro, limpio (a.纯净的，干净的). *kiě chiñg* 洁净.|. *chiñ′g kiě* 清洁.|. *xûn súy* 纯粹.|. *vû tièn tiě* 无玷的④.

---

① *iuñg*，可能是"圆 *iuên*"字的又音。柯本缺字。

② 指用手抓起的一把（柯本 handful），如一把米，或能握住的一把草、一束花等；也可指人，相当于汉语说"一伙"。

③ *tuón*，柯本订正为 *tuòn*。

④ *tièn*，带两个调符，先标的是去声符，然后以浓笔添加了上声符。

Purificar (vt.净化、提纯). *lién* 炼.|. *çhiñg lién* 精炼.|. *lién kiě* 炼洁. – el açucar (指糖). *nuñg tañ'g* 浓糖.|. *lién kiě tañ'g* 炼洁糖. – los metales (指金属). *lién xûn* 炼纯.|. *kiñg' siāo* 倾销.|. *iuñg siāo* 熔销.

Purga (n.泻药). *sié iǒ* 泻药.|. *tuñ'g iǒ* 通药.|. *hiñg iǒ* 行药.|. *tà tú iǒ* 打肚药.

Purgar (vt.服泻药、通便、排泄). *sié* 泻.|. *tuñ'g* 通.

Purgar los pecados (vp.弥补罪过、涤罪). *lién çhúy* 炼罪.

Purgatorio (n.涤罪之所、炼狱). *lién çhúy tý iǒ* 炼罪地狱.

Puxar (vt.使劲拉). [参见: pujar (使劲拉).]

Puxauante (n.马掌刀、削蹄刀). *chàn tāo* 铲刀①.

Pusilanime (a.胆小的、怯懦的). *ki'ě jǒ* 怯弱.|. *goéy kiě'* 畏怯.|. *tu'ý kiě'* 退怯.|. *jêu nún* 柔嫩.|. *vû tàn* 无胆.|. *tàn siào* 胆小.

---

① *chàn*, 柯本所录为 *chàn'*, 带送气符。

Q
(pp.182-184)

Qv.

Quadrar, agradar (vt.使人高兴，令人愉快). *chuńg ý* 中意.

Quadrar, vt las obras con las palabras, o, la pena con la culpa (vi.相配、契合，如行与言一致，或罚与罪相符). *siañg chi'ńg* 相称.|. *tuñ'g* 同.|. *hŏ tĕ* 合得.

Quadrar en los pareçeres (vp.看法相同、意见一致). *hŏ chý tuń'g fañg* 合志同方①.

Quadrò à todos (ap.让所有的人都高兴). *chuńg jiñ tiĕ ý* 中人的意.

Quadrado (a.方形的). *fañg tiĕ* 方的.|. *çú fañg tiĕ* 四方的.|. *çú kiŏ hîng tiĕ* 四角形的.

Quadrado que encaxa (np.楔入的方榫). *hŏ tĕ fañg siùn* 合得方榫.

Quadril (n.腰骨、臀骨，犹指动物). *iāo kŏ* 腰骨.

Quadrilla de gente (np.一帮人、一伙人). *tañg* 党.|. *hò* 伙. – de vellacos (奸人、坏人). *ŏ tañg* 恶党. – de vna compañia (一个团伙或组织). *iĕ hŏ tiĕ* 一合的.|. *tuñ'g hŏ tiĕ* 同合的②. – cabeça de ladrones (盗贼的头目). *çhĕ têu'* 贼头.

Quaderno (n.本子、册子). *kiụen* 卷.|. *kiụén* 卷.

Quajarse (vr.凝固、冻结). *tuńg* 冻.|. *iñg kiĕ* 凝结.|. *pińg kỳ' lây* 冰起来.

Quaxada (n.凝乳). *jù tuńg* 乳冻.

Quaxar de puerco (np.猪的胃部). *chū tú* 猪肚.

(p.183)

Quajose el negocio tuuo effecto (s.事情成功了、取得了效果). *çú chîn'g leào* 事成了.|. *chîn'g çhiéu leào* 成就了.|. *kùo chîn'g leào* 果成了.

---

① 《礼记·儒行》："儒有合志同方，营道同术。"
② 犹言"一伙的""同伙的"。

Qual (pron.哪个、哪一个). *nâ kó* 哪个.|. *nâ iĕ kó* 哪一个.|. *xûy* 谁. – qual es? quien es? (是哪一个？是谁？). *xý xûy* 是谁.

Qualquiera (pron./a.任一、任何人). *tań fań* 但凡.|. *fań* 凡.|. *tá fań* 大凡.|. *tań jiń* 但人.|. *kŏ jiń* 各人.|. *fân jiń* 凡人.

Qualquiera que sea (vp.不管是谁、无论哪个). *pŏ luń* 不论.|. *pŏ kiŭ* 不拘.

Qualquiera que sea, grande, o pequeño, muger, o varon (vp.不论是谁，大人还是小孩，女人还是男人). *pŏ vuén tá siào, pŏ fuēn nân niù* 不问大小、不分男女.|. *pŏ kiŭ hô jiń* 不拘何人.

Qualquiera cosa que dixere (vp.不管说了什么、不论怎样说). *tań xuĕ tiĕ hoá* 但说的话.|. *pŏ kiŭ sò iên tiĕ* 不拘所言的.

Quan grande (adp.有多大、大小如何). *tō tá* 多大.|. *kỳ tō tá* 几多大.|. *hô tá* 何大.|. *tá kỳ hô* 大几何.|. *tá jû hô* 大如何.|. *tō xào tá* 多少大.

Quando? (ad.什么时候). *kỳ xý* 几时.|. *xiń mò xý heú* 甚么时候.|. *hô xý* 何时.

Quando, afirmatiuè (ad.当……的时候，在某一确定的时间). *xý chiĕ* 时节.|. *xý heú* 时候.|. *xý* 时. – los quales se posponen al verbo (这几个词都后置于动词).

Quando mucho (adp.最多、至多不超过). *kiĕ tō* 极多.|. *chý tō* 至多.

Quantidad (n.数量、量). *hîng* 形.|. *hîng chĕ* 形质.|. *hîng siáng* 形象.

Quanto de la quantidad (np.数量多少). *hîng chĕ kỳ hô* 形质几何.

Quanto[①] (ad.多少、数量多少、一些). *kỳ tō* 几多.|. *tō xào* 多少.|. *tō kuà* 多寡.|. *jŏ kān* 若干.

Quantos[②] (n.若干、一些). *kỳ kó* 几个.

Quantas vezes (np.若干次). *kỳ chāo* 几遭.|. *kỳ ch'ú* 几次.|. *kỳ pién* 几遍.|. *kỳ chuèn* 几转.|. *kỳ hoêy* 几回.

Quanto mas (adp.更何况). *hoáng* 况.|. *hô hoáng* 何况.|. *hoáng çhiè'* 况且.

Quanto mas hago esto, se sigue lo otro (s.我做得越多，别人效法也越多). *iŭ* 愈.|. *iuĕ* 越.|. *keńg* 更.

Quanto tiempo? (adp.多少时间？多久？). *tō xào chańg' kièu* 多少长久.|. *tō xào kièu* 多少久.|. *kỳ tō xý* 几多时.|. *kỳ kièu* 几久.

Quanto ami toca lo que digo es (adp.就涉及我的方面我想说、从我的角度讲). *ỳ gò luń* 以我论.|. *ỳ gò iên* 以我言.|. *çhiéu gò iên* 就我言.

---

① 柯本理解为疑问（how much）。凡属疑问词，万济国都倾向于加问号。

② 柯本理解为疑问（how many）。

Quanto vale? (s.要多少钱？什么价？). *chẻ tō xào* 值多少.|. *chý tẻ tō xào* 致得多少①.|. *chẻ kỳ tō* 值几多.|. *tỳ tō xào* 抵多少②.

Quanto me es posible (adp.在我可能的范围内、尽我所能). *gò çhín puèn liẻ* 我尽本力.|. *chuēn siñ* 专心.|. *çhín puèn çú* 尽本事.

Quarenta (num.四十). *çú xẻ* 四十. - 40. mil (四十个千、四万). *çú vuán* 四万.

Quaresma (n.四旬斋、封斋节). *çú xẻ jẻ tá chāy* 四十日大斋.|. *fuñg chāy jẻ* 封斋日.

Quarto de hora (np.一个小时的四分之一、一刻钟). *iẻ kẻ'* 一刻.|. *iẻ kẻ' xý* 一刻时.

Quartos (n.四肢), los 4. del hombre, o, animal (np.人或动物的四部分肢体). *çú chȳ* 四肢.|. *çú tỳ'* 四体.

Quartos, o, chapas moneda de cobre (n.夸托，一种铜币). *tûn'g çhiên'* 铜钱.

Quartos de centinela de noche (np.值夜轮更的四分之一班次). *keñg* 更.|. *keñg kù* 更鼓. - el primer quarto (第一个四分之一时段、第一班). *iẻ keñg kù* 一更鼓. ett^a. (等等).③

Quartos, o salas (n.房间，或厅堂). *tiñg'* 厅.|. *tân'g* 堂. - los de afuera (外间的). *çhiên' tiñg'* 前厅. - los de adentro (里间的). *heú tiñg'* 后厅.

Quartillo conque miden el vino (n.夸第约[液体单位]，用以计量酒的单位). *tỳ'* 提. - vn quartillo de vino (一夸第约的酒). *iẻ tỳ' çhièu* 一提酒.④

Quartillo que 10. hazen un Real (n.夸第约[银币]，十个夸第约合一个雷阿尔). *fuēn* 分.⑤

Quartanas (n.四日疟、四日热). *hân jẻ piñg* 寒热病.|. *pày chủ* 摆子.|. *kẻ leàng jẻ tiẻ hân jẻ* 隔两日的寒热.

Quatro (num.四). *çú* 四.|. *çú kó* 四个. - 40. *çú xẻ* 四十. - 40 mil (四十个千、四万). *çú vuán* 四万. - 400 mil (四百个千、四十万). *çú xẻ vuán* 四十万.

---

① 能值多少，可以达到多少。柯本注：*chý* 和 *chẻ* 是同一字"值"的不同读音。按：此亦为一种可能性。

② *tỳ*，柯本转录为 *kỳ*，字作"几"。

③ 参看 Mudarse à quarto la centinela（p.146）。

④ 一个夸第约（quartillo）合四分之一阿松贝（azumbre），一个阿松贝合西制二升强。但"提"或"提子"可大可小，似乎不是规范的容积单位。

⑤ 数字10，柯本转录为代词 lo（它）。银币夸第约，实为铜银合金铸成，值四分之一雷阿尔。这里用十进制，说的是中国人的一钱合十分，与西制无可换算。

Quatro millones (num.四百万). *çú pě vuán* 四百万.

Quatro partes del mundo (np.世界的四大方域、世界各地). *çú fañg* 四方.

Quatro temporas (np.四个季节). *çú ký* 四季.|. *çú xý* 四时.

Que? interrogando (pron.什么、什么样，表示疑问). *xiń mò* 甚么.|. *hô* 何.|. *nâ* 哪. – que negocio (什么事情). *xiń mò çú* 甚么事.|. *hô çú* 何事. – que cosa? (什么东西？). *xiń mò* 甚么. – que ay? (那里有什么？那是什么？). *ièu xiń mò* 有甚么.

Que quieres? (s.你想要什么？). *nỳ iáo xiń mò* 你要甚么.

Que mal se sigue de dezir lo? (s.说说这个又有什么害处？). *iên' chỹ hô gáy* 言之何碍.|. *hô fañg* 何妨.|. *hô xañg* 何伤. y assi se puede dezir (同样可以说). *hô fañg* 何妨.①

Que tiene que ver contigo este negocio? (s.这件事跟你有什么关系？). *iù nỳ hô kān* 与你何干.|. *iù nỳ ièu xiń mò siāng kān* 与你有甚么相干.

Que sera, vt de mi, ettª. (vp.将会怎样，例如我将怎样应对，等等). *gò çhiañg náy hô* 我将奈何.|. *çhiañg goêy hô* 将为何.|. *chèng mò chù'* 怎么处.

Que cosa ay que no se puede hazer? (s.有什么事是不能做的？). *hô çú pǒ kò' goêy* 何事不可为.

Que remedio? (vp.该怎样补救、应付、解决？). *tañg jǔ hô* 当如何②.|. *jǔ kīn chèng chù'* 如今怎处.|. *chèng mò hào* 怎么好.

Que quiere v. m. (s.您希望要什么？). *ièu xiń mò kién kiáo* 有甚么见教.

Quebrar (vt.打破、损坏). *tà p'ó* 打破.|. *p'ó hoáy* 破坏.|. *p'ó súy* 破碎.|. *p'ó sùn* 破损.

Quebradizo (a.易碎的、脆弱的). *ch'úy tiě* 脆的.

Quebrar, vt palos, ramas, ettª. (vt.弄断、掰折，如棍子、枝条等). *chě tuón* 折断.|. *tà tuón* 打断.|. *iào tuón* 拗断.|. *iào chě* 拗折.

Quebrar, o romper tirando, vt soga (vt.拽断、拉折，如绳子). *chè' tuón* 扯断.

Quebrar con escoplo (vp.用凿子凿穿). *çhań p'ó* 鏨破.

Quebrar dando golpes, vt nuezes (vp.砸破、敲碎，如核桃). *chûy'* 捶.

Quebrar con los dientes (vp.用牙咬断、咬破). *iào p'ó* 咬破.

Quebrar la amistad (vp.损害友谊、断绝友情). *fàn mién* 反面. – la palabra (背弃诺言). *xě siń* 失信.|. *pǒ çhièn iên* 不践言.|. *xě iên* 食言.

---

① 柯本注：最后一个词重复，说明语似乎也多余，故为伦敦本所删。

② 柯本作"如何"，脱"当"字。

Quebrar con los dedos (vp.用指头捏破、夹断). niě tuón 捏断.|. niě chě 捏折.

Quebrar en pedaços menudos (vp.弄成小块、整成碎粒). p'ó súy 破碎.|. fuèn súy 粉碎①.

Quebrar, o quebrantar terrones (vp.砸碎土块、把土坷垃敲碎). ch'ǔ tù' 刺土.|. p'ó tù' 破土.

Quebradas de los montes (np.山里的沟壑、峡谷). xān keñ'g 山坑.

Quebrantar la ley (vp.践踏法律). fań fǎ 犯法.|. goêy fǎ 违法.|. fań liǔ tiâo' 犯律条.

Quebrantar la prohibicion (vp.违背禁令). fań kiń 犯禁. – el mandato (违背命令). fań miń 犯命.|. fań liń 犯令.|. fań miń 方命.

Quebrantar los 10. mandamientos (vp.违背十诫). fań xě kiáy 犯十诫.|. fań kiáy 犯诫.

Quebrantar el orden Regio (vp.违背皇家的命令). niě chỳ 逆旨.|. goêy chỳ 违旨.

Quebrantar el juramento (vp.背弃誓言). goêy xý 违誓.|. fù çhiên' mîng 负前盟②.

（p.184）

Quebrantado del viento que ledio (ap.被风吹着、受风寒). fuñg k'ý tu'ńg 风气痛.|. kàn fuñg 感风.

Quebrado, potroso (a.有疝的，患疝气的). pañ'g kuāng k'ý 膀胱气.|. siào chañ'g k'ý 小肠气.|. piēn' chúy 偏坠.|. hía chūng 下重③.|. tiáo xīn k'ý 吊身气④.|. luòn iń chě 卵隐滞⑤.|. jǒ chě 肉滞⑥.

Quebrar el mercader (vp.经商者破产). p'ó páy 破败.|. kiñ' páy 倾败.|. kuày iń 拐银.|. chèu tâo' 走逃.|. tâo' cháy 逃债.|. tò cháy 躲债.|. pý cháy 避债.

Quedarse sin poder pasar adelante (vp.止住脚步而不能前行). chỳ chú 止住.|. chỳ siě 止息.|. tiñ' chỳ 停止.|. pǒ tuńg 不动. quedò sin meniarse (即无法动弹).

---

① fuèn 注音有疑，可能是 ièn（研）。
② mîng，柯本所录为 mêng。
③ 或可能为"下肿"。柯本缺字。
④ 患疝气，俗称吊气，"身气"即疝气。柯本缺前二字。
⑤ 柯本缺后二字。
⑥ 姑拟如此，柯本缺字。

Quedarse algunos dias, vt el huesped, ett^a. (vp.逗留几天，如客人等). *chú kỳ jě* 住几日.|. *hiě kỳ tiēn'* 歇几天.

Quedate a qui (s.你留在这里). *liêu fańg ch'ú* 留放处.①

Quedada (n.逗留、留宿). *hiě sỏ* 歇宿.

Quedar mas, aun queda (vp.余下更多，甚至还有). *hoân ièu* 还有.

Quèdo, o mansamente le dio (vp.轻轻、慢慢，温柔地拍打). *kiŋg' tà* 轻打.|. *tà pỏ chuńg* 打不重②.

Quedarse elado③ (vp.惊呆、愣住). *mién lèng* 面冷.

Quedar perdido (vp.破败、破产). *p'ó kiā* 破家.

Quedar fama (vp.留下好名声). *liêu mîng xiŋg* 留名声.

Quedar corrido (vp.羞惭、受辱). *mỏ chi'ú* 没趣.

Quedar sin juizio, vt el borracho (vp.失去知觉，如醉汉). *hoên mỷ* 魂迷④.|. *pỏ chȳ ɕú* 不知事.

Quemar (vt.烧、焚). *xāo* 烧.|. *fuên* 焚.|. *hò xāo* 火烧.|. *fuên xāo* 焚烧.

Quemar los cuerpos muertos (vp.焚烧死尸). *fuên xȳ* 焚尸.

Quedar olores (vp.烧香). *fuên hiāng* 焚香.|. *xāo hiāng* 烧香.|. *hiŋg hiāng* 馨香.

Quemadero (n.焚烧场、火刑场). *hò xāo chańg* 火烧场.|. *hò xāo ɕhiě* 火烧迹⑤.

Quemar papel en sus sacrifficios (vp.在他们的祭献仪式上烧纸). *xāo chỳ* 烧纸.|. *xāo chỳ ɕhîe'n* 烧纸钱.|. *fuên hóa* 焚化.

Querella (n.申诉、控告). *sú kaó* 诉告.|. *sú choáng* 诉状.|. *sú iuén* 诉愿⑥.

Querellarse (vr.抱怨、控告). *piào sú kỷ' iuēn* 表诉其冤.|. *xīn iuēn* 申冤/伸冤.|. *sú kù' ɕhù'* 诉苦楚.|. *kaó sú* 告诉.

Quiere dezir (vp.意思是、即). *ɕhiéu xý* 就是.

Querer (vt.想要、盼望、希望). *iáo* 要.|. *keǹg* 肯.|. *iỏ* 欲.|. *iuén* 愿.|. *gaý* 爱.|. *haó* 好.|. *ɕhińg' iuén* 情愿.

---

① 西语词目为命令式短句，汉译句义不全。*ch'ú* "处"，柯本转录为 *ɕhù'* "此"，意思上似乎更能说通，唯拼法相去颇远。
② 柯本作"打不中"。
③ elado，今拼 helado（冰凉的、惊愕的）。
④ 柯本作"昏迷"。
⑤ *ɕhiě*，柯本拟为"聖"。
⑥ 柯本作"诉怨"。

Querer ex corde (vp.满心希望、由衷乐意). *kān siñ çhîn'g iuén* 甘心情愿.|. *kān iuén* 甘愿.

Querer por fuerza (vp.强求、硬要). *kiàn'g iáo* 强要.|. *kù' kù' iáo* 苦苦要.|. *cù iáo* 死要.

Querer salir con la suya (vp.竭力主张自己的一套). *kiàn'g pién* 强辩.

Quererse àsi mesmo (vp.自恋、自爱). *çhú gaý* 自爱.|. *gaý kỳ* 爱己.

Querer mal (vp.不想要、不喜欢). *pǒ gaý* 不爱.|. *hén* 恨.

Queso (n.奶酪). *jù pìng* 乳饼.

Question, o disputa (n.问题、争端，论辩、争论). *pién luń* 辩论.|. *luń iù* 论语.|. *çhēng pién* 争辩.

Question de tormento (np.拷问、刑讯), darse le (vp.施刑). *kiǎ kỳ'* 夹起[1].

Quexa, ante el Juez (np.向法院起诉、投状控告). *sú kaó* 诉告.|. *têu'* 投.[参见：querella (申诉).]

Quexa de palabra (np.口头控告). *kèu' sú* 口诉.

Quexoso (a.有怨言的、发牢骚的). *ièu kuáy* 有怪.

Quexarse de otro (vp.抱怨别人). *mây iuén* 埋怨.

Quexido (n.呻吟、叫苦声). *chā hiǔ* 嗟吁.|. *ta'ń k'ý* 叹气.

Quiza (ad.或许、大概). *kùn'g p'á* 恐怕.

Quicio de puerta (np.门的转轴、门铰链). *muên lûn* 门轮.|. *muên chǔ'* 门枢.

Quien? (pron.谁、任何人). *xûy* 谁.|. *nâ kó* 哪个.|. *xý xûy* 是谁.|. *hô jiñ* 何人.|. *xiń mò jiń* 甚么人.|. *xý nâ kó* 是哪个.

Quien quiera que? (adp.不管是谁、无论哪个). *tań fań* 但凡.|. *fân jiñ* 凡人.

Quietud (n.安谧、平和). *gān niǹg* 安宁.|. *gān sò* 安所.|. *çhiǹg niǹg* 静宁.
– Descanso (休息、慰藉). *gān piǹg'* 安平.

Quietud, silencio (n.安谧、寂静). *sǒ çhiǹg* 肃静.

Quieto hombre (np.安静、平和的人). *çhûn'g iuǹg tiě* 从容的.|. *kuōn' siñ tiě* 宽心的.

Quilates (n.[钻石等]克拉、[黄金]开、纯度). *chîn'g sě* 成色[2].|. *iñ sě* 银色.

Quinta (n.庄园、田庄). *choāng çhǔ* 庄子.|. *iuên çhǔ* 园子.|. *kào iuên* 果园[3].

Quinientos (num.五百). *gù pě* 五百.

---

① 参见 Tormentos que dan en los tobillos（p.214）。
② 柯本作"程色"。
③ *kào* 为 *kùo* "果"之误。

Quinze (num.十五). *xě gù* 十五.

Quinze mil (num.十五个千、一万五千). *iě vuán gù çhiēn'* 一万五千.

Quitar, vt sic (vt.拿走、挪开、去除等). *nà ki'ú* 拿去.

Quitar las fuerzas (vp.夺走、削弱其力量). *kièn liě* 减力.|. *siāo kỷ' liě* 消其力.

Quitar el habla à alguno (vp.阻止或放弃与某人交谈). *pǒ iù tā' xuě hóa* 不与他说话.|. *pǒ iù tā' kiāo çhiě* 不与他交接.

Quitar predonando (vp.免除、宽恕). *mièn* 免.

Quitar el officio, o, cargo (vp.弃官，或弃职). *ki'ú kuōn* 去官.

Quitar la honrra (vp.毁其声誉). *páy mîng xiňg* 败名声.

Quitar minorando (vp.减少开支等). 减.|. *seǹg* 省.|. *seǹg kièn* 省减.

Quitar el sombrero, vt nossotros (vp.摘下帽子，比如我们会这样做). *tǒ' máo* 脱帽.

Quitar la melancolia (vp.消解烦闷), alegrarse (vr.娱乐). *kiày muén* 解闷.|. *kāy' siñ* 开心.

Quitar el cabellos rapando (vp.剃光头发). *t'ý têu'* 剃头.

Quitarse las armas (vp.卸除武装). *sié kiǎ* 卸甲.

Quitasol (n.遮阳伞). *sàn* 伞.|. *iù sàn* 雨伞. – el de los Mandarines (官员们打的伞). *luǹg sàn* 龙伞. numeral de ellos (伞的量词). *pà* 把. – vno (一具). *iě pà sàn* 一把伞.

Quixadas (n.颌骨、颚骨). *sāy kǒ* 腮骨.|. *ŷ kǒ* 颐骨.|. *iâ kiě* 牙颊.

Quixadas de adentro (np.口腔内的颌骨). *iâ kuōn* 牙关. – las de arriba (上颌骨). *xaǹg hàn* 上颌. – las de abaxo (下颌骨). *hiá hàn* 下颌.[1]

---

[1] "上颌""下颌"，可能是方言的说法。"颌"通指颌骨，其字甚古，《释名·释形体》记云："辅车……或曰牙车……或曰颌车。颌，含也，口含物之车也。"见任继昉《释名汇校》，齐鲁书社，2006年。

R
(pp.184-194)

Ra.

Rabanos (n.萝卜). *lô pĕ çhá'y* 萝卜菜.|. *çhá'y têu'* 菜头.

Rabia (n.暴怒、愤恨). *tu'ńg hén* 痛恨.|. *nào hén* 恼恨.|. *iuén hén* 怨恨.|. *hén hoèy* 恨恚.

Rabiar el perro (vp.狗发疯). *kèu fă tiēn* 狗发癫.|. *kèu fă fuńg tiēn* 狗发疯癫.

Rabo (n.尾巴、末梢). *vùy* 尾.|. *vùy çhŭ* 尾子.|. *vùy pá* 尾巴. [参见：cola (尾巴).]

Rabioso (a.愤怒的). *ièu iuén hén tiĕ* 有怨恨的. – maldezir con rabia (气得大骂). *çheńg mŏ çhiĕ' chỳ' ûl má* 睁目切齿而骂.

(p.185)

Racion (n.份额、定量). *puèn fuén* 本分. – de la comida, pitança (指食粮，配给的定量). *kèu' fuén* 口分.

Racimos, vt un racimo (n.串、挂、嘟噜，如一串、一挂、一嘟噜). *iĕ tò* 一朵.

Racimos, vt de vbas, o plantanos, ettª. vn racimo (n.串、挂、嘟噜，如葡萄、香蕉等；一串、一挂). *iĕ tò* 一朵.|. *iĕ kiń* 一茎.

Raer (vt.刮、刮平). *siŏ kuāng* 削光. – la medida, o ganta① (用量具，或甘塔). *kiáy tèu* 概斗.|. *kiáy mỳ* 概米. ettª. (等等). – el razero con que raen (用来刮平量具的板子). *tèu kiáy* 斗概.

Raer ygual, la medida (vp.把量具刮平). *kiáy pîn'g* 概平.

Raer ygual el *tèu* de arros ettª. (vp.把盛稻米等的"斗"刮平). *kiáy pińg'* 概平.

Raydo (a.磨光的、破损的). *kuāng leańg tiĕ* 光亮的.

Raiz (n.根茎、基础). *kēn* 根.|. *hiá kēn* 下根.|. *kēn tỳ* 根底/根柢. – echar Raizes (生根、扎下根). *seńg kēn* 生根.|. *fă kēn* 发根.|. *chàńg kēn* 长根.

---

① ganta（甘塔），见 Çelemin, ganta（p.46）。

Raiz de negocios, o, cosas (np.事情发生的根由，或事物所自的本根). *kēn iuên* 根原/根源.|. *kēn pùen* 根本. [参见：origen (根源).]

Rajar madera (vp.劈开木头). *pèu' kāy'* 剖开.|. *kàn' kāy'* 砍开.|. *p'ó kāy'* 破开.|. *p'ó ç̂hây'* 破柴.

Ralo (a.稀疏的、稀薄的). *hȳ tiě* 稀的.|. *hȳ sū* 稀疏.|. *hȳ pǒ tiě* 稀薄的.

Rallo (n.礤子、礤床). *xāy kiú* 筛具.

Ramillete de flores (np.一小束花、花束). *hōa tò* 花朵.|. *iě chǎ' hōa* 一扎花①.|. idest vn ramillete (即一小束花).|. un ramo (一束、一把). *iě tò hōa* 一朵花.

Ramilleteros (n.花瓶、花盆). *hōa piñ'* 花瓶.

Rama de arbol (np.树木的枝条). *xú chȳ* 树枝.|. *xú tiâo'* 树条.|. *chȳ tiâo'* 枝条.

Ramera (n.妓女). *piào çhǔ* 婊子.|. *ký niù* 妓女.|. *chān'g fú* 娼妇.|. *iñ fú* 淫妇.|. *çhién fú* 贱妇.

Randa (n.织物的缘饰、花边). *hōa pīen* 花边.

Rana (n.蛙、青蛙). *xùy kȳ* 水鸡.|. *tiên' kȳ* 田鸡. – pequeñas (小青蛙). *ūa çhǔ* 蛙子.

Rancio (a.陈年的、味道呛人的). *çhiān'g k'ý* 呛气.

Rapar (vt.刮须、剃发). *t'ý* 剃.|. *siǒ t'ý* 削剃. – la cabeça (剪头发). *t'ý têu'* 剃头.

Rapaz (n.男孩子). *hây çhǔ* 孩子.|. *ūa çhǔ* 娃子. [参见：muchacho (男孩、少年).]

Raro (a.稀有的、不平常的). *fȳ chân'g* 非常.|. *hàn tě kién tiě* 罕得见的.|. *kù kuáy* 古怪.|. *ký'ý tiě çú* 奇异的事.|. *hȳ hàn* 稀罕.

Rasero de las medidas (np.刮平量具的板子). *kiáy* 概. – de las gantas (刮斗用的). *tèu kiáy* 斗概.

Raposa (n.狐、雌狐). *hû lý* 狐狸. [*iāo xéu* 妖兽. para escritura (书面语词).]

Rasgar (vt.撕、扯). *chè' p'ó* 扯破.|. *liě p'ó* 裂破.|. *p'ó liě* 破裂.|. *chě liě* 折裂②.

Rascar (vt.抓、挠、搔). *pâ'* 扒.|. *chūa* 抓.

Raso campo (np.平坦的土地、平原). *piñg' iañg* 平洋/平阳/平垟③.|. *piñg' tiě* 平的.

---

① *chǎ'*，送气符疑衍，柯本拟为"插"。

② *chě*，柯本转录为 *chě'*，字作"拆"。

③ 参看 Naua, o, campo llano（p.148）。

Raso, seda (n.缎子、丝绸). liñ 绫.

Raspar (vt.刮擦、打磨). chû' siŏ 除削.|. siŏ kŏ 削割.|. siŏ piñ'g 削平.

Rastrear (vt.追踪、查索). chūy' çhě' 推测. – discurriendo (溯寻、推断). leañg tŏ 量度.

Rastro, o, huella del pie (n.踪迹，或脚印). kiŏ çhiě 脚迹.|. chŏ çhiě 足迹.|. hiñg çhiě 行迹.|. kēn çhiě 跟迹.

Rastro, o el lugar do matan las Bacas, matadero (n.屠宰场，即宰牛的场所). çhày nièu hañg 宰牛行.

Rastro de hierro para la tierra (np.翻地用的铁耙). tiě' pâ' 铁耙.

Ratero (a.卑劣的、无耻的). hía çhién tiě 下贱的. – Palabras rateras, someras (低俗之言，肤浅之谈) kỳ' ièn çhiè'n lú 其言浅露.|. çhiè'n kiñ 浅近.|. pý' fū tiě ièn 皮肤的言.|. pŏ xīn tiě 不深的.

Raton (n.鼠). laò xù 老鼠. – de monte (山里的). iè xù 野鼠.

Ratonera (n.捕鼠器). xù kiá 鼠架.|. xù luñg 鼠笼.|. xù hiě 鼠挟①. – armar la (布设捕鼠器). tà xù luñg 打鼠笼.|. chañg laò xù 张老鼠②.

Rato ha, vt que se fue (vp.有一阵子，过了许久). kuó kièu leào 过久了.|. kièu leào 久了.|. chañ'g kièu 长久.

Raudal de agua (np.水流、湍流). xùy lièu 水流.

Rayas (n.线条、界线、纹路). kiáy 界.|. hoě 画.|. sién 线. – de la mano (掌上的纹路). xèu vuên 手纹. – vetas, o, rayas (纹理，条纹). vuên 纹.|. hoā vuên 花纹.

Raydo, desuergonçado (a.无耻的，不知羞耻的). vû lièn chỳ' tiě 无廉耻的.

Rayo del cielo (np.天上的霹雷). lûy 雷.|. lûy pa'ó 雷炮.|. lûy xě 雷室③.

Raigar (vi.生根), o arraygarse (vr.扎根). hiñg kēn 行根.|. xīn kēn 伸根.

Razon (n.理智、理性、正义、真理). lỳ 理.|. táo lỳ 道理.|. tiēn' lỳ 天理. – clara (显白的). mîng lỳ 明理. – natural (自然的、生来俱有的). leañg chȳ 良知.|. leang neñg 良能.|. leâng chȳ tiě kuāng 良知的光.

Razones comunes (np.普普通通的道理、常理). táo iáo 道要.|. piñ'g táo lỳ 平道理.|. kuñg lỳ 公理.

Razonar (vt.解释、说明 vi.推论、推理). kiàng xuě 讲说.

---

① 即鼠夹，"挟"通"夹"。柯本缺后一字。

② "张"，张捕，张网捕捉。

③ 传说为雷神居住之所。

Razonable (a.合理的、公平的). *liǒ hào* 略好.|. *kò' y̌ iuńg tě* 可以用得.|. *chuńg teńg tiě* 中等的.

Razonablemente (ad.合情合理地), conforme à razon (ap.合乎道理). *hǒ lỳ tiě* 合理的.|. *hǒ tañg* 合当.|. *ièu lỳ tiě* 有理的. – dar razon de si (讲清自己行事的道理). *xuě mîng ç̌hǔ k̟y̌ ièu ly̌* 说明自己有理.

Re.

Real cosa (np.皇家的物事). *iứ* 御.|. *kiñ'* 钦.|. *luǹg* 龙.|. *iứ luǹg tiě vuě* 御龙的物.

Real de gente de guerra (np.军营、营地). *piñg iuñg* 兵营.|. *iuñg* 营.

Real combite (np.皇家宴席). *iứ iéń* 御宴.|. *iứ ç̌hièu* 御酒.

Real trono (np.王位、皇位). *iứ ç̌hó* 御座. – vestidos Regios (皇家的衣物). *luǹg y̌* 龙衣.|. *luǹg pâo'* 龙袍.

Real carroça (np.皇家的马车). *iứ lièn* 御辇.|. *luǹg kiā* 龙驾.|. *luôn kiá* 銮驾.

Real casa (np.君王的宅第). *vuâng kiā* 王家.|. *kuě fù* 国府.

Real dadiua, o beneficio (np.皇家的赐物或恩惠). *kiñ' ç̌ú* 钦赐.

Real mandato (np.皇家的命令). *kiñ' mińg* 钦命.|. *xińg chy̌* 圣旨.

Realmente (ad.实际上、的的确确). *kùo jeñ* 果然.|. *chîn'g xě* 诚实.|. *xě jeñ* 实然.|. *tuón jeń* 断然.|. *tiě kiǒ'* 的确.

Rebato de enemigos (np.敌人的突袭). *tēu' iuñg* 偷营.

(p.186)

Rebaño (n.动物的群，尤指羊群). *kiûn'* 群. – de ouejas (成群的绵羊). *iañg kiûn'* 羊群.

Rebatiña (n.争夺、争抢). *siañg ç̌hiàn'g* 相抢.|. *siañg tǒ* 相夺.

Rebatir (vi.反击、击倒). *tào chuèn* 倒转.|. *tà tào* 打倒.|. *fàn tào* 反倒. – las armas (打得丢盔卸甲). *tào leào tā' k̟y̌' ç̌hiān'g* 倒了他旗枪.

Rebelde al Rey (np.反叛君王者). *fàn ç̌hě* 反贼.|. *niě ç̌hě* 逆贼.|. *pu'ón chîn'* 叛臣.|. *pǒ fǒ vuâng fǎ* 不服王法.

Rebelarse (vr.叛变、起义). *ç̌hó mêu fàn* 做谋反.|. *piéń y̌* 变义/变异.|. *fàn luón* 反乱.|. *fàn pu'ón* 反叛.|. *poéy pu'ón* 背叛.|. *pu'ón niě* 叛逆.|. *poéy châo' tîng' mêu niě* 背朝廷谋逆.

Rebentar (vi.爆开、破裂). *liě kāy'* 裂开.|. *chañg kāy'* 胀开/涨开. – de dolor

(因为悲痛). [vt dezimos (我们会这么说).] *suý liě kān chañ'g* 碎裂肝肠.

Reboçado, cubierto el rostro (ap.面孔遮起的，头部盖上的). *chē mién tiě* 遮面的.

Rebosar (vi.溢出、潜出). *iě chụ' laŷ* 溢出来.

Reuiuir (vi.复活). *fǒ señg* 复生.|. *fǒ hǒ* 复活.|. *çháy señg* 再生.

Reuolcarse (vr.翻滚、翻转). *chēn chuèn* 辗转.|. *fàn fǒ* 反复/翻复①.|. *fān xīn* 翻身.|. *fǒ chuèn* 复转.|. *tiâo' chuèn* 调转. — en el lodo (在淤泥中). *iún tù'* 运土.

Reuolcadero (n.牲畜打滚之地、泥塘). *lań nỷ* 烂泥.|. *lań tù'* 烂土. idest cenagal (即泥沼).

Reboluerse estomago (vp.胃里翻腾、肚子痛). *tú kiào teń'g* 肚绞疼.|. *tú fān kiào kỳ' lây* 肚翻搅起来.

Reboluer cosas (vp.翻腾或搅和东西). *luón tuńg* 乱动.|. *chuèn tuńg* 转动.|. *chǎ luón* 杂乱. idest mesclando (即加以混杂). *tiâo'* 调.|. *çhān'* 掺.|. *tà hoēn* 打浑②.

Reboluer alborotando (vp.扰乱、搅乱). *hoě luón* 惑乱.|. *hoēn luón* 昏乱.|. *kiào luón* 搅乱.|. *iâo luón* 肴乱③.

Rebotar lo agudo (vp.折回、急转), remachar (vt.弄弯). *tào vùy* 倒尾.|. *chuèn vùy* 转尾.

Rebotarse (vr.变钝). *tún* 钝. — rebotado (不锋利). *tún tiě* 钝的.|. *tún leào* 钝了. vt cuchillo, ett^a. (如刀子之类).

Rebuelta, vt de camino (n.转弯、弯折，如道路). *uān ki'ǒ* 弯曲④.|. *uān chuèn* 弯转.

Rebusnar el asno (vp.驴子叫唤). *liụ̂ hiāo* 驴啸.|. *liụ̂ kiáo* 驴叫.

Recabar de alguno alguna cosa (vp.向某人求得某物或求准某事). *kiêu' tě* 求得.|. *kiêu' chùn* 求准.|. *tā' ỹ gò* 他依我.

Recaer, vt sic (vi.因病倒下、再犯过错等). *tào fǒ* 倒覆.

Recaer en la enfermedad (vp.疾病复发). *fǒ pińg leào* 复病了.|. *fań leào pińg* 返了病. — en los pecados (指罪行). *çháy fán* 再犯.|. *fǒ fán* 复犯.|. *fǒ tě çhúy* 复得罪.

---

① *fàn*，一个音节带两个声调，一为上声 *fàn* "反"，一为阴平 *fañ* "翻"。柯本仅录有前者。
② 柯本作"打昏"。
③ 柯本作"摇乱"。
④ *ki'ǒ*，柯本所录为 *kiǒ*，字作"角"。

Recalcar, embotir (vt.填塞，装满). *chūn'g mùon* 充满.

Recalcar vno sobre otro (vp.把一个堆放在另一个上面). *siaŋ tiĕ* 相叠.|. *tūy tiĕ* 堆叠.

Recamara (n.卧室). *núy kuŋ* 内宫.|. *miên faŋ* 眠房.|. *héu tiñ'g* 后厅.

Recamara, o, reposteros para el camino (np.旅行用品，包括衣物、食品等). *hiñg lỳ* 行李.|. *suý xīn hiñg lỳ* 随身行李.

Recado de missa (np.弥撒服). *chó mîssă xiŋ y̆* 做弥撒圣衣①.

Recatarse (vr.谨慎行事). *iŭ faŋ* 预防.|. *iŭ kiáy* 预戒.|. *faŋ pý* 防备.

Recato (n.慎重、小心). *kìn xiń* 谨慎.|. *chīn çhiŏ* 斟酌.|. *çhù sý* 仔细.

Recaudo, o encomienda (n.关照，问候). *miń* 命.|. *hóa* 话. – embiar lo (托人带话). *ký kó siń* 寄个信②.|. *liêu hiá iĕ xiŋ* 留下一声③.

Recibir (vt.接受). *xéu* 受.|. *lìng* 领.|. *lìng xéu* 领受.|. *chîn'g* 承. – lo que le dan con las manos (以手捧上的东西). *chiĕ* 接.|. *xéu çhiĕ* 受接.

Recibir beneficios (vp.领受恩典). *muŋ gēn* 蒙恩.

Recibi merced de v. m. (s.承蒙阁下的恩泽、多蒙惠赐). *tō muŋ* 多蒙.|. *muŋ gēn* 蒙恩.

Recibir con respecto, vt el inferior del superior (vp.恭恭敬敬地领受，如下级面对上级时). *lìng* 领.

Recibir martirio (vp.遇难、牺牲). *xéu nán* 受难.

Recibir el bautismo (vp.接受洗礼). *lìng xiń xùy* 领圣水.|. *lìng sỳ* 领洗.

Recibir la ceniça (vp.领受圣灰). *lìng xiń hoēy* 领圣灰. ettᵃ. (等等).④

Recibo el mandato de v. m. (s.[我]接受您的命令). *lìng miń* 领命.|. *fŏ miń* 服命.|. *çhūn miń* 遵命.

Recibir al huesped (vp.接待客人). *chiĕ kĕ'* 接客.|. *iñg çhiĕ* 迎接. – salir à recibir le (走出门迎接客人). *chŭ' iñg kĕ'* 出迎客. – no sali à recibir à v. m. ([我]未能出门迎接您). *xĕ iñg* 失迎.

Recibi las encomiendas de v. m. (s.承蒙您的信任、多蒙举荐). *chîn'g ký nién* 承记念.|. *chîn'g chú nién* 承注念.

Recibi muchas mercedes de v. m. (s.承蒙您惠给许多恩泽). *tō muŋ héu*

---

① 柯本只录有"圣衣"。
② *siń*，柯本误录为 *jîn*，其词作"寄过人"。
③ *liêu*，柯本写为"流"。
④ 四旬斋首日，逢礼拜三，由神父在信徒的额头上点灰，谓之圣灰星期三。

çhîn'g 多蒙厚情.|. chîn'g héu gēn 承厚恩.|. chîn'g mǒ gēn 承沐恩①.

Recibo la enseñança de v. m. (s.承蒙您的教诲). lìng kiáo 领教.|. chîn'g kiáo 承教.|. chîn'g ių̀ 承谕.

Recibi el presente y doy las gracias a v. m. (s.礼物收到，谨此向您致谢). lìng sié 领谢.

Recibo la deuda (s.[我]收到了债款、债款收讫). xéu pi'áo 受票.|. xéu çhǔ' 受此.|. lìng çhǔ' 领此.②

Recibir coechos (vp.收受贿赂). xéu hoèy 受贿.|. hoèy lú 贿赂.|. tě héu xèu 得后手.

Recien venido (ap.刚来到的). siñ lây tiě 新来的.

Receta de medicina (np.处方、配方). iǒ fañg 药方.

Reciproco (ad.互相). siañg 相.

Reclamar (vi.吁求、抗议). sú káo 诉告.

Reclamo para cojer paxaros (np.用来诱捕鸟儿的圈子). muêy 媒.|. niào gô 鸟圈.

Recobrar (vt.重新得到、失而复得). çháy çhiù' 再取.|. çhiù' hoêy 取回.|. çháy tě 再得.

Recojer (vt.捡拾、收拾、集拢). xēu kỷ' 收起.|. xēu xě 收拾.|. xēu luñg 收拢. – el tributo Real (收集皇家税赋). çhūy' leañg 催粮.

Recojer el arroz en la cosecha (vp.在收获季节收割稻子). xēu tuñg 收冬.|. xēu taó çhǔ 收稻子.|. xēu hoě 收获. – el trigo (小麦). xēu mě 收麦.

Recojer à alguno en casa (vp.收容某人或留宿). xēu liêu tā' 收留他.

Recojer, o, juntar personas (vp.招收人手，或召集聚会). chāo jiñ siañg hoéy 招人相会.

Recojer el exercito (vp.募集兵马、招集军队). xēu piñg 收兵.|. xēu kiūn mà 收军马. – tocar à recojer (吹号或鸣鼓以招集军队). mîng kiñ xēu kiūn 鸣金收军.

Recojer hazienda, juntar en vno (vp.集拢资产，合为一股财力). çhiě çhių̀ 集聚.

Recojerse, retirarse (vr.退避，缩回). tu'ý hoêy 退回.|. ta'ý sǒ 退缩.③

---

① mǒ，柯本写为"睦"。
② çhǔ'，两例柯本均缺字。
③ 柯本注：ta'ý 为 t'uy 之误。按：有可能是同一字的不同读法。

Recojerse interiormente (vp.凝神、沉思). *xèu lièn* 守敛.|. *çhińg mě* 静默.|. *çhǔ xèu* 自守.|. *çhín siñ* 尽心. [*çhûn'g lỳ* 从理. para escritura (书面语词).]

Retirarse a algun lugar (vp.隐退至某地、隐遁). *hoêy pý* 回避.|. *tò pý* 躲避.|. *tò kāy'* 躲开.

Reconpensa, retribucion (n.回报、报复，惩罚、报应). *páo ińg* 报应.

Reconpensar (vt.偿付、赔偿). *poêy' hoân* 赔还.|. *pù hoân* 补还.|. *fǒ hoân* 复还.|. *poêy'* 赔.|. *pù* 补. el daño echo (即弥补造成的损失).

(p.187)

Reconpensar, o retribuir, con premio, o, castigo (vt.回报，酬劳，给予奖赏或惩罚). *páo* 报.|. *páo ińg* 报应.|. *chêu' páo* 酬报.

Retribucion (n.报复、报应). *páo ińg* 报应.

Reconsiliarse, vt los enemigos (vr.和解，如与敌人). *hô mǒ* 和睦.|. *chuèn hǒ* 转合.|. *siañg hô mǒ* 相和睦.|. *kién mién* 见面.

Reconsiliarse con la yglesia, vt los apostatas (vp.与教会和解，如叛教者重归教会). *fǒ kiáo* 复教.

Reconsiliarse despues de reconsiliado (vp.忏悔之后复又重新忏悔). *pù kiày* 补解.|. *pù çhúy* 补罪.

Recoçer (vt.重新烧煮). *çháy chù* 再煮.|. *chûn'g chù* 重煮.|. *çháy çhiēn* 再煎.

Recordar al dormido (vp.把睡着的人叫醒). *tà siǹg* 打醒.

Reconocer (vt.辨认、认出、承认). *jiń* 认.|. *chȳ jiń* 知认. – el beneffício (对恩典). *jiń gēn* 认恩.|. *chȳ gēn* 知恩.

Reconocimiento (n.认可、感谢). *jiń çhiñ'g* 认情.

Recopilar, conpendiar (vt.汇编，做摘要). *çhuǹg kuēy* 总归.|. *çhǒ' kỷ' chỳ* 撮其旨.|. *iǒ kỷ' çhǔ'* 约其辞.

Recopilacion (n.汇编、摘编). *iǒ iáo* 约要.|. *iǒ iên* 约言.|. *çhuǹg iáo* 总要.|. *kièn iǒ* 简约.|. *çhǒ' iáo* 撮要.

Rechaçar (vt.拒绝、驳回、反击). *hoêy tā'* 回他.|. *fàn hoêy* 反回.

Rechinar los dientes (vp.咬牙). *çhiě' chỳ* 切齿.

Recostarse (vr.躺靠、倚靠). *ka'ó* 靠.|. *ỳ ka'ó* 倚靠. – estriuando en otro (依托他人). *ỳ laý* 倚赖.|. *tǒ' laý* 托赖.

Recrearse (vr.娱乐、消遣). *kāy' siñ* 开心.|. *xòa* 耍.|. *hỷ xòa* 喜耍.|. *uôn xòa* 玩耍.

Recreacion (n.娱乐活动), lugar de recreo (np.玩耍的场所). *hào kāy' siñ tiě sò* 好开心的所.|. *ièu siē ý çú tiě chú'* 有些意思的处.|. *hào kuàng kìng* 好光景.

Recuperar (vt.重新得到、恢复). *siēu fǒ* 修复.|. *fǒ iuên* 复原.

Recreçerse (vr.生长、增长). *tiēn'* 添.|. *çhēng* 增.|. *kiā* 加.|. *tō ièu* 多有.

Recrecimiento, o, incremento (n.增长，增多). *çhēng kiā* 增加.

Recelarse (vr.怀疑、担心). *kàn ký* 感悸.|. *p'á* 怕.|. *kuǹg p'á* 恐怕.|. *ŷ hoě* 疑惑.

Recelo (n.怀疑、担心). *kò' ŷ* 可疑.

Recuperar (vt.重新得到、恢复). *siēu fǒ* 修复.|. *fǒ iuên* 复原.|. *fǒ tě* 复得.①

Recusar el cargo (vp.推辞任务). *tūy'* 推.|. *çhǔ'* 辞.|. *kiēn çhǔ'* 坚辞. – escusarse (借故推辞). *chǔ' sié* 辞谢.

Recusar al Juez, apelar (vp.拒绝法庭判决，再行起诉). *kày iâ muên* 改衙门.

Recto (a.直、正直的、公正的). *kuňg táo* 公道.|. *kuňg ý* 公义.|. *chě kuňg* 直公②.|. *chíng chě* 正直.|. *siñ vû çū ki'ǒ* 心无私曲.

Red (n.网、渔网). *vuàng* 网.|. *lô vuàng* 罗网.|. *vuàng çhǔ* 网子. – en que nacen los niños (婴儿出生时所裹的). *tāy' ȳ* 胎衣.|. *pāo ȳ* 胞衣.|. *pāo tāy'* 胞胎.

Redaño (n.肠系膜). *chañ'g ièu* 肠油. idest la manteca que esta en las tripas (也即附着于动物肠子的板油).

Redarguir, reprehender (vt.反驳，训斥). *kìng kiáy* 儆诫.|. *kìng chě* 儆责.|. *chě tā'* 责他.

Redemir (vt.赎身、赎回). *xǒ* 赎.|. *kiéu xǒ* 救赎. – los captiuos (赎回俘虏). *xǒ lù chè* 赎房者. – la prenda (赎回典当的物品). *chì'u tańg* 取当.|. *xǒ tańg* 赎当.

Reditos (n.利润、利息). *çhū* 租.|. *çhū çhiēn'* 租钱. – de sementeras (租用耕地的). *tiēn' çhū* 田租. – de casas (租房子的). *fañg çhū* 房租. – de dinero (借款的). *lý çhiēn'* 利钱.

Redondo (a.圆形的、球形的). *iuên tiě* 圆的.|. *tuôn' tiě* 团的.|. *tuôn' iuên tiě* 团圆的.

---

① 部分重复的条目，也见本页。

② 犹公直，耿直而公正。

Redondear (vt.使成圆形). *çhó iuên* 做圆. – cortando (剪成圆形). *çhièn iuên tiě* 剪圆的.

Redondez de la tierra (np.地球的圆形表面). *tý kiêu'* 地球.

Redoma (n.细颈凸肚瓶、球状瓶). *pō lỷ kuón* 玻璃罐.

Reducir à vno (vp.归结为一点、简约为一条). *çhuṅg kuēy iǜ iě* 总归于一.|. *kuēy iě* 归一.

Reducir à alguno (vp.说服、劝服某人). *kiụ'én* 劝.|. *kiụ'én hoá* 劝化.|. *fǒ kỷ' siṅ* 服其心.|. *chuèn hoá* 转化. [参见：conuertir (变化、归化).]

Reedificar (vt.重新建造). *çháy çháo* 再造.|. *çháy kiá* 再架.|. *fǒ kiá çháo* 复架造.|. *iéu çhǒ* 又作.|. *keṅg çháo* 更造.

Referir, contar (vt.叙说，讲述). *chuě'n xuě* 传说.|. *kiaṅg xuě* 讲说.

Reformar (vt.修正、改良). *siēu chìṅg* 修整. – las Religiones (宗教规章). *siēu hoéy kuēy* 修会规.|. *liě nién fǎ* 立严法.|. *kuēy chíṅg* 规正.|. *fàn chíṅg* 返正. – Reformacion (修正案、经改革的法规). *xeń fǎ* 善法.|. *nién kuēy* 严规.

Rifitorio (n.修道院里的集体饭厅). *faṅ tañ'g* 饭堂.|. *ch'ě faṅ sò* 吃饭所.

Reflexos de la luz (np.光线的折射). *kuāṅg iáo* 光耀.|. *kuāṅg íṅg* 光映.

Refran (n.谚语). *sǒ iụ̀* 俗语.|. *kù iêṅ* 古言.

Refregar (vt.擦、蹭、搓). *chǎ'* 擦.|. *chǎ' mô* 擦摩.|. *jêu* 揉.

Refinar el oro (vp.提炼黄金). *lién kiṅ* 炼金.|. *çhīṅg lién* 精炼①.

Refrenar (vt.勒住缰绳、遏制). *iǎ chý* 压制.|. *chý tā'* 制他.|. *chě chú* 执住.|. *kiṅ chú* 禁住.|. *çhù* 阻. – la boca (管住嘴巴). *kiáy kèu'* 戒口.

Refrescar (vi.纳凉), tomar fresco (vp.觅阴凉). *chîṅ'g leaṅg* 乘凉②.|. *leaṅg* 凉.

Refresco, colacion (n.冷食、小吃，糕点、加餐). *tièn siṅ* 点心.

Refrigerar (vt.降温、冷却 vi.恢复体力). *kiày jě* 解热.|. *kiày leaṅg* 解凉. – el corazon (内心清静). *siṅ hiá kiṅg' xoàṅg leào* 心下轻爽了.

Refrescar la boca (vp.爽口、清口). *kiày xě têu' leaṅg* 解舌头凉.

Refrescar las llagas (vp.清理伤口). *chǎ' xañg* 擦伤.

Regaço (n.膝头、怀抱). *chuṅ̌g hoây* 中怀.|. e ɔ°. (也可反过来说：*hoây chuṅ̌g* 怀中).

Regalar, vt al huesped (vt.款待，如对客人). *táy tā'* 待他.|. *kuò'n táy* 款待.

---

① 柯本脱 "*lién* 炼"。
② 柯本作 "承凉"。

Regalo, o, presente (n.礼品，赠物). *lỳ vuĕ* 礼物.

Regar (vp.浇水、洒水、灌溉). *kiāo* 浇.|. *kiāo kuón* 浇灌.|. *kuón chú* 灌注. [*kuón kāy'* 灌溉. para escritura (书面语词).]

Regar la guerta① (vp.浇灌园子). *kiāo iuên chủ* 浇园子②.

Regaton, que compra para vender (n.贩子，即买进以便出售的商贩). *fań chủ* 贩子.|. *fań fū* 贩夫.|. *chó fań* 做贩.

Regatear el precio (vp.讲价、讨价还价). *chēng kiá* 争价.

Regatear vendiendo assi (vp.买进卖出). *fań máy* 贩卖. – reuender (倒卖). *fań hó* 贩货.

Regañar (vt./vi.责骂、怨愤). *fuèn nú* 愤怒.|. *fǎ nú* 发怒.

Regañon (a.爱抱怨的、动辄骂人的). *hoéy má jîn tiĕ* 会骂人的.

Regaton de la lança, o, flecha (np.长枪或箭杆上的铁箍). *pińg* 柄.

Regla para reglar (np.用来画线的尺子). *kiáy fańg* 界方.

Reglar (vt.用尺子画线). *kiáy* 界.

Regeneracion (n.重获新生). *cháy seńg* 再生.|. *fŏ seńg* 复生.

Resurrecion (n.复活、复活节). *fŏ huŏ* 复活.

Registrar (vt.注册、登记). *páo mîng* 报名.|. *ký mîng* 记名.

Registro, vt de los escriuanos (n.登录、登录簿，如书记员所录的内容). *mîng lŏ* 名录.|. *piào ký* 表记.|. *xū ký háo* 书记号.

Registro original, la 1ʳᵃ. escritura (np.原册，初始的文字记录). *iuên ký* 原记.

Registro, vt del missal (n.书签、标记，如弥撒用书上的记号). *kiĕ xū tiĕ* 揭书的③.

Region (n.地区、方域). *tý fāng* 地方.– del fuego (火的属域). *hò kiáy* 火界. [*hò iủ* 火域. para escritura (书面语词).]

Region del viento (np.风或气流的属域). *k'ý kiáy* 气界④.

（p.188）

Registrar los barcos (vp.检验、核查船只). *nién chuê'n* 验船.|. *nién hiańg* 验饷.|. *hiańg chuê'n* 饷船.

---

① 今拼 huerta（菜园、果园）。

② *iuên*，柯本写为"圆"。

③ *kiĕ*，柯本拟为"结"。

④ 犹风界，佛学所信的地、水、火、风四界之一。

Regularmente (ad.经常). *chân'g chân'g* 常常.

Regir, gouernar (vt./vi.统治、领导，执政、管理). *kuòn* 管.|. *chù* 主.|. *chý* 制.

Regidor (n.管理者), gouernador de la Ciudad (np.主管一个城市的长官). *chý fǔ* 知府. ettᵃ. (等等).

Reglas (n.规矩、规则、法规). *fǎ tú* 法度.|. *chý tú* 制度.|. *tiâo' mǒ* 条目.|. *kuēy tiâo'* 规条.|. *fañg fǎ* 方法.|. *kuēy kiù* 规矩. o, leyes (或律法).

Regla, o, modelo (n.规尺，或样式). *kuēy mû* 规模.|. *chùn chě* 准则.

Regla (n.纪律、节制), tener la, vt en el comer (vp.节制有方，如在饮食上). *çhiě tú* 节度.

Regla cierta (np.确定的规矩、定则). *tiń g kuēy* 定规.|. *tiń g gě* 定额.

Regla, o, renglon (n.行，用尺画的一行或书写的字行). *hañg* 行.

Regulo (n.诸侯王、亲王). *vuâñg chǔ* 王子.

Reglado, parco (a.有节制的，适度的). *çhiě iuńg tiě* 节用的.|. *seǹg iuńg tiě* 省用的.|. *kièn tiě* 俭的.

Reglitas, o, pauta (n.排字时插于字行之间的铅条，或格线). *çhú kě* 字格.|. *hoě kiáy sién* 画界线.

Regoldar (vi.打嗝). *tà kě* 打嗝.

Regozijado (a.开心的). *hỳ siñ tiě* 喜心的.|. *huōn hỳ tiě* 欢喜的. [参见：alegre (高兴的).]

Regozijo (n.欢快喜悦、喜庆活动). *huōn hỳ* 欢喜.|. *hiñ hỳ* 欣喜. – comun y publico (人人欣喜). *kuñg hỳ* 恭喜.

Reguero (n.水渠). *xùy çhâo'* 水槽.

Rehazer (vt.重新做). *çháy çhó* 再做.|. *çháy siēu chiǹg* 再修整.

Rehenes (n.人质、扣押物). *liêu çhó tañg* 留做当. – el hijo del Rey, o, grandes (君王或权贵的儿子). *çhó chý* 做质.

Rehuir el golpe (vp.躲开击打). *xèn* 闪.

Reusar (vt.拒绝、拒受). *chù'* 辞.|. *chù' sié* 辞谢.|. *pǒ iáo* 不要.

Rexa para arar (np.耕地用的铧犁). *lý têu'* 犁头.

Rexa de ventana (np.窗户的栅栏). *kě çhǔ* 格子. – y si es de hierro (如果是铁制的，便称为). *tiě' lân* 铁栏.|. *tiě' kě çhù* 铁格子.

Rexalgar (n.雄黄). *p'ý xoāng* 砒霜.|. *siń xě* 信石.

Relamerse (vr.舔、咂嘴). *çhiǒ vuý* 嚼味.|. *çhiě'* 啧①.

---

① 柯本写为"喷"。

Relaxar (vt.松解、减轻、豁免). *kuō'n mièn* 宽免.

Relampago (n.闪电). *luý kuaňg* 雷光.|. *luý tién* 雷电.|. *liě kiųě'* 裂缺①.

Relampaguear (vi.闪电). *xèn tién* 闪电.|. *tà xèn* 打闪.

Relampaguear mucho (vp.雷电阵阵). *luŷ luŷ chý chý tě kiǹ* 雷雷叱叱得紧②.

Relieues (n.剩菜剩饭), cosas que sobran (np.剩余的东西). *iǔ xińg tiě* 余剩的.

Relatar (vt.讲述、概说). *chuê'n laŷ liě* 传来历③.|. *chuê'n xuě* 传说.

Relacion (n.故事、叙述、关系). *laŷ liě* 来历.|. *laŷ têu'* 来头.

Reliquiario (n.圣骨盒). *xińg tǒ* 圣椟. – nominas (写有圣徒名字的). *xińg hân* 圣函.

Reliquias de Santos (np.圣徒的遗骸). *xińg jîn goêy vuě* 圣人遗物④.|. *xińg vuě* 圣物.

Religion (n.宗教、宗教团体). *xińg hoéy* 圣会.

Religioso (n.修道士). *siēu táo tiě* 修道的.|. *siēu çų́* 修士.|. *hoéy chuňg çų́* 会中士.

Reliosa (n.女修道士、修女). *siēu chiňg niù* 修贞女.|. *siēu tě niù* 修德女.|. *siēu táo niù* 修道女.

Religion falsa (np.谬误的宗教或教派). *siê kiáo* 邪教.

Relleno (a.饱满的). *chuň'g muòn* 充满. – satisfecho (满意的). *chuň'g pào* 充饱.|. *muòn chǒ* 满足.

Relinchar el cauallo (vp.马儿嘶鸣). *mà sȳ* 马嘶.

Relox de arena (np.沙钟). *xā leú* 沙漏.|. *liêu xā leú* 流沙漏.|. *kě' leú* 刻漏.|. *tińg xý xā leú* 定时沙漏.

Relox de campana (np.敲声报时钟、自鸣钟). *çhú mîng chuňg* 自鸣钟.

Relox de agua (np.水钟). *tuň'g hû tiě leú* 铜壶滴漏⑤.|. *chý kě' leú* 至刻漏⑥.|. *xý xîn pây'* 时辰牌.

Relox de sol (np.太阳钟、日晷). *jě kuēy* 日规.|. *çhě xý jě kuēy* 测时日规⑦.|.

---

① 谓电光忽闪之际,天空顿如裂破缺口。柯本缺字。
② *chý chý*,柯本缺字。当为摹声词,姑如此写。
③ *liě*,柯本转录作 *tiě*,字写为"的"。
④ "遗"读作 *goêy*,参见 Fluxo seminis(p.100)。
⑤ *tiě*,柯本写为"的"。
⑥ 谓满一刻钟便漏尽。柯本作"[制?]刻瘸"。
⑦ 柯本缺此例。

kào' jě ìng kuēy 考日影规.

Relumbrar, lucir (vi.光芒四射，闪光发亮). *fǎ kuāng* 发光.|. *hièn kuāng* 显光.

Remanso, o charco de agua que no corre, o laguna ett^a. (n.滞流，即不流淌的水塘、潟湖等). *çù xùy* 死水. idest agua muerta (字面义即死了的水).

Remar (vi.划船). *tà çhiàng* 打桨.|. *ta'ńg çhiàng* 荡桨.|. *ta'ńg chuê'n* 荡船.|. *hôa çhiàng* 划桨.

Remar con vn solo remo por popa, hazer *lio lio*① (vp.用船尾的一支桨划水，橹声溜溜). *iâo lù* 摇橹.|. *tūy' xāo lù* 推梢橹. – à remo y vela (连桨带帆). *kiēn fuńg táy çhiàng* 兼风带桨.

Remero (n.使桨者、划船工). *ch'ǔ chēu jiń* 伺舟人②.|. *kiá chēu jiń* 驾舟人.|. *tà çhiàng tiě* 打桨的. – los del remo grande (使大桨的). *iâo lù jiń* 摇橹人.

Remate (n.末尾、终点). *ùy* 尾.

Rematado (a.无可救药的、完蛋了的). *çù xīn* 死身③.

Rematarse en vno, vt los rayos de la rueda en el exe (np.结合为一体，如轮子的辐与轴). *chéu hǒ* 辏合④.

Remedar (vt.模仿、效法). *hiǒ tā'* 学他.

Remediar (vt.救助、挽救). *kiéu* 救.|. *kiéu çhý* 救济.

Remendar (vt.修补、补缀、改正). *pù* 补.|. *siēu pù* 修补.|. *tà pù tīng* 打补丁.

Remedio (n.补救措施、药方), tiene remedio (vp.有方可救、有出路). *ièu lú* 有路.|. *kò' ỳ kiéu tě tiě* 可以救得的. – Remedio de la vida (生活的办法、生计). *huǒ lú* 活路.|. *seńg lú* 生路.|. *huǒ fǎ* 活法.|. *huǒ ký* 活计.

Remedio (n.补救措施、药方), no tiene remedio (vp.无方可救). *vû muên lú* 无门路.|. *vû kò' náy hô* 无可奈何.|. *náy hô vû fǎ* 奈何无法.|. *náy hô náy hô* 奈何奈何.

Remiendo (n.补丁、补充物). *pù tīng* 补丁.|. *pù pi'én* 补片. – vestido de muchos remiendos (带许多补丁的衣服). *pě nǎ ȳ* 百衲衣.⑤

Remitir el Juez superior el despacho al inferior (vp.上级官衙向下级官衙寄送公函). *pȳ' hía* 批下.|. *fǎ hía* 发下.

---

① 柯本注：*lio lio*，伦敦本作 *liǒ liǒ*，或可写为"撂撂"，义为反复推动。按：当为摹声词，以"溜溜"描摹水声很常见。
② *ch'ǔ*，柯本缺字。
③ 犹身死。柯本缺后一字。
④ 柯本作"凑合"。轮辐聚集于轴心，谓之"辏"。"凑合"似为后起的写法，多含贬义。
⑤ 这一整条不见于柯本。

Remitir el Juez inferior la causa al Juez superior (vp.下级官衙向上级官衙提交案件). *xīn vuên xū* 申文书.|. *kiáy xańg* 解上.

Remitir los Reos à otros Tribunales superiores (vp.向高级法庭递送被告或犯人). *kiáy suńg* 解送.

Remitirse à otro capitulo del libro (vp.参照同一书的其他章节). *kién mèu piēn′* 见某篇.|. *kiú mèu piēn′* 据某篇.|. *çhiân′g mèu piēn′* 详某篇.

Remito me a la obra (s.我看重的是行动). *kién hińg goêy hô* 见行为荷.

Remiso (a.懒散的、没精神的). *lań tó* 懒惰.|. *lèng tańg tiĕ* 冷淡的.|. *pŏ iuńg siń tiĕ* 不用心的.

Remo (n.桨). *çhiàng* 桨.|. *chuê′n çhiàng* 船桨.|. *çhiàng çhiĕ* 桨楫. – el grande (一种大桨). *lù* 橹.

Remoçarse (vr.变年轻). *iuńg máo iù xáo* 容貌愈少①.|. *fŏ xáo choáng* 复少状.|. *fàn lào goêy tûn′g* 返老为童.|. *chuèn lào goêy xáo* 转老为少.|. *fàn tûn′g* 返童.|. *fàn lào chín′g tûn′g* 返老成童.②

Remojar (vt.弄湿、浸泡). *çhín xùy* 浸水.

Remorder la conciencia (vp.啮咬良心、内心自责). *ch′ú siń* 刺心.|. *pŏ kúo siń* 不过心.|. *siń pŏ gān* 心不安.|. *siń tuńg* 心动.|. *pŏ kúo ý* 不过意.

Remolino del viento (np.旋风). *kiùen lô fuńg* 卷螺风.|. *iûn vú* 云雾.

Remolino del agua (np.旋涡、涡流). *kiùen lô xùy* 卷螺水.

（p.189）

Remolino (n.旋儿), coronilla de la cabeça (np.头顶的发旋). *têu′ tińg* 头顶.|. *têu′ mâo lô* 头毛螺.

Remoto (a.远、遥远的). *iùen* 远.

Remoto pariente (np.远亲). *sŭ liŏ* 疏略.|. *sū iuèn* 疏远.|. *pŏ çhīn′* 薄亲③.

Remontarse (vr.升高、飞起). *teńg′ fy* 腾飞.

Rempujar (vt.推、挤、顶). *iāy* 挨.|. *tūy′* 推.|. *iāy tūy′* 挨推. – para que cayga (以至跌倒). *iāy tào* 挨倒.

Remudar (vt.替换、更换). *hoán* 换. – vt los centinelas (如岗哨). *siāng lûn* 相轮.

---

① *iù*，柯本缺字。

② *fàn*，三例柯本均写为"反"。

③ "薄亲"，一指远亲，一为对自家亲戚的谦称。

Remunerar (vt.酬付、报偿). *chêu' paó* 酬报.|. *paó* 报.

Rendir à los enemigos (vp.使敌人降服、战胜). *chý fŏ* 制服.

Rendido (a.顺从的、服帖的). *hiâng chè* 降者.|. *fŏ leào tiĕ jiñ* 服了的人.

Rendirse (vr.缴械投降). *hiâng* 降.|. *hiâng fŏ* 降服.|. *têu' hiâng* 投降.|. *çhú fŏ* 自服.|. *kuēy hiâng* 归降. vt los enemigos (如敌人).

Renegar (vt.叛教). *poéy kiáo* 背教.|. *pu'ón kiáo* 叛教. – de la ley que professa (不认可所奉的教义). *pŏ jiń goêy kiáo chuṅg* 不认为教中.

Renegado (a.叛变的 n.变节者). *poéy kiáo tiĕ* 背教的.|. *pu'ón kiáo tiĕ* 叛教的.

Renglera (n.排、行). *haṅg* 行.

Renglones (n.书写、排印的行). *xū haṅg* 书行.|. *çhú haṅg* 字行.

Renombre (n.别名、外号). *piào* 表.|. *piào tĕ* 表德.|. *çhú* 字.|. *háo* 号.

Reñir (vi.争吵 vt.责骂). *çheṅg* 争.|. *siaṅg çheṅg* 相争.|. *çheṅg téu* 争斗.

Reñir le (vp.斥责某人). *má tā'* 骂他.|. *kiṅg kiáy tā'* 儆诫他.|. *kiṅg çhĕ tā'* 儆责他. [参见：reprehender (训斥).]

Renouar, vt sic (vt.赋予新生、重新做、恢复、更新等). *kiā siń* 加新.|. *çheṅg siń* 增新.|. *fŏ siń* 复新.|. *çhûn'g siń* 从新.|. *çháy siń* 再新.|. *keṅg siń* 更新.

Renouar adereçando (vp.重新装饰、打扮一新). *choāng siń* 妆新/装新.|. *chiṅg siń* 整新.

Renouarse ad intra, vt en la virtud (vp.内心求新、革新思想，如在道德方面). *kiā jĕ siń chý kuṅg* 加日新之功①.|. *siń ûl iéu siń* 新而又新.

Renouar las leyes (vp.革新律法). *liĕ siń fă* 立新法.|. *kày siń* 改新.|. *huón siń fă* 换新法.

Renouar la sentencia (vp.重新判决). *kày gań* 改案.

Renuebos de los arboles (np.树木的新枝). *meṅg iâ* 萌芽. – echar los (萌发新芽). *fă iâ* 发芽.|. *seṅg iâ* 生芽.

Renuebos de cañas que se comen (np.竹子的新芽，可食用). *siùn* 笋.

Reuocar la costumbre, recedant vetera ettª. (vp.废止旧习、弃置传统之类). *xè kiéu çhûn'g siń* 舍旧从新.

Renta Real de los Mandarines (np.官员从皇家获得的岁入). *fuṅg lŏ* 俸禄.|. *fuṅg çhîe'n* 俸钱.|. *çhiŏ lŏ* 爵禄.|. *kuōn leaṅg* 官粮.

Renta, o, reditos del terrasgo (np.可耕地的租金或税赋). *tý çhū* 地租.|. *çhū çhîe'n* 租钱.|. *çhū xúy* 租税.

---

① 柯本拟为"加入[新之工]"。

Renta, o reditos de las sementeras (np.田亩的租金或税赋). *tiên' çhū* 田租.|. *tiên' fú* 田赋. – de las casas (租用房子的). *fañ çhū* 房租.|. *vŏ çhū* 屋租.

Renta perpetua que da el Rey a vna generacion (np.君王赐给的世袭俸禄). *xě lŏ* 食禄.|. *chân'g lŏ* 常禄.

Renta que da el Rey a los licenciados del 1ʳ. grado (np.君王赐给一等考生的年金). *pù liǹ leâng* 补廪粮.

Renta annual (np.每年的租金或年度收入). *súy jě chȳ çhū çhiên'* 岁入之租钱.

Rentero publicano (np.收公租者、课税官). *xúy kuōn* 税官.|. *xúy k'ó çụ* 税课司.|. *chēu' fuén tiě kuōn* 抽分的官.|. *leâng hú* 粮户.

Renunciar el cargo (vp.放弃职务、辞去职位). *çhů' chě* 辞职.|. *k'ý chě* 弃职.|. *çhů' jáng* 辞让.

Renunciar el Reyno (vp.放弃王位). *jáng kuě* 让国.

Renunciar el cargo por viejo (vp.因年老而辞职). *káo lào* 告老. – pedir la renunciacion (请求辞职). *ki'ě hiēu* 乞休.

Renunciar el mundo (vp.弃绝此生此世). *k'ý xý* 弃世.|. *çhiụě xý* 绝世.|. *sié xý* 谢世.

Renunciar los gustos (vp.弃绝享乐). *sié lǒ* 谢乐.

Renunciar las riquezas (vp.舍弃财富). *xè çhây'* 舍财.|. *çhiụě çhây'* 绝财.

Renzilla (n.口角、纷争). *siañg çheñg* 相争.|. *cheñg kiù'* 争衢①.|. *kiaǹ'g pién* 强辩.

Reo (n.犯人、罪犯、被告). *fán jiñ* 犯人.|. *çhúy jiñ* 罪人. – acusado (被控告者). *pý káo* 被告②.

Reparar las quiebras (vp.修补缺陷、弥补损失). *pù kiụě* 补缺.

Repararse del sol (vp.躲避日晒). *chē pý jě* 遮蔽日.|. *tỷ jě* 抵日.

Repararse contra el enemigo (vp.抵御敌人). *hán iù* 捍御③.|. *fañg pý* 防备.|. *tỷ tañg* 抵挡.

Reparo de trincheras (np.御敌的堑壕). *iuñg çhě'* 营栅.

Reparo para el viento, o, cancel (np.挡风的门帘、板壁、屏风等). *pìng fuñg* 屏风.

Reparo, o, ante puerta, que es vna pared ante la puerta (n.护门，或内门，即门前的一堵墙). *cháo çhiâ'ng* 照墙.|. *cháo piě* 照壁.

---

① 谓抢道，或相争于街市。柯本缺后一字。

② 柯本作"背告"。

③ 柯本作"扞圉"。

Reparar (vi.发觉、记起), advertir (vt.发现、注意到). *kiǒ* 觉.|. *chȳ kiǒ* 知觉.|. *kiǒ tě* 觉得.|. *iě kiǒ* 益觉①.

Reparar poco en las cosas (vp.对事情考虑不周). *çhièn' kién* 浅见.|. *kiñg' kién* 轻见.|. *fêu kién* 浮见.

Reparos, o, adereços de la casa (np.房子的修缮或装饰). *fañg vǒ chȳ siēu xě* 房屋之修饰.

Reparador que en todo repara (np.事事讲究、爱挑刺的人). *sò suý tiě jên* 琐碎的人②.

Repartir, vt sic (vt.分、分开、分发、分配,泛指). *fuēn* 分.|. *fuēn kāy'* 分开.|. *fuēn tuón* 分断.

Repartir gente (vp.派遣人员、分配人手). *fuēn pǒ* 分拨.|. *fuēn p'áy* 分派.

Repartir ygualmente (vp.平均分配). *piñg' fuēn* 平分.

Repartir rata por cantidad (vp.定额定量分配). *iuńg tú teǹg fuēn tińg* 用度等分定.|. *fuēn tińg* 分定.|. *p'áy tińg* 派定.

Repartir la hazienda, vt entre los hijos (vp.分配财产,例如在儿子们之间). *fuēn kiā* 分家.|. *fuēn çhây'* 分财.|. *fuēn kiā çhà'n* 分家产.

Repartir el sueldo a los soldados (vp.向士兵派发粮饷). *sán leañg* 散粮.|. *sǎ leañg* 撒粮.|. *fuēn leañg* 分粮.

Repartimiento, vt por las casas (n.分派、分摊,如按家按户进行). *kiǔ ch'ṳ́* 居处.|. *pây' muên* 排门③.

Repartimientos, o, diuisiones en las casas (n.分间、单间,或隔断的房屋). *kě kiēn* 隔间.|. *kě kiǔ* 隔居.|. *kě piě* 隔壁. – en los barcos (船上的). *kě tuón* 隔断.|. *chuê'n çhān'g* 船舱.

Repeticion (n.重复、修辞上的重复式). *chûn'g iên* 重言.|. *chûn'g xuě* 重说.

（p.190）

Repasar de memoria lo que sabe (vp.凭记忆温习已知、复习已掌握的知识). *vuēn xǒ* 温熟.|. *vuēn siě* 温习.

---

① 益发觉得。柯本作"忆觉"，也说得通，只不过"忆"并非入声字，在本词典上拼为 *ý*，罕有例外。

② *jên*，似为误写。"人"通常拼为 *jiń*。

③ 谓挨家挨户。

Repelar los cabellos (vp.揪、拔头发). *ti'ě têu' fǎ* 剔头发.|. *çhày' têu' fǎ* 采头发.

Repetir, vt sic (vt.重复、重做、重申等). *chûn'g kiaǹg* 重讲.|. *çháy kiaǹg* 再讲.|. *fǒ chùen* 复转.|. *chûn'g fǒ* 重复.

Repicar las campanas (vp.连续敲钟). *lúy chuňg* 擂钟.|. *náo chuňg* 闹钟.

Replicar (vt./vi.提出异议、抗辩). *tý' kú* 提故.|. *xuě kú* 说故.|. *chîn' kú* 陈故.

Replica en los argumentos (np.论辩中的反驳). *fǒ pién* 复辩.|. *pǒ* 驳.

Reposar (vi.休息、憩息). *gān hiě* 安歇.|. *gān niňg* 安宁.

Reposado hombre (np.文静而持重的人). *çhûn'g iuňg tiě* 从容的.|. *kuōn' siň tiě* 宽心的.

Reportarse, reprimirse (vr.克制，忍耐). *kě' ky̌* 克己.

Repostero (n.装备用品). *suy̌ xīn hiňg ly̌* 随身行李.

Reprehender (vt.训斥、责骂). *kiǹg kiáy* 儆诫.|. *kiǹg çhě* 儆责.|. *çhě tā'* 责他.
— con razones (讲道理、有理有据). *chiń ly̌ çhě jiň* 正理责人.|. *táy çhě jiň* 代责人.

Reprehender los inferiores a las superiores (vp.下级指责上级). *kién çhě* 谏责.

Reprehender diziendo le sus faltas (vp.斥责某人并指出其过失). *mién çhě jiň kúo* 面责人过.|. *chiń míng ký' çhúy* 证明其罪.

Reprehender requiriendo le (vp.斥责并要求改过). *çhě py̌* 责备.
— amonestando le (谆谆以教). *çhě vuaňg* 责望.

Reprehendido (a.被斥责的), reçebir reprehencion (vp.受到训斥). *xéu çhě* 受责.

Represar el agua (vp.堵截水流). *tý' faňg xùy* 提防水.|. *iǎ chú xùy* 压住水.|. *sě chú xùy* 塞住水.

Represar, vt sic (vt.阻挡、拦截、堵截等). *chù chy̌* 阻止.

Representar comedias (vp.表演戏剧、演戏). *çhó hy̌* 做戏.|. *cha'ng hy̌* 唱戏.|. *ièn hy̌* 演戏. – de titeres (演木偶戏). *chēu' kuèy luy̌* 抽傀儡.|. *tý' hy̌* 提戏①.

Representar proponiendo la razon (vp.提出并阐述设想、建议、方案等). *chîn' xě* 陈设.|. *chîn'g hién* 呈现.|. *chiňg' chiń* 呈进.

Representar las especies (vp.展现物类或形态). *hièn vuáy siańg* 显外象.
— producir las (产生形象). *seňg siańg* 生象.|. *chîn'g siańg* 成象.|. *kiú siańg* 具象.

---

① 谓提线木偶戏。

Representar, figurar, vt la figura al proto typo (vt.象征、代表，例如一尊塑像代表其原型). *siaṅg* 像/象.

Representante, comediante (n.演戏的艺人、表演者). *çhó hý tiě* 做戏的.|. *hý çhù* 戏子. – el 1ʳᵉ. papel (一号角色、主角). *hý seṅg* 戏生. – el de muger (女子扮演的角色). *hý taṅ* 戏旦. [参见：comedia (戏剧).]

Reprimir (vt.制止、阻止). *kiń chỳ* 禁止.|. *lân chú* 拦住.|. *iǎ chỳ* 压止.|. *kiń çhù* 禁阻.|. *chỷ' chú* 持住.

Reprimirse (vr.抑制、忍住). *chú kỳ jiń chú* 自己忍住.|. *çhǒ chú* 作住①.|. *kě' chú* 克住.|. *kě' kỳ* 克己. – los mouimientos sensuales (抑制情欲的冲动). *chỳ pý siê iǒ* 止避邪欲.

Reprouar los argumentos contrarios (vp.质难、反驳对方的论点). *fàn jiń tiě luń* 反人的论.

Reprouar las palabras (vp.质疑对方的言辞). *pién chě jiń iên* 辩质人言②.

Reprouar las composiciones (vp.非难文章、责难文字作品). *tiēu k'ý vuên çhú* 丢弃文字.|. *tiēu k'ý kiuén çhú* 丢弃卷字.

Reprouar echando de si, o, cortando (vp.弃置不理，割断联系). *k'ý chiuě* 弃绝.|. *tuón chiuě* 断绝.|. *tuón k'ý* 断弃.

Repugnar (vt.憎恶、对抗). *niě* 逆.|. *pǒ xún* 不顺.|. *gù niě* 忤逆.|. *gù ka'ṅg* 忤抗.|. *gù ý çheṅg tā'* 忤意憎他.

Repugnar arguiendo (vp.拒不接受对方的论点、抗辩). *kiaǹ'g pién* 强辩.

Repugnarse arguir por arguir (vp.论辩中相对抗、反复辩驳). *siaṅg tiě* 相敌.

Repudiar (vt.遗弃), echar de si (vp.抛弃). *chiuě* 绝.[参见：reprouar (弃绝).] – a la muger (对自己的妻子). *k'ý çhỷ'* 弃妻.|. *hiēu lý* 休离. – libelo de repudio (离婚书). *hiēu xū* 休书.

Reprimir amonestando (vp.边训斥边教导). *kiu'én çhě* 劝责.|. *kiêu' pý* 求备③.|. *çhě pý* 责备.

Reputar (vt.评价、重视). *kuéy chuṅg* 贵重. [参见：estimar (珍重).]

Requerir en Juyzio (vp.向法院请愿或申诉). *pìn kuōn* 禀官.|. *kaó kuōn* 告官.|. *chîn'g kuōn* 呈官.

Republica (n.民众). *jiń mîn* 人民.|. *pě siṅg* 百姓.

---

① *çhǒ*，柯本写为"捉"。
② "辩质"，论辩质疑，柯本作"辩谪"。
③ 谓求诸完备，求全责备。*kiêu'*，柯本转录为 *kiên'*，字作"谴"。

Rescatar (vt.赎回、救赎). *xǒ* 赎. [参见：redemir (赎身、赎回).]

Rescate (n.赎金). *xǒ kiá* 赎价.|. e ɔᵃ. (也可反过来说：*kiá xǒ* 价赎) .|. *xǒ çhiên'* 赎钱.

Reseruar (vt.保留), dexar algo (vp.留下某物). *liêu* 留.

Resfriarse (vr.趋凉、变冷). *leṅg kỳ'* 冷起.|. *leṅg leào* 冷了. – en las cosas del alma (指内心、精神上). *leṅg tán* 冷淡.

Resfriado (n.伤风、着凉). *kàn fuṅg* 感风.|. *kàn hân* 感寒.

Residir (vi.居住、寓居). *kiū chú* 居住.|. *chú* 住. – como huesped (作为客人). *iǔ chú* 寓住.

Resina, o brea (n.松香，松脂). *suṅg hiaṅg* 松香.

Resignacion (n.忍受、顺从), no tener propria voluntad (vp.没有自己的愿望、不抱希望). *chiuě ý* 绝意.

Resignarse (vr.忍受、顺从). *ti'ńg çhûn'g* 听从.|. *ti'ńg xún* 听顺.|. *xún çhûn'g* 顺从.|. *goèy siṅ ti'ńg miṅg* 违心听命.

Resistir (vi./vt.忍耐、抵抗、反对). *tiě iṅg* 敌应.|. *túy tiě* 对敌.|. *kiǔ tiě* 拒敌.|. *kiǔ iǔ* 拒御.|. *tỳ taṅg* 抵挡. vt al enemigo (指对抗敌人).

Resistir, impedir (vt.抵抗，阻止). *chù taṅg* 阻挡.|. *laṅ chù* 拦阻.|. *tà tu'ý* 打退. – no poder le resistir (无法拒敌、无力抵抗). *tỳ taṅg pǒ chú* 抵挡不住.|. *tiě tỳ pǒ chú* 敌抵不住.

Resistir (vt.抵抗), como se podra resistir (vp.怎样才抗得住). *hô jǔ tỳ taṅg* 何如抵挡. [参见：repugnar (对抗).]

Resollar (vi.呼吸、喘息). *hiū hiě* 嘘吸.

Resuello (n.呼吸、气息). *hiū hiě tiě k'ý* 嘘吸的气.|. *kèu' k'ý* 口气. – apresado, vt el asmatico (气促，如患气喘). *chù'en k'ý* 喘气.

Resuello del que esta para espirar (np.行将断气者的呼吸). *çhân' chuèn'* 残喘. – hombre de poco huelgo (气短、气喘的人). *siào k'ý tiě* 小气的.

Resoluer las dudas (vp.解释疑惑). *kiày ý pién hoě* 解疑辨惑.|. *kiày ý* 解疑.

Resoluer la verdad (vp.判定真理). *tuón xý fy* 断是非.|. *kiuě xý fy* 决是非.|. *tiṅg xý fy* 定是非.

Resoluerse, determinarse (vr.决定，下决心). *chú tiṅg* 自定.|. *chú kiuě* 自决. – veamos vuestra resolucion (我们来看看你们的决定). *ka'ń nỳ chù ý* 看你主意.|. *chù chaṅg* 主张.①

---

① 最后二词柯本作"看你主掌""主意"。影本有记号显示调整次序。

Resoluto (a.果断的), hombre determinado (np.意志坚定的人). *kùo ý ièu goêy tiě jiñ* 果毅有为的人.|. *tíng chùn tiě jiñ* 定准的人. – indeterminado (不坚定、没主意). *tō ý chù chàng pǒ tíng* 多疑主张不定.|. *pá juèn tiě* 罢软的①.|. *mǒ tíng tiě jiñ* 没定的人.

Resoluerse, vt la apostema (vr.消散、消退，如脓肿). *sań* 散.|. *siāo sań* 消散.|. *siāo leào* 消了.

Resolutamente (ad.果断、毅然). *iě tíng* 一定②. [参见：determinar (决定).]

Resonar (vi.鸣响、回响). *hiàng* 响.

（p.191）

Respetar (vt.尊敬、尊重). *chūn kíng* 尊敬.|. *fuńg kíng* 奉敬.|. *kiñ' chún'g* 钦从.|. *kuńg kíng* 恭敬.|. *kíng chuńg* 敬重.|. *kíng niàng* 敬仰.|. *chēn niàng* 瞻仰.

Respetado (a.受尊敬的). *sò kíng tiě* 所敬的.|. *sò chūn tiě* 所尊的.|. *sò niàng tiě* 所仰的.

Respecto (n.敬重、敬意). *sǒ kíng* 肃敬.|. *chý kíng chiń lỳ* 致敬尽礼③. – Digno de respecto (值得尊敬). *kò' kíng tiě* 可敬的.|. *tańg kíng tiě* 当敬的.

Respirar (vi.呼吸). *hū hiě* 呼吸.|. *chuèn' siě* 喘息.|. *chuèn' k'ý* 喘气.|. *têu' k'ý* 透气④.

Respiradero (n.出气孔、呼吸器官). *k'ý kuòn* 气管.

Resplandecer (vi.发光、闪亮). *fǎ kuāng* 发光.

Resplandor del sol (np.太阳的光芒、日光). *jě ìng* 日影. – del fuego (火焰的光芒). *hò ìng* 火影.

Resplandeciente (a.发光的、明亮的). *kuāng miñg* 光明.|. *kuāng leańg* 光亮.|. *kuāng hoēy* 光辉.

Responder (vt.回答). *tǎ* 答.|. *tǎ ińg* 答应.|. *ińg* 应.|. *ińg tǎ* 应答.|. *hoêy hoá* 回话.|. *túy tǎ* 对答.|. *ińg súy* 应随⑤.

---

① *pá*，柯本写为"把"。
② 柯本作"臆定"。
③ *chý*，柯本写为"至"。《孟子·尽心上》："王公不致敬尽礼，则不得亟见之。"
④ 柯本作"投气"。
⑤ 犹随应，随声应答。柯本作"应对"，猜测 *súy* 为 *túy* 之误。

Responder que si (vp.回答"是"). *ińg nǒ* 应诺.

Responder a la carta (vp.回复来信). *hoêy xṳ̄* 回书.|. *fǒ xṳ̄* 复书.|. *tǎ xṳ̄* 答书.|. *fǒ iñ* 复音.|. *hoêy fǒ* 回复.

Respuesta diuina (np.神明的回应、上帝的回答). *Tiēn' chù kiáng káo* 天主降告.|. *kiáng tǎ* 降答.

Responder por otro (vp.替人回答). *táy jiñ iên* 代人言.

Responder al Rey à cerca de lo que se le encomendo (vp.向君王报告所委之任的情况). *fǒ mińg* 复命.|. *fàn mińg* 返命/反命.

Responder (vt.回答), no tuuo que responder (vp.不知该怎样答话). *vû iên kò' túy* 无言可对.|. *vû iên kò' chêu'* 无言可酬.|. *mâng jên vû túy* 茫然无对.

Respondon (a.好顶嘴的、爱抢白的). *hèn ińg* 狠应.|. *gáo ińg* 傲应.|. *géng ińg* 硬应. – Respuesta dura (生硬、冷酷的回答). *niě ińg* 逆应.

Resquicio (n.裂缝、窄隙). *siào liě* 小裂.

Resta (n.剩余、余数), aun queda (vp.尚有余剩). *hoân ièu* 还有.|. *iṳ̌ xińg* 余剩.|. *ièu iṳ̌ xińg tiě* 有余剩的.

Resta tanto (vp.还剩余这些). *chùng suón ièu iṳ̀ tō* 总算有余多.

Restituir el officio, o el cargo (vp.恢复官位或职任). *fǒ chě* 复职.|. *fǒ kuōn* 复官.|. *fǒ jiń* 复任.

Restituir la deuda (vp.归还债款). *hoân cháy* 还债.|. *chân'g hoân* 偿还.|. *hoêy hoân* 回还.

Restituir la honrra (vp.恢复名誉). *pù mîng xińg* 补名声.

Restituir al primer estado (vp.返回初始状态). *kuēy iṳ̌ iuên xỳ* 归于原始.

Resbalar (vi.滑脱、滑倒). *hoǎ ki'ṳ́* 滑去.|. *hoǎ liêu* 滑溜.

Resbaladero (a.滑溜的), camino resbaladizo (np.打滑的道路). *hoǎ lú* 滑路.

Resucitar (vi./vt.复苏、复活、救活). *fǒ huǒ* 复活.|. *fǒ seńg* 复生.|. *hoêy seńg* 回生.|. *cháy seńg* 再生.

Resucitar muertos (vp.使死人复活). *lińg cù chè fǒ huǒ* 令死者复活.|. *iṳ̀ tā' fǒ huǒ* 与他复活.|. *cù tā' fǒ huǒ* 使他复活.

Resucitado (a.复活的 n.复活者). *fǒ huǒ* 复活.

Resumir (vt.加以概括、精简). *chùng iǒ* 总约. [参见：recopilar (汇编).]

Retaguardia (n.后卫、后方). *héu iuńg* 后营.

Retama (n.金雀花). *kù' chà'o* 苦草.

Retablo (n.绘画、雕塑等祭坛装饰). *xińg kān'* 圣龛.|. *xińg chó* 圣座. – tabernaculo (神龛). *kān' chǔ* 龛子.

Retablo con flores de relieue (np.带有浮雕花卉的装饰). *tiāo hōa tiě kān' chǔ* 雕花的龛子.|. *kuńg hōa tiě kān' chǔ* 供花的龛子.

Retener (vt.拘留、留存). *chě lieu* 执留.|. *lieu chú* 留住.|. *lieu chǒ* 留着. – en la memoria (保留在记忆中). *ký chûn'* 记存.

Retardar (vt.延缓、推迟). *chỷ' iên* 迟延.|. *chỷ' iāy* 迟捱.

Retintin① (n.丁零当啷的钟声、乐声). *vù xiēng* 舞声.

Retirarse (vr.退避、隐退). *tò kāy'* 躲开.|. *xèn kāy'* 闪开.|. *tò pý* 躲避. – apartarse (离开、摆脱). *hoêy pý* 回避.|. *chèu kāy'* 走开.

Retirarse del mundo (vp.离别此生此世). *chǔ' xý* 辞世.|. *sié xý* 谢世.|. *chiuě xý* 绝世.

Retirarse en la batalla (vp.撤出战斗). *tu'ý* 退.

Retorçer (vt./vi.扭、拧、绕). *chē' chuèn* 车转.

Retorno, de presente, o, cortesia (n.回报、报答，如回赠礼物或还以礼仪). *hoêy lỳ* 回礼.|. *tǎ lỳ* 答礼.|. *hoêy tǎ* 回答.

Retorno (n.回程车马), cauallos de retorno (np.返回的马匹). *hoêy têu' mà* 回头马. – barcos (返回的船只). *hoêy têu' chuê'n* 回头船. – cargadores, o, silleteros (返回的挑夫或轿夫). *hoêy têu' fū* 回头夫.

Retoñecer el arbol (vp.树木萌发新芽). *fǎ iâ* 发芽.|. *seńg mêng iâ* 生萌芽.

Retoños (n.幼芽、新枝). *mêng iâ* 萌芽. [参见：renuebos (新枝、新芽).]

Retraherse, acojerse (vr.撤回，躲避). *tò kāy'* 躲开. [参见：retirarse (退避).]②

Retorica (n.修辞、修辞作品). *vuên* 文.|. *vuên hiǒ* 文学. – antigua (古典的). *kù vuên* 古文. – moderna (现代的). *xỷ vuên* 时文. numeral de ellas (这类作品的量词). *pie'n* 篇.

Retorica (n.修辞学). *vuên fǎ* 文法.|. *vuên ý* 文艺.

Retorico (a.修辞的、修辞学的 n.善修辞者、修辞学家). *vuên hiǒ tiě* 文学的.|. *ièu chây' hiǒ tiě* 有才学的.

Retratar a alguno (vp.给某人画像). *hoá kỷ' chīn iuńg* 画其真容.

Retrato (n.画像、肖像). *siáng* 像. – propria efigie (本人的肖像). *chīn iuńg* 真容.|. *chīn iên* 真颜.

Retratarse (vr.收回原话、改口). *kày pién kỷ' xuě* 改变其说. [参见：desdezirse (否认、反悔).]

---

① 此词又指讥讽的话声或口气，据之对应的汉语词可作"侮声"。

② 此条柯本未录。

Retractacion (n.改口). *fàn iên* 反言.|. *chuèn iên* 转言.

Retrete (n.里间、密室). *núy kiŭ* 内居.|. *núy tañ'g* 内堂.|. *núy kiēn* 内间.|. *miĕ kiēn* 密间.

Reuanada (n.片，尤指面包). *iĕ tāo kŏ* 一刀割.|. *iĕ ku'áy* 一块.

Reuelar (vt.透露、启示、天启). *mĕ xý* 默示.|. *mĕ kỳ'* 默启.|. *chuê'n chȳ jiń* 传知人.|. *gán xéu* 暗授.|. *kiáng iên káo* 降言告.|. *tă chȳ jiń* 达知人.|. *tuñg' chȳ jiń* 通知人. – en las Reuelaciones diuinas se antepone *Tiēn' chù* (所有这些表示神启的说法，其前都可加"天主"一词).

Reuiuir (vi.复活). *çháy señg* 再生. [参见：resucitar (复苏、复活).]

Reuelar el secreto (vp.暴露秘密、泄密). *páo lú* 暴露.|. *siĕ lú* 泄露.

Reuelacion (n.启示、启示录). *mĕ xý chȳ iên* 默示之言.|. *mĕ kỳ' chȳ çú* 默启之事.

Reuerencia, o, respeto (n.崇敬，敬意). *kuńg kińg* 恭敬.|. *chūn kińg* 尊敬.

Reuerenciar (vt.敬仰). *fuńg kińg* 奉敬. [参见：respetar (尊敬).]

Reuerdecer el arbol (vp.树木复苏、绿意盎然). *fŏ chàng* 复长.|. *fă señg* 发生.|. *fŏ señg* 复生.

Reuer (vt.重新看、复查), boluer a ver (vp.回过头再看、再审). *çháy ka'ń* 再看.|. *fŏ ka'ń* 复看.①

Rey (n.国王). *kuĕ vuâng* 国王.|. *kuĕ kiūn* 国君. – emperador (皇帝). *hoâng tý* 皇帝.|. *hoâng xańg* 皇上. – Rey o emperador (国王或皇帝). *kuĕ chù* 国主.|. *tiēn' çhù* 天子.|. *tý vuâng* 帝王.|. *kiūn vuâng* 君王. – continens pro contento (隐含有上述一系列词义的表达为). *châo' tińg'* 朝廷.

Rey, o, emperador difuncto (np.已故的国王或皇帝). *siēn tý* 先帝.

（p.192）

Rey, quando le hablan en lugar de V. Magestad dizen (n.君王，在对君王说话时，中国人相当于我们称陛下的词是). *vuán suý* 万岁.|. *pý hiá* 陛下.|. *xińg xańg* 圣上.

Reyna, la principal muger del Rey (n.王后，即国王的正妻). *chińg kuńg* 正宫. – del emperador (皇帝的正妻). *hoâng héu* 皇后.

Reynas 2[das]. que son 9. (np.第二等级的王后，有9位). *hoâng fȳ* 皇妃.|. *fȳ piń'* 妃嫔.

---

① 此条不见于柯本。

Reynas en tercer lugar, que son 27. (np.第三等级的王后，有27位). *kuéy jiń* 贵人.|. *xý fŭ* 世妇. – en 4ᵗᵒ. lugar, que son 81. (第四等级，计有81位). *iŭ çhȳ'* 御妻.|. *héu fȳ* 后妃. – en 5ᵗᵒ. lugar, son 30. (至第五等级，为30位). *fŭ jiń* 夫人.

Reyna madre (np.王后母亲、母后). *kuě mù* 国母.|. *ta'ý heú* 太后.|.*núy heú* 内后.|. *xiń mù* 圣母.|. *mù hoâng* 母皇.|. *chù mù* 主母.

Reyna, quando la hablan los eunucos la llaman (n.王后，太监们称她为). *niâng niâng* 娘娘.|. *piń' fȳ* 嫔妃.|. *kuéy kuōn* 贵官.|. *siào kiūn* 小君.

Reynar (vi.君治、统治国家). *vuáng* 王.|. *chý kuě* 治国.|. *kuòn kuě* 管国.

Reyno (n.王国、国家). *kuě* 国.|. *pang* 邦.|. *pang kuě* 邦国. – el Reyno de v. m. (阁下的王国、您的国家). *kuéy kuě* 贵国.|. *kuéy pang* 贵邦.

Rey de las Abejas (np.蜜蜂之王). *fung vuáng* 蜂王.

Reirse (vr.笑、嘲笑). *siáo* 笑.|. *hȳ siáo* 嬉笑. – de otro (笑人). *siáo tā'* 笑他. – de secreto (暗中笑). *tēu' siáo* 偷笑. – por fuerza (用力笑、勉强笑). *kiân'g siáo* 强笑.

Reirse, sonrreirse (vr.笑，微笑). *leng siáo* 冷笑.|. *siào siáo* 小笑.|. *vûy siáo* 微笑.

Reçar (vt./vi.念诵、祷告). *nién* 念.|. *nién kiń* 念经.|. *suń kiń* 诵经①.

Reciente (a.新、新近的). *siñ tiě* 新的.|. *çháy çhó tiě* 再做的.

Recongar, gruñir (vi.抱怨，嘟哝). *nién má* 念骂.|. *nién lú* 嗳嚧②.

Reçia cosa (np.粗大硬实的东西). *geń* 硬.|. *iń tiě* 硬的.

Recio de fuerzas (ap.强健有力). *kiân'g choáng* 强壮.|. *kiân'g liě* 强力.|. *ièu k'ý liě* 有气力.

Ri.

Riachuelo (n.小河、溪流). *siào kȳ'* 小溪.

Ribaço, o, linderas de sementeras (n.斜坡，或耕地的边界). *tiên' gań* 田岸.

Ribera del mar (np.海岸、海堤). *hày piēn* 海边.|. *hày piñ* 海滨.

Ribera del Rio (np.河岸、河堤). *kȳ' piñ* 溪滨.|. *xùy piñ* 水滨.

---

① *kiń*，柯本订正为 *kīng*。
② *nién*，柯本写为"念"，第二字缺。连读时，"嗳"字或受后一字影响而带鼻音。"嚧"，另一处拼为 *jú*，见 Tartamudear（p.207）。

Rico hombre (np.富人). *fú* 富.|. *fú kuéy* 富贵.|. *fú heú* 富厚.|. *fú çhǒ* 富足.|. *çhây' chù* 财主.|. *fú uūg* 富翁.|. *ièu kiā* 有家.

Rica familia, o, casa (np.有钱人家、富贵家族，豪宅). *fú kiā* 富家.

Ricamente, opulenter (ad.充分，大量). *fuūg çhǒ* 丰足.

Ridiculo (a.可笑的). *kò' siáo tiě* 可笑的.|. *hào siáo* 好笑.

Risueño (a.爱笑的、笑眯眯的). *hoéy siáo tiě jiñ* 会笑的人.

Rincon (n.角落、内角、屋角). *kiǒ* 角.

Rienda del freno (np.系着马嚼子的缰绳). *mà hân xiñg* 马衔绳.|. *mà xiñg* 马绳.

Riesgo (n.危险、风险). *goêy hièn* 危险.|. e ɔ^a. (也可反过来说：*hièn goêy* 险危). [参见：peligro (危险、险境).]

Rigor (n.严厉、酷烈). *niên* 严①.|. *niên goêy* 严威.|. *niên chi'ún* 严峻. – del frio (酷寒). *fuūg k'ý chỹ' leǹg* 风气之冷②.|. *pīn leǹg* 冰冷③.

Riguroso (a.严厉的). *niên tiě* 严的.|. *iên tiě* 严的.|. *kiēn chě* 坚执.|. *chě táo tiě* 直道的. – Aspecto assi (容貌显得如此) *siañg máo goēy niên* 相貌威严.④

Riguroso, aspero, seuero (a.严厉的，冷峻的，严肃的). *kān'g kiǹg tiě jiñ* 亢颈的人.|. *mèng liè tiě* 猛烈的.|. *niên lý chiñg tá* 严厉正大.|. *ièu liñg kiǒ tiě* 有棱角的.

Rigurosamente (ad.严厉、死板地). *geńg* 硬.|. *niên* 严.|. *iên* 严.

Rima, o rimero (n.一堆、一摞、一叠). *tūy* 堆.|. *tiě* 叠.

Riñones (n.肾脏). *iāo çhù* 腰子.|. *xiń* 肾.

Riqueças (n.财产、财富). *çhây' vuě* 财物.|. *kiā çhàn'* 家产.|. *çhàn' niě* 产业.|. *çhây' hó* 财货.

Riña (n.争吵、干架). *cheňg téu* 争斗. [参见：reñir, pelear (吵架，打斗).]

Rio (n.河流). *kỹ'* 溪.|. *hô* 河. – vn rio (一条河). *iě táo hô* 一道河.

Rio arriba (np.上游). *xañg xùy* 上水.|. *xañg lieu* 上流.|. *niě lieu, ûl xañg* 逆流而上.|. *xañg hô* 上河.

Rio abaxo (np.下游). *hiá xùy* 下水.|. *chûn'g lieu ûl hiá* 从流而下.|. *hiá hô* 下河.|. *xún lieu* 顺流.

---

① 柯本未录这一单音词。
② *chỹ'*，似为 *chỹ* 之误，柯本所录为后者。
③ *pīn*，柯本写为"滨"。
④ 整个这一条不见于柯本。注意："严"字两读，*niên* 或 *iên*。

Risa (n.笑、笑声、笑容). *siáo* 笑. – causo risa à todos (引得人人都笑). *chý chuńg jiń siáo* 致众人笑.

Risada (n.大笑、大笑声). *kuán'g siáo* 狂笑.|. *tá siáo* 大笑.

Risco (n.巨岩、峻崖). *xě iên* 石岩.

Ristra de ajos (np.一串蒜). *iě chu'én suón têu'* 一串蒜头.|. *iě kúa suón têu'* 一挂蒜头.|. *iě pà suón têu'* 一把蒜头.

Ritos (n.宗教等方面的仪式、典礼). *lỳ ỳ* 礼仪.

Ritual (n.礼仪的规程). *lỳ puèn* 礼本. – el clasico de todas las ceremonias (记载全部礼仪的经典). *lỳ ký* 礼记.|. *lỳ kińg* 礼经. – el Ritual comun de todo el Reyno (整个国家通行的礼仪、日常礼规). *chū vuên kuńg kiā lỳ* 诸文公家礼.|. *kiā lỳ* 家礼.

Riesgo (n.危险、风险). [参见：arrejgar la hazienda (冒失去财产的风险).]①

(p.193)

Ro.

Robar (vt.抢夺、绑架). *kiàn'g kiě* 抢劫.|. *kiàn'g liǒ* 抢掠.|. *lù liǒ* 掳掠.|. *kiě liǒ* 劫掠.|. *tà kiě* 打劫. salteando, y quitando por fuerza lo ageno (即袭击并强行扣押他人的财物).

Robar, vt sic, idest hurtar (vt.盗取，即偷窃，偷东西). *tēu' taó* 偷盗.|. *tēu' ki'ú* 偷去.|. *tēu' çhiě'* 偷窃.[参见：hurtar (偷窃).]

Robar casa, o pueblo (vp.抢人家，洗劫村子). *lù liǒ* 掳掠. – robar lo todo (抢光、洗劫一空). *lù çhińg kuāng leào* 掳精光了.

Robo, o, presa de enemigos (n.赃物，如从敌人手里抢来的东西、战利品). *çhāng vuě* 赃物.

Roble, o, simile a el (n.栎树、栎木，或类似的树木). *tù mǒ* 杜木.|. *tù chây'* 杜材.|. *hiǎ chây'* 匣材.②

Robusto (a.健壮的、结实的). *kiań'g choáng* 强壮.|. *kańg kién* 刚健.|. *kién choáng* 健壮.|. *ièu k'ý liě tiě* 有气力的.

Rocin (n.拉车干活的马、役马). *mà* 马.

---

① 此条加写于当页底部，所参条目见 Arriesgar la hazienda（p.22）。

② *tù*，柯本缺字。杜木坚硬密实，可用于雕镂、制作木匣，故称匣材。*chây'*，柯本所录两例都作 *çhây'*。

Rociar, con la boca (vt.浇、洒，例如用口喷水). *pu'én* 喷.|. *kèu' pu'én* 口喷. – con la mano (用手). *să xùy* 撒水. – echar el asperges (泼洒圣水以示赐福). *să xińg xùy* 撒圣水.

Roca del mar (np.海上的岩石). *hày çhiāo* 海礁.

Rocio del cielo (np.天上的露水). *lú* 露.|. *pě lú* 白露.|. *lúy xùy* 露水①.|. *xùy chū* 水珠.

Roçarse con otro por menos precio (vp.以轻慢、戏耍的方式与人接触). *hiǎ siě* 狎习.|. *hiǎ vù* 狎侮.

Rodar (vi.滚动、旋转). *liń chuèn* 轮转②.

Rodear (vt./vi.环绕、转圈、绕道). *chēu siûn* 周巡.|. *chēu goêy çhèu* 周围走.|. *chēu çhāo* 周遭.|. *chēu hińg* 周行.

Rodeo (n.弯路、迂回). *uān lú* 弯路.|. *uān ki'ǒ* 弯曲.|. *goèy goèy ki'ǒ ki'ǒ* 委曲曲.|. *goèy uān* 委弯.|. *goèy ki'ǒ* 委曲.|. *goèy xê* 委蛇③.|. *goèy ỳ hińg* 逶迤行/委蛇行. ir por rodeos (即绕圈行走).

Rodear todo el mundo (vp.走遍人间、周游世界). *chèu pién tiēn' hiá* 走遍天下.|. *pién chèu tiēn' hiá* 遍走天下.

Rodesno (n.齿轮、水轮). *chē' sińg* 车心.|. *lûn sińg* 轮心.|. *mǒ lińg tańg* 木铃铛.

Rodela (n.圆盾、胸盾). *chańg pây'* 仗牌. – de bejuco (藤编的). *teńg' pây'* 藤牌.

Rodilla de la pierna (np.膝盖、膝上). *siě têu'* 膝头.

Rodilla para limpiar (np.用来擦拭的粗布). *mâ pú* 麻布.

Roer (vt.咬、啃). *iào* 咬.

Rogar (vt./vi.祈请、恳求). *kiêu'* 求.|. *ký' kiêu'* 祈求. [参见：pedir, o, orar (请求，或祈求).]

Rolliço (a.长圆形的、圆柱形的). *iuên ûl çhân'g* 圆而长④. vt palo (例如木棍). *iuên kuén iáng* 圆棍样.

---

① *lúy*，据拼法当作"泪"，此处疑为 *lú* "露"之误。

② 柯本注：*lińg* 可能是闽方言词，比较厦门话 lin（滚动）。按：客家话里"轮"字二读：[lin²]、[lun²]。（见《发音字典》）

③ 此"蛇"非动物蛇，当属误读。柯本注："蛇"字二读，*xê* 和 *ỳ*。

④ *çhân'g*，柯本拟为"奘"。疑为 *chân'g* "长"之误，或可能为其又音，卷舌与非卷舌之别而已。

Rollo, o lugar del castigo (n.绞架，或施刑之地). *fǎ chân'g* 法场①.

Romadiço (n.鼻黏膜炎、伤风). *pý sě* 鼻塞.

Romana de pesar (np.称重量的秤). *chi'ńg chǔ* 秤子.

Romance, o, lengua natural (n.罗曼语言、地方话，即日常语言). *hiang tân'* 乡谈.|. *hiang iù* 乡语.

Romancear (vt.译为罗曼语言、翻译成好懂的话). *iě xuě* 译说.|. *iě iên* 译言.

Romero (n.迷迭香). *hiang chào'* 香草.

Romeria (n.朝圣、朝圣节). *chín hiang* 进香.

Romo de nariz grande (np.鼻子扁而大). *tá pý chù tiě* 大鼻子的.

Romper (vt.弄破、打碎). *p'ó* 破. – cosas quebradizas (脆而易碎的东西). *tà p'ó* 打破.|. *p'ó suý* 破碎.|. *fuēn suý* 粉碎.

Rompcr, rasgando (vp.撕裂、用力扯断). *p'ó liě* 破裂.|. *chè' p'ó* 扯破. – la carta (指书信). *chè' suý xū* 扯碎书.|. *hoèy xū* 毁书.

Romper rasgando (vp.撕碎). *p'ó lań* 破烂.|. *suý liě* 碎裂.|. *chè' suý* 扯碎.|. *chè' lań* 扯烂. – en pedaços (撕成碎片). *chě' liě* 拆裂.

Romper abriendo (vp.拆开、打开). *chě' kāy'* 拆开.

Romper de encontron (vp.撞开、砸开). *choa'ńg p'ó* 撞破.

Romperse las entrañas de dolor (vp.肝肠因痛苦而碎裂). *pè'u kān liě tàn* 剖肝裂胆.

Romper por medio del exercito (vp.冲入敌军的中心阵营). *chuň'g chín* 冲阵.|. *kāy' chín kiǒ* 开阵脚.|. *xǎ jě chín liě* 杀入阵列②. romper le (即冲破敌阵).

Romper el exercito por ambas partes (vp.从两面冲杀敌军). *chò chuň'g iéu t'ǒ* 左冲右突.|. *chuň'g xǎ kuó laỳ* 冲杀过来.

Romper el çerco (vp.冲破包围圈). *t'ǒ chuń'g goêy* 突重围.|. *xǎ kāy' kiûn' chín teú goêy ûl ch'ụ* 杀开群阵透围而出③.|. *choańg chǔ' chuń'g goêy* 撞出重围.|. *pú hiń̇g p'ó chǔ' chuń'g goêy* 步行破出重围.

Ronco (a.沙哑的). *xě xiń̇g* 失声.|. *vû xiń̇g* 无声.|. *xiń̇g chān'g leào* 声苍了④.|. *xiń̇g paý leào* 声败了.|. *xiń̇g ià* 声哑. enrronquecer (嗓音变得嘶哑).

---

① 柯本作"罚场"。

② *liě*, 柯本所录为 *tiě*, 字作"的"。

③ 柯本作"杀开群阵斗围而出"。原句当为"杀开群贼，透围而出"，引自《李笠翁批阅三国志》。

④ *chān'g*, 柯本写为"呛"。苍声，老声老气的嗓音。

Roncar (vi.打鼾、打呼噜). *tà hū* 打呼.|. *tà tān'g xúy* 打噇睡①.

Roncar (vi.威胁), echar roncas (vp.恫吓). *mô heń* 磨恨.|. *iáo vù iañg goēy* 耀武扬威②.|. *xȳ iañ vù* 施扬武③.|. *mô iâ çhiě' chỳ* 磨牙切齿.

Roncha (n.瘀伤、肿块). *pān* 瘢④.

Rondar (vt.巡视、查岗). *siûn* 巡.|. *siûn xáo* 巡哨.|. *siûn ka'ń* 巡看. – la guarda⑤ (卫兵、巡逻兵). *siûn xèu* 巡守.

Rondar de noche (vp.夜里巡逻、值夜岗). *siûn ié* 巡夜.|. *siûn keñg* 巡更.

Rondar el exercito (vp.巡视驻军). *siûn iûng* 巡营. – las calles (巡查街巷). *siûn kiāy* 巡街.

Ronda (n.巡逻), soldado de ronda (np.巡逻兵). *siûn piñg* 巡兵.|. *xáo çhǒ* 哨卒.

Ronda del Palacio Real (np.皇宫的夜巡)⑥. *siûn fuñg jiń* 巡风人.|. *siûn ló* 巡逻.|. *ló çhǒ* 逻卒.⑦

Roxo (a./n.红、红色). *hûng* 红.|. *liêu hûng* 榴红.|. *tá hûng* 大红.

Roña (n.疥癣，尤指牲畜所生). *kiáy* 疥.

Roñoso (a.患疥癣的). *señg kiáy tiě* 生疥的.

Ronquero, alagueño (a.哄骗的，讨好的). *chèn' móey tiě jiń* 谄媚的人.

Ropa larga (np.宽大的斗篷、披风). *pa'ô çhǔ* 袍子.|. *taó pâo'* 道袍⑧.

Roto (a.破损的), vestido roto (np.破烂的衣服). *p'ó ȳ* 破衣.|. *ȳ fǒ pý hoáy* 衣服敝坏⑨.|. *lán liù* 褴褛⑩.

Rosa de castilla (np.法国蔷薇). *moêy kuēy hōa* 玫瑰花. – de Alexandria que abre todos los meses (一种产于亚历山大里亚的玫瑰花，每月都会绽开). *chân'g chūn' hōa iuě iuě hûng* 长春花月月红⑪.

Rosal (n.玫瑰丛). *moêy kuēy xǔ* 玫瑰树.|. *moêy kuēy çhûn'g* 玫瑰丛.

---

① 谓打鼾声响如敲锣。柯本作"打镗睡"，亦无不可。
② *iáo*，柯本写为"摇"。
③ 疑脱字，如"施扬武艺"或"施扬武威"。
④ 柯本写为"斑"。
⑤ 柯本转录为动词 aguardar (to guard as a sentry).
⑥ 指夜间巡逻，而非巡逻者。
⑦ 此条不见于柯本。
⑧ *taó*，柯本所录为 *tá*，字作"大"。
⑨ *pý*，柯本写为"被"。
⑩ 柯本作"烂缕"。
⑪ 当含两个词，"长春花"（野生蔷薇）和"月月红"（月季）。

Rosado color (np.玫瑰红、粉红). *tâo' huñg* 桃红.

Rosario, lo formal (n.玫瑰经，即念珠祈祷的仪式). *moêy kuēy kiñg* 玫瑰经.|. *xě gù tuōn kiñg* 十五端经. assi le llamamos (这是我们圣教的称法).

Rosario, lo material (n.念珠，即祈祷所用之物). *iě chu'én chū* 一串珠.

Rotulo (n.标签、招牌). *háo* 号.|. *piāo pàng* 标榜.|. *fuñg* 封. – de las tiendas (店铺的牌子). *chāo pây'* 招牌.

Rostro (n.脸). *mién* 面.|. *iuñg* 容.|. *máo* 貌.|. *iuñg máo* 容貌.|. *ieñ iûng* 颜容.

Rostro alegre (np.开心的脸色). *hỳ mién* 喜面.|. *hỳ sě* 喜色.

Rostro de mudado (np.面容改色、失色). *mién çhiñg'* 面青.

Rostro triste (np.悲伤的脸色). *çhêu' iûng* 愁容. – encendido (面孔通红). *mién hûng* 面红.

（p.194）

Rozar vna cosa con otra (vp.用一样东西刮擦另一样东西). *çhō' mô* 磋磨.

Rozarse (vr.相互接触、交往). *siañg ch'ǒ* 相触.|. *siañg choáng* 相撞. [参见：topetarse (碰撞).]

Rv.

Rubi (n.红宝石). *hûng iǒ* 红玉①.

Rudo (a.粗野的、笨拙的). *çhū' jiñ* 粗人.|. *chȳ' jiñ* 痴人.|. *iǔ mûng* 愚懵.|. *chȳ' chùn' tiě* 痴蠢的.|. *tù' jiñ* 土人.

Rudeza (n.粗鲁、率直). *miñg gú tuñ tiě* 明悟钝的.|. *chȳ' mûng* 痴懵.|. *muôn moéy* 瞒昧.

Rueca (n.织布机的绕线杆). *fàng kiá* 纺架.

Rueda (n.轮子、圆盘). *luñ chǔ* 轮子.|. *chē' puôn'* 车盘.|. *luñ puôn'* 轮盘.

Ruedas de carro (np.马车或推车的轮子). *chē' luñ* 车轮.

Ruegos, suplicas (n.请求，恳求). *kiêu' iên* 求言.|. *kỳ' kiêu'* 祈求. [参见：peticiones (请愿书、诉状).]

Ruga, mancha (n.皱纹、皱褶，色斑、污痕). *tién* 玷.|. *hîa* 瑕.

Ruge se esso, dize se esso (vp.据传，据说). *ièu jiñ xuě* 有人说.|. *ièu jiñ chȳ taó* 有人知道.

---

① 柯本作"洪玉"。

Ruin hombre (np.卑鄙的人). *siào jiñ* 小人.|. *siào kò' tiě jiñ* 小可的人.

Ruydo, vt sic, sonido (n.声响，泛指声音). *hiàng* 响.

Ruydo de los pies (np.脚步声). *kiǒ tuńg çhińg* 脚动静.

Ruydo, o alboroto (n.噪声，喧闹). *çhâo' náo* 嘈闹.|. *náo jě* 闹热.|. *jaǹg* 嚷.|. *hiụēn jaǹg* 喧嚷.

Ruynas (n.废墟). *çhân' kȳ* 残基.|. *hoāng kȳ* 荒基.|. *fy̌ kȳ* 废基①.|. *paý chě hoèy* 败折毁②. – de edificios (指建筑物). *hoèy çhiân'g* 毁墙.

Rumiar las animales (vp.动物反刍). *fān çhào'* 翻草.

Rumiar (vt.反刍、反复考虑), boluer lo a pensar (vp.再三思考). *çhiân'g siàng* 详想.|. *çháy siàng* 再想.|. *chuèn siàng* 转想.

Rumor (n.谣言). *tō jiñ kiaǹg* 多人讲.

Rustico (n.粗野的人、乡下人). *çhū' jiñ* 粗人.|. *çhū' lù* 粗鲁.|. *iè jiñ* 野人.|. *tù' jiñ* 土人.|. *iè lào* 野佬.

Rustiques (n.粗野). *vû lỳ* 无礼.

Rubio color (np.金黄色). *hoâng sě* 黄色. – cabellos (指头发). *hoâng mâo* 黄毛. – vermejos (浅红色). *huñg mâo* 红毛.

---

① 此词柯本未录。

② 似不成词，疑脱字。

S
(pp.194-205)

Sa.

Sabado, dezimos (n.礼拜六，我们[道明会]的说法). *chēn lỳ lǒ* 瞻礼六.|. *chù lǒ* 主六.|. *xińg mù jě* 圣母日. – los Portugueses cuentan (按照[耶稣会]葡萄牙人的算法). *chù chi'ě* 主七.|. *chēn lỳ chi'ě* 瞻礼七.

Sabalo pescado (np.鲱鱼). *liên iǔ* 鲢鱼. – del Mar (海里的). *hày liên iǔ* 海鲢鱼.

Saber (vt.知道、了解). *hiào tě* 晓得.|. *chȳ táo* 知道.|. *chȳ hiào* 知晓.|. *chȳ xě* 知识.

Saber de cierto (vp.确切地知道). *mîng pě hiào tě* 明白晓得.|. *mîng pě chȳ táo* 明白知道.|. *xě chȳ* 识知/实知.

Saber de gusto (vp.尝味道). *chȳ vuý* 知味.

Saber algo del negocio (vp.对事情有一些了解). *chȳ fuñg* 知风.|. *chȳ chiñg'* 知情.|. *chȳ iě, pǒ chȳ úl* 知一不知二.|. *puón chȳ* 半知.

Saber, [como dizen] de la missa la media (vp.对事情似懂非懂、一知半解[他们会这样说]). *chȳ iě pǒ chȳ úl* 知一不知二.|. *puón chȳ* 半知.

Saber lo antes, preuenir lo de ante mano (vp.事先知道，预先准备). *siēn chȳ* 先知.|. *iǔ chȳ* 预知.|. *chîe'n chȳ* 前知.

Saber (vt.熟晓、善于), dar vado a las cosas (vp.处事有方). *chȳ kuōn' kiñ* 知宽紧.|. *chȳ kiñg', xě chuńg* 知轻识重.|. *chȳ chân'g tuòn* 知长短.

Saber de oydas (vp.听人说、耳闻). *ti'ńg chȳ* 听知.

Saber (vt.知晓), ser sabio (vp.懂行、明理、有知识). *tūn'g lỳ* 通理.|. *chȳ lỳ* 知理.|. *kién xě* 见识.|. *tūn'g tǎ* 通达.

Saber la lengua (vp.通晓一种语言). *hoá tūn'g leào* 话通了.

Saber poco (vp.懂得很少). *chiè'n chȳ* 浅知.|. *pǒ chȳ kāo tȳ* 不知高低.|. *xě kién chiè'n tuòn* 识见浅短.|. *vû kién xě* 无见识.

Saber lo que basta (vp.对某事了解得够多). *pào hiǒ* 饱学.

Saber superficialmente (vp.仅知表面). *xě iě kó pý'* 识一个皮.|. *fêu chȳ* 浮知.|. *chiè'n chȳ* 浅知.

Saber lo interior (vp.深谙内里). *chȳ siñ fǒ* 知心腹.

Saber ponderar las cosas (vp.善于权衡). *xě chuńg kiñg'* 识重轻.|. e ♂ᵃ. (也可反过来说：*xě kiñg' chuńg* 识轻重).

Saber lo claramente (vp.清楚地知道、熟晓某事). *mîng chȳ* 明知.|. *chīn chȳ tiě kién* 真知的见.

Saber lo todo (vp.对某事了解得透彻). *xě táo tỷ* 识到底.|. *tūn'g táo tỷ* 通到底.

Saber de Dios (np.神明的知识，即上帝所察). *vû sò pǒ chȳ* 无所不知.

Saberse, y penetrarse los corazones (vp.互相了解，心思相通). *siañg tỷ'* 相体.

Saber agradecer (vp.知道怎样表达谢意、懂得回报). *tỷ' xě jîn çhîn'g* 体识人情.

Saber (vt.了解), ir a saber lo que pasa (vp.前往探察发生了什么). *tà ti'ńg hiǔ xě* 打听虚实.|. *vuàng kuōn kỷ' tańg çhińg* 往观其动静①.

（p.195）

Saber (vt.知道), yo se lo que he de hazer (s.我知道自己要做什么). *gò ièu chù ý* 我有主意.|. *gò ièu chù chañg* 我有主张②.

Sabios (n.博学、贤明的人). *hiên chě* 贤哲.|. *kāo hiên* 高贤.|. *ièu çhây' hiǒ chè* 有才学者.|. *çhây' hiǒ kiě kāo* 才学极高.|. *hiên tǎ chȳ çú* 贤达之士.|. *çhi'ún çú* 俊士.|. *kāo mîng iuèn kién chȳ çú* 高明远见之士.

Sabios antiguos (np.古代的博学贤明之士). *siēn hiên* 先贤.|. *siēn chě* 先哲.|. *siēn hiǒ* 先学.

Sabiduria (n.知识、学问、智慧). *xańg chý* 上智.|. *çhây' hiǒ* 才学.

Sabiamente lo hizo (vp.某事做得有道理). *çhó tě ièu lỳ* 做得有理.

Sabor (n.味道). *vúy* 味.

Sabroso (a.甘美的). *ièu vúy tiě* 有味的.

Saborearse (vr.迷恋于逸乐声色). *tân' sě* 贪色.

Sacar fuera (vp.拿到外面). *nà chǔ' ki'ú* 拿出去.|. *nà vuáy ki'ú* 拿外去.

Sacar, y meter, vt fuelles (vt.往外拉和往里推，如风箱). *chēu' chǔ', chēu' jě* 抽出抽入.

Sacar lo escondido (vp.悄悄挪动). *nà chǔ' lây* 拿出来.|. *çhiù' chǔ'* 取出.

Sacabuche (n.长号、拉管[一种管乐器]). *xáo kiǒ* 哨角.

---

① 柯本注：*tańg* 为 *túng* 之误。

② *chañg*，柯本写为"掌"。

Sacar agua de noria con rueda (vp.用带辘轳的水车汲水). *chè' xùy* 扯水.|. *tà xùy* 打水.|. *kiě xùy* 汲水.|. *tiáo* 吊. [*kiě çhiṅg* 汲井. para escritura (书面语词).]

Sacar traslado (vp.抄录、摘抄). *chāo' pě* 抄白.

Sacar plata para algo (vp.为某物支付银钱). *chǔ' iṅ chù* 出银子.

Sacar derechos (vp.提取合法的收益). *chēu' hiáng* 抽项.

Sacar, vt de 10. vno (vt.抽取，例如从十份里面抽取一份). *xě chēu' iě* 十抽一. – entresacar (择取、挑选). *chēu'* 抽.

Sacar fuerzas (vp.施展力量、使力气). *chǔ' liě* 出力.|. *iuṅg liě* 用力.|. *çhiń liě* 尽力.|. *kiě liě* 竭力.

Sacar la lengua (vp.伸出舌头). *t'ú xě* 吐舌.

Sacar a luz, imprimir libro (vp.出版，印制书籍). *chú xū* 著书.|. *chuê'n xū* 传书.

Sacar (vt.发布), o echar bando (vp.公布法令). *chǔ' káo xý* 出告示.|. *chǔ' liṅg* 出令.

Sacar agua de olor (vp.制作香水、提取花露). *gâo hiaṅg lú* 熬香露.|. *chiṅg hōa lú* 蒸花露.|. *iuṅg hōa* 融花.

Sacar mandamiento (vp.发布指令、戒规等). *chǔ' pi'áo* 出票.

Sacar vino por al quitara, vt agua ardiente (vp.用蒸馏器制作酒类，如烈酒). *gâo çhièu* 熬酒.

Sacar en publico (vp.披露、公开). *hièn chǔ' lây* 显出来.

Sacar muela, o, diente (vp.拔除臼齿或牙齿). *pǎ chỳ'* 拔齿.|. *ti'ě chỳ'* 剔齿.

Sacar los ojos (vp.挖出眼睛). *uōn mǒ* 剜目.

Sacar de tinaja algun licor (vp.从瓮罂里取出某种液体). *iào* 舀.|. *tà* 打. vt sacar vino (例如往外舀酒). *tà çhièu* 打酒.

Sacar lo que cayo en el agua (vp.救起落水者). *fû kỳ' lây* 扶起来.

Sacar en limpio la cuenta (vp.列明账目). *liě sú* 列数.

Sacar la cara (vp.露脸), manifestarse (vr.出现). *chǔ' têu'* 出头.

Sacar fuerzas de flaqueza animarse (vp.尽管虚弱而仍勉力为之、打起精神). *mièn kiàn'g* 勉强.

Sacar el diesmo (vp.收取什一税). *kiā iě chēu'* 加一抽.

Sacar a alguno de algun lugar (从某处取出某物). *nâ tā' chǔ' lây* 拿它出来.

Sacar piedra de cantera (vp.从采石场采获石头). *chiuēn xě* 镌石.[1]

---

[1] *chiuēn*，柯本缺字。"镌"，此处作凿开解。

Sacar ygualmente (vp.平均抽取). *chý' chǔ'* 齐出.

Sacar à alguno de su parecer (vp.使人放弃自己的看法). *fǒ tā'* 服他.

Sacar soldados (vp.撤出军兵). *chēu' piṅg* 抽兵.

Sacar, o deducir (vt.想出，或推断). *leaṅg chě'* 量测.|. *chūy' chě'* 推测.

Sacatrapos de la pieza de Artilleria (np.枪炮的清膛器). *chú tǒ'* 铸托①.

Sacerdote de ellos (np.他们的僧侣、祭司). *chù chý* 主祭.|. *cū chý chè* 司祭者. – nuestro, llamamos (我们自己的教士、祭司，称为). *tǒ tě* 铎德②.|. *sǎ chě ûl tǒ tě* 撒责尔铎德③.

Sacerdocio (n.神职、神职人员). *chù chý chȳ goéy* 主祭之位.

Saco, o, costal (n.袋子，口袋). *kèu' táy* 口袋.|. *chū' kèu'* 褚口.|. *pú táy* 布袋.

Saco de paxa (np.草编的袋子). *chào' pāo* 草包.

Saco (n.洗劫), dar saco (vp.抢夺). *kiě liǒ* 劫掠.|. *lù liǒ* 掳掠.

Sacramento (n.圣礼、圣事). *sǎ kě lǎ meṅg tō* 撒格拉孟多④.|. *xiṅg cú chȳ chiě* 圣事之节⑤. – del Baptismo (受洗礼). *xiṅg sỳ* 圣洗.|. *liṅg xiṅg xùy* 领圣水.|. *liṅg xiṅg sỳ* 领圣洗. – de la eucaristia (领圣餐). *iê sū xiṅg tỳ'* 耶稣圣体. – de la confirmacion (受坚信礼). *chù kiáo fú xiṅg iêu* 主教傅圣油. – de la Penitencia (行忏悔式). *kiày chúy* 解罪.|. *káo kiày* 告解. – del Orden (定教职等级). *piṅ' kiě* 品级. – de la extrema vncion (最后一次傅圣油、终傅). *liṅ chuṅg fú xiṅg iêu* 临终傅圣油. – de la matrimonio (行婚礼). *hoēn hǒ* 婚合.

Sacrificar (vt.祭祀、行祭礼). *chý* 祭.|. *chý cú* 祭祀.|. *kiù chý* 举祭.|. *hiṅg chý* 行祭.|. *xě chý* 设祭.

Sacrificar al cielo, y a la tierra (vp.祭天与祭地). *kiāo xé* 郊社. lo qual aca en china solo el Rey lo haze (在中国只有帝王才能主持这类祭祀).

Sacrificar a los abuelos (vp.祭拜祖先). *chý chù* 祭祖.|. *chý cú* 祭祀. – a los sepulcros (上坟、祭坟). *chý mù* 祭墓⑥.|. *chý tièn* 祭奠⑦.

---

① 此词有疑，柯本缺字。

② *tǒ tě*，下画线为原有，柯本缺字。

③ 柯本缺字。"撒责尔铎德"，sacerdote（教士、牧师）的音译，见于明末杨廷筠《代疑篇》，简称"铎德"。

④ 圣礼的音译词，也属明末西教通行用语。柯本缺字。

⑤ *chiě*，柯本作"迹"。

⑥ *mù* 为 *mú* 之误。

⑦ *tièn*，调符有疑，当为去声 *tién*。

Sacrificar al Confucio (vp.祭拜孔夫子). çhý tiṅg 祭丁.

Sacrifficio (n.祭献仪式). çhý lỳ 祭礼.

Sacrifficios de la animales (np.动物的献祭). çhý hȳ seṅg 祭牺牲.

Sacrifficio incruento de la missa (np.不流血的弥撒祭礼). mȳ sǎ chȳ lỳ 弥撒之礼.|. çhý tiēn' chù tá lỳ 祭天主大礼.

Sacrifficios a los montes, y a las torres① (np.祭拜山岳与高塔). çhý xān chuē'n 祭山川.

Sacrilegio (n.亵渎神明). siě tǒ xiṅg sò 亵渎圣所.|. siě tǒ xiṅg vuě 亵渎圣物.

Sacristan. [llamamos.] (n.照管圣祭器物的教堂司事[我们圣教的说法]). lỳ xiṅg tây' tiě jiń 理圣台的人.|. xèu xě xiṅg taṅg' tiě 收拾圣堂的.|. taṅg' çū 堂司.|. çū taṅg' chè 司堂者.|. kuòn çhý fǒ faṅg chè 管祭服房者.

Sacristia (n.圣器储藏室). çhý fǒ faṅg 祭服房.|. çhý fǒ tiṅg' 祭服厅.|. xiṅg kiủ chȳ kiēn 圣具之间.|. chân'g xiṅg ȳ sò 藏圣衣所.

Sacudir, vt el poluo (vt.拍打、抖落，如掸尘土). foě xě 拂拭.|. foě gāy 拂埃.|. tièn hoēy 点灰.|. kiủ' chîn' 驱尘.|. tân' chîn' 弹尘.

Sagaz (a.机灵的、精怪的). tiāo 刁.|. kuāy kiào' 乖巧.|. ièu ký kiáo 有计较②.

Sagacidad (n.机敏、聪慧). ký çhě' 计策③.

Salado hombre, gracioso (np.风趣、优雅的人). ièu çhi'ủ 有趣.

Sagrada cosa (np.神圣的东西). xiṅg vuě 圣物.

Sagrario (n.存放圣物之所、圣体龛). xiṅg tỳ' kān' 圣体龛.

Sahumar (vt.用香料熏). hiūng hiaṅg 熏香.

Sahumerio (n.熏用的香料，熏焚的烟缕及香味). hiaṅg 香. olor (指气味).

Sal (n.盐). iêṅ 盐.

Salero (n.盐罐、盐瓶). iêṅ hǒ 盐盒.

Salar (vt.用盐腌). ieñ kỳ' 腌起④.

Salada cosa (np.带咸味的东西). hiên tiě 咸的.|. hiên vúy 咸味.

Salpreso (a.腌制的). liǒ hiên 略咸.

---

① 柯本注：torres 可能是 torrentes（湍流）的误拼。

② kiáo，柯本转录为 kiào'，其词作"有技巧"。

③ 柯本作"技测"。

④ ieñ，柯本仍写为"盐"。

(p.196)

Sala (n.大厅、厅堂). *tañg' 堂*.|. *tiñg'* 厅.|. *kě' tiñg'* 客厅. – las de afuera (朝向屋外的). *çhiê'n tiñg'* 前厅.|. *héu tiñg'* 后厅.

Sala de Audiencia (np.议事厅、庭审厅). *tá tañg'* 大堂.|. *héu tañg'* 后堂.

Salas del Palacio Real (np.皇宫里的大厅). *châo' tiñg'* 朝廷. – donde da audiencia el Rey (君王会见臣属的地方). *xiŋg tién* 圣殿.

Salario de los trabajadores, o seruidores (np.付给劳工或仆从的薪酬). *kuñg çhiên'* 工钱.|. *kuñg xě* 工食.

Salamanquesa, o, lagartija (n.蜥蜴，或壁虎). *hiě hù* 蝎虎.

Salir (vi.出去、出门). *chǔ'* 出.|. *chǔ' ki'ǘ* 出去.|. *chǔ' vuáy* 出外.|. *chǔ' laý* 出来.

Salir, y entrar (vp.出去和进来). *chǔ' jě* 出入.

Salir camino (vp.上路、启程). *chǔ' lú* 出路.|. *kỳ' xīn* 起身. [参见：caminar (行走).]

Salir à recrearse, o, pasearse (vp.出门去玩儿，即闲逛). *chǔ' iêu* 出游.

Salir de romania (vp.一下子冒出、猛然冲涌而出). *iùng chǔ'* 涌出.|. *chūn'g chǔ'* 冲出.

Salir del camino, errar lo (vp.偏离道路，走错路). *chǒ' lú* 错路.|. *xě lú* 失路. – camino tuerto (岔路、歧路). *uāy lú* 歪路.|. *piēn' lú* 偏路.

Salir de la Ciudad (vp.从城里出来). *chǔ' chiŋg'* 出城.

Salir à recebir (vp.出门迎接). *chǔ' iŋ* 出迎.|. *çhǔ' çhiě* 出接.|. *iŋ çhiě* 迎接.

Salir sobre el agua (vp.从水里冒出). *xùy mién feû chǔ'* 水面浮出.

Salir à nado (vp.游上岸). *çhîe'u xaŋg iaý* 泅上涯.

Salir nacidos ettª. (vp.出生、生下来、生出来，等等). *señg* 生.

Salir viruelas (vp.出天花). *chǔ' téu* 出痘.[①]

Salirse el agua del vaso (vp.水自容器透出), trasminarse (vr.渗漏). *leú chǔ'* 漏出.|. *seṅ leú* 渗漏.

Salir a ser Mandarin (vp.成为官员). *chǔ' xīn* 出身.

Salir à caça (vp.赴野外狩猎). *chǔ' tà liě* 出打猎.|. *chǔ' tiên' liě* 出田猎.|. *tà goêy* 打围.

Salir de si, perder el seço (vp.失神，失去知觉或理智). *hoēn hoě* 昏惑.|. *hoēn mý* 昏迷.|. *hoēn kuéy* 昏聩/昏愦.

---

① 柯本漏录此条。

Salir el semen (vp.精液流出、射精). *chǔ' sě* 出色.|. *liêu çhiŋg* 流精.

Salir la quaresma (vp.结束大斋、出斋). *kāy' chāy* 开斋.

Salir el perdon general del Rey (vp.发布君王的大赦令). *pań tá xě* 颁大赦①.

Salir el sol (vp.太阳出来). *jě têu' chǔ'* 日头出.|. *ta'ý iańg xiŋg* 太阳升.|. *jě chǔ' laŷ leào* 日出来了.|. *jě xańg* 日上.

Salir saltando, vt el agua, o, sangre, ettª. (vp.涌冒、迸溅，如水、血等). *çhién chǔ'* 溅出.|. *fý chǔ' laŷ* 沸出来.

Salir el fuego (vp.火苗蹿跃), brotar (vi.火势爆发). *hò fǎ chǔ'* 火发出.

Salir las colores al rostro (vp.面孔起色、脸红). *mién huńg kỳ' laŷ* 面红起来.

Salir el Rey à Audiencia (vp.君王上殿、莅朝听政). *xě châo'* 设朝.|. *chǔ' châo'* 出朝.

no salir con ello (vp.行不通、不成功). *çhó pǒ laŷ* 做不来.② [参见：no salir con ello③.]

Salir los Mandarines a audiencia (vp.官员上堂). *chǔ' tańg'* 出堂.

Salir el nauio, o barco del puerto (vp.舰船出海，或船只离港). *kāy' chuê'n* 开船. – darse a la vela (张起风帆). *kỳ' puń'g* 起篷.

Salinas (n.盐矿、盐场). *iên chŷ'* 盐池.|. *iên tiê'n* 盐田.|. *iên çhiŋg* 盐井. que es donde se haze sal (即产盐、制盐的地方).

Salina, donde se vende sal (n.盐矿、盐铺，即卖盐的地方). *iên çhān'g* 盐仓. [*iên chân'g* 盐场. para escritura (书面语词).] – lo que la venden (卖盐者). *iên xańg* 盐商.

Salitre (n.硝、硝石). *siāo* 硝.|. *pǒ' siāo* 朴硝.

Salmuera (n.浓盐水). *iên lù* 盐卤.|. *lù xùy* 卤水.

Saliua (n.唾液、口水). *kèu' chân'* 口馋.|. *kèu' xùy* 口水.

Salça (n.汤汁、调味汁). *çhiáng* 酱.|. *mỳ çhiáng* 米酱. sirve para adereçar la comida (用为食物的佐料).

Salsa para abrir el apetito (np.开胃的汤汁). *kāy' vúy tiě* 开胃的.

Salobre agua (np.含盐的水). *hiên xùy* 咸水.|. *ièu siē hiên vuý* 有些咸味.

Saltar (vi.跳、蹦、蹿). *ti'áo* 跳.|. *iuńg iǒ* 踊跃. – dar un salto (跳一下). *ti'áo iě ti'áo* 跳一跳.|. *iuńg iě xīn ti'áo* 踊一身跳④.

---

① *pań*，柯本写为"辦"。可比较"颁行天下"（p.180），"颁"字的调符同于此处.

② 这一条本不该在此出现，为免突兀，柯本在条首添加了引导词 [salir,].

③ 与词目重复，可能想写 No salir con su intento，见 p.151.

④ 字序有误，当为"踊身一跳".

Saltar el corazon (vp.心脏跳动). *siñ ti'áo* 心跳. – los ojos (眼睛勃动). *ièn ti'áo* 眼跳.

Saltar la sangre (vp.鲜血迸溅). *hiǔe̯ çhién* 血溅. – el agua (水花四溅). *xùy çhién kāy'* 水溅开.

Salpicar (vi./vt.飞溅、溅湿). *çhién* 溅. – salpico me (溅着我了). *çhién gò* 溅我.

Saltar sobre el cauallo (vp.一跃上马). *ti'áo mà poéy xańg* 跳马背上.

Saltar (vi.跳跃), ir saltando (vp.跳跳蹦蹦). *ti'áo hiñg* 跳行.|. *ti'áo çhèu* 跳走.

Saltar con dos pies juntos (vp.双脚合拢起跳). *xoāng kiǒ çhỷ' ti'áo* 双脚齐跳.

Saltar la pared (vp.越过墙头). *iǔ çhiân'g* 逾墙.|. *puôn' çhiân'g* 攀墙①.|. *ti'áo kuó çhiân'g* 跳过墙.

Saltar de gozo (vp.快乐地蹦蹦跳跳). *iuǹg iǒ* 踊跃.

Saltar azia arriba (vp.往上蹦). *ti'áo kỳ'* 跳起. – dando saltos (跃起). *liě kỳ'* 立起.

Saltar azia atras (vp.往后退跃). *tu'ý ti'áo* 退跳.

Saltar, y dançar (vp.一边跳跃一边舞蹈). *ti'áo vù* 跳舞.

Saltar de la otra parte (vp.朝另一边跳). *ti'áo kuó* 跳过.

Saltar de arriba (vp.往下跳). *ti'áo hiá lây* 跳下来.

Salteador (n.拦路抢劫者). *kiàn'g táo* 强盗②.|. *tà kiě tiě* 打劫的.|. *xān ke'ú* 山寇.|. *xān çhě* 山贼.|. *çhiě lú tiě* 截路的.

Saltear (vt.拦路抢劫). *kiàn'g kiě* 抢劫.|. *lù liǒ* 掳掠.|. *tà kiě* 打劫.

Saluacion del alma (np.灵魂得救). *kién liñg hoên xiñg tiēn'* 见灵魂升天.

Saluar la (vp.拯救灵魂). *kiéu liñg hoên* 救灵魂.

Saluador del mundo (np.世界的拯救者). *kiéu xý chè* 救世者.|. *kiéu xǒ xý chè* 救赎世者.|. *fù xý chè* 扶世者.

Salua (n.致敬), hazer la en el combite (vp.在宴席上作祝词), brindar (vi.祝酒、干杯). *çhiǹ'g* 请.

Saluados de la arina (np.麦麸). *mién fù* 面麸.

Saluadera (n.沙箱，一种吸墨水的用具). *xā hǒ* 沙盒.

Saludable (a.有益健康的、有好处的). *ièu iě tiě* 有益的.

Saluaje (a.蒙昧野蛮的). *iǔ mûng* 愚懵.|. *mûng tuǹg* 懵懂.|. *fuñg jiń* 疯人.|. *mǒ têu'* 木头.

---

① 柯本无此词。

② 柯本作"抢盗"，也通，唯与西语词目的词性有出入。

Saluar de peligro à algo (vp.将某人从险境中救出). *kiéu tā'* 救他.|. *kiéu çhý* 救济.|. *chìng kiéu* 拯救.

Saluo, seguro (a.平安的，安全的). *iň tańg* 隐当.|. *gān iň* 安隐.|. *gān vuēn* 安稳.|. *vǔ liụ* 无虑.

Saludar (vt.致意、问候), preguntar por la salud (vp.问人身体如何). *vuén gān* 问安.

Saluo conducto (np.官方颁发的旅行证件). *tuň'g kuōn piň'g kiú* 通关凭据.

Saludarse vno à otro (vp.互相致意). *siańg çhiň'g* 相请.|. *çhủ' lù* □□.|. *kuńg hỷ* 恭喜.

Salud (n.康健无恙). *piň'g gān* 平安.|. *çhú çháy* 自在.|. *kaň'g niñg* 康宁.|. *kién choańg* 健壮.|. *kaň'g ta'ý* 康泰.

Saluia (n.鼠尾草). *tá kiňg çhào'* 大荆草.

Salud del alma (np.灵魂的安谧). *liñg hoên chȳ gān niñg* 灵魂之安宁.

Saludes (n.问候、祝福), mandar las (vp.转达问候). *tō paý xańg* 多拜上.|. *tō xańg fỏ* 多上福.|. *tō chý ý* 多致意.

Saluilla para la taça de vino (np.放酒盅的托盘). *chàn tie* 盏碟①.

Sanar à otro de la enfermedad (vp.治好某人的病). *leáo pińg* 疗病.|. *iụ tā' pińg iụ leào* 与他病愈了.

Sanar de la enfermedad (vp.从疾病中复原). *piń iụ leào* 病愈了.|. *piń hào* 病好.|. *piń ki'ú leào* 病去了.|. *piń leáo* 病疗.

(p.197)

Sanable, o, curable (a.可治疗的，即能医好的). *kò' ȳ tě* 可医得.|. *ȳ tě tiě* 医得的.

Sanear la cosa (vp.妥善处理事情). *çhó tě tiň'g tańg* 做得停当.|. *çhó tě tiň'g tò'* 做得停妥.

Sangrar (vt.给人放血). *fańg hiụě* 放血.|. *çh'ú hiuě* 刺血.|. *ti'áo hiuě* 挑血.

Sanguaza (n.污血). *xùy hiuě* 水血. – escupir sangue (咳血). *kě' hûng* 咳红.|. *t'ú hiuě* 吐血.

Sangrentar (vt.沾血、血污). *tû' hiụě* 涂血. – todo el cuerpo en sangrentado (整个身子被血浸染). *hoēn xīn xý hiuě* 浑身是血.

Sangre (n.血). *hiụě* 血. – congelada (凝固的血、血块). *iňg hiuě* 凝血.|. *kiě*

---

① *tie*，漏标调符。

hiuě 结血. – negra (黑色的). gū hiuě 乌血.– extravenal (渗血或血脉不畅). hiuě k'ý pǒ tiâo' 血气不调. – menstrua (经血). iuě kiṅg 月经.① [参见：menstruo (月经、行经).]

Sanguizuela (n.水蛭、蚂蟥). mà ký' 蚂蜞.|. mà hoâng 蚂蟥.|. ký' hoâng 蜞蟥.

Sanidad (n.健康). kaṅ'g kién 康健. [参见：sano, salud (健康的，身体好).]

Santa cosa (np.神圣、圣物). xiṅg 圣.

Santos (n.圣人). xiṅg jiṅ 圣人.|. xiṅg chè 圣者.

Santas (n.女圣人). xiṅg niù 圣女.

Santificar (vp.奉为神圣、封圣). tà xiṅg háo 打圣号.|. chiṅg' xiṅg 成圣.|. çhó xiṅg 做圣.|. xiṅg kuó 圣过.

Saña (n.狂怒). fuèn nú 愤怒. [参见：ira, odio (愤怒，仇恨).]

Sandalo (n.檀香木). tân' hiāng 檀香.

Sapo (n.蟾蜍、蛤蟆). hîa mâ 蛤蟆.

Sarampion (n.麻疹). mâ 麻. – salir (麻疹发作). chǔ' mâ 出麻.

Sardinas (n.沙丁鱼). vuâng iụ̂ 望鱼②.|. vuén iụ̂ 鳁鱼③.

Sarten (n.平底锅). siào kō 小锅.|. çhieñ kō 煎锅.

Sarna (n.疥疮). kiáy 疥④.|. kiáy choān'g 疥疮. – criar la (长疥疮). seṅg kiáy 生疥.

Sarnoso (a.长疥疮的). seṅg kiáy tiě 生疥的.

Sastre (n.裁缝). çhây' fuṅg 裁缝.

Satisfazer (vt.补偿、赔付). pù 补.|. pù hoân 补还. – con palabras (赔话、道歉). hoêy hoân 回还.

Sauana (n.被单、床单). pý káy 被盖.|. hía pú 夏布⑤.

Saya (n.裙子、长袍). kiûn' çhǔ 裙子.|. chaṅ'g 裳.

Sayal (n.粗呢、粗麻布). çhū' pú 粗布.

Saya de maia⑥ (np.网状甲胄). liên hoân kiǎ 连环甲.|. sò çhǔ kiǎ 锁子甲.

---

① 柯本补有伦敦本增加的一个内词条：venir la regla a las mugeres（女人来月经）. iuě kīng lây 月经来.

② 鲦鱼的别名，俗称凤尾鱼，状若沙丁，但非同属。

③ "鳁"，即沙丁鱼，柯本缺字。

④ 柯本漏录此词。

⑤ 柯本作"下布"。

⑥ maia, 即 malla（p.133）。

Sauçe arbol (np.柳树). *lièu xǔ* 柳树.

Sayo (n.无扣的宽外衣). *kuá ûl* 褂儿. – el que vsa el tartaro (鞑靼人穿的). *vuáy tâo'* 外套.

Sayon, o verdugo (n.施刑者、打手，或刽子手). *fān çhǔ* 番子.|. *kuéy çhǔ* 刽子.|. *çháo lý* 皂隶.

Sazon (n.机会、时机). *pién xỹ* 便时.|. *xý xỹ* 是时.|. *chińg xỹ* 正时. – sazonado, maduro, o, coçido (有滋味的，成熟的，煮熟的). *xǒ leào* 熟了.|. *chiń'g xǒ leào* 成熟了.

Se.

Secar al sol (vp.在太阳下晒干). *xáy* 晒.|. *xáy kān* 晒干.|. *xáy jě* 晒日.

Secar al viento (vp.通风晾干). *leâng kān* 晾干.

Secar al fuego (vp.烤火烘干). *hiūn hò* 熏火.|. *hiūn kān* 熏干.|. *huñg jě* 烘热.|. *poéy huñg* 焙烘.|. *poéy kān* 焙干.

Secarse (vr.变干燥、干枯). *kū' kào* 枯槁.|. *kān leào* 干了. – los Arboles, o yerbas (指树、草等枯萎). *çù leào* 死了. – irse secandos los hombres (指人消瘦). *çhiâo' çh'úy* 憔悴.

Secarse, o, arrugarse, vt los viejos (vr.干瘦、憔悴，生皱纹，如老人). *çhéu leào pý'* 皱了皮.|. *çhú kān* 自干①.

Seco (a.干、干燥、干枯的). *kān kū'* 干枯.|. *kū' kào* 枯槁.|. *kān tiě* 干的.|. *kū' kiě leào* 枯竭了.

Seco (a.干枯的), en los guesos (pp.骨头干枯). *kū' kǒ* 枯骨.

Seca tierra (np.干燥的土地). *kān sáo tý* 干燥地.

Secas de garganta, ettª. (喉咙等里面的肿块、梗塞). *hǒ* 核.

Secreto, mysterio (a./n.奥妙，神秘). *vûy miáo* 微妙.|. *hiûen miáo chȳ çú* 玄妙之事.

Secreto (a./n.秘密), no publico (ap.不公开). *miě çú* 密事.|. *miě chỳ* 密旨.|. *kȳ miě* 机密.|. *piě miě tiě çú* 秘密的事.

Secretamente (ad.暗中、悄悄、偷偷). *miě miě* 秘密.|. *gań tý* 暗地.|. *çū hiá* 私下.|. *hě tý* 黑地.

---

① *çhú*, 柯本缺字。

Secreta carta, o, escriuir de secreto (np.密信，即暗中写信). *miě xū* 密书. [参见：encubrir, y descubrir (遮掩，揭露).]

Secretario, o assesor de los Mandarines (n.秘书，即官员的顾问). *gań kuńg* 案公.|. *gań têu'* 案头.|. *chù vuên* 主文. – de los Tartaros (鞑靼人手下的). *piě tǎ xě* 笔帖式①.

Secretario Real (np.皇家秘书). *tūn'g chińg çú* 通政使.|. *piě xū lańg* 秘书郎.

Secretario de los particulares (np.普通人的写手、私人秘书). *taý piě tiě* 代笔的.

Secretas (n.厕所). *mâo çh'ǔ* 茅厕. [参见：letrinas (厕所).]

Sed (n.渴、干旱). *kǒ'* 渴.|. *kèu' kǒ'* 口渴.|. *kèu' kān* 口干.

Sediento (a.渴、干旱的). *kèu' kǒ' tiě* 口渴的.

Seda (n.丝、蚕丝). *çū* 丝.|. *chân' çū* 蚕丝. – cruda (未经加工的). *seńg çū* 生丝.|. *hoâng çū* 黄丝. – curada (经过加工的). *xǒ çū* 熟丝.|. *pě çū* 白丝. – curar la (加工生丝). *lién xǒ çū* 练熟丝.

Seda que llaman de *nân kīng*, que es la mejor (np.人们说的南京丝，属于最好的一种). *hû çū* 湖丝.

Seda fina (np.精练、精细的丝). *sý çū* 细丝. – la primera que sale (最先产出的丝). *têu' chân' çū* 头蚕丝.|. *têu' são çū* 头缲丝. – la floxa (蓬松柔软的). *juńg çū* 绒丝. – la torcida (粗丝). *chò sién* 搓线.

Sedal para pescar (np.钓鱼用的线). *tiáo kēu xińg* 钓钩绳.|. *tiáo kān xîng* 钓竿绳.|. *çū luñ* 丝纶.

Sedal de zapatero (np.鞋匠用的线). *iǹ sién têu'* 引线头.|. *iǹ sién* 引线.

Segar (vt.收割). *kǒ* 割.|. *ý* 刈. – el arroz (收割稻子). *kǒ táo* 割稻.|. *ý kǒ* 刈谷. – el trigo (收割小麦). *kǒ mě* 割麦.|. *xēu mě* 收麦.

Siega (n.收获季节), tiempo de ella (np.收割稻麦的时季). *xēu hoě chỹ xý* 收获之时.|. *xēu tuńg tiě xý* 收冬的时.|. *kǒ táo tiě xý* 割稻的时.

Segador (n.收割者). *kǒ táo tiě jiń* 割稻的人.

Seguir (vt.跟从、陪同). *çhûn'g* 从.|. *sûy* 随. – obedeciendo (顺从、听话). *çhūn xún* 尊顺.|. *çhûn'g xún* 从顺.

Seguir (vt.跟随), ir detras (vp.跟在后面). *kēn* 跟.|. *kēn sûy* 跟随.

Seguir conformandose (vp.遵循、依照). *ȳ* 依.

Seguir el comun (vp.依从大众). *ȳ chân'g* 依常. – las costumbres de la tierra (遵从当地的习俗). *sûy xǒ* 随熟②.|. *çhûn'g sǒ* 从俗.|. *cháo sǒ* 照俗.

---

① 柯本注：满语 bithesi（书手、秘书）的音译。

② *xǒ*，柯本缺字，猜其为 *sǒ* 的笔误。

（p.198）

Siguese de aqui (vp.由此、于是). *iñ chụ'* 因此.|. *ieu xý* 由是.|. *chủ chụ'* 自此.|. *kién chủ'* 鉴此①.|. *ieu chủ'* 由此.

Siguiente (a.接下来的), lo siguiente (ap.后续的). *kỳ' ch'ú* 其次. [*ch'ú chȳ* 次之. para escritura (书面语词).]

Seguir la razon (vp.遵从理性、按照道理). *ȳ lỳ* 依理.|. *chûn'g lỳ* 从理.

Seguir el parecer ageno (vp.顺从别人的意见). *chûn'g jiñ tiě ý* 从人的意.|. *ȳ piě jiñ* 依别人.

Seguir su parecer (vp.坚持自己的看法). *chẻ kỳ chù ý* 执己主意.|. *chẻ kién* 执见.|. *piñ'g kỳ hiuñg ý* 凭己胸臆.|. *chủ iuńg* 自用.

Seguir la ley de Dios (vp.遵从上帝之教). *chûn'g tiēn' chù kiáo* 从天主教.

Seguir a todos (vp.跟从所有人的做法). *chûn'g chuńg* 从众.

Seguir (vt.遵循、奉行), conformarse con las leyes (vp.依法行事). *cháo fă tú chào fă tú* 照法度.

Seguirse por orden (vp.按次序). *chủ siú* 秩序②.|. *chiě lién* 接连.

Seguir le para alcançar lo (vp.跟随并赶逐某人). *kàn tā'* 赶他.

Seguirse vno à otros (vp.一个接着一个). *siang siụ* 相胥③.|. *siang ȳ* 相依. [*ȳ chỏ* 依着. para escritura (书面语词).]

Segun yo siento (pp.据我的看法). *ȳ gò ý* 依我意.|. *piñ'g gò chù ý* 凭我主意.

Segun las leyes (pp.依据法律). *ȳ fă liụ* 依法律.|. *cháo fă tú* 照法度.

Segundo (num.第二). *tý úl* 第二.|. *ch'ú* 次.

Segunda vez (np.第二次). *tý úl chāo* 第二遭. – lo segundo es (第二点是、其次). *úl chě* 二则. ett[a]. (等等).

Segura cosa (np.稳妥可靠的事情). *iñ tańg tiě cụ* 隐当的事.|. *tiñ'g tańg tiě cụ* 停当的事.|. *tiñ'g tò' tiě cụ* 停妥的事.|. *tiě tańg tiě cụ* 的当的事④.

Seguridad (n.安全、保障), cedula de seguro (np.身份证件). *cháo xīn* 照身.

Seguramente (ad.安全可靠地). *pỏ p'á* 不怕.

Seis (num.六). *lỏ* 六.|. *lỏ kó* 六个.|. *lieú kó* 六个. – 600 (六百). *lỏ pě* 六百. – 6000 (六千). *lỏ chīe'n* 六千. – 6. cientos mil (六百个千、六十万). *lỏ*

---

① *kién*，柯本缺字。"鉴此"，鉴于此、有鉴于此。
② 柯本作"自序"。
③ 犹相随、相续。
④ 柯本作"敌当的事"。"的当"，的确、确当、确凿无疑。

xě vuán 六十万.

Seis horas de la mañana (np.早晨六点钟). mâo xỷ 卯时.

Seis horas de la tarde (np.下午六点钟). xīn mǒ 申末.

Sellar (vt.盖印章). iń 印.|. tà iń 打印.|. iń tû′xū 印图书①.|. tà tû′xū 打图书.|. hiá iń 下印.|. kě′vuēn hǒ siń 刻文合信.|. xúy 税②.

Sellar, vt las puertas, o, cartas (vt.加封蜡、火漆、封条等，如盖在大门、信件上). fuñg 封. – cerrar cartas (把信件封上). fuñg pý′ 封皮.|. hú fuñg 护封③.

Sello (n.印信、图章). iń 印. – de oro (金质的). kiñ iń 金印. que es el del Rey, el de particulares (这指的是君王的印章，一般个人使用的则叫). tû′xū 图书.

Sello del Reyno (np.君王的印玺). hû pào 符宝.|. kuě iń 国印.|. kuě pào 国宝.|. hû sỳ 符玺.|. iǒ sỳ 玉玺.|. hû iǒ 符玉④.

Sello de los Regulos (np.诸侯王的印信). kuēy piě 珪璧.|. fuñg kuēy 封珪.|. kiáy kuēy 玠珪.

Sello de los mercaderes, que ponen en la hazienda (np.商家盖在财物、货品上的印章). iń háo 印号.|. iń ký 印记.|. fuñg siń 封信.

Sellero, el eunuco que cuyda del sello Regio (n.印信官，即看管皇家玺印的宦官). hû pào lañg 符宝郎.|. hû sỳ lañg 符玺郎.

Semana (n.星期). çhi̯ě tiēn′ 七天. – vna (一个星期). iě çh'iě tiēn′ 一七天.

Semblante (n.脸、面容). mién máo 面貌.|. iuńg máo 容貌.|. hińg siańg 形象. – mudar el semblante (脸色改变). pién sě 变色.|. pién mién sě 变面色.|. mién pién çhiñ′g 面变青. – no mudar el semblante (脸色不变). mién pǒ kày sě 面不改色.

Sembrar (vt.播种、撒播). chuńg 种.|. hiá chuńg 下种.|. să chuǹg 撒种.|. pú chuńg 布种.

Sembrar plantas, o arboles (vp.种植物或树). chuńg chě 种植.|. chě lie̯ 植立. – trasplantar (移植). çhāy 栽. [参见：plantar (种植).] verças (青菜). chuńg çh'áy 种菜.

---

① 图书，犹图章。
② 似脱字，即"税印"，验税后加盖的印章。
③ hú, 柯本所录为 hû, 字写作"糊"。
④ 柯本注："符"读作 hú, 盖为闽方言特征。

官话词汇 659

Sembrado (a.已播撒种子的 n.已播种的田地). *ièu mîao kiá tiên' tý* 有苗稼田地.|. *mîao kiá tý* 苗稼地.|. *kiá sĕ chȳ tý* 稼穑之地.

Semejante (a.类似的、相像的). *siañg çụ́* 相似.|. *çụ́ siañg* 似像.|. *iẻ puōn* 一般.|. *siañg siáo* 相肖.

Semejante en todo (ap.处处相像), no discrepa nada (vp.没有任何区别). *pỏ chā' fuēn hâo* 不差分毫.

Semejantemente (ad.类似地). *jû* 如.|. *jû juñ* 如然①.

Semen hominis (np.人的精液). *çhiñg* 精.|. *jiñ çhiñg* 人精. [参见：fluxo de semen (遗精)②.]

Semen frio, muerto (np.冰冷的精液，无生命、不能生育的). *lèng çhiñg* 冷精.

Sementeras (n.田地). *tiēn'* 田.|. *tiēn' tý* 田地. [*tiēn' kiêu'* 天球③. para escritura (书面语词).] – muchas llanadas de ellas (大片的平坦田地). *tiēn' iañg* 田垟.

Semilla (n.种子). *chuǹg* 种.|. *chuǹg chủ* 种子.

Senado (n.参议院), consejo Real (np.皇家内阁). *pú* 部.

Senadores, consejeros (n.参议员，内阁成员). *pú kuōn* 部官.

Senda (n.小径). *siào lú* 小路.

Seno del mar (np.海湾). *kiañg* 江.

Seno (n.怀抱), en el seno (pp.在怀抱中). *hiūng chuñg* 胸中.|. *hiūng hoây chuñg* 胸怀中.

Sentarse (vr.坐、就座). *çhó* 坐.|. *çhó chỏ* 坐着.

Sientese v. m. (s.您请坐). *çhiǹ'g çhó* 请坐. – arriba (坐上首). *çhiǹ'g xańg çhó* 请上坐.

Sentarse en el trono, o, lugar de dignidad (vp.坐在上首，即尊位). *xańg goéy* 上位.

Sentarse en medio (vp.坐在中间). *çhó chuñg iañg* 坐中央.

Sentarse los huespedes en sus lugares (vp.客人各入其座). *çhó goéy* 坐位.

Sentenciar (vt.判决、断案). *xiǹ pu'ón* 审判.|. *xiǹ tuón* 审断.|. *tuón gań* 断案.

Sentenciar à pena (vp.治罪、判罚). *vuén çhúy* 问罪. – à muerte (判处死刑).

---

① 柯本注：*jûn* 为 *jên* 之误。
② 见 Fluxo seminis（p.100）。
③ 可能想写 "*tiên' chêu'* 田畴"。

vuén çù çhúy 问死罪. – à destierro (判处流放、发配). vuén lieû 问流. – à galeote (判服苦役). vuén tû' 问徒.

Sentencia que se guarda en los archiuos (np.存档备查的判决). çhûn' gań 存案.|. gań kiụèn 案卷.

Sentencia concluyda, y acabada (np.已结之案，案已决). kiụě gań 决案.|. gań kiụě leào 案决了.|. ki'ě gań 记案.

Sentina (n.阴沟、污水沟). çhū' kańg 粗缸. [参见：secretas (厕所).]

Sensible (a.有感觉的、灵敏的). xǒ gù kuōn tiě 属五官的. – insensible (没感觉、不敏感的). pǒ xǒ gù kuōn chè 不属五官者.①

Sentir (vt.感觉、觉察). kiǒ 觉.|. chȳ kiǒ 知觉.|. kién 见.

Sentidos (n.感官、感觉). kiǒ kuōn 觉官. – los 5. sentidos (五种感官). gù kuōn 五官.|. gù çụ 五司.

Sentido comun (np.普遍的看法、常识). kuñg kiǒ çụ 公觉司.

Sentimiento, o, dolor (n.悲伤，痛苦). tu'ńg 痛.|. teñ'g 疼.|. teñ'g tu'ńg 疼痛.

Sentimiento, o, parecer (n.感情、情绪，意见、看法). ý 意.|. ý çú 意思.

（p.199）

Sentido, vt de los libros, ett ͣ. (n.意义、含意、意思，例如书中所包含的，等等). chỳ ý 旨意.|. ý çú 意思.|. tỳ' ý 体意.|. ý uý 意味.

Sentido literal (np.字面的意思). cháo çhú tiě xuě 照字的说. – mistico, o moral (玄奥的，或精神上的). cháo ý xuě 照意说. – tiene 3. sentidos (有三个意思). hân sān ý 含三意.

Sentir con los otros (vp.与他人意见相同), acomodarse (vr.顺从). çhûn'g jiń chȳ ý 从人之意.|. xuń jiń ý 顺人意.

Sentir mal (vp.感觉不好、看法糟糕). piēn' kień 偏见.

Sentirse obligado (vp.感到亏欠人情). kàn kě 感格.|. kàn kiě 感激.

Sentirse, apesadumbrarse (vr.生气，难过). chǒ nào 着恼.|. pǒ ku'áy 不快.|. pǒ hỳ 不喜.

Sentimiento ɔ ͣ. otro (np.对某人反感), tener lo (vp.抱有情绪、不满). kuáy tā' 怪他.

Sentimiento, arrepentimiento (n.伤感，后悔). hoèy siñ 悔心.|. hoèy k'ý 悔气.

Sentido, idest dañado, vt pescado, ett ͣ. (a.变了质的，即腐烂的，如鱼之类).

---

① xǒ，两例柯本都写为"熟"。

suōn leào 酸了.|. *juèn leào* 软了.

Sentido (a.敏感的), hombre que de poco se siente (np.不能控制情绪的人). *siào k'ý tiẻ jiñ* 小气的人.

Sentimiento grande en el corazon (np.心头巨大的悲伤). *xāng siñ* 伤心. – es digno de sentir (值得伤感). *kò' xang* 可伤.

Sencilla cosa (np.单层、单薄的东西). *tān tiẻ* 单的.|. *iẻ chûn'g tiẻ* 一重的. vt vestido, ettᵃ. (如衣服之类).

Sencillamente (ad.简简单单地). *mîng pẻ* 明白.|. *lào xẻ tiẻ hóa* 老实的话.|. *lào lào xẻ xẻ* 老老实实.

Señal, vt sic (n.标记、记号、信号等). *ký háo* 记号.|. *çh'ú háo* 刺号[①].|. *háo* 号.

Señal, indicio (n.征兆，迹象). *hû nién* 符验.

Señal, o huella (n.踪迹，或脚印). *kiỏ çhiẻ* 脚迹.|. *hiñg çhiẻ* 行迹.

Señal en la guerra (np.战斗号角), hazer la (vp.吹战号). *chūy' háo têu'* 吹号头.

Señal, vt de la herida, o llaga, ettᵃ. (n.疤痕，如伤口、糜烂等留下的). *hên çhiẻ* 痕迹.|. *hên pā* 痕疤. – de la llaga (指溃烂). *xāng çhiẻ* 伤迹.

Señal de la cruz (np.十字符号). *xẻ çhú xiń háo* 十字圣号. – hazer la (画十字). *tà xiń háo* 打圣号.

Señal que se haze antes que salga el Mandarin a la Audiencia (np.官员升堂前所发的信号). *kiāo' pang* 敲梆. – son 3. los signos, el 1ʳᵒ. (一共敲三记，第一记叫). *iẻ pang* 一梆. el 2º. (第二记). *úl pang* 二梆 ettᵃ. (等等). – en las Audiencia de los Mandarines grandes se llama (在大官的堂上称为). *chūy' tà* 吹打. el primer signo (第一下). *iẻ kù* 一鼓. el 2ᵈᵒ. (第二下). *úl kù* 二鼓. el 3ᵈᵒ. (第三下). *sān kù* 三鼓.

Señal de virtud (np.道德的符号). *xén tẻ tiẻ háo* 善德的号.

Señal de amor (np.爱的符号), muestra (n.表征). *piào ý* 表意.|. *piào çhiñg'* 表情.

Señal para acordarse (np.以示纪念的象征、信物). *piào ký* 表记.

Señal para se da, vt quando se compra algo (np.定金或凭据，例如在购买某物时所付). *piñg' ký* 凭记.|. *tíng çhiên'* 定钱.

Señal, termino (n.界标，终点). *hièn kiáy* 限界.|. *hièn tíng* 限定.

Señal de cosa antigua (np.古物的遗迹). *kiéu çhiẻ* 旧迹.

---

① *çh'ú*，柯本所录为 *çhú*，无送气符，其词作"字号"。

Señalar con el dedo (vp.用手指指示). *chỳ iǹ* 指引①.

Señalar mostrando algo (vp.以信号表示某事某物). *chỳ chǒ* 指着.|. *chỳ xý* 指示.

Señalar termino, fixar lo (vp.确定期限，定妥时日). *tińg iŏ* 定约.|. *hièn tińg* 限定.|. *tuón iŏ* 断约②.

Señalar, elegir (vt.指定、挑选). *siuèn* 选.

Señalar (vt.标示、加标记), poner señal (vp.做记号). *ký iě kó háo* 记一个号.|. *gān háo* 安号.|. *gān ký* 安记.

Señal secreta, vt el nombre en la guerra (np.秘密的信号，如打仗时使用的暗号). *gán háo* 暗号.|. *gán ký* 暗记.|. *çŭ ký* 私记③.|. *gán lỳ kȳ kuōn* 暗里机关.

Señalar con fuego (vp.用火烙印). *tà hò iń* 打火印.

Señal de los carros (np.马车留下的印痕、车辙). *chē' çhâo'* 车槽.|. *chē' çhâo' lú* 车槽路.

Señales en el cuerpo (np.身上的痕迹、瘢痕). *iȗ liń chū* 鱼鳞珠④.|. *pān* 瘢.

Señalado, insigne (a.杰出的，优秀的). *chǔ' chuńg* 出众.|. *fȳ chân'g tiě* 非常的.

Señas con la cabeça (np.以头部动作示意). *tièn têu'* 点头.|. *iâo têu'* 摇头. – hazer las llamando (做这类动作以招唤). *iâo têu' chāo* 摇头招.

Señor, vt sic (n.主人、东家、做主者，泛指). *chù* 主.|. *chù jiń* 主人.|. *chù uńg* 主翁.

Señor de casa (np.一家之主). *kiā chù* 家主.|. *kiā chańg* 家长.|. *kiā iê* 家爷.

Señor Padre (np.父亲大人、老爷). *lào iê* 老爷.|. *lào tiē* 老爹.

Señor por cortesia (n.先生，用为尊称). *lào siēn seńg* 老先生.|. *lào çū* 老师. – a los Mandarines (对官员则称). *lào iê* 老爷.|. *lào tá jiń* 老大人. – a los mancebos (对年轻人). *çhǒ hiá* 足下. – a los que no son Mandarines (对

---

① 柯本作"指印"，将西语词目理解为按指印（to stamp with the finger）。但 *iǹ* 是上声，且词目为动词短语。

② 犹约定。

③ 柯本无此词。

④ 扁平疣，或类似的皮肤病，民间俗称"鱼鳞珠"。柯本录写为"*iȗ* 瘢 / *iń chū* □□"。

那些不当官的人). *lào hiūng* 老兄.|. *çhīn' uñg* 亲翁.|. *lào çhīn' tāy'* 老亲台.

Señora (n.女士、夫人). *chù mù* 主母. – señora por honrra, vt doña (对女士的尊称，夫人). *fū jiñ* 夫人.|. *ta'ý ta'ý* 太太.|. *lào niâng* 老娘.|. *này này* 奶奶.|. *niâng niâng* 娘娘.|. *tá niâng* 大娘.

Señor de cielo, y tierra (np.天和地的主人). *tiēn' tý chȳ chù* 天地之主.|. *tiēn' tý chù çhày* 天地主宰.

Señorear (vt.主宰、掌控). *chàng kuòn* 掌管.|. *çhày* 宰.

Señorio, mando (n.威权，统治). *kiụ̂e'n nêng* 权能.|. *kiụ̂e'n pińg* 权柄.|. *kiụ̂e'n xý* 权势. [*chù pińg* 主柄.|. *kiụ̂e'n iáo* 权要. para escritura (书面语词).]

Señorio, o juridicion (n.领地、统治权，辖区、管辖权). *xỏ hiá* 属下.|. *chý hiá* 治下.|. *kuòn hía* 管下.|. *fỏ kuòn* 服管.

Ser testigo (vp.当证人). *çhó kān chińg* 做干证.

Sepulcro (n.坟墓、陵墓). *fuên mú* 坟墓. – de los Reyes (帝王的陵墓). *hoâng liñg* 皇陵.|. *vuâng fuên* 王坟.

Sepulcro para enterrar los pobres (np.埋葬穷人的墓地). *ý chùng* 义冢.|. *ý xān* 义山.|. *ý kiēu'* 义丘. – camino del sepulcro (墓地里的道路). *mú táo* 墓道.

Sepultar (vt.埋葬). *chańg* 葬.|. *mây çhańg* 埋葬. [参见：enterrar (埋、葬).]

Sequedad (n.干燥、干旱). *kān sáo* 干燥. [参见：seco (干的).] – hombre seco (干巴巴的、死板的人). *geńg tiẻ* 硬的.

Serca (ad.①[方位]附近、周围 ②[时间]临近、接近). *kiń* 近. – lejos (远). *iuèn* 远.①

Ser (vi.是). *xý* 是. [系词, v.° el Arte (参看《语法》).] – es Mandarin (他是官员). *xý kuōn* 是官.|. *çhó kuōn* 做官. haze officio de Mandatin, es para officios (即，他从事为官这一行，指的是其职业或工作).

Ser, o, entidad de la cosa (n.存在，或事物之本质). *tỷ'* 体.|. *ièu* 有.

Ser, para hazer pasiuas siruen (aux.被，用于构成被动式). *xý* 是.|. *pý* 被.|. *goêy* 为. [v.° el Arte (参看《语法》).]

Ser echo (vp.做得、造就、制成). *pý çháo* 被造.|. *çháo chîn'g tiẻ* 造成的.②

Ser echo (vp.成为). *goêy* 为. idest, fio, fis, fit, ettª.③ (例如：我成为、你成

---

① 此条为另手补写，柯本未录。
② 柯本作"被成的"，注音则不误。
③ fio、fis 和 fit，拉丁语动词 fierī（成为、将会、发生）直陈式现在时的单数第一、第二、第三人称形式。

为、他成为，可据此类推).

Ser para todo (vp.样样行), hombre de negocio, y expedicion (np.干实事、有才智的人). *hoéy kań çú* 会干事.|. *ièu puèn çú* 有本事.

Ser exemplo (vp.成为榜样、堪为表率). *çhó piào iańg* 做表样.

（p.200）

Serenar el tiempo (vp.天放晴). *tiēn' çhiń'g leào* 天晴了.|. *tiēn' ièu çhiń'g* 天有晴.|. *tiēn' kāy' leào* 天开了.

Serpiente (n.蛇). *tá xê* 大蛇.|. *mang xê* 蟒蛇.

Sera, seron, o, tompiate de paxa (np.草编的筐，驮筐，或篮子). *çhà'o pāo* 草包.

Sermon (n.布道、讲经). *kiàng táo* 讲道.

Seruatana① (n.吹箭筒). *chūy' tûń'g* 吹筒.

Sereno de la noche (np.夜晚的露水、夜露). *lú* 露. – dormir à el (睡在夜露下). *xúy tiēn' hía* 睡天下.|. *lú sǒ* 露宿. – poner algo a serenar (把某物放在室外使之清凉). *fańg çháy lú hiá* 放在露下.

Serranias (n.山岭、山地). *chań'g kāo xān* 长高山.|. *iè xě niên* 野石岩.

Serrano (n.山里人、山民). *xān jiń* 山人.|. *iè jiń* 野人.

Seruilleta (n.餐巾). *xě xèu kiń* 拭手巾.

Seruidor de mesa (np.宴席上的侍者). *çū çhièu* 司酒. – el que da tacilla con el vino (递上酒盅的侍者). *çū puôn'* 司盘.

Seruicio, o, bacin (n.尿盆，或便桶). *mà tuǹ'g* 马桶.|. *chū' tuǹ'g* 粗桶.

Seruidumbre (n.劳役、仆役). *fǒ iǔ* 服役.|. *fó taý* 伏待.|. *fó çú* 伏事/侍事. – persona seruil (奴才、卑躬屈膝者). *siào jiń* 小人.

Seruir (vi.供职、当差). *fuń'g çú* 奉事/奉侍.|. *fǒ çú* 服事/服侍.|. *kuń'g çú* 供事②.|. *iǔ çú* 役事. – seruir le (为某人当差). *çú tā'* 侍他/事他.

Seruir à Dios (vp.侍奉上帝). *fuń'g çú tiēn' chù* 奉事天主.

Seruir al Rey (vp.服务于君王). *chîn' çú* 臣事.|. *çú kiǔn* 事君.

Seruir à alguno agradando le en todo (vp.侍奉并处处取悦某人). *fuń'g chîn'g tā'* 奉承他.

Seruicios, meritos (n.服务、贡献，功绩、成就). *hiáo lâo* 效劳.|. *kîn' lâo* 勤

---

① 今拼 cerbatana（吹箭筒），柯本释义空缺。

② 柯本作"贡事"。

劳.|. *hiáo liě* 效力.|. *kuńg lâo* 功劳. [参见：meritos (功绩).]

Seruicios pequeños, dizese por humildad (np.微不足道的贡献，属于谦恭的说法). *chién chîn'g* 贱承.|. *vûy chîn'g* 微承. – no sirue (派不上用场、起不了作用). *pǒ kān' iuńg* 不堪用.|. *mǒ iuńg tiě* 没用的.|. *pǒ chūng iuńg* 不中用.

Seruicio, ocupacion (n.服务、差役，职业、工作). *kuńg fū* 工夫.

Seçenta (num.六十). *lǒ xě* 六十.

Secenta mil (num.六十个千、六万). *lǒ vuán* 六万.

Seiscientos mil (num.六百个千、六十万). *lǒ xě vuán* 六十万.

Sesma (num.六分之一). *tý lǒ fuén* 第六份.

Seços (n.脑子、脑筋). *têu' nào* 头脑.|. *nào sùy* 脑髓.|. *têu' sùy* 头髓.

Scço, juyzio① (n.见识、见解，判断力、理智). *sìng kiǒ* 省觉②.|. *tińg kién* 定见.|. *siń miǹg pě* 心明白.|. *chě chý'* 执持.|. *xiń chuńg* 慎重.

Seço (n.脑子、见识), hombre sin seço (np.没脑子、没见识的人). *vû tińg kién* 无定见.|. *vû kién xě* 无见识.|. *mǒ têu' nào* 没头脑.|. *mǒ t'áo têu'* 没套头.

Seçudo (a.明智的、审慎的). *xiń chuńg tiě* 慎重的.|. *ièu tińg kién tiě* 有定见的.|. *ièu chě chý' tiě* 有执持的.

Sestear (vi.睡午觉、午休). *gù héu hiě sǒ* 午后歇宿.|. *hiě fań* 歇饭.

Seta, secta (n.宗派，教派). *ý tuōn* 异端.|. *siê kiáo* 邪教.|. *siê táo* 邪道.

Sectas de china, son 3. las principales, scilicet (s.中国自身的宗教有三大派别，即). *jû, xě, táo* 儒、释、道.

Setenta (num.七十). *ch'iě xě* 七十. – 700. (七百). *ch'iě pě* 七百. – 70. mil (七十个千、七万). *ch'iě vuán* 七万. – 700. mil (七百个千、七十万). *ch'iě xě vuán* 七十万.

Setiembre (n.九月). *pǎ iuě* 八月.

Seuero (a.严肃的、庄重的). *goēy nién* 威严.|. *goēy ý* 威仪.

Seueramente (ad.严厉、严肃地). *geńg* 硬.

Seuo (n.脂肪、油脂). *iêu* 油. – de macho (取自山羊的). *iańg iêu* 羊油. – de vaca (取自母牛的). *niêu iêu* 牛油. – el de las candelas, ordinarias (普通的蜡烛油). *chǒ iêu* 烛油.

---

① 柯本未录此词。

② 柯本作"醒觉"，也通。

Setro real (np.帝王的权杖). *iǒ kuēi* 玉珪.①

Si.

Si, respondiendo (ad.是、是的，对提问的回答). *xý* 是.

Si, condicional (conj.如果，即条件式). *jǒ xý* 若是.

Si acaso (conj.如果、要是). *kuǹ'g p'á* 恐怕.

Si, claro esta (s.是的，这很明显、很清楚). *chú jên* 自然.

Si assi es verdad (s.是的，事实就是如此). *chiń xý* 正是.|. *xý xě* 是实.|. *chīn xě* 真实.|. *kùo jên* 果然.

Siempre (ad.始终、总是). *chân'g chân'g* 常常.|. *hèn iùng* 恒永②.|. *moèy moèy chańg'* 每每常.|. *vû xý pǒ jên* 无时不然.

Siempre viua, yerba (n.长命草、法国腊菊，一种多年生草本植物). *kiǒ çhà'o* 菊草③.

Sian, Reyno (n.暹罗，一个王国). *siēn lô kuě* 暹罗国.

Sienes (n.太阳穴). *piń piēn* 鬓边.

Sierra, de aserrar (n.锯子，用来锯东西). *kiú çhù* 锯子. – la grande (大型的). *çhū' kiú* 粗锯. – la pequeña (小型的). *sý kiú* 细锯.

Sierra, o monte (n.山脉，山). *xān* 山.|. *kāo xān* 高山. [参见：monte (山).]

Sierpe (n.蛇). *lào xê* 老蛇. [参见：culebra (蛇).]

Sieruo, criado (n.奴隶，男仆). *nû pǒ* 奴仆.|. *kiáy pǒ* 价仆.

Sierua, esclava, criada (n.女奴，女仆，女佣人). *iā têu'* 丫头.|. *çù niù* 使女④.|. *pý niù* 婢女.

Siete (num.七). *çhi'ě* 七.|. *çhi'ě kó* 七个. – 7. mil (七千). *çhi'ě çhīe'n* 七千.

Siete de luna (np.阴历月的第七天). *çhū' çh'iě* 初七.|. *çhō' çhi'ě* 初七.

Siete cabrillas (np.昴宿星团、七姊妹星团). *çh'iě sińg* 七星.

Siete mesino⑤ (np.怀胎七个月后出生的婴儿). *çh'iě kó iuě chǔ' xý tiě* 七个月出世的.

---

① 此条系另手添加，笔迹、墨迹都明显不同。
② 柯本作"很永"。
③ 柯本缺前一字。
④ 柯本写为"侍女"。参见 Criadas (p.61)。
⑤ 今连写为 sietemesino，喻指装大人的小孩。

Siete passiones que ponen los chinos en el hombre (np.中国人认为一个人所具有的七种情感). *çh'iĕ çhiñ'g* 七情.

Signar (vt.标示、做标记). *chó ký háo* 做记号.|. *iń háo* 印号①. – firmar (签字以确认、签署). *kuó háo* 过号.

Signo (n.符号、标志). *ký háo* 记号.|. *háo* 号. [参见：señal (标记、信号).]

Signos del Zodiaco (np.黄道带的标志). *çhiĕ k'ý* 节气.|. e ɔ°. (也可反过来说：*k'ý çhiĕ* 气节②). – los 12. signos (黄道带的十二个标志、黄道十二宫). *xĕ úl xîn* 十二辰.|. *xĕ úl kuñg* 十二宫. – el 1°. Aries (第一宫：白羊座)③. *pĕ iañg kuñg* 白羊宫. – el 2°. Tauro (第二宫：金牛座). *kiñ niêu kuñg* 金牛宫. – el 3°. Geminis. II (第三宫：双子座). *xoāng hiuñg kuñg* 双兄宫. – el 4°. Leo (第四宫：狮子座). *çŭ çhŭ kuñg* 狮子宫. – el 5°. Virgo (第五宫：室女座、处女座). *xĕ niù kuñg* 室女宫. – el 6°. Libra (第六宫：天秤座). *tiēn' piñ'g kuñg* 天平宫. – el 7°. Scorpion (第七宫：天蝎座).

(p.201)

tiēn' hiĕ kuñg 天蝎宫. – el 8°. Sagitario (第八宫：人马座、射手座). *jiñ mà kuñg* 人马宫. – el 9°. Cancer (第九宫：巨蝎座、天蝎座). *tiēn' hiày kuñg* 天蝎宫. – el 10°. Capicornio (第十宫：摩羯座). *mô kiĕ kuñg* 摩羯宫. – el 11°. Aquario (第十一宫：宝瓶座). *pào piñ'g kuñg* 宝瓶宫. – el 12°. Picis (第十二宫：双鱼座). *xoāng iŭ kuñg* 双鱼宫.

Signos 24. que ponen los chinos (np.中国人制定的二十四个黄道带标志，即廿四节气). los 6. de los 3. meses de primauera (春季三个月的六个节气为). *liĕ chūn'* 立春. – *iŭ xùy* 雨水. – *kiñg chĕ* 惊蛰. – *chūn' fuēn* 春分. – *chiñ'g miñg* 清明. – *kŏ iŭ* 谷雨. los 6. de estio (夏季的六个节气为). *liĕ hiá* 立夏. – *siào mùon* 小满. – *mañg chuñg* 芒种. – *hiá chý* 夏至. – *siào xù* 小暑. – *tá xù* 大暑. los 6. de otoño (秋季的六个节气为). *liĕ çhiēu'* 立秋. – *chû' xù* 处暑. – *pĕ lú* 白露. – *chiēu' fuēn* 秋分. – *hân lú* 寒露. – *xoāng kiańg* 霜降. los 6. de yvierno (冬季的六个节气为). *liĕ tuñg* 立冬. – *siào siŭĕ* 小雪. – *tá siŭĕ* 大雪. – *tuñg chý* 冬至. – *siào hân* 小寒.

---

① 柯本无此词。
② 用例不多见。陶渊明《劝农》诗之四，有句"气节易过，和泽难久"，可为其证。
③ 原写每一宫都画有专属的图形符号。

– *tá hân* 大寒.

Silencio (n.寂静无声). *sǒ chiń g* 肃静.|. *gān chiń g* 安静.|. *vû jiñ xiŕ g* 无人声.

Significar (vt.说明、表明). *kiày xuě* 解说.

Silla para sentarse (np.坐的椅子). *ỳ chǔ* 椅子.|. *kiáo ỳ* 轿椅. – vna silla (一把椅子). *iě chańg ỳ* 一张椅.

Silla de respaldar (np.靠椅、躺椅). *ka'ó poéy ỳ* 靠背椅.

Silla que se dobla, y junta (np.可折叠的椅子). *chě ỳ* 折椅.

Silla de ombros (np.肩扛的椅子). *kiáo chǔ* 轿子. – tapada (有遮盖的). *nùon kiáo* 暖轿.|. *miě kiáo* 幂轿. – descubierta (敞开的). *hièn kiáo* 显轿.|. *mîng kiáo* 明轿.

Silla de camino ordinario (np.行路用的普通轿子). *xān kiáo* 山轿.|. *lú kiáo* 路轿.|. *tiáo kiáo* 吊轿. – vna silla, destas (一台这类轿子). *iě chîn'g kiáo* 一乘轿. ett ͣ. (等等). – cubiertas (带顶盖的). *tiǹ g kiáo* 顶轿. – subir en la silla (登上轿子). *xańg kiáo* 上轿.|. *chîn'g kiáo* 乘轿.

Silla de costillas que se dobla (np.一种可折叠的木板椅子). *mà chā' chǔ* 马杈子.

Silla de trono (np.宝座、御椅). *chó goéy* 座位.

Silla de cañas (np.竹制的椅子). *chǒ ỳ* 竹椅.

Silla de cauallo (np.马匹的鞍子). *mà gān* 马鞍.

Silleteros que cargan la silla (np.抬轿子的轿工). *kiáo fū* 轿夫.|. *tây' kiáo tiě* 抬轿的.

Silaba (n.音节), vna silaba (np.一个音节). *iě chǔ* 一字.|. *iě hoě* 一画.

Silaba por silaba (np.逐个音节). *kiú kiú* 句句.|. *iě chǔ iě chǔ* 一字一字.

Siluar (vi.吹口哨、发嘘声). *hō fuńg* 呵风.|. *chūy'* 吹.

Sima, o, masmorra (n.深坑，或地牢). *lâo iǒ* 牢狱.

Simiente (n.种子、籽). *chuǹ g chǔ* 种子. – semilla de rabanos (萝卜的种子). *lô pě chǔ* 萝卜籽①. – de verças (青菜的种子). *chǔ* 籽. ett ͣ. (等等).

Simonia, diremos (n.买卖圣物，我们圣教的说法). *máy xîn vuě* 卖神物.|. *máy xiń g vuě* 卖圣物.

Simpatia (n.好感、同情). *siń g chiñ'g tuñ'g* 性情同.|. *siń g ký iě iań g* 性气一样②.|. *siñ chiñ'g tuñ'g* 心情同.

---

① 柯本没有第一个字音 *lô*，写为"葡子"（卜子），虽然也能成词。

② 柯本注：*ký* 为 *ký'* 之误。

Simple (a.单纯的), no mixto (ap.未经混杂). *xûn tiě* 纯的.|. *vû çhǎ' tiě* 无杂的.

Simple (a.单一的), no doblado (ap.并非双层或双重). *tān tiě* 单的. [参见：sençillo (单的、薄的).]

Simplicidad (n.简朴、率真). *sǒ pǒ'* 俗朴.|. *xûn pǒ'* 纯朴/淳朴.|. *xûn siûn* 纯恂.

Sin. [preposicion] (prep.没有、无[介词]). *vû* 无.|. *pǒ* 不.|. *mǒ* 没.|. *mǒ ièu* 没有.

Sin fuerzas (pp.没有力气). *xoāy liě* 衰力.|. *vû liě* 无力.

Sin seço, o juizio (pp.没有脑子，缺乏判断力). *vû têu' nào* 无头脑.

Sin causa (pp.没有任何原因或理由). *vû kú* 无故.

Sin razon (pp.毫无道理). *vû lỳ* 无理.

Sin orden (pp.乱无秩序). *luón* 乱.

Sin pensar (pp.想不到、意外). *gèu jeñ* 偶然.|. *pǒ kỳ'* 不期.|. *pǒ xŷ* 不时.|. *pǒ chě'* 不彻①.[参见：acaso (偶尔), de repente (突然).]

Sin castigo (pp.没有惩罚、未予处罚). *mǒ fã* 没罚②.

Sin verguença (pp.没有廉耻、不知羞耻). *vû lièn chỳ'* 无廉耻.|. *pǒ p'á sièu* 不怕羞.|. *vû lièn tỳ'* 无脸体.

Sin sabor, ni gusto (pp.没有味道，不好吃). *tań tań tiě* 淡淡的.|. *mǒ ièu vuý tiě* 没有味的.

Sin amor, desamorado (pp.没有爱、缺乏爱，即冷酷的). *vû çhiñ'g* 无情.|. *pǒ çhiñ'g* 不情. [para los demas ver los afirmatiuos (更多的用法可参看相关的肯定式).]

Sincel (n.錾刀、錾子). *tiě' çhán* 铁錾. – abrir con sincel (用錾子开凿). *çhán hōa* 錾花. haziendo flores (即雕刻图案).

Situar (vt.安置、设立、拨发). *iûng çháo* 营造.|. *kỳ' çháo* 起造.|. *iûng tú* 营度.③

Sitio, o solar (n.地点、位置，或地皮、宅基). *tý kỳ* 地基.|. *tý puôn'* 地盘. – para casas (住家所在). *chú chañ'g* 住场.

Sitio, o lugar (n.地方、场所). *tý fañ* 地方.|. *tý tù'* 地土. – buen sitio (好位置、地理环境好). *hào tý fañ* 好地方.|. *hào tý tù'* 好地土.

---

① 犹不料。

② *mǒ*，柯本订正为 *mǒ*。

③ 此条写了两遍。*iûng*，两例柯本都写为"容"。

Sitio, o, cerco (n.包围，围困). *ku'én chiń'g* 困城.
Sitiar la ciudad (vp.围困一座城市). *ku'én chiń'g* 困城. [参见：cercar (包围、围攻).]

So.

Sobaco (n.腋、腋窝). *hiě* 胁. – debaxo del (在腋下). *iě hiě hiá* 腋胁下. – los dos sobacos (两腋). *chò iéu iě hiě chȳ kiēn* 左右腋胁之间.①

Sobaco (n.腋窝), lleuar debaxo el sobaco (vp.夹在腋窝底下携带). *tý' hiě* 提挟.|. *hiě chý'* 挟持/胁持. – escondiendo (偷偷携带). *hoáy hiě* 怀携/怀挟.

Sobaquina (n.腋臭、狐臭). *xēn k'ý* 膻气. – heder à sobaquina (散发腋臭). *ch'eú xēn* 臭膻.

Sobar, fletar, vt la barriga, ettᵃ. (vt.揉，揉搓，例如揉肚子等). *chō'* 搓.

Sobar la masa (np.揉面团). *jèu mién* 揉面.

Sobre (prep.在上面、高于). *xań g* 上.

Sobre el cielo (pp.在天上). *tiēn' xań g* 天上.

（p.202）

Soberana cosa (np.高深美妙的东西), admirable (a.令人赞叹的). *kāo miáo* 高妙.|. *hiuên miáo* 玄妙.|. *gáo miáo* 奥妙.|. *chiuě miáo* 绝妙.|. *vûy miáo* 微妙.|. *kāo tá tiě cú* 高大的事. – a todos se añade el *cú* (在所有这些词的后面都可以加"事").

Soberuio (a.骄傲的、傲慢的). *kiāo gáo tiě* 骄傲的.|. *kiǔ gáo tiě* 倨傲的.|. *sińg gáo tiě* 性傲的.|. *siń gáo tiě* 心傲的. – ensoberuecerse (骄傲自满). *chú kāo* 自高.|. *chú jiń* 自任.|. *chú muôn* 自满②.|. *chú tá* 自大.|. *chú kūa'* 自夸.|. *chú piào* 自表.

Soberuia (n.骄傲、傲慢). *kiāo gáo* 骄傲.|. *gáo chiń'g* 傲情.

Sobornar (vt.行贿). *suń g hoèy lú* 送贿赂.|. *tuń'g hoèy lú* 通贿赂.|. *nǎ hoèy lú* 纳贿赂.|. *mày xań g mày hiá* 买上买下.

---

① *iě*，两例柯本都写为"一"。前一例作"一胁下"尚通，后一例说的是两腋之间，"一胁"便很勉强。

② 柯本作"自漫"。

Soborno (n.贿赂). *hoèy lú* 贿赂.|. *héu xéu* 后手[1].

Sobrados de la casa (np.房子的阁楼或顶层). *leû* 楼.|. *leû kǒ* 楼阁.|. *leû fañg* 楼房.|. *leû tây'* 楼台.|. *leû xańg* 楼上. su numeral (相应的量词). *çên'g* 层.

Sobrado donde esta el tambor en las Audiencias (np.置鼓的楼阁，供官员升堂时鸣鼓). *kù leû* 鼓楼.|. *chuñg kù leû* 钟鼓楼.

Sobrados de las puertas de las ciudades (np.城门上的楼阁). *chiń'g muên leû* 城门楼.

Sobrar (vi.剩下、多余). *ièu iû̯ tiě* 有余的.|. *ièu tō* 有多.|. *ièu xińg tiě* 有剩的.

Sobras (n.多余、剩余物). *iû̯ xińg tiě* 余剩的.|. *xińg iû̯ tiě* 剩余的.|. *xińg hiá tiě* 剩下的.|. *tō iû̯ tiě* 多余的.

Sobras de lo que se comio (np.餐后剩下的食物). *çân' tiě* 残的.|. *çân' xińg tiě* 残剩的.|. *chi'ún iû̯ chȳ vuý* 馋余之味.|. *ch'ě xińg tiě ch'áy jǒ* 吃剩的菜肉.

Sobrado, mucho, demasiado (a./ad.过多，非常多，过度). *ta'ý tō* 太多.

Sobre aguado (pp.浮在水面上). *feû xùy tiě* 浮水的.

Sobre cama[2], o, cielo de la cama (np.床罩、床幔，或床顶). *tiēn' puń'g chańg* 天篷帐. – de tablas (木板造的). *tiēn' hōa pàn* 天花板.|. *tiēn' puń'g* 天篷.

Sobre nombre (n.外号、绰号). *chú* 字.|. *piào* 表.|. *háo* 号.

Sobre mesa, vt comiendo (n.饭后甜点，餐间点心). *çháy chiên' chièu héu* 在前酒后.

Sobre pujar (vt.超越、胜过). *chāo' kuó* 超过.|. *xińg kuó* 胜过.|. *chāo' pǎ* 超拔.|. *kuó* 过.

Sobre natural (a.超自然的、神奇的). *chāo' sińg tiě* 超性的.|. *chāo' pǎ vuán luý* 超拔万类.|. *tań taý* 担待.|. *tań chîn'g* 担承.[3]

Sobre mi (pp.由我承担), tomo lo a mi cuenta, o cargo (vp.算我的，我负责). *tań tañg* 担当.

Sobre escriuir (vt.在某物上面书写、写信封). *siè xų̌ pý'* 写书皮.|. *siè xų̌ piāo* 写书标.

---

① 柯本作"后受"。参见 Cohechar（行贿）、Coechos（贿赂），p.50。

② 此词如今连写，视为一个单词。在接下来的一系列词里面，sobre 也大都形同前缀。

③ 后二词正如柯本指出，属于误植，应归下一词条。

Sobre salto (n.吃惊、惊恐). *chǒ kiṅg* 着惊.|. *kiṅg hoân* 惊惶.|. *xě kiṅg* 失惊①.|. *chǒ hě* 着吓.|. *hǒ jeñ kiṅg pién* 忽然惊变.

Sobre venir (vi.继之而有、随之发生). *kiā xaṅg* 加上.|. *tiēn' xaṅg iě jiñ* 添上一人.

Sobre vino vno (vp.外加一个). *tiēn' iě jiñ* 添一人.

Sobre todo (pp.一切之上、首先). *chúy xaṅg* 最上.|. *chúy kiě* 最急.|. *xaṅg kiṅ* 上紧.|. *kiě vú tiě çú* 急务的事.

Sobre venir alguna cosa de repente (vp.某件事情紧接着突然发生). *hǒ jên ièu çú* 忽然有事.|. *gèu jên ièu çú laỷ* 偶然有事来.

Sobre estante, mayordomo (n.领班，管家). *taṅg çú tiě* 当事的. – de la obra (指一项工作). *tǒ' kuṅg* 托工.

Sobre dorar (vt.涂上一层金、镀金). *tú kiñ* 镀金.|. *liêu kiñ* 鎏金②.

Sobrinas (n.侄女、外甥女), hijas de hermanos, o primas (np.兄弟或堂表姐妹的女儿). *vuáy seṅg niù* 外甥女.|. *vuáy seṅg chě niù* 外甥侄女.

Sobrinos (n.侄子), hijos de hermanos o primos (np.兄弟或堂表兄弟的儿子). *chě ûl* 侄儿.|. *sūn chù* 孙子③.|. *chuǹ'g chù* 从子. [*iêu chù* 犹子. para escritura (书面语词).]

Sobrinos (n.外甥), hijos de hermanas o primas (np.姐妹或堂表姐妹的儿子). *vuáy seṅg* 外甥. – mis sobrinos (我的外甥). *xè chě* 舍侄④.

Soçobrarse la embarcacion (vp.船只倾覆沉没). *féu chuê'n* 覆船.|. *fān chuê'n* 翻船.|. *laṅg tà chuê'n* 浪打船.|. *iú fuṅg chuê'n tō piāo' mǒ* 遇风船多漂没.|. *chēu chuê'n tō chāo féu niě* 舟船多遭覆溺. – irse apique (沉没). *chîn' niě* 沉溺.

Soçobrarse el carro (vp.马车翻倒). *chē' kiṅg' féu* 车倾覆.

Socolor de virtud (np.德行的假象、以德行为借口). *tě hiṅg tiě siáng* 德行的像.|. *goêy xén tiě mǒ iaṅg* 为善的没样⑤.

Socorrer (vt.援助、救济). *kiéu* 救.|. *iéu kiéu* 佑救.|. *chēu chý* 周济.|. *kiù kiéu* 举救. – socorro de soldados (援兵、援军). *kiéu piṅg* 救兵.

---

① 柯本作"食惊"。
② 柯本写为"流金"。
③ 此词有疑，似为"甥子"之误。
④ 当为"舍甥"。
⑤ *mǒ*，柯本写为"模"。

Sodomia (n.鸡奸). *nân sě* 男色.|. *foě sińg* 拂性.|. *fàn sińg chȳ sě* 反性之色.

Soga (n.绳索，粗绳子). *xińg ch̫ǔ* 绳子.|. *sǒ ch̫ǔ* 索子.

Sol (n.太阳). *jě têu'* 日头.|. *t'áy iâng* 太阳. – el globo solar (日球). *jě luñ* 日轮.

Solisticio del hibierno (np.冬至点). *tuñg chý* 冬至. – el del verano (夏至点). *hiá chý* 夏至.

Sola cosa (np.独一无二的事物). *tǒ iě* 独一.|. *tān iě* 单一.|. *chỳ iě* 止一.

Solo, o solitario (a.孤单的，孤独的). *kū tǒ* 孤独. [参见: solitario (孤独).]

Solamente (ad.仅仅、仅只). *chỳ* 止.|. *tān tān* 单单.|. *tǒ* 独.|. *tě' tě'* 特特.|. *tě tě* 特特①. – Solamente ay (vp.唯有). *chỳ ièu* 止有. et de cett^{is} (如此等等).

Solana (n.阳光充沛的地方). *jě têu' tý* 日头地.|. *xáy chañ'g* 晒场. – Açotea (屋顶平台、露台). *xáy tây'* 晒台.

Solano viento (np.从口出之方刮来的风、东风). *tuñg fuñg* 东风.

Solapar, vt postema (vt.交叠、布满，如脓疮). *kuón têu'* 贯头.|. *kuón tuñ'g* 贯通.

Solar (n.地皮、宅基). *kȳ chỳ* 基址.|. *kȳ tý* 基地.|. *kuñ'g tý* 空地.

Soldada, estipendio (n.薪水、军饷，薪酬). *chiên' leâng* 钱粮.|. *leâng chào'* 粮草.|. *piñg leañg* 兵粮.|. *piñg hiàng* 兵饷.

Soldado (n.士兵). *piñg* 兵.|. *piñg chǒ* 兵卒.|. *piñg cú* 兵士.|. *piñg jiñ* 兵人.|. *cú chǒ* 士卒. – Bisoños (新募的兵士). *siñ piñg* 新兵.|. *tù' piñg* 土兵.

Soldados de apie (np.步战的士兵). *pú piñg* 步兵. – de acauallo (骑马作战的). *mà piñg* 马兵. – caualleria (骑兵). *piñg mà* 兵马.

Soldados que leuantan en sus pueblos para su defensa (np.募集起来保护村社的士兵). *xé piñg* 社兵②.

Soldados armados (np.穿铠甲的士兵). *tiě' kiǎ piñg* 铁甲兵.

Soldados viejos, escojidos (np.有经验的兵士、老兵，精选的士兵). *chiñg piñg* 精兵.|. *ý piñg* 义兵.|. *chiñg xǒ vù ỳ tiě piñg* 精熟武艺的兵.|. *chiñg choañg chȳ piñg* 精壮之兵.

Soldados de la guardia Real (np.皇家卫队的士兵). *iú liên kiūn* 御辇军.|. *hú goêy kiūn* 护卫军③.

Solemnemente (ad.庄严肃穆地). *iuńg tá lỳ* 用大礼.

---

① 柯本注: *tě'* 与 *tě* 是同一字的不同读音。

② 柯本作"舍兵"。

③ 柯本作"护围军"。

(p.203)

Soldados que van de guardia con los Mandarines por los caminos (np.一路护卫官员的士兵). *hú suńg tiě pīng* 护送的兵.

Soldados de guardia que van con los presos (np.押解囚犯的士兵). *kiáy suńg tiě pīng* 解送的兵①.|. *iǎ suńg tiě pīng* 押送的兵.

Soldados que estan acada legua para lleuar los despachos (np.驻守驿站、递送邮件的士兵). *pày tañ'g tiě pīng* 摆塘的兵②.

Soldados que estan de legua en legua para lleuar las cargas de los Mandarines que pasan (np.从一站到另一站运送官员行李的士兵). *p'ú pīng* 铺兵.

Soldados valerosos (np.英勇的士兵、斗士). *chīng juý kiūn çú* 精锐军士.

Soldado (n.士兵), ser lo, y exercitar lo (vp.成为士兵，入伍服役). *tāng pīng* 当兵.|. *chó pīng* 做兵.

Soldados de armada (np.船战的士兵、水军). *xùy çú* 水士. − de tierra (陆战的). *lú çú* 陆士.

Soldadesca (n.军兵、军队). *kiūn mà* 军马.|. *kiūn liù* 军旅.|. *pīng mà* 兵马.|. *vù pý* 武备. − vna compoñia (一支军队、一队士兵). *iě chǒ jiñ mà* 一卒人马.

Soldar (vt.焊接、修补). *pù* 补. − los tachos (各种锅具). *pù kō* 补锅. − con suelda (用焊料). *hán* 焊.

Suelda (n.焊接、焊料). *iǒ hán* 药焊. − de hierro (用铁). *tiě' hán* 铁焊. − de calain (用锡或白镴). *siě hán* 锡焊. − de plata (用银). *iñ hán* 银焊.|. *lá hán* 镴焊③.

Soledad (n.孤寂之所、荒无人烟之地). *sǒ chińg* 肃静.|. *vû jiñ xīng* 无人声.|. *chiě chiě* 寂寂.

Solemnemente (ad.庄严肃穆地). *iuńg tá lỳ* 用大礼④.

Solemnidad (n.隆重盛大的典礼). *tá chēn lỳ* 大瞻礼.|. *tá lỳ jě* 大礼日.|. *tá kińg chēn lỳ jě* 大敬瞻礼日.|. *tá kiù chēn lỳ* 大举瞻礼⑤.

---

① *kiáy*，柯本写为"戒"。

② 即塘兵。*tañ'g*，柯本写为"堂"。"塘"（参见 Cartero, o correo, p.43），驿站；"摆塘"，即由一站到另一站，此处的"摆"犹摆渡之"摆"。

③ *lá*，柯本转录为 *tá*，其词作"大焊"。

④ 与上一页的最后一条相同。

⑤ 此例的 *tá*，柯本写为"打"。

Soler, acostumbrar (vi.经常、往往，习惯于). *kuón siě* 惯习. [参见：acostumbrar (习惯于).]

Suele venir (vp.经常会来). *ièu xý laý* 有时来.

Solicitar dando prissa (vp.要求并催迫). *çhūy' * 催.|. *çhūy' ch'ǒ* 催促.

Solicitar a mal (vp.引诱人做坏事). *tiào' iǹ* 挑引.|. *tiào' luńg* 挑弄.

Solicito, diligente (a.热心的，勤勉的) *chuēn çhiě'* 专切.|. *lý çhiñg* 励精.|. *iuńg siñ tiě* 用心的.|. *kiůe'n kiůe'n tiě* 拳拳的①.

Solicitud (n.热心肠、关怀心). *chuēn vú* 专务.|. *chūen ý* 专意.|. *kiǹ xiǹ* 谨审②.|. *chuēn siñ* 专心.

Solatario (a.独自生活的、孤独的). *tǒ kiů tiě* 独居的.|. *tǒ siēu chý jiñ* 独修之人.|. *iǹ çú* 隐士.|. *iǹ siēu* 隐修.|. *kiǔ çú* 居士. vt el hermita, o hermitaño (如山僧、僧侣等隐修者).

Sollozar (vi.啜泣、抽搭). *niě k'ý* 逆气.|. *tà iǹ* 打咽.|. *tǎ iě* 搭噎③.

Solloços (n.啜泣、抽搭). *tá kě'* 大咳.

Someter (vt.迫使、征服). *fǒ* 服.|. *hiāng* 降. [参见：sujetar (顺从).]

Soltar, vt sic (vt.放开、解开、松开等). *fańg* 放.

Soltar tiro, o, pieça (vp.放一枪，或开一炮). *fańg pa'ó* 放炮.|. *fańg chu'ńg* 放铳.

Soltar, ut prisiones a los presos (vt.松解、释放，如解开捆缚囚犯的镣铐或绳索). *fańg sò* 放锁.|. *xǒ fańg* 赎放.|. *kiày siāo* 解销④.|. *fańg tǒ' siāo* 放脱销.|. *kiày tǒ'* 解脱.

Soltar los presos (vp.释放囚犯). *fańg kiēn* 放监.|. *xě hý çhiêu'* 释系囚.|. *fańg iǒ çhiêu'* 放狱囚⑤.|. *xě jiñ chý çhiêu'* 释人之囚.

Soltar priscos⑥, peerse (vp./vr.放屁). *fańg p'ý* 放屁.

Soltar los muchachos de la escuela (vp.孩童从学校放返). *fańg hía* 放假⑦.

Soltura, o, desemboltura (n.浪荡散漫，无所拘束). *fańg çú* 放肆.|. *fańg tańg* 放荡.

---

① 柯本作"权权的"。
② 柯本作"谨慎"。
③ 柯本缺字。
④ 指解开链锁的插销。*siāo*，柯本缺字。
⑤ *iǒ*，柯本所录为 *tǒ'*，其词作"放脱囚"。
⑥ priscos（杏子），柯本改为 pedos（屁）。
⑦ 参见 Dia de asueto（p.76）。

Soltar el juramento (vp.解除誓言). *mièn sò xý* 免所誓.

Soltar las dudas (vp.解开疑团). *kiày ý* 解疑.|. *kiày mîng* 解明.|. *fǎ mîng* 发明.

Sombra del sol (np.太阳的影子). *jě iṅg* 日影.|. *jě kuēy* 日规.

Sombrio, opaco (a.阴暗的，背光的). *iṅg chụ̌* 影柱.|. *iṅg çhiě* 影迹.|. *iṅg leaṅg 影凉*①.|. *iñ tý* 阴地. – ponerse a la sombra (躲到荫蔽的地方). *hiàng iñ poéy iaṅg* 向阴背阳.

Sombrero de fieltro (np.毡帽). *chēn máo* 毡帽.|. *chēn luṅg* 毡笼②. [参见：bonete, o vonete (帽子).]

Sombrero de cañas de los trabajadores (np.劳工戴的竹编帽子). *tèu puñ'g* 斗篷. – de paja para el verano (夏天戴的草帽). *máo kiụ̄en'* 帽圈.

Sombrero de fieltro grandes que traen los soldados (np.士兵戴的大毡帽). *tá máo* 大帽.|. *hiǎ tá chēn* □大毡.

Sondar (vt.探测、勘查). *ta'ń xùy* 探水.|. *ta'ń çhiè'n xīn* 探浅深.|. *ta'ń xý çhiè'n xīn* 探试浅深. – los baxos (探查浅水区). *ta'ń xý çhiāo xě* 探试礁石.

Son, o, sonido (n.声音，或响声). *hiaṅg* 响.

Sonar (vi.发出声音), o hazer ruydo (vp.弄出响动). *hiaṅg* 响.|. *hoèy hiaṅg* 回响.

Sonido, o, voz (n.声音、发音，或嗓音、话音). *xiṅg iñ* 声音.|. *iñ iún* 音韵.

Sonar bien las vozes, o, instrumentos musicos (vp.嗓音好听，或乐器声悦耳动听). *hào ti'ńg* 好听.

Sonarse las narizes (vp.鼻子发出响声). *xìn pý çhụ̌* 擤鼻子.|. *tà pý çhụ̌* 打鼻子.③

Sonajas (n.铃鼓、手鼓). *çhie'n nâ kù* 钱拿鼓④.

Sonrreirse (vr.微笑). *vûy vûy siáo* 微微笑.|. *leṅg siáo* 冷笑. [参见：reirse (笑).]

Soñar (vi.做梦、梦想). *çhó muṅg* 做梦.|. *miēn muṅg* 眠梦.|. *muṅg kién* 梦见.

Soño lento (a.睡意蒙眬的、迷迷糊糊的). *puón xúy, puón siṅg* 半睡半醒.

Soñando (vi.做梦时), o entre sueños (pp.睡梦中). *muṅg kiēn* 梦间.|. *muṅg mý*

---

① 犹凉影，树木等可遮荫的阴影处。

② 裹头的毡布。

③ *xìn*，柯本拟为"呻"。后一词系另手添加，盖指打响鼻。

④ "钱鼓"，见 Tambor（p.206）。

chȳ kiēn 梦寐之间.|. munǵ chunḡ 梦中.

Sonsacar (vt.打探秘密、套出话来). ta'ṅ tā' tiě ý 探他的意.

Sopa de pan (np.泡入汤水的面包块). çhiṅ tiě mién têu' 浸的面头.

Soplar (vt./vi.吹、吹气). chūy' 吹.|. pu'én 喷. – el fuego (吹火). chū'y hǒ 吹火.

Sopla el viento (vp.风在刮、在刮风). funḡ chū'y 风吹.

Soplar las manos para calentar las (vp.呵气以暖手). ò xèu 呵手.

Soplar hazia dentro (vp.往里吹气、吸气). hiě k'ý 吸气.

Soplar respirando (vp.呼气). hiū chūy' 嘘吹.|. hiū k'ý 嘘气. – para resfriar (把东西吹凉). chūy' leṅg 吹冷. – el cañuto para soplar (用来吹风的管子). kuòn 管.

Soplar apagando, vt candela (vp.吹熄，如蜡烛). chū'y miě 吹灭. – el candil (熄灯). chūy' tenḡ 吹灯.|. chūy' iñ tcnḡ 吹湮灯①.

Soplo (n.呼出或吹出的一丝气、一口气). hiū k'ý 嘘气.|. chūy' k'ý 吹气.

Soportal (n.门廊). muên leû 门楼.

Soportar, sobrelleuar (vt.容忍、忍受). çhûn'g iunḡ 从容.|. xú jâo 恕饶.|. iunḡ tā' 容他.|. jìn kúo 忍过.|. jìn náy 忍耐.

Sorber (vt.吮、嘬、呷). chuě 嚽.|. hiě 吸.|. chuě hiě 嚽吸.|. e ɔᵃ. (也可反过来说：hiě chuě 吸嚽). – calda (热饮). iṅ tañ'g 饮汤. – vn sorbo (啜一口). chuě iě chuě 嚽一嚽.|. iṅ iě iṅ 饮一饮.

(p.204)

Sospechar (vi.怀疑、猜忌). ŷ hoě 疑惑.|. hiên ŷ 嫌疑.|. çhāy' ŷ 猜疑.|. ký ŷ 忌疑.|. kuó ŷ 过疑.

Sospechar vnos de otros (vp.互相猜疑). siānḡ ŷ 相疑.|. hú senḡ hiên hiě 互生嫌隙②.

Sospechoso, que mucho sospecha (a.多疑的，即疑心重的人). tō ŷ siñ 多疑心.|. siñ hoây ŷ hoě 心怀疑惑.|. ŷ siñ tiě 疑心的.|. siñ çū kuó liú 心思过虑.

Sospechas (n.怀疑、疑心). hiên ŷ 嫌疑. – rezelos (n.担忧、害怕). ŷ kiú 疑惧.|. iēu liú 忧虑. – dar ocasion a sospechas (使人起疑心). ky' ŷ 起疑.|. tunḡ ŷ 动疑.|. fǎ ŷ 发疑.|. senḡ ŷ 生疑.

Sospechoso (a.可疑的), digno de sospecha (ap.值得怀疑的). kò' ŷ tiě 可疑的.

---

① iñ，柯本缺字。"吹湮"，吹灭，吴语词。

② senḡ，柯本所录为 siānḡ，"互相嫌隙"。

– euitar las sospechas (避开嫌疑). *pý hiên ŷ* 避嫌疑.

Sospechar temerariamente (vp.胡乱怀疑、轻易猜忌). *vuańg siàng ŷ çhā'y* 妄想疑猜.

Sordo (a.耳聋的). *ùl luńg* 耳聋.|. *ùl poéy tiě* 耳背的.

Sortija (n.指环、戒指). *kiáy chỳ* 戒指. [参见：anillo (戒指).]

Sociego interior (np.内心的平静). *gān siñ* 安心.|. *vû liú* 无虑.

Sosegar, vt los alvorotos, o, leuantamientos (vt.安抚，如对骚乱、起义等). *gān mîn* 安民.|. *cháo gān* 招安①.

Sosegarse (vr.安静下来、保持平静). *çhińg* 静.|. *gān nińg* 安宁. – la tormenta (暴风雨后). *hày lańg çhińg* 海浪静.

Sosegarse el enojo (vp.怒气消解). *chỷ nú* 止怒.|. *siě nú* 息怒.

Soto, Arboledas (n.丛林，树林). *xú liñ* 树林.

Sosegado, quieto (a.安宁的，平静的). *gān pińg'* 安平.|. *nîng çhińg* 宁静.|. *gān nîng* 安宁.

Sosegado lugar, no ay ruydo (np.寂静无声的地方). *tuón jiñ xiñg* 断人声.|. *xǒ çhińg tiě* 肃静的.|. *çhiě mǒ tiě* 寂寞的.

Sosterrar (vt.掩埋、埋藏). *mây* 埋.

Sostener, aiudando a leuantar (vp.支撑、支持，帮人站起来). *fû chý'* 扶持.|. *fû çhú* 扶助.

Sv.

Suaue, blando (a.柔和的，松软的). *jêu* 柔.|. *jêu juèn* 柔软.|. *sý nuón tiě* 细嫩的.

Suaue de natural (ap.生性温柔). *leâng xén tiě* 良善的.|. *sińg juèn tiě* 性软的.

Suauemente (ad.轻柔地). *kiñg' kiñg'* 轻轻. – suaues palabras (甜蜜的言辞). *hào hóa* 好话. [参见：dolces② (甜蜜的东西).]

Suaue de comer (ap.甘美、好吃). *chīn uý* 珍味.|. *ièu uý tiě* 有味的.

Subir (vi.登上、升上). *xańg* 上.|. *xiñg* 升.|. *teñg* 登. – al cielo (升空、上天). *xiñg tiēn'* 升天.|. *xàng tiēn'* 上天③.

---

① 柯本作"肇安"。

② 即 dulçe 或 dulce（p.80）。

③ "上"字标有两个调：*xańg*，去声；*xàng*，上声。后者涂以浓笔，似乎想提醒读者留意。

Subida (n.上升、上坡). *xàng lú* 上路.

Subir à officio, o, dignidad (vp.升官，升爵). *xańg kuōn* 上官. – tomar[1] la posecion (任某职、就任). *xańg jiń* 上任.

Subir a los muros (vp.攀上城墙). *pâ' chîn'g* 爬城. – la escalera (爬梯子). *xàng tỹ'* 上梯. – acauallo (跨上马). *xàng mà* 上马.|. *chîn'g mà* 乘马. – ir (走马、跑马). *kỹ' mà* 骑马.

Subir (vi.攀爬), trepar las paredes (vp.翻过墙头). *ti'áo çhîa'ng* 跳墙.|. *pâ' çhiań'g* 爬墙. – a los Arboles (爬上树). *pâ' xú* 爬树. – la cuesta (上坡、爬山). *xàng lìng* 上岭.

Subita cosa (np.意外的事情). *gèu jeń tiě çú* 偶然的事.|. *hǒ jên tiě çú* 忽然的事.

Suceder, vt a caecio un negocio (vi.发生、接着出现，如一桩事情). *ièu iě kién çú* 有一件事.

Sucessor (n.继承者). *héu ký chè* 后继者.|. *héu laý chè* 后来者. – en el officio (继承其位置). *çú goéy* 嗣位. – en el cargo (继任其职务或工作). *héu jiń* 后任.

Sucession de hijos y nietos (np.儿子和孙子代代传承). *héu çú chè* 后嗣者.|. *çú ký* 嗣继.|. *héu taý* 后代.|. *lây niě* 来业.|. *çhǔ sūn héu taý* 子孙后代.

Sudar (vi.出汗). *chǔ' hán* 出汗.|. *lièu hán* 流汗.|. *fǎ hán* 发汗.

Sudor (n.汗水). *hán* 汗. – de sangre (带血的). *hiuě hán* 血汗.

Sudario (n.擦汗的手巾、手帕). *hán kiñ* 汗巾.

Suceder a otro (vp.跟随他人、继人之后). *siāng ký* 相继.|. *siāng çhiě* 相接. – alternatim (交替). *lûn çhiě* 轮接.

Subdito (a.隶属的、下级的). *xǒ kuòn tiě* 属管的.|. *chý hiá* 治下.|. *kuòn hía tiě* 管下的. – soldado subdito (属下的士兵). *pú hiá tiě pińg* 部下的兵.

Suegro (n.岳父). *iǒ chańg* 岳丈.|. *chańg jiń* 丈人.|. *vuaý fú* 外父.|. *iǒ fú* 岳父.|. *iǒ uńg* 岳翁.|. *vuaý kuńg* 外公. – suegro de v. m. (您的岳父). *lińg iǒ* 令岳.

Suegra (n.岳母). *iǒ mù* 岳母.|. *chańg mù* 丈母.|. *vuaý mù* 外母.|. *t'aý mù* 太母.|. *çhỹ' mù* 妻母. – suegra de v. m. (您的岳母). *lińg iǒ mù* 令岳母.

Suegro del Rey (np.君王的岳父). *laò chańg* 老丈.|. *hoańg choáng* 皇丈[2].|.

---

[1] 柯本误录为 tornar（返回、归还），遂将词目理解为重新担任、复职（to return to or be restored to dominion）。

[2] *choáng*，当为"丈"字的又音。

hoańg chańg 皇丈.

Suegro, Padre del marido (n.公公，即丈夫的父亲). *kuńg kuńg* 公公.

Suegra, Madre del marido (n.婆婆，即丈夫的母亲). *pô' pô'* 婆婆.

Suero de leche (np.乳清). *jù xùy* 乳水.

Suela del sapato (np.鞋子的底部). *hiây tỳ* 鞋底. – de la media (袜子的底部). *vuǎ tỳ* 袜底.

Solar (vt.掌鞋), echar suelas (vp.上鞋底). *xańg tỳ* 上底. – hazer suelas colchados de las medias (给袜子絮底). *nǎ vuǎ tỳ* 纳袜底.|. *nǎ kiǎ vuǎ tỳ* 纳夹袜底.①

Sueldo (n.工资), estipendio del trabajo (np.工作的薪酬). *kuńg çhiên'* 工钱. – de los soldados (士兵的薪俸). *çhîe'n leâng* 钱粮.|. *pińg leâng* 兵粮.

Suelo (n.地面、底部). *tỳ* 底.|. *tỳ hiá* 底下.|. *tỳ mién* 底面. idest en el suelo de casa (即房子的底层). *tý pińg'* 地坪. – enladrillado (铺有砖块的). *p'ū chuēn tiě tý* 铺砖的地.

Suelto (a.松开的、释放的). *fańg tiě* 放的.|. *fańg chǔ' ki'ụ tiě* 放出去的.

Sueltamente, expedite (ad.顺畅地，便利地). *pién* 便.

Sueño (n.睡眠). *xuý* 睡.|. *xuý kiáo* 睡觉.

Sueño (n.睡眠、睡意), desuelado (a.没睡意的). *xùy pǒ gān* 睡不安.|. *xùy pǒ gān tiě* 睡不安的.

Sueño (n.梦), lo que se sueña (np.睡梦中所见). *muńg* 梦. [参见：soñar (做梦).]

（p.205）

Suertes (n.占卜、算命). *pǒ kuá* 卜卦.|. *kuá* 卦.|. *moèy kuá* 枚卦②. – echar las suerte (抽签、算命). *chēn chǒ* 占着.|. *çhó kuá* 做卦.

Sufrir (vt.忍受、忍耐). *jìn náy* 忍耐.|. *jìn xéu* 忍受.|. *kiēn jìn* 坚忍. – insufrible (难以容忍、无法忍受). *nân iuńg jìn* 难容忍.|. *jìn pǒ chú* 忍不住.|. *tỳ pǒ kúo* 抵不过.|. *iuńg pǒ tě* 容不得.|. *tańg pǒ tě* 当不得.|. *tańg pǒ ky'* 当不起.|. *nân kě' tańg* 难克当.|. *chîn'g pǒ tě* 承不得③.

Sufrible (a.能忍的). *tańg tě* 当得.|. *xéu tě* 受得.|. *tańg tě ky'* 当得起.|. *jìn tě*

---

① 柯本漏录此条。

② 犹枚卜，占卜。

③ *chîn'g*，柯本写为"撑"。

kúo 忍得过. a todos se añade el *tiě* (在这些词以及上一条所列各词的后面，都可以加"的"）.

Sufrimiento, paciencia (n.容忍，耐心). *jìn náy* 忍耐.

Sufridamente (ad.默然承受、坚忍不拔地). *jìn k'y tūn' xiŋ* 忍气吞声.|. *pǒ kāy' kèu'* 不开口.|. *iuŋ jìn* 容忍.|. *hân jìn* 含忍.

Sufrido (n.默默忍受者). *hoéy jìn náy tiě jìn* 会忍耐的人.

Sufrible, vt supra, a todos se añade el *tiě*, o, *jìn* (a.能忍的，释义见上，在所有这些词的后面都可加"的"或"人"）.

Sujetar a otro (vp.制服、使人屈服). *hiâŋ fǒ jìn* 降服人.|. *fǒ tā'* 服他.|. *hiâŋ fǒ ký' siñ* 降服其心.|. *hiá* 下.

Sujetar à los enemigos (vp.使敌人屈服). *hía tiě* 下敌.|. *piŋ' fǒ* 平服.|. *chiŋ fǒ* 征服.|. *chý fǒ* 制服.|. *siēu fǒ* 修服.|. *iŋ fǒ* 膺服①.

Sujetarse (vr.屈从、投降). *kuēy fǒ* 归服.|. *têu' fǒ* 投服.|. *têu' hiaŋ* 投降.|. *fǒ hiaŋ* 服降.|. *kuēy hiaŋ* 归降.

Sujetarse, vt los soldados del vando contrario (vr.投降，如叛军的士兵缴械归顺). *têu' chîn'g* 投诚.|. *têu' hiâŋ* 投降.

Sujetarse de corazon (vp.由衷服膺). *kiŋ' siñ t'ú tàn kuēy hiaŋ* 倾心吐胆归降. – admitir la sujecion (接受投降). *xéu hiaŋ* 受降.|. *nǎ hiaŋ* 纳降.

Sujecion (n.降服), alguno que se sujeta, o, rinde no se ha de matar (s.归降者不当杀). *hiaŋ chè pǒ kò' xǎ* 降者不可杀.

Sujeto a enfermedades (ap.容易得病). *ý jèn piń* 易染病.|. *ý fǎ piń* 易发病.

Sujeto, o, indiuiduo (n.人、主体，即个体、个人). *tǒ chè* 独者.|. *tǒ iě chè* 独一者.

Sulcar el mar (vp.在海上航行、航海). *pīa'o hày* 漂海.

Suma (n.总和、总汇). *çhùŋ* 总.|. *çhùŋ iǒ* 总约. – de cuentas (数量上). *çhùŋ suón* 总算.

Sumar (vt.总计、汇总). *çhùŋ suón* 总算.

Sumario, o epilago (n.概述，或结语). *iǒ iên* 约言.|. *iǒ iá* 约要②.

Sumamente (ad.极其、十分). *kiě tō* 极多.|. *tān kiě* 殚极③.|. *táo kiě* 到极. con los demas superlatiuos (其他最高级形式的用法同此).

---

① 柯本作"迎服"。
② 柯本注：*iá* 可能是误拼，当为 *iáo*。
③ 柯本作"单极"，"单"通"殚"。

Sumir, hundir (vt.使之沉没、弄沉). *tà chîn'* 打沉.|. *chîn' niě* 沉溺.|. *chîn' pý* 沉毙①.

Sumptuoso② (a.富丽的、隆盛的). *fuñg luñg* 丰隆.

Superfluo (a.多余的). *mǒ iuńg tiě* 没用的.|. *ta'ý tō* 太多. [参见：demasiado (过多、过度).]

Supersticion, llamamos (n.迷信，我们圣教的称法). *ý tuōn* 异端.

Superficial (a.表面的、肤浅的). *fêu tiě* 浮的.|. *çhièn tiě* 浅的.|. *pý' mién* 皮面.

Suplicar (vt.请求、恳求). *kiêu'* 求.|. *ký' kiêu'* 祈求.|. *kèn' kiêu'* 恳求.

Suplir el defecto (vp.弥补缺失、补全所缺). *pù kiuě'* 补缺.

Suplemento (n.增补物或增加的文字等). *pù kiuě' tiě* 补缺的.

Suplir el precio (vp.增加、补足价钱). *pù kiá* 补价.|. *chǒ kiá* 足价.|. *ch'éu pù* 凑补.|. *tiēn' pù* 添补.

Supuesto que (np.假定、设若). *ký* 既.|. *ký xý* 既是. [*xě çù* 设使. para escritura (书面语词).]

Sur (n.南、南部). *nân* 南.|. *nân kiě* 南极. – vanda del sur (朝南的一面). *nân piēn* 南边.|. *nân fañg* 南方.

Surcir cosiendo (vp.缝补、补缀). *fuñg* 缝.

Suspender (vt.停下、留滞). *tiñ'g chỳ* 停止.|. *tiñ'g liêu* 停留.

Suspenso (a.悬着的、担忧的). *kuá nién* 挂念.|. *kuá hoây* 挂怀.|. *ký kuá* 记挂.|. *kuá kiēn' lâo çháo* 挂牵牢骚.

Suspenso aguardando (ap.盼望、期待中). *hiụen vuańg* 悬望.|. *iâo vuańg* 遥望.

Suspencion en el corazon (np.悬心吊胆、心思起伏). *siñ ièu hý chǒ* 心有系着.|. *fańg siñ pǒ hiá* 放心不下.|. *siñ pǒ pîn'g* 心不平.|. *tān siñ iañg iañg tān iēu* 担心样样担忧③.

Suspirar (vi.叹、叹息). *ta'ń siě* 叹息.|. *ta'ń k'ý* 叹气.|. *tú k'ý* 吐气.|. *çhā ta'ń* 嗟叹.

Suspiro (n.叹气、叹息声). *ta'ń siě* 叹息.|. *ta'ń xiŋ* 叹声.|. *çhā hiụ* 嗟嘘.

---

① *pý*, 柯本缺字。

② 今拼 suntuoso（丰盛、奢华）。

③ 当分断为"担心"和"样样担忧"。*iañg iañg*, 调符有疑，柯本写为"痒痒"。

Sustancia (n.实体). *tỷ'* 体.|. *chủ liě* 自立. – corporea (肉身的、物质的). *hiṅg tỷ'* 形体. – espiritual (精神的). *xîn tỷ'* 神体.|. *vû hiṅg chȳ tỷ'* 无形之体.

Sustancial cosa, vt comida ett[a]. (np.有营养的东西，如食品之类). *ièu pù tiě* 有补的.

Sustancial (n.滋补品), medicina para cobrar las fuerzas (np.强身健体的药物). *pù iǒ* 补药.

Sustancia de todo el capitulo, ett[a]. (np.整部作品的实质内容，等等). *iě piēn' chȳ tỷ' iáo* 一篇之体要.|. *tỷ' kě* 体格.

Sustentar (vt.支撑、维持), tener sobre si (vp.承担、负载). *taṅg* 当. vt la tierra, o, nauio, que nos tiene (例如大地、船只等，承载着我们人类). *cháy* 载.

Sustentar dando sustento (vp.以膳食供养). *iaṅg* 养. – los hijos a los Padres, o, maestros (儿子供养父亲或师长). *iáng xén* 养赡.|. *kuṅg iaṅg* 供养.|. *kuṅg kiě* 供给.|. *kuṅg xén* 供赡.|. *kuṅg faṅ* 供饭.

Sustentar apuntalando, no se cayga (vp.撑住、把牢，使之不会倾倒). *fû chú* 扶住.|. *chaṅg chú* 掌住.|. *tiṅg chú* 顶住.

Sustentar Animales, criar los (vp.饲养并繁育动物). *iaṅg hiǒ* 养蓄.|. *iaṅg iǒ* 养育.

Sustentar la guerra (vp.维持军力、备战). *pào iaṅg kiūn mà* 保养军马.

Sustentar por merced, o, benefficio, vt el Rey, ett[a]. (vp.靠君王等的恩赐维生). *gēn iaṅg* 恩养.

Sustentar los vicios (vp.滋长恶习、姑息恶行). *poêy' iaṅg ǒ chiě* 培养恶疾.

Sustento (n.生活必需品、食粮). *leâng xě* 粮食. – ordinario (日常所需的). *jě jě iuṅg leâng* 日日用粮.|. *jě iuě chȳ siū* 日月之需.|. *iṅ xě kuṅg fuṅg* 饮食供奉.|. *kèu' tỷ' chȳ leâng* 口体之粮.

Sustento espiritual (np.精神生活的必需品、精神食粮). *xîn leâng* 神粮.|. *liṅg hoên tiě leâng* 灵魂的粮.

Sustento y vestido necessario (np.必要的食粮和衣物). *ch'ě chūe'n* 吃穿.|. *kéu ch'ě chūe'n* 够吃穿.

Sustento de los soldados (np.士兵的口粮). *leâng chào* 粮草. – de los caballos (马儿食用的). *mà leáo* 马料.

Sustituir (vt.取代、替换). *taý* 代.|. *t'ý* 替.|. *taý t'ý* 代替. – en el officio de Mandarin (代任某一官职). *kiůe'n jiń* 权任.|. *xú jiń* 署任.

Sustituto (n.替代者、代理者). *taý kiůe'n tiě* 代权的.|. *xú jiń tiě* 署任的.|.

　　　　kiǔe'n jiń tiě 权任的. idest en el officio (即代行某项职务).
Sutil, fino (a.纤细的，精致的). *sý nún tiě* 细嫩的.|. *sý sý tiě* 细细的.|. *nún tiě* 嫩的.
Sutil, vt doctrina (a.精深而玄奥的，如教义). *hiǔen miáo* 玄妙.|. *vûy miáo* 微妙.
Sutilmente, contiento (ad.轻柔地，细致地). *chǔ sý* 仔细.|. *kiňg' kiňg'* 轻轻.
Sucia cosa (np.龌龊的东西). *vǒ chǒ tiě* 龌浊的①.|. *gū goéy tiě* 污秽的.
Suciedad, vasura (n.秽物，粪便). *fuén* 粪.|. *fuén tù'* 粪土.

---

① 柯本作"涴浊的"。

T
(pp.206-217)

(p.206)

Ta.

Tabaco (n.烟草). *hiǔn* 熏. – en oja (成叶的). *hiǔn iě* 熏叶. – en poluos (粉状的). *hiūn fuèn* 熏粉.|. *pý iēn* 鼻烟. – en humo (点燃的). *iēn çhièu* 烟灸①.

Tabardillo (n.伤寒). *xañg hân* 伤寒. quando es procedido de frio, mas quando es de calor (之所以这样说，是因为相信病起于寒，而如果相信病因在热，则说). *xañg xù* 伤暑.

Tabernaculo (n.神龛、圣龛). *kān' çhǜ* 龛子. numeral de ellos (这种物件的量词). *çhó* 座.

Tabla de madera (np.木头的板). *mǒ pàn* 木板.|. *mǒ pi'én* 木片. – vna tabla (一块木板). *iě ku'áy pàn* 一块板.|. *iě ku'áy pi'én* 一块片.

Tablas de emprenta (np.印刷用的木版). *xū pàn* 书板/书版.

Tablas de Axedres (np.象棋的木盘). *kŷ' pûo'n* 棋盘. – jugar las (玩象棋). *hiá kŷ'* 下棋.

Tabla, o, indice del libro (np.图书的目录，或内容表). *mǒ lǒ* 目录.

Tabla del pecho (np.胸板、胸脯). *hiuñg kě* 胸膈.

Tabla para contar con sus bolillas (np.用小圆珠子计算的木板). *suón puôn'* 算盘.

Tablas de Ataud (np.棺材板). *xéu pàn* 寿板.

Tablado, o, entablado de tablas (n.木地板，即铺有木板的地面). *tý pàn* 地板.

Tablado, vt para comedias (n.木板台，如供演戏用的那种). *tây'* 台.

Tablilla (n.小木牌、告示牌). *pây'* 牌.

Tablilla de las tiendas con rotulo de lo que venden (np.店铺的木牌，写有出售的货品). *chāo pây'* 招牌.

Tablilla de sus Diffunctos (np.他们为亡者设置的木牌、牌位). *xîn chù* 神主.|. *çhù pây'* 祖牌.|. *xîn chù pây'* 神主牌.

---

① 柯本作"烟酒"。

Tablillas de marfil conque cubren el rostro quando hablan al Rey, o sacrifican (np.在对君王说话、或在祭祀时用来遮挡脸部的象牙板). *hǒ* 笏.

Tablillas enbarniçadas para escriuir en ellas (np.供写字用的涂漆木牌). *fuèn pây'* 粉牌.

Tablilla de bodegon (np.酒家或饭馆的招牌). *çhièu pây'* 酒牌. està escrito en ella (其上写有). *çhièu, fań pién iě* 酒饭便益.

Tablillas que tocan vnas con otras quando cantan (np.说唱时用一片拍打另一片的小木板). *pě' pàn* 拍板.

Tablillas de marfil como naypes conque juegan (np.象牙制的小牌子，如纸牌一样用来玩). *iâ pây'* 牙牌.

Tablones (n.厚木板). *fańg pàn* 方板.|. *fańg mǒ* 方木.

Tablones que ponen en el pescueço por castigo (np.架在脖颈上的方形木板，一种刑罚的手段). *kiā háo* 枷号.

Tablones, o tapiales para pisar tapias (np.木板或土坯，用来修筑围墙). *çhiân'g pàn* 墙板.|. *chǒ çhiân'g pàn* 筑墙板.

Taça (n.杯子，总称). *vuàn çhǔ* 碗子.|. *chuńg* 盅.|. *uàn* 碗. – vna taça (一只碗). *iě ku'áy vuàn* 一块碗.

Tacillas, vt sic (n.小杯子，总称). *chuńg* 盅.|. *poēy* 杯.|. *chàn* 盏.|. *gēu* 瓯.

Tacillas para vino (np.喝酒用的小杯子). *çhièu chuńg* 酒盅.|. *çhièu poēy* 酒杯.|. *çhièu chàn* 酒盏.|. *çhièu gēu* 酒瓯.

Tacto (n.触摸), el sentido del tacto (np.触觉). *ch'ǒ kuōn* 触官.

Tacha, defecto (n.缺陷、毛病，瑕疵、不足). *kiuě' xě* 缺失.|. *kuó xě* 过失.|. *p'ó pińg* 破病.|. *gū chiě* 污迹.|. *kiuě' leú p'ó siáng* 缺漏破相.

Tachar (vt.挑刺、指摘、非难). *kȳ ch'ǔ tā'* 讥刺他.|. *kȳ pańg* 讥谤.|. *kȳ fańg* 讥讽.|. *kȳ chi'áo* 讥诮.

Tacha en la virtud, o, en piedras preciosas, mota (np.道德方面的缺陷，或宝石上面的瑕疵). *hîa tién* 瑕玷.

Tay de plata (np.银子的一两). *leańg* 两.

Tahona (n.磨坊). *mó fańg* 磨房.

Tafetan (n.塔夫绸). *chêu'* 绸.

Tataratas, cataratas (n.白内障). *ièn ý mǒ* 眼翳目.|. *ièn vú* 眼雾.

Talon del zapato (np.鞋子的后跟). *hiây kēn* 鞋跟.

Tajar (vt.切、割). *çhiě' 切*.|. *çhiě' tuón* 切断.|. *çhiě' kǒ* 切割.|. *çhiě tuón* 截断①.

Tajada (n.切下的一片、一块等). *iě ku'áy* 一块.|. *iě çhiě* 一截②.

Taymado (a.灵巧的、狡黠的). *ièu lý háy tiě* 有厉害的.|. *kỷ fań tiě* 机□的.

Taymadamente (ad.灵巧地、狡黠地). *kuāy kià'o* 乖巧.

Tal (a.这样的), como esto (adp.跟这一样的). *jû çhǔ'* 如此.|. *jû xý* 如是.|. *ché teṅg* 这等.|. *ché iáng tiě* 这样的.

Tal qual puede pasar (ap.过得去的、一般般的). *iuńg tě tiě* 用得的.

Tal, v. gª. tal dia, tal hombre (pron.某一，如某一天、某个人). *mèu* 某.|. *mèu jě* 某日.|. *mèu jiń* 某人.

Talamo (n.双人床、婚床). *choân'g* 床. [参见：cama (床).]

Talar los campos, vt la langosta, ettª. (vp.摧毁田园，如遭蝗灾等). *ch'ě çhińg kuańg* 吃精光.

Taladro (n.钻子、钻头). *xûn çhuón* 旋钻③.

Taladrar, barrenar (vt.钻孔，打眼). *çhuōn* 钻.

Talega (n.袋子). *siào taý* 小袋.|. *pú taý* 布袋.

Talento, juyzio, o habilidad para todo (n.天分，智力，或做一切事情的能力). *pùen çú* 本事④.

Talion (n.报复), pena del talion (np.以牙还牙的刑罚). *fàn çhó* 反坐.

Tallo (n.幼芽、嫩枝). *siń* 心.|. *kiụě* 苴.|. *iâ* 芽. – de verças (青菜的心子). *ch'áy siń* 菜心. – echar tallos (抽条、长心子). *fǎ kiụě* 发苴.|. *seńg kiụě* 生苴.⑤

Talle, o disposicion (n.体形、身材，样态、状况). *hiṅg choáng* 形状.|. *hiṅg siang* 形象.|. *hiṅg mû* 形模.|. *tỷ' ta'ý* 体态.

Tambien (ad.也、还). *iè* 也.|. *iě* 亦.|. *iéu* 又.|. *ièu* 有. – yo tambien (我也是、我也一样). *lień gò* 连我.

Tambien es bueno (adp.也一样好、都可以). *iè hào* 也好.|. *iè kò'* 也可.

---

① 此词柯本未录。
② *çhiě'*，送气符为衍，见 Troço de algo（p.217）。
③ *xûn*，柯本缺字。
④ "本"字标有两个调符，去声 *pùen* 罕见。
⑤ *kiụě*，柯本三例均缺字。

Tamaño (a.像这么大), tan grande (ap.如此之大). *ché iáng tá* 这样大.|. *ché teng tá* 这等大.|. *jû xý tá* 如是大.|. *jû chǔ' tá* 如此大.|. *ché mû iáng tá* 这模样大.

Tambor (n.鼓). *kù* 鼓. – tamborzillo (小鼓、手鼓). *chîe'n kù* 钱鼓①.|. *siào kù* 小鼓. – de pellejo de culebra (蒙有蛇皮的). *xê pý' kù* 蛇皮鼓.

Tampoco (ad.也不、同样不). *iè pǒ* 也不. – tampoco quiere (他也不想要、不愿意). *tā' iè pǒ ken'g* 他也不肯.

Tanpoco como esto (adp.跟这一样少). *ché teng xào* 这等少.

Tanguingue② (n.鲭、鲐，一种海鱼). *mà kiāo iǔ* 马鲛鱼.

Tantear (vt.估测、掂量). *chú leang* 自量.|. *leang chě'* 量测.|. *leang tǒ* 量度.

Tantas vezes (np.许多次、这么多次). *hiù tō ch'ú* 许多次. – tanto, y medio (跟这一样多，并且再多一半). *kó puón* 个半.|. *iě kó puón* 一个半.

Tanto (a.这么多、像这样多). *hiù tō* 许多.|. *ché tō* 这多.|. *ché mû iang tō* 这模样多.|. *jǒ kān* 若干.

Tanto tiempo (np.这么多时间、这么久). *hiù tō kièu* 许多久.|. *hiù tō xý* 许多时.|. *hiù tō chân'g kièu* 许多长久.

(p.207)

Tanto monta que sea este, o, aquel (s.归根到底结果一样，不论是哪一个). *hô luń ché kó, hô luń ná kó* 何论这个何论那个.|. *pǒ luń xý ché kó, hoě ná kó* 不论是这个或那个.

Tansolamente (ad.仅仅、只不过). *tān tān* 单单.|. *chý* 止.|. *tǒ tǒ* 独独.|. *tě tě* 特特.|. *tě' tě'* 特特.

Tañer tambores (vp.敲鼓). *tà kù* 打鼓.|. *luý kù* 擂鼓.|. *kiě kù* 击鼓.

Tañer campanas (vp.敲钟). *tà chuñg* 打钟.|. *ke'ú chuñg* 扣钟.|. *kiě chuñg* 击钟.|. *choáng chuñg* 撞钟.|. *kù chuñg* 鼓钟. – repicando (连续敲打). *chéu kiě chuñg* 奏击钟.

Tañer instrumentos de cuerdas (vp.弹奏弦乐器). *tân' kù hien* 弹鼓弦.

Tañer instrumentos, vt flautas, trompetas, ettᵃ. (vp.吹奏管乐器，如笛子、喇叭等). *chūy' tà* 吹打. – los que las tañen (吹奏这类乐器的人). *chūy' tà*

---

① 手持钱鼓跳舞，称为钱鼓舞，流行于福建、广东民间。

② 柯本缺释义。《韦氏大词典》电子版（https://www.merriam-webster.com/dictionary/tanguingue）收有其词，认为源自他加禄语 *tanguingĩ*，释作 spanish mackerel。

tiě 吹打的.①

Tañer castañetas con los dedos (vp.打榧子、打响指). *tân' chỳ* 弹指. – **clauicordio** (弹古式钢琴). *tân' sě kiñ'* 弹瑟琴.|. *tân' tuñ'g hiên kiñ'* 弹铜弦琴.

Tapar cubriendo (vp.盖、蒙、罩、遮). *káy* 盖.vt **el cielo** (如天空). *féu káy* 覆盖.

Tapadera (n.盖子、塞子). *káy* 盖.

Tapar, encubrir (vt.遮起，掩藏). *chē ièn* 遮掩.

Tapar, vt agujeros (vt.堵上、塞住，如洞眼). *sě chú* 塞住.|. *pý sě* 闭塞. – **agujeros** (洞眼). *sě kuñ'g* 塞空.

Tapar, vt las narizes (vt.掩住、堵住，如鼻孔). *ièn pý chǔ* 掩鼻子. – **los oydos** (堵上耳朵). *sě ùl* 塞耳.|. *ièn ùl* 掩耳.|. *tiên' ùl* 填耳. – **la boca** (堵住嘴巴). *ièn kèu'* 掩口.|. *sě kèu'* 塞口.|. *hǒ kèu'* 合口.

Tapar por la lluuia, viento, ettᵃ. (vp.遮挡，如遮雨、挡风等). *chē iǜ* 遮雨.|. *chē fuñg* 遮风. ettᵃ. (等等).

Tarugo (n.木桩、木块). *mǒ tāng* 木档.

Tapar para que no se vea (vp.遮掩某事，不使人知情). *chē pý* 遮蔽. – **que no quede agujero** (遮盖严实，不留孔隙). *chē miě miě* 遮秘密.

Tapar al niño, vt por que no le açoten (vp.遮护儿童，不让人抽打). *chē lân* 遮拦.

Tapetes (n.地毯). *chēn tiâo'* 毡条.|. *tàn' chǔ* 毯子.|. *mâo tàn'* 毛毯.

Tapias (n.围墙). *chiân'g* 墙. – **de tierra** (土坯垒的). *tù' chiân'g* 土墙.

Tapiales (n.筑墙用的土坯、木板等材料). *chiân'g pàn* 墙板.|. *chǒ chiân'g pàn* 筑墙板.

Tapar, vt puerta (vt.封堵，如大门). *sě chú* 塞住. – **emparadar à alguno por castigo** (判处监禁并关押某人). *vuén kiēn iǚ kāo chiân'g* 问监于高墙. **este castigo ay en la corte de 4. tapias altas** (即关在被四面高墙围起的天井里).

Tapiero, o albañil (n.垒墙工，或泥瓦匠). *nỳ xùy chiańg* 泥水匠.|. *chǒ chiân'g tiě* 筑墙的.

Tardança (n.延迟、耽搁). *chý' mán* 迟慢.|. *kuōn' mán* 宽慢.|. *chý' iên* 迟延. – **detencion** (迟缓、耽误). *chý' chý* 迟滞.|. *chý gáy* 滞碍.

---

① *tà*，柯本将两例都误录为 *tā'*，其词遂作"吹他""吹他的"。

Tardar (vi.迟到、延迟). *chŷ' leào* 迟了.|. *chŷ' iên* 迟延.|. *chŷ' huòn* 迟缓. – vino tarde (他来得晚). *chŷ lây tě tiě* 迟来得的.

Tarde, del dia (n.下午，即白天的后半段), por la tarde (pp.傍晚时分). *hiá gù* 下午.|. *vuàn hía* 晚下.|. *gù héu* 午后.|. *vuàn kiēn* 晚间.

Tardio, flematico (a.迟缓的、冷漠的). *kuōn' mán tiě* 宽慢的.|. *kuōn' siñ tiě* 宽心的.|. *nún nún tiě* 嫩嫩的.

Tardamente (ad.迟迟), de espacio (pp.缓慢). *mán mán* 慢慢. [参见：poco à poco (一点一点).]

Tarde es ya (s.已经迟了、晚了). *chŷ' leào* 迟了.|. *gán leáo* 暗了.|. *vuàn leào* 晚了.

Taraquito① pescado (n.一种鱼). *kuéy iǔ* 鳜鱼.

Tarauilla de la puerta (np.门的插销). *muēn çhiǔe'n* 门栓.

Tarea (n.工作、任务). *jě kuñg* 日功②.|. *chińg kuñg* 正功③. – obligacion particular de cada vno (每一个人应尽的义务). *puèn fuén* 本分.|. *puèn chě* 本职.|. *puèn jiń* 本任.|. *fuèn núy chỹ çú* 份内之事. – de los cristianos, su reso cotidiano (指基督徒，每天例行的祷祝等). *çhào k'ó* 早课.|. *vuàn k'ó* 晚课.|. *jě k'ó* 日课.

Tartamudo (a.结结巴巴的、口吃的). *chuñ'g xě* 重舌.|. *tá xě* 大舌.|. *tuòn xě* 短舌.|. *kiě xě* 结舌.|. *kèu' ki'ě* 口吃.|. *ki'ě xě* 吃舌.|. *kỹ' kỹ' gáy gáy* 期期艾艾. à todos se añade el *tiě* (在所有这些词的后面都可以加"的").

Tartamudear (vi.说话结巴、口齿不清). *niě jú* 嗫嚅.|. *tiě' niě* 咕嗫.|. *iuñg kèu' ȳ* 壅口④.|. *iên iǔ goêy xě kiáy gáy* 言语为舌介碍⑤.

Tartaros (n.鞑靼人). *tǎ çhù* 鞑子. – los de la parte del oriente (东部的鞑靼人). *tuñg tǎ* 东鞑.|. *tuñg lù* 东虏. – a los del poniente (西部的鞑靼人). *sȳ tǎ* 西鞑.|. *sȳ lù* 西虏. – los que agora gouernan la china son *tuñg tǎ*, tambien les llaman (当今统治中国的是东鞑，也称为). *hû jiń* 胡人. estos son nombres de vituperio, el de cortesia es (这些都是贬义的称呼，有礼貌的说法是). *muòn chēu jiñ* 满洲人. – la Tartaria de estos (他们的鞑靼国叫做). *muòn chēu* 满洲.

---

① 此词意思不明。
② 每天须做的功课，既指本职工作，也指学习、修身等。柯本作"日工"，是另一意思。
③ 柯本作"正工"。
④ 谓口腔壅塞，吐词不清。柯本作"容口"。
⑤ 柯本部分缺字，作"言语□舌□艾"。

Tascos de lino, o, como lino (np.粗麻，或类似亚麻的织物). *mâ kiñ* 麻巾.|. *kŏ kiāo* 葛轇①.

Tasa (n.定价、标准价格). *kuōn kiá* 官价.|. *kuōn sò tiṅg tiĕ kiá* 官所定的价.

Tasar el precio (vp.估测、确定价格). *tiṅg kiá* 定价.|. *tiṅg kuōn kiá* 定官价.|. *piñ'g kía* 平价/评价②. – avaluar (估测其价). *kù kiá* 估价.

Tataraguelo (n.祖父的祖父、高祖父). *hiŭen çhù* 玄祖.

Tataraguela (n.祖母的祖母、高祖母). *hiŭen çhù py̆* 玄祖妣.

Tataranietos (n.孙子的孙子、玄孙). *hiŭen sūn* 玄孙.

Taberna (n.酒肆、酒馆). *çhièu tién* 酒店.|. *çhièu p'ú* 酒铺.|. *çhièu kuōn* 酒馆.

Tabernero (n.酒肆主人). *máy çhièu jiñ* 卖酒人.|. *kū çhièu jiñ* 贾酒人.

Te.

Teatro de comedias (np.剧场、戏院). *hý tây'* 戏台.|. *chēu goêy hý chañ'g* 周围戏场.

Teas de pino (np.松枝火把、松明). *suṅg kuāng* 松光.

Techos (n.屋顶). *vùa tuṅg* 瓦栋.|. *tuṅg têu'* 栋头.

Techo de tablas (np.板材铺就的屋顶). *pàn tiēn'* 板天.|. *niaṅg pàn* 仰板.

（p.208）

Techar la casa (vp.给房子上顶、盖屋顶). *káy faṅg çhù* 盖房子.|. *káy vùa faṅg çhù* 盖瓦房子.|. *feú vùa faṅg çhù* 覆瓦房子.

Texado (n.屋顶). *vùa káy* 瓦盖.|. *vùa tuṅg* 瓦栋.

Texa (n.瓦、瓦片). *uà* 瓦.|. *vùa* 瓦. – como açulejos (上釉的彩瓦). *liêu lỷ vùa* 琉璃瓦. – de conchas para que entre luz (用贝类制成的透明瓦). *tūn'g mîng vùa* 通明瓦.

Texas quebradas, cascos de ellas (np.破碎的瓦片，瓦砾). *suý vùa* 碎瓦.|. *vùa pi'én* 瓦片.|. *p'ó vùa* 破瓦. – hazer texas (制作瓦片). *xāo vùa* 烧瓦.

Tela en el telar antes de texer (np.织机上面待纺的棉纱、丝线等). *pú kiṅg* 布经.|. *çū kiṅg* 丝经. – la trama (纬纱). *kiṅg* 经. – la vrdumbre (经纱). *goéy* 纬③.

---

① *kiāo*，柯本缺字。"葛轇"，犹缭轇（轇轕），交错杂沓，如乱麻状。

② "平价"，平抑物价；"评价"，评议价格。柯本取后者。

③ "经"和"纬"当对调。

Telar (n.织布机). *kȳ* 机.|. *chě kȳ* 织机.|. *kȳ kiā* 机架. – el pequeño (小型的). *kiāo kȳ* 交机①. – el grande (大型的). *choa'ńg kȳ* 床机②.

Tela de oro (np.金丝织成的料子). *kiñ tuón* 金缎.

Tela arana (np.蜘蛛网). *chȳ chǔ vuàng* 蜘蛛网.

Tema, vt de sermon, o, de conposiciones (n.题目、题材，如布道的话题、作文的主题等). *tý' mǒ* 题目.|. *luń tý'* 论题.

Tema, o porfia (n.执念，争执). *kiân'g pién* 强辩.

Temoso (a.顽固的). *ièu piě' sińg tiě* 有癖性的③.

Temblar (vi.战抖、摇晃). *chén* 战/颤.|. *chén liě* 战栗/颤栗. – las manos (双手颤抖). *xèu chén* 手战/手颤.④ – la tierra (大地震颤). *tý chiń* 地震.|. *tý tuńg* 地动.|. *tý chín tuńg* 地震动.

Temer (vi.害怕). *p'á* 怕.|. *kińg* 惊.|. *kińg p'á* 惊怕.|. *goéy kińg* 畏惊.|. *kùn'g kiú* 恐惧. [*kińg hoāng* 惊慌. para escritura (书面语词).]

Temerario (a.轻率鲁莽的、胆大妄为的). *meǹg lańg tiě* 孟浪的.|. *kuân'g tàn tiě* 狂胆的.|. *tá tàn tiě* 大胆的.

Temerosa cosa (np.吓人的东西). *hào kińg tiě* 好惊的.|. *kò' p'á tiě* 可怕的.

Temerariamente (ad.轻率、鲁莽地). *luón* 乱.|. *vuańg* 妄. – sospechar assi de otro (轻易怀疑他人). *vuańg ŷ tā'* 妄疑他.|. *luón ŷ tā'* 乱疑他.

Temor (n.害怕). *kińg* 惊.|. *p'á* 怕.|. *kińg p'á* 惊怕.

Temido de todos (ap.令所有的人畏惧). *chuńg jiñ p'á tā'* 众人怕他.

Timido (a.胆小的). *tàn siào tiě jiñ* 胆小的人.|. *vû tàn tiě* 无胆的.

Tempestad (n.暴风雨). *páo fuńg* 暴风.|. *tá fuńg iǜ* 大风雨.|. *kuân'g fuńg* 狂风. – en el Mar (在海上). *fuńg lańg* 风浪.

Tempestuoso tiempo (np.风雨季节). *chǒ fuńg tiě xŷ* 作风的时.|. *siāo siāo fuńg iǜ páo çhiě* 潇潇风雨暴疾. – en el Mar (在海上). *fuńg lańg tá chǒ chēu chuē'n çhiańg feú* 风浪大作舟船将覆. gran tempesta (即暴风骤雨).

Tempestad, leuantarse (vp.起风暴、暴风雨来临). *fǎ fuńg páo* 发风暴.|. *kuân'g fuńg çhéu kỳ'* 狂风骤起. – cesar la tempestad (暴风雨歇止). *fuńg*

---

① 即罗织机，其织法有二经、三经、四经绞罗之分。

② *choa'ńg*，调符有疑，柯本缺字。

③ *piě'*，柯本写为"憋"。

④ *chén*，三例柯本都转录作 *chín*，字写为"震"。接下来出现的"地震""地震动"，其中的"震"字才拼作 *chín*。

piń'g, lańg çhińg 风平浪静.

Templar, vt medicinas, ettᵃ. (vt.调制、调配、调整，如药物等). *tiâo' hô* 调和.|. *çhiě hô* 节和. – instrumentos musicos (调节乐器). *hô hiên* 和弦.|. *tiâo' kîn'* 调琴.|. *tiâo' hô* 调和. – las voces (调整音声). *tiâo' iñ* 调音.

Templado tiempo (np.和宜的天气). *nuòn* 暖. – ni frio, ni calor (不冷也不热). *vuēn hô tiě* 温和的.

Templado hombre, vt en los gastos (np.有节制的人，例如花销有度). *çhiě iúng tiě* 节用的.|. *kién tiě* 俭的. – en el vino (饮酒有度). *çhiě çhièu* 节酒.

Templo (n.庙宇、祠堂、殿堂). *miáo* 庙.|. *miáo iù* 庙宇.|. *çhǔ' iù* 祠宇.|. *tań'g* 堂.

Templo de Dios (np.上帝的殿堂). *tiēn' chù tań'g* 天主堂.|. *xińg tań'g* 圣堂.|. *tiēn' chù tién* 天主殿. – de nuestra Señora (圣母的殿堂). *xińg mù tańg* 圣母堂. ettᵃ. (等等).

Templos de sus Aguelos difuntos (np.他们供奉已故先祖的庙宇). *çhūng miáo* 宗庙.|. *çhǔ' tań'g* 祠堂.|. *miáo tań'g* 庙堂.

Templos que en sus casas tienen de sus Antepasados (np.祭拜先辈的家庭庙堂). *kiā miáo* 家庙.|. *kiā tań'g* 家堂.

Templos del Confucio (np.祭拜孔夫子的庙宇). *vuên miáo* 文庙.|. *kuń'g çhǔ miáo* 孔子庙.

Templos que leuantan a los Mandarines aun viviendo quando gouernan bien en fauor de los vazallos (np.为那些尚在世并且服务生民有佳绩的官员所建的祠堂). *seńg çhǔ'* 生祠.

Temporal (a.尘世的、暂时的), hombre mundano (np.世俗之人). *xý kiáy tiě* 世界的.|. *xý sǒ tiě* 世俗的.|. *kiñ xý tiě* 今世的.

Temprano (a.提前的), antes de tiempo, vt fruta (adp.早于预期，如水果). *çhào xǒ* 早熟.|. *fǎ çhào* 发早. – primicial (最早的、头茬的). *siñ vuý* 新味.

Temprano (a.早 ad.提早 n.早晨). *çhào* 早. – por la mañana (清晨时分). *çhào kiēn* 早间.|. *çhiń'g çhào* 清早. – un poco temprano (略早了些). *çhào siē* 早些.

Tenaças de hierro (np.铁制的夹钳). *tiě' kiên'* 铁钳.

Tenacillas, despauiladeras① (n.小钳子、镊子、烛剪). *siào kiên'* 小钳.

---

① 一拼 espabiladeras（烛剪），独立词目见 p.73。

– pinças (镊子). *niĕ çhŭ* 镊子①.

Tenaças (n.钳子), tomar con ellas (vp.用钳子夹). *kiên' lây* 钳来.|. *kiên' kỳ'* 钳起.

Tendero (n.店主人). *kāy' p'ú tiĕ* 开铺的.|. *chaǹg p'ú tiĕ* 掌铺的.|. *p'ú chaǹg* 铺长.|. *tién kiā* 店家.

Tender la ropa al sol (vp.在太阳底下晾晒衣裳). *xáy* 晒.|. *xáy jĕ* 晒日. idem es secar qualquiera cossa al sol (即把东西放在太阳下晒干).

Tender, o estender (vt.铺开、摊开, 或伸展、展开). *xèn kāy'* 伸开.|. *p'ū* 铺. [参见: estender (伸展).]

Tender por delante para cubrir (vp.在面前铺开以遮挡视线). *chē ièn* 遮掩.

Tenedor (n.餐用的叉子). *siào chā' çhŭ* 小叉子.

Tener, vt sic, hauer (vt.持有、拥有, 泛指有、具有). *ièu* 有.|. *tĕ* 得.|. *hoĕ* 获.

Tener en poco (vp.看得轻、不在乎). *kiñg' chién* 轻贱. – la vida (轻忽生命). *pŏ kú miń* 不顾命.

Tener en mucho (vp.看得重、很在意). *kuéy chuńg* 贵重.

Tener compasion (vp.抱有同情心). *gāy liên* 哀怜.|. *kò' liên* 可怜.

Tener à mal (vp.瞧不起). *pŏ hỳ* 不喜②.

Tener embidia (vp.心怀妒忌). *chiĕ tú* 嫉妒.

Tener asido (vp.抓牢、握住). *nà chŏ* 拿着. – en la mano (拿在手里). *xèu chĕ* 手执.

Tener necessidad de algo (vp.需要某物). *iáo iuńg* 要用.

Tener habilidad de manos, ser curioso de manos (vp.会用手、手巧, 手艺高超). *ièu xèu tuón* 有手段.|. *ièu xèu ý* 有手艺.

Tener habilidad para negocios (vp.有办事能力). *hoéy kań çú* 会干事.|. *ièu çhây' kań* 有才干.|. *ièu pùen çú* 有本事.

Tener sed (vp.口干、口渴). *kèu' kŏ'* 口渴.

Tener comodidad (vp.拥有便利、便于). *ièu fańg pién* 有方便.|. *ièu pién tańg* 有便当.|. *iéu pién* 有便③.

Tener cuydado de todo (vp.负责一切事务). *çhuńg kuòn* 总管.|. *çhuńg lỳ* 总理.|. *tiâo' lỳ* 调理.

---

① 柯本作"捏子"。

② *hỳ*, 柯本所录为 *lỳ*, 其词作"不理"。

③ *iéu*, 调符有疑。

Tener cuydado de algo (vp.负责某一项事务). *chaǹg kuòn* 掌管.|. *chuēn kuòn* 专管.|. *xēu kuòn* 收管. [*kuòn çū* 管司. para escritura (书面语词).]

（p.209）

Tener cuydado, vt de los enfermos, y gente de casa (vp.照料、照管，如照料病人、家里人). *cháo kú* 照顾.|. *kú kiā jiń* 顾家人.

Tener que hazer (vp.有事情做). *ièu çú* 有事.

Tener que ver (vp.关心、有关系). *ièu kú* 有顾. – no tiene que ver (不关心、没关系). *pǒ kú* 不顾.|. *mǒ siañg kān* 没相干.

Tener por cierto (vp.确认、断定). *kiě tuón* 结断.

Tener mano (vp.拿着、握住). *chě chú* 执住.|. *chě chǒ* 执着.|. *chý' chú* 持住.|. *çhiě chǒ* 接着.

Tener mano impidiendo (vp.捉住不放). *laǹ chú* 揽住.

Tener con fortaleza (vp.使劲握住、用力把持). *chý' lâo kiēn chě* 持牢坚执①.

Tener pena (vp.心怀焦虑、忧伤). *muén* 闷.|. *siñ çhiāo* 心焦.|. *iēu muén* 忧闷.

Tener aparejado (vp.准备停当、已备妥、就绪). *fañg pień leào* 方便了.|. *pień tañg leào* 便当了.|. *pień ý leào* 便宜了.|. *pý pán leào* 备办了②.|. *pień leào* 便了.

Tener razon (vp.有道理、有理由). *ièu lỳ* 有理.|. *xý lỳ* 是理.|. *hǒ ỳ* 合宜③.

Tener tiento en las cosas (vp.处理事情认真谨慎). *chīn çhiǒ* 斟酌.|. *chǔ sý* 仔细.

Tener verguença (vp.感到羞愧). *p'á siēu* 怕羞.|. *siēu chý'* 羞耻.

Tener buen acierto (vp.正好、刚巧). *ch'éu kiào'* 凑巧.

Tener altos, y baxos, cayendo, y leuantando (vp.际遇有上有下、事情有伏有起). *ièu kỳ', tào* 有起倒.

Tener paçiençia (vp.有耐心、能容忍). *jiǹ náy* 忍耐.|. *jiǹ kúo* 忍过.|. *hân jiǹ* 含忍.

Tener fixo en la memoria (vp.牢记不忘). *ký tiń g* 记定.|. *hoây nién* 怀念.

Tener comunicacion con otro (vp.与人交际). *siañg tuń'g* 相通.

---

① 似应分断为两个词，"持牢"和"坚执"。柯本作"持劳坚执"。
② *pý*，柯本写为"被"。
③ *ỳ*，柯本改为 *lỳ*，其词作"合理"。

Tener lo necessario (vp.拥有足够多的必需品). *kéu iúng* 够用.|. *kéu ch'ĕ chuēn'* 够吃穿.

Tener por bien, otorgando lo que se pide (vp.认为可以、可行，准允一项请求). *chùn* 准.

Tener brio (vp.勇武有力). *ièu liĕ leáng* 有力量.|. *ièu tàn* 有胆.

Tener vagar (vp.有闲暇). *hiên* 闲.|. *kūn'g hiên* 空闲.

Tener, o guardar en su pecho (vp.揣在心里), disimular (vt.掩饰、容忍). *hân jìn* 含忍.|. *hoây chuńg* 怀中.

Tener en los braços (vp.双手环抱、捧在手上). *fuńg páo* 奉抱.|. *páo* 抱.

Tener efecto (vp.起作用、有效果). *ièu íng nién* 有应验.|. *ièu hiáo nién* 有效验.

Tener conjeturas (vp.推想、假设). *pò' çhĕ'* 巨测①.|. *ièu piń'g kiú* 有凭据.

Tener officio, o dignidad (vp.有官职或爵位). *ièu chĕ fuén* 有职分.|. *çhó kuōn* 做官.

Tenebroso, obscuro (a.阴暗的，昏黑的). *gań hĕ* 暗黑.|. *iēu gań* 幽暗.

Tener dolor, y arrepentimiento (vp.痛心而悔恨). *tu'ńg hoèy* 痛悔.|. *hoèy* 悔.

Tener la vasija (vp.提搂着容器). *tỳ* 提. – tiene vino (盛着酒). *tỳ çhièu* 提酒. ettᵃ. (等等).②

Tener dentro de si encerrar (vp.其中含有). *pāo hân* 包含.

Tener consigo en el cuerpo (vp.身上带着). *xīn piēn ièu* 身边有.

Tener ganancia, o prouecho (vp.有收益，有好处). *ièu lý* 有利.|. *ièu iĕ* 有益.|. *ièu lý iĕ* 有利益.

Tener çelos el marido de la muger (vp.丈夫忌妒妻子). *fâng ký kў' çhȳ'* 防忌其妻. – la muger del marido (妻子忌妒丈夫). *ký tú kў' fū* 忌妒其夫.

Tener pecado (vp.有罪). *ièu çhúy* 有罪.|. *tĕ çhúy* 得罪.|. *hoĕ çhúy* 获罪.

Tiniente (n.副手), en lugar del proprietario (pp.代行职权). *ta'ý kiùe'n* 代权③.|. *xú kiùe'n* 署权.|. *kiùe'n jiń* 权任.

Tentar palpando (vp.触摸). *mû* 摸.|. *mû chŏ* 摸着.

---

① *pò'*，疑为 *pŏ* "卜" 之误。

② 柯本将西语词目理解为容器里装有（for a vessel to contain something），遂致字音 *tỳ* 不可写。"提" 音堤，北方话。

③ *ta'ý*，送气符为衍。

Tentar in malum (vp.引诱人做坏事). *iǹ ièu* 引诱.|. *ièu kàn* 诱感.|. *kēu iǹ* 勾引.|. *kiēn' iǹ* 牵引.

Tentar prouando (vp.尝试、试验). *xý ta'ń* 试探. – no tenteis à Dios (不可试探上帝①). *pǒ iáo xý ta'ń tiēn' chù* 不要试探天主.

Tentacion (n.诱惑). *ièu kàn* 诱感.

Teñir (vt.染、着色). *jèn* 染. – mantas (织物). *jèn pú* 染布.

Teñidor (n.染色工). *jèn pú tiě* 染布的.|. *jèn çhiáng* 染匠.

Tercero, medianero (n.调解者，中间人). *chuńg jiń* 中人.

Tercero en orden (ap.排序第三). *tý sān* 第三.

Tercianas (n.间歇热). *niǒ çhiě* 疟疾.|. *hân jě píń* 寒热病.|. *kě iě jě hân jě* 隔一日寒热.|. *pày çhǔ* 摆子.

Tercia②, vna tercia suya (n.台西亚，他们的一台西亚). *ch'ě* 尺.|. *iě ch'ě* 一尺. Diez hazen vna vara suya que llaman (十尺合他们的一巴拉，称为). *chańg* 丈.|. *iě chańg* 一丈.

Terciar entre los que ay discordia (vp.在有分歧者之间调停). *kiū' chù'* 区处.|. *chù'* 处.

Tercio pelo (np.丝绒、天鹅绒). *tiēn' gô juńg* 天鹅绒.

Terco (a.固执的). *geńg chě* 硬执.|. *gańg chě* 昂直③.|. *pǒ fǒ jiń tiě* 不服人的.

Termino, fin (n.终点，尽头). *çhín têu'* 尽头.|. *çhín ch'ú* 尽处.

Termino (n.期限), o plaço de tiempo (np.时间上的界限). *ký' hièn* 期限.|. *xý ký'* 时期.|. *hièn xý* 限时. – fixar el termino (确定期限). *tíńg ký'* 定期.|. *hièn ký'* 限期.|. *iǒ ký'* 约期.

Termino (n.期限), pasar el termino (vp.过了期限、逾期). *kúo ký'* 过期.|. *hièn çhǒ* 限卒.|. *kiēn' leào ký'* 愆了期.

Terminar (vt.结束、终止), poner termino (vp.设定期限). *liě ký'* 立期.|. *hièn tíńg* 限定.

Termino (n.疆界), limite de lugar (np.地理上的界线). *hièn kiáy* 限界.|. *kiáy pây'* 界牌.|. *piēn kiáy* 边界.|. *kiańg káy* 疆界④.|. *kě kiáy* 隔界.

Ternera (n.母牛犊、小牛肉). *siào niêu* 小牛.

---

① 即上帝不可怀疑、不可欺瞒。
② 台西亚，长度单位，约合三分之一巴拉（vara），一巴拉约合0.8米。
③ 柯本作"昂质"。
④ *káy*，可能脱介音 *i*，也可能是"界"字的又音。

Ternilla (n.软骨). *nún kǒ* 嫩骨.|. *juèn kǒ* 软骨.

Ternura (n.软、嫩、幼小). *juèn jǒ* 软弱.|. *jêu juèn* 柔软.|. *sý nún* 细嫩.

Ternura de corazon (np.心软、性格温柔). *siñ juèn* 心软.

Terraplenar (vt.垒筑土台), hazer terraplen en la guerra (vp.打仗时用泥土堆筑路障). *chǒ kỷ' tù' xān* 筑起土山.|. *tiě tù' chîn'g xān* 叠土成山.

Terremoto (n.地震), hundirse la tierra (vp.大地凹陷、塌方). *tý tỷ hía* 地底下.
[参见：temblar la tierra (大地震颤).]

Terron de tierra (np.土坷垃). *tù' ku'áy* 土块.|. *iě ku'áy tù'* 一块土.|. *iě ku'áy nỷ* 一块泥.

Terrestre (a.泥土的、尘世的). *tù' chó tiě* 土做的.①

Terror (n.恐怖、令人恐怖的事情). *kiñg çù* 惊死.|. *hě çù* 吓死.|. *kiñg çù jiñ* 惊死人.|. *p'á çù jiñ* 怕死人.|. *hě çù jiñ* 吓死人.

Terrible (a.可怕的). *kò' kiñg tiě* 可惊的.|. *kò' p'á tiě* 可怕的.|. *hào kiñg tiě* 好惊的.|. *meǹg liě* 猛烈.|. *hiuñg choáng* 凶状.②

Tezoro (n.财宝、宝藏). *pào k'ú* 宝库.|. *k'ú çhân'g* 库藏. – de oro (黄金库藏). *k'ú kiñ* 库金. – de plata (白银库藏). *k'ú iñ* 库银. ett^a. (等等).

Tezoro publico, o Regio, que ay en todas las Audiencias (np.公库，或国库，为各地所有的官衙拥有). *k'ú* 库.|. *k'ú lỳ* 库里.

（p.210）

Tezorero, que guarda estos tezoros (np.看管这些库藏的人员). *k'ú lỳ* 库理.
– el de los Regulos (各诸侯国的司库). *k'ú kuōn* 库官.

Tezorero Regio que cuyda de todo el erario de la Prouincia (np.管理全省金库的皇家司库). *pú chiñg çū* 布政司.

Texo de oro (np.金锭). *kiñ tiǹg* 金锭.

Testamento (n.遗嘱、遗训、遗书). *goêy chǒ* 遗嘱.|. *goêy xū* 遗书.|. *goêy iên* 遗言.|. *goêy miñg* 遗命.③ – de los Reyes (君王的遗嘱). *kú miñg* 顾命④.

Testar (vi.立遗嘱), hazer testamento (vp.留遗嘱、写遗书). *siè goêy xū* 写遗书.|. *liǒ goêy chǒ* 录遗嘱⑤.

---

① 此条紧接着又写一遍，完全一样。
② 柯本作"雄壮"。
③ "遗"读作 *goêy*，参见 Fluxo seminis（p.100）。
④ 柯本作"故命"。
⑤ *liǒ*，柯本转录为 *liě*，字写作"立"。

Testamentario, tutor (n.遗嘱执行人，监护人). *tańg tǒ fú chȳ chuńg jiń* 当托付之中人.|. *chîn'g hû jiń chȳ ký tǒ'* 承护人之寄托.

Testamento viejo (np.古训、《旧约》). *kù kiáo chǒ chȳ xińg kiñg* 古教嘱之圣经. – el nuebo (新训、《新约》). *xińg kiáo chǒ chȳ xińg kiñg* 圣教嘱之圣经.

Testiguar, atestiguar (vt.证实，作证). *kién chińg* 见证.|. *chińg jiñ* 证人.|. *chińg kién* 证见.|. *túy chińg* 对证.

Testigo (n.人证、证人). *kān chińg* 干证.|. *kién jiñ* 见人. – de vista (所目见的). *chińg kién* 证见.|. *iń chińg* 印证.|. *kién chińg* 见证.

Testimonio, o, prouança (n.证词，或证物、证据). *túy xě* 对实.|. *goêy chińg* 为证.|. *kién chińg* 见证.|. *piñg' chińg* 凭证.

Testimonio (n.凭证), fee de algo (np.某方面的证书). *piñg' kiú* 凭据.

Testimonio falso (np.伪证). *vuáng chińg* 妄证.

Testimonio (n.证明书), o pasaporte de alguna cosa, o persona (np.关于某事的许可证，或某人的身份证件). *cháo xīn* 照身.

Tetilla (n.乳头). *này hiá* 奶下.

Tetas (n.乳房). *này* 奶. [参见：pechos (胸脯).]

Testiculos (n.睾丸). *luòn çhǔ* 卵子.|. *jîn çhǔ* 人子.|. *vuáy xín* 外肾.

Texer (vt.纺织、织造、编结). *chě goéy* 织纬①. – mantas (棉麻织物). *chě pú* 织布. – cosas de aguja, vt medias, ett^a. (针织品，如袜子之类). *chīn kiě* 针结. – esteras (席子). *piēn çhào' siě* 编草席.

Texedor de mantas (np.织布工). *chě pú tiě* 织布的.

Ti.

Tias hermanas, o primas de Padre (np.伯母、婶婶、姑妈，即父亲的姐妹或堂姐妹). *kū niańg* 姑娘.

Tias hermanas, o primas de Madre (np.姨母、舅母，即母亲的姐妹或堂姐妹). *ŷ niańg* 姨娘.

Tias hermanas, o primas de mi Abuelo (np.姑奶、姑婆，即我祖父的姐妹或堂姐妹). *kū pô'* 姑婆.

Tias hermanas, o primas de Abuela materna (np.姨奶、姨姥、姨婆，即外婆

---

① *goéy*，柯本缺字。"织纬"，犹言织布，完整的说法为"拾经织纬""编经织纬"。

的姐妹或堂姐妹). *ŷ pô'* 姨婆.

Tias mugeres de los hermanos majores de Padre (np.父亲兄长的妻子，即伯母). *pě mù* 伯母.

Tias mugeres de los hermanos menores de Padre (np.父亲弟弟的妻子，即婶婶). *xǒ xìn* 叔婶.

Tias mugeres de los hermanos de Madre (np.母亲兄弟的妻子，即舅母). *mù kiñ* 母妗.

Tias de parte de Padre, y Madre (np.父亲一方的姑姑、婶婶以及母亲一方的姨母、舅母，合称). *kū ŷ* 姑姨.

Tibio (a.温、温乎的), no caliente (ap.不热). *nuòn tiě* 暖的.|. *vuēn tiě* 温的.|. *pǒ jě tiě* 不热的.|. *nuòn nuòn jě* 暖暖日①.

Tibio en las cosas del alma (ap.没精神的、懒懒散散的). *leǹg tań tiě* 冷淡的.|. *laǹ tó tiě* 懒惰的.|. *pǒ jě siñ tiě* 不热心的.

Tibiamente (ad.不热心、冷冷地). *leǹg tań* 冷淡.

Tibor (n.陶罐). *tân'* 坛. – tiborcillo (小罐子). *siào tân'* 小坛.

Tinajon (n.缸、陶瓮). *uńg* 瓮. – pequeño (小型的). *siào uńg* 小瓮.|. *hây kuón* 孩罐②.|. *chǔ' kuón* 厨罐.

Tizon de fuego (np.未烧尽的余柴). *hò têu'* 火头.|. *chây' têu'* 柴头.

Tiempo (n.时间、时刻、时季). *xŷ xîn* 时辰.|. *xŷ héu* 时候.|. *xŷ jě* 时日.|. *xŷ iuě* 时月.|. *xŷ çhiě* 时节.

Tiempo presente (np.此时此刻、现在). *kiñ xŷ* 今时.|. *hién xŷ* 现时.

Tiempo venidero (np.即将来到的时刻、将来). *vuý laŷ chȳ xŷ* 未来之时.|. *çhiańg laŷ tiě xŷ* 将来的时.|. *lây xŷ* 来时.

Tiempo pasado (np.已逝的时间、过去). *ỳ kuó tiě xŷ* 已过的时.

Tiempo antiguo (np.古时候、古代). *kù xŷ* 古时.|. *xańg kù* 上古.|. *çhiê'n kù* 前古.

Tiempo sereno (np.晴朗的天气). *tiēn' çhiñg'* 天晴.|. *tiēn' çhŷ'* 天霁.|. *çhiñg' çhŷ' chȳ xŷ* 晴霁之时.③ – aproposito (方便时). *pién xŷ* 便时. – ocioso (闲暇时). *hiên xŷ* 闲时.

Tiempo de seca (np.干旱的时季). *çhó hán xŷ* 做旱时. – de frio (寒冷的时季).

---

① 柯本注：*jě* "日" 为 *jě* "热" 之误。
② *hây*，柯本拟为："醢"。可能是指给孩童储钱用的罐子，而非罐子的个头小。
③ *çhŷ'*，两例柯本都写为"齐"。

hân tiēn' 寒天.|. *tuṅg hân chȳ xý* 冬寒之时.|. *tuṅg tiēn'* 冬天.

Tiempo es de comer, ett^a. (s.是吃饭的时候了、可以吃饭了，等等). *hào ch'ẻ faṅ* 好吃饭.

Tiempo es de ir, ett^a. (s.是走的时候了、可以走了，等等). *hào ki'ủ* 好去. sed melius (更好的说法则是). *xý xý ch'ẻ faṅ* 是时吃饭.|. *xý xý ki'ủ* 是时去. ett^a. (等等).

Tiempo largo (np.很长一段时间). *hào kièu* 好久.|. *chân'g kièu* 长久.

Tiempo fixo (np.固定的时间). *tiṅ xý* 定时. – sucession de tiempo (时间的延续). *jẻ iuẻ vuàng hoân* 日月往还.

Tiempo (n.时间), sucession de tiempo (np.时间的延续、岁月的流逝). *tuṅg hía chȳ siaṅg jeṅg* 冬夏之相仍.|. *chēu ié chȳ siaṅg sỏ* 昼夜之相续.|. *jẻ iuẻ chȳ xiṅg chîn'* 日月之升沉.

Tiempo (n.时间), aprouecharse del (vp.利用时间). *xún xý* 顺时.|. *chîn'g xý* 乘时.|. *çhiù' xý* 趋时. – venir a tiempo (来得是时候、来得及时). *laý tẻ chiṅg hào* 来得正好.|. *lây tẻ taṅg xý* 来得当时.|. *lây tẻ chỏ* 来得着.

Tiento (n.小心谨慎), con tiento (pp.行事谨慎). *chủ sý* 仔细.|. *chīn çhiỏ* 斟酌.

Tienda de verder cosas (np.卖东西的店家). *tién p'ú* 店铺. – donde se venden varias cosas (出售各类物品的店家). *chả hó p'ú* 杂货铺.

(p.211)

Tienda de campo de soldados (np.士兵营房的帐篷). *chaṅg faṅg* 帐房.|. *muón chaṅg* 慢帐. – armar las (安设帐篷). *xẻ chaṅg* 设帐.

Tierno, suaue (a.柔嫩的，温顺的). *nuón tiẻ* 嫩的.|. *jêu nún* 柔嫩.|. *sý nún tiẻ* 细嫩的. – amoroso (温柔可爱的). *kiāo nún* 娇嫩.|. *jêu xún* 柔顺.

Tierra (n.地、大地、土地). *tý* 地.|. *kuēn'* 坤.|. *héu tý* 厚地.|. *tù'* 土.|. *tù' tý* 土地. – Cielo y tierra (天与地). *tiēn' tý* 天地.|. *kiēn' kuēn'* 乾坤.

Tierra, o, patria (n.乡土，或家乡). *puèn tý* 本地.

Tierra, o lugar (n.地方，或处所、场所). *tý faṅg* 地方.

Tierra esteril (np.贫瘠的土地). *séu tý* 瘦地.|. *pỏ fý tiẻ* 不肥的. – fecunda (肥沃的). *fý tý* 肥地.|. *héu tý* 厚地. – Anegadiza (易涝的土地). *fêu tý* 浮地.

Tigre (n.虎). *lào hù* 老虎.|. *xān hù* 山虎.|. *páo* 豹.

Timido (a.胆小的). *tàn siào tiẻ* 胆小的.|. *siào siṅ tiẻ* 小心的.|. *vû tàn tiẻ* 无胆的.

Tilde (n.字母上加标的符号、点). *iẻ tièn* 一点.|. *iẻ hoẻ* 一画.

Timon de barco, ett^a. (n.船舵、车辕等). *chuê'n tó* 船舵.

Tinaja (n.瓮、坛、缸). *uńg* 瓮.|. *tân'* 坛. – grande (大型的). *tá uńg* 大瓮. – pequeño (小型的). *siào uńg* 小瓮.

Tina grande de madera (np.大木桶). *tá tuǹg* 大桶. – de barro (陶质的). *kańg* 缸.|. *xān kańg* 山缸.

Tiña (n.癣). *laý fuńg* 癞疯.

Tiñoso (a.长癣的). *laý têu' tiě* 癞头的.[1]

Tinieblas (n.黑暗). *hoēn vú* 昏雾.|. *iēu vú* 幽雾.|. *iēu gań* 幽暗.|. *hě gań* 黑暗.|. *gań hě* 暗黑.

Tinta (n.墨、墨水). *mě* 墨. – para imprimir (印刷用的). *iâo iēn mě* 窑烟墨.|. *iēn ҫhǔ* 烟子.

Tintero nuestro (np.我们欧洲的墨盒). *mě tu'ńg* 墨筒. – de carpintero (木匠用的). *mě tèu* 墨斗. – de los chinos (中国人盛墨的器具). *ién vùa* 砚瓦.|. *mě ién* 墨砚.|. *ién tây'* 砚台. – de piedra (石材的). *xě ién* 石砚.

Tios, hermanos, o primos de mi Padre sin distincion (np.叔伯，即我父亲的兄弟或堂兄弟，不分年序的总称). *xǒ pě* 叔伯.

Tios, hermanos o primos mayores de mi Padre (np.伯伯，即我父亲的兄长或堂兄). *pě* 伯.|. *pě fú* 伯父. – mi tio (我的伯伯). *kiā pě* 家伯.

Tios, hermanos o primos menores de mi Padre (np.叔叔，即我父亲的弟弟或堂弟). *xǒ ҫhǔ* 叔子.|. *xǒ fú* 叔父. – mi tio (我的叔叔). *kiā xǒ* 家叔.

Tios, hermanos o primos de mi Madre (np.舅舅，即我母亲的兄弟或堂兄弟). *mù kiéu* 母舅.

Tios hermanos, o primos de mi Abuelo los mayores (np.我祖父的兄长或堂兄). *pě kuńg* 伯公. – los menores (祖父的弟弟或堂弟). *xǒ kuńg* 叔公.

Tios hermanos, o primos de mi Aguela (np.我祖母的兄弟或堂兄弟). *kiéu kuńg* 舅公.

Tira, o lista, de manta (n.条、块，指布料). *pú tiâo'* 布条. – de seda (指丝绸). *tuón ҫhǔ tiâo'* 缎子条. – de papel colorado (红色的纸条). *hûng piāo* 红标.|. *hûng ҫhiēn'* 红签. para sobre escritos (供人书写名姓、地址等).

Tirano (a.专断霸道的). *pá ҫhién tiě* 霸践的.|. *pá pá* 把霸.[2]

---

[1] 此条写了两遍，一模一样。
[2] 犹独霸、霸占。柯本作"霸霸"。

Tirano cruel (ap.残忍而霸凌). *páo niŏ* 暴虐.|. *çhân' páo* 残暴. [参见：cruel (残酷).]

Tirania (n.独裁、专制), gouierno tiranico (np.暴虐的统治). *niŏ chíng* 虐政.

Tiranizar (vt./vi.施行暴政、独裁). *çhién* 践.|. *pá çhién* 霸践.|. *chén* 占.

Tirar, vt de un cordel (vt.拉、拖，例如拉一根绳子). *chè'* 扯. – para que este derecho tirante (把绳子等拉直). *chè' chě* 扯直.

Tirar (vt.抛、扔、丢), echar por ay (vp.扔到哪里). *tiēu leào* 丢了.

Tirar piedras (vp.抛掷石头). *pāo' xě* 抛石. – pieças, o arcabuz (发射火枪、火炮). *fang chu'ńg* 放铳.|. *fang pa'ó* 放炮. [参见：disparar (发射火器).]

Tirar flechas (vp.射箭). *xé çhién* 射箭. [参见：flechar (射箭).]

Tirar la ballesta (vp.发射弩机). *xé nù* 射弩.|. *fang nù* 放弩.

Tirar pujando para sacar (vp.使劲拉出、拔出). *pă chǔ' lây* 拔出来. vt lo que esta aincado (例如已固定的东西). *hiě kỳ' lây* 揭起来①.

Tirar derecho, vt hilo, o cuerda (vp.拉直，如线、丝或绳索). *kiēn'* 牵.|. *kiēn' chě* 牵直.

Tirar la manta (vp.抻拉布料). *kiēn' pú* 牵布.

Tirar el cordel para rayar, vt los carpinteros (vp.把绳子拉直并画线，像木匠干活时那样). *kiēn' xiñg çhǔ* 牵绳子.|. *kiēn' sién* 牵线.

Tirar la lança (vp.投掷长矛). *piāo' chiān'g* 镖枪.

Tirar arrastrando (vp.拖拉、牵拉). *tō'* 拖②.

Tirar de las orejas (vp.扯耳朵). *çhiēu ùl* 揪耳.

Tirante cosa (np.拉直、绷紧的东西). *chě kìn tiě* 直紧的.|. *kiēn' kìn tiě* 牵紧的.

Tirante o, Traba de la casa (n.横木，指房子的横梁). *huńg leañg* 横梁.

Tiro de artilleria (np.炮击、炮击声). *tá pa'ó* 大炮.|. *tá chu'ńg* 大铳.

Tiritar de frio (vp.冻得打哆嗦). *chén hân* 战寒/颤寒.

Tiricia (n.黄疸). *hoâng píng* 黄病.|. *hoâng chùng píng* 黄肿病.

Titubear (vi.吞吞吐吐、结结巴巴、犹豫). *kiàng pǒ mîng* 讲不明.|. *pǒ kàn xuě míng* 不敢说明.

Tisica (n.痨病、肺结核). *kiě' píng* 急病③.|. *tân' hò* 痰火.|. *núy xañg* 内伤.

---

① *hiě*，柯本缺字。

② 柯本写为"托"。"托"是入声字，词义也不合。

③ *kiě'*，送气符疑衍。此处以及下面一例，柯本所录均为 *kiě*。

Tisico (a.患痨病的). *kiě' pińg tiě* 急病的.

Titulo de libro (np.书的标题). *xū mîng* 书名.|. *xū piāo* 书标.|. *xū goéy* 书讳①.|. *piāo tý'* 标题.

Titulo de dignidad (np.爵位的名号). *çhiǒ mîng* 爵名. – tomar por titulo (僭取名号). *kià mîng* 假名.|. *çhié mîng* 借名.

Titulo de tiendas, el rotulo de lo que en ellas se vende (np.店铺的牌子，所售货品的标签). *chāo pây'* 招牌.

Tixeras (n.剪刀). *çhièn tāo* 剪刀. – para cortar la plata (剪切银子用的). *kiǎ çhièn* 夹剪.|. *iń çhièn* 银剪.

Tisne (n.烟垢、烟子). *iēn* 烟.|. *gū iēn* 乌烟. – tiznar el rostro (用烟子把脸抹黑). *çhǎ' mién gū* 擦面乌.

（p.212）

To.

Toalla (n.毛巾). *xèu kiñ* 手巾.|. *xèu p'á* 手帕. – labradas (绣花的). *hōa kiñ* 花巾. – para comer, seruilletas (进餐时用的，即餐巾). *xě xèu kiñ* 拭手巾. su numeral (相应的量词). *tiâo'* 条.

Toallas, o, manutercios de Altar (np.主祭时用的毛巾或餐巾). *xińg tây' kiñ* 圣台巾.

Toallas de seda, o, paños de cabeça (np.丝巾，或包头布). *káy têu' kiñ* 盖头巾.|. *pāo têu' kiñ* 包头巾.

Toba de los dientes (np.牙垢、齿垢). *chỳ' fuén* 齿粪.

Toca, o velillo (n.头巾，或面纱). *xā* 纱. – toca, o velo que ponen en la cabeça (头巾，或头戴的纱巾). *ȳ fǒ kiñ* 衣服巾.

Tocar, o, pertenecer, vt ami me toca (vi.涉及，关系到，例如与我有关). *xý gò tiě çú* 是我的事. – este año me toca ami (今年关系到我). *kiñ niên lûn táo gò* 今年轮到我.

Tocarse (vr.梳头、包头), o, componerse la muger su cabeça (vp.女子梳妆打扮). *choāng xě* 妆饰.|. *sū têu'* 梳头.

Tocar con las manos palpando (vp.用手触碰、触摸). *mû chǒ* 摸着.

---

① 须避称的书名。

官话词汇 705

Tocar lo con las manos meneando lo (vp.用手触动、挪动). *xèu tuńg tā'* 手动他.

Tocar meneando lo (vp.摇晃、颠动某物). *iâo tuńg* 摇动.

Tocar le la cabeça alagando le (vp.捧着头抚摸某人). *fù chý'* 抚持.|. *mô sō* 摩挲. – tomando le las manos (握住其手抚摸). *leańg xèu siāng çhě' mô* 两手相擦摩①.|. *fú siùn xèu siāng gān goéy* 抚循手相安慰②.

Tocar, vt en las Reliquias (vp.轻轻触摸，如对圣物、圣骨等). *çhō' mô* 搓摩.|. *kiń* 觐③.

Tocar el tambor (vp.敲鼓). *tà kù* 打鼓.|. *luý kù* 擂鼓. – la bacineta (敲锣). *tà lô* 打锣. – las campanas (敲钟). *tà chuńg* 打钟.|. *ke'ú chuńg* 叩钟. [参见：tañer (敲击).]

Tocar los 4^los. de la noche (vp.夜里敲钟以报四个时辰). *tà kēng* 打更.

Tocar trompetas, o, clarines de guerra (vp.吹喇叭或战号). *chūy' háo têu'* 吹号头.

Tocar instrumentos musicos con la boca (vp.用嘴吹奏乐器). *chūy' tà* 吹打④.

Tocar todo instrumento musico (vp.演奏各种乐器). *chéu iŏ* 奏乐.

Tocar cascabeles (vp.摇马铃、敲铃铛). *iâo liñg* 摇铃.

Tocar rabel (vp.弹奏三弦琴). *iāy úl hiên* 捱二弦⑤.

Tocino (n.腌猪肉). *chū jŏ* 猪肉.|. *lă tùy'* 腊腿.|. *lă jŏ* 腊肉. secado al humo (即烟熏的干肉).

Todas las cosas (np.一切事物). *vuán vuĕ* 万物.|. *vuán ièu* 万有.

Todo entero (ap./np.全部、整个). *çhiûe'n* 全.|. *chiń* 尽.|. *vû sò pŏ* 无所不. ett^a. (等等).|. *tū* 都. pospuesto (后置词).

Toda la Ciudad (np.整个城市、全城). *iĕ chiñg'* 一城.|. *tūn'g chiñg'* 通城. ett^a. (等等).

Todo el cuerpo (np.整个身子、全身). *pién xīn* 遍身.|. *hoēn xīn* 浑身.|. *çhiûe'n xīn* 全身.|. *iĕ xīn* 一身.

Todos (n.一切事物、所有人). *chuńg tū* 众都.|. *chū tū* 诸都.|. *iĕ iĕ tū* 一一都. [*chū fân* 诸凡. para escritura (书面语词).]

---

① *çhě'*，可能是"擦"的异读，柯本缺字。
② "抚手相安慰"，"循"字疑衍。
③ 谓恭奉，柯本缺字。
④ *tà*，柯本误录为 *tā'*，其词作"吹他"。同样的误录见于 Tañer instrumentos（p.207）。
⑤ *iāy*，柯本拟为"挨"。二弦的演奏法，以指头压弦发音为主，按压略久即谓之"捱"。

Todos los negocios, o cosas (np.所有的事务，一切事情). *kién kién çụ́ çụ́* 件件事事.

Todo el camino (np.整条道路、整个路上). *iẻ lú* 一路.|. *pién lú* 遍路.|. *mùon lú* 满路.

Toda la casa (np.整个一家). *iẻ kiā* 一家.|. *tūn'g iẻ kiā* 通一家.|. *mùon kiā* 满家.|. *çhiụ́e'n kiā* 全家. [*kiụ̀ kiā* 举家. para escritura (书面语词).]

Todo el Reyno (np.整个王国、全国). *tuñ'g kuẻ* 通国.|. *iẻ kuẻ* 一国.|. *kiụ̀ kuẻ* 举国.|. *liẻ kuẻ* 列国①.|. *pién kuẻ* 遍国.

Todo el dia (np.整个一天、全天). *chuṅg jẻ* 终日.|. *chìng jẻ* 整日.|. *kíng jẻ* 竟日.|. *piṅg' jẻ* 平日.|. *ki'ńg jẻ* 罄日.

Todo la vida (np.整个一生、毕生). *piṅg' seṅg* 平生.|. *chuṅg seṅg* 终生.|. *seṅg piṅg'* 生平.|. *iẻ seṅg* 一生.|. *chuṅg xīn* 终身.

Todos los hombres (np.所有的人、人人). *vuán mîn* 万民.|. *chuṅg jîn* 众人. – Toda la Republica (全体人民、百姓万家). *xụ́ mîn* 庶民.|. *xụ́ kuōn* 庶官②.

Todos los Mandarines (np.所有的官员). *pẻ kuōn* 百官.

Todas sus palabras (np.他的每一句话). *tā' kiụ́ kiụ́* 他句句.

Todo poderoso (ap.万能的). *çhiụ́e'n neṅg chè* 全能者.|. *vû sò pỏ neṅg chè* 无所不能者.

Todo este mes (np.整个月), en todo este mes (pp.在整个这一月里). *iuẻ çhiṅ* 月尽.

Todo el mundo (np.全世界). *tiēn' hía çụ́ faṅg* 天下四方.|. *tuñ'g kuẻ tiēn' hía* 通国天下.

Todo junto (ap.全部一起). *iẻ kỳ'* 一起.|. *iẻ ka'ý* 一概③.|. *hỏ luṅg* 合拢. – en suma (总计、合计起来). *chuṅg luṅg* 总拢.|. *iẻ çhuṅg* 一总.

Todo es vn negocio (s.全都是一样的事情). *tū xý iẻ puŏn tiẻ çụ́* 都是一般的事.

Todo es de vna manera (s.全都是一种类型、一种方式). *tū xý iẻ iaṅg* 都是一样.

Toda la noche (np.整个一夜). *iẻ ié* 一夜.|. *te'ú ié* 透夜.|. *chuṅg ié* 终夜.|. *liēn ié* 连夜.

---

① 柯本未录此词。
② 应归下一条，与"百官"同义。
③ 柯本作"一块"，认为 *k'ay* 是 *k'uáy* 的笔误。

Todo es verdad (s.全都是事实、都对). *tū xý* 都是.

Toda via puede pasar, puede siruir (s.不管怎样都能对付、总用得上). *kò' ỳ iuńg tě tiě* 可以用得的.

Toda via no (adp.还没有). *vuý* 未.|. *hoân vuý* 还未.|. *pǒ çhên'g* 不曾.|. *vuý çhên'g* 未曾.|. *hoân vuý* 还未①.

Toda via viuen los resabios (s.恶习不改). *siñ vuý çù* 心未死.

Todo es verdad (s.全都是事实、都对)②. *tū çhiéu xý* 都就是.

Todo lugar (np.所有的地方、到处). *muòn ch'ú* 满处.|. *pién ch'ú* 遍处.|. *ch'ú ch'ú* 处处.|. *vuán fañg* 万方.

Todo el rostro (np.整个脸). *muòn mién* 满面.|. *iě mién* 一面.

Todo tiempo (np.每一刻、任何时候). *moèy xý* 每时.|. *xý xý* 时时.

Todo se gasto (s.都用完了、消耗尽了). *iuńg çhiń leào* 用尽了.|. *ki'ńg çhiń leào* 罄尽了.

Todas las vezes (np.每一次、始终). *muèy ch'ú* 每次.|. *ch'ú ch'ú* 次次.|. [*tá fân* 大凡. para escritura (书面语词).]

Todas sus fuerzas (np.以其全部的力量). *çhín liě* 尽力.|. *kiě liě* 竭力.|. *ki'ńg liě* 罄力.

Todo cuydado (np.全神贯注), poner lo (vp.专注于). *chuēn vú* 专务.

Tollo, caçon pescado (n.角鲨，鲨鱼). *xā iû siañg* 鲨鱼鲞.|. *xā siañg* 鲨鲞.

Toldo (n.布篷、车篷). *tūn' pûn'g* 通篷③.

（p.213）

Todo el tiempo pasado (np.所有过去的时日、以往、从来). *iě hiañg* 一向. – nunca lo hizo (从未做过此事). *iě hiañg vuý çhó* 一向未做.

Todo el corazon, o, voluntad (np.整个心思、一心一意). *chuēn siñ* 专心.|. *chuēn ý* 专意.

Tolba de molino (np.磨房里用的漏斗、料斗). *mó çhiǹg* 磨井.|. *mó heú* 磨漏④.

---

① 与第二个词重复。
② 重复的词目，也见本页，对译略异。
③ 四边无遮挡的顶篷。*tūn'*，可能漏写尾音 g，也可能是"通"字的异读。柯本拟为"屯"。
④ *heú*，疑为 *leú* "漏"之误。柯本拟作"喉"。

Tolerar (vt.容忍). *xú mièn* 恕免.①

Tolondron (n.冒失鬼、轻狂的家伙). *iǔ chỷ'* 愚痴.|. *chỷ' muǹg tiě* 痴懵的.

Tomar, vt sic (vt.拿、抓、取、夺、攻占等). *nà* 拿.|. *nà kỳ'* 拿起. – moraliter (引申的用法). *pà* 把.|. *çhiāng* 将.

Tomar prestado (vp.借取、借用). *vuén jiń çhié* 问人借.|. *çhié laỷ* 借来.

Tomar con la mano (vp.用手拿). *xèu nâ* 手拿.

Tomar por la mano (vp.执住手、抓着手). *chỷ' xèu* 持手.|. *chě xèu* 执手.

Tomar residencia (vp.视察政绩). *kào' chǎ'* 考察.

Tomar por fuerza (vp.用力夺取). *çhiàn'g* 抢.|. *çhiàn'g tǒ* 抢夺. [参见：arrebatar (猛抓).]

Tomar el pulso (vp.拿脉、把脉). *chìn mě* 诊脉.|. *ka'ń mě* 看脉.

Tomar con los dedos (vp.用手指捏取). *chǒ'* 撮.

Tomar sudores (vp.致使出汗、发汗). *piào* 表.|. *piào haṅ* 表汗.

Tomar el fresco (vp.觅阴凉). *chîn'g leañg* 乘凉.

Tomar medicinas (vp.吃药、用药). *fǒ iǒ* 服药.|. *hiá iǒ* 下药.

Tomar cobrando (vp.收集、征收). *çhiù'* 取.|. *tào'* 讨.

Tomar agua bendita (vp.施圣水). *tièn xiṅg xùy* 点圣水.

Tomar la medida (vp.测量、比量). *pỳ* 比. [参见：medir (衡量).]

Tomar de herrumbre (vp.生锈斑). *seṅg sieú* 生锈.|. *xaṅg sieú* 上锈.

Tomarse de moho (vp.发霉、长毛). *seṅg moêy* 生霉.②

Tomar de memoria (vp.从记忆中提取、靠记忆). *poéy nién* 背念. – saber lo de memoria (凭记忆熟晓某事). *hoéy nién* 会念.

Tomarse los perros, o otros Animales (vp.犬类或其他动物交配). *siāng taỷ* 相待③. – las Aues (鸟类交配). *siāng tǎ* 相搭.

Tomar señal, vt de lo que se compra (vp.拿定金，例如在买东西时). *tỷ' tiṅg* 提定.

Tòmo lo ami cargo (s.这事由我承担). *xý gò tiě çụ́* 是我的事.

Tomar posecion del oficio (vp.出任某职). *taó jiń* 到任.|. *xaṅg jiń* 上任.

Tomar el gusto, vt de la comida, prouar la (vp.尝味道，如对食物，试试味道怎样). *xý vúy* 试味.|. *chân'g iě chân'g* 尝一尝.

---

① 此条似为另手补写。

② 柯本作"生莓"。

③ 可能是方言的说法。*taỷ*, 柯本缺字。

Tomar cuentas (vp.做账目). *suón chańg* 算账. – hazer las (统计账目). *suón sú* 算数.

Tomar puerto (vp.靠港、泊岸). *xańg iây* 上涯.|. *taó iây* 到涯.|. *uān chuê'n* 湾船.

Tomar a logro (vp.赚取暴利). *vuén jiń seńg iń çhǔ* 问人生银子.

Tomar à destajo (vp.干计件的活儿). *tà çhó* 打做.

Tomar, o lleuar mal alguna cosa (vp.嫌弃或厌恶某物). *pǒ hỳ* 不喜.|. *nào nú* 恼怒.

Tomar a traycion (vp.诈取、骗得). *pi'én nâ* 骗拿.

Tomar a cuestas, o en ombros (vp.用背扛，或用肩担). *poéy* 背.|. *poéy chǒ* 背着.

Tomar en prendas (vp.接受抵押). *tańg* 当.

Tomillo (n.百里香).①

Tomiza (n.草绳). *çhà'o sǒ* 草索.|. *çhō' sǒ* 搓索.

Tomo de libro (np.图书的卷、册). *puèn* 本.|. *xū puèn* 书本. – vn tomo (一册). *iě puèn* 一本.

Tonadas de la lengua mandarina son 5. (s.官话的声调计有五个). *gù iń* 五音.|. *piń'g chǒ* 平浊. – la 1ª. (第一声). *piń'g çhiñg* 平清②. – la 2ª. (第二声). *chǒ* 浊.|. *chǒ piń'g* 浊平. – la 3ª. (第三声). *xańg* 上. – la 4ª. (第四声). *ki'ǔ* 去. – la 5ª. (第五声). *jě* 入.

Tonadilla, o dexo del modo de hablar (n.调子，或说话的口音). *kiañ'g* 腔.|. *kèu' k'ý* 口气.

Tonel (n.木桶). *xùy tùn'g* 水桶.

Toñina③, pescado (n.鼠海豚，一种鱼). *hày chū* 海猪.

Tonto (a.愚蠢的、傻乎乎的). *muńg tuǹg* 懵懂.|. *chỹ' chù'n* 痴蠢.|. *iû chù'n* 愚蠢.|. *iû muńg* 愚懵.|. *vû mîng gú tiě* 无明悟的.

Tonteria (n.无知、蠢事、痴话). *chỹ' siàng* 痴想.|. *chỹ' iù* 痴愚.

Topar con algo (vp.与人碰撞). *cho'áng chǒ* 撞着.|. *chǒ'* 触.

Topar con los pies (vp.用脚触碰). *tiě chǒ* 踢着.|. *tiě iě hía* 踢一下.|. *chu'ńg* 冲.

---

① 缺汉语释义，柯本 thyme（百里香，一种用来调味的香草）。

② 柯本注："平清"，第二个音节拼为 çhiñg，没有送气符，在万济国的《华语官话语法》上也始终如此。

③ 此词今指金枪鱼，与"海猪"相去甚远，这里从柯本 porpoise（鼠海豚）。

Topar, o encontrar (vt.碰上，遇到). *cho'áng iú̷* 撞遇.|. *iú̷ chǒ* 遇着.|. *chāo iú̷* 遭遇.

Topar buena ocasion (vp.碰上好机会). *che'ú kià'o* 凑巧.

Topetar como carneros (vp.用脑袋碰撞，就像绵羊用角顶触那样). *siang ch'ǒ* 相触.|. *fang têu' siang ch'ǒ* 放头相触.

Topar con la frente (vp.用额头碰撞). *cho'áng gě* 撞额.|. *ch'ǒ gě* 触额.

Topo (n.鼹鼠). *hiǎ xù̷* 黠鼠①.|. *xě xù̷* 鮖鼠.

Torçal (n.棉线、拈丝). *chō' sién* 搓线.

Torcer cuerdas, o, sogas haziendo las con las manos (vp.搓绳子，即用手工编制绳索). *tà xîng* 打绳.|. *tà sǒ* 打索.|. *nâ sǒ* 拿索.|. *chō'* 搓.

Torcer hilo (vp.搓线、捻丝). *chō' sién* 搓线.|. *chō' kúo sién sǒ* 搓过线索.

Torcer delgado (vp.把线之类搓得很细). *chō' sý sý* 搓细细.

Torcer con los dedos (vp.用指头捏). *niě chiú̷* 捏聚.|. *chỳ niě* 指捏.

Torcer el cuerpo, doblegar lo (vp.扭转身子，拧过身). *nièu xīn* 扭身. – la cabeça (转过头). *nièu têu'* 扭头.|. *nièu hoêy têu'* 扭回头.

Torcer, vt la ropa para que se seque (vt.拧、绞，如把衣服拧干). *nièu kān* 扭干.|. *kiào kān* 绞干.

Torcer el corazon (vp.心里拧得慌、心情糟糕). *nièu sīn* 扭心. – me tuerçe el corazon (我的心被绞痛). *nièu gò sīn chân'g* 扭我心肠.

Torcerse los nervios (vp.筋骨扭伤). *chuèn kīn* 转筋.|. *chō' kīn* 搓筋.

Tordo (n.画眉鸟). *kō niào* 歌鸟.|. *kō chǔ* 歌子.②

（p.214）

Torcer el camino (vp.道路弯曲不直). *uān lú* 弯路.|. *uān chuèn* 弯转.|. *chuèn lú* 转路.

Torcer, vt dando garrote (vt.绞、绞杀，如施绞刑). *kiào* 绞.

Torcer las orejas (vp.拧耳朵). *nièu chǒ ùl* 扭着耳.

Torçon de tripas (np.肠绞痛). *tú tá tu'ńg* 肚大痛.

Torcido, tuerto (a.弯曲的，歪斜的). *uāy tiě* 歪的.|. *pǒ chíng tiě* 不正的.

Torcida del candil (np.灯芯、灯捻). *teng chào'* 灯草.|. *teng sīn* 灯芯.

---

① *hiǎ*，柯本缺字。"黠鼠"，狡猾的老鼠，文学用语。

② *kō*，柯本缺字。

Tormenta del mar (np.海上的风暴). *páo fuñg* 暴风.|. *kuân'g fuñg* 狂风. [参见：tempestad (暴风雨).]

Tormentos que dan en los tobillos (np.棍夹脚脖的肉刑). *kiă kuén* 夹棍. – dar los (施用这种肉刑). *kiă kỳ'* 夹起.

Tormento que dan en las manos (np.施于双手的肉刑). *çhàn xèu* 拶手.|. *çhàn chỷ* 拶指.|. *çhă chỷ* 撒指. – el instrumento conque lo dan (施用这种肉刑的器具). *çhàn çhủ* 拶子.|. *çhă çhủ* 撒子.① – dar este tormento (施用这种肉刑). *çhàn kỳ' lây* 拶起来.

Tormento que dan en las espinillas (np.施于小腿的肉刑). *kiă kińg* 夹胫.

Tormento colgado pies arriba (np.头下脚上悬吊的肉刑). *fàn tiáo* 反吊.

Tormento que dan en la cabeça poniendo le un aro (np.夹箍头部的肉刑). *kū' têu'* 箍头.

Tormento de pies y manos (np.手脚并夹的肉刑). *kiă leào xèu çhỏ* 夹了手足.

Tormento de cordeles, como el nuestro (np.用绳子捆绑的肉刑，跟我们欧洲施行的一样). *kuè'n xīn* 捆身. – dar lo (施加这种刑法). *kuè'n kỳ'* 捆起.

Tormentos o, penas eternas (np.永世的折磨或痛苦). *iuǹg kù'* 永苦. – temporales (一时的痛苦). *çhán kù'* 暂苦.

Tornar (vi.返回), o boluerse del camino (vp.行路时折回). *chuèn hoêy* 转回.|. *hoêy laŷ* 回来.

Tornar ensu ceso (vp.苏醒、恢复意识). *hoêy siñ* 回心.|. *hoêy siǹg* 回醒.|. *chuèn siñ* 转心.|. *siǹg* 醒.

Tornar à pedir (vp.再次请求). *çháy kiêu'* 再求. [参见：boluer en todos (动词boluer的各种用法)②.]

Tornar à ver (vp.重新看). *çháy ka'ń* 再看.|. *fỏ xý* 复视.

Tornar atras (vp.转回来、后退). *tu'ý hoêy* 退回.|. *tu'ý lây* 退来.

Torno (n.木匠、陶工等使用的转轮、旋床、车床). *xún kiá* 镟架.|. *chē'* 车.

Torno para hilar (np.纺织用的转轮、纺轮、纺车). *xèu chē'* 手车.|. *faǹg chē'* 纺车.

Tornillo (n.螺钉、螺旋). *lô çū* 螺丝.

Tornear (vt.用旋床加工、旋、车). *chē' iuên* 车圆.|. *chē' xún* 车镟.|. *xún iuên* 镟圆.

---

① *çhă*, 柯本写为"砸"。"撒子"，撒子角，即拶子。

② 其词目、词组见 p.34。

Tornero (n.用旋床加工器件的匠人、车工). *chē' çhiáng* 车匠.

Torongil (n.蜜蜂花、香脂草).①

Torpe hombre (np.淫邪好色的人): luxurioso (a.淫荡的). *iñ luón jiñ* 淫乱人.|. *kān iñ tiě* 奸淫的.|. *haó sě tiě* 好色的.

Torpe (a.丑陋的), fea cosa (np.丑恶的事情). *chèu' çú* 丑事.

Torpe, Atado (a.笨拙的，胆怯的). *seng hoên tiě* 生浑的.

Torpes cantares (np.淫邪的歌曲). *siê ki'ǒ* 邪曲.

Tosca cosa (np.粗糙、粗陋的东西). *chū' tiě* 粗的.

Torre (n.塔、塔楼). *tǎ'* 塔.|. *lêu tǎ'* 楼塔.|. *tây' kǒ* 台阁. numeral de Torres (塔的量词). *çhó* 座.

Torta (n.饼、糕). *pìng* 饼.|. *pìng çhǔ* 饼子. – de açucar (放糖的). *tañ'g pìng* 糖饼.

Torresno (n.油炸肉块). *iêu chā* 油渣.|. *xāo çhiāo chȳ jǒ* 烧焦之肉. – chicharrones (油渣、炸肉块). *iêu chā* 油渣.

Tortola (n.斑鸠). *pān kiēu* 斑鸠.

Tortuga (n.龟). *tu'ôn iǔ* 团鱼.

Tortuga (n.龟), su concha, o cosas echas de ella (np.龟类的甲壳，或用龟壳制作的东西). *táy moéy* 玳瑁. – peyne de tortuga (用龟壳制作的梳子). *táy moéy sū* 玳瑁梳.

Toruellino (n.旋风、飓风). *hě iûn kuân'g fung* 黑云狂风.|. *tá fung iǜ* 大风雨.

Touillo (n.脚踝). *kiǒ ièn* 脚眼.

Toz, o, toze (n.咳嗽). *seú* 嗽. – seca (干咳). *kān seú* 干嗽.

Tozer (vi.咳嗽). *kě' seú* 咳嗽.

Tostar al fuego (vp.烤火). *hūng poéy* 烘焙. – poniendo entre el rescoldo (放在炭火上). *goêy hò* 煨火.

Tostar en tacho (vp.放在锅里焙烤). *chào'* 炒.

Toston, llamamos (n.多斯顿，一种葡萄牙银币，我们[西班牙人]的叫法). *chung çhiên'* 中钱②.

Toua de los dientes (np.牙垢、齿垢). *chỳ' fuén* 齿粪.③

---

① 缺汉语释义.

② 似指中间商所用的货币。*chung*，柯本缺字。

③ 重复的条目，toua (=tova) 即 toba，见 Toba de los dientes（p.212）。

Tosco (a.粗糙的、粗俗的). *çhū'* 粗.①

Tr.

Trabajar (vi.劳动、工作). *chó kuñg* 做工.|. *chó kuñg fū* 做工夫.

Trabajos, obras (n.活儿、活计，作品、成果). *kuñg fū* 工夫.|. *kuñg hiñg* 工行. [参见：obras (成果、作品).]

Trabajar para sustentar la vida (vp.为生计而劳作). *chó señg lỳ* 做生理.|. *chó señg ý* 做生意.|. *chó señg huǒ* 做生活.

Trabajar en vano (vp.白白劳动、徒费力气). *kuñ'g fý leào* 空费了.|. *vuáng fý leào* 枉费了.|. *kuñ'g lâo* 空劳.|. *kuñ'g chó* 空做.|. *vuáng fý leào tō xào liě* 枉费了多少力.|. *tû' lâo* 徒劳.②

Trabajos, vt sic (n.劳苦、艰辛、困难等). *kù'* 苦.|. *lâo kù'* 劳苦.|. *siñ kù'* 辛苦.|. *ku'én laô* 困劳.|. *ku'én kù'* 困苦.|. *kù' çhù'* 苦楚.

Trabajos, calamidades (n.艰辛，灾难). *çhāy nán* 灾难.|. *kù' nán* 苦难.|. *hoán nán* 患难.|. *kiēn nán* 艰难.|. *çhāy iañg* 灾殃. [参见：calamidades (灾难).]

Trabajador, vt peon, ett^a. (n.工人，如短工、小工等). *iuñg kuñg* 佣工.|. *iuñg jiñ* 佣人. – alquilado por mucho tiempo (长期雇用的). *chân'g kuñg* 长工.③

（p.215）

Trabajo, o obra interior (n.劳作，指内在的功果). *nuý kuñg* 内功.④

Trabajo con cansacio interior (np.内心的辛劳). *laô siñ* 劳心.

Trabajos, persecucusiones⑤ (n.烦扰，纠缠). *kiù nán* 举难⑥. – te di trabajo ([我]给你添麻烦了)⑦. *kỳ' tuńg nỳ* 起动你. – Di trabajo à v. m. (劳动您

---

① 后手添补的条目，写于本节（字头 To.）的末尾。
② *vuáng*，两例柯本都写为"妄"。
③ 柯本作"常工"。
④ 柯本作"内工"。
⑤ 衍一音节，当为 persecusiones（折磨、纠缠）。
⑥ 柯本作"巨难"。"举难"，谓荐举贤明甚难，转指求人办事之难。《吕氏春秋》卷十九有"举难"篇："以全举人固难，物之情也。"（以完美的标准荐举人实在很难，这本是事物的常情。）
⑦ 指已经有所烦劳，di 为动词 dar（给予、带来）的单数第一人称简单过去时形式。

了)①. *tō laô* 多劳.|. *fân laô* 烦劳.|. *laô çhūn* 劳尊.|. *laô tuṅg* 劳动.|. *kiṅg' tuṅg* 惊动②.

Trabar en amistad③ (vp.敌视、敌对). *kiě iuēn kiā* 结冤家.|. *çhó iuēn kiā* 做冤家.|. *kiě chêu'* 结仇.

Trabar amistad (vp.结成友谊). *kiāo* 交.|. *kiě kiāo* 结交.|. *kiě ièu* 结友.

Traçar (vt.计划、设计). *mêu* 谋.|. *chý mêu* 智谋.|. *ký mêu* 计谋.|. *leaṅg tú* 量度.|. *mêu suón* 谋算.

Traças (n.计划、手段). *chý mêu* 智谋.|. *ký kiáo* 计较.|. *ký mêu* 计谋.|. *ký çhě'* 计策.|. *kȳ mêu* 机谋. – ars vt artem falleret (以一计破另一计). *çhiaṅg ký çhiéu ký, ûl hiṅg* 将计就计而行.|. *ký xaṅg iuṅg ký* 计上用计.

Traças ocultas (np.阴险的计谋). *gań mêu* 暗谋.|. *iñ mêu* 阴谋.

Traça de enemigo parar dañar (np.敌方意在造成破坏的计谋). *kān ký* 奸计.④

Tradicion (n.传统、传承). *chuê'n xéu* 传授.|. *siaṅg chuê'n* 相传.|. *ký chuê'n* 继传.|. *chuê'n lièu* 传留.

Trafago (n.忙忙碌碌、熙熙攘攘). *náo jě* 闹热.|. *jě náo* 热闹.|. *náo chào'* 闹吵.|. *chào' náo* 吵闹.

Traher⑤, ut sic (vt.拿来、带来、运来等). *nà lây* 拿来.|. *çhiù' lây* 取来.

Traher colgado, o consigo algo (vp.带着来，随身带来). *taý* 带.

Traher bordon, vt los viejos (vp.提着拐杖，如老人). *kiú kuày chaṅg* 举拐杖.

Traher carga el nauio, o carro (vp.船只运货，或者车辆拉货). *cháy* 载.

Traher al deredor (vp.运到附近、运来运去). *iún chuèn* 运转.|. *iún* 运.

Traher luto (vp.服丧). *táy hiáo* 戴孝.|. *ky' fǒ* 起服.

Traher con dos manos (vp.双手端、捧). *fuṅg* 奉.

Traher encomendado algo, vt cartas (vp.受人托付带来，如信件). *ký lây* 寄来.

Traher con sigo (vp.随身携带). *táy laŷ* 带来.

Traher ala memoria lo pasado (vp.记忆中载有过去、追忆往事). *chūy iuèn* 追远.

Traher châ' (vp.端来茶、捧上茶). *fuṅg châ'* 奉茶.

---

① 你和您，西语分得很清楚，汉语也一样。虽未出现代词"您"，但对译隐去代词，也即表示尊敬。

② 柯本作"轻动"。"惊动"，参见 Canse à v. m.（p.41）、Ynquiete à v. m.（p. 117）。

③ 当连写为 enamistad（= enemistad, 敌意、仇视）。

④ 此条隔开两行又写一遍，完全一样。

⑤ 今拼 traer，又可表示穿戴、使用，并转指引起、造成。

Traher espada, o ceñir la (vp.携着剑，或腰里挂着剑). *poéy kién* 背剑.|. *taý kién* 带剑. – catana (刀). *taý tāo* 带刀.

Traher sortijas, o anillos (vp.戴指环或戒指). *taý xèu chỳ* 戴手指①.

Traher el Rosario colgado (vp.挂戴念珠). *taý nień chū̌* 戴念珠.

Traher por fuerza (vp.强力夺取). *kiàn'g nà* 强拿.

Traher, o fletar las piernas, o braços (vp.揉搓腿或臂). *çhō' çō'* 搓.

Traher arrastrando (vp.使劲拖拉). *tō' laý* 拖来. [参见：arrastrar (拖、拉).]

Traher nuebas (vp.递送消息). *chuê'n siāo sič* 传消息.|. *tà paó* 打报.

Traher en braços, o al pecho al niño (vp.用手臂围抱婴儿，或抱在怀里). *hoây paó* 怀抱.

Traher en los ombros (vp.用肩膀扛). *poéy* 背.|. *poéy chŏ* 背着.|. *fú* 负.

Traher en la cinta (vp.挂在腰带上、腰悬). *kuá poéy* 挂佩.|. *poéy taý* 佩带.|. *poéy* 佩.

Traher carga los animales (vp.动物驮运货物). *tô'* 驮.

Trahe lo aca (s.把他带到这里). *taý tā' lây* 带他来.

Traher bonete, o, sombrero (vp.戴帽子或头巾). *taý kiñ* 戴巾.|. *taý máo* 戴帽.

Traher armas (vp.携带武器). *taý tě tāo kién* 带得刀剑.

Traher en la boca (vp.嘴里带着、叼或含着). *kèu' hân* 口含.

Traher al pescueso (vp.挂在脖子上). *kuá çháy kiǹg xańg* 挂在颈上.

Traher ala memoria (vp.记忆中携有), acordarse (vr.记得). *tý' siǹg* 提醒.|. *tý' kỳ'* 提起.|. *tý' pó* 提拨②.

Tragar (vt.吞、咽). *tūn'* 吞.|. *tūn' hiá* 吞下.|. *tūn' iě* 吞咽.|. *tūn' lŏ ki'ú* 吞落去.

Tragarse (vr.吞下、吞词), comerse las palabras (vp.把话咽进肚子). *puón tūn' puón t'ú* 半吞半吐.

Tragadero (n.喉咙、咽喉). *hêu luñg* 喉咙.|. *hêu iě* 喉咽.|. *hêu luñg kuòn* 喉咙管.

Tragon, comedor (a.贪食无度的，胃口大的). *luón ch'ě tiě* 乱吃的.|. *lań xě tiě* 滥食的.|. *tān' tāo' tiě jiń* 贪饕的人.|. *tān' xě tiě* 贪食的.

Tragar oro para quitar se la vida (vp.吞下金子以结束生命). *tūn' kiñ çù* 吞金死.

Trama (n.纬线). *kiñg* 经.③

---

① *taý*，柯本写为"带"。下一条同此。

② 犹提醒。*pó*，柯本缺字。

③ 意思反了。类似之误见 Tela（p.208）。

Trampa para coger en ella (np.用以诱捕猎物的陷阱). *kȳ hièn* 机陷.|. *lâo luǹg* 牢笼.|. *kȳ hiáy* 机械.|. *kȳ çhińg* 机阱.

Trampar (vt.使入圈套), armar trampa para caer (vp.设陷阱以诱捕). *kȳ çhińg* 机阱.|. *kȳ hièn* 机陷.|. *kȳ hiáy* 机械.|. *lâo luǹg* 牢笼.①

Tramposo (a.赖账的), mal pagador (np.失信的付款人、逃债者). *tŏ' ki'én tiĕ* 拖欠的.

Tranca (n.门闩). *muên kańg* 门杠.

Trancos (n.阔步), pasos largos (np.大步子). *tá pú hiñg* 大步行.

Trapasas (n.谎言). *ch'á pi'én* 差骗②.

Trasladar (vt.誊写、抄录). *chāo'* 抄.|. *chāo' siè* 抄写.|. *chāo' pĕ* 抄白.

Trasladar los cuerpos, vt la traslacion de los cuerpos de nuestros santos (vp.挪动尸体，例如搬移我们圣人的尸身). *ŷ xīn xȳ* 移身尸.

Traslado (n.抄件、誊抄). *kào* 稿.|. *chāo' kào* 抄稿.|. *kāò pĕ* 稿白③.

Trasferir, vt fiestas (vt.推迟，如节庆或聚会). *ŷ* 移.

(p.216)

Trapasero (n.骗子、混混). *kuāng kuén* 光棍.|. *kuén tû'* 棍徒.

Trasero, el sieço (n.后部、臀部，肛门). *pý kù* 屁股④.|. *héu xīn* 后身. [参见：orificio (肛门).]

Traspasar, penetrar (vt.穿透，渗入). *t'éu* 透.|. *tūn'g* 通.|. *tūn'g kúo* 通过.

Traspasar la deuda (vp.转让债款). *pŏ kúo* 拨过.

Traspasar la culpa à otro (vp.把罪责转嫁给别人). *tŏ' láy* 托赖.|. *luý* 累.

Trasplantar (vt.移植、移栽). *çhāy* 栽.|. *çháy çhāy* 再栽.|. *çhāy chuńg* 栽种.
– flores (种花). *çhāy hōa* 栽花. ett[a]. (等等).

Trasplantar el arroz (vp.移植稻苗、插秧). *pú iańg* 布秧.|. *pú tiên'* 布田.

Trasparente (a.透明的). *t'éu kuāng* 透光.

Trastornar, vt vazija (vt.打翻、倾覆，如容器). *leú* 漏.|. *siĕ* 泄.

Tratar consultando (vp.商议、咨询). *xańg leańg* 商量.|. *ŷ luń* 议论.|. *piñ'g luń* 评论.

---

① 此条的西语词目为动词词组，而上一条则是名词短语。但两条所用的汉语词却完全一样，只是次序略异。

② *ch'á*, 送气符或衍，即 *chá* "诈"。

③ 谓抄白之稿。*kào*, 带两个调符；柯本所录为 *chāo'*, 其词为"抄白"。

④ *pý*, 脱送气符。

Tratar, negociar (vt.处理、治理，经营、从事). *chó çú* 做事.|. *kań çú* 干事.|. *lý çú* 理事.|. *kuòn çú* 管事. [*goêy çú* 为事.|. *chày' çú* 采事[1]. para escritura (书面语词).]

Tratar mercadeando (vp.交涉商务、做生意). *kiāo iĕ* 交易.|. *kiāo chù'* 交处.

Tratar bien, vt al guesped (vp.善待、热情接待，如对客人). *héu taý* 厚待.|. *kuò'n taý* 款待.|. *héu kuò'n* 厚款.|. *xén chù' jiń* 善处人.|. *vuēn hô taý jiń* 温和待人.

Tratar con afabilidad (vp.以友善之心对待人). *hô iên iuĕ sĕ taý jiń* 和颜悦色待人.|. *hô k'ý taý jiń* 和气待人.|. *siáo lièn taý jiń* 笑脸待人.|. *hô iuñg siāng taý* 和容相待.|. *huōn jeń siang taý* 欢然相待.

Tratar mal (vp.待人刻薄、慢待). *taý mán* 怠慢.|. *kiñg' mán* 轻慢.|. *siĕ mán* 亵慢.|. *siĕ tŏ* 亵渎. [*ki'én mán* 简慢[2]. para escritura (书面语词).]

Tratarse bien (vp.善待自己). *taý kỳ goêy héu* 待己为厚.

Tratarse mal asi mismo (vp.薄待自己、克己). *taý kỳ tán pŏ* 待己淡薄.|. *chiñg' tán* 清淡.|. *kĕ' kù'* 刻苦.|. *chiñg' kù'* 清苦.|. *pŏ kuòn chú kỳ* 不管自己.

Tratar, o comunicarse (vi.交往，vr.交际). *tūn'g* 通. – con estrangeros (与异国人). *tūn'g fān* 通番. – con ladrones (与盗贼). *tūn'g çhĕ* 通贼.|. *kiāo çhĕ* 交贼. ettª. (等等).

Tractable (a.容易相处的). *kò' chù' tiĕ* 可处的.|. *kò' kiāo tiĕ* 可交的. – intractable (难以相处的). *nân chù' tiĕ* 难处的.

Tratos malos, vt de enamorados (np.不正当的性关系，如情人之间). *çū tuñ'g* 私通.

Tratato de libro (np.书卷、文卷). *kiuèn* 卷.

Tratar, y contratar (vp.交通与贸易). *kiāo tuñ'g* 交通.|. *kiāo iĕ* 交易.|. *méu iĕ* 贸易.

Tratar el casamiento (vp.商议婚嫁). *kiaǹg çhīn'* 讲亲.

Tratar los negocios comunes (vp.从事公务). *kuñg kań* 公干.

Trate à v. m. con descortesia (s.失礼了、怠慢您了). *ièu mán* 有慢.|. *taý mán* 怠慢.

Tratar le bien (vp.善待某人). *taý tā' hào* 待他好.

Traycion (n.背叛). *fàn çhiń'g* 反情.|. *mêu haý* 谋害.|. *máy fàn* 卖反. – de

---

[1] *chày'*, 柯本缺字。"采事"，犹办事，对事务择其要者处置。

[2] 谓对上倨傲轻慢。*ki'én*, 拼法有疑，柯本缺字。

rebelion (指叛乱、起义). *mêu fàn* 谋反.

Traydor (n.叛徒). *kān hiuńg* 奸雄.|. *vû çhiñg' tiě* 无情的. – del Reyno (背叛国家的). *máy kuě jiń* 卖国人.|. *kān çhě* 奸贼.

Traydor, de dos caras (np.两副面孔的叛徒). *xoāng mién kién* 双面剑.|. *xoāng têu' xê* 双头蛇.|. *kèu' ièu miě fǒ ièu* 口有蜜腹有①.

Traydor reuelado (np.叛变者). *çhó mêu fàn tiě* 做谋反的.|. *kān çhě* 奸贼.

Traue (n.房梁). *leañg* 梁. – de en medio (中间的). *huńg leañg* 横梁.|. *çhiě leañg* 脊梁.

Trauieso (a.淘气的、爱闹腾的). *uôn pý' tiě* 顽皮的.|. *háo tiào' luńg tiě* 好挑弄的.|. *tiāo kuày* 刁乖.|. *tiāo kià'o* 刁巧.

Trigo (n.麦子、小麦). *siào mě* 小麦.

Trenza (n.发辫). *pień çhǔ* 辫子.

Treinta (num.三十). *sān xě* 三十.

Tres (num.三). *sān* 三.|. *sān kó* 三个.

Tres de luna (n.阴历月的第三日). *çhū' sān* 初三.

Trecientos (num.三百). *sān pě* 三百.

Tres mil (num.三千). *sān çhiēn'* 三千.

Treinta mil (num.三十个千、三万). *sān vuán* 三万.

Tribunal (n.法庭、公庭). *pu'ón tiñg* 判厅.|. *tañ'g* 堂.|. *kuōn tiñg'* 官厅.|. *kuńg xǘ* 公署.|. *tây'* 台.|. *kuńg çhó* 公座. – delante del tribunal de Dios (在上帝的审判台前). *tiēn' çhù tây' çhiēn'* 天主台前. – en el tribunal de la Villa (在市镇的法庭上). *hién tañ'g xańg* 县堂上.

Triangular (n.三角形). *sān kiǒ* 三角.|. *sān mién tiě* 三面的.

Tributo (n.赋税). *leañg* 粮.|. *xúy* 税. – pagar el tribulo (交税). *nǎ leañg* 纳粮. – de las sementeras, o mercansias (交纳田税，或商品税). *nǎ xúy* 纳税.

Tributo (n.纳贡), parias al Rey (np.献给君王的贡品). *xúy kuńg* 税贡.|. *kuńg lỳ* 贡礼. – dar las (进献贡品). *çhín kuńg* 进贡.|. *kuńg hién fañg vuě* 贡献方物.|. *xańg çhū* 上租②.

Tributo personal (np.个人税、人头税). *tiňg leañg* 丁粮.

Tridente, lança de tres puntas (n.三齿叉、三叉戟，即带三个尖头的长枪). *sān chỳ' pâ'* 三齿耙.

---

① 句末脱 "*kién* 剑" 字。

② *çhū*，柯本缺字。

Trinchar (vt.切割食物、切成块或片). *ch'ě kǒ* 坼割[1].|. *çhiě' kǒ* 切割.

Trillar (vt.脱粒、打谷). *çhièn tào* 践捣. – trigo (脱麦). *çhièn tào mě* 践捣麦.

Trinquete del Nauio (np.舰船前部的主桅樯). *chuê'n têu' goêy* 船头桅. – la vela (主帆). *chuê'n têu' puñ'g* 船头篷.

Trincheras (n.堑壕、战壕). *iuñg cháy* 营寨.|. *iuñg chě'* 营栅.|. *kiēn piě* 坚壁.|. *cháy chě'* 寨栅.|. *mǒ lùy* 木垒.

Tripas, tripas[2] (n.肠子、肚子). *chân'g* 肠.|. *tú chân'g* 肚肠. – las grandes (大肠). *tá châng* 大肠[3]. – las pequeñas (小肠). *siào chân'g* 小肠.

Triste (a.悲伤的、忧郁的). *iēu muén tiě* 忧闷的.|. *iēu çhêu'* 忧愁.|. *iǒ muén* 郁闷. – y los antecedentes, causar tristeza (这类词如果前置，就表示引起悲伤). *muén jiñ* 闷人.|. *çhêu' jiñ* 愁人.[参见：melancolico (忧郁的).]

Trocar vno por otro (vp.用一个替换另一个). *hoán* 换.|. *keñg hoán* 更换.|. *keñg iě* 更易. – Mudarse, vt el vestido (更换，如衣裳). *hoán ȳ* 换衣.|. *keñg ȳ* 更衣.

(p.217)

Triumfar (vi.获胜、取胜). *iñg leào* 赢了.|. *tě xiñg* 得胜. [参见：vencer (战胜、征服).]

Trocar oro por plata (vp.用金子换银子). *tào kiñ* 倒金.

Trocarse, o mudarse (vr.交换、改变，或更换、变化). *kày pién* 改变.|. *kày hoán* 改换.

Troço de algo (np.一块、一片等). *iě kua'ý* 一块.|. *iě çhiě* 一截.

Troje (n.粮仓). *çhān'g liñ* 仓廪.|. *çhān'g fañg* 仓房. – de arroz (储存稻米的). *mỳ çhān'g* 米仓.

Trompeta (n.喇叭、小号). *háo têu'* 号头.

Trompa de elefante (np.大象的鼻子). *siáng pý çhǔ* 象鼻子.

Trompo (n.陀螺). *lièn çhǔ* 捵子[4].

Tronco de Arbol (np.树木的主干). *xǔ kán* 树干.|. *xú xīn* 树身.

---

① *ch'ě*，柯本缺字。

② 与前一词并无区别，小写而已，柯本只留一个。

③ *châng*，脱送气符。

④ 柯本注：*lièn* "捵"（旋转）可能是闽方言词。

Tronco seco (np.干枯的树干). *mǒ tuñ* 木墩①.

Tronco de la familia (np.家族的谱系). *çhù çhuñg* 祖宗.|. *çhuñg çhù* 宗祖.

Troncho (n.茎干). *ch'áy siñ* 菜心.

Trono (n.宝座、御座). *çhó goéy* 座位.|. *kuñg çhó* 公座.

Trono Regio (np.君王的宝座、王座). *iǘ çhó* 御座.|. *pào çhó* 宝座.|. *chù çhó* 主座. – subir al trono Regio (登上王座). *xiñg kuñg çhó* 升公座.

Tropezar (vi.碰撞、磕绊). *tiě' kỳ'* 踢起. – vn tropeçon (绊了一下). *ti'ě iě hiá* 踢一下.

Trouas (n.诗歌、歌词). *xȳ* 诗. [参见：versos (韵文).]

Tropico (n.回归线), el de verano (np.夏至线). *hía chý* 夏至. – el de yvierno (冬至线). *tuñg chý* 冬至. – ambos juntos (夏至线与冬至线合称). *tuñg hía úl chý* 冬夏二至.

Tropel (n.杂沓的一堆、乱糟糟的一群). *iě kỳ'* 一起.|. *iě tō* 一多.|. *iě çhý'* 一齐.|. *iě çhûn'g* 一丛. – venir de tropel (乱哄哄地涌来). *çhý' iùng lây* 齐涌来.|. *fuñg iùng lây* 蜂涌来.|. *kiûn' iùng lây* 群涌来.|. *iě kỳ' lây* 一起来.

Truenos (n.霹雳、雷鸣). *lûy* 雷.|. *lûy kuñg* 雷公.|. *lûy hiàng* 雷响.|. *tūn' lûy* 吞雷②.|. *lûy xiñg* 雷声.

Truhan (n.无耻之辈). *siāo jiñ* 宵人③.|. *hiǎ tû'* 狎徒.|. *hiǎ kě'* 狎客.|. *siě hiǎ tiě* 媟狎的.|. *siě hiǎ chè* 媟狎者④.

Truchas (n.鳟鱼). *xý iǘ* 鲋鱼.|. *hiañg iǘ* 鲞鱼.

Tv.

Tu, segunda persona (pron.你，第二人称). *nỳ* 你.|. *ùl* 尔.

Tufo de vino, ettª. (np.酒的气味，或类似之味). *çhièu k'ý* 酒气.

Tuerto (a.歪斜的), no derecho (ap.不直). *uāy* 歪.|. *siê* 斜.|. *pǒ chiǹg* 不正.|. *piēn' leào* 偏了.|. *ki'ǒ* 曲⑤.

Tuerto de un ojo (ap.独眼的). *hiǎ ièn tiě* 瞎眼的.|. *iě chě ièn tiě* 一只眼的.|. *tǒ*

---

① *tuñ*，柯本缺字。
② 犹闷雷。*tūn'*，柯本缺字。
③ 犹宵小、小人。*siāo*，柯本缺字。
④ 此词不见于柯本。"媟狎"，或作"亵狎"。
⑤ 此词柯本也未录。

ièn tiẹ̌ 独眼的.

Tuetano (n.骨髓、精髓). *kỏ suỳ* 骨髓.

Tullido (a.瘫痪的). *kiỏ fuṅg tu'ṅg tiẹ̌* 脚风痛的. [参见：paralitico (麻痹、瘫痪的).]

Tumba, llamamos (n.墓，我们圣教的称法). *mú tây'* 墓台.

Tumulto de gente (np.人声喧嚣). *hiu̯ēn jaṅg* 喧嚷. [参见：trafago (忙碌、熙攘).]

Tupir (vt.堵严、塞紧). *tù* 堵.

Tupido (a.塞紧的、严实的). *miẹ̌ tiẹ̌* 密的.|. *héu tiẹ̌* 厚的.

Turbar (vt.扰乱、使人惊慌), poner miedo (vp.害怕). *kiṅg hoâng* 惊惶.|. *hoâng maṅg* 惶茫. turbarse (即慌乱、惶惑).

Turbio (a.浑浊的). *hoēn chỏ* 浑浊.

Turibulo (n.香炉). *tiáo lû* 吊炉.|. *tỷ' lû* 提炉.|. *kuá lû* 挂炉.|. *hiu̯ên lû* 悬炉.

Turbion de agua (np.狂风暴雨). *tá fuṅg iụ̀* 大风雨.

Turrar (vt.烤). *kān gâo* 干熬.|. *chào' hò* 炒火.

Turnio (a.眉头紧皱的、面色阴沉的). *iēu muén tiẹ̌* 忧闷的.|. *siṅ çhiāo tiẹ̌* 心焦的. [参见：triste (悲伤的).]

Tutor (n.保护者、监护人). *chîn'g hû jiṅ chȳ ký tỏ'* 承护人之寄托.

V
(pp.217-226)

Va.

Vaca (n.母牛). *hoâng niêu mù* 黄牛母. numeral de ellas, o de cauallos (相应的量词，包括马匹). *têu'* 头.|. *kiēn'* 牵①.

Vacaciones a los estuantes (np.学生休假). *fańg kiá* 放假.

Vacaciones en las Audiencias que son 2. dias antes de su año nuebo (np.阴历新年到来之前的两天官署所放的假)②. *fuńg iń* 封印.

Vacia③ para lauarse el rostro (np.洗脸用的盆子). *mién puô'n* 面盆.|. *lièn puô'n* 脸盆.

Vacinetas④ de bronze que tocan (np.铜制的盘子，用为敲奏的器具). *tuî'g lô* 铜锣.|. *lô* 锣.

Vadear el Rio (vp.涉水过河). *hía xùy kúo hô* 下水过河.

Vagamundo (a.在外流浪的、无所事事的). *lańg tańg* 浪荡.|. *kūn'g hiên kúo jě çhǔ* 空闲过日子.|. *liêu tańg* 流荡.

（p.218）

Vaguidos de cabeça (np.头晕). *têu' hiuęn* 头眩.

Vayna⑤ (n.剑鞘). *siáo* 鞘. – de espaga (置剑的). *kién siáo* 剑鞘. – de cuchillo (置刀的). *tāo siáo* 刀鞘.

Valer (vt.等于、相当于), o poder (vi./aux.能够、可以、抵得上). *neńg* 能. – valer por muchos (抵得上许多). *tańg tě tō jiń* 当得多人.

Valer por precio (vp.值钱、有价值). *chý* 值.|. *chý tě* 值得. – quanto vale (价

---

① 柯本缺字。"牵"作名词，古指可牵带的牲畜，似无量词的用法。

② 2. dias, 柯本转录为 3. dias（三天）。

③ 即 Baçia（p.29）。

④ 即 Bacineta（p.29）。

⑤ 即 Bayna（p.29）。

格多少、值多少钱). *chý tě tō xào* 值得多少.|. *tỳ tě tō xào* 抵得多少. ett^a. (等等).

Valiente (a.健硕的、勇武的). *choáng iuǹg* 壮勇.|. *iuǹg çú* 勇士.|. *meǹg choáng* 猛壮.|. *kiân'g choáng* 强壮. [参见：fuerte (强健有力的).]

Valientemente (ad.勇敢无畏地). *kiēn siñ* 坚心①.|. *kiēn chě* 坚执.|. *geńg chě* 硬执.

Valeroso (a.英勇的). *ièu çhiáng tàn* 有将胆②.|. *iuṅg kién hiuńg çhây'* 勇健雄才.|. *ièu vuán jiñ chỹ tiě* 有万人之敌③. idest tiene las fuerzas de un Sanson (即具有大力士参孙的力量).

Valor, o precio (n.价值，或价格). *kiá* 价.|. *kiá çhiên'* 价钱.|. *kiá xǒ* 价赎. [参见：precio (价格、价钱).]

Valon dc papcl, vn valon④ (np.大包的纸，一包). *iě tāo chỳ* 一刀纸.

Valle (n.峡谷). *xān kǒ* 山谷.|. *xān kūn'g* 山空.|. *kūn'g kǒ* 空谷. [*iēu kǒ* 幽谷. para escritura (书面语词).]

Valladar (n.围墙、阻障). *faṅg tỷ* 防堤.|. *gań tỷ* 岸堤.

Valladares de las sementeras (np.田亩的边界). *tiên' pu'ón* 田畔.

Vallado de tierra (np.田地的围栏). *chǒ faṅg* 竹防.

Vallena (n.鲸、鲸须). *hày çhiēu'* 海鳅.|. *hày uǹg* 海翁.

Vana cosa (np.虚幻的东西). *hiǔ tiě* 虚的.|. *hiǔ feû tiě* 虚浮的.|. *hiǔ hoán tiě* 虚幻的.

Vanamente (ad.虚浮不实地), sin fundamento (pp.没有根底). *kiň'g kiǔ* 轻举.

Vano, presumido, soberuio (a.爱虚荣的，自负，骄傲). *çhú kūa'* 自夸. [参见：soberuio (骄傲的).]

Vano, o liuiano (a.轻浮的，浅薄的). *kiň'g hiǔ* 轻虚.

Vanidad (n.浮华、虚荣). *feû hôa* 浮华.|. *hiǔ feû* 虚浮.|. *feû vuên* 浮文.|. *kūn'g vuên* 空文. idest fausto (即奢华、排场等).|. *ta'ó* 套⑤.

Vanagloria (n.自负、自大). *çhú kūa'* 自夸.|. *kūa' çhú kỳ* 夸自己.|. *çhú çhūn* 自尊.

---

① 柯本无此词。
② *çhiáng*，柯本写为"壮"。"将胆"，谓将军之胆略，与下下句"有万人之敌"呼应。
③ *tiě*，柯本转录为 *liě*，其句作"有万人之力"。
④ 即 balon，见 Balon de papel（p.29）。
⑤ 柯本写为"慆"。

Vanagloriarse (vr.自吹、夸耀). çhǔ chìng 自逞①.|. çhǔ kūa' 自夸.
Vandera② (n.旗帜). kẏ' 旗.|. liṅg kẏ' 令旗.
Vando③ que se echa en la guerra (np.打仗时下达的命令). liṅg 令.
Vanda (n.花边、饰带). hōa táy 花带.
Vapor (n.蒸汽、汽). k'ẏ 气.|. iēn k'ẏ 烟气. – humedo (潮气). xě k'ẏ 湿气.
Vaporear (vt./vi.蒸发、散发蒸汽). fǎ k'ẏ 发气.|. pu'én k'ẏ 喷气.
Vaquero, que guarda vacas (n.牧牛人，即照看牛群者). ka'n niêu tiě 看牛的.|. faṅg niêu tiě 放牛的.
Vara (n.细枝). tiâo' 条.|. xụ́ tiâo' 树条. – Rama (枝杈). xụ́ chȳ 树枝.
Vara para castigar (np.施刑所用的条棍). kuén çhù 棍子. – palo (棍棒). mǒ kuén 木棍.
Vara de medir, la grande que tiene diez pequeñas (np.测量用的杆子，长的等分为十尺). chaṅg 丈. – la pequeña que tiene vna tercia de la nuestra (短的相当于我们所用米尺的三分之一). chi'ě 尺④.
Vara, o tequin para botar los barcos, o apartar los de la tierra (n.杆子，即撑船或使船离岸用的长杆). chǒ kāo 竹篙.|. çheṅg kāo 撑篙.
Varar el nauio (vp.使舰船靠岸). chuê'n luṅg leào 船拢了.|. luṅg chuê'n 拢船.
Varadero (n.船坞). chuê'n hán 船埠⑤.
Varaquilos⑥ (n.檐橡、瓦橡). uà chu'én 瓦橡.
Varandas⑦ (n.栏杆). lañ kān 栏杆.|. lañ liên 栏帘.
Varar⑧ (vt./vi.改变、使之有别), o distinguir (vt.区分). fuēn piě 分别.|. ý piě 异别.|. fuēn kāy' 分开. [参见：distinguir（区分）.]
Varias ciencias, o, artes (np.各门不同的科学、学问或技艺). çhǎ' hiǒ 杂学.|. çhǎ' ý 杂艺.|. chǎ' chȳ 杂知.

---

① chìng，疑脱送气符。柯本注：chìng 为 chīng' "称"之误。按：此亦为一种可能，试比较 Blasonar（p.33），同样以"自称"与"自夸"并列。
② 即 Bandera（p.29）。
③ 即 Bando（p.29）。
④ "尺"字他处多拼为 chě' 或 ch'ě。
⑤ hán，柯本缺字。"埠"，圩埠（wéi hàn），江淮一带称较小的河堤。
⑥ 与 Baraquilas（p.30）是同一词。
⑦ 即 Barandas（p.30）。
⑧ variar（改变、变换、使之有异）的笔误或异写。

Varias mercancias (np.各种各样的商品). *chǎ' hó* 杂货.|. *tō iańg tiě hó vuě* 多样的货物.

Vario hombre (np.变化多端的人). *fân chǎ' tiě jiń* 烦杂的人.|. *siń chǎ' tiě jiń* 心杂的人.|. *mǒ tińg tiě jiń* 没定的人.

Varia, y distintamente (vp.各不相同). *pǒ tuń'g* 不同.|. *yèu ý piě* 有异别.

Variedad (n.种种差异、多样性). *ý piě* 异别.|. *tō iańg* 多样.

Varrio① (n.区域、郊区). *kińg* 境.

Varon (n.男人). *nân chǔ* 男子.|. *nân jiń* 男人.|. *nân ûl* 男儿.

Varonil (a.有男子气概的、坚毅果敢的). *kiě xiń kańg iuǹg* 极甚刚勇.|. *tiǹ'g jên, vû sò ki'ǒ* 挺然无所屈.|. *ièu tá chańg fū k'ý* 有大丈夫气.

Varonilmente (ad.毅然、凛然). *kiēn iuǹg* 坚勇.|. *iuǹg liě* 勇烈②.

Vasallos (n.臣属、臣民). *pě sińg* 百姓.|. *xú mîn* 庶民.|. *jiń mîn* 人民. – fieles (忠实的). *chuňg chiń'* 忠臣.

Vasija para algo (np.坛子、罐子等盛放东西的容器). *kuón chǔ* 罐子.|. *k'ý miṅg* 器皿. – de vidrio (玻璃的). *pō lý kuón* 玻璃罐.

Vasura (n.牲畜粪便). *fuén tù'* 粪土.

Vaso de barro (np.陶瓮、瓦罐). *hây kuón* 孩罐③.|. *ùa kuón* 瓦罐.

Vaziar (vt.倾倒、出空). *tào* 倒.|. *kińg'* 倾.|. *kińg' tào* 倾倒.

Vazia (a.空、空无一物的): cosa vazia (np.空虚的东西、虚无的事物). *kūn'g tiě* 空的.|. *kūn'g hiǔ tiě* 空虚的.

Vazio, o vacuo (a./n.空、虚空、真空). *hiǔ kūn'g* 虚空. – de aqui al cielo llaman los chinos (在天上、在空中，中国人的说法是). *kūn'g chuňg* 空中.|. *puón tiēn'* 半天.

Vbre (n.肥肉，尤指牛羊). *jǒ fý* 肉肥. – de vaca (牛身上的). *nièu jǒ fý* 牛肉肥.

Vbres, o, pechos (n.乳房，或胸部). [参见：pechos (胸、胸部).]

---

① 参见 barrio（p.30），系同一词。
② 柯本作"勇力"。
③ 指小罐子，见 Tinajon（p.210）。

（p.219）

Ve.

Vedar (vt.禁止、阻止). *kiń* 禁.|. *kiń kě* 禁革. [参见：prohibir (禁止).]

Vega (n.洼地、平原). *iâng* 垟.|. *piń'g iâng* 平垟. – de sembrados (已播种的). *tiên' iâng* 田垟.

Vehemencia (n.激情、冲动). *siñ kìn* 心紧.|. *siñ kiě* 心急.

Vehementemente (ad.强烈、热烈地). *çhiě' siñ* 切心.|. *iuńg siñ* 用心.|. *iuńg liě* 用力.|. *çhīn' çhiě'* 亲切.

Vejez (n.老年、老年期). *lào niên* 老年.

Veinte (num.二十). *úl xě* 二十. – 21. de luna (阴历月的二十一日). *nién iě* 廿一. et sic hasta 30 (如此一直到月底三十日).

Veinte mil (num.二十个千、二万). *úl vuán* 二万.

Vejiga① (n.膀胱). *pañg' kuāng* 膀胱.|. *xùy pāo'* 尿脬②.

Vejigas, ampollas (n.水疱，气泡). *pa'ó* 疱/泡.

Vela de nauio (np.船帆). *chuê'n pûn'g* 船篷.|. *fuñg puń'g* 风篷.|. *fuńg fân* 风帆.

Vela de gauia nuestra (np.我们欧式船上的主帆). *têu' kiń tìng puń'g* 头椪顶篷③. – dar ala vela (竖起帆桅). *tà pûn'g* 打篷. – yzar (升起帆). *chè' kỳ' pûn'g* 扯起篷.

Vela de nauio, o barco, amaynar la (np.海船或普通船只的帆，降下帆). *hiá pûn'g* 下篷.|. *lǒ pûn'g* 落篷. – recoger la vela (收起帆). *xēu pûn'g* 收篷.

Vela, candela (n.蜡烛). *chǒ* 烛. – de cera (蜡制的). *lǎ chǒ* 蜡烛. – de sebo (油脂). *iêu chǒ* 油烛.

Vela, o, centinela (n.哨兵，岗哨). *siûn keńg tiě* 巡更的.|. *kuōn vuańg tiě* 观望的. idest Atalaya (即瞭望哨).

Vela de la noche (np.执夜勤的岗哨). *xèu keńg tiě* 守更的.|. *xèu xuý tiě* 守睡的.|. *siûn keńg tiě* 巡更的.|. *xèu ié tiě* 守夜的.

Velar (vi.熬夜、守夜), no dormir (vp.不睡觉、失眠). *pǒ xuý* 不睡.|. *sìng gú* 醒寤.|. *pǒ miên* 不眠.

Velo, o toca de muger (n.纱巾，np.女人用的面纱). *káy têu' xā* 盖头纱.

---

① 即 Bexiga（p.32）。
② 柯本作"水脬"。此处为文读，另见 *niáo pa'ó*（Bexiga, p.32），作白读。
③ 悬挂船旗的主帆桅。*kiń*，柯本写为"巾"。

Veleydad (n.变化无常、缺乏恒心). *siń mǒ tińg* 心没定.

Vellaco (a.奸猾的), vergante (n.无耻之徒). *kuāng kuén* 光棍.|. *çhiń'g kuāng kuén* 青光棍.

Vello (n.绒毛、汗毛). *mâo* 毛.

Vellaqueria (n.卑鄙无耻的行径). *ǒ çú* 恶事.|. *chèu çú* 丑事.|. *gū goéy chȳ çú* 污秽之事.|. *pǒ chińg kińg tiě çú* 不正经的事.

Vellocino, o lana (n.羊毛). *juńg mâo* 绒毛.|. *miên iâng mâo* 绵羊毛.

Velloso, o velludo (a.毛茸茸的，或汗毛很多). *seńg tō mâo tiě* 生多毛的.

Vellota (n.橡实).①

Veloz (a.迅速的、敏捷的). *ku'áy* 快.|. *siń ku'áy* 迅快.|. *kińg' ku'áy* 轻快.

Vena (n.静脉). *hiuě kiń* 血筋.

Venas, o, vetas dc la madera (n.脉络，np.木材的纹理). *vuên* 纹.

Venado (n.鹿). *lǒ* 鹿.|. *xān lǒ* 山鹿.

Vencer (vt./vi.战胜、获胜). *xińg* 胜.|. *tě xińg* 得胜.|. *ińg* 赢.|. *chén xińg* 战胜. [*xińg çhiě* 胜绩. para escritura (书面语词).]

Vencer los enemigos (vp.战胜敌人). *kě' tiě* 克敌.|. *xińg páy chêu' tiě* 胜败仇敌.

Vencedor (n.胜利者). *xińg chè* 胜者.|. *tě xińg chè* 得胜者.

Vencido (a.被战胜的 n.失败者). *xū leào tiě* 输了的.|. *xéu xū páy* 受输败.|. *tà xū leào* 打输了.

Venablo (n.投枪、标枪). *tuòn çhiań'g* 短枪.

Venda, o benda (n.布条、绷带). *pú táy* 布带.

Vendaual viento (np.西南风). *sȳ fuńg* 西风.|. *sȳ nân fuńg* 西南风.

Vender (vt.卖、出售). *máy* 卖.|. *fań máy* 放卖.|. *fǎ máy* 发卖.|. *chǔ' máy* 出卖.|. *máy ki'ú* 卖去.

Vender vino (vp.卖酒). *kū çhièu* 沽酒.

Vender por junto (vp.整批出售、趸卖). *çhùng máy* 总卖.|. *iě kỳ' máy* 一起卖.

Vender por menudo (vp.一件一件卖、零售). *lińg máy* 零卖.|. *lińg súy máy* 零碎卖. – compra por junto, y vende por menudo (整批买进，逐件卖出). *çhùng mày, lińg súy máy* 总买、零碎卖.

Vender por las calles (vp.沿街叫卖). *kiáo máy* 叫卖.|. *iêu kiāy máy* 游街卖.|. *têu' jiń kiā máy* 投人家卖.

---

① 即 bellota（橡实），无释义。

Vender arroz (vp.卖稻米). *ti'áo mỳ* 粜米.|. *ti'áo táo çhủ* 粜稻子. – trigo (麦子). *ti'áo mě* 粜麦.

Vender al precio corriente (vp.按现价出售、卖时价). *cháo kiá máy* 照价卖.

Vendedor (n.出售者、卖家). *máy chè* 卖者.

Vendimiar las ubas (vp.采摘葡萄). *xēu pû' tâo'* 收葡萄.

Venerable (a.令人尊敬的). *kò' kińg tiě* 可敬的.

Venerar (vt.尊敬、敬重). *kińg* 敬.|. *fuńg kińg* 奉敬.|. *çhūn kińg* 尊敬.|. *kiñ' çhûn'g* 钦从. [参见：respetar, reuerenciar (尊敬，敬仰).]

Veneracion (n.仰敬、恭敬). *kińg lỳ* 敬礼.|. *chēn lỳ* 瞻礼.

Vengarse (vr.复仇). *páo chêu'* 报仇.

Vengador (n.复仇者). *páo chêu' tiě jiñ* 报仇的人.

Veneno (n.毒物、毒药). *tǒ* 毒①.|. *tǒ iǒ* 毒药.|. *tǒ çhào'* 毒草.

Venenoso (a.有毒的). *ièu tǒ tiě* 有毒的.

Venidero (a.将临的、未来的). *vuý lây tiě* 未来的.

Venir (vi.来、前来、来到). *lây* 来.

Venir antes (vp.早来、之前来). *siēn lây* 先来.|. *çhiên' lây* 前来.

Venir otra vez (vp.再次来), boluer (vi.转回来). *cháy lây* 再来.

Venir en persona (vp.亲自前来). *çhīn' lây* 亲来.|. *çhīn' xīn lây* 亲身来.|. *çhú kỳ lây* 自己来.|. *çhú kiā lây* 自家来.

Venir ala memoria (vp.想起来、记起来). *ký tě* 记得.

Venir la regla à la muger (vp.女人来例假). *iuě kińg lây* 月经来.

Venir la calentura (vp.烧热来袭、开始发烧). *fǎ jě* 发热.

（p.220）

Venir todos (vp.所有的人都来). *kiū lây* 俱来.|. *kiāy lây* 皆来.|. *tū lây* 都来.|. *chuńg jiñ lây* 众人来.

Venir à punto crudo (vp.来得不是时候). *liñ xý lây* 临时来.|. *lây pǒ chǒ* 来不着.

Venir manos vaçias (vp.空着手来). *kūn'g xèu lây* 空手来.

Venir el Rey (vp.君王前来). *kiańg lây* 降来.|. *kiańg liñ* 降临.

Venir Dios a encarnar (vp.上帝来到并显形). *tiēn' chù kiańg sēng* 天主降生.

Venir el espiritu santo (vp.圣灵来到). *xińg xîn kiańg liñ* 圣神降临.

---

① 柯本转录作 *iǒ*，写为 "药"。

Venta en los caminos (np.途中的客栈). *hiĕ p'ú* 歇铺.|. *hiĕ tién* 歇店.

Venta en los caminos para Mandarines (np.一路上供官员歇住的客栈). *kuñg iĕ* 公驿.|. *kuñg kuòn* 公馆.

Ventero (n.客栈主人、店家). *chù jiñ* 主人.|. *chù jiñ kiā* 主人家. assi le llaman (人们这样称呼旅店主).

Ventaja (n.优先), dar ventaja à otro (vp.让人占优). *jañg tā'* 让他.|. *fŏ tā'* 服他.

Ventanas (n.窗户、窗口). *choān'g muēn* 窗门.

Ventanas de las narizes (np.鼻子的出气口、鼻孔). *pý kuǹ'g* 鼻孔.

Ventilar questiones (vp.讨论问题). *pién pŏ* 辩驳.|. *pién luń* 辩论.

Ventosas (n.吸杯、拔火罐). *xā kuón* 沙罐.|. *hiĕ kuón* 吸罐.|. *hiĕ tuñ'g* 吸筒. – Dar las (使用这类器具). *tà hò kuón* 打火罐.|. *hŏ hò kuón* 合火罐.

Ventosa cosa, vt castañas, patatas, ett.ᵃ (np.吃了会胀肚、气胀的东西，如栗子、土豆之类). *señg k'ý tiĕ* 生气的.

Ventoso, vt lugar donde haze mucho viento (a.多风的，如风很大的地方、风口). *ièu fuñg tiĕ sò çháy* 有风的所在.

Ventura, dicha (n.福气，好运道). *çháo hoá* 造化.|. *hiáo hiń g* 侥幸.|. *hào miń g* 好命. [*tiēn' hiń g* 天幸. para escritura (书面语词).]

Venturoso (a.幸运的). *ièu çháo hoá* 有造化.|. *hiáo hiń g tiĕ* 侥幸的.|. *hào miń g tiĕ* 好命的.

Ver (vt.看见、观看). *ka'ń* 看.|. *kién* 见.|. *ka'ń kién* 看见. [*kuōn* 观. para escritura (书面语词).]. [参见: mirar (看、注视).]

Ver comedias (vp.观看戏剧). *ka'ń hý* 看戏.

Ver de lexos (vp.从远处看). *iuèn xý* 远视. – de cerca (由近处看、环视). *kiń xý* 近视. – no lo vi bien (我看不清楚). *ka'ń pŏ mîng* 看不明.|. *ka'ń pŏ chiñ* 看不真.

Ver (vt.看见), nunca visto, ni oydo (vp.既没有见到也没有听说). *ùl mŏ kién vuén sò uý kiñg xĕ* 耳目见闻所未经涉. – A mi ver (在我看来). *ȳ gò kuōn chȳ* 依我观之.

Ver con sus ojos (vp.亲眼看见). *çhīn' kién* 亲见.|. *çhīn' mŏ ka'ń kién* 亲目看见.

Verse, vt los que se van a visitar (vr.见面，例如人们相约会面). *siāng hoéy* 相会.|. *mién hoéy* 面会.

Ver entre dos luzes (vp.隐隐约约、视物模糊). *ka'ń pŏ mîng pŏ pĕ* 看不明不白.

Ver antes (vp.先看见、之前看见). *siēn kién* 先见. – ver despues (后看见、之后看见). *héu kién* 后见.

Verano (n.夏天). *hiá tiēn'* 夏天.|. *hiá xý* 夏时.|. *hiá ký* 夏季.|. *hiá iuě* 夏月.

Veranico de Santo Martin (np.小阳春). *xě iuě siào chūn'* 十月小春.

Verbigratia① (ad.例如、举例说). *pỳ fańg* 比方.|. *p'ý jû* 譬如.

Veras (n.真实、确实), de veras (pp.事实上). *xě xě lǒ lǒ* 实实落落.|. *xě xě tiě* 实实的.|. *kùo jên* 果然.|. *kùo xý* 果是.

Verdad (n.真理、事实、真话). *chīn* 真.|. *xě* 实.|. *chīn xě* 真实.|. *chīn iên* 真言.

Verdad es, assi es (vp.这是事实，正是如此). *chīn xý* 真是.|. *kùo xý* 果是.|. *kùo jên* 果然.|. *tiě xý* 的是.

Verdadero (a.真实的、符合事实的). *chīn tiě* 真的.|. *chīn xě tiě* 真实的. – es verdad, o, no? (这是真的，还是假的？). *xý fỳ mò* 是非么.

Verdadero (a.诚实的), hombre de verdad (np.诚实、正直的人). *lâo xě tiě jiñ* 老实的人.|. *chuńg héu tiě jiñ* 忠厚的人.|. *lâo lâo xě xě* 老老实实[的人].②

Verde de las yerbas, o, versas (np.青草或青菜的绿色). *çhiñg'* 青.

Verde color (np.绿色). *lǒ sě* 绿色③

Verdura de arboles, frondosidad (np.树木苍翠，枝叶繁茂). *çhiñg' çhiñg' méu xińg* 青青茂盛④.

Verdes versas (np.绿叶菜、青菜). *çhiñg' ch'áy* 青菜.

Versas para comer (np.食用的绿叶菜、蔬菜). *ch'áy* 菜.|. *sú* 素.

Verdes yerbas (np.绿草、青草). *çhiñg' chào'* 青草.

Verdes frutas (np.青涩未熟的果子). *seńg kùo çhǔ* 生果子.|. *çhiñg kùo çhǔ* 青果子.

Verdinegro (a.深绿的). *iêu lǒ* 油绿⑤.|. *mě lǒ* 墨绿.|. *kuōn lǒ* 官绿.

Verdolagas (n.马齿苋). *mà chỳ' çhào'* 马齿草.

Verdugo (n.行刑者、刽子手). *fān çhǔ* 番子.|. *kuéy çhǔ* 刽子.

---

① 拉丁语副词，即 verbigracia（p.51）。
② *lâo*，三例柯本都写为"牢"，但指出可能是 *lào* "老" 的笔误。
③ 此条在同一页上两见。
④ *xińg*，柯本写为"胜"。
⑤ *iêu*，阳平，柯本转录为阴平 *iēu*，其词作"幽绿"。

Vereda (n.小径). *siào lú* 小路.|. *chě lú* 窄路. [*hiǎ lú* 狭路. para escritura (书面语词).]

Verga donde se amarra la vela del nauio, o barco (np.捆系船帆的杆子，帆桁). *goèy fân kāo* 桅帆篙①.|. *pûn'g kān* 篷杆.|. *pûn'g tañg* 篷档.

Vergante (n.无耻之辈、无赖). *chiñ'g kuāng kuén* 青光棍.|. *kuāng kuén* 光棍.

Verrugas (n.疣、瘤). *chý* 痣.

Vergel, jardin (n.果园，花园). *kuāng kiǹg* 光景.|. *hōa iuên* 花园.

Verisimil (a.有可能的、可信的). *kuǹ'g p'á xý* 恐怕是.

Verguença (n.羞愧、羞耻心). *p'á sieū* 怕羞.|. *sieū chỳ'* 羞耻.|. *lièn chỳ'* 廉耻.|. *ku'éy chỳ'* 愧耻.|. *sieū ku'éy* 羞愧.

Vergonçoso (a.羞愧的). *ku'éy siñ tiě* 愧心的.|. *p'á sieū tiě* 怕羞的.|. *sieū chỳ' tiě* 羞耻的.|. *lièn chỳ' tiě* 廉耻的.

Versos (n.韵文). *xȳ* 诗.

Versos correspondentes que ponen en la pared (np.贴在墙上的对称的韵文). *túy liên* 对联.

Vestido (n.衣服). *ȳ fǒ* 衣服.|. *ȳ chân'g* 衣裳. numeral de ellos (相应的量词). *liǹg* 领.|. *kién* 件. – vn vestido (一件衣服). *iě liǹg ȳ fǒ* 一领衣服.|. *iě kién ȳ fǒ* 一件衣服.

Vestido conque se ve al Rey (np.觐见君王时穿的衣服). *châo' ȳ* 朝衣.

Vestido de licenciados (np.考生或生员所穿的服装). *lân sān* 蓝衫.|. *jǔ ȳ* 儒衣.

(p.221)

Vestido de Mandarines (np.官员的服装). *iuên liǹg* 员领.|. *miń'g fǒ* 命服. – de *kiù jiñ* (举人穿的). *chiñg' iuên liǹg* 青员领.

Vestido de cortesias (np.礼服). *lỳ ȳ* 礼衣.|. *hiń'g ȳ* 行衣.

Vestido remendado que traen los Bonzos (np.和尚们穿的补补缀缀的衣服、百衲衣). *nǎ ȳ* 纳衣.|. *nǎ gào* 纳袄.|. *nǎ chǔ* 纳子.

Vestido conque sacrifican los Bonzos (np.和尚们行祭礼时穿的衣服). *kiā xā* 袈裟.|. *piēn' sān* 偏衫.

Vestido de fiesta, o casamientos, y bodas (np.节日、婚礼等喜庆场合所穿的衣服). *kiě fǒ* 吉服.|. *xiń'g fǒ* 盛服②.|. *lỳ fǒ* 礼服.|. *hôa fǒ* 华服.

---

① *goèy*，柯本写为"维"。

② 柯本作"胜服"。

Vestido ordinario (np.日常起居穿的衣服). *pién fǒ* 便服.|. *pién ȳ* 便衣.|. *chañ'g ȳ* 常衣.|. *siě fǒ* 衺服.|. *siě ȳ* 衺衣.|. *ién fǒ* 艳服.

Vestido de luto (np.丧服). *hiáo fǒ* 孝服.|. *sang fǒ* 丧服.|. *chý fǒ* 制服. – otro mas tosco (粗纺的布料). *çū mâ* 丝麻.

Vestido largo (np.宽大的衣袍). *taó pâo'* 道袍.|. *chân'g pâo'* 长袍.|. *uēn pâo'* 缊袍①.|. *pâo' çhù* 袍子.

Vestidos Regios (np.君王的衣服). *luñg ȳ* 龙衣.|. *luñg pâo'* 龙袍.|. *chū fǒ* 朱服.|. *kuèn luñg pâo'* 衮龙袍.

Vestidos del sacrificio (np.行祭礼时穿的衣服). *chý fǒ* 祭服.

Vestidos sagrados nuestros (np.我们的宗教礼服). *xiñg ȳ* 圣衣. – De la missa (做弥撒时穿的). *mỷ sǎ xiñg ȳ* 弥撒圣衣.|. *chý ȳ* 祭衣.

Vestido sensillo (np.单薄的衣服). *tān ȳ* 单衣.|. *tān pâo'* 单袍.

Vestido ençerado para lluuias (np.涂蜡或上油的防雨衣). *iù ȳ* 雨衣.|. *iêu ȳ* 油衣.

Vestido corto para debaxo (np.贴身的短衣服、内衣). *tuòn sān* 短衫.|. *tuòn ȳ* 短衣.

Vestido estofado con algodon dentro (np.夹里絮棉的衣服). *miên gào* 棉袄.|. *miên ȳ* 棉衣.

Vestido de cerdas de los labradores para agua, echo de bonote (np.一种鬃毛状的工服，可防水，用椰树纤维制成). *chuñg ȳ* 棕衣.|. *sō ȳ* 蓑衣.

Vestido de guerra (np.打仗时穿的衣服、战衣). *chén pâo'* 战袍.|. *juñg ȳ* 戎衣.

Vestido de fieltro (np.毡布做的衣服). *chēn ȳ* 毡衣.

Vestidos de pellejos de carneros, o, corderos (np.用羊皮或羊羔皮做的衣服). *pý' gâo* 皮袄.

Vestido sin manjas, jaqueta (np.没有袖子的衣服，外套). *ku'á çhù* 褂子.

Vestidos de eunucos Regios (np.宫廷里宦官穿的衣服). *mañg ȳ* 蟒衣.

Vestido de verano (np.夏天穿的衣服). *hía ȳ* 夏衣. – de yvierno (冬天穿的). *nuòn ȳ* 暖衣.

Vestir (vt.给人穿衣服), o, vestirse (vr.自己穿衣服). *chūe'n ȳ fǒ* 穿衣服.

Vexucos (n.藤本植物). *teñg'* 藤.②

Vetas (n.纹理、纹路). *vuēn* 纹.

---

① 柯本作"温袍"。

② 此条不见于柯本。vexuco，即 bejuco，见 Estera（p.94）、Rodela（p.193）。

Vez (n.次、遍、回). *çhāo* 遭.|. *ch'ǘ* 次.|. *pién* 遍.|. *chuèn* 转. – vna, y muchas vezes (一次又一次，许多次). *cháy sān cháy çú* 再三再四.

Vez primera (np.第一次). *tiiě çhāo* 第一遭①. ettª. (等等). – a vezes (若干次、有时候). *ièu xý* 有时. ettª. (等等). – tiene las vezes del Rey (代君王行事). *taý hoâng tý* 代皇帝. ettª. (等等).

Vezino (a.相邻的 n.邻居). *liñ kiŭ* 邻居.|. *liñ kiń* 邻近.|. *liñ çhīn'* 邻亲.|. *liñ kiā* 邻家.|. *hiañg lỳ* 乡里.

Vezindad (n.邻居、居民). *hiañg lỳ* 乡里.

Vezino pared, y medio (np.隔墙邻舍、隔壁邻居). *kě piě tiě* 隔壁的.|. *kiń piě tiě* 近壁的. – los de los dos lados (两边都有邻舍). *chò iéu liñ kiŭ tiě* 左右邻居的.

Vi.

Via, camino (n.道路、路线，路、径). *lú* 路.|. *táo* 道.|. *muên lú* 门路. [参见：camino (路).]

Via lactea (np.银河). *tiēn' hô* 天河.|. *tiēn' hoâng* 天潢.|. *tiēn' hán* 天汉.

Viaandante (n.行人). *hiñg lú tiě* 行路的.|. *pú hiñg tiě* 步行的. [参见：caminante (行路人).]

Viaje (n.旅行、行程). *lú chīn'g* 路程. – vn viaje de yda y buelta (来和去的路程、往返). *iě vuàng iě lây* 一往一来. – vn viaje de agua (水上旅行、水程). *iě xùy chȳ tiě* 一水之的②. – en todo el viaje (整个路上). *iě lú* 一路.

Viatico para camino, los gastos (np.旅途用品、旅费，一应开销). *lú fý* 路费.|. *pûo'n fý* 盘费.|. *fý iuñg tiě* 费用的. – de comida (吃的东西). *kān leañg* 干粮. – de otras cosas (其他东西). *hiñg têu'* 行头.|. *hiñg lỳ* 行李. que es lo que se lleua de carruaje (即用车辆运输的东西).

Vianda (n.食物). *ch'áy sú* 菜蔬③.|. *po'éy fán tiě* 配饭的.

Vicario, sustituto (n.代行职权者、代理主教，代理人、替代者). *tá kiûe'n chè* 代权者④.|. *kiûe'n jiñ chè* 权任者.

---

① *tiiě*，即 *tý iě*，两个字音连写罕见。

② "的"，目标、目的地。柯本据伦敦本，作"一水 [之?] 的路"。

③ 柯本作"菜素"。

④ 柯本注：*tá* 为 *táy* 之误。

Vicario Prouincial, llamamos (np.教区牧师，我们这样称呼). *tá lào çū* 大老师.|. *tá lào iê* 大老爷.|. *hoéy chaǹg* 会长.

Vicio (n.瑕疵、差错、毛病). *kiųě' kie'ń* 缺欠.|. *kúo xě* 过失.|. *p'ó piǹg* 破病.|. *kiųě' hién* 缺陷. [*siê tě'* 邪慝. para escritura (书面语词).] [参见：pecado (罪).]

Vicio (n.恶习、嗜好), perdido por vicios (vp.因放荡而堕落). *fuṅg liêu jiñ* 风流人.|. *ǒ jiñ* 恶人.

Vicioso, florente, vt arbol, ettª. (a.旺盛的，繁茂的，如树木等). *meú xiǹg* 茂盛.

Victoria (n.胜利). *xiń g* 胜.|. *iǹg* 赢. – alcançar la (取得胜利). *tě xiń g* 得胜.

Vid (n.葡萄藤). *pû' tâo' xú* 葡萄树.

Vida (n.生命、寿命、生活). *señg* 生.|. *señg miń g* 生命.|. *siń g miń g* 性命.|. *huǒ* 活.

Vida eterna (np.永恒的生命). *chañ'g señg* 长生.|. *iuǹg señg* 永生.

(p.222)

Vida larga (np.长寿). *chañ'g miń g* 长命. [*kāo xéu* 高寿.|. corta (短暂的). *iào xéu* 夭寿①. para escritura (书面语词).]

Vida corta, y larga (np.短命与长命). *iào xéu* 夭寿②.

Vida contemplatiua (np.沉思默想、打坐默祷的生活). *mě tào chȳ niě kuñg* 默祷之业功.

Vida actiua (np.积极行动的生活). *hiń g çhǒ chȳ niě kuñg* 行作之业功.

Vida solitaria (np.孤寂独处的生活). *iǹ siēu* 隐修.|. *iǹ kiǖ* 隐居. [*iǹ ch'ų́* 隐处. para escritura (书面语词).]

Vida virtuosa (np.修德行善的生活). *xén señg* 善生.|. *siēu xén* 修善.|. *siēu tě* 修德.|. *siēu hiń g* 修行. [*siēu goêy* 修为. para escritura (书面语词).]

Vida futura, la otra vida (np.未来的生活，另一次生命). *héu xý* 后世.|. *xīn héu* 身后.|. *çù héu* 死后. [*lây señg* 来生. para escritura (书面语词).]

Vida presente (np.当下的生活、此生). *kiñ xý* 今世. – aun viue (他还活着). *hôan çháy* 还在.

---

① 柯本以为当作"殀命"（夭命），否则与下一条的"夭寿"相混。按：此"夭寿"非彼"夭寿"，一为偏正，一为联合。

② "夭"，短寿；"寿"，长命。

Vida pasada (np.过去的岁月、以往的一生). *vuàng seng* 往生.

Vida quieta (np.平静的生活), viuir en su estado con quietud (vp.以宁静的心态、合乎身份的方式过日子). *gān seng lỳ* 安生理.|. *gān fuén* 安分.|. *xèu puèn fuén* 守本分.

Vida (n.生命、寿命、生活), toda la vida (np.整个一生、毕生). *piñ'g seng* 平生.|. e 3ª. (也可反过来说: *seng piñ'g* 生平).|. *chung xīn* 终身.|. *iě seng* 一生. – pasar la vida (过日子、度过一生). *tú seng* 度生.|. *kuó jě chǔ* 过日子.

Vidas de Santos, flos sancturum (np.圣人的生平, 其美妙的事迹). *xińg jiñ hińg chě* 圣人行迹①.

Vida miserable (np.悲惨的生活、不幸的一生). *kù' seng* 苦生.|. *kù' mińg* 苦命.

Vidrio (n.玻璃). *pō lỳ* 玻璃②.

Vidrio (n.玻璃). *pō lỳ* 玻璃. – vidriera (玻璃窗). *pō lỳ choān'g* 玻璃窗.|. *pō lỳ mîng choān'g* 玻璃明窗.

Vieja (n.老妇), muger vieja (np.上年纪的女人). *laò fú jiñ* 老妇人.|. *laò pô'* 老婆. – por honrra (有礼貌的称呼是). *laò niāng* 老娘.

Viejo (n.老年人、老头). *laò jiñ kiā* 老人家.|. *laò jiñ* 老人.|. *laò têu'* 老头.|. *laò chiñ'g* 老成. – Decrepito de 90. para arriba (90岁以上的老迈者). *laò máo* 老耄.

Vieja (a.老、旧), cosa vieja (np.陈旧或古老的东西). *kiéu tiě vuě* 旧的物.|. *kù vuě* 古物.

Viento (n.风). *fung* 风. – los ocho vientos, o, Rumbos (八种风位、方向, 或航向). *pǎ fung* 八风.

Viento norte (np.北风). *pě fung* 北风. et sic de singulis (余可类推).

Viento grande con lluuia (np.狂风加暴雨). *fung iù paó chiě* 风雨暴疾.

Viento en popa (np.船尾来风、顺风). *xún fung* 顺风.

Viento por la bolina (np.侧风、角度最佳的风). *pañ'g fung* 旁风.|. *siê fung* 斜风③.

---

① *chě*, 拼法有疑, 或为 *chiě* "迹" 之误; 也可能打算写 *chỳ* "止", "行止" 犹行迹。参见 Huella (p.114)。

② 词目及释义都重复, 复合词见下条。

③ 柯本作"邪风"。

Viento fresco (np.清凉的风), cierço (n.北风). *chiŋ fuŋ* 清风.

Viento encontra, o contrario (np.迎面来风，或逆风). *niĕ fuŋ* 逆风.|. *tuý têu' fuŋ* 对头风.|. *taŋ têu' fuŋ* 当头风.|. *tiŋ fuŋ* 顶风.

Viento (n.风), pie de viento (np.风啸). *kuân'g fuŋ tá çhŏ* 狂风大作.|. *fuŋ liĕ* 风烈.|. *chiĕ fuŋ kù' iù* 疾风苦雨.

Vientre (n.腹部、肚子). *tú* 肚.|. *fŏ* 腹.

Vientre de la muger (np.女人的肚子). *chù kuŋ* 子宫①.|. *tā'y* 胎.

Viernes, llamamos (n.星期五、耶稣受难日，我们[道明会]的说法). *tu'ŋ kù' jĕ* 痛苦日.|. *tý gù jĕ* 第五日. – los Padres portugueses cuentan (照葡萄牙神父的计法是). *chēn lỳ lŏ* 瞻礼六.

Vigas② (n.屋梁). *leaŋ* 梁. – las que atrauiesan (横跨之梁). *huŋ leaŋ* 横梁. – sobre que estriban los baraquiles (支撑瓦椽之梁). *iŋ* 楹.

Viga, vt de lagar (n.轧辊，如压榨葡萄用的那种). *faŋ leaŋ* 方梁.|. *tá leaŋ* 大梁.|. *chaŋ'g leaŋ* 长梁.

Vigetas sobre que clauan las tablas del pauimento (np.钉木地板的小梁). *chu'én* 椽.|. *tỳ chu'én* 底椽.

Viguela suya (n.他们的六弦琴). *pý' pâ'* 琵琶.

Vigor (n.活力、精力). *k'ý liĕ* 气力.|. *liĕ* 力.

Vigotes③ (n.小胡子、髭). *siŭ çhū* 须髭④.

Vigornia, o iunque (n.砧，铁砧). *tiĕ' tūn* 铁墩.

Vil cosa (np.卑鄙龌龊的物事). *çhién vuĕ* 贱物.|. *pỳ' leú tiĕ* 鄙陋的.|. *hiá çhién tiĕ* 下贱的.|. *chèu' leú tiĕ* 丑陋的.

Vil hombre (np.卑鄙恶劣的人). *siào jiñ* 小人.|. *hiá çhién tiĕ jiñ* 下贱的人.|. *pi'ĕ fū* 匹夫. [*fy jiñ* 非人. para escritura (书面语词).]

Vil, couarde (a.可耻的，胆怯的). *vû chý k'ý tiĕ jiñ* 无志气的人.|. *siào tàn tiĕ* 小胆的.

Vileza (n.卑鄙行径). *chèu' leú tiĕ çú* 丑陋的事.|. *siào jiñ chý çhiŋ'* 小人之情.

Vimbre (n.柳条). *lièu tiâo'* 柳条.

Villa (n.市镇). *hién* 县.

---

① *chù* 为 *çhù* 之误。
② 即 Biga（p.33）。
③ 即 Bigotes（p.33）。
④ *çhū*，柯本转录为 *chù*，其词作"须子"。

Villano (n.乡下人). *çhūn' jiñ* 村人.|. *tù' jiñ* 土人.|. *xān jiñ* 山人.|. *iè jiñ* 野人. – hombre tosco (粗野的人). *çhū' jiñ* 粗人.

Villete, o papel de visita (n.便条，即登门拜访时用的名帖). *tiě'* 帖. – entero (全套的). *çhiuê'n tiě'* 全帖. – de vna oja (单页的). *tān tiě'* 单帖. – de 4. ojas (四页的). *kù chě kièn* 古折简.

Villetes para escriuir cartas que se venden rayados (np.市上有卖的便笺本，带有格线，供写信使用). *kièn tiě'* 简帖.|. *chě tiě'* 折帖.|. *siào kièn* 小简. [参见：carta (书信).]

Vinageras (n.调味瓶). *siào piñg'* 小瓶.|. *siào kuón chǔ* 小罐子.

Vinagre (n.醋). *suōn ch'ú* 酸醋.

Vinagrera (n.醋瓶). *ch'ú kuón* 醋罐.

Vino (n.葡萄酒、酒). *çhièu* 酒. – de vbas (用葡萄酿制的). *pû' tâo' çhièu* 葡萄酒.

Vino añejo (np.陈酒). *lào çhièu* 老酒.

Vino nuebo (np.新酒). *siñ çhièu* 新酒.|. *señg çhièu* 生酒. – aguado (掺水的). *xùy çhièu* 水酒. – floxo (力度不大的). *pǒ çhièu* 薄酒. – fuerte (有力度的、浓烈的). *héu çhièu* 厚酒.

Vino (n.酒), hazer vino (vp.制酒). *jañg çhièu* 酿酒.|. *chǒ çhièu* 作酒. – echar vino (倒酒). *kiñg' çhièu* 倾酒.|. *kuón çhièu* 灌酒.

Vino (n.酒), calentar lo (vp.烫酒). *uēn çhièu* 温酒.|. *nuòn çhièu* 暖酒.|. *tuń çhièu* 炖酒.

Vino tinto (np.暗红色的酒、葡萄酒). *mě çhièu* 墨酒.

Vino puro sin mesla (np.不掺兑的纯酒). *xûn çhièu vû chān'* 纯酒无掺.

Vino de cerbeza, o, cebada (np.用大麦酿制的酒，即啤酒). *tá mě çhièu* 大麦酒.

Vino echo o distilado con fuego, aguardiente (np.用火烧制或蒸馏的酒，白酒、烧酒). *xāo çhièu* 烧酒.|. *k'ý çhièu* 气酒.

Vino colorado (np.红色的酒). *huñg çhièu* 红酒. – blanco (白色的). *pě çhièu* 白酒.|. *tuñg pě çhièu* 冬白酒①.

Viñadero (n.看守葡萄园者). *pû' tâo' iuên tiě jiñ* 葡萄园的人.

Viña (n.葡萄园). *pû' tâo' iuên* 葡萄园.

---

① *tuñg*，柯本缺字。

(p.223)

Violar el lugar sagrado (np.污损神圣的场所). *gū hoáy xińg sò* 污坏圣所.|. *gū goéy xińg tań'g* 污秽圣堂. la yglesia (即教堂).

Violeta (n.香堇).①

Violar la doncella (vp.玷污处女). *sùn hoáy xě niù* 损坏室女.|. *kuē'y sùn* 亏损. [参见：corromper (使之腐坏).]

Violencia (n.强力、暴力). *kiàn'g* 强.|. *mièn kiàn'g* 勉强.

Violento (a.激烈的、暴躁的). *pǒ xún tiě* 不顺的.|. *niě* 逆.

Violentamente hazer lo (vp.强行做某事). *kiàn'g çhó* 强做.|. *mǒ náy hô* 莫奈何.|. *pǒ těỳ çhó* 不得已做.

Virazon (n.白日吹向陆地的海风). *leâng fuńg* 凉风.

Virrey (n.总督). *kiūn muên* 军门.|. *fù iuén* 抚院.|. *fù tây'* 抚台. – otro maior que el (比其职位更高的). *çhuǹg tǒ* 总督.|. *pú iuén* 部院.|. *pú tây'* 部台.

Virgen (n.处女、童子). *xě niù* 室女. – a las nuestras llamamos (我们圣教的称法是). *tuń'g xīn* 童身.|. *tuń'g chiǹg* 童贞. [参见：donzella (处女).]

Virginidad (n.童贞、贞洁). *tuń'g chīng* 童贞.

Virtud (n.道德). *tě* 德.|. *tě hiǹg* 德行.|. *xeń tě* 善德.|. *kuńg tě* 功德.

Virtudes cardinales que dan los chinos 5. (np.基本的德行，中国人认为有五种). *gù chân'g* 五常.|. *gù tě* 五德.|. *gù siń'g* 五性.|. *gù tiên* 五典. que son (这五者具体说是): *jiǹ* 仁. piedad (仁爱、慈悲). – *ý* 义. iusticia (正义、公平). – *lỳ* 礼. vrbanidad (礼貌、教养). – *chý* 智. prudencia (智慧、审慎). – *siń* 信. fidelidad (忠实、诚信).

Virtudes naturales (np.自然的道德、天生的道德心). *tě siǹg* 德性.|. *puèn siń'g chȳ tě* 本性之德.|. *siń'g tě* 性德.

Virtudes sobrenaturales (np.高于、超越自然道德的德行). *chā'o siń'g chȳ tě* 超性之德.

Virtudes de las medicinas, el efecto de ellas (np.药物的力量，其效果). *nién* 验.|. *hiáo nién* 效验.

Virtuoso (a.贞洁的、廉正的 n.品行端正的人). *goéy xén tiě* 为善的.|. *ièu tě hiǹg tiě* 有德行的.|. *siēu hiǹg chè* 修行者②.|. *ièu tě çhīn'g pě chȳ çú* 有

---

① 原无汉语释义。

② *siēu*，柯本看漏了首字母，转录成 *ièu*，其词作"优行者"。

德清白之士.|. *chi'ún tě chȳ çú* 俊德之士.|. *xińg tě jiń* 圣德人.|. *hiên tě çú* 贤德士.

Visitar (vt.访问). *vuáng páy* 望拜.|. *páy kě'* 拜客. – a los enfermos (探访病人). *vuáng pińg jiń* 望病人.

Visitar a los superiores (vp.拜访上级). *çhān' páy* 参拜.|. *çhān'* 参.|. *çhān' kuōn* 参观.

Visitar al Rey, hazer le cortesia (vp.觐见君王并施礼). *châo' páy* 朝拜.|.*châo' kién* 朝见.|. *kién châo'* 见朝.|. *lây châo'* 来朝.

Visitar el Rey su Reyno (vp.君王巡视自己的国家). *siûn xèu* 巡守.|. *iêu siûn* 游巡.

Visitar, o rondar, o rondar las calles (vt.视察，巡视，或在街上巡逻). *siûn kiāy* 巡街.

Visitador de vna Prouincia (np.一省的督察官). *chǎ' iuén* 察院.|. *gán iuén* 按院. [*siûn gán* 巡按.|. *gán tây'* 按台.para escritura (书面语词).]

Visajes con los ojos (np.动眼睛做鬼脸、使眼色). *ky' ièn* 起眼.|. *xańg ièn* 上眼.|. *tuńg ièn* 动眼.

Visible (a.肉眼可见的). *kò' kién tiě* 可见的.|. *ka'ń tě kién tiě* 看得见的.

Visojo, o visco① (a.斜眼的). *siê ka'ń tiě* 斜看的.

Visoño② (a.生疏的、刚入行的). *seńg hoēn tiě* 生浑的. – soldado (士兵). *siń pińg* 新兵.

Vista (n.观视、视野、视力). *ka'ń* 看.|. *kién* 见. [*xý* 视. para escritura (书面语词).]

Vista corta (np.视力不足、近视). *kiń xý tiě* 近视的.

Vista turbata (np.视物模糊、眼花). *ièn mǒ hoēn vú* 眼目昏鹜.

Vista clara (np.视力清晰、眼明). *mǒ lý* 目利.|. *ièn kuańg* 眼光.

Vistoso (a.靓丽的、惹眼的). *hào ka'ń tiě* 好看的.|. *ièu siē ý çú* 有些意思.|. *ièu chi'ú* 有趣.|. *hào kuańg kìng* 好光景.

Viscocho③ (n.饼干、硬面饼). *mién têu' kān* 面头干.

Vituallas (n.口粮、粮食). *hińg leańg* 行粮.|. *leâng çhào'* 粮草.|. *kiūn leańg* 军粮.

---

① 即 Bisco，见 Bisco de vista（p.32）。
② 即 Bisoño，参看 Nouicio en la guerra（p.153）、Soldado（p.202）。
③ 即 Biscocho（p.33）。

Vituperar (vt.责骂、谩骂). *kȳ fú* 欺负.|. *kȳ' mán* 欺谩.|. *vù mán* 侮谩. [*hoèy jǒ* 毁辱. para escritura (书面语词).]

Vituperable (a.可恨的、理当斥责的). *kò' chién* 可贱.|. *kò' gú* 可恶.

Vituperio (n.责骂、骂人话). *jǒ hoá* 辱话.|. *liñ jǒ* 凌辱.|. *siě tǒ* 亵渎.

Viuda① (n.寡妇). *kuà fú* 寡妇.|. *xèu kuà* 守寡.|. *xèu chiě* 守节. [*kùa sǒ* 寡索②.|. *xèu ý* 守义. para escritura (书面语词).]

Viudo (n.鳏夫). *kuān fū* 鳏夫.|. *kuān kiǔ* 鳏居. [*kū laǒ* 孤老.|. *ý fū* 义夫. para escritura (书面语词).]

Viuo (a.活生生、有生命的). *huǒ tiě* 活的.|. *seng chè* 生者.|. *ièu miṅg tiě* 有命的.

Viuo (a.活泼的), de natural viuo (pp.生来聪敏). *liñ lý tiě* 伶俐的.|. *kuāy kiào'* 乖巧.

Viuir (vi.生存、活、活着). *ièu miṅg* 有命.|. *huǒ* 活. – aun viue (仍然在世、还活着). *cháy* 在.|. *hoân cháy* 还在.

Viuir (vi.生活、居住), habitar (vt./vi.居住、栖息). *chú* 住.|. *kiǔ chú* 居住.

Viuir (vi.生活、过日子), pasar la vida (vp.度过一生). *tú seng* 度生.|. *kuó jě chǔ* 过日子.|. *kuó huǒ* 过活. – no puedo pasar la vida (这日子[我]没法过、难以生存). *kuó pǒ tě jě chǔ* 过不得日子.

Viuir solo (vp.一个人住、独自生活). *chú kiǔ* 自居.|. *liṅ kiǔ* 另居.|. *tǒ kiǔ* 独居.

Viuir bien, mirar por si (vp.日子过得好，会照料自己). *xèu kỳ* 守己.

Viuir en Palacio (vp.住在宫里). *cháy châo' lỳ chú* 在朝里住.

Viuir a sus anchas (vp.生活无拘无束). *mǒ ièu jiñ kuòn* 没有人管.

Viuidor que sabe buscar la vida (np.懂得营生、善于谋生的人). *ièu suón ký tiě* 有算计的.|. *hoéy suón ký* 会算计.|. *hoéy kań cǔ* 会干事③. – quando viuia (活着的时候). *cháy xý* 在时.

---

① 见 p.33，即 Biuda；下一词目则同于 Biudo。
② 谓孤寡索居，鳏居。*sǒ*，柯本缺字。
③ *kań*，柯本转录为 *k'án*，其词作"会看事"。

（p.224）

Vl.

Vltimo (a.最后的). *xǎ vùy tiě* 煞尾的.|. *mǒ chūng tiě* 末终的.
Vltima luna del año (np.一年的最后一个月). *niên pieñ* 年边.
Vltimamente, finalmente (ad.最后，最终). *piě kiń* 毕竟.|. *çhuǹg* 总.

Vm.

Vmbroso (a.枝叶繁茂的、可以遮荫的). *méu xiń* 茂盛.
Vmbral de la puerta (np.门槛). *muên hú* 门户.

Vn.

Vnanimes, conformes (a.相互一致的，意见统一的). *hǒ ý* 合意.|. *hǒ siñ* 合心.|. *iě siñ* 一心.|. *tuñg' ý* 同意.|. *siāng tuñg'* 相同.|. *siāng vû ý* 相无异.
Vn dia antes (np.一天之前、早一天). *çhiên' iě jě* 前一日.|. *iě jě çhiên'* 一日前.
Vn dia despues (np.一天之后、晚一天). *héu iě jě* 后一日.|. *iě jě héu* 一日后.
Vna vez (np.一次). *iě çhāo* 一遭. ett^a. (等等).
Vna, y otra vez (np.一次又一次). *çháy sān, çháy çú* 再三再四.
Vna hora (np.一个小时). *iě xý xîn* 一时辰.|. *iě xý héu* 一时候.
Vna del dia, ala vna hora despues de medio dia (np.白日的一点钟，在午后的一点钟). *gù xý mǒ* 午时末.
Vn año, y otro (np.一两年). *sú niên* 数年. - algunos años (若干年). *hào kỳ niên* 好几年.
Vn dia si, otro no (np.一天这样，一天那样). *kě jě* 隔日.
Vn poco (np.一点儿). *siē siē* 些些.|. *liǒ liǒ* 略略.|. *siē xào* 些少.|. *xào siē* 少些.
Vn poco mas (np.再多一点儿). *tō siē* 多些.|. *çháy siē* 再些.
Vncion (n.涂油、涂油礼). *chǎ' iêu* 擦油.|. *fú iēu* 傅油.|. *châ' iêu* 搽油.|. *t'û mǒ* 涂抹.①

---

① 柯本缺后二词。

Vncion santa (np.涂圣油、傅圣油礼). *fú xińg iêu* 傅圣油.|. *chǎ' xińg iêu* 擦圣油.①

Vngir (vp.擦、搽、涂抹). *chǎ'* 擦.|. *fú* 傅.|. *châ'* 搽.|. *t'û* 涂.|. *mǒ* 抹. – con medicinas (用药膏). *châ' iǒ* 搽药.

Vnguento (n.油膏、涂尸油). *kāo iǒ* 膏药.

Vnidad (n.单一、统一、个体). *iě chè* 一者.|. *tǒ iě* 独一.

Vnigenito (n.独生子). *goêy iě çhǔ* 唯一子.|. *tǒ iě çhǔ* 独一子.|. *chỳ seńg iě çhǔ* 只生一子.

Vnion entre muchos (np.众多之中形成的统一). *hô xún* 和顺.|. *hô hǒ* 和合.|. *hǒ lunġ* 合拢.|. *siāng hǒ* 相合.|. *hiě liě tuń'g siñ* 协力同心.|. *tuń'g siñ hǒ ý* 同心合意.

Vnion de voluntades (np.愿望一致). *iě k'ý siāng têu'* 一气相投.②

Vnicornio, habada (n.独角兽，犀牛). *sȳ niêu* 犀牛.|. *sȳ niêu* 犀牛.③ el que fingen los chinos (中国人把它想象为). *ký' lińg* 麒麟.

Vniuersal (a.普遍的、通行的). *chý kuńg* 至公.|. *kuńg tūn'g* 公通.|. *çhùng tūn'g* 总通. [参见：comun (公共的、普通的).]

Vniuersidad (n.大学). *hiǒ iuén* 学院.|. *kuě çhǔ kién* 国子监. – la Regia que esta en la Corte (宫廷中设立的皇家学院). *hań liń iuén* 翰林院.

Vniuersidad donde se examinan los *kiù jiñes* para este grado, – ay vna en cada Prouincia (np.设有"举人"等级考试的大学，每个省有一所). *kō' chân'g* 科场.

Vniuersidad donde si examinan los *siéu çhâ'y*, ay la en cada Ciudad (np.设有"秀才"等级考试的大学，每个城市都有一所). *kuńg iuén* 贡院.

Vniuersalmente (ad.一般而言、总体上). *tá ka'ý* 大概.|. *tá puón* 大半.

Vno (a./n.一、同一、一体). *iě* 一.|. *iě kó* 一个.

Vno solo (np.仅只一个、独一、单一). *chỳ iě* 只一.|. *chỳ iě kó* 只一个.|. *tǒ iě* 独一.|. *tān tān iě kó* 单单一个.|. *tān xīn* 单身.

Vno, o otro (np.一个，或另一个). *hoě ché kó, hoě ná kó* 或这个、或那个.

Vno despues de otro (np.一个接着一个). *lién* 连.

---

① 柯本无此条，其中"擦圣油"一词合并入上一条。

② *iě*，很有可能是"意"字，意气相投。

③ 同一词写了两遍，可能是因为西语词目有两个。柯本只留其一。

Vno vale por diez (s.一个能值十个). *iĕ kó tañg tĕ xĕ kó* 一个当得十个. ettª. (等等).

Vno à otro (np.交相、彼此). *iĕ iĕ* 一一.|. *kó kó* 个个.|. *kŏ kŏ* 各各.

Vntar (vt.涂、抹、搽). *tû'* 涂.|. *châ'* 搽.| *mŏ* 抹. [参见：ungir (擦、搽、涂抹).]

（p.225）

Vntar (vt.涂抹), o ceitar con aceyte (vp.用油搓摩). *tû' iêu* 涂油.|. *tû' kāo* 涂膏.|. *te'ú iêu* 透油①.|. *tà iêu* 打油②.

Vnto, o grosura (n.动物脂肪，或油脂). *iêu* 油.|. *chȳ kāo* 脂膏. – de puerco (猪的油脂). *chū iêu* 猪油.

Vntar con albayalde (vp.搽抹铅白). *tû' fuèn* 涂粉.|. *châ' fuèn* 搽粉.

Vntarse las mugeres el rostro con arrebol (vp.女人用胭脂搽脸). *châ' iēn chȳ* 搽胭脂.

Vña de animal quadrupedo, pata (np.四足动物的脚爪，蹄). *tý'* 蹄.|. *kiŏ* 脚. – vt de leon (如狮子的脚爪). *tý' chào* 蹄爪.

Vñas de Aues (np.鸟类的爪子). *chào* 爪.|. *chào kiă* 爪甲.

Vñas de los dedos (np.指头上的甲盖). *chȳ kiă* 指甲.

Vñarada (n.抓挠留下的痕迹). *chào hên* 爪痕.|. *chūa hên* 抓痕.|. *chào chiĕ* 爪迹. – arrañar, herir con las vñas (抓挠，抓伤). *chào ch'ú* 爪刺.

Vñas (n.指甲), cortar las vñas (vp.把指甲剪短). *tuón chȳ kiă* 断指甲.|. *chièn chȳ kiă* 剪指甲.|. *siēu chȳ kiă* 修指甲.|. *siŏ chȳ kiă* 削指甲.

Vo.

Vocablo (n.词、言词). *hóa* 话.|. *kiù* 句.|. *chú* 字.|. *miñg chú* 名字.

Vocal (a.发声的), letra vocal, llamamos (np.发声的字母，我们这么说)③. *huŏ chú* 活字.|. *hiñg chú* 行字.

---

① *te'ú*，柯本缺字。

② 柯本缺此词。

③ letra vocal，柯本理解为元音或元音字母（vowel, vowel letter）。按：这里应该是泛指一个个独立的、能读出声的字母，勉强能与"字"对应。

Vocabulario (n.词汇、词表、词汇集、词典). *chǎ chú* 杂字.|. *chǎ hóa piēn* 杂话篇.|. *chú luý* 字类.|. *hày pieñ* 海编.

Vocabulario de letras antiguas (np.古代文字的字典). *kù vuên chú kào'* 古文考.

Volar (vi.飞、飞翔). *fy* 飞.|. *fy teñ'g* 飞腾.|. *teñ'g kūng* 腾空①. – subir bolando (往上飞、腾飞). *fy xĭng* 飞升.

Voluntad, vt dize intento, deseo, corazon, ett[a]. (n.意愿、愿望，指的是意图、希望、心思等). *ièu siñ* 有心.|. *ièu ý* 有意.|. *siñ ý* 心意.|. *chîn'g iuén* 情愿.|. *puèn siñ* 本心.|. *chîn'g iǒ* 情欲.

Voluntad (n.意志、意图), tener la, vt para hazer esto, o, aquello (vp.持有意志、抱有意图，如有意做这件事或那件事). *ièu siñ* 有心.|. *ièu ý* 有意.|. *liĕ siñ* 立心.|. *liĕ ý* 立意.|. *chîn'g iuén* 情愿.|. *xańg siñ chó* 上心做.

Voluntad buena, bona voluntatis (np.好心，热情). *chîn'g siñ* 诚心.|. *xén siñ* 善心.|. *xĕ siñ* 实心.|. *chīn siñ* 真心.|. *xén ý* 善意.|. *leāng siñ* 良心.|. *hào siñ* 好心.

Voluntad (n.欲念、欲望). *gáy iǒ* 爱欲. – vt est potencia (如潜在的欲念). *gáy cū* 爱思.

Voluntario (a.自愿的、志愿的). *chú chuēn tiĕ* 自专的.|. *chú iáo tiĕ* 自要的.|. *chú ièu ý tiĕ* 自有意的.|. *kān siñ tiĕ* 甘心的. – inuoluntario (不愿意、不情愿的). *vû siñ ý tiĕ* 无心意的.|. *mǒ siñ tiĕ* 没心的.|. *vú ý* 无意②. – A su voluntad (随其意愿、任由其便). *jiń ý* 任意.|. *jû ý* 如意.|. *sûy ý* 随意.|. *sûy pién* 随便.|. *chûn'g pién* 从便.

Vomitar (vt.呕吐). *t'ú* 吐.|. *gèu* 呕.|. *gèu t'ú* 呕吐. – arqueadas (干哕). *chǒ t'ú* 作吐.|. *t'ú pǒ chǔ'* 吐不出.

Vosotros (pron.你们). *nỳ mên* 你们.

Vos, o, tu (pron.你们，你). *nỳ* 你.|. *ùl* 尔.

Voto (n.誓言、誓愿). *hiù iuén* 许愿. – hazer voto (立誓、发誓愿). *hiù iuén* 许愿.|. *liĕ iuén* 立愿.|. *kỳ' iuén* 起愿③.|. *hía iuén* 下愿.

Voto de obediencia (np.服从之誓). *hiù chiuĕ ý* 许绝意.|. *chûn'g miń* 从命.

Voto de pobreza (np.甘贫之誓). *hiù chiuĕ chây'* 许绝财.|. *gān pîn'* 安贫.

---

① *kūng*，脱送气符，可比较 Bolar（p.34，与 volar 是同一词）。

② *vú*，柯本所录为 *vû* "无"。

③ 柯本无此词。

Voto de castidad (np.守贞之誓). *hiù çhiuě sě* 许绝色.|. *hiù xèu chiñg* 许守贞.

Votos tres solemnes (np.三大神圣的誓言), hazer los (vp.发愿以实行). *hiù sān çhiuě* 许三绝①.

Votar, por votos elegir a alguno (vi./vt.选举，vp.通过投票选出某人). *chūy' siuèn* 推选.

Voto, mi voto, o parecer es (n.看法，s.我的看法或意见是). *gò xý ché iańg xuě* 我是这样说.|. *gò chù ý xý ché iańg* 我主意是这样. [参见：parecer (看法、意见).]

Voz (n.声音). *xiñg* 声.|. *xiñg iñ* 声音.|. *xiñg k'ý* 声气.

Voz (n.嗓音、嗓子). *xiñg* 声. – voz buena (好听的嗓音、好嗓子). *hào xiñg iñ* 好声音. – suaue (柔和的). *jêu xiñg* 柔声. – alta, o grande voz (高声，或大嗓门). *tá xiñg* 大声.|. *lý xiñg* 厉声②.

Vozes sinco de su musica (np.他们音乐的五声). *gù xiñg* 五声. – la 1ª. (第一声). *kuñg* 宫. – la 2ª. (第二声). *xañg* 商. – la 3ª. (第三声). *kiǒ* 角. – la 4ª. (第四声). *chiñg* 徵③. – la 5ª. (第五声). *iù* 羽.

Voz baxa (np.低音、低声). *tỷ xiñg* 低声.|. *siào xiñg* 小声.

Voz de trompeta (np.喇叭声、号角声). *háo têu' xiñg* 号头声.

Voz como de trueno (np.如同雷鸣的声音). *xiñg jû kiú luý* 声如巨雷.|. *xiñg jû luý hiāo* 声如雷啸.

Vozes diuersas (np.各种不同的声音). *iñ iù pǒ siañg tuñ'g* 音语不相同.

Vozeria (n.喧哗、吵嚷). *hiuēn jañg* 喧嚷.|. *hiuēn náo* 喧闹.

(p.226)

Vr.

Vrgente (a.紧急的、迫切的). *xańg kiǹ tiě* 上紧的.|. *xiń kiǹ* 甚紧.|. *xě fuén iáo kiǹ tiě* 十分要紧的.

Vrdir, para texer alguna tela (vt.整经，即为织布整理经纱). *kiñg lǒ* 经络.

Vrdiembre (n.纺织用的经线). *kiñg goéy* 经纬.

---

① 参见 Professar, vt la fee（p.180）。

② 柯本作"利声"。

③ 当拼为 *chỷ*。

Vs.

Vsar (vt./.vi.用、使用、利用). *iuńg* 用.|. *fý* 费.|. *fý iuńg* 费用.|. *iuńg chǒ* 用着.|. *iuńg tě* 用得.

Vsar bien (vp.用得上、有用处). *iuńg tě chǒ* 用得着.|. *xén iuńg* 善用.|. *iuńg tě xý* 用得是.

Vsar mal (vp.用不上、没用处). *iuńg pǒ chǒ* 用不着.|. *iuńg tě pǒ hào* 用得不好.

Vso de la cosa (np.东西的用处、用途). *vuě iuńg* 物用.

Vso (n.式样、习俗), al vso (pp.合式、入俗). *xý iańg* 是样. – no se vsa (式样不合适或不合习俗). *pǒ hińg* 不行①.

Vso de razon (np.理性之用、运用理性). *mińg gú* 明悟.|. *leańg chȳ* 良知. – abrirse le el vso de razon (开启理性之用、启蒙). *kāy' mińg gú* 开明悟.

Vsura (n.利息、暴利、高利贷). *lý chiên'* 利钱. – dar a vsuras (放贷获利). *seńg lý chiên'* 生利钱.|. *fańg lý chiên'* 放利钱.|. *seńg chây'* 生财.

Vsurero (n.放贷者). *kāy' tańg p'ú tiě* 开当铺的.|. *seńg iń chǔ tiě* 生银子的.|. *fańg chây' tiě* 放财的②.

Vsurpar (vt.篡夺、僭取). *chén* 占.|. *chién* 僭.|. *chién chiě'* 僭窃.|. *chén tǒ* 占夺.

Vu.

Vuas (n.葡萄). *Pû' tâo'* 葡萄. – arbol de vuas (葡萄树). *pû' tâo' xú* 葡萄树. – vino de vuas (用葡萄酿制的酒). *pû' tâo' chièu* 葡萄酒.

Vuesas mercedes (np.尊敬的先生们、诸位). *liě goéy* 列位.|. *chū kuńg* 诸公.

Vuesa magestad (np.陛下). *pý hiá* 陛下.|.*vuán suý* 万岁.

Vuesa alteza, a los Principes, hijos del Rey (np.殿下，对王子即君王之子的敬称). *chiēn' suý* 千岁.

Vuesa alteza, a los Regulos (np.殿下，对亲王的敬称). *vuańg iê* 王爷.

---

① 谓不通行、不流行。

② *chây'*，有可能为 *cháy* 之误，即"放债的"。见 Logro, dar a logro（p.129），有"放债"一词。

Vuesa exelencia, a los virreyes, y grandes (np.阁下、先生，对总督、贵族的敬称). *tá lào iê* 大老爷.

Vuesa señoria, a los Mandarines (np.先生、老爷，对官员的敬称). *lào iê* 老爷.|. *lào tá jiñ* 老大人.

Vuesa merced, a los *chín çú, kiù jiñ*, o, *hiŏ kuōn*, o los que lo han sido (np.先生，对进士、举人、学官的尊称，或也这样称呼那些冀望获取这类头衔的人). *lào siēn señg* 老先生.

Vuesas mercedes, a los licenciados (np.先生，对考生或生员的尊称). *siáng kuñg* 相公.|. *siēn señg* 先生.

Vuesa merced, a los viejos, o gente honrrada (np.您老，对年纪大者或有身份者的尊称). *lào chīn' uñg* 老亲翁.|. *lào hiuñg* 老兄.

Vuesa merced, a los mancebos (np.您纳，对年轻人的尊称). *chŏ hía* 足下.|. *hiên k'ý* 贤契.

Vulgar cosa (np.世俗的物事). *sŏ vuĕ* 俗物.|. *xý vuĕ* 世物.

Vulgo (n.平民、人民大众). *xú mîn* 庶民.|. *mîn xú* 民庶.|. *jiñ mîn* 人民.

X
(pp.226-227)

Xa.

Xabon① (n.肥皂). *sỳ iǒ* 洗药.

Xaquima (n.牲口的笼头). *tô' çhǜ* 橐子②.

Xaraue (n.糖浆). *tañg' iǒ* 糖药.

Xarcia de nauio, somas, o, otros barcos (np.各类大小船只的索具). *chuên xiñg* 船绳③.

Xaque (n./int.将军), dar xaque (vp.将一军、将死). *çhiáng kiūn* 将军.

（p.227）

Xe.

Xerga (n.粗纺的呢料). *miên iañg juñg* 绵羊绒.

Xergon④ de paxa (np.草编的垫子、草垫). *çhào' çhíen* 草荐.|. *çhién* 荐.

Xi.

Xibia, o, xiuia pescado (n.乌贼，或墨鱼). *mě iǔ* 墨鱼.

Ximia (n.母猴). *hêu* 猴. [参见：mono (公猴).]

Xugoso (a.浆汁很多的). *ièu tō chě* 有多汁.|. *xě tiě* 湿的.

Xicamas, que produce la tierra (n.凉薯，一种地生的块茎植物). *tù' kūa* 土瓜.

---

① 今拼 jabón（肥皂）。下列各词目的首字母 x，如今也多改用 j。
② 袋状的嘴笼。*tô'*，柯本拟为"拖"。
③ *chuên*，脱送气符。
④ 与 gergon 是同一词，见 Gergon de paja para dormir（p.104）。

Y
(pp.227-228)

Y. [见字头I.]

Y. conjuncion (conj.连接词). *iè* 也.|. *iě* 亦.|. *iéu* 又.

Ya (ad.已经). *çhên'g* 曾.|. *leào* 了.|. *ỳ* 已.

Yd.

Yda (n.去程), o, ir (vi.去). *ki'ṳ* 去.|. *vuàng* 往. [参见：ir (去).] – ir a comprar (去买东西). *ki'ṳ mày* 去买. – ir a Pequin, o, a la Corte (去北京，或去朝里). *vuàng kiñg lỳ ki'ṳ* 往京里去.

Ydiota (n.无知的人、傻瓜). *pỏ chȳ chủ* 不知字.|. *pỏ chȳ çṳ tiẻ* 不知事的.|. *iṷ chù'n tiẻ* 愚蠢的. [参见：ignorante (无知的).]①

Ydolo (n.偶像). *pû' sǎ* 菩萨.|. *tù' xîn* 土神.

Ydolatrar (vt.崇拜、祭拜偶像). *poéy kiáo* 背教.|. *puón kiáo* 叛教.

Ydropesia (n.水肿、积水). *kù chańg* 臌胀. [参见：hidropesia (水肿).]

Ydropico (a.患水肿的). *ièu kù chańg tiẻ* 有臌胀的.

Ye.

Yedra (n.常春藤).②

Yegua (n.母马). *mà mù* 马母.

Yelo③ (n.冰、冰冻). *piñg* 冰.|. *xoāng piñg* 霜冰.

Yema de guebo (np.鸡蛋黄). *tań hoâng* 蛋黄.

Yema del arbol (np.树枝上长出的嫩芽). *xṳ́ chiẻ* 树节.

Yerro, desacierto (n.谬误，错误). *chā' chǒ'* 差错.|. *chǒ'* 错.|. *gú chǒ'* 误错.

---

① 重复的条目，见 p.115。下面几条也多重复，或部分重复。
② 原无汉语释义。
③ 重复的条目，见 p.115。另一处拼为 ielo，见 Carambano, ielo（p.42）。

Yg.

Yglesia, nuestra, llamamos (教堂，我们这样称自己的教堂). *xińg tań'g* 圣堂.|. *tiēn' chù tań'g* 天主堂. [参见：templo (庙宇).]

Ygual, parejo (a.平直的、相同的，平坦的、一样的). *pińg' tiě* 平的.|. *pińg' kiēn tiě* 平间的①.

Ygual animo (np.精神一致、愿望相同). *hô pińg'* 和平.

Yr.

Yr (vi.去). *ki'ú* 去.|. *vuàng* 往.

Yrse, vt a pasear (vr.散步，比如去闲逛、出去走走). *ki'ú hińg laŷ, hińg ki'ú* 去行来行去.

（p.228）

Yr ala mano (vp.牵制、限制), impedir (vt.阻止). *çhù* 阻.|. *kiń chỳ* 禁止. [参见：impedir (阻止).]

Yrse a la mano a otro (vp.自我克制), mortificarse (vr.抑制欲念). *kě' kỳ* 克己.

Yr delante, o el primero (vp.走在前面、先去，或第一个去). *siēn çhèu* 先走.|. *siēn hińg* 先行.|. *têu' têu' ki'ú* 头头去.

---

① 柯本注：*kiēn* 为 *kiūn* 之误。

Z
(p.228)

Z. [见字头 Ç.]

Zerbatana[①] (n.吹箭筒). *chūy' tuñ'g* 吹筒.|. *pu'én tuñ'g* 喷筒.

Zelos (n.妒嫉、忌妒). *fuèn kiě* 愤激. – de marido à muger (丈夫嫉恨妻子). *fañg ký ký' çhȳ'* 防忌其妻. – de muger à marido (妻子嫉恨丈夫). *ký tú ký' fū* 忌妒其夫.

Zelos de muger à marido de qualquiera luxuria (np.妻子疑忌其夫有色遇). *çhiě tú háy sě* 嫉妒害色.

Zizaña (n.①毒麦 ②祸害). *tý' páy* 稊稗. – meter zizaña (制造不和). *kiáo sō* 教唆.|. *señg çú* 生事.

Zodiaco[②] (n.黄道带). *çhiě ký* 节气.

Zorra (n.狐狸). *hû lý* 狐狸.

Zumbido en las orejas (np.耳中的鸣响). *ùl mîng* 耳鸣.|. *ùl hiàng* 耳响.

Zamahorias (n.胡萝卜). [参见：acenorias (胡萝卜).]

Fin.[尾声.][③]

Zo. [参见：sosobra[④] (顶风).]

Zv. [参见：zuecos[⑤] (木屐).]

Zuccos (n.木屐). *mǒ tiě hiâi tǒ'* 木的鞋托[⑥].

---

① 即 Seruatana（p.200）。

② 即 Çodiaco（p.49）。下面两个词目的异拼也见同页。

③ 最后一节六条，连同小标题，均为另手补写。

④ 即 Çoçobra（p.49）。

⑤ 即 Çuecos（p.49）。

⑥ *tǒ'*, 柯本缺字。

Zumo[①] (n.汁液、浆水). *chě* 汁.
Zumbido (n.嗡嗡声). [参见：çumvido[②] (嗡嗡声).]
Zurron (n.皮囊、背袋). [参见：çurron (皮囊).]

---

① 即 Çumo（p.63）。
② 即 çumbido（p.64）。